Les émotions dans le discours
Emotions in Discourse

Peter Blumenthal / Iva Novakova / Dirk Siepmann
(éds./eds.)

Les émotions dans le discours
Emotions in Discourse

PETER LANG
EDITION

Information bibliographique de la Deutsche Nationalbibliothek
La Deutsche Nationalbibliothek a répertorié cette publication dans la Deutsche Nationalbibliographie ; les données bibliographiques détaillées peuvent être consultées sur Internet à l'adresse http://dnb.d-nb.de.

Cet ouvrage a été publié avec le concours d'un programme DFG/ANR (Deutsche Forschungsgemeinschaft, Bonn, et Agence Nationale de la Recherche, Paris).

This publication has been sponsored by means of a DFG/ANR research programme (Deutsche Forschungsgemeinschaft, Bonn, and Agence Nationale de la Recherche, Paris).

L'image de la couverture :
Churilo via Getty Images ; adaptation : Université Stendhal - Grenoble 3, service communication/Camille Bartoli.

ISBN 978-3-631-64608-3 (Print)
E-ISBN 978-3-653-03879-8 (E-Book)
DOI 10.3726/978-3-653-03879-8

Peter Lang – Frankfurt am Main · Bern · Bruxelles ·
New York · Oxford · Warszawa · Wien

Cette publication a fait l'objet d'une évaluation par les pairs.

www.peterlang.com

Table des matières

Introduction 9

1. Combinatoire, synonymie, équivalence interlinguistique

À propos des verbes d'émotion en allemand et en français : la sélection du sujet grammatical dans le micro-champ des verbes de la peur, étude quantitative à l'aide de corpus de textes littéraires et journalistiques comparables 15
Jacques François/Sascha Diwersy

Extent of Collocational Difference between Languages: a Corpus-based Study of Emotion Nouns 39
Dirk Siepmann

Scénario cognitif et 'mises en scène' des émotions : étude contrastive des concepts de *colère* et de *rage* en grec et en français 55
Fabienne Baider/Maria Constantinou

The Social Nature of ANGER: Multivariate Corpus Evidence for Context Effects upon Conceptual Structure 69
Dylan Glynn

Shame and its Near-synonyms in English: a Multivariate Corpus-driven Approach to Social Emotions 83
Karolina Krawczak

Les propriétés combinatoires des prédicats de <surprise> en grec moderne 95
Freiderikos Valetopoulos

Les termes génériques du vocabulaire affectif : le cas de *sentiment* et de *uczucie* 107
Anna Krzyżanowska

2. Combinaisons binaires et/ou stéréotypées

Entre hyperonymie et spécification : un drôle de *sentiment* 123
Magdalena Augustyn/Francis Grossmann

Drang nach Osten: towards a Contrastive Discourse Analysis with Reference to the German 'Push to the East' 135
Torsten Leuschner

Le choix de l'intensifieur verbal des noms d'émotions : facteurs linguistico-cognitifs et facteurs discursifs 147
Ewa Pilecka

3. Rôles syntaxiques et discursifs

L'émotion dans le discours : à la recherche du profil discursif de *stupeur* et de *jalousie* 161
Iva Novakova/Julie Sorba

Caractéristiques et effets de la complexité sémantique de noms d'affect 175
Peter Blumenthal

Surprise vs étonnement : comportement discursif et perspectives contrastives 187
Beate Kern/Anke Grutschus

Émotions et scénarios : questionnements méthodologiques pour une approche discursive 199
Georgeta Cislaru

Rôles discursifs et argumentatifs de la lexie *hystérie* et de ses entours dans le discours journalistique 211
Véronique Magaud

À la recherche du profil syntaxique des noms d'affect 221
Agnès Tutin

4. Liens textuels et signaux pragmatiques

Patterns of Emotive Lexis and Discourse Organization in Short Stories by James Joyce 237
Michael Stubbs

L'affect et les émotions dans la construction du discours argumenté 255
Viviane Arigne

'I'm surprised'/'Are you surprised?': Surprise as an Argumentation Tool in Verbal Interaction 267
Agnès Celle/Laure Lansari

Annotating Sentiment Expressions for Lexical Resources 281
Voula Giouli/Aggeliki Fotopoulou/Effie Mouka/Ioannis E. Saridakis

Propagation de la charge évaluative au sein de la phrase : principes et étude sur un corpus informatif journalistique 297
Caroline Langlet/Patrice Enjalbert/Agata Jackiewicz

Adverbes anglais en *-ly* : attitudes émotionnelles et intersubjectivité en contexte ... 311
Raluca Nita

5. Perspectives didactiques

Corpus, base de données, cartes mentales pour l'enseignement ... 327
Cristelle Cavalla/Mathieu Loiseau/Valérie Lascombe/Joanna Socha

L'intensification comme outil didactique dans l'enseignement/apprentissage des collocations d'une langue étrangère : le cas de l'arabe moderne ... 343
Faten Hobeika-Chakroun

Les séquences lexicalisées à fonction discursive comme outil d'aide à l'écriture auprès des étudiants étrangers ... 355
Thi Thu Hoai Tran

6. Apports de l'informatique

SynTagRus – a Deeply Annotated Corpus of Russian ... 367
Igor Boguslavsky

Exploring Combinatorial Profiles Using Lexicograms on a Parsed Corpus: a Case Study in the Lexical Field of Emotions ... 381
Olivier Kraif/Sascha Diwersy

Présentation d'un thésaurus des mots d'affects : théorie, méthodes et applications ... 395
Denis Le Pesant/Paul Sabatier/Max Silberztein/Marie-Hélène Stéfanini

7. La combinatoire en diachronie

Contrôle et répression des émotions (*peur*, *colère*) : étude diachronique dans le corpus *Frantext* (1500–2000) ... 409
Matthieu Pierens

Les collocatifs nominaux des prépositions *en*, *dans* et *dedans* au XVIe siècle ... 423
Louise Royer/Denis Vigier

Introduction

Au commencement du colloque tenu à l'université d'Osnabrück (6–8 février 2013), qui a donné lieu à la présente publication, était le projet EMOLEX (« Le lexique des émotions dans cinq langues européennes : sémantique, syntaxe et dimension discursive », www.emolex.eu), financé par la Deutsche Forschungsgemeinschaft (DFG) et l'Agence Nationale de la Recherche (ANR, France). EMOLEX avait pour objectif d'analyser, dans une perspective contrastive et sur la base de grands corpus littéraires et journalistiques, le lexique des émotions en français, allemand, anglais, espagnol et russe. Sur le plan théorique, le projet partait inévitablement d'une base onomasiologique : le concept même de lexique des émotions renvoie à un domaine de la réalité que le linguiste suppose représenté par un certain nombre de mots dans chacune des langues en question. Sans une telle hypothèse sur l'existence des « choses » (en l'occurrence des émotions), une comparaison entre les mots désignant ces dernières n'aurait guère eu de sens. Or, toute l'histoire de la sémantique a montré la nécessité méthodologique d'alterner et d'associer ces points de vue fondamentaux et complémentaires qu'offrent l'onomasiologie et la sémasiologie. Cette dernière discipline nous incite à « faire la part des mots » et à tenir compte du fait que chaque unité lexicale suggère une certaine vision de son référent. Rien n'empêcherait de considérer ce même référent sous un autre angle, et les synonymes ou les équivalents dans d'autres langues peuvent effectivement le présenter dans une perspective différente. Voilà des idées connues depuis les grands travaux européens sur la synonymie au XIXe siècle – ne mentionnons que le nom du philosophe et lexicographe français Pierre-Benjamin Lafaye. Bref, la « perspectivisation » accomplie par le mot, chère aux sémanticiens cognitivistes de nos jours, n'est pas forcément une idée neuve en Europe, où toute sémantique valable a sans doute toujours été cognitive, même avant la lettre.

Or, puisque c'est par le contexte habituel du mot que se manifeste la perspective imposée aux choses, l'étude de son voisinage acquiert une importance capitale pour le sémanticien. Si celui-ci veut explorer ce que suggère le mot pour l'interprétation de la réalité désignée, il doit se pencher sur son « emploi » (*Gebrauch*) au sens de Ludwig Wittgenstein. Le lecteur de ces lignes se doutera que l'hypothèse wittgensteinienne a rapproché l'orientation méthodologique d'EMOLEX du contextualisme britannique, représenté entre autres par John Sinclair. Dans le prolongement de cette approche, nous nous sommes employés à tirer profit des apports du traitement automatique du langage qui, appliqué aux corpus de plusieurs langues, a permis de donner une assise statistique fiable à nos réflexions sur l'environnement sémantique et syntaxique des mots d'affect.

La gamme des résultats de nos recherches, menées de front à Grenoble, Cologne et Osnabrück, va de la connaissance approfondie du comportement combinatoire et distributionnel de centaines de mots dans les cinq langues, vers des applications concrètes (traductologie, didactique, lexicographie), mais aussi vers des objectifs plus théoriques ; parmi ceux-ci, on peut citer les recherches sur la capacité des mots d'affect à faire prévoir l'organisation du texte, ou l'étude détaillée de scénarios qui structurent notre imaginaire en matière d'émotions.

Notre appel à communications pour le colloque d'Osnabrück ne privilégiait pas exclusivement le champ des émotions, mais mettait l'accent sur le caractère novateur des méthodes en sémantique lexicale et sur la perspective textuelle. Las, plus des deux tiers des conférences, comme des contributions retenues pour publication, portent sur les émotions, thème décidément en vogue, mais aussi thème fédérateur dans la mesure où il s'avérait apte à mettre en contact différents groupes de chercheurs européens travaillant dans une perspective méthodologique semblable.

C'est sans doute la notion de combinatoire, avec toutes ses implications sémantiques, syntaxiques et distributionnelles, qui pourrait le mieux servir de dénominateur commun à la grande majorité des contributions de ce volume. Elle représente parfaitement l'idée d'interface qui se trouve au centre d'un grand nombre de travaux de la linguistique moderne. Notion charnière, donc, à partir de laquelle on peut aller vers des horizons très divers, esquissés dans les réflexions ci-dessus. Ce faisant, il est naturel de passer parfois presque insensiblement d'une problématique à caractère lexicologique vers des analyses de la structure actancielle dont relève le mot-pivot, ou bien vers des observations propres à la pragmatique ou la linguistique textuelle. Il se manifeste donc, dans ce domaine, une tendance au glissement thématique, parfois progressif, qui fait certainement l'un des charmes de la problématique, mais s'avère être un casse-tête pour les éditeurs censés regrouper les articles sous des rubriques claires et simples. Signalons donc au lecteur la valeur toute relative des titres des chapitres de la présente publication, qui ne focalisent qu'un des aspects de contributions pouvant parfois aussi bien figurer ailleurs. Cela dit, il est vrai que certains articles, axés par exemple sur un problème diachronique ou bien sur les manifestations de la subjectivité de l'énonciateur, ne se rattachent au noyau thématique dur que par ce que Wittgenstein aurait qualifié de ressemblance de famille.

L'ordonnancement des chapitres de la table des matières reflète un double mouvement, allant à la fois des thèmes centraux vers des sujets plutôt périphériques, et des lieux fréquentés par la majorité des contributeurs vers des chemins moins battus, qui ne deviennent pas pour autant des sentiers solitaires. Ainsi, la première section, se focalisant sur quelques thèmes centraux de la combinatoire en synchronie, compte bien plus d'articles que la dernière, qui fait pressentir l'immense intérêt de recherches diachroniques en la matière. Peut-être le lecteur sera-t-il même tenté de conclure que les domaines « périphériques » au sens précisé (en l'occurrence didactique, informatique et diachronie), en quelque sorte sous-représentés dans notre publication, paraissent particulièrement prometteurs quant aux perspectives qu'ils offrent à la recherche future.

Quant aux problématiques susceptibles d'accéder, dans un avenir prévisible, au premier plan des préoccupations de la sémantique, jouons un moment au prophète : il paraît probable que les progrès de l'imagerie cérébrale permettront de soulever un coin du voile qui couvre encore, pour l'essentiel, l'arrière-plan neurolinguistique des questions sémantiques traitées ici, perspective qui ne manquera pas de stimuler puissamment l'activité de recherche et la collaboration entre les disciplines concernées. Pour ce qui est de la sphère thématique faisant l'objet des contributions qui suivent, nous pensons, entre autres, aux problèmes liés à la fréquence d'emploi et à la cooccurrence stéréotypée, aux collocations, au figement et aux expressions figurées. Notre brève présentation des travaux contenus dans ce volume débouche ainsi sur une invitation à l'interdisciplinarité – dont on ne peut que souhaiter un ancrage toujours plus solide dans les pratiques de recherche en sciences du langage. Nous tenons à exprimer notre gratitude à Anke Grutschus et à Beate Kern, qui ont préparé le manuscrit avec compétence et efficacité.

Peter Blumenthal Iva Novakova Dirk Siepmann

1. Combinatoire, synonymie, équivalence interlinguistique

À propos des verbes d'émotion en allemand et en français : la sélection du sujet grammatical dans le micro-champ des verbes de la peur, étude quantitative à l'aide de corpus de textes littéraires et journalistiques comparables

Jacques François[*] *& Sascha Diwersy*[**]

Abstract

Based on the exploration of two comparable corpora of contemporary journalistic and literary texts, this chapter provides a detailed study of the different configurations of semantic roles and the constructions related to a small group of stative and/or causative verbs of emotion in French and German. Contrary to the hypothesis derived from observations made by L. Malblanc and L. Tesnière, that the Stimulus is more frequently selected as subject in French and the Experiencer in German, our contrastive analysis reveals that there is great similarity at the level of semantic-role frames, but some remarkable differences in the constructions associated with the French verbs *inquiéter* and *terroriser*, and with the German verbs *erschrecken* and *fürchten*.

Résumé

À partir de l'exploration de deux corpus comparables constitués de textes journalistiques et littéraires contemporains, cet article étudie en détails les différentes configurations de rôles sémantiques et les constructions associées à un petit groupe de verbes d'émotion statifs et/ou causatifs en français et en allemand. À l'inverse de l'hypothèse – dérivée d'observations empruntées à L. Malblanc et L. Tesnière – selon laquelle le Stimulus est plus souvent sélectionné comme sujet en français et l'Expérient en allemand, notre analyse contrastive révèle une grande similarité au niveau des rôles sémantiques mais de notables différences dans les constructions associées aux verbes français *inquiéter* et *terroriser* et aux verbes allemands *erschrecken* et *fürchten*.

1. Introduction

La présente contribution vise à compléter dans une perspective quantitative – à l'aide d'un jeu de deux corpus comparables, l'un littéraire et l'autre journalistique – deux études contrastives antérieures sur la variété des expressions prédicatives des émotions en français et en allemand (François 1989 et 2000). Ce troisième volet

[*] Université de Caen Basse-Normandie et LATTICE (CNRS, ENS Paris, Université Paris 3).
[**] Université de Cologne, Romanisches Seminar.

du triptyque porte spécifiquement sur la comparaison des constructions verbales exprimant l'apeurement dans les deux langues, du point de vue : (a) du choix du verbe ; (b) de la diathèse ; (c) de la sous-catégorisation des actants, plus particulièrement du sujet grammatical.

Il s'agit de tester dans ce micro-champ sémantique une hypothèse contrastive devenue classique depuis les premières observations de Malblanc (1944), reprises par Tesnière dans le livre V, *La métataxe*, des *Éléments de syntaxe structurale* (1959), et développées par Malblanc (1968) : selon ces auteurs, dans l'expression des changements d'état, les deux langues sélectionnent de préférence comme sujet un causateur si celui-ci est animé. En revanche, elles divergent s'il y a dans le cadre prédicatif du verbe un causateur non animé : celui-ci est sélectionné de préférence comme sujet en français, mais en allemand c'est le patient qui est généralement sélectionné comme sujet en présence de ce type de causateur (*cf.* Malblanc 1968, 242–243 ; Tesnière 1969[2], 295–298 ; François 1973). Cependant, le causateur reste généralement en tête de phrase. Le jeu des constructions est donc formulable ainsi (tableau 1) :

	diathèse	construction préférée
français	active-transitive	V<chang.état-caus> (N0<CAUS> _ N1<PATIENT>)
	Ex. *L'inondation a tué tout le bétail.*	
	factitive	Aux<factitif> Vinf<chang.état> (N0<CAUS> _ N1<PATIENT>)
	Ex. *L'inondation a fait périr tout le bétail.*	
allemand	active-intransitive	[actif] V<chang.état> (Prep N1<CAUS>) _ N0<PATIENT>)
	Ex. *Bei der Überschwemmung verendete das ganze Vieh.*	
	réfléchie-récessive	[V<chang.état> (Prep N1<CAUS>) _N0<PATIENT>)
	Ex. *Über den Zwischenfall ärgerte sich der Minister.*	
	passive	[pass] V<chang.état> (Prep N1<CAUS>) _ N0<PATIENT>)
	Ex. *Durch das Gewitter wurde die Stromversorgung stundenlang unterbrochen.*	

Tableau 1 : résumé des observations de L. Malblanc et L. Tesnière sur l'expression privilégiée en français et en allemand des représentations de changements associant un Patient et une Cause

2. La variété des expressions prédicatives de la peur

Le premier chapitre de François (1989) propose un mode de représentation des familles morphosémantiques « transprédicatives » inspiré de Chafe (1970). Six types de prédication verbale sont distingués : les prédications d'état, de processus, d'action, et celles de qualité d'état, de processus et d'action, avec pour chaque famille morphosémantique un nœud-source et cinq nœuds intermédiaires ou cibles.

En comparant la famille d'ANGOISSE (*cf.* François 1989, 57, tableau 10) et celle de SCHRECK (56, tableau 9), on constate que le nœud-source[1] est d'un type différent. Pour ANGOISSE, c'est la prédication d'action : N0 *angoisse qn*, pour SCHRECK c'est celle de processus : *jd (er-)schrickt/jd bekommt einen Schreck* (*vor* N1). En français, trois types de prédication dérivent directement de celle d'action :

Action →	État	diathèse résultative	*X est angoissé*
	Processus	diathèse récessive	*X s'angoisse*
	Qualité d'action	formation de prédicat de qualité[2]	*N0 est angoissant (pour X)*

Tableau 2 : prédications d'Action, de Processus et de Qualité d'action pour le verbe angoisser

En allemand il en est de même, mais la prédication-source est du type « Processus » :

Processus →	État	diathèse résultative	*X ist erschrocken*
	Action	diathèse causative	*N0 (er-)schreckt X* *N0 bereitet X*<datif> *einen Schreck* *N0 versetzt/jagt X in [Angst und] Schrecken*
	Qualité de processus	formation de prédicat de qualité	*X ist schreckhaft*

Tableau 3 : prédications de Processus, d'Action et de Qualité de processus pour la racine - schreck- en allemand

Dans les deux familles, de nouvelles prédications sont dérivées à partir de constructions intermédiaires. Ce sont pour le français celle de Qualité de processus, et pour l'allemand celle de Qualité d'action, l'opération dérivationnelle étant une formation de prédicat de qualité.

	construction intermédiaire	**construction-cible**
fr.	Processus : *(maintenant,) X s'angoisse*	→ Qualité de processus : *X s'angoisse (... pour un rien)*
all.	Action : N0 *erschreckt X*	→ Qualité d'action : N0 *ist (für X) schreckenerregend*

Tableau 4 : formation des prédications de Qualité

1 C'est-à-dire, dans un arbre de dérivation morpho-sémantique, le nœud qui caractérise le type de prédication à partir duquel les autres types sont dérivables.

2 Cette terminologie est celle des « formations de prédicat » de la *Functional Grammar* (*cf.* de Groot, 1989).

François (2000) croise le classement primaire des types de prédication : {état | processus | action}, et le classement secondaire des moyens d'expression : {verbal | attributif | phraséologique}, et l'applique au vocabulaire des émotions. Le tableau 5 (*cf.* Annexe) applique ce classement à deux niveaux à quatre bases[3] morphologiques du français et de l'allemand.

L'analyse du degré de couverture de la grille en fonction des bases morphologiques, des types de prédication, des modes d'expression et de la langue permet plusieurs observations :

a) Selon le classement par base morphologique : *FURCHT* fonctionne différemment des sept autres bases avec trois lexicalisations sur neuf (valeur minimale), en particulier de *ANGST* avec huit sur neuf (valeur maximale). Cela tient au fait que *(sich) fürchten* et *(etw|dass P) befürchten* expriment des états émotifs et non des actions ou des processus, ce qui bloque la formation de constructions verbo-nominales (qui supposent un verbe support d'action causative) et de structures attributives par absence d'un adjectif exprimant l'état émotif (*furchtsam* exprime une qualité d'état ≈ *craintif*).
b) Selon le classement par {type de prédication * mode d'expression} :
   i. on observe une bonne couverture des structures attributives d'état (8/8), des structures verbales d'action (7/8) et des structures phraséologiques (constructions à verbe support plus ou moins figées) d'action (6/8) et de processus (6/8) ;
   ii. et en revanche une mauvaise couverture des structures verbales d'état (1/8), des structures attributives de processus (2/8), des structures phraséologiques d'état (2/8) et des structures attributives d'action (3/8) ;
   iii. on peut donc en conclure qu'il existe des corrélations privilégiées : structure verbale ↔ action ; structures attributives ↔ état ; structures phraséologiques ↔ action et processus.
   iv. Globalement, les structures verbales ont une couverture de 50%, les structures attributives de 54% et les structures phraséologiques de 58%. Les expressions d'action ont une couverture de 67%, celles de processus de 50% et celles d'état de 46%. La variation est donc limitée, à l'exception des expressions d'action (toutes causatrices d'un changement d'état émotif) qui sont privilégiées, ce qui suggère que le besoin principal de

3 En marge de *TERREU|OR*, *TERR* ne constitue pas une véritable base morphologique, le radical du verbe *terrifier* n'étant pas segmentable, mais dans la conscience de la plupart des francophones, *terrifier* est associé à *terreur* au même titre que *terroriser*, et rares sont les locuteurs capables de décrire les différences d'emploi entre les deux verbes.

communication n'est pas l'expression d'un état ou d'un changement émotif mais d'une action causatrice de ce changement d'état ;

v. en moyenne, pour les quatre bases morphologiques de l'allemand, la couverture est de 58% de la grille, et pour les quatre bases du français, elle est de 50%, donc la différence est négligeable

Il reste maintenant à tester en contexte si, dans le cas d'un changement d'état émotif causé par une force ou un événement et non par un agent (au sens restreint d'un humain ou animal supérieur causant et contrôlant ce changement), le vocabulaire verbal de l'émotion se comporte similairement ou différemment en français et en allemand.

3. L'hypothèse classique des tendances inverses de l'allemand et du français en typologie syntaxique et son application aux verbes expérienciels

3.1 L'hypothèse

Dans « Stylistique et linguistique générale », un article initialement publié en 1912, Ch. Bally (1965[3], 59), comparant l'esprit de l'ouvrage de F. Strohmeyer, *Der Stil der französischen Sprache* (1924), et celui de son propre *Traité de stylistique française* (1909), introduit la notion de *stylistique comparative externe*, dont il précise ainsi l'orientation :

> [J]e cherche à caractériser les procédés expressifs du français en comparant les éléments intellectuels de la langue avec ses éléments affectifs. Pour moi, la tâche de la stylistique consiste à rechercher quels sont les types expressifs qui, dans une période donnée, servent à rendre les mouvements de la pensée et du sentiment des sujets parlants, et à étudier les effets produits spontanément chez les sujets entendants par l'emploi de ces types.

L'une des divergences entre l'allemand et le français (ou la stylistique de l'allemand et celle du français, dans l'esprit de Bally) consiste dans l'expression privilégiée de la relation causale entre deux procès P_1 et P_2, soit en allemand à l'aide d'un complément circonstanciel de cause ($Prep_{caus}$ $GN_{<P1>}$ P_2), soit en français à l'aide d'un verbe causatif ($GN_{<P1>}$ V_{caus} $X_{<P2>}$)[4], moyennant quoi le « mouvement de la pensée et du sentiment » est analogue par antéposition du GN nominalisant le procès P_1 : exemples (1) et (2).[5]

---

4 X symbolise différents modes d'expression de P_2 : subordonnée complétive, GV à l'infinitif ou nominalisé.

5 Exemples empruntés à François (1989, 249).

(1) Durch *die Hitze* vertrocknete der Acker/trocknete der Acker aus ↔ *La canicule* a desséché le champ
(2) Bei *der Nässe* sind die Kartoffeln verfault/gefault ↔ *L'humidité* a pourri/fait pourrir les pommes de terre

Des exemples similaires, proposés par L. Malblanc dans *Pour une stylistique comparée du français et de l'allemand* (1944), et qui figurent à nouveau dans sa *Stylistique comparée du français et de l'allemand* de 1968, ont été repris par L. Tesnière dans le livre V, *La métataxe*, de ses *Éléments de syntaxe structurale*. L'objectif de Tesnière s'écarte de celui de Bally et Malblanc : ce n'est plus l'effet stylistique en lui-même qui l'intéresse, mais la variation des moyens syntaxiques et lexicaux convoqués pour exprimer un mouvement de pensée analogue.

Les deux modes d'expression représentés en (1) et (2) sont seulement privilégiés, c'est-à-dire qu'ils sont supposés statistiquement saillants, mais ils n'excluent naturellement pas d'autres modes d'expression qui peuvent être parallèles entre les deux langues. Aussi, le tableau comparatif complet proposé dans François (1989, 249), lui-même issu d'une étude antérieure spécifiquement consacrée à cette question (François 1983), se présente-t-il ainsi pour l'expression de « A FIELD DRYING UP FROM THE HEAT/BEING DESSICATED BY THE HEAT », avec les types syntaxiques I (intransitif avec circonstant de cause préposé), P (pseudo-réfléchi, même construction), T (transitif, verbe causatif) et A (auxiliaire de causativité) :

type	**allemand**	**français**
I	*Durch die Hitze vertrocknete der Acker/ trocknete der Acker aus.*	Ø
P	Ø	*Sous l'effet de la canicule, le champ s'est desséché.*
T	*Die Hitze trocknete den Acker aus.*	*La canicule a desséché le champ.*
A	*Die Hitze ließ den Acker vertrocknen/ austrocknen.*	Ø

Tableau 6 : préférences distinctives en allemand et en français pour les constructions du type I, P, T et A

La saillance respective en français et en allemand des deux constructions figurant en (1) et (2) est toutefois confortée par la comparaison des jugements intuitifs de francophones et germanophones natifs appelés à renseigner une série de tableaux identiques au tableau 6 ci-dessus, et mettant en œuvre 27 verbes français et 30 verbes allemands. Les combinaisons les plus distinctives entre les deux langues (*cf.* François 1983, 126–132 ; 1989, 251–253) sont I + A (15 constructions renseignées en allemand contre seulement cinq en français) et P + T (douze constructions renseignées en français contre aucune en allemand).

En 1989, T. Givón apporte un éclairage nouveau sur cette question sous l'angle de l'« extension métaphorique de la grammaire de l'action ». Une phrase d'action proprement dite suppose en fonction de sujet le référent d'un Agent humain et conscient. Son extension passe par la minoration de ces exigences et l'intégration de sujets à référent événementiel, voire matériel. Elle a un champ d'application variable selon les langues. Les résultats divergents des jugements intuitifs des locuteurs germanophones et francophones ci-dessus seraient interprétables comme deux positions différentes sur l'échelle d'extension métaphorique proposée par Givón. La maigre faveur de la construction $GN_{<P1>}\ V_{caus}\ X_{<P2>}$ en allemand et sa grande faveur en français proviendraient d'une propension variable à étendre métaphoriquement la grammaire de l'action dans les deux langues. Une construction anglaise telle que (3), illustrant une forme d'*enabling causation*, attesterait une propension encore plus marquée à l'extension métaphorique dans cette langue.

(3) This tent sleeps four persons ≈ Cette tente offre un couchage à quatre personnes.

Ces résultats et l'interprétation qu'en donne Givón nous permettent de poser deux questions :

a) Les jugements intuitifs des germanophones et francophones rassemblés en 1983 sont-ils vérifiables par une vaste étude de corpus textuels comparables ?
b) Les verbes français et allemands dans le champ des émotions confirment-ils statistiquement une préférence pour la construction intransitive à circonstant causal en allemand et la construction transitive causative en français ?

Nous ne sommes pas encore en mesure de répondre à la première question, mais nous avons testé la seconde pour un champ spécifique des émotions, celui de la peur, ou plus exactement de l'entrée dans l'état émotif de peur. Nos résultats présentés ci-après ne peuvent donc pas s'entendre comme validant ou invalidant l'hypothèse de Bally-Malblanc-Tesnière-Givón. Ils fournissent seulement un éclairage limité au micro-champ de la peur, vraisemblablement extensible à d'autres émotions, mais tout aussi vraisemblablement en contradiction avec les champs sémantiques testés en 1983 qui concernaient essentiellement des changements matériels et biologiques, puisqu'ils ne concordent pas avec l'hypothèse des auteurs susmentionnés.

3.2 L'application

Pour appliquer cette hypothèse aux verbes expérientiels, on suppose qu'un stimulus animé est sélectionné de préférence comme sujet dans les deux langues, mais qu'un stimulus non animé est réalisé de préférence en français comme sujet de la voix active (verbes de causation) ou de la voix passive (verbes de causation), et en allemand comme complément de la voix passive ou de la voix réfléchie (verbes de causation), ou de la voix active (verbes d'expérience).[6]

Nous distinguons entre deux classes lexico-syntaxiques de verbes dans le champ de la peur : les VERBES D'EXPÉRIENCE (à sujet Expérient à la voix active) :

allemand : *befürchten, fürchten, fürchten (sich)* ;
français : *craindre, redouter* ;

et les VERBES DE CAUSATION (d'expérience, à sujet Stimulus à la voix active) :

allemand : *ängstigen, beängstigen, beunruhigen, verängstigen, verschrecken* ;
français : *angoisser, effrayer, inquiéter, terrifier, terroriser* ;

À ces verbes s'ajoute en allemand le verbe *erschrecken*, ou plutôt les deux verbes *erschrecken*$_1$, fort et intransitif *vs* *erschrecken*$_2$, faible et transitif.[7]

Les corpus comparables sont constitués majoritairement de journaux : le *Süddeutsche Zeitung*, année 2002, et le *Frankurter Allgemeine Zeitung*, année 2002, pour l'allemand avec 84 917 000 mots-occurrences ; et pour le français, les années 2007 et 2008 du *Monde*, et l'année 2008 du *Figaro* (53 332 000 mots). Et en complément, des romans, récits et pièces de théâtre à partir de 1950 couvrant 14 527 000 mots pour l'allemand et 15 978 000 mots pour le français.[8] Pour chaque verbe, un quart des occurrences enregistrées a été analysé. L'analyse a porté sur trois propriétés :

6 Nous avons fait ici abstraction de la construction « A » à auxiliaire causatif (*cf.* tableau 6).

7 Pour les germanophones natifs, la distinction entre ces deux paradigmes morpho-sémantiques se révèle malaisée aux formes composées impliquant le participe 2 *erschrocken* parfois assimilé à un participe passif. Par ailleurs, *angoisser* présente en langue orale des emplois intransitifs (ex. *Quand j'entends ça, j'angoisse*). Cette propriété de « labilité » syntaxique vaut aussi pour *paniquer* que nous n'avons pas pu intégrer en raison du volume déjà considérable de la base de données. Sur les disparités entre l'oral et l'écrit dans les constructions verbales, voir Krötsch et Österreicher 2000.

8 Les corpus utilisés sont des sous-échantillons des corpus de travail français et allemand établis dans le cadre du projet ANR-DFG Emolex (http://www.emolex.eu/).

a) la voix (active, passive, réfléchie) et la sélection du sujet grammatical associée ;
b) le nombre d'actants[9] (1 *vs* 2) ;
c) la sous-catégorisation de l'actant-stimulus (animé *vs* non-animé).

4. Premier examen qualitatif des résultats des deux corpus comparables

4.1 Verbes français

Par convention, le classement des configurations syntaxiques rencontrées dans le corpus français part des réalisations syntaxiques et de la sous-catégorisation de l'actant Stimulus (STIM) puis de la réalisation complémentaire de l'actant Expérient (EXP).[10] Le STIM peut être animé ou non animé (typiquement événementiel), être mentionné ou pas, et être réalisé comme sujet ou complément s'il est mentionné. L'EXP peut être réalisé comme sujet ou comme complément, ou ne pas être mentionné. Le tableau 7 représente la combinaison de ces deux éventails de possibilités, et en colonne 4, les constructions qui les réalisent ainsi que leur fréquence (simplifiée à trois niveaux : */**/***) et le ou les verbes les mieux représentés dans ces constructions.

STIMULUS	**animé**	**EXPÉRIENT**	**construction** (et fréquence)
Ø		sujet	passive** (*inquiéter, terroriser*), réfléchie*** (*inquiéter*)
sujet	oui	compl.	active** (*effrayer, inquiéter*)
	non	Ø	active** (*inquiéter*), passive* (*redouter*)
		compl.	active*** (*inquiéter, effrayer*), passive*
compl.	oui	sujet	active** (*craindre*)
	non	Ø	factitive* (*craindre*)
		sujet	active*** (*craindre, redouter*) ; réfléchie* (*inquiéter*)

Tableau 7 : représentation des constructions active, passive et réfléchie pour sept cadres de rôles en français

9 Le classement de certains compléments prépositionnels (introduits essentiellement par *de* ou *pour*) de verbes à la voix réfléchie comme actant ou circonstant nous a laissés plusieurs fois perplexes.

10 Une hiérarchisation inverse serait tout aussi possible.

Les constructions les plus représentées sont :

- la construction réfléchie avec l'EXP sujet et le STIM non mentionné (*qn s'inquiète*) ;
- la construction active avec le STIM non animé en sujet et l'EXP en complément (*qn effraie/inquiète qn*) ;
- et les deux constructions active et réfléchie avec le STIM en complément et l'EXP en sujet (*qn craint/redoute qc* ; *qn s'inquiète de qc*).

Parmi les verbes d'expérience, *craindre* (1 912 occ.) est plus fréquent que *redouter* (688 occ.). Parmi les verbes de causation, le verbe le plus important est *inquiéter* (1 353 occ.), suivi d'*effrayer* (184) et de *terroriser* (80). La construction pseudo-réfléchie n'est bien représentée que par *s'inquiéter* (875 occ. réparties entre 74 occ. de *qn s'inquiète*, 501 occ. de *qn s'inquiète de qch* et 18 occ. de *qn s'inquiète de qn*).

4.2 Verbes allemands

Pour l'allemand (*cf.* tableau 8), la construction la mieux représentée est l'active avec l'EXP sujet et le STIM non animé en complément (*fürchten, dass/etw befürchten*). Viennent ensuite :

- la construction active avec l'EXP sujet et le STIM non mentionné (*jd erschrickt*) ;
- la construction active avec le STIM animé sujet et l'EXP complément (*jd erschreckt jmdn*) ;
- celle active avec le STIM non animé sujet et l'EXP complément (*etw beunruhigt, erschreckt jmdn*) ;
- et celle pseudo-réfléchie avec l'EXP sujet et le STIM non animé complément locatif (*jmd fürchtet sich vor etw*).

Parmi les verbes d'expérience, *fürchten* (1 504 occ.) et *befürchten* (1 371 occ.) sont associés à des constructions différentes, *fürchten* régissant un objet nominal non animé ou une complétive, ou figurant en construction pseudo-réfléchie (*jmd fürchtet etw/dass P* ; *jmd fürchtet sich vor* N), tandis que *befürchten* régit un objet nominal non animé (*jmd befürchtet etw*). Parmi les verbes de causation, *beunruhigen* vient en tête (185 occ.), suivi de très loin par *verschrecken* (45 occ.), *ängstigen* (40 occ.), *verängstigen* (14 occ.) et *beängstigen* (1 occ.).

STIMULUS	**animé**	**EXPÉRIENT**	**construction** (et fréquence)
Ø		sujet	active** (*erschrecken*-1), pseudo-réfléchie* (*fürchten*), passif-état* (*beunruhigen*, *erschrecken*-2)
sujet	**oui**	**Ø**	passif-état* (*fürchten*)
		compl.	actif** (*erschrecken*-2)
	non	**Ø**	passif* (*befürchten*), passif-modal* (*id.*)
		compl.	actif** (*beunruhigen*, *erschrecken*-2)
compl.	**oui**	sujet	active*, pseudo-réfléchie*
	non		active*** (*fürchten*, *befürchten*), pseudo-réfléchie** (*fürchten*), passive*

Tableau 8 : représentation des constructions active, passive et réfléchie pour sept cadres de rôles en allemand

4.3 Invalidation de l’hypothèse

Au total, la proportion des occurrences de constructions présentant un STIM non animé sujet se révèle approximativement identique en français (15,0%) et en allemand (14,4%), là où l’hypothèse suggérait une disparité marquée au profit du français.

Ce résultat négatif suggère de prendre en compte la thèse de Dowty (1991), reprise dans François (1998 et 2003), du « différentiel de participation » (entre Agent et Patient) plus faible dans le champ de l’affectivité que dans celui des processus naturels et physiques : l’opposition entre l’Agent et le Patient y est moins marquée, comme le montre l’exemple suivant (emprunté à Tesnière) où le Thème sujet et l’Expérient objet de *manquer* constituent respectivement un Patient et un Agent très dégradés, de même que l’Expérient sujet et le Thème objet de l’angl. *miss* et de l’all. *vermissen* :

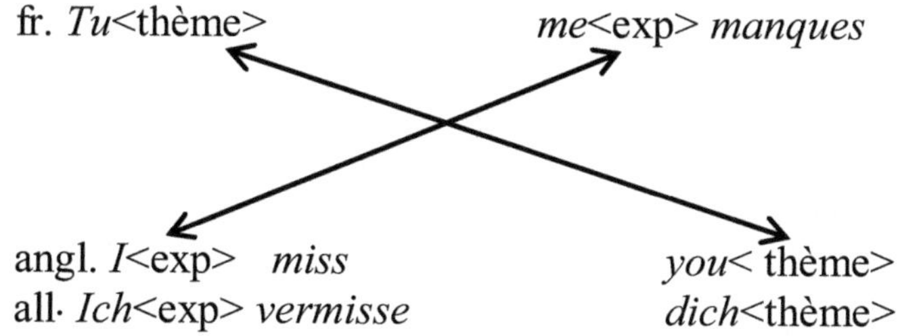

Figure 1 : interversion entre sujet et objet en français, en anglais et en allemand en raison de rôles sémantiques dégradés

5. Second examen approfondi des corrélations significatives entre verbes et constructions dans les deux corpus comparables

5.1 Constructions verbales vs cadres de rôles sémantiques

Dans les deux corpus comparables examinés, les neuf verbes français et les sept verbes allemands à l'étude entrent dans une grande variété de constructions mettant en œuvre différents types de diathèses. D'un point de vue fonctionnel, ces diathèses servent à assurer la mise au premier plan, au second plan ou à l'arrière-plan des deux actants EXP et STIM. La correspondance entre constructions et cadres de rôles s'observe aisément à partir des verbes comme à partir des constructions.

(i) Verbe ➔ cadres de rôles ➔ constructions
À titre d'illustration, le verbe *beunruhigen* présente 185 occurrences dans le corpus allemand. Ces occurrences se répartissent entre onze constructions regroupant respectivement de une à 114 occurrences. Si toutefois on regroupe ces onze constructions en fonction de la réalisation de l'EXP comme sujet, objet (direct ou prépositionnel) ou Ø, et de même pour le STIM animé ou non animé, on voit que six constructions sont réductibles à deux cadres de rôles, Stim<NULL> + Exper<SUJ> (28 occ.) et Stim<COMP_[-anim]> + Exper<SUJ> (26 occ.), rassemblant chacun trois constructions. Du point de vue fonctionnel, il est en effet justifié de rassembler d'une part N_{EXP} *wird beunruhigt*, N_{EXP} *beunruhigt sich* et N_{EXP} *ist beunruhigt* comme trois modes de réalisation d'un cadre à Expérient sujet et Stimulus non mentionné, et d'autre part N_{EXP} *lässt sich* Prep N_{STIM} *beunruhigen*, N_{EXP} *beunruhigt sich* Prep N_{STIM} et N_{EXP} *ist* Prep *etw*$_{STIM}$ *beunruhigt* comme trois modes de réalisation d'un cadre à Expérient sujet et Stimulus non animé complément (prépositionnel en l'occurrence) ; *cf.* tableau 9 :

verbe	cadre de rôles	eff.	construction	eff.
beunruhigen	**Stim<NULL> + Exper<SUJ>**	**28**	N_{EXP} *wird beunruhigt*	2
			N_{EXP} *beunruhigt sich*	1
			N_{EXP} *ist beunruhigt*	25
	Stim<SUJ_[-anim]> + Exper<NULL>	4	etw$_{STIM}$ *beunruhigt*	4
	Stim<SUJ_[-anim]> + Exper<COMP>	114	etw$_{STIM}$ *beunruhigt* N_{EXP}	114
	Stim<SUJ_[+anim]> + Exper<NULL>	1	jmd$_{STIM}$ *beunruhigt*	1
	Stim<SUJ_[+anim]> + Exper<COMP>	11	jmd$_{STIM}$ *beunruhigt* N_{EXP}	11
	Stim<COMP_[-anim]> + Exper<SUJ>	**26**	N_{EXP} *lässt sich* Prep N_{STIM} *beunruhigen*	1
			N_{EXP} *beunruhigt sich* Prep N_{STIM}	2
			N_{EXP} *ist durch etw*$_{STIM}$ *beunruhigt*	23
	Stim<COMP_[+anim]> + Exper<SUJ>	1	N_{EXP} *ist von jmdm*$_{STIM}$ *beunruhigt*	1

Tableau 9 : les sept cadres de rôles et onze constructions attestés du verbe beunruhigen

(ii) Cadres de rôles ➔ verbes ➔ construction

Cette fois, nous partons des cadres de rôles présentant (toujours dans le corpus allemand) un composant commun, en l'occurrence l'absence de mention de l'Expérient. On s'attend à ce que le Stimulus soit réalisé comme sujet, cependant, dans le cas d'une diathèse causative, trois rôles sont en cause : l'Instigateur[11], l'Expérient et le Stimulus, moyennant quoi l'Expérient et le Stimulus sont l'un et l'autre omissibles, *cf.* :

(4) [*La crise*]$_{\text{INST}}$ *fait craindre* [*une augmentation du chômage*]$_{\text{STIM}}$ [*aux syndicats*]$_{\text{EXP}}$
(5) [*La crise*]$_{\text{INST}}$ *fait craindre* [*une augmentation du chômage*]$_{\text{STIM}}$
(6) [*La crise*]$_{\text{INST}}$ *fait s'inquiéter* [*les syndicats*]$_{\text{EXP}}$

Le cadre de rôles Stim<COMP_[-anim]> + Exper<NULL>, *a priori* déconcertant, s'entend donc comme une réduction de Stim<COMP_[-anim]> + Exper<NULL> + Instig<SUJ> qui impose la diathèse causative : N_{INST} *lässt* N_{STIM} *befürchten*, construction non négligeable puisqu'elle concerne 23 occurrences du corpus allemand. Concernant le cadre Stim<SUJ_[+anim]> + Exper<NULL>, il se décline en une construction active des quatre verbes *beunruhigen*, *erschrecken*, *verängstigen* et *verschrecken*, et trois constructions du verbe *fürchten* (passif dynamique, modal et état). Et de son côté, le cadre Stim<SUJ_[-anim]> + Exper<NULL> se décline en une construction active des deux verbes *beunruhigen* et *erschrecken*, trois constructions (active, passive dynamique et modale) du verbe *befürchten*, et trois constructions (passive dynamique, modale et état) du verbe *fürchten*. Cette dernière distribution permet d'observer que *fürchten* en l'absence de mention de l'Expérient se rencontre plus souvent au passif-état (11 occ.) qu'au passif dynamique (3 occ.) ; en revanche, dans le même cadre, *befürchten* se rencontre exclusivement au passif dynamique *etw*$_{\text{STIM}}$/*dass* P *wird befürchtet*. En outre, comme on pouvait s'y attendre, *befürchten* ne peut pas s'associer à la construction *jmd*$_{\text{STIM}}$ *wird* V_{ppa} contrairement à *fürchten*. C'est un mérite remarquable de l'analyse des corpus textuels de permettre de telles observations contrastives ; *cf.* tableau 10 :

11 Nous reprenons le terme proposé par L Tesnière pour un agent ou une force externe, en hommage au père de l'actance.

cadre de rôles	**verbe**		**construction**	**eff.**
Stim<COMP_[-anim]> + Exper<NULL>	***befürchten***		N_{INST} *lässt* N_{STIM} *befürchten*	23
Stim<SUJ_[+anim]> + Exper<NULL>	***beunruhigen***		*jmd*$_{STIM}$ *beunruhigt* N_{EXP}	1
	erschrecken		*jmd*$_{STIM}$ *erschreckt* N_{EXP}	1
	fürchten	**30**	*jmd*$_{STIM}$ *wird gefürchtet*	6
			jmd$_{STIM}$ *ist zu fürchten*	1
			jmd$_{STIM}$ *ist gefürchtet*	23
	verängstigen		*jmd*$_{STIM}$ *verängstigt* N_{EXP}	1
	verschrecken		*jmd*$_{STIM}$ *verschreckt* N_{EXP}	1
Stim<SUJ_[-anim]> + Exper<NULL>	***befürchten***	**240**	N_{STIM} *befürchtet*	1
			etw$_{STIM}$*/dass* P *wird befürchtet*	95
			etw$_{STIM}$*/dass* P *ist zu befürchten*	144
	beunruhigen		N_{STIM} *beunruhigt*	4
	erschrecken		N_{STIM} *erschreckt*	7
	fürchten	**22**	*etw*$_{STIM}$ *wird gefürchtet*	3
			etw$_{STIM}$ *ist zu fürchten*	8
			etw$_{STIM}$ *ist gefürchtet*	11

Tableau 10 : les six verbes allemands et les seize constructions attestés dans la réalisation des trois cadres de rôles à Expérient non mentionné

5.2 Verbes français

Le tableau 11 ci-dessous livre les résultats bruts de l'analyse du corpus français, c'est-à-dire le nombre d'occurrences de chaque paire {verbe, cadre de rôles}. Les neuf verbes français examinés peuvent s'associer globalement à neuf cadres de rôles. Ces chiffres bruts ne sont pas très instructifs en eux-mêmes, on peut cependant observer que les deux verbes les plus représentés sont un verbe d'expérience émotionnelle, *craindre* (1 422 occ.), et un verbe de causation d'expérience émotionnelle *inquiéter* (1 353 occ.). Quant aux cadres de rôles associés, c'est de très loin Stim<COMP_[-anim]> + Exper<SUJ> qui l'emporte. Avec les deux verbes d'expérience émotionnelle *craindre* (1 237 occ.) et *redouter* (627 occ.), ce cadre correspond à la construction active : *qn craint/redoute qch.* Avec six des sept verbes d'expérience émotionnelle, il correspond en revanche à une construction passive : *qn est angoissé* (4 occ.), *apeuré* (3 occ.), *effrayé* (37 occ.), *épouvanté* (3 occ.), *terrifié* (4 occ.), *terrorisé* (12 occ.).[12] Quant à *inquiéter*, il s'associe aussi

12 En principe, le complément de la forme passive du verbe *terroriser* est un animé, mais ces douze occurrences montrent que cette restriction de sélection n'est pas toujours respectée,

bien à la construction réfléchie qu'à la construction passive. La majeure partie des 509 occurrences du verbe *inquiéter* dans ce cadre prend essentiellement la forme *qn s'inquiète de qch* (501 occ.) et marginalement la forme *qn est inquiété de/par qch* (8 occ.) ; *cf.* tableau 11 :

résultats bruts – verbes français	***angoisser***	***apeurer***	***craindre***	***effrayer***	***épouvanter***	***inquiéter***	***redouter***	***terrifier***	***terroriser***	
Stim<COMP_[-anim]> + Exper<COMP>	0	0	14	0	0	0	3	0	0	**17**
Stim<COMP_[-anim]> + Exper<NULL>	0	0	69	0	0	0	0	0	0	**69**
Stim<COMP_[-anim]> + Exper<SUJ>	4	3	1237	37	3	509	627	4	12	**2436**
Stim<COMP_[+anim]> + Exper<SUJ>	0	0	56	1	0	21	17	2	2	**99**
Stim<NULL> + Exper<SUJ>	17	2	6	13	4	401	0	10	21	**474**
Stim<SUJ_[-anim]> + Exper<COMP>	16	1	2	89	19	299	12	17	13	**468**
Stim<SUJ_[+anim]> + Exper<COMP>	1	0	2	43	6	50	1	5	32	**140**
Stim<SUJ_[-anim]> + Exper<NULL>	0	0	33	1	0	69	24	0	0	**127**
Stim<SUJ_[+anim]> + Exper<NULL>	0	0	3	0	0	4	4	0	0	**11**
	38	**6**	**1422**	**184**	**32**	**1353**	**688**	**38**	**80**	

Tableau 11 : cadres de rôles des neuf verbes français

Sur la base de ces données croisées, nous allons identifier le ou les meilleur(s) cadre(s) de rôles pour chacun des neuf verbes français (tableau 12), et le ou les meilleur(s) verbe(s) pour chaque cadre de rôles[13] (tableau 13).

ce qui rapproche *terroriser* de *terrifier* et *épouvanter*. Exemple : *Les otages sont terrorisés/terrifiés/épouvantés par la menace d'être exécutés.*

13 On calcule la fréquence de chaque case croisée relativement au verbe ou au cadre de rôles en divisant la fréquence absolue de chaque cadre de rôles par la fréquence soit de toutes les occurrences du verbe, soit de toutes les occurrences du cadre de rôles.

	verbes de causation							**verbes d'expérience**	
meilleur(s) cadre(s) par verbe	↓ ***angoisser***	↓ ***apeurer***	↓ ***effrayer***	↓ ***épouvanter***	↓ ***inquiéter***	↓ ***terrifier***	↓ ***terroriser***	↓ ***craindre***	↓ ***redouter***
Stim<COMP_ [-anim]> + Exper<COMP>	0%	0%	0%	0%	0%	0%	0%	1%	0%
Stim<COMP_ [-anim]> + Exper<NULL>	0%	0%	0%	0%	0%	0%	0%	5%	0%
Stim<COMP_ [-anim]> + Exper<SUJ>	11%	**50%**	20%	9%	**38%**	11%	15%	**87%**	**91%**
Stim<COMP_ [+anim]> + Exper<SUJ>	0%	0%	1%	0%	2%	5%	3%	4%	2%
Stim<NULL> + Exper<SUJ>	**45%**	33%	7%	13%	**30%**	26%	26%	0%	0%
Stim<SUJ_ [-anim]> + Exper<COMP>	**42%**	17%	**48%**	**59%**	22%	**45%**	16%	0%	2%
Stim<SUJ_[+anim]> + Exper<COMP>	3%	0%	23%	19%	4%	13%	**40%**	0%	0%
Stim<SUJ_[-anim]> + Exper<NULL>	0%	0%	1%	0%	5%	0%	0%	2%	3%
Stim<SUJ_[+anim]> + Exper<NULL>	0%	0%	0%	0%	0%	0%	0%	0%	1%

Tableau 12 : les meilleurs cadres de rôles pour chaque verbe français

Du tableau 12 ressortent deux types d'informations :

a) Pour sept des neuf verbes, un cadre de rôles l'emporte clairement, mais pour *angoisser*, et dans une moindre mesure pour *inquiéter*, la proportion des occurrences est approximativement égale entre deux cadres de rôles.
b) Les cadres de rôles les mieux représentés sont Stim<COMP_[-anim]> + Exper<SUJ> et Stim<SUJ_[-anim]> + Exper<COMP> (chacun en première position pour quatre verbes).

Pour Stim<SUJ_[-anim]> + Exper<COMP>, les quatre verbes en cause (*angoisser*, *effrayer*, *épouvanter* et *terrifier*) sont causatifs, il s'agit donc pour chacun de leur construction active. En revanche, pour Stim<COMP_[-anim]> + Exper<SUJ>, deux des verbes (*apeurer* et *inquiéter*) sont causatifs, donc en construction active, et deux (*craindre* et *redouter*) sont non causatifs, et donc en construction passive (N_{STIM} *est craint/redouté de/par* N_{EXP}).

Le calcul de la fréquence de chaque case croisée relativement au nombre des occurrences de chaque cadre de rôles fournit des résultats exceptionnellement clairs. Sont en cause essentiellement un des deux verbes d'expérience, *craindre*, qui figure en première position pour tous les cadres à STIM complément (quatre premières lignes du tableau 13 ci-dessous), et un des sept verbes de causation, *inquiéter*, qui figure en première position pour le cadre Stim<NULL> + Exper<SUJ> (*qn s'inquiète*) et pour les quatre cadres suivants à STIM sujet. Dans le cadre de rôles Stim<SUJ_[+anim]> + Exper<COMP>, *effrayer* présente une proportion presque équivalente (*qn inquiète/effraie qn*), et dans le cadre Stim<SUJ_[+anim]> + Exper<NULL>, le verbe d'expérience *redouter* fait jeu égal avec *inquiéter* (*qn inquiète/qn est redouté*).

	verbes de causation							**verbes d'expérience**	
meilleur(s) verbe(s) par cadre	***angoisser***	***apeurer***	***effrayer***	***épouvanter***	***inquiéter***	***terrifier***	***terroriser***	***craindre***	***redouter***
Stim<COMP_[-anim]> + Exper<COMP>[14]	0%	0%	0%	0%	0%	0%	0%	**82%**	18%
Stim<COMP_[-anim]> + Exper<NULL>	0%	0%	0%	0%	0%	0%	0%	**100%**	0%
Stim<COMP_[-anim]> + Exper<SUJ>	0%	0%	2%	0%	21%	0%	0%	**51%**	26%
Stim<COMP_[+anim]> + Exper<SUJ>	0%	0%	1%	0%	21%	2%	2%	**57%**	17%
Stim<NULL> + Exper<SUJ>	4%	0%	3%	1%	**85%**	2%	4%	1%	0%
Stim<SUJ_[-anim]> + Exper<COMP>	3%	0%	19%	4%	**64%**	4%	3%	0%	3%
Stim<SUJ_[+anim]> + Exper<COMP>	1%	0%	**31%**	4%	**36%**	4%	23%	1%	1%
Stim<SUJ_[-anim]> + Exper<NULL>	0%	0%	1%	0%	**54%**	0%	0%	26%	19%
Stim<SUJ_[+anim]> + Exper<NULL>	0%	0%	0%	0%	**36%**	0%	0%	27%	**36%**

Tableau 13 : les meilleurs verbes français pour chaque cadre de rôles

14 Construction causative du type N_{INST} *fait/laisse craindre* N_{STIM} *à* N_{EXP}.

5.3 Verbes allemands

Pour les sept verbes allemands en cause, nous allons suivre la même démarche que pour les verbes français. Le tableau 14 montre que les deux verbes les mieux représentés sont *fürchten*, avec 1 504 occurences, et *befürchten*, avec 1 271 occurences. Le cadre de rôles de loin le plus saillant est Stim<COMP_[-anim]> + Exper<SUJ>, mais il touche presque exclusivement ces deux mêmes verbes de perception. On peut donc formuler sur cette base l'hypothèse que les cadres de rôles associés aux deux verbes de perception se distingueront clairement de ceux associés aux verbes de causation. Cependant, le verbe labile *erschrecken*[15] vient perturber ce jeu simple à première vue.

résultats bruts – verbes allemands	***ängstigen***	***befürchten***	***beunruhigen***	***erschrecken***	***fürchten***	***verängstigen***	***verschrecken***	
Stim<COMP_[+anim]> + Exper<SUJ>	1	0	1	8	134	2	1	147
Stim<COMP_[-anim]> + Exper<NULL>	0	23	0	0	0	0	2	25
Stim<COMP_[-anim]> + Exper<SUJ>	5	1003	26	52	1250	0	9	**2345**
Stim<NULL> + Exper<SUJ>	12	0	28	186	58	6	0	290
Stim<SUJ_[+anim]> + Exper<COMP>	2	0	11	63	6	2	14	98
Stim<SUJ_[+anim]> + Exper<NULL>	0	0	1	1	30	1	1	34
Stim<SUJ_[-anim]> + Exper<COMP>	20	5	114	58	4	3	18	222
Stim<SUJ_[-anim]> + Exper<NULL>	0	240	4	7	22	0	0	273
	40	**1271**	185	375	**1504**	14	45	

Tableau 14 : cadres de rôles des sept verbes allemands

L'identification des meilleurs cadres pour chaque verbe confirme cette première impression. Les deux verbes d'expérience *befürchten* et *fürchten* figurent en première position dans le cadre Stim<COMP_[-anim]> + Exper<SUJ> (*jmd befürchtet/fürchtet* N), et les trois verbes de causation *ängstigen*, *beunruhigen* et *verschrecken* figurent en premier lieu dans le cadre Stim<SUJ_[-anim]>

15 voir note 7 sur l'existence d'un ou deux verbes *erschrecken* en fonction de la flexion forte ou faible

+ Exper<COMP> (*etwas ängstigt/beunruhigt/verschreckt jmdn).* Cependant, le cadre Stim<NULL> + Exper<SUJ> occupe la première position aussi bien pour le verbe de causation *verängstigen* au passif-état (*jmd ist verängstigt*) que pour le verbe labile *erschrecken* dans son emploi fort-intransitif ou faible-passif-état (*jmd erschrickt/jmd ist erschrocken/jmd ist erschreckt*), *cf.* tableau 15 :

	verbes de causation				**verbes d'expérience**		**verbe labile**
meilleur(s) cadre(s) par verbe	***ängstigen***	***beunruhigen***	***verängstigen***	***verschrecken***	***befürchten***	***fürchten***	***erschrecken***
Stim<COMP_[+anim]> + Exper<SUJ>	3%	1%	14%	2%	0%	9%	2%
Stim<COMP_[-anim]> + Exper<NULL>	0%	0%	0%	4%	2%	0%	0%
Stim<COMP_[-anim]> + Exper<SUJ>	13%	14%	0%	20%	**79%**	**83%**	14%
Stim<NULL> + Exper<SUJ>	30%	15%	**43%**	0%	0%	4%	**50%**
Stim<SUJ_[+anim]> + Exper<COMP>	5%	6%	14%	31%	0%	0%	17%
Stim<SUJ_[+anim]> + Exper<NULL>	0%	1%	7%	2%	0%	2%	0%
Stim<SUJ_[-anim]> + Exper<COMP>	**50%**	**62%**	21%	**40%**	0%	0%	15%
Stim<SUJ_[-anim]> + Exper<NULL>	0%	2%	0%	0%	19%	1%	2%

Tableau 15 : les meilleurs cadres de rôles pour chaque verbe allemand

Le calcul de la fréquence des occurrences des différents cadres de rôles relativement aux verbes révèle que pour les trois premiers cadres à STIM complément et pour la cinquième et la septième à EXP non mentionné, les deux verbes de perception couvrent presque la totalité des occurrences (entre 88 et 92%), ce qui n'est pas très étonnant compte tenu de leur effectif très supérieur aux autres verbes (voir tableau 14). Pour les deux cadres Stim<NULL> + Exper<SUJ> et Stim<SUJ_[+anim]> + Exper<COMP>, c'est *erschrecken* qui s'impose (*jmd erschrickt* ; *jmd erschreckt jmdn*). Enfin, le cadre Stim<SUJ_ [-anim]> + Exper<COMP> place en tête le verbe de causation *beunruhigen* (*cf.* tableau 16).

meilleur(s) verbes(s) par cadre	verbes de causation				verbes d'expérience		verbe labile
	ängstigen	*beunruhigen*	*verängstigen*	*verschrecken*	*befürchten*	*fürchten*	*erschrecken*
Stim<COMP_[+anim]> + Exper<SUJ>	1%	1%	1%	1%	0%	**91%**	5%
Stim<COMP_[-anim]> + Exper<NULL>	0%	0%	0%	8%	**92%**	0%	0%
Stim<COMP_[-anim]> + Exper<SUJ>	0%	1%	0%	0%	43%	**53%**	2%
Stim<NULL> + Exper<SUJ>	4%	10%	2%	0%	0%	20%	**64%**
Stim<SUJ_[+anim]> + Exper<COMP>	2%	11%	2%	14%	0%	6%	**64%**
Stim<SUJ_[+anim]> + Exper<NULL>	0%	3%	3%	3%	0%	**88%**	3%
Stim<SUJ_[-anim]> + Exper<COMP>	9%	**51%**	1%	8%	2%	2%	26%
Stim<SUJ_[-anim]> + Exper<NULL>	0%	1%	0%	0%	**88%**	8%	3%

Tableau 16 : les meilleurs verbes allemands pour chaque cadre de rôles

6. Conclusion

De cette comparaison des différentes constructions propres à véhiculer l'expression de l'entrée dans l'état émotif de peur en combinaison avec un verbe d'expérience ou de causation d'expérience émotionnelle (section 5), il ressort clairement que les moyens d'expression sont analogues dans les deux langues. La section 4 ayant par ailleurs montré, à partir de notre analyse de corpus comparables, que dans ce champ – contrairement à notre hypothèse initiale –, le français ne sélectionne pas plus fréquemment que l'allemand un Stimulus non animé (c'est-à-dire généralement événementiel) comme sujet, on peut conclure que les modes d'expression prédicative dans le champ de la peur ne présentent pas de divergences notables entre le français et l'allemand au niveau des cadres de rôles.

Cependant (*cf.* section 5), l'éventail des constructions associées aux cadres de rôles peut varier. Ainsi le verbe *inquiéter* se présente très fréquemment en construction réfléchie avec ou sans expression prépositionnelle du Stimulus : *qn s'inquiète* (374 occ.)/*qn s'inquiète de qch* (501 occ.)/*qn s'inquiète de qn*

(18 occ.). En allemand, on ne rencontre aucun équivalent bien implanté de *qn s'inquiète de qn*. Les constructions réfléchies les mieux représentées sont celles du verbe *fürchten* (189 occ.), lequel n'est pas causatif. Les trois constructions de *sich fürchten* mentionnées dans le tableau 17 peuvent s'analyser à l'aide d'un « accusatif réfléchi d'intérêt »[16] : contrairement à *sich ängstigen/beunruhigen/erschrecken/verängstigen*, *sich fürchten* ne se décompose pas en « faire peur à soi-même », mais en « avoir peur pour soi-même (devant qch/qn) ». En outre, l'analyse du corpus allemand révèle qu'à côté de l'expression intransitive à flexion forte *jmd erschrickt* (144 occ.), il subsiste marginalement une expression réfléchie à flexion faible *jmd erschreckt sich* (8 occ.).

verbes	cadres de rôles	occ.	formulation
ängstigen	Stim<NULL> + Exper<SUJ>	10	*jmd ängstigt sich*
	Stim<COMP_[-anim]> + Exper<SUJ>	4	*jmd ängstigt sich* Prep *etw*
	Stim<COMP_[+anim]> + Exper<SUJ>	1	*jmd ängstigt sich* Prep *jmd*
beunruhigen	Stim<NULL> + Exper<SUJ>	1	*jmd beunruhigt sich*
	Stim<COMP_[-anim]> + Exper<SUJ>	2	*jmd beunruhigt sich* Prep *etw*
erschrecken	Stim<NULL> + Exper<SUJ>	8	*jmd erschreckt sich*
	Stim<COMP_[-anim]> + Exper<SUJ>	1	*jmd erschreckt sich* Prep *etw*
	Stim<COMP_[+anim]> + Exper<SUJ>	1	*jmd erschreckt sich* Prep *jmd*
fürchten	Stim<NULL> + Exper<SUJ>	56	*jmd fürchtet sich*
	Stim<COMP_[-anim]> + Exper<SUJ>	96	*jmd fürchtet sich vor etw*
	Stim<COMP_[+anim]> + Exper<SUJ>	37	*jmd furchtet sich vor jmdm*
verängstigen	Stim<NULL> + Exper<SUJ>	1	*jmd verängstigt sich*

Tableau 17 : réalisation réfléchie des cadres de rôles à Expérient sujet en allemand

Au final, en marge de verbes de causation qui ont un comportement globalement similaire dans les deux langues {*angoisser*, *épouvanter*, *inquiéter*, *terrifier*} ⇔ {*ängstigen*, *beunruhigen*, *verängstigen*, *verschrecken*}, les principales différences constructionnelles concernent :

- en français le verbe *terroriser* qui ne s'associe qu'exceptionnellement à un Stimulus non animé, et le verbe *inquiéter* en raison de la forte représentation de *qn s'inquiète de qn* ;

16 Pronom réfléchi à l'accusatif comparable au réfléchi au datif dans *ich schaue **mir** das Schauspiel an*.

- et en allemand le verbe *erschrecken* qui bien que présentant deux flexions forte et faible, respectivement associées à une construction intransitive et transitive, figure cependant dans des constructions réfléchies (*cf.* tableau 17), et le verbe d'expérience émotionnelle *fürchten* qui figure très fréquemment (189 occ.) dans des constructions réfléchies où le pronom réfléchi à l'accusatif se combine curieusement avec un verbe d'expérience émotionnelle non causatif, ce qui confère au pronom réfléchi un statut de « marqueur d'intérêt ».

Bibliographie

Balibar-Mrabti, Antoinette (dir.) (1995). *Grammaire des sentiments. Langue française* 105.

Bally, Charles ([3]1965). « Stylistique et linguistique générale », *in* : Charles Bally : *Le langage et la vie*. Genève : Droz, 53–74.

Blumenthal, Peter (2003). « Le centrage du verbe transitif », *in* : Peter Blumenthal/ Peter Koch (eds.) : *Valence : perspectives allemandes. Syntaxe & Sémantique* 4, Presses Universitaires de Caen, 15–46.

Chafe, W. (1970). *Meaning and the Structure of Language*. Chicago : Chicago University Press.

Chiss, Jean-Louis (ed.) (2006). *Charles Bally (1865–1947). Historicité des débats linguistiques et didactiques*. Louvain : Peeters.

Diwersy, Sascha/François, Jacques (2012). « La combinatoire des noms d'affect et des verbes supports de causation en français. Étude de leur attirance au niveau des unités et de leurs classes syntactico-sémantiques », *Travaux neuchâtelois de linguistique* 55, 139–161.

Diwersy, Sascha/François, Jacques (à paraître). « Les relations de famille entre diverses constructions des verbes d'entraînement en français actuel ».

Dowty, David (1991). « Thematic proto-roles and argument selection », *Language* 67, 547–619.

François, Jaques (1973). *La notion de métataxe chez Tesnière. Cahiers du DRLAV* 5. Paris : Université de Paris 7.

François, Jacques (1983). « On the Perspectival Ordering of Patient end Causing Event in the Distribution of French and German Verbs of Change: A Contrastive Study », *in* : Rainer Bäuerle, Christoph Schwarze, Achim von Stechow (eds.) : *Meaning, Use, and Interpretation of Language*. Berlin : de Gruyter, 121–133.

François, Jacques (1989). *Changement, Causation, Action – Trois catégories sémantiques fondamentales du lexique verbal français et allemand*. Genève : Droz.

François, Jacques (1998). « Théorie multifactorielle de la transitivité, 'différentiel de participation' et classes aspectuelles et actancielles de prédication », *in* : André Rousseau (ed.). *La transitivité.* Lille : Presses du Septentrion, 181–201.

François, Jacques (2000). « Le mode d'expression lexical et phraséologique des états, processus et actions dans le domaine affectif en français et en allemand », *in* : Gertrud Gréciano (ed.) : *Micro- et macrolexèmes et leur figement discursif.* Louvain : Peeters, 141–158.

François, Jacques (2003). *La prédication verbale et les cadres prédicatifs.* Louvain : Peeters.

Givón, Talmy (1989). *Code, Mind and Context.* Chicago : Chicago University Press.

Groot, Casper de (1989). *Predicate Structure in a Functional Grammar of Hungarian.* Dordrecht : Foris.

Krötsch, Monique/Oesterreicher, Wulf (2000). « Dynamique des configurations actancielles : Modifications des construction verbales en français non standard », *in* : Peter Blumenthal/Peter Koch (eds.) : *Valence : perspectives allemandes. Syntaxe & Sémantique* 4, Presses Universitaires de Caen, 109–137.

Malblanc, Alfred (1944). *Pour une stylistique comparée du française et de l'allemand.* Paris : Didier.

Malblanc, Alfred (1968). *Stylistique comparée du français et de l'allemand.* Paris : Didier.

Mathieu, Yvette-Yannick (2000). *Les verbes de sentiment : de l'analyse linguistique au traitement automatique.* Paris : CNRS.

Tesnière, Lucien (1959). *Éléments de syntaxe structurale.* Paris : Klincksieck.

Annexe											
type de prédication	type d'expression	allemand				français				classes lexicalisées par type de préd. et mode d'expression
		UNRUH	*ANGST*	*FURCHT*	*SCHRECK*	*INQUIET*	*PEUR*	*EFFRA|OI*	*TERR(EU/OR)*	
ACTION	V	*(jmdn) beunruhigen*	*(jmdn) (be/ver) ängstigen*		*(jmdn) erschrecken* [vfb]	*inquiéter (qn)*	*apeurer (qn)*	*effrayer (qn)*	*terrifier (qn) terroriser (qn)*	**7/8**
	A	*(jmdn) unruhig machen*	*(jmdn) ängstlich machen*			*rendre (qn) inquiet*				**3/8**
	P	*(jmdn) in Unruhe versetzen/ stürzen*	*(jmdm) Angst einjagen/(jmdn) in Angst (und Schrecken) versetzen*		*(jmdm) einen Schrecken einjagen/ (jmdn) in (Angst und) Schrecken versetzen*		*faire peur à (qn)*	*répandre/semer l'effroi chez (qn)*	*répandre/semer la terreur chez (qn)*	**6/8**
PROCESSUS	V		*sich (vor N) ängstigen*		*(vor N) erschrecken [vft]*	*s'inquiéter (de N)*		*s'effrayer (de N)*		**4/8**
	A	*unruhig werden*	*ängstlich werden*							**2/8**
	P	*in Unruhe kommen/ geraten*	*in Angst kommen/ geraten*	*in Furcht geraten/ ausbrechen*			*prendre peur*	*(se laisser gagner par l'effroi)*	*(se laisser gagner par la terreur)*	**6/8**
ÉTAT	V			*(etw/dass P) befürchten sich (vor N) fürchten*						**1/8**
	A	*unruhig sein*	*ängstlich sein*	*in Furcht sein/ schweben*	*erschreckt/ verschreckt sein*	*être inquiet (de N)*	*être apeuré*	*être effrayé (de N)*	*être terrifié/ terrorisé*	**8/8**
	P		*(vor N) Angst haben*				*avoir peur (de N)*			**2/8**
classes lexicalisées par base		**6/9**	**8/9**	**3/9**	**4/9**	**4/9**	**5/9**	**5/9**	**4/9**	

Tableau 5 : répartition des expressions verbales, attributives et phraséologiques par type de prédication et par famille lexicale

Extent of Collocational Difference between Languages: a Corpus-based Study of Emotion Nouns**

*Dirk Siepmann**

Résumé

Le présent article fait partie d'une série d'études sur les différences sémantiques entre les collocations qu'admettent les noms d'émotion en français, en anglais et en allemand. La question sous-jacente est de savoir dans quelle mesure, s'il y a lieu, le contenu sémantique des collocations peut se conserver intact lors du passage d'une langue à l'autre. Après avoir classé les collocations en fonction de leurs dimensions sémantiques, nous avons comparé les collocatifs de bases équivalentes en vue du repérage d'équivalences et de lacunes collocationnelles. Les résultats ne montrent aucune différence significative entre les langues sous examen, ce qui porte à croire que des vécus culturels et psychiques de nature semblable donnent lieu à des choix sémantiques équivalents.

Abstract

This chapter is one of several corpus-based investigations into semantic differences between English, German and French collocations of emotion nouns. Underlying these investigations is the question to what extent, if any, collocational meaning can be relayed intact from one language to another. Collocations were classified by semantic criteria, and the collocates of equivalent nodes were compared with the aim of identifying collocational equivalences and collocational gaps. There were found to be no significant differences between the languages under investigation, suggesting that culturally and psychologically similar experience gives rise to equivalent meaning choices.

1. Introduction

Given the recent availability of very large corpora and the publication of fairly comprehensive collocation dictionaries in languages such as English, French and German, it is somewhat surprising to find that cross-linguistic research on collocation is still in its infancy – at least if we exclude from consideration the substantial body of research comparing phraseological items across languages. Similarly, there is a glaring imbalance between, on the one hand, the extensive literature on interlingual differences between semantic fields and on the (assumed or real) untranslatability of individual words (for a survey,

---

* University of Osnabrück.

** This contribution was supported by the German Research Foundation (DFG) within the EMOLEX project, no. GZ:BL 178/11-1; AOBJ: 571879.

see Blumenthal 1997, 101–104) and, on the other hand, the almost total neglect of interlingual differences in the collocational potential of words. In an attempt to address this imbalance, the present study provides a quantitative assessment of the extent to which collocations based on four emotion nouns (*disappointment, pride, contempt, jealousy* and their standard French and German equivalents) differ from one language to another.

This begs the question of what is meant by "difference". Research on second-language learning and collocation has shown that learners who have internalized a word-based view of language will have difficulty producing native-like "formulaic pairings", i.e. collocations (Wray 2002, 211), and will experience second-language collocations as "different" because the words composing them may not be one-for-one translations of source-language words (e.g., *jemandem bisherige Studienleistungen anerkennen – award sb credit transfer*; *den wissenschaftlichen Nachwuchs fördern – develop young scholars/educate young researchers*). To the linguist, such differences are, of course, purely superficial, since the meaning underlying source-language and target-language items is more or less identical; in other words, although the items are of differing lengths and types, they cover cross-culturally similar experience. An added complication for both the learner and the linguist is that the same meaning may be expressed by different constructions across languages (e.g., German compounds *vs* English collocations: *Bezugswissenschaft – contributory discipline*; *Drittmittel – external funding*; German collocation *vs* English complementation pattern: *Versuch, den Mount Everest zu besteigen/Versuch der Besteigung des Mount Everest – attempt on Mount Everest*). From a theoretical point of view, this shows that collocations are hard to define by means of underlying semantic or syntactic features, since they enter into any number of syntactic patterns (although some of these may be particularly common; *cf.* Siepmann 2004) and resemble other "denominators" (words, compounds, phrasemes, etc.) (Frath/Gledhill 2005) in referring "globally" to concepts which have become conventional in a particular linguistic community. From the perspective of the learner and the contrastivist, this yields the insight that collocational equivalents can be established on the basis of experiential similarities rather than "word pairings".

The foregoing suggests that it is impossible, on logical grounds, to distinguish between different types of multi-word units and to consistently render one syntactic source-language type of collocation by the same target-language type (*cf. son dossier est vide – they have nothing on/against him*). It is therefore of lesser theoretical interest – though of great lexicographic and translatological relevance (*cf.* Siepmann 2004) – to search for "notional" gaps such as *dossier + vide*, which can be filled by means of a rank or class shift, or *avenge + disappointment*, whose

German equivalent relies on an entirely different node-collocate combination (*Niederlage* + *wettmachen*). Admittedly, the ferreting out of such collocational equivalents often requires lateral thinking and translatorial skill, but any cross-linguistic investigation of collocational difference would seem to make sense only if it casts its net beyond the linguistic surface to explore cases where a collocation's meaning cannot be relayed intact from one language to another. This is the way "difference" is defined in the present study, and instances where languages differ in this way will be referred to as "(interlingual) collocational gaps". Since the study is restricted to collocations based on nominal node words and their interlingual equivalents, the term "collocational gap" is used, although in the light of the above discussion the term "denominational gap" may be more appropriate.

Section 2 provides a review of some relevant issues in lexical semantics. Section 3 briefly describes the general methodology employed in the EMOLEX project which underlies this study and the additional methodological steps required for the present study. Section 4 presents the results of the empirical analysis and discusses some wider implications of the study.

2. Background

There have been many claims in the semantics literature of the existence of asymmetries between the conceptual and the lexical levels, or "lexical gaps" (e.g., Strohmeyer 1910, 181–190; Leisi 1953; Geckeler 1971, 2000; Proost 2001; Rodriguez 2011), which are often thought to give rise to interlingual divergences. Post-Saussurean structuralists have sought to define lexical gaps in terms of componential analysis and the distinction made by Coseriu between system (the totality of potential realizations) and norm (conventional language use). Thus, as recently as a decade ago, one of the foremost German lexicologists proposed a definition of an intralingual lexical gap as a systemically possible combination of semantic features which is not realized as a functional unit in actual usage (Geckeler 2000, 66–67). In simpler, non-structuralist terms, we might say that an intralingual lexical gap is a virtual array of meaning components which is not represented by an actual word. Yet, even under the doubtful assumption that semantic features can be identified unambiguously, such a view results in a mind-boggling multiplication of hypothesized lexical gaps, as demonstrated fairly conclusively by Lehrer's (1969, cited in Lehrer 1970) investigation into cooking verbs: it simply makes no sense to say that the actual semantic field of cooking verbs is composed of 33 items whose meaning can be expressed by a set of 20 semantic features, while the virtual field comprises hundreds more potential combinations. Taking such reasoning to its logical conclusion, we would have to posit a sudden increase in lexical gaps in the area of cooking verbs whenever an inventive cook came up with a new technique (as in the case of the recently invented spherification or flash freezing).

It follows from this that intralingual lexical gaps are an artifact created by structuralist thinking, despite claims by Geckeler (2000, 32–33) that some gaps, such as the lack of *tôtif* as an antonym of *tardif*, are perceived even by the native speaker (while others are only perceived by the linguist). It is easy to see that the perception of lexical gaps depends on the degree of a speaker's language awareness or "focus on form" rather than the distinction between native speakers and linguists. If a speaker uses language exclusively with a focus on meaning, as most native speakers of a language probably do, then she is highly unlikely to notice her use of *précoce*, *hâtif* or *prématuré* as poor "virtual" substitutes for a sorely missing *tôtif* (etc.); nor is she likely to become aware of the absence of a term to designate the essential part of a spoon (to use an example from Cruse 1986, 171).

The reverse is true of interlingual gaps, whose existence is psychologically real to any bilingual speaker but is called into question by structuralists for the simple reason that a gap, by definition, can only be system-internal. With few obvious exceptions, such as terms (*atom-Atom*) or place names (*Munich-München*), there is indeed no symmetrical and reversible relationship of identity between items in different languages. The existence of such relationships would presuppose that speakers of the languages in question draw on the same body of discourses in which literal translations of identical items are "primed" (in the sense of Hoey) in identical ways. And yet there are clearly close similarities between items in different languages, and an argument can reasonably be made that such similarity increases with the length of the item (*cf.* Siepmann, forthcoming). It may be more prudent therefore to speak of "items that have no interlingual equivalent", but for reasons of convenience the terms "(interlingual) lexical/collocational/meaning gap" will continue to be used here.

Rather than relying on the structuralist notions of "semantic feature" and "semantic field", the present study uses an approach developed in the EMOLEX project which combines structuralist and contextualist approaches to meaning (for a detailed discussion in English, see Siepmann, forthcoming). It classifies emotion nouns in terms of "semantic dimensions" which mirror their collocational behaviour. Thus, for example, many emotion nouns typically combine with verbs expressing the ways in which humans exercise control over their emotions (e.g., *calm, conquer, dispel, ease, alleviate, overcome*), leading Tutin *et al.* (2006) to posit a semantic dimension termed "affect control" which helps to distinguish between "interpersonal emotion nouns" such as *love* or *affection* and "reactive interpersonal emotion nouns" such as *anger* or *shame*. The original list of five dimensions (aspect, control, manifestation, causation, verbalization) identified by Tutin *et al.* (2006) has been refined and tidied up in the EMOLEX project to yield an eight-way classification, each with several sub-dimensions (for further detail and exemplification, see Tables 1 and 2 in Section 3).

3. Methodology

Analysis proceeded in four steps. The first step involved generating the combinatory profile (i.e., the collocational and colligational features) of the emotion words being investigated (see Blumenthal 2006 for a detailed discussion of this concept). In the second step, the resulting lists of collocates were classified according to the eight-dimensional semantic grid described above. Three investigators reviewed the category assignment of collocates independently, with one team member formally coding the results for each lemma. In the third step, an attempt was made to calculate the relative weight of particular semantic categories, with a view to creating contrastive combinatory profiles. In the fourth and final step, interlingual equivalences were established, and the collocates of equivalent nodes were compared with the aim of identifying collocational gaps. This final step involved the additional use of larger corpora to correct for potential bias in the 130-million-word corpora used in the project and to determine whether any gaps which emerged were genuinely indicative of interlingual differences in meaning potential.

Tables 1 and 2 show step four of this methodology for the emotion noun *jealousy* and its German and French equivalents. Table 2 gives a picture of interlingual equivalence based solely on the 130-million-word EMOLEX corpora. Dimensions that appear to be dominant in one language at this stage of the investigation are shown in different shades of grey: dark for English, medium for German, light for French. Items that appear to be specific to one language have been set in italics, and potential gaps have been indicated by the word "GAP?" (capitalized and followed by a question mark). Table 3 gives a picture of interlingual equivalence based on the additional use of larger corpora. Items which appear in bold type represent gaps which have been filled. Items coloured grey have been located in native-speaker Web publications.

German	French	English	Dimension	
GAP?	accès de, crise de	element of, fit of, flash of	aspect	ponctuel: non-itératif
GAP?	bien des	fits of	aspect	ponctuel itératif
GAP?	*escalade de la*	***GAP?***	*aspect*	*aspect phasique + intensité: fort*
GAP?	*réflexe de*	***GAP?***	*aspect*	*aspect phasique: inchoatif*
Anlass zur ~ geben	générer	**GAP?**	causativité	neutre
GAP?	déchaîner, provoquer, susciter, éveiller, exciter	arouse, cause, inspire	causativité	aspect: phasique: inchoatif
GAP?	aiguiser, attiser	**GAP?**	causativité	aspect: phasique + intensité: forte
zur ~ neigen	**GAP?**	**GAP?**	expérienciation	présence *vs* absence
empfinden	éprouver	feel	expérienciation	présence: neutre
Gefühl der E.	sentiment de	feeling of	expérienciation	présence: neutre
GAP?	**GAP?**	*apparent*	*manifestation*	*externe*
GAP?	*à faire pâlir de*	*tears of*	manifestation	physique: subi
GAP?	*scène de*	**GAP?**	*manifestation*	*physique: actif*
nackte, pure, rasende	fou (de), bouillonnante, excès de, mortelle, pure, verte (de)	**burning, insane, intense, mad (with), pure, full (of)**	intensité	fort
vor ~ rasen	**GAP?**	**choke with, full of**	intensité	fort
GAP?	pointe (de)	**undercurrent of**	intensité	faible
grundlose, krankhafte, ~	féroce, funeste, honteuse, infernale, malade (de), maladive, pathologique	**petty, senseless, irrational, old-fashioned(?)**	polarité	externe: négatif
GAP?	**GAP?**	**bitter**	polarité	interne: négatif

German	French	English	Dimension	
Hölle der ~, Qualen	démon de	**demon of ~, agonies of ~, pangs of ~, serpent of ~, stab of ~, in the throes of ~, twinge of ~**	Polarité	interne:négatif
~ quält jdn	**GAP?**	**be consumed by/with jealousy, be tormented by**	Polarité	interne:négatif

Table 1: step IV – stage I (EMOLEX corpora)

German	French	English	Dimension	
Anfall, Stich	accès de, crise de, **bouffée de**	element of, fit of, flash of, bout of, **jealousy tantrum**	aspect	ponctuel: non-itératif
Stiche, Anfälle	bien des	fits of	aspect	ponctuel itératif
Rausch, Wahn, Welle, sich hineinsteigern, steigern	*escalade de la*	**outburst of, surge of, wave of**	*aspect*	*aspect phasique + intensité: fort*
aufkeimend, aufkommend, anfänglich, eifersüchtige Reaktion(?), eifersüchtig reagieren(?)	*réflexe de*	*cf. react with jealousy/jealously*	*aspect*	*aspect phasique: inchoatif*
Anlass zur ~ geben	générer	**cause**	causativité	neutre
wecken, hervorrufen, auslösen	déchaîner, provoquer, susciter, éveiller, exciter	arouse, cause, inspire, **ignite, spark, kindle**	causativité	aspect:phasique: inchoatif
entfachen, schüren	aiguiser, attiser, **exacerber**	**fuel**	causativité	aspect:phasique + intensité:fort

German	French	English	Dimension	
zur ~ neigen, ***anfällig für ~ sein***	**enclin à/porté à la jalousie**	**prone to ~**	expérienciation	présence:vsa
spüren, empfinden	éprouver	feel		présence:neutre
Gefühl	sentiment de	feeling of		présence:neutre
GAP? (free combination)	**GAP? (free combination)**	*apparent*	*manifestation*	*externe*
Tränen der Eifersucht/ Eifersuchts-tränen(?); faire pâlir de -> Neid (vor Neid erblassen lassen)	*à faire pâlir de*	*tears of;* **writhe with/in; seethe with**	manifestation	physique:subi
Eifersuchtsszene (compound)	*scène de*	**jealous scene**	*manifestation*	*physique:actif*
nackte, pure, rasende, **blank, pur, schier, glühend, heftig, grün**	fou (de), bouillonnante, excès de, mortelle, pure, verte (de)	burning, insane, intense, mad (with), pure, full (of), green	intensité	fort
vor ~ rasen, **vor ~ kochen**	brûler de ~	choke with, full of, **seethe with, burn with**	intensité	fort
Anflug, kleiner Stich/ leichter Stich, unterschwellig	pointe (de)	undercurrent of, **twinge of, tinge of, stab of**	intensité	faible
grundlose/ **unbe-gründete, krankhafte, übertriebene, kleinlich, blind**	féroce, funeste, honteuse, infernale, malade (de), maladive, pathologique, **mesquine, insensée, sotte**	petty, senseless, irrational, old-fashioned, **unfounded, pathological, blinded by, unbecoming (predicative), ugly (pred.)**	polarité	externe:négatif
nagend, quälend, zerstörerisch	**dévorante, amère**	bitter, **destructive**	polarité	interne:négatif

German	French	English	Dimension	
Hölle der ~, Qualen, **Stich(?)**	démon de, **tourment de, feu de, douleur de, pincement de (Québec), aiguillon de**	demon of ~, agonies of ~, pangs of ~, serpent of ~, stab of ~, in the throes of ~, twinge of ~	polarité	interne:négatif
~ quält jdn, **sich verzehren vor**	**rongé par, dévoré d'une ~, la ~ dévore, empoisonne, torture, tourmente, trouble**	be consumed by/ with jealousy, be tormented by	polarité	interne:négatif

Table 2: step IV – stage II (other corpora; not exhaustive)

3.1 Corpora

As already mentioned, a variety of data sources were drawn upon. For steps 1 to 3, parallel newspaper and fiction corpora were used, which were specifically designed for the EMOLEX project. The newspaper corpora represent a broad sample of ordinary usage in the British, American, French and German press. Around 80 per cent of the texts were culled from "highbrow" broadsheets, while 20 per cent were collected from regional papers. Texts were selected from across the various daily, weekly or monthly sections appearing in the news media under consideration.

For step 4, account was taken of the largest available text archives for each language, i.e., the large Web corpora compiled for various languages by the *Sketchengine* team, the Google Books Corpora, the *Kookkurrenzdatenbank* of the *Institut für Deutsche Sprache* for German, and the French corpora compiled by the author.

4. Results and Discussion

The main objective of this and a previous study (Siepmann, forthcoming) was to determine to what extent, if any, emotion words differ in their collocational range from one language to another. The overall finding is somewhat disappointing from the contrastivist's perspective and can be summarized as follows:

there is comparatively sparse evidence of collocational gaps or interlingual difference.

A thorough analysis of the data shows that a broad distinction may be drawn between the following four types of equivalence.

Full equivalence: The collocation can be rendered in the L2 but the rendition involves a different node, suggesting that the L1 node is polysemous. This is the case with the aforementioned *avenge one's disappointment* and its German equivalent *seine Niederlage wettmachen*, or *boost/enhance (etc.) one's pride* and their French equivalent *développer l'estime de soi*.

Partial equivalence: Two cases may be distinguished here

A) The collocation can be rendered in the L2 but it is far less significant, as is the case with German *seine Enttäuschung mit Bier/Wein herunterspülen*, which translates into English as *drown one's disappointment* (*with a drink/in X* [e.g., *rum*]). This collocation does not occur in the English 100-million-word corpus, and there are only around 40 occurrences in the 150-billion-word Google Books corpus.

B) The collocation can be rendered in the L2 but the rendition involves a semantic shift (known as "modulation" in translation studies), which reflects the subtly different perspectives from which speakers of different languages perceive the phenomenon in question. In terms of Mel'čuk's lexicological theory (see, for example, Mel'čuk/Clas/Polguère 1995), the collocations in question may be described as lacking a functional equivalent in the L2. An example is provided by German *bescheidener Stolz* and its exact French equivalent *fierté modeste*, which would need to be rendered by *quiet pride* in present-day English (as a search on Google Books reveals, *modest/humble pride* was common from the 15th to the 19th centuries).

Multiple equivalence: The collocation can be rendered in the L2 but it corresponds to several different word combinations which have traditionally been classified as "free" combinations consisting of two semantically autonomous words (*cf.*, for example, Hausmann 1999). An example of this is *die Enttäuschung ist (schnell) verflogen*, where English has to offer a wide variety of possible renditions: *disappear* (*quickly*), *fade*, *wear off*, etc.

Zero equivalence: The collocation cannot be rendered in the L2, as appears to be the case with such items as English *old-fashioned jealousy* (usually *plain old-fashioned jealousy*, where *plain + old-fashioned* is itself a significant collocation). The difficulty here, of course, is that this judgement is based on the evidence of huge web corpora and on the investigator's limited linguistic experience, and that potential equivalents may have been overlooked (I actively invite readers to make translation proposals for collocational gaps).

A moment's thought will reveal that full and multiple equivalences cannot be regarded as collocational gaps because they involve the expression of the same meaning by superficially different means. This leaves us with cases of partial and zero equivalence, as shown in Tables 3, 4 and 5.

	partial equivalence		**zero equivalence**	
disappointment/ Enttäuschung	9	mit Bier/Wein herunterspülen jdn vor einer ~ bewahren (schnell) verfliegen der Stachel der ~ (tief sitzen) loom season of ~ pang/twinge of ~ wallow in/dwell on (a) ~ sad ~	0	
pride/Stolz	2	humble (v) mit/voller Stolz verkünden/behaupten/ hinweisen	0	
contempt/ Verachtung	2	trace/hint of (= Hauch/ Schuss), breed/arouse/ provoke contempt (= hervorrufen)	2	humorous contempt (= heitere Verachtung [archaic]), müde Verachtung
jealousy/ Eifersucht	0		1	old-fashioned jealousy
total	**13 (out of ca. 400; ~ 3.25%)**		**3 (out of ca. 400; ~ 0.75%)**	

Table 3: extent of collocational difference (English-German)

	partial equivalence		zero equivalence	
Enttäuschung/ déception	3	der Stachel der ~ (tief sitzen) hinter sich lassen d. + être à la mesure + espoir	0	
Stolz/fierté	1	se draper dans sa fierté (~ sich in beleidigtes Schweigen hüllen)	0	
Verachtung/ mépris	3	entgegenschlagen (= le mépris accueille qqn [archaic]), once de (= Hauch/Schuss), liebevolle Verachtung (= mépris mêlé d'affection)	1	müde Verachtung
Eifersucht/ jalousie	1	unterschwellig (= subconscient)	0	
total	**8 (out of ca. 400; ~ 2%)**		**1 (out of ca. 400; ~ 0.25%)**	

Table 4: extent of collocational difference (French-German)

	partial equivalence		zero equivalence	
disappointment/ déception	5	inevitable ('inévitable' common only in Quebec?) sad bring put behind one d. + être à la mesure + espoir	1	disappointment sets in
pride/fierté	2	humble (v) affirmer/clamer/ revendiquer/ proclamer/dire	0	
contempt/ mépris	0		0	
jealousy/ jalousie	1	undercurrent of (= subconscient)	1	old-fashioned jealousy
Total	**8 (out of ca. 400; ~ 2%)**		**2 (out of ca. 400; ~ 0.5%)**	

Table 5: extent of collocational difference (English-French)

The figures clearly show that the overwhelming majority of collocational meanings (or "meaning units") can be translated without any loss of content. Space does not permit any discussion of the equivalences which have been established, however (but see Table 1 for a sample); readers should recall that a superficial glance at some of the collocations under survey may suggest their untranslatability, but in actual fact this impression is often due to what we have called "notional" gaps, which require complex translation shifts. Consider, for example, the strong German collocation *geballte Verachtung*, which has no clear two-word equivalent in present-day French. However, its meaning can safely be rendered by extended lexical items (e.g., *jemanden seine geballte Verachtung spüren lassen -> déverser tout son mépris sur qqn*).

On the basis of these results, it is tempting to surmise that similar cross-cultural situations, such as the experience of basic emotions in Western society, will lead to similar collocational configurations, while cultural differences will result in collocational differences. This view appears to be expressed by Bergenholtz (2007), who cites economics, politics and law as prime examples of "culture-dependent" areas where lexicographic research has shown collocations to differ. Schönefeld (2008, 138), on the other hand, makes the valid argument that even the ways in which humans interpret universally shared aspects of their experience (such as the bodily sensation of heat) may differ from one culture to another because of differences in conventionalized mental models, and that such interpretation may give rise to language-specific collocations. Since her main interest is, however, in cross-cultural difference in the metaphorization of "heat" in English, German and Russian, of which there is at least some evidence, she has to concede that the absence of a particular sense from her matrix (e.g., the German equivalent of *hot news*) does not mean that "the mapping is also missing at the conceptual level" (165). The evidence adduced in this article weighs heavily in favour of the views expressed by Bergenholtz. I hope to shed further light on this question by extending the present study to include a larger number of emotion nouns and by comparing the results with those of an investigation into the language of university administration.

Finally, one potential limitation of this study must be acknowledged. This is that, at least theoretically, semantically equivalent collocations may differ in terms of their colligational patterning, thus potentially increasing the number of partial equivalences. However, close scrutiny of a large number of concordances has produced very little evidence of such differences, and none of them appear to result in meaning gaps. Thus, for example, the German emotion noun *Stolz* commonly takes the colligational pattern *mit + ADJ + Stolz* (*mit sichtlichem/kindlichem/unverhohlenem/berechtigtem/unterdrücktem* (etc.) *Stolz*). This is paralleled in

English and French by constructions involving *with* and *avec* respectively, with the small difference that French prefers constructions of the type *avec + ADJ + fierté* over *avec + fierté + participle*. Just as some lexical collocations (for examples, see "partial equivalence" above) are notably uncommon in particular languages, so are some patterns, such as *avec sa fierté ravalée*. But infrequency is of course not the same as unacceptability, and there is no resultant meaning gap.

References

Bergenholtz, Henning (2007). "Concrete Treatment of Culture Bound Terms and Collocations in Translational Dictionaries", in: *6th Symposium on Translation, Terminology and Interpretation in Cuba and Canada*. Toronto: Canadian Translators', Terminologists' and Interpreters' Council, <http://www.cttic.org/publications_06Symposium.asp> [7.10.2013].

Blumenthal, Peter (1997). *Sprachvergleich Deutsch-Französisch*. Tübingen: Niemeyer.

Blumenthal, Peter (2006). *Wortprofil im Französischen*. Tübingen: Niemeyer.

Cruse, Alan D. (1986). *Lexical Semantics*. Cambridge: Cambridge University Press.

Frath, Pierre/Gledhill, Christopher (2005). "Free-range Clusters or Frozen Chunks? Reference as a Defining Criterion for Linguistic Units", *Recherches anglaises et nord-américaines* (RANAM) 38, 25–43.

Hausmann, Franz Josef (1999). "Le dictionnaire de collocations – Critères de son organisation", in: Norbert Greiner, Joachim Kornelius, Giovanni Rovere (eds.): *Texte und Kontexte in Sprachen und Kulturen. Festschrift für Jörn Albrecht*. Trier: Wissenschaftlicher Verlag Trier, 121–139.

Geckeler, Horst (1971). *Zur Wortfelddiskussion. Untersuchungen zur Gliederung des Wortfeldes 'Alt-Jung-Neu' im heutigen Französisch*. München: Fink.

Geckeler, Horst (2000). "Acerca del problema de las lagunas léxicas", in: Marcos Martínez Hernández *et al.* (ed.), *Cien años de investigación semántica: de Michel Bréal a la actualidad*. Madrid: Ediciones Clásicas, 65–82.

Hoey, Michael (2005). *Lexical Priming: A New Theory of Words and Language*. London/New York: Routledge.

Lehrer, Adrienne (1970). "Notes on Lexical Gaps", *Journal of Linguistics* 6, 257–261.

Leisi, Ernst (1953). *Der Wortinhalt – Seine Struktur im Deutschen und Englischen*. Heidelberg: Carl Winter.

Mel'čuk, Igor A./Clas, André/Polguère, Alain (1995). *Introduction à la lexicologie explicative et combinatoire*. Louvain-la-Neuve: Duculot.

Proost, Kristel (2001). "Zum Lexikalisierungsraum kommunikativer Konzepte", in: Gisela Harras (ed.): *Kommunikationsverben: Konzeptuelle Ordnung und semantische Repräsentation*. Tübingen: Narr, 77–129.

Rodriguez, Antonio (2011). "La notion de lacunes lexicales en latin", *Revue de linguistique latine du Centre Alfred Ernout* 6, <http://www.paris-sorbonne.fr/IMG/pdf/martin_rodriguez_relu_par_martin_rodriguez.pdf> [14.03.2013].

Schönefeld, Doris (2008). "*Hot*, *heiß*, and *gorjachij*: A Case Study of Collocations in English, German and Russian", in: Paul Skandera (ed.): *Phraseology and Culture in English*. Berlin/New York: Mouton de Gruyter, 137–180.

Siepmann, Dirk (2004). "Kollokationen und Fremdsprachenlernen: Imitation und Kreation, Figur und Hintergrund", *Praxis Fremdsprachenunterricht* 2, 107–113.

Siepmann, Dirk (forthcoming). "Collocations across Languages: Unity in Diversity?", in: Martina Nied Curcio, Fabio Mollica, María José Domínguez Vázquez (eds.): *Zweisprachige Lexikographie im Spannungsfeld von Translation und Didaktik*. Tübingen: Niemeyer.

Strohmeyer, Fritz (1910). *Der Stil der französischen Sprache*. Berlin: Weidmann.

Tutin, Agnès/Iva Novakova/Francis Grossmann/Cristelle Cavalla (2006). "Esquisse de typologie des noms d'affect à partir de leurs propriétés combinatoires", *Langue française* 150, 32–49.

Wray, Alison (2002). *Formulaic Language and the Lexicon*. Cambridge: Cambridge University Press.

Scénario cognitif et 'mises en scène' des émotions : étude contrastive des concepts de *colère* et de *rage* en grec et en français**

*Fabienne Baider & Maria Constantinou**

Abstract

This study has a double objective: (a) to identify salient common and distinctive semic features of *colère/θυμό* and *rage/οργή* ('anger'/'rage') in French and Greek based on both discursive and lexicographical data; (b) on the basis of these findings to show how semantic differences are built in conceptual metaphors, textual configurations, and their divergent argumentative role, especially in political interactions. Relying on the cognitive *scenarios* by Wierzbicka and Kövecses, this study suggests a scenario for *rage* which could challenge the one proposed by Kövecses for *anger*.

Résumé

Cette étude a un double objectif : (a) déterminer les traits communs et distinctifs saillants des affects *colère/θυμό* et *rage/οργή* en grec et en français en prenant appui sur des données lexicographiques et discursives ; (b) à partir de ces résultats, montrer comment les différences sémantiques se traduisent sur le plan métaphorique, dans les configurations textuelles, et la portée argumentative divergente des affects, notamment dans des interactions politiques. En s'appuyant sur les scénarios cognitifs de Wierzbicka et Kövecses, l'étude propose un scénario cognitif pour *rage* qui remettrait en question celui avancé par Kövecses pour *colère*.

Ce travail se situe dans la lignée des travaux (Tutin *et al.* 2006 ; Blumenthal 2008, *passim*) qui considèrent la combinatoire préférentielle comme un accès privilégié au concept de « forme intérieure » de Humboldt (cité par Blumenthal 2008, 31). Cette forme intérieure est ici limitée aux catégories sémantiques que l'on pourrait mettre en œuvre afin de délimiter des quasi-synonymes. En effet, des expressions V de N telle que *écumer de rage* (et non pas *écumer de colère*) ou Adj de N telle que *rouge de colère* (et non pas *rouge de rage*) en français, et la cooccurrence de ces deux affects en grec, *οργή και θυμός* ('rage' et 'colère'), témoignent d'une différence entre les affects rage et colère autre que celle évidente du paramètre « intensité ». Cependant, à notre connaissance, aucune étude n'a abordé cette différence de manière systématique. Notre objectif est d'établir, dans un premier temps, les traits communs puis distinctifs des deux affects en nous appuyant sur des données lexicographiques et discursives (Blumenthal 2002 ; Tutin *et al.* 2006). À partir de ces résultats, nous

---

* Université de Chypre.

** Nous remercions G. Cislaru d'avoir relu cet article et d'avoir contribué à son amélioration.

proposons de montrer comment les différences sémantiques se traduisent sur le plan métaphorique et comment leur portée argumentative, en particulier dans des interactions politiques, peut être divergente. La dimension contrastive grec-français identifiera des divergences utiles à des travaux lexicographiques ultérieurs.

1. Rapide état des lieux

1.1 Cadre linguistique et cognitif

Christophe (1998) mentionne que la colère est considérée par les théories néo-darwiniennes comme une émotion fondamentale (*cf.*, entre autres, les études de Plutchik (1980) et Ekman (1971), sans faire de lien avec la rage). De fait, en linguistique, la colère a été l'objet de nombreuses études dans des perspectives différentes (Greimas 1981 ; Wierzbicka 1999 ; Kövecses 1995 et 2000 ; etc.), alors que la rage semble soit passer inaperçue, soit être incluse dans ces recherches sans différencier ce qui paraît être un « quasi-synonyme » (Lakoff/Johnson 1980 ; Soriano 2003 ; Leeman 1995). De fait, selon Flaux et Van de Velde (2000), les deux affects sont difficilement distingués puisqu'ils appartiennent tous deux à la catégorie des émotions négatives (non des sentiments ou des états), des noms abstraits intensifs, *a priori* non susceptibles d'avoir une extension temporelle et tous deux pouvant être gradués (*une grosse colère*, *une rage effroyable*). Koselak (2007, 129 et *passim*), travaillant dans la perspective de Wierzbicka, a classé la colère comme un affect orienté vers le passé et pouvant être contrôlé (Wierzbicka 1999, 173), ce dernier point semblant justement plus difficilement applicable à *rage*. En ce qui concerne les scénarios prototypes de colère, Greimas (1981) et Lakoff (1987) ont proposé celui-ci, qui pourrait aussi décrire celui de la rage *a priori* : « *Attente fiduciaire*, qui non comblée se transforme en *frustration*, puis en *mécontentement*, qui résulte en *agressivité*. » Ainsi la manifestation d'un comportement observable (une attitude interprétée comme *agressive*) est expliquée par le fait d'être mécontent, état affectif lui-même rapporté à une raison qui est ici la privation de quelque chose qui était attendu (attente *frustrée*), cette attente initiale reposant sur la confiance (attente *fiduciaire*), nécessaire pour rendre compte du mécontentement (Fontanille 2005).

Nous verrons par la suite que cet enchaînement d'événements correspond mieux au scénario de la colère que ceux récemment proposés par Kövecses (2000) et Wierzbicka (1999). En effet, les scénarios cognitifs proposés par ces cognitivistes semblent plus décrire la rage, en particulier avec *l'explosion* proposée « par défaut », alors que lors de nombreuses colères ressenties le contrôle n'est pas perdu, ce qui est, au contraire, rarement le cas pour la rage ; de plus, il n'est pas clair que l'on puisse affirmer que le scénario cognitif par défaut de colère inclut 'nous voulons du mal envers Y', Y étant la cause de l'affect (*cf.* alinéa 4 de Wierzbicka, ci-dessous) :

Kövecses (2000)	**Wierzbicka (1999)**
Dimension causale : – un événement offense et cause la colère de X. **Dimension ontologique :** – la colère est une force qui fait pression sur X et qui résulte en des réactions physiques. **Dimension expressive :** – d'abord X essaye de contrôler sa colère ; – perd le contrôle; – ce qui résulte en l'expression de l'affect qui disparaît.	**X WAS ANGRY** X thought something like this: – Y did something bad; – I don't want this or I don't want Y to do things like this; – I want to do something to Y because of this. X felt something bad because of this: – People feel like this when they think something like this.

Tableau 1 : scénarios cognitifs de colère selon Kövecses et Wierzbicka

Notre étude, qui se base d'abord sur la combinatoire lexicale, à partir de l'étude contrastive français-grec, propose un schéma cognitif pour l'affect de *rage* et de *οργή* et critique les schémas ci-dessus.

1.2 Travaux antérieurs

Afin de dégager le scénario cognitif, nous déterminons et précisons les traits saillants (Giora 2003)[1] de chaque affect, ces traits formeront la « forme intérieure » de colère et rage et pourront préciser le scénario cognitif. Suivant en cela les travaux de Tutin *et al.* (2006, 32) et de Blumenthal (2002, *passim*), nous considérons dans cette étude que la catégorie nominale peut être la base de notre étude sémantique dans une perspective à la fois typologique et contrastive (français/grec).

Lors de travaux antérieurs sur la colère en grec et en français (Baider 2012), nous limitant aux collocations (NAdj et NV)[2] et aux structures actancielles pour établir la différence de cet affect dans les deux langues respectives, nous avions établi :

---

1 *Cf.* Giora (2003) pour la définition de la saillance.

2 Par *collocation* nous entendons la définition de Grossman et Tutin (2003) : « une cooccurrence privilégiée de deux constituants linguistiques entretenant une relation sémantique et syntaxique ».

Polarité négative ou positive	La colère a pour équivalent *mécontentement* et *δυσαρέσκεια*. Les adjectifs les plus fréquents sont dans l'ensemble négatifs (ex. *violente*), mais il existe dans les deux langues une polarité positive *sainte colère, sacrée, saine, juste,* etc., et *άγιος, ενάρετος, θεμιτός, δίκαιος* ('sainte', 'vertueuse', 'légitime', 'juste').
Intensité	Elle est identifiée dans les collocations *grande colère* (première collocation NAdj), *colère terrible, noire* ; *μεγάλος* (première collocation NAdj), *έντονος* ('intense'), *υπερβολικός* ('extrême') ; les équivalences sont accompagnées d'intensifieurs tels que *μεγάλη* (*μεγάλη δυσαρέσκεια* ('grand mécontentement')).
Aspect	Les NAdj les plus fréquents sont *passagère* et les N de N les plus courants le confirment ainsi : *explosion de colère/έκρηξη θυμού.*
Comportement violent et désir d'action	Dans les deux langues, l'affect colère peut conduire à des manifestations physiques plus ou moins violentes qu'elles soient subies par l'expérienceur (*rouge de colère, trembler de colère*) ou qu'elles soient accomplies par l'expérienceur (*hurler de colère*).

Tableau 2 : collocations identifiant les traits saillants de colère *et* θυμός

À part la polarité positive de la colère, bien connue des historiens, des philosophes et des psychologues (*cf.* Potegal/Novaco 2010 ; Fontanille 2005), mais rarement identifiée dans les travaux linguistiques précédents, nos résultats corroboraient les travaux antérieurs (ainsi Lakoff/Johnson 1980, *passim* ; Kövecses 1995, *passim*). Tutin *et al.* (2006, 36) avaient aussi travaillé sur la catégorie « contrôle de l'affect » que nous n'avions pas envisagée. Les nouveaux résultats, comme nous le verrons dans la section suivante, ont montré que cette facette est importante.

2. Corpus d'exploitation et méthodologie

2.1 Corpus et méthodologie

Nous travaillons sur des corpus lexicographiques et discursifs. Les dictionnaires consultés pour les deux langues sont : (a) le *TLF*i, le *Petit Larousse* 2003, le *Dictionnaire Hachette* 2009, le dictionnaire de Hatzfeld et Darmesteter, le *Dictionnaire général de la langue française*, le *Dictionnaire du français langue étrangère, Le Robert* 2011 ; (b) les dictionnaires de Babiniotis, Triandafyllidis, Kriaras, Pelekanos et Varmazi. Quant aux corpus discursifs, pour le français il consiste en la base de données *Frantext* et en un corpus journalistique de 1 450 000 mots (Baider/Jacquey à paraître) ; pour le grec, il consiste dans le corpus journalistique *Komvos* (1 000 000 mots) et dans un autre corpus journalistique (900 000 mots).[3] Les cooccurrences les plus fréquentes ont été trouvées à l'aide de *Antconc*, et nous nous sommes limitées aux occurrences supérieures à 10. Si les résultats de *Frantext* pour le français sont fondamentaux à cette étude, ceux trouvés dans le discours journalistique sont trop limités pour valider nos hypothèses pour le discours contemporain. Ont été notées les prépositions, les noms coordonnés, les adjectifs et les verbes supports. Pour ce travail, nous nous sommes limitées aux adjectifs, aux noms et aux verbes les plus fréquents.

2.2 Traits saillants

Tenant compte des critères communs à Koselak (2007) et Tutin *et al.* (2006), nous avons identifié trois dimensions nouvelles qui affinent nos résultats précédents (le contrôle, les manifestations physiques et la structure actancielle). Il est aussi à noter que les traits saillants pour les deux affects sont très proches dans les deux langues :

	Colère/*θυμός*	**Rage/*οργή***
Polarité	Négative et positive	Très négative
Intensité	Forte à très forte	Extrême
Aspect	Bref mais peut aussi être décrite dans son processus	Bref dans son expression, mais peut dénoter une continuité
Manifestations physiques	Fortes avec changements physiologiques Violence possible	Extrêmes et violentes : une extrême énergie agressive et (auto)destructrice
Contrôle de l'affect	Possible	Difficile
Procès, point de vue et structure actancielle	Focus sur l'affect qui est sujet du verbe	Procès le plus fréquemment focalisé sur l'expérienceur
Cause	Résultat *d'un* événement?	Résultat d'événements itératifs

Tableau 3 : traits saillants proposés de colère/*θυμός et* rage/*οργή*

La rage est *par défaut* considérée beaucoup plus *négativement* que la colère (*rage folle, impuissante, insensée* ; *παράλογη, ξέφρενη οργή*), sans doute à cause de *l'intensité* qui explique la perte de contrôle, perte de contrôle associée à l'asociabilité

3 Nous passons très rapidement sur la méthodologie compte tenu de l'espace accordé. Elle est expliquée en détail dans Baider (2012). Les journaux français sont : *Ouest-France*, *L'Est républicain*, *La Croix*, *Libération*, *Le Monde* et *Le Figaro*. Les journaux grecs sont *Politis*, *Simerini*, *Eleftherotypia*, *To Vima*, *Zougla*, *Proto Thema*, *Kathimerini* et *Rizospastis*.

(Lyons 1985, 188). La frustration qui existe dans les deux cas, comme indiqué dans le schéma de Greimas pour la colère (*rouge de colère*, *trépigner*, *exploser* ; *κοκκίνισε από το θυμό του*, etc.), est donc extrême dans le cas de rage (*rage de détruire, démolir*, etc. ; *submerger*, *être envahi*, etc.). Cela explique aussi que le contrôle en est plus difficile : les verbes *gérer* ou *dominer*, cooccurrents de *rage*, sont plus souvent employés à la négative ; en revanche, on *canalise la colère* (*διοχετεύω το θυμό μου*). Les réactions avec *rage* sont plus fortes et rappellent en particulier la formule célèbre « Ô rage ! ô désespoir [...] » du *Cid*, puisque les cooccurrents les plus fréquents décrivent des réactions physiques intenses et douloureuses (par ordre de fréquence) : *désespoir*, *pleurs*, *sanglots*, *larmes* ; *θρήνος*, *δάκρυα*, *πόνος*. Enfin, les verbes les plus fréquemment associés à *rage*, conformément aux travaux de Pilecka (2009), sont des verbes intensifieurs : la fréquence la plus élevée de V de N pour le verbe *hurler* est celle de *hurler de rage*.[4] L'intensité de la rage en explique l'aspect tabou dans certaines cultures et un aveu d'impuissance (premier adjectif en collocation). En revanche, pour la colère, la facette positive qui existe sera exploitée par la suite dans les interactions sociales comme nous le verrons dans la section 3 ci-dessous.

Le *point de vue* semble différent selon les deux affects. Avec *rage*, les adjectifs les plus courants (*impuissante*, *folle*, *furieuse*, *jalouse*, ou *ξέφρενη*, *μανιασμένη* ('folle', 'acharnée')) et la structure actancielle la plus fréquente (*il est pris/envahi par la rage*) focalisent le point de vue sur l'expérienceur (*impuissante* renvoie au sentiment vécu par l'expérienceur, *folle* et *furieuse* à son état physique et psychologique, *jalouse* à sa motivation, etc.). De même, la structure actancielle la plus fréquente est celle du sujet humain comme subissant un envahissement (*il est pris/submergé par la rage*). Dans le cas de *colère*, les adjectifs et la structure actancielle focalisent le point de vue sur l'affect lui-même (*la colère monte/explose/grandit*, etc.). Il semble que rage soit un affect plus intériorisé que colère.[5] D'ailleurs, en grec, la collocation *εσωτερική οργή* ('rage intérieure') est fréquente.

Si le *procès* semble bref dans les deux cas (*exploser de rage/de colère* ; *έκρηξη θυμού/οργής*), la cause semble être différente : en effet, pour *rage*, l'affect semble être le résultat d'un procès itératif, c'est-à-dire que cet affect serait le résultat d'un cumul d'événements (*paroxysme*, *atteint son comble* ; *κλιμάκωση της οργής*), alors que la *colère* survient le plus souvent lors d'un événement (*soudaine*, *subite*,

4 L'expression la plus fréquente V de N est *écumer de rage*, verbe qui dès le XIIIe siècle a pris la signification de « être au dernier degré de l'exaspération ». On ne trouve pas *écumer de colère*.

5 Il faut ici noter que *fureur* et *furieux* peuvent décrire de telles situations. Une étude en cours examine les chevauchements lexicaux et sémantiques entre les deux notions *fureur* et *rage* en langues française et grecque.

brusque ; *ξαφνικός, στιγμιαίος*) même si des occurrences de *paroxysme, atteindre son comble* sont aussi trouvées avec *colère* pour décrire le processus subi par l'expérienceur, mais plus rarement que pour *rage*.

2.3 La coordination et la juxtaposition

Les conséquences de ces traits sémantiques se traduisent dans les coordinations et les juxtapositions. Ainsi, comme dans le corpus français, dans le corpus grec, le mot *οργή* ('rage') est associé aux sentiments dysphoriques intenses visant la cible, tels que l'indignation (*αγανάκτηση*), le désespoir (*απόγνωση/απελπισία)* ou à des états désagréables et/ou tragiques subis par l'expérienceur tels que le deuil (*θρήνος και οργή*), la détresse (*θλίψη*), la douleur (*πόνος/οδύνη)*, la honte, le mépris, etc. En revanche, *θυμός* est associé à des états ou des sentiments moins dysphoriques tels que l'énervement, l'inquiétude (*ανησυχία*), la tension (*ένταση*), l'embêtement (*ενόχληση*), le stress (*άγχος, στρες*), le chagrin (στενοχώρια), à l'agressivité, alors que *rage*/*οργή* est toujours liée à la violence (*θυμός και επιθετικότητα* vs *βία και οργή*).

3. Métaphores et mises en scène

3.1 Métaphores

Outre les métaphores conceptuelles que ces deux affects ont en commun telles que la métaphore de L'ADVERSAIRE (*affronter la colère, la rage m'envahit*), les métaphores propres à *rage* et à *colère* semblent mettre en évidence certains traits distinctifs. Ainsi, même si la rage peut être un moteur pour faire la révolution (*la rage de vivre*), les emplois métaphoriques liés à la rage, par défaut, sont des emplois négatifs, alors que ceux liés à la colère révèlent à la fois des aspects positifs et des aspects négatifs. De fait, dans les deux langues, la rage peut être conceptualisée comme UN VOLCAN. Ainsi, des expressions métaphoriques qui la sous-tendent, telles que *bouillir de rage*, *une rage couvée a éclaté*, ou bien en grec *ηφαίστειο οργής* ('volcan de rage'), *κοχλάζουσα λάβα οργής* ('lave de rage bouillonnante'), *ηφαίστειο έτοιμο να εκραγεί* ('sur le point d'exploser'), *το ηφαίστειο ξεχείλισε/εκτονώθηκε* ('le volcan a débordé/a été ventilé'), correspondent à différentes étapes de l'activité volcanique. Ces étapes marquent d'une part la négativité, la violence et les conséquences néfastes de cette émotion, et d'autre part son aspect duratif et itératif.

En revanche, la colère peut être conceptualisée comme un PROBLÈME ou une ENTREPRISE[6] que l'on peut comprendre, gérer et utiliser à son profit (*διαχειρίζομαι,*

6 *Cf.* Constantinou (2014) pour une présentation des métaphores positives relatives à la colère.

αντιμετωπίζω, κατανοώ το θυμό μου ; gérer, faire face à, comprendre sa colère, bonne/saine gestion de la colère). Cette métaphore n'a pas été trouvée dans notre corpus pour *rage*. Les deux scènes politiques de colère et rage qui font l'objet de notre section suivante sont les plus connues de ces dix dernières années, que ce soit dans la vie politique française ou dans la vie politique grecque et seront considérés ici comme des scénarios prototypes.

3.2 Mises en scène sociale

Les mises en scène sociale des émotions mettent en présence le pathos dans l'ethos des personnes politiques, l'ethos étant ici envisagé comme composition discursive de la présentation de soi. Ainsi, les travaux linguistiques les plus récents (Cislaru 2012 ; Plantin 2011) ont mis au jour les paramètres discursifs utilisés par les acteurs politiques pour *argumenter* en employant le pathos, les émotions même négatives faisant partie intégrante d'une stratégie politique (Cislaru 2012, 5). La colère est appréhendée comme l'émotion politique fondamentale (Lyman 1981, 61), et son expression, bien manipulée, peut construire un ethos de sincérité et d'authenticité ou commander le respect.

Scène de colère : « Non je ne suis pas énervée, je suis en colère »

Durant le débat présidentiel de 2007, Ségolène Royal, candidate challenger, se met dans une colère qu'elle dit juste, contre Nicolas Sarkozy, candidat champion. Celui-ci essaye au contraire de définir le ressenti comme de l'énervement afin de déstabiliser son adversaire. La mise en scène sociale de cet affect fait apparaître les scénarios cognitifs proposés par Greimas et Wierzbicka (en partie), mais invaliderait celui de Kövecses.

Selon la proposition de Wierzbicka pour *colère* (1999) donnée dans notre première partie, nous pouvons identifier le scénario cognitif illustré par des extraits du dialogue ainsi que les traits sémantiques saillants que nous avons soulignés :

SR est en colère contre NS

A. Événement offensant et *soudain* : NS a fait quelque chose de mal : *Parce que jouer avec le handicap, comme vous venez de le faire, est proprement scandaleux, tout n'est pas possible dans la vie politique. Cet écart entre les discours et les actes, surtout lorsqu'il s'agit d'enfants handicapés, n'est pas acceptable.*
B. SR ne veut pas que NS fasse cela : *Attendez !* (on observe l'index pointé et les balbutiements comme manifestations physiques de la colère).
C. SR veut faire perdre la face à NS (X veut faire du mal à Y) : *On a atteint le summum de l'immoralité politique* (…) *scandale,* (…) *écart pas acceptable* (…) *tout n'est pas possible* (saine et juste colère). *Je suis en colère face aux*

injustices, face aux mensonges ; ces discours, cet écart entre les discours et les actes ; Non, je ne m'énerve pas, je me révolte. Car j'ai gardé ma capacité de révolte intacte (émotion sincère, pas de jeu politique).

D. SR sent quelque chose de mal à cause de cela : ***Je suis scandalisée de ce que je viens d'entendre,*** *je suis très en colère* (contrôle possible de l'affect exprimé métalinguistiquement).

Jouant avec la portée argumentative de la colère positive (*il y a des colères très saines et très utiles*), Royal utilise cet affect pour s'affirmer politiquement (*Parce que moi aussi j'ai l'intention de me faire respecter*). Ce sont d'ailleurs ces qualités de sincérité (*a su trouver des accents vrais, faire partager son émotion, davantage impliquée, c'est une femme entière*, etc.) et de conviction (*une vraie pugnacité, le volontarisme de sa personnalité*, etc.) que les bloggeurs ont, au lendemain du débat de Sarkozy-Royal, attribuées à la candidate féminine, comme s'ils avaient reçu positivement la « saine colère », Royal ayant justement exploité les traits positifs de la colère comme « indignation justifiée ». Nous retrouvons aussi l'attente fiduciaire de Greimas dans la séquence initiale (*tout n'est pas possible dans la vie politique. Cet écart entre les discours et les actes*), d'où la frustration, le mécontentement et l'attitude hostile (index pointé, ton scandé, attaques verbales).

Sarkozy conscient de la force de conviction de la « colère saine » tente à une dizaine de reprises de la faire basculer en une banale crise de nerfs ou un accès de rage, car :

- L'énervement n'est pas légitime pour l'ethos politique (*Pour être président de la République il faut être calme*) puisqu'il est irrationnel (*Je ne comprends pas pourquoi Madame Royal s'énerve*) et fait preuve d'instabilité (*C'est que vous vous mettez bien* ***facilement*** *en colère. Vous sortez de vos gonds avec* ***beaucoup de facilité*** *Madame. Madame Royal d'habitude calme,* ***a perdu ses nerfs***).
- La crise de nerfs typiquement féminine (dimension renforcée par l'accumulation des *Madame* co-occurrents) rappelle le « danger » d'élire une femme (Fracchiola 2011).
- La série de provocations stratégiques, le mépris (*Pas de mépris ! Je n'ai pas perdu mes nerfs, je suis en colère*) et le sarcasme (*Qu'est-ce que ça doit être quand vous êtes énervée alors ? Il faut savoir garder ses nerfs*) essaient de créer la perte de contrôle et de faire basculer la colère légitime éventuelle en une rage – ce qui serait une erreur stratégique car *a priori* socialement taboue.

Les commentateurs en *défaveur* de SR ont effectivement associé cette colère à la rage ou à la crise de nerfs futile (*son côté coléreuse, capricieuse et irrespectueuse, son agressivité gratuite, son intolérance et irrespect, elle est violente et hargneuse*).

Pourtant, une scène de rage, identifiée comme telle par les bloggeurs et les journalistes, est typiquement celle du député néo-nazi grec Ilias Kassidiaris (IK) contre la communiste Kaneli (K) et la candidate du parti de gauche Dourou (D) lors du débat du 7 juin 2012. Cet exemple illustre la même stratégie de Sarkozy, mais cette fois réussie, de faire basculer la colère en une rage et en un comportement qui ne peut faire partie de l'argumentation politique.

Scène de rage : « sale fasciste ! », « sale coco ! »

Le scénario cognitif wierzbickien semble se dérouler de la façon suivante :

A. Événements offensants *accumulés* : K et D attaquent l'amour-propre du député (comportements politiques répréhensibles et fautes de jeunesse), emploient systématiquement le tutoiement envers IK (il emploie *Madame*) et l'interrompent sur le mode ironique.
B. IK essaye d'arrêter ses adversaires verbalement, *mais la violence part en crescendo*, les insultes et les injures remplaçant les arguments. La gestuelle devient chaotique.
C. IK sent quelque chose de très mauvais (*extrême frustration qui couve*).
D. IK perd le contrôle et *explose*, réagissant *physiquement très violemment* (jette un verre d'eau, gifle et donne des coups de poing aux députées) (*paroxysme de la violence physique et verbale*).

Le fait de se mettre en rage a de fait arrêté le débat et le député IK s'est enfui. En revanche, dans le cas de la colère, le débat a continué, cet affect faisant partie intégrale de la mise en scène politique (voulue ou pas).

Ainsi, si nous comparons les traits saillants déterminés dans notre corpus bilingue et les mises en scène sociale, nous proposons le scénario suivant pour *rage* et *οργή* :

Dimension causale :

des événements *répétés* frustrent X (par défaut nous proposons une *répétition* pour rage).

Dimension ontologique :

la rage est une force *extrême* qui fait pression sur X et qui résulte en des réactions physiques (auto) *destructrices* (par défaut, la rage a des conséquences physiques violentes orientées *vers la cible* réelle ou imaginaire).

Dimension expressive :

X exprime de la frustration, de l'impuissance et de la colère qui grandit, X *perd le contrôle* ce qui résulte en l'expression de l'affect qui disparaît (la perte de contrôle par défaut n'étant pas présente pour colère).

À l'inverse de la colère, nous introduisons donc des causes répétées (la rage « couve »), une intensité extrême, qui aboutit à des réactions extrêmes ((auto) destruction).

4. Conclusion

À partir des collocations les plus fréquentes, nous avons tenté d'identifier les traits saillants des deux affects pour établir leurs « formes intérieures ». Les analyses de mises en scène sociale ont aussi illustré l'exploitation argumentative et rhétorique en politique de 'colère saine' mais impossible pour la rage qui est par défaut un aveu d'impuissance. Ces observations nous ont ainsi permis de proposer le scénario cognitif de rage selon Kövecses. Cependant, si nous avons mis en parallèle les mots *rage* et *οργή*, ceux-ci ne peuvent pas toujours être considérés comme équivalents : *οργή* étant un affect moins fort que *rage*, il se rend souvent en français par le mot *colère* (*λαϊκή οργή = colère populaire*), alors que *rage* ne se traduit pas toujours par *οργή* (*rage de vivre = λύσσα για ζωή*). De fait, une étude en cours du paradigme « colère », « rage » et « fureur » met en lumière des divergences entre le français et le grec. Ainsi, *rage* et *λύσσα* 'fureur' sont tous deux des termes décrivant à l'origine la maladie infectieuse, d'où des chevauchements sémantiques très négatifs. En revanche, en français la rage n'est pas divine mais la fureur peut l'être (comme la colère), alors qu'en grec, *οργή* 'rage' peut être *divine* mais pas *λύσσα* 'fureur'. Nous espérons que cette série d'études sur ce champ conceptuel sera utile pour des travaux en traduction et en lexicographie, le grec étant une langue pour laquelle les travaux lexicographiques sont encore trop peu nombreux.

Bibliographie

Baider, Fabienne (2012). « Haine et colère : approche sociocognitive et explicitation en métalangue sémantique naturelle », *in* : *Actes du 3e Congrès Mondial de Linguistique Française*. Paris : Institut de linguistique française, 1701–1717.

Baider, Fabienne/Jacquey, Evelyne (à paraître). « Data mining for Tracking Gender Bias: a Curse or a Blessing? The 2012 presidential duos », *in*: H. Tyne *et al.* (dir.): *Ecological and Data-Driven Perspectives in French Language Studies*. Newcastle: Cambridge Scholars.

Blumenthal, Peter (2002). « Profil combinatoire des noms. Synonymie distinctive et analyse contrastive », *Zeitschrift für Französische Sprache und Literatur* 112, 115–138.

Blumenthal, Peter (2008). « Histoire des mots : affinités (s)électives », *in* : *Actes du 1er Congrès Mondial de Linguistique Française*. Paris : Institut de linguistique française, 31–46.

Cislaru, Georgeta (2012). « Emotions as a Rhetorical Tool in Political Discourse », *in* : Maria Załęska (ed.) : *Rhetoric and Politics: Central/Eastern European Perspectives*. Newcastle: Cambridge Scholars, 107–126.

Christophe, Véronique (1998). *Les émotions. Tour d'horizon des principales théories*. Villeneuve d'Ascq : Presses universitaires du Septentrion.

Constantinou, Maria (2014). « Conceptual metaphors of Anger in Popularized Scientific Texts: A Contrastive (English/Greek/French) Cognitivo-discursive Approach », *in* : Fabienne Baider, Georgeta Cislaru (eds.) : *Linguistic Approaches to Emotion*, Benjamins : Amsterdam.

Ekman, Paul/Friesen, Wallace V. (1971). « Constants across Cultures in the Face of Emotions », *Journal of Personality and Social Psychology* 17, 124–129.

Flaux, Nelly/Van de Velde, Danielle (2000). *Les noms en français : esquisse de classement*. Paris : Ophrys.

Ekman, Paul (1971). *Universal and cultural differences in facial expressions of emotion*, Lincoln: University of Nebraska Press.

Fontanille, Jacques (2005). « Colère », *in* : Élisabeth Rallo Ditche *et al.* : *Dictionnaire des passions littéraires*. Paris : Belin, 61–79.

Fracchiola, Béatrice (2011). « Politeness as a strategy of attack in a gendered political debate. The Royal-Sarkozy debate », *Journal of Pragmatics* 43/10, 2480–2488.

Giora, Rachel (2003). *On Our Mind: Salience, Context, and Figurative Language*. Oxford : Oxford University Press.

Greimas, Algirdas Julien (1981). *De la colère. Étude de sémantique lexicale*. Doc. de recherche III, 27 ; École des Hautes Études en Sciences sociales, Groupe de Recherches sémio-linguistiques, Paris : CNRS.

Grossmann, Francis/Tutin, Agnès (2003). « Quelques pistes pour le traitement des collocations », *in* : Francis Grossmann, Agnès Tutin (dir.) : *Les collocations : analyse et traitement. T.R.L.A, Série E*, 5–21.

Koselak, Arkadiusz (2007). *Sémantique des sentiments, « quand je pense à toi je ressens quelque chose de mauvais » en français et en polonais*. Thèse de doctorat. Metz : Université Paul Verlaine.

Kövecses, Zoltán (2000). « The concept of Anger : Universal or Cultural Specific », *Psychopathology* 33, 159–170.

Kövecses, Zoltán (1995). « Anger : Its language, conceptualization, and physiology in the light of cross-cultural evidence ». In Taylor, J. R. & Maclaury, R. E. (eds). *Language and the cognitive construal of the world.* Berlin : Mouton de Gruyter, 181–196.

Lakoff, George (1987). *Women, Fire, and Dangerous Things*. Chicago : University of Chicago Press.

Lakoff, George/Johnson, Mark (1980). *Metaphors We Live By*. Chicago : University of Chicago Press.

Leeman, Danielle (1995). « Pourquoi peut-on dire *Max est en colère* mais non **Max est en peur ?* Hypothèses sur la construction *être en N* », *Langue française* 105, 55 -69.

Lyman, Peter (1981). « The Politics of Anger », *Socialist Review* 11, 55–74.

Lyons, William (1985). *Emotions*. Cambridge : Cambridge University Press.

Pilecka, Ewa (2009). « Verbes intensifieurs et leur description lexicographique », *in* : Bohdan K. Bogacki *et al.* (eds.) : *Methods of Lexical Analysis : Theoretical Assumptions and Practical Applications*. Białystok : Wydawnictwo Uniwersytetu w Białymstoku, 297–308.

Plantin, Christian (2011). *Les bonnes raisons des émotions. Principes et méthode pour l'étude du discours émotionné.* Bern : Lang.

Plutchik, Robert (1980). « A general psychoevolutionary theory of emotion », *in* : R. Plutchik & H. Kellerman (eds.), *Emotion : Theory, research, and experience : Vol. 1. Theories of emotion*. New York : Academic, 3–33.

Potegal, Michael/Novaco, Raymond W. (2010). « A Brief History of Anger » *in* : Michael Potegal, Gerhard Stemmler, Charles Spielberger (eds.) : *International Handbook of Anger*. New York : Springer, 9–24.

Soriano, Cristina (2003). « Some Anger Metaphors in Spanish and English. A Contrastive Review », *International Journal of English Studies* 3/2, 107–122.

Tutin, Agnès/Novakova, Iva/Grossman, Francis/Cavalla, Cristelle (2006). « Esquisse de typologie des noms d'affect à partir de leurs propriétés combinatoires », *Langue française* 150, 32–49.

Wierzbicka, Anna (1999). *Emotions across Languages and Cultures : Diversity and Universals*. Cambridge : Cambridge University Press.

The Social Nature of ANGER: Multivariate Corpus Evidence for Context Effects upon Conceptual Structure

*Dylan Glynn**

Résumé

Le développement des méthodes empiriques pour la description des concepts d'émotion, qui sont sensitives à la variation sociale, reste un objectif important pour la linguistique et la psychologie. Cette étude démontre la faisabilité de l'application de l'analyse componentielle et multivariée de traits linguistiques d'usage (*usage-feature analysis* ou *profile-based analysis*) pour la description de telles structures socio-conceptuelles. L'étude de cas examine le concept de ANGER (COLÈRE) en anglais britannique et américain et est basée sur les extraits de journaux intimes électroniques. Trois structures sous-jacentes sont identifiées, chaque structure étant déterminée par variations dans les causes et les réponses de l'événement de colère. L'étude emploie l'analyse des correspondances multiples pour identifier ces tendances quantitatives (*patterns*).

Abstract

Developing empirical methods for the description of emotion concepts that are sensitive to social variation represents an important goal in both linguistics and psychology. This study demonstrates the feasibility of using Multivariate Usage-Feature Analysis (also termed Profile-Based Analysis) as a means for mapping such social-conceptual structure. The case study examines ANGER in American and British English with data from personal on-line diaries. Three underlying conceptual structures are identified, each determined relative to types of causes and responses associated with the ANGER event. The study employs multiple correspondence analysis to identify these patterns.

1. Introduction

Both traditional linguistics and psychology offer a range of approaches to conceptual structure. Social psychology and corpus linguistics are, in various ways, attempting to extend these research traditions to include the social dimension of the structuring of concepts. The role of social context is believed to be crucial to the study of emotion concepts since it is interpersonal interaction that represents the stimulus of most emotional responses. This study employs multivariate usage-feature analysis in an attempt to identify the conceptual structure of ANGER, as sensitive to social context.

---

* University of Paris VIII, Research Group Linguistique anglaise, psycholinguistique (LAP).

The use of lexical semantic analysis as an indirect method for determining conceptual structure has an established tradition (Wierzbicka 1985; Lakoff 1987). This tradition relies on introspective methodology. This approach is excellent for identifying subtle fine-grained structures within and between languages/cultures. However, despite the important inroads made by this tradition, the results offer little information on the role of social variation in conceptual structure. In response to this deficit, corpus methods for conceptual study have been developed (Bednarek 2008; Dziwirek/Lewandowska-Tomaszczyk 2011). To date, however, the corpus methodology has been restricted to formal analysis. In other words, collocation patterns have been identified as indirect evidence for conceptual structure. Although successful, the subjective nature of the interpretation of the collocation results means that only coarse-grain patterns can be identified. In order to overcome this limitation, this study applies Multivariate Usage-Feature Analysis (Glynn 2007, 2010a, 2014a), also called Behavioural Profile Analysis (Gries 2006, 2010; Gries/Divjak 2009). This method combines close qualitative analysis of large numbers of contextualized usage events with multivariate statistics. The sample size is smaller than for collocation-based analysis of corpus data, but the analysis is much more fine grained. This study demonstrates the feasibility of applying the method for the description of socially contextualized emotion concepts.

2. Method, data and analysis

2.1 Method: Multifactorial Usage-Feature Analysis

Onomasiological structures identified through lexical semantic analysis have long been employed as an indirect tool for conceptual description (Wierzbicka 1985; Kövecses 1986; Lakoff 1987; Vorkachev 2007; Bartmiński 2009 *inter alia*), and this analytical assumption is accepted here. However, the method differs to previous research in that it is the contextualized *use* of the items, rather than their *meaning*, that forms the basis of the study. In simple terms, the multivariate usage-feature method consists of the repeated analysis of a range of semantic, pragmatic, and social characteristics of speech events. A large sample of a given phenomenon, here emotion concept keywords, are extracted from a corpus with their context. These occurrences are manually annotated for whatever usage features are hypothesized to be indicative of conceptual structure. The results of this analysis provide a behavioural profile of the linguistic form. Due to its complexity, this profile needs to be interpreted with the aid of multivariate statistics that permit the identification of usage patterns across the data. If sufficient data are available, the statistics can also be used to determine the descriptive accuracy of the analysis by testing its predictive power.

The method has been successfully applied to a range of linguistic phenomena, including (near) synonymy (Divjak 2006, 2010; Glynn 2007, 2010a; Janda/Solovyev 2009; Klavan 2014), (vague) polysemy (Gries 2006; Glynn 2009, 2010b, 2014b; Fabiszak *et al.* 2014), and constructional semantics (Gries 1999, 2003; Heylen 2005; Wulff 2006; Shank *et al.* 2014; Levshina 2012). Extending the method to more abstract concepts typical of emotion studies represents an important next step in the development and application of the methodology (*cf.* Krawczak/Glynn 2011 Glynn/Krawczak in press; Krawczak (this volume)).

2.2 Data: personal diaries

The data consist of instances of people discussing ANGER in personal online diaries (blogs) extracted from the *LiveJournal Corpus* (Speelman/Glynn 2005). The kind of language found in this genre is particularly apt for the study in question because (i) emotions are frequently discussed at a personal-experiential level, and (ii) the language is often narrative in structure, which maximises the probability of descriptive usage. The sample consists of 500 examples in total, made up of 80 examples of *angry*, *annoyed*, *pissed off* in British English, and 80 examples of *angry*, *annoyed*, *mad* in American English. The choice of lexemes was determined by frequency: for each dialect, the three most frequent items denoting ANGER. Note that for both dialects it was adjectives not nouns that were the most frequent, and the first two lexemes are the same. For the third lexeme, we have onomasiological variation. Although the American *mad* is usually considered a near-synonym of the British *cross*, the latter item was relatively rare in the corpus. It is likely that this lexeme is being lost in British English and that *pissed off* has, to some extent, replaced it. Despite the semantic difference between the two lexemes, *pissed off* was clearly the third most common ANGER lexeme in the British component of the corpus. Note also that the corpus is made up of highly informal language and that the authors are likely to be young people, although this is impossible to verify. From the text, it is apparent that most are studying either at secondary school or university, and there appear to be more female writers than male. It is not possible to estimate the socio-economics or ethnicity of the writers.

2.3 Analysis: form, meaning, and context

The analysis is, in part, inspired by work in social psychology (Soriano *et al.* in press) and by previous work in multivariate usage-feature analysis of emotion concepts (Glynn 2007). The basis for the analysis is the ANGER event-frame. Pilot studies revealed four possible arguments or participants in ANGER events. These are termed the Cause, the Emoter, the Receiver and the Responsible. Terms with a more established tradition are avoided because they have led to ambiguity due to variation in uses in different theoretical paradigms and disciplines. The Cause is typically an event or situation and needs to be distinguished from the Responsible, who is typically an animate argument associated with the Cause. There is always a Cause, but the Responsible is optional. In an example such as *the pen made me angry*, there is no clear Responsible participant in the event. However, it is worth noting that, in the diaries, it is not uncommon to find examples where the writer overtly discusses the fact that he or she is angry because of a given event or thing, but actually the anger is "really" due to something else. In these instances, the Cause and Responsible in the event are ascribed accordingly.

Another distinction which may not be immediately obvious is between Responsible and Receiver. Although in an "idealized" or "prototypical" scenario the two roles overlap, numerous examples are found in the data, where they are distinct and are often overtly referred to as such. The term Emoter is used for the subject of the ANGER expression. Example (1) is artificial but clearly identifies the event roles. Identifying the roles in the natural data is often difficult and requires large amounts of context.

(1) ANGER Event Frame

I'm	angry	with Sam	because Jamie	smashed the pot!
Emoter	ANGER	Receiver	Responsible	Cause

The semantic features that make up the manual semantic analysis concern the different participants in the event. The instances are, in fact, analysed for a much wider range of features. For sake of brevity, only the features considered in the results, Section 3, are presented. Also for practical reasons, it is not possible to exemplify the categories. Some examples are, nevertheless, given when presenting the results in Section 3.

Emoter	
Engagement:	Engagement with Responsible
Aggression:	Degree that the Emoter expresses aggression
Control:	Does the Emoter have the ability to change the cause?
Behaviour:	Self Depreciation; Change Cause; Verbal Violence, Physical Violence; Verbal Complaint; Non-Verbal Non-Violent Social Expression, No expression

Cause	
Norm Violation:	Does the Cause break social norms?
Injustice:	Does the Cause result in injustice viz. Emoter
Predictability	Is the cause predictable viz. Emoter

Type:	Behaviour; Feelings; Event; Action; Work; Inanimate Object; Illness; Missing Something
Responsible Type:	Specified Known Person; Specified Unknown Person; Unspecified Person; Family; Friend; Self; State of Affairs; Inanimate Object

It also noteworthy that the gender of the Emoter, the Responsible and the Receiver was annotated, yet produced no significant differences relative to any of the behaviour patterns identified. In other words, there was no evidence that certain behaviour types are more typical of men or women. However, in many instances, the gender information was unknown, resulting in a small sample size. A larger sample would be needed to know with any certainty that gender does not, in fact, interact with the behavioural patterns of ANGER.

Other than the semantic features, several formal features were also annotated. The most important of these were the lexical class of predicative and attributive adjectives, and the grammatical construction licensed by the lexeme. Typical constructions include [Pred. Adj. *about* NP]; [Pred. Adj. *at*]; and [Pred. Adj. *because*]. However, dividing up the predictive forms in this way produces a type-token ratio that made quantitative analysis impossible. Future research must work with a larger sample of control for this variable in the sampling. Variation that might be associated with the constructional variation is not accounted for in the analysis.

3. Results

The results are presented in two parts. Firstly, we consider the onomasiological structure identified across the lexemes. The aim here is simply to map the semantic variation of the near-synonymy of the four lexemes. This descriptive step follows established methods in lexical semantic research. Secondly, we consider the results without the structuring dimension of the lexemes. This step is novel in lexically based conceptual analysis and is inspired by the research in social psychology that attempts to identify the conceptual structure of emotion concepts with detailed elicitation tasks (*cf.* Soriano *et al.* in press).

3.1 Lexical field and near-synonymy of ANGER

The onomasiological analysis is straightforward. Focusing on the interaction of the Cause and the lexeme, we can see that a clear and stable picture of the near-synonymy relations emerges. Table 1, below, presents the numerical output of a multiple correspondence analysis (*cf.* Glynn 2014b for explanation of the technique). The analysis was performed using Greenacre's "adjusted" multiple correspondence analysis, which permits the interpretation of inertia values (Greenacre 2007). The scree plot in the table indicates how much of the variation in the data is accurately represented in the first two dimensions; that is, axes *x* and *y* in the plot presented below in Figure 1. The figure of 83.9% explained variance (or inertia) in these first two dimensions represents an extremely stable result. In table 1, we have a column breakdown for the representative quality of each data point and its contribution to explaining the structure of the data. As a rule of thumb, any "quality" score of 500 indicates a reliable representation of the relations in the data (Greenacre 2007). Having established the reliability of the visualization, we can consider the results of the analyses presented in Figure 1.

```
Explained Variation
dim    value       %      cum%   scree plot
1      0.124122   64.8    64.8   *************************
2      0.036569   19.1    83.9   *******
3      0.001084    0.6    84.5
       --------   ----
```

Columns, visualization quality and contribution scores:

	name	quality	Dim. 1 contrib.	Dim. 2 contrib.
1	Lexeme ANGRY	1000	114	5
2	Lexeme ANNOYED	987	49	28
3	Lexeme MAD	839	49	0
4	Lexeme PISSED OFF	869	4	120
5	NORM No Violation	836	131	9
6	NORM Non Applicable	786	218	62
7	NORM Violation	858	7	197
8	INJUSTICE Injustice	774	10	294
9	INJUSTICE Non Applicable	771	201	92
10	INJUSTICE Non-Injustice	808	167	22
11	PREDICTABILITY Non-Predictable	1000	0	75
12	PREDICTABILITY Predictable	1063	19	92
13	PREDICTABILITY Unknown	1012	30	5

Table 1: multiple correspondence analysis, numerical summary Lexeme, Norm Violation, Perceived Injustice, Cause Predictability

In Figure 1, three reasonably clear clusters of associations are apparent. In the bottom right quadrant, the lexeme *angry* is distinctly and highly associated with unknown event predictability, non-applicable norm violation and injustice. This set of Cause features suggests a conceptually general or under-specified profile of ANGER. Example 2 is typical of the kind of use this cluster of features represents.

(2) I've been angry cause the whole being sick thing has totally cut into my Christmas spirit. And damn it, I want some Christmas spirit!

The lexeme *pissed off* is also distinct, being characterized by norm violation and injustice. The feature of non-predictability is also characteristic of *pissed off*, although not distinctly so, it also being characteristic of *mad*, placed below on the plot. Example (3) is representative of the usage.

(3) It woke me up. They just stayed there chatting, with the loud diesel engine of the humongous car running, right outside our bedroom window. After 25 minutes I got pissed off enough that I went outside in my PJs and asked them to turn the engine off.

The lexemes *mad* and *annoyed* appear to be closely related. Both are conceptually associated with predictable Causes; that is, with things the Emoter knows will make him or her angry. There is no norm violation or injustice; it is simply something "disliked". *Mad* is distinguished from *annoyed* by being more associated with unpredictable Causes. Consider examples (4) and (5):

(4) i ran through heathrow like a mad woman and got really mad at this customs official who wouldn't stop searching my bag.
(5) I have already got another notice from Dish Network. I am getting annoyed. I plan on paying it today, but no matter what number I dial, I can not manage to find a real person to speak with.

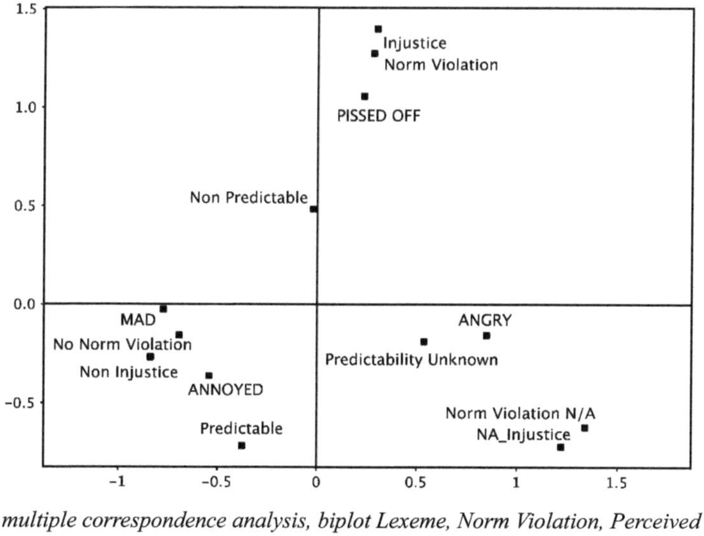

Figure 1: multiple correspondence analysis, biplot Lexeme, Norm Violation, Perceived Injustice, Cause Predictability, Explained Inertia (83.9%)

3.2 Event-based evidence of conceptual structure

The next step is to attempt to identify conceptual structure without using the lexical dimension to structure the data. In other words, to run multivariate analysis on the feature annotation, but not relative to the lexemes. This will result in a description of the concept of ANGER that is determined by the use of the lexemes in question, but is not structured by them. Figure 2 presents the results of the analysis which consists of Emoter Control, Emoter Behaviour, Cause Type, and Responsible Type.

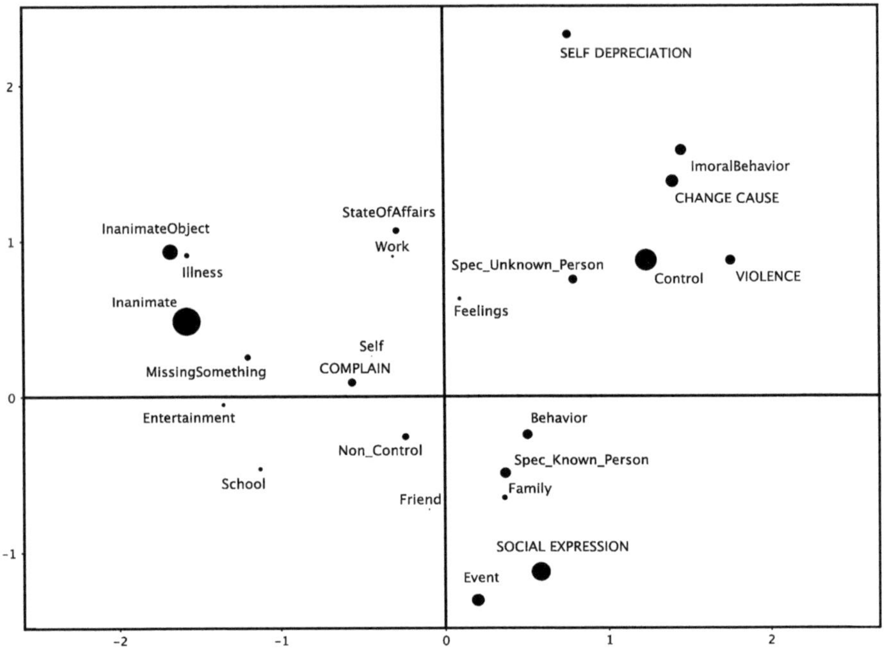

Figure 2: multiple correspondence analysis, biplot with contributions Emoter Control, Emoter Behaviour, Cause Type, Responsible Type

Due to practical limitations, a detailed discussion and exemplification of the results are not possible here. The biplot is interpreted in the same manner as that presented in Figure 1, except that, in this instance, the contribution of the different data points is indicated by the relative size of the data point on the plot. Moreover, features with a very low contribution are omitted.

Three clusters of features that arguably represent conceptual structures are visible. The top-left quadrant is structured around "inanimate" Causes and, interestingly, around the Cause of "illness", which appeared quite frequently in the sample.

Similarly, other Causes of inconvenience, such as "missing something" and "work" are associated with this cluster. The data point of "self" as the Responsible represents a very low degree of contribution and could possibly be omitted. The other important feature in this cluster is the Emoter's response of "complain". Unlike the highly specific response of "violence" and the general response of "social expression", "complain" was annotated when the Emoter expressed dissatisfaction over an event but with no intent to change the Cause of the ANGER.

Distinctly displayed in the top-right quadrant lies a cluster structured by the Cause of "immoral behaviour" and "violent" response on the part of the Emoter. Also important to the cluster is the fact that the Cause constitutes a "norm violation" and that the Emoter seeks "control" in order to change the Cause. Another distinctive Response feature is "self depreciation". Here, the Emoter responds to the event and anger in self-criticism. Indeed, the presence of self-hatred, often in quite violent terms, was not uncommon in the data. The Cause events themselves are "non-predictable" and the Responsible is "non-specified". However, the positioning of "non-predictable" suggests that this feature is also characteristic of the structure clustered in the left-hand quadrant.

Moving to the bottom of the plot, we can see another relatively tight-knit cluster. None of the individual features appears to dominate this structure in terms of contribution and the features form an intuitively coherent picture of a "type" of ANGER. The Responsible of the event is a "friend", a "family" member of the Emoter's or another "specified known person", and the Cause is the "behaviour" of this person. The "predictability" of this behaviour is unknown, which means this dimension of the event is maximally backgrounded in the diary description. Perhaps the most important feature here is the response of the Emoter, which is "social expression". This feature is indicative of people talking, without violence, about their ANGER. Another interesting aspect of this cluster is the feature that lies between it and the "complain" type ANGER. The positioning of "non control" over the event with respect to the Emoter suggests this is common to both the "complain" – "thing/events" cluster and the "social expression" – "friends/family" cluster. This similarity between the two types of ANGER results in a dichotomy between these "non control" ANGER structures and the "violent" – "control" ANGER clustered in the top-right quadrant.

The overall picture presents a coherent structuring of the concept of anger: violent response type of anger associated with norm violations and immoral behaviour; a complaining or irritated kind of anger associated with inanimate objects and inconveniences such as being ill; and more interpersonal anger, associated with the behaviour of people known, which results in social engagement with the problem without violence.

4. Discussion

The results have shown that multivariate usage-feature analysis can be used to describe the conceptual structure of emotion concepts. More importantly, it has been shown that the method is able to offer a socially sensitive event-based description of the emotion and one that is not structured by the lexemes, but rather the events that the lexemes are used to describe. This latter point has yet to be demonstrated using such methods. A second step, which is straightforward to apply but remains beyond the purview of this study, is the application of *k*-means cluster analysis to determine whether, indeed, the interpretation of the biplots is accurate and the behaviour of the data can be best described as representing three underlying ANGER structures.

To conclude, it must be stressed that these results remain exploratory. In order to test the results with confirmatory modelling, a larger sample would be needed. To these ends, these exploratory results have identified which usage-features appear important to the structuring of the concept. By limiting the number of features warranting manual annotation, we can analyse larger numbers of occurrences and make confirmatory modelling possible. The next essential step is to demonstrate the feasibility of such modelling to these kinds of data.

References

Bartmiński, Jerzy (2009). *Aspects of Cognitive Ethnolinguistics*. London: Equinox.

Bednarek, Monika (2008). *Emotion Talk Across Corpora*. London: Macmillan.

Divjak, Dagmar (2006). "Ways of Intending: A Corpus-based Cognitive Linguistic Approach to Near-synonyms in Russian", in: Stefan Th. Gries, Anatol Stefanowitsch (eds.): *Corpora in Cognitive Linguistics. Corpus-based approaches to syntax and lexis*. Berlin: Mouton de Gruyter, 19–56.

Divjak, Dagmar (2010). *Structuring the Lexicon: A Clustered Model for Near-synonymy*. Berlin: Mouton de Gruyter.

Dziwirek, Katarzyna/Lewandowska-Tomaszczyk, Barbara (2011). *Complex Emotions and Grammatical Mismatches. A Contrastive Corpus-Based Study*. Berlin: Mouton de Gruyter.

Fabiszak, Małgorzata/Hebda, Anna/Kokorniak, Iwona/Krawczak, Karolina (2014). "The Interaction of Prefix and Patient Semantics in the Polish Verb *to think*", in: Dylan Glynn, Justyna Robinson (eds.): *Corpus Methods for Semantics. Quantitative Studies in Polysemy and Synonymy*. Amsterdam: Benjamins, 223–252.

Glynn, Dylan (2007). *Mapping Meaning. Toward a Usage-based Cognitive Semantics*. PhD dissertation. Leuven: University of Leuven.

Glynn, Dylan (2009). "Polysemy, Syntax, and Variation. A Usage-based Method for Cognitive Semantics", in: Vyvyan Evans, Stephanie Pourcel (eds.): *New Directions in Cognitive Linguistics*. Amsterdam: Benjamins, 77–104.

Glynn, Dylan (2010a). "Lexical Fields, Grammatical Constructions and Synonymy. A Study in Usage-based Cognitive Semantics", in: Hans-Jörg Schmid, Suzanne Handl (eds.): *Cognitive Foundations of Linguistic Usage-Patterns. Empirical studies*. Berlin: Mouton de Gruyter, 89–118.

Glynn, Dylan (2010b). "Testing the Hypothesis. Objectivity and Verification in Usage-based Cognitive Semantics", in: Dylan Glynn, Kerstin Fischer (eds.): *Quantitative Cognitive Semantics. Corpus-driven Approaches*. Berlin: Mouton de Gruyter, 239–270.

Glynn, Dylan (2010c). "Corpus-driven Cognitive Semantics. Introduction to the field", in: Dylan Glynn, Kerstin Fischer (eds.): *Quantitative Cognitive Semantics. Corpus-driven Approaches*. Berlin: Mouton de Gruyter, 1–42.

Glynn, Dylan (2014a). "The Many Uses of *run*. Corpus Methods and Cognitive Socio-semantics", in: Dylan Glynn, Justyna Robinson (eds.): *Corpus Methods for Semantics. Quantitative Studies in Polysemy and Synonymy*. Amsterdam: Benjamins, 117–144.

Glynn, Dylan (2014b). "Correspondence Analysis. An Exploratory Technique for Identifying Usage Patterns", in: Dylan Glynn, Justyna Robinson (eds.): *Corpus Methods for Semantics. Quantitative Studies in Polysemy and Synonymy*. Amsterdam: Benjamins, 443–486.

Glynn, Dylan (2014c). "Polysemy and Synonymy. Corpus Method and Cognitive Theory", in: Dylan Glynn and Justyna Robinson (eds.): *Corpus Methods for Semantics. Quantitative Studies in Polysemy and Synonymy*. Amsterdam: Benjamins, 7–38.

Glynn, Dylan/Krawczak, Karolina (in press). "Social Cognition, Cognitive Grammar and Corpora. A Multifactorial Approach to Epistemic Modality", *Cognitive Linguistics*.

Greenacre, Michael (2007). *Correspondence Analysis in Practice*. London: Chapman & Hall.

Gries, Stefan Th. (1999). "Particle Movement: A Cognitive and Functional Approach", *Cognitive Linguistics* 10, 105–145.

Gries, Stefan Th. (2003). *Multifactorial Analysis in Corpus Linguistics: A Study of Particle Placement*. London: Continuum.

Gries, Stefan Th. (2006). "Corpus-based Methods and Cognitive Semantics: The Many Meanings of *to run*", in: Stefan Th. Gries, Anatol Stefanowitsch (eds.):

Corpora in Cognitive Linguistics: Corpus-based Approaches to Syntax and Lexis. Berlin: Mouton de Gruyter, 57–99.

Gries, Stefan Th. (2010). "Behavioral Profiles: A Fine-grained and Quantitative Approach in Corpus-based Lexical Semantics", *Mental Lexicon* 5, 323–346.

Gries, Stefan Th./Divjak, Dagmar S. (2009). "Behavioral Profiles: A Corpus-based Approach towards Cognitive Semantic Analysis", in: Vyvyan Evans, Stephanie Pourcel (eds.): *New Directions in Cognitive Linguistics*. Amsterdam: Benjamins, 57–75.

Heylen, Kris (2005). "A quantitative corpus study of German word order variation", in: Stephan Kepser, Marga Reis (eds.): *Linguistic Evidence: Empirical, theoretical and computational perspectives*. Berlin: Mouton de Gruyter, 241–264.

Janda, Laura/Solovyev, Valery (2009). "What Constructional Profiles Reveal About Synonymy: A Case Study of the Russian Words for SADNESS and HAPPINESS", *Cognitive Linguistics* 20, 367–393.

Klavan, Jane (2014). "A Multifactorial Analysis of Grammatical Synonymy. The Estonian Adessive and Adposition *peal* 'on'", in: Dylan Glynn, Justyna Robinson (eds.): *Corpus Methods for Semantics. Quantitative Studies in Polysemy and Synonymy.* Amsterdam: Benjamins, 253–278.

Krawczak, Karolina/Glynn, Dylan (2011). "Context and Cognition. A Corpus-driven Approach to Parenthetical Uses of Mental Predicates", in: Krzysztof Kosecki, Janusz Badio (eds.): *Cognitive Processes in Language*, Frankfurt am Main: Lang, 87–99.

Krawczak, Karolina (this volume). "Shame and its Near Synonyms in English: A Multivariate Corpus-driven Approach to Social Emotions".

Kövecses, Zoltán (1986). *Metaphors of Anger, Pride, and Love. A Lexical Approach to the Structure of Concepts*. Amsterdam: Benjamins.

Lakoff, George (1987). *Women, Fire and Dangerous Things. What Categories Reveal about the Mind.* Chicago: University of Chicago Press.

Levshina, Natalia (2012). "Comparing Constructicons: A Usage-based Analysis of the Causative Construction with *doen* in Netherlandic and Belgian Dutch", *Constructions and Frames* 4, 76–101.

Shank, Cristopher/Plevoet, Koen/Cuyckens, Hubert (2014). "A Diachronic Corpus-based Multivariate Analysis of 'I think *that*' *vs.* 'I think zero'", in: Dylan Glynn, Justyna Robinson (eds.): *Corpus Methods for Semantics. Quantitative Studies in Polysemy and Synonymy.* Amsterdam: Benjamins, 270–305.

Soriano, Cristina/Fontaine, Johnny R. J./Ogarkova, Anna/Mejía Quijano, Claudia/Volkova, Yana/Ionova, Svetlana V./Shakhovskyy, Viktor I. (in press). "Semantic Types of Anger in Spanish and Russian", in: Johnny R. J. Fontaine, Cristina

Soriano, Klaus R. Scherer (eds.): *Components of Emotional Meaning*. Oxford: Oxford University Press.

Speelman, Dirk/Glynn, Dylan (2005). *LiveJournal Corpus of British and American online personal diaries*. Leuven: University of Leuven.

Vorkachev, Sergei (2007). *Любовь как лингвокультурный концепт*. Moscow: Gnozis.

Wierzbicka, Anna (1985). *Lexicography and Conceptual Analysis*. Ann Arbor: Karoma.

Wulff, Stefanie (2006). "*Go*-V *vs*. *go-and*-V in English: A Case of Constructional Synonymy?", in: Stefan Th. Gries, Anatol Stefanowitsch (eds.): *Corpora in Cognitive Linguistics. Corpus-based Approaches to Syntax and Lexis*, Berlin: Mouton de Gruyter, 101–126.

Shame and its Near-synonyms in English: A Multivariate Corpus-driven Approach to Social Emotions

*Karolina Krawczak**

Résumé

Cette étude cherche à décrire les concepts d'émotions sociales. Elle examine l'usage contextualisé de trois lexèmes, qui désignent le concept de la HONTE, en anglais américain et britannique. Les lexèmes comprennent *ashamed* ('honteux'), *embarrassed* ('embarrassé') et *humiliated* ('humilié'). Fondé sur les résultats introspectifs de Wierzbicka, on postule une gradation de la gravité et de la temporalité de la conceptualisation de la HONTE observable par l'expression contextualisée de ces trois lexèmes. Les données sont extraites de sections littéraires de deux corpus, le *British National Corpus* et le *Corpus of Contemporary American English*. Les occurrences et leurs contextes sont soumis à une analyse manuelle de traits sémantiques et sociaux. Les résultats de cette analyse relèvent les profils de l'usage multidimensionnel. Pour identifier la structure socio-conceptuelle dans ces profils, on emploie les statistiques multivariées – l'analyse des correspondances multiples et l'analyse de régression logistique multinomial. Les résultats confirment quantitativement l'hypothèse sur la structuration du concept.

Abstract

This chapter applies multifactorial corpus-driven methodology to the study of social emotions. It focuses on three lexemes designating SHAME in English, i.e., *ashamed*, *embarrassed*, and *humiliated*. It is hypothesized, in light of Wierzbicka's findings, that there is a gradation of gravity and temporal boundedness from *ashamed*, through *humiliated*, to *embarrassed*. A large number of occurrences of the lexemes are submitted to a detailed qualitative analysis regarding semantic and sociolinguistic conceptual features. The data thus annotated are modelled quantitatively through statistical exploratory and confirmatory techniques. This reveals usage profiles specific to each emotion term, producing a conceptual map of the semasiological structure of, and onomasiological relations between, the expressions. The results confirm the hypothesis and contribute quantitative and falsifiable evidence for Wierzbicka's introspection-based analysis.

1. Introduction

This chapter develops a quantitative corpus-driven methodology for the study of abstract social concepts. It is the first attempt to apply multifactorial feature analysis to the study of the conceptual structure of social emotions. It focuses

* Adam Mickiewicz University, Poznan, Faculty of English.

on SHAME emotions, as designated by three lexemes: *ashamed*, *embarrassed*, and *humiliated*. It is a cross-cultural comparison of how these emotions are conceptualized in present-day British and American fiction. In line with research in Cognitive Corpus Linguistics, it is assumed here that contextualized language structure provides access to conceptual structure, which, in turn, gives us insights into cultural models of reality. The methodology adopted in the present work is referred to as multivariate "usage-feature analysis" (Glynn 2009, 2010a, 2010b), which is also known as a "configurational approach" (Geeraerts *et al.* 1994) or "behavioural profile analysis" (Gries 2006).[1]

Previous linguistic studies of social emotions serve as a theoretical frame of reference in which to formulate research questions and develop a set of conceptual features that play a role in the SHAME scenario. SHAME emotions are genuinely social, as they lie at the intersection of our subjective and intersubjective experience of the world. As Wierzbicka (1999, 46) points out, they originate from the speaker's sensitivity to others' actual or potential criticism. In this context, they act as guidelines for social conduct by integrating the subject's internal and external perspectives on any given situation.

This integration of two possible vantage points from which to consider unfolding reality results, conceptually speaking, in the general common denominator of SHAME, which has to do with how the subject "does not want other people to think something bad about him/her" (Wierzbicka 1999, 46; 1992, 574). Insofar as this overarching "conceptual component" is likely to be cross-culturally universal, SHAME can be ranked among *basic* social emotions (Wierzbicka 1999, 46ff.).

The three lexemes analyzed here are all interrelated semantically by the subject's inherent wish not to be negatively evaluated. However, they also differ along a number of parameters. As Wierzbicka (1999, 47) indicates, shame is morally underpinned and can be experienced in solitude. This means that the mere awareness of having done something morally wrong or being socially inferior suffices for the subject to feel ashamed. This is different in the case of embarrassment and humiliation, both of which require an audience and which are therefore directly linked to the here and now. The lexical concept of 'humiliation', unlike 'shame', is always caused by external factors and its experiencer is, therefore, a "helpless victim" (Wierzbicka 1992, 575). That being so, humiliation will significantly damage the experiencer's self-respect (*ibid.*). It can also outlast its triggering event

1 I wish to express my gratitude to Antti Arppe, Dylan Glynn, Kris Heylen, and Dirk Speelman for sharing with me their expertise in statistics.

and be experienced afterwards without any witnesses, thus affecting the subject for longer. Embarrassment, on the other hand, is instantaneous and fleeting, and, unlike either shame or humiliation, can also be linked to instances of positive "attention focused on us".

At the heart of these "shame-like" (Wierzbicka 1999, 46) emotions lies their intersubjectivity. We can gain access to this dimension by employing a quantitative corpus-driven analysis. Corpora make available to us a large number of contextualized examples, which we can analyze for a range of formal, semantic, and social variables that determine meaning. Quantitative methodology, in turn, permits two things. Firstly, it allows us to visualize the results of the feature analysis, thereby revealing patterns of use which would not be retrievable with a purely qualitative approach. Secondly, it establishes the descriptive accuracy of the feature analysis. As a result, we can formulate probabilistic descriptions of, and identify statistically significant tendencies in, the linguistic behaviour of the expressions.

2. Method, data, and aims

In this chapter, we examine Wierzbicka's introspection-based findings in the light of natural language use. In accordance with her assumptions, we make three hypotheses. First, the lexical concept of 'shame', related to moral vices, misdeeds, and perceived inferiorities, is expected to be a more grievous emotional state, one which is grounded on serious causes. Second, 'embarrassment' is anticipated to be more ephemeral and superficial. And, third, 'humiliation', which victimizes the experiencer, is hypothesized to lie between the gravity of 'shame' and the momentariness of 'embarrassment'. Thus, we posit that there will be a continuum from *ashamed*, through *humiliated*, to *embarrassed* along the parameters of emotional weight and temporal boundedness. In what follows, we test the descriptive accuracy of Wierzbicka's results by comparing them with the findings of a corpus-driven analysis of the use of the three SHAME lexemes. We will also see whether it is possible to establish any cross-dialectal differences between the concepts.

With regard to the data, this study is based on approximately 400 instances of *ashamed*, *embarrassed*, and *humiliated*. The samples were extracted randomly in equal numbers from the fiction sections of the *British National Corpus* (Davies 2004–) and the *Corpus of Contemporary American English* (Davies 2008–). The usage-feature method of corpus-driven semantic analysis, applied here, produces results that are entirely and exclusively determined by what is found in the corpus. It also involves the meticulous manual annotation of a large number of examples for a spectrum of usage features. The number of conceptual factors according to which the uses of the lexemes were tagged was reduced to the semantic and sociolinguistic factors relevant to the questions posed. The first variable, coded automatically, distinguishes between British and American English.

The most critical factor in the study concerns the cause of the emotion. The specific causes recognized here are based on prior research conducted by Kövecses (1986, 44; 1990, 93f.), Tissari (2006, 150), Fabiszak and Hebda (2007, 29f.), and Krawczak (submitted). It subsumes the following levels: (1) bodily causes; (2) dubious social status; (3) inadequacy; (4) insecurity; (5) social failure; (6) social norm violation: (a) decency, (b) politeness, (c) emotional; (7) social status loss: (a) financial, (b) mistreatment, (c) rejection, (d) belonging to an unprestigious group. Let us illustrate these uses:

(1) She'd felt too humiliated about being heavy to buy maternity clothing when she was pregnant.
(2) "You said whatever you had to say to get elected. When I recall your memories, I feel ashamed." She looked directly at him. "Don't you?"
(3) "You can ask me anything you'd like to," she says, then looks down, embarrassed by her brashness.
(4) And for all his bulk, he was gentle in that olive tree bed, quiet, shy, embarrassed by his own needs.
(5) Mom and Aunt Lily would be embarrassed at my bad playing, and I would be too.
(6a) She became addicted to drugs when she was thirteen and left home at seventeen, living on the streets, begging for money to support her habit, and I'm ashamed to say selling her body.
(6b) Gabriel [...] said in a low voice, almost as if he was embarrassed, "Don't say that. We don't call them that anymore." "Don't say demon? I sure as hell am not saying 'diabolically challenged'. That's retarded." "No," Gabriel said. "[...] And you really shouldn't say 'retarded' either. It's not PC."
(6c) I'm surprised to see tears glisten in the girl's eyes and she quickly turns away, as though ashamed to reveal weakness.
(7a) She felt humiliated by her poverty.
(7b) "They treat you like – like shit", Gloria said. "I've never been so humiliated."
(7c) "I think he feels humiliated as much as grief-stricken. For an Arab to be refused by his amour..."
(7d) I took it pretty hard. My parents did too. After I got expelled from camp, they were humiliated. That kind of stuff doesn't happen to Solomons.

Two more distinctions have been drawn with respect to the cause. First, regarding its temporal reference: (a) present (simultaneous with the emotion, see 3); (b) past (prior to the emotion, see 7d); (c) general (inherent quality, atemporal). And, second, regarding its type: (a) internal (coming from within the experiencer or related to his/her actions); (b) external (coming from the outside world). The following sentences exemplify these categories:

(8) He was so humiliated by my performance that he couldn't even look at me. (external)
(9) They knew why Vice stopped playing Little League [...] because he was ashamed of the scars [...] on his back. (internal, general)

Once all the examples had been manually annotated for the factors enumerated and illustrated above, two types of quantitative methods were used in order to reveal conceptual and cross-dialectal differences in use between the three SHAME expressions. Firstly, the data were treated with an exploratory statistical technique, in the form of Binary Correspondence Analysis (Glynn 2014). This method allows us to identify the "patterns of use" (Glynn 2009, 2010a, 2010b) for the lexemes on the basis of associations of conceptual usage features. This yielded three distinct usage profiles for *ashamed*, *embarrassed*, and *humiliated*, relative to dialect and the other conceptual features. The next step was to see how reliable these patterns of use are. With this in mind, the data were submitted to confirmatory statistical modelling in the form of Polytomous Logistic Regression (Arppe 2008), which is a method that establishes the descriptive accuracy of the analysis and its predictive power. The results of these statistical analyses are presented in Section 3.

3. Results

This section reports the findings of the cross-dialectal study of the semasiological and onomasiological structure of the three SHAME expressions. The results are, first, visualized by means of the exploratory method of Correspondence Analysis (Glynn 2014). This graphic representation shows the clustering of usage features associated with each lexeme. Next, the reliability and accuracy of the profiles thus obtained are determined with the confirmatory method of Polytomous Logistic Regression modelling (Arppe 2008). This shows how much confidence we can have in the identified conceptual associations and the manual feature analysis.

Let us look at the Binary Correspondence Analysis plot (Figure 1). It visualizes the clustering of features for the three lexemes relative to dialect, the cause of the emotion, as well as the type and temporal reference of the cause. In this technique, proximity is indicative of the degree of association. The accuracy of the graphic representation is evaluated on the basis of how much variation is explained in the first two dimensions. This is indicated by the percentages given along the *x* and *y* axes. Naturally, the higher the sum of the two, the more reliable the emerging profiles are. Taking this into consideration, we can see that the plot in Figure 1 accounts for over 86% of the variation in the behaviour of the data in the first two dimensions. The patterns thus revealed are, therefore, stable.

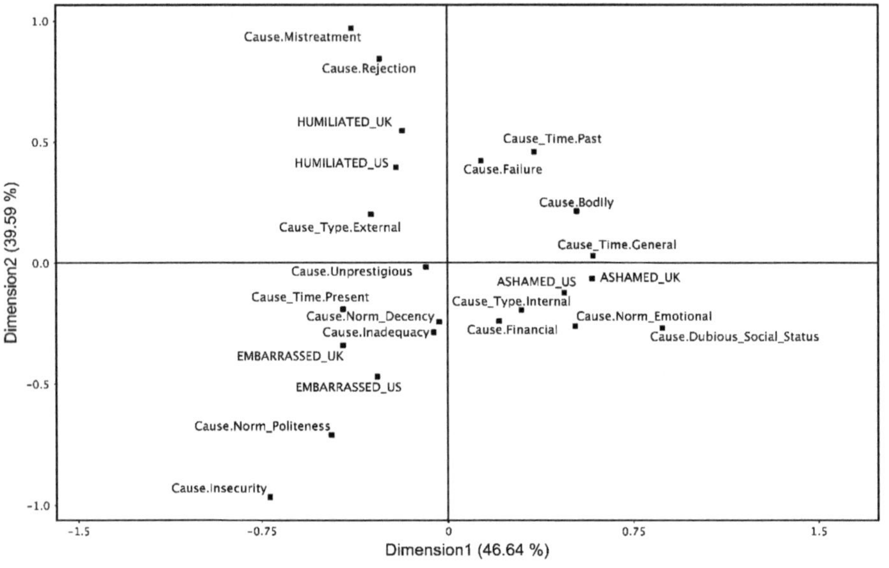

Figure 1: Binary Correspondence Analysis

Three distinct clusters can be identified in Figure 1, each corresponding to one of the lexemes. The contribution of dialect to the distribution of the data points in this visualization is negligible, as the lexemes denoting the same emotion cluster together, with hardly any dialectal differences. The first group, located on the right, associates *ashamed* with eight usage features, five of which designate the actual causes of the emotion, while the remaining three specify the type and temporal scope of the triggering factor. With regard to the cause, this lexeme is distinctly correlated with (i) the violation of the social norm of emotional reaction (see 6c) and (ii) dubious social status (see 2). The other three causes linked to the lemma are (iii) social status loss due to financial reasons (see 10); (iv) bodily characteristics (see 9); and (v) failures, either personal or professional (see 11). These three usage features are placed further away from the centre of the cluster, constituted by the lexeme *ashamed* relative to dialect. This means that they are less pronounced in conceptual structure, being also associated with *humiliated* (<Cause Failure> and <Cause Bodily>) and *embarrassed* (<Cause Financial>).

(10) Ain't you ashamed, makin' me wear things out of a pawnshop?
(11) I am ashamed. I let myself down vilely.

The cluster reveals that *ashamed* is also prominently linked to (vi) atemporal <Cause Time General> and (vii) internal <Cause Type Internal> causes (see 9 for both). The latter usage feature, however, is situated slightly to the left, thus also tending towards *embarrassed*. The final conceptual feature for *ashamed*, located on the periphery of this grouping, relates the lexeme to (viii) the past <Cause Time Past> (see 12). Its position shows clearly that it is shared between *ashamed* and *humiliated*.

(12) She rebuked herself, feeling deeply ashamed, for having given way earlier to despair and self-pity.

These findings confirm the hypothesis put forward in Section 2 in accordance with Wierzbicka's (1999) claim – namely, that the lexical concept 'shame' has a much more grievous and deep-rooted basis than either 'embarrassment' or 'humiliation'. Causes (ii)–(v) are serious and are likely to be long-lasting in their effect. Cause (i), although seemingly related purely to the here and now, may, in fact, be indicative of the subject's inherent weakness, as in example (6c). If so, it may well be related to an underlying intrinsic character flaw, which increases its gravity. Given the nature of the factors triggering the emotion and the underlying character of shame, it is also intuitively interpretable that *ashamed* should be associated closely with internal and atemporal causes. Being inherent in the experiencer's actions and unconstrained by time, they are, naturally, much more serious.

The second exponent of SHAME, *embarrassed*, forms a conceptual grouping of usage features in the lower left-hand quadrant. Irrespective of dialect, it is distinctly correlated with (i) social norm violation of politeness (see 6b) and (ii) insecurity (see 4). It also corresponds, but less closely, to (iii) inadequacy (see 3) and (iv) the violation of the social norm of decency (see 13).

(13) She was acutely embarrassed at having to share her cousin's bed, especially as they would be squeezed so closely together in the small space.

As the plot indicates, *embarrassed* is also closely linked to (v) causes that are immanent in the event that gives rise to the emotion <Cause Time Present>. Causes (i)–(iv) exemplify this tendency. Arguably, all these causes, except personal insecurities, are clearly the motivation for what Wierzbicka (1992, 576) refers to as "short-lived" emotional states. Hence, the hypothesis made in Section 2, that embarrassment is a passing emotion whose endurance is limited to the interactive situation that has engendered it, is substantiated. Insecurity as a cause of embarrassment upsets the consistency of this picture, however, since it is more ingrained and so may seem to be an enduring basis for the emotion. Yet, it is always awoken by specific circumstances and, when the triggering factor stops operating, the insecurity may well become dormant again, as evidenced in example (4). This lexeme is also attracted, though less closely, to three other usage features: (vi) internal (see 3 or 4), (vii) external (see 13), and (viii) financial (see 14) causes, which it shares with both *ashamed* (vi and viii) and *humiliated* (vii).

(14) The Parsons and the Carters were incapable of conceiving that anyone could be financially embarrassed by a lunch bill.

It stands to reason that embarrassment can be triggered by internal factors that inhere in the experiencer him or herself or in his or her actions. Likewise, it does not come as a surprise that we can also become embarrassed as a result of external causes, as illustrated in (13) or (14).

The last clustering, for *humiliated*, is situated in the top left-hand quadrant. The lexeme, regardless of dialect, is associated distinctly with (i) the loss of social status due to rejection (see 7c) and (ii) mistreatment (see 7b). It is also related, though less saliently, to the feature that identifies the source of the cause as (iii) external <Cause Type External> (see 7b). The placement of feature (iii) in the plot, nonetheless, is indicative of its simultaneous association with *embarrassed*, as pointed out above. *Humiliated* is also related to (iv) failures (see 8) <Cause Failure>. The first two causes are external and the experiencer in both cases is definitely a victim, which corroborates Wierzbicka's point (1992) with respect to humiliation. The situation is slightly different when it comes to failure, though, which is not necessarily caused by external factors. However, similarly to the two other causes, it is characterized by helplessness, which, as stated in Section 1, is typical of this emotion (Wierzbicka 1992, 575). The feature of loss of social status due to lack of prestige is placed almost in the middle of the plot, which means that it is distributed equally between the lexemes and is, therefore, indistinct in its effect on the conceptual structuring of the data.

The above Correspondence Analysis has established three very clear conceptual profiles for the three lexemes, which correspond to the hypotheses made in Section 2 and to Wierzbicka's claims (1992, 1999). The next step is to determine the descriptive accuracy and predictive power of these findings and of the usage-feature analysis. This is done by using Polytomous Logistic Regression Analysis, as developed by Arppe (2008). This technique is designed for response variables that have more than two features, as here, where the variable lexeme subsumes three levels: *ashamed, embarrassed, humiliated.* A response variable is the output whose behaviour in the sample is to be predicted on the basis of the explanatory variables. Since the Correspondence Analysis plot demonstrates that dialect does not contribute much to the emerging usage profiles for the three lexemes, this factor, for the sake of simplicity and due to space limitations, will be disregarded in the confirmatory analysis. Table 1 establishes which factors are significantly associated with which lexeme.

Formula: Lexeme ~ Cause_Type + Cause + Cause_Time

Log-odds:

	ashamed	embarrassed	humiliated
Cause Time: General	(0.4832)	(1.058)	-1.173
Cause Time: Present	-1.591	2.697	(-0.6417)
Cause Type: Internal	0.9401	(-0.505)	(-0.4819)
Cause: Dubious Social Status	(0.8243)	(1.743)	-2.685
Cause: Failure	(-0.919)	(1.018)	(0.1341)
Cause: Inadequacy	(-0.5589)	(2.028)	(-0.7558)
Cause: Insecurity	(-0.8584)	3.77	(-17.47)
Cause: Norm Violation - Decency	(-0.2288)	(2.009)	(-1.114)
Cause: Norm Violation - Emotional	(0.3946)	(1.701)	(-1.646)
Cause: Norm Violation - Politeness	(-0.9253)	3.311	-2.329
Cause: Status Loss - Financial	(-0.1655)	(1.686)	(-0.8655)
Cause: Status Loss - Mistreatment	-1.827	(-0.1759)	(1.375)
Cause: Status Loss - Rejection	(-1.589)	(0.454)	(0.9152)
Cause: Status Loss - Unprestigious	(-0.9302)	(1.957)	(-0.3031)

R2.McFadden: 0.3072687

R2.Nagelkerke: 0.5522443

C: 0.8392158

Table 1: Polytomous Logistic Regression Analysis

The column on the left lists all the predictors. The remaining three columns, each corresponding to one of the three lexemes, specify the degree of correlation between the given lexeme and the explanatory feature. This is done by means of log-odds. It is only the parenthesized scores that are significant. Among these, the higher the log-odds, the greater the effect of the feature on the lexeme, with positive values indicating association and negative values, dissociation. Bearing this in mind, we can see that the important predictors for *ashamed* are the lack of attraction of the lexeme to (i) present causes, i.e., those that are simultaneous with the emotion; (ii) its relatedness to internal causes, inherent in the experiencer or resulting from his/her actions (see 9); and (iii) its dissociation from the loss of social status due to mistreatment. The second expression, *embarrassed*, is strongly correlated with (i) insecurities, (ii) the violation of the social norm of politeness, and (iii) present causes, coexisting with the emotion (see examples 4 and 6b). Finally, *humiliated* is shown to be unrelated to (i) dubious social status, (ii) the violation of politeness rules, and (iii) general or atemporal causes. These tendencies confirm some of the patterns revealed at the exploratory stage in Figure 1, thus supporting the hypotheses put forward in Section 2. The stability and predictive power of the model are determined by the C statistic, while the strength and effect of the explanatory variables are evaluated by the pseudo R^2 scores, all provided at the bottom of Table 1. The rule of thumb is that a value for the C statistic of 0.8 and more means that the model has "predictive capacity" (Baayen 2008, 204). The Nagelkerke R^2 should be at least 0.3 to be satisfactory (Lattin *et al.* 2003, 486), whereas the McFadden R^2 should be at least 0.2 (McFadden 1979, 307). The results in Table 1 are, therefore, sound, which means that the profiles identified here are reliable and the model is strong in its explanatory potential.

4. Summary and conclusions

This study has demonstrated that the conceptual architecture of lexemes designating social emotions can be determined by applying quantitative corpus-driven methodology. More specifically, it has been established that identifying semantic-pragmatic features of use embedded in co-text reveals the semasiological structure of, and onomasiological relations between, near-synonyms. The multivariate approach adopted here has allowed us to distinguish three clear usage profiles for the three lexical exponents of SHAME. *Ashamed* forms a conceptual cluster with internal and atemporal causes concerning a dubious social status, emotional or bodily problems, and social failures. *Embarrassed* is closely related to factors triggered by the interactive situation such as personal insecurities or a breach of politeness norms. *Humiliated*, in turn, is associated mainly with external factors causing loss of status. These statistically determined conceptual tendencies substantiate the hypotheses formulated in Section 2 and add quantitative evidence to Wierzbicka's claims (1999, 1992). The lexical concept 'shame' is shown to be a serious, potentially destructive and long-lasting state, while ‘embarrassment’ is a more ephemeral emotion linked to the situation engendering it. The lexical concept ‘humiliation’, in turn, lies between the two other categories, hinging on the here and now, but possibly outlasting the immediate instigating event.

References

Arppe, Antti (2008). *Univariate, Bivariate and Multivariate Methods in Corpus-based Lexicography – a Study of Synonymy*. PhD dissertation. Helsinki: University of Helsinki.

Baayen, Harold R. (2008). *Analyzing Linguistic Data. A Practical Introduction to Statistics Using R.* Cambridge: Cambridge University Press.

Davies, Mark (2004–). *BYU-BNC.* (Based on the *British National Corpus* from Oxford University Press). <http://corpus.byu.edu/bnc/>

Davies, Mark (2008–). *The Corpus of Contemporary American English: 450 million words, 1990-present.* <http://corpus.byu.edu/coca/>

Fabiszak, Małgorzata/Hebda, Anna (2007). “Emotions of Control in Old English: Shame and Guilt”, *Poetica* 66, 1–35.

Geeraerts, Dirk/Grondelaers, Stefan/Bakema, Peter (1994). *The Structure of Lexical Variation. Meaning, Naming, and Context.* Berlin: Mouton de Gruyter.

Glynn, Dylan (2009). “Polysemy, Syntax, and Variation. A Usage-based Method for Cognitive Semantics”, in: Vyvyan Evans *et al.* (eds.): *New Directions in Cognitive Linguistics*. Amsterdam: Benjamins, 77–106.

Glynn, Dylan (2010a). “Synonymy, Lexical Fields, and Grammatical Constructions. A Study in Usage-based Cognitive Semantics”, in: Hans-Jörg Schmid *et al.* (eds.): *Cognitive Foundations of Linguistic Usage Patterns: Empirical Studies*. Berlin: Mouton de Gruyter, 89–118.

Glynn, Dylan (2010b). “Testing the Hypothesis. Objectivity and Verification in Usage-based Cognitive Semantics”, in: Dylan Glynn *et al.* (eds.): *Quantitative methods in Cognitive Semantics: Corpus-driven approaches*. Berlin: Mouton de Gruyter, 239–269.

Glynn, Dylan (2014). “Correspondence Analysis. An Exploratory Technique for Identifying Usage Patterns”, in: Dylan Glynn *et al.* (eds.): *Corpus Methods for Semantics. Quantitative Studies in Polysemy and Synonymy.* Amsterdam: Benjamins, 443–486.

Gries, Stefan Th. (2006). “Corpus-based Methods and Cognitive Semantics: The Many Meanings of *to run*”, in: Stephan Gries *et al.* (eds.): *Corpora in Cognitive Linguistics: Corpus-based Approaches to Syntax and Lexis*. Berlin: Mouton de Gruyter, 57–99.

Kövecses, Zoltán (1986). *Metaphors of Anger, Pride and Love. A Lexical Approach to the Structure of Concepts.* Amsterdam: Benjamins.

Kövecses, Zoltán (1990). *Emotion Concepts*. New York: Springer.

Krawczak, Karolina (submitted). "A Quantitative Approach to Social Emotions: A Contrastive Perspective on SHAME in British English, American English, and Polish", *Poznan Studies in Contemporary Linguistics*.

Lattin, James M./Carrol, J. Douglas/Green, Paul Edgar (2003). *Analyzing Multivariate Data*. Pacific Grove: Thomson Brooks.

McFadden, Daniel (1979). "Quantitative Methods for Analyzing Travel Behavior of Individuals: Some Recent Developments", in: David A. Hensher *et al.* (eds.): *Behavioral Travel Modeling*. London: Croom Helm, 279–318.

Tissari, Heli (2006). "Conceptualizing Shame: Investigating Uses of the English Word Shame, 1418–1991", in: Roderick W. McConchie *et al.* (eds.): *Selected Proceedings of the 2005 Symposium on New Approaches in English Historical Lexis*. Somerville: Cascadilla Proceedings Project, 143–154.

Wierzbicka, Anna (1992). "Defining Emotion Concept", *Cognitive Science* 16, 23–69.

Wierzbicka, Anna (1999). "Emotional Universals", *Language Design* 2, 23–69.

Les propriétés combinatoires des prédicats de <surprise> en grec moderne

*Freiderikos Valetopoulos**

Abstract

In this chapter, we discuss the combinatorial properties of the predicates expressing *surprise* in Modern Greek. Firstly, we present a cognitive definition, and then bring out the semantic and syntactic properties of the various predicates of this class. We then propose a description of their combination, such as support verbs, adverbs and adjectives, and of their coordination with other predicates.

Résumé

Dans le cadre de cet article, nous aborderons la combinatoire des prédicats exprimant la *surprise* en grec moderne. Après une présentation d'une définition cognitive, nous tenterons de mettre en lumière les propriétés sémantiques et syntaxiques des différents prédicats de cette classe. Nous proposerons une description de leur combinatoire, comme les verbes supports, les adverbes et les adjectifs qui les modifient, ainsi que de leur coordination avec d'autres prédicats.

1. Introduction

Dans le cadre de cet article, nous nous concentrerons sur l'étude des prédicats appartenant à la classe sémantique de <surprise>. Dans deux autres études, nous avons déjà constaté les difficultés que les chercheurs rencontrent pour définir et décrire cette classe (par exemple Baider/Valetopoulos 2012 ; Valetopoulos 2013). Certains d'entre eux lui contestent même le statut d'*émotion*.

Ortony *et al.* (1988, 32, 127 et 174) considèrent que la *surprise* n'est pas une émotion, partant du principe que les émotions sont des réactions *valencées* à des événements, à des humains ou à des objets, et que leur nature est déterminée par la façon dont la situation suscitée est construite. Or, quand une personne ressent la *surprise*, elle peut être émotionnellement neutre. Ainsi, ils arrivent à la conclusion que la *surprise*, qui n'est ni agréable ni désagréable, est un état cognitif, une prise de conscience de l'inattendu (*awareness of unexpectedness*). Par contre, la *surprise* qui est accompagnée par le sentiment de *joie* est une *surprise* agréable (*pleasant surprise*), alors que quand elle est suivie par l'*angoisse*, elle correspond à l'émotion du *choc*, de la *frayeur* (*shock*).

* Université de Poitiers, Laboratoire FoReLL, EA 3816.

Ekman (1992) décide d'inclure la *surprise* dans la liste des émotions malgré son caractère très ponctuel et ses rapports avec la *peur*. Dans la même logique que ce dernier, Kövecses (2004, 33 et 37) souligne que la propriété principale de la *surprise* est la perte temporaire du contrôle de soi-même. Il s'agit d'une émotion courte et transitoire. Cette propriété est accompagnée par le fait que la *surprise* n'est pas, d'après lui, un phénomène social complexe et que, par conséquent, son contenu conceptuel n'est pas très important.

En dehors de ces difficultés rencontrées dans le cadre des différentes analyses psychologiques et linguistiques, plusieurs difficultés de définition de cette émotion transparaissent également dans les dictionnaires et les traductions. Si l'on prend pour exemple la lexicographie hellénophone, on constate que le mot classifieur *έκπληξη* 'surprise, étonnement' apparaît dans la définition de plusieurs unités lexicales qui ont des différences syntaxiques, sémantiques et pragmatiques très importantes. Ainsi, *έκπληξη* permet de définir les interjections comme *α!* 'ah!' ou *άντε!* 'allons!', les locutions comme *μένω άγαλμα* 'rester bouche bée', ou les prédicats comme *αναπηδώ* 'sursauter', *άναυδος* 'sans voix', *ανήκουστος* 'inoui'. En ce qui concerne les prédicats présentés comme des synonymes du verbe *εκπλήσσω* 'surprendre', nous y retrouvons une pléthore d'unités lexicales avec une variété de traductions : *αιφνιδιάζω* 'surprendre', *απορώ* 's'étonner', *καταπλήσσω* 'étonner, effarer, épater, stupéfier, abasourdir, sidérer', *ξαφνιάζω* 'surprendre, étonner, interloquer, choquer', *ξενίζω* 'étonner, paraître étrange, sembler étrange', *παραξενεύω* 'étonner, devenir bizarre', *σαστίζω* 'effarer, stupéfier, ébahir' (Lust/Pantelodimos 2004).

Dans la suite de cet article, nous nous proposons d'analyser les différentes définitions de certains prédicats exprimant la *surprise* et d'étudier leurs propriétés combinatoires.[1] Nous nous concentrerons sur les prédicats *εκπλήσσομαι, ξαφνιάζομαι, παραξενεύομαι* et *καταπλήσσομαι*, pour des raisons qu'on présentera dans la suite de notre article. Tous ces prédicats sont traduits en français par *être surpris* ou *s'étonner*.

Notre étude s'inscrit dans le cadre des classes d'objets. L'unité minimale d'analyse est la phrase qui comporte un prédicat et ses arguments.[2] Les prédicats sont actualisés, c'est-à-dire inscrits dans le temps, à l'aide de la conjugaison ou d'un verbe support, et se réalisent morphologiquement par des verbes, des noms, des adjectifs, certaines prépositions et certains adverbes. Il convient de souligner dès maintenant que les limites de la phrase ne suffiront pas, comme nous le verrons, pour l'étude de l'émotion en question.

---

1 Pour le français, voir Novakova *et al.* (2012).

2 Nous utiliserons N0 pour indiquer le sujet, et N1/N2 pour les compléments.

2. Définir la *surprise* : les différentes approches

Dans cette section, nous tenterons de définir l'émotion de *surprise*. Nous partirons d'une définition par des termes cognitifs et, ensuite, nous nous concentrerons sur la description de la combinatoire.

2.1 Traduire la surprise

Dans Valetopoulos (2013), nous avons étudié les différents verbes que les traducteurs hellénophones utilisent afin de rendre en grec *surprendre* et *étonner*. Cette étude a montré qu'il existe une variation très importante qui a été représentée par une cartographie mettant en lumière la richesse sémantique de cette émotion. Ainsi, d'après cette analyse, la traduction des deux verbes *surprendre* et *étonner* dépendrait des spécificités sémantiques que les traducteurs voudraient mettre en évidence. Par exemple, le prédicat *surprendre* est traduit par les prédicats *αιφνιδιάζομαι* et *ξαφνιάζομαι*, qui insistent respectivement sur le fait que le locuteur est pris à l'improviste ou qu'il est troublé à cause de cette *surprise*. Le verbe *s'étonner* est également traduit par plusieurs prédicats : par exemple, *απορώ* montre la perplexité du siège psychologique, alors que *καταπλήσσομαι* ou *σαστίζω* soulignent la force de l'émotion, mais de façon différente. Le premier renvoie à un étonnement intense, positif ou négatif, tandis que le second montre que l'expérienceur est dans une confusion totale à cause de la situation. Cette analyse nous a permis de montrer la multidimensionnalité de l'émotion de la *surprise* au niveau verbal, qui se caractériserait par une double dimension, celle qui porte sur l'origine de la *surprise*, qui peut être inexplicable ou inattendue, et celle qui porte sur la qualité de la *surprise*, qui peut être intense.

2.2 Le scénario cognitif

À la lumière de cette analyse, nous tenterons, avant de passer à l'étude de la combinatoire des prédicats de la classe de <surprise>, d'élaborer un scénario afin de définir cette émotion. Cela nous permettra de démontrer la complexité de cette émotion et le besoin d'observer le comportement de ces prédicats, non pas uniquement dans le cadre de la phrase, mais aussi à un niveau plus large, celui du contexte.

Prenons l'exemple du conte « La princesse qui aime son père comme du sel ».[3] Dans ce conte, nous pouvons relever en grec quatre occurrences de *έκπληξη* 'surprise'. Regardons de plus près le premier exemple :

---

3 Il s'agit d'un conte indien traduit en grec sur plusieurs blogs et disponible, par exemple, sur : http://paramythimythiko.pblogs.gr.

(1) Ο πρίγκηπας ένιωσε μεγάλη έκπληξη και είπε: "Θα έρθω μαζί σου για να δω το θαύμα με τα μάτια μου."
Le prince a été très surpris et a dit : « Je viendrai avec toi pour voir ce miracle de mes propres yeux. »

À partir de cet exemple, nous pouvons définir le scénario suivant en appliquant en partie l'approche de Wierzbicka (1992[4], 1999) :

(a) N0 éprouve quelque chose devant un événement
(b) N0 pense ceci :
(c) « quelque chose d'inexplicable est arrivé »
(d) « je ne peux pas expliquer ce qui est arrivé »

Mais la deuxième occurrence ne semble pas correspondre à ce scénario :

(2) Όταν ξύπνησε το επόμενο πρωί, ανακάλυψε με μεγάλη της έκπληξη ένα πιάτο γεμάτο φαΐ και ένα ποτήρι νερό να είναι τοποθετημένα στο προσκεφάλι της.
Quand elle s'est réveillée, le lendemain, elle a découvert avec une grande surprise un plat plein de nourriture et un verre d'eau, juste à côté de son oreiller.

Ainsi, il faudrait ajouter dans notre scénario la possibilité suivante :

(c') « quelque chose d'inattendu est arrivé »

Mais notre scénario n'est pas suffisant, sachant qu'une *surprise* inattendue peut être qualifiée de positive ou de négative. Nous devons donc modifier à nouveau notre scénario en ajoutant la suite suivante :

(d') « je ressens quelque chose d'agréable grâce à cela »
ou
(d'') « je ressens quelque chose de désagréable à cause de cela »

Nous arriverons donc au scénario ci-dessous qui décrit la même émotion mais qui se manifeste différemment selon sa source :

(a) N0 éprouve quelque chose devant un événement
(b) N0 pense ceci :

---

4 Le scénario proposé par Wierzbicka (1992, 549) est le suivant : « X feels something/sometimes a person thinks something like this: something happened now; I didn't think before now: this will happen; if I thought about this I would have said: this will not happen/because of this, this person feels something/X feels like this. »

(c1) « quelque chose d'inexplicable est arrivé »
(d1) « je ne peux pas expliquer ce qui s'est passé »
(c2) « quelque chose d'inattendu est arrivé »
(d2) « je ressens quelque chose d'agréable grâce à cela »
(c3) « quelque chose d'inattendu est arrivé »
(d3) « je ressens quelque chose de désagréable à cause de cela »

Nous constatons donc qu'un scénario de ce type n'est pas suffisant pour décrire cette émotion. Sa lecture, ainsi que l'analyse des données, nous amène à nous interroger sur le sémantisme du prédicat *έκπληξη* : quels sont les facteurs qui favoriseraient une de ces trois lectures ? Le sens est-il conditionné par la combinatoire de ce prédicat ? Existe-t-il d'autres paramètres qui définissent en définitive le sens de ce prédicat ? Et enfin, les autres prédicats, *ξαφνιάζομαι, παραξενεύομαι* et *καταπλήσσομαι*, verbalisent-ils le même scénario ?

3. La combinatoire des prédicats exprimant la <surprise>

Dans cette section, nous étudierons la combinatoire des quatre prédicats mentionnés ci-dessus, qui mettent l'accent sur une dimension précise de la *surprise* : soit l'intensité, soit l'aspect inattendu/inexplicable de celle-ci.

3.1 Quelques propriétés syntaxiques

Les quatre verbes, *εκπλήσσομαι, ξαφνιάζομαι, παραξενεύομαι* et *καταπλήσσομαι*, acceptent comme N0 un substantif non restreint, humain ou non humain, et un N1, humain, qui est l'expérienceur. Quand le sujet est un humain, le verbe admet un deuxième complément qui exprime la cause de l'émotion ressentie par le N1:[5]

(3) Ο πρωθυπουργός με εξέπληξε ευχάριστα με τον τρόπο που μας συντόνισε.[6]
Le Premier ministre m'a agréablement surpris par sa manière de nous coordonner.

Le N2, source de la *surprise*, peut se trouver en position sujet :

(4) Ο τρόπος με τον οποίο μας συντόνισε ο πρωθυπουργός με εξέπληξε ευχάριστα.
La manière dont le Premier ministre nous a coordonnés m'a agréablement surpris.

---

5 Au niveau des rôles sémantiques, le N0hum est l'agent-causateur, alors que le N2, qui décrit l'action de l'agent-causateur, constitue la source de l'émotion. À la voix passive (exemple 5), l'expérienceur assume le rôle du sujet syntaxique, alors que l'agent-causateur devient le sujet d'une phrase qui décrit l'action, source de la *surprise*.

6 Les exemples proviennent d'un corpus élaboré à l'aide de différents blogs et forums consultés gratuitement en ligne.

La passivation est également possible dans le cas de ces quatre verbes :

(5) Εξεπλάγην ευχάριστα με τον τρόπο που μας συντόνισε ο πρωθυπουργός.
J'ai été agréablement surpris par la manière dont le Premier ministre nous a coordonnés.

Dans la suite de cet article, nous examinerons plus en détail certaines propriétés syntaxiques spécifiques à chaque verbe.

3.2 Le prédicat εκπλήσσομαι[7]

D'après les dictionnaires de grec moderne (INS 1998 ; Babiniotis 1998), ce prédicat verbalise l'émotion de *surprise* sans aucune nuance, positive ou négative. Au niveau morphologique, la racine prédicative permet la construction du verbe transitif *N0 εκπλήσσω N1 με N2* 'surprendre, étonner', et du verbe intransitif *N0 εκπλήσσομαι με N2* 'être surpris de/que, s'étonner de/que'. Cette racine est également à la base du nom *έκπληξη* 'surprise', de l'adjectif *εκπληκτικός* 'surprenant, extraordinaire', ainsi que de l'adjectif verbal *έκπληκτος* 'surpris'.

Le prédicat nominal admet comme verbes supports les verbes *αισθάνομαι, δοκιμάζω, νιώθω* 'éprouver'. Cette émotion peut être manifestée : *δηλώνω* 'déclarer', *εκδηλώνω* 'manifester', *εκφράζω* 'exprimer'; et provoquée : *δημιουργώ* 'créer', *προκαλώ* 'provoquer' :

(6) Εξέφρασε την έκπληξή της για το έργο που επιτελείται.
Elle a exprimé sa surprise pour tout ce qui se fait.

(7) Έκπληξη προκαλεί στους ειδικούς ένας παπαγάλος που κατάφερε να κατασκευάσει και να χρησιμοποιήσει εργαλεία.
Les spécialistes éprouvent de la surprise devant un perroquet qui a pu fabriquer et utiliser des outils.

Les adjectifs qui sont susceptibles de modifier ce nom peuvent être classés en trois grandes catégories :

<qualité> : *απίστευτος* 'incroyable', *βαθύς* 'profond', *δυσάρεστος* 'désagréable', *ευχάριστος* 'agréable', *μεγάλος* 'grand', *οδυνηρός* 'pénible', etc.
<étendue> : απόλυτος 'absolu', γενικός 'général', μερικός 'partiel', πλήρης 'complet', *τεράστιος* 'immense', etc.
<aspect> : *διαρκής* 'constant', *στιγμιαίος* 'ponctuel', etc.

En ce qui concerne les adverbes modifieurs, nous constatons une fréquence très élevée des adverbes *διαρκώς* 'continuellement', *κάθε φορά* 'chaque fois', *συνεχώς*

---

7 Pour des raisons pratiques, nous utilisons la forme verbale du prédicat.

'sans cesse', pour une lecture aspectuelle itérative, et des adverbes *ευχάριστα* 'agréablement', *δυσάρεστα* 'désagréablement', qui permettent d'attribuer une polarité positive ou négative à la *surprise*.

Au niveau des adjectifs morphologiquement associés, nous constatons que l'adjectif *εκπληκτικός* a développé le sens de 'extraordinaire, merveilleux' :

(8) Ήταν εκπληκτική η αντίδραση των ποδοσφαιριστών μου. Έχουμε καρδιά και ψυχή και μπορούμε να πάρουμε σημαντικά παιχνίδια.
La réaction de nos footballeurs était merveilleuse. Ils ont du cœur et de l'âme et peuvent gagner certains matchs importants.

Si l'on se place maintenant au niveau du texte, on peut remarquer que le prédicat *έκπληξη* peut être coordonné avec des prédicats nominaux exprimant une émotion négative, comme αγανάκτηση 'indignation', *ανησυχία* 'inquiétude', *απογοήτευση* 'déception', *απορία* 'indignation', *δυσαρέσκεια* 'déception', *οδύνη* 'tristesse', ou positive, comme *ενθουσιασμός* 'enthousiasme' et *ικανοποίηση* 'satisfaction' :

(9) Μία απόφαση που έχει δημιουργήσει απορία, έκπληξη και στεναχώρια…
Une décision qui a provoqué des interrogations, la surprise et la tristesse…

(10) Δυσαρέσκεια του υπουργείου Πολιτισμού από τους "κινηματογραφιστές στην Ομίχλη": […] το υπουργείο, σε σημερινή του ανακοίνωση διατυπώνει "την έκπληξή του" γι' αυτή την ένδειξη διαμαρτυρίας […].
Déception du ministère de la Culture face aux « cinéastes du brouillard » : […] le ministère, dans son communiqué, a exprimé aujourd'hui sa surprise devant cette protestation […].

Pour résumer, nous conclurons que le prédicat *εκπλήσσομαι* exprime une *surprise* neutre, un état de l'expérienceur, qui peut recevoir une lecture positive ou négative selon la coordination ou la modification par des adverbes ou des adjectifs.

3.3 Le prédicat ξαφνιάζομαι

Ce prédicat exprime, d'après les dictionnaires consultés, non seulement la *surprise* mais parfois même la *peur* produite comme une réaction à un événement inattendu. D'après notre corpus, il peut être coordonné avec le prédicat *εκπλήσσομαι*, ce qui nous permet de dire que ce dernier exprime une émotion multidimensionnelle et que *ξαφνιάζομαι* en exprime un seul aspect, la *surprise* devant quelque chose d'inattendu (12) :

(11) Πιστεύω μερικές φορές ότι εκπλήσσονται και ξαφνιάζονται όταν με αναγνωρίζουν […].
Je crois que parfois ils sont surpris et étonnés quand ils me reconnaissent […].

(12) […] ξαφνιάστηκε αφού δεν περίμενε ότι θα ήταν στόχος αγανάκτησης.
[…] il en a été surpris parce qu'il ne s'attendait pas à être la cible de l'indignation.

L'émotion exprimée peut être qualifiée positivement ou négativement, soit à l'aide de certains adverbes, comme *ευχάριστα* 'agréablement' ou *δυσάρεστα* 'désagréablement', soit à l'aide du contexte qui nous permet de comprendre la polarité de cette émotion. Ainsi, dans l'exemple 14, seule la connaissance du contexte extralinguistique nous permet de comprendre qu'il s'agit plutôt d'une *surprise* ressentie négativement devant un événement inattendu :

(13) Εξάλλου με κάθε δουλειά τους εδώ και δύο δεκαετίες μας ξαφνιάζουν ευχάριστα.
Par ailleurs, ils nous surprennent agréablement avec tout ce qu'ils font depuis vingt ans.

(14) Το γεγονός ξάφνιασε τους ανθρώπους του Alpha, οι οποίοι ισχυριζόμενοι ότι το κόνσεπτ της εκπομπής ανήκει στο κανάλι έλεγαν και ξανάλεγαν ότι θα συνεχιστεί η μετάδοση της εκπομπής.
Cet événement a surpris le personnel de la chaîne télévisée Alpha, qui n'a pas cessé de dire que la diffusion de l'émission continuera, affirmant que le concept de l'émission appartient à la chaîne.

Le prédicat nominal peut être modifié par les adjectifs *αισιόδοξος* 'optimiste', *απόλυτος* 'total', *οδυνηρός* 'douloureux', *συνεχής, διαρκής* 'continu' :

(15) Η εμπειρία της διάγνωσης μιας χρόνιας πάθησης πάντα προκαλεί ένα οδυνηρό *ξάφνιασμα.*
Se faire diagnostiquer une maladie chronique provoque toujours une surprise douloureuse.

Cette *surprise*, exprimée en (16) et (17) par des prédicats verbaux, peut être accompagnée par une autre émotion positive ou négative, comme la *peur* '*φόβος*', la *tristesse* '*θλίψη*', la *colère* '*θυμός*', etc. :

(16) Του αναφέρω δικούς μου ανθρώπους από το Μεξικό, που τους έχει υπόψη του, *ξαφνιάζεται* και χαίρεται από την καλή σύμπτωση.
Je lui mentionne les gens que je connaissais au Mexique, qu'il connaissait aussi, il s'étonne et se réjouit de cette belle coïncidence.

(17) Όταν εκείνος ακούει την απόφασή της ξαφνιάζεται και λυπάται […].
Quand il apprend sa réponse, il s'étonne et devient triste […].

Nous pouvons donc en conclure que ce prédicat n'est pas sémantiquement nuancé. Il présente un aspect de la *surprise* éprouvée devant l'inattendu. Il peut être accompagné d'une émotion positive ou négative.

3.4 Le prédicat παραξενεύομαι

Ce prédicat exprime également la *surprise*, mais, d'après les exemples étudiés, il exprime une *surprise* qui est provoquée par un fait inexplicable, un fait que le locuteur ne peut pas comprendre.

(18) Παραξενεύτηκαν: να τους ζητάει ο πατέρας τους δανεικά; Ήξεραν πως πάντα πήγαινε στην πόλη με αρκετά χρήματα για τις αγορές του [...].
Ils furent *étonnés* : leur *père* leur demander un *prêt* ! Ils savaient qu'il allait toujours en ville avec pas mal d'argent pour faire ses achats [...].

D'un point de vue morphologique, nous rencontrons surtout les prédicats verbaux, transitif, *N0 παραξενεύω N1hum* 'étonner qqn', et intransitif, *N0 παραξενεύομαι με N1* 'être étonné de/que'. Le prédicat nominal *παραξένεμα*[8] est très rare, alors que l'adjectif *παράξενος* 'étrange' qualifie un objet, un humain ou un événement qui est étrange, inexplicable, qui provoque un sentiment d'interrogation et par conséquent de *surprise*.

Enfin, nous pouvons constater au niveau textuel que le verbe peut être coordonné avec des verbes qui expriment un état intellectuel, comme *απορώ* 'se demander', *καταλαβαίνω* 'comprendre', *προβληματίζομαι* 'se poser des questions', ce qui prouve le rapport qui existe cette fois-ci entre l'émotion de la *surprise* et l'état intellectuel du locuteur qui peut commencer à s'interroger après cette première *surprise* :

(19) [...] παραξενεύτηκα όταν είδα την Μερσέντες παρκαρισμένη στη θέση για οχήματα της ΕΛ.ΑΣ. Ακόμα πιο πολύ απόρησα όταν πρόσεξα πως η 'αρμόδια' δημοτική αστυνομία δεν είχε δώσει κλήση για παράνομη στάθμευση.
[...] j'ai été surpris de voir la Mercedes garée sur une place prévue pour les voitures de la police. Mais je me suis surtout posé des questions quand j'ai remarqué que la police municipale n'avait pas laissé de PV pour stationnement abusif.

Pour conclure, nous devons souligner que ce prédicat n'exprime pas une émotion positive ou négative, mais plutôt une *surprise* accompagnée d'une interrogation. Seul le contexte peut nous permettre de qualifier cette *surprise*.

3.5 Le prédicat καταπλήσσομαι

Si l'on se fonde sur les dictionnaires monolingues, le prédicat *καταπλήσσομαι* dénote la grande *surprise* face à un événement positif ou négatif, un sentiment de

8 Nous n'avons obtenu aucune occurrence dans les corpus http://www.sek.edu.gr et http://www.greek-language.gr/greekLang/modern_greek/tools/corpora/index.html.

trouble profond : la personne s'interroge sur ce qu'il lui arrive. L'analyse de notre corpus a montré que le prédicat nominal admet comme verbes supports les verbes *αισθάνομαι, νιώθω, δοκιμάζω* 'éprouver', ou les verbes causatifs *κάνω* 'faire', *προκαλώ, προξενώ* 'provoquer' :

(20) Κατάπληξη, εύλογες ανησυχίες και ερωτηματικά προκαλεί το περιεχόμενο της επιστολής σας [...].
Le contenu de votre lettre [...] suscite l'étonnement, une préoccupation légitime, des interrogations.

Le prédicat nominal accepte le plus souvent un modifieur négatif ou sémantiquement neutre, mais toujours intense, comme *δυσάρεστος* 'désagréable', *μεγάλος* 'grand', *σφοδρός* 'violent', *οδυνηρός* 'pénible' :

(21) Η δημοσκοπική άνοδος της Χρυσής Αυγής έχει προκαλέσει σφοδρή κατάπληξη και σωρεία αναλύσεων στον ελληνικό Τύπο και τα κανάλια.
La hausse dans les sondages d'Aube Dorée a suscité un violent étonnement et une quantité d'analyses dans la presse grecque et sur les chaînes télévisées.

Par ailleurs, cet *étonnement* peut déferler comme une vague, ce qui montre le caractère incontrôlable de cette émotion qui ne peut être que *γενική* 'générale' et *απόλυτη* 'absolue' :

(22) Η Ελληνική επανάσταση, που έχει ξεσπάσει κιόλας σε πολλές επαρχίες της Οθωμανικής αυτοκρατορίας, προκαλεί τη γενική κατάπληξη.
La Révolution grecque, qui a déjà éclaté dans plusieurs provinces de l'Empire ottoman, suscite la surprise générale.

Au niveau de la coordination, le prédicat nominal se trouve le plus souvent coordonné avec des noms de sémantisme négatif, comme *αγανάκτηση* 'indignation', *ερωτηματικά* 'interrogations', *θλίψη* 'tristesse' :

(23) Δικαιολογημένη λοιπόν η κατάπληξη αλλά και η οργή και αγανάκτηση του τέως δημάρχου.
L'étonnement mais aussi la colère et l'indignation de l'ex-maire sont donc justifiés.

Il convient de souligner que le sémantisme négatif peut être compris parfois grâce au contexte, au-delà de la phrase simple :

(24) Η ενόχλησή του [...] είναι εμφανής και η ένταση της αντίδρασής του καμιά φορά καταπλήσσει: την άνοιξη του 1998, [...] είπε ότι 'δεν υπάρχει χυδαία γλώσσα, αλλά χυδαίοι άνθρωποι'.

Sa gêne […] est apparente et l'intensité de sa réaction est surprenante : au printemps de 1998, […] il a dit qu'« il n'y a pas de langue vulgaire mais des hommes vulgaires ».

Nous pouvons donc en conclure que le prédicat *καταπλήσσομαι* dénote une *surprise* intense qui est presque toujours négative.

4. En guise de conclusion : la cartographie de la *surprise*

La définition de la *surprise* n'est pas une affaire facile. Les différents prédicats qui expriment cette émotion en grec moderne semblent verbaliser ses différentes dimensions sémantiques. Ces observations confirment ce qui a été démontré dans Valetopoulos (2013) à l'aide de textes traduits. Ainsi, le prédicat *εκπλήσσομαι* exprime la *surprise* sans aucune nuance d'appréciation, une *surprise* neutre, un état cognitif du siège psychologique, pour reprendre les termes d'Ortony *et al.* (1988). Par contre, les trois autres prédicats étudiés, *ξαφνιάζομαι, παραξενεύομαι* et *καταπλήσσομαι*, permettent de mettre en évidence un aspect différent de cette émotion, à savoir la *surprise* éprouvée devant l'inattendu, la *surprise* devant l'inexplicable ou une *surprise* intense, plutôt négative.

εκπλήσσομαι	[neutre, +/- négatif]
ξαφνιάζομαι	[inattendu, +/- négatif]
παραξενεύομαι	[inexplicable, +/- négatif]
καταπλήσσομαι	[intensité, +négatif]

Tableau 1 : rappel des propriétés sémantiques

Ces spécificités sémantiques des prédicats ont été mises en lumière grâce à l'étude de leur combinatoire lexicale et l'analyse du contexte au-delà de la phrase simple. La *surprise* peut être décrite à l'aide des arguments sélectionnés, mais surtout à l'aide de ce qui est dit avant et après la phrase simple contenant celui-ci. La coordination avec un autre prédicat ainsi que les connaissances extralinguistiques permettent parfois de comprendre leurs spécificités sémantiques. Nous pouvons donc en conclure que le prédicat *εκπλήσσομαι* est le prototype de cette classe et que les autres verbes permettent aux locuteurs de mettre la lumière sur une manifestation de cette *surprise.*

Bibliographie

Babiniotis, Giorgos (1998). *Λεξικό της Νέας Ελληνικής Γλώσσας*. Athina : Centre de Lexicologie.

Baider, Fabienne/Valetopoulos, Freiderikos (2012). « Quand la langue traduit les sentiments : apprentissage de la *peur* et de la *surprise* dans une langue étrangère », *in* : Pierluigi Ligas *et al.* (eds.) : *Lexiques, Identités, Cultures*. Verona : QuiEdit, 521–538.

Ekman, Paul (1992). « Are there Basic Emotions? », *Psychological Review* 99, 550–553.

Instituto Neoellinikon Spoudon (INS) (1998). *Λεξικό της κοινής νεοελληνικής*. Thessaloniki : Instituto Neoellinikon Spoudon, Idrima Manoli Triantafilidi.

Kövecses, Zoltán (2004). *Metaphor and Emotion: Language, Culture, and Body in Human Feeling*. Cambridge : Cambridge University Press.

Lust, Colette/Pantelodimos, Dimitris (2004). *Dictionnaire français-grec moderne*. Athina : Kauffmann.

Novakova, Iva/Goossens, Vannina/Melnikova, Elena (2012). « Associations sémantiques et syntaxiques spécifiques. Sur l'exemple du lexique émotionnel des champs de *surprise* et de *déception* », *SHS Web of Conferences* 1, 1017–1029.

Ortony, Andrew/Clore, Gerald/Collins, Allan (1988). *The Cognitive Structure of Emotions*. Cambridge : Cambridge University Press.

Valetopoulos, Freiderikos (2013). « Définir la *peur* et la *surprise* en grec moderne et en français », *in* : Hélène Chuquet *et al.* (eds.) : *Perspectives contrastives sur l'expression des sentiments, opinions, points de vue*. Rennes : Presses Universitaires de Rennes, 95–116.

Wierzbicka, Anna (1992). « Defining Emotion Concepts », *Cognitive Science* 16, 539–581.

Wierzbicka, Anna (1999). *Emotions Across Languages and Cultures: Diversity and Universals*. Cambridge : Cambridge University Press.

Les termes génériques du vocabulaire affectif : le cas de *sentiment* et de *uczucie*

*Anna Krzyżanowska**

Abstract

Some linguists claim that differences in categorizing emotion terms can be shown by analyzing the semantic structure of hyperonyms used in lexicographic definitions of these words. A comparison of the most frequent words, *sentiment* in French and *uczucie* in Polish, has revealed that their semantic ranges do not coincide. The Polish term relates to phenomena absent from the referential scope of the French term (e.g., sensations), but the reverse is also true (e.g., certain psychological states). The French hyperonym relates to cognitive content (*un sentiment de dignité/d'infériorité* 'a feeling of dignity/inferiority') or to sensitivity as 'sensing' (*le sentiment du beau* 'the feeling of beauty'). In the contexts mentioned, Polish equivalents are deverbal derivatives: *poczucie godności/niższości* and *wyczucie piękna*, respectively. Where the ranges of the two terms overlap are in terms of feelings and psycho-physical states.

Résumé

Comme le soulignent certains chercheurs, des différences dans la catégorisation des noms d'affect peuvent être mises en évidence si l'on étudie la structure sémantique des hyperonymes utilisés pour les définir. Par exemple, l'extension de *sentiment* et celle de *uczucie* ne sont pas les mêmes. D'une part, la signification du classifieur polonais renvoie à des phénomènes que son correspondant français ne dénote pas (sensations physiques). D'autre part, *sentiment* désigne par extension des états psychiques conscients qui trouvent leur réalisation linguistique dans des lexèmes spécifiques, comme *poczucie* et *wyczucie*. Ce qui est commun, c'est que, du point de vue de leur étymologie, les deux termes comparés se réfèrent à la possibilité de sentir et de percevoir.

1. Introduction

Le choix d'un terme générique couvrant toute la classe des noms d'affect n'est pas toujours évident. Si l'on regarde de plus près les définitions des noms d'affect dans les dictionnaires de langue français et polonais, on s'aperçoit que plusieurs termes y sont utilisés comme classifieurs, par exemple : *état (affectif, moral)*, *stan (psychiczny* 'psychique', *wewnętrzny* 'intérieur'*)*, *disposition*, *dyspozycja*, *sentiment*, *uczucie*, *émotion*, *emocja*, *attitude*, *postawa*. Il faut remarquer que ces classifieurs n'ont pas une même valeur taxinomique. Un autre problème qui se pose lorsqu'on

* Uniwersytet Marii Curie-Skłodowskiej.

adopte la perspective contrastive, est de savoir dans quelle mesure ces termes se correspondent.

Le présent article soulève les problèmes liés à la catégorisation des noms d'affect à travers l'analyse des deux hyperonymes censés être équivalents, et susceptibles d'englober toute la classe de ces noms (*sentiment* et *uczucie*). Dans ce qui suit, nous allons tenter de les comparer d'abord sur le plan dénotatif, pour passer ensuite à l'étude de leurs combinaisons les plus caractéristiques. Nous proposons donc une approche lexicographique et sémantico-syntaxique des deux termes mis en contraste. La valence (ensemble des propriétés sémantiques et syntaxiques spécifiques) est considérée ici comme la base d'une comparaison interlinguistique (Feleszko 1984 ; Blumenthal 2011). L'objectif final de notre étude est de mettre en évidence des différences dans la catégorisation des deux hyperonymes qui passent pour référentiellement semblables.

2. Les termes génériques en français

Plantin (2011) mentionne sept termes dont chacun pourrait être traité en français comme un concept fondateur dans le domaine des affects : *pathos*, *humeur*, *passion*, *sentiment*, *éprouver/éprouvé*, *affect*, *émotion*. Le premier est d'origine grecque et désigne dans cette langue « tout ce qu'on éprouve, tout ce qui affecte le corps ou l'âme, en bien et en mal » (*TLF*i). Le linguiste affirme qu'en français contemporain, *pathos* est employé dans la rhétorique et dans l'art (où il a une valeur dévalorisante). La langue ordinaire l'utilise pour désigner un débordement émotionnel. *Humeur*, n'étant plus perçu comme un terme de la médecine ancienne, dénote « une disposition du psychisme plus stable que ne l'est l'émotion, moins liée à un stimulus précis ». Quant à *passion*, qui vient du latin *passio* ('souffrance'), ce mot signifie aujourd'hui une vive affection que l'on a pour quelque chose (par exemple passion du football). *Sentiment* est un terme fondamental du vocabulaire affectif. Il est lié à l'intuition et à la capacité de « percevoir des réalités de tous ordres : conscience qu'on prend du monde, de son existence, du monde moral ». Ce nom a aussi une valeur normative car il « peut fonder un jugement recevable » en morale, en esthétique et en épistémiologie. *Éprouver/éprouvé* appartiennent au domaine psychanalytique et sémiotique. De son côté, le concept d'affect est défini comme « un mode d'expression psychique et de la pulsion. L'affect peut se renverser [...], être refoulé, être sublimé, ou retourné contre soi ». En revanche, à l'intérieur de la famille lexicale *affecter*, *affectif*, *affection*, ce mot acquiert le sens d''émotion', 'sentiment'. D'après Plantin, *affect* est également employé avec un sens générique dans le langage ordinaire. Enfin, *émotion,* traduisant étymologiquement l'idée de « mouvement », évolue récemment vers le sens psychique. En témoigne, entre autres, la définition issue du *Grand Robert de la* *langue française* (2005), selon laquelle ce terme renvoie à un « état de conscience complexe, généralement brusque et momentané, accompagné de trouble psychologique […] ». *Émotion* peut dénoter une réalité psychique plus ou moins intense, vécue sur le mode du plaisir ou déplaisir (*une émotion douce* ou *poignante*). Elle se présente comme dynamique, extériorisée, non contrôlée (*être frappé, brisé d'émotion* ; *être cramoisi d'émotion*) ou, au contraire, intériorisée (*ruminer son émotion, enfouir ses émotions dans son cœur*) et contrôlée (*dissimuler, maîtriser son émotion*). Dans certains contextes, l'émotion suppose l'existence d'un objet vers lequel elle est dirigée (« Juste une tendre émotion pour un homme que je ne connais qu'à travers ses livres […] »).[1]

Comme le remarque Plantin, tous ces termes connotent les domaines de savoirs dans lesquels ils se sont développés : *passion* renvoie à la philosophie, la religion et la morale ; *affect* et *émotion* à la psychanalyse et à la psychologie ; *pathos* évoque la rhétorique et l'art. Enfin, *sentiment* est lié aux approches philosophiques, tandis que *humeur* est un ancien terme médical.

Le tableau proposé par Plantin présente une évaluation des termes « en fonction de leur ‹ poids › psychique, physiologique, mimo-posturo-gestuel, leur rapport à la conscience et à l'origine interne ou externe des stimuli qui les provoquent » :

	psychique	**intellectuel**	**physiologique**	**mimo-posturo-gestuel**	**compor-tement action**	**rapport à la conscience**	**origine**
affect	++	+	?	-	-	-	externe
émotion	+	-	+	+	+	+	externe
humeur	+	-	+	+	?	-	interne
passion	+	-	-	-	++	-	interne
sentiment	+	++	++	?	-	++	interne
éprouvé	?	-	-	?	-	++	int./ext.

Tableau 1 : évaluation des termes susceptibles de désiger le domaine des émotions (Plantin 2011)

À l'heure actuelle, dans leurs travaux consacrés aux prédicats d'affect, les linguistes français utilisent différents termes jouant le rôle de classifieurs. Anscombre (1995) se sert de *sentiment* et *attitude* pour séparer les endogènes des exogènes. Les premiers se caractérisent par la présence de l'objet, ce qui est confirmé au niveau syntaxique par la construction avec *pour* ou *envers* (*le dédain de X pour* ou *envers Y, la jalousie de X envers Y*) ; tandis que les seconds se combinent avec

1 http://www.linternaute.com/livre/temoignage/ [consulté le 26 septembre 2013].

les prépositions *devant*, *à la vue de*, et renvoient à des sentiments causés par un événement extérieur au « lieu psychologique » (*satisfaction*, *frayeur*).

De leur côté, Flaux et Van de Velde (2000) emploient *affect* comme terme générique couvrant l'une des sous-classes des noms abstraits intensifs. À l'intérieur de cette sous-classe, tous les noms se répartissent en deux catégories : les noms d'*émotion* et les noms de *sentiment*, ces derniers ayant obligatoirement deux arguments dont l'un correspond au sujet affecté par le sentiment et l'autre à un objet humain ou non humain.

À côté des termes déjà évoqués, Buvet (2005) et ses collaborateurs introduisent dans leur classification l'hyperonyme *humeur*. Pour décrire la classe des affects, les linguistes ne se bornent pas à la catégorie nominale, car ils insèrent dans l'analyse les prédicats verbaux et adjectivaux. Les prédicats d'<affect> sont définis à l'aide de propriétés syntaxiques et sémantiques essentielles : structure argumentale, actualisation, caractéristiques aspectuelles du procès. Parfois, des traits sémantiques plus spécifiques (tels 'orientation vers le passé ou le futur', 'connotation négative ou positive') sont pris en compte. En définitive, trois hyperclasses des prédicats d'affect ont été dégagées sur la base de propriétés communes :

- les prédicats d'<humeur> : les classes <morosité> ;
- les prédicats d'<émotion> : les classes <colère>, <tristesse>, <peur> ;
- les prédicats de <sentiment> : les classes <amour>, <haine>, <pitié>.

Enfin, le terme *état affectif* apparaît dans la typologie des noms proposée par Tutin *et al.* (2006). Cette classification se rapproche de la précédente dans la mesure où elle fait appel aux propriétés combinatoires des noms et à leur structure actancielle. Elle a pour objectif de compléter et d'affiner les classements antérieurs ainsi que de déterminer le statut des noms intermédiaires, par exemple celui des noms de sentiment se rapprochant des noms d'émotion (*admiration*, *respect*), ou celui des noms d'émotion proches des noms de sentiment (*honte*, *colère*). Les auteurs postulent *a priori* l'existence de trois catégories principales de N_affect incarnées par des prototypes nominaux, qui en sont les « meilleurs exemplaires » :

- les prototypes du N_sent : *affection*, *amitié* ;
- les prototypes du N_émotion : *surprise*, *peur* (sens ponctuel), *angoisse* (sens ponctuel) ;
- les prototypes du N_état affectif : *bonheur*, *ennui*, *solitude*.

Passons maintenant aux mots jouant le rôle de classifieurs en polonais.

3. Les termes génériques en polonais

Les termes fondamentaux du vocabulaire affectif en polonais sont *uczucie* ('sentiment') et *postawa* ('attitude') (Puzynina 2000, 12). Dans les dictionnaires de langue, ces mots renvoient aux supercatégories telles que : *stany wewnętrzne, psychiczne, duchowe* ('états intérieurs, psychiques, spirituels'), *dyspozycje* ('dispositions'), *cechy psychiczne, wewnętrzne* ('qualités psychiques, intérieures'), *czynności i procesy psychiczne* ('actions et processus psychiques'), *przeżycia psychiczne* ('vécus psychiques éprouvés'). Les frontières entre ces catégories sont floues à cause de l'intersection de sens des hyperonymes employés dans les définitions des états mentaux.

3.1 Les termes du vocabulaire affectif

Le terme fondamental *uczucie* dénote des vécus ou des états psychiques (ou psycho-physiques) constituant une sorte de réaction à des facteurs externes et/ou internes (physiques, psychologiques, spirituels) et se manifestant habituellement par l'expression du visage, les gestes et/ou par des états physiologiques ou des comportements déterminés. En revanche, le mot *postawy* ('attitudes') renvoie à un ensemble stable d'idées, d'opinions, de jugements accompagnés souvent de sentiments ou bien désigne la disposition à cet ensemble de convictions et de croyances qui pousse à un tel ou tel comportement. Ce nom peut dénoter également des comportements répétés d'un individu (Puzynina 2000, 15).

Postawa implique deux arguments : le sujet humain obligatoirement réalisé (individuel ou collectif) et l'objet humain ou celui qui a toujours à voir avec la catégorie de l'humain (*czyjaś postawa wobec kogoś lub czegoś*, 'l'attitude de X à l'égard de quelqu'un ou de quelque chose' : *postawa wobec przełożonego, wobec idei niepodległości, powstania styczniowego, przewagi przeciwnika, czyichś zarzutów*). Une autre caractéristique est aussi pertinente, à savoir le fait que le sujet estime l'objet important pour lui : *postawa wobec przełożonego, wobec idei niepodległości, powstania styczniowego, współczesnej cywilizacji, przewagi przeciwnika, czyichś zarzutów*.

Selon Puzynina, les métaphores appliquées aux attitudes sont moins productives et moins « poétiques » que celles appliquées aux sentiments. De plus, elles sont motivées par des domaines spécifiques, ce qui se trouve confirmé par les constructions suivantes : *serce X-a jest pełne dobrych uczuć (*X jest pełen dobrych postaw), X przeżywa jakieś uczucie, X zajmuje jakąś postawę wobec czegoś, uczucie głębokie, kapryśne, ślepe, miłe, postawy przemyślane, nieugięte, ostrożne, ładne, godne do naśladowania*.

Emocja, motivée étymologiquement par *emovere* et *motio*, est marquée stylistiquement (qualifiée de littéraire) et se caractérise par une extension moins grande que celle de *uczucie*. Ce dernier mot, à la différence du précédent, entre dans des constructions génitives : *uczucie gniewu, radości* (Puzynina, 2000, 12). L'impossibilité pour *emocja* de se construire avec d'autres noms d'affect résulte, selon nous, du fait que ce terme désigne déjà une espèce d'émotion : *emocja*, 'sentiment très fort, par exemple la peur, la jalousie, la joie…' (*USJP*, vol. 2, 849). En témoignent aussi des constructions telles que : *X daje się ponieść emocjom* ('X se laisse emporter par des émotions'), *silne emocje targały X-em* ('X est secoué, balloté par des émotions très fortes'), *X przeżywa emocje* ('X éprouve diverses émotions'). Enfin, *nastrój* ('humeur') désigne un état psychique plus ou moins durable qui dispose à éprouver des émotions du même type et à réagir conformément à ces émotions (*USJP*, *ibid.*).

Le mot *afekt*, venant du latin *affectus*, relève des vocabulaires de spécialité : il est employé en psychologie ou en médecine, ou bien il est qualifié d'archaïque. Ce nom désigne un état affectif intense, brusque et passager (la colère, l'épouvante) entraînant des troubles de contrôle de soi et de la conscience, et pouvant provoquer un comportement non conforme à la norme : *zabójstwo w afekcie*, 'commettre un crime passionnel' (SWJP, 4). Pris au sens restreint, le mot en question est synonyme d''amour': *X pała afektem do Y* ('X brûle d'amour pour Y').

Il existe aussi un certain nombre de noms dérivés du verbe *czuć* ('sentir'), qui se rapprochent ou s'éloignent sémantiquement de *uczucie* ('sentiment'). Ainsi, *odczucie* ('impression', 'sentiment'), dérivé du verbe *odczuwać* ('sentir', 'ressentir'), renvoie à des états physiques (*X odczuwa wiatr, ból*, 'X sent le vent, X ressent une douleur') ou psychiques (*X odczuwa wyrzuty sumienia, skruchę*, 'X a des remords, X éprouve du repentir'). *Poczucie* ('sentiment', 'sens'), dérivé de *poczuć* ('éprouver', 'ressentir', 'percevoir' ; 'se rendre compte', 'sentir'), désigne la relation du sujet envers les autres (*poczucie krzywdy, niższości*, 'sentiment d'injustice, d'infériorité') ou véhicule une information sur la capacité d'agir du sujet (*poczucie siły, bezradności*, 'sentiment de force, d'impuissance'). Enfin, ce mot renvoie à une sensibilité esthétique (*poczucie piękna, poczucie humoru*, 'sens du beau', 'sens de l'humour'). *Poczucie* se rapporte aussi, dans de nombreuses collocations, à la conscience (*poczucie rzeczywistości*, 'sens de la réalité' ; *stracić poczucie czasu*, 'perdre la notion du temps' ; *poczucie własnej godności*, 'sentiment de la dignité') et, dans ce sens, il est proche de l'un des sens polysémiques du verbe *czuć* ('avoir conscience', 'se rendre compte de quelque chose'). En ce qui concerne *przeczucie* ('pressentiment'), ce nom s'éloigne sémantiquement de *uczucie*, car il s'agit d'un état basé sur l'intuition, l'instinct et/ou le pressentiment d'un événement négatif : *przeczucie zmian, nieszczęścia* ('pressentiment d'un changement, d'un malheur'). Ce terme ne se combine qu'avec les noms d'affects négatifs. Enfin, *wyczucie* ('sentiment', 'sens'), construit à partir de *wyczuć* ('sentir', 'pressentir'), renvoie à la conscience que l'on a de quelque chose (*wyczucie niebezpieczeństwa*, 'sentiment de danger', 'pressentiment d'un danger' ; *stylu, rytmu*, 'sens du style, du rythme' ; *barwy*, 'sens du coloris', 'sentiment de la couleur').

Le verbe *czuć* est polysémique et les dérivés construits à partir de ce lexème font appel à ses différentes acceptions (*wyczuć, poczuć*).

En linguistique polonaise, la catégorie de prédicats de sentiment englobe deux sous-classes : *sentiments-affects* (*uczucia-afekty*), comme *smutek* ('tristesse'), *radość* ('joie') ; et *sentiments-attitudes émotionnelles* (*uczucia-postawy emocjonalne*), par exemple *pogarda* ('mépris', 'dédain'), *sympatia* ('sympathie') (Nowakowska-Kempna 1995, 120*sqq*). Les premiers sont considérés comme des événements se produisant à un moment donné sur l'axe du temps (*Smutno mi, że odjeżdżasz, X cieszy sie, że Y przyjechał*), tandis que les seconds, à savoir les prédicats d'humeur (*nastroje*), d'attitude (*postawy*), de caractère (*usposobienia*), dénotent des états duratifs ou expriment la disposition de l'expérienceur à éprouver le sentiment en question (*X przyjaźni sie z Y-iem*). Il est intéressant de noter que, de même qu'en français, certains prédicats peuvent exprimer en fonction du contexte un affect ou une attitude émotionnelle, ce qui peut être illustré par le contraste suivant : *X cieszy się, że Y przyjechał* ('X se réjouit que Y soit venu') / *X cieszy się zawsze, kiedy Y przyjeżdża* ('X se réjouit toujours, lorsque Y vient').

3.2 Les hyperonymes utilisés dans la définition des noms d'affect

Les dictionnaires de langue français et polonais (*TLF*i, *GRE*, *USJP*, *ISJP*) que nous avons consultés proposent les définitions des noms d'affect par *genre prochain* et *différences spécifiques*. Des termes employés comme *genre prochain* tels que *état affectif, moral, phénomène psychologique, affectif, disposition inclination, tendance* (*GRE*, *TLF*i) ; *stan emocjonalny, psychiczny* ('état émotionnel, psychique'), *dyspozycja* ('disposition') (*USJP*, *ISJP*) constituent des supercatégories. Les autres mots apparaissant dans les définitions appartiennent à plusieurs sous-hiérarchies de la taxinomie : *sentiment, émotion, attitude, passion* (*GRE*, *TLF*i) ; *uczucie* ('sentiment'), *postawa* ('attitude'), *nastrój* ('humeur') (*USJP*, *ISJP*).

On trouve aussi d'autres termes plus spécifiques classifiant des états émotionnels de façon particulière comme : *attirance affective, lien affectif, passionnel, relation, réaction, manifestation, mouvement, saisissement, souffrance morale, affliction, malaise général, trouble, plaisir, déplaisir* ; *reakcja* ('réaction'), *więź* ('lien'), *stosunek do kogoś* ('relation envers quelqu'un').

Enfin, les définitions des noms, au lieu d'être construites avec des paraphrases, contiennent des synonymes approximatifs, ce qui pose le problème des fameux cercles vicieux : *effroi* (« grande frayeur »), *étonnement* (« surprise »), *épouvante* (« peur violente »), *frayeur* (« peur très vive, généralement passagère »), *terreur* (« peur extrême qui affole »), *panique* (« terreur extrême et soudaine »), *cafard* (« tristesse, mélancolie »), *litość* ('pitié de quelqu'un ou compassion pour quelqu'un', *żal nad kimś lub współczucie do kogoś*) ; *zgryzota* ('gros chagrin, souci', *duże zmartwienie, strapienie*).

Un autre point important doit être encore signalé : certains noms sont classés dans plusieurs sous-classes selon la façon d'appréhender les affects auxquels ces noms renvoient. Ainsi, *peur* est défini comme un phénomène psychologique, une émotion ou une disposition ; *amour* est un sentiment, une attirance affective, une disposition, une inclination ou une relation ; *surprise* une émotion ou un état ; *miłość*, 'amour', est un état, un sentiment, un lien affectif ; *gniew*, 'colère', est un sentiment ou une réaction.

4. *Sentiment* et *uczucie* : les contrastes et le degré de similarité

Des études antérieures sur les termes génériques que des langues différentes utilisent montrent que celles-ci ont une manière particulière d'organiser une expérience émotionnelle (Wierzbicka 1995 ; Blumenthal 2011). Or, dans cette partie du travail, nous allons examiner l'extension des deux hyperonymes apparaissant le plus fréquemment dans les définitions des noms d'affect en français et en polonais.

*4.1 Selon GRE et TLF*i

Sentiment est un nom polysémique dénotant soit une tendance affective assez stable et durable, moins violente que l'émotion ou la passion, soit l'état qui en résulte : *les divers sentiments, feindre des sentiments*. Ce nom peut renvoyer également, en fonction du contexte, à la conscience plus ou moins claire d'un état de choses : *X a le sentiment de sa faiblesse, de son abandon* (se rapprochant ainsi du sens de *connaissance (intuitive), impression, pressentiment*), ou à la capacité de sentir, d'apprécier un ordre de choses, une valeur morale, esthétique (instinct, sens) : *le sentiment du réel, du beau, de la nature.* Le sens physique ('possibilité de sentir, de percevoir une sensation') et celui qui renvoie à 'jugement' ou 'opinion' sont qualifiés de *vieilli* (ou *littér.*). Le nom qui nous intéresse ici peut acquérir dans un contexte approprié l'acception restreinte d''amour'. Ce mot se met au pluriel : les syntagmes *sentiments de* N_2 désignent le plus souvent un sous-ensemble de l'ensemble des sentiments (Dąbrowski 2007, 75) : *sentiments de justice, de culpabilité.*

La structure actancielle de *sentiment* se présente de la façon suivante (DFU, 835–836) :

SENTIMENT

I. A1 humain ÉPROUVE, syn. RESSENT, *un sentiment* à propos d'un objet A2.
IL SENT dans son CŒUR (et non dans sa TÊTE), sans conséquences importantes pour son CORPS, de la JOIE, de la TRISTESSE, de l'AMOUR, de la HAINE, du DÉSIR, de la PEUR, etc. à l'égard de A2, tous états d'une certaine intensité et d'une certaine durée.

II. A2 INSPIRE *un sentiment* à A1 humain.
S'il le fait exprès, si c'est une tactique, il lui *fait du sentiment* : il essaie de le *prendre par les sentiments* : de toucher son cœur pour obtenir quelque chose de lui.

III. 1. A1 a le *sentiment que* A2 phrase à l'ind., le *sentiment de* A2 inf. ou nom abstrait : A1 SENT A2, il s'en APERÇOIT plus ou moins INTUITIVEMENT et en éprouve un sentiment, joyeux ou triste. *Depuis qu'il est en prison, Éric a le sentiment d'être complètement oublié de ses amis, il a le sentiment de son isolement. – Marc a le sentiment qu'Alice est hypocrite ; il a le sentiment d'être trompé, de faire fausse route avec elle.*

En ce qui concerne l'avenir, A1 a le PRESSENTIMENT que A2, phrase à l'ind. futur.

2. *Sentiment*, syn. OPINION personnelle, AVIS, POINT DE VUE (litt.). *J'aimerais connaître/avoir votre sentiment sur la situation actuelle. – Eh bien, je vais vous donner/vous dire mon sentiment : à mon sentiment, les choses sont moins graves qu'il ne semble ; elles vont s'arranger.*

A1 a des *sentiments* politiques, religieux, qui sont à la fois des OPINIONS et des PASSIONS. *Je ne voudrais pas vexer Marc : je ne connais pas ses sentiments patriotiques ni religieux.*

4.1.1 La compatibilité des noms avec un sentiment de

Le classifieur français admet les compléments déterminatifs qui précisent la nature de l'état : *un sentiment de + N.* Il se combine avec les noms appartenant :

– au domaine des affects (émotions, sentiments, attitudes) : *un sentiment d'abandon, d'admiration, d'affection, d'amertume, d'amitié, d'amour, d'angoisse, d'aversion, de culpabilité, de déception, de dégoût, de dépit, de dignité, d'effroi, d'épouvante, d'estime, de frustration, de haine, de honte, d'horreur, d'inquiétude, de joie, de peur, de pitié, de rancœur, de rancune, de satisfaction, de tristesse,* mais non **un sentiment d'ennui, de mélancolie, de peine* ;

- au domaine des états psychophysiques : *un sentiment d'aisance, de fatigue, de lassitude, de plaisir, de vide* ;
- et enfin, au domaine des facultés cognitives : *un sentiment de l'absurde, du beau, de la couleur, du mal, du réel, de la réalité.*

On voit que *sentiment* se réfère avant tout au champ affectif et cognitif (à l'intellect et à l'intuition). Dans ce dernier emploi, il est concurrencé par *sens* : Il SENT A2, en a l'intuition sans avoir besoin de raisonner : *Max a le sens du ridicule, M a le sens de la réalité, Luc a le sens de ce qu'il faut dire ou ne pas dire.* (*DFU*, 833)

Pour ce qui est des noms de sensations physiques, ils se construisent avec le classifieur *sensation (de faim, de froid, d'acidité, de picotement)*, celui-ci pouvant commuter dans certains contextes avec *impression (de froid).* Il faut souligner que la frontière entre une sensation interne et un sentiment n'est pas toujours très nette : *un sentiment de lassitude* dénote une fatigue physique ou un désintérêt pour ce qu'on a à faire (*DFU*, 839). Par ailleurs, certains noms d'affect peuvent renvoyer en fonction du contexte à un état émotionnel ou à une sensation : *allégresse* se rapporte soit à une joie soit à un besoin de mouvement (*DFU*, 839). En polonais, *przyjemność* peut dénoter une impression agréable, un plaisir physique (*przyjemność jedzenia słodyczy*, 'le plaisir de manger des sucreries') ou un sentiment (*X sprawia Y-owi przyjemność*, 'X fait plaisir à Y').

4.2 Uczucie ('sentiment')

Pour saisir les domaines auxquels se rattache l'hyperonyme polonais, considérons d'abord les données lexicographiques. *USJP* (vol. 4, 201*sq)* en note quatre sens fondamentaux : le premier renvoie à la synthèse de tous les états émotionnels qui constituent la motivation principale des agissements humains, habituellement opposés à la logique et à la raison (*X apeluje do czyichś uczuć*, 'X en appelle aux sentiments (au cœur) de Y'). Dans son deuxième sens, *uczucie* dénote un état psychique qui reflète une attitude de X face à certains événements passés ou futurs, ou à l'égard des autres personnes (*uczucie macierzyńskie*, 'sentiment maternel' ; *uczucia patriotyczne*, 'sentiments patriotiques' ; *uczucie buntu*, 'sentiment de révolte'). Selon le contexte, ce nom prend également un sens restreint d''amour', 'amitié', 'sympathie', 'tendresse' et 'passion' (*X jest stały w uczuciach*, 'X est constant(e) en amour, dans ses affections' ; *X spogląda na Y-a z uczuciem*, 'X regarde Y avec tendresse, affection'). La quatrième acception renvoie aux sensations ou impressions ressenties par quelqu'un (*uczucie głodu, zimna, bólu*, 'sentiment de faim, de froid, de douleur'). Dans cet emploi, il est en concurrence avec le verbe *odczuwać* (*głód, bóle, zmęczenie*, 'avoir faim, ressentir des douleurs, de la fatigue').

Selon *ISJP* (vol. 2, 889), *uczucie* se réfère encore à une forme de connaissance immédiate et vague que l'on a de quelque chose (d'un être, d'un événement), car il acquiert dans un contexte approprié le sens d''impression' : *Miałam uczucie, że ktoś idzie za mną* ('J'avais le sentiment (l'impression) que quelqu'un me suit') ; *Mam uczucie, że wszystko, co dzieje się w moim życiu jest obok mnie* ('J'ai le sentiment (l'impression) que tout ce qui se passe dans ma vie est « à côté » de moi').

Uczucie se met facilement au pluriel et dénote le plus souvent une variété, un type de noms de sentiment : *silne uczucia, uczucia mieszane, szlachetne,niespełnione, narodowe.*

Les structures actancielles de ce nom sont les suivantes (SFJP, vol. 2, 430*sq*) :

Jakieś uczucie (ADJECTIF + UCZUCIE) : *altruistyczne, błogie, delikatne uczucie.*
Uczucie czegoś (UCZUCIE + $\text{NOM}_{\text{genetivus}}$) : *uczucie bólu, przyjemności, niepokoju.*

Uczucie, że... (UCZUCIE, ŻE + P, en fr. 'le sentiment que...', dans le sens 'impression') : *Miała uczucie, że jest słuchana.*

Uczucie do kogoś (UCZUCIE DO + Y, 'sentiment pour Y') : *uczucie do asystentki*

X doświadcza, doznaje uczucia ('X éprouve, ressent un sentiment') : *Doświadczaliśmy uczucia absolutnej samotności.* (K)

X darzy kogoś uczuciem ('X a du sentiment pour Y') : *Darzył ją wielkim uczuciem.*

X żywi uczucie do kogoś ('X nourrit du sentiment pour Y') : *Ona nie żywi żadnego uczucia do ciebie.*

Uczucie budzi się, ogarnia, opanowuje kogoś ('le sentiment s'éveille, gagne, s'empare de X') : *Człowieka na dole ogarnia uczucie osamotnienia i bezradności.* (K)

4.2.1 La combinatoire des noms avec uczucie

De même qu'en français, l'hyperonyme polonais admet les compléments déterminatifs qui précisent la nature de l'état : *uczucie* + $N_{\text{au génitif}}$. Il se construit avec les noms appartenant à trois domaines qui englobent respectivement :

- les sensations : *uczucie chłodu, bólu, głodu, duszności, ciepła, zimna, ciężkich nóg, pieczenia, pełności, suchości w gardle, swędzenia, napięcia skóry* ;
- les états psychophysiques : *uczucie błogości, dyskomfortu, komfortu, rozbicia, niewygody, świeżości, czystości, odprężenia, zmęczenia* ;
- les affects (émotions, sentiments, attitudes) : *uczucie nienawiści, niepokoju, zazdrości, szacunku, wdzięczności, rozgoryczenia, gniewu, miłości, zawodu,*

przykrości, lęku, strachu, upokorzenia, radości, ulgi, przerażenia, szczęścia, podziwu, frustracji, przygnębienia, wściekłości, rozpaczy, rozczarowania, przywiązania, litości, miłosierdzia, sympatii, satysfakcji, zadowolenia, zaniepokojenia, osamotnienia, ekstazy, wstydu, dumy, miłości, pogardy, smutku, żalu, zakłopotania.

Il faut noter que certains classifieurs peuvent se substituer l'un à l'autre, par exemple : *uczucie, wrażenie, odczucie chłodu* ; *poczucie, uczucie bezsensu, niższości, niepewności, osamotnienia, nierealności, pustki w głowie, zagubienia*. Cependant, la commutation est exclue dans : *poczucie odrzucenia/*uczucie odrzucenia, uczucie niedowierzania/*poczucie niedowierzania.*

On observe que *uczucie* concerne avant tout le champ des sensations et des affects.

4.3 La combinatoire avec les adjectifs à valeur intensive

Sentiment et *uczucie* entrent en cooccurrence avec les adjectifs marquant un degré d'intensité fort (*un sentiment profond, ardent, fort, puissant, affreux* ; *uczucie głębokie, gorące, silne, mocne, straszne*) ou faible (*un sentiment doux, délicat* ; *uczucie ciche, delikatne*). Ils acquièrent dans ce contexte l'acception restreinte d''amour'. Mis au pluriel, ces classifieurs désignent le sous-ensemble de divers sentiments (*des sentiments violents, forts* ; *uczucia gwałtowne, silne*). Il arrive que les modifieurs adjectivaux équivalents se combinent de préférence avec des hyperonymes différents : *passion orageuse, burzliwe uczucie* ('sentiment orageux').

4.4 La combinatoire avec les verbes supports

Les deux termes étudiés sélectionnent des verbes supports appropriés : *un sentiment de + N* revendique *éprouver* et *ressentir* (*X éprouve, ressent un sentiment d'admiration, d'amertume, d'amitié, d'amour, de déception, de haine, de honte, d'inquiétude, de joie, de peur, de pitié, de satisfaction, de tristesse*). En revanche, *uczucie +* $N_{\text{au génitif}}$ se construit avec *doznawać* ('ressentir', 'éprouver') et *doświadczać* ('éprouver', 'ressentir', 'connaître') : *X doznaje uczucia miłości, radości, rozczarowania, rozgoryczenia, uczucia niepokoju, nudy, satysfakcji* ; *X doświadcza uczucia lęku, miłości, przykrości, rozczarowania, ulgi, radości*. Notons que les verbes en question « présupposent toujours une prise de conscience quant à l'identité de l'affect, donc une certaine élaboration intellectuelle » (Blumenthal 2009).

La combinatoire de *uczucie* sans complément déterminatif est beaucoup plus restreinte : *X darzy kogoś uczuciem* ('X aime Y', littéralement 'X a du sentiment pour Y') ; *X żywi dla kogoś jakieś uczucie* ('X a de l'affection pour Y', littéralement

'X nourrit un sentiment pour Y') ; *X pała, płonie uczuciem do Y-a* ('X aime Y', littéralement 'X brûle d'amour pour Y'). Les verbes supports métaphoriques apportent des nuances sémantiques par rapport à *éprouver*. Ils contribuent au sens des constructions en conférant au sujet psychologique une certaine agentivité (*żywić*, 'nourrir') ou sont porteurs de modalité intensive (*pałać, płonąć*).

5. Conclusion

La confrontation des langues permet de mettre en évidence des différences dans la catégorisation des noms qui passent pour référentiellement semblables. *Uczucie* se distingue par une composante affective et physique (Wierzbicka 1995), tandis que *sentiment* comporte une composante affective et cognitive. Les traits activés dans la signification du lexème français sont liés à la « conscience » (*un sentiment de dignité, d'échec, le sentiment de l'absurde*), à une « sensibilité esthétique » (*le sentiment du beau, de la couleur*) ou à l'« intuition » (*le sentiment du comique*). Ces traits sont également contenus dans la signification du terme *sens* (*le sens de l'orientation, du ridicule, du rythme, de la réalité*). En polonais, on utilise dans des contextes semblables les déverbaux *poczucie czegoś* (*poczucie godności, niższości, porażki, absurdu*) ou *wyczucie czegoś* (*wyczucie piękna, kolorów*). On voit donc que les extensions des classifieurs mis en contraste ne sont pas les mêmes. D'une part, la signification de *uczucie* renvoie à des phénomènes que son correspondant français ne dénote pas (sensations physiques). D'autre part, *sentiment* désigne par extension des états psychiques conscients qui trouvent leur réalisation linguistique dans des lexèmes spécifiques, comme *poczucie* et *wyczucie*. Ce qui est commun, c'est que, du point de vue de leur étymologie, les deux termes se réfèrent à la possibilité de sentir et de percevoir. Les deux termes prennent dans des contextes appropriés le sens restreint d''amour'.

Bibliographie

Anscombre, Jean-Claude (1995). « Morphologie et représentation événementielle : le cas des noms de sentiment et d'attitude », *Langue française* 105, 40–54.

Blumenthal, Peter (2009). « Les noms d'émotion : trois systèmes d'ordre », *in* : Iva Novakova/Agnès Tutin (eds.) : *Le lexique des émotions et sa combinatoire syntaxique et lexicale*. Grenoble : Ellug, 41–64.

Blumenthal, Peter (2011). « Essai de lexicologie contrastive : comment mesurer l'usage des mots ? », *in* : Eva Lavric *et al.* (eds.) : *Comparatio delectat: Akten der VI. Internationalen Arbeitstagung zum romanisch-deutschen und innerromanischen Sprachvergleich.* Teil I, Bern : Lang, 61–83.

Buvet, André *et al.* (2005). « Les prédicats d'‹ affect › », *Lidil* 32, 123–143.

Feleszko, Kazimierz (1984). « Wielopłaszczyznowość ‹ tertium comparationis › w opisie konfrontatywnym (na przykładzie kategorii liczby w języku polskim, bułgarskim i serbsko-chorwackim) », *Prace Slawistyczne* 26, 67–75.

Dąbrowski, Piotr (2007). « La sémantique du nom *sentiment* et les types de structures sémantiques : le cas des groupes ‹ *sentiment* + *de* + *N2* › », *Studia Linguistica Universitatis Jagellonicae Cracoviensis* 124, 59–78.

DFU = Picoche, Jacqueline/Rolland, Jean-Claude (2002). *Dictionnaire du français usuel*, Bruxelles : de Boeck/Duculot.

Flaux, Nelly/Van de Velde, Danièle (2000). *Les noms en français : esquisse de classement.* Paris : Ophrys.

GRE = Rey, Alain (ed.) (2005). *Le Grand Robert de la langue française*, version électronique. Paris : Le Robert.

ISJP = Bańko, Mirosław (ed.) (2000). *Inny słownik języka polskiego*, vol. 1–2. Warszawa: PWN.

Nowakowska-Kempna, Iwona (1995). *Konceptualizacja uczuć w języku polskim. Prolegomena.* Warszawa : Wyższa Szkoła Pedagogiczna Towarzystwa Wiedzy Powszechnej w Warszawie.

Plantin, Christian (2011). *Les bonnes raisons des émotions. Principes et méthode pour l'étude du discours émotionné.* Bern : Lang.

Puzynina, Jadwiga (2000). « Uczucia a postawy we współczesnym języku polskim », *Język a kultura* 14, 9–24.

SFJP = Skorupka, Stanisław (1989). *Słownik frazeologiczny języka polskiego*, vol. 1–2. Warszawa : Wiedza Powszechna.

SWJP = Dunaj, Bogusław (ed.) (1996). *Słownik współczesnego języka polskiego.* Warszawa : Wilga.

*TLF*i = *Trésor de la langue française* informatisé, URL : <http://atilf.atilf.fr/> [consulté le 26 septembre 2013].

Tutin, Agnès *et al.* (2006). « Esquisse de typologie des noms d'affect à partir de leurs propriétés combinatoires », *Langue française* 150, 32–49.

USJP = Dubisz, Stanisław (ed.) (2003). *Uniwersalny słownik języka polskiego*, vol. 1–4, Warszawa : PWN.

Wierzbicka, Anna (1995). « Everyday Conception of Emotion. A Semantic Perspective », *in* : James A. Russell *et al.* (eds.): *Everyday Conceptions of Emotion. An Introduction to the Psychology, Anthropology and Linguistics of Emotion*, Dordrecht : Kluwer, 17–48.

2. Combinaisons binaires et/ou stéréotypées

Entre hyperonymie et spécification : un drôle de *sentiment*

*Magdalena Augustyn & Francis Grossmann**

Abstract

There have been many studies of nouns, adjectives and verbs denoting feelings and emotions in French (see Anscombre 1992, Ruwet 1994, Balibar-Mrabti 1995, Leeman 1995, Mathieu 1999, 2000, Goossens 2005, Tutin *et al.* 2006). However, the use of *sentiment de* before an affect noun has received little attention so far. And yet it is interesting to understand its role and why it is used in some cases when, in principle, it is never obligatory. In this chapter, which is based on the French portion of the EMOLEX corpus, we suggest an answer to this question. The results show that *sentiment de* operates as a classifier of affects, either directly (*sentiment de tristesse, de honte*), or indirectly, by metonymy or description (*sentiment de vide*), usually, in such examples, with a meaning close to 'feeling of'. Two explanatory avenues emerge from the study: on the one hand, metalinguistic status determines use in contexts where it is a question of describing the psychological state of the experiencer; and, on the other, its use can also remove some of the constraints of determination.

Résumé

L'étude des noms, des adjectifs et des verbes de sentiment en français a donné lieu à de nombreux travaux (voir par exemple : Anscombre 1992 ; Ruwet 1994 ; Balibar-Mrabti 1995 ; Leeman 1995 ; Mathieu 1999 et 2000 ; Goossens 2005 ; Tutin *et al.* 2006). Cependant, l'emploi de *sentiment de* devant un nom d'affect a été peu étudié. Or, il est intéressant de mieux comprendre son rôle et de savoir pourquoi il est utilisé dans certains cas alors qu'il n'est en principe jamais obligatoire. La contribution répond à cette question à partir d'une étude de la partie française du corpus EMOLEX. Les résultats obtenus montrent que *sentiment de* fonctionne comme classifieur d'affects, soit directement (*sentiment de tristesse, de honte*, etc.), soit indirectement, par métonymie ou description (exemple : *sentiment de vide*), avec souvent, dans ce type d'exemples, une acception qui le rapproche du sens de 'sensation'. Deux pistes explicatives à cet emploi ressortent de l'étude : d'une part, son statut métalinguistique conditionne son emploi dans des contextes où il s'agit de décrire l'état psychologique de l'expérient. D'autre part, son utilisation permet également de lever certaines contraintes de la détermination.

1. Introduction

Si l'étude des noms, des adjectifs et des verbes de sentiment en français a donné lieu à de nombreux travaux (voir, par exemple : Anscombre 1992 ; Ruwet 1994 ;

---

* Université Grenoble-Alpes, LIDILEM, EA 609.

Balibar-Mrabati 1995 ; Leeman 1995 ; Mathieu 1999 et 2000 ; Goossens 2005 ; Tutin *et al.* 2006), on s'est moins souvent interrogé sur le terme même de *sentiment* comme classifieur (voir cependant Dąbrowski 2007), ou lorsqu'on l'a fait, c'est pour l'utiliser comme test d'appartenance à la classe des noms de sentiment, en complémentarité avec le test de compatibilité avec les verbes supports *éprouver* ou *ressentir*.[1] Goossens (2005, 106) note par exemple que la compatibilité avec *un sentiment de* permet de distinguer les N_sent (*peur*, *colère*, *amour*, *mépris*, etc.) des noms de sensation (*faim*, *soif*, etc.), ce que n'autorise pas toujours un support verbal comme *éprouver* ou *ressentir* : (**un sentiment de faim, de soif*). Mais, comme le remarque l'auteur, *sentiment* ne bloque pas pour autant l'interprétation de certains noms comme sensation, par exemple : *sentiment de fatigue* ou *de douleur*. L'emploi du classifieur lui-même a été peu étudié. Qu'est-ce qui motive le fait que *sentiment* soit utilisé dans certains cas alors qu'il n'est en principe jamais obligatoire ?

2. Objectifs, questions de recherche, corpus

2.1 Objectifs et questions de recherche

Notre étude, qui se place dans le cadre de l'ANR franco-allemande EMOLEX, se veut la première pierre d'un travail interlangue sur les catégorisateurs d'affects (exemple : angl. *feeling*, all. *Gefühl*, etc.), également encore très peu abordés dans les travaux de comparaison effectués sur les langues. Nous nous limitons ici, pour le français, à partir du corpus EMOLEX, à analyser les noms les plus souvent classifiés par *sentiment*, en cherchant à comprendre pourquoi d'autres noms d'affect semblent exclus ou moins souvent sélectionnés. Après avoir rappelé brièvement la polysémie de *sentiment*, nous analyserons ensuite son rôle d'opérateur et nous examinerons successivement son rôle comme opérateur de désambiguïsation, comme outil métalinguistique et comme élément dans le système de la détermination.

2.2 Corpus

L'analyse est effectuée à partir du corpus constitué pour le projet EMOLEX. Pour le français, le corpus se compose de deux sous-parties :

- le corpus journalistique (périodiques nationaux et régionaux : *Le Monde*, *Le Figaro*, *Ouest-France*) : environ 117 millions de mots ;
- le corpus littéraire (romans à partir de 1950) : environ 16 millions de mots.

1 Blumenthal (2009, 48–51) compare statistiquement et linguistiquement les distributions de *éprouver* et *ressentir* comme classifieurs des N_sent.

Nous avons bien conscience du poids que représente la presse dans le corpus et du biais que cette sur-représentation peut introduire, mais l'objectif est d'avoir une vue extensive sur les emplois du classifieur plus que de signaler ses différences d'usage.

3. La polysémie et l'emploi de *sentiment* comme classifieur

3.1 La polysémie de sentiment

Le mot *sentiment*, d'après le TLFi, oscille entre une acception physique, proche de *sensation*, et une acception intellectuelle. Le premier sens se concrétise en particulier avec la construction génitive : « [Suivi d'un compl. du n.] Sensation. *Sentiment de douleur, d'engourdissement.* » Le second traduit la « connaissance, conscience plus ou moins claire que l'on a de quelque chose » : *avoir le sentiment de sa puissance.* Cette acception se rencontre également dans les locutions verbales : *avoir le sentiment de son inutilité / que l'on est inutile.*

Sentiment peut aussi avoir un sens moral, référant alors à la « faculté de sentir, de comprendre ou d'apprécier un certain ordre de choses, de valeurs », comme par exemple dans : *sentiment de la famille, de la justice.*

Ce n'est donc que dans certains emplois bien spécifiques (exemple : *l'élévation de ses sentiments, un sentiment d'admiration*) que ce lexème prend le sens affectif renvoyant, selon le TLFi, à un « état affectif complexe, assez stable et durable, composé d'éléments intellectuels, émotifs ou moraux, et qui concerne soit le ‹ moi › (orgueil, jalousie…) soit autrui (amour, envie, haine…) ».[2]

3.2 Le classifieur comme opérateur syntaxique

Le terme *classifieur* peut être ici défini sous deux angles différents : d'après Ibrahim (1996, 102), si des noms tels que *sentiment* et *aliment* sont des hyperonymes et peuvent être sémantiquement et intuitivement candidats à coiffer une classe de noms, seul *sentiment* est un véritable classifieur, car on peut avoir :

un sentiment d'amour + le sentiment qu'il faut (partir + manger des fruits +...)

mais pas :

**un aliment de fromage + l'aliment qu'il faut (partir + manger des fruits +...)*

---

2 Ce rappel des sens de *sentiment* n'est pas exhaustif : parmi les acceptions spécifiques, nous savons également qu'il peut, entre autres, prendre le sens d'*amour* comme dans *elle avait du sentiment pour lui.*

Dans ce cas, la notion de classifieur est liée à celle d'*opérateur* : sur le modèle des verbes opérateurs, classe qui englobe les verbes qui peuvent être suivis d'une complétive ou d'une infinitive, et qui presque tous admettent également des SN pour compléments, on parle de *noms opérateurs* et d'*adjectifs opérateurs* pour les noms et adjectifs ayant la même propriété. Les classifieurs sont ainsi définis comme un sous-ensemble de Noms opérateurs [N_op] (Ibrahim 1996, 102). La double construction des classifieurs ne délimite pas pour autant une classe d'objets, au sens du lexique-grammaire, totalement homogène au plan sémantique : un *sentiment d'amour* ne correspond pas au *sentiment d'aimer* ou au *sentiment que X aime*. Dans le premier cas, la construction infinitive n'est guère possible qu'avec un actant objet (*le sentiment d'aimer Marie = la conscience d'aimer Marie*), ce qui annule l'interprétation de *sentiment* comme 'état affectif' ; dans le second, la complétive exige au moins un premier actant animé et le résultat est également de bloquer le sens affectif du classifieur.

Par ailleurs, Corbin (1978), cité par Van de Velde (1995), signale de même qu'il n'y a pas de paraphrase absolue entre *éprouver un sentiment de N* vs *éprouver du N* et ceci pour deux raisons :

1) les expressions contenant le nom classifieur excluent un complément d'interprétation causale en *que* (exclusion illustrée par le contraste entre : *Pierre éprouve une grande crainte que Marie vienne* et **Pierre éprouve un grand sentiment de crainte que Marie vienne*) ;
2) il arrive qu'un nom doive être précédé du nom classifieur pour pouvoir s'appuyer sur *éprouver* : Van de Velde note que les noms en question semblent ne jamais être des noms de sentiment (elle cite l'exemple de *abandon*), il semble donc normal qu'ils doivent être convertis en N_Affect avant de pouvoir entrer dans une construction avec éprouver.

La première raison semble liée au statut métalinguistique inhérent à la structure *un sentiment de*. Nous souscrivons en effet à l'idée, développée par Van de Velde (1995, 200), que les expressions binominales du type *état de rage* et *sentiment de rage*, similaires à des structures appositives, ont comme ces dernières un statut métalinguistique ou analytique : le premier terme est le définissant du second ; cette caractéristique conduit au blocage de la complétive comme dans l'exemple cité plus haut (**Pierre éprouve un grand sentiment de crainte que Marie vienne*).

3.3 Le classifieur comme opérateur sémantique

Une autre approche – complémentaire – est plus sémantique. Dans certains emplois, *sentiment* permet de sélectionner un SN massif renvoyant à un état affectif et/ou physique (*cf.* Dąbrowski 2007). D'après Karolak (2004), cité par Dąbrowski (2007, 61), *sentiment* serait un nom catégoriel pour les syntagmes massifs désignant les états transitoires, occasionnellement affectifs, tandis que *sensation* jouerait le même rôle pour les états physiques. On a déjà vu les limites d'une telle conception, étant donné la polysémie de *sentiment*. *Sensation* semble poser le même type de problèmes, puisqu'il n'est pas incompatible avec certains N_Affect (*tristesse*, *bonheur*, etc.), même si l'on peut admettre qu'il sélectionne alors une facette liée à l'impression physique de l'expérient. On sait en revanche (pour une discussion récente, voir Goossens 2011) que le classifieur *sentiment*, tout comme les classifieurs verbaux *éprouver* et *ressentir*, échoue à sélectionner à tout coup un nom d'affect. En revanche, l'utilisation de *sentiment* semble exclure des acceptions régulièrement obtenues à partir des noms psychologiques, comme par exemple le sens de qualité (*un homme d'une grande tristesse, d'un grand courage*).

Dąbrowski (2007) observe deux cas pouvant être liés au sens d'affect :

- N2 **représente** ϕ (à savoir le sentiment éprouvé) :
  (1) Devant elle, il éprouvait un sentiment d'orgueil presque flatté et en même temps d'incrédulité [...]. (M. Droit, *Le Retour*, 1964)
- N2 **caractérise** ϕ (à savoir le sentiment éprouvé) :
  (2) Peu à peu, un bizarre sentiment d'attente s'est installé entre nous, qui gagne les murs, les rideaux, la porte d'entrée. (H. Bianciotti, *Le Pas si lent de l'amour*, 1995)

Dans l'exemple (2), on observe en effet qu'il n'y a pas référence directe au sentiment éprouvé, mais caractérisation à travers la circonstance dans laquelle il affecte l'expérient. Nous nommerons ce type d'emploi *catégorisation descriptive* : l'orgueil est un sentiment, tandis que l'attente ne l'est pas. Le *sentiment d'attente* est l'affect – éprouvé par l'expérient lorsqu'il est en situation d'attendre quelque chose ou quelqu'un. *Sentiment de* permet de faire passer dans la classe des N_Affect un grand nombre de noms qui *a priori* n'en font pas partie. Nous ne partageons donc pas le point de vue de Dąbrowski (2007, 67) selon qui, lorsque *sentiment* a pour complément un nom qui ne fait pas partie de la classe des noms de sentiment, il ne fonctionne pas comme un classifieur. Nous faisons l'hypothèse qu'au contraire, il joue fréquemment un rôle actif de « translateur » psychologique, même s'il est entendu que, comme pour les N_Affect eux-mêmes, cette catégorisation n'est pas automatique et qu'elle est souvent assez vague, le co-texte ayant également un rôle déterminant pour sélectionner le sens affectif. Certains noms ont d'ailleurs besoin d'être construits avec le classifieur pour fonctionner avec *éprouver*, par exemple *éprouver un sentiment d'abandon*.

La question semble encore plus délicate pour d'autres types d'emploi : avec une QUE P (*il avait le sentiment que tout lui réussissait*) ou une PROP. INF. (*il avait le sentiment d'être observé*), le sens d'affect est très peu fréquent. On peut également s'interroger sur l'acception revêtue en reprise anaphorique, lorsque *sentiment* joue un rôle de *marqueur d'hyperonymie* (*cf.* Condamines 2005). Nous laissons ces questions de côté pour nous concentrer ici sur le classifieur nominal.

4. Répartition des occurrences du classifieur *sentiment* dans EMOLEX

Dans le corpus, la structure *sentiment de N* n'est pas utilisée préférentiellement pour sélectionner des N_Affect. Le sens privilégié est celui d'‘impression', ‘conscience', ‘sensation de'. Les associations les plus fréquentes et les plus spécifiques concernent *sentiment d'injustice, d'insécurité, d'appartenance*, qui ne revêtent pas principalement un sens d'affect, même si ce sens peut parfois être présent, secondairement. Dans d'autres cas, comme dans *sentiment d'abandon* ou *de révolte*, on peut considérer qu'un sens affectif est obtenu par dérivation, grâce au classifieur. Le tableau 1 ci-dessous permet de visualiser les emplois les plus fréquents :

N1	**N2**	**Fréquence de la combinaison**
Sentiment de	*injustice*	128
	insécurité	96
	appartenance	84
	abandon	62
	urgence	52
	impunité	50
	impuissance	51
	sécurité	46
	révolte	25

Tableau 1 : classement des N2 sélectionnés par le classifieur sentiment de *(par ordre de fréquence)*

Si l'on observe à présent les N_Affect les plus représentés dans le corpus, on obtient les résultats suivants, que résume le tableau 2 ci-dessous :

N1	N2 = N_Affect	Fréquence de la combinaison
Sentiment de	*culpabilité*	130
	frustration	42
	malaise	33
	solitude	32
	humiliation	31
	tristesse	23
	honte	22
	fierté	22
	inquiétude	22

Tableau 2 : les N_Affect le plus fréquemment sélectionnés par sentiment de

4.1 Le classifieur comme opérateur de désambiguïsation

Si l'on cherche à interpréter les résultats concernant les noms psychologiques, on peut distinguer d'emblée deux cas de figure motivant l'utilisation du classifieur. Le premier, le plus trivial, est représenté par un lexème ambigu comme *malaise*, dont le sens affectif n'est sélectionné que grâce à la présence du classifieur. Comparez (3a) et (3b) :

(3a) Elle éprouva un sentiment de malaise en s'appropriant ce lieu sans lui. (M. Chattam, *Maléfices*, 2004)
(3b) Elle éprouva un malaise en s'appropriant ce lieu sans lui.

Éprouver un malaise pourrait prendre aisément un sens médical, interprétation que bloque le classifieur. On peut regrouper dans la même catégorie des lexèmes comme *révolte* ou *solitude*, dont le sens affectif n'est pas le sens de base, même si leur emploi comme N_Affect est fréquent (il exprime alors un état affectif, *cf.* Tutin *et al.* 2006). Le classifieur sert là encore d'opérateur de désambiguïsation, même s'il est ici facultatif, le sens affectif étant déjà instancié par le verbe support :

(4a) J'ai ressenti moi aussi un sentiment de solitude extrêmement fort. (*Libération* 2007)
(4b) J'ai ressenti moi aussi une grande solitude.

D'une manière plus générale, le classifieur permet, comme nous l'avons déjà signalé, de transférer des noms qui ne sont pas des N_Affect dans cette classe, mais dans ce cas, une certaine ambiguïté demeure souvent entre le sens d'affect et celui de 'sensation', ce qui correspondrait à ce que l'anglais nomme *feeling* :

(5) Ces employés de bureau en costume Brooks Brothers éprouvent un intense sentiment de vide. (*Le Figaro* 2007)
(6) Un sentiment de paix incroyable m'enveloppe comme un voile léger. (*Libération* 2007)
(7) Ce qui domine, c'est un sentiment de vertige face à cette prolifération. (*Le Monde* 2008)
(8) Aujourd'hui, j'ai un sentiment de plénitude. (*Le Figaro* 2008)

4.2 Le classifieur comme souligneur métalinguistique

Il arrive que la présence du classifieur s'explique par le fait que le locuteur fait une peinture psychologique de son état, ce qui motive l'utilisation de la structure métalinguistique *un sentiment de*. L'énoncé (9a) nous fournit un exemple intéressant :

(9a) Simplement, en regardant ce bâtiment écroulé, j'ai un sentiment de regret... (*Le Monde* 2008)
(9b) Simplement, en regardant ce bâtiment écroulé, j'ai un regret...
(9c) Simplement, en regardant ce bâtiment écroulé, j'ai du regret.

L'utilisation du classifieur (*un sentiment de regret*) permet ici une lecture « individualisante » du sentiment (*cf.* Kleiber, 2003) qui s'oppose à *avoir du regret* tout en bloquant le sens comptable qu'aurait occasionné la forme *un regret*. Cet emploi descriptif que favorise l'emploi du classifieur se justifie d'autant plus lorsqu'il s'agit d'évoquer des sentiments complexes :

(10) « Petit, j'éprouvais un sentiment de plaisir mêlé de fierté lorsque je tournais le moulin à légumes sous le regard bienveillant de mon père », se souvient-il. (*Le Figaro* 2007)
(11) Au début, tu ressens un sentiment de bonheur teinté de ridicule. (F. Dard, *Trempe ton pain dans la soupe*, 1999)

L'emploi du classifieur permet ici la description d'un sentiment complexe, par un SN comprenant un ou plusieurs N_Affect avec modifieurs adjectivaux.

5. Le rôle de la détermination

La remarque précédente concernant *un sentiment de regret* nous conduit à nous pencher de manière plus approfondie sur les questions de détermination. Novakova et Tutin (2009, 65sqq.), à la suite de Flaux et Van de Velde (2002) et de Van de Velde (1999), considèrent les N_Affect comme des noms massifs, « intensifs » et dépourvus d'étendue temporelle. Ces noms autoriseraient ainsi, à l'instar des massifs concrets (*du lait, du sable*), la référence distributive (*une partie de la joie qu'il éprouvait venait du sentiment du devoir accompli*) et la référence cumulative (*l'amour pour sa compagne, l'amour pour ses enfants, tout cet amour qui lui échappait presque*).

Novakova et Tutin rappellent la vision classique selon laquelle, en tant que noms massifs, les N_Affect se combineraient préférentiellement avec le déterminant partitif (*éprouver de la joie, susciter de la colère*) ou les quantifieurs indéterminés (*un peu de joie, beaucoup d'amour*) et apparaîtraient difficilement avec les déterminants usuels pour les noms comptables (l'indéfini, les déterminants numéraux, le pluriel). L'examen de leur corpus les conduit à nuancer ce point de vue : selon elles, le déterminant partitif apparaîtrait assez rarement avec certains N_Affect comme *surprise* ou *panique*, et d'autre part, comme l'avait déjà noté Van de Velde (1999), certains N_Affect adopteraient la détermination propre aux noms comptables (*cf. il éprouvait une appréhension, sentir les angoisses de la mort*). Elles en concluent que la détermination et la quantification des N_Affect sont plus diversifiées que ce qui est généralement affirmé et que la classe des N_Affect n'est pas homogène en ce qui concerne la détermination. La tendance à apparaître avec une détermination comptable ou massive serait étroitement liée aux propriétés aspectuelles et actancielles. Ainsi, les N_Affect interpersonnels comme *amitié*, *respect* (duratifs ou non extensifs, avec un 2e actant objet et parfois un 3e actant cause) seraient en grande partie non comptables. Certains duratifs uni-actanciels (*ennui*, *solitude*) n'accepteraient (dans leur corpus) ni le partitif ni la détermination comptable sans modifieur. Les N_Affect liés à des émotions ponctuelles comme *colère* ou *panique* – extensifs, avec un 2e actant cause (rarement instancié) – seraient fondamentalement comptables.

Ces considérations nous conduisent à envisager le classifieur *un sentiment de* comme un moyen privilégié, pour les locuteurs, de « jouer » avec le système de détermination : c'est le cas, par exemple, de *solitude*, lexème qui, n'acceptant ni le partitif ni la détermination comptable sans modifieur, est utilisé préférentiellement, comme l'illustrent les exemples (4a) et (4b), avec le classifieur. Qu'en est-il de *colère* – considéré par Novakova et Tutin (2009) comme fondamentalement comptable ? Nous trouvons, quant à nous, dans notre corpus, quelques occurrences de *colère* dans des emplois massifs :

(12) Il y a de la colère et de la cruauté dans ces objets indéfinissables. (*Le Monde* 2007)
(13) Il commence même à éprouver de la colère que tout soit allé si vite, il n'est pas rassasié. (M. Chattam, *L'Âme du mal*, 2002)

Il s'agit souvent d'emplois distributionnellement contraints (comme en (12)) avec le présentatif *il y a* et souvent stylistiquement marqués (*cf. il y a de la truite dans cette rivière, il y a du touriste à Paris*).[3]

---

3 Comme nous le fait remarquer notre relecteur anonyme, que nous remercions au passage, un autre nom comme *inquiétude* apparaît aussi dans cette distribution comme massif : *il y avait*

En tout état de cause, ces emplois massifs sont peu nombreux (une cinquantaine d'occurrences en tout sur 5 740). On trouve *colère* dans dix emplois avec le classifieur *sentiment*. L'examen de ces occurrences de *sentiment de colère* permet-il de saisir les causes de leur emploi ?

Nous retrouvons en premier lieu l'emploi « méta » permettant une peinture psychologique ou la description d'un état d'esprit collectif :

(14) « Je ne peux admettre que des agissements comme ça restent impunis. Je suis animé par un sentiment de colère », a poursuivi Jean-Pierre Escalettes. (*Le Figaro* 2008)

(15) [...] le sentiment de colère engendré par les violences commises contre les religieux est plus vif que jamais. (*Libération* 2007)

En second lieu, le classifieur est parfois utilisé avec un verbe support, à la place du partitif :

(16) Certes, je n'arrive pas à réaliser, mais j'ai quand même un sentiment de colère. (*Ouest-France* 2008)

Enfin, comme nous l'avons déjà vu en (12), on peut rencontrer, dans des emplois stylistiquement marqués, l'emploi massif du N_Affect sans classifieur avec partitif, dans une construction à verbe support, même sans complémentation du N_Affect, lorsqu'il s'agit, par exemple, de créer un effet de sens lié au partage ou à la propagation de l'émotion :

(17) Il y avait de la colère et de l'émotion, hier, dans les sous-sols du palais du Luxembourg. (*Le Figaro* 2008)

Conclusion

Sentiment apparaît comme un opérateur/classifieur complexe. Dans notre corpus, il ne sélectionne pas préférentiellement des N_Affect mais spécifie plutôt l'acception 'sensation', 'impression' : dans de tels contextes, *le sentiment d'insécurité de X* se paraphrase par *l'impression qu'a X qu'il n'est pas en sécurité*. On peut évidemment se demander s'il n'y a pas là un effet du poids de la presse dans le corpus, et il est vrai que celle-ci y est sur-représentée. Il n'empêche que *sentiment de* ne peut être considéré comme classifiant prioritairement les sentiments en tant qu'affects : il s'applique à toute la palette du ressenti psychologique, depuis la sensation jusqu'à la saisie intellectuelle, en passant par le ressenti affectif.

---

de l'inquiétude dans son regard, mais aussi comme comptable comme dans *une inquiétude lui traversa l'esprit*.

Nous avons vu en effet que *sentiment de* fonctionne bien comme classifieur d'affects :

- soit directement (*sentiment de tristesse, de honte*, etc.) ;
- soit indirectement, par métonymie ou description (exemple : *sentiment de vide*), avec souvent, dans ce type d'exemple, une acception qui le rapproche du sens de sensation.

Deux pistes explicatives à cet emploi ressortent de l'étude : d'une part, le statut métalinguistique conditionne l'emploi dans des contextes où il s'agit de décrire – plutôt que simplement évoquer – l'état psychologique de l'expérient. L'autre explication est liée à la détermination : *sentiment de* a en effet de ce point de vue une propriété remarquable : il permet l'individualisation de l'affect (***un** sentiment de regret*) tout en bloquant le sens comptable. En effet, dire que l'on éprouve *un sentiment de regret*, ce n'est pas dire que l'on éprouve *un* ou *des regret(s)*, mais ce n'est pas non plus exactement *ressentir du regret*. Les regrets « comptables » sont attachés à des objets précis. *Avoir*, *ressentir du regret* a, de son côté, un objet presque toujours directement exprimé, ce que marque sa complémentation presque systématique (*avoir du regret de* ou *pour*…). Avec le classifieur, l'objet devient plus abstrait ou se confond avec la cause, comme en témoigne cet énoncé :

(18) Devant les ruines, un étudiant sichuanais m'a dit : « Oui, je suis au courant de cette histoire. Mais je n'en veux pas aux Occidentaux. Simplement, en regardant ce bâtiment écroulé, j'ai un **sentiment de regret**… » (*Le Monde* 2008)

Le regret se catégorise ici comme sentiment parce qu'il restitue une expérience psychologique singulière, qui échappe au décompte des regrets, sans se confondre avec le sens massif, qui ferait peser le regret sur l'individu sans l'ouvrir à la réflexivité.

Bibliographie

Anscombre, Jean-Claude (1992). « Quand on fait du sentiment : réflexions (presque) spontanées sur la nature linguistique des noms psychologiques », *in* : Anne Zribi-Hertz/Liliane Tasmowski (eds.) : *De la musique à la linguistique – Hommages à Nicolas Ruwet*. Gent : Communication & Cognition, 139–154.

Anscombre, Jean-Claude (1995). « Morphologie et représentation événementielle : le cas des noms de sentiment et d'attitude », *Langue française* 105, 40–54.

Balibar-Mrabti, Antoinette (1995). « Une étude de la combinatoire des noms de sentiment dans une grammaire locale », *Langue française* 105, 88–97.
Blumenthal, Peter (2009). « Les noms d'émotion : trois systèmes d'ordre », *in* : Iva Novakova/Agnès Tutin (eds.) : *Le lexique des émotions*. Grenoble : Ellug, 41–64.
Condamines, Anne (2005). « Anaphore nominale infidèle et hyperonymie : le rôle du genre textuel », *Revue de Sémantique et Pragmatique* 18, 23–42.
Dąbrowski, Piotr (2007). « La sémantique du nom *sentiment* et les types de structures sémantiques : le cas des groupes ‹ sentiment + de + n2 › », *Studia Linguistica Universitatis Iagellonicae Cracoviensis* 124, 59–77.
Flaux, Nelly/Van de Velde, Danièle (2002). *Les noms en français : esquisse de classement.* Paris : Ophrys.
Goossens, Vannina (2005). « Les noms de sentiment. Esquisse de typologie sémantique fondée sur les collocations verbales », *Lidil* 32, 103–121.
Goossens, Vannina (2011). *Propositions pour le traitement de la polysémie régulière des noms d'affect*, thèse de doctorat non publiée (université de Grenoble III).
Ibrahim, Amr Helmy (1996). « La forme d'une théorie du langage axée sur les termes supports », *Langages* 121, 99–121.
Kleiber, Georges (2003). « Indéfini, partitif et adjectif : du nouveau. La lecture individualisante », *Langages* 151, 9–28.
Leeman, Danielle (1995). « Pourquoi peut-on dire Max est en colère mais non *Max est en peur ? Hypothèses sur la construction *être en N* », *Langue française* 105, 55–69.
Mathieu, Yvette Yannick (1999). « Les prédicats de sentiment », *Langages* 136, 41–52.
Mathieu, Yvette Yannick (2000). *Les verbes de sentiment. De l'analyse linguistique au traitement automatique*. Paris : CNRS Éditions.
Novakova, Iva/Tutin, Agnès (2009). « Les émotions sont-elles comptables ? », *in* : Iva Novakova/Agnès Tutin (eds.) : *Le lexique des émotions et sa combinatoire syntaxique et lexicale*. Grenoble : Ellug, 65–79.
Ruwet, Nicolas (1994). « Être ou ne pas être un verbe de sentiment », *Langue française* 103, 45–55.
Ruwet, Nicolas (1995). « Les verbes de sentiment forment-ils une classe distincte dans la grammaire? », *in* : Hava Bat-Zeev Shyldkrot/Lucien Kupferman (eds.) : *Tendances récentes en linguistique française et générale. Volume dédié à David Gaatone*. Amsterdam/Philadelphia : Benjamins, 345–362.
Tutin, Agnès/Novakova, Iva/Grossmann, Francis/Cavalla, Cristelle (2006). « Esquisse de typologie des noms d'affect à partir de leurs propriétés combinatoires », *Langue française* 150, 32–49.
Van de Velde, Danièle (1995). *Le spectre nominal. Des noms de matières aux noms d'abstractions*. Louvain/Paris : Peeters.
Van de Velde, Danièle (1999). « La Multiplication des sentiments », *Travaux de linguistique* 38, 63–87.

Drang nach Osten : towards a Contrastive Discourse Analysis with Reference to the German 'Push to the East'

*Torsten Leuschner**

Résumé

L'anglais et d'autres langues, surtout en Europe du Centre, de l'Est et du Sud-Est, disposent de plusieurs mots allemands de reférence historique comme *Anschluss*, *Blitz(krieg)*, *Endlösung* et *Drang nach Osten*. Focalisant l'attention sur *Drang nach Osten* ('marche vers l'Est'), notre contribution consiste dans une investigation de l'usage de *Drang nach Osten* dans les médias allemands et polonais depuis 1990. Nous y proposons une nouvelle approche constrative qui part des préceptes de la *Schlagwortforschung* ('recherche des slogans ou mots-clés discursifs') et y intègre les perspectives de la grammaire des constructions, des *frame-semantics* et de l'analyse du discours. Alors que *Drang nach Osten* se montre aussi sensible aux changements en relations étrangères après 1990 qu'avant, notre objectif principal est programmatique dans la mesure où nous présentons des points de départ pour la coopération des méthodologies ainsi que des tendances dans les données qu'il en vaudra la peine d'interroger dans des investigations à venir.

Abstract

English and other languages, particularly those in Central, Eastern and South-Eastern Europe, have a number of German words in general usage which are associated with German history, such as *Anschluss*, *Blitz(krieg)*, *Endlösung* and *Drang nach Osten*. This chapter focuses on *Drang nach Osten* ('push to the East') and proposes a new, contrastive approach which starts from the precepts of *Schlagwortforschung* (i.e., 'slogan' or 'keyword research') while integrating constructionist, frame-semantic and discourse-analytic perspectives in an attempt to investigate usage of *Drang nach Osten* in the German and Polish media since 1990. While it emerges that *Drang nach Osten* is just as sensitive to shifts in foreign relations after 1990 as it was before, the main objective of the chapter is programmatic: namely, to point out issues for cooperation between the methodologies as well as trends in the data that future researchers may find worth investigating.

1. Introduction

English and other languages, particularly those in Central, Eastern and South-Eastern Europe, have a number of German words in general usage which are associated with German history, such as *Anschluss*, *Blitz(krieg)*, *Endlösung* and *Drang*

* Ghent University (UGent).

nach Osten (Oschlies 2000; Pfeffer 1999). This chapter focuses on *Drang nach Osten* ('push to the East').

The expression *Drang nach Osten* indexes an historical stereotype which suggests a collective disposition among German people to extend their influence and settlement eastwards throughout history (Wippermann 1981). As such, it represents a "pessimistic" view of the relations of Germany with its Eastern neighbours which is seen as justified, not only by events of the 19th and 20th centuries, but also by pre-modern history stretching back to the Middle Ages (Lemberg 2003; Tkaczyński 1997; Lerski 1996, 118). The following, which is taken from the beginning of the documentary *Deutsche und Polen*, produced by the German regional public broadcaster ORB in 2002, is typical. The words are spoken off-screen by a commentator while a split screen shows two armies of medieval knights riding quickly towards each other in full armour and with banners flying:

(1) Schwarzes Kreuz auf weißen Mänteln: Symbol für den deutschen *Drang nach Osten*, ewiger Feind des weißen Adlers auf dem Banner eines stolzen und oft gequälten Polen. Deutschland und Polen – eine lange Geschichte dramatischer Konflikte, die vor 1000 Jahren begann. (ORB, *Deutsche und Polen*, TV/DVD 2002)
'Black Cross on white cloaks: symbol of the German push to the East, eternal enemy of the White Eagle on the banner of a proud and often-tortured Poland. Germany and Poland – a long history of dramatic conflict which started 1000 years ago'.

Despite (or because of) the simplistic, somewhat tongue-in-cheek, composition of the sequence, the scene successfully illustrates the power of *Drang nach Osten* to convey a pessimistic view of history, one overshadowed by German aggression. Popular interest in the expression is correspondingly great and widespread, as is shown in the growing number of articles on *Drang nach Osten* in various European and non-European languages on Wikipedia, which stands at twenty at the time of writing (June 2013).

Whereas research into *Drang nach Osten* has so far concentrated almost exclusively on its stereotyped properties in both historical and linguistic terms (see Leuschner 2012, with references), this chapter proposes a new, comparative approach which starts from the precepts of *Schlagwortforschung* (i.e., 'slogan' or 'keyword research') while integrating constructionalist, frame-semantic and discourse-analytic perspectives (*cf.* Schröter/Leuschner 2013; Leuschner/Schröter forthcoming) in an attempt to investigate usage of *Drang nach Osten* in the German and Polish media since 1990. Regardless of some emerging results, the main objective for the time being is programmatic: namely, to point out issues for cooperation between the methodologies as well as trends in the data which future researchers may find worth investigating.

2. The *Schlagwort* perspective

2.1 Content and history

Schlagwortforschung is a discipline on the border of linguistics and politics which is concerned with the types and uses of *Schlagwörter*; depending on perspective, the term may be translated as 'slogan research' or 'keyword research' (*cf.* Schröter/Carius 2009; Schröter 2011). While this section mainly adopts the lexicological approach, Section 4 gives centre stage to the discourse-oriented approach and the cross-linguistic perspective.

In the classic lexicological tradition of German *Schlagwortforschung*, there are four main types of *Schlagwörter*: *Hochwert-*, *Fahnen-*, *Unwert-*, and *Stigmawörter* (Schröter/Carius 2009, 15–50). *Drang nach Osten* is a typical *Stigmawort*, as it is used with reference to a specific group (usually the Germans) and is associated with a negative evaluation. Thanks to the noun *Drang* ('push, drive'), it suggests a psychological determinism in the perpetrator that generalizes over long periods of history all the way back to the Middle Ages. This is clearly prefigured by its first attested occurrence (in the form *Drang nach dem Osten*, including the definite article *dem*) in the pamphlet *Die deutschen Hegemonen*, published in German by the Polish historian-cum-publicist Julian Klaczko in Berlin in 1849 following a crisis in relations between the German and Polish national movements which occurred as a consequence of the 1848 revolution. Prior to 1848, the Spring of Nations ('Völkerfrühling') had raised hopes in the Polish national movement that a German and a Polish nation-state could be established side by side. Yet, once the opportunity arrived, the German majority in the revolutionary Paulskirche parliament proved unwilling to sacrifice its Prussian power-base, which hinged on the continued division of Poland (Brandt 1987; for background, *cf.* Zernack 1987). In this situation, Klaczko sought to highlight apparent similarities between the aggressive behaviour of the Teutonic Knights in the 14th century and his own time, saying that "then, with the Teutonic Order, as now, with the German parliament, the 'push to the East' excused all crimes" – "bei dem deutschen Orden damals, wie bei dem deutschen Parlament jetzt, entschuldigte der 'Drang nach dem Osten' alle Verbrechen" (Klaczko 1849, 30).

After 1849, *Drang nach Osten* surfaced again in Russia in 1865 under Tsar Alexander II (Meyer 1996, 55–60). It then spread to East, Central and Western Europe, galvanizing anti-German and anti-Habsburg sentiment at the 1906 Neo-Slav Congress in Prague, and eventually appearing in USSR and Warsaw Pact propaganda from the 1940s onwards (Meyer 1996). Contrary to popular perception (*cf.* below), it was never part of official Nazi jargon: despite early attempts by imperialist circles before WW1 to turn *Drang nach Osten* into a German

Fahnenwort to encourage Germans to reverse migration from the Eastern provinces of Prussia (Meyer 1996, 87), and a handful of instances of *Drang nach Osten* in Nazi writings, there was in fact no room in the Nazis' racist ideology for a psychological concept like *Drang* (Wippermann 1981, 98–101).

2.2 Stereotyping and variability

As set expressions, both *Drang nach Osten* and its non-German equivalents show a high degree of stereotyping, as illustrated by patterns of ethnic attribution. German writers tend to use the adjective *deutsch* ('German'), which leaves the phrase intact, rather than the genitive *der Deutschen* ('of the Germans'), which breaks it up (Leuschner 2012):

(2a)	der *deutsche* Drang nach Osten	'the German push to the East'
(2b)	der Drang *der Deutschen* nach Osten	'the push of the Germans to the East'

Similar patterns can be observed in Polish, where *niemieckie parcie na wschód* (*cf.* a) is the routine form of attribution and *parcie Niemców na wschód* (*cf.* b) is much rarer. Conversely, the use of the attributive genitive corresponds to a lesser degree of stereotyping. This is clearly borne out by a Google search for *Drang der Deutschen*, which reveals such patterns as the following on German-language sites:

(3a) der Drang der Deutschen nach Süden/nach Einheit/nach Erkenntnis
'the push of the Germans to the South/to unity/to knowledge'
(3b) der Drang der Deutschen in die Fremde
'the push of the Germans (to travel) abroad'
(3c) der Drang der Deutschen, sich und andere unaufhörlich zu erziehen
'the push of the Germans to incessantly educate themselves and others'
(3d) der Drang der deutschen Unternehmen, im Ausland zu investieren
'the push of German companies to invest abroad'

Such patterns show a wide variety both semantically and syntactically (note, for example, the infinitival complement with *zu*), demonstrating their relative independence from the PP-based complementation with *nach*. Note also that the expressions in (3) do not directly inherit the negative connotations of *Drang nach Osten*. Rather, any negative connotations (as in example c) are independently motivated by the lexical content of the complement in question.

Despite the higher degree of stereotyping, there is significant variation in the *Drang nach*-pattern (Leuschner 2012). Internet searches for *Drang nach* yield various alternative instantiations on German-language sites, such as *der russische*

Drang nach Süden ('the Russian push to the South'), etc. Such alternative *Drang-nach* instantiations echo the original expression *Drang nach Osten* and are often used to project the latter's negative connotations onto the non-German actor in question. This is instructive, because it suggests that the relative rarity of the expression *Drang nach Osten* in German does not prevent it from having an oblique background presence which is brought out by allusion and which provides interesting material for a constructionist approach. It is to such an approach that I now turn.

3. The Constructionist perspective

3.1 From construct(ion)s to collostruct(ion)s

Given the stereotyped nature of *Drang nach Osten*, it is but a small step from the traditional methodology of *Schlagwortforschung* to a constructionist perspective (*cf.* Leuschner/Schröter forthcoming). According to Goldberg (1995, 4), a construction "is defined to exist if one or more of its properties are not strictly predictable from knowledge of other constructions existing in the grammar", i.e., if some aspect of its form or meaning is not strictly predictable from its component parts or other previously established constructions. Since both *Drang* and *Osten* carry overtones in German that are difficult to render in direct translation, this definition matches the special charge of *Drang nach Osten* well. As mentioned above, *Drang* in modern German is a psychological notion akin to 'push, drive'; in contrast, terms like *parcie* and *natisk*, which show up in Slavic translations of *Drang nach Osten*, still tend to refer more to a physical thrust, not unlike *dranc* in Middle High German, and are therefore not totally equivalent to modern *Drang* (Leuschner 2012). Similarly, the German noun *Osten* carries a special charge, aptly called "Ostmythik" by Lemberg (1985). This mythologizing of the East was due to the *ersatz*-colonial associations that were carried in German discourse by "the East" (especially Poland) as the region of the world in which the Germans supposedly had a civilizing mission to fulfill (Conrad 2006, 124–167; *cf.* Thum 2006).

At least two constructionist approaches to *Drang nach Osten* are conceivable on the basis of current literature. The approach by Traugott (2008) speaks of "macro-", "meso-" and "micro-"constructions to highlight the hierarchical organization of the constructional network, with "construct" forming the level of individual expressions. Under this framework, *Drang nach Osten* can be regarded as an instantiation of the micro-construction *Drang nach* $NP_{point\text{-}of\text{-}the\text{-}compass}$, with the meso-construction *Drang nach NP* and the macro-construction *NP nach NP* each one step up the hierarchy. As suggested by Sascha Diwersy (pers. comm. at EMOLEX 2013), *Drang nach* $NP_{point\text{-}of\text{-}the\text{-}compass}$ should be treated as a separate constructional layer because the negative connotations of *Drang nach Osten* are inherited by the variants *Drang nach Westen/Süden/Norden* ('push to the West/South/North'), but not by, for example, *Drang nach Freiheit* ('push to freedom'). Using Goldberg's terminology for relations within constructional networks (2006, 74–97), we can see that *Drang nach Osten* is one of four constructs linked to *Drang nach NP*$_{point\text{-}of\text{-}the\text{-}compass}$ by an "instance" relationship, while the latter is in turn linked to *Drang nach NP* by a "subpart" relationship (*cf.* Ziem/Lasch 2013, 95–102).

The alternative approach emphasizes patterns in the filling of individual slots. According to this view, constructions are "collostructions" and constructs are "collostructs", and these are distinguished by different collexemes – hence the term "collexeme analysis" (Stefanowitsch/Gries 2003). This approach is significant with regard to *Drang nach Osten* precisely because the combination of *Drang nach* with *Osten* was originally motivated by the special ideological charge of *Osten*, as described above. In other words, while all constructs are in principle treated as equal under a qualitative approach, some are more equal than others in actual usage. This fact can be captured by distinguishing between more and less stereotypical collostructs according to preferences in collexeme use on statistical grounds (see Stefanowitsch/Gries 2005). Although we are still waiting for such studies to be carried out, this approach clearly links up well with the interest of *Schlagwortforschung* in collocational patterns, degrees of schematization, etc.

3.2 Frame semantics

In order to investigate the semantics of constructions, constructional approaches typically refer to frame semantics. Frames are stereotyped representations of situations which provide slots for fillers such as actant, experiencer, goal, etc., and they raise and regulate expectations concerning both linguistic usage and stereotypical reality. Frame semantics has been used in the context of *Schlagwortforschung* before (see Schröter 2011; Storjohann/Schröter 2011), and, since form-meaning pairings in constructions are in principle arbitrary and therefore conventional (Goldberg 2006: 5), no constructional approach can be fully consistent unless the inventory of constructions is taken to be socio-cognitively anchored in the speech-community as well as in the cognition of individual speakers (*cf.* Ziem/Lasch 2013, 190f.).

From a socio-cognitive point of view, frames can be seen as structured segments of collective knowledge (Ziem 2008; Schröter 2011). The collostruct *Drang nach Osten* is characterized by having *Osten* in the goal slot of *Drang*, and the Germans as (often implied) actant and experiencer; note that actant and experiencer are the same because someone who acts upon a *Drang* is also the one who experiences it, and vice versa. Another remarkable fact is that the collostruct *Drang nach Osten* did not take on its special ideological charge after it was formed, but inherited it from its component parts, which were already prominent in 19th-century German nationalist discourse and were initially joined together for precisely that reason. As mentioned earlier, *Drang nach (dem) Osten* was coined by Klaczko (1849) as an *ad hoc* caricature of the buzzword status of *Drang* in German Romantic discourse; it also hinted at the phrase *Zug nach dem Osten*, which had been popularized by historians and could refer either to the physical 'treck to the East' of medieval German settlers or to the psychological attraction allegedly felt towards the East by the settlers and by the German people at large (Wippermann 1981; *cf.* Klaczko 1849, 7, 40, 52). Significantly, Klaczko (a professional historian) enclosed the expression *Drang nach dem Osten* in inverted commas, just like many other quotations in *Die deutschen Hegemonen*, yet failed to state any original author in this particular case. He apparently coined *Drang nach dem Osten*, not as a lasting slogan, but as a one-off pseudo-quotation to index a particular German knowledge frame that he wanted to expose and stigmatize. Given its rootedness in native German discourse, *Drang nach Osten* was able to catch on and achieve what is known as 'token entrenchment' in cognitivist construction grammar (*cf.* Ziem/Lasch 2013, 102–109).

Another useful application of frame-semantics with regard to *Drang nach Osten* has to do with variation in the filling of the slots. The resulting variants can be treated as representing contrasting frame configurations which inherit the connotations of the stereotypical frame in different contexts. A good example is *Drang nach Westen*, which in (4) is used by the Polish historian Labuda in reference to the increasing migration from Prussia's Eastern provinces in around 1900 (1971, 194, my translation):

(4) *Drang nach Osten* zmienił się w swoją odwrotność – w *Drang nach dem Westen.*
'The *Drang nach Osten* turned into its opposite – into the *Drang nach dem Westen.*'

The point is that attempts by German writers and pressure groups to encourage Germans to move east (*cf.* Wippermann 1981, 85–104) were being undermined by actual migration patterns, which showed that Germans were more keen to leave the Polish provinces of Prussia than they were to move into them. Interestingly, the original expression *Drang nach Osten* does not need to be present in the same sentence or indeed the same text. The stereotyped frame may still be effective at two removes, as in the following quotation from British historian Fernández-Armesto's history of the Americas (2003, 120):

(5) "[U.S.-]American history was not a unilinear *Drang nach Westen*; rather, it is grid-shaped."

Since there is no hint of German or Central/East European history anywhere in Fernández-Armesto's book, let alone any direct reference to *Drang nach Osten*, the occurrence of the latter in (5) is reminiscent of an observation by Meyer (1996, 130) of how the phrase *Drang nach Osten* persisted as an apparent description of historical fact in American university textbooks well into the 1970s. With an oblique reference like (5), Fernández-Armesto, who has long taught at American as well as British universities, seems to hint at this tradition in an off-hand, perhaps tongue-in-cheek, fashion.

4. Towards a contrastive, discourse-analytic approach

A major development in *Schlagwortforschung* in recent years has been the increasing integration of discourse-analytic methods (*cf.* Schröter/Carius 2009; Schröter 2011). Since the earlier, diachronic study of the use of *Drang nach Osten* in German and Slavic archival sources by Meyer (1996) ends in 1990, there is a clear need for *Drang nach Osten* to be investigated with regard to post-1990 discourse, including the media and the internet. The observations below present preliminary observations based on concordancing searches in the German *Deutsches Referenzkorpus* (DeReKo, www.ids-mannheim.de/cosmas II) and the Polish *Narodowe Korpus Języka Polskiego* (NKJP, www.nkjp.pl). The former includes internet sources from internet corpora such as deTenTen, and the internet archives of newspapers and news magazines such as *Die Zeit, Süddeutsche Zeitung, die tageszeitung, Die Welt*, etc., while the latter includes the internet archives of *Polityka, Newsweek Polska, Rzeczpospolita*, etc.

On the quantitative side, the first issue of interest is the skewed distribution of *Drang nach Osten* between German and non-German sources. Counts by Meyer (1996, 110) suggest a ratio of 1:10 for the pre-WW1 period. This in turn yields a plausible working hypothesis for present-day usage which can be compared with the number of actual hits in the post-1990 sources listed above. Once adjusted for the differing sizes of the corpora in question, the figures found by Leuschner and Schröter (forthcoming) roughly confirm this ratio for the post-1990 era.

On the qualitative side, what is important is the appropriation of a historical concept like *Drang nach Osten* through transposition to new, more recent contexts and discourses (Schröter/Leuschner 2013; Leuschner/Schröter forthcoming). Given the influence of the (geo) political environment on the use and spread of *Drang nach Osten* before 1990 (Meyer 1996), the question is, what happened later? Did the end of East-West confrontation spell the end of, or at least initiate a period of metalinguistic reflection on, the expression *Drang nach Osten*? Or did the emergence of a strong Germany at the heart of the EU and the latter's eastward expansion encourage a renewal of references to the "Drang nach Osten"? A clear case of appropriation in the latter sense was practised by left-leaning Austrian journalist Hannes Hofbauer in his book *Osterweiterung. Vom Drang nach Osten zur peripheren EU-Integration*, published a year before the accession of Poland and other Central European nations to the European Union (Hofbauer 2003). The title ('Eastward Expansion: From the Push to the East to Peripheral EU-Integration') suggests that the EU's eastward expansion was a continuation of the *Drang nach Osten* with different means but with essentially the same ends.

Unfortunately there is no room here to survey the precise patterns of appropriation (*cf.* Leuschner/Schröter forthcoming). All in all, references to *Drang nach Osten* in historical contexts predominate; there are familiar variants like *Drang nach Westen*, often with Poland, Russia or China in the actor slot, and there is also a tendency to replace national actors with supranational ones, e.g., the EU, NATO or transnational companies, whose policies may be characterized (not necessarily negatively) by association with *Drang nach Osten*.

The use of *Drang nach Osten* with reference to historical context is worth a closer look given the striking differences between German and Polish in this regard. In the Polish data, *Drang nach Osten* collocates heavily with German lexis associated with Germany and the Nazi period (such as *Lebensraum*, for example); its use almost always presupposes the unquestioned existence of the German *Drang nach Osten* as a fact of history. This impression is supported by the absence in the immediate co-text of metalinguistic distancing expressions such as *tzw.* ('so-called') (< *tak zwany*), *mit* ('myth'), *rzekomo* ('alleged'), etc., and by the fact that inverted commas, if used at all, mark the foreignness of the expression rather than any metalinguistic comment on the part of the writer.

In the German data, there is an interesting parallel pattern to the presuppositional Polish usage, with *Drang nach Osten* being used (in a minority of cases) alongside lexis with Nazi associations. The function of *Drang nach Osten* in these instances is to help stigmatize the Nazi period and Nazi jargon, apparently based on the premiss that *Drang nach Osten* usefully characterizes a specific period of German history or even that it was a Nazi *Fahnenwort*. Never, though, do German writers attribute a push to the East to Germany *tout court*, as shown by the total absence of collocations like *unser Drang nach Osten* ('our push to the East'), etc. in the German data, contrasting markedly with routine collocations like *Niemcy z ich Drang nach Osten* ('the Germans with their push to the East') in Polish. In another pattern that is common in the German media, *Drang nach Osten* is referred to in an effort to distance present-day Germany from accusations by foreign (i.e., mostly Polish) politicians or media. The sharp drop in the frequency of this pattern after 2006 is clearly related to the fact that the Polish nationalist-conservative government of Jarosław Kaczyński was replaced by the more pro-German, centre-left government under Donald Tusk in 2007. *Drang nach Osten*, it seems, is just as sensitive to shifts in foreign relations now as it was before.

5. Conclusions and prospects

If we follow the argument made here for a constructionist, frame-semantic approach to *Drang nach Osten* from a contrastive, discourse-analytic perspective, two paths of elaboration become clear. First, the set of data should include more languages, not least of course English. Apart from specifically British patterns in the use of *Drang nach Osten* that this would bring to light, a trilingual or (if French is included) quadrilingual approach is indispensable to highlight the specific patterns in usage and chronology in the German-Polish dialogue that has been the topic of this chapter.

Second, the comparison should be expanded to include terms other than *Drang nach Osten*, e.g., those mentioned at the beginning of the present chapter, such as *Anschluss, Blitzkrieg, Endlösung*, *Lebensraum* and possibly others (*Sonderweg*). Data from recent British newspapers (Schröter/Leuschner 2013) suggest divergent patterns in this regard: where, for example, *Blitzkrieg* is widely transposed beyond the historical frame of reference, *Endlösung* is used exclusively with reference to the Shoah and often supplemented with a translation or explanation in English. The approach proposed here is therefore able to highlight issues in the study of political lexis, public discourse and socio-cognitive construction grammar that future researchers may find worth pursuing.

References

Brandt, Harm-Hinrich (1987). "The Revolution of 1848 and the Problem of Central European Nationalities", in: Hagen Schulze (ed.): *Nation-Building in Central Europe.* Leamington Spa/Hamburg/New York: Berg, 107–34.

Conrad, Sebastian (2006). *Globalisierung und Nation im Deutschen Kaiserreich.* München: Beck.

Fernández-Armesto, Felipe (2003). *The Americas: The History of a Hemisphere.* London: Weidenfeld & Nicholsen.

Goldberg, Adele (1995). *Constructions: A Construction Grammar Approach to Argument Structure*. Chicago: Chicago University Press.

Goldberg, Adele (2006). *Constructions at Work: The Nature of Generalization in Language.* Oxford: Oxford University Press.

Hofbauer, Hannes (2003). *Osterweiterung. Vom Drang nach Osten zur peripheren EU-Integration*. Wien: Promedia.

Klaczko, Julian (1849). *Die deutschen Hegemonen. Ein offenes Sendschreiben an Herrn Georg Gervinus, von J.K.* Berlin: Schneider.

Labuda, Gerard (1971). *Polska granica zachodnia. Tysiąc lat dziejów politycznych.* [The Polish Western Border: A Thousand Years of Political History.] Poznań: Wydawnictwo Poznańskie.

Lemberg, Hans (1976). "Der 'Drang nach Osten'. Schlagwort und Wirklichkeit", in: Friedhelm B. Kaiser, Bernhard Stasiewski (eds.): *Deutsche im europäischen Osten. Verständnis und Missverständnis.* Köln/Wien: Böhlau, 1–17.

Lemberg, Hans (1985). "Die Entstehung des Osteuropabegriffs im 19. Jahrhundert. Vom 'Norden' zum 'Osten' Europas", *Jahrbücher für Geschichte Osteuropas* 33, 48–91.

Lemberg, Hans (2003). "Der 'Drang nach Osten': Mythos und Realität", in: Andreas Lawaty, Hubert Orłowski (eds.): *Deutsche und Polen: Geschichte – Kultur – Politik.* München: Beck, 33–38.

Lerski, Jerzy Jan (1996). *Historical Dictionary of Poland, 966–1945. With Special Editing and Emendations by Piotr Wróbel and Richard J. Kozicki*. Westport (CT): Greenwood.

Leuschner, Torsten (2012). "The German *Drang nach Osten*: Linguistic Perspectives on Historical Stereotyping", *German Life and Letters* 65, 94–108.

Leuschner, Torsten/Schröter, Melani (forthcoming): "Von der Schlagwortforschung zur sozio-kognitiv orientierten Konstruktionsgrammatik – das Beispiel *Drang nach Osten*", in: Alexander Ziem, Alexander Lasch (eds.): *Konstruktionsgrammatik IV: Konstruktionen als soziale Konventionen und kognitive Routinen.* Tübingen: Stauffenburg.

Meyer, Henry C. (1996). *'Drang nach Osten'. Fortunes of a Slogan-Concept in German-Slavic Relations, 1849–1990.* Bern: Lang.

Nolte, Hans H. (1976). *'Drang nach Osten'. Sowjetische Geschichtsschreibung der deutschen Ostexpansion.* Köln/Frankfurt am Main: Europäische Verlagsanstalt.

Oschlies, Wolfgang (2000). "*Anšlus, blitzkrieg, drang nach osten.* Germanismen in der politischen Mediensprache des postkommunistischen Osteuropas", in: Rolf Hoberg, Karin Eichhoff-Cyrus (eds.): *Die deutsche Sprache zur Jahrtausendwende. Sprachkultur oder Sprachverfall?* Mannheim: Duden, 276–288.

Pfeffer, J. Alan (1999). "German Political Loanwords in English", *Germanic Notes and Reviews* 30, 153–163.

Schröter, Melani (2011). "Schlagwörter im politischen Diskurs", *Mitteilungen des deutschen Germanistenverbandes* 58, 249–257.

Schröter, Melani/Carius, Björn (2009). *Vom politischen Gebrauch der Sprache. Wort, Text, Diskurs.* Frankfurt am Main: Lang.

Schröter, Melani/Leuschner, Torsten (2013). "Historical Germanisms in British Newspapers: A Discourse-Analytical Approach and Four Corpus-Assisted Case Studies", *Angermion* 6, 139–171.

Stefanowitsch, Anatol/Gries, Stefan T. (2003). "Collostructions: Investigating the Interaction between Words and Constructions", *International Journal of Corpus Linguistics* 8, 209–243.

Stefanowitsch, Anatol/Gries, Stefan T. (2005). "Covarying Collexemes", *Corpus Linguistics and Linguistic Theory* 1, 1–43.

Storjohann, Petra/Schröter, Melani (2011). "Die Ordnung des öffentlichen Diskurses der Wirtschaftskrise und die (Un-)Ordnung des Ausgeblendeten", in: *Aptum* 1/2011, 32–53.

Thum, Gregor (ed.) (2006). *Traumland Osten. Deutsche Bilder vom östlichen Europa im 20. Jahrhundert.* Göttingen: Vandenhoeck & Ruprecht.

Tkaczyński, Jan W. (1997). "Der 'Drang nach Osten'. Mythos und Realität eines Schlagwortes", *Zeitschrift für Geschichtswissenschaft* 45, 5–20.

Traugott, Elizabeth C. (2008). "Grammaticalization, Constructions and the Incremental Development of Language: Suggestions from the Development of Degree Modifiers in English", in: Regine Eckart, Gerhard Jäger, Tonjes Veenstra (eds.): *Variation, Selection, Development: Probing the Evolutionary Model of Language Change.* Berlin/New York: Mouton de Gruyter, 219–250.

Wippermann, Wolfgang (1981). *Der 'deutsche Drang nach Osten'. Ideologie und Wirklichkeit eines politischen Schlagwortes.* Darmstadt: Wissenschaftliche Buchgesellschaft.

Zernack, Klaus (1987). "Germans and Poles: Two Cases of Nation-Building", in: Hagen Schulze (ed.): *Nation-Building in Central Europe.* Leamington Spa/Hamburg/New York: Berg, 149–66.

Ziem, Alexander (2008). "Frame-Semantik und Diskursanalyse. Skizze einer kognitionswissenschaftlich inspirierten Methode zur Analyse gesellschaftlichen Wissens", in: Ingo Warnke, Jürgen Spitzmüller (eds.): *Methoden der Diskurslinguistik. Sprachwissenschaftliche Zugänge zur transtextuellen Ebene.* Berlin: de Gruyter, 89–116.

Ziem, Alexander/Lasch, Alexander (2013). *Konstruktionsgrammatik. Konzepte und Grundlagen gebrauchsbasierter Ansätze.* Berlin/Boston: de Gruyter.

Zientara, Benedykt (1981[1974]). "Zum Problem des geschichtlichen Terminus 'Drang nach Osten'", in: Lothar Dralle (ed.): *Preußen, Deutschland, Polen im Urteil polnischer Historiker.* Berlin: Spiess, vol. 1, 171–81 [originally published in Polish in 1974].

Le choix de l'intensifieur verbal des noms d'émotions : facteurs linguistico-cognitifs et facteurs discursifs

*Ewa Pilecka**

Abstract

Verbo-nominal intensifying constructions built according to the scheme *V de N* (*mourir d'ennui, rougir de colère, siffler d'admiration, trembler de peur…*) are preferential combinations of « internal experience nouns » (essentially nouns of emotions) and verbs referring to an observable manifestation of emotions. As each noun of emotion can be intensified by several verbs, and each intensifying verb can accompany several nouns, it is interesting to see which kind of cognitive and linguistic factors determine the choice of collocates (especially the verbal ones). A corpus-driven study of a large number of examples shows that the principle of textual isotope is the basis of speaker's choices. The author presents different aspects of this phenomenon in discourse.

Résumé

Les collocations verbo-nominales *V de N* à valeur intensive (ex. : *mourir d'ennui, rougir de colère, siffler d'admiration, trembler de peur*, etc.) sont des associations préférentielles d'un « nom d'expérience interne » (le plus souvent, une émotion) et d'un verbe désignant une manifestation observable de cette émotion. Ces associations n'étant presque jamais univoques (un nom d'émotion peut être intensifié par plus d'un verbe, un verbe intensifieur donné s'associe à plus d'un nom d'émotion), on s'intéressera aux facteurs cognitifs et linguistiques qui déterminent le choix du collocatif verbal. L'observation des énoncés tirés d'un vaste corpus d'exemples permet de constater qu'au niveau du discours, ce choix est fondé sur l'isotopie du texte, dont l'auteur examine ensuite les différents aspects.

1. Introduction

L'objet de notre investigation sont les constructions verbo-nominales *V de N* à valeur intensive (ex. : *mourir d'ennui, rougir de colère, siffler d'admiration, trembler de peur*, etc.). L'association entre V et N n'étant pas univoque, nous nous intéressons aux facteurs qui déterminent le choix des collocatifs verbaux en langue (constitution du paradigme des intensifieurs) et en discours (actualisation du paradigme au niveau de la parole).

---

* Université de Varsovie.

1.1 Collocations intensives de forme V de N

Traditionnellement, le syntagme prépositionnel dans ce type de collocations est considéré comme un complément circonstanciel de cause (*cf.* Nazarenko 2000 ; Iordanskaja/Arbatchewsky-Jumarie 2000 ; Melis 2003). Cependant, leur examen en contexte permet de constater une grammaticalisation progressive de la construction en question, qui s'accompagne d'une sorte de chassé-croisé des fonctions : le nom d'émotion figurant dans le SP acquiert le statut du prédicat central, et le verbe devient un « verbe support sémantiquement enrichi » (*cf.* Gross 1993), qui véhicule aussi bien l'information grammaticale absente du prédicat nominal (nombre, personne, temps, etc.) que l'information sur l'intensité de celui-ci. La paraphrase à valeur circonstancielle :

> N0 *tremble de peur* = N0 *tremble parce qu'il a peur*

doit alors être remplacée par une paraphrase à valeur intensive :

> N0 *tremble de peur* = N0 *a tellement peur qu'il en tremble*, N0 *a peur au point d'en trembler*, *la peur de* N0 *est si intense que* N0 *en tremble(rait)*, etc.

L'interprétation – causale ou intensifiante – peut être déterminée grâce au contexte ainsi qu'aux connaissances extralinguistiques du locuteur. Ainsi, par exemple, la collocation *mourir de N* peut avoir une valeur :

- essentiellement causale (p. ex. : *mourir d'une crise cardiaque*, *mourir d'overdose*), lorsque le prédicat nominal est considéré comme cause directe de l'effet désigné par le verbe ; une nuance d'intensité y est cependant présente, car si toute crise cardiaque ou tout abus de drogues n'entraînent pas nécessairement la mort, celle-ci peut s'ensuivre lorsqu'un certain seuil d'intensité – variable par ailleurs en fonction de l'individu – est franchi ;
- purement intensive (p. ex. : *mourir d'ennui*, *mourir d'envie*) : compte tenu de notre expérience quotidienne, il semble impossible de classer l'ennui ou l'envie parmi les causes directes possibles de la mort. Le verbe perd alors son sens littéral qui cède la place à l'idée d'un « état ultime » (*cf.* Leeman 1991, 83) ;
- causale ou intensive (*mourir de faim, de soif, de froid*, etc.). C'est la connaissance de la situation et/ou du contexte qui permet de constater si on a affaire à une relation cause/effet réelle ou à une représentation non littérale (à savoir, l'hyperbole à valeur intensive).

L'examen des énoncés du corpus (*cf.* Pilecka 2010) montre que l'interprétation intensive apparaît en français contemporain beaucoup plus souvent que celle correspondant à la paraphrase circonstancielle ; par ailleurs, la présence de marqueurs épilinguistiques (typographiques, lexicaux ou grammaticaux) permet de signaler la valeur hyperbolique de la collocation (*cf.* Pilecka à paraître).

1.2 Corpus

Notre étude est basée sur l'examen d'environ 10 000 occurrences de collocations *V de N* en contexte (dont plus de 3 000 figurent dans l'annexe 1 de Pilecka 2010) ; ces exemples proviennent de l'investigation des pages francophones du Web effectuée du 10 juin au 02 août 2008 avec le moteur de recherche google.com.[1] Une recherche « en spirale » (d'ordre d'abord qualitatif, puis quantitatif) a abouti à la constitution d'une liste de 2 659 collocations différentes,[2] dont la fréquence dans le corpus Web varie de 1 à plus de 500 occurrences.

1.3 Verbes intensifieurs et substantifs intensifiés

La liste de « verbes intensifieurs » compte 237 items, et celle des substantifs auxquels ils s'associent, 168 items. La plupart des substantifs de cette liste appartiennent à la classe des « noms d'affects » (*cf.* Flaux/Van de Velde 2000),[3] même si certains d'entre eux semblent – au moins à première vue – s'écarter du paradigme des « émotions », ou n'y appartenir que dans seulement une de leurs acceptions.[4] Cependant, examinés en contexte, dans le cadre de la collocation *V de N*, tous ces noms ont la faculté de se comporter comme des noms d'affects ; c'est pourquoi on peut parler ici de la classe des « noms d'émotions ou assimilables » ou encore des « noms d'expériences internes » (*cf.* Pilecka 2010, 66*sqq*).

Les verbes intensifieurs forment un ensemble sémantiquement assez hétérogène, au sein duquel plusieurs sous-classes sont à distinguer :

---

1 Pour plus de détails, *cf.* Pilecka 2010, 99–117.

2 Contre +/-100 dans *NPR* ; +/-250 dans *TLF*i ; +/-60 dans Zinglé, 2003 ; +/-370 dans Beauchesne 2002. Les quatre sources sus-mentionnées comportent au total +/-700 collocations de type *V de N*, à chercher aussi bien dans les entrées nominales que verbales (et parfois adjectivales), parfois présentes seulement sous forme d'exemples, et rarement glosées comme intensives.

3 Elles réunissent sous cette étiquette les « noms d'émotions » et les « noms de sentiments », distingués à la base du nombre de leurs arguments sémantiques. Par la suite, nous utiliserons l'étiquette « émotion » comme nom générique de toute la classe.

4 Ainsi, par exemple, l'*incrédulité* serait plutôt un nom de qualité ou de disposition intellectuelle ; la *tristesse* est un nom d'émotion mais aussi un nom de qualité ; la *douleur* peut être physique ou morale ; le *rire* n'est qu'un symptôme d'une émotion qu'est la *gaieté* ; la *faim* et la *soif* sont des sensations physiques de base, mais on peut parler aussi de la « faim et soif de justice », etc.

- modification de la couleur de la peau : *pâlir, rougir, noircir...*
- sécrétions : *baver, suer, vomir, pisser...*
- mouvements divers : *trembler, bondir, chavirer, tomber, se tordre, reculer, applaudir, piaffer...*
- immobilité : *se figer, se raidir...*
- sommeil : *s'endormir, roupiller...*
- respiration : *soupirer, bâiller, haleter, suffoquer...*
- état pathologique, mort : *s'évanouir, (se) languir, mourir, se suicider...*
- expression du visage : *grimacer, loucher...*
- activité verbale et para-verbale : *crier, geindre, chanter, siffler, rugir, beugler, glousser, barrir...*
- bruits physiologiques : *pleurer, toussoter, hoqueter, pouffer...*
- température : *bouillir, fumer, transir, (se) glacer...*
- métaphore du contenant : *(se) gonfler, déborder, exploser...*
- métaphore de la lumière : *rayonner, irradier...*

Ce qui les unit, c'est – outre la fonction intensifiante – leur caractère de manifestation observable liée à l'expression des émotions. Comme l'émotion ressentie est une « réalité interne » de l'expérient, subjective, et non accessible de manière directe à un observateur extérieur, celui-ci peut y avoir seulement un accès indirect, soit à travers le dire de l'expérient, soit à travers l'observation des manifestations que la personne en proie à une émotion intense laisse ou fait intentionnellement paraître. Ces manifestations sont d'ordre physiologique, plus ou moins contrôlables (*cf.* toux ou bâillement *vs* changement de coloration de la peau ou sudation), ou encore d'ordre comportemental (divers mouvements, parole, etc.). Si telle manifestation accompagne quasi systématiquement telle émotion, elle peut être considérée comme son symptôme, ce qui aboutit, au niveau de la langue, à une sorte d'« emploi absolu » où le verbe à lui seul dénote l'affect auquel il est le plus souvent associé (*cf.* la définition du verbe *trembler* dans *NPR*).[5]

2. *V de N* : une association non-univoque

La situation décrite ci-dessous est cependant rare ; le plus souvent – aussi bien en langue que dans la réalité (qui fait l'objet des études de psychologues) –, l'association « émotion/réaction » est loin d'être univoque. Les données recueillies à partir de

5 « Trembler : [...] 4. Fig. Éprouver une violente émotion, un trouble intense sous l'effet de la peur. *Un lieu ‹ où l'on n'ose se hasarder qu'en tremblant ›* (Gautier). *‹ J'ai toujours tremblé devant les hommes, devant leurs lois iniques ›* (Maupassant). »

notre corpus le confirment : nous n'y avons pas trouvé d'associations bi-univoques, et le nombre moyen de collocatifs s'élève à plus de 11 noms par verbe et à presque 16 verbes par nom.

Voici, à titre d'exemple, les collocatifs du verbe *trembler* et ceux du substantif *peur* (les chiffres qui accompagnent chaque item indiquent le nombre d'occurrences de la collocation dans le corpus).

2.1 Une réaction, plusieurs émotions : trembler de + N

peur : > 500, froid : 280, effroi : 203, émotion : 157, plaisir : 142, joie : 81, terreur : 77, colère : 70, frayeur : 66, bonheur : 52, horreur : 49, excitation : 45, désir : 43, impatience : 43, trouille : 42, crainte : 41, épouvante : 39, inquiétude : 37, angoisse : 34, amour : 32, émoi : 31, indignation : 30, fièvre : 27, appréhension : 19, honte : 17, admiration : 13, énervement : 13, fureur : 13, fatigue : 11, haine : 11, anxiété : 9, espoir : 9, extase : 9, aise : 8, faim : 6, dégoût : 4, enthousiasme : 4, incertitude : 4, stupeur : 4, surprise : 4, convoitise : 3, frustration : 3, pitié : 3, timidité : 3, curiosité : 2, ennui : 2, épuisement : 2, fierté : 2, gratitude : 2, hésitation : 2, passion : 2, trac : 2, concupiscence : 1, confusion : 1, émerveillement : 1, exaspération : 1, humiliation : 1, irritation : 1, orgueil : 1, remords : 1, solitude : 1

Total : 61 collocations

2.2 Une émotion, plusieurs manifestations : V + de peur

mourir : > 500, trembler : > 500, hurler : > 500, frissonner : 240, frémir : 205, crier : 165, pleurer : 130, pâlir : 77, crever : 66, sursauter : 62, pisser : 45, tomber : 44, suer : 35, s'évanouir : 32, se recroqueviller : 27, blêmir : 25, transpirer : 24, couiner : 18, défaillir : 17, tressaillir : 17, grelotter : 17, bondir : 15, verdir : 14, chialer : 13, uriner : 12, blanchir : 11, bleuir : 9, périr : 9, vibrer : 9, trembloter : 8, gerber : 7, sangloter : 7, transir : 7, se figer : 6, se raidir : 6, suffoquer : 5, tressauter : 5, glapir : 4, baver : 3, bégayer : 3, croasser : 2, bêler : 2, se liquéfier : 2, chanceler : 2, sauter : 2, crouler : 2, s'étouffer : 2, se paralyser : 2, se ronger : 2, clamser : 2, palpiter : 2, se pétrifier : 2, s'immobiliser : 1, se tortiller : 1, trépigner : 1, flageoler 1, piailler : 1, chevroter : 1, flancher : 1, succomber : 1

Total : 60 collocations

3. Multiplication des collocations : la part des facteurs linguistiques

Si le nombre de collocations dans notre corpus semble impressionnant (surtout comparé à ce qu'on trouve dans les dictionnaires), toujours est-il qu'il ne représente qu'environ 7% des collocations théoriquement envisageables (237 verbes x 168 noms = 39 816 combinaisons possibles, dont seulement 2 659 ont été effectivement observées). La liste n'est pas fermée, elle peut s'enrichir – et s'enrichit effectivement –, mais le choix du collocatif n'est pas totalement libre ; il existe sans aucun doute des préférences et des idiosyncrasies qui sous-tendent l'absence de certains types de collocations et expliquent l'apparition et le nombre croissant d'occurrences d'autres types.

Nous venons de signaler dans 1.3 les mécanismes psycho-physiologiques qui constituent la base cognitive des associations étudiées ; les facteurs extralinguistiques déterminent ainsi, dans une certaine mesure, le choix du collocatif. À l'inverse, les stéréotypes véhiculés par la langue influencent notre façon de vivre (et de manifester) les émotions : ils attirent notre attention sur certains aspects physiologiques d'une émotion donnée tout en en masquant d'autres ; ils suggèrent des modèles comportementaux appropriés à telle émotion. Les facteurs socioculturels peuvent aussi déterminer l'interprétation de certains comportements et leur associer des émotions bien différentes (p. ex. le fait de *siffler* peut être signe d'*admiration* ou de *désapprobation*). Les facteurs linguistiques et extralinguistiques s'entremêlent ainsi en contribuant à la constitution des paradigmes de collocatifs « préférentiels ».

Par la suite, nous nous concentrerons sur ce qui relève du niveau discursif et nous tenterons de montrer comment les choix individuels du locuteur contribuent à l'enrichissement des paradigmes existant dans la langue en tant que système.

4. L'isotopie comme facteur déterminant le choix du collocatif verbal

Rastier (1987) définit l'isotopie comme présence de sèmes récurrents dans divers éléments lexicaux de l'énoncé dont elle assure ainsi la cohésion sémantique.

Dans l'exemple ci-dessous :

(1) Je vous l'accorde, surtout une journée comme aujourd'hui, où on annonce 25 et où le ciel est d'une limpidité à faire **bleuir d'envie**… les ciels du Sud !

le locuteur met en scène un parangon (ici, *les ciels du Sud*) censé posséder une qualité (ici, la *limpidité*) dont le caractère extrême est communément admis, mais que N, à son avis, surpasse en intensité. La comparaison se fait souvent dans le cadre d'une formule de type « N est Adj à faire pâlir d'envie Nparangon »[6] (*cf.* Romero 2004 ;

6 En l'occurrence, à la place de l'adjectif *limpide*, on a le syntagme prépositionnel *d'une limpidité*.

Pilecka 2011). Selon les données de notre corpus, le verbe *pâlir* est l'intensifieur le plus fréquent du nom *envie* (plus de 500 occurrences dans notre corpus) ; viennent ensuite les collocations *rougir d'envie* (237 occ.) et *blêmir d'envie* (43 occ.), tandis que *bleuir d'envie* n'a que 4 occurrences (le verbe *bleuir* étant en revanche un intensifieur « préférentiel » des noms tels que *peur*, *froid* ou *indignation*). La collocation *bleuir d'envie* est une collocation « occasionnelle », à la limite de la néologie, et son apparition dans l'énoncé (1) s'explique précisément à travers l'isotopie assurée par la présence du sème [bleu] dans les lexèmes *bleuir* et *ciel* (répété deux fois) ainsi que dans *limpidité* (car un ciel *limpide* est nécessairement *bleu*).

De même, dans l'énoncé :

(2) Hier soir, après la victoire de Christian Karembeu lors de la **course** des célébrités lors du 15e Festival Epona, à Cabourg, devant la charmante Cécile de Ménibus, tout ce petit monde a troqué **bombes**, **cravaches** et **bottes** boueuses pour des chemises fraîchement repassées et des robes de soirée très féminines. [...] Que du beau monde... De quoi **hennir d'admiration** !

seule l'isotopie entre les lexèmes *course*, *bombes*, *cravaches*, *bottes* (mettant en œuvre le trait sémantique [+cheval]) justifie le choix de l'intensifieur *hennir*, dont c'est la seule occurrence dans le paradigme des intensifieurs du nom *admiration*.[7]

4.1 Élément déclencheur

Le choix de l'intensifieur isotopique peut se faire à partir :

– de la propriété typique, exemple :

(3) La tomate pour **rougir de plaisir**.

(4) Recettes de fraises : pour **rougir de plaisir** !

(la couleur typique de la tomate et des fraises étant le rouge)

(5) Glace aux spéculos ou comment **fondre de plaisir**.

(6) On a déniché dans une glace à l'eau de la gélatine de poisson. Étonnant ! Ça sert à quoi ? C'est en fait un émulsifiant bon marché. Enfin, c'est surtout beaucoup de sucres et de graisses pas toujours très recommandables, qu'on trouve dans les glaces. De quoi **fondre de déception**...

---

7 *V d'admiration* : *baver* : 118 occurrences ; *se pâmer* : 117 ; *tomber* : 79 ; *pleurer* : 58 ; *siffler* : 40 ; *s'exclamer* : 30 ; *crier* : 27 ; ... *hennir* : 1.

(Le mot *glace* fait choisir l'intensifieur *fondre* aussi bien dans le cas d'une collocation codée en langue – *fondre de plaisir* a plus de 500 occurrences dans le corpus – que lorsque l'association est de type néologique : *fondre de déception* a une seule occurrence dans notre corpus, contre 53 occurrences de la collocation avec le verbe *pleurer*, 14 avec le verbe *soupirer*, 7 avec *hurler*. L'isotopie entre *glace* et *fondre* fait par ailleurs préférer la collocation *fondre de plaisir* par exemple à la collocation *rougir de plaisir*, aussi fréquente[8] mais non isotopique à l'énoncé.)

– du comportement typique :

(7) *Saumon sauvage* cuisiné à l'huile d'olive. Pour **frétiller de plaisir**.

(8) Cousine de Totoro et de Kiki, la petite **poisson rouge** nommée Ponyo vous fera **frétiller de bonheur**.

(Isotopie entre les mots *saumon* ou *poisson* et le verbe *frétiller*, fréquemment utilisée pour désigner les mouvements typiques du poisson – *cf. NPR* : « s'agiter par petits mouvements rapides. *Poisson qui frétille au bout de la ligne* ».)

– de la voix typique :

(9) Halle Berry : **féline** dans **Catwoman**. DVDFR vous livre les premières images de la super-héroïne la plus attendue de cette décennie: **Catwoman**, alias Halle Berry. [...] De quoi **miauler de bonheur** à l'idée de si chaleureuses retrouvailles.

Pour assurer l'isotopie de ce fragment du texte, le locuteur a choisi comme intensifiant du nom *plaisir* le verbe *miauler*, qui désigne la voix typique du « félin (proto) typique » qui est le chat, *cat* en anglais. Nous avons pu observer dans le corpus que la présence dans l'énoncé d'un mot déclencheur de l'isotopie à trait [-humain] fonde de nombreuses associations avec des verbes intensifieurs qui ne relèvent pas des paradigmes des manifestations d'émotions propres aux humains. Outre les voix ou comportements typiques d'animaux, ce type d'isotopie active souvent l'emploi de la métaphore, comme par exemple dans :

(10) Les fourrures roussies, les chaires, et le bois des flèches, formèrent un bûcher nauséabond à en faire **brûler de convoitise** tous les inquisiteurs.

Le trait sémantique [+feu] apparaît comme sème dénotatif dans *bûcher* et *brûler*, et comme sème connotatif dans *inquisiteur*.

---

8 Plus de 500 occurrences.

4.2 Dédoublement de l'isotopie : sens littéral et sens figuré

Dans (2), les mots comportant le trait sémantique [+cheval] renvoient à la réalité des courses hippiques ; dans (11), la réalité évoquée est celle de la situation socioéconomique :

(11) En ce mois de février 2000, sur l'Archipel, les prix **galopent**, le peuple est **bridé**, quatre listes de candidats cherchent à se mettre en **selle**, le prix des produits pétroliers commence à faire du **foin**, les marchands mettent du **foin** dans leurs **bottes** et les anonymes de **piaffer de colère**.

L'isotopie présente ici ne relève donc pas de la signification littérale, mais d'une métaphore filée : la présence des mots ayant trait au monde chevalin assure la cohésion formelle de l'énoncé. La collocation intensive – comme dans l'exemple précédent – est formée *ad hoc* pour compléter l'isotopie (dans le cas de *piaffer de N*, on a, respectivement : pour N = *impatience* plus de 500 occurrences ; pour N = *rire* : 18 occurrences ; pour N = *envie* : 6 occurrences ; ... tandis que pour N = *colère* : une seule occurrence).

Dans (12), l'isotopie s'articule sur deux plans parallèles, littéral et figuré :

(12) L'**ange** de la métamorphose, Jan Fabre auquel le musée du Louvre a donné **carte blanche**. Fera-t-il **blêmir de rage** ou **pâlir de jalousie** le **fantôme** de Rubens ?...

Les mots *ange* et *fantôme* connotent la couleur blanche, tandis que les verbes intensifieurs *blêmir* et *pâlir* dénotent directement les traits sémantiques [+couleur, +blanc] ; en revanche, l'adjectif *blanc* qui fait partie d'un syntagme figé *donner carte blanche* ne relève pas (sinon étymologiquement) du domaine des couleurs.

4.3 L'aspect ludique de l'isotopie

Les récurrences (aussi bien au niveau littéral que dans le cadre d'un trope) ont souvent un double but : assurer la cohésion du texte, mais aussi intriguer l'interlocuteur, attirer son attention par le choix d'un collocatif inhabituel. Parfois, ce dernier objectif domine, et le plaisir de déchiffrer « l'énigme » fait naître le rire.

Dans l'énoncé :

(13) Le mari d'une femme qui venait d'accoucher de **jumeaux**, s'est mis à **bégayer d'émotion**.

l'interlocuteur découvre, après un moment de réflexion, que le même trait sémantique [+dédoublement] apparaît dans deux domaines bien éloignés : //PROCREATION// et //PAROLE//.

Un jeu de mots basé sur leur forme apparaît dans :

(14) Et nous rions à crever quand par chance on tombe sur des gens qui trouvent ça tellement **louche** que ça les fait **loucher d'embarras**.

Le choix de l'intensifieur surprend (encore une collocation « néologique », avec en plus un verbe peu fréquent en fonction d'intensifieur)[9] et fait sourire justement à cause de cet effet de surprise.

L'aspect ludique de l'isotopie formelle est présent aussi dans le titre d'un roman de la série *San Antonio* :

(15) Des Ramoneurs de menhirs à hennir de bonheur.
[deʀamɔnœʀdəmeniʀ|aɔniʀdəbɔnœʀ]

(La transcription phonétique permet de visualiser les nombreuses allitérations et assonances qui semblent être la seule raison du choix de la collocation intensive.)

Un autre exemple qui associe l'isotopie sémantique à l'isotopie de la forme (paronomase) est présent dans :

(16) Le MYSPACE TOTAL SHOW déménage sur un autre **navire** ! Qui va vous faire **chavirer de ravissement** !

Le choix du verbe *chavirer* est dicté d'une part par le jeu de sonorités [naviʀ] / [ʃaviʀe] / [ʀavismɑ̃ (isotopie au niveau de la forme), et d'autre part par son appartenance au domaine de la navigation (isotopie au niveau du sens : *chavirer* 'émouvoir fortement', mais aussi 'en parlant d'un *navire*, se retourner sur lui-même par suite d'une inclinaison excessive', *cf. NPR*).

4.4 L'isotopie « sémiotique »

Nous avons relevé dans le corpus quelques exemples du choix de l'intensifieur motivé par des éléments extra-textuels, généralement des signes visuels (images publicitaires, photos, etc.). L'isotopie texte-image apparaît par exemple dans :

(17) L'une des publicités les plus hilarantes du moment. Un fou rire à chaque regard. Une campagne de pub simple et super efficace pour le shampoing « Natural-Style » estampillé Timotei. À **rugir de plaisir** !

---

9 Quatre collocatifs nominaux à peine, dont un seul – *envie* – forme avec le verbe *loucher* une collocation non néologique (16 occurrences dans le corpus).

Il y est question de la publicité « La folle de la savane » : l'affiche représente une lionne « décoiffée », et c'est à cette représentation visuelle que le locuteur fait allusion en choisissant l'intensifieur *rugir* (voix typique du lion).

5. Conclusion

Les facteurs d'ordre cognitivo-linguistiques sous-tendent la formation des paradigmes collocationnels (choix des verbes intensifieurs d'un nom donné, choix de collocatifs nominaux d'un verbe intensifieur). Notre étude basée sur un vaste corpus d'exemples permet de constater que l'actualisation de ces paradigmes en discours se fait très souvent en fonction de l'isotopie, présente au niveau sémantique, formel, voire extra-textuel. Le rôle principal de l'isotopie est d'assurer la cohérence du texte, mais elle présente aussi un aspect ludique.

Bibliographie

Beauchesne, Jacques (2002). *Dictionnaire des cooccurrences*. Montréal : Guérin.

Flaux, Nelly/Van de Velde, Danièle (2000). *Les noms en français, esquisse de classement*. Gap/Paris : Ophrys.

Gross, Gaston (1996). « Prédicats nominaux et compatibilité aspectuelle », *Langages* 30(121), 54–72.

Iordanskaja, Lidia/Arbatchewsky-Jumarie, Nadia (2000). « Quatre prépositions causales du français : leur sémantisme et cooccurrence », *Lingvisticæ Investigationes* 23(1), 115–159.

Leeman, Danielle (1991). « *Hurler de rage, rayonner de bonheur* : remarques sur une construction en *de* », *Langue française* 91, 80–101.

Melis, Ludo (2003). *La préposition en français*. Paris : Ophrys.

Nazarenko, Adèle (2000). *La cause et son expression en français*. Gap/Paris : Ophrys.

NPR = Rey-Debove, Josette/Rey, Alain (réd.) (2007). *Le Nouveau Petit Robert de la langue française 2008 PC/MAC*. Paris : Le Robert.

Pilecka, Ewa (2010). *Verbes intensifieurs et leur fonctionnement en français contemporain*. Łask : Oficyna Wydawnicza LEKSEM.

Pilecka, Ewa (2011). « L'intensité verbale et les énoncés à parangon », *Romanica Cracoviensia* 11, 366–376.

Pilecka, Ewa (à paraître). « *J'ai failli littéralement mourir de rire !* Indices lexicaux et grammaticaux de l'hyperbole dans les collocations intensives verbo-nominales ».

Rastier, François (1987). *Sémantique interprétative.* Paris : Presses Universitaires de France.

Romero, Clara (2004). « Nouvelles remarques sur l'hyperbole », *in* : Maria Helena Araújo Carreira (ed.) : *Plus ou moins ?! L'atténuation et l'intensification dans les langues romanes.* Saint-Denis : Université Paris 8 Vincennes Saint-Denis, 265–282.

*TLF*i = *Trésor de la langue française* informatisé, http://atilf.atilf.fr.

Zinglé, Henri/Brobeck-Zinglé, Marie-Louise (2003). *Dictionnaire combinatoire du français : expressions, locutions et constructions.* s. l. : La Maison du Dictionnaire.

3. Rôles syntaxiques et discursifs

L'émotion dans le discours : à la recherche du profil discursif de *stupeur* et de *jalousie***

*Iva Novakova & Julie Sorba**

Abstract

This chapter proposes a systematic-functional approach for analyzing the interactions between the *syntactic*, *lexical*, *textual* and *enunciative* profiles of the nouns of emotion *stupeur* ('astonishment') and *jalousie* ('jealousy') and their *discursive* profiles at sentence- and text-level. The textual sequences come from the data base (100 M. of words) of the EMOLEX project. We show that *stupeur* et *jalousie* generate different discursive scripts and text patterns, depending on their specific semantic features, which confirms the assumption of predictability of their textual environment (Blumenthal 2002; Hoey 2005).

Résumé

Cette étude intègre l'analyse fonctionnelle systématique des interactions entre le profil *syntaxique*, *lexical*, *énonciatif* et *textuel* des noms d'émotion *stupeur* et *jalousie*, et leurs profils *discursifs* aux niveaux phrastique et transphrastique. Elle dépasse donc le cadre de la phrase pour atteindre le niveau de la macrostructure textuelle. Notre corpus est composé de séquences textuelles journalistiques issues de la banque de données (100 M. de mots) constituée dans le cadre du projet EMOLEX. Nous montrons que *stupeur* et *jalousie* génèrent des scénarios discursifs et, de là, des schématisations textuelles différentes en fonction de leurs propriétés sémantiques spécifiques, ce qui confirme l'hypothèse de la prévisibilité de leur environnement textuel (Blumenthal 2002 ; Hoey 2005).

1. Introduction

On pourrait supposer que plus on s'éloigne de l'occurrence du mot clé, plus la liberté de choix des mots et des constructions est grande, la combinatoire lexicale étant moins contrainte que la combinatoire syntaxique. Or, il s'avère que certains mots ou contenus sont plus probables que d'autres (*cf.* Blumenthal 2002, 30). Par conséquent, nous formulons l'hypothèse que le sémantisme de la lexie permet de prévoir son environnement textuel. Notre objectif est donc de savoir si la schématisation textuelle entraînée par *stupeur* est différente de celle que fournit *jalousie.*

---

* Université Grenoble-Alpes, LIDILEM.

** Cette étude a été réalisée dans le cadre du projet EMOLEX (ANR-09-FASHS-017, www.emolex.eu).

Nous testons sur les noms le modèle élaboré pour les verbes *stupéfier* et *jalouser* (Novakova/Sorba 2013) dans le cadre d'une approche fonctionnelle, à la fois globale et fine, pour l'analyse des émotions.

Le choix de *stupeur* et de *jalousie* s'explique par le fait que ces noms renvoient à deux types d'émotion différente : *stupeur* est un affect causé, réactif, ponctuel, de polarité neutre et de forte intensité (comparé à *étonnement* et à *surprise*) ; *jalousie* appartient à la classe des affects interpersonnels, duratifs, de polarité négative et d'intensité plutôt forte (comparé à *envie*).[1]

Notre corpus comporte 100 M. de mots, issus des journaux *Le Monde*, *Libération*, *Le Figaro* et *Ouest-France* (2007–2008). Nous comptabilisons 545 séquences textuelles pour *jalousie* et 298 séquences pour *stupeur*. L'interface d'interrogation EmoConc[2] permet d'extraire les métadonnées de l'article (auteur, titre, date de publication) ainsi que le contexte élargi des deux lexies, et aussi de connaître leur position à l'intérieur du texte et des paragraphes le constituant.

Après une présentation de nos choix théoriques et méthodologiques, nous étudions successivement aux niveaux *phrastique* et *transphrastique*, le profil discursif de *stupeur* et de *jalousie*. Nous proposons, enfin, une modélisation de notre analyse des lexies des émotions en concluant sur la prévisibilité des environnements textuels dans lesquels s'insèrent *stupeur* et *jalousie*.

2. Cadre théorique et méthodologie

Dans le cadre de la *Role and Reference Grammar*, le choix des arguments syntaxiques n'est pas prédictible uniquement à partir des rôles sémantiques. Il peut être influencé par des facteurs discursifs, en particulier par le statut de *topic*[3] accordé ou non aux référents des arguments, ce que les auteurs appellent « pragmatic pivot » (Van Valin/LaPolla 1997, 291). En nous inspirant de ce postulat, nous explorons la manière dont les trois niveaux (syntaxique, sémantique, discursif) interagissent au service de la structuration et de la hiérarchisation de l'information.

1 Nous n'analysons pas ici la différence entre *jalousie amoureuse* et *jalousie_envie*, la polysémie restant en dehors de nos objectifs. Pour plus de détails sur la complexité sémantique des noms polysémiques (par ex. *envie*) et les différentes structurations textuelles qu'ils peuvent entraîner, *cf.* Blumenthal, dans le présent volume.

2 L'interface EmoConc a été développée dans le cadre d'EMOLEX par S. Diwersy (Université de Cologne) et O. Kraif (Université Grenoble-Alpes), et intégrée à l'EmoBase http://emolex.u-grenoble3.fr/emoBase/.

3 Dans la terminologie de Van Valin et LaPolla, *topic* renvoie au thème de l'énoncé.

L'étude fonctionnelle du *profil discursif* que nous proposons intègre les configurations actancielles (*profil syntaxique*), les associations lexicales et les réseaux isotopiques (*profil lexical*), les phénomènes de polyphonie (*profil énonciatif*), ainsi que les positions récurrentes des lexies dans les séquences (*profil textuel*). Nous tentons d'établir, à partir des données empiriques récoltées sur de vastes corpus, s'il existe un profil discursif spécifique pour *stupeur* et pour *jalousie*.

D'un point de vue méthodologique, nous étudions les noms d'émotion dans le cadre de la phrase (*profil discursif phrastique*) et, au-delà, au niveau de la macrostructure textuelle (*profil discursif transphrastique*). Cela implique la nécessité d'identifier clairement les types de situations (ou *topiques*)[4] qui déclenchent une émotion. Dans notre cas, il s'agit d'étudier les « sous-genres »[5] (ou rubriques) journalistiques dans lesquels apparaissent le plus fréquemment nos deux lexies.

3. Le profil discursif phrastique

3.1 Profil syntaxique : les structures actancielles

Les aptitudes combinatoires de certains noms se décrivent, comme celles des verbes, au moyen de schémas valenciels[6] (Riegel *et al.* 1994, 124). Les noms prédicatifs ont le même schéma d'arguments que les verbes dont ils sont morphologiquement dérivés. À la suite de Van Valin et LaPolla (1997), nous distinguons pour les noms, les actants syntaxiques (Asy) régis par le nom, réalisés en surface, comptés dans la construction nominale, et les actants sémantiques (Asé) qui correspondent à des rôles clés comme l'expérienceur, l'objet ou la cause de l'affect. La variation des structures actancielles (Asy et Asé) est constitutive du profil syntaxique et, de là, du profil discursif phrastique des lexies étudiées.

Les configurations actancielles des noms (présence ou absence des Asy et des Asé) varient en fonction des visées discursives du locuteur. *Stupeur*, émotion causée, a prototypiquement deux Asé : l'expérienceur (X) et la cause (Z) de l'émotion : *la stupeur des villageois* (X) *devant un tel spectacle* (Z). *Jalousie*, affect interpersonnel, a également deux Asé : un expérienceur (X) et un objet (humain) de l'émotion (Y) : *la jalousie des députés* (X) *envers l'avocate* (Y). À cette configuration prototypique peut venir s'ajouter un troisième Asé cause

4 Pour la notion de *topique*, *cf.* Plantin 1997, et Micheli 2010, 59.

5 *Cf.* Rastier 2011, 78–79.

6 Il s'agit surtout de noms déverbaux ou sémantiquement apparentés (*admiration, décision, départ*).

Z : *la jalousie des députés* (X) *envers l'avocate* (Y) à cause de sa promotion (Z),[7] mais cette réalisation complète est très rarement observée. Nous étudions dans ce qui suit les configurations actancielles spécifiques de *stupeur* et *jalousie* dans les phrases nominale (3.1.1) et verbale (3.1.2), ainsi que leurs positions récurrentes au sein de la phrase (3.1.3).

3.1.1 Les configurations actancielles dans la phrase nominale

L'apparition des lexies au sein d'une phrase nominale semble être propre au genre journalistique.[8] Nos résultats montrent que le nom *stupeur* est cinq fois plus fréquent dans cette distribution (20%), comparé à *jalousie* (4%). Avec *stupeur*, l'effet discursif d'accroche est plus fort, le sémantisme spécifique du nom crée plus d'attentes chez le lecteur :

(1) Nouveau déboire pour la compagnie aérienne australienne. Vendredi, l'un de ses Boeing 747–700 atterrit sans encombre à Singapour. Les techniciens procèdent à des contrôles de routine. **Stupeur !** L'appareil a perdu, en vol, un panneau d'accès au moteur de 30 cm sur 30 cm. (*Ouest-France* 2008)

(2) Allers-retours entre Rome et Paris. Passion. Et puis **jalousie**. Tromperies. Scènes à gifles. Retrouvailles. (*Libération* 2007)

En (1) et (2), le nom est complètement dépouillé aussi bien de ses actants (avalent) que de son déterminant. Il exprime l'émotion à l'état pur. *Jalousie*, beaucoup plus rare dans cette distribution, apparaît plutôt en série, ce qui n'est pas le cas de *stupeur* qui semble se suffire à lui-même.

3.1.2 Les configurations actancielles dans la phrase verbale

Dans la phrase verbale, deux configurations saillantes apparaissent : les constructions attributives pour *stupeur* uniquement, et les constructions à Vsup causatif pour les deux noms dans des proportions similaires (12% pour *stupeur* et 13% pour *jalousie*) :

---

7 Mel'čuk *et al.* (1984–1999) signalent aussi la structure à trois actants pour les noms interpersonnels (par ex. : *l'admiration de Pierre envers Jacques pour son courage*). Nous adoptons ici un système de codage des Asé (X/Y/Z) qui s'en inspire, mais notre approche, à la différence de la théorie Sens-Texte, reste entièrement surfaciste.

8 Dans une précédente étude sur les structures actancielles des noms d'émotion (*surprise* et *respect*) au sein d'un corpus littéraire (Novakova/Grossmann/Goossens 2013), nous n'avons trouvé aucune attestation de ce procédé.

(3) Dans le monde de l'art, c'était **la stupeur**. (*Libération* 2007)
(4) Le titre, repris à la une de plusieurs journaux, a provoqué **la stupeur** des lecteurs. (*Ouest-France* 2007)
(5) Alain Juppé a suscité **des jalousies** dans le premier cercle sarkozyste en obtenant le privilège de s'exprimer à la tribune juste avant le candidat [...]. (*Le Figaro* 2007)

Dans les constructions attributives (3), *stupeur* est avalent : on obtient ainsi un « centrage discursif » (Fesenmeier 2010) exclusif sur l'émotion simplement nommée. Dans les constructions à Vsup causatif (4), c'est le nom prédicatif qui régit les actants (Gross 1981), comme le montre la transformation par suppression du verbe support : *la stupeur des lecteurs* (X) *à cause de ce titre* (Z). Ces constructions permettent à *jalousie* de réaliser le scénario actanciel prototypique à trois actants (5) : *les jalousies du premier cercle sarkozyste* (X) *envers A. Juppé* (Y) à cause de ce *privilège* (Z). Dans ces cas, on observe souvent une fusion actancielle entre Z (la cause) et Y (l'objet de l'émotion) : *la promotion de l'avocate → sa promotion* (Z/Y).[9]

Sur le plan discursif, ces structures correspondent à la mise en relief de différents actants pour les deux noms (X, Z, Y) ou à la fusion actancielle (Z/Y). Les choix discursifs, mais aussi le sémantisme spécifique à chaque lexie, conditionnent les configurations actancielles variées.

3.1.3 Positions récurrentes dans la phrase

Selon la théorie du *Lexical Priming* de Hoey (2005, 115), les mots ont des préférences ou bien des aversions pour certaines positions et, de là, pour des fonctions grammaticales données (ou « colligations »). Deux cas de figure sont statistiquement signifiants pour nos deux lexies. D'une part, *stupeur* apparaît cinq fois plus que *jalousie* en position frontale (complément de phrase) ou à droite du verbe (CC) :

(6) À la **stupeur** des services les plus informés, la plupart des militants d'Action directe sont amnistiés et remis en liberté dès le mois d'août. (*Le Figaro* 2008)
(7) Les habitants du Faouët [...] ont appris avec **stupeur** le décès brutal de leur maire. (*Ouest-France* 2008)

9 Dans une étude menée sur les verbes *stupéfier* et *jalouser* (Novakova/Sorba 2013), nous avions constaté le même phénomène de fusion actancielle : *D'autres jalousent son itinéraire d'enfant gâté* (*Le Monde* 2008), structure verbale plus compacte comparée à : *D'autres jalousent cet enfant gâté* à *cause de son itinéraire* ; *D'autres le jalousent pour son itinéraire d'enfant gâté.*

En revanche, *jalousie* est très fréquent en fonction de complément du nom (8) (*affres, excès, crises, scènes, réactions de ~*) ou de l'adjectif (9) (*malade, fou, ivre, malheureux de ~*), fonction pour laquelle *stupeur* a plutôt une aversion (sauf dans *moment de stupeur*) :[10]

(8) Dans ce contexte, l'*excès de* **jalousie** peut mener en prison. (*Le Monde* 2008)
(9) En avril 2006, l'ancienne championne de ski Corinne Rey-Bellet était abattue par un mari *fou de* **jalousie**. (*Le Monde* 2007)

La position des lexies dans la phrase est donc conditionnée par leur sémantisme et par les choix discursifs du locuteur, ce qui confirme, sur de vastes corpus, la théorie du *Lexical Priming* de Hoey (2005).

3.2 Profil lexical : les associations lexicales

Le profil lexical phrastique est constitué des associations lexicales récurrentes au sein de la phrase.[11] Deux phénomènes saillants y sont observés : la combinaison des lexies avec des adjectifs épithètes et leur apparition au sein de séries.

3.2.1 Combinaison avec des adjectifs épithètes

Dans 10% de ses occurrences, le nom *jalousie* s'associe à des adjectifs épithètes qui véhiculent deux dimensions sémantiques récurrentes, à savoir l'intensité forte (*obsédante, violente, féroce, cruelle, bouillonnante, excessive, mortelle*) et la polarité négative (*maladive, morbide, morose, funeste, malsaine*). Dans ce cas, l'épithète insiste sur les dimensions sémantiques de la lexie. Ce type d'association lexicale est plus répandu pour *jalousie* que pour *stupeur* (7%), qui offre une combinatoire moins riche et plus figée. Seul le syntagme *à la stupeur générale* apparaît dans cette distribution.

3.2.2 Les lexies en série

Nos deux lexies apparaissent souvent au sein d'une énumération à deux ou plusieurs substantifs mais dans des proportions différentes (33% pour *jalousie* et 14% pour *stupeur*). De plus, tandis que *stupeur* privilégie très majoritairement

---

10 Nous avons relevé 33 occurrences de *jalousie* dans cette distribution contre 5 seulement pour *stupeur*.

11 Selon la thèse défendue dans le cadre du *Lexical Priming*, l'emploi d'un mot est lié à des associations sémantiques pré-activées (*cf.* Hoey 2005, 13).

le binôme, *jalousie* se rencontre beaucoup plus souvent au sein de longues énumérations (la plus longue séquence comporte onze éléments avec *jalousie*, alors que *stupeur* ne se combine au maximum qu'avec quatre autres unités). La lexie *stupeur* est majoritairement coordonnée à un autre nom d'émotion relevant principalement du champ de la colère (*agacement*, *indignation*), de la peur (*effroi*, *frayeur*, *panique*) ou de la tristesse (*consternation*, *désespoir*, *désarroi*). Le second substantif énonce alors la conséquence de l'émotion initiale et oriente la lexie *stupeur* vers la polarité négative.

Dans les énumérations avec *jalousie*, les lexies les plus fréquemment utilisées fournissent les ingrédients du « script émotionnel »[12] de la jalousie : l'attachement initial (*amour*, *amitié*, *passion*), la rivalité (*haine*, *soupçon*, *convoitise*), la souffrance (*frustration*, *rancœur*, *amertume*), la trahison (*trahison*, *mensonge*), la violence (*agressivité*, *disputes*, *meurtre*). Ce phénomène linguistique souligne le caractère englobant de la jalousie, « un dispositif de dispositifs [...] un vaste champ de manœuvres et d'événements passionnels » (Greimas/Fontanille 1991, 223–224). Néanmoins, tous les éléments du script n'apparaissent pas simultanément, le choix se faisant en fonction de la pertinence par rapport à la situation décrite :

(10) *Berlin* est l'histoire d'un couple miné par la *drogue*, la *débauche*, la *violence* et la **jalousie** – jusqu'au suicide. (*Le Monde* 2007)

(11) Elle ne supporte pas sa **jalousie**, sa *violence* quand il a bu, ses *menaces*. (*Ouest-France* 2008)

La moitié des occurrences de *jalousie* relève de la rubrique « Culture », et plus particulièrement d'articles où les journalistes résument la thématique de l'œuvre dont ils présentent la critique (10), la jalousie étant un thème « vendeur ». L'autre rubrique particulièrement représentée est celle des faits divers (11). L'apparition de *jalousie* est plutôt prévisible dans ces situations discursives narrant les malheurs d'autrui. La combinatoire lexicale[13] de *jalousie* est ainsi conditionnée par des contraintes génériques et situationnelles qui répondent aux attentes culturellement formatées des lecteurs.

3.3 Profil énonciatif : la polyphonie des énoncés

Dans le corpus journalistique, il est très rare que le journaliste-locuteur, « l'instance première qui produit matériellement l'énoncé » (Rabatel 2012, 24), indique

12 *Cf.* Plantin 2011, 23.

13 Sur les notions de combinatoire syntaxique et lexicale, *cf.* Novakova/Tutin 2009.

son implication émotionnelle de manière directe, c'est-à-dire en tant qu'énonciateur à l'origine d'un point de vue. Quand il partage sa *stupeur*, le journaliste présente un témoignage dans lequel l'expression de l'émotion est destinée à susciter l'empathie avec son lecteur. C'est donc le genre de la rubrique qui formate l'intrusion de la voix de l'énonciateur :

(12) Imaginez **la stupeur** de ceux qui, comme moi, cherchent à satisfaire le légitime désir d'un délicat repas de fin d'année où ils aimeraient que figurassent huîtres fines, foie gras d'oie frais et chapons. (*Le Monde* 2007)

En revanche, le discours direct ne se rencontre jamais avec *jalousie*.

Dans d'autres cas, le journaliste insère la voix d'énonciateurs seconds dans des séquences au discours direct rapporté. Les deux noms y apparaissent dans des proportions allant du simple au double (7% pour *stupeur* et 14% pour *jalousie*) :

(13) Laurence Parisot a convenu qu'elle avait « été frappée de **stupeur** » quand elle a « entendu le montant des indemnités de départ de certains dirigeants ». (*Le Figaro* 2007)

La mention explicite de la source fait partie des procédés visant à garantir l'authenticité du récit. Ce n'est pas le journaliste qui prend en charge l'énoncé, mais un énonciateur second identifié, comme la présidente du Medef en (13). La polyphonie de l'énoncé contribue alors à la co-construction du point de vue.

4. Le profil discursif transphrastique

4.1 Profil lexical : les réseaux isotopiques

Dans l'environnement textuel des lexies, nous trouvons des mots « dont la présence n'est pas requise par des contraintes syntaxiques » (Blumenthal 2002, 30). À l'échelle du texte, cette combinatoire permet de construire le *profil lexical transphrastique*. *Stupeur* et *jalousie* se rencontrent très majoritairement au sein de réseaux isotopiques tissés à partir ou autour d'eux.

Les deux isotopies remarquables, souvent actualisées conjointement, sont celles de l'intensité et de la polarité négative,[14] déjà les plus saillantes au niveau phrastique (*cf.* 3.2.1), notamment pour *jalousie*. En effet, l'environnement

14 L'intensité et la polarité sont deux composantes de la séquence émotionnelle dont Plantin (2011, 123) propose une modélisation combinant axe de l'intensité, axe du temps et zones des émotions positives et négatives.

textuel autour de *jalousie* est ainsi saturé par des items tissant ces deux isotopies, comme en (14) :

(14) Ils vont jalonner leur randonnée de *crimes sanglants* dans l'Amérique de la fin des années 1940. Alors que lui séduit, *dépouille* et *assassine* des femmes mûres seules et *vulnérables*, elle devient sa complice par amour et **jalousie**. *Obsédé* par ces *sordides assassinats*, l'inspecteur Robinson est à leurs trousses... Cette *mortelle* randonnée qui confond amour et *crimes crapuleux* est un authentique fait divers. (*Le Figaro* 2007)

En ce qui concerne l'intensité, *stupeur*, émotion forte, présente des réseaux isotopiques moins abondants que ceux de *jalousie*. En revanche, contrairement à *jalousie*, toujours de polarité négative, *stupeur* se rencontre parfois avec une polarité positive ou neutre. Ainsi, en (15), l'environnement textuel oriente le lecteur vers une interprétation positive de *stupeur* :

(15) Les grandes écoles françaises *bien* placées dans un classement de l'École des Mines [...]. Harvard et Stanford sont les établissements qui ont formé le plus grand nombre de dirigeants de multinationales aujourd'hui en poste. Mais, **ô stupeur**, HEC serait 7e, l'ENA 10e, Sciences Po 11e, Polytechnique 15e et les Mines 20e. Avec ce second classement de l'École des Mines, dévoilé hier, l'enseignement supérieur français *relève la tête* et se classe en troisième position après les États-Unis et le Japon pour le nombre de ses établissements de *qualité*. (*Le Figaro* 2008)

Néanmoins, dans 30% des cas, *stupeur* reste neutre, aucun indice ne permettant de trancher pour savoir si l'émotion éprouvée est positive ou négative (16) :

(16) Selon une étude du cabinet d'analyses Gartner Group, les technologies de l'information génèrent 2% des émissions de CO_2 liées à l'activité humaine. [...] Un journaliste américain, Nicholas Carr, s'est même amusé à calculer l'empreinte énergétique d'un habitant du très en vogue monde virtuel de Second Life. **Stupeur** : selon ses calculs, chacun des 2,8 millions d'avatars utilise 4,8 kWh/jour, soit 10 fois la consommation d'un Camerounais. (*Libération* 2007)

La lexie d'émotion est également souvent insérée au sein d'un environnement textuel saturé par des énoncés d'émotion (isotopie de l'émotion). C'est très net pour *jalousie* qui reproduit à l'échelle du texte le phénomène de série rencontré au niveau phrastique (*cf.* 3.2.2). En effet, elle attire d'autres émotions dans son sillage (*terreur*, *mépris*, *amour*, *bouleversement*, *passion*, etc.), comme en (17) :

(17) État de crise suscité autant par la *terreur* de se retrouver seule dans une chambre d'hôtel minable au fin fond de la Sologne que par le rire de son amant au bout du téléphone. [...] Il rit, au bout du fil, lorsqu'elle tente, parce qu'elle est *vexée*,

fragilisée, *blessée*, de susciter sa **jalousie**. Rire terrible de la part de l'amant, *rire* d'ironie, de *mépris*, de *légèreté*, de *moquerie*, alors qu'elle l'*aime* d'une façon *passionnelle*. Ce rire la *bouleverse*. (*Le Figaro* 2007)

En revanche, l'isotopie de l'émotion est nettement moins fréquente et moins développée autour de *stupeur*, comme en (18) :

(18) Il s'impliquait aussi beaucoup pour que les *passionnés* du ballon ovale puissent assister à la prochaine Coupe du monde de rugby. Monique Aubert, adjointe chargée des sports exprime son émotion : « On vient de perdre notre copain, un type de valeur. Jean, on ne pouvait que l'*aimer*. » Dans la section, c'est évidemment **la stupeur**. Ce lundi, une délégation du club s'est retrouvée pour rendre une dernière visite à leur compagnon. (*Ouest-France* 2007)

Les items participant à l'isotopie de l'émotion (les émotions en série) sont donc beaucoup moins nombreux pour *stupeur* : trois dans l'exemple (18) contre dix autour de *jalousie* (ex. 17). Ainsi, *jalousie* apparaît nettement plus textogène que *stupeur*.

4.2 Profil textuel : les colligations textuelles

Nous analysons ici la position occupée par les noms d'émotion au sein d'unités discursives repérables, comme le paragraphe ou le texte, en partant de l'hypothèse de Hoey (2005) sur les colligations textuelles.

Au sein du corpus journalistique, *jalousie* et *stupeur* apparaissent dans des positions différentes. L'énoncé des lexies d'émotion génère une attente chez le lecteur qui cherche à connaître les différents éléments du scénario émotionnel en cours. C'est très net pour *stupeur* qui se rencontre de préférence dans des positions initiales (titre, début de texte ou de paragraphe) et jamais en position finale : *stupeur* apparaît davantage en début de texte (27%) et de paragraphe (31%) que *jalousie* (respectivement 14% et 22%).

(19) À la **stupeur** de ses hôtes, [1] elle a alors ordonné à la voiture de rebrousser chemin. [2] Jusqu'au dernier moment, l'étape du Darfour, temps fort du déplacement, a été incertaine. (*Le Figaro* 2007)

Cet exemple est représentatif du scénario discursif le plus fréquent : l'énoncé de la cause [1], puis des conséquences [2] de l'émotion suit la lexie.[15] Cet environnement textuel est conditionné par le sémantisme de *stupeur* : le journaliste effectue un

15 Cette structure s'inverse partiellement dans les constructions à Vsup causatif du type *susciter/provoquer la stupeur* ou ~ *la jalousie*, en raison des contraintes syntaxiques.

centrage sur une émotion à l'aspect ponctuel dominant, ce qui accroche la curiosité du lecteur et génère de plus fortes attentes chez lui. Ce dernier attend de savoir quelles sont les causes de la stupeur, parmi un éventail des possibles très ouvert, et vers quelle polarité s'oriente la lexie. Plus généralement, *stupeur* a tendance à apparaître dans des positions plus « stratégiques » au sein de la phrase (*cf.* 3.1.3) et de la séquence textuelle.[16]

Pour sa part, *jalousie* est très largement attestée en milieu de texte (plus des deux tiers des occurrences). L'énoncé de la lexie génère moins d'attentes pour le lecteur car le script émotionnel est davantage stéréotypé :

(20) L'auteure du coup de couteau, une femme de 37 ans. « On a eu beaucoup de chance dans cette affaire. Heureusement que les conséquences n'ont pas été dramatiques pour la victime. Mais il faut savoir que la lame du couteau s'est arrêtée tout près du foie ! » Une femme, folle de **jalousie**, a bien failli commettre l'irréparable un soir d'été. Parce qu'elle s'était imaginé qu'une jeune femme voulait lui « voler le père de ses trois enfants », elle est sortie de chez elle armée d'un couteau. Un couteau qu'elle est allée planter dans le corps de sa soi-disant rivale. (*Ouest-France* 2007)

Les différents actants se trouvant mentionnés dans le texte avant ou après *jalousie*, on ne retrouve pas une disposition figée et récurrente de leur place autour de la lexie pivot. Ainsi *jalousie* apparaît plutôt comme un élément adjuvant à la caractérisation des actants que comme un élément central autour duquel s'organise l'énoncé. Même si les deux lexies d'émotion ont en commun leur caractère textogène, dans la mesure où leur emploi dans un énoncé nécessite un discours explicatif et génère ainsi des chaînes anaphoriques abondantes, c'est un phénomène plus saillant pour *jalousie*.

5. Conclusion

Il apparaît que l'identification du profil discursif des noms d'émotion révèle la prévisibilité de leur environnement textuel. Dans le cadre de notre approche globale fonctionnelle, nous en proposons la modélisation suivante, modélisation créée pour les verbes et enrichie ici pour les noms :

16 *Cf.* Blumenthal (dans le présent volume) sur les positions « stratégiques » qu'occupent dans la phrase certains noms sémantiquement complexes, comme *envie* ou *dépit*, qui apparaissent souvent comme des cadratifs (*par envie* ou *par dépit*), comparées à celles qu'occupent d'autres noms moins complexes comme *colère* ou *joie*.

Profil discursif				
↓			↓	
Niveau phrastique			Niveau transphrastique	
↓	↓	↓	↓	↓
Profil syntaxique	Profil énonciatif	Profil lexical	Profil lexical	Profil textuel
↓	↓	↓	↓	↓
Structures actancielles & positions/fonctions	Discours direct & DD rapporté	Associations sémantiques	Réseaux isotopiques	Colligations textuelles

Figure 1: modélisation du profil discursif des lexies des émotions

L'analyse à deux niveaux, phrastique et transphrastique, et l'articulation des quatre composantes (syntaxique, lexicale, énonciative, textuelle) permettent d'envisager la dynamique discursive de la phrase au paragraphe, puis au texte, car « l'émotion, l'expression de l'engagement personnel dans le discours, ne sont pas des phénomènes discursifs limités, locaux, strictement assignables à un mot ou à un énoncé ; elles se diffusent sur tout un discours » (Plantin 2011, 75). *Stupeur* et *jalousie* ont bien une schématisation textuelle différente : celle de *stupeur* étant plus dépouillée, celle de *jalousie* plus riche. En effet, *stupeur* désigne une émotion ponctuelle, neutre, intensive ; la lexie se trouve souvent en emplois avalents, elle est ainsi simplement « nommée » à l'état pur ou dans le discours direct (DD). Elle engendre moins d'associations lexicales, se retrouve en position initiale dans la phrase ou le texte, ce qui génère plus d'attentes chez le lecteur. Elle a besoin de l'environnement textuel pour orienter sa polarité. Quant à *jalousie*, c'est une émotion moins ponctuelle, négative, moins intensive, dont les configurations actancielles et les associations lexicales sont plus riches, à cause de sa nature sémantique plus englobante. La lexie n'est pas « nommée ». Elle entre dans du DD rapporté, se retrouve au milieu du texte et crée moins d'attentes. Ainsi, le scénario que nos deux lexies engendrent dans la séquence textuelle est différent et tributaire de leurs propriétés sémantiques spécifiques.[17]

17 Sur le lien entre la complexité sémantique des noms d'affect, établie à partir de variables linguistiques, la « prégnance sémantique » et leur « portée textuelle », qui rejoint de près nos préoccupations dans cette étude, *cf.* Blumenthal, dans le présent volume.

Bibliographie

Blumenthal, Peter (2002). « Les péchés capitaux : profil combinatoire et dimension textuelle », *in* : Marek Kesik (ed.) : *Référence discursive dans les langues romanes et slaves*. Lublin : Wydawnictwo Uniwersytetu Marii Curie-Skłodowskiej, 29–45.

Fesenmeier, Ludwig (2010). « ‹ Se souvenir › en français et en italien : différence(s) de centrage », *in* : Maria Iliescu *et* al. (eds.) : *Actes du XXV*e *Congrès international de Linguistique et de Philologie romanes*, vol. III. Tübingen : Niemeyer, 85–96.

Greimas, Algirdas Julien/Fontanille, Jacques (1991). *Sémiotique des passions. Des états de choses aux états d'âme*. Paris : Seuil.

Gross, Maurice (1981). « Les bases empiriques de la notion de prédicat nominal », *Langages* 63, 7–53.

Hoey, Michael (2005). *Lexical priming. A New Theory of Words and Language*. London/New York : Routledge.

Mel'čuk, Igor *et al.* (1984–1999). *Dictionnaire explicatif et combinatoire du français contemporain. Recherches lexico-sémantiques*, t. I-IV, Montréal : PUM.

Novakova, Iva/Grossmann, Francis/Goossens, Vannina (2013). « Interactions entre profil discursif et structure actancielle : l'exemple des noms de *surprise* et de *respect* », *in* : Georgeta Cislaru/Fabienne Baider (eds.) : *Cartographie des émotions. Propositions linguistiques et sociolinguistiques*. Paris : Presses Sorbonne Nouvelle, 71–84.

Novakova, Iva/Sorba, Julie (2013). « *Stupéfier* et *jalouser* dans les séquences textuelles journalistiques : quel profil discursif pour quelle stratégie argumentative ? », *Le Discours et la Langue. Revue de linguistique française et d'analyse du discours* 4(1), 203–220.

Novakova, Iva/Tutin, Agnès (eds.) (2009). *Le lexique des émotions*. Grenoble : Ellug.

Plantin, Christian (2011). *Les bonnes raisons des émotions. Principes et méthode pour l'étude du discours émotionné*. Bern : Lang.

Rabatel, Alain (2012). « Positions, positionnements et postures de l'énonciateur », *TRANEL* 56, 23–42.

Rastier, François (2011). *La Mesure et le grain. Sémantique de corpus*. Paris : Champion.

Riegel, Martin/Pellat, Jean-Christophe/Rioul, René (1994). *Grammaire méthodique du français*. Paris : Presses Universitaires de France.

Van Valin, Robert D./LaPolla, Randy J. (1997). *Syntax : Structure, Meaning, Function*. Cambridge : Cambridge University Press.

Caractéristiques et effets de la complexité sémantique de noms d'affect

*Peter Blumenthal**

Abstract

This chapter, which is based on journalistic and literary corpora, aims to investigate the syntactic and textual effects of the semantic complexity of nouns. The underlying idea is to extend research on the syntax-semantics interface to text linguistics. I begin by discussing some morphosyntactic peculiarities characterizing the construction of semantically complex nouns at the microcontextual level (preference for certain types of prepositions, lack of complementation, etc.). I then turn to the sentence level, where a general tendency can be observed for complex nouns to occur in key positions – for example, in adverbials at the beginning of the sentence. Finally, I explore the role that complex nouns play in creating coherence and in conducting arguments at the macrocontextual level.

Résumé

Cette contribution, basée sur des corpus journalistiques et littéraires, a pour objectif d'étudier les effets syntaxiques et textuels de la complexité sémantique de noms d'affect. L'idée générale est d'étendre les recherches sur l'interface sémantique-syntaxe en direction de la linguistique textuelle. Au niveau du microcontexte, on relève d'abord quelques particularités morphosyntaxiques caractérisant la construction des noms complexes (préférence de certains types de préposition, absence de complémentation, etc.). Dans le cadre phrastique apparaît ensuite la tendance à accorder aux noms complexes des positions clés, par exemple dans le cadre de compléments circonstanciels en début de phrase. Enfin, on observe dans l'organisation du texte (macrocontexte), l'apport des noms complexes à la création de cohérence et à la conduite de l'argumentation.

1. Mots évoquant des tranches de vie : perspective contrastive

Quand nous essayons d'imaginer le contenu de certains noms d'affect, nous voyons comme des photographies instantanées d'objets en apparence simples (exemple : *joie*), alors que d'autres noms, plus complexes, semblent évoquer des séquences filmiques relatant une suite de scènes à plusieurs acteurs (*cf. jalousie*

---

* Université de Cologne.

ou son équivalent *Eifersucht* en allemand).[1] Les significations de nombreux mots nous livrent en effet des visions schématiques de tranches de vie[2] dont l'épaisseur et la longueur sont bien différentes. Sans aucune prétention d'exhaustivité, je discuterai par la suite des caractéristiques de noms d'affect complexes, choisis au hasard, afin d'asseoir une approche méthodologique (application des définitions[3] dictionnairiques aux corpus choisis)[4] et des concepts opératoires, tels que « portée textuelle » ou « prégnance sémantique ».

D'un point de vue contrastif, il est important de rappeler que, d'une langue à l'autre, le format et la nature linguistiques des tranches de vie en question ne sont pas forcément identiques. Ces divergences entre équivalents potentiels se reflètent dans les définitions dictionnairiques des langues concernées. Examinons, à titre d'exemple, le mot *rancune*, que le *Petit Robert* (Paris 2004) définit ainsi : « Souvenir tenace que l'on garde d'une offense, d'un préjudice, avec de l'hostilité et un désir de vengeance. » Le mot renvoie à au moins deux scènes : l'offense initiale et le désir de vengeance ; la permanence du souvenir conditionnant ce désir peut être vue comme une troisième composante. Le *PONS Großwörterbuch Französisch-Deutsch* (Stuttgart : Klett 1996) propose comme équivalents *Groll* et *Rachegelüste*. Ce dernier mot équivaut tout simplement au trait « désir de vengeance ». Le mot *Groll*, pour lequel le *Deutsches Universalwörterbuch* (Mannheim : Duden 1996) propose une définition exceptionnellement longue,[5] caractérise en fait un type particulier d''hostilité', mais sans impliquer ni 'offense' ni 'désir de vengeance'. Les mots allemands ne reflètent donc que des segments isolés de ce que signifie *rancune*. Dans ces conditions, il n'est pas étonnant que *Rankūne* existe en allemand en tant que mot emprunté au français. Ses synonymes (*Groll*, *heimliche Feindschaft*, *Rachsucht*) fournis par le *Das große Fremdwörterbuch* (Mannheim : Duden 2003) montrent encore une fois qu'aucun nom allemand ne recouvre entièrement la tranche de vie de *rancune*.

---

1 Hausmann (2005, 285) parle à ce propos de « mot-scénario » (exemple : *badaud*) ; *cf.* aussi Blumenthal 2006, chap. 3.2 et chap. 5.2 sur la notion de *frame*.

2 Au sens de « petite[s] séquence[s] de la vie d'un être caractérisée[s] par un événement particulier, anecdotique ou capital » (sous « Tranches de vie », dans Wikipédia [consulté le 6 février 2013]).

3 En partant de l'hypothèse, dont la pertinence reste à vérifier, que les définitions données par les dictionnaires permettent des conclusions sur la complexité sémantique des mots.

4 Provenant de *Frantext* et de Diwersy 2012 (corpus journalistique lemmatisé).

5 « [H]eimliche, eingewurzelte Feindschaft od. verborgener Hass, zurückgestauter Unwille, der durch innere oder äußere Widerstände gehindert ist, sich nach außen zu entladen ».

2. Le cas de *dépit* : dimension textuelle et fragmentation de la complexité

La structure définitoire du mot *dépit*, appartenant au même champ sémantique que *rancune*, est similaire. Selon le *Petit Robert*, *dépit* dénote un « chagrin mêlé de colère, dû à une déception personnelle, un froissement d'amour-propre ». Une déception initiale conduit donc à un état affectif complexe, qui comporte d'abord une composante passive (chagrin), ensuite une autre (colère), virtuellement tournée vers l'extérieur, donc active. De nouveau, aucun mot allemand n'appréhende intégralement cette tranche de vie. Le *PONS Großwörterbuch* propose comme équivalents : « *bittere Enttäuschung*, *Wut* und *Enttäuschung* ». Il est clair que le premier nom ne correspond qu'à la scène initiale évoquée par *dépit*.

Avant d'approfondir l'analyse sémantique de *dépit*, je voudrais faire ressortir la dimension textuelle de ce mot, effet de sa complexité. Nombreux sont les passages de notre corpus journalistique dans lesquels la condensation sémantique accomplie par *dépit* est mise au service de la structuration du texte.[6] Ainsi, *dépit* figure ci-dessous au titre de l'article :

(1) Par dépit, la lycéenne balafre sa rivale
Elle était amoureuse. Et sa meilleure copine de classe lui a « piqué » son petit copain. La jeune fille de 18 ans, scolarisée dans un lycée rennais, n'a pas supporté l'affront. Elle a boudé son amie pendant une dizaine de jours. Puis sa colère est montée crescendo. Mardi dernier, la jeune femme arrive au lycée, armée [...]. (*Ouest-France* 2008)

Ce fait divers contient la totalité des traits sémantiques mentionnés par le *Petit Robert* : 'froissement d'amour-propre' (« affront »), 'chagrin' (« n'a pas supporté »), 'colère' (dans le texte). Cette tranche de vie est même arrondie par un état que l'on pourrait qualifier de pré-initial (« elle était amoureuse »), et par une action finale résultant de la colère : l'attaque de la rivale. Voilà une belle illustration d'une réalisation intégrale du cycle de scènes représenté par *dépit* ![7]

Le problème de traduction soulevé par ce mot se complique par un phénomène typique de nombreux noms complexes : selon les contextes et par fragmentation

---

6 Eco (1979, chap. 1.4) va plus loin en concevant le texte comme une expansion d'un sémème ; ce dernier est vu sous ses aspects linguistiques et encyclopédiques (chap. 4.6), mais sans prise en compte systématique du problème de la complexité. Dans les termes de la rhétorique classique, il s'agit de l'amplification d'un topique ou lieu commun (*cf.* Amossy/Herschberg Pierrot 1997, 16 ; Lausberg 1990, 201–235).

7 Dirk Siepmann me signale que dans les mêmes contextes, on trouve souvent en allemand la collocation *aus verletzter Eitelkeit.*

de la complexité, il ne se dégage parfois qu'un seul des segments de la suite des scènes. C'est le cas de *dépit amoureux*, que le *Petit Robert* explique ainsi : « déception provoquée par la froideur qu'on croit découvrir chez la personne aimée ». Cet emploi met donc l'accent sur la première scène de la tranche, ce qui correspond à l'équivalent *Enttäuschung* mentionné ci-dessus. Ce n'est pas exactement ce sens-là que rend la traduction allemande de la pièce de Molière *Le Dépit amoureux*, à savoir *Liebesärger*, mot composé peu usuel. Mais *Ärger*, également complexe, constitue sans doute le moindre mal, même si la tranche de vie représentée[8] ne coïncide pas exactement avec celle de *dépit*. En effet, par sa composante sémantique faisant apparaître une certaine agressivité, *Ärger* ne semble pas centré sur la première scène qu'évoque *dépit amoureux*.

Un second exemple de la focalisation de *dépit* sur la première scène se trouve parfois dans le syntagme *de dépit* introduisant la mention d'une réaction (psycho-) physiologique :

(2) J'y pleurai tout mon saoul, **de dépit** plus encore que d'amour car, au vrai, l'accès de jalousie que j'éprouvais alors n'était que la confusion d'un orgueil humilié de tout point. (F. Chandernagor 1996, *Frantext*)

Par ailleurs, il convient de mentionner un autre emploi de *dépit*, entièrement grammaticalisé en français moderne. Il s'agit de la locution prépositionnelle *en dépit de*, que le *Petit Robert* rattache « au sens ancien de 'mépris' » dont le nom *dépit* était porteur. Par l'idée d''hostilité' et d''opposition' contenue dans *mépris*, le sens de *en dépit de* s'assimile à celui du dernier segment de la signification complexe de *dépit*, centré sur une confrontation. C'est également la fin du cycle qui se trouve focalisée dans l'exemple suivant, qui écarte explicitement tout renvoi à une véritable motivation et ne met en scène que la phase du dépit qui engendre un comportement violent :

(3) Depuis, il est dans une vraie spirale de délinquance : dix procédures en 2006 et déjà quatre pour le premier mois de 2007, s'inquiète la procureure qui demande 14 mois de prison ferme et le maintien en détention. « Il est dans un état dépressif, il vole **par dépit**, sans mobile », plaide Me Besnard-Joyaux. (*Ouest-France* 2007)

8 Définition dans le *Deutsches Universalwörterbuch* : « bewusstes, von starker Unlust u. [aggressiver] innerer Auflehnung geprägtes [erregtes] Erleben [vermeintlicher] persönlicher Beeinträchtigung, insbesondere dadurch, dass etw. nicht ungeschehen zu machen, zu ändern ist ».

Le lecteur aura remarqué qu'il ne semble pas possible d'établir des liens univoques entre la nature de la préposition précédant immédiatement *dépit*, et l'étendue de la tranche de vie évoquée. L'on relèvera tout au plus des tendances, qui n'excluent pas l'existence de contre-exemples (*cf.* (3)). Si *par dépit* implique souvent le cycle complet, allant de la déception initiale jusqu'à l'action motivée par la colère, *avec dépit*, qui accompagne dans les corpus journalistique et littéraire souvent un verbe de déclaration (*dit-il avec dépit*), se limite en général à l'évocation de la déception, peut-être aussi de l'impatience, mais sans véhiculer pour autant l'idée de 'colère', laquelle impliquerait la mise en cause d'une tierce personne ; *cf.* :

(4) Les commerçants et saisonniers de la côte Atlantique constatent **avec dépit** l'arrivée tardive du soleil. (*Sud Ouest* 2007)

Quant à *de dépit*, il est nécessaire d'en distinguer l'emploi en tant que complément du verbe –postposé à celui-ci et ne dénotant que la première scène (*cf.* (2)) – de l'emploi en position initiale (*cf.* (5)), qui exprime une motivation pouvant impliquer le cycle complet :

(5) **De dépit**, il avait claqué très, très fort la porte de la salle des fêtes de Villeton sitôt connu le vote de la Communauté de communes de Val de Garonne. (*Sud Ouest* 2008)

Dans cette citation, l'on trouve à la fois la manifestation de colère (claquement de porte) et la déception précédente (résultat du vote).

Les exemples discutés ci-dessus nous ont montré que la représentation d'une tranche de vie par un mot sémantiquement complexe constitue un continuum, où les différents contextes peuvent faire ressortir telle scène particulière, aux dépens des autres, dont la prise en compte par l'auditeur reste virtuelle. En termes gestaltistes (*cf.* Fitzek/Salber 1996, 97), l'on dira que les changements de la signification dus à ces éclairages contextuels différents s'assimilent aux choix de l'auditeur entre ce qu'il perçoit comme la « figure » ou le « fond ». Cette situation est à distinguer de la polysémie « classique » (*cf.*, *infra*, 5.).

Les observations faites sur quelques emplois de *dépit* et leurs contextes nous permettent à présent d'introduire un nouveau concept, que l'on pourrait nommer « portée textuelle » d'un mot. Il s'agit de l'impact qu'a concrètement, dans un texte donné, ou que peut avoir habituellement l'acception d'un mot (= « lexie structurante ») sur l'organisation de son voisinage textuel. Ainsi, nous avons vu qu'un mot complexe comme *dépit* est susceptible, dans certains cas, de structurer sémantiquement plusieurs propositions autour de lui (*cf.* (1)). Mais ce mot peut aussi se présenter avec un seul segment de sa signification et avoir alors une portée textuelle plus réduite (*cf.* (4)). Cette dernière se manifeste par l'apparition de certains mots dans le voisinage, lesquels peuvent être identiques ou synonymes aux éléments de la définition de la lexie structurante. L'exemple de *dépit* a mis en relief des relations entre le microcontexte de la lexie structurante (par exemple le type de préposition utilisée) et la largeur de la portée, relevant du macrocontexte. En l'occurrence, *par dépit*, circonstant en principe causal, tend à avoir une portée plus large que *avec dépit*, circonstant de manière.

Afin d'élargir l'intérêt de cette observation, il est nécessaire de prendre en compte les dimensions distributionnelle et statistique de notre problématique. Il existe en effet des affinités combinatoires nettes entre certains noms d'affect et certaines prépositions, comme l'illustrent les exemples suivants. Si *dépit* s'utilise couramment, du moins dans le langage de la presse, en combinaison avec *par*, *colère* se présente souvent dans toutes sortes de corpus dans le syntagme prépositionnel *en colère*, la plupart du temps avec les fonctions syntaxiques d'attribut (*il est en colère*) ou de complément déterminatif (*les femmes en colère*). En revanche, *par colère* ou *par la colère*[9] sont particulièrement rares, fait d'autant plus étonnant que *colère* figure régulièrement dans les définitions dictionnairiques de *dépit*. De par ses préférences combinatoires, *colère*, mot peu complexe (*cf.*, ci-dessous, 3.), ne tire donc guère profit d'un patron grammatical qui, entre autres, sert à articuler une explication et qui garantit normalement une grande portée textuelle. Cette brève comparaison entre *dépit* et *colère* semble conforter l'hypothèse que chaque nom d'affect possède une portée textuelle et un potentiel de structuration du cotexte qui lui sont propres.

3. Types de figement et saturation du nom

Afin d'affiner notre description de la combinatoire, de la fonction syntaxique et de la portée textuelle des lexies structurantes, il est nécessaire de procéder maintenant à un examen systématique de la construction de ces dernières au sein du texte. Dans les emplois où ces lexies apparaissent au sein de syntagmes prépositionnels, lesquels assument souvent la fonction de compléments circonstanciels, deux phénomènes émergent : d'une part, l'on observe une combinaison préférentielle de certains noms avec une préposition déterminée (*cf.*, ci-dessus, 2.) ; d'autre part, les prépositions forment souvent avec les noms qu'elles accompagnent des unités figées, réfractaires à l'intercalation de l'article ou au rajout d'une qualification quelconque (*cf.* **Par un dépit bien compréhensible, la lycéenne balafre sa rivale*). La combinaison de ces deux phénomènes (combinatoire stéréotypée et figement)

9 Sauf au passif : *porté/aveuglé par la colère*.

correspond, sur le plan formel, aux caractéristiques d'une collocation, et sur le plan du contenu, à un choix d'ordre cognitif fait dans la communauté linguistique ou à l'intérieur d'un genre de textes. En effet, le statut figé de combinaisons relativement fréquentes, comme *en colère* et *par jalousie*, montre que 'colère' est catégorisé comme étant essentiellement un (certain type d')état caractérisant la situation d'une personne, alors que 'jalousie' semble contenir un faisceau de traits sémantiques apte à motiver une action hostile. Ces attributions stéréotypées de catégories à des noms d'affect reposent partiellement sur les clichés en cours dans une société, donc sur les idées que se fait celle-ci sur l'ordre des choses ou la plausibilité des comportements. Cependant, il existe aussi des critères linguistiques qui permettent d'assigner à des combinaisons « préposition + nom d'affect » le statut de collocations. Prenons l'exemple du nom *désir*, qui figure dans les définitions de plusieurs mots traités ici. Si la fonction du complément circonstanciel *par désir* diffère de celles de *par dépit* ou *par jalousie*, c'est parce que les représentations évoquées par *désir* ne permettent pas à l'auditeur de concevoir des schémas de comportement plausible conduisant d'un désir vers une action motivée par celui-ci. Sur un plan plus strictement sémantique, l'on dira alors que *désir* n'est pas suffisamment saturé pour admettre l'emploi d'un syntagme aussi rudimentaire que *par désir*. D'où deux stratégies pour exprimer une motivation à l'aide de *désir* : il faut soit ajouter une précision à droite, sorte de complexification syntagmatique (*Elle aurait agi «* par désir *de maternité », Sud Ouest* 2007), soit utiliser une construction passive, qui entraîne l'emploi de l'article devant *désir* :

(6) Un soir, peu de temps avant d'entrer à la congrégation Notre-Dame de Sion, n'était-elle pas sortie dans les rues de Bruxelles, rongée **par** le **désir**, en se disant « il me faut un homme » ? (*Le Monde* 2008)

Dans ce dernier cas, la spécialisation du sens, qui gagne en complexité sémantique ('désir sexuel'), suffit pour susciter un schéma interprétatif. Mais bien que *désir* exprime dans les deux dernières citations une motivation, la formulation ne correspond pas aux critères de la collocation. L'on peut en conclure que, dans la vision de la vie psychique propre à la langue française, la vocation motivante de *désir*, nom peu complexe, ne s'impose pas.

4. Combinatoire prépositionnelle d'un nom polysémique : le cas d'*envie*

La problématique du nom *envie*, tributaire de sa forte polysémie, est différente de celle de *dépit* étudiée plus haut, les différents sens ne se concevant pas comme des segments sur un continuum, mais comme une pluralité de lexies liées globalement par une ressemblance de famille. Certains des types d'emploi se signalent par une grande complexité, d'autres paraissent plus simples. La première acception mentionnée par le *Petit Robert*, se rattachant directement au sens de l'étymon *invidia*, unit le désir à la haine et présuppose un schéma actanciel comportant au moins deux personnes et un bien, objet du désir : « Sentiment de désir mêlé d'irritation et de haine qui anime qqn contre la personne qui possède un bien qu'il n'a pas. » Toutes les autres acceptions sont, à divers degrés, moins complexes, mais en général plus fréquentes dans la majorité des corpus (exemple : *avoir envie de faire*). Les dictionnaires les enregistrent la plupart du temps comme des acceptions à part entière. Cela n'est toutefois pas le cas pour un nouveau sens de *envie* ('enthousiasme', 'pugnacité'), non encore découvert par les grands dictionnaires, et que nous avons relevé surtout dans la rubrique sportive des journaux du Sud-Ouest de la France ; exemple :

(7) Les Gujanais vont devoir jouer comme dimanche dernier **avec envie**, imagination et dynamisme. (*Sud Ouest* 2008)

Tout familier de la région reconnaît facilement les mots d'origine occitane *le gnac/ la gnaque* (*cf.* Rézeau 2001, sous GNAC) derrière cet emploi. *Envie* désigne ici, à l'instar de *gnac*, une manière d'être ou de faire, donc une qualité – sens décidément moins complexe que celui correspondant à *invidia* et réduit par là-même à une faible portée textuelle, malgré les chaudes valeurs stylistiques et associatives qu'il véhicule sans doute pour les aficionados du foot et du rugby dans la vallée de la Garonne.

À l'inverse, *envie* 'désir/haine' possède la faculté de structurer une suite de plusieurs phrases, notamment lorsque cette lexie est régie par sa préposition attitrée *par*. La fréquence de cette dernière construction dépend fortement du type de texte. Dans la base *Frantext* (XXe siècle), on la trouve surtout dans le *Dictionnaire de théologie catholique* (1920), où elle reflète la vision traditionnelle qu'a l'Église de l'*invidia*, péché capital ; exemple :

(8) Par suite, il [Satan] impute à Dieu lui-même, et pas à sa volonté propre, la faute de son apostasie. C'est donc **par envie** que, selon saint Irénée, Satan a fait pécher l'homme. Toutefois l'objet de sa jalousie n'a pas été le pouvoir que Dieu avait donné à Adam sur la terre, mais l'amour que le verbe manifestait à l'humanité, en voulant la sauver. Sa jalousie a donc précédé la tentation de l'homme ; elle est la cause de sa propre apostasie, mais aussi celle de l'apostasie d'Adam, puisque la séduction de l'homme a suivi l'apostasie de Satan.

Cette longue citation met en œuvre toutes les composantes de l'acception la plus complexe de *envie* : l'objet du désir (l'amour), la haine du jaloux (Satan) qui conduit celui-ci à l'apostasie ; le tout est balisé de connecteurs rendant compte de la portée textuelle de *envie*, dont le sens structure ce qui est conçu comme une argumentation (*donc*, *toutefois*, *donc*, *est la cause*, *mais aussi*, *puisque*). La complexité du mot va de pair avec une forte saturation, un emploi figé et une grande capacité de structuration.

5. De la complexité à la prégnance sémantique

Le point de départ de la présente contribution était l'hypothèse qu'au niveau de la *langue*, les mots et chacune de leurs acceptions assument un certain degré de complexité sémantique. Il s'agissait de montrer qu'au niveau de la *parole*, l'actualisation de cette complexité peut varier en fonction des contextes et de la combinatoire des mots-pivots. C'est dans ce cadre qu'ont été examinées en particulier les questions suivantes :

1) Quelles combinaisons entre prépositions et noms sont en principe possibles ?
2) L'usage crée-t-il des affinités particulières (« électives ») entre telle préposition et telle lexie ?
3) Que nous montrent les prépositions préférentielles d'un nom sur sa catégorisation fonctionnelle (le syntagme exprime-t-il une cause, une manière, un état, etc.) ?
4) Quel est le degré de complexité sémantique de la lexie (ou de son sens contextuel) ?
5) Quel rapport existe-t-il entre, d'une part, le degré de saturation de la lexie nominale et, d'autre part, la forme du syntagme prépositionnel ?
6) Quels sont les degrés de figement des différents syntagmes prépositionnels ?
7) Quelles sont les fonctions syntaxiques et les portées textuelles de ces syntagmes prépositionnels ?

C'est sur la base de ces variables, et surtout des quatre dernières, représentant des grandeurs scalaires, que je tenterai de mettre en place la notion de « prégnance sémantique »[10] d'un mot ou d'un syntagme. Le choix terminologique s'inspire évidemment de la psychologie gestaltiste.[11] Cette prégnance[12] s'avère forte lorsque

10 Cas spécial de la « Effizienz sprachlicher Kommunikation » traitée par Roelke 2007.

11 Les fondements gestaltistes d'une théorie de la sémantique lexicale ont été discutés par Cadiot/Visetti 2001, chap. II ; *cf.* Blumenthal-Dramé 2012, 73–85.

12 *Cf.* la discussion de la notion de prégnance dans Lalande 1972, 814. Le *Petit Robert* (sous PRÉGNANCE) cite la définition suivante : « Force, et par suite stabilité et fréquence

plusieurs conditions sont remplies : saturation et complexité sémantique (deux principes d'économie), figement et grande portée textuelle. C'est la situation du syntagme *par envie* (comme dans (8)), qui peut adopter la fonction de circonstant « cadratif » ou « scénique », structure appelée à occuper une position stratégique dans le texte. Dans cet esprit, la notion de 'prégnance' caractérise l'apport sémantique et textuel d'un syntagme :

- bref par la saturation du nom,
- riche en informations condensées[13] par sa complexité sémantique,
- fortement structurant par l'évocation de schématismes comportementaux,
- stéréotypé[14] et fréquent en tant qu'unité figée.

L'absence ou la diminution de certaines de ces qualités conduit à une prégnance plus faible, que l'on pourrait illustrer par de nombreux syntagmes contenant d'autres acceptions de *envie*. Ainsi, il est évident que (*jouer*) *avec envie* dans (7), simple complément de manière peu structurant, « rallongé » d'ailleurs par deux parasynonymes, détient moins de prégnance que *par envie* dans (8).

6. Hypothèses finales

Vu la base empirique extrêmement restreinte de la présente contribution, les conclusions, toutes provisoires, ne sauraient représenter que des hypothèses dont la validation nécessite des recherches bien plus fouillées. Ces hypothèses concernent : a) le microcontexte (grammatical et lexical) des noms d'affect complexes ; b) leurs fonctions syntaxiques dans la phrase ; c) leur capacité à structurer le macrocontexte.

---

d'une organisation psychologique privilégiée, parmi toutes celles qui sont possibles » (P. Guillaume). Luccio (1999, 124–126 et 144) énumère quelques facteurs de la prégnance qui se dégagent des textes classiques du gestaltisme sur notre perception de phénomènes visuels. D'une part, il s'agit, entre autres, de « complexity » (paraphrasé par « structural richness »), de « richness of expression » et de « fullness of meaning » ; de l'autre, de « economy and simplicity ». C'est bien ce double aspect de la densité informationnelle et du caractère économique de l'expression qui caractérise aussi la prégnance au sens linguistique proposé ici – sens correspondant par ailleurs à celui de *Prägnanz* en allemand, qui a probablement inspiré les fondateurs de la *Gestalttheorie*.

13 Aspect essentiel des syntagmes prégnants selon Mazaleyrat/Molinié 1989, 272.

14 Le lien entre stéréotypie et prégnance est mis en relief par Dufays 1994, 29–35.

a) Sémantiquement saturés, ces noms se passent plus facilement de compléments déterminatifs que les noms « simples » ; représentant des « tranches de vie », ils sélectionnent de préférence des prépositions correspondant à leur poids sémantique (exemple : « *par* + nom » plutôt que « *avec* + nom »).
b) En raison de ce poids, les syntagmes contenant des noms complexes semblent avoir tendance à occuper des fonctions stratégiques dans la phrase, par exemple celle de circonstant à fonction scénique (*par jalousie*, etc.) ;
c) Au niveau du texte, ces noms peuvent donner lieu à une forte prévisibilité,[15] facteur de cohérence.

Sur le plan formel, le rôle clé des noms complexes dans la phrase et dans le texte semble souvent être consacré par leur emploi dans des constructions figées, en général brèves et fréquentes, vecteurs de « prégnance sémantique » et, par conséquent, d'économie linguistique.

En résumé, la notion de « complexité sémantique », même en dehors des noms d'affect ciblés dans notre projet EMOLEX, ne manque pas d'intérêt pour tous ceux qui désirent étendre les recherches de l'interface sémantique-syntaxe à l'analyse textuelle.

Bibliographie

Amossy, Ruth/Herschberg Pierrot, Anne (1997). *Stéréotypes et clichés*. Paris : Nathan.

Blumenthal, Peter (2006). *Wortprofil im Französischen*. Tübingen : Niemeyer.

Blumenthal-Dramé, Alice (2012). *Entrenchment in Usage-Based Theories: What Corpus Data Do and Do not Reveal about the Mind.* Berlin/New York : de Gruyter.

Cadiot, Pierre/Visetti, Yves-Marie (2001). *Pour une théorie des formes sémantiques. Motifs, profils, thèmes.* Paris : Presses Universitaires de France.

Diwersy, Sascha (2012). *Kölner Romanistische Korpusdatenbank.* Köln : Romanisches Seminar der Universität zu Köln.

Dufays, Jean-Louis (1994). *Stéréotype et lecture.* Liège : Mardaga.

Eco, Umberto (1979). *Lector in fabula. Le rôle du lecteur ou la coopération interprétative dans les textes narratifs. Paris :* Grasset.

Fitzek, Herbert/Salber, Wilhelm (1996). *Gestaltpsychologie. Geschichte und Praxis*. Darmstadt : Wissenschaftliche Buchgesellschaft.

15 La problématique de la prévisibilité textuelle a déjà fait l'objet de nombreuses analyses littéraires, portant en général sur l'idée de vraisemblance (*cf.* Genette 1979).

Frantext : http://www.frantext.fr/.

Genette, Gérard (1979). « *Vraisemblance* et motivation », *Figures* II, 71–99. Paris : Seuil.

Hausmann, Franz Josef (2005). « Isotopie, scénario, collocation et exemple lexicographique », *in* : Michaela Heinz (ed.) : *L'exemple lexicographique dans les dictionnaires français contemporains*. Tübingen : Niemeyer, 283–292.

Lalande, André (1972). *Vocabulaire technique et critique de la philosophie*. Paris : Presses Universitaires de France.

Lausberg, Heinrich (1990). *Handbuch der literarischen Rhetorik*. Stuttgart : Steiner.

Luccio, Ricardo (1999). « On Prägnanz », *in* : Liliana Albertazzi (ed.) : *Shapes of Forms. From Gestalt Psychology and Phenomenology to Ontology and Mathematics*. Dordrecht/Boston/London : Kluwer, 123–148.

Mazaleyrat, Jean/Molinié, Georges (1989). *Vocabulaire de la stylistique*. Paris : PUF.

Rézeau, Pierre (ed.) (2001). *Dictionnaire des régionalismes de France : géographie et histoire d'un patrimoine linguistique*. Bruxelles : de Boeck/Duculot.

Roelke, Thorsten (2007). « Effizienz sprachlicher Kommunikation », *in* : Jochen A. Bär *et al.* (eds.) : *Sprachliche Kürze. Konzeptuelle, strukturelle und pragmatische Ansätze*. Berlin/New York : de Gruyter, 7–26.

Surprise vs *étonnement* : comportement discursif et perspectives contrastives***

Beate Kern & Anke Grutschus***

Abstract

This chapter analyzes six nouns belonging to the semantic field of surprise (*surprise* and *étonnement* in French, *Überraschung* and *Erstaunen* in German, *sorpresa* and *asombro* in Spanish) in terms of their behaviour in discourse. Quantitative observations on determiners, negation and the syntactic functions of the lexemes will be supplemented by qualitative analyses of extended corpus extracts with a view to identifying stereotypical co(n)texts specific to the lexemes in question. The analysis is both intralingual and interlingual. The intralingual comparison reveals the specific discursive effects of the different interrelated meanings of the polysemic lexeme *surprise* and characterizes *étonnement* with regard to the indirect triggering of the denoted emotion. The interlingual analysis seeks to show the difference in the prominence that the languages under investigation attribute to the senses 'affect' and 'event' of *surprise* and its equivalents.

Résumé

Dans le cadre de la présente contribution, six noms du champ sémantique de la surprise (*surprise* et *étonnement* pour le français, *Überraschung* et *Erstaunen* pour l'allemand, ainsi que *sorpresa* et *asombro* pour l'espagnol) seront analysés dans le but d'étudier leur comportement au niveau discursif. Des observations de nature quantitative, incluant l'étude de la détermination, la négation ainsi que la fonction syntaxique des lexies, sont complétées par des analyses qualitatives d'extraits de corpus plus larges visant à isoler des co(n)textes stéréotypés au sein desquels les lexies sont employées. L'étude se décline sur deux axes : d'un côté, sur l'axe intralinguistique, la comparaison fera ressortir l'impact de la polysémie de *surprise* au niveau discursif ainsi que l'influence du caractère indirect du déclenchement de l'affect sur l'emploi d'*étonnement*. De l'autre, sur l'axe interlinguistique, l'analyse révélera la hiérarchisation différente qu'opèrent les langues étudiées concernant les acceptions 'affect' et 'événement' de *surprise* et de ses équivalents.

1. Introduction

La présente contribution se propose d'étudier un champ sémantique jusqu'ici quelque peu délaissé par la linguistique de l'affectivité, à savoir celui de

* Université d'Osnabrück.

** Université de Cologne.

*** Ce travail s'inscrit dans le cadre du projet franco-allemand DFG-ANR Emolex, « Le lexique des émotions dans cinq langues européennes : sémantique, syntaxe et dimension discursive » (ANR-09-FASH 017). Site du projet : www.emolex.eu.

la 'surprise'.[1] Alors que le faible nombre de recherches existantes se sont concentrées sur le niveau lexical (*cf.* p. ex. : Goddard 1997 ; Lewandowska-Tomaszczyk/Wilson 2010), nous souhaitons nous focaliser sur un aspect linguistique encore relativement peu traité, à savoir le rôle discursif des noms de 'surprise' et leurs tâches dans la structuration d'un texte.

Pour ce faire, nous avons étudié six noms du champ lexical de 'surprise' dans trois langues (section 2.), pour lesquels nous proposerons tout d'abord une analyse quantitative de la combinatoire lexicale au niveau phrastique (section 3.). Ces observations seront complétées par des analyses qualitatives de leur environnement transphrastique dans le but de dégager les co(n)textes stéréotypés dans lesquels les lexies se trouvent employées. Notre contribution s'articule d'un côté sur un axe intralinguistique, dans lequel nous comparerons l'emploi discursif de deux noms de 'surprise' français (4.1), et, de l'autre, sur un axe interlinguistique, dans lequel nous effectuerons une comparaison des lexies françaises et de leurs équivalents espagnols et allemands (4.2).

2. Méthodologie

Notre choix s'est porté sur les lexies suivantes : *surprise* et *étonnement* (fr.), *Überraschung* et *Erstaunen* (all.), ainsi que *sorpresa* et *asombro* (esp.). Nous disposons ainsi d'une paire de lexies par langue, chacune étant formée de quasi-synonymes d'une fréquence comparable. L'emploi des pivots en question sera étudié sur la base des corpus comparables rassemblés dans le cadre du projet EMOLEX, constitués d'un volet journalistique, comportant journaux nationaux et régionaux (p. ex. : *Le Monde* 2008, *Libération* 2007 ou *Ouest-France* 2007–2008, pour le corpus français), ainsi que d'un volet littéraire composé de romans parus après 1950. La taille des corpus se situe entre 130 millions (corpus français et allemand) et 150 millions de *token* (corpus espagnol), et la part des textes littéraires évolue entre 15 millions (corpus français et allemand) et 30 millions de *token* (corpus espagnol). Les données du corpus ont été lemmatisées et annotées syntaxiquement à l'aide de Connexor (pour le français et pour l'allemand) et de Xip (pour l'espagnol). Les corpus ont été interrogés via l'interface EmoConc (*cf.* Diwersy/Kraif 2013).

Afin d'analyser l'emploi des lexies au niveau de la phrase, nous avons étudié 200 occurrences de chaque pivot, dont la moitié provenait respectivement des parties littéraire et journalistique du corpus. Pour chaque occurrence, nous avons

---

1 Mais *cf.* les contributions de Celle/Lansari, Valetopoulos et Novakova/Sorba dans le présent volume.

relevé la fonction syntaxique du pivot ainsi que son actualisation, comprenant les déterminants et la négation. Pour l'analyse du comportement transphrastique, nous avons pris en compte cinq phrases en amont et en aval du pivot pour 100 occurrences de chaque lexie, provenant à nouveau à parts égales du corpus journalistique et littéraire. Nous avons procédé à une analyse qualitative de ces extraits plus larges dans le but de relever des « co(n)textes stéréotypés ».

3. Observations

Nous allons ici décrire brièvement les résultats de nos analyses quantitatives avant d'en proposer une interprétation plus approfondie dans la section suivante.

Dans un premier temps, nous avons étudié les fonctions syntaxiques[2] des lexies étudiées ; le tableau 1 en donne une vision synthétique :

	surprise/Überraschung/sorpresa	**étonnement/Erstaunen/asombro**
français	1. syntagme prépositionnel 2. objet (direct/prépositionnel) 3. attribut	1. objet (direct/prépositionnel) 2. syntagme prépositionnel 3. complément de nom
allemand	1. objet (accusatif/prépositionnel) 2. attribut 3. syntagme prépositionnel	1. syntagme prépositionnel 2. objet (accusatif/datif/prépositionnel) 3. sujet
espagnol	1. syntagme prépositionnel 2. objet (direct/prépositionnel) 3. sujet	1. syntagme prépositionnel 2. objet (direct/prépositionnel) 3. complément de nom

Tableau 1: les trois fonctions syntaxiques les plus fréquentes par pivot (200 occ./pivot)

Deux tendances se dégagent de ces premiers résultats. Au niveau intralinguistique, on remarque des différences entre les noms de 'surprise' et les noms d''étonnement' : la fonction de complément de nom n'est très fréquente que parmi les noms d''étonnement' alors que la fonction d'attribut, pour sa part, n'est très fréquente que parmi les noms de 'surprise'. Au niveau interlinguistique, on observe des différences entre le français et l'allemand d'un côté, et l'espagnol de l'autre, dans la mesure où seuls *surprise* et *Überraschung* s'emploient majoritairement en fonction d'attribut :[3]

2 Ont été prises en compte les fonctions suivantes : attribut, complément d'agent, complément de nom, construction en *il y a*, construction participiale, emploi holophrastique, nom composé, objet (direct/prépositionnel/casuel), sujet et syntagme prépositionnel (adverbial/adverbial de phrase).

3 L'acception majoritairement réalisée dans les constructions attributives correspond à la lecture « événementielle » – pour une analyse plus détaillée de la polysémie des noms de SURPRISE, *cf.* section 4.1.

(1) Venant de sa part, ce n'est pas une surprise. (*Le Figaro* 2008)
(2) Eine Überraschung also wäre es, wenn es nach der Premiere Freitagnacht ruhig bliebe im Festspielhaus. (*Hamburger Abendblatt* 2008)

D'un autre côté, le français et l'espagnol se différencient de l'allemand par le fait que seuls *étonnement* et *asombro* sont majoritairement employés en fonction de complément de nom (par exemple : *aspecto/mirada/gesto de asombro, cri/expression/signe d'étonnement*).

En second lieu, nous avons étudié la détermination des pivots en question ; le tableau 2 regroupe les résultats des analyses :

	article défini	**article indéfini / zéro**	**sans article**	**article possessif**
surprise	25	22	40	11
étonnement	26	7	37	26
Überraschung	34	82	27	24
Erstaunen	43	5	99	45
sorpresa	40	34	82	28
asombro	46	5	109	37

Tableau 2: détermination des pivots (200 occ./pivot)

Ici, la distribution de l'article possessif mérite une attention particulière car elle permet d'opposer les noms de 'surprise' aux noms d''étonnement', dans la mesure où ces derniers sont beaucoup plus souvent précédés d'un article possessif. Cette opposition est cependant moins nette pour l'espagnol.

Finalement, nous avons étudié l'impact de la négation ; le tableau 3 offre une vision synthétique des occurrences de *surprise*, *étonnement*, etc., apparaissant en contexte négatif :

	négations
surprise	20
étonnement	5
Überraschung	26
Erstaunen	10
sorpresa	24
asombro	5

Tableau 3: nombre de contextes négatifs (200 occ./pivot)

Nous pouvons, pour ce point, observer une tendance très nette au niveau intralinguistique : les noms de 'surprise' se différencient des noms d''étonnement' dans le sens où les premiers apparaissent beaucoup plus souvent en contexte négatif.

4. Analyse discursive

4.1 Niveau intralinguistique

Pour expliquer les différences observées entre *surprise* et *étonnement* au niveau discursif, il faut prendre en compte la polysémie de *surprise*. Cette lexie possède deux acceptions pertinentes pour notre analyse : une acception affective et une acception événementielle,[4] reliées entre elles par une métonymie « *cause-effet* ».[5]

Dans nos corpus, les deux acceptions se manifestent assez nettement avec une répartition 40/60 en faveur de l'acception 'événement'. Pour *étonnement*, une telle variation polysémique n'a pas été constatée, la lexie ne partageant avec *surprise* que l'acception affective illustrée dans les deux exemples suivants :

(3) Tout se passa si vite que nul n'eut le temps de réagir. **Raoul ouvrit grand les yeux de surprise** puis, comprenant qu'il venait de se faire assassiner, **il sourit** [...]. (B. Werber, *Les Thanatonautes*, 1994)

(4) Les Chevaliers **s'avancèrent** dans la grande place au milieu du village [...]. **En proie à l'étonnement le plus total**, Wellan **s'immobilisa** devant une vingtaine de dragons morts [...]. (A. Robillard, *Les dragons de l'empereur noir*, 2003)

Les exemples illustrent certaines caractéristiques communes de « *surprise-affect* » et de « *étonnement-affect* », à savoir la mention d'une réaction physique dans le cotexte (telle que *cri/rire/se figer de...*) ainsi que l'apparition soit d'un verbe au passé composé ou au passé simple à proximité (affect comme étape de l'action), soit d'un syntagme prépositionnel intégrant un pronom possessif qui se réfère à l'expérienceur (affect comme information supplémentaire à l'action).

L'acception événementielle, spécifique à *surprise*, est illustrée dans les deux exemples suivants :

(5) Hüfner **crée la surprise**. Luge. L'Allemande Tatjana Hüfner a remporté son premier titre de championne du monde de luge monoplace [...]. (*Libération* 2007)

---

4 *Cf.* les entrées respectives du *TLF*i et du *PR*, qui distinguent ces acceptions au moyen de sous-entrées indépendantes (TLF*i* : s. v. *surprise* IA3 et IIA1 ; *PR* : s. v. *surprise* 3 et 4).

5 Pour une analyse détaillée de la polysémie des noms d'affect, et en particulier de la relation *affect-source*, *cf.* Goossens (2011, 99–104 et 206–214).

(6) Un majordome leur distribue un carton répertoriant le programme : de la nourriture, des discours, **des surprises**. (B. Werber, *L'ultime secret*, 2003)

Cette acception se caractérise par la combinaison récurrente avec des verbes de causation (*créer, causer, provoquer*) sans qu'un expérienceur ne soit mentionné, et par la possibilité d'un emploi au pluriel, qui est quasi inexistant pour l'acception affective.

Concernant l'acception événementielle de *surprise*, notre analyse a révélé une fonction discursive, voire argumentative, spécifique : fréquemment, *surprise* n'est pas employé pour référer directement à un événement mais plutôt comme attribut pour catégoriser un événement donné comme surprise ou non-surprise. Le locuteur parvient, par ce procédé rhétorique, soit à donner plus de poids à des points importants de son argumentation ou à des aspects généralement remarquables (ex. 7), soit à signaler des évolutions prévisibles afin de se montrer particulièrement bien informé et de revaloriser ainsi ses affirmations (ex. 8).

(7) « Cette fois, le mouvement de l'électorat vers la gauche est évident », note Noëlle Tireau. « Le PS se maintient mais Pierre Méhaignerie perd un siège et **ça, c'est une surprise** et un signe fort pour l'avenir que nous devons préparer dès demain dans la perspective de l'élection qui aura lieu dans six ans. » (*Ouest-France* 2008)

(8) Ce mouvement de consolidation [des deux grandes compagnies aériennes américaines *Continental Airlines* et *United Airlines*] **n'est pas une surprise** : dans une récente étude, Standard & Poor's, l'agence de notation financière, explique que la « consolidation a longtemps été présentée comme un moyen d'améliorer la santé du secteur aérien aux États-Unis ». (*Le Monde* 2008)

Outre la structure *(négation +) copule + surprise* observable dans les deux exemples, la catégorisation peut également adopter la forme *Surprise* : [*phrase décrivant le fait surprenant*] dans le cas positif ou apparaître comme un simple syntagme prépositionnel (*sans surprise*) dans le cas négatif. Cette catégorisation comme surprise se combine d'ailleurs souvent avec un jugement polaire (*bonne/ mauvaise surprise*).

La polysémie de *surprise* et ses effets au niveau discursif peuvent donc expliquer une partie des divergences entre les lexies *étonnement* et *surprise* observées dans la section précédente. Comme l'acception 'événement' domine pour *surprise*,[6] l'expérienceur est rarement mentionné explicitement ; en même temps,

6 Les acceptions de *surprise* ne se répartissent pas de manière égale entre les différentes parties du corpus. L'acception événementielle est majoritaire dans la partie journalistique (environ 80% des occurrences de *surprise*), alors que la partie littéraire semble privilégier l'acception affective (environ 60% des occurrences de *surprise*).

la fonction de catégorisation est assez importante – elle concerne presque 40% des occurrences événementielles. Ces facteurs favorisent l'utilisation de l'article défini et expliquent le grand nombre de négations, ainsi que la récurrence de la fonction d'attribut. En revanche, *étonnement* se concentre sur l'acception 'affect' avec une focalisation sur l'expérienceur, souvent exprimé à l'aide de l'article possessif, et/ou sur une description récurrente des réactions de ce dernier avec *étonnement* en complément de nom (p. ex. *cri d'étonnement*).

Après cette analyse des particularités polysémiques de *surprise*, nous allons nous attacher à mettre en évidence d'autres convergences et divergences entre *surprise* et *étonnement* par une analyse encore plus approfondie de leurs co(n)-textes stéréotypés, qui renvoient d'une part aux éléments linguistiques récurrents dans l'environnement discursif (p. ex. temps verbaux, conjonctions), et d'autre part aux éléments de l'action verbalisés de manière récurrente dans l'environnement discursif.

On peut tout d'abord constater des parallèles concernant le moment déclencheur de la surprise et de l'étonnement, étant donné que les deux affects sont très souvent provoqués par des attentes non réalisées. Celles-ci peuvent être formulées de manière explicite dans l'environnement discursif de *surprise* ou d'*étonnement* (p. ex. *au lieu de X, Y* ; *j'ai toujours considéré..., or je m'aperçois...* ; *ce ne fut pas X, mais Y* ; etc.), ou présentées de manière implicite par des inférences à partir de prémisses topiques évoquées, par la négation d'un élément dans le cotexte ou par des analogies avec d'autres situations :

(9) Pour ses 18 ans, il **doit révéler son messianisme** au monde. Il fait un discours retransmis dans tous les cercles théosophiques : le grand **discours de révélation**. Mais, **à la plus grande surprise de tous**, le jeune homme, qui se nomme Krishnamurti, **annonce qu'il n'est pas le messie** [...]. (B. Werber, *Le livre secret des fourmis*, 2003)

En outre, les co(n)textes stéréotypés montrent que la surprise ou l'étonnement peuvent également être provoqués par une absence totale d'attentes :

(10) Toutefois, dans le cas de Siemens, le règlement **suscite l'étonnement**. « **Nous ne nous attendions pas** à un tel règlement aussi rapidement », a déclaré Peter von Blomberg au *Figaro*. (*Le Figaro* 2007)

Des marques linguistiques comme *ne pas s'attendre à*, *personne n'a compris*, *imprévu*, *inimaginable* sont typiques et s'ajoutent souvent à la description de la situation imprévue.

Parmi les divergences discursives entre *surprise* et *étonnement* figure une spécificité de *surprise*, qui se caractérise par la soudaineté des événements qui prennent l'expérienceur complètement au dépourvu. Cet aspect s'exprime avant tout au moyen d'indices adjectivaux ou adverbiaux (*abrupt*, *vite*, *par-derrière*) :

(11) La tempête les heurtait, et **soudain une rafale rugissante** vint littéralement les plaquer contre le mur arrière. **Ils crièrent autant de surprise que d'amusement**. (M. Chattam, *Le cycle de l'homme*, t. 3, *La théorie Gaïa*, 2008)

On observe ainsi un déclenchement immédiat dans le cas de *surprise*. Ceci s'oppose à un processus de déclenchement beaucoup plus indirect qui se manifeste dans de nombreux contextes d'*étonnement* : c'est la rencontre avec une situation inconnue, avec des faits incompréhensibles qui causent l'affect. *Étonnement* présuppose donc une étape d'analyse de la situation par l'expérienceur, une sorte de comparaison des faits avec les expériences antérieures, et introduit ainsi une note de subjectivité. Dans l'exemple suivant, traitant de l'art verrier, c'est une comparaison entre une époque passée et l'époque présente, plus familière, qui déclenche l'affect :

(12) Ces grandes envolées fluides renvoient aux vases, lampes, cendriers ou coupes aux formes floues qui eurent un succès considérable **à l'époque** et que l'on regarde **aujourd'hui** avec **un étonnement dubitatif**, tant leur **esthétique** paraît **surannée**. On **remonte dans le temps** avec l'exposition du Musée de l'École de Nancy consacrée aux frères Muller. (*Le Monde* 2007)

Une telle analyse de la situation se manifeste souvent par des questions au style direct ou indirect libre, qui soulignent l'incapacité de l'expérienceur à situer les faits. Cette opposition entre *surprise* et *étonnement* en termes des paramètres d'objectivité *vs* de subjectivité se voit confirmée par les études lexicales portant sur leurs collocatifs (Blumenthal 2006, 17–20).

L'analyse de la situation par l'expérienceur donne l'ouverture sur une dernière constellation discursive récurrente autour d'*étonnement*. Comme dans l'exemple suivant, *étonnement* est souvent lié à une divergence d'opinions qui comporte fréquemment un jugement sur des faits étonnants :

(13) ***In God we trust.*** Quand nous lisons cette profession de foi, imprimée sur les dollars américains, nous éprouvons un curieux **sentiment d'étrangeté, d'exotisme et d'étonnement**. Qu'un peuple moderne, actif et entreprenant, proclame officiellement sa confiance en Dieu sur les billets de banque **a de quoi déconcerter les Français**. Cela nous semblerait presque **archaïque, en tout cas déplacé**, ou **inintelligible**. Parce que nous croyons avoir les premiers, depuis la Révolution de 1789, inventé la laïcité. (*Le Monde* 2007)

Dans l'extrait ci-dessus, l'opinion discutée est représentée par une citation (« *In God we trust* »), ce qui fait partie des traits caractéristiques de ce type de cotexte qui implique parfois même des dialogues au discours direct. Une autre spécificité de ce co(n)texte stéréotypé consiste en la combinaison d'*étonnement* avec d'autres lexies d'affect (ici : *sentiment d'étrangeté, d'exotisme*) et avec des expressions évaluatives (ici : *archaïque*, *déplacé*, *inintelligible*). Cette évaluation liée à *étonnement* (événement > évaluation > étonnement) se distingue clairement de la polarité de *surprise* (événement > surprise > évaluation de la surprise comme bonne/ mauvaise).

4.2 Niveau interlinguistique

Lors de la comparaison interlinguistique, nous allons procéder par étapes tout en nous focalisant sur les noms de 'surprise' : dans un premier temps, nous confronterons *surprise* et *sorpresa* (4.2.1) avant d'opposer *surprise* et *Überraschung* (4.2.2).

4.2.1 Sorpresa *comparé à* surprise

Lors de l'analyse quantitative, nous avons constaté que *sorpresa* remplit moins souvent la fonction d'attribut que *surprise*, ce qui est lié à la hiérarchisation différente des acceptions de *sorpresa*. À la différence de *surprise*, *sorpresa* sert par ailleurs rarement à qualifier un événement de « surprise », c'est-à-dire qu'il ne s'emploie guère dans le but d'une catégorisation. Les fonctions syntaxiques majoritairement occupées par *sorpresa* laissent présager que la lexie véhicule une conceptualisation de l'affect comme ayant lieu « au premier plan », c'est-à-dire que *sorpresa* désigne l'élément central d'une situation relayée et non pas un fait concomitant qui ferait office de « toile de fond ».

Ainsi, *sorpresa* remplit très souvent les fonctions sujet et objet, comme dans l'exemple suivant :

(14) ¿Nunca te has fumado un pito? **la sorpresa** en la voz de Victoria **era total**. (M. Serrano, *Para que no me olvides*, 1993)

Cette conceptualisation est renforcée par l'emploi des temps verbaux ; tout comme dans l'exemple (15), le *pretérito indefinido* ainsi que le *pretérito perfecto compuesto* dominent clairement dans les extraits analysés :

(15) La noticia **ha producido** gran **sorpresa** en el mundillo taurino […]. (*El País* 2000)

Un dernier aspect confirme nos observations : dans le cotexte de *sorpresa* peuvent très souvent être relevées des conjonctions subordonnantes introduisant un élément de l'arrière-plan, comme par exemple la cause de l'affect (ex. 16), consolidant ainsi la conceptualisation de *sorpresa*.

(16) Pero, de hecho, había otra **sorpresa** : **porque** al apartar el velo de su rostro, Heracles se encontró con las facciones de un hombre. (J. C. Somoza, *La caverna de las ideas*, 2000)

4.2.2 Überraschung *comparé à* surprise

Malgré la fréquence élevée de la fonction syntaxique d'attribut, *Überraschung* apparaît moins souvent dans des contextes de « catégorisation » que son équivalent français. Dans les rares exemples trouvés parmi les occurrences analysées, *Überraschung* fait partie de deux types de construction très spécifiques. Soit il s'agit de contextes négatifs :

(17) Für die Trierer war das **keine** wirkliche Überraschung [...]. (*Der Tagesspiegel* 2008)

Soit *Überraschung* est employé au sein d'une formule stéréotypique contenant la particule modale *ja*, à l'aide de laquelle le locuteur exprime sa propre surprise :

(18) Das **ist ja** eine Überraschung... (H. Lind, *Die Champagner-Diät*, 2006)

Par ailleurs, on constate que le sème 'soudain' est peu présent dans le co(n)texte stéréotypique de *Überraschung*, alors qu'il apparaît très régulièrement avec *surprise*.

Une troisième différence entre *Überraschung* et ses équivalents français et espagnol consiste dans le fait que l'acception 'affect' semble beaucoup plus rare parmi l'échantillon analysé : alors que pour *surprise* aussi bien que pour *sorpresa* la part des occurrences se référant à l'acception 'affect' s'élève à environ 40%, pour *Überraschung* seuls 25% des occurrences étudiées se réfèrent à cette acception.

En dernier lieu, nous souhaitons mettre en avant un aspect particulièrement caractéristique du co(n)texte stéréotypique de *Überraschung*, qui lui confère un réel potentiel de structuration discursive. Il s'agit de l'emploi de *Überraschung* en combinaison avec les adjectifs *eigentlich* ('à proprement parler') et *wirklich* ('réel'), dont la cooccurrence avec le pivot est hautement spécifique. Ces deux collocations apparaissent dans des structures argumentatives extrêmement stéréotypées au sein desquelles elles sont utilisées pour hiérarchiser les informations contenues dans un texte. L'exemple (19) illustre ce type d'emploi : (*eigentliche*) *Überraschung* forme ici l'apogée de ce que l'on pourrait appeler le « crescendo informationnel », au sein duquel plusieurs informations (« info 1 » à « info 3 ») de nature « surprenante » s'enchaînent pour déboucher sur une information principale.

(19) Ein Blick in einen der kleinen Glaskästen, der vor den täuschend echt gestalteten Supermarktregalen im Verkaufsraum steht, lehrt: Wer Himbeer-Joghurt aus Himbeeren herstellen will, muss **mehr als 30 Euro** investieren [info 1], um ein Kilogramm herzustellen. Wer auf Kunst-Aromen setzt, den kostet das **nur 0,06 Cent** [info 2]. Kein Wunder: **Bananenaroma**, das lässt sich im Museum an einer Riechstation erleben, wird **aus Essigsäure und Alkohol** gemischt [info 3]. Die **eigentliche Überraschung** ist: **Natürliche Himbeer-Aromen müssen nichts mit Himbeeren zu tun haben** [information principale]. (*Hamburger Abendblatt* 2008)

5. Conclusion

L'analyse discursive approfondissant les analyses lexicales s'est avérée fructueuse pour expliquer les différences d'emploi entre *étonnement* et *surprise* au niveau phrastique. Elle permet par ailleurs une meilleure discrimination des deux synonymes en général : outre l'impact de la polysémie de *surprise* au niveau discursif, les co(n)textes stéréotypés de cette lexie révèlent le caractère immédiat de l'affect désigné, tandis que les contextes d'*étonnement* font ressortir un processus de déclenchement indirect, basé sur l'analyse de la situation ou sur un jugement de la part de l'expérienceur.

Les résultats du volet contrastif de notre étude indiquent que *surprise*, *sorpresa* et *Überraschung* se distinguent quant à la hiérarchisation de la polysémie qui leur est propre. Pour *sorpresa*, on peut expliquer l'importance plus grande de l'acception 'affect', y compris en termes de fréquence, de par la conceptualisation du référent au premier plan, ce qui inclut la focalisation récurrente sur l'expérienceur. Pour *surprise*, affichant une plus forte tendance à l'emploi catégorisant et à l'élimination de l'expérienceur, aucune des deux acceptions ne semble prendre le dessus. Finalement, on peut constater pour *Überraschung* une prépondérance assez nette de l'acception 'événement', tandis que la quantité d'occurrences se référant à l'acception 'affect' est assez faible ; cette configuration favorise l'emploi de la lexie au sein de structures argumentatives particulièrement stéréotypées.

Bibliographie

Blumenthal, Peter (2006). « De la logique des mots à l'analyse de la synonymie », *Langue française* 150(2), 14–31.

Diwersy, Sascha/Kraif, Olivier (2013). « Observations statistiques de cooccurrents lexico-syntaxiques pour la catégorisation sémantique d'un champ lexical », *in* : Georgeta Cislaru/Fabienne Baider (eds.) : *Cartographie des émotions.*

Propositions linguistiques et sociolinguistiques. Paris : Presses Sorbonne Nouvelle, 55–70.

Goddard, Cliff (1997). « Contrastive Semantics and Cultural Psychology : ‹ Surprise › in Malay and English », *Culture & Psychology* 3(2), 153–181.

Goossens, Vannina (2011). *Propositions pour le traitement de la polysémie régulière des noms d'affect*. Thèse de doctorat non publiée (Université Stendhal – Grenoble III).

Lewandowska-Tomaszczyk, Barbara/Wilson, Paul (2010). « A Contrastive Perspective on Emotions : Surprise », *Review of Cognitive Linguistics* 8(2), 321–350.

PR = *Le Petit Robert de la Langue Française* 2012.

*TLF*i = *Trésor de la langue française* informatisé. <www. atilf.atilf.fr/tlf.htm> [consulté le 26 septembre 2013].

Émotions et scénarios : questionnements méthodologiques pour une approche discursive**

*Georgeta Cislaru**

Abstract

The chapter studies the way that emotional expressions function within scenarios in texts, and offers a methodological survey of tools facilitating the identification and interpretation of discursive scenarios related to pathos. The observables (the grammatical nature of the units, number, determination, intensity, aspect) and interpretative categories (communication scene, text structure, etc.) are tested on two corpora, educational reports and newspapers. A longitudinal approach accounts for the way that the scenarios have been implemented through the writing process in educational reports.

Résumé

Cette étude s'intéresse à la manière dont les termes d'affect s'inscrivent dans des scénarios au niveau textuel. Elle propose une réflexion méthodologique concernant les outils qui permettent d'identifier et d'interpréter les scénarios discursifs liés au pathos. Les observables (nature des unités, nombre, détermination, intensité, aspect) et catégories interprétatives (scène d'énonciation, textualité, etc.) sont testés sur deux corpus, rapports éducatifs et presse. Une approche longitudinale rendra compte de la manière dont les scénarios se mettent en place au fil du processus d'écriture des rapports éducatifs.

L'objectif de ce travail est d'observer les relations non univoques qui s'établissent entre expressions émotionnelles et contexte discursif, en suivant l'hypothèse d'une structuration émotionnelle des discours. Une réflexion méthodologique quant aux outils permettant d'identifier et d'interpréter les scénarios discursifs liés au pathos est menée à partir de l'analyse de corpus (rapports éducatifs et presse). Il s'agit de montrer que les expressions émotionnelles s'intègrent à des scénarios particuliers, même s'il n'y a pas de symétrie permettant d'attribuer un scénario et un seul à une émotion, et vice-versa.[1]

L'étude porte sur les champs de la peur et de la colère, émotions primaires (Ekman 1980), saillantes dans les corpus analysés, et présentant des enjeux

---

* Université Paris 3 – Sorbonne Nouvelle, SYLED-CLESTHIA, EA 2290.

** Ce travail émane de l'ANR Écritures : http://www.univ-paris3.fr/anr-ecritures-96530.kjsp. Le corpus est anonymé.

1 En effet, on constate une certaine plasticité des scénarios : non seulement la polarité émotionnelle peut être négociée vis-à-vis du contexte, mais des genres différents peuvent exploiter différemment la même émotion (Cislaru 2009).

pragma-discursifs et culturels importants (*cf.* Baider/Constantinou, cet ouvrage ; Pierens, cet ouvrage). Après une brève présentation du cadre et de la méthode d'analyse (1.) seront détaillées plusieurs séries d'observables et de catégories interprétatives[2] (2.) exploitées par la suite dans une perspective longitudinale (3.).

1. Notions et méthode

1.1 Scénarios et émotions

Le rattachement des expressions émotionnelles aux scénarios est repérable à plusieurs niveaux : polarité des émotions, évaluation de la situation (*appraisal*), mise en place de constructions spécifiques codant l'expression émotionnelle (les énoncés liés : Fonagy 1982), telles, par exemple, les constructions *je suis ravi(e), je m'inquiète pour toi, ça craint, avoir la rage*. Le principe est dans tous les cas qu'une situation d'un type donné peut provoquer une émotion spécifique relativement prévisible, et des formes codées d'expression de l'affect. Cependant, comme le montrent les énoncés liés, le sens lexical du terme d'affect évolue et ne se rattache plus à un seul et même scénario figé ; l'évolution et le détournement des scénarios restent possibles.

Une comparaison des scénarios de l'*appraisal* de la colère et de la peur montre que les traits descriptifs (en italique) sont identiques, alors que la cause et l'impact diffèrent :

Traits	**PEUR**	**COLÈRE**
Situation	danger	frustration
Polarité	négative	négative
Degré d'affectation	haut	haut
Congruence	dysphorique	dysphorique
Orientation	soi	l'autre

Tableau 1: éléments de l'appraisal *(d'après Smith/Lazarus 1993)*

Les deux émotions auraient donc un profil affectif stable, des ajustements *a priori* repérables dans les corpus étant déclenchés par le contexte. Smith et Lazarus (1993) reconnaissent par ailleurs la variabilité des réactions personnelles vis-à-vis de la même situation et, à plus forte raison, vis-à-vis de situations comparables.

2 Par manque de place, la description des observables et des catégories interprétatives restera sommaire.

1.2 Texte et émotions

La réflexion méthodologique et les analyses proposées dans cet article s'appuient sur l'analyse de deux corpus :

- Un corpus de rapports éducatifs (RE) de la Protection de l'enfance, qui évaluent la situation de l'enfant en préconisant ou non l'intervention de l'institution sociale. Le corpus comprend 25 textes, chacun accompagné de 2 à 41 versions préalables du texte (212 en tout) respectant la chronologie de production, allant du premier état du texte à sa version définitive. Ce corpus est analysé dans une perspective longitudinale (§ 3).
- Un corpus de contrôle (P) comprenant une centaine d'articles de presse portant sur des événements déclencheurs d'émotions (crises, catastrophes, affaires, etc.), qui permet de vérifier la validité d'un certain nombre d'observables et de catégories interprétatives.

Tout travail sur des textes nécessite de distinguer entre le discours qui parle d'émotion et le discours qui provoque l'émotion, même si les deux peuvent se croiser : *cf. emotion talk & emotional talk* (Caffi/Janney 1994) ; *discours ému & discours émotionnel* (Plantin 2011). En psychologie (*cf.* Blanc 2006), une autre distinction est proposée entre les émotions que le lecteur a en mémoire, les émotions artéfacts déclenchées par la construction textuelle, les émotions fictives issues de l'empathie avec le protagoniste du récit. L'objet de cet article se situe au croisement de plusieurs catégories, car il s'agit d'observer les manières dont la peur et la colère sont représentées dans le discours moyennant des termes d'affect, tout en prenant en compte les protagonistes de l'affect ainsi que la place et le rôle de schémas affectifs au niveau du texte.

La méthode s'inspire de l'analyse combinatoire (Blumenthal 2009) et de la linguistique de corpus (Hoey 2005), et comprend des relevés lexicaux (fréquence d'emploi et choix des termes), des analyses de réseaux de cooccurrences et de séquences textuelles (genre et visée textuelle).

2. Observables et catégories interprétatives : définition et illustrations

2.1 Nature des unités

L'analyse des relevés lexicaux dans un corpus s'appuie sur des sous-catégorisations lexicales suivant différents critères. Un des critères pertinents pour les termes d'affect semble être la nature grammaticale des unités lexicales : plusieurs travaux – se situant principalement dans une optique contrastive (Wierzbicka 1986 et 1995 ; Dziwireck/Lewandowska-Tomaszczyk 2010 ; Cislaru 2009) – soulignent l'iconicité des parties de discours. La nature grammaticale des termes est un élément discriminant dans les corpus étudiés ici :

PEUR	P	RE
Noms	**52,5%**	38,3%
Adjectifs	13,4%	**32,3%**
Verbes	34,1%	29,4%

Tableau 2: termes d'affect et parties du discours dans la presse et les rapports éducatifs

Des critères spécifiques permettent d'étoffer les observables. Ainsi, dans le corpus RE, l'application d'un critère énonciatif (§ 2.5) met au jour la faible cooccurrence de VERBE^{affect} et ENFANT. On constate ainsi que l'enfant est rarement le sujet d'un verbe d'affect. La prise en compte d'un critère structurel (§ 2.4) met en avant la faible présence de VERBE^{affect} et ADJECTIF^{affect} dans l'état initial (premier brouillon) des rapports. Ces observations tendent à suggérer que le protagoniste des RE, l'enfant, est rarement envisagé comme « agent » émotionnel *a priori*.

2.2 Traits pertinents : le cas des noms d'affect

Les noms d'affect ayant une fréquence plus élevée que les adjectifs ou les verbes dans les deux corpus, des critères leur étant spécifiques peuvent dès lors être pris en compte.

Le nombre émerge comme un critère pertinent, tel que le montre le tableau 3 : dans les RE, autour de 50% des occurrences nominales prennent la forme plurielle.

PEUR	P	RE
Angoisse(s)	10 **8 au sg.,** 2 au pl.	14 5 au sg., **9 au pl.**
Inquiétude(s)	15 **14 au sg.,** 1 au pl.	26 9 au sg., **17 au pl.**

Tableau 3: pluriels et singuliers dans la presse et les rapports éducatifs

Plusieurs travaux (Cislaru 2009 et 2013 ; Novakova/Tutin 2009) discutent du nombre des noms d'affect, la question étant de savoir si on peut lui donner une interprétation sémantique. Acquaviva (2008) parle de pluriel lexical à propos de cas de figure similaires ; ce n'est plus un pluriel cumulatif ou compositionnel, mais un pluriel ouvrant à de nouveaux sens, en tant que *type de X*, par exemple, qui particularise la référence.

La nature de la détermination peut également s'appliquer avec profit à l'analyse des noms d'affect. Cette question est examinée par Novakova et Tutin (2009) pour les noms d'affect plus particulièrement, par Cislaru *et al.* (2013) pour ce qui est des interprétations discursives de l'emploi du possessif. En effet, dans le corpus des rapports éducatifs, la plupart des noms d'émotion portent un déterminant possessif (3e p.) : *ses inquiétudes*, *ses craintes*, *ses colères*, etc. Cet emploi s'inscrit dans un « type généralisé » (Lamalle/Salem 2002) *dét. poss.* + *N* – format ou colligation dans l'optique de la linguistique de corpus (Hoey 2005) – dans la mesure où l'emploi du possessif est généralisé dans ces textes avec l'ensemble des noms. Dans le cas des noms d'affect qui nous intéresse ici, c'est l'expérienceur qui est mis en relief (*cf.* Novakova/Grossmann/Goossens 2013), l'enfant étant le « possesseur grammatical » dans 81% des cas. Couplé à la faible cooccurrence de VERBE^{affect} et ENFANT, l'emploi du déterminant possessif contribue ainsi à la configuration du profil psychologique de l'enfant.

2.3 Observables de nature sémantique

L'étude de l'expression émotionnelle implique la prise en compte de données sémantiques diverses, parmi lesquelles les incontournables de la définition même des émotions : la polarité, l'intensité et l'aspectualité (Blumenthal 2009 ; Sonnemans/Frijda 1994 ; Tutin *et al.* 2006). Sans décrire dans le détail chacun de ces traits, je me limiterai à quelques commentaires vis-à-vis du corpus d'analyse.

Ainsi, l'étude du corpus invite à dissocier les points de vue dans la définition de la polarité, en appliquant quelques catégories interprétatives (*cf. infra*). Au-delà de l'opposition émotion positive/négative, la question qui se pose est de savoir par rapport à quel point de repère se définit la polarité : l'émotion est-elle perçue comme bonne/agréable pour l'expérienceur *vs* pour l'autre *vs* d'après les normes sociales ? La notion d'aspectualité intègre généralement la dimension relationnelle émotion-stimulus, avec deux valeurs : anticipatrice (la crainte) ou rétrospective (la colère). Mais, au-delà de la dimension causative, l'aspectualité est présente dans les corpus notamment sous la forme de la triade ponctuel-duratif-itératif. Les deux derniers aspects, la récurrence et la permanence, sont bien représentés dans les rapports éducatifs (*il se met régulièrement en colère*). Enfin, l'intensité n'est pas uniquement un trait inhérent aux expressions émotionnelles censées marquer la gradation des émotions ; des intensifieurs apparaissant dans le contexte immédiat ou proche des expressions émotionnelles ont un impact sur celles-ci.

2.4 Observables relevant du niveau textuel

L'étude de l'expression de la peur et de la colère ne saurait faire l'impasse sur les données (con)textuelles, qui permettent d'observer plus finement le fonctionnement des expressions émotionnelles et leur rôle possible dans la trame sémantique du texte. L'étude des collocations, cooccurrences, segments répétés[3] (Lamalle/Salem 2002), d'une part, les réseaux lexicaux favorisant les isotopies, d'autre part (Rastier 1995), rendent compte des relations contextuelles aux niveaux formel et sémantique. Ainsi, les deux noms d'affect les plus fréquents dans le corpus RE, *colère* et *inquiétudes*, ont des cooccurrents et des environnements lexicaux qui spécifient la cause ou le terrain de l'affect (*frustration*, *cadre*, *limites*, *énurésie* ; *préoccupations*, *absence*, *abandon*, *difficultés*), la manifestation de l'affect (*crises*), le lien avec l'expérienceur (*ses* ; *Léa*, pour *angoisses*).

Terme d'affect	**Cooccurrents les plus fréquents**	**Environnement lexical favorisant les réseaux d'isotopies**
Colère	frustration, crises	cadre, limites, énurésie
Inquiétudes	ses, préoccupations, évoque	absence/absente, abandon, difficultés
Angoisses	Léa	–

Tableau 4: relations contextuelles dans les RE

2.5 Catégories interprétatives et application à l'analyse des scénarios

Les données recueillies au niveau formel et contextuel resteraient purement descriptives en l'absence d'un cadre interprétatif. À la lumière du corpus étudié, plusieurs catégories interprétatives se sont imposées :

- Les catégories énonciatives permettent de recréer la scène énonciative (qui parle à qui, où, quand, pourquoi) et de préciser la place du « protagoniste » dans l'expression des affects, d'observer qui exprime l'affect, à qui sont attribués les affects, etc. (§ 2.1 et 2.2).
- Les rubriques et séquences textuelles (*cf.* Stubbs, cet ouvrage) situent l'expression émotionnelle dans la logique de cohérence textuelle et de développement argumentatif.

Le scénario pragmatique [DANGER –>] PEUR –> PROTECTION peut être dégagé grâce à ces catégories. C'est ce même scénario qui appuie l'évaluation de la situation et définit le genre des rapports sociaux de la Protection de l'enfance

3 Effectuée à l'aide du Trameur (Serge Fleury, CLA2T, université Sorbonne Nouvelle).

(*cf.* Cislaru 2009). L'enchaînement ci-dessous recense l'ensemble des épisodes où la peur et la colère sont convoquées et servent d'arguments pour des enchaînements textuels :[4]

Exemple (1) [D1, E1]

Lignes	Émotion	Implication
27–29	En 2007, la relation entre Clara et ses grands-parents s'est dégradée. Celle-ci s'oppose à eux se montrant injurieuse et fait des **crises de colère** *que les adultes n'arrivent pas à contrôler.* *[colère / – contrôle, + négatif]*	les grands-parents *ne peuvent plus la prendre en charge au quotidien*
34	De plus, Clara montre des **signes importants d'angoisse** et d'insécurité. *[angoisse de X, + négatif]*	ses parents ne sont pas en mesure de s'en occuper
41	*La présence du tiers éducatif a stoppé la crise* de Clara, facilité la mise en mots de ce qui se passait. *[colère / + contrôle, + positif]*	*[le tiers éducatif est une solution]*
92	Elle [la grand-mère] s'interroge sur d'éventuels *troubles* de sa petite fille (**crises de colère**) et exprime **de l'inquiétude** pour son avenir. *[colère de X → inquiétude de Y]*	Conclusion : *Nous proposons de poursuivre le travail engagé* auprès des parents de Clara.

– Les notions de pertinence pragmatique et d'attentes sociales renvoient à des normes sous-jacentes à l'interprétation des affects. La négation polyphonique (Apothéloz/Brandt 1992) est un marqueur immédiatement visible de ces catégories, mais les enchaînements de séquences textuelles tels qu'observés dans l'exemple 1 semblent s'appuyer sur les mêmes principes.

Ainsi, la peur devient un baromètre situationnel et l'école est une variable d'évaluation, que l'affect soit attribué à l'enfant ou à un évaluateur extérieur :

Exemple (2)

(a) Le bilan de ce 1er trimestre est positif. Est remarqué son intérêt pour la lecture, les mathématiques. Sa mémoire est bonne. Elle manque de soin dans ses cahiers et éprouve quelques difficultés en écriture. **L'enseignant *n'est pas* inquiet**. [D22, E4]

(b) Marjorie déjeune à la cantine le midi. Elle est bien intégrée à **l'école qui *n'est pas un lieu* inquiétant pour elle**. [D3, E2]

4 L'exemple (3) est explicite dans cette optique.

– Enfin, dans l'optique d'une analyse longitudinale, la manière dont les expressions émotionnelles s'inscrivent vis-à-vis de l'état de progression d'un texte permettent de formuler un certain nombre d'hypothèses interprétatives, comme on le verra dans la section qui suit.

3. Approche longitudinale

Cette approche permet de tester quelques-unes des propositions méthodologiques avancées dans la section 2. L'implémentation des scénarios en discours est en effet observée au travers des différents états du texte ; les champs sémantiques de la peur et de la colère sont scrutés tout au long du processus de rédaction, en attachant une attention toute particulière aux opérations de déplacement, suppression, remplacement et ajout s'appliquant aux expressions émotionnelles et à leur contexte, et visant l'intensification, l'ajustement de l'aspectualité, etc.

Des données statistiques viennent compléter l'analyse, avec une distinction claire entre les cas de figure où l'affect est mentionné dès le premier état du texte et les cas où il émerge dans les états suivants. Les rubriques des rapports sont également prises en compte.

3.1 Construction du scénario

Dans un premier temps, c'est la construction même du scénario qui est observée. On voit ainsi apparaître, dès la première version de certains rapports et souvent sous forme schématique, des segments (exemple : *la colère contenue*, *gestion de l'agressivité*) qui vont s'étoffer comme des « thèmes » (Rastier 1995) tout au long de l'écriture en développant des rubriques entières.

Si l'on compare l'état initial d'un texte et les états suivants, on constate que c'est la colère qui fait plus particulièrement l'objet d'un balisage dès la première version du texte. Cela semble être dû au fait que la rédaction des rapports commence souvent par l'exposition de l'historique du placement et de l'évolution de l'enfant en situation de placement, où la colère se manifeste le plus, comme le montre aussi sa sous-représentation dans les rubriques « Relations familiales ».

Indices	**PEUR**	**COLÈRE**
Fréquence état 1	1	1
Fréquence états suivants	2	1
Rubriques	toutes	sous-représentée dans les rubriques « Relations familiales »

Tableau 5: la peur et la colère au fil de la rédaction

3.2 Ajustement de l'intensité

Souvent, les modifications du texte ne portent pas sur les expressions émotionnelles en tant que telles, qui font plus particulièrement l'objet d'ajouts lors d'états intermédiaires du texte, mais sur le contexte proche ou les cooccurrents des expressions émotionnelles, qui sont appelés à renforcer ou ajuster l'expression émotionnelle (dit –> affirme).

Exemple (3)

Il ~~dit~~ **craindre** de nouvelles révélations de la part de sa fille. *Nous entendons son souhait comme une demande de protection du service.*	Il affirme **craindre** de nouvelles révélations de la part de sa fille. *Nous entendons son souhait comme une demande de protection du service.*

[D2, E3–> E4, Relations avec son père]

3.3 Ajustement de l'aspectualité

L'aspectualité semble être un important paramètre d'évaluation dans les rapports éducatifs, affectant également l'expression émotionnelle. Ainsi, certaines révisions concernent l'ajustement de l'aspectualité, abandonnant l'aspect duratif (*être*, *replacer dans*) en faveur d'une dimension ponctuelle (*se montrer*, *réactiver*), tandis que l'itérativité se trouve maintenue (*re-placer –> ré-activer*) :

Exemple (4)

(a) Au moment de la séparation, Thierry ~~est~~ → **se montre** très agressif, défendu [*sic*] et attaquant à l'égard de son assistante familiale. Thierry peut verbaliser ses affects, ses questionnements ou colères vis-à-vis de ses parents […]. (E5) → (E10) [D16]

(b) Le déménagement de Me L. ~~**a replacé Annie dans de l'inquiétude**~~ → **a réactivé toutes les inquiétudes d'abandon d'Annie** (E18) → (E20) [D19]

3.4 Ajustement du scénario énonciatif

La révision du texte peut par ailleurs affecter l'attribution même de l'expérience émotionnelle. Ainsi, dans l'exemple 5, c'est le scénario énonciatif qui est ajusté, en attribuant préférentiellement l'inquiétude à l'enfant, ce qui concorde par ailleurs avec les observations faites en 2.2.

Exemple (5)

Jade a pu dire son sentiment d'être dévalorisée par son père, qu'il ne la comprend pas et qu'elle ne fera jamais les choses assez bien à ses yeux.

Lorsque nous avons interrogé Mr. P. à ce propos, nous avons pu comprendre qu'il s'agit en fait davantage **d'inquiétudes *de Mr.*** à l'égard de sa fille. [E8]	Lorsque nous avons partagé **ces inquiétudes *de Jade*** avec Mr. P. … [E11]

3.5 Ajustement du scénario cognitif

D'autres scénarios révèlent plutôt des normes sociales, des représentations plus ou moins partagées permettant en quelque sorte de « cataloguer » les individus en proposant un profil émotionnel. On peut parler de scénario-grille de lecture, ou de scénario-symptôme, à l'instar de QUESTIONNEMENTS (importants) = signe d'ANGOISSE :

Exemple (6)

il se montre tout autre, s'intéressant à beaucoup de choses, de nature curieuse, *cependant son questionnement trahi* son degré d'angoisse. [D9, E3]	Fabrice se montre tout autre, il est de nature curieuse. De ce fait, il s'intéresse à beaucoup de choses. *Son questionnement est important et trahit à la fois* son degré d'angoisse. [E4]

4. Conclusions

La conjonction de plusieurs observables et catégories interprétatives permet de saisir l'expression de l'affect au plus près de ses particularités sémantiques, textuelles et contextuelles. Ainsi, dans ces rapports éducatifs, la colère apparaît comme immédiatement visible, saillante, assimilée à un symptôme, alors que la peur est à la fois secondaire, construite et attachée à l'identité de l'expérienceur (forte co-présence du *dét. poss.*) ; ces traits un peu bruts sont nuancés par la fréquence des formes plurielles, qui mettent en exergue l'affect comme occurrence situationnelle.

L'approche longitudinale montre par ailleurs que les expressions émotionnelles sont susceptibles de mettre en place des cadres discursifs. Les analyses de corpus mettent ainsi au jour plusieurs macro-scénarios émotionnels structurant le contenu des rapports éducatifs et intervenant dans le processus d'écriture. Tout d'abord, l'affect comme outil évaluatif, que l'on pourrait rapprocher du « devoir éprouver » de Plantin (1998), et l'émotion comme « thème » (Rastier 1995) fixent les grandes lignes de la description et de l'argumentation dès la première version des textes. Enfin, l'émotion comme outil discursif favorise deux scénarios : (DANGER →) PEUR → PROTECTION, à visée pragmatique, et (FRUSTRATION →) COLÈRE ← SYMPTÔME, impliquant une nécessité de cessation de l'émotion.

Des micro-scénarios interviennent au niveau global et ont une portée descriptive-évaluative :

– L'affect caractérise l'enfant, le plus souvent, même s'il est rarement explicitement dit qu'il éprouve l'émotion.

- La peur et la colère ont une axiologie négative s'agissant de l'expérienceur enfant, mais la peur peut recevoir une axiologie neutre ou positive lorsque l'expérienceur est une tierce personne.
- La colère de l'enfant est généralement source d'inquiétude pour les autres.
- L'affect ne doit pas investir une aspectualité durative.

À un niveau plus local, on isole des scénarios à valeur interprétative basés sur des symptômes, tel QUESTIONNEMENT important → ANGOISSE ; cependant, ces scénarios peuvent trouver une validité au-delà des limites du corpus de rapports éducatifs et montrent ainsi l'intervention d'une doxa sociale dans la structuration de ces textes.

Bibliographie

Acquaviva, Paolo (2008). *Lexical Plurals. A Morphosemantic Approach*. Oxford : Oxford University Press.

Apothéloz, Denis/Brandt, Pierre-Yves (1992). « Champs et effet de la négation argumentative : contre-argumentation et mise en cause », *Argumentation* 6, 99–113.

Baider, Fabienne/Constantinou, Maria (cet ouvrage).

Blanc, Nathalie (2006). « Émotion et compréhension des textes », *in* : Nathalie Blanc (ed.) : *Émotion et cognition. Quand l'émotion parle à la cognition*. Paris : In Press, 123–190.

Blumenthal, Peter (2009). « Les noms d'émotion : trois systèmes d'ordre », *in* : Iva Novakova/Agnès Tutin (eds.) : *Le Lexique des émotions*. Grenoble : Ellug, 41–64.

Caffi, Claudia/Janney, Richard W. (1994). « Toward a Pragmatics of Emotive Communication », *Journal of Pragmatics* 22, 325–373.

Cislaru, Georgeta (2009). « Expression de la peur et interprétations sémantiques en contexte », *in* : Eva Havu *et al.* (eds.) : *La langue en contexte. Mémoires de la Société Néophilologique de Helsinki* LXXVIII, 377–389.

Cislaru, Georgeta/Sitri, Frédérique/Pugnière-Saavedra, Frédéric (2013). « Figement et configuration textuelle : les segments de discours répétés dans les rapports éducatifs », *in* : Catherine Bolly/Lisbeth Degand (eds.) : *Text-Structuring. Across the Line of Speech and Writing Variation*. Louvain-la-Neuve : Presses universitaires de Louvain.

Cislaru, Georgeta (2013). « Le nombre des noms d'affect, valeurs sémantiques et pragmatiques », *Colloque de la Revue de Sémantique et Pragmatique* 6, Orléans.

Ekman, Paul (1980). « Biological and Cultural Contributions to Body and Facial Movement in the Expression of Emotions », *in* : John Blacking (ed.) : *Anthropology of the Body*. London : Academic Press, 39–85.

Dziwirek, Katarzyna/Lewandowska-Tomaszczyk, Barbara (2010) : *Complex Emotions and Grammatical Mismatches. A Contrastive Corpus-Based Study*. Berlin : Mouton/de Gruyter.

Fonagy, Ivan (1982). *Situation & Signification*. Amsterdam : Benjamins.

Hoey, Michael (2005). *Lexical Priming: A New Theory of Words and Language*. London : Routledge.

Lamalle, Cédric/Salem, André (2002). « Types généralisés et topographie textuelle dans l'analyse quantitative des corpus textuels », *Lexicometrica*, URL : <http://lexicometrica.univ-paris3.fr/jadt/jadt2002/PDF-2002/lamalle_salem.pdf> [consulté le 26 septembre 2013].

Novakova, Iva/Grossmann, Francis/Goossens, Vannina (2013). « Interactions entre profil discursif et structure actancielle – l'exemple des noms de *surprise* et de *respect* », *in* : Fabienne Baider/Georgeta Cislaru (eds.) : *Cartographie des émotions. Propositions linguistiques et sociolinguistiques*. Paris : Presses Sorbonne Nouvelle, 71–84.

Pierens, Matthieu (cet ouvrage).

Plantin, Christian (1998). « La raison des émotions », *in* : Marina Bondi (ed.) : *Forms of Argumentative Discourse*. Bologna : CLUEB, 3–50.

Plantin, Christian (2011). *Les bonnes raisons des émotions*. Bern : Lang.

Rastier, François (1995). « La sémantique des thèmes ou le voyage sentimental », URL : <http://www.revue-texto.net/Inedits/Rastier/Rastier_Themes.html> [consulté le 26 septembre 2013].

Smith, Craig A./Lazarus, Richard S. (1993). « Appraisal Components, Core Relational Themes, and the Emotions », *Cognition and Emotion* 7(3–4), 233–269.

Sonnemans, Joep/Frijda, Nico H. (1994). « The Structure of Subjective Emotional Intensity », *Cognition & Emotion* 8(4), 329–350.

Stubbs, Michael (cet ouvrage).

Tutin, Agnès/Novakova, Iva/Grossmann, Francis/Cavalla, Cristelle (2006). « Esquisse de typologie des noms d'affect à partir de leurs propriétés combinatoires », *Langue française* 150, 32–49.

Wierzbicka, Anna (1986). « What's in a Noun (Or : How do Nouns Differ in Meaning from Adjectives?) », *Studies in Language* 10(2), 353–389.

Wierzbicka, Anna (1995). « Adjectives *vs*. Verbs: The Iconicity of Part-of-speech Membership », *in* : Marge E. Landsberg (ed.) : *Syntactic Iconicity and Linguistic Freezes*. Berlin : Mouton/de Gruyter, 223–245.

Rôles discursifs et argumentatifs de la lexie *hystérie* et de ses entours dans le discours journalistique

*Véronique Magaud**

Abstract

This chapter focuses on the lexeme *hysteria* and its surroundings in the journalistic discourse. It is based on excerpts from various types of articles of French national left-wing newspapers since the 1990s. It aims at exploring the role of the lexeme and its syntactic and discursive contexts in the narrative and argumentative organization of the articles. The study examines how the lexeme contributes to creating a *mimesis* of emotions and events, and also shows how it is involved in the narrative of the events and in the prioritization of reported views.

Résumé

Cette étude examine les emplois nominaux de la lexie *hystérie* et de ses entours syntaxiques tels qu'ils sont mis en œuvre dans le discours journalistique. Elle s'articule autour de deux axes : notre analyse dégage dans un premier temps les différentes collocations dans lesquelles la lexie est prise, l'environnement syntaxique et discursif de la lexie étant déterminant dans les rôles qu'elle peut jouer au niveau de la structuration de l'information. Elle distingue dans un deuxième temps les séquences qui interviennent dans la partie exposition des articles et qui jouent en faveur d'une *mimesis* des émotions et des événements. Par ailleurs, un autre regroupement concerne les séquences qui participent à la narration des événements et celles qui contribuent à la hiérarchisation des points de vue rapportés.

La lexie *hystérie*, en dehors de son usage nosologique, relève du vocabulaire psychologique. Force est de constater que, passée très tôt dans l'usage courant, elle abonde dans le discours journalistique. Elle comporte dans la majorité de ses occurrences une charge polémique, car prévalent les traits d'irrationalité et de démesure imputés à des actants. Par ailleurs, qu'il s'agisse de son usage métonymique, qui retient du complexe psychique ses manifestations émotionnelles, qu'elles soient corporelles, verbales ou vocales, ou qu'il s'agisse d'un usage plus hybride, la catégorie reste indexée sur le lieu de l'excès.

Cette lexie constitue un lieu d'observation opératoire pour appréhender l'économie du discours journalistique, c'est-à-dire les rôles discursifs et argumentatifs qu'elle joue dans la structuration des textes et les normes implicites mises en œuvre dans les articles.

---

* Université de Benghazi

Pour cerner ces phénomènes, notre étude porte sur les occurrences nominales de la lexie. Celle-ci entre dans de nombreuses collocations que nous présenterons avant d'élargir ces combinatoires au niveau textuel. Nous verrons que ces séquences se divisent alors en deux grands ensembles : le premier regroupe les prédicats d'émotions qui participent à la mise en scène des événements ; le deuxième ensemble comprend d'une part les séquences prédicatives hybrides qui condensent des discours, des attitudes et des sentiments. Ce deuxième groupement comprend également les collocations associées aux points de vue rapportés et jouant en faveur d'une réfutation *ad hominem*.[1]

1. Corpus et occurrences

Notre corpus comprend des articles des années 1990 à nos jours de trois quotidiens nationaux français.[2] Nous n'avons traité que les occurrences nominales de la lexie car elles entrent dans des compositions syntagmatiques plus variées que les formes adjectivales. Par ailleurs, nous avons écarté les articles scientifiques traitant d'hystérie car la catégorie rend compte du complexe psychique et n'apparaît alors plus en usage.

Nous avons retenu plusieurs paramètres pour établir des regroupements sémantico-discursifs : d'une part, les collocations verbales attachées à la lexie qui permettent de déterminer si celle-ci entre dans le cadre d'une *mimesis* des émotions et de l'événement ou dans celui de la narration des événements ; d'autre part, la nature des relationnels s'adjoignant à la lexie afin de déterminer si l'on est en présence d'un générique ou si l'on peut dégager une structure actancielle. Nous avons également recherché les cooccurrences avec lesquelles commutait la lexie *hystérie* dans des articles traitant du même sujet. Ainsi le relationnel dans la collocation *hystérie anticaucasienne* a été mis en relation avec les autres collocations dans lesquelles il intervenait. Enfin, nous nous sommes intéressés aux suites citationnelles et aux procédés d'hypotypose qui accompagnent la lexie et qui amplifient ses différents rôles.

Avant d'aborder le fonctionnement des séquences prédicatives aux niveaux textuel et discursif, nous avons relevé les collocations dans lesquelles la lexie s'insère en position de complémentation.

---

1 L'argument *ad hominem* consiste à attaquer un interlocuteur sur la base d'une contradiction formelle entre deux positions dans son propos, ou en montrant une inconsistance entre sa position et son comportement, ou encore en l'attaquant frontalement (Gauthier 1995, 22).

2 *Le Monde*, *Libération*, *L'Humanité*.

1.1 La lexie régie par des déterminants nominaux

Si les collocations *crise d'hystérie* et *scène d'hystérie* sont régies par un déterminant nominal et rendent compte de manifestations émotionnelles, elles n'auront pas le même fonctionnement discursif en fonction des verbes supports auxquels elles s'adjoignent. Ceux-ci sont de type causatif (le verbe *déclencher* dans la majorité des cas, mais aussi *provoquer*, *faire*) ; ils concernent également le verbe d'événement *assister à*, le verbe de contrôle *juguler* et le verbe *frôler* s'apparentant à un prédicat d'état. Associée au verbe d'événement, la séquence *scène d'hystérie* participe à une *mimesis* des émotions et de l'événement, tandis qu'avec les verbes causatifs, les prédicats et les manifestations émotionnelles qu'ils réalisent revêtent un caractère ponctuel et sont incidents à l'événement. Dans tous les cas, ces séquences prédicatives dénotent un comportement corporel et/ou vocal paroxystique et comportent les sèmes [+ incontrôlable/démesuré] et [+ réactif].

Ces occurrences présentent deux actants, des expérienceurs à l'origine des émotions et une cause. Les expérienceurs sont discrédités en conférant à leurs comportements un caractère excessif, stéréotypé, mimétique, comme l'attestent parfois les suites citationnelles et les phénomènes d'hypotypose consistant à décrire une scène de façon vivante comme si elle se déroulait sous nos yeux (Robrieux 1993).

Le déterminant nominal *des cris* associé au prédicat est suffisamment explicite pour ne pas donner lieu à des séquences illustratives. Comme les autres séquences, il s'inscrit dans la partie exposition.

1.2 La lexie et ses relationnels

D'autres occurrences se distinguent par le genre de relationnel auquel elles s'adjoignent. On en relève deux types :

a) Ce relationnel consiste en un argument-objet : il introduit un actant à l'encontre de qui est dirigé le comportement d'un autre actant. Cet objet du prédicat est préfixé par l'adversatif *anti-* et réfère à des personnes comme dans *l'hystérie anti-pédophile* ou renvoie à un système politique comme *l'hystérie antiprotectionniste*, *l'hystérie anticommuniste* étant ambiguë car renvoyant à l'un ou à l'autre.

Ces séquences prédicatives sont introduites par des verbes supports (*céder à*, *être en proie à*, *s'abandonner à*, *verser dans*, *ne plus en pouvoir de*) qui comportent le trait de non-résistance, de non-contrôle, et des verbes causatifs (*déclencher* et *calmer*). Elles présupposent des discours et des comportements antérieurs, au caractère démesuré et collectif, que les expérienceurs adoptent sans jugement et qui sont subsumés par le terme *hystérie*. On serait tenté d'y voir du discours/ *gesta* narrativisés car ces collocations renvoient à des attitudes de rejet à l'égard d'autrui. On parlera de *gesta* narrativisée car les collocations *s'abandonner à l'hystérie/être en proie à l'hystérie*, accompagnées de relationnels, ne condensent pas seulement des énonciations mais aussi des comportements sans les reproduire. Ces séquences ne s'accompagnent pas de phénomènes citationnels car elles rendent compte de propos et attitudes répréhensibles qui sont passés sous silence.

b) Les autres relationnels associés au prédicat renvoient à des domaines (politique, sportif). Suffixés en *-iste*, ils conduisent à une double lecture, prédicative ou causative-consécutive. Le fait de trouver des séquences comme « des supporters rendus hystériques par un certain nationalisme »[3] pourrait faire pencher vers cette deuxième lecture.

Les autres relationnels ne renvoient à aucun référent mais déterminent la lexie. Les collocations les plus fréquentes se réalisent avec le relationnel *collective* mais on trouve également *répressive*.

Ces séquences sont précédées de verbes causatifs (*provoquer*, *susciter*, *déclencher*), de verbes de non-contrôle (*céder à*, *plonger dans*), de verbes support (*profiter de*) et de verbes s'apparentant à des prédicats d'état (*friser*, *frôler*).

1.3 La lexie associée à des présentatifs et existentiels

Le prédicat *hystérie* est également introduit par des présentatifs ou des existentiels. Le présentatif *c'est* participe à la construction de la *mimesis* (Rabatel 2000, 57) et la lexie permet alors de projeter le lecteur dans le réel de la scène. En revanche, l'existentiel *il y a* permet une saisie extériorisée du réel, et la séquence prédicative joue davantage en faveur d'une mise en scène des émotions et de l'événement que d'une participation émotionnelle des lecteurs. D'ailleurs, ce type de séquence est suivi de citations exemplaires qui 'montrent' les émotions tandis que les séquences avec *c'est* s'accompagnent de phénomènes d'hypotypose qui « rendent vivante et réaliste une narration ou une description » (Robrieux 1993, 71). Ces prédicats interviennent dans la partie exposition des articles.

3 « Étoiles », *L'Humanité*, 30 novembre 2009.

2. Rôles discursifs des collocations et structuration de l'information

Nous avons procédé à deux types de regroupement selon que les séquences procèdent d'une mise en scène de l'événement et des émotions ou qu'elles entrent dans le cadre de la narration d'événements et de leur hiérarchisation.

2.1 Séquences prédicatives et mises en scène des émotions

Les séquences prédicatives interviennent comme modes de donation de l'événement en lui conférant un effet de réel. Elles rendent compte de manifestations émotionnelles qui sont incidentes à un événement ou qui en sont constitutives. Ainsi la collocation *crise d'hystérie* et la séquence *c'est l'hystérie* interviennent respectivement comme réaction émotionnelle incidente à un événement et comme *mimesis* de l'événement.

2.1.1 Mimesis de l'événement et des émotions

Entrent dans la construction de la *mimesis* les prédicats introduits par le présentatif *c'est* et la collocation *scène d'hystérie* précédée d'un verbe d'événement. Les actants ne sont pas directement associés au prédicat : il s'agit de transporter le lecteur directement dans l'action. Cette empathie se réalise également par les phénomènes d'hypotypose qui jouent en faveur d'une *mimesis* des émotions et de l'événement comme l'atteste l'extrait suivant :

> Les avions reviennent et c'est **l'hystérie**. Habitants et journalistes se jettent le nez dans la boue, espérant cette fois encore en réchapper. Un jeune homme se relève, regarde sa mère en pleine crise de nerfs. Dans son regard, une colère qui dépasse tout ce qu'il peut exprimer. Il montre le poing aux avions qui s'éloignent et hurle, de toute la force de sa voix : « Va te faire f…, Eltsine ! » (« 74 heures au cœur de la bataille de Grozny », *Libération*, 6 janvier 1995)

Dans cette relation d'actions, les journalistes narrent leur expérience quotidienne et ce qu'endurent les Tchétchènes. Le présentatif participe à la « construction des effets de réel concernant les objets » (Rabatel 2000, 57) et plonge le lecteur *in media res*, dans la réalité de ce que perçoit et expérimente le journaliste (*cf.* les phénomènes d'hypotypose). Le prédicat *hystérie* renforce cette implication dans le réel. Employé dans son usage métonymique, il réfère à l'affolement.

Dans l'extrait suivant, l'exposition concerne une scène d'adieu après l'élimination d'une candidate dans une émission de type « Big Brother ». Elle projette le lecteur *in media res* avant d'interroger les raisons de ce succès. Le présent et le discours indirect libre qui prévalent dans l'exposition, le verbe d'événement *assister à* et son argument *scène d'hystérie collective* projettent le lecteur dans le réel de la scène. Les actants apparaissent dans les phénomènes d'hypotypose qui suivent et non directement accolés au prédicat pour qu'opère plus fortement l'identification du lecteur. Il s'agit également de discréditer les participants en les dépersonnalisant (*cf.* l'emploi de l'indéfini exclusif *on* trahissant une contagion des émotions) et en jouant sur l'amplification ironique.

> Sur le même plateau, on peut voir en direct les réactions des participants encore en lice. Plus qu'un chant des pleurs, on assiste à une **scène d'hystérie collective**. On se tord de douleur, on lance à la regrettée des messages de brûlante affection ; l'un d'eux dit même : « Je jure qu'on passera bientôt nos vacances tous ensemble ! » (« L'Espagne succombe à Big Brother. Le show mièvre et voyeuriste emballe (aussi) l'Audimat ibérique », *Libération*, 9 mai 2000)

2.1.2 Mise en scène exemplaire des émotions

Comme pour les prédicats précédents, les collocations en *il y a l'hystérie de* et *crise d'hystérie* interviennent dans la partie exposition des articles. Cependant, elles comprennent une structure actantielle immédiate et contribuent moins à créer une empathie chez le lecteur qu'à montrer une scène réaliste. Elles sont d'ailleurs suivies de citations exemplaires mettant en scène des comportements vocaux et posturaux paroxystiques comme le montre ce premier extrait :

> Une fois passé le cauchemar de l'accoutrement, **il y a** les gâteaux à faire à J-1, les sodas à acheter, **l'hystérie des petits** à juguler, « mamaaaaaaaaaan, elles sont où mes tongs jauuuuuuunes ? » etc. Une fois sur place c'est *struggle for life*. (« En juin, les écoles festoient et les parents trinquent », *Libération*, 25 juin 2007)

L'article débute par l'exposition qui rend compte de la fête de l'école en juin et enchaîne sur des témoignages de parents. L'exposition mêle plusieurs voix, celle des enfants, celle des parents en discours direct libre (par ex. : *pestacle*, *la maîtresse*, *foutu déguisement*) et par des citations. Elle trahit l'ambiance survoltée et contraignante d'un tel événement. La structure prédicative participe à cette saisie réaliste de l'événement tout comme la citation qui suit par le truchement d'indicateurs vocaux (allongement vocaliques et des groupes rythmiques) qui dénotent la démesure et l'affolement.

Quant à la collocation *crise d'hystérie*, son caractère incident et réactif participe à la construction de l'événement et à la mise en scène de la relation des participants.

> Papy triomphe quand même de sa famille esclavagiste car, avec son nouveau-Paic-Excel-ultradégraissant-plus-besoin-d'essuyer, il est parvenu à déclencher auprès de ses deux petites-filles **une crise d'hystérie**, genre les nattes dressées sur la tête, que leur maman, subitement matérialisée, aura bien du mal à refroidir. (« La vie en pub. Paic, Paca, pataquès », *Libération*, 25 mars 2000)

Dans cet extrait, la collocation intervient comme une manifestation émotive réactive renforcée par la figure de l'adynaton mettant en scène une posture paroxystique et irréaliste. L'article commence par une parodie du schéma d'une publicité sur un produit vaisselle (problème, solution) pour en dénoncer le caractère réactionnaire. S'ensuit la scène de la vaisselle marquée par une multiplicité de voix au moyen de citations des différents actants (mère, filles, grand-père) et de discours direct libre. La particule modale *genre* qui préface l'adynaton renforce l'amplification ironique par son caractère exemplaire et stéréotypé.

2.2 Prédicat hybride, narration et hiérarchisation des événements

Le deuxième regroupement concerne un fonctionnement plus hybride de la lexie. Celle-ci entre dans le cadre de la narration des événements. Elle constitue une ellipse[4] dans le cas de son emploi avec un argument-objet (*anti-* + relationnel). Les autres séquences consistent à mettre en relation un événement avec le comparant *hystérie*.

2.2.1 Ellipse et séquence prédicative

Les collocations en *hystérie anti-* + relationnel condensent des sentiments, des attitudes et des discours à l'encontre d'autrui. Cette mise en relation de cibles avec des événements préexistants joue en faveur d'une économie discursive et événementielle.

Les prédicats accompagnés d'arguments-objets et de verbes support comme *céder à*, *être en proie à* et le verbe causatif *calmer* passent sous silence des énonciations et des attitudes/sentiments. Ces séquences revêtent donc un caractère narrativisé. Il s'agit pour des cibles d'adopter des discours accusateurs ou des attitudes de rejet sans jugement rationnel.

Ces séquences interviennent donc comme ellipse dans le texte car elles subsument des événements comme nous allons le voir dans les extraits suivants.

> Le refus français de lever l'embargo ne pouvait que rendre furieux Tony Blair qui, fort de ses bonnes relations avec Lionel Jospin et de son engagement européen, pensait avoir gagné la partie. [...] Plusieurs fois aux Communes, Tony Blair avait assuré pouvoir obtenir une solution diplomatique à la crise et avait réussi à **calmer l'hystérie antifrançaise** particulièrement virulente chez les conservateurs. (« Une mauvaise nouvelle pour Blair », *Libération*, 9 décembre 1999)
>
> Accusations. 24 heures après la tragédie, les Moscovites encore sous le choc ont facilement **cédé à l'hystérie anticaucasienne**. Même si aucun élément de l'enquête ne permet

4 L'ellipse consiste selon Genette à réaliser une accélération du récit en passant sous silence un fait ou une série d'événements.

de prouver un lien entre l'attentat de mardi soir et le combat indépendantiste tchétchène, presque tout le monde croit à cette piste. (« Moscou en proie à l'hystérie antitchétchène. Les médias accusent ‹ les bandits terroristes › de l'attentat », *Libération*, 10 août 2000)

Le premier extrait concerne le refus français de lever l'embargo sur les viandes bovines en provenance de Grande-Bretagne dans le contexte de la vache folle, malgré les injonctions de Bruxelles. La collocation *l'hystérie antifrançaise* concentre des énonciations et des attitudes/sentiments qu'elle passe sous silence. Ce caractère multiforme du sémantisme de la lexie apparaît quand on observe les autres lexies associées au relationnel *antifrançais* dans d'autres articles de presse : elles se rapportent au domaine du discours (rhétorique, propos, discours, slogan), des sentiments (sentiment, haine, ressentiment), des attitudes/comportements (déchaînement, violences, boycottage, manifestation). La lexie à forte tonalité polémique rassemble un ensemble d'événements.

Le deuxième extrait concerne l'attentat perpétré à Moscou en 2000 ; l'article débute par deux témoignages de Moscovites dont l'un manifeste son incertitude quant aux auteurs de l'attentat et l'autre accuse les Tchétchènes. La séquence prédicative intervient après ces témoignages liminaires, précédée d'un titre-résumé « Accusations » qui renvoie à des énonciations. Cependant, la collocation qui figure dans le titre « Moscou en proie à l'hystérie antitchétchène » vient élargir le sémantisme de la lexie : *être en proie à* introduit des émotions et non des discours. Par ailleurs, les autres collocations associées à *anticaucasien* font apparaître des occurrences renvoyant aux sentiments (haine) et aux comportements (actes).

2.2.2 Étalon topique et hiérarchisation des points de vue

Les collocations en *friser/frôler l'hystérie* ne dénotent pas d'événement et ne comportent pas de structure actantielle. Elles rendent compte d'événements discursifs qui s'inscrivent en contrepoint de la thèse défendue. Elles sont d'ailleurs suivies de citations qui jettent le discrédit sur les propos tenus. Ainsi la lexie représente un étalon topique car, d'une part, elle met en relation des événements avec un comparant axiologique et, d'autre part, elle est indexée sur le lieu de l'excès et trahit le point de vue du journaliste qui impute aux actants un *ethos* irrationnel et non pondéré. La séquence s'inscrit donc implicitement dans une réfutation *ad hominem*.

Examinons ce phénomène à travers ce premier extrait :

[…] on pourrait travailler moins en travaillant mieux, comme l'atteste l'histoire du capitalisme industriel. Quoi qu'il en soit de leur pertinence, ces débats ont complètement disparu de la scène publique. On assiste, au contraire, à une extraordinaire survalorisation du travail portée par une idéologie libérale agressive […]. La virulence de la critique des lois dites « lois Aubry » sur la réduction du temps de travail après le changement de majorité en 2002 a parfois **frôlé l'hystérie.** « La France ne doit pas être un parc de loisirs », déclarait durant l'été 2003 Jean-Pierre Raffarin, alors Premier ministre. (« Travailler plus, pour gagner quoi ? La multiplication des formes dévaluées d'emploi conduit à la dégradation du statut du travailleur donc du citoyen », *Le Monde*, 9 juillet 2008)

L'article tente de répondre à une question préalable sur la fonction du travail. Il confronte deux points de vue, celui du travailler moins en travaillant mieux et celui du travailler plus pour gagner plus. Celui-ci est défait par la dissociation de la notion « travail » en deux pôles : l'emploi est valorisé au détriment de la notion d'activité associée à la précarité.

La disqualification opère ici par l'assimilation du point de vue contesté au comparant *hystérie*. L'auteur met en scène les propos d'un des pourfendeurs des lois Aubry sur la réduction du temps de travail. Cette citation renforce la disqualification en accusant indirectement cet opposant de paralogisme (*cf.* l'amalgame les 35 h = la France parc de loisirs).

Le projet sarkozyste entraîne en effet le pays vers un nouveau degré d'ensauvagement, mélange névrotique entre libéralisme économique et idéologie néoréactionnaire. [...] Tous les discours du chef de l'État, sur-gonflés de références à la « nation », versent dans une autosatisfaction grotesque l'ultime repère des menteurs. « Notre pays va dans la bonne direction et recueillera bientôt le fruit de ses efforts », vient-il de marteler, ajoutant une référence qui laisse peu de place au doute : « Je crois au travail et je crois à la famille. » On le voit, le néonationalisme à l'œuvre **frise l'hystérie ultra-droitière.** (« Obligation collective », *L'Humanité*, 11 janvier 2010)

Cet autre extrait rend compte d'un meeting du Front de Gauche pour combattre la politique de Sarkozy. Celle-ci est décriée à travers ses discours ponctués de références à la nation et les citations du chef de l'État qui valorisent le travail et la famille. Ces dernières sont rattachées au comparant *hystérie ultra-droitière*. Elles constituent une série d'énonciations imputables aux partisans de la droite dure qui visent à discréditer le président.

3. Conclusion

Cette analyse a permis de montrer que le comportement de la lexie pivot *hystérie* variait en fonction de ses cotextes. On a ainsi pu dégager les aspects suivants : d'une part, les collocations préférentiellement attachées à la lexie ont mis en évidence un usage métonymique qui rend compte de manifestations émotionnelles et range la lexie dans le pôle *affect*. Elles concernent d'autre part un comportement hybride de la lexie qui rend compte d'attitudes, de comportements et de sentiments. Enfin, la lexie constitue un comparant métaphorique et indexe des événements sur le lieu de l'excès.

Ces combinatoires sont déterminantes au niveau des rôles joués par la lexie dans l'organisation des textes et de l'information : dans son pôle *affect*, la lexie est préférentiellement présente dans la partie exposition des articles et met en scène les émotions et l'événement ; elle joue également le rôle d'ellipse dans le cadre d'événements narrativisés. Par ailleurs, en tant qu'étalon topique, elle hiérarchise les points de vue rapportés en les rattachant à une réfutation *ad hominem*.

La lexie *hystérie*, qu'elle vise à se déprendre de la contagion des émotions ou à fustiger tout comportement excessif, revêt par ailleurs un caractère polémique et participe incontestablement d'un positionnement institutionnel visant à créer une dynamique avec le lectorat en suscitant l'indignation, le mépris, le sarcasme. En outre, elle permet de faire l'économie d'une réfutation directe que le lectorat est invité à formuler de lui-même.

Bibliographie

Anscombre, Jean-Claude (1995). « Morphologie et représentation événementielle : le cas des noms de sentiment et d'attitude », *Langue française* 105, 40–54.

Buvet, Pierre-André *et al.* (2005). « Les prédicats d'affect », *Lidil* 32, 123–143.

Gauthier, Gilles (1995). « L'argument périphérique dans la communication politique : le cas de l'argument ‹ ad hominem › », *Hermès* 16, 149–152.

Genette, Gérard (1972). *Figures III*. Paris : Seuil.

Goossens, Vannina (2005). « Les noms de sentiment. Esquisse de typologie sémantique fondée sur les collocations verbales », *Lidil* 32, 103–121.

Magaud, Véronique (2013). « The heuristic function of rhetoric in journalistic discourse : doxopraxie and polemic schematization », in : Hilde Van belle et al. (eds.) : *Verbal and visual rhetoric in a media world*. Amsterdam : Leiden University Press, 249–263.

Rabatel, Alain (2000). « Valeurs représentative et énonciative du ‹ présentatif › *c'est* et marquage du point de vue », *Langue française* 128, 52–73.

Robrieux, Jean-Jacques (1993). *Éléments de rhétorique et d'argumentation*. Paris : Dunod.

Tutin, Agnès *et al.* (2006). « Esquisse de typologie des noms d'affect à partir de leurs propriétés combinatoires », *Langue française* 150, 32–49.

À la recherche du profil syntaxique des noms d'affect

*Agnès Tutin**

Abstract

In this chapter, we address the combinatorial study of the lexicon according to the following hypothesis: syntactic distribution of affect nouns can be used to refine the semantic analysis. With the help of the EMOLEX Treebank, we analyze the distribution of affect nouns in subject or direct-object positions, and then in specific distributions: Pro_experiencer V N_affect (*j'éprouve de la jalousie* 'I feel jalousy'; *il ressent de la honte* 'he feels shame') and N_affect V Experiencer (*la peur l'étreint* 'fear embraces him/her', *la jalousie le ronge* 'jealousy devours him'). If the first distribution is hard to interpret, the pattern N affect V Experiencer selects a subset of "caused" affect nouns, exogen or endogen nouns including a cause-thematic role.

Résumé

Dans cet article, nous abordons l'étude combinatoire du lexique en faisant l'hypothèse que la distribution syntaxique des noms d'affect peut contribuer à en affiner l'analyse sémantique. À partir du corpus arboré EMOLEX, nous analysons les distributions des noms d'affect dans les positions de sujet et d'objet direct, puis affinons l'étude en observant des configurations plus contraintes : Pro_Expérienceur V Naffect (*j'éprouve de la jalousie*, *il ressent de la honte*) et Naffect V Expérienceur (*la peur l'étreint*, *la jalousie le ronge*). Si le premier environnement reste difficile à interpréter, le contexte Naffect V Expérienceur semble bien sélectionner un sous-ensemble de noms d'affect causés, noms exogènes ou noms endogènes comportant une cause.

1. Introduction

Pour approcher le sens des mots d'affect, comprendre ce qui sépare *bonheur* de *joie*, ou comparer les équivalents traductionnels, par exemple dans le cadre du projet EMOLEX, l'approche combinatoire a souvent été employée dans les travaux du LIDILEM (Grossmann/Tutin 2007 ; Goossens 2005 ; Tutin *et al.* 2006 ; Novakova/Tutin 2009). Cette approche consiste essentiellement à explorer l'environnement lexico-syntaxique des lexies, d'une part les collocations associées à des relations syntactico-sémantiques récurrentes (*cf.* les Fonctions Lexicales de la Lexicologie Explicative et Combinatoire, Mel'čuk *et al.* 1995), et d'autre part la combinatoire syntaxique, principalement définie par la structure actancielle des lexèmes. La méthode vise à dégager les propriétés sémantiques des lexies à partir

* Université Grenoble-Alpes, LIDILEM, EA 609.

d'un ensemble de propriétés vérifiées empiriquement dans les corpus.[1] Pour reprendre notre exemple ci-dessus, le recours à la combinatoire pourra ainsi révéler quelques différences d'emploi entre des lexies apparemment proches, par exemple que *joie* dispose d'une dimension d'extériorité repérable par des cooccurrences fréquentes de verbes de manifestations extérieures comme *bondir*, *hurler*, *crier* (*de joie*), alors que *bonheur* possède une dimension « télique » (*atteindre le bonheur*, *bonheur total*) absente avec *joie*.

Dans cet article, nous nous proposons d'explorer plusieurs configurations syntaxiques d'un sous-ensemble de noms d'affect, en faisant l'hypothèse que ces distributions syntaxiques sont étroitement liées au sémantisme de ces noms. Si les classements sémantiques des verbes ont jusqu'à présent largement été associés à leurs propriétés actancielles (Dubois/Dubois-Charlier 1994), mais aussi à leurs propriétés d'alternances (p. ex. passivation, structures impersonnelles) (Gross 1975 ; Levin 1993), pour les noms, à notre connaissance, ce sont surtout les structures actancielles et la détermination qui ont été observées. La combinatoire actancielle des noms est toutefois beaucoup moins éclairante que celle des verbes, et cela pour deux raisons : d'une part, les actants dépendant des noms sont souvent non réalisés (par exemple dans *l'amour est aveugle*) ; d'autre part, la valence du nom ne prend pas évidemment en compte les recteurs mêmes des noms, qui constituent une information pertinente sur l'usage du mot. Par exemple, dans la phrase *Mon amitié pour le fils s'est reportée sur le père*, *amitié* régit un complément en *pour* et, de façon indirecte, un complément en *de* (*mon = de moi*), mais est lui-même régi en tant que sujet du verbe *reporter*. Nous souhaitons ici explorer de façon systématique quelques configurations syntaxiques associées à des ensembles de noms. À notre connaissance, cette démarche n'a pas encore été beaucoup explorée, en dehors des travaux sur les collostructions de Gries et Stefanowitsch (par exemple, 2003) qui observent les configurations lexico-syntaxiques dans lesquelles un ensemble de mots est susceptible d'apparaître, en quelque sorte l'attirance d'un mot pour un patron lexico-syntaxique comme cela a été étudié par Novakova *et al.* (2012) en utilisant les techniques de la linguistique de corpus et du TAL. Si l'on transpose leur méthode au français, on peut ainsi observer dans notre corpus de travail (*cf.* section suivante) que la collostruction *sombrer dans*

1 Notre démarche se distingue de celles de Flaux/Van de Velde (2000) ou de Buvet *et al.* (2005), dans la mesure où les propriétés que nous utilisons sont dérivées des observations sur corpus. Nous nous distinguons également des méthodes entièrement automatiques de sémantique distributionnelle (*cf.* Sahlgren 2008), dans la mesure où nous intervenons manuellement sur le corpus et regroupons les valeurs sémantiques des cooccurrents, à la manière des fonctions lexicales.

le/la N est particulièrement productive avec un sous-ensemble de noms d'affect et d'état négatif[2] (*folie*, *dépression*, etc.). Notre démarche est un peu différente dans la mesure où nous nous intéressons surtout à des configurations syntaxiques plus abstraites, sans ancrage lexical, et où notre objectif vise avant tout à dégager par un ensemble de configurations syntaxiques des éléments permettant d'affiner le sens des mots.

2. Méthode

Au même titre que les associations lexicales, nous considérons donc que les configurations syntaxiques dans lesquelles entrent les noms sont susceptibles de véhiculer des éléments de signification. Cette approche est rendue possible par l'utilisation de gros corpus analysés syntaxiquement et accompagnés d'outils d'exploration performants développés dans le cadre du projet EMOLEX.

La méthode employée consiste dans un premier temps à repérer automatiquement un ensemble de configurations syntaxiques pour un sous-ensemble de noms sur un large corpus. Le corpus sélectionné est un sous-ensemble du corpus EMOLEX (Diwersy/Kraif 2013), analysé syntaxiquement et de façon automatique à l'aide du logiciel Connexor[3] (Järvinen *et al.* 2004), qui propose une analyse de dépendance proche du modèle de Tesnière (1959). La figure 1 présente ainsi l'analyse (sous forme d'arbre de dépendance) de la phrase *Max éprouva une grande joie en apprenant cette nouvelle.*

Grâce à ce corpus arboré (analysé syntaxiquement), il est ainsi possible de rechercher automatiquement les configurations syntaxiques associées à un nom ou à un ensemble de noms. Par exemple, nous pouvons rechercher les occurrences pour lesquelles, indépendamment de l'ordre des mots – les arbres de dépendance sont purement hiérarchiques – le mot *joie* est objet direct du verbe comme dans l'exemple ci-dessus. Pour ce travail exploratoire sur les configurations syntaxiques des noms d'affect, un sous-ensemble du corpus EMOLEX de 40 millions de mots (à peu près équitablement répartis entre la presse et les romans) a été constitué, de façon à pouvoir examiner manuellement les contextes (ce qui aurait été impossible avec la totalité du corpus de 136 millions de mots).

---

2 Sur notre corpus d'étude de 40 M de mots, on relève *folie* (8 occ.), *dépression* (8 occ.), *inconscience* (6 occ.), *démence* (4 occ.), *pessimisme* (2 occ.), *angoisse* (2 occ.), pour la structure *sombrer dans le/la* N.

3 Une démonstration de l'analyseur syntaxique est disponible sur le site : http://www.connexor.com/nlplib/?q=demo/syntax

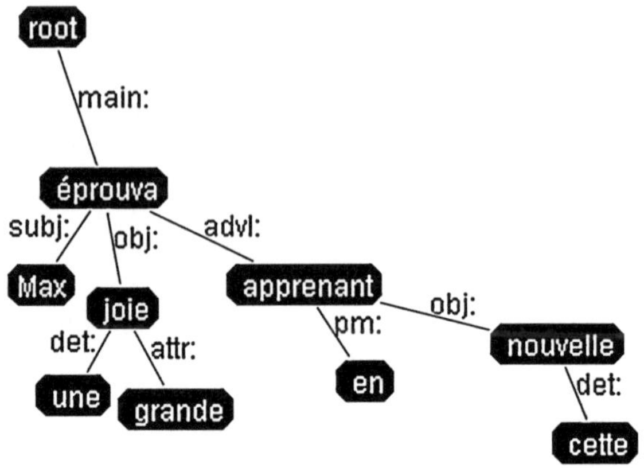

Figure 1: l'analyse de Max éprouva une grande joie en apprenant cette nouvelle *à l'aide de l'analyseur syntaxique Connexor*

Deux principaux types de configurations syntaxiques ont été observés : a) d'une part des configurations où les noms d'affect sont associés aux positions sujet et objet du verbe ; b) d'autre part des sous-structures des premières où les noms apparaissent dans les configurations Pro_Expérienceur V Naffect (*j'éprouve de la jalousie, il ressent de la honte*) et Naffect V Expérienceur (*la peur l'étreint, la jalousie le ronge*). L'objectif était ici d'observer dans quelle mesure ces structures syntaxiques pouvaient éclairer le fonctionnement sémantique des noms, en lien avec des observations déjà effectuées sur ce champ lexical (Anscombre 1995, Goossens 2005, Tutin *et al.* 2006), en nous intéressant à des noms d'affect fréquents déjà étudiés dans d'autres travaux de l'équipe.

3. Les noms d'affect dans les configurations de type Naffect V ou V Naffect

Nous nous sommes dans un premier temps intéressée aux simples positions syntaxiques des noms d'affect en observant pour un sous-ensemble de noms les positions dans lesquelles ils apparaissent. Les noms d'affect sont dans leur très grande majorité biactanciels, ou pour certains triactanciels : il n'y a en effet pas d'affect sans expérienceur ; l'affect par ailleurs a un objet et/ou une cause. Dans Tutin *et al.* (2006), la typologie des noms d'affect dégagée caractérisait les noms d'affect : a) selon le caractère préférentiellement interpersonnel de l'objet de l'affect (par exemple pour *mépris* mais pas pour *peur*) ; b) selon que le nom d'affect a une cause qui déclenche l'affect (ce qui serait le cas pour *mépris* mais pas pour *amitié*). Notre typologie se rapproche en partie de la proposition d'Anscombre (1995) qui dissocie les noms endogènes (où l'origine se confond avec le lieu psychologique), comme *amour* ou *dédain*, des noms exogènes : « l'origine est vue comme extérieure au lieu psychologique » (p. 47). Elle s'en différencie toutefois dans la mesure où notre classement intègre des affects se caractérisant à la fois par un objet et une cause (*mépris*, *dédain*), et où les paramètres aspectuels (principalement duratif *vs* aspectuel) sont également pris en compte. Pour cette étude de corpus, nous souhaitions mettre en relation le type dégagé pour quelques noms d'affect, et les structures syntaxiques préférentielles dans lesquelles ils s'intègrent. Neuf noms d'affect productifs, peu polysémiques (pour éviter de fastidieux tris manuels), de types variés, ont été analysés (*admiration*, *amitié*, *angoisse*, *enthousiasme*, *honte*, *jalousie*, *joie*, *mépris*, *peur*). Le tableau 1 ci-dessous indique pour chaque nom le type d'affect selon notre classification, sa structure actancielle, le type endogène/exogène d'après Anscombre, et fournit un exemple.

Nom d'affect	**Type (LF 2006)**	**Structure actancielle typique**	**Classification d'après Anscombre (1995)**	**Exemple**
Admiration	Affect interpersonnel causé	Admiration de Nhum (exp) pour/ envers Nhum (objet) à cause/du fait de N (cause)	Endogène	Puis **son** (exp) *admiration* **pour la dame** (objet) se déclenchant, il demande…
Amitié	Affect interpersonnel non causé	Amitié de Nhum (exp) pour Nhum (objet)	Endogène	**Mon** (exp) *amitié* **pour le fils** (objet) s'est reportée sur le père
Angoisse	Affect causé ponctuel ou duratif	Angoisse de Nhum (agent) (de N (cause) |de Vinf/que P)	Exogène	**Mon** (exp) *angoisse* **de la mort** (cause) **Son** (exp) *angoisse* **de ne pas grandir** (cause)
Enthousiasme	Affect causé ponctuel réactif	Enthousiasme de Nhum (exp) pour N (cause)	Endogène	Je m'efforçais de réfréner **mon** (exp) *enthousiasme* **pour ce projet** (cause)
Honte	Affect réactif causé interpersonnel	Honte de Nhum (exp) (de N (cause) | de Vinf/que P)	Exogène	Je ne vous ai rien dit de **ma** (exp) *honte* **d'avoir été surprise** (cause)

Nom d'affect	**Type (LF 2006)**	**Structure actancielle typique**	**Classification d'après Anscombre (1995)**	**Exemple**
Jalousie	Affect interpersonnel causé	Jalousie de Nhum (exp) pour/envers/ vis-à-vis de Nhum (objet) pour/à cause de/du fait de N (cause)	Endogène	La *jalousie* **de Giselle** (exp) **vis-à-vis de Lucille** (objet)
Joie	Affect causé ponctuel ou duratif	Joie de Nhum (exp) devant/de Vinf	Exogène	Ils manifestèrent **leur** (exp) *joie* **de revoir leur ami** (cause)
Mépris	Affect interpersonnel causé	Mépris de Nhum (exp) de/pour/ envers Nhum/-hum (objet) pour/à cause de/du fait de N (cause)	Endogène	Le roi Jean II laissa éclater **son** (exp) *mépris* **pour ces ennemis sans loyauté** (objet)
Peur	Affect causé ponctuel ou duratif	Peur de Nhum (exp) de/pour/de Vinf/que P (cause)	Exogène	Un jeune homme parvient à vaincre **sa** (exp) *peur* **de participer à des joutes oratoires de rappeurs** (cause)

Tableau 1: typologie et structure actancielle d'un sous-ensemble de noms d'émotion

Nous avons observé pour ce sous-ensemble de noms les contextes où ces noms apparaissaient dans des configurations de sujet et d'objet direct. Notre hypothèse était la suivante : les noms classés comme exogènes, ou affects causés selon notre typologie, devraient tendre à apparaître davantage en position sujet, dans des contextes où l'affect en quelque sorte « actif » touche, atteint l'expérienceur (*la peur le paralyse*, *la honte le submerge*). Les noms d'affect endogènes en revanche devraient être peu susceptibles d'apparaître en position sujet, qui devrait être la position privilégiée de l'expérienceur. Pour tester cette hypothèse, le relevé systématique des positions syntaxiques, ramené aux fréquences des noms,[4] a été effectué sur le corpus (*cf.* figure 2).

4 Pour ne pas fausser les statistiques, les expressions *avoir honte et avoir peur*, extrêmement productives, n'ont pas été intégrées.

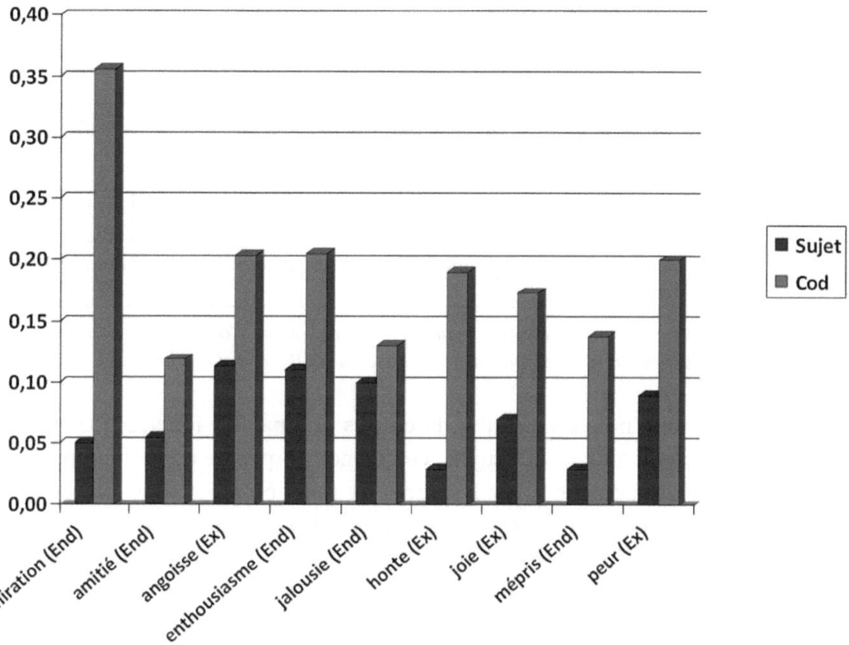

Figure 2: distribution syntaxique (sujet et Cod) de quelques noms d'affect (fréquence relative)[5] *sans filtrage manuel*

Les résultats obtenus apparaissent moins contrastés que prévu, et difficiles à interpréter. De manière générale, et de façon peu surprenante, les noms d'affect apparaissent plus fréquemment en position d'objet direct que de sujet, cette position étant très majoritairement associée à l'expérienceur de l'affect, en particulier lorsqu'il y a un verbe support (par exemple, *avoir de l'admiration* ou *éprouver de l'angoisse* ; cf. la fonction lexicale Oper1 chez Mel'čuk *et al.* 1995). Pour la fonction objet direct, notre hypothèse selon laquelle les noms exogènes tendraient à être davantage utilisés comme objets directs n'est pas vérifiée : parmi les cinq noms ayant la fréquence relative la plus élevée pour la fonction Cod, trois sont exogènes. Cependant, comme on peut le constater dans le tableau 2, associer de façon privilégiée le sujet de la construction transitive à un expérienceur n'est pas une analyse valide, d'autres rôles sémantiques pouvant être joués par le sujet, en particulier celui de Cause ou Objet, dans des constructions « causatives » (Oper2

5 La fréquence relative calcule le nombre d'occurrences de la fonction syntaxique sur le nombre total d'occurrences.

dans le langage des Fonctions Lexicales, par exemple *faire peur* ou *susciter la jalousie*, ou CausPredMinus, par exemple *calmer l'angoisse*).

Nom	Admi-ration	Amitié	Angoisse	Enthou-siasme	Honte (sans *avoir*)	Jalousie	Joie	Mépris	Peur (sans *avoir*)
V – obj >N	**forcer** avoir **faire**	avoir **faire** entre-tenir	avoir **calmer** éprouver	**susciter** partager **soulever**	**faire** **cacher** éprouver	**susciter** avoir **attiser**	avoir **faire** **cacher**	avoir afficher dénon-cer	**faire** prendre con-naître

Tableau 2: les verbes les plus fréquents ayant un Naffect comme Cod (les verbes ayant un sujet qui occupe un rôle sémantique de Cause ou d'Objet sont mis en gras)

Il faudrait donc pouvoir extraire du corpus non pas les fonctions syntaxiques, mais les rôles sémantiques des sujets, ce que nos corpus ne permettent pas encore de faire automatiquement. L'analyse pour la fonction sujet pose des problèmes méthodologiques comparables, même si nous relevons une légère sur-représentation des noms exogènes dans les fréquences les plus fortes pour les sujets, et de noms endogènes pour les fréquences les plus faibles. Face à ces données difficiles à interpréter, nous avons souhaité affiner cette analyse à travers des contextes plus ciblés. Pour ce faire, nous avons procédé à des extractions plus contraintes, plus faciles à trier manuellement, en observant les rôles sémantiques de certains actants.

4. Les structures Pro-Expérienceur V Naffect (*j'éprouve de la jalousie*) et Naffect V Expérienceur (*la peur me paralyse*)

4.1 La structure Naffect V Expérienceur : la joie le submerge, l'angoisse le dévore

Des extractions plus ciblées ont été réalisées sur le corpus de façon à pouvoir explorer plus en finesse notre hypothèse. Le premier contexte extrait le patron Naffect ← suj – V – obj → Pro ou N, avec un filtrage manuel lorsque ce dernier élément correspond à un expérienceur :[6] *la joie le comble*, *la jalousie me dévore*, *l'admiration a transporté Jacques*… Nous avons également retenu des cas de fonctionnement métonymique, où l'objet n'est pas directement l'expérienceur mais une partie du corps de l'expérienceur, cas courants souvent soulignés pour

6 Les cas de structures à attribut de l'objet ont bien entendu été exclus, par exemple dans *la joie le rendait hagard*.

le lexique de l'affect (*cf.* Mathieu 2000), comme dans *la joie lui serre le cou*. Ce cas de figure est très productif dans notre corpus et représente à peu près 30% des exemples extraits. Cela montre pour certains des noms d'affect l'importance du substrat physiologique, parfois imagé, en particulier pour les noms *peur*, *angoisse*, *joie*.

La distribution de cette structure par Naffect apparaît à la figure 3. Une corrélation nette apparaît entre le type exogène/endogène du nom et sa fréquence. Les noms exogènes sont dans l'ensemble beaucoup plus productifs dans cette structure que les noms endogènes, exception faite toutefois de *jalousie*. Deux noms endogènes (*enthousiasme*, *mépris*) n'y recourent pas dans le corpus examiné. La corrélation entre le type du nom et sa distribution actancielle apparaît donc ici manifeste.

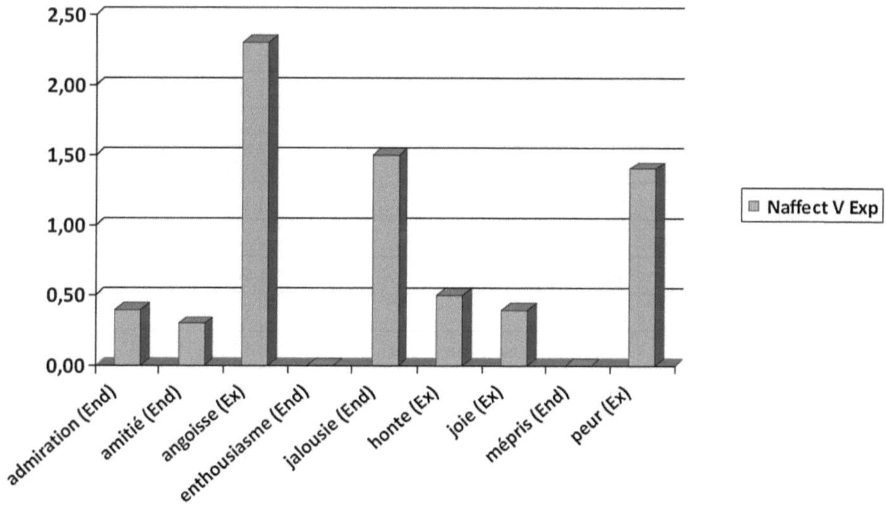

Figure 3: répartition (fréquence relative) des Noms d'affect dans la structure Naffect V exp

L'examen des verbes utilisés (*cf.* tableau 3) met au jour des champs sémantiques récurrents, bien identifiés par les Fonctions Lexicales de la Lexicologie Explicative et Combinatoires (Mel'cuk *et al.* 1995) :

- une atteinte, généralement « invalidante », de l'individu subissant : *aveugler*, *dévorer*, *tarauder*, *tétaniser* ;
- un mouvement progressif de l'affect vers l'individu subissant : *gagner*, *envahir*, *prendre*, *saisir* ;
- un déferlement de l'affect vers l'individu : *submerger*.

Dans ces cas, comme cela a été analysé par Kövecses (2002) dans le cadre des métaphores conceptuelles, l'émotion personnifiée agit comme une sorte d'agent, dans des métaphores conceptuelles d'opposition (l'émotion est une sorte d'« ennemi caché », métaphore que l'on retrouve dans les verbes de contrôle comme *dominer sa peur*, *vaincre son angoisse*, *cf.* section suivante) ou comme une force qui déferle (métaphore du fluide, également perceptible dans des expressions comme *vague d'angoisse*). Ces emplois alimentent la perception d'un affect en quelque sorte extérieur à l'individu, sur lequel l'expérienceur n'a pas véritablement prise. Les noms endogènes, *jalousie* excepté, apparaissent en effet peu dans ces structures. En ce qui concerne le nom *amitié*, toutefois, on relève le verbe *unir*, spécifique de ces affects relationnels interpersonnels.

Verbes	**Noms associés**	**Fonctions Lexicales**
aveugler	peur	Fact1
dévorer	honte, jalousie	Fact1
envahir	angoisse, honte, joie, peur	IncepFunc1
gagner	peur	IncepFunc1
prendre	angoisse, peur	IncepFunc1
quitter	joie, peur	FinFunc1
reprendre	peur	IncepFunc1
saisir	angoisse, honte, peur	IncepFunc1
serrer	peur	Fact1
submerger	angoisse, honte, joie, peur	Magn+Func1
tarauder	peur	Fact1
tétaniser	peur	Fact1
traverser	angoisse, peur	Func1
unir	amitié	Func1+2

Tableau 3: les verbes les plus fréquents dans la structure Naffect V exp

4.2 La structure Pro-Expérienceur V Naffect : il a une grande admiration

Une analyse comparable a été menée sur le patron :

Pro (personnel) ← suj – V – obj → Naffect

La structure a ici été restreinte au pronom parce que cela permet de limiter le nombre de résultats, triés manuellement par la suite, et parce que cette catégorie correspond très souvent à l'expérienceur de l'affect, bien que cela ne soit pas toujours évidemment le cas comme dans *vous me causez une immense joie*. Les résultats de cette extraction (figure 4) fournissent des résultats assez contrastés. Certains noms endogènes sont quasiment absents de cette structure, comme *enthousiasme*, *jalousie* ou *amitié*, contrairement à nos attentes selon lesquelles les noms endogènes mettraient en avant la source de l'affect, c'est-à-dire ici le sujet expérienceur, qui est le thème de la phrase. Cela n'est pas le cas cependant pour *admiration* qui, contrairement aux autres noms endogènes, apparaît fréquemment dans cette structure. Inversement, les noms exogènes sont plutôt sur-représentés dans cette structure, en particulier *angoisse* et *peur* qui étaient aussi assez productifs dans les structures Naffect V Exp.

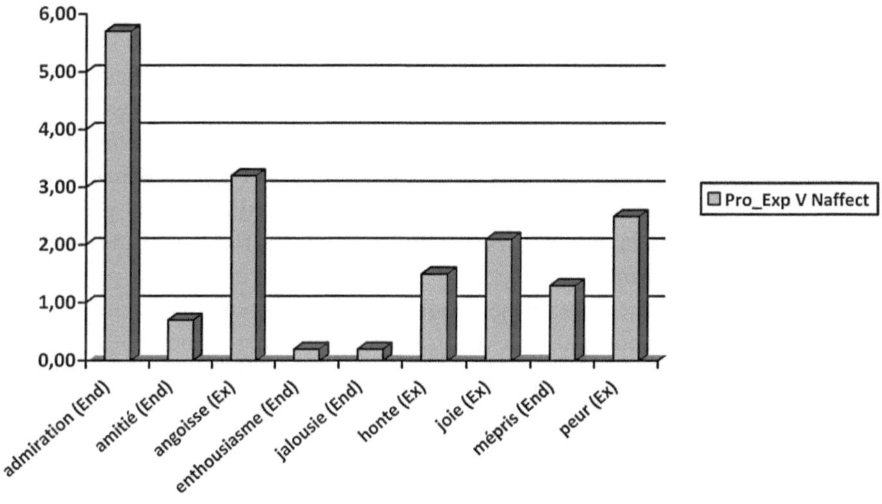

Figure 4: répartition (fréquence relative) des Noms d'affect dans la structure Pro-Expérienceur V Naffect

Comme pour la structure précédente, un repérage des verbes associés les plus fréquents a été effectué, afin d'analyser plus finement le lien entre le verbe et le Naffect.

Verbes	**Noms Associés**	**Fonctions Lexicales (standard)**
avoir	admiration, amitié, angoisse, enthousiasme, honte, jalousie, joie, mépris, peur	Oper1
cacher	admiration, mépris, peur	NonPerm1Manif
avouer	admiration, peur	
connaître	angoisse, joie, peur	Oper1

Verbes	Noms Associés	Fonctions Lexicales (standard)
éprouver	admiration, angoisse, amitié, honte, joie, mépris, peur	Oper1
partager	admiration, angoisse, joie	
exprimer	admiration, joie	
prendre	honte, peur	IncepOper1
ressentir	admiration, angoisse, honte, joie, peur	Oper1
sentir	angoisse, honte, peur	Oper1
vaincre	peur	Liqu1Func0

Tableau 4: les verbes les plus fréquents dans la structure Pro-Expérienceur V Naffect

Sans surprise, les verbes de loin les plus productifs sont les verbes supports (Oper1), quasiment vides sur le plan sémantique, le seul verbe ici possible pour l'ensemble des noms examinés étant *avoir* et non *éprouver* ou *ressentir*, contrairement à l'intuition.[7] La métaphore d'opposition (l'affect est un ennemi), déjà observée lorsque *peur* était sujet (*la peur taraude, tétanise*), est ici présente à travers *vaincre*. Enfin, la dimension communicative de l'affect s'exprime à travers *avouer*, *partager*, *exprimer*.

L'analyse de cette distribution syntaxique est toutefois rendue difficile pour les structures à verbe support par la lexicalisation de certaines associations, comme *avoir honte* ou *avoir de l'admiration*, perçues comme des prédicats verbaux.

5. Bilan et conclusion

Au terme de notre expérimentation, plusieurs constats se font jour. Force est d'admettre que le type sémantique du nom d'affect, exogène *vs* endogène, ne semble pas immédiatement corrélé à sa distribution comme sujet ou objet direct dans la phrase. Ces configurations très génériques sont assez difficiles à interpréter, ce qui nous a amenée à affiner l'analyse de ces contextes en termes de rôles sémantiques (le sujet de la phrase comme expérienceur, ou l'objet direct comme expérienceur). Le premier environnement, le sujet comme expérienceur, reste cependant difficile à analyser, les constructions à verbe support tendant pour certaines d'entre elles à se lexicaliser. La distribution du nom d'affect comme sujet (et objet direct expérienceur) apparaît plus intéressante dans la mesure où elle semble sélectionner préférentiellement un type sémantique de Naffect, les noms d'affect causé,

7 Rappelons toutefois que le corpus analysé ne fait que 40 millions de mots.

de type exogène, ou des noms endogènes pour lesquelles une cause externe est identifiable.

L'approche proposée paraît donc pertinente pour des contextes sémantico-syntaxiques marqués, à condition qu'un tri manuel – opération fastidieuse – soit opéré. La lourdeur de l'analyse manuelle n'a pas rendu possible ici une analyse de contextes syntaxiques variés. Une piste intéressante, pour contourner la difficulté de l'analyse manuelle, pourrait être de proposer des configurations plus contraintes, avec des mots grammaticaux (prépositions spécifiques, déterminants), ou un repérage préalable des rôles sémantiques à travers les cooccurrences lexicales les plus fréquentes (*cf.* Diwersy/Kraif 2013, Stefanowitsch/Gries 2003).

Enfin, plutôt que de caractériser des configurations syntaxiques associées à des ensembles de noms d'affect, il pourrait être intéressant de dresser une sorte de portrait syntaxique du Naffect, à travers l'ensemble des positions qu'il peut occuper. On pourra ainsi relever qu'*enthousiasme*, peu susceptible d'entrer dans les configurations Naffect V Expérienceur ou Pro-Expérienceur V Naffect, est en revanche très fréquent dans la configuration Objet V Naffect (*cela suscitait un immense enthousiasme*) ou comme complément de manière (*avec/sans enthousiasme*).

Bibliographie

Anscombre, Jean-Claude (1995). « Morphologie et représentation événementielle : le cas des noms de sentiment et d'attitude », *Langue française* 105, 40–54.

Buvet, Pierre-André/Girardin, Chantal/Gross, Gaston/Groud, Claudette (2005). « Les prédicats d'‹ affect › », *Lidil* 32, 123–143.

Diwersy, Sascha/Kraif, Olivier (2013). « Observations statistiques de cooccurrents lexico-syntaxiques pour la catégorisation sémantique d'un champ lexical », *in* : Georgeta Cislaru/Fabienne Baider (eds.) : *Cartographie des émotions. Propositions linguistiques et sociolinguistiques*. Paris : Presses Sorbonne Nouvelle, 55–70.

Dubois, Jean/Dubois-Charlier, Françoise (1994). *Les Verbes français*. Paris : Larousse.

Goossens, Vannina (2005). « Les noms de sentiment : esquisse de typologie sémantique fondée sur les collocations verbales », *Lidil* 32, 103–121.

Gross, Maurice (1975). *Méthodes en syntaxe. Le régime des constructions complétives*. Paris : Hermann.

Grossmann, Francis/Tutin, Agnès (2007). « Motivation of Lexical Associations in Collocations : the Case of Intensifiers for ‹ Nouns of Joy › », *in* : Leo Wanner (ed.) : *Selected Lexical and Grammatical Issues in the Meaning-Text Theory in Honor of Igor Mel'čuk*. Amsterdam/Philadelphia : Benjamins, 139–165.

Järvinen, Timo/Laari, Mikko/Lahtinen, Timo/Paajanen, Sirkku/Paljakka, Pirkko/Soininen, Mirkka/Tapanainen, Pasi (2004). « Robust Language Analysis Components for Practical Applications », *in* : *Robust and Adaptive Information Processing for Mobile Speech Interfaces*, 53–56.

Kövesces, Zoltan (2002). *Metaphor and Emotion: Language, Culture, and Body in Human Feeling*. Cambridge, MA: Cambridge University Press.

Levin, Beth (1993). *English Verb Classes and Alternations: A Preliminary Investigation*. Chicago : University of Chicago Press.

Mathieu, Yvette Yannick (2000). *Les verbes de sentiments*. Paris : CNRS éditions.

Novakova, Iva/Tutin, Agnès (eds.) (2009). *Le Lexique des émotions*. Grenoble : Ellug.

Novakova, Iva/Goossens, Vannina/Melnikova, Elena (2012). « Associations sémantiques et syntaxiques spécifiques. Sur l'exemple du lexique émotionnel des champs de surprise et de déception », *in* : *Actes du Congrès Mondial de Linguistique Française*, 1017–1029.

Stefanowitsch, Anatol/Gries, Stefan Th. (2003). « Collostructions: Investigating the Interaction of Words and Constructions », *International Journal of Corpus Linguistics* 8(2), 209–243.

Tesnière, Lucien (1959). *Éléments de syntaxe structurale*. Paris : Klincksieck.

Tutin, Agnès/Novakova, Iva/Grossmann, Francis/Cavalla, Cristelle (2006). « Esquisse de typologie des noms d'affect à partir de leurs propriétés combinatoires », *Langue française* 150, 32–49.

4. Liens textuels et signaux pragmatiques

Patterns of Emotive Lexis and Discourse Organization in Short Stories by James Joyce

*Michael Stubbs**

Résumé

Le présent article se propose d'analyser les fonctions que des mots donnés peuvent assumer dans la structuration d'un texte à partir du recueil de nouvelles *Dubliners* de James Joyce. L'intrigue extérieure des 15 nouvelles étant généralement peu développée, c'est l'intérêt porté aux émotions des protagonistes ainsi qu'aux connotations évaluatives et symboliques de certains mots qui prime. Des réflexions générales sur le lexique du recueil dans son ensemble seront complétées par des analyses plus détaillées de deux nouvelles, *Eveline* et *A Little Cloud.* Dans ces nouvelles, on retrouve de nombreux mots désignant des émotions qui se situent tant à un niveau superordonné (p. ex. *feeling*, *mood*) qu'à un niveau spécifique (p. ex. *anger, remorse*). L'analyse du contenu textuel se basera sur des calculs de la fréquence de ces mots d'émotion, effectués à partir du texte brut ainsi que du texte sémantiquement annoté. L'analyse de l'organisation linéaire des nouvelles choisies se fera sur la base de calculs distributionnels, à partir desquels seront par ailleurs élaborées des représentations graphiques de la structure textuelle.

Abstract

This chapter studies the role which words play in structuring texts in the short story collection *Dubliners* by James Joyce. All fifteen stories in the collection have limited external action: what is of interest is the emotions of the central characters, and the evaluative and symbolic connotations of certain words. Generalizations about lexis in the whole collection are followed by more detailed examples from two individual stories, *Eveline* and *A Little Cloud.* The stories contain many words for emotions, both superordinate (e.g. *feeling*, *mood*) and specific (e.g. *anger*, *remorse*). Statistics on their frequency, based on raw text and on semantically tagged text, are used to study textual content. Statistics on their distribution are used to study the linear organization of individual stories, and are converted into graphic representations of textual structure.

1. Corpora and texts

This chapter discusses how the frequency and distribution of words for emotions and mental states contribute to narrative structure in two stories in the short-story collection *Dubliners* by James Joyce.

An empirical investigation of words in a given semantic field such as "emotions" can start from large corpora or from individual texts, but should ideally combine

---

* University of Trier.

both corpus and text analysis. A corpus analysis typically studies recurrent collocations and lexico-grammatical patterns in a sample of many unrelated texts, produced by many different speakers. This is usually done by removing small fragments of language from their original source texts, and reordering them in an artificial way in a KWIC concordance. This is a valuable estrangement device which allows us to see new things. For example, we can compare the phraseology of a single text with typical phraseology in general language use. The last words of one of the stories in *Dubliners* are "… tears of remorse started to his eyes". If we search for the variable pattern "… tears of [EMOTION] VERB-ed PREP … eyes", we discover that it is not unique to this single story (these examples were collected from the world-wide-web via WebCorp: RDUES 1999–2012):

tears of agony	rolled from	their eyes
tears of delight	welled in	his eyes
tears of despair	burst from	his eyes
tears of desperation	sprang into	her eyes
tears of gratitude	started from	his eyes
tears of helplessness	welled up in	his eyes
tears of self-pity	escaped from	her eyes

However, artificially generated concordances and naturally occurring texts place fragments of language in fundamentally different kinds of context (co-text). If we place many small fragments of language in parallel but very local contexts (in a concordance), we can study their average use across a speech community. But such data provide no evidence about how such fragments contribute to the organization of whole texts. We need a different approach to study how words acquire symbolic and emotive meanings due to their frequency and distribution in specific texts, and how the uneven distribution of semantically related words (e.g. words for emotions) contributes to textual structure.

2. *Dubliners*: main themes

Dubliners (Joyce 1914) is a collection of fifteen short stories written in the early 1900s. In a letter of 1904, Joyce famously expressed his intention to portray the paralysis of Dublin and its citizens, and this theme has been discussed in detail by literary critics.

All the stories are superficially mundane accounts of city life, which contain no exciting plots or dramatic external events. Indeed, there is often little external action at all, and the stories often come to no clear conclusion. For example, in *Eveline*, the main character plans to elope to South America with her boyfriend, considers the pros and cons during the whole story, but decides to stay in Dublin. In a word: nothing actually happens! The interest of the stories is in their social criticism of a city which is paralyzed by miserable social conditions, by British imperialism, and by Catholicism, and in their psychological criticism of characters whose obsession with their own emotions alienates them from others. They want to escape from their unadventurous lives, but are unable to act. They sometimes, at the end of the stories, show a moment of increased self-awareness.

3. *Dubliners*: narrative structure

Stories have beginnings, middles and ends. An initial indication of how word distribution contributes to the narrative structure of the stories in *Dubliners* is evident from a comparison of their opening and closing sentences. Most of the stories start rather traditionally, with opening sentences which refer, with little or no evaluative vocabulary, to the external world: times, places and characters. In contrast, the final sentences refer in an evaluative way to the internal feelings of the characters, and contain superordinate terms for emotions (e.g. *emotion*, *feeling*, *mood*, *sensation*, *sentiment*) and words for specific emotions (e.g. *anger*, *anguish*, *hatred*, *love*, *regret*, *remorse*, *shame*) or mental states (e.g. *approval*, *pain*, *recognition*). Here are clear examples from seven of the fifteen stories:

An Encounter:
[…] Every evening after school we met in his back garden. […]
[…] I was penitent; for in my heart I had always despised him a little.

Araby:
North Richmond Street […] was a quiet street. […]
[…] my eyes burned with anguish and anger.

Eveline:
She sat at the window. […]
[…] Her eyes gave him no sign of love or farewell or recognition.

The Boarding House:
Mrs Mooney was a butcher's daughter. […]
[…] Then she remembered what she had been waiting for.

A Little Cloud:
Eight years before he had seen his friend off at the North Wall [Dublin harbour]. […]
[…] felt his cheeks suffused with shame […] tears of remorse started to his eyes.

Clay:
[…] The kitchen was spick and span. […]
[…] Joe was very much moved. […] his eyes filled up so much with tears. […]

> *A Painful Case*:
> Mr James Duffy lived in Chapelizod [an area of Dublin]. [...]
> [...] He could not feel her near him. [...] He felt that he was alone.

I will show below that it is not a coincidence that the word *eyes* occurs in four of these examples. The final sentences in several of the stories contain further references to seeing (*gazing*, *glaring*, *looking*, *staring*, *watching*).

The patterns are tendencies, are not repeated mechanically, and some stories do contain words for emotions in their opening sentences, typically combined with more matter-of-fact descriptions of the external setting. For example, the first sentences of *Eveline* contain several references to time (*evening*) and place (*avenue*, *last house*, etc.), but also to Eveline's perceptions and mental state (*watching*, *odour*, *heard*, etc.):

> She sat at the window watching the evening invade the avenue. Her head was leaned against the window curtains and in her nostrils was the odour of dusty cretonne. She was tired. Few people passed. The man out of the last house passed on his way home; she heard his footsteps clacking along the concrete pavement. [...]

In addition, words such as *eyes* and *head*, and also psychological verbs and verbs of perception (e.g. *see*, *know*, *looked*) are often frequent in fictional texts (Stubbs/ Barth 2003, Stubbs 2005).

Nevertheless, the frequency and distribution of words from the semantic field of emotions contribute to the narrative structure of the stories in *Dubliners*. Key words occur at key positions.

4. Two stories: *Eveline* and *A Little Cloud*

The two stories *Eveline* (fewer than 2,000 words) and *A Little Cloud* (fewer than 5,000 words) share several themes. The action, such as it is, takes place within a few hours in Dublin in the early 1900s.

Eveline is the story of a young woman. She sits gazing out of the window of her dusty old house. She has planned to elope to Buenos Aires with a sailor named Frank, and imagines what life could be like far from Dublin. Her emotions alternate between a desire to escape her boring existence, her feeling that her home is not so bad after all, and a paralyzed state where she is unable to express any emotion whatsoever. She remembers incidents from her childhood: her domineering father, her mother's death. She goes to the harbour: Frank is waiting for her, but she cannot move or speak, and is frightened to leave Ireland.

A Little Cloud is the story of two friends who have not seen each other for several years. They meet in a bar and talk. Thomas Chandler has stayed in Dublin: he imagines what life could be like if he could read the reviews of the poetry which we know he will never write. Ignatius Gallaher has left Dublin; he does write and has become a "brilliant figure" in the London Press. Chandler's emotions alternate between superiority and envy. He is a clerk and, because of his better education, he feels superior to Gallaher, whom he finds "vulgar" in the way that he boasts about his foreign travels. But he is also jealous of Gallaher's experience of foreign places. In a final scene, Chandler is back at home with his wife and child.

The minimal external action in the stories is based on banal cultural stereotypes: a young woman plans to elope, and a man has a row with his wife after an evening drinking in a bar. The reader must therefore be assumed to have the literary competence to recognize the convention that the stories are about something else: something significant about human experience (Culler 1975, 114). In each case, it is the emotions of one central character – and the implicit evaluation of these emotions – which are of interest: envy, frustration, insecurity, shame, vanity, a general dissatisfaction with life, but also an inability to do anything about it, and a final moment of (possible) insight. This literary competence also involves the ability to recognize repeated lexical patterns.

The rest of this chapter is a test of whether computational methods can give such observations an objective empirical basis, and whether they can discover anything new about a literary text which has been intensively studied for a hundred years (see also Stubbs 2005).

5. Raw word frequencies, relative word frequencies (keywords) and range

Since the vocabulary of a language is very large, almost all content words are very rare, and lexical patterns are often impossible to observe without techniques which can identify aspects of word frequency and range.

Word-frequency lists provide a rough confirmation that the external action in the stories is minimal and banal. The raw frequency of word-forms is the simplest statistic. Relative word frequency can also be informative: so-called "keywords" are words which occur in the text more frequently than would be expected, given their frequency in a large general reference corpus (Scott 1996–2012, Scott/Tribble 2006, Rayson 2012). Here, I have used the 100 million words of the BNC (British National Corpus).

The following list gives, for the whole of *Dubliners*, the content words which occur in both the top 50 word-forms (raw frequency) and the top 50 keywords:

said, man, little, old, good, asked, room, went, young, face, came, began, eyes, head, street, voice, seemed, table

The list is in descending frequency order. It ignores proper names/titles and grammatical words. Keywords were sorted by log-likelihood (for the advantages of this test for corpus comparison, see Rayson 2012).

In the list, we have (as expected) words which are generally high frequency in fiction (*said, asked*), plus a few words which are indicative, in a very general way, of the topics of the stories: references to characters and to indoor and outdoor settings (*young, old, room, street, table*). But note also the words *face, eyes* and *voice*. In the top 50 words (raw frequency) but not in the top 50 keywords are other words which signal indoor settings (*house, door, hall*) and several words for mental states (*think, felt, thought, knew*).

Statistics on the frequency of words must be combined with statistics on their range: that is, how many of the fifteen stories they occur in. This comparison is necessary, since, for example, the word *snow* is relatively frequent (20) in *Dubliners*, but occurs in only one story, *The Dead*. These are the words (in descending frequency) which occur amongst the top 50 content words, and amongst the top 50 keywords, and in every individual story:

man, little, young, face, eyes, street, voice

These three filters, raw frequency, relative frequency and range, provide empirical confirmation of the significance of words which I had already started to identify, on intuitive grounds, in the closing sentences of the stories: *eyes* (freq 96), plus *face* (101) and *voice* (69). They are not words for emotions, but facial expression and tone of voice are ways of conveying emotions, and they signal, in some way, themes in the whole collection.

Keywords are, by definition, text-dependent. If the words *eyes, face* and *voice* are significant, then clearly this is true only of these specific stories. In addition, *Dubliners* is not, of course, a series of stories about people's eyes. Describing word frequency and range cannot explain anything, but it can draw our attention to objective textual facts which require interpretation.

6. Keywords and key semantic domains

It might seem that keywords are free of observer bias since they are generated automatically via a statistical test. However, keywords software typically picks out dozens of potential keywords, from which intuition must select those that are "interesting" (Moon 2007). In addition, such software calculates probabilities only for individual words, usually by comparing (as above) the relative frequency of word-forms in raw unlemmatized text. It does not group these word-forms under lemmas or semantic fields. Thus, semantically related forms (such as *remember*, *remembered*, *reminiscence*, *memory*) are counted separately, and low-frequency variants are missed entirely. It may seem intuitively obvious that *eyes*, *face* and *voice* are semantically related, but the software does not know this and cannot calculate the keyness of lexical sets. Also, since isolated words are removed from multi-word expressions (such as *make_light_of* or *in_light_of*), they may be misanalyzed (if the analyst looks at isolated words in frequency lists and assumes that the word *light* is a reference to "light").

These limitations are tackled in software designed by Rayson (2008), which groups words into key semantic domains. Each word-form in a text is tagged for its part-of-speech and then for its semantic field. The semantic tag set is organized in a thesaurus, which consists of 21 major semantic fields, subdivided into 232 more detailed categories. The software can recognize around 37,000 word-forms and 16,000 multi-word units, and assign the content words to these semantic categories. For example, the top-level field "Emotion" contains subdivisions including: "happy, sad", "calm, violent, angry" and "worry, concern, confidence".

Rayson (2008, 529) admits that the categories are "coarse-grained" and estimates the accuracy of the semantic tagging at (only) 91 per cent. Nevertheless, the software can test hypotheses about significant semantic fields in the stories. For example, if we compare the complete text of *Dubliners* with a reference corpus of written imaginative prose (here approximately 222,500 words from a sub-corpus of the BNC), this confirms some points about textual content and structure, and modifies others.

A comparison confirms that words in the category "Emotion" occur more frequently than in the reference corpus, but at a relatively modest confidence level ($p < 0.05$, log-likelihood). A sample of word-forms in *Dubliners* in this category is in the Appendix, and shows that many items occur only once each, and are therefore missed in a "keywords" approach, but that their cumulative semantic effect is considerable.

The software also confirms that the following semantic fields are very significantly more frequent ($p < 0.0001$) than in the reference corpus. Note again the occurrence of *voice*, *face* and *eyes*.

"Speech: communicative" freq 1255 (top forms: *said*, *voice*, *say*, *told*)
"Anatomy and physiology" 1060 (top forms: *face*, *eyes*, *head*, *hand/s*)
"Religion" 288 (top forms: *God*, *soul*, *priest*, *chapel*)
"Music" 255 (top forms: *music*, *piano*, *tenor*, *sing*)
"Language" 191 (top forms: *word/s*, *read*, *expression*, *accent*)

"Light" 77 (top forms: *light*, *lamplight*, *shone*)
"Darkness" 50 (only two forms: *dark*, *darkness*)
"Mental actions and processes" 31 (all forms: *memory/ies*, *dreamed/t*, *intellectual*, *mental/ly*)

The category "Parts of buildings" 368 (top forms: *room*, *door window*, *hall*) confirms the indoor setting of many stories: this is something which is obvious to any reader of the stories. More interesting is the category "Frequency" 221 (top forms: *again*, *often*, *repeated*, *every_year*, *every_morning*, *night_after_night*). This provides evidence, which is probably less obvious to a reader's intuition, of one way in which the monotonous nature of the characters' lives is expressed.

7. Cyclic procedures

The more we know about a text, the more we can find out about it. Once we have noticed that *eyes* is a keyword, we might notice additional symbolic references to perception, which signal the frequently confused mental state of the characters. For example, Eveline is "confused" by the way Frank talks to her, and when it gets dark, she can no longer see clearly two letters which she is writing:

> The evening deepened […]. The white of two letters in her lap grew indistinct.

As Chandler enters the bar, he is also "confused":

> He looked about him, but his sight was confused by the shining of many red and green wine-glasses. […] he felt that the people were observing him curiously.

Examples of characters who are confused and unable to see clearly occur in other stories, and illustrate the importance of intertextual references within the collection:

> […] how I could tell her of my confused adoration. […] It was a dark rainy evening. […] I was thankful that I could see so little. (*Araby*)

> […] a mist gathered on his glasses so that he had to take them off and polish them. […] (*The Boarding House*)

> […] his eyes filled up so much with tears that he could not find what he was looking for. […] (*Clay*)

Software can draw attention to the frequency of the word *eyes*, but it is unlikely that software could be programmed to recognize repeated symbols which are expressed with considerable lexical variation in different stories. This characteristic feature of extended (symbolic and metaphorical) language in literary texts may place a limit on automatic semantic annotation.

However, it illustrates important points about text and intertext. First, we interpret the stories differently whether we read each story independently, or as one of a series of stories which refer intertextually to each other. Second, in general English usage, the word *eye(s)* has different meanings (many non-literal) which are based on prototypical phraseology, and these meanings can be listed in dictionaries. As Hanks (2013) puts it, any given word has only a potential meaning: this is a state. But the meaning which is activated in a given text is an event. Third, the ways of expressing emotions are open-ended. The following additional examples from *Dubliners* describe characters' emotions. They contain no words for emotions as such, though (3) and (4) refer, in conventional phrases, to conventional ways in which people express their mental states.

(1) his little beady black eyes were examining me. (*The Sisters*)
(2) I met the gaze of a pair of bottle-green eyes peering at me. (*An Encounter*)
(3) he banged his fist on the table. (*Counterparts*)
(4) Mr Holohan began to pace up and down the room. (*A Mother*)

8. Lexical "burstiness" and narrative structure

In this chapter, I use the term "range" to refer to the number of different stories in the collection in which a word occurs, and "distribution" to refer to uneven periodicity of occurrence within individual stories. Frequency lists give a rough indication of textual content. However, words in texts occur in bursts and semantic clusters, and this uneven distribution of individual content words and words from particular semantic fields signals textual structure (e.g. Katz 1996, Bondi 2007).

Almost all content words are relatively rare, so there is only a low probability of finding a given content word in a given text. Exceptions are a few very high frequency "general nouns" (Mahlberg 2005), such as *time*, *people*, *way*, *years*, and, in fiction texts, words such as *said* (Stubbs/Barth 2003).

However, once a given content word has occurred in a text, then it is likely to occur again, typically within the next few sentences (Alford 1971, 82, Manning/Schütze 1999, 547). The uneven lexical periodicity of this local "burstiness" contributes to textual structure. Again, we have to distinguish between frequency and range. Some words are frequent and recur across many or all of the stories (e.g. *eyes*, *night*), and some are frequent but only in one story (e.g. *snow* in *The Dead*, where it acquires symbolic meanings). So, we have an average burstiness (represented by "keywords") across all fifteen stories, which indicates (roughly) topics of the whole collection, and a local burstiness within individual stories, which signals both topic and narrative structure. (Katz 1996 distinguishes slightly differently between "average burstiness" and "topical burstiness").

9. A visual representation of narrative structure

A word list in descending frequency order gives a rough indication of textual content. However, we can also design software which identifies when individual words occur for the first time in a text, and when bursts of several new words occur in close proximity to each other. The software reads through a text word by word and marks each "new" word when it occurs. At the risk of belabouring the obvious, being a "new" word is not a property of language use in general, but of a specific text, and therefore of textual organization (Covington/McFall 2010, 95). For example, the last two sentences of *Eveline* are

> She set her white face to him passive like a helpless animal. Her eyes gave him no sign of love or farewell or recognition.

The words for emotions and mental states (*passive*, *helpless*, *recognition*) occur here for the first time. The words *love* and *face* have occurred previously, but the word *eyes* has not. We can get software to mark these first occurrences:

> She >set her white face to him >passive like a >helpless >animal. Her >eyes gave him no >sign of love >or >farewell or >recognition.

Similarly, in the last two sentences of *A Little Cloud*, words for emotions (*shame*, *remorse*) occur for the first time, along with words semantically related to *face* (*cheeks*, *tears*). The very last word, *eyes*, has occurred before.

> Little Chandler felt his >cheeks >suffused with >shame and he stood back out of the >lamplight. He >listened while the paroxysm of the child's sobbing grew >less and less; and >tears of >remorse >started to his eyes.

Youmans (1991) proposes what he calls the "vocabulary-management profile" of a text. As a text becomes longer, the number of word-tokens (running words) rises, by definition, at a constant rate, but the number of word-types (different words) rises more and more slowly, as words are repeated. Writers must repeat "old" words in order to make the text cohesive: this places limits on its lexical diversity. But they must also choose "new" words in order to introduce new topics. These opposing pressures operate over whole texts, and cyclically over smaller sections, to produce uneven distributions of old and new vocabulary. Since "new" words occur in bursts, the type-token ratio can be calculated as a constantly changing ratio, across moving segments (spans) of text, in order to give a visual representation of textual structure (see graphs in Youmans 1991, Stubbs 2001, 136*sq*).

On average, the type-token ratio tends to fall in the course of a text, as more and more words are repeated. *Eveline* is around 1835 words in length (word-tokens), but has only around 600 different words (word-types). But, when new topics are introduced, new words are used, and so the ratio rises and there are peaks in the graph. Figure 1 shows a general downward trend, but peaks towards the end, at A where Eveline's mother's final madness is described, and at B when Eveline has arrived at the harbour.

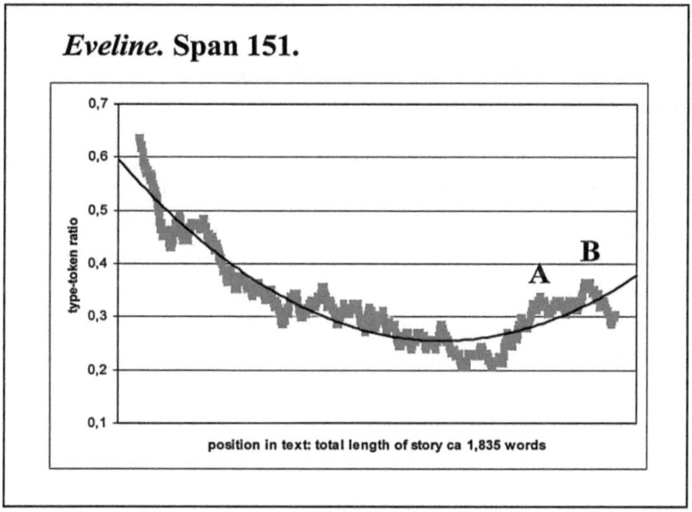

Figure 1: changing type-token ratios in Eveline, *span 151*

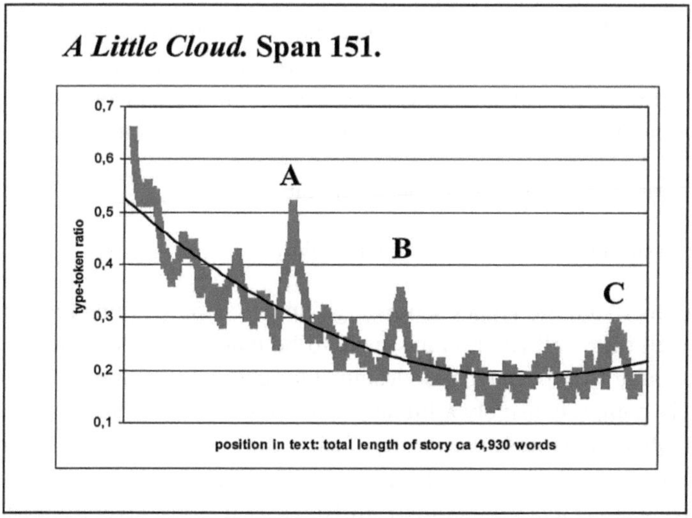

Figure 2: changing type-token ratios in A Little Cloud, *span 151*

Figure 2, for *A Little Cloud* (around 4,930 words), also shows a downward trend, but peaks at A when Chandler and Gallaher start to talk about their experiences since they last met, at B when Gallaher boasts about his adventurous life in cities abroad, and again at C near the end when Chandler is left alone with his baby.

10. A hypothesis: uneven word distribution and narrative structure

We can now formulate the following hypothesis. Towards the end of the stories are bursts of new vocabulary which signal a new topic. Much of this new vocabulary is from overlapping semantic fields: emotions and other mental states.

To test the hypothesis, we can compare the lexis in 200–word blocks at the beginnings and ends of *Eveline* and *A Little Cloud.* Since the semantic tagger embodies annotations which were designed independently of any personal interpretations which I might make of the stories, we can use the tagger to identify words in the category "Emotion" in Block 1 (at the beginning) and Block 2 (at the end). The comparisons provide corroboration of predicted tendencies in the lexical distributions.

The pattern in *Eveline* is clear. In Block 1, the tagger finds only one "Emotion" word (*happy*). In Block 2, it finds several "Emotion" words (*anguish*, *cry*, *distress*, *mournful*). In Block 2, it also finds several "Psychological" words, which could arguably also be categorized under "Emotion" (*fervent*, *felt*, *passive*, *recognition*). Most of these words occur for the first time in Block 2. However, a manual check identifies other words in Block 2 which also denote Eveline's emotions (*frenzy*, *heart*, *helpless*, *love*, *nausea*, and possibly *called*, *prayed*, *prayer*, *shouted*). The tagger codes these words under different semantic categories. Coding individual words and multi-word units also misses longer expressions which convey Eveline's emotions, for example:

> all the >seas of the >world tumbled about her heart
> he would >drown her
> she >gripped with both >hands at the >iron >railing

In this comparison, the tagger scores high on precision (it finds relevant words), but less well on recall (its findings have to be manually enhanced). However, it would be unfair to expect a tagger designed for general purposes to be able to handle entirely comprehensively a literary text from the early 1900s, and to identify such metaphorical expressions (which clearly cannot be listed in a thesaurus).

The pattern in *A Little Cloud* is also clear. In Block 1, the tagger finds only two "Emotion" words (*fearless*, *smiled*). In Block 2, it finds several, most of which occur for the first time in Block 2 (two each: *cried*, *cry*, *love*, *sobbing*; and one each: *fright*, *frightened*, *hatred*, *remorse*). Again, a manual check identifies further words in Block 2 which also denote emotion felt by Chandler and his child (*paroxysm (of sobbing)*, *shame*, *panting*, *stammer*). And again, several relevant individual words are not identified because they are part of longer expressions which describe conventional ways of conveying the wife's emotions.

the door was >burst open
she >flung her >parcels on the >floor
>snatched the child from him
>giving no >heed to him
>clasping the child >tightly

Semantic categories are not sharply defined, and although semantic tagging in Wmatrix depends on a prior grammatical tagging, it cannot be entirely sensitive to the co-text. In *Eveline*, for example, *love* is categorized not as "emotion", but as "social action or state" (along with *helpless*, *prayed*, *prayer*). Similarly, other words which could be said to describe "emotions" are categorized as "psychological actions or states" (*felt*, *fervent*, *passive*), as "body" (*heart*, *nausea*) and as "general actions" (*frenzy*). Wmatrix does however distinguish between the use of the word-form *love* in *Eveline* (as "social action or state") and in *A Little Cloud*, where it is an address term (*Was 'ou frightened, love? There now, love! There now!*).

The general theoretical issue in my repeated point about the word *eyes* is as follows. Joyce's use of the word is by no means ungrammatical or "odd". In everyday English (as sampled in the BNC), eyes are *beady*, *dark* and *large*, and the word collocates with *face* and *tears*. But in *Dubliners*, by its frequency, range (across all the stories) and distribution (several times at the very end of individual stories), the word is given textual meanings in addition to its shared conventional meanings in the speech community (Hanks 2013).

Words can acquire symbolic meanings due to their frequency and distribution in individual texts. These textual meanings cannot be captured in a general lexicon (of the type which provides the basis of a semantic tagger). As Sinclair (2004, 21) puts it, meanings are entirely provisional and are created by "ad hoc interpretation" in different texts. Hence, meanings are not something that can be recorded comprehensively in reference books and "no finite lexicon can include them all".

11. Binary contrasts and evaluative vocabulary

A systematic comparison of all fifteen stories, using the methods I have illustrated, will have to wait for a longer study. So will a discussion of other aspects of narrative structure and evaluative vocabulary which I can mention here only briefly.

Readers with basic literary competence will recognize the importance of binary contrasts (Culler 1975, 126) in many of the narratives in *Dubliners*. The point of *Eveline* rests on the contrasts between Eveline's daydreams and reality, between Eveline who lives on the edge of town and who is frightened to leave Dublin, and Frank who lives "in a house on the main road" and who has gone to Buenos Aires. The point of *A Little Cloud* rests on the contrasts between Chandler's Dublin and Gallaher's foreign cities, between Chandler's daydreams and reality, and between Chandler (who wants to be a poet but never will be) and Gallaher (who has become a journalist).

A series of contrasting adjectives, which all have evaluative connotations, signal this contrast. Dublin is *poor* and *dull*. Gallaher's places are *rich* and *lively*. Chandler is *little*, *refined*, *superior*, *childish*, *modest*, *sober*. Gallaher is *large*, *shabby*, *inferior*, *brilliant*, *wild*, *vulgar*, *gaudy*. A major finding of corpus analysis is the pervasiveness of evaluative language, and the extent to which the evaluative meaning of individual words depends on their typical collocates. For example, Chandler is envious of Gallaher but disillusioned by the way he has become "vulgar" and "gaudy".

> There was something vulgar in his friend which he had not observed before. But [...] the old personal charm was still there under this new gaudy manner.

Corpus-based dictionaries (e.g. Cobuild 2009, LDOCE 2009) note the disapproving connotation of the word *gaudy*. And concordance data (collected via WebCorp) confirm that *gaudy* frequently collocates with *vulgar* (e.g. *brash, vulgar and gaudy*; *their vulgar fashion and gaudy antiques*; *loud, gaudy and arguably vulgar*; *such gaudy celebrations of vulgar wealth*). Such examples make the point again that the lexis which signals emotions and mental states is not restricted to labels for emotions as such.

The binary structure of the narrative is signalled explicitly in the text:

> [Chandler] felt acutely the contrast between his own life and his friend's [...].

And – as one might perhaps expect, given my earlier discussion – one of the contrasts concerns the eyes of Chandler's wife and of Gallaher's women:

> [Chandler's wife's] eyes irritated him [...] there was no passion in them [...] He thought of what Gallaher had said [...] Those dark Oriental eyes, he thought, how full they are of passion. [...]

12. Summary and conclusion

This chapter has discussed a formal feature of language in use which can be tracked by software across texts and text collections: the repetition of individual word-forms and words from defined semantic fields.

There is no fixed set of words in English which label emotions, since the boundaries of semantic fields are fuzzy, and since words acquire evaluative meanings from their recurrent collocations in general language use and in specific texts. Some words (e.g. *gaudy*) have evaluative meanings which are conventional across a speech community, and which should therefore be listed in dictionaries. Others are encoded in idiomatic phrases in the language (e.g. *paced up and down the room*; *banged his fist on the table*): they are probably not good candidates for dictionary entries. Symbolic and emotive meanings which develop within individual texts (e.g. *eyes*) should clearly not appear in dictionaries.

This chapter argues that computer-assisted techniques can help to identify textual and intertextual features across a set of related literary texts and across these texts and large corpora, and is at some mid-point between (a) linguistic text analysis and (b) quantitative literary stylistics.

In terms of (a), it shows one way in which lexis contributes to textual organization. This is an area where there are many interesting case studies, but not yet a comprehensive functional theory of lexis.

In terms of (b), analyzing the frequency and distribution of words has drawn my attention to stylistic features of *Dubliners* which I had not previously noticed. Whether I have added to anyone else's interpretation of the book I cannot say.

Acknowledgements

I am very grateful to Paul Rayson, Gilbert Youmans and Peter Dingley for the use of their lexical analysis software, to Sabine Erschens for help with coding data, and to Gabi Keck, Amanda Murphy and Markus Müller for comments on previous drafts. I have used the version of *Dubliners* available from Project Gutenberg.

References

Alford, M. H. T. (1971). "Computer Assistance in Language Learning", in: Roy A. Wisbey (ed.): *The Computer in Literary and Linguistic Research*. Cambridge: Cambridge University Press, 77–86.

Bondi, Marina. (2007). "Historical Research Articles in English and Italian", in: Marcella B. Papi *et al.* (eds.): *Lexical Complexity*. Pisa: Pisa University Press, 65–83.

Cobuild (2009). *Collins Cobuild Advanced Dictionary*. Glasgow: Harper Collins.

Covington, Michael A./McFall, Joe D. (2010). "Cutting the Gordian knot: the Moving-Average Type-Token Ratio", *Journal of Quantitative Linguistics* 17(2), 94–100.

Culler, Jonathan D. (1975). *Structuralist Poetics*. London: Routledge.

Hanks, Patrick (2013). *Lexical Analysis*. Cambridge, MA: MIT Press.

Joyce, James (1914). *Dubliners*. London: Grant Richards.

Katz, Slava M. (1996). "Distribution of Content Words and Phrases in Text and Language Modelling", *Natural Language Engineering* 2(1), 15–59.

LDOCE ([5]2009). *Longman Dictionary of Contemporary English*. Harlow: Pearson.

Mahlberg, Michaela (2005). *English General Nouns*. Amsterdam: Benjamins.

Manning, Christopher D./Schütze, Hinrich (1999). *Foundations of Statistical Natural Language Processing*. Cambridge, MA: MIT Press.

Moon, Rosamund (2007). "Words, Frequencies and Texts (particularly Conrad)", *Journal of Literary Semantics* 36, 1–33.

Rayson, Paul (2008). "From Key Words to Key Semantic Domains", *International Journal of Corpus Linguistics* 13(4), 519–549.

Rayson, Paul (2012). "Corpus Analysis of Key Words", in: Carol A. Chapelle (ed.): *The Encyclopedia of Applied Linguistics*. Oxford: Wiley-Blackwell, s. p.

RDUES (1999–2012). *WebCorp*. [Research and Development Unit for English Studies]. Birmingham City University, URL: <http://www.webcorp.org.uk/live/> [02.01.2013].

Scott, Mike (1996–2012). *WordSmith: Software Tools for Windows* [software]. Oxford: Oxford University Press.

Scott, Mike/Tribble, Christopher (2006). *Textual Patterns*. Amsterdam: Benjamins.

Sinclair, John (1991). *Corpus Concordance Collocation*. Oxford: Oxford University Press.

Sinclair, John (2004). "Meaning in the Framework of Corpus Linguistics", *Lexicographica* 20, 20–32.

Stubbs, Michael (2001). *Words and Phrases*. Oxford: Blackwell.

Stubbs, Michael (2005). "Conrad in the Computer: Examples of 'Quantitative Stylistic Methods'", *Language and Literature* 14(1), 5–24.

Stubbs, Michael (in prep). "Quantitative Methods in Literary Linguistics", in: Peter Stockwell/Sara Whiteley (eds.): *The Handbook of Stylistics*. Cambridge: Cambridge University Press.

Stubbs, Michael/Barth, Isabel (2003). "Using Recurrent Phrases as Text-Type Discriminators", *Functions of Language* 10(1), 65–108.

Youmans, Gilbert (1991). "A New Tool for Discourse Analysis: the Vocabulary-Management Profile", *Language* 67(4), 763–89.

APPENDIX

The following is an illustrative sample of words (all words beginning with *a* to *c*) identified by Wmatrix (Rayson 2008) in the category "Emotions" in the complete text of *Dubliners*. A large number of the word-forms occur only once or twice, and would be missed in a search for "keywords". See, for example: *anger* 7, *angered* 1, *angrily* 2, *angry* 6 and *blush* 4, *blushed* 2, *blushes* 1, *blushing* 3. The precision attained by the tagger is high: all the word-forms seem intuitively relevant to the expression of emotions. The recall is unknown: as noted in the chapter, other relevant words are captured under other headings such as "Psychological states, etc.".

abhorred 1, abuse 1, abused 1, adoration 1, affection 3, affectionate 2, affections 1, afraid 10, agitated 2, agitation 4, agreeable 1, alarm 2, alarmed 4, alas 1, amuse 2, amused 3, anger 7, angered 1, angrily 2, angry 6, anguish 2, annoy 1, annoyance 1, annoyed 5, anxiety 1, anxious 3, anxiously 1, applauded 3, applauding 1, applause 6, appreciated 2, appreciation 1, appreciative 1, apprehensively 1, approvingly 1, at_ease 5, attack 1, attacked 3, battered 1, bliss 1, blush 4, blushed 2, blushes 1, blushing 3, boldly 9, bother 2, brave 2, braved 1, bravely 3, bravery 1, bristled 1, brood 1, brooded 1, brutal 2, bullied 2, calm 4, calmed 1, calmer 1, calmly 3, care 1, cares 1, caressing 1, celebrated 1, cheerful 2, cheerfully 4, cheerfulness 1, cheerless 1, cherish 1, comedy 1, comic 3, comical 2, complacent 1, concern 2, confidence 2, content 2, contented 1, contentedly 1, courage 4, coward 2, cried 20, cross 1, cry 10, crying 4

L'affect et les émotions dans la construction du discours argumenté

*Viviane Arigne**

Abstract

This study deals with a syntactic construction of contemporary English in which the lexical semantics of negative evaluative adjectives is used as a basis for discourse organization. *Meditative-polemic should* occurs in both emotive and formal argumentative contexts. In the latter case, the emotive negative basis is exploited within a pragmatic and discursive framework which is apt to open a space for debate wherein conflicts are anticipated and discourse cohesion ensured. Markers such as *quite*, *only* and *after all* are analyzed as marks of the discursive memory of an underlying negative value, which is confirmed by the analysis of textual construction.

Résumé

L'étude porte sur une construction syntaxique de l'anglais contemporain dans laquelle la sémantique lexicale d'adjectifs appréciatifs négatifs sert de soubassement à l'organisation du discours. Le *meditative-polemic should* est utilisé aussi bien dans des contextes émotifs et affectifs que dans des discours formels argumentés. Dans ces derniers, le soubassement émotif négatif est exploité dans le cadre d'un dispositif pragmatico-discursif propre à ouvrir un espace de débat où les conflits inter-personnels sont anticipés et où est assurée la cohésion discursive. Des marques telles que *quite*, *only* ou *after all* sont étudiées, qui manifestent la mémoire discursive d'une valeur négative sous-jacente, ce que confirme l'analyse de certains agencements textuels.

Cet article vise à montrer comment l'affect et les émotions jouent un rôle dans l'organisation du discours et tout particulièrement dans l'organisation d'un certain type de discours qui est le discours argumenté. Plus précisément, il s'agit de voir comment la sémantique lexicale d'adjectifs appréciatifs négatifs sert de soubassement à un format syntaxique utilisé à des fins argumentatives et pragmatico-discursives, avec lesquelles est conservée la mémoire d'un affect négatif premier. Ce rapprochement entre lexique et discours bénéficie d'une double approche théorique : une perspective énonciative cherchant à décrire les processus mentaux d'un sujet locuteur, complétée par endroits par une sémantique référentielle de type ontologique (3.2). Le travail présente l'étude d'une construction syntaxique de subordination de l'anglais qui, de façon typique, relie des adjectifs extérieurs à la subordonnée, tels que *strange*, *normal* ou *insignificant*, à une marque de modalité

* Université Paris 13 – Sorbonne Paris Cité, CRIDAF EA453.

dans la complétive sujet, à savoir *should*. Dans ces constructions impersonnelles, la complétive sujet peut être extraposée et c'est alors le pronom *it* qui occupe la place canonique du sujet syntaxique, comme en témoigne ce premier exemple :

(1) As being ourselves becomes more important than looking flashy, it is only natural that relaxed, comfortable clothing **should** emerge once more from the wardrobe. (Magazine *Esquire* 1992)

Cet emploi est connu dans la littérature sous le nom de *meditative-polemic should* (Behre 1950, 1955) et ailleurs, pour ne prendre que quelques exemples, comme *putative*, *theoretical* ou *attitudinal should*. L'analyse porte sur un corpus d'anglais assez majoritairement britannique des XXe et XXIe siècles, dont une partie non négligeable est extraite du BNC accessible en ligne. L'on notera qu'il existe d'autres constructions concurrentes, également impersonnelles et comportant le même type de marque typique de la superordonnée. *Should* est absent de ces constructions, qui peuvent comporter l'indicatif, l'infinitif, le « subjonctif », caractéristique de l'anglais américain dans ces emplois-là, ou encore *would*, très fréquent en anglais américain.

S'agissant des constructions en *should* étudiées ici, je conserverai l'appellation de *meditative-polemic should* (désormais *MedPol should*) donnée par Behre. Ce *should* est utilisé dans un sens que l'on peut considérer comme premier puisque c'est celui que proposent tous les grammairiens et linguistes comme modèle et illustration de cet emploi de *should*. Dans ce sens-là, *should* est associé à des adjectifs appréciatifs marquant des affects ou des attitudes de polarité négative, tels que *strange*, *odd*, *dreadful*, *inconceivable*, *unreasonable*, etc. On note que ces emplois-là, qui comportent des marques négatives, sont ceux qui sont apparus les premiers dans l'histoire. Ils peuvent être observés dans les exemples suivants d'anglais contemporain :

(2) How **strange** that you **should** say that. I think my heart will break when Xavier marries. (A. Brookner)

(3) You thought it **unreasonable** that he **should** exploit the property to his advantage […]. (W. J. Burley)

1. Emplois plus émotifs et emplois plus intellectuels

Lorsque l'on parcourt toute la gamme des expressions de superordonnées associées à ce *should*, on distingue, aux deux extrémités du spectre, des emplois plutôt émotifs et des emplois plutôt intellectuels.

1.1 Emplois de type émotif

Dans ces emplois de type émotif et affectif, comme ceux des exemples (2) et (3) ci-dessus, dans lesquels les adjectifs *strange* et *unreasonable* constituent des contextes négatifs, *should* est interprété selon Behre comme la marque d'une résistance mentale (*mental resistance*). En d'autres termes, on a affaire à un rejet ou à une réticence de la part d'un sujet locuteur qui se trouve être ainsi le siège d'un affect ou d'une émotion négative qui lui fait écarter le contenu propositionnel P de la subordonnée. Dans ce contexte modal appréciatif, *should*, forme de prétérit du verbe *shall* signifiant à l'origine 'devoir', conserverait la trace de ces emplois historiquement premiers avec lesquels P est perçu comme s'imposant à un locuteur-sujet qui voit son désir et son attente contrariés.

1.2 Emplois plus intellectuels

Ces emplois négatifs à tonalité affective et émotive coexistent avec d'autres emplois moins émotifs et plus intellectuels, et l'on trouve également le *MedPol should* dans des contextes où P est posé comme une conséquence à partir de laquelle on remonte vers une cause ou un principe explicatif (Arigne 1989). L'on rencontre alors en superordonnée des marques telles que *proves*, *signifies*, *is a proof of*, *is a sign of*, *is due to*, *follows from*, *is the result of*, *shows*, *suggests*, *reflects*, etc. Afin de ne pas compliquer l'analyse, il ne sera examiné ici que des cas où ces marques sont employées dans des contextes positifs d'un point de vue syntaxique. De formes fort variées, ces marques explicitent le passage de la conséquence à la cause et se trouvent être de nature adjectivale, nominale ou verbale, comme le montrent les quatre exemples ci-dessous :

(4) It is **typical** of *the cynicism of fate* that he **should** imagine he loved me and still does. (L. Durrell 1968)

(5) That the English **should** have chosen poetry as the chief channel for their artistic talent is **the result** partly of *their circumstances* partly of *their temperament.* (in Behre 1955)

(6) That the objects of such verbs **should** usually be in the genitive case **follows** directly from *the fact that the genitive is marked semantically for the feature of 'quantification'* [...] (R. B. Sangster)

(7) That we **should** enjoy entering into other people's experience, and imaginary experiences, and working upon our own, **reflects** *our concern to explore to the limit the possibilities of experience.* (J. Britton)

Dans ces cas-là, un terme explicatif, principe ou cause, est syntaxiquement régi par l'expression de la superordonnée, et l'on voit que l'interprétation de l'expression de la superordonnée nous fait quitter le domaine des émotions et de l'appréciation pour celui du raisonnement et de l'argumentation. Signalons aussi l'existence d'autres expressions de superordonnées telles que *normal*, *natural*, *understandable* ou *typical*, utilisées sans complément et ne régissant donc rien d'un point de vue formel syntaxique. D'un point de vue sémantique, il s'agit d'expressions d'acceptation mentale qui, comme *natural* dans l'exemple (1), n'explicitent pas la cause mais la supposent, sous la forme d'une norme ou d'une cause non explicitée.

2. Interprétation des emplois moins émotifs et plus intellectuels : les caractères *polemic* et *meditative*

Il est maintenant possible de se pencher sur l'interprétation de ces emplois plus intellectuels, ou en tout cas moins émotifs, avec lesquels le sémantisme des expressions de superordonnée n'exprime pas au premier abord de rejet de P. En vertu de ce caractère intellectuel, ces emplois sont, bien entendu, plus typiques des discours argumentés de type formel.

2.1 Le caractère polemic *: l'élément de* mental resistance

Dans ces contextes-là, les expressions de superordonnée ne sont pas, d'un point de vue appréciatif et affectif, négatives : elles marquent au contraire une forme d'acceptation du contenu propositionnel P de la subordonnée. Malgré cela, et en vertu de la présence de *should*, ces emplois plus intellectuels conservent, selon Behre, la trace des premiers emplois émotifs négatifs dont ils sont issus, dans la mesure où un élément de *mental resistance* resterait toujours, même dans une faible mesure, sensible, ce qui justifie pour lui l'étiquette de *polemic* appliquée à ce *should* (Behre 1955). Cette résistance mentale peut être celle du sujet reconnu comme source du propos ou se voir attribuée au co-locuteur.

On note également que, d'un point de vue diachronique, ces emplois sont sémantiquement dérivés des premiers (Behre 1950). Il s'agit d'une étape plus tardive d'un processus de grammaticalisation entamé avec les emplois émotifs. Dans cette perspective, il est possible (Arigne 1989, 2007) de dégager un cheminement cognitif cohérent, un processus mental par lequel un sujet cherche à dépasser son affect ou son émotion négative première de douleur, colère, surprise, étonnement, incompréhension, etc., en rattachant P, source de ce sentiment négatif, à une cause explicative qui lui permet d'accepter P. Ainsi en (4), l'adjectif *typical (of)* permet-il de rattacher P à *the cynicism of fate*, tandis qu'en (7), *our concern to explore [...] the possibilities of experience* apporte une justification au contenu propositionnel P de la subordonnée. Fournissant des raisons justificatives de P, cette cause explicative offre une manière de consolation à cet état psychique négatif. Ceci illustre un phénomène de modalité itérée (Arigne 2007, 2010), une modalité multistratale qui, dans ce contexte syntaxique particulier des énoncés en *should* et dans un contexte pragmatique particulier, permet de faire coexister plusieurs valeurs modales, une valeur négative de rejet et une valeur positive d'acceptation, sous une même marque de superordonnée. C'est ce qu'explicite clairement l'exemple (8) ci-dessous :

(8) It was **odd** *but* somewhat **typical of** Bernie that he **should** have retained a dogged and invincible optimism about the business […]. (P. D. James)

Dans cette phrase, le contenu propositionnel P < *he – retain a dogged and invincible optimism […]* > est posé comme compréhensible et accepté (*typical of Bernie*), mais après avoir été envisagé comme difficile à accepter ou à comprendre, au moment où l'on a, avec *odd*, envisagé non-P.

2.2 Le caractère meditative

Avec ces cas d'acceptation mentale, c'est donc le fait d'aboutir à P en étant passé par non-P dans une attitude négative de rejet, qui permettrait de laisser affleurer un élément de *mental resistance*. En même temps, le fait de pouvoir, pour un même sujet, d'une part passer d'un terme à son contraire, et d'autre part tenir ensemble P et non-P dans la mémoire discursive, permet de méditer et, en passant de P à non-P, de tourner et retourner dans sa tête un objet de pensée, ce qui suffit à justifier la seconde appellation de *meditative* donnée par Behre. Il semble que la forme de prétérit qui, dans la langue contemporaine, est un prétérit modal, joue un rôle dans cette possibilité que l'on a d'envisager à la fois un terme et son contraire (Arigne 1989, 2007). Comme (8) ci-dessus, l'exemple (9) illustre bien le mouvement de va-et-vient entre la difficulté d'accepter et de comprendre, d'une part, et d'autre part l'acceptation et la compréhension de P marquées explicitement par *understandable* :

(9) Listeners would be **mystified**, **wondering** suddenly if perhaps they weren't getting old or were unaccountably in the way. **Of course**, it is **understandable** that after so many years there **should** be areas of collective information in which these two could perform their mental short-hand, *but* often they were *startled* by the speed with which an idea passed from mind to mind. (M. Ross)

Les allers-retours entre les valeurs P et non-P sont ici rendus sensibles par la quantification sur les événements donnée par *would* et *often*, par le retour en arrière marqué par *but* et *startled* en fin de paragraphe, ainsi que par la dualité des points de vue, qui sont ici celui des personnages et celui du narrateur.

2.3 L'élément de « résistance mentale » est-il toujours sensible ?

L'on peut, à ce stade, se demander si l'élément de résistance mentale, trace de l'émotion première négative, est véritablement sensible dans la totalité des cas. Suivant en cela Jacobsson (1988), on peut répondre qu'il n'est pas toujours aisé de lire dans tel ou tel exemple proposé la trace d'une quelconque *mental resistance* justifiant l'étiquette de *polemic*. La chose est particulièrement difficile avec les expressions positives d'acceptation mentale, que le terme explicatif régi par cette expression qui constitue la cause soit explicité ou pas, ou que le rejet de P soit celui du S ou prêté à un autre locuteur. Ainsi en (10), l'élément de *mental resistance* ne frappe pas d'évidence, tout au moins dans les limites du contexte donné :

(10) It was **natural** that in this developing gloom, this heavy preoccupation with what waited for us, I **should** take refuge in Baum: for he had business of his own, he was not heading for Avalon as the rest of us were. (L. Durrell 1970)

Il convient alors de nuancer les propositions de Behre et de préciser que l'élément de *mental resistance* n'est pas forcément présent dans tous les cas. À côté de cela, l'on trouve des cas où le dépassement du stade premier d'une émotion négative est clairement explicité par le contexte, permettant de lire dans l'adjectif positif *understandable* le rejet sur lequel il est construit :

(11) I recalled that [...] Jocas had asked me [...], to allow his tailor to take my measurements: and though **puzzled**, I had complied. [...] **Now I understood**. [...] It was perfectly **understandable**, I told myself, that I **should** dress appropriately, to match my new, my enormous salary [...] (L. Durrell 1968)

C'est alors ici clairement le contexte discursif (*puzzled*, *now I understood*) qui donne la clé d'une interprétation plus complète de l'adjectif appréciatif positif *understandable* associé au *MedPol should*. Comme en (8) avec *odd* suivi de *typical of*, ou encore (9) dans lequel *understandable* succède à *mystified* et *wondering*, on récupère aisément l'idée d'une résistance mentale préalable à l'acceptation. Ces dernières observations invitent à examiner plus en détail le contexte de ces subordonnées en *should*.

3. Discours et argumentation : étude du contexte

Rattachant P à une norme ou à une raison, les contextes « plus intellectuels » tels qu'ils ont été définis plus haut (1.2) sont caractéristiques de discours argumentatifs, qu'il s'agisse du monologue intérieur d'un même sujet ou d'un discours appartenant au genre formel académique, souvent tenu comme se situant loin de l'affichage des émotions. Le cas du monologue intérieur nous a déjà été fourni en (10) et (11) avec *natural that [...] I should take refuge* et *understandable [...] that I should dress appropriately*, tandis que celui d'un genre formel et académique, déjà vu avec (5), (6) et (7), peut se voir une nouvelle fois illustré par l'exemple suivant, extrait d'un ouvrage de linguistique :

(12) It is after all ***conceivable*** that a habit-system ***should*** itself change over time, in response to the changing needs of its users. (J. Lyons)

Dans les deux cas, on peut observer dans le contexte discursif, phrastique ou transphrastique, des marques ou phénomènes récurrents qui fonctionnent comme indices d'une construction multistratale, à la fois modale et discursive. Je proposerai ici quelques observations, que je classerai dans quatre rubriques.

3.1 Les raisons de P : des contextes syntaxiques variés

Le premier type d'observation concernant le contexte vient de certaines expressions d'acceptation mentale qui ne régissent aucun complément par lequel serait explicité un terme explicatif rendant compte de P. C'est ce que l'on rencontre avec des adjectifs tels que *normal* et *conceivable*, ou encore *typical* sans complément. Dans ces cas-là, l'étude du contexte montre que la ou les raisons sont parfois données d'une autre façon, par exemple en incise ou plus loin dans une autre proposition, et donc d'une manière syntaxiquement indépendante de la construction étudiée. Ainsi, si l'on se reporte à l'exemple (10), on peut observer deux choses. D'une part, le groupe prépositionnel *in this [...] gloom* donne un exposé des circonstances, qui peut constituer une explication partielle justifiant le jugement positif marqué par *natural*. D'autre part, la subordonnée, extraposée, est suivie de la mention de raisons qui justifient ce jugement. Ces raisons, au nombre de deux, sont introduites par *for* (*for he had...*, *for he was not...*). Le jugement positif n'est donc pas donné comme posé d'emblée, et il devient possible de nuancer quelque peu l'analyse proposée plus haut (2. 3) selon laquelle aucun élément de résistance mentale ne serait perceptible dans cet exemple (10).

3.2 Des adverbes très fréquemment associés aux marques positives : perfectly, only

Je proposerai en second lieu quelques remarques sur un certain nombre d'adverbes que l'on trouve fréquemment associés à des marques appréciatives positives et qui sont de deux types. Il s'agit d'abord d'adverbes tels que *perfectly*, *quite*, *entirely*, *completely* dont on a déjà pu observer la présence dans l'exemple (11) (*perfectly understandable*) et qui fournissent des séquences comme *quite normal* ou encore *perfectly natural*. Ces adverbes mettent l'accent sur l'idée d'une complétude ontologique, en soulignant le caractère sans manque de l'entité à laquelle ils s'appliquent. Cela signifie que, sur le modèle cognitif d'une analyse aristotélicienne en touts et parties (*cf.* Arigne 2010), il ne manque à l'entité aucune de ses parties et que P se trouve ainsi doté de toutes les propriétés qui conviennent et le rendent conforme à la norme attendue. Il devient alors possible de prolonger l'analyse en disant que, pour parvenir à poser un tel diagnostic de complétude ontologique de P, il a fallu prendre en compte ce qui n'était pas P, que l'on a écarté comme n'étant pas approprié. Ces adverbes apparaissent alors comme la marque d'une négation préalable. Le second type d'adverbe remarquable est l'adverbe *only* que l'on rencontre dans des séquences comme *only fitting*, *only normal*, etc. L'adverbe *only* est construit sur une négation dans la mesure où un jugement modal de type *only normal* exclut toute valeur négative d'extérieur *not normal*, c'est-à-dire une valeur qui, en fin de compte, pourrait être exprimée par un adjectif négatif de type *surprising*. En d'autres termes, il n'existe pas d'autre valeur que cette norme à laquelle renvoie l'adjectif *normal*. Elle est unique et, pour s'en assurer, le locuteur a écarté les autres. L'adverbe *only* met ici l'accent sur le fait que la marque positive ne va pas de soi et s'est construite à partir de son absence, sur du négatif et, en fin de compte, au terme d'une réflexion et d'un cheminement mental qui peuvent mériter le nom de méditation.

3.3 Les connecteurs argumentatifs

Outre les adverbes de type *quite*, *perfectly* ou *only*, le cheminement mental caractéristique de ces constructions en *should* se voit souvent marqué par des connecteurs typiques de l'argumentation. C'est ce qui motive le troisième type de remarque proposé dans cette section, qui concerne des connecteurs qui rassemblent d'une part un ensemble de connecteurs charnières dans le raisonnement, et d'autre part un connecteur bien particulier qui est *after all*. Parmi les premiers, l'on citera *as*, *since*, *so*, *but*, *yet*, *for*, *therefore*, *if*, *then*, *actually*, *of course*. La place fait ici défaut pour illustrer chacun de ces cas, mais l'on peut rappeler que l'exemple (1) faisait figurer *as* (*as being ourselves becomes more important*), les exemples (8) et (9) *but* et *of course*, tandis que, dans son exposé des raisons permettant de justifier P, l'exemple (10) mettait en œuvre *for*. Un dernier exemple comportant therefore clora ce court paragraphe :

(13) There is **nothing surprising**, **therefore**, in the fact that new conceptions **should** have been formulated – of the 'developmentalist' state, the 'interventionist' state [...]. (T. Bottomore)

S'agissant de *after all*, on notera tout d'abord que, selon les informateurs interrogés, la marque positive *conceivable* est, seule, difficilement compatible avec le *MedPol should*, ce que confirme son absence des corpus qu'il m'a été donné d'étudier. Ce même adjectif *conceivable* devient en revanche accepté sans réserve lorsqu'il est associé à *after all*, connecteur qui, dans le discours, marque une charnière dans l'argumentation. Ainsi, l'exemple (12) faisait figurer la séquence *it is after all conceivable that* associée à *should*:

(12) It is ***after all conceivable*** that a habit-system ***should*** itself change over time, in response to the changing needs of its users. (J. Lyons)

La raison de cette meilleure et totale compatibilité de *conceivable* avec *should* est que *after all* suppose que *conceivable* est le résultat d'un cheminement mental dont un stade antérieur était *inconceivable*, marque négative. Ces observations sur l'organisation discursive rejoignent les analyses de modalité itérée évoquées précédemment (2.1), et l'on peut avancer que *conceivable*, par le biais de *after all*, garde la mémoire d'une marque négative sur laquelle il est construit et qui pourrait être exprimée par *inconceivable*. Cette mémoire pragmatique du discours est ce qu'analyse Pennec (2011), qui voit dans *after all* un connecteur avec lequel « les points de vue antérieurs ne sont pas totalement effacés ». L'acceptation se construit sur un premier rejet et « le segment [qui est sous la portée de *after all*] est présenté comme n'allant pas de soi ». Cette mémoire pragmatique, liée au discours et à la dimension temporelle du langage, se superpose et s'intègre à la sémantique lexicale des adjectifs associés à *should*, enrichissant leur interprétation en contexte.

3.4 Les explicitations diverses du cheminement mental

Le type de cheminement mental méditatif encapsulé dans *after all* peut également se voir explicité dans le contexte. En effet, les expressions de superordonnée comportent fréquemment diverses modulations et expansions. Ces modulations, qui prennent parfois la forme de modalisations répétées, se révèlent souvent nécessaires pour donner aux séquences une parfaite acceptabilité. Ainsi, des modulations apportées par *rather*, *seem* et *may* (dans une séquence telle que *may seem rather strange*) sont-elles particulièrement bienvenues lorsque la subordonnée est antéposée, dans un schéma plus intellectuel qu'émotif où les modulations semblent montrer un besoin de marquer la durée et les éventuels méandres d'un cheminement mental (Arigne 1989, 208–210). Ces modulations se retrouvent aussi avec une subordonnée extraposée, comme le montre l'exemple :

(14) […] Her subjects may have let standards slip […]. To them, it **may seem perfectly natural** that Her Majesty **should** chop and change. But that has never been her line. (<asletblog.dailymail.co.uk>)

D'une manière plus transparente encore, certains exemples explicitent très clairement le cheminement mental qui va de la difficulté de comprendre et d'expliquer P au dépassement de ce premier obstacle. Ainsi en est-il de :

(15) **Hard to argue** that this could be written without the permeative reach, the pan-osmosis of Martin Amis. **But** if some of the chords are from the Martin Amis Songbook, doesn't the melody breathe and float**?** The exaggeration is controlled, almost demure, the texture light, the movement strong. **Perhaps** it's **only logical** that there **should** only be one person who can't learn from Martin Amis. (A. Mars-Jones)

Dans cet exemple-là, la séquence *hard to argue* comporte le verbe *argue* qui renvoie à une activité de débat et d'argumentation, tandis que *hard* exprime la difficulté rencontrée pour argumenter en faveur de P. Cette séquence est suivie de *but* et d'une interrogation rhétorique, qui aboutissent à une conclusion de type *it's only logical* qui, au terme de la réflexion et accompagnée de la modulation *perhaps*, marque l'acceptation de P.

4. Conclusion

L'étude du contexte des emplois les plus intellectuels du *MedPol should* indique de façon souvent très claire que l'on est passé d'un stade premier caractérisé par une attitude négative avec laquelle P ne va pas de soi, à un stade second d'acceptation de P. Même si les constructions en *should* ne sont pas les seules à mettre en œuvre de tels processus discursifs, l'on peut avancer que, dans les constructions étudiées, *should* semble être la marque et le révélateur de ces processus.[1] Il en va de même des marques contextuelles telles que *entirely*, *only* ou *after all* qui, bien qu'elles puissent être absentes comme on le voit en (10), contribuent à l'explicitation d'un cheminement mental discursif. Dans ces constructions-là, *should* est doté d'un caractère méditatif qui assure en même temps une cohésion discursive (Jacobsson 1988). Bâti sur des valeurs émotives et affectives négatives toujours potentiellement présentes, il permet de reprendre un élément déjà posé

1 Ce rôle de révélateur se voit en outre légitimé par les contraintes bien particulières que les constructions en *should* imposent aux expressions de superordonnées (*cf. conceivable* in 3.3 *supra*, et Arigne 2010, 82–87).

dans le contexte, et de construire ainsi un texte argumenté, formel ou pas. On a là une construction syntaxique, résultat d'un processus de grammaticalisation, où un soubassement émotif et affectif est utilisé dans le cadre d'un dispositif pragmatico-discursif propre à ouvrir un *psychological meeting-ground* (Behre 1955), c'est-à-dire un espace transindividuel polémiquement correct au sein duquel les conflits inter-subjectifs se trouvent potentiellement désamorcés et les contradictions anticipées. Ainsi, et en particulier en ce qui concerne les discours de type formel qui cherchent à convaincre, il est peut-être légitime d'attribuer à *should* un sens procédural qui donnerait pour l'interprétation des instructions pragmatiques de deux types : (i) regarder en amont dans le discours, et (ii) envisager non-P, c'est-à-dire d'une part considérer à la fois P et non-P et d'autre part considérer que l'on peut ne pas être d'accord avec P. Ce sens procédural est l'aboutissement pragmatique d'un processus de grammaticalisation par lequel est métabolisée une posture affective négative initiale.

Ce travail a montré comment sémantique lexicale, syntaxe et discours ont partie liée, s'éclairant et s'enrichissant mutuellement. La conservation explicite d'un élément émotionnel dans les emplois les plus argumentatifs apporte un nouvel éclairage au caractère « émotionnant » du discours argumentatif (Plantin 2011), en donnant à voir dans ce phénomène de l'anglais un exemple original de construction de l'argumentation. Les analyses proposées mettent en lumière une motivation sémantique et cognitive des phénomènes étudiés. Contribuant au formatage du discours dans une syntaxe montrant des degrés divers d'élaboration, la prise en compte des affects et des émotions ouvre des perspectives cognitives à l'étude des raisons et de l'argumentation.

Bibliographie

Arigne, Viviane (1989). « *Shall* et *should*, étude de modalités », *in* : André Gauthier (ed.). *Explorations en linguistique anglaise*. Bern : Lang, 153–228.

Arigne, Viviane (2007). « Grammaticalization, Polysemy and Iterated Modality : the Case of *Should* », *Corela* 5/1, <corela.edel.univ-poitiers.fr> [12.12.2013].

Arigne, Viviane (2010). *Subjectivité et référence. Questions de sémantique*, vol. 1, dossier HDR, Université Paris-Sorbonne, <http://hal-univ-paris13.archives-ouvertes.fr/hal-00691193> [09.09.2013].

Behre, Frank (1950). « The Origin and Early History of Meditative-Polemic *Should* in *That* Clauses », *Symbolae Philologicae Gotoburgenses*, Göteborg : Göteborgs Högskolas Arsskrift 56, 275–309.

Behre, Frank (1955). *Meditative-Polemic* Should *in Modern English* That-*Clauses*. Stockholm : Almqvist & Wiksell.

Jacobsson, Bengt (1988). « *Should* and *Would* in Factual *That*-Clauses », *English Studies* 69/1, 72–84.

Pennec, Blandine (2011). « *After all* : l'introducteur d'une résurgence », *Cercles* 20, 154–169.

Plantin, Christian (2011). *Les bonnes raisons des émotions. Principes et méthode pour l'étude du discours émotionné*. Bern : Lang.

Sources des exemples

<asletblog.dailymail.co.uk>, article du 28 mai 2012 [09.09.2013].

T. Bottomore, *Political sociology*, 1993.

J. Britton, *Language and Learning*, 1972.

A. Brookner, *Incidents in the Rue Laugier*, 1995.

W. J. Burley, *Wycliffe and the cycle of death*, 1991.

L. Durrell, *Tunc*, 1968.

L. Durrell, *Nunquam*, 1970.

Esquire. London: The National Magazine Company Ltd, 1992.

P. D. James, *An Unsuitable Job for a Woman*, 1972.

J. Lyons, *Language Arts and Disciplines*, 1981.

A. Mars-Jones, *Anti-Dad*, *London Review of Books*, 21 juin 2012.

M. Ross, *The Special Pair*, 1970.

R. B. Sangster, *Roman Jakobson and Beyond*, 1982.

'I'm surprised'/'Are you surprised?': Surprise as an Argumentation Tool in Verbal Interaction**

*Agnès Celle & Laure Lansari**

Résumé

Cet article vise à rendre compte de la contribution de l'adjectif attribut *surprised* à l'organisation de l'argumentation dans le dialogue en anglais actuel. On remarque qu'il n'y a pas de consensus sur le statut émotionnel de la surprise. Pour certains (comme Ortony *et al.* 1999) la surprise ne fait même pas partie du domaine des émotions. Nous considérons que l'interaction verbale peut aider à définir les lexèmes de surprise. Il est ainsi frappant que la réaction de surprise soit en décalage par rapport à l'expression linguistique de la surprise. Plus précisément, une réaction de surprise ne se manifeste pas nécessairement dans l'emploi de l'adjectif *surprised.* Vice versa, l'emploi de cet adjectif peut être le reflet d'une réaction non pas émotionnelle mais plutôt émotive, selon la distinction entre communication émotionnelle et communication émotive de Caffi et Janney (1994). Nous soutenons ici que la fonction émotive de l'adjectif *surprised* est exploitée pragmatiquement par les locuteurs dans l'interaction verbale.

Abstract

The aim of this chapter is to account for the contribution of the predicative adjective *surprised* to the argumentative organization of dialogue in present-day English. Strikingly, there is no consensus in the literature on the emotional status of surprise. Some scholars even reject surprise from the realm of emotions (Ortony *et al.* 1999). Looking at verbal interaction may help to provide a semantico-pragmatic definition of surprise lexemes. Crucially, a discrepancy may be observed between the reaction of surprise and the linguistic expression of surprise. More specifically, a spontaneous reaction of surprise does not necessarily manifest itself in the use of the adjective *surprised.* Conversely, the use of this adjective may reflect not an emotional reaction, but rather an emotive one – according to the distinction between emotional communication and emotive communication made by Caffi and Janney (1994). It is argued in this chapter that the emotive function of the adjective *surprised* is pragmatically exploited by speakers in verbal interaction.

---

* Université Paris Diderot, Sorbonne Paris Cité, CLILLAC-ARP EA 3967.

** The research presented in this chapter was funded by the Agence Nationale de la Recherche as part of the Emphiline Project within the EMCO programme (Emotion(s), Cognition, Comportement) under contract number ANR-11-EMCO-0005. We wish to express our gratitude to Anne Jugnet, Emilie L'Hôte and Fiona Rossette for their helpful comments and questions on a preliminary version of this chapter.

1. Introduction

The aim of this chapter is to analyze the predicative use of the adjective *surprised* in verbal interaction and to account for its contribution to the argumentative organization of dialogue. The data sample used for this qualitative study is made up of dialogue sequences drawn from novels (750,000 words) and from the first three seasons of the American series *In Treatment* (280,000 words). The results are checked against the figures obtained from the *Corpus of American Soap Operas* (100 million words) – i.e., a genre- and register-related text corpus, but one which is quantitatively much larger. *In Treatment* is a drama about a psychologist and his weekly sessions with patients. Verbal interaction is part of a therapy in which patients discuss personal issues and interpersonal conflicts with their therapist with a view to uncovering problems and repairing relationships. Interestingly, the patient-therapist relationship becomes more complex in the course of the therapy, the therapist's self-doubt jeopardizing his position as a resolution expert. This corpus thus provides compelling evidence that emotion moves in intersubjectivity and dialogue. Our aim is to examine the role of language in this emotion process. More specifically, the focus is on first- and second-person utterances in the present tense which contain a copular verb such as *I am surprised*, *you are/sound surprised*, *are you surprised?* In these utterances, the emotive reaction involved is current, as opposed to reported.[1] This reaction may be asserted, inferred, or questioned, depending on the person and the type of utterance.

In Section 2, the theoretical issues raised by the analysis of surprise are outlined. In Section 3, correlations are shown to exist between the syntactic configurations observed and the semantic criteria defined in the literature on emotions. In Section 4, a pragmatic analysis is carried out. It is argued that displaying and attributing surprise constitute argumentative strategies which may reconfigure the intersubjective relationship.

2. Theoretical issues: how to analyze surprise from a linguistic point of view

Strikingly, there is no consensus in the literature on the emotional status of surprise. Ekman (1992, 169) regards surprise as the briefest emotion before it merges "into fear,

1 Reported emotive reactions in third-person or past-tense utterances are deliberately left aside here in order to focus on current – and supposedly emotional – reactions. By narrowing our focus, we aim to show that even current reactions expressed in direct utterances may serve an argumentative or strategic function.

amusement, relief, anger, disgust and so forth". According to Ortony *et al.* (1999, 32), surprise does not qualify as an emotion on the grounds that "surprise can arise in the absence of a valenced reaction". Along the same lines, Stein and Hernandez (2007) view surprise as a "general affective response", not as an emotion.

From a linguistic point of view, a discrepancy may be observed between the reaction of surprise and its linguistic expression. Surprise manifests itself in silence, in spontaneous interjections, questions and exclamations, but not in the adjective *surprised.* Conversely, the use of the adjective *surprised* reflects not an emotional reaction, but rather an emotive one – following the distinction between emotional communication and emotive communication originally made by Marty (1908) and reprised in Caffi and Janney (1994). Emotional communication is regarded by Marty as "a type of spontaneous, unintentional leakage or bursting out of emotion in speech" (Caffi/Janney 1994, 328), as opposed to emotive communication, which, according to Marty, "has no automatic or necessary relation to 'real' inner affective states. Rather, it is related to self-presentation and it is inherently strategic, persuasive, interactional and other-directed by its very nature" (ibid.).

We argue here that the emotive function of the adjective *surprised* is pragmatically exploited by speakers in verbal interaction.

3. Syntactico-semantic correlations involving the subject complement *I'm/you're surprised*

3.1 surprise*: a verb of psychological state*

Verbs of psychological state express a stimulus that affects an experiencer. In English, as in French (see Ruwet 1994; Mathieu 2000), these verbs belong to different syntactic classes:

(1) Paul: *Perhaps you might not have loved Michaela because* ***you admired her*** *so much for being so… so perfect.* (*In Treatment*)

(2) Alex: *Michaela was making salmon – it's always salmon on Tuesdays – and I told her I wanted to leave home. Let me tell you, she didn't even turn her head away from the stove. She just said that, um… "I could have guessed this would happen." And, "****You never surprise me****, Alex, not even now."* (*In Treatment*)

Admire is an experiencer-subject verb, expressing the stimulus as the object. In contrast, *surprise* is a stimulus-subject verb (see Levin 1993, 189), expressing the experiencer as the object (*X surprised* ***me***).

3.2 Focus on the source: various syntactic configurations

Following Plantin (2011, 145), we prefer to use the term *source* rather than *stimulus*, because we regard the expression of emotions as a language construct, not as the reflection of a mechanical reaction to a stimulus.[2] In addition, the source of surprise is not limited to unexpected situations that the speaker finds surprising. Some event that both speaker and addressee are well aware of may also come as a surprise if the reason for that event is surprising to one of them.

In contrast to the psychological verb (*X surprised **me***), the adjectival phrase ***I** am surprised/**you** are surprised* places the experiencer in the foreground and tells little about the source. The source may appear as a complement in the form of either a prepositional phrase:

(3) I'm surprised **at that reaction.** (*In Treatment*)

or a complement clause:

(4) I'm surprised **you didn't see it, how crazy I was about him**. (*In Treatment*)
(5) Are you surprised **that you, as you say, wound up here?** (*In Treatment*)

When the adjectival phrase is not followed by a complement, the source is not explicit:

(6) Mia: *I've just made an ass of myself, haven't I? I bet you're angry.*
Paul: *Maybe I am. Mostly, **I'm… I'm surprised**.*
Mia: *No, you're furious. I can see it all over your face.* (*In Treatment*)
(7) Paul: *I offered her to go to her house. She hung up and I called her back and I asked her if she'd meet me at the hospital in an hour.*
April: *She showed up?*
Paul: ***Are you surprised?***
April: *Did you meet her in my room?*
Paul: *No, in the lobby.* (*In Treatment*)

However, as pointed out by Rocq-Migette (2009, 228), "contrary to happiness or sadness, which are purely emotive, surprise is created by something which is external to the speaker. *I am surprised* cannot be used without a situational or a

2 According to Plantin (2012), "what triggers emotion is not an event 'in itself' but an event *under some perception*, i.e., linguistically, *under some description*. Emotion conflicts resulting from representation conflicts give credence to this position" (our translation).

textual context that provides the source of the feeling." In (6), it is Mia's behaviour that causes Paul's surprise. In (7), Paul's question is triggered by April's disbelief at what he has been telling her and he wants to make sure that she is surprised by his narrative.

In the present tense, the source is taken to be factual, both speaker and addressee having access to it. What is at stake is the nature of the speaker's or addressee's current emotive reaction, not the agent, event or object that may have caused that reaction. The factual character of the source is part of some knowledge shared by speaker and addressee, which explains why the source may remain implicit and not appear at all.

Let us point out that, with *I am surprised*, the predicative adjective is more often than not followed by a complement (only two occurrences of our sample do not have a complement). When the subject is *you*, however, the complement is absent in half of the occurrences (see Section 4 below).

3.3 Semantic "dimensions"

Our aim is to correlate syntactic configurations with the various semantic dimensions put forward in the literature on emotions. In a recent article devoted to the lexicon of surprise and disappointment in French, Novakova, Goossens and Melnikova (2012) put forward four different criteria, namely intensity, aspect, causativity, and manifestation. They examine their contribution to the collocations of predicates denoting surprise and disappointment (verbs such as *surprendre, étonner, décevoir*, as well as corresponding adjectives and nouns), and uncover some systematic links between syntactic patterns and these semantic dimensions. In a more general study dealing with the pragmatics of emotions, Caffi and Janney (1994) contend that evaluation, potency and activity may well constitute the three main emotive categories in psychology as well as in linguistics.

We will concentrate here on manifestation, potency and evaluation, since the other dimensions do not seem relevant to the present case-study. Manifestation accounts for the collocations expressing how the experiencer discloses his/her emotions and how these emotions can be perceived by others. It is clearly a relevant parameter for interactions containing second-person utterances, since the pattern "*you* + copular verb + *surprised*" is often used when the speaker tries to infer what the addressee is feeling from the latter's gestural, facial or prosodic features.

(8) Frances: *She had auditioned on a whim and gotten the lead. The title role.*
Paul: ***You sound surprised.***
Frances: *I was totally surprised. I never knew she was even interested in such a thing... Acting or the theater.* (*In Treatment*)

In second-person utterances, the speaker has indirect access to emotions, which are inferred, not declared (see Plantin 2012 on this distinction). Moreover, manifestation is associated with a syntactic characteristic – typically, there is no complement following the adjective *surprised* (*surprised* + ø). The results from the *Corpus of American Soap Operas* confirm this tendency: only 21% of second-person utterances have a complement. With the verb *sound*, the figures drop to 2.5%.

The "power, control, or potency" dimension is difficult to capture since it seems to subsume a great variety of phenomena, as Caffi and Janney themselves acknowledge (1994, 342). Potency mostly has to do with epistemic modality (Caffi/Janney 1994, 348), i.e., with the speaker's epistemic stance – certainty/uncertainty – towards the element (agent, event or object) triggering emotion. The epistemic dimension is indeed of interest to the study of "*you* + copula + *surprised*", since second-person utterances mainly appear in:

Interrogative sentences

(9) Amy: *Really, you worried about me?*
Paul: ***Are you surprised*** *about that?*
Amy: *Mm, it's nice to hear. Did you worry about Jake too?* (*In Treatment*)

Declarative sentences, especially with copular verbs such as *sound* or *seem*:

(8) Frances: *She had auditioned on a whim and gotten the lead. The title role.*
Paul: ***You sound surprised.***
Frances: *I was totally surprised. I never knew she was even interested in such a thing... Acting or the theater.* (*In Treatment*)

In both cases, the speaker attributes an emotion to the addressee but at the same time either questions the very existence of surprise (*cf.* (9)) or indirectly asks about the reason for being surprised in a tentative statement using modal evidential verbs (*cf.* (8)). In (8), emotion attribution is interpreted by Frances as an invitation to explain why she is surprised, and she goes on to explain why what happened totally contradicts her prior cognitive representations. When the subject is *I*, the adjective *surprised* only occurs in statements involving *be*.

Evaluation is of particular interest to the present study insofar as surprise is said to have neutral valence in itself (see Ortony *et al.* 1999, 127), as opposed to anger or fear, for instance. Given this neutrality, the context will then 'colour' the reaction of surprise with either a positive (e.g., *What a nice surprise!*) or negative (e.g., *We had a bad surprise when we arrived*) overtone. The valence of the surprise supposedly experienced by the addressee is not specified in any of the examples of our sample. However, the evaluative judgement that is formed about the source is generally negative. Let us first focus on first-person utterances. When the adjective is followed by a complement, which corresponds to the most frequent case (72% of the first-person utterances in the *Corpus of American Soap Operas*), the source appears to be contrary to the speaker's expectations:

(10) That isn't a term I remember. I'm surprised **you do**. (Atwood, *Handmaid's Tale*)

In (10), elliptical *you do* stands for *you remember*, which stands in contrast to the first sentence *that isn't a term I remember*. The fact that the addressee remembers the term is unexpected, given that the speaker herself does not remember this term. To put it schematically, the speaker expects non-p but is faced either with p or with a value different from p. The emotive reaction caused by unexpectedness expresses the speaker's evaluation. According both to logic and to the speaker's moral standards, what is actually the case should not be the case. Likewise, in the absence of a complement, the focus may be on the discrepancy between the speaker's cognitive representation and the real world:

(11) **I'm surprised, I... actually thought** you'd have been down on all fours scrubbing away, and your wife standing over you shouting instructions and... you saying, "It's not coming out, I don't know what to do, my next patient'll be here any minute." **I didn't think** it would come out that easily, that's all. (*In Treatment*)

In this example, it is the context that provides the contrast between expectation and actual realization (*I actually thought; I didn't think...*).

Turning now to "*you* + copula + *surprised*", we can also see clearly that the attempt to attribute a reaction of surprise to the addressee, or to make the addressee acknowledge his or her surprise, is far from being neutral. What is foregrounded is likewise the problematic discrepancy between what was expected and the actual situation:

(12) Gina: ***Are you surprised at her reaction?*** *You put it on her and she threw it back.*
Paul: ***How was I supposed...*** *Gina, you hammered me about this last week. You went on and on and on about... I knew it was a bad idea. And now I'm coming to you with this mess.*

Gina's question suggests that Paul should not be surprised by a patient's reaction. The negative undertone of the question is clearly felt by Paul, who then tries to counter-attack.

The evaluation dimension is crucial to our analysis and thus confirms the need for a larger discursive approach, one which takes into account pragmatic factors.

4. Pragmatic exploitation

The way emotions are displayed and attributed to others is by no means neutral. Expressing emotions may be viewed as part of an argumentative strategy (Plantin 2011, 192). Emotions, whether displayed or concealed, are meaningful.

We have pointed out that first-person utterances imply a source of surprise that may be either implicit or explicit, both speaker and addressee having access to that source. Second-person utterances, however, are generally not followed by a complement. Our contention is that this syntactic distribution is correlated to different pragmatic goals.

4.1 First-person utterances

In first-person utterances, the adjectival phrase may serve two pragmatic functions. It may be used to evaluate the source of surprise in a negative way, which amounts to blaming the addressee for it, and also to control discourse:

(13) Alex: *So I owe another 20%? Thirty bucks. Hold on.*
Paul: *Do you feel better now?*
Alex: *What do you mean?*
Paul: *After paying me, do you feel better?*
Alex: *What are you trying to say?*
Paul: ***I'm surprised** by how much effort you put into **showing your contempt** for this process and for me.*
Alex: *Relax, OK? It's just the way my mother raised me. I don't know what it's like with you people but I like to pay for what I get.*
Paul: ***I'm glad** you're getting something here, Alex.*
Alex: ***Let's not make a big deal out of this, OK? You want me to admit that this therapy is worthwhile?** OK. I'll admit it. This therapy is changing my life. Happy? Can we drop it now?*

I'm glad you're getting something here is highly ironical and understood as such (*Let's not make a big deal of it*). *I'm surprised by how much effort you put into showing your contempt for this process and for me* is an utterance that displays surprise in order to blame the addressee for showing a negative emotion – i.e., contempt. By expressing surprise, the speaker indirectly rebukes the addressee for the emotions he shows and the words he utters.

A corollary of this negative evaluation is the speaker's attempt to control conversational interaction:

(14) "Was Far my father?"
"There wasn't much to be said for my husband, lille Swanny, but he wouldn't have betrayed his own wife. He wasn't as bad as that. **I'm surprised** you can suggest it."

> Swanny said she screamed. She screamed out and covered her mouth. "**You're surprised! You're surprised!** You tell me these things and **you're surprised** at what I say." Asta was quite cool and calm. "Of course **I'm surprised** when you speak like that to your mother."
> "You're not my mother, you've just said so. Is it true?" (Rendell, *Asta's Book*)

A shift can be observed from *I'm surprised you can suggest it* to *Of course I'm surprised when you speak like that to your mother*, in response to the addressee's exclamation *You're surprised!*. The first occurrence of *I'm surprised* has scope over a specific situation (*you can suggest it*). The second, however, has scope over an iterative situation. The source of surprise is then said to be not the content of Swanny's suggestion, but the way she speaks to her mother. This shift indicates that Asta is in full control of conversational interaction, which is corroborated by the preceding narrative sentence, *Asta was quite cool and calm*. The adjectives *cool* and *calm* might seem to be in contradiction with the adjective *surprised* from an emotional point of view. From an argumentative point of view, however, this co-occurrence is evidence that the adjectival phrase is used to exert control over discourse.

4.2 Second-person utterances

As stated in Section 2, second-person utterances correspond either to:

- a question aiming at confirming the speaker's assessment of the addressee's emotional state, or
- a tentative statement regarding the addressee's emotional state

In either case, the speaker is trying to attribute and label an emotion that the addressee has not clearly acknowledged in his/her own discourse. We argue that this attempt represents an intrusion into the addressee's private feelings, and constitutes a strategy to make the other verbalize and explicitly acknowledge what had hitherto been left unexpressed. As with first-person utterances, what is at stake here is how emotions are used within a specific argumentative strategy. However, the absence of a complement in most of the instances suggests that the speaker relying on "*you* + copula + *surprised*" wishes to leave the source of surprise in the background. Rather, his/her intention is to focus on the addressee's emotional state – and to make the addressee aware of this particular state. All the occurrences under scrutiny display the same scenario:

Stage 1: Speaker A experiences surprise but does not express it with surprise lexemes.

Stage 2: Then, speaker B either asks "Are you surprised?" or asserts "You sound/seem surprised".
Stage 3: Speaker A reacts in various ways to speaker B's question or assertion.

In our sample, stage 2 may be associated with two slightly different pragmatic strategies. It may be regarded as an indirect way to express reproach, or it may be part of the psychoanalyst's maieutics in an attempt to steer discourse. These pragmatic exploitations are examined in more detail below.

Case 1: "*You* + copula + *surprised*" may be part of the psychoanalyst's maieutics to uncover some problematic behaviour or pathological pattern in his patients.

(9) Paul: *So... how do you feel?*
Amy: *Fine. Were you worried?*
Paul: *Yes. Very.*
Amy: ***Really, you worried about me?***
Paul: ***Are you surprised*** *about that?*
Amy: *Mm, it's nice to hear.* (*In Treatment*)

Paul has sensed Amy's insecurity and his question aims at making her aware that there is no reason why she should doubt his concern. In other words, the question does not bear on the existence of surprise but on the underlying reasons for this reaction of surprise. *Are you surprised?* is to be interpreted as *Why are you surprised?*. This explains why no complement is needed, the source of surprise being less important than the reason for it.

The same kind of maieutics may be at play with statements involving evidential verbs:

(15) Frances: *I kept telling myself, "don't worry, Frances, it's like riding a bicycle."*
Paul: *And was it?*
Frances: *He took off my shirt and touched me, and I thought I was gonna lose it. I mean, he loved my breasts.*
Paul: ***You sound surprised.***
Frances: *I'm not 25 or synthetic, if you know what I mean. And he just kept kissing them and touching them. Well, I forgot how sensitive they are. Are you shocked?* (*In Treatment*)

Here, Paul thinks that his patient needs to clarify the perception she has of her own body, especially since breast cancer runs in the family.

In case 1, attributing surprise is felt by the addressee as a justified intrusion into his/her feelings as part of the ongoing psychoanalytic process and no negative judgement is involved. We argue that it is nonetheless an attempt to control, or at least steer, the conversation. It should be stressed that the patient's responses do not involve *yes* or *no*, but constitute explanations of their emotional states, which confirms that these questions and modalized statements are less concerned with the existence of surprise than with the reason for it.

Case 2: In other verbal exchanges, attributing surprise is inherently linked to negative judgement and serves as a kind of exposure that destabilizes the experiencer. In our sample, case 2 is to be found exclusively in questions.

(16) Laura: *You know, um, next month I'll be 30 and I've been thinking to myself, "I've hated myself for 30 years." It's enough. I don't want to any more.*
Paul: *Why do you hate yourself?*
Laura: ***You're surprised?***
Paul: ***I've never heard you say it before.***
Laura: *Well, I guess you save the best for last.*
Paul: *That's the best, Laura, that you hate yourself?*
Laura: *I don't know, Paul. It's something people realize about me after an hour.*
Paul: *I didn't know it after an hour or a year. It's not easy for me to hear you say that.*
Laura: ***Maybe you should try and find out why it's so hard for you. Maybe you should see someone.*** (*In Treatment*)

Laura seems to be experiencing some kind of glee at catching the psychoanalyst off-guard. Pointing out Paul's surprise is for her a way of exchanging roles and, for once, of assuming power within the interpersonal relationship. She goes as far as to suggest that Paul himself should see a psychoanalyst, and *You're surprised?* implies *Well, you shouldn't be*. The question in any case is interpreted as face-threatening by the addressee, who is reluctant to admit his surprise for professional reasons and tries to justify himself (*I've never heard you say it*).

5. Conclusion

The surprise lexicon is currently being investigated from both a semantic and a syntactic viewpoint (see Valetopoulos 2013). Novakova *et al.* (2012) have provided evidence that correlations exist between syntactic patterns and semantic dimensions. We hope to have shown that a pragmatic analysis of verbal interaction allows establishing correlations between syntactic patterns and discourse strategies. Surprise lexemes do not always convey surprise but may be exploited pragmatically within complex argumentative strategies – hence confirming the need to distinguish between emotional communication and emotive communication. In the case of the adjective *surprised* used in first- and second-person utterances in the present tense, two strategies are at work: namely, expressing reproach in an indirect way and attempting to control conversation.

References

Caffi, Claudia/Janney, Richard (1994). "Toward a Pragmatics of Emotive Communication", *Journal of Pragmatics* 22, 325–373.

Ekman, Paul (2003). *Emotions Revealed: Recognizing Faces and Feelings to Improve Communication and Emotional Life*. New York: Times Books.<http://psybc.com/pdfs/library/EkmanP_SurpriseandFear7.pdf> [05.03.2013].

Levin, Beth (1993). *English Verb Classes and Alternations. A Preliminary Investigation.* Chicago: The University of Chicago Press.

Marty, Anton (1908). *Untersuchungen zur Grundlegung der allgemeinen Grammatik und Sprachphilosophie*. Halle a. Salle: Niemeyer.

Mathieu, Yvette-Yannick (2000). *Verbes de sentiment : De l'analyse linguistique au traitement automatique.* Paris: CNRS.

Novakova, Iva/Goossens, Vannina/Melnikova, Elena (2012). "Associations sémantiques et syntaxiques spécifiques. Sur l'exemple du lexique émotionnel des champs de *surprise* et de *déception*", in: *Actes du 3e Congrès Mondial de Linguistique Française*. Paris: Institut de linguistique française, 1017–1029.<http://www.shs-conferences.org/index.php?option=com_article&access=doi&doi=10.1051/shsconf/20120100181&Itemid=129> [03.03.2013].

Ortony, Andrew/Clore, Gerald/Collin, Allan (1999). *The Cognitive Structure of Emotions*. Cambridge: Cambridge University Press.

Plantin, Christian (2011). *Les bonnes raisons des émotions. Principes et méthode pour l'étude du discours émotionné*. Bern: Lang.

Plantin, Christian (2012). « Les séquences discursives émotionnées : Définition et application à des données tirées de la base CLAPI », in: Actes du 3e Congrès Mondial de Linguistique Française, Paris: Institut de linguistique française, 629–642.<http://www.shs-conferences.org/index.php?option=com_toc&url=/articles/shsconf/abs/2012/01/contents/contents.html> [07.03.2013].

Rocq-Migette, Christiane (2009). "Using the Adjectives *surprised/surprising* to Express Epistemic Modality", in: Pierre Busuttil, Raphael Salkie, Johan van der Auwera (eds.): *Modality in English, Theory and Description*. Berlin: Mouton de Gruyter, 223–235.

Ruwet, Nicolas (1994). "Etre ou ne pas être un verbe de sentiment", *Langue française* 103, 45–55.

Stein, Nancy L./Hernandez, Marc W. (2007). "Assessing Understanding and Appraisals During Emotional Experience", in: James A. Coan/John J. B. Allen (eds.): *Handbook of Emotion Elicitation and Assessment*. Oxford: Oxford University Press, 298–317.

Valetopoulos, Freiderikos (2013). "Traduire la *peur* et la *surprise* : une étude contrastive en grec moderne et en français", in: Hélène Chuquet, Raluca Nita,

Freiderikos Valetopoulos (eds.): *Des sentiments au point de vue.* Rennes: Presses Universitaires de Rennes, 95–116.

Corpus data

In Treatment American Series, 2008, directed and produced by Rodrigo Garcia, broadcast by HBO, <www.hbo.com/in-treatment>.

Corpus of American Soap Operas, created by Mark Davies, Brigham Young University, <http://corpus2.byu.edu/soap/>.

Atwood, Margaret (1985). *Handmaid's Tale.* Toronto: McClelland and Stewart.

Vine, Barbara (Ruth Rendell writing as Barbara Vine) (1993). *Asta's Book.* London: Viking.

Annotating Sentiment Expressions for Lexical Resources

Voula Giouli[*&**], *Aggeliki Fotopoulou*[*],
Effie Mouka[**] *& Ioannis E. Saridakis*[**]

Résumé

Ce chapitre présente un travail de corpus visant à annoter manuellement les expressions de sentiment dans un sous-corpus grec (EL) d'un corpus de films, avec des transcriptions orthographiques (EN) alignées avec des sous-titres en grec (EL) et en espagnol (ES). Notre objectif est de traiter des mots d'émotion et des concepts liés à des émotions dans les textes d'origine, et de les intégrer dans une ressource lexicale qui sera conçue et développée afin de constituer ainsi une ontologie des Émotions, de manière à être appropriée autant pour des projets lexicographiques que pour le traitement computationnel du « sentiment ». Pour cette dernière application, nous avons procédé à une annotation de la polarité et de l'intensité dans le corpus étudié.

Abstract

This chapter presents corpus work aimed at manually annotating a corpus of movies coupled with both orthographic (EN) transcriptions and subtitles in (EL) and (ES) with *sentiment expressions*. This involves the treatment of emotion predicates and emotion-related concepts in naturally occurring texts and their integration into an existing lexical resource that is being re-designed and re-focused so as to form ultimately an Ontology of Emotions. This ontology will be appropriate for both lexicographic and computational approaches to sentiment. Emotion polarity and intensity were also studied on the basis of the corpus data.

1. Introduction

Work in the area of subjectivity analysis focuses on the identification of *sentiment expressions* in text, conceived of as positive and negative *emotions*, *evaluations*, and *judgements* targeted to certain discourse topics. However, high-quality Language Resources (LRs), i.e., annotated corpora and lexica of a significant size, are usually sparse or even non-existent, especially for under-resourced languages and domains. To this end, re-using and re-orientating existing resources are both necessary and important. As far as the Greek language is concerned, sufficient linguistic data pertaining to the semantic field of emotions have been developed and organized morphosyntactically in the form of Lexicon

* Institute for Language and Speech Processing, R.C. "Athena", Greece.
** National and Kapodistrian University of Athens, Greece.

Grammar lexica (see Section 5.1 below). This material has been re-used, appropriately organized, and enriched with data extracted from the annotated corpus the aim being to develop, ultimately, a conceptual lexical resource of emotions. To this end, the corpus annotation task described here aims primarily at guiding the identification of semantic relations among lexical entries and at further enriching the conceptual database with new entries that belong to: (a) the *core* lexicon of emotions (i.e., verbs, nouns, adjectives, adverbs and multi-word expressions denoting emotion); and (b) the *non-core* lexicon (comprising single words, multi-word units and phrases, interjections, etc. which *imply* emotions or emotional states). The non-core lexicon is extracted solely from textual data. Finally, we carried out corpus annotation with a view to identifying lexical patterns, so that we could develop and evaluate a *grammar of emotions*. The latter is conceived of as a module in Natural Language Processing applications aimed at the recognition of emotions at the levels of utterance and text.

This chapter is organised as follows: Section 2 is an overview of background work on affective lexical resources, i.e., annotated corpora and dedicated lexica. Section 3 is an overview of the corpus developed and of the emotion annotation scheme employed. Section 4 discusses the findings derived from the annotation, and elaborates further on the problematic cases encountered that led to the expansion of the annotation scheme. Section 5 presents existing lexical resources in Modern Greek that pertain to the semantic field of emotions, focusing on their enrichment and re-orientation for the development of new LRs that are tailored for sentiment analysis. Section 6 discusses the recognition of polarity and intensity in context, while Section 7 outlines our conclusions and prospects for future research.

2. Affective language resources: background

A number of LRs, i.e., corpora and lexica, have been developed for research into subjectivity and sentiment, especially for the so-called widely used languages. Wiebe *et al.* (2005) propose an annotation scheme that encompasses *sentiment*, *agreement*, *argumentation*, *intension*, and *speculation*, and that assigns a *positive* or *negative* value to each class, while, at the sub-sentential level, Asher *et al.* 2009 propose a fine-grained annotation scheme that builds on the semantics of a wide class of opinion expressions. This scheme is ultimately mapped onto a top-level opinion and emotion typology and is then employed for calculating the overall opinion expressed in a text on a given topic. A similar emotion annotation scheme, based on cognitive emotion theories, has also been proposed in Chen *et al.* (2009). The scheme is suitable for annotating both explicit and implicit emotion expressions, and for encoding different levels of emotion information for a given emotion content the ultimate goal being the computational assessment of emotions (so-called "emotion computing") for the extraction of expressive information. Finally, corpus work aimed at exploring emotions in texts from the perspective of lexical semantics has been outlined by Mathieu (2005, 2008).

Additionally, computational approaches to sentiment require large-scale lexical resources, developed either manually or semi-automatically. General Inquirer (Stone *et al.* 1966), OpinionFinder lexicon (Wiebe/Riloff 2005), and SentiWordNet (Esuli/Sebastiani 2006) are examples of such affective lexica. On the other hand, WordNet-Affect (Valitutti *et al.* 2004), an extension of WordNet Domains, is linguistically oriented as it comprises a subset of synsets that are suitable to represent affective concepts in correlation with affective words. The affective concepts representing emotional states are individuated by synsets marked with the so-called *A-label "emotion"*. *A-labels* are also provided for concepts representing moods, for situations eliciting emotions, and for emotional responses.

3. Corpus: motivation, description and annotation

The audiovisual material used in this study was initially selected for translation process (and product) research, by examining patterns in the transfer of racist discourse (which is typically a specific kind of biased and opinionated discourse) from a source language (SL) to a target language (TL). The orthographic transcriptions of the source text (ST) and its subtitles in two languages form a trilingual parallel corpus (EN, EL, ES) comprising five movies, with a total playtime of 09:05 hours. Not surprisingly, this type of discourse was found to be a hive of emotions. The language used is mostly informal, quite often highly colloquial, and includes slang, expletives, and vague expressions. The scenes included in our dialogue corpus can be said to represent numerous instantiations of discoursal tensions, and to characterize many topics, the main one being interracial relations and conflicts, along with various everyday situations – from going shopping to being bullied at school or falling in love. In this sense, our data share some qualities with corpora comprising social media texts, such as tweets or blog comments, where sentiment is also expressed in a rather colloquial manner. The dialogue corpus thus obtained comprises a resource that would otherwise be difficult to record in real life and even more difficult to obtain in the form of a parallel corpus.

A fine-grained annotation of the corpus was considered indispensable for enriching the already existing affective lexicon, and it offered at the same time textual material that can be further exploited for sentiment analysis. The corpus was annotated for opinion and emotion as outlined in Mouka *et al.* (2012). Emotion annotation was performed in a two-stage procedure at the *sentence/utterance* and *word/phrase* levels. In the first stage, annotation involved two subtasks: (a) emotion detection, i.e., recognizing emotionally-loaded utterances vs. neutral ones, and (b) emotion classification with respect to polarity, intensity and type. The attribute of *polarity* of sentiment (the possible values of which are *positive*, *negative*, and *neutral*) was assigned to the selected spans of text (utterances, sentences, and clauses); the feature of *strength* (the possible values of which are *low*, *medium*, *high*, and *uncertain*) was also encoded. Finally, a value for the attribute of *type* was assigned, selected among the following values: *anger*, *fear*, *sadness*, *disgust*, *surprise*, *anticipation*, *acceptance*, *joy* and *emotion-other*. The scheme (see Fig. 1) therefore provides a fine-grained classification of sentiment on the basis of eight *basic* emotions which subsume a wider set of complex emotions as defined in Plutchik (2001).

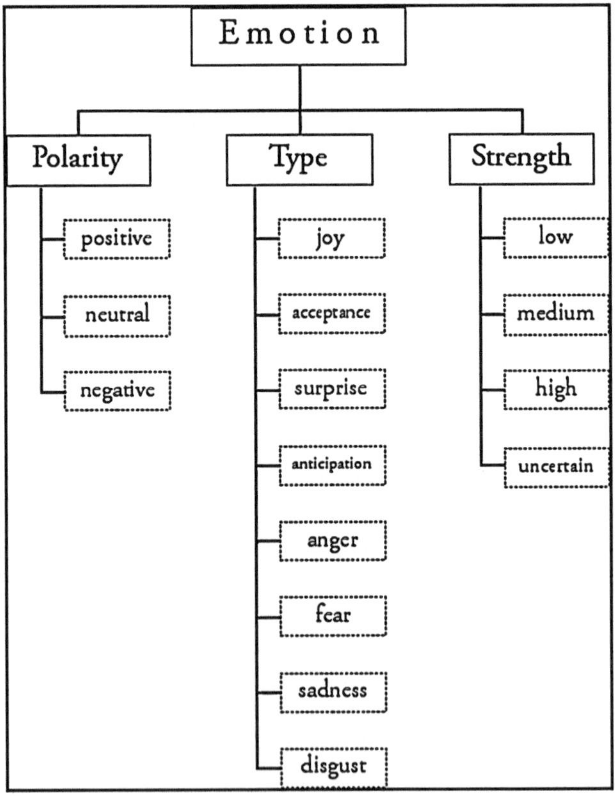

Figure 1: annotation scheme

In the subsequent stage, annotation *below* the sentence/utterance level focused on the identification and classification of *explicit* and *implicit* emotion words and phrases within the selected emotional utterances. In fact, emotions in natural language are expressed in different modalities, allowing us to distinguish "*explicit communication* (as introspective reports) from unintentional communication (i.e., when the form or the lexical content of the expression reveals an appreciative or depreciative disposition of the speaker" (Valitutti *et al.* 2004, 63). A distinction usually made is between *descriptive* words or expressions (i.e., those describing the emotions that they denote, e.g., *love*, *hate*, *enthusiastic*) and *expressive* ones (i.e., expressing emotions, e.g., *Shit!* when angry, *wow* when enthusiastic) (Kövecses 2003). A number of phrases, nouns, adjectives, expletives, etc. are used in this respect to express emotions or emotional states. We argue that the descriptive items encompass the *core vocabulary* of emotions, whereas the expressive items are *non-core* vocabulary, the content features of which are highly determined by the text type, the domain, the communicative context and situation, etc. The classification of words/phrases as *explicit* or *implicit* led us to distinguish the *core* vocabulary of emotions and to populate a *non-core* vocabulary that would be useful for sentiment analysis.

4. Preliminary results and discussion

Annotation was performed by two expert annotators on the EL sub-corpus, and partially on the EN sub-corpus. An inter-annotator agreement score of 0.67 was calculated on a sample of fifty utterances when all features were considered, and 0.86 when only polarity was taken into account. A closer inspection of the instances of disagreement led the annotators to refine further the initial guidelines and to elaborate the annotation scheme, especially with respect to the attribute of *type* and its possible values. In this section, we discuss our initial findings from the corpus data.

Taking into account the composition of our corpus, we observe that the data collected do not represent equally the whole range of emotional states. Due to the nature of the main topic of the films (i.e., inter-racial conflicts), high frequencies of negative instances of emotion were to be expected (see Fig. 2 below). It should be noted that most of the utterances annotated in the corpus convey an emotional state in an implicit manner (66% of the total), whereas only 34% of the utterances have been annotated as explicit or as direct expressions of emotion. As mentioned already, expressions denoting anger are the most frequent, yet only 9.4% have been annotated as explicit expressions. The majority of sadness expressions have also been annotated as implicit in the corpus. The distribution of explicit-implicit utterances across emotion types is depicted in Fig. 3 below.

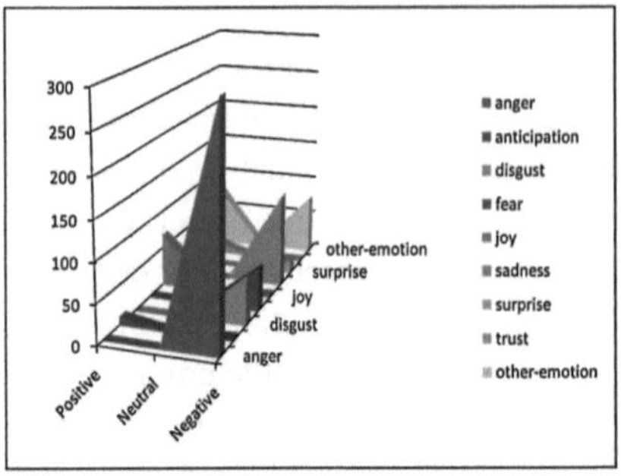

Figure 2: distribution of sentiments

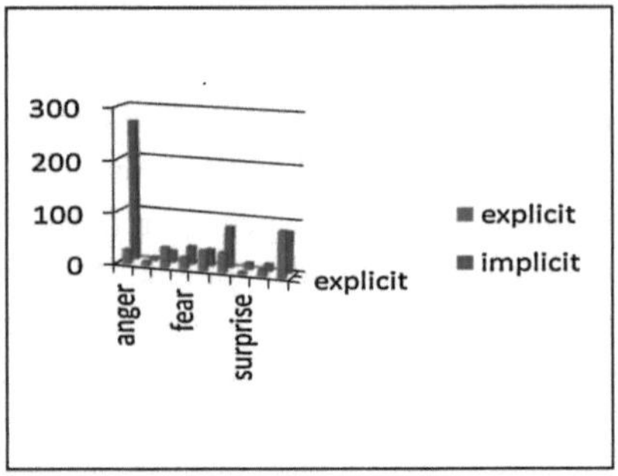

Figure 3: sentiments expressed implicitly/ explicitly

4.1 Linguistic data

Making use of the features "implicit" – "explicit" during annotation, we extended the initial *core* lexicon of emotions by adding: (a) new single- and multi-word entries and phrases representing an informal/colloquial register (Halliday/Hasan 1976), as, for example, *δεν δίνω δεκάρα* ('do not give a penny'); and (b) new entries that, even though they do not belong to the *core* lexicon of emotions, do bear an emotional load (*non-core* lexicon of emotions) when interpreted in context.

As noted above, *explicit* and *implicit* emotion words and phrases within the selected emotional utterances have been recognized and classified. Utterances indicative of the emotional state of a speaker that do not include any *core*-lexicon words have been annotated as implicit instances. A more detailed analysis and comparative evaluation of the data show the correlation between *implicit* and *explicit* emotion expressions and grammatical categories: Adverbs (Ad), Adjectives (Aj), Nouns (No) and Verbs (Vb). Verbal phrases presenting various degrees of fixedness have also been attested in the data; they seem to be the preferred linguistic device for expressing emotional load in an implicit manner. The results are shown in Fig. 4 below.

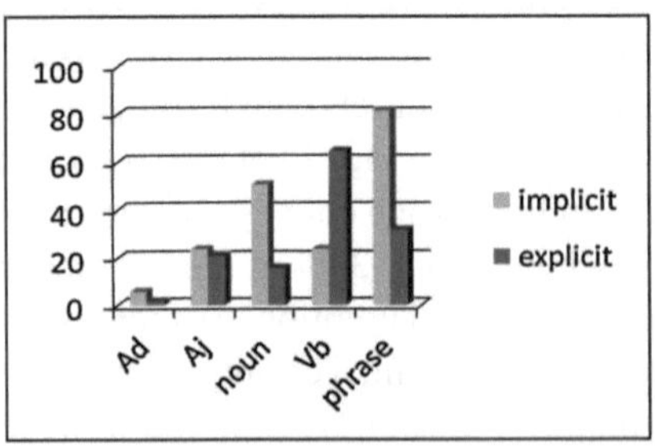

Figure 4: implicit – explicit emotion expressions and their distribution by POS

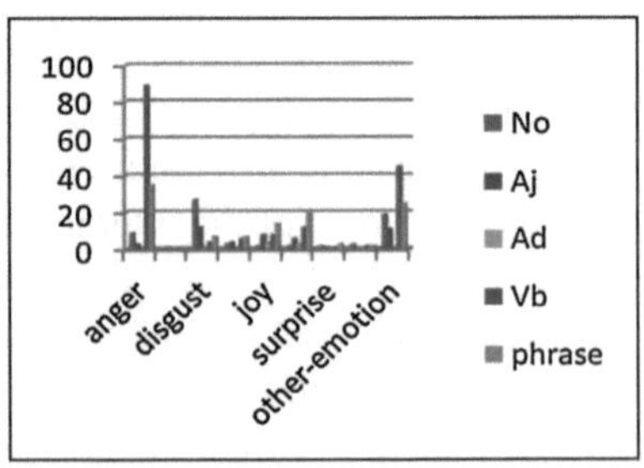

Figure 5: emotion types and their distribution by POS

Verbs are the most frequently used emotion expressions of the *anger* type. It should be noted that not many adverbs are used in the dialogue corpus to express emotion. More interestingly, and contrary to linguistic evidence from previous work in sentiment analysis (Hatzivassiloglou/McKeown 1997, Wiebe 2000), adjectives in this corpus are not used that frequently to express emotion. The overall distribution of grammatical categories across emotion types is depicted in Fig. 5 above. Examples:[1]

(1) Δε χρειάζεται να τα *τρομάζετε* (Vb) ('There is no need to scare them')
(2) Του φτάνει η *τρομάρα που πήρε* (phrase) ('The fright he got was enough')
(3) Φαίνεσαι *στενοχωρημένος* (Aj) ('You look sad')
(4) *Δεκάρα δε δίνω* για ποιον ήρθατε (phrase) ('I don't give a penny who you came for')
(5) *Την έχω γραμμένη*! (phrase) ('I don't give a fuck about her')

Finally, a number of nouns, adverbs and phrases (such as expletives) that are abundant in our material were identified as bearing a high emotional load, yet also as expressing this emotion implicitly. The respective utterances were further studied with respect to their form and functional meaning (cf. Wilkins 1976, in Chesterman 1998: 86). For example, instances of implicitly expressed *anger* (a total of 266 utterances) were identified and classified in terms of form and function (Fig. 6). Commands, as shown in (6); threats, as exemplified in (7); as well as utterances including insults (8); and/or expletives (example 9) represent 81.2% of all the utterances marked as *implicit-anger*. Rhetorical questions and utterances, the interpretation of which is highly dependent on the communicative situation, including occurrences of irony or utterances requiring the use of world knowledge to be properly interpreted, are also present in the corpus with a lower frequency.

(6) Σκάστε κι οι δυο σας! ('Shut up both of you!')
(7) Θες να τις φας κι εσύ; ('You want to get beaten too?')
(8) Φέρ' τα, βρομιάρη Πακιστανέ! ('Bring them, filthy Pakistani!')
(9) Πού διάολο ήσουν; ('Where the hell have you been?')

1 Translations in this paper are back-translations into English of the respective EL utterances. Due to time and space restrictions inherent to subtitling, TL subtitles are often subject to various shifts and omissions with respect to the SL utterances.

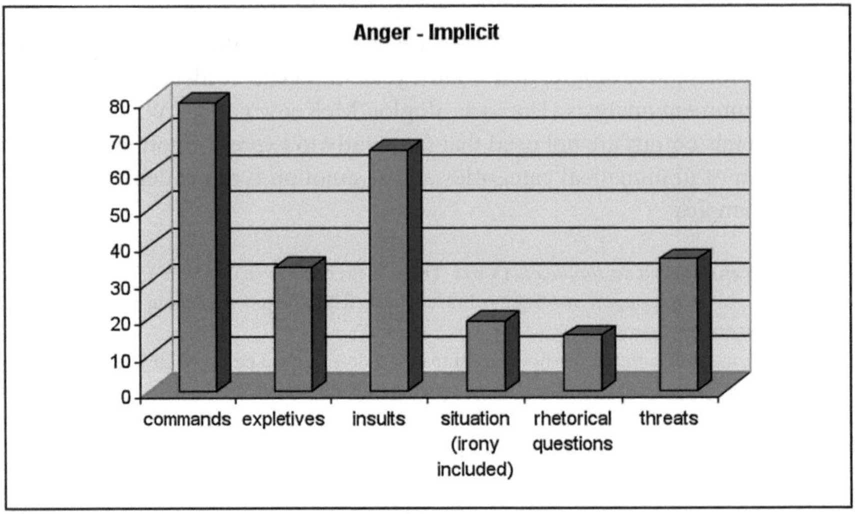

Figure 6: number of utterances by category

4.2 Context-dependent issues

Resolving the meaning of an utterance is not a trivial task, especially in conversation, where ambiguities arise and the phenomenon of ellipsis occurs. Computing the meaning of an utterance involves various linguistic levels: lexical meaning of individual words, compositionality issues on the basis of the semantic argument structure of clauses and sentences, the discourse and situational context, etc. This is reflected in the inter-annotator disagreement concerning emotion *type* disambiguation.

The annotation of implicit cases shows the context-dependent nature of the interpretation of utterances. Pragmatic issues, irony and metaphor, as shown in (10) and (11) respectively, are correctly interpreted only within the specific context at hand.

Similarly, certain linguistic patterns emerge, such as the high frequency of imperatives indicative of a negative emotional state, as in (12).

(10) *Κι αν σου άνοιγα το κεφάλι στα δύο, τι θα γινόταν;* ('And if I busted your head, what would happen?')
(11) *Κάποιον θα σκοτώσω σήμερα.* ('I'm going to kill somebody today')
(12) *Φύγε από δω μέσα!* ('Get out of here!')

Interestingly, in some cases as in examples (13) and (14), terms included in the core lexicon express a quite different emotional state when encountered in certain contexts. *Λυπάμαι* ('I feel sorry'), normally expressing sadness, is used in an utterance during a fight to express *disgust*, while *κρίμα* ('pity') (also indicative of sadness) is also an expression of sympathy in its context.

(13) *Σε λυπάμαι,* Ντάνι ('I feel sorry for you, Danny')
(14) *Είναι κρίμα* τα όσα πέρασε ('It's a pity what he's been through')

4.3 Uncategorized emotion expressions

According to the specifications set, annotators were encouraged to assign an "emotion-other" value to utterances or words/phrases which they were unable to classify with certainty in any of the emotions covered by the annotation scheme. A closer inspection of the data revealed that these cases included principally *complex* emotions, such as love/hate or emotions of self-appraisal (i.e., shame, respect) that were not considered by Plutchik (2001) and therefore were not included in our initial scheme. To address this shortcoming, we extended the set of emotion types to include new instances based on the data at hand, namely: *love*, *hate*, *disappointment*, *indifference*, *shame*, *envy*, *jealousy*, *relaxedness*, *respect*, *resentment*, and *remorse.*

(15) Νιώθω *γελοίος* (shame) ('I feel ridiculous')
(16) Δε σε *σέβομαι*, κι ούτε πρόκειται να σε *σεβαστώ*! (respect) ('I do not respect you, and I'm not willing to respect you!')
(17) Ο Γούντι *δεν πάει* καθόλου τον Κόμπο (hate) ('Woody doesn't like Combo at all')
(18) Αυτό δείχνει *βαθύ μίσος* (hate) ('This shows deep hate')

The validity of the extended taxonomy will of course be tested and assessed further, using also corpus data from different text types and/or genres. This task is currently being planned by the research team.

5. The Greek affective lexical resources

As mentioned already, we aim to develop a conceptual lexical resource that will depict the semantic field of emotions and that will incorporate and subsume lexical data extracted from existing resources under the relevant concepts. In the sections below, we describe the existing lexical resources, namely Lexicon-Grammar dictionaries and the conceptual Database *Ekfrasis* (literally, 'expression' in Greek) along with the actions for creating an *affective ontology* of the Greek language.

5.1 Existing resources in Modern Greek: Lexicon-Grammar dictionaries

In recent years, a set of electronic dictionaries of predicative nouns (Pantazara *et al.* 2008, Fotopoulou *et al.* 2009), verbs (Giouli/Fotopoulou 2012), and verbal expressions (Fotopoulou 1993) denoting emotion within the Lexicon-Grammar framework (Gross 1975) have been developed for the Greek language. The existing resource comprises a total of 2,969 entries, organised in 21 Lexicon-Grammar tables. More precisely, 130 predicative nouns (Nsent) combined with light verbs (support verbs) were selected and categorised into three classes, according to their syntactic and distributional properties. Furthermore, we examined the aspectual variants with standard light verbs, the intensive variants, and the control and manifestation of feelings. Similarly, 339 verbs denoting emotion (psych-verbs) were classified in five categories on the basis of their syntactic, distributional and semantic properties, as attested in corpus data. Argument structure, distributional and possible transformational properties of the entries were also described. Finally, following the same methodology, we described 2,500 verbal expressions and placed them in 13 categories according to their syntactic structure.

5.2 Towards a Greek affective ontology

The design and implementation of the Greek Affective Ontology are based on the conceptual resource *Ekfrasis*, which was inspired by long-established lexica for Greek and English, namely Th. Vostanzoglou's *Antilexikon* and Roget's *Thesaurus* respectively (Fotopoulou/Markantonatou 2007, Markantonatou *et al.* 2010). *Ekfrasis* is an integrated environment that helps users spot the word that better encodes the meaning which they want to express. In line with common lexicographic practices, the resource also provides morpho-syntactic description, information about its relations with other words, and examples of usage for all entries. *Ekfrasis* comprises a lexical database (LDB) connected to a morphological generator and a set of tools for identifying multi-word entries in corpora. The LDB constructs a linguistic ontology reflecting the signifier-signified dichotomy. Entries, both one- and multi-word, are instances of the signifier branch. Entries are then mapped onto instances of the signified branch ("meanings/glosses"). A set of features encode relations among words at the signified level (e.g., synonymy, meronymy, antonymy; *cf.* Geeraerts 2010) or at the signifier level (e.g., syntactic alternatives for verbs, allomorphs).

In terms of *coverage*, the resource was further enriched with the lexical categories not provided for in the existing Lexicon Grammar dictionaries, namely *adjectives* and *adverbs*, via derivation. In the next stage, recognition and fine-grained classification of sentiment expressions at the word/phrase level was further exploited with a view to *populating the resulting lexical resource*. Data identified in the corpus and not included in the initial lexica were also incorporated. As expected, the majority of the new entries identified and extracted from the textual data belong to the non-core lexicon.

6. Beyond lexis: recognizing polarity and intensity in context

The contrastive analysis of classifications at the word/phrase levels versus classifications of the utterances in which they occur gives us an insight into the lexical clues and the lexical and/or syntactic patterns which influence the determination of the emotion *polarity* and *intensity* in context. In this respect, the identification of lexical elements affecting the emotion co-ordinates (i.e., polarity, type, intensity) – that is, *intensifiers*, *negators* and *neutralizer* – *was* performed on the basis of corpus evidence. In the next stage, initial steps were taken towards defining the *combinatorial properties* of the lexicon entries with polarity and intensity *shifters*. A set of grammar rules may then be defined. What this means more precisely is described below.

6.1 Polarity in context

Polarity conceived of as being of a *positive, neutral* or *negative valence* is inherent to emotion. In most cases, negative particles are the most obvious shifters that affect sentiment polarity (Wiegand *et al.* 2010, Jia *et al.* 2009, Polanyi/Zaenen 2006, Mathieu 2005). Apart from negative particles, however, lexical patterns that also function as polarity shifters were identified and encoded in a lexical inventory.

However, negation is a complex phenomenon and often relates to rhetorical language or usages that are not easily modelled. In example (19) below, the verb *υπερασπίζεται* ('defends') implies a *positive* emotion (in the sense that it denotes a positive stance). In contrast, the NP in Object position *κάθαρμα* ('creep') is strongly negative and the combination of the two (positive, strongly negative) leads us to interpret the whole utterance as expressing the speaker's negative emotion. Similarly the *rhetorical* usage of the utterance (20) signifies or implies a negative emotion.

(19) Ξαφνικά *όλη* η Αμερική *υπερασπίζεται* αυτό το *κάθαρμα* ('Suddenly all of America defends this creep')
(20) Ποιος νομίζει ότι είναι! ('Who does he think he is?')

6.2 Emotion intensity: intensifiers and neutralizers

Similarly, *intensity* in terms of gradedness is a basic feature of emotion that often plays a discriminatory role among emotion concepts. A number of intensity-affecting lexical entries, namely *intensifiers* and *neutralizers*, were also identified in the corpus. These belong to various grammatical categories: adjectives (*βαθύς* 'deep'), adverbs (*αληθινά* 'truly'), or even phrases (*σημειώστε πόσο* 'note how much'), and syntactic patterns (i.e., coordinate constructions), etc.

Data evidence reveals the existence of certain lexical co-occurrences and syntactic patterns for modelling the structure of sentiment expressions and their orientation (positive or negative) in context. For example, verbs like *αρχίζω να* in (23) below, when used with a verb denoting emotion, seem to reduce the overall intensity of the utterance.

(21) Σε είχα *τόση* ανάγκη ('I needed you so much')
(22) Μπόχα *του κερατά*! ('A stink of hell')
(23) *Αρχίζετε να* νιώθετε πιεσμένοι από το περιβάλλον σας ('You start to feel stressed by your environment')

Those lexical or phrasal entries which are characteristic of the informal/colloquial register are in abundance in the corpus data and are the most significant findings.

7. Conclusions and future work

Our work has aimed at developing lexical resources that can be used for research work in sentiment analysis. Using specific corpus evidence, we realise that textual annotation has been decisive in pursuing our aim of populating an affective conceptual lexicon for the Greek language.

Future work has been planned already, consisting of the assessment and fine-graining of our annotation scheme, which will be tested on new authentic-language corpora, or on other textual data depicting positive rather than negative emotions. Our aim is ultimately to develop a robust and complete lexical resource, one which encompasses an ontology of emotions and is capable of being used in a variety of Natural Language Processing applications.

From a multi-lingual and translational perspective, future work should focus on the detailed investigation of cross-linguistic equivalences in the two language pairs (EN-EL, EN-ES) of the corpus, so as to include robust identification of linguistic subjectivity in tenor and mode. This would allow the use of the intended lexical resource as a seed lexicon for the eventual development of large-scale multilingual subjectivity resources.

References

Asher, Nicola/Benamara, Farah/Mathieu, Yvette Yannick (2009). "Appraisal of Opinion Expressions in Discourse", *Lingvisticæ Investigationes* 32(2), 279–292.

Chen, Ying/Lee, Sophia Y. M./Huang, Chu-Ren (2009). "A Cognitive-based Annotation System for Emotion Computing", in: *Proceedings of the Third*

Linguistic Annotation Workshop, ACL-IJCNLP 2009, Suntec, Singapore, 6–7 August 2009.

Chesterman, Andrew (1998). *Contrastive Functional Analysis*. Amsterdam: John Benjamins.

Esuli, Andrea/Sebastiani, Fabrizio (2006). "SENTIWORDNET: A Publicly Available Lexical Resource for Opinion Mining", in: *Proceedings of the 5th Conference on Language Resources and Evaluation (LREC 2006)*, Genova.

Fotopoulou, Aggeliki (1993). *Une classification des phrases à compléments figés en grec moderne. Étude morphosyntaxique des phrases figées*. 2 volumes, Thèse de doctorat non publiée (Université Paris VIII).

Fotopoulou, Aggeliki/Mini, Marianna/Pantazara, Mavina/Moustaki, Argyro (2009). "La combinatoire lexicale des noms de sentiments en grec moderne", in: Iva Novakova/Agnès Tutin (eds.): *Le lexique des émotions*. Grenoble: Ellug, 81–102.

Fotopoulou, Aggeliki/Markantonatou, Stella (2007). "The tool 'Ekfrasi'", in: *Proceedings of the 8th International Conference on Greek Linguistics, The Lexicography Workshop*, Ioannina.

Geeraerts, Dirk (2010). *Theories of Lexical Semantics*. Oxford: Oxford University Press.

Giouli, Voula/Aggeliki Fotopoulou (2012). "Emotion Verbs in Greek. From Lexicon-Grammar Tables to Multi-Purpose Syntactic and Semantic Lexica", in: *Proceedings of the XV Euralex International Congress (EURALEX 2012)*, Oslo, Norway.

Gross, Maurice (1975). *Méthodes en syntaxe*. Paris: Hermann.

Halliday, Michael A.K./Ruqaiya Hasan (1976). *Cohesion in English*. London: Longman.

Hatzivassiloglou, Vasileios/McKeown, Kathleen (1997). "Predicting the semantic orientation of adjectives", in: *Proceedings of 35th Meeting of the Association for Computational Linguistics*, Madrid.

Jia, Lifeng/Yu, Clement/Meng, Weiyi (2009). "The effect of Negation on Sentiment Analysis and Retrieval Effectiveness", in: *Proceedings of the 18th ACM conference on Information and knowledge management*, Hong Kong, 1827–1830.

Kövecses, Zoltán (2003). *Metaphor and Emotion: Language, Culture, and Body in Human Feeling*. Cambridge: Cambridge University Press/Éditions de la Maison des Sciences de l'Homme Paris.

Mathieu, Yvette Yannick (2005). "Annotation of Emotions and Feelings in Texts", in: *ACII'05 Proceedings of the First International Conference on Affective Computing and Intelligent Interaction*. Berlin: Springer, 350–357.

Markantonatou, Stella/Fotopoulou, Aggeliki/Mini, Marianna/Alexopoulou, Maria (2010). "In Search of the Right Word", in: *Proceedings of Cogalex-2: Cognitive Aspects of the Lexicon, 2nd SIGLEX endorsed Workshop*, Beijing.

Mathieu, Yvette Yannick (2008). "Navigation dans un texte à la recherche des sentiments", *Lingvisticae Investigationes* 31(2), 313–322.

Mouka, Effie/Giouli, Voula/Fotopoulou, Aggeliki/Saridakis, Ioannis (2012). "Opinion and Emotion in Movies: a Modular Perspective to Annotation", in: *Proceedings of the 4th International Workshop on Corpora for Research on Emotion, Sentiment & Social Signals (ES³ 2012)*, Istanbul.

Pantazara, Mavina/Fotopoulou, Aggeliki/Moustaki, Argyro'Mini, Marianna (2008). "La description des noms de sentiments du grec moderne", *Lingvisticae Investigationes* 31(2), 323–331.

Plutchik, Robert (2001). "The Nature of Emotions", *American Scientist* 89(4).

Polanyi, Livia/Zaenen, Annie (2006). "Contextual Valence Shifters", in: James Shanahan/Yan Qu/Janyce Wiebe: *Computing Attitude and Affect in Text: Theory and Applications*. Berlin: Springer, 1–10.

Stone, Philip/Dunphy, Dexter/Smith, Marshall/Ogilvie, Daniel (1966). *The General Inquirer: A Computer Approach to Content Analysis*. Cambridge, MA: MIT Press.

Tutin, Agnès/Novakova, Iva/Grossmann, Francis/Cavalla, Cristelle (2006). "Esquisse de typologie des noms d'affect à partir de leurs propriétés combinatoires", *Langue française* 150, 32–49.

Valetopoulos, Frédéric (2003). *Les adjectifs prédicatifs en grec et en francais: de l'analyse syntaxique a l'élaboration des classes sémantiques*. Thèse de doctorat non publiée (universite Paris 13).

Valitutti, Alessandro/Strapparava, Carlo/Stock, Oliviero (2004). "Developing Affective Lexical Resources", *PsychNology Journal* 2(1), 61–83.

Voyatzi, Stavroula (2006). *Description morpho-syntaxique et sémantique des adverbes figés en vue d'un système d'analyse automatique des textes grecs*. Thèse de doctorat non publiée (université Paris-Est Marne-la-Vallée).

Wiebe, Janyce (2000). "Learning Subjective Adjectives from Corpora", in: *Proceedings of 17th National Conference on Artificial Intelligence* (AAAI), Austin, TX.

Wiebe, Janyce/Riloff, Ellen (2005). "Exploiting Subjectivity Classification to Improve Information Extraction", in: *Proceedings of the 20th National Conference on Artificial Intelligence (AAAI-05)*.

Wiegand, Michael/Balahur, Alexandra/Roth, Benjamin/Klakow, Dietrich (2010). "A survey on the Role of Negation in Sentiment Analysis", in: *Proceedings of NeSp-NLP '10*, 60–68.

Wilkins, David (1976). *Notional syllabuses*. London: Oxford University Press.

ANNEX

start	End	Sentence	id	polarity	intensity	type	implied	communicative function	sarcasm
34491	34516	είναι κρίμα τα όσα πέρασε	4	negative	medium	sadness	no		
34525	34546	αυτό είναι επικίνδυνο	5	negative	high	fear	yes		
38247	38260	Είναι αδικία!	9	negative	high	anger	yes	situation	
38488	38514	Πείτε μου ότι κάνετε πλάκα	10	negative	high	surprise	no	situation	
39521	39557	Είπες στην καθηγήτρια ότι αντέγραψα;	11	negative	high	anger	yes	situation	
39709	39727	Άλλαξέ του τα φώτα	12	negative	high	other-emotion	yes	threat	
39875	39893	Γιατί με κάρφωσες;	13	negative	high	anger	yes	situation	
41661	41682	Χαίρομαι που σε βλέπω	16	positive	medium	joy	no		
44519	44539	Πώς θέλετε να νιώθω;	17	negative	high	anger	yes	rhetoric	sarcasmNegative
48583	48613	Ποιον είπες ,'μικρό", καριόλη	18	negative	high	anger	yes		
53847	53866	Εμένα δε μ' αρέσουν	22	negative	medium	disgust	no		
59170	59217	Μισώ οποιονδήποτε δεν είναι λευκός	26	negative	high	disgust	no		

Table 1: Greek Affective Linguistic Data

Propagation de la charge évaluative au sein de la phrase : principes et étude sur un corpus informatif journalistique

Caroline Langlet, Patrice Enjalbert** & Agata Jackiewicz****

Abstract

This chapter aims to highlight a phenomenon related to the expression of evaluation in discourse in which the evaluative force on a referent in a sentence can be transmitted to other entities involved in the situation described, and to the situation itself. This issue corresponds to some extent to the so-called problem of "target identification" in the field of opinion-mining in NLP. More specifically, we consider configurations in which the "initial" appraising statement is expressed by an epithet inside a noun phrase. Relying on a general principle of coherence, we show the importance of the logico-semantic structure of the proposition and analyze different modes of propagation between the eventuality itself and the realization of its actancial roles. Our work relies heavily on the study of a corpus of informative texts taken from technical-economic media, thanks to a set of linguistic tests designed to characterise segments with appraising value.

Résumé

Cet article se propose de mettre en évidence un phénomène lié à l'expression de l'évaluation en discours, selon lequel, au sein d'un énoncé, la charge évaluative portant sur un référent peut se transmettre à d'autres entités parties prenantes de la situation décrite, ainsi qu'à la situation elle-même. Cette problématique rejoint dans une certaine mesure la question dite de « l'identification des cibles » dans le domaine de la veille d'opinion en TAL. Nous nous attachons particulièrement aux configurations dans lesquelles l'évaluation « initiale » est exprimée par un adjectif épithète au sein d'un syntagme nominal. Nous appuyant sur un principe général de cohérence, nous montrons l'importance de la structure logico-sémantique de la proposition et analysons différents modes de propagation entre le procès lui-même et les réalisations de ses différents rôles actanciels. Notre travail s'appuie fortement sur l'observation d'un corpus de textes informatifs issus de la presse techno-économique, outillée par un jeu de tests linguistiques visant à caractériser les segments porteurs de charge évaluative.

1. Présentation

Le présent article concerne l'expression de l'évaluation en discours, c'est-à-dire la manière dont un texte véhicule des jugements de valeur sur ses référents. Plus

* Université Paris-Sorbonne.

** Université de Caen Basse-Normandie, GREYC.

*** Université Paris-Sorbonne, STIH.

précisément, la question est ici de savoir *quels* objets sont impliqués dans de tels jugements, et selon quels cheminements interprétatifs. Il s'agira de montrer qu'à partir d'une évaluation formulée par le locuteur, marquée par l'emploi d'indices lexicaux et concernant un objet spécifique, des évaluations secondaires, laissées implicites dans le texte mais actualisables par l'interprétant, peuvent être décelées. Ce phénomène de *propagation de la charge évaluative* peut être appréhendé à travers le contraste des deux énoncés suivants :

(1) Les constructeurs ont livré des avions moins polluants.[1]
(2) Le titre continue de nous paraître très attractif.

L'énoncé (2) exprime une évaluation simple, explicite, portant sur une entité unique, *le titre* (boursier), dénotée par le sujet de la proposition. La situation en (1) est sensiblement plus riche et complexe. Une première évaluation positive des entités *avions*, portée par l'expression connotée – eu égard aux normes environnementales de l'époque – *moins polluants*, se transmet à l'événement lui-même (la livraison), qui peut dès lors être considéré comme un fait positif. Enfin, c'est son agent collectif *les constructeurs* qui va pouvoir bénéficier d'un regard valorisant.

Notre travail s'appuie sur l'observation attentive d'un corpus de textes informatifs issus d'une presse techno-économique, concernant plus particulièrement le domaine de l'aéronautique[2], cadre adéquat pour l'observation du phénomène tel qu'il est à l'œuvre au sein d'énoncés *a priori* factuels.

Notre entreprise rejoint la problématique dite de la « veille d'opinion » en TAL[3], laquelle vise, rappelons-le, à repérer de manière automatique les jugements de valeur portés sur des *entités-cibles* (personnes, institutions, biens culturels, etc.) dans des collections de textes, et l'opinion générale sur ces « objets » qui en résulte (Pang/Lee 2008 ;Vernier *et al.* 2011). En prenant en compte la structure actancielle de l'énoncé, nous pouvons aborder le problème des cibles multiples, intégrant les faits relatés eux-mêmes, et donner une interprétation sémantique de la tâche.

Après avoir exposé les principes généraux qui guident nos analyses – sous un angle conceptuel, interrogeant la notion d'acte évaluatif, et sous un angle linguistique, mettant en exergue la dimension énonciative de ces phénomènes et son ancrage dans la structure logico-sémantique de la phrase –, nous décrirons,

1 Tous les extraits de textes cités en exemples proviennent du corpus d'étude.
2 L'étude a été menée dans le cadre du projet ANR Ontopitex (https://ontopitex.greyc.fr/). Le corpus comprend 377 articles de presse pour environ 340 000 mots.
3 Traitement automatique du langage naturel.

dans la section 3, le cheminement de l'évaluation selon différentes configurations phrastiques. Une synthèse de ces observations, visant à livrer les premiers éléments d'explication de ces différents modes de propagation, suivra en section 4.

2. Principes généraux

2.1 Point de vue conceptuel : l'acte évaluatif, situations et entités

Nous commencerons donc par aborder la question de l'évaluation sous son aspect conceptuel, dans une démarche classique de sémantique cognitive. Nous prenons comme point de départ le postulat d'une disposition primitive d'un agent humain à « évaluer les situations » auxquelles le confronte son « expérience », postulat en accord avec les travaux de psychologie et de neurosciences (Ellsworth/Scherer 2003 ; Changeux 2008). Une situation sera pour nous la représentation d'un fragment d'un monde conçu (physique, abstrait, imaginaire, etc.), caractérisé par un ensemble d'entités, de propriétés et de relations stables ou contingentes, d'événements impliquant ces entités, etc.

S'agissant des motivations, ou critères de l'évaluation, au regard du corpus étudié, il nous semble d'abord qu'ils ressortent peu de « l'affect » mais plutôt de la « cognition » – pour reprendre l'opposition dressée par Malrieu (1999, 50 et suiv.) –, *a contrario* donc du positionnement de Martin et White (2005) ou de travaux en psychologie ci-dessus évoqués. Il nous apparaît ensuite qu'ils sont de deux ordres : accord avec des *buts*, d'ordre *opératoire*, d'une part – typiquement, dans le corpus, l'obtention de résultats commerciaux ou technologiques – ; et, d'autre part, conformité envers un *système de valeurs*, ou *axiologie*, le terme « axiologie » étant à prendre ici en un sens large, au-delà des traditionnelles dimensions éthiques ou esthétiques, incluant dans notre corpus des « normes » techniques, économiques, environnementales, etc.[4]

Nous proposerons alors la caractérisation suivante de *l'acte évaluatif* : L'agent A *évalue positivement/négativement une situation S* signifie qu'*il considère que cette situation est de l'ordre du souhaitable/du regrettable, relativement à un ensemble de buts opératoires ou de systèmes de valeurs.*

Plusieurs remarques doivent compléter cette proposition. En premier lieu nous notons que *dans les textes*[5], l'évaluation n'est pas seulement relative aux « buts »

---

4 Dans un cadre théorique bien distinct, et avec une acception nettement plus ouverte du terme « axiologie », on pourra rapprocher notre dualité buts/axiologie de la distinction effectuée par Gosselin (2010) entre modalités appréciatives et axiologiques.

5 À la différence des contextes évoqués en psychologie.

de l'auteur – ou de personnes dont celui-ci rapporterait les pensées ou propos – mais aussi aux intérêts d'entités *parties prenantes* de ces situations.

Nous pouvons ensuite interroger les termes « souhaitable/regrettable » employés pour qualifier les situations en cause. Une alternative envisageable serait de leur substituer des couples plus spécifiques tels que « bon/mauvais », « bien/mal », « louable/blâmable », etc. Notre hypothèse est cependant que *la polysémie du couple « souhaitable/regrettable » reprend de manière adéquate les différents types de critères d'évaluation*. Cette formulation est au cœur de *tests linguistiques* que nous proposerons pour déterminer si un segment textuel est porteur d'un contenu évaluatif, et quel est alors « l'objet » (entité ou situation) de cette évaluation.

La primauté que nous proposons d'accorder à la notion de situation dans l'attitude évaluative ne doit pas conduire à occulter l'évaluation des *entités* en tant que telles. Nous observons simplement que cette dernière provient de la prise en considération des situations dans lesquelles les entités sont impliquées, du rôle qu'elles y jouent. L'opinion sur une entité résulte de la condensation de ces évaluations contextuelles particulières. Le mouvement n'est toutefois pas unidirectionnel : une situation peut être considérée favorablement/défavorablement du fait d'un jugement positif/négatif sur une entité partie prenante. Il en résulte un va-et-vient entre situations et entités, que (2) illustre, comme explicité en introduction. C'est précisément aux traces langagières de ces mouvements de *propagation évaluative* que vont être consacrées les sections 3 et 4.

2.2 Point de vue linguistique : énonciation et structure logico-sémantique de la phrase

2.2.1 Le point de vue de l'interprétant

De manière générale, nous considérons que les phénomènes évaluatifs en discours doivent être appréhendés dans une dimension énonciative – telle qu'elle est décrite par Kerbrat-Orecchioni (1980) – permettant de tenir compte tant du rôle du locuteur que de celui de l'interprétant. À l'échelle des segments analysés, cette dimension énonciative peut se schématiser comme suit :

(i) Côté locuteur, la formulation d'une évaluation passe par différents procédés, en particulier par l'utilisation explicite de lexies porteuses d'une charge évaluative, connotée ou dénotée.

(ii) Côté interprétant, une première *opération de décodage* peut amener celui-ci à interpréter les unités lexicales évaluatives comme étant effectivement les traces d'actes évaluatifs propres au locuteur.

(ii_a) À partir des évaluations ainsi décodées, l'interprétant sera en mesure d'inférer des évaluations secondaires attribuables au locuteur. La résolution de ces inférences repose sur une forme de coopération textuelle telle que décrite par Eco (1985) : les éléments de sens déjà rencontrés dans le texte orientent l'interprétant et lui permettent de privilégier, au nom de la préservation de la cohérence (Charolles 1995), telle ou telle stratégie interprétative.

(ii_b) L'interprétant pourra également formuler des évaluations non plus attribuées au locuteur mais prises en charge par lui-même : ayant validé l'évaluation explicitée par le locuteur, il peut exploiter cette dernière comme justification d'une évaluation lui étant propre, portant sur la/les situation(s)/entité(s) logiquement associées à la cible premièrement évaluée.

2.2.2 Analyse logico-sémantique de la phrase

L'étude se limite ici au cadre de la proposition et retient l'idée que cette propagation est en partie déterminée par les relations logico-sémantiques qui la structurent : en vertu du principe de cohérence évoqué ci-dessus, l'interprétant devra en effet tenir compte de ces dernières pour inférer ou formuler des évaluations secondes.

Notre appréhension de ces relations s'inspire notamment des travaux sur la prédication sémantique de la théorie Sens-Texte (Mel'čuk/Polguère 2009) et des travaux du Lexique-Grammaire (Gross 1981). Le prédicat sera ainsi défini comme une unité lexicale ayant un sens liant impliquant un certain nombre de participants (actants sémantiques). Chacun des actants occupe un rôle sémantique précisant la nature de son implication dans le procès (Mel'čuk 2004). Mis à part les classiques rôles d'agent et de patient – lesquels sont relatifs, pour le premier, à l'être animé instigateur et contrôleur du procès, et, pour le second, à l'entité sur laquelle s'exerce directement le procès –, les principaux rôles sémantiques rencontrés dans les configurations étudiées sont ceux d'expérienceur (entité où se manifeste un état physique ou psychique), de causateur (entité déclenchant la réalisation d'un procès) et, enfin, de récepteur (être affecté par les retombées du procès ou vers qui est dirigé le procès).

Nous nous sommes limités ici à des énoncés pour lesquels l'évaluation première est exprimée au sein d'un syntagme nominal (ou prépositionnel) porteur d'une épithète évaluative (Noailly 1999; Enjalbert/Zhang/Ferrari 2012). Différentes configurations logico-sémantiques ont été isolées et interrogées selon leur capacité à favoriser la propagation évaluative, en fonction : (1) de la fonction logico-sémantique tenue par ce syntagme ; (2) de son rôle sémantique si celui-ci est actant sémantique ; (3) de la nature sémantique du prédicat (processif ou statif) ; (4) du nombre d'actants non évaluativement marqués impliqués et de leur rôle sémantique.

Deux sous-groupes ont été constitués : le premier regroupe les configurations qui font figurer le syntagme évaluatif en position d'actant sémantique ; et le second celles qui le placent en position de prédicat. Alors que pour ces dernières, il s'agit de vérifier la possibilité d'une propagation partant du noyau prédicatif vers les actants sémantiques, pour les premières la vérification a porté sur le caractère effectif d'une propagation vers la prédication avant de s'attacher à celle portant sur les autres actants sémantiques.

3. Configurations logico-sémantiques et propagation évaluative

Nous rendrons compte dans cette section des observations menées sur le corpus. Un ensemble de tests linguistiques a été élaboré, permettant de valider la présence d'une charge évaluative portant sur l'un ou l'autre des constituants de la phrase.

Considérons tout d'abord le cas où le syntagme évaluatif (S_Ev dorénavant) est actant d'un prédicat, et l'éventuelle propagation de la charge évaluative vers la prédication. Notre premier test linguistique vise à mettre en relief une charge évaluative portant sur la prédication, en intégrant cette dernière comme subordonnée sous la dépendance d'une principale de la forme : *Il est [souhaitable|regrettable] que.*

Pour l'exemple suivant :

(2) Les constructeurs ont livré des avions moins polluants.

on obtiendra :

(3) Il est [souhaitable|regrettable] que les constructeurs aient livré des avions moins polluants.

L'application de ce test peut donner différents effets (c'est également le cas des tests présentés ci-après) : soit l'une des deux alternatives souhaitable/regrettable mène à une aporie – l'autre conduisant à une explicitation de l'orientation évaluative –, la prédication est alors évaluative ; soit l'énoncé obtenu apparaît comme non pertinent, incongru, et la prédication n'est donc pas évaluative.

Lorsque l'application du test fonctionne, il est nécessaire de vérifier que la charge évaluative concernant la prédication est bien une évaluation secondaire résultant d'une évaluation première localisée dans le syntagme nominal (ou prépositionnel) repéré. Pour cela, un deuxième test consistant, après suppression des autres actants, en la focalisation du S_Ev dans une structure en *ce… que* a été effectué :

(4) Il est [souhaitable|regrettable] que ce soient des avions moins polluants qui aient été livrés.

Enfin, la trace d'une évaluation secondaire une fois décelée, il est possible de vérifier l'existence d'une propagation vers les autres actants. Différents tests ont été développés, mettant en valeur leur rôle sémantique : afin de déterminer si l'implication d'un actant dans un procès évalué a des conséquences sur la manière dont celui-ci est perçu, les tests doivent en effet expliciter la nature de cette implication. Nous présentons ici uniquement celui relatif à la propagation de la charge évaluative vers l'agent :

(5) Livrer des avions moins polluants ? Il est souhaitable de la part d'un constructeur de l'avoir fait.

Le tableau 1 présente les différentes configurations avec les exemples et les tests associés. Dans la colonne « Propagation vers la prédication », les tests notés respectivement « Test 1 » et « Test 2 » permettent, pour le premier, de vérifier qu'une charge évaluative porte sur la prédication, et, pour le second, que celle-ci est effectivement due à la présence d'un S_Ev actant. La même démarche d'ensemble a été suivie pour le cas où le S_Ev est prédicatif (tableau 2).

CONFIGURATIONS	PROPAGATION VERS LA PRÉDICATION	PROPAGATION VERS LES AUTRES ACTANTS SÉMANTIQUES
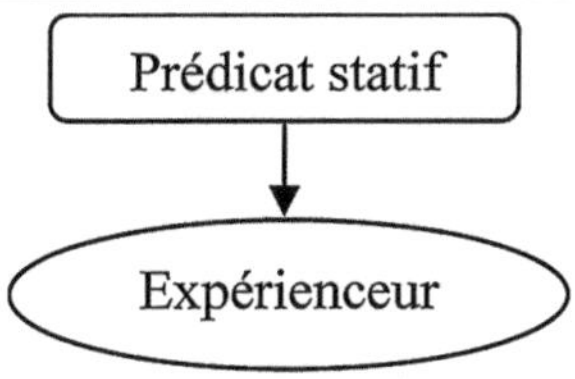 *S_Ev* 2 énoncés concernés. Exemple : *Le mythique 747 a disparu du carnet de livraison.*	Toujours effective. Test 1 : *Il est [souhaitable|regrettable] que le mythique 747 ait disparu du carnet de livraison.* Test 2 : *Il est [souhaitable|regrettable] que ce soit le mythique 747 qui ait disparu du carnet de livraison.*	Pas d'autres actants

CONFIGURATIONS	PROPAGATION VERS LA PRÉDICATION	PROPAGATION VERS LES AUTRES ACTANTS SÉMANTIQUES
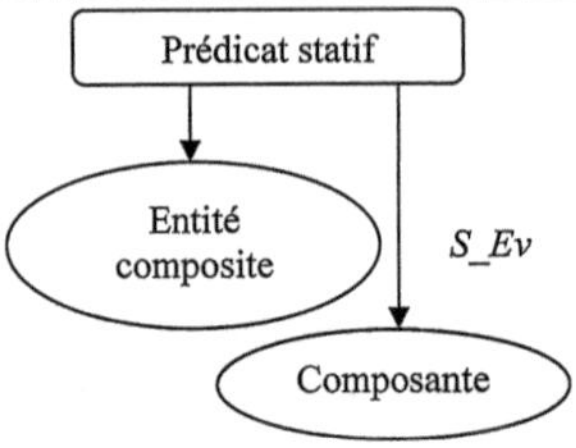 4 énoncés concernés. Exemple : *Les avions n'ont pas l'équipement de protection adéquat.*	Toujours effective. Test 1 : *Il est [souhaitable|regrettable] que les avions n'aient pas l'équipement de protection adéquat.* Test 2 : *Il est [souhaitable|regrettable] que ce soit un équipement de protection adéquat que les avions n'aient pas.*	Vers le possesseur : toujours effective. Exemple : *Un équipement de protection adéquat ? Il est [souhaitable|regrettable] que les avions en soient dépourvus.*
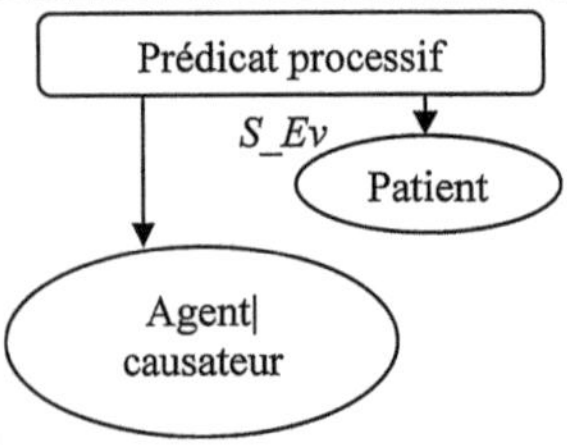 20 énoncés concernés. Exemple : *L'avionneur européen proposera […] des versions moins gourmandes du moyen-courrier […].*	Toujours effective. Test 1 : *Il est [souhaitable|regrettable] que l'avionneur européen propose […] des versions moins gourmandes du moyen-courrier […].* Test 2 : *Il est [souhaitable|regrettable] que ce soient des versions moins gourmandes du moyen-courrier […] que propose l'avionneur européen […].*	Vers l'agent : toujours effective. Test : *Proposer des versions moins gourmandes du moyen-courrier ? Il est [souhaitable|regrettable] de la part de l'avionneur européen de l'avoir fait.*
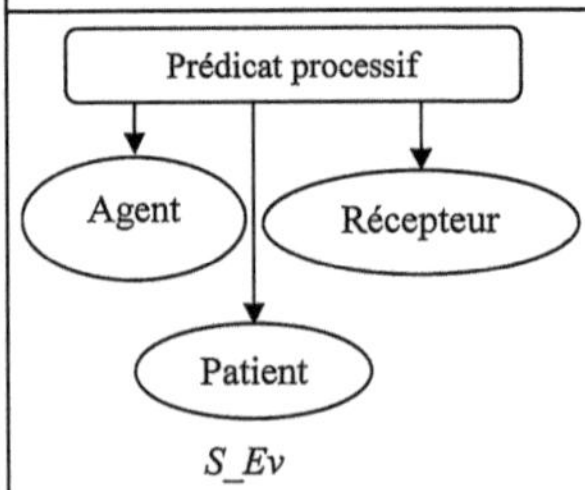 18 énoncés concernés. Exemple : *L'avionneur a préféré garder l'A320 […] en l'équipant de nouveaux moteurs plus performants.*	Toujours effective. Test 1 : *Il est souhaitable qu'Airbus ait équipé l'A320 de nouveaux moteurs plus performants.* Test 2 : *Il est souhaitable que ce soient de nouveaux moteurs plus performants qu'Airbus ait équipé l'A320.*	– Vers l'agent : toujours effective. Test : *Équiper l'A320 de nouveaux moteurs plus performants ? Il est souhaitable de la part de l'avionneur de l'avoir fait.* – Vers le récepteur : Test : *Être équipé de nouveaux moteurs plus performants ? Il est souhaitable que l'A320 en ait bénéficié.*

Tableau 1: propagation de la charge évaluative. Cas n°1 : le S_Ev est un actant

CONFIGURATIONS	PROPAGATION VERS LES ACTANTS SÉMANTIQUES
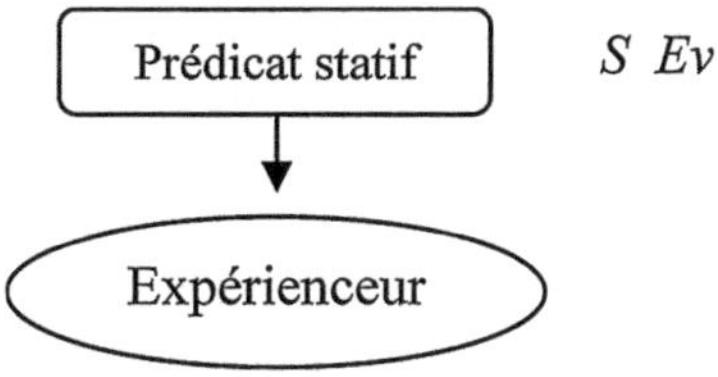 4 énoncés concernés. Exemple : *Le retour d'Air France à la croissance rentable.*	Vers l'expérienceur : toujours effective. Test : *Une croissance rentable ? Il est [souhaitable|regrettable] qu'Air France en montre une.*
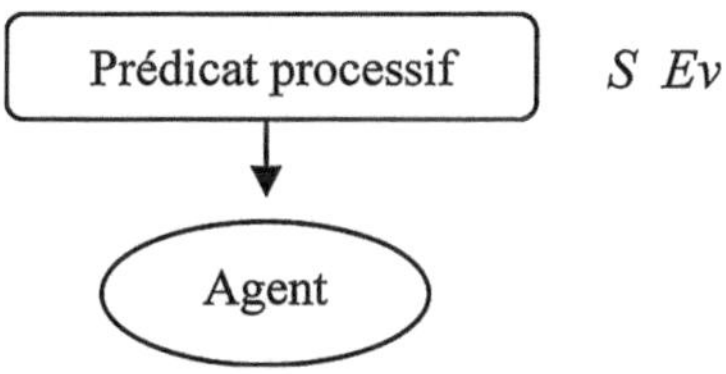 4 énoncés concernés. Exemple : *Le joli coup réalisé par Airbus.*	Vers l'agent : toujours effective. Test : *Un joli coup ? Il est [souhaitable|regrettable] de la part d'Airbus d'en avoir réalisé un.*
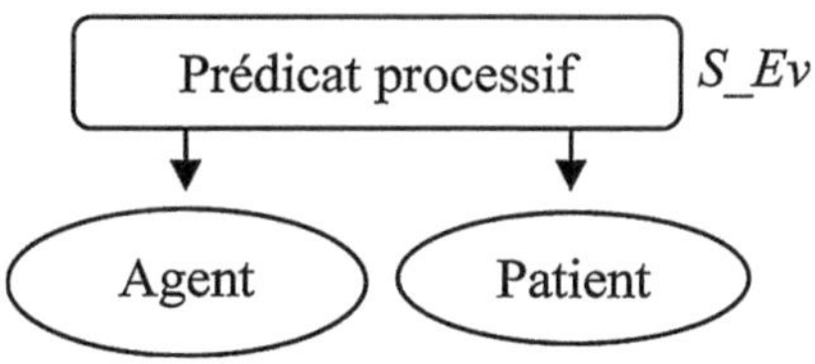 15 énoncés concernés. Exemple : *La dernière livraison de télégrammes [...] apporte un éclairage inédit sur les efforts du gouvernement américain pour soutenir Boeing.*	– Vers l'agent : toujours effective. – Vers le patient : toujours effective. Test : *Un éclairage inédit ? il est souhaitable que les efforts du gouvernement américain pour soutenir les ventes de Boeing en ait été l'objet.*

Tableau 2: propagation de la charge évaluative. Cas n°2 : S_ev est un prédicat

4. Premiers éléments d'explication : quels modes de propagation ?

La propagation évaluative semble pouvoir être actualisée dans la plupart des configurations. Cependant, il est possible de distinguer différents modes de propagation selon les caractéristiques logico-sémantiques propres à ces dernières.

4.1 De l'actant évaluativement marqué vers la prédication

Ces modes de propagation peuvent être mieux appréhendés si l'on tient compte du rôle sémantique du S_Ev au sein du procès. Considérons le rôle de patient : il est possible de décrire celui-ci comme ayant une fonction définitoire vis-à-vis du procès. Ainsi dans :

(6) Airbus équipe l'A320 de moteurs performants.

« équiper » ou « équiper de moteurs » peuvent être envisagés conceptuellement comme des actions distinctes, la seconde constituant une sous-catégorie de la première. Les propriétés du patient participent ainsi de la définition même du procès. C'est ce transfert de propriétés qui favorise la propagation de la charge évaluative : les évaluations formulées à l'égard des propriétés du patient pourront servir à la formulation d'évaluations secondaires relatives aux propriétés du procès.

En revanche, la fonction du rôle sémantique d'agent s'apparente davantage à une instanciation qu'à une définition. La spécification de l'agent apparaît comme plus propice à l'identification d'une réalisation particulière de procès qu'à la désignation d'un sous-type. Ainsi, pour reprendre l'exemple (6), si le procès *équiper de moteurs* est une sous-classe d'*équiper*, celui-ci pourra avoir des réalisations particulières différant notamment selon la nature de l'agent les prenant en charge : l'agent ne transfère pas ses propriétés au procès, mais détermine en revanche la qualité du déroulement de celui-ci. *Il est [souhaitable|regrettable] pour le [bon|mauvais] fonctionnement du procès que ce soit tel agent [évalué positivement|négativement] qui en prenne en charge la réalisation.*

4.2 De la prédication vers l'actant

Deux différents modes, non nécessairement exclusifs, ont pu être envisagés. Le premier peut être décrit comme relatif à l'implication de l'actant dans le procès évalué, la manière dont cette participation influence l'image que l'on peut avoir de l'objet en question, au regard d'un système de valeurs socialement stabilisées.

Le second mode de propagation est relatif à l'état positif ou négatif résultant pour l'actant de sa participation au procès. Ici, ce sont donc les conséquences, pour l'actant, de sa participation au procès qui comptent. Les normes à l'égard desquelles est formulée l'évaluation secondaire sont ici relatives à l'objet, à ce que l'on considère comme bien ou mal pour lui.

L'un ou l'autre de ces modes de propagation pourra être activé selon le sémantisme du prédicat et le rôle sémantique de l'actant vers lequel est dirigée la propagation de la charge évaluative. Pour les prédicats processifs, si la propagation concerne l'agent, les deux modes peuvent valoir soit conjointement soit de manière dissociée. Ainsi pour :

(7) Le joli coup réalisé par Airbus

la propagation sur l'agent Airbus pourra se faire soit parce que l'on considérera qu'il est bon qu'un agent prenne la responsabilité d'un procès évalué positivement, soit parce que l'on prendra en compte les retombées bénéfiques dont il pourra profiter.

Par contre, lorsque la propagation évaluative concerne le patient ou le bénéficiaire, il semble que celle-ci se fasse davantage sous le second mode : le patient et le récepteur sont affectés par le déroulement du procès, soit parce qu'il s'exerce directement sur lui (patient), soit parce que ces retombées sont dirigés vers lui (récepteur).

Pour les prédicats statifs, que la propagation évaluative concerne l'expérienceur ou le patient, le second mode de propagation apparaît comme le plus probable, ces prédicats favorisant une propagation liée aux conséquences du procès sur l'objet qui en fait l'expérience.

Notons également que ces modes de propagation semblent être renforcés dans notre corpus par une forte présence des relations partie-tout et fabricant-entité fabriquée, lesquelles sont exprimées dans de nombreux exemples étudiés. Ces dernières renforcent les liens entre les différents membres de la proposition et semblent faciliter le phénomène de propagation.

5. Conclusion

Si la possibilité d'une propagation de la charge évaluative a pu ainsi être vérifiée pour l'ensemble des configurations logico-sémantiques, différents modes de transmission ont été identifiés. L'influence exercée par les relations logico-sémantiques structurant la proposition sur la détermination des modes effectivement activés a été mise en évidence.

Pour poursuivre l'étude, il sera nécessaire de l'étendre à d'autres configurations logico-sémantiques afin de vérifier la présence des modes de propagation déjà repérés, mais également d'en identifier, peut-être, d'autres. La compréhension du phénomène gagnerait également en pertinence avec une observation menée sur un autre corpus, exempt notamment des relations « ontologiques » partie-tout ou fabricant-objet fabriqué dont nous avons noté l'importance dans nos exemples. Enfin, il apparaît comme nécessaire de mener l'analyse dans un cadre inter-propositionnel. En effet, ne peut-on pas envisager dans l'exemple suivant :

(8) La commande de cent quatre-vingts A320 […] permet à EADS de marquer un point précieux face à Boeing.

à partir de l'évaluation portée par la prédication *marquer un point précieux*, une propagation atteignant les membres de la proposition qui précèdent, à savoir *la commande* et son patient *A320*?

Bibliographie

Changeux, Jean-Pierre (2008). *Du vrai, du beau, du bien. Une nouvelle approche neuronale.* Paris : Odile Jacob.

Charolles, Michel (1995). « Cohésion, cohérence et pertinence du discours », *Travaux de Linguistique* 29, 125–151.

Davidson, Richard J./Scherer, Klaus R./Goldsmith, H. Hill (eds.) (2003). *Handbook of Affective Sciences*. New York : Oxford University Press.

Eco, Umberto (1985). *Lector in fabula. Le rôle du lecteur*. Paris : Grasset.

Ellsworth, Phoebe/Scherer, Klaus (2003). « Appraisal processes in emotion », *in*: Richard J. Davidson, Klaus R. Scherer, H. Hill Goldsmith (eds.), *Handbook of Affective Sciences*. New York : Oxford University Press, 572–595.

Enjalbert, Patrice/Zhang, Lei/Ferrari, Stéphane (2012). « Opinion Mining in an Informative Corpus: Building Lexicons », *in*: Jeremy Jancsary (ed.): *Proceeding of KONVENS 2012 – PATHOS Workshop*, 314–318, <http://www.oegai.at/konvens2012/proceedings.shtml> [13.09.2012].

Gosselin, Laurent (2010). *Les modalités en français – La validation des représentations*. Amsterdam/New York : Rodopi.

Gross, Maurice (1981). « Les bases empiriques de la notion de prédicat sémantique », *Langages* 63, 7–52.

Kerbrat-Orecchioni, Catherine (1980). *L'énonciation : de la subjectivité dans le langage*. Paris : Armand Colin.

Malrieu, Jean-Pierre (1999). *Evaluative Semantics: Cognition, Language and Ideology*. London/New York : Routledge.

Martin, Jim/White, Peter (2005). *The Language of Evaluation: Appraisal in English.* London/New York : Palgrave Macmillan.

Mel'cuk, Igor (2004). « Actants in Semantics and Syntax. I. Actants in Semantics », *Linguistics* 42, 1–66.

Mel'čuk, Igor/Polguère, Alain (2009). « Prédicats et quasi-prédicats sémantiques dans une perspective lexicographique », *in*: Iva Novakova, Zlatka Guentchéva (dir.) : *Syntaxe et sémantique des prédicats*. *Lidil* 37, 99–114, <http://lidil.revues.org/index2691.html> [01.09. 2009].

Noailly, Michèle (1999). *L'adjectif en français*. Paris : Ophrys.

Pang, Bo/Lee, Lilian (2008). « Opinion Mining and Sentiment Analysis », *Fondations and Trends in Information Retrieval* 2/1–2, 1–135.

Vernier, Mathieu/Monceaux, Laura/Daille, Béatrice (2011). « Identifier la cible d'un passage d'opinion dans un corpus multithématique », *Actes de TALN 2011*, 309–320, <http://www.atala.org/TALN-RECITAL-2011-18eme-conference> [27.06.2012].

Adverbes anglais en *-ly* : attitudes émotionnelles et intersubjectivité en contexte[1]

*Raluca Nita**

Abstract

In this chapter, we study the English *-ly* adverbs expressing emotional states by characterizing them semantically and in their syntactic distribution with the verbs according to corpus-based data. The main semantic feature of these adverbs is their ambivalence deriving from their syntax and their contextual usage. In their high distribution with direct speech declarative verbs, they prove to be markers of intersubjectivity, a feature which ensures their combination with a large and heterogeneous range of verbs, such as verbs of perception, of movement, of position, etc.

Résumé

Nous étudions les adverbes anglais d'attitude émotionnelle en *-ly* en proposant une caractérisation de leur sémantisme et de leur combinaison avec les verbes à partir des données d'un corpus littéraire. Nous montrons que l'ambivalence sémantique de ces adverbes, reposant sur une qualification à la fois du référent-sujet et du procès, est un trait inscrit dans leur fonctionnement syntaxique et renforcé par leur emploi en contexte. Dans la relation privilégiée avec les verbes déclaratifs en discours direct, l'adverbe d'attitude émotionnelle se révèle comme un marqueur d'intersubjectivité, ce qui sous-tend sa combinaison avec des verbes aussi hétérogènes que les verbes de perception, de déplacement, de position, etc.

Cet article s'intéresse au registre spécifique des adverbes anglais en *-ly* renvoyant à un état émotionnel[2] (*crossly*, *brightly*) dans la combinaison avec les verbes à partir de leur usage dans un corpus littéraire.[3] En partant de l'association privilégiée, *say* + Adv AE, nous nous poserons la question de savoir s'il existe des ressorts linguistiques spécifiques qui se manifestent dans la combinaison verbe + Adv AE, au-delà du sémantisme particulier de l'un ou l'autre des deux éléments. Nous montrerons d'abord les mécanismes syntaxiques et sémantiques de cette combinaison : la qualification d'ordre émotionnel apportée par ces adverbes est sémantiquement

---

* Université de Poitiers, Laboratoire FoReLL, E.A. 3816.

1 Nous remercions vivement Michel Paillard et les évaluateurs anonymes pour leurs remarques et suggestions.

2 Désormais Adv AE.

3 À notre connaissance, les adverbes de manière en *-ly* n'ont pas fait jusqu'ici l'objet d'études sur corpus, portant sur leur sémantisme et leur combinatoire.

orientée vers le sujet, alors que la portée syntaxique est verbale. Nous analyserons ensuite les données sémantiques et contextuelles fournies par le corpus : l'ambivalence sémantique (qualification d'ordre affectif et/ou qualification du procès) est inscrite dans le fonctionnement syntaxique des adverbes, est renforcée par leur sémantisme et s'ouvre à des interprétations nuancées en contexte. Nous ferons enfin l'hypothèse que l'Adv AE est un marqueur d'intersubjectivité, au sens où il met en scène le procès en tant qu'expression d'une attitude émotionnelle par laquelle le référent-sujet réagit à un élément situationnel.

1. L'adverbe d'attitude émotionnelle : aspects du fonctionnement syntaxique et sémantique

Par adverbe d'attitude émotionnelle, nous entendons un adverbe de manière dérivé d'un adjectif (ou d'un participe présent ou passé adjectival), qui qualifie un être du point de vue d'un état émotionnel : *gloomily*, *soothingly*, *dispiritedly*. L'adverbe fait partie du prédicat (portée syntaxique verbale) mais qualifie le sujet (portée sémantique nominale). Ces deux critères syntaxique et sémantique se doivent d'être nuancés dès que l'on se retrouve dans des conditions d'emploi concret:

(1) *Mr Tench said gloomily*, "Forty hours from now and we'd be there." (GO[4])
(2) He stood up and *scrutinised* himself *anxiously* in the glass. (AC)

On ne peut pas simplement caractériser l'Adv AE comme un qualifiant du sujet car l'état émotionnel s'étend aussi au procès. Alors que *gloomy* et *anxious* sont bien des propriétés inhérentes d'un sujet animé (*gloomy thoughts*, *he was anxious*), on constate que la qualification de l'état d'esprit du sujet se transfère au procès lui-même en relation étroite avec ses propriétés notionnelles : sont qualifiés le son de la voix (*say*), le regard (*scrutinise*).

Le syntagme « adverbe d'*attitude émotionnelle* » souligne que la qualification du sujet d'un point de vue affectif n'est pas statique comme cela peut être le cas avec un simple adjectif, mais au contraire s'inscrit dans la participation du sujet au procès.

Il faut d'abord mettre en relation le fonctionnement des Adv AE, en tant que sous-type d'adverbe de manière, avec le fonctionnement notionnel et syntaxique de l'adverbe en général.

---

4 Les sources des exemples et leurs abréviations se trouvent à la fin de cette contribution, dans la bibliographie.

Guimier (1988, 1991a, 1991b) explique le fonctionnement de l'adverbe en caractérisant les parties de discours dans le cadre de la genèse de la phrase par un régime incidentiel propre, correspondant à « la nature du support » qu'une partie de discours « se prévoit en langue, avant emploi, pour fonctionner » (1991a, 31). L'adverbe prend pour support le verbe et l'adjectif, eux-mêmes dépendant référentiellement des noms. De ce fait, l'adverbe ne qualifie pas simplement un constituant, mais « le rapport [...] qui, en phrase, s'institue entre différents constituants » (1991a, 32), à savoir entre verbe et nom, adjectif et nom. La qualification des arguments du verbe (sujet et objets), qui matérialisent dans l'énoncé les termes par rapport auxquels se définit et fonctionne le procès[5], est donc potentiellement inscrite dans le fonctionnement de l'adverbe.

L'adverbe de manière, en particulier, qualifie le déroulement du procès, fonctionnant comme une sorte d'adjectif épithète du verbe (Flaux/Moline 2009, 6). En réalité, comme le montrent Van de Velde (2009) et Geuder (2006) dans le cadre d'une analyse lexico-conceptuelle, l'adverbe peut modifier les propriétés inhérentes du procès directement ou bien indirectement à partir d'un transfert des propriétés de l'agent :[6] « une même action est susceptible d'être accomplie de manière différente selon les dispositions de l'agent » (Van de Velde 2009, 25).

Pour les Adv AE, en raison de leur sémantisme affectif, la qualification du sujet serait donc systématique. Quel sera son effet sur la caractérisation du procès ? On peut supposer qu'il n'y aura pas de restriction sémantique des verbes qui peuvent recevoir une qualification par un Adv AE. Cependant, étant donné l'homogénéité de la classe de ces adverbes, peut-on envisager des propriétés particulières de la combinaison avec les verbes résultant de la nature de la qualification adverbiale ?

---

5 Selon la Théorie des Opérations Énonciatives d'A. Culioli, les arguments du verbe dans la relation prédicative sont le résultat de l'instanciation au niveau notionnel du terme but et du terme source du procès, sélectionnés à partir des propriétés notionnelles de celui-ci (*cf.* Bouscaren/Chuquet 1987, 133–134).

6 Il est acquis que l'adverbe de manière qualifie un procès dynamique (Quirk 1997, 557). Cependant, Geuder (2006) et Van de Velde (2009) s'interrogent sur les ressorts de la combinaison avec certains verbes statifs en redéfinissant respectivement le domaine conceptuel de ces procès et les rôles sémantiques associés.

2. L'adverbe d'attitude émotionnelle : distribution, classification et ambivalence sémantique

2.1 Données quantitatives du corpus

À partir d'un corpus de textes littéraires de 128 270 mots provenant du corpus PLECI[7], nous avons fait une recherche automatique de **ly* avec le concordancier Paraconc et avons sélectionné manuellement les occurrences correspondant aux Adv AE dans la combinaison avec les verbes. Ceux-ci se sont révélés appartenir à deux grandes classes, déclaratifs et non-déclaratifs.

<table>
<tr><td rowspan="5">Verbes</td><td>Types de verbes</td><td colspan="2">Verbes déclaratifs + ly</td><td>Verbes non déclaratifs + ly</td></tr>
<tr><td>Nombre total des occurrences</td><td colspan="3">239 (Vb + ly)</td></tr>
<tr><td rowspan="3">Occurrences par type</td><td>Say + ly</td><td>Autres verbes de parole + ly</td><td rowspan="2"></td></tr>
<tr><td>134 (77%)</td><td>40 (23%)</td></tr>
<tr><td colspan="2">174 (73%)</td><td>65 (17%)</td></tr>
<tr><td rowspan="3">Adv AE</td><td rowspan="3">Variété sémantique</td><td colspan="3">99 Adv -ly différents/239 (41,5%)</td></tr>
<tr><td>51 Adv différents/136 (37,5%)</td><td>33 Adv différents/40 (82,5%) dont 16 différents de say + ly</td><td rowspan="2">60 Adv différents/63 (92,5%) dont 32 différents des vbs déclaratifs + ly</td></tr>
<tr><td colspan="2">67 Adv différents</td></tr>
</table>

Tableau 1: combinaison verbes + Adv AE en -ly

Sur 239 occurrences de la combinaison, les verbes déclaratifs ont une prédominance marquée (174, soit 73%) ; à l'intérieur de la classe, *say* couvre la majorité des occurrences (77%). Du côté des adverbes, on constate la diversité des occurrences (99 différentes, 41,5%), signe de la productivité de ces adverbes en anglais ; en combinaison avec les autres verbes que *say*, la variété significative des adverbes (82,5% pour les verbes déclaratifs, 92,5% pour les verbes non déclaratifs) doit s'interpréter par rapport à la variation sémantique à l'intérieur de ces classes, comme nous le montrerons.

7 PLECI (Poitiers Louvain Échange de Corpus Informatisés), corpus bilingue élaboré entre l'Université de Poitiers et le CECL de l'UCL, disponible au Laboratoire FoReLL.

À partir des données quantitatives du corpus, deux questions nous semblent s'imposer : quel est le sémantisme de ces adverbes au vu de leur étendue quantitative, et quel est le lien qui s'établit entre une classe homogène, les verbes déclaratifs, et une classe hétérogène, les verbes non déclaratifs, pour que les deux puissent se retrouver dans la même configuration ? Cette deuxième question fera l'objet de la troisième partie.

2.2 L'ambivalence sémantique

Les traits du fonctionnement contextuel de l'adverbe s'établissent par rapport à son environnement verbal. Pour donner un aperçu de ce contexte, les classes de verbes déclaratifs et non déclaratifs sont présentées ci-dessous, mais les critères de ce classement seront discutés en détail dans la section suivante.

Classes de verbes	**Exemples**
(1) Verbes neutres	*say*
	think, talk, speak, tell
(2) Verbes « intersubjectifs »	
d'échange	*ask, reply, answer, add, explain*
de tours de parole	*begin, continue, supply*
(3) Verbes « suprasegmentaux »	*cry, moan, mutter, whisper*

Tableau 2: classes des verbes déclaratifs + ly

Classes de verbes	**Sens**	**Exemples**
Verbes de « réaction intersubjective »	(1) perception	*look, stare, watch, scrutinise, glance, regard, peer, gaze, listen*
	(2) sentiment	*love*
	(3) attitude émotionnelle	*laugh, weep, smile*
	(4) émission de sons à connotation émotionnelle	*cry, call*
	(5) geste à connotation émotionnelle	*feel around*
	(6) gestes corporels	*nod, shiver, shrug one's shoulders, shake one's head, start, shy away from*
	(7) gestes portés sur un élément extérieur avec un dosage de la force	*fling sth aside, toss sth towards, slap out at*

Classes de verbes	Sens	Exemples
Verbes sans valeur intersubjective	(8) déplacement	*walk, come across* + nom, *come in, go, approach, turn around, follow sb*
	(9) gestes dirigés vers soi-même	*kick one's heels against* *tap one's boot* *rub one's face against*
	(10) actions liées au corps	*spit, suck*
	(11) actions portant sur des objets	*carry sth, pick up sth* *prise sth apart*
	(12) la position	*wait, stand*

Tableau 3: classes de verbes non déclaratifs + ly

Dans notre corpus, la combinaison Adv AE + verbe déclaratif apparaît exclusivement dans un énoncé rapporté (initial, médian ou final) au discours direct[8], où l'Adv AE est post-verbal.

En analysant le sémantisme des Adv AE, on a constaté qu'il était difficile dans la majorité des cas d'isoler la qualification affective d'une qualification sonore de la parole (3) et/ou d'une qualification du contenu de la parole (4) :

(3) Emily Brent interrupted. She said *sharply*: "That's just it, who is he?" (AC)

(4) "You can't never tell at sea-never!"
Mr. Blore said *soothingly*: "That's right. You can't." (AC)

L'ambivalence *qualification affective du sujet – qualification des propriétés du procès* s'explique, au-delà du fonctionnement général de l'adverbe dans la relation prédicative, par la spécificité sémantique des Adv AE et par leur configuration contextuelle. Le sémantisme de l'Adv AE est souvent intrinsèquement marqué par une ambivalence sémantique, oscillant entre l'expression d'un état d'esprit (*sharply* : « in a disapproving or unfriendly way ») et une qualification plus neutre (« quickly and suddenly »[9]). Ensuite, la combinaison avec le verbe de parole en discours direct dans un contexte intersubjectif d'échange renforce l'ambivalence sémantique. En (3), l'intervention précipitée (*interrupted*) oriente vers l'interprétation de la parole comme abrupte (le transfert de la qualification se ferait du procès vers le sujet). Cependant, le discours direct favorise l'interprétation de la

8 Une seule occurrence de discours indirect.

9 *Longman Dictionary of Contemporary English*.

qualification adverbiale comme portant sur le sujet et se reportant donc, par transfert, sur le procès.[10] En (4), alors que *soothingly* dénote un état d'esprit, la lecture de la parole dans un dialogue, comme réaction au discours de l'interlocuteur, rend la propriété *soothing* rattachable à la fois au ton de la parole et au contenu du discours direct.

Le transfert sémantique, comme source d'ambivalence, opère également dans le sens inverse, des propriétés du procès vers la qualification de l'attitude émotionnelle du sujet, qu'il s'agisse au départ de caractéristiques acoustiques de la parole: *hoarsely*, *loudly*, *monotonously*, *lowly*, *quietly*; de la qualité du son ou du message : *indistinctly*, *clearly*; ou du rythme de la parole: *slowly*, *quickly*.

(5) General Macarthur shouted: "A pack of dam' lies! Slander!"
Vera cried out: "It's iniquitous!" Her breath came fast. "Wicked!"
Rogers *said hoarsely*: "A lie – a wicked lie… never did – neither of us…" (AC)

C'est bien le contenu marqué du discours direct avec des pauses à effet d'emphase sur les mots, mais aussi le rapport avec le contexte, où la parole constitue une réponse à une accusation, qui font qu'ici une interprétation affective s'ajoute à la qualification acoustique.

2.3 Classements des adverbes

Le constat du faisceau d'éléments qui modulent les sens des Adv AE – la syntaxe et le sémantisme de la configuration, le contexte discursif – rend *a priori* difficiles les classements hors contexte. C'est la raison qui nous a déterminée à proposer un inventaire uniquement des adverbes combinés avec la classe des verbes déclaratifs, la plus représentée et relativement homogène, afin de pouvoir prendre en compte une partie de la valeur sémantique contextuelle de l'adverbe. Trois catégories sont distinguées selon que l'attitude subjective peut représenter une composante sémantique à part entière ou qu'elle s'associe à une qualification des caractéristiques de la prise de parole ou du contenu du discours.

10 Pour une discussion sur la mise en place de la qualification adverbiale en fonction du type de verbes (inergatif, inaccusatif, transitif), voir Van de Velde (2009).

A. Attitude émotionnelle	– **(negative feelings/sadness)** sadly, *plaintively*[11], mournfully, sullenly, dispiritedly, gloomily, *tragically*, despiritedly, despondently, thoughtfully, listlessly, miserably, dully, dispassionately
	– **(negative feelings towards sb/anger and violence)** angrily, bitterly, crossly, furiously, hotly, fiercely, petulantly, frantically
	– **(negative attitude towards sb/criticism, disapproval)** acidly, critically, satirically, scathingly, sharply, sternly, severly, indignantly, patronizingly
	– **(negative attitude towards sb/unkindness)** repressively, nastily, abruptly, malevolently
	– **(negative feelings/lack of emotion)** stiffly, coldly, dryly, flatly, *tonelessly*
	– **(negative attitude/detrimental to oneself/uncontrolled emotions)** hysterically, shakily, nervously, anxiously, desperately, *tremulously*, *impulsively*
	– **(negative state of mind)** wearily, reluctantly, grudgingly, defiantly, resentfully
	– **(co-utterer oriented emotions/pressure)** decisively, persuasively
	– **(inner emotion)** thoughtfully, contemplatively, absent-mindedly, musingly
	– **(positive attitude towards sb/friendly, encouraging)** gently, pleasantly, fondly, soothingly warmly, softly, proudly, mildly, peacefully, hospitably, encouragingly, pacifically, soothingly
	– **(positive feeling/happiness)** delightedly, passionately
	– **(positive state of mind/confidence)** breezily, airily, coolly, crisply, forcefully, *persuasively*
B. Caractéristiques de la parole	– **(tone)** hoarsely, *tonelessly*, *weakly*, loudly, gravely, *softly*, *quietly*, *tragically*, *plaintively*, *monotonously*, *tremulously* – **(way of speaking)** slowly, jerkily, indistinctly, solemnly, *abruptly*, quickly, hurriedly
C. Caractéristiques du contenu de la parole	– **(adequacy to the situation)** vaguely, irrelevantly, conventionally, logically, clearly

Tableau 4: classement sémantique des adverbes + verbes déclaratifs

À l'intérieur de la variété des Adv AE « stricts » (A), on distingue une répartition entre émotions positives (en bas) et négatives (en haut), les dernières plus largement

11 Les adverbes en italiques qualifient à la fois l'attitude du sujet et le procès.

représentées. Les adverbes « négatifs » se retrouvent aussi parmi les plus fréquents : 10 *sharply*, 5 *wearily*, 4 *bitterly*, 3 *acidly*, 3 *impatiently*, à côté d'adverbes non strictement affectifs, portant sur le procès : 6 *quietly*, 5 *quickly*, 3 *hoarsely*.

Certains des adverbes (soulignés dans le tableau) apparaissent uniquement avec les verbes autres que *say* dans le corpus, mais la combinaison avec *say* est possible :

(6) "Ah, how good!" she *whispered tremulously.* (DHL) > *said tremulously*
(7) There you go, Sirius, Harry *thought to himself dully.* (JKR) > *said to himself dully*

De la même façon, pour les verbes non-déclaratifs, 37 occurrences sur 67 sont différentes de la combinaison avec les verbes déclaratifs : *queerly*, *dolefully*, *morosely*, *moodily*, *despairingly*, *half-heartedly*, *coaxingly*, *resignedly*. Elles se situent dans les catégories des Adv AE « stricts » (A) et ne posent pas de problème pour la combinaison avec *say*, même si un changement sémantique intervient selon la nature sémantique des verbes.

(8) She *smiled sweetishly* as she heard the tight scringe of a cork coming out of a bottle. (MML)
(9) "This isn't politics," she *said gently*. (GG)
(9') "This isn't politics," she *said sweetishly*.

L'adverbe est rattaché à des propriétés spécifiques au verbe *smile* en (8). Pour *say*, la qualification du procès ne pourra se faire que par transfert de la qualification au sujet, avec un changement de tonalité de la parole entre (9) (*gently*) et (9') (*sweetishly*) selon la spécificité de la qualification.

Ce premier inventaire de la combinaison verbe + Adv AE montre le rapport privilégié avec les verbes déclaratifs, et plus particulièrement avec *say*.

Dans cette relation privilégiée, peut-on relever les prémisses de la combinaison et du fonctionnement de l'adverbe par rapport à l'ensemble des catégories verbales ?

3. L'adverbe d'état émotionnel, marqueur d'intersubjectivité

Nous étudierons ici les classes sémantiques des verbes et leur relation avec l'adverbe AE à partir des tableaux 2 et 3.

3.1 Attitude émotionnelle et échange verbal

Selon Geuder (2006, 118), c'est la complexité conceptuelle des procès qui régit la sélection riche et variée des adverbes de manière. L'aptitude de *say* à se combiner avec un large nombre d'Adv AE s'appuie selon nous sur son sémantisme très général (production d'une parole, émission de sons), mais aussi sur la configuration syntaxique et discursive en discours direct. La parole peut s'associer à l'expression de tout l'éventail des sentiments qui, de plus, trouvent une illustration dans le contenu du discours direct et une justification dans l'échange où s'inscrit la parole.

Les verbes déclaratifs (*cf.* tableau 2) des classes (1) *tell*, *speak* et (2) *ask*, *answer* présentent une disponibilité de combinaison avec les Adv AE similaire à *say*. Les premiers mettent en scène syntaxiquement l'interlocuteur (*speak*, *tell*), mais demeurent neutres sémantiquement. Seul *think* filtrent ici les Adv AE :

(10) There you go, Sirius, Harry thought *dully*. Nothing rash. Kept my nose clean.

La combinaison avec tout adverbe référant à l'acoustique est bloquée (**think hoarsely*), mais la combinaison avec des adverbes à valeur intersubjective marquée disponibles avec *say* est possible, *thought severely/crossly/indignantly*, l'adverbe décrivant les émotions négatives de Harry en réaction à l'attitude d'un interlocuteur, Sirius, tel que l'indique le contenu du discours direct.

Les verbes dénotant les tours de parole sont plus nuancés sémantiquement, avec un trait modal (le discours est une question, une réponse, une suite, un ajout, une explication), mais comme *say*, ils n'impliquent pas intrinsèquement une qualité spécifique du déroulement du procès de parole, permettant ainsi une combinaison « libre » avec les différents types d'émotions (*add encouragingly*, *ask stiffly/hospitably*).

Les verbes déclaratifs « suprasegmentaux » *(moan*, *whisper*) ont inscrit dans leur sémantisme un mode particulier du déroulement du procès et filtrent ainsi les qualifications rattachables au procès par l'Adv AE. La spécificité acoustique du procès – sonorités hautes (*cry*) ou sonorités basses (*moan*, *mutter*, *whisper*) – ne permet pas la combinaison avec des Adv AE dénotant un état émotionnel excessif associé à une tonalité extrême de polarité contraire :

whisper/moan *violently, *loudly, *sharply,
cry ?timidly, *quietly, *slowly.

Selon nous, le trait définitoire qui sous-tend la combinaison de l'Adv AE avec cette classe de verbes n'est pas la composante déclarative, mais l'intersubjectivité, inscrite au niveau modal dans la classe (2) *ask*, *answer* et au niveau syntaxique dans la classe (1) *tell sb*, mais surtout activée et mise en évidence pour l'ensemble des occurrences par la distribution avec le discours direct, sélectionné au détriment du discours indirect, car il assure, selon nous, un support pour le décryptage de la qualification adverbiale. Toutes ces combinaisons se retrouvent dans des séquences de dialogue où l'attitude émotionnelle se lit comme une réaction affective au stimulus extérieur que représente la parole autre[12], comme analysé dans les exemples (3) et (4).

La combinaison verbe + Adv AE doit cependant manifester des traits communs pour l'ensemble des verbes qui y interviennent. Quel rapport peut-on établir entre les deux grandes classes de verbes dans cette combinaison ?

3.2 Attitude émotionnelle et interactions non verbales

Les verbes non déclaratifs regroupent des catégories hétérogènes (tableau 3). Nous les avons classés à partir de leur sémantisme[13] et selon la présence ou non d'une valeur intersubjective. Dans ce contexte hors discours direct, nous entendons par valeur intersubjective la manifestation volontaire du sujet dans le procès en réaction à ou dans le but d'une interaction avec un élément extérieur (intersubjectif est donc à prendre au sens large).

Cette valeur se vérifie en contexte pour les verbes des classes (1) à (6) définis comme verbes impliquant une réaction à valeur intersubjective car la réalisation du procès par le référent-sujet implique une interaction avec l'extérieur. Pour les classes (1) *look* et (4) *call*, la perception ou l'émission de sons sont des formes d'extériorisation, que l'adv AE caractérise comme manifestations d'une réaction affective à un élément de la sphère du référent-sujet (*he looked after the car admiringly*). De la même façon, pour la classe (6) *nod*, *shrug*, les gestes corporels signifient extérieurement une prise de position du sujet (*he nodded awkwardly to Clifford*). Les procès des classes (2) *love* et (3) *laugh* dénotent un sentiment ou une attitude émotionnelle de façon intrinsèque qui respectivement sont dirigés vers un objet ou sont une réaction à un objet. La qualification de l'Adv AE vient nuancer cet état affectif en intensifiant la réaction dénotée par le procès (*they loved the young men passionately*) ou en en précisant la valeur (*he laughed hollowly, cynically*)

Pour les classes (5) et (7), la valeur « réaction émotionnelle » est variablement construite et explicitée. Dans *feel around* (5), la particule introduit une valeur aspectuelle impliquant un état émotionnel de confusion dans le rapport avec l'extérieur, renforcée par l'adverbe (*feeling around frantically in the blackness*).

12 C'est à partir de cette dimension intersubjective de la combinaison que nous avons interprété *say* + adverbe *-ly* comme un marqueur de « dynamique narrative » dans la construction du récit (Nita 2012).

13 Nous avons mis en rapport nos descriptions, liées au fonctionnement de la configuration, avec les analyses des verbes faites par Levin (1995).

Dans la classe (7), les verbes dénotent tous un geste dirigé vers l'extérieur et impliquant la force (Levin 1995, 146–147) à des degrés différents, et c'est en cela qu'ils sont la trace d'un état émotionnel et d'une interaction avec l'extérieur (*he flung them disdainfully aside*).

Nous avons ensuite classé des verbes neutres quant à la valeur intersubjective, où l'on distingue les catégories (8) *walk*, (9) *kick one's heel*, (10) *spit* et (11) *carry*, regroupant des verbes de processus, de (12) *wait*, *stand*, verbes statifs. La valeur intersubjective est dépendante ici de la combinaison avec l'Adv AE et du contexte. Le changement de position du sujet (8) (*She got up and walked restlessly about the room*), le déclenchement d'un geste dans la continuité d'une manifestation verbale (9) (*shouting with the others and kicking his heel violently against*) perdent leur neutralité et s'interprètent dans la combinaison avec l'Adv AE comme étant déclenchés situationnellement en tant qu'expression de réaction à l'environnement.

Les catégories (10), (11) et (12) nous semblent les plus éloignées du schéma de combinaison défini. *Spit* (10) et *carry sth* (11) dénotent des actions neutres qui, hors contexte, ne déclenchent ni n'expriment une interaction entre le sujet et l'extérieur, ou une forme de manifestation émotionnelle à l'intention de ou en réponse à l'extérieur.[14] L'emploi de l'adverbe vient modifier ces données et montrer que le sujet s'engage bien dans l'action avec un état d'esprit particulier qui active l'interaction avec l'extérieur.

(11) He *picked up* his pen *half-heartedly*, wondering whether he could find something more to write in the diary. (GO)

La justification de l'état émotionnel *half-heartedly* est apportée dans le contexte, *wondering whether he could find something more to write*: le geste (*pick up*) pèse moralement sur le sujet par ses implications. La combinaison avec l'Adv AE active contextuellement un rapport intersubjectif émotionnel reliant le sujet à l'élément externe, le stylo.

Le cas des verbes statifs nous semble le plus probant à l'égard du fonctionnement des Adv d'AE, du fait de l'absence d'agentivité par rapport aux procès des autres classes.

(12) He *stood* in the shade/above her.
(13) He *stood stiffly* in the shade, a small man dressed [...] (GG)
(14) He *stood* above her *disdainfully* with a little waxed moustache. (GG)

---

14 *Suck* spécifie la manière de réalisation de l'ingestion (Levin 1995, 214), *spit* réfère à l'émission de substances par le corps (*ibid.*, 218).

Dans ces exemples, le sujet passe d'entité décrite existant dans une position (12) à entité prenant part à son positionnement (13, 14). L'ajout de l'adverbe[15] dénote une prise d'attitude du référent-sujet qui ne subit plus un état, mais se manifeste véritablement dans le procès avec une réaction d'opposition à l'environnement dans lequel il se trouve (13), et une interaction avec l'autre (14).

Nous faisons l'hypothèse, à l'égard de l'analyse de notre corpus, que des verbes déclaratifs aux verbes de position, en passant par les verbes de mouvement, perception, etc., l'Adv AE met en évidence la réalisation du procès comme manifestation du sujet en interaction avec son environnement.

Conclusion

À l'épreuve du corpus, l'adverbe de manière en *-ly* d'attitude émotionnelle révèle l'étendue de sa productivité, toujours surprenante en comparaison avec les limites de l'adverbe français en *-ment*, et la richesse sémantique des qualifications d'ordre émotionnel qui peuvent se rattacher au verbe. Nous avons mis en évidence la perméabilité de *say* et des adverbes déclaratifs neutres à la qualification par un Adv AE, et illustré brièvement quelques cas d'incompatibilité sémantique. Il est évident qu'une telle analyse est difficile à entreprendre avec les données riches d'un corpus et dans les limites qui sont les nôtres ici. Le travail sur corpus, par les données sur l'hétérogénéité des verbes déclaratifs et non déclaratifs, nous a permis de nous interroger sur ce qui rend une qualification adverbiale d'attitude émotionnelle compatible avec des verbes variés, au-delà des mécanismes de transfert de la qualification du verbe au sujet et du sujet au verbe selon la structure conceptuelle du prédicat (Geuder 2006), au-delà de l'ambivalence sémantique des adverbes que nous avons montrée. La sélection exclusive du discours direct par les verbes déclaratifs qualifiés par un Adv AE a révélé que l'on pouvait dépasser la problématique de l'adéquation de la qualification aux propriétés du procès, car il s'agit dans cette combinaison de l'adéquation de l'état d'esprit dénoté par l'adverbe au contenu de la parole dans un dialogue et, plus généralement, aux rapports intersubjectifs construits en situation. C'est cette propriété qui nous a semblé intervenir dans l'ensemble des combinaisons, justifiant même l'association des Adv AE avec les verbes statifs qui ne sont pas susceptibles de recevoir une qualification par transfert depuis le sujet modifiant leurs propriétés (Van de Velde 2009, 27–28). L'Adv AE dénote la variation qualitative du procès (dire, perception, mouvement, geste, position) à partir d'une manifestation émotionnelle du sujet dans une interaction avec l'extérieur.

15 Ainsi que d'ailleurs les autres qualifications dans chaque exemple.

Bibliographie

Bouscaren, Jeannine/Chuquet, Jean (1987). *Grammaire et textes anglais. Guide pour l'analyse linguistique*. Paris : Ophrys.

Flaux, Nelly/Moline, Estelle (2009). « De la manière. Présentation », *in* : Nelly Flaux, Estelle Moline (dir.) : *De la maniére. Langages* 175 (3/2009), 3–14.

Geuder, Wilhelm (2006). « Manner Modification of States », *in* : Christian Ebert, Cornelia Endriss (eds.) : *Proceedings of Sinn und Bedeutung 10, ZAS Papers in Linguistics* 44. Berlin : ZAS, 111–124.

Guimier, Claude (1988). *Syntaxe de l'adverbe anglais*. Presses Universitaires de Lille.

Guimier, Claude (1991a). « Peut-on définir l'adverbe ? », *in* : Claude Guimier, Pierre Larcher (dir.) : *Les états de l'adverbe, Travaux Linguistiques du Cerlico* 4, 11–34.

Guimier, Claude (1991b). « Sur l'adverbe orienté vers le sujet ? », *in* : Claude Guimier, Pierre Larcher (dir.) : *Les états de l'adverbe, Travaux Linguistiques du Cerlico* 4, 97–114.

Levin, Beth (1995). *English Verb Classes and Alternations. A Preliminary Investigation.* Chicago/London: The University of Chicago Press.

Longman Dictionary of Contemporary English, <http://www.ldoceonline.com/>.

Nita, Raluca (2012). « *Say* + Adverbe *-ly* : le retour de l'énonciateur dans le discours direct ? ». Communication au colloque *Ci-dit, Rapporter et être rapporté(e) : une affaire de genre(s) ?*, 14–16 juin, Stockholms Universitet.

Quirk, Randolph *et al.* (1997) [1985]. *A Comprehensive Grammar of the English Language*. London: Longman.

Van de Velde, Danièle (2009). « Les adverbes de manière : propriétés inhérentes et propriétés héritées des prédicats verbaux », *in* : Nelly Flaux, Estelle Moline (dir.) : *De la maniére. Langages* 175 (3/2009), 15–32.

Sources citées du corpus PLECI

Christie, Agatha (1939). *Ten Little Niggers*. Glasgow : Fontana/Collins. [AC]

Greene, Graham (1969). *The Power and the Glory*, New York: Penguin Books. [GG]

Lawrence, David Herbert (1960). *Lady Chatterley's Lover*. London : Penguin Books. [DHL]

McLaverty, Michael (1987). *Collected Short Stories*. Poolbeg Press Ltd. [MML]

Orwell, George (1949). *Nineteen Eighty-Four*. London : Penguin Books. [GO]

Rowling, J. K. (2003). *Harry Potter and the Order of the Phoenix*. London: Bloomsbury Publishing. [JKR]

5. Perspectives didactiques

Corpus, base de données, cartes mentales pour l'enseignement

Cristelle Cavalla, Mathieu Loiseau**, Valérie Lascombe* & Joanna Socha**

Abstract

As part of an ANR[1] project aimed at the linguistic description of the lexicon of emotions in five European languages, we developed an interface for querying a database (EmoProf) and proposed a sequence for teaching collocations of emotions in an FFL classroom. In this chapter, we will describe the tools and justify our use of "mind maps" to teach FFL.

Résumé

Dans le cadre d'une ANR[1] visant la description linguistique du lexique des émotions dans cinq langues européennes, nous avons développé une interface (EmoProf) pour interroger une base de données et proposer des séquences didactiques pour l'enseignement des collocations d'affect auprès d'un public FLE. Nous décrirons ici les outils et les possibilités d'interrogations ainsi que le choix didactique d'insertion de cartes mentales dans une classe de langue.

1. Introduction

Ce travail s'appuie sur des constats établis dans le cadre de différents projets de recherche (EMOLEX,[1] Scientext, FULS[2]) en description linguistique et développement de séquences didactiques pour un public FLE.[3] Les choix didactiques évoquent l'utilisation des corpus en classe de langue, la description linguistique des collocations et l'aide à la mémorisation. Nous avons opté pour l'élaboration de cartes mentales (CM) par les apprenants sans toutefois arrêter définitivement ce choix pour l'enseignement du lexique à des LNN[4] du français.

Nous expliquerons et justifierons ces choix : un corpus pour la description linguistique et l'enseignement, une base de données (BD) et des CM pour l'enseignement

---

* Université Grenoble-Alpes, LIDILEM. Cet article existe grâce à la collaboration fructueuse avec Sascha Diwersy (Cologne).

** LIRIS UMR 5205 (équipe SILEX), INSA, Lyon 1.

1 EMOLEX : www.emolex.eu/, ANR-09-FASHS-017.

2 Scientext : http://scientext.msh-alpes.fr ; FULS : http://webtek-66.iut2.upmf-grenoble.fr

3 Français Langue Étrangère.

4 Locuteur Non Natif/LN = Locuteur Natif.

des collocations. Quelques questions quant à l'aide à la mémorisation et à la production écrite des apprenants concluront cet article.

2. Une liste de mots extraite du corpus

Le corpus du projet Emolex est constitué de textes littéraires et journalistiques contemporains. Plusieurs phénomènes linguistiques ont été analysés, notamment les collocations des lexies des émotions. Ces descriptions sont stockées (et codées) dans des tableaux (*cf.* tableau 1) qui s'apparentent à des listes de mots augmentées de descripteurs linguistiques. La question qui s'offrait à nous était celle de la réutilisation des ressources produites dans un contexte d'apprentissage. Pour des raisons méthodologiques, cette interrogation conduit à trois sous-questions : comment gérer et didactiser une liste de mots ? Quelles informations (issues des tableaux) sont réellement pertinentes pour l'enseignement/apprentissage des langues ? Comment les rendre disponibles aux apprenants/enseignants?

emoclass	**pivot**	**cat_ pivot**	**collocatif**	**cat_ collocatif**	**construction**	**rel_ synt**	**dimension**	**fréquence**
COLÈRE	indigné	A	(s')être	V	être ~	a4	expérienciation	391
COLÈRE	colère	N	accès	N	accès de ~	n31	aspect	30
COLÈRE	fureur	N	accès	N	un/des accès de ~	n31	aspect	9
COLÈRE	rage	N	accès	N	accès de ~	n31	aspect	10
COLÈRE	agacement	N	accroître	V	accroître ~	n71	causativité	3
COLÈRE	colère	N	affichage	N	affichage de la ~	n31	manifestation	4

Tableau 1: exemple de classement des extractions du corpus EmoConc en français

La liste de mots est souvent controversée dans l'enseignement malgré sa présence récurrente dans les méthodes de FLE. L'utilité des listes est reconnue lorsqu'elles sont organisées et liées à une situation de communication. Il est donc question d'une hypothèse maintes fois vérifiée : classer aide à mémoriser (Goody 1979). Le choix pour ce projet est de classer trois fois : en tableaux, en tables informatiques pour une BD et, enfin, en CM pour les apprenants. Comme la liste participe à la mémorisation, rappelons quelques facteurs d'aide à mémoriser (Boulton 2000 ; Ellis 1997) :

1) l'apprentissage par cœur de listes, surtout au niveau A1 et pour les jeunes apprenants qui auraient davantage de facilités pour mémoriser des listes que les adultes ;
2) les mises en contexte à tous les niveaux de l'apprentissage ;

3) les réflexions métalinguistiques pour classer et organiser dès le niveau A1 ; ce biais didactique est à favoriser auprès des adultes qui possèdent les procédures nécessaires via leur langue première.

Ainsi, est-il pertinent de classer les éléments de la liste, trouver des contextes d'utilisation et faire réfléchir les apprenants à leur sujet.

3. Une BD pour linguistes et enseignants

Le tableau 1, bien que recensant un grand nombre d'observations, est un document de travail plus qu'une ressource à part entière. L'inclusion des informations dans une BD nécessite une formalisation informatique des phénomènes décrits, qui à son tour permettra aux utilisateurs d'aborder son contenu différemment. Cette formalisation consiste à rendre explicite pour la machine des informations accessibles à l'humain, et ainsi offrir la puissance de calcul d'un ordinateur pour manipuler des objets ayant un sens pour l'utilisateur. Un exemple de ce travail de formalisation est la définition des lexies de telle manière que la colère de *l'accès de colère* soit la même que la colère de *l'affichage de la colère*, ce qui n'est pas le cas (du point de vue de l'ordinateur) dans le tableau 1, puisque les deux lexies appartiennent à deux lignes différentes. En outre, une BD permet de modéliser les relations, comme le fait que cette lexie *colère* puisse avoir une relation de type « collocation » avec les collocatifs *affichage* et *accès*, ou encore de lier cette collocation avec un exemple attesté du corpus.

L'un des atouts de cette base n'est pas seulement l'interrogation qu'elle propose – simple, claire et puissante car beaucoup de données sont accessibles –, mais le fait d'avoir accès à des informations rares pour le français :[5] la description linguistique des collocations accompagnées d'exemples du corpus.

Une fois implantée, la base est une source d'informations pour des utilisateurs avertis, mais dont l'accès peut être simplifié (souvent au détriment de la puissance expressive) par le développement d'une interface. Chaque interface vers la base de données doit prendre en compte les besoins des utilisateurs concernés : ce qui revient à l'identification, parmi les questions auxquelles la base peut répondre, de celles que peuvent poser les utilisateurs. Notre propos étant l'enseignement du lexique en classe de FLE, certaines questions s'imposent d'elles-mêmes : Comment connaître la collocation la plus fréquente parmi tous les champs ? Les bases (ou pivots ; le mot qui conserve son sens propre) qui apparaissent avec le même

5 Il existe Antidote, qui propose notamment de grandes listes de collocations, cependant ce logiciel est payant (http://www.druide.com/antidote.html).

collocatif, ou, inversement, le collocatif qui apparaît avec plusieurs bases ? Quelle valeur sémantique est représentative de tel champ ?

Ces croisements de données sont autant d'informations que d'exercices sur divers points linguistiques. La collocation n'est que rarement transparente pour un LNN,[6] car il reste difficile à trouver ou comprendre un collocatif dont la déviance sémantique est souvent imprévisible (Cavalla *et al.* 2009 ; Hill 1993 ; Nesselhauf 2005 ; Verlinde *et al.* 2006) – ce qui n'est pas le cas pour des natifs (Hausmann 1979 ; Tutin 2010) :

> [La] transparence n'empêche nullement la collocation d'être imprédictible. L'apprenant étranger, tout en la comprenant (s'il comprend les mots combinés), ne saurait automatiquement la reproduire. (Hausmann 1989, 1010)

Donc, faire manipuler les données permet souvent de mieux les comprendre. L'apprenant sera guidé dans sa démarche de classement, mais nous guiderons d'abord l'enseignant.

Ainsi, l'interface de la BD, nommée EmoProf, doit-elle être le plus accessible possible. Deux interfaces existent : l'une pour le public et l'autre pour ceux qui désirent peupler la base afin d'augmenter le nombre de sorties possibles. La structure interne de la base de données est d'ores et déjà apte à traiter des collocations de tout champ sémantique (pas seulement le lexique des émotions).

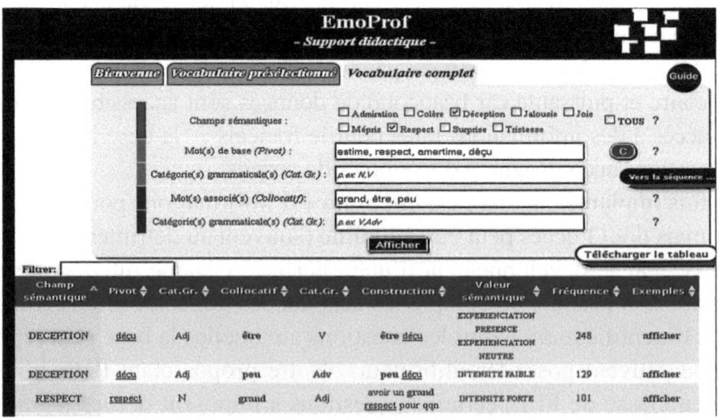

Figure 1 : écran 1 – interface d'interrogation

6 « The main difference between native and non-native speakers is that the former have met far more English and so can recognize ready-made chunks, which enable them to process and produce language at a much faster rate. » (Hill 1993, 32).

Pour l'interface, nous avons associé à la terminologie linguistique des lexies dont le sens semble transparent. L'usage des termes linguistiques en parallèle, outre le fait d'économiser de l'espace dans le tableau de résultat, vise à avoir une valeur formative. L'interrogation s'effectue à l'aide des étiquettes grammaticales connues des enseignants de FLE (adjectif = Adj, Nom = N, etc.). L'interface offre deux possibilités d'extraction des données :

- Le « vocabulaire présélectionné », qui rassemble les lexies utilisées pour l'élaboration des séquences didactiques. Ceci permet aux enseignants de travailler exactement comme nous l'avons fait et de s'approprier les exemples en manipulant la base.
- Le « vocabulaire complet », qui rassemble toutes les données de la BD.

Quelle que soit l'entrée choisie, l'interrogation reste identique ; les tableaux indiquent la fréquence et un lien vers des exemples dans le corpus. Pour remplir le formulaire, une aide est proposée et des exemples sont donnés.

L'interface propose une recherche booléenne (chaque propriété est présente ou absente dans une collocation). Selon la terminologie en logique, les propriétés indiquées dans chaque ligne sont traitées comme des *disjonctions* (dans l'écran 1, le mot de base est « déçu » *OU* « respect », etc.) alors que les lignes entre elles sont traitées comme des *conjonctions* : pour faire partie des résultats, la collocation doit avoir comme pivot l'un des lemmes de la liste *ET* comme collocatif ceux qui ont été choisis (*être*, *grand*, *peu*). Tous les champs sont optionnels, ce qui signifie que la requête ne porte que sur le champ sémantique sélectionné ou tous par défaut. Voici quelques exemples de requêtes :

1) extraire toutes les collocations dont le pivot est un nom associé à un adjectif,
   - ne déterminer aucun champ,
   - catégorie grammaticale du mot de base : N,
   - catégorie grammaticale du mot associé : Adj.
2) extraire toutes les collocations d'une liste fermée de mots de base de plusieurs champs et de catégories grammaticales différentes, avec une liste fermée de collocatifs ayant aussi des catégories grammaticales différentes (écran 1).
   - champs : RESPECT, DÉCEPTION
   - mots de base : *estime*, *respect*, *amertume*, *déçu*
   - mots associés (collocatifs) : *grand*, *être*, *peu*

Filtrer:

Champ sémantique	Pivot	Cat.Gr.	Collocatif	Cat.Gr.	Construction	Valeur sémantique	Fréquence	Exemples
DECEPTION	déçu	Adj	être	V	être déçu	EXPERIENCIATION PRESENCE EXPERIENCIATION NEUTRE	248	afficher
DECEPTION	déçu	Adj	peu	Adv	peu déçu	INTENSITE FAIBLE	129	afficher
RESPECT	respect	N	grand	Adj	avoir un grand respect pour qqn	INTENSITE FORTE	101	afficher
RESPECT	estime	N	grand	Adj	grande estime	INTENSITE FORTE	25	afficher
RESPECT	estime	N	peu	Adv	avoir peu d'estime pour/de qqn	INTENSITE FAIBLE	20	afficher

Nombre de résultats: 5

Figure 2 : écran 2 – exemple d'extraction de croisements de données

Les lexies sont classées, par défaut, par la classe sémantique (ordre alphabétique) mais le tableau est interactif et l'en-tête de chaque colonne permet de s'en servir comme critère de tri. En outre, il est possible de classer les sorties, une fois affichées, en utilisant la case « filtrer » ; exemple : dans l'écran 2, entrer « forte », permettra de n'afficher que les éléments à valeur sémantique d'intensité forte (ex : « *grande* surprise »).

Pour les enseignants de FLE, nous proposons des exemples d'exploitation de ces données à partir d'extractions à classer sous forme de CM. Les exemples proposés ne sont pas exhaustifs et peuvent être adaptés à d'autres besoins. L'aspect métalinguistique d'un tel classement – quels que soient le niveau en langue et l'âge des apprenants – nous est apparu pertinent pour l'aide à la mémorisation des éléments phraséologiques.

4. Des séquences pour le FLE

Le site EmoProf contient des pistes didactiques guidant l'enseignant vers l'utilisation des extractions et de la base. Les séquences sont téléchargeables. Les « pistes didactiques » proposées ne sont pas des séquences complètes car chaque enseignant peut intégrer ce lexique et ces outils quand il le souhaite au fil de sa progression. Dans chaque proposition, on élabore une CM qui est contextualisée au sein des pistes proposées.

Ainsi avons-nous deux objets d'études : les collocations et les cartes mentales. Les collocations relèvent d'une partie du lexique et les cartes sont un outil pour l'enseignement d'un objet. Notons que les collocations sont peu enseignées en

FLE et que les CM paraissent répondre à plusieurs de nos attentes en termes d'aide à la mémorisation du lexique.

5. L'enseignement des collocations

Chercheurs et didacticiens du FLE ont développé des outils pour l'aide à l'enseignement/apprentissage des éléments phraséologiques : la BLF[7] associée au site d'exercices Alfalex[8] (Verlinde *et al.* 2006) ; le site « La peur »[9] et le développement de séquences autour des expressions des émotions (Cavalla *et al.* 2005, Cavalla *et al.* 2009) ; l'ouvrage pour l'enseignement de la phraséologie dans son ensemble (Gonzalez-Rey 2008). Nous espérons que cet engouement touchera bientôt les auteurs de manuels de FLE qui intègrent avec parcimonie ces éléments linguistiques fréquents. Les chercheurs précédemment cités proposent diverses solutions quant à leur abord en classe (Binon *et al.* 2003, Cavalla 2009, Gonzalez-Rey 2010) et posent désormais la question de l'aide à la mémorisation d'éléments aux constructions qui paraissent parfois complexes (Tutin 2007).

L'utilisation des corpus est un atout pour l'enseignement des collocations car l'extraction sous forme de concordances permet à l'enseignant de repérer rapidement les formes figées associées à une lexie (Chambers *et al.* 2011 ; Johns 2002). Ceci soulève la question de l'intégration des corpus en classe de FLE, sujet que nous n'aborderons pas ici (Aston 2002 ; Boulton 2008 ; Cavalla *et al.* à paraître ; Chambers 2007 ; Fligelstone 1993). Notons qu'ils sont utilisés en classe de langue par un nombre croissant d'enseignants. Le concordancier, parfois gratuit,[10] parfois utilisable en ligne, est probablement l'outil le plus représenté parmi les dispositifs pédagogiques visant à intégrer la notion de corpus en classe de langue. Peu d'approches pédagogiques existent autour des corpus, dont la profusion lexicale pourrait engendrer une abondance de type d'exploitation (Boulton 2008 ; Chambers *et al.* 2011).

Nous proposons ici un autre point d'accès vers les corpus, par le biais des CM. Celles-ci imposent un recours au corpus pour vérifier une intuition ou pour mener une réflexion métalinguistique fondée sur les tableaux fournis par la base de données (qui renvoient eux-mêmes vers des concordances).

---

7 Base Lexicale du Français, URL : http://ilt.kuleuven.be/blf/ [consulté le 26 février 2013].

8 URL : http://www.kuleuven.be/alfalex [consulté le 26 février 2013].

9 LIDILEM, URL : http://w3.u-grenoble3.fr/lidilem/projets/ESC/ [consulté le 26 février 2013].

10 Par exemple : http://www.ddc-concordance.org/

6. Choix de cartes mentales

Les CM sont des schémas de type arborescent développés avec l'ambition de suivre un modèle du fonctionnement cérébral (pensée par association). Le type de relations représentées étant variable (lien hiérarchique, lien sémantique), les CM apparaissent dans différents contextes. Elles constituent un intermédiaire entre la liste classique et la production écrite (Barna 2009) ; ceci pourrait satisfaire les trois critères indiqués par Ellis (1997) et Boulton (2000) : apprentissage de listes, mise en contexte, réflexion métalinguistique pour aider à la production écrite par exemple. Certains y voient un « [o]util pédagogique puissant et versatile » (Peters *et al.* 2005) qui s'adapte à tous les niveaux de l'apprentissage, à tous les concepts et à tous les âges.

> Les concepts principaux sont organisés en fonction de liens qui explicitent la relation entre ces concepts : des exemples, des composantes, des caractéristiques, etc. (Van Zele/Lenaerts/Wieme, 2004, cité par Peters *et al.* 2005)

De fait, le classement satisferait nos attentes en termes de représentation de la syntagmatique des collocations. Nous savons (Boulton 2000 ; Goody 1979) qu'organiser des listes, se concentrer sur un élément sont des biais pertinents pour l'apprentissage et donc la mémorisation. La manipulation du lexique par classement ou découpage (morphologique par exemple) permet à l'apprenant de se concentrer sur l'objet, voire de trouver sa place d'acteur « linguiste ».

7. Exemple de pistes didactiques

Les CM apparaissent soit en début, en milieu ou en fin de proposition didactique. L'objectif est d'aboutir à une CM qui pourrait représenter un état du savoir des apprenants à un moment *t*. Il est donc prévu que les cartes soient extensibles (à l'infini en théorie) aux autres savoirs des apprenants dans la pratique.

La progression proposée est inductive (aspect renforcé par l'élaboration des cartes mentales) et nous permet d'avoir un cadre didactique autour des CM. Plusieurs champs sémantiques sont pris comme exemples ; chaque séquence a un déroulement différent en fonction des objectifs visés. L'enseignant est guidé vers l'utilisation de la base et l'élaboration de la CM. Ces aspects se retrouvent dans les rubriques « Cadre de la séquence », « Déroulement » et « Réinvestissement », rubriques communes à tous les exemples.

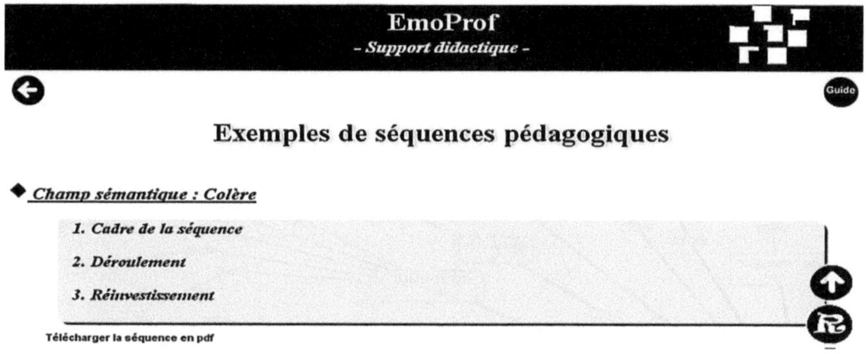

Figure 3: écran 3 – interface d'accès aux séquences

Différents niveaux sont abordés afin de tester les CM et trier le lexique. Par exemple, l'un des critères de tri des lexies du champ COLÈRE est celui de « constructions », où les lexies du champ sont « objet » du verbe associé (*apaiser sa colère*, *cacher son exaspération*, etc.). Le cadre de la séquence varie en fonction des objectifs visés, mais préconise toujours une contextualisation du lexique dans des documents authentiques. Répertorier avec les apprenants leurs connaissances sur ce lexique est préconisé quasi systématiquement. Ainsi, toutes les propositions guident-elles les apprenants vers une réflexion sur les lexies et les encouragent à trouver des liens entre elles et à créer leurs propres données lexicales. Il faut alors envisager un temps de création de la CM par les apprenants. Des consignes sont proposées dans la rubrique « Déroulement » afin de guider les enseignants et engendrer d'autres idées pour l'exploitation des CM en classe.

La démarche pour élaborer la carte préconise d'avancer par étapes. En effet, il n'est pas nécessaire d'envisager la CM dans son entier dans un premier temps ; au contraire, plusieurs temps pédagogiques sont nécessaires à la mémorisation. De fait, l'élaboration de parties de CM en fonction d'une logique syntagmatique (ou autre) aide à la mémorisation de ces liens parmi tous ceux rencontrés autour d'une lexie. Une fois plusieurs CM élaborées, il semble pertinent de les rassembler. Pour associer plusieurs CM, il suffit parfois d'un seul lien entre deux éléments. Ci-dessous, dans la figure 4 (CM1), le classement sémantique prend en compte les verbes permettant de désigner le stade évolutif de l'affect : le début, le milieu, la fin. La combinatoire syntaxique des éléments apparaît dans le sens des flèches entre les éléments ; par exemple *se mettre en* est un nœud qui se combine avec *colère* ou *rage*, les flèches partent donc du nœud pour se diriger vers l'objet qui est postposé au verbe. Dans la CM2 (*cf.* figure 5), les flèches jouent leur rôle syntagmatique, et d'autres nœuds ajoutent un lien sémantique entre les éléments ; « visible » indique que l'émotion se « voit » par différents biais exprimés par le verbe.

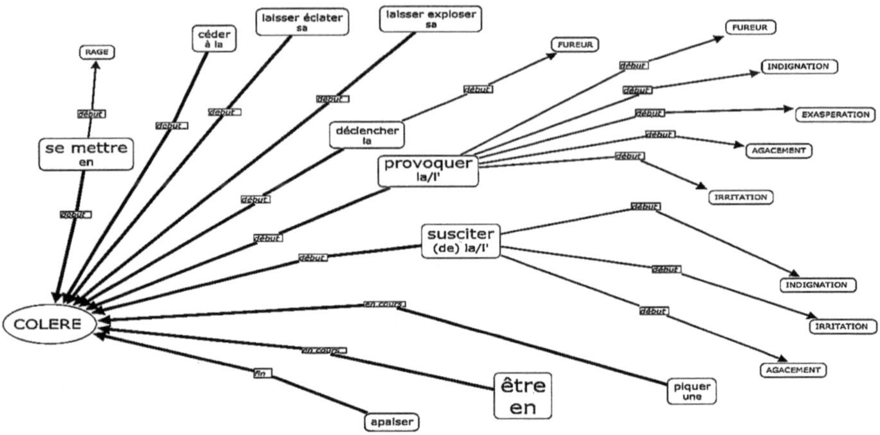

Figure 4 : CM1 – évolution de la colère (début, milieu, fin)

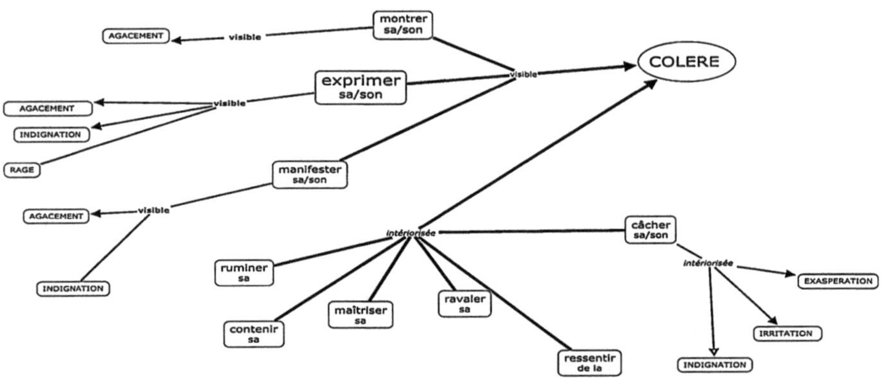

Figure 5 : CM2 – présence visible ou non de la colère

Nous pouvons davantage scinder ces CM si cela convient à la progression prévue par l'enseignant ; la CM1 se partage en trois : le début, le milieu et la fin de l'émotion. La CM3 (*cf.* figure 6) ci-dessous rassemble les deux premières afin d'avoir une vue d'ensemble des liens possibles entre toutes les lexies. Notons qu'il est possible d'ajouter des couleurs indiquant, par exemple, des sous-groupes sémantiques.

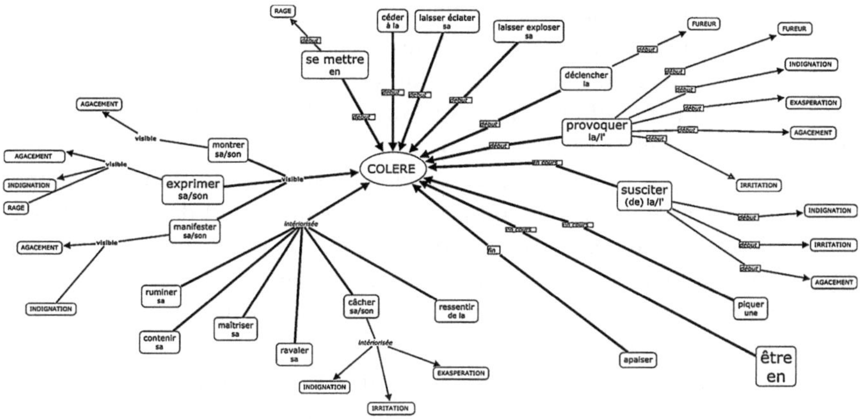

Figure 6 : CM3 – CM1 et CM2 rassemblées

Ces cartes sont élaborées à l'aide d'un logiciel gratuit « CmapTools » (Cañas *et al.* 2004) ; d'autres logiciels existent et l'utilisation du papier fonctionne également. L'important n'est pas tant l'outil pour la fabriquer que le processus de fabrication lui-même. L'objectif, dans le choix de ce dispositif pédagogique, est que la manipulation des lexies, pour faire la carte, aide les apprenants à conceptualiser et retenir différents types d'informations essentielles pour l'utilisation à bon escient, en contexte, de la lexie en question (son sens, sa syntagmatique pour les collocations, etc.). En d'autres termes, nous faisons l'hypothèse que la discussion métalinguistique, inhérente à la tâche de classification, peut avoir un effet analogue à celui de la discussion métalinguistique dans le cadre d'une tâche de production (Swainn 2000). À défaut, se posera la question de savoir si les compétences méthodologiques acquises (discussion métalinguistique à partir d'exemples, introduction au corpus, outils pour la conceptualisation) peuvent favoriser la prise de conscience métalinguistique et l'autonomie des apprenants dans le cadre d'activités de production.

8. Bilan et discussion

Dans les pistes didactiques proposées, les enseignants de FLE utilisent à leur gré la BD et les CM. Ils peuvent envisager de faire interroger la base par les apprenants ; ultime phase préconisée (Chambers *et al.* 2004) pour l'accès aux corpus en classe de langue.

L'élaboration d'une CM étant inexistante dans les méthodes de FLE (donc méconnue de nombreux enseignants), il est nécessaire de la présenter de façon précise et pédagogiquement contrainte dans un premier temps. En outre, les recherches sur la manipulation de ces cartes montrent qu'elles sont utilisées auprès d'enfants mais de façon moindre pour les adultes. L'aide à la mémorisation grâce à ces CM paraît efficace pour l'adulte car il possède les cadres cognitifs langagiers absents chez l'enfant. Enfin, reconnaissons que la conception d'une CM prend du temps et qu'un réinvestissement est à prévoir. EmoProf propose un réinvestissement des cartes soit en les complétant au fil de l'apprentissage, soit pour des applications externes comme l'aide à la production. La BD est un outil intéressant pour l'enseignement car elle donne accès à un grand nombre d'informations linguistiques précieuses pour l'enseignant ; il faudra toutefois l'enrichir d'autres lexies.

Une fois ces outils et ces séquences établis, reste en suspens la question du passage du classement à la mémorisation du lexique pour un usage en contexte. La question de l'enseignement explicite des formes pour une communication effective est en débat (Ortega 2009, Huot *et al.* 1996). Cependant, la recherche tend vers une coexistence entre un enseignement explicite de certaines formes, associé à une approche implicite (Doughty 2001). Notre entrée, par la forme des collocations, s'associe à l'implicite lorsque le sens de chaque élément n'est pas directement décliné dans la carte, mais que, appartenant à un champ sémantique, l'apprenant doit déduire. Sans l'avoir testé, nous ne pouvons l'affirmer, cependant, puisque classer, organiser du lexique aide à le fixer dans nos mémoires (Goody 1979), l'utilisation de ces CM nous paraît être une aide intéressante pour l'apprentissage du lexique en classe de langue.

Pour finir, les perspectives envisagées pour le projet sont d'élargir les domaines d'application de la BD en y intégrant de nouvelles données (champs sémantiques) ou via la réutilisation du code par d'autres.[11] Nous souhaiterions également proposer d'autres pistes pour l'enseignement des collocations et voir d'autres biais pédagogiques – hormis les CM – pour l'aide à la mémorisation. Des tests d'utilisation de EmoProf sont en cours et nous souhaiterions comprendre comment l'insertion de ces CM en classe de langue pourrait aider à la production notamment d'écrits universitaires.

Enfin, une autre piste serait de concevoir un prototype d'interface qui intègre la BD à un logiciel de création de CM. En effet, la quantité d'informations disponible (augmentée grâce à des outils TAL) pourrait permettre au système d'inférer la

---

11 Le code sera rendu disponible une fois une version stable atteinte.

sémantique des relations à partir des données appariées. Le système pourrait, dès lors, être utilisé comme support du script d'Argue Graph (Dillenbourg *et al.* 2007), qui vise à faire débattre les apprenants.

Bibliographie

Aston, Guy (2002). « The Learner as Corpus Designer », *in* : Bernhard Kettemann/Georg Marko (eds.) : *Teaching and Learning by Doing Corpus Analysis*. New York : Edwin Mellen, 9–26.

Barna, Judith (2009). « L'article de presse à l'épreuve », *Les Langues modernes* 2, 21–27.

Binon, Jean/Verlinde, Serge (2003). « Les collocations : clef de voûte de l'enseignement et de l'apprentissage du vocabulaire d'une langue étrangère ou seconde », *La Lettre de l'AIRDF* 33, 31–36.

Boulton, Alex (2000). « Aspects lexicaux de l'acquisition ‹ naturelle › et de l'apprentissage ‹ artificiel › en L2 », *Les Mélanges du CRAPEL* 26, 63–90.

Boulton, Alex (2008). « Esprit de corpus : promouvoir l'exploitation de corpus en apprentissage des langues », *Texte et Corpus* 3, 37–46.

Cañas, Alberto J./Hill, Greg/Carff, Roger/Suri, Niranjan/Lott, James/Gómez, Gloria/Eskridge, Thomas C./Arroyo, Mario/Carvajal, Rodrigo (2004). « CmapTools : A Knowledge Modeling and Sharing Environment », *in* : Alberto J. Cañas *et al.* (eds.) : *Concept Maps : Theory, Methodology, Technology. Proceedings of the First International Conference on Concept Mapping*. Pamplona : Universidad Pública de Navarra, URL : <http://cmc.ihmc.us/papers/cmc2004–283.pdf> [consulté le 26 septembre 2013], 125–133.

Cavalla, Cristelle (2009). « La phraséologie en classe de FLE », *Les Langues modernes* 1–2009, URL : <http://www.aplv-languesmodernes.org/spip.php?article2292> [consulté le 26 septembre 2013].

Cavalla, Cristelle/Crozier, Elsa (2005). *Émotions-Sentiments*. Grenoble : Presses Universitaires de Grenoble.

Cavalla, Cristelle/Labre, Virginie (2009). « L'enseignement en FLE de la phraséologie du lexique des affects », *in* : Agnès Tutin/Iva Novakova (eds.) : *Le lexique des émotions et sa combinatoire lexicale et syntaxique*. Grenoble : Ellug, 297–316.

Cavalla, Cristelle/Loiseau, Mathieu (2013). « Scientext comme corpus pour l'enseignement », *in* : Agnès Tutin/Francis Grossmann (eds.) : *L'écrit scientifique : du lexique au discours. Autour de Scientext.* Rennes : Presses Universitaires de Rennes, 163–182.

Chambers, Angela (2007). « Popularising Corpus Consultation by Language Learners and Teachers », *in* : Encarnación Hidalgo Tenorio/Luis Quereda

Rodríguez-Navarro/Juan Santana (eds.) : *Corpora in the Foreign Language Classroom*. Amsterdam/New York : Rodopi, 3–16.

Chambers, Angela/Farr, Fiona/O'riordan, Stéphanie (2011). « Language Teachers with Corpora in Mind : from Starting Steps to Walking Tall », *The Language Learning Journal* 39(1), 85–104.

Chambers, Angela/O'sullivan, Ide (2004). « Corpus Consultation and Advanced Learners' Writing Skills in French », *ReCALL* 16(1), 158–172.

Dillenbourg, Pierre/Tchounikine, Pierre (2007). « Flexibility in Macro-scripts for Computer-supported Collaborative Learning », *Journal of Computer Assisted Learning* 23, 1–13.

Ellis, Nick C. (1997). « Vocabulary Acquisition : Word Structure, Collocation, Word-class, and Meaning », *in* : Norbert Schmitt/Michael Mccarthy (eds.) : *Vocabulary Description, Acquisition and Pedagogy*. Cambridge : Cambridge University Press, 122–139.

Fligelstone, Steve (1993). « Some Reflections on the Question of Teaching, from a Corpus Linguistics Perspective », *ICAME journal* 17, 97–109.

Gonzalez-Rey, Isabel (2008). *La didactique du français idiomatique*. Fernelmont : Éditions Modulaires Européennes.

Gonzalez-Rey, Isabel (2010). « La phraséodidactique en action : les expressions figées comme objet d'enseignement », *La Clé des Langues* (ENS LYON/DGESCO), URL : <http://cle.ens-lyon.fr/espagnol/la-phraseodidactique-en-action-les-expressions-figees-comme-objet-d-enseigne ment-92012.kjsp> [consulté le 26 septembre 2013].

Goody, Jack (1979). *La raison graphique – la domestication de la pensée sauvage*. Paris : Minuit.

Hausmann, Franz Josef (1979). « Un dictionnaire des collocations est-il possible ? », *Travaux de littérature et de linguistique de l'université de Strasbourg* XVII(1), 187–195.

Hausmann, Franz Josef (1989). « Le dictionnaire de collocations », *in* : Franz Josef Hausmann *et al.* (eds.) : *Wörterbücher : ein internationales Handbuch zur Lexikographie.* Berlin/New York : de Gruyter, 1010–1019.

Hill, Jimmie (1993). « Revising Priorities : from Grammatical Failure to Collocational Success », *in* : Michael Lewis (ed.) : *The Lexical Approach, the State of ELT and the Way Forward.* London : Language Teaching Publications, 47–67.

Johns, Tim (2002). « Data-driven Learning : the Perpetual Challenge », *in* : Bernhard Kettemann/ Georg Marko (eds.) : *Teaching and Learning by Doing Corpus Analysis.* New York : Edwin Mellen, 107–118.

Nesselhauf, Nadja (2005). *Collocations in a Learner Corpus.* Amsterdam : Benjamins.

Peters, Martine/Chevrier, Jacques/Leblanc, Raymond/Fortin, Gilles/Malette, Judith (2005). « Compétence réflexive, carte conceptuelle et webfolio à la formation des maîtres », *Canadian Journal of Learning and Technology* 31(3), URL : <http://www.cjlt.ca/index.php/cjlt/article/viewArticle/96> [consulté le 26 septembre 2013].

Swainn, Merill (2000). « The Output Hypothesis and beyond : Mediating Acquisition through Collaborative Dialogue », *in* : James P. Lantolf (ed.) : *Sociocultural Theory and Second Language Learning*. Oxford : Oxford University Press, 97–114.

Tutin, Agnès (2007). « Collocations du lexique transdisciplinaire des écrits scientifiques : annotation et extraction des propriétés linguistiques dans la perspective d'une application didactique », *Cahiers de l'Institut de linguistique de Louvain* 31(2–4), 247–262.

Tutin, Agnès (2010). « Le traitement des collocations dans les dictionnaires monolingues de collocations du français et de l'anglais », *in* : Franck Neveu *et al.* (eds.) : *Congrès Mondial de Linguistique Française (CMLF-2010)*. Paris : Institut de Linguistique Française, 1075–1090, URL : <http://www.linguistiquefrancaise.org/articles/cmlf/pdf/2010/01/cmlf2010_000141.pdf> [consulté le 26 septembre 2013].

Verlinde, Serge/Binon, Jean/Selva, Thierry (2006). « Corpus, collocations et dictionnaires d'apprentissage », *Langue française* 150, 84–98.

L'intensification comme outil didactique dans l'enseignement/apprentissage des collocations d'une langue étrangère: le cas de l'arabe moderne

*Faten Hobeika-Chakroun**

Abstract

Intensive collocations in the learning of a foreign language seem to be of particular interest: they are quite numerous in discourse, linguists use them as a typical example of collocations, and they are meaningful to the learner and so are easily exploitable by the teacher. We offer ways to design some exercises for French-speaking learners of Arabic as a foreign language (intermediate level). We chose four bases – *ghadab* ('anger'), *hubb* ('love'), *raghba* ('desire'), *ghayra* ('jealousy') – and four collocates intensifying them. We developed exercises of progressive difficulty which facilitate the acquisition of these collocations, allow the enrichment of the combinatorial profile of their bases and collocates, and inform their combinatorial behaviour in context. We propose the use of authentic documents which are easily accessible to teachers through electronic corpora. The teacher can revise the exercises according to needs. The proposed exercises allowed us to highlight some features for the expression of intensity in Arabic.

Résumé

Les collocations intensives dans l'apprentissage d'une langue étrangère nous semblent représenter un intérêt particulier : elles sont assez nombreuses dans le discours, les linguistes leur accordent une place de choix et elles sont parlantes pour l'apprenant, donc facilement exploitables par l'enseignant. Nous proposons des pistes pour établir quelques exercices destinés à des apprenants francophones de l'arabe langue étrangère (niveau intermédiaire). Nous avons choisi quatre bases, *ghadab* ('colère'), *hubb* ('amour'), *raghba* ('désir') et *ghayra* ('jalousie'), et quatre collocatifs les intensifiant. Nous avons élaboré une batterie d'exercices à difficulté progressive qui facilitent l'acquisition de ces collocations, permettent d'enrichir le profil combinatoire de leurs bases et collocatifs, et qui éclairent leurs comportements combinatoires en contexte. Nous proposons le recours à des documents authentiques, facilement accessibles à l'enseignant grâce aux corpus électroniques. L'enseignant peut renouveler les exercices selon les besoins de son cours. Les exercices proposés nous ont permis de relever quelques particularités relatives à l'expression de l'intensité en langue arabe.

1. Introduction

Afin de développer la compétence combinatoire lexicale de l'apprenant d'une langue étrangère, il est utile d'avoir plusieurs supports : une bonne lexicographie

* INALCO, CERMOM, Paris.

pédagogique, des corpus électroniques variés et de bons matériaux didactiques. Nous proposons d'exploiter l'intensification pour établir des exercices didactiques qui permettront à l'apprenant (ici étudiant francophone de niveau intermédiaire) de mieux acquérir les collocations de l'arabe moderne. L'intensification est similaire à la fonction intensive « Magn », selon Mel'čuk (2006, 72). Elle est à prendre ici dans un sens large qui ne prend pas en considération la gradation de l'intensité, sa qualité, ni son versus, l'atténuation. Notre approche des collocations est celle de Hausmann et Mel'čuk avec la terminologie base/collocatif. Une approche qui met l'accent sur le lien de hiérarchie base-collocatif, dit « orientation de la collocation », qui fait que le « locuteur étranger progresse en partant de la base pour arriver au collocatif et non inversement » (Hausmann/Blumenthal 2006, 4), ainsi que sur le lien de contrainte lexicale qui caractérise le collocatif par rapport à la base. Par exemple, l'apprenant qui veut intensifier les bases ثروة ('fortune') ou ثراء ('richesse') n'est pas libre du choix du collocatif approprié. Celui-ci est restreint par l'usage qui voudrait qu'il associe طائلة ('colossale') à ثروة ('fortune'), et فاحش ('indécente') à ثراء ('richesse'). Cette approche nous paraît d'un intérêt didactique évident.

Dans la première partie, nous justifierons pourquoi nous avons choisi d'exploiter didactiquement l'intensification. Dans la seconde partie, nous proposerons quelques pistes qui permettent d'établir des exercices didactiques en la matière.

2. Les collocations intensives : fréquence élevée et exemples types des linguistes

Pourquoi avoir choisi d'exploiter pédagogiquement l'intensification des collocations ? Parce que nous constatons que les collocations intensives sont très présentes dans le discours, notamment journalistique. Nous donnerons ci-dessous des exemples extraits de la presse française et arabe. Par ailleurs, nous avons constaté que les spécialistes leur accordent une place de choix.

2.1 L'intensification des collocations : fréquence élevée dans le discours

Dans *Le Monde* du 2 octobre 2012, dans un article signé F. Fressoz et intitulé « François Hollande et l'Europe, la stratégie du silence », on peut lire :

« Or, c'est le vide qui domine, un vide d'autant plus sidérant que le président de la République longtemps qualifié de 'bébé Delors' est un Européen convaincu. Que le Premier ministre est un germanophile qui s'assume. Tous deux sont intimement persuadés que c'est par l'Europe que la France s'en sortira. […] Au Parti socialiste, même silence assourdissant. »

Dans cet extrait, nous pouvons identifier quatre collocations intensives :

(1) un vide *sidérant*
(2) un Européen *convaincu*
(3) *intimement* persuadés
(4) silence *assourdissant*

Les bases *vide*, *Européen*, *persuadés* et *silence* sont intensifiées respectivement par *sidérant*, *convaincu*, *intimement* et *assourdissant*. Il s'agit sur le plan syntaxique de Nom + Adj. (ex. 1, 2 et 4) et de Adj + Adv (ex. 3).[1]

On constate le même phénomène dans la presse arabe. Le quotidien égyptien *Al-Masry Al-Youm* du 8 décembre 2012 publie un entretien accordé par l'écrivain égyptien B. Tâhir, dans lequel on peut relever les phrases suivantes :

(5) هذا شيء غير معقول وينذر بعواقب *وخيمة* على وطننا.
(C'est une chose impensable qui pourrait avoir de *lourdes* conséquences [conséquences *néfastes*] pour notre pays.[2])
(6) المسألة واضحة *مثل عين الشمس*.
(L'affaire est claire *comme l'eau de roche* [*comme l'œil du soleil*].)
(7) [...] الرئيس نفسه أعلن أنّه لن يتراجع *قيد أنملة*.
([...] le président a annoncé qu'il ne reculera pas *d'un pouce* [*d'une phalange*].)

On y distingue trois collocations intensives, respectivement عواقب *وخيمة* [conséquences *néfastes*], واضحة *مثل عين الشمس* [clair *comme l'œil du soleil*] et لن يتراجع *قيد أنملة* [il ne reculera pas *d'une phalange*].[3] Syntaxiquement, il s'agit respectivement de Nom + *Adj*., Adj. + *structure avec comme* et Verbe + *locution à valeur adverbiale*. Quelques observations syntaxiques se prêtent aux deux premières collocations : la postposition de l'adjectif en arabe et l'expression de l'intensité par la comparaison en arabe.

D'abord la position de l'adjectif intensificateur. Contrairement au français, où l'adjectif épithète est antéposé et/ou postposé suivant certaines règles (*cf.* Grossmann/Tutin 2005, 12), en arabe, il est postposé. Par exemple, aux collocations intensives françaises *ennemi juré* et *lourde perte*, correspondent en arabe deux collocations aux adjectifs intensificateurs postposés :

1 M. Netzlaff (2004, 207) conclut que « ce sont principalement les adverbes d'intensité qui forment des collocations Adj. + Adv. » dans les corpus journalistiques qu'elle a étudiés.
2 Les traductions seront de nous, sauf indication contraire. Elles sont suivies au besoin d'une traduction littérale pour révéler la motivation arabe. Celle-ci sera toujours entre crochets [ ].
3 « D'une phalange » n'est intensif que parce que le verbe est à la forme négative.

(8) عدو لدود [ennemi *juré*] et خسارة فادحة [perte *lourde*].

Néanmoins, nous avons constaté que certains adjectifs intensifs arabes postposés peuvent apparaître antéposés dans le discours en changeant de fonction (*cf.* Hobeika-Chakroun 2010, 11). Ainsi l'adjectif/collocatif postposé وخيمة [néfaste], dans la collocation arabe عواقب وخيمة [conséquences néfastes] relevée dans l'exemple (5), peut apparaître antéposé dans le discours, sous la forme d'une annexion de qualification en arabe (*'idâfa lafziyya*) :

(9) (قرارات) وخيمة العواقب (des décisions [*néfastes*] (lourdes) {de}conséquences)

La seconde observation concerne les collocations arabes avec un comparatif. En français, la fonction intensive du collocatif grâce au comparatif *comme* est très courante : *menteur comme un arracheur de dents*, *riche comme Crésus*, etc. Si ce procédé comparatif avec *comme* s'applique aussi aux collocations arabes (ex. 6) : [claire *comme l'œil du soleil*], et qui signifie évidemment *très claire*, il est à signaler qu'il existe une autre structure comparative en arabe (Misri 1986, 18), plus classique, mais utilisée également en arabe moderne, à savoir : أفعلُ من (*'af'al min*, 'plus… que').[4] Ainsi, la collocation arabe :

(10) أكذب/أخلف من عرقوب (*plus* menteur *que 'Urqûb*)

signifie 'un grand menteur'.

On n'a pas besoin de connaître le personnage historique de *'Urqûb* pour déduire que cette structure comparative est intensive. Comme le fait remarquer Mejri (1994, 120), l'information apportée par le nom propre *Artaban* (*fier comme Artaban*) n'est pas nécessaire pour comprendre ce type de structure. Autrement dit, bien qu'opaque en synchronie, le comparant *Urqûb* exprime l'intensité.

2.2 La collocation intensive, un exemple type

Outre la présence significative des collocations intensives dans le discours, nous constatons aussi qu'elles servent d'exemples types pour les linguistes. Il est intéressant de noter que le premier exemple que donnent Mel'čuk et Polguère (2006, 70) pour expliciter la notion de collocation est celui qui a recours à l'intensification :[5]

4 Un « élatif » : ici, un adjectif comparatif de supériorité.

5 Il existe une variété d'autres sens exprimables par les collocations, comme « l'atténuation (c'est-à-dire l'opposé de l'intensification) : sommeil *léger* ; l'évaluation positive: une phrase

> Supposons que le locuteur veuille exprimer auprès d'un sens lexical donné un sens (beaucoup plus vague) comme 'très, intense, important', c'est-à-dire l'intensification. [...] Ce sont ces expressions que nous appelons *collocations* [...] : 'pour argument : argument *massue, de poids...* ; pour brouillard : brouillard *dense, épais, opaque, à couper au couteau* ; pour méchant : méchant *comme la gale, comme une teigne* [...].'

Sans parler du précurseur de la théorie collocationnelle, Charles Bally, qui, en 1909, quand il veut présenter les séries usuelles, autrement dit les collocations, les subdivise en deux catégories exclusivement : les « séries d'intensité » (en premier) et les « séries verbales ». Et c'est la série d'intensité qu'il donne comme exemple type de toute la « série usuelle » : « gravement malade est donc le type de la série usuelle » (Bally 1909, 70).

Outre la présence marquée des collocations intensives dans le discours, ainsi que l'importance que lui accordent les linguistes, celles-ci renferment une fonction (l'intensification) parlante pour un apprenant[6], donc facile à exploiter par l'enseignant. Nous proposons quelques pistes pour établir des exercices didactiques en la matière.[7]

3. Exercices didactiques

Il y a un siècle déjà, dans le volume 2 du *Traité de stylistique* (1909, 43–47), Bally avait établi une série d'exercices pour l'apprentissage des « séries intensives » (nos collocations intensives) à destination des apprenants germanophones du français langue étrangère. Il s'agissait de différents types d'*exercices de connexion* (relier à la base le(s) collocatif(s) approprié(s) donnés pêle-mêle à la fin de l'exercice, ou, à l'inverse, relier les collocatifs d'intensité aux bases proposées), ou encore d'exercices de recherche d'intrus (collocatifs inappropriés). D'autres exercices de difficulté supérieure nécessitaient que l'apprenant recoure à un dictionnaire pour la recherche des bases ou des collocatifs.

Les exercices proposés depuis restent en grande partie inspirés de ceux de Bally ou sont des variantes de ceux-là.[8] Mais l'apprenant a de plus en plus à sa disposition des outils lexicographiques pédagogiques spécialisés (papiers et

---

bien tournée ; l'évaluation négative : une phrase *maladroite* » (Mel'čuk/Polguère 2006, 70). L'évaluation est appelée aussi 'polarité'.

6 Ce que confirme T. Selva (2002, 190).

7 Szende (2010, 197) souhaitait qu'on « didactise » ces collocations qu'il appelle « séquences intensives stéréotypées ».

8 Pour plus de détails, voir M. Netzlaff (2004, 71).

électroniques) plus performants qui lui permettent de rechercher l'information collocative plus aisément. D'autres approches didactiques existent. *Cf.*, entre autres, celle que proposent pour le FLE, C. Cavalla et M. Loiseau (dans cet ouvrage) pour « enseigner le lexique à partir de cartes heuristiques ».

Mais quelles lexies sélectionner pour établir des exercices ? Lorsque Mel'čuk (1993, 111) a incité les enseignants à préparer des exercices de collocations, il leur a proposé, par exemple, de prendre une seule « fonction », celle de « Oper » (verbes supports) ou de « Magn » (intensificateur), et de l'appliquer à un champ sémantique donné : « aux noms d'émotion », « aux noms d'actions volontaires », etc.[9] Nous choisirons pour nos exercices quatre lexies, autrement dit quatre bases (pour les contraintes de longueur de l'article) relevant d'un même champ, celui du lexique des émotions, à savoir, غضب ('colère'), حبّ ('amour'), غيرة ('jalousie') et رغبة ('désir').

Les exercices que nous proposons pour l'arabe sont destinés à des apprenants de niveau intermédiaire. Les collocations seront toujours insérées dans des exemples tirés de contextes réels, autrement dit extraits de documents authentiques. Ce qui permettra à l'apprenant non seulement d'apprendre les collocatifs intensificateurs[10] associés à certaines bases, mais aussi *quand* et *comment* les utiliser dans le discours. Nous proposons à l'enseignant de se servir de corpus informatisés et, précisément, du corpus littéraire et journalistique d'*Arabicorpus* pour puiser ses exemples. Les exercices devraient permettre à l'apprenant de progresser de la manière suivante : les exercices 1 et 3 permettent à l'apprenant de découvrir (ou redécouvrir) en relevant ; les exercices 2 et 4 sont des exercices de production : il restitue (ex. 2), il rédige (ex. 4). Ce procédé permet de faciliter l'assimilation, puisque l'apprenant met en pratique (ex. 2 et 4) ce qu'il vient d'apprendre. Les deux derniers exercices lui offriront la possibilité d'enrichir le lexique collocationnel qu'il vient d'acquérir tout en se familiarisant avec les corpus électroniques et les outils lexicographiques.

3.1 Exercice 1 : relever les collocatifs intensificateurs

Après avoir sensibilisé les apprenants au phénomène linguistique des collocations tel que nous l'entendons (base/collocatif), on leur demande dans le premier exercice de relever les collocatifs intensificateurs des quatre bases sélectionnées. L'enseignant proposera pour chaque collocation au moins trois phrases. Donc au total douze phrases, parmi lesquelles, par exemple:

9 Ou de sélectionner au choix des lexies et d'examiner leurs différents collocatifs (selon les fonctions « Magn », « Oper », etc.).

10 Notre choix portera sur les collocatifs les plus courants.

(11) تملكه رغبة عارمة نحوها، مارس معها الجنس كما لم يفعل من سنوات. (Aswany 2007)
(Il fut possédé par un désir (si) ardent [un désir *impétueux*] qu'il lui fit l'amour comme jamais auparavant.)

(12) كانت كثيرا ما تشعر برغبة عارمة في محادثته ولكنها كانت تعدل عن ذلك. (Alsanea 2005, 196)
(Souvent elle éprouvait une folle envie [un désir *impétueux*] de lui parler, mais elle se ravisait.)

La recherche de l'apprenant devrait aboutir à relever les quatre collocatifs intensificateurs suivants :

(13) غضب شديد [colère *intense*]
(14) رغبة عارمة [désir *impétueux*]
(15) حبّ جمّ[11] [amour *débordant*]
(16) غيرة قاتلة [jalousie *mortelle*]

Ce premier exercice permet à l'apprenant de découvrir les adjectifs intensificateurs en usage en arabe, souvent différents de ceux de sa langue maternelle ([désir *impétueux*]/*désir ardent*). La multiplication des exemples (trois) lui permet de mieux les retenir.

3.2 Exercice 2 : restituer les collocatifs intensificateurs (exercice à trous)

Il s'agit du même exercice que le précédent, mais en supprimant les collocatifs de toutes les phrases. C'est un exercice d'encodage[12] d'une difficulté supérieure à celle de l'exercice premier, puisque l'apprenant doit restituer les collocatifs pertinents qu'il a relevés dans l'exercice précédent et qu'il est censé avoir mémorisés.

(17) لا يطيق فكرة أن تعشق ابنته رجلا آخر، ولذلك يشعر بغيرة .... من جيف. (Aswany 2007)
(Il ne supportait pas l'idée que sa fille puisse aimer un autre homme. C'est pourquoi, il ressentait une jalousie .... de Jeff.)

---

11 Elle vient de la sourate de l'Aube (al-Fajr), verset 20 : « وتحبّون المال حبّا جمّا » (« et vous aimez les richesses par-dessus tout ») (trad. Kazimirski).

12 C'est l'encodage des collocatifs (et non leur décodage) qui pose le plus de difficultés dans l'apprentissage des collocations d'une langue étrangère.

3.3 Exercice 3 : relever les « compléments absolus » en arabe

Il ne suffit pas toujours à l'apprenant de connaître les collocatifs intensificateurs appropriés pour savoir quand et comment les utiliser. D'autres informations complémentaires peuvent lui être utiles : les bases auxquelles ils s'associent fonctionnent-elles comme sujet ou complément et, si oui, quel complément ? Un complément d'objet direct, indirect ou encore complément absolu, comme c'est le cas parfois en arabe ? De même, quelles sont les contraintes sur l'emploi des collocations apprises ? Toutes ces informations sont remarquablement explicitées dans la description du *Lexique actif du français* de Mel'čuk et Polguère (2007, 25).

Cet exercice a pour objectif de révéler à l'apprenant l'un des comportements syntaxiques des collocations intensives, particulier à l'arabe, celui du complément absolu : المفعول المطلق (*al-maf'ûl al-mutlaq*).

L'exemple suivant démontre comment fonctionne un complément absolu :

(18) حتّى أمها التي ليس لها سوى أخ وحيد [...] الذي تحبّه حبّا جمّا. (Alsanea 2005, 207)
(Même sa mère, qui aimait *énormément* [aimait {d}'un amour *débordant*] son seul frère [...].)

Dans la traduction littérale ci-dessus entre crochets, la base يحبّ ('amour') repose sur la même racine que le verbe support حبّ ('aimer'): [*aimer*... {d'} un *amour* débordant] et constitue un complément absolu. Décliné au cas direct, le complément absolu est un procédé linguistique arabe destiné à intensifier le sens d'un verbe, et il est assez souvent suivi d'un adjectif qui précise cette intensité, ici : جمّ ('débordant'). Il remplit, en l'occurrence, la fonction d'*adverbe de manière*[13] en français. D'ailleurs, dans la traduction française, on lit : « qui aimait *énormément* ».[14] Pour rendre les adverbes français suivants : *il l'a accueilli chaleureusement* ; *il a nié catégoriquement*, l'arabe dira respectivement :

(19) استقبله استقبالا حارًا [il l'a accueilli {d'} un accueil *chaleureux*].
(20) نفى نفيا قاطعا [il a démenti {d'} un démenti *tranchant*].

Dans cet exercice, l'enseignant demandera à l'apprenant de relever dans les douze phrases toutes les bases ('amour', 'colère', etc.) qui sont au cas direct et de noter à chaque fois le verbe support qui précède les bases en question. L'apprenant devrait relever, entre autres :

---

13 L'adverbe étant une catégorie qui n'existe pas en tant que telle en arabe.

14 Du coup, dans la collocation N + Adj. *hubb jamm* ('amour débordant') en arabe, la base amour n'a ni la fonction de sujet ni celle de complément d'objet, comme c'est le cas souvent en français pour les collocations N + Adj.

[aimait {d}'un amour *débordant*] (ex. 18), et [Il a *coléré* {d'} une *colère* intense qu'il…], qu'il trouvera dans la phrase suivante :

(21) وغضب (أدهم) غضبًا شديدًا حتى قذف فوه المهذب بسيل من أقذع الشتائم. (Mahfouz 1962)
(Il a été pris d'une colère telle que sa bouche distinguée proféra des insultes grossières [Il a *coléré* {d'} une *colère* intense qu'il…].)

En relevant les exemples, l'apprenant se rendra compte que les verbes supports et les bases ont la même racine. En lui demandant de traduire ensuite les exemples relevés, l'enseignant pourra le familiariser avec le complément absolu arabe, son rôle d'adverbe de manière et la façon dont un verbe ('aimer', par exemple) peut être intensifié par les collocations qu'il a apprises.

Enfin, l'enseignant demande à l'apprenant de relever les exemples dans lesquels ces mêmes bases de 'amour' et 'colère' ne sont pas au cas direct, pour lui montrer que d'autres réalisations sont possibles. Pour 'colère', il trouvera dans l'un des trois exemples donnés par l'enseignant la base 'colère' avec la fonction d'un complément d'objet indirect précédé du verbe support 'éprouver' pour exprimer la même chose : شعر بغضب شديد [il a éprouvé {avec} une colère intense]. Pour 'amour', il n'en trouvera pas (parce que حب جم, 'amour débordant', se réalise quasiment toujours en [aimer {d}'un amour *débordant*])[15], où *hubb* ('amour') est au cas direct en arabe, ce que lui confirmera l'enseignant.

3.4 Exercice 4 : composer des phrases avec les collocations apprises (production)

Cet exercice aidera l'apprenant à assimiler l'apprentissage qu'il vient de faire dans les exercices précédents. L'apprenant doit imaginer des phrases avec les quatre bases du lexique des émotions sur lesquelles il travaille et le point grammatical qu'il vient d'apprendre dans l'exercice 3 pour le mettre en pratique.

3.5 Enrichir la combinatoire lexicale (à l'aide d'un corpus électronique et de dictionnaires)

Après avoir appris les collocations intensives et vu certains de leurs usages, l'apprenant est amené à enrichir le lexique collocationnel qu'il vient d'acquérir. L'enseignant met à sa disposition un corpus électronique, en l'occurrence *Arabicorpus* qui fonctionne aussi comme un concordancier. De même, deux dictionnaires,

---

15 Du moins dans *Arabicorpus*.

un général, le *Larousse ar./fr.* et un spécialisé dans les collocations arabes, celui de Hafiz (2004).[16]

3.5.1 Exercice 5 : élargir les bases qui s'associent aux collocatifs appris

Dans cet exercice, le point de départ est le collocatif (et non plus la base), et l'on demande à l'apprenant d'inventorier la classe de bases qui s'associe de façon privilégiée[17] à ce collocatif.[18] Par exemple, pour عارم ('impétueux'), outre رغبة ('désir') qu'il connaît déjà, il devrait relever فرح(ة) ('joie') et فوضى ('chaos'). Pour قاتل ('mortel'), il devrait trouver (outre 'jalousie') فراغ ('oisivité'), etc. L'enseignant lui demande également d'insérer ces nouvelles collocations dans un contexte minimal (une phrase),[19] journalistique ou littéraire, qu'il trouvera sur *Arabicorpus*.[20]

3.5.2 Exercice 6 : enrichir les profils combinatoires des bases

Dans ce dernier exercice, l'apprenant est amené à repérer des collocations plus recherchées, plus imagées que celles apprises, en l'occurrence avec la base 'colère'.[21] L'enseignant peut l'aider en lui donnant des indices : 'déverser' et 'enflammer'. La recherche de l'apprenant peut se faire à l'aide du corpus et des dictionnaires. Il devrait trouver respectivement :

(22) صبّ جام غضبه على [il a *déversé la coupe* de sa colère sur] qui correspondrait en français à : *déverser sa colère sur qn.* et
(23) استشاط غضبا [il *s'enflamma* {de}colère]

L'enseignant attire l'attention de l'apprenant sur le fait que dans cette dernière structure, l'intensification est au niveau du verbe استشاط ('s'enflammer'). Il s'agit d'une structure productive qui, grammaticalement en arabe, est un complément de cause (*maf'ûl lahu*)[22] et qu'on trouve aussi dans :

---

16 Dans l'exercice 5, ils serviront à vérifier ou compléter ses recherches sur *Arabicorpus*, les dictionnaires arabes n'étant pas encore méthodiques et exhaustifs en matière de collocations.

17 *Arabicorpus* donne le nombre de cooccurrences d'un mot recherché.

18 *Cf.* les « collocatifs 'limités' s'associant à un paradigme de bases quasiment fermé ou largement réduit, et les collocatifs génériques » (Hobeika-Chakroun 2010, points 2.1. et 2.2).

19 Dans le souci d'un apprentissage en contexte réel.

20 Ex. : صرختُ بفرح عارم وأنا أسمع صوتك [...] (J'avais hurlé de joie [{avec} une joie *impétueuse*] en entendant le son de ta voix [...]) (Alsanea 2007, 245).

21 L'enseignant lui propose les bases qui forment des collocations imagées.

22 Qui est indéterminé au cas direct.

(24) طار فرحا [il *s'envola* {de} joie],

qui correspond en français à la structure *hurler/exploser de joie.*

4. Conclusion

Nous avons démontré que tous les ingrédients sont présents pour que l'enseignant soit incité à exploiter didactiquement les collocations intensives : elles sont nombreuses dans le discours et si typiques que les linguistes les utilisent souvent comme exemples types pour décrire les collocations. Ajoutons à cela qu'elles sont faciles à comprendre et parlantes pour l'apprenant. Nous avons proposé quelques pistes pour établir des exercices à difficulté progressive et qui facilitent l'assimilation : relever les collocatifs intensificateurs puis les restituer, relever certains comportements syntaxiques des collocations puis réemployer celles-ci, et, enfin, enrichir le profil combinatoire des collocatifs et des bases apprises, à l'aide d'un corpus électronique. Les collocations sont systématiquement insérées dans un contexte tiré de documents authentiques, en l'occurrence *Arabicorpus*, qui permet à l'enseignant avant chaque cours de préparer rapidement une batterie d'exercices avec les bases qu'il a sélectionnées. Les exemples authentiques révèlent à l'apprenant l'usage réel et actuel des collocations et mettent en exergue leurs comportements combinatoires ainsi que les contraintes d'usage qu'elles peuvent subir. Toutes sortes de contraintes que l'enseignant est appelé à souligner en cours. Enfin, grâce aux exemples authentiques, nous avons pu révéler quelques particularités liées à la langue arabe quant à l'expression de l'intensité. Il serait utile de pousser l'analyse afin de répertorier tous les modes d'expression de l'intensité en arabe. Par ailleurs, nous avons abordé l'intensification dans un sens large, sans prendre en compte la gradation. Ceci mérite d'être l'objet d'études ultérieures.

Bibliographie

Arabicorpus, <http://arabicorpus.byu.edu.>.

Alsanea, Rajaa (2005, 2007 trad.). *Les filles de Riyad.* Paris: Plon.

Aswany (al-), Alaa (2007). *Chicago.* Le Caire : Dar el-Shorouk.

Bally, Charles (1909). *Traité de stylistique française.* Genève : Georg & Cie.

Grossman, Francis/Tutin, Agnès (2005). «*Joie profonde*, *affreuse tristesse*, *parfait bonheur*. Sur la prédicativité des adjectifs intensifiant certains noms d'émotion», *Cahiers de Lexicologie* 86, 1–18.

Hausmann, Franz Josef/Blumenthal, Peter (2006). « Présentation : collocations, corpus, dictionnaires », *Langue française* 150, 3–13.

Hobeika-Chakroun, Faten (2010). « Les collocations arabes intensives N + Adj dans deux romans *Les Filles de Ryad* et *L'Immeuble Yacoubian* », *in* : Vladimir Beliakov, Laurent Gautier, Salah Mejri (dir.). *Stéréotypes en langue et en discours. Textes & contextes* 5, <http://revuesshs.u-bourgogne.fr/textes&contextes/document.php?id=1166> [09.09.2013].

Mahfouz, Naguib (1962). *Les fils de la médina*. Beyrouth : Dâr al-Adâb.

Mejri, Salah (1994). « Séquences figées et expression de l'intensité. Essai de description sémantique », *Cahiers de Lexicologie* 65, 111–122.

Misri, Georges (1986), *La traduction des figements et des modèles dans les Mille et une nuits*. Thèse de doctorat. Paris : ESIT (Université Sorbonne Nouvelle).

Mel'čuk, Igor/Polguère, Alain (2007). *Lexique actif du français*. Bruxelles : De Boeck.

Mel'čuk, Igor (1993). « La phraséologie et son rôle dans l'enseignement/apprentissage d'une langue étrangère », *Revue de didactologie des langues-cultures* 92, 83–113.

Netzlaff, Marion (2004). *La collocation adjectif-adverbe et son traitement lexicographique*. Thèse de doctorat. Erlangen/Nürnberg : Friedrich-Alexander-Universität, <http://d-nb.info/97650748X/34> [09.09.2013].

Polguère, Alain/Mel'čuk, Igor (2006). « Dérivations sémantiques et collocations dans le DiCo/LAF », *Langue française* 150, 66–83.

Selva, Thierry (2002). « Génération automatique d'exercices contextuels de vocabulaire », *Actes de TALN 2002 à Nancy*. Le Chesnay : INRIA, 185–194.

Szende, Thomas (2010). « Une catégorie-charnière entre le lexique et la culture: exploitation lexicographique – mise à profit didactique », *in*: Thomas Szende: *Implicites, stéréotypes, imaginaire. La composante culturelle en langue étrangère*. Paris: EAC, 195–201.

Les séquences lexicalisées à fonction discursive comme outil d'aide à l'écriture auprès des étudiants étrangers

*Thi Thu Hoai Tran**

Abstract

Adopting an educational perspective, we aim firstly to describe lexicalized "sequences" of discursive function that play the role of organizing and structuring discourse, and to propose a typology of these polylexical units. We then suggest ways to develop resources and methods to help learners draw on these linguistic resources in their writings.

Résumé

S'inscrivant dans la perspective didactique, l'article vise dans un premier temps à décrire des séquences lexicalisées à fonction discursive qui jouent le rôle d'organisateur et de structuration du discours, et à proposer une typologie de ces unités polylexicales. Dans un deuxième temps, nous développerons quelques réflexions pour une mise en œuvre des moyens et des méthodes susceptibles d'aider les apprenants à réinvestir ces moyens linguistiques dans leurs écrits.

1. Introduction

Notre travail de recherche s'appuie sur les besoins didactiques auprès d'étudiants étrangers. De nombreuses recherches effectuées dans le cadre du projet FULS, Formes et Usages des Lexiques de Spécialités, du LIDILEM (Cavalla 2007 et 2008 ; Bard 2007), et les travaux sur le FOU, Français sur objectifs universitaires (Mangiante/Parpette 2010), ont montré que les difficultés d'écriture des étudiants étrangers venus faire leurs études en France sont à la fois d'ordre méthodologique et d'ordre linguistique. Sur le plan méthodologique, ils doivent assimiler les règles textuelles d'un nouveau genre d'écrits universitaires, ce qui génère, en fait, de nouveaux besoins linguistiques. D'autre part, on constate également que les difficultés des apprenants ne se situent pas dans la langue courante et la terminologie mais dans l'intersection entre la langue courante et les langues spécialisées, c'est-à-dire les moyens d'expression appartenant à la langue générale, mais utilisés à des fins scientifiques. Ce sont sur ces éléments linguistiques que les étudiants ont besoin d'être guidés, ce qui explique l'intérêt que nous portons au lexique scientifique transdisciplinaire.

* Université Grenoble-Alpes, LIDILEM.

La phraséologie scientifique a fait l'objet de nombreuses études. Appelé « vocabulaire général d'orientation scientifique » par André Phal (1971), « academic word list » par Coxhead (2002), « langue scientifique générale » par Pecman (2004), ou encore « lexique transdisciplinaire des écrits scientifiques » par Agnès Tutin (2007), ce lexique transdisciplinaire est défini comme un « lexique partagé par la communauté scientifique et mis en œuvre dans la description et la présentation de l'activité scientifique » (Tutin 2007, 2), comme *jouer un rôle*, *présenter des résultats*, etc. Alors que Phal et Coxhead s'appuient exclusivement sur les critères lexicométriques pour proposer des listes de mots pleins et de mots grammaticaux, Pecman et Tutin procèdent à un classement notionnel des unités phraséologiques en se basant sur des critères de combinatoire lexicale, ce qui correspond davantage à notre visée didactique.

En réalité, il existe plusieurs typologies de la phraséologie en langue générale, mais celle de Burger (1998) nous intéresse particulièrement car il prend appui sur la fonction que jouent les séquences polylexicales dans le discours. Il distingue trois types de séquences polylexicales : les séquences polylexicales (SP) à fonction référentielle, à fonction structurelle et à fonction communicative. Alors que les SP à fonction référentielle renvoient aux objets et aux phénomènes, les SP à fonction communicative, ainsi que les routines, sont utilisées comme des moyens pour amorcer, maintenir et clore la conversation. Enfin, les SP à fonction structurelle jouent le rôle d'organisateur du texte. Tutin (à paraître) a adapté cette classification de Burger au lexique transdisciplinaire scientifique, elle a proposé un classement plus approfondi des SP, y compris les SP à fonction référentielle, à fonction discursive, à fonction interpersonnelle et les routines sémantico-sémantiques.

Nous nous intéressons tout particulièrement aux séquences lexicalisées à fonction discursive, et principalement à leur rôle dans la structuration du discours comme moyen susceptible d'aider les étudiants à mieux structurer leur écrit. Pour ce faire, nous envisageons de tirer profit des performances du traitement automatique des langues (TAL) pour réaliser une étude de corpus, car nous souhaitons proposer une modélisation sémantique et discursive de la phraséologie scientifique pour ensuite mettre au point des dispositifs d'aide basés sur l'accès lexical et pouvoir évaluer la pertinence de la linguistique de corpus et des traitements automatiques des langues pour les activités de didactique du lexique.

2. Séquences lexicalisées à fonction discursive

Notre travail de recherche porte essentiellement sur le traitement et la modélisation des séquences polylexicales à fonction discursive. Notre intérêt accordé à l'univers polylexical s'explique par l'omniprésence de ces éléments linguistiques dans la langue et l'importance de leur acquisition par les étudiants. En outre, force est de constater que ces éléments polylexicaux ne sont pas toujours pris en considération dans les classes de FLE, dans les méthodes de français et dans de nombreux livres de grammaire, malgré leur rôle indispensable dans l'apprentissage de la langue étrangère comme l'a constaté González Rey (2008, 35) : « ces éléments constituent de vrais entraves pour ceux qui ne les maîtrisent pas ».

2.1 Différents travaux sur les marqueurs discursifs

Les marqueurs discursifs ont fait l'objet de plusieurs travaux de recherche. Plusieurs typologies ont vu le jour, mais aucune d'entre elles ne fait autorité. Péry-Woodley (2000) définit les marqueurs discursifs comme des « traces qui constituent une signalisation orientant l'interprétation », elle cite comme exemple de marqueurs discursifs les connecteurs (*et*, *mais*, *cependant*), les marqueurs d'intégration linéaire (*premièrement*, *deuxièmement*), les introducteurs de cadre (*pour*, *selon*, *en général*).

Degand et Sanders (2002) s'intéressent également à la cohérence du discours, et ils mentionnent les marqueurs discursifs globaux (*global discourse markers*) qui jouent une fonction structurationnelle et organisationnelle. Ils distinguent trois types de marqueurs discursifs globaux : les marqueurs métadiscursifs, les marqueurs de digression et les marqueurs de segmentation. Les marqueurs métadiscursifs réfèrent explicitement à l'organisation du discours (*en résumé*, *pour conclure*, *mon objectif est*, etc.). Les marqueurs de digression signalent l'introduction d'un nouveau topique ou renvoient à un topique suivant. Les marqueurs de segmentation consistent en un système linguistique et paralinguistique comme la ponctuation, certains connecteurs adverbiaux et expressions référentielles.

Siepmann (2005) propose également une classification fonctionnelle d'unités polylexicales à valeur discursive. Cependant, sa classification est plus large que la nôtre dans la mesure où nous intégrons les marqueurs liés à la situation d'énonciation dans la classe des interpersonnels (et non discursifs). L'approche didactique de Siepmann nous paraît intéressante toutefois, dans la mesure où il prête un intérêt particulier aux marqueurs de deuxième niveau, c'est-à-dire aux locutions de fréquence moyenne.

2.2 Séquences polylexicales à fonction discursive

Si le discours est composé de segments textuels faisant référence à une unité égale ou plus large que la proposition et pouvant couvrir une ou plusieurs phrases, un ou plusieurs paragraphes, on peut considérer les séquences lexicalisées à fonction discursive comme des éléments linguistiques qui établissent les relations entre les segments textuels, les propositions ou entre les séquences qui composent le texte. Ces éléments indiquent aussi les articulations du discours, et ils assurent l'enchaînement entre les propositions et la structuration hiérarchisée du texte en ensembles de propositions. Elles servent donc à organiser le texte et à structurer le discours, par exemple : *pour commencer*, *il en est de même*, *en d'autres termes*, *en premier lieu*, *par conséquent*, etc.

Comme une séquence polylexicale peut assumer plusieurs fonctions dans le discours, une typologie fine des séquences lexicalisées à fonction discursive ne se fait pas sans difficulté. Notre classement ayant un objectif didactique, il prend appui sur les fonctions que remplissent des séquences lexicalisées à fonction discursive. Nous distinguons donc les marqueurs métadiscursifs des marqueurs argumentatifs : alors que les marqueurs métadiscursifs englobent toutes les opérations d'énumération, de reformulation, etc., les marqueurs argumentatifs servent à construire un raisonnement solide et une argumentation rigoureuse par des procédés d'explication, de justification, de rectification, de concession. Nous détaillerons notre typologie des séquences lexicalisées à fonction discursive un peu plus loin (*cf.* tableau 1).

3. Méthodologie

3.1 Corpus

Notre travail de recherche s'inscrit dans la continuité du projet ANR Scientext « Un corpus et des outils de la recherche en sciences humaines et sociales », piloté par Francis Grossmann et Agnès Tutin du LIDILEM. Dans ce cadre, nous avons constitué un corpus d'écrits scientifiques spécifique pour nos besoins de recherche, d'une taille d'environ 2 680 000 mots, rassemblant des articles relevant de dix disciplines en sciences sociales et humaines (linguistique, psychologie, sciences de l'éducation, économie, sciences politiques, anthropologie, histoire, géographie, sciences de l'information et de la communication, sociologie). Le choix des disciplines en sciences sociales et humaines s'appuie sur le constat que les étudiants, dans ces domaines, ont davantage de besoins rédactionnels que les étudiants en sciences exactes et en sciences expérimentales.

Ce corpus a été analysé linguistiquement et annoté syntaxiquement grâce à l'analyseur syntaxique de surface *Syntex* de Bourigault (2007). Notre corpus a été annoté à trois niveaux : l'annotation des en-têtes, l'annotation syntaxique, l'annotation structurelle. L'annotation morphosytaxique sert à attribuer une étiquette à la forme (c'est-à-dire le mot effectivement trouvé dans le texte), au lemme (le mot non fléchi, tel qu'on le trouverait dans une entrée de dictionnaire), à chaque partie du discours (nom, verbe, adjectif, etc.) et aux traits morphosyntaxiques (nombre, genre, temps, mode, traits divers : défini/indéfini, relatif, réfléchi, etc.). Le corpus comporte également des annotations syntaxiques en dépendances qui permettent d'identifier différents phénomènes linguistiques et les relations syntaxiques, ce qui permet d'extraire les éléments reliés syntaxiquement, comme les collocations. En dernier lieu, la structure du texte est annotée d'une manière semi-automatique suivant le standard XML TEI Lite, ce qui permet de déterminer la discipline, l'auteur, l'origine du texte, et d'isoler, à l'intérieur du texte, les parties textuelles (résumé, introduction, développement, conclusion, remerciements, notes de bas de page, bibliographie, annexes, titre, etc.).

3.2 Extraction des séquences lexicalisées à fonction discursive

Pour extraire des séquences lexicalisées à fonction discursive, nous avons recouru à deux méthodes : la méthode d'extraction des segments répétés, ou N-grammes, et le repérage des mots composés dans le corpus, certains éléments lexicaux étant déjà analysés comme des expressions polylexicales. L'extraction des N-grammes permet d'extraire de simples répétitions de suites de chaînes graphiques, des combinaisons grammaticalisées, et de repérer des séquences linéaires de deux ou plusieurs mots (*il en résulte que*, *par conséquent*, etc.). L'extraction des séquences lexicalisées à fonction discursive passe par deux étapes : a) l'extraction des segments répétés en utilisant un outil créé par Olivier Kraif du LIDILEM ; b) l'extraction des groupes composés grâce aux requêtes effectuées sur l'interface *Scientext* à l'aide de l'analyseur syntaxique de corpus *Syntex*.

De prime abord, les segments répétés sont recensés par le logiciel sur une simple base statistique dans la mesure où ils apparaissent régulièrement dans une fenêtre de *x mots*. Dans notre cas, nous avons fixé la taille minimale de la fenêtre à deux mots et la taille maximale à sept mots ; cette procédure comporte beaucoup de bruit et demande des post-traitements manuels. Nous avons complété ces extractions par le repérage des adverbes, prépositions et conjonctions composées, déjà analysées dans le système *Syntex* de Bourigault sur l'interface du corpus *Scientext*. Toutes les séquences lexicalisées à fonction discursive sont relevées avec leur fréquence.

4. Premiers traitements

Comme notre ultime objectif s'inscrit au plan didactique, nous envisageons de proposer de nombreuses activités à partir d'un lexique « de base » pour les apprenants. Ce lexique se compose des séquences lexicalisées à fonction discursive qui répondent aux critères d'ordre quantitatif et qualitatif, dont la fréquence, la répartition et la propriété discursive. Les méthodes statistiques de fréquence et de répartition restent les plus utilisées pour extraire des groupes composés et des collocations (Drouin 2007 ; Da Sylva 2010). Par le critère de « fréquence », nous entendons un nombre d'occurrences suffisamment important afin de répondre aux critères de représentativité. Ensuite, nous avons décidé que les séquences polylexicales doivent apparaître dans quatre disciplines au moins afin de respecter la propriété de transdisciplinarité de notre phraséologie. Enfin, ayant les marqueurs discursifs comme objet de recherche, les séquences lexicalisées retenues doivent répondre aux fonctions expliquées ci-dessus, elles jouent le rôle d'organisation textuelle et de structuration du discours.

Certes, les marqueurs discursifs qui nous intéressent se retrouvent dans différents genres, mais nous nous intéressons spécifiquement à ceux qui sont surreprésentés dans les écrits scientifiques. En comparant la fréquence de quelques marqueurs discursifs dans notre corpus et dans le corpus EMOLEX, d'une taille environ 40 millions de mots et qui rassemble des textes littéraires et des articles journalistiques, nous constatons un ratio relativement plus grand pour la plupart des marqueurs discursifs sélectionnés dans notre corpus. Par exemple, *pour conclure* connaît le ratio par million de mots de 5,22 pour notre corpus (14 occurrences sur 2,7 millions de mots) contre 0,1 dans le grand corpus EMOLEX (29 occurrences sur 135 millions de mots). De même pour *en conclusion* dont le ratio est de quinze pour un million dans notre corpus, contre 0,16 pour un million dans le corpus EMOLEX.

Notre liste des séquences lexicalisées à fonction discursive, basée sur le critère fonctionnel, se divise en deux grands groupes correspondant aux fonctions principales que jouent ces unités lexicales dans le discours, dont la fonction métadiscursive et la fonction argumentative, et comprend douze sous-groupes, soit au total 198 séquences lexicalisées à fonction discursive. Dans le groupe de la fonction métadiscursive, on trouvera des marqueurs d'énumération, d'addition, d'exemplification, de comparaison, de topicalisation et de conclusion (*tout d'abord*, *par exemple*, *en conclusion*, etc.). La fonction métadiscursive se manifeste également par des opérations de reformulation (*en particulier*, *en d'autres termes*, etc.). Les argumentatifs englobent toutes les opérations logiques (*par conséquent*, *par opposition*, etc.).

Fonction	**Marqueurs**	**Définition**	**Exemples dans l'écrit scientifique**
Fonction métadiscursive	Énumération	Ces marqueurs permettent d'énoncer successivement les parties d'un tout, le segment textuel est donc considéré comme l'un des termes d'une énumération.	*En premier lieu* *À commencer par* *Pour commencer* *Dans un second temps…*
	Addition	Ces marqueurs servent à signaler un changement de perspective sur le thème développé.	*En outre* *Par ailleurs* *De plus*
	Topicalisation	Ce type de marqueurs permet à l'auteur d'indiquer un changement de point de vue, donc le passage d'une unité de discours à une autre.	*En ce qui concerne* *À propos de* *Au sujet de*
	Conclusion	Ces marqueurs résument les informations antérieures ou introduisent le dernier élément/ item d'une liste, d'une série, etc.	*Au total* *En somme* *En conclusion*
	Reformulation	Le marqueur de reformulation permet à l'auteur d'élucider le contenu par reformulation. La reformulation fournit d'amples informations afin d'apporter au lecteur une meilleure compréhension du message de l'auteur.	*En résumé* *À ce sujet*
	Exemplification	Le marqueur d'exemplification consiste en des propositions ou des groupes prépositionnels qui introduisent des exemples afin d'illustrer, prouver, éclairer une idée, un sujet.	*Par exemple* *Pour illustrer* *À titre d'illustration*
	Comparaison	Le marqueur de comparaison sert à examiner deux ou plusieurs sujets, entre le comparant et le comparé, pour en établir les ressemblances et les différences.	*Conformément à* *À l'instar de* *De même que*
Fonction argumentative	Causalité	Le marqueur de causalité sert à instaurer le lien de cause à effet. Les groupes adverbiaux signalent la raison ou le motif du sujet abordé.	*Du fait de* *Étant donné que* *De ce fait* *Par conséquent*
	Concession	Le marqueur de concession sert à signaler une opposition, une restriction à l'action exprimée par la principale.	*D'ailleurs* *En revanche* *Bien que*
	Contraste	Ces marqueurs servent à présenter conjointement deux faits qui forment un contraste.	*Alors que* *Par contre* *À l'opposé de*
	Condition	Le marqueur de condition sert à indiquer la ou les conditions pour que l'action se produise.	*À supposer que* *Dans l'hypothèse où En cas de*
	Finalité	L'objectif de l'action est véhiculé soit par des groupes adverbiaux prépositionnels, soit par des groupes verbaux.	*En vue de* *Dans le but de* *Afin que*

Tableau 1 : typologie des séquences lexicalisées à fonction discursive

5. Perspectives

La typologie des séquences lexicalisées à fonction discursive nécessite d'être affinée par d'autres analyses plus approfondies sur la position de ces éléments linguistiques. Quelle est la portée d'une séquence lexicalisée en position initiale, médiane ou finale au niveau d'une phrase ? Au niveau d'une proposition ? Péry-Woodley (2000) constate que les groupes adverbiaux en position initiale contribuent fortement à la cohésion du discours en signalant le lien thématique et référentiel avec le discours précédent et en regroupant plusieurs propositions.

Ces descriptions linguistiques et la modélisation sémantique des séquences lexicalisées à fonction discursive serviront par la suite aux réflexions didactiques. Notre but est de tirer profit de ces analyses sur les marqueurs de structuration en y adjoignant les polylexicaux pour en proposer une méthodologie d'enseignement systématique grâce à des séquences didactiques informatisées que nous allons mettre en place. Par quels types de marqueurs les apprenants pourraient-ils démarrer de préférence ? Quels sont les moyens mis en œuvre pour faciliter l'appropriation de ces éléments linguistiques auprès des étudiants ? Comment les solliciter à réinvestir ces outils linguistiques dans leurs écrits ? En effet, on se heurte à une grande difficulté venant des propriétés des séquences lexicalisées à fonction discursive, et ce type de lexique nécessite d'être travaillé dans un contexte suffisamment large pour analyser les relations établies entre les segments textuels, tandis que didactiquement, faire travailler les étudiants dans un contexte large risque de surcharger les tâches cognitives auprès des apprenants.

Bibliographie

Bard, Adeline (2007). *Constitution d'un corpus d'écrits universitaires d'étudiants étrangers*. Mémoire de Master 1 FLE Professionnel, Grenoble : Université Grenoble-Alpes.

Bourigault, Didier (2007). *Un analyseur syntaxique opérationnel : Syntex*. Mémoire d'HDR, Toulouse : Université Toulouse 2 – Le Mirail.

Carras, Catherine/Cavalla, Cristelle (2007). *Développement d'outils pour le suivi linguistique des apprenants dans les universités françaises*. Présenté à l'ouverture des filières universitaires francophones aux étudiants étrangers : enjeux politiques, implications didactiques, culturelles et institutionnelles, 15–16 juin 2007, ADCUEF, Centre de Linguistique Appliquée – Université de Franche-Comté.

Cavalla, Cristelle (2007). « Réflexion pour l'aide à l'écrit universitaire auprès des étudiants étrangers entrant en Master et Doctorat », *in* : Jan Goes, Jean-Marc

Mangiante (eds.) : *L'accueil des étudiants étrangers dans les universités francophones.* Arras : Artois Presses Université, 37–48.

Cavalla, Cristelle (2008). « Propositions didactiques pour l'enseignement d'éléments phraséologiques en FLE », *Revue Gramm-FLE,* 9–19. <http://gramm-r.ulb.ac.be/fichiers/colloques/Nantes2008/Cavalla.pdf> [23.12.2013]

Charolles, Michel/Péry-Woodley, Marie-Paule (2005). *Les adverbiaux cadratifs.* Paris : Larousse.

Chavez, Ingrid (2007). *La démarcation dans les écrits scientifiques : les collocations transdiciplinaires comme aide à l'écrit universitaire auprès des étudiants étrangers.* Mémoire Master 2 Recherche FLE, Grenoble : Université Grenoble-Alpes.

Da Sylva, Lyne (2010). « Extraction semi-automatique servant de base pour l'indexation automatique », *Actes de la 17e conférence sur le traitement automatique des langues naturelles* (TALN'10). <http://www.iro.umontreal.ca/~felipe/TALN2010/Xml/Papers/all/taln2010_submission_86.pdf> [21.10.2011].

Degand, Líebeth/Sanders, Ted (2002). The impact of relational markers on expository text comprehension in L1 and L2. *Reading and Writing,* 15 (7–8), 739–757.

Drouin, Patrick (2007). « Identification automatique du lexique scientifique transdisciplinaire », *Revue française de linguistique appliquée* XII, 45–64.

González Rey, Isabel (2008). *La didactique du français idiomatique.* Fernelmont, E.M.E.

Granger, Sylviane/Paquot, Magali (2008). « Disentangling the Phraseological Web », *in* : Sylviane Granger, Fanny Meunier (eds.) : *Phraseology : An Interdisciplinary Perspective.* Amsterdam/Philadelphia : Benjamins, 27–49.

Granger, Sylviane/Paquot, Magali (2010). « Customising a General EAP Dictionary to Meet Learner Needs. », *in* : Sylviane Granger/Magali Paquot (eds.) : *ELexicography in the 21st Century : New Challenges, New Applications. Proceedings of ELEX2009.* Louvain-la-Neuve : Presses universitaires de Louvain, 87–96, <http://hdl.handle.net/2078.1/75727> [21.10.2013].

Gross, Gaston (1996). *Les expressions figées en français : noms composés et autres locutions.* Paris : Ophrys.

Ho-Dac, Lydia-Mai/Fabre, Cécile/Péry-Woodley, Marie-Paule/Rebeyrolle, Josette/Tanguy, Ludovic (2012). « An Empirical Approach to the Signalling of Enumerative Structures », *Discours. Revue de linguistique, psycholinguistique et informatique* 10, <http://discours.revues.org/8611>, [21.10.2013].

Habert, Benoît/Fabre, Cécile/Issac, Fabrice (1998). *De l'écrit au numérique : constituer, normaliser et exploiter les corpus électroniques.* Paris : InterEditions.

Habert, Benoît/Nazarenko, Adeline/Salem, André (1997). *Les linguistiques de corpus.* Paris : Armand Colin.

Kerbrat-Orecchioni, Catherine (1980). *L'énonciation. De la subjectivité dans le langage*. Paris : Armand Colin.

Laignelet, Marion (2004). *Les titres et les cadres discours temporels*. Mémoire de DEA Sciences du langage, Toulouse : Université de Toulouse 2 – Le Mirail.

Hyland, Ken (2004). « Disciplinary Interactions : Metadiscourse in L2 Postgraduate Writing », *Journal of Second Language Writing* 13, 133–151.

Mangiante, Jean-Marc/Parpette, Chantal (2012). « Le Français sur Objectif Universitaire : de la maîtrise linguistique aux compétences universitaires », *Synergies Algérie* 15, 147–166.

Mangiante, Jean-Marc/Parpette, Chantal (2010). « Quelques réflexions sur des pratiques croisées entre formation linguistique et enseignement disciplinaire », *in* : Jean-Marc Mangiante, Chantal Parpette (dir.) : *Faire des études supérieures en langue française. Le Français dans le monde, Recherches et Applications* 47, 104–113.

Mel'cuk, Igor (1993). « La phraséologie et son rôle dans l'enseignement/apprentissage d'une langue étrangère », *Études de linguistique appliquée* 92, 82–113.

Paquot, Magali/Bestgen, Yves (2009). « Distinctive Words in Academic Writing : A Comparison of Three Statistical Tests for Keyword Extraction », *in* : Andreas H. Jucker, Daniel Schreier, Marianne Hundt (eds.) : *Corpora : Pragmatics and Discourse*. Amsterdam : Rodopi, 247–246.

Péry-Woodley, Marie-Paule (2000). *Une pragmatique à fleur de texte : approche en corpus de l'organisation textuelle*. Mémoire d'HDR, Toulouse : Université Toulouse 2 – Le Mirail.

Phal, André (1971). *Vocabulaire général d'orientation scientifique (V.G.O.S.) : part du lexique commun dans l'expression scientifique*. Paris : Didier.

Riegel, Martin/Pellat, Jean-Christophe/Rioul, René (2009). *Grammaire méthodique du français*. Paris : Presses Universitaires de France.

Siepmann, Dirk (2005). *Discourse Markers Across Languages : A Contrastive Study of Second-level Discourse Markers in Native and Non-native Text with Implications for General and Pedagogic Lexicography*. Abingdon/New York : Routledge.

Tutin, Agnès (à paraître). La phraséologie transdisciplinaire des écrits scientifiques : des collocations aux routines sémantico-rhétoriques.

Tutin, Agnès (2007a). « Lexique et phraséologie des écrits scientifiques », <http://w3.u-grenoble3.fr/tutin/lexique/> [21.10.2013].

Tutin, Agnès (2007b). « Modélisation linguistique et annotation des collocations : une application au lexique transdiciplinaire des écrits scientifiques », *in* : Svetla Koeva, Denis Maurel, Max Silberztein (eds.) : *Formaliser les langues avec l'ordinateur : de Intex à NooJ*. Besançon : Presses Universitaires de Franche-Comté, 189–215.

6. Apports de l’informatique

SynTagRus – a Deeply Annotated Corpus of Russian**

*Igor Boguslavsky**

Résumé

SynTagRus, une sous-partie du *Corpus national de la langue russe*, est un corpus arboré en dépendances du russe. Il contient (au moment de la rédaction de cet article, au printemps 2013) plus de 52 000 phrases (environ 770 000 mots) et réunit plusieurs types d'annotations. Premièrement, il comprend une annotation morphologique et syntaxique détaillée. L'annotation syntaxique est présentée sous forme d'un arbre de dépendance complet qui utilise environ 75 étiquettes de dépendances différentes. Deuxièmement, SynTagRus est en partie annoté sémantiquement de la manière suivante : pour tous les mots sémantiquement ambigus, la signification lexicale concrète est identifiée et marquée explicitement. Jusqu'à présent, le nombre de phrases de SynTagRus qui ont été annotées sémantiquement s'élève à 10 000, et est en croissance constante. Troisièmement, une partie de SynTagRus est annotée avec des fonctions lexicales au niveau collocationnel (dans le sens d'Igor Melčuk). Pour des fins scientifiques et didactiques, SynTagRus est en libre accès.

Abstract

The Russian dependency treebank SynTagRus is a subcorpus of the *National Corpus of the Russian Language* which, at the time of writing (Spring 2013), contains over 52,000 sentences (roughly 770,000 words). It is supplied with several types of annotation. First, it contains comprehensive morphological and syntactic annotation, the latter being presented in the form of a full dependency tree that uses about 75 distinct dependency labels. Second, SynTagRus partly contains lexical-semantic annotation, which means that, for all cases of word-sense ambiguity in the corpus, the concrete lexical meaning will be identified and explicitly marked. So far, the number of SYNTAGRUS sentences fully tagged for word senses is over 10,000, a number that is constantly growing. Third, a part of SynTagRus is annotated for collocate Lexical Functions (in Igor Melčuk's sense). SynTagRus is freely available for research and educational purposes.

---

* Universidad Politécnica de Madrid, Institute for Information Transmission Problems/ Russian Academy of Sciences, Moscow.

** This work has been partially supported by the Russian Foundation of Basic Research (grant No. 13-06-00756) and by a grant from the Russian Foundation for the Humanities (13-04-00343a).

1. Introductory remarks

Tagged corpora are primarily designed to provide the basis for linguistic research in all fields of the vocabulary and the grammar (including changes occurring in the language throughout its history). There are two significantly different areas of such research. On the one hand, traditional linguistic studies, for which a large number of texts is needed, such demand being much more easily met if good and deeply tagged corpora are available. On the other hand, modern computational linguistics, which itself is becoming an eager and interested user of such corpora as these are being used more and more as training sets in machine learning. As a result of such learning, computer programmes become more capable of extracting sophisticated types of data from new texts contained in such sets. Generally speaking, the deeper the level of corpus annotation, the more advanced are the types of information that can be learned from the corpus.

In this chapter, we describe the SynTagRus corpus developed by the Laboratory of Computational Linguistics (LCL) of the Institute for Information Transmission Problems at the Russian Academy of Sciences, a corpus which is supplied with several types of annotation – morphological, syntactic, lexical-semantic, and lexical-functional. This corpus serves both areas of linguistic research: traditional and computational.

2. Text corpora of Russian

The largest corpus resource available for Russian is the so-called *National Corpus of the Russian Language* ('Национальный корпус русского языка'), abbreviated as НКРЯ or NCRL, which is available through the portal *www.ruscorpora.ru*. It combines several independently created subcorpora that contain different texts and are supplied with different types of annotation.

1. The *main corpus*, which is provided with morphological annotation and which comprises over 300 million words from written texts belonging to a variety of genres starting from the 18th century. Since Russian is a morphologically rich language with large paradigms for nouns, adjectives and verbs, the annotation is morphologically ambiguous in most cases: a word may have more than one set of morphological tags corresponding to different parts of speech and/or morphological features. The main corpus contains a subcorpus of texts with resolved morphological ambiguity which contains over seven million words.

Lexical ambiguity is not resolved independently; words can be considered to be lexically disambiguated only if the word senses belong to different parts of speech, as in the adjective *slepoj* ('blind') *vs* the noun *slepoj* ('blind person'). The corpus now contains partial semantic annotation presented in the form of simple semantic features of words.

2. The *syntactic corpus* SynTagRus, which is provided with morphological and syntactic annotation. The corpus comprises about 770,000 words (over 52,000 sentences) and provides a syntactic dependency structure for all sentences. The corpus is fully disambiguated, both morphologically and syntactically, so that every word is supplied with one part-of-speech tag and a unique set of morphological features, while every sentence has one, and only one, dependency tree structure. Lexical-semantic and lexical-functional annotation exists in the stand-alone version of the corpus and is not displayed on the NCRL site.
3. The *newspaper corpus*, which is built according to the same principles as the main corpus and comprises the articles of seven mass media newspapers since 2000 (four newspapers published in Moscow and three electronic mass media newspapers). This now contains over 170 million words.
4. Several aligned *parallel corpora* (English-Russian, Russian-English, German-Russian, Ukrainian-Russian, Russian-Ukrainian, Belarussian-Russian, Russian-Belarussian, and multilingual).
5. A *dialectal corpus*, which is composed of samples of dialect speech from various regions of Russia, presented in quasi-standard orthography. The corpus disregards phonetic variation but demonstrates morphological, lexical and syntactic peculiarities of regional and dialectal usage.
6. A *poetry corpus*, which primarily comprises Russian poetic work of the 18th and 19th centuries, supplemented by the work of a number of 20th-century poets. In addition to non-disambiguated morphological tagging built on the same principles as that of the main corpus, the texts are provided with information on the poetic meters used in them.
7. An *educational corpus*, which is intended for learners of Russian and which offers disambiguated morphological tagging for simple prose texts.
8. A *corpus of Spoken Russian*, which consists of transcripts of samples of public and private oral speech from the 20th and 21st centuries as well as film transcripts. The corpus is supplied with morphological and partial semantic annotation.
9. An *accentological corpus* (corpus of the history of Russian word stresses).

10. A *Church Slavonic corpus*, which comprises modern lithurgical texts of the 19th and 20th centuries, as well as older religious and biblical texts. The corpus enables the search for words in three orthographic systems.
11. A *multimedia corpus*, which is composed of fragments of films released since 1930 and presented as video files, audio files and textual transcripts, as well as lists of gestures present in these fragments.

3. The SynTagRus Treebank

The Russian dependency treebank SynTagRus, developed and maintained by the LCL (Boguslavsky *et al.* 2000; Apresjan *et al.* 2005), currently contains over 52,000 sentences (roughly 770,000 words) taken from texts belonging to a variety of genres (contemporary fiction, popular science, newspaper, magazine and journal articles from 1960 to 2013, texts of online news, etc.) and is steadily growing. It is an integral but fully autonomous part of the *National Corpus of the Russian Language* developed in a nationwide research project and can be freely consulted on the Web (http://www.ruscorpora.ru/syntax-search.html).

Since Russian, as other Slavic languages, has a relatively free word order, SynTagRus has adopted a dependency-based annotation scheme, which is in many respects parallel to the Prague Dependency Treebank (Hajič *et al.* 2001).

So far, SynTagRus is the only corpus of Russian supplied with comprehensive morphological and syntactic annotation. The latter is presented in the form of a full dependency tree provided for every sentence. In the dependency tree, nodes represent words annotated with parts of speech and morphological features, while arcs are labelled with syntactic dependency types. There are about 75 distinct dependency labels in the treebank, half of which are taken from Igor Mel'čuk's Meaning ⇔ Text Theory (see, for example, Mel'čuk 1988).

Figure 1 below is a sample dependency structure for the sentence:

Наибольшее возмущение участников митинга вызвал
Most$_{\text{NEUT,SG,ACC}}$ indignation$_{\text{SG,ACC}}$ participant$_{\text{PL,GEN}}$ meeting$_{\text{SG,GEN}}$ cause$_{\text{PAST,PERF,SG,MASC}}$

продолжающийся рост цен на бензин,
continue$_{\text{PART,PRES,IMPERF,SG,MASC,NOM}}$ growth$_{\text{SG,NOM}}$ price$_{\text{PL,GEN}}$ on$_{\text{PREP}}$ petrol$_{\text{SG,ACC}}$

устанавливаемых нефтяными компаниями
set$_{\text{PART,PRES,IMPERF,PASS,PL,GEN}}$ oil-Adj$_{\text{PL,INSTR}}$ company$_{\text{PL,INSTR}}$

'It was the continuing growth of petrol prices set by oil companies that caused the greatest indignation among the participants of the meeting'.

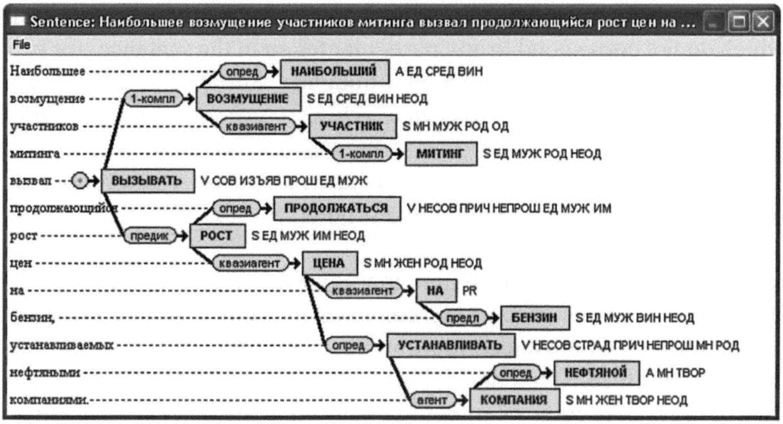

Figure 1: a syntactically tagged sentence

Dependency types used in Figure 1 include:

1. предик (predicative), which, prototypically, represents the relation between the verbal predicate as head and its subject as dependent;
2. 1–компл (first complement), which denotes the relation between a predicate word as head and its first (usually direct) complement as dependent;
3. агент (agentive), which introduces the relation between a predicate word (verbal noun or verb in the passive voice) as head and its agent in the instrumental case as dependent;
4. квазиагент (quasi-agentive), which relates any predicate noun as head with the word implementing its first syntactic valency as dependent, if such a word is not eligible for being qualified as the noun's agent;
5. опред (modifier), which connects a noun head with an adjective/participle dependent if the latter serves as an adjectival modifier to the noun;
6. предл (prepositional), which accounts for the relation between a preposition as head and a noun as dependent.

Dependency trees in SYNTAGRUS may contain non-projective dependencies.

Normally, one token of the sentence (roughly, a word taken from space to space) corresponds to one node in the dependency tree. There are, however, a noticeable number of exceptions, the most important of which are the following:

1. compound words like *пятидесятиэтажный* ('fifty-storeyed'), *стопятидесятипятимилиметровый* ('one hundred and fifty five millimetres wide'), where one token corresponds to two or more nodes;

2. so-called phantom nodes for the representation of hard cases of ellipsis, which do not correspond to any particular token in the sentence; for example, *я купил рубашку, а он галстук* ('I bought a shirt and he a tie'), which is expanded into *я купил рубашку, а он купил*$_{\mathrm{PHANTOM}}$ *галстук* ('I bought a shirt and he bought$_{\mathrm{PHANTOM}}$ a tie');
3. multiword expressions like *во что бы то ни стало* ('whatever happened'), where several tokens correspond to one node.

Morphological and syntactic annotation for SynTagRus is performed semi-automatically: each sentence of the corpus is first processed by the rule-based Russian parser of an advanced multipurpose NLP system, ETAP-3 (Apresjan *et al.* 2003), and then edited manually by linguists, who correct errors made by the parser and handle cases of ambiguity that cannot be reliably resolved without extralinguistic knowledge.

Morphological annotation in SynTagRus is based on a comprehensive morphological dictionary of Russian that has about 130,000 entries (over four million word forms). The ETAP-3 morphological analyzer uses the dictionary to produce morphological annotation of words belonging to the corpus, including the lemma, the part-of-speech tag, and additional morphological features dependent on the part of speech: e.g., the values of such features as 1) animacy, gender, number, case, degree of comparison, short form – for adjectives and participles, and 2) representation (with values of finiteness, infinitive, participle, or gerund), aspect, tense, mood, person, voice – for verbs. The morphological analyzer operates in a context-free manner, offering almost no morphological disambiguation for the sentence.

The syntactic parser processes morphologically analyzed sentences using a set of syntactic rules, or syntagms, that produce one binary syntactic link each. Like many similar parsers, ETAP-3 uses a statistics-based prior part-of-speech tagging module.

When editing SynTagRus annotation, the developers use a powerful software tool, Structure Editor, which allows them easy access to all sorts of data necessary for efficient work (ETAP-3 dictionaries and rules) and enables them to handle even the hardest cases in a smooth and consistent way.

4. Lexical-semantic annotation

Lexical-semantic annotation means that, for all cases of word-sense ambiguity in the corpus, the concrete lexical meaning is identified and explicitly marked. In its present state, SynTagRus does not provide exact lexical meanings, but shows instead only the lemmas of the words occurring in texts. This means that lexical ambiguity is only resolved in the corpus if ambiguous words happen to have different lemmas and/or different part-of-speech tags. Accordingly, SynTagRus distinguishes between *печь* as a verb ('bake') and *печь* as a noun ('oven'), and between the pronominal adjectives *сам* ('oneself') and *самый* ('very'), so that ambiguous sentences containing ambiguous word forms, such as *Она любит печь* ('She likes to bake' *vs* 'She likes the oven') or *Я знаю самого главного инженера* ('I know the chief engineer himself' *vs* 'I know the most important engineer'), can be distinguished in the corpus. Conversely, if ambiguous lexemes (no matter whether they belong to one polysemic vocable or are lexical homonyms) have the same lemmas, they are not distinguished. For this reason, even very different words are under-represented if they happen to have the same lemmas.

In the new corpus, all ambiguous lemmas will be supplied with concrete word senses as they are specified in the combinatorial dictionary of Russian. This dictionary is a vital component of the ETAP-3 linguistic processor that has almost 100,000 words. Thanks to this annotation, corpus users will be able to search for the lexical meanings of words and study lexical ambiguity in broad linear and syntactic context. Among other things, we expect that such data will contribute to the development of a statistically driven module of automatic word sense disambiguation for Russian.

Benefits that accrue from lexical-semantic annotation of the corpus can be illustrated by the ambiguous Russian verb *толковать*. This verb has (at least) three manifestly different lexical meanings: *толковать 1* ('interpret', 'define' (in a dictionary, law, etc.)), as in *Русские словари толкуют честолюбие как негативную черту характера* ('Russian dictionaries interpret ambition as a negative character trait'); *толковать 2* ('explain insistently', 'try to convince'), as in *Он толковал мне, почему я ошибаюсь* ('He was explaining to me why I was wrong'); and *толковать 3* ('converse', 'discuss', 'reason'), as in *Они долго толковали о чем-то* ('They conversed for a long time about something'). Importantly, these lexical units have very different linguistic properties. These properties, fully documented in the dictionaries of ETAP-3, include:

1. valency structures: *толковать 1* has a subcategorization frame close to that of *интерпретировать* ('interpret'), as in *толковать что-л. как что-л.* ('define something as something') or *толковать что-л. через что-л.* ('define something through <with, by way of> something'); the subcategorization frame of *толковать 2* resembles (but is not identical to!) that of *объяснять* ('explain'), as in *толковать о чем-л. кому-л.* ('explain something to somebody'); and *толковать 3* approaches the behaviour of the symmetrical

verb *беседовать* (‘talk’), as in *толковать о чем-л. с кем-л.* (‘speak about something with somebody’);

2. derivation: *толковать 1* has a deverbal noun *толкование* (‘act of interpretation’ or ‘lexicographic definition’), while *толковать 2* and *толковать 3* have no derivatives; and even
3. morphological peculiarities: *толковать 1* is a transitive verb which has passive forms but no perfective aspect; *толковать 2* is, formally, a transitive verb (even though its direct object can only be realized by certain pronouns in the accusative case, like *толковали что-нибудь, <такое, свое>* (‘explained something <something of this kind, their own thing>’)), but has neither passive forms nor the perfective aspect; in contrast, *толковать 3* is an intransitive verb that has no passive forms but does have the perfective aspect *потолковать*.

In a lexically underspecified corpus, it is impossible to sort out sentences that contain *толковать* in one particular sense, so it would be hard to establish, validate or rectify the information on specific lexical units, which could otherwise be used in many actual tasks (including those requiring machine learning).

It should be emphasized that, since SynTagRus is compiled semi-automatically, the linguistic expert who edits the results of automatic parsing corrects in many cases the resulting structure containing particular words even if it has not been corroborated by the existing dictionary or grammatical data (which may be incomplete or not very accurate), without actually updating such data – the natural reason being that the expert may lack the expertise, the authority, or simply the time. As a result, the deeply tagged corpus – not only SynTagRus but any corpus built on similar principles – acts, in many respects, as a source of invaluable data for linguists.

To continue with the example of *толковать*, we will be enabled to see from a corpus that distinguishes word senses that

(a) the sentence *Ресторанные словари толкуют о каком-то соусе и каштанах* (‘restaurant dictionaries [whatever these are!] talk about some sort of sauce and chestnuts’) contains the word *толковать 2*, rather than *толковать 1*, which could be anticipated in the context of the word *словари* (‘dictionaries’);
(b) for subtle semantic reasons (*writing techniques* hardly needs interpretation, and interpretation hardly requires an addressee), the sentence *Помню, как он улыбался, толкуя мне китайскую письменность* (‘I remember how he was smiling, explaining to me Chinese writing’) also contains the word *толковать 2*, despite the fact that the verb in this sense hardly accepts a non-pronominal direct object, unlike *толковать 1* – and the respective piece of information on this verb sense should be added to the dictionary;

(c) the sentence *Боюсь, что она это превратно понимает и толкует, как будто я забыл ее и не хочу ее видеть* ('I am afraid that she misapprehends it and interprets (it) as though I have forgotten her and do not wish to see her') contains *толковать 1*, even though its third valency (of content) is presented in a highly non-canonical way – by a subordinate clause introduced by the conjunction *как будто*.

As we can see from these examples, it is not at all easy to provide quality lexical-semantic annotation of the corpus: this endeavour requires much time – and intellectual labour – of experienced annotators. The amount of work to be done can be properly assessed if we take into account the number of ambiguous words in a 100,000-strong ETAP-3 dictionary (ca. 3,300 vocables whose lexemes share the same lemma names, representing about 6,700 word senses). We strongly believe, however, that the resulting corpus will be well worth this effort.

Figure 2 below presents the structure of a corpus sentence from (c) with ambiguous words marked for concrete senses (here, words *что 1, толковать 1*, *как будто 1, и 1* and *не 1* specify such senses), while Figure 3 summarizes the information on one of the respective lexemes – *толковать 1*.

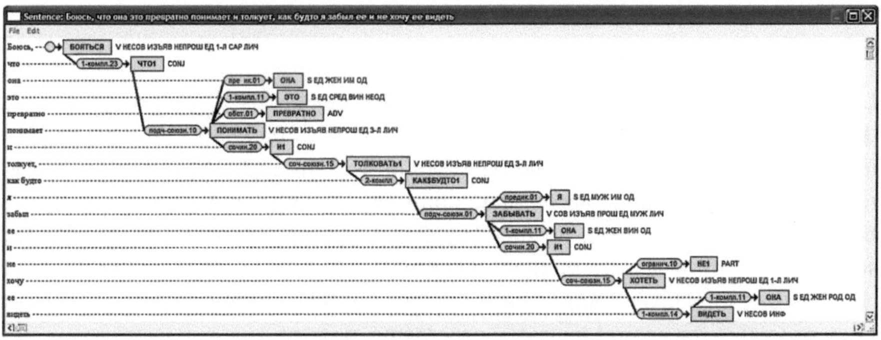

Figure 2: a sentence tagged for syntax and lexical semantics

Most of the boxes in the view presented in Figure 3 are self-evident. The KS Name is that of the word's entry in the combinatorial dictionary of ETAP-3: it is clear that the corpus relies essentially on this particular dictionary, so that future researchers working with this corpus may require access to it.

So far, the number of SynTagRus sentences fully tagged for word senses is over 10,000, and it is constantly growing.

It is apparent that lexical-semantic annotation adds predictive power to the corpus and makes it a much more valuable linguistic resource.

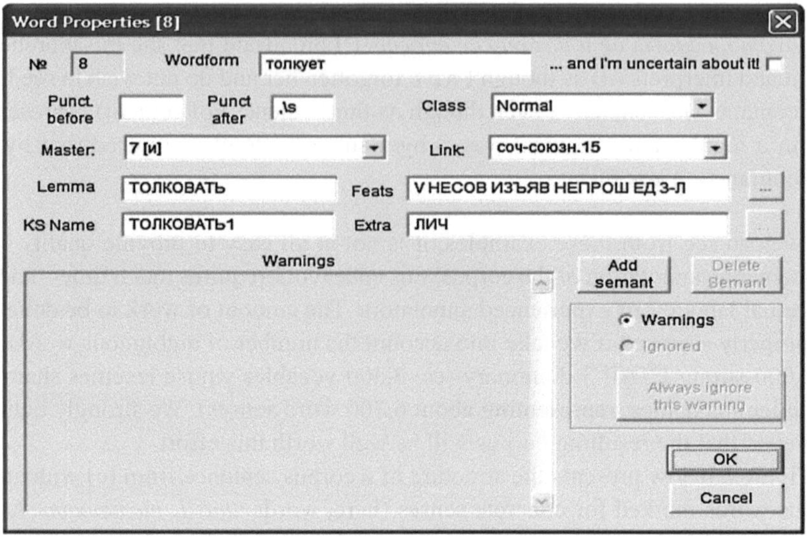

Figure 3: properties of a specific word from the corpus sentence

5. Lexical-functional annotation

Lexical-functional annotation consists in detecting lexical functions (LFs) and their values in texts and tagging them for this type of data. Specifically, we plan to reveal occurrences of collocate type LFs in the sentences of SynTagRus and to record them as part of sentence annotation. As a result, ample LF material will be available to researchers. So far, very few dictionary resources have provided such data. If collocates are marked in the text, direct observation and research of contexts in which lexical functions are realized will be possible. These data are of immense value for natural language processing systems.

The notion of lexical function was first proposed by the author of the Meaning ⇔ Text linguistic theory, Igor Mel'čuk, in the 1970s and has been extensively studied and developed by the Moscow Linguistic School, and in particular by the Laboratory of the Institute of Information Transmission Problems with the active participation of Juri Apresjan. We have developed a number of NLP applications using LFs, including machine translation, where LFs are used to resolve lexical and syntactic ambiguity and to achieve idiomatic translation of collocations, and an experimental system of synonymous paraphrasing for Russian.

A prototypical LF is a trio of elements {R, X, Y}, where R is a certain general semantic relation obtaining between the argument lexeme X (the keyword) and some other lexeme Y, which is the value of R with regard to X (by a lexeme in this context we mean either a word in one of its lexical meanings or some other lexical unit, such as a set expression). Y is often represented by a set of synonymous lexemes Y1, Y2,…, Yn, all of them being the values of the given LF R with regard to X. To give a simple example, MAGN is an LF for which the semantic relation is 'high degree'. Respectively for English,

MAGN (*desire*) = *strong/keen intense/fervent/ardent/overwhelming*,

and for Russian,

MAGN (*желание*) = *сильный/упорный/настойчивый/горячий/страстный/неудержимый/ неутолимый/большой.*

Two types of LFs are distinguished: paradigmatic LFs (substitutes) and syntagmatic LFs (collocates or parameters).

Substitute LFs replace the keyword in the given utterance without substantially changing its meaning or changing it in a strictly predictable way. Examples are synonyms, antonyms and converse terms. A special subclass of substitute LFs is represented by various types of derivatives of X (*nomina actionis*, as in *to encourage – encouragement*; typical agents, as in *to build – builder* or *to judge – judge*; typical patients, as in *to nominate – nominee*, *to teach – student* and the like). All of them play an important role in paraphrasing sentences. For example: *She bought a computer for 500 dollars from a retail dealer – A retail dealer sold her a computer for 500 dollars – She paid 500 dollars to the retail dealer for a computer – The retail dealer got 500 dollars from her for a computer.*

Collocate LFs appear in an utterance together with the keyword. Typically, such LFs either dominate the keyword syntactically or are dominated by it, although more elaborate syntactic configurations between the keyword and an LF value are not infrequent. Typical examples of collocate LFs are adjectival LFs, such as MAGN, or support verbs of the OPER/FUNC family.

This family of LFs can be exemplified by OPER 1 – a semantically empty verb such that the *first* actant of a certain situation functions as the subject of this verb and the name of the situation itself is the verb's first object: In Russian, OPER 1 (*контроль*) = *осуществлять* (cf. in English OPER 1 (control) = *to exercise (control)*).

In much the same way, OPER 2 is a semantically empty verb such that the *second* actant of a certain situation functions as the subject of this verb and the name of the situation itself is the verb's first object: OPER 2 (*контроль*) = *подвергаться* (*контролю*), *находиться под* (*контролем*), *быть под* (*контролем*) (*cf.* in English OPER 2 (control) = *be under (control)*).

Collocate LFs play a leading role in the paraphrasing system of ETAP-3, providing paraphrases like *He respects his teachers – He has respect for his teachers – He treats his teachers with respect – His teachers enjoy his respect*, or *The United Nations ordered Iraq to write a report on chemical weapons – The United Nations gave Iraq an order to write a report on chemical weapons – Iraq was ordered by the United Nations to write a report on chemical weapons – Iraq received an order from the United Nations to write a report on chemical weapons*.

We are planning to mark a substantial part of our corpus with lexical-functional annotation, too. As with syntactic and lexical-semantic annotation, this work will be done semi-automatically. Since the ETAP-3 parser has a set of special post-syntactic rules that identify argument and values of most collocate LFs (primarily if they appear in prototypical syntactic positions), the results will be used as raw material for manual correction and tagging by the annotator.

To give an example, for the sentence *Лил проливной дождь* ('A heavy rain was pouring'), the parser will provide the following information on lexical functions:

MAGN(ДОЖДЬ) = ПРОЛИВНОЙ
FUNC0(ДОЖДЬ) ЛИТЬ1

These data will supplement the syntactic and lexical-semantic tagging of SynTagRus.

6. How can SynTagRus be used?

SynTagRus has already been used for a number of linguistic research and application tasks. In particular, it has been used as a benchmark in regression tests designed to ensure stable performance of the ETAP-3 Russian parser in the course of its development (see, for example, Boguslavsky *et al.* 2008) and as a source for the creation, by machine-learning methods, of a successful statistical parser for Russian (Nivre *et al.* 2008).

The international academic community has shown considerable interest in using SynTagRus for research. Over 30 free licenses have already been given to universities and academic institutions, while several commercial licenses have been issued to large IT companies.

References

Apresjan, Juri/Boguslavsky, Igor/Iomdin, Leonid/Lazursky, Alexander/Sannikov, Vladimir/Sizov, Victor/Tsinman, Leonid (2003): "ETAP-3 Linguistic Processor: A Full-fledged NLP Implementation of the MTT", in: *Proceedings of the First International Conference on Meaning-Text Theory*. Paris: École Normale Supérieure, 279–288.

Apresjan, Juri/Boguslavsky, Igor/Iomdin, Boris/Iomdin, Leonid/Sannikov, Andrei/ Sannikov, Vladimir/Sizov, Victor/Tsinman, Leonid (2005): "Синтаксически и семантически аннотированный корпус русского языка: современное состояние и перспективы. [Syntactically and Semantically Annotated Corpus of Russian: State-of-the-Art and Prospects]", in: *National Corpus of Russian 2003–2005. Results and Prospects*. Moskwa: Indrik, 193–214.

Boguslavsky, Igor/Grigorieva, Svetlana/Grigoriev, Nikolai/Kreidlin, Leonid/Frid, Nadezhda (2000): "Dependency Treebank for Russian: Concept, Tools, Types of Information", in: *Proceedings of the 18th International Conference on Computational Linguistics (COLING 2000)*. San Francisco: Kaufmann, 987–991.

Boguslavsky, Igor/Iomdin, Leonid/Valeev, Denis/Sizov, Victor (2008): "Синтаксический анализатор системы ЭТАП и его оценка с помощью глубоко размеченного корпуса русских текстов (ETAP Parser and its Evaluation Using a Deeply Annotated Corpus of Russian Texts)", in: *Corpus Linguistics 2008*. St. Petersburg: St. Petersburg State University, 56–74.

Hajič, Jan/Vidova Hladka, Barbora/Panevová, Jarmila/Hajičová, Eva/Sgall, Petr/ Pajas Petr (2001): *Prague Dependency Treebank 1.0*. LDC, 2001T10.

Mel'čuk, Igor (1988): *Dependency Syntax: Theory and Practice*. New York: State University of New York Press.

Nivre, Ioakim/Boguslavsky, Igor/Iomdin, Leonid (2008): "Parsing the SYNTAGRUS Treebank of Russian", in: Dania Scott, Hans Uszkoreit (eds.): *Proceedings of the 22nd International Conference on Computational Linguistics (COLING 2008)*. Stroudsburg: Association for Computational Linguistics, 641–648.

Exploring Combinatorial Profiles Using Lexicograms on a Parsed Corpus: A Case Study in the Lexical Field of Emotions

Olivier Kraif & Sascha Diwersy***

Résumé

Cet article présente les résultats d'une étude conduite dans le cadre du projet EMOLEX, centré sur l'étude de la combinatoire du lexique des émotions. Nous y développons une méthodologie d'observation et des outils informatiques conçus pour la comparaison et la visualisation des profils combinatoires des unités lexicales. Nous montrons comment synthétiser ces profils grâce à l'extraction des *lexicogrammes*, qui enregistrent les principaux cooccurrents syntaxiques du pivot étudié, complétés par des mesures d'association. Nous proposons des outils pour le classement et la visualisation graphique des similarités entre les profils de différents pivots. Nous montrons finalement comment utiliser ces lexicogrammes de manière récursive, afin de caractériser plus finement les propriétés combinatoires d'une unité sur le plan syntagmatique, par la mise en évidence de collocations polylexicales.

Abstract

This chapter presents the results of a study which was conducted in the EMOLEX Project, which focuses on the combinatorial properties of the lexicon of emotions. We develop a methodology and observation tools designed to compare and visualize the combinatorial profiles of lexical units. We show how to characterize these profiles by extracting *lexicograms*, which are a kind of matrix that records the main syntactic collocates of the studied node word, along with association measures. We propose tools for the clustering and graphical mapping of similarities between the profiles of different nodes. Finally, we show how to use these lexicograms recursively to study more finely the combinatorial properties of a unit on the syntagmatic axis, by extracting multi-word collocations.

1. Introduction

This study was conducted as part of the EMOLEX Project,[1] a Franco-German project whose goal is to analyze from a contrastive point of view the semantic values, the discursive roles and the distribution of the lexicon of emotions. This project aims at developing a descriptive overview that will allow us to structure the lexical field more appropriately, with applications in lexicography but also in language

* LIDILEM, Université Grenoble-Alpes.

** University of Cologne.

1 This project is financed by the ANR and the DFG.

teaching and translation studies. In this research, we have collected huge corpora of several hundred million words in five different languages: German, French, English, Spanish and Russian. We have also developed original tools for querying the corpus, extracting co-occurrence statistics, and displaying the distances and similarities of combinatorial profiles. These tools, available through a Web interface called EmoConc[2], have already allowed linguists from our team to conduct accurate observations and analyses of the lexical field targeted by our project.

This chapter is dedicated to describing these investigative tools, which are built on co-occurrence tables that we call *lexicograms*, incorporating and adapting the concept introduced by Tournier (1987) and implemented in the Weblex software (Tournier/Heiden 1998).

After outlining the theoretical assumptions that guided the design of EmoConc, we describe the background to our empirical methodology and the architecture of the tools that we have developed. We then examine some detailed results from these observations, which show the great potential of such an approach in the field of lexicology.

2. Theoretical background

There are two complementary theoretical and methodological orientations in research on the combinatorial properties of the lexicon: a "representationalist" versus an "instrumentalist" conception of language (Keller 1995).

The first conception can be seen as "deductive and taxonomic", and it focuses on the degree of semantic autonomy that characterizes a particular word and on its definability out of context. The definition formulated by Hausmann (1999, 205) in relation to what he calls "semiotaxis" illustrates this position:

> Semiotaxis tells us to what extent words may be defined without context. Obviously there is a great difference in the definability of words. Many words don't need any linguistic context to be defined. […] We may call [these words] semiotactically "autonomous", or "independent".

The main objectives of this approach are to establish criteria to distinguish between the free and the frozen combinations, and to develop on this basis a taxonomy of polylexical units. For the last two decades, this research trend has experienced significant developments through the study of *collocations*, as a particular type of semi-frozen lexical combination.[3]

---

2 Cf. http://emolex.u-grenoble3.fr/emoBase.

3 Tutin and Grossmann (2003) give an informative overview of this discussion.

The other approach to lexical combination, deriving from an "inductive and systemic" methodology, is located within the tradition of British contextualism, and it claims that any linguistic unit only acquires its meaning in context (which has to be conceived at the same time as the social and linguistic/systemic context). The notion of contextual autonomy is discarded *a priori*, as are the attempts to classify lexical combination in terms of different degrees of compositionality. Far from being a type of lexical combination, "collocation" – note the singular – represents the syntagmatic dimension of a word's meaning, as explained in a classic quotation by Firth (1957b, 196):

> Meaning by collocation is an abstraction at the syntagmatic level and is not directly concerned with the conceptual or idea approach to the meaning of words. One of the meanings of *night* is its collocability with *dark*, and of *dark*, of course, collocation with *night*.

Therefore, instead of focusing on *structured* combinations and exploring syntagmatic substance, the inductive and systemic approach aims at highlighting the *structuring* nature of the combinations of an item taken as syntagmatic form.

The present work has been carried out from this perspective, and our methodological choices were based on the concept of "combinatorial profile", as proposed by Blumenthal (2006). This profile can be considered as the conceptualizing extension of a lexical item; in other words, its potential for conceptualization taken as the semantic correlation of its functional value represented by its distribution.

3. Methodological choices

3.1 Corpus composition

From this comparative perspective of combinatorial profiles, the EMOLEX Project aims at carrying out a contrastive study of the lexicon of emotions across the languages of German, French, English, Spanish and Russian. This study only focuses on the French part of the corpus (*cf.* Table 1), which includes two types of text:

- Articles from the daily and weekly press after 2000 (between 110 and 130 million words in the case of French, English, German and Spanish, and 40 million words in the case of Russian).
- Texts of contemporary literature (from 1950 onwards), of any kind (novels, thrillers, science fiction, etc.), totalling a little more than 15 million words.

Type	Composition	Size
Press	*Le Monde* 2007–2008 *Le Figaro* 2007–2008 *Ouest-France* 2007–2008 *Libération* 2007	120 million tokens
Literature	Contemporary literature 1950–2009	16 million tokens

Table 1: composition of the French part of the corpus

3.2 Selection of combinatorial information

The tools presented below have been designed to process comparable corpora by integrating three main constraints:

- The ability to define units by combining different features: surface form, lemma, part of speech, grammatical features, or any additional XML attribute.
- The requirement for short-response time to a query sent by the user through the Web interface. That means an overriding need for efficiency in the processing of large amounts of data (with corpora reaching several hundred million words).
- The implementation of tools for comparison and visualization that allow the user to gain an overview of the discrepancies between combinatorial profiles, whether one compares different lexical units in the same language or studies the contrastive organization of a semantic field across different languages.

To meet these needs, we had to rely on a simple data structure, one which can retain the richness of combinatorial profiles while also being capable of the quantitative processing required by the analysis of statistical data. This data structure is what we call *lexicograms*, borrowing a term introduced by Tournier and also used in the Weblex software (Tournier/Heiden 1998). The lexicogram associated with a given node word is the list of its most frequent collocates, weighted by frequency values (for occurrences and co-occurrences) and association measures. A lexicogram records in a condensed form all the neighbourhood of a given word. In this table, we have chosen to integrate, for each collocate, the complete contingency table (co-occurrence frequency, marginal occurrence frequencies, and total number of occurrences). In this way, if we want to highlight the associations between low-frequency or high-frequency collocates, depending on the nature of the associations studied and on the size of the corpus, we can implement various measures of association (Dice, t-score, z-score, $\chi 2$, log-likelihood, etc.) adapted to these different scenarios (Evert 2008, 35). Table 2 shows an excerpt from the lexicogram obtained for the word *colère*. If, as stated by Firth (1957a), "you shall know

id	l1	l2	f	f1	f2	N	log.like	t.score	z.score
1	colère_N	la_DET	2474	18575	4253663	208499444	5345,33	42,12	107,62
2	colère_N	en_PREP	1467	18575	1402929	208499444	4643,12	35,04	120,04
3	colère_N	de_PREP	1259	18575	9481271	208499444	186,03	11,67	14,25
4	colère_N	être_V	659	18575	5756690	208499444	39,36	5,69	6,45
5	colère_N	son_PRON	573	18575	1035987	208499444	1143,90	20,08	50,04
6	colère_N	une_DET	384	18575	1142711	208499444	459,61	14,40	27,97
7	colère_N	provoquer_V	295	18575	44679	208499444	1964,74	16,94	145,87
8	colère_N	et_CC	292	18575	1601456	208499444	120,83	8,74	12,50
9	colère_N	leur_PRON	250	18575	267347	208499444	726,11	14,31	46,35
10	colère_N	mettre_V	249	18575	456698	208499444	487,97	13,20	32,66
11	colère_N	susciter_V	138	18575	31354	208499444	807,57	11,51	80,90
12	colère_N	exprimer_V	122	18575	51840	208499444	565,10	10,63	54,62
13	colère_N	coup_N	120	18575	155022	208499444	307,19	9,69	28,57
14	colère_N	avec_PREP	102	18575	419037	208499444	75,95	6,40	10,58
15	colère_N	monter_V	99	18575	57877	208499444	398,01	9,43	41,33
16	colère_N	par_PREP	85	18575	613312	208499444	14,45	3,29	4,11
17	colère_N	déclencher_V	71	18575	18527	208499444	395,96	8,23	53,98
18	colère_N	gronder_V	64	18575	1867	208499444	636,70	7,98	156,52
19	colère_N	gros_A	54	18575	33605	208499444	210,59	6,94	29,48
20	colère_N	piquer_V	53	18575	6961	208499444	367,28	7,19	66,51
21	colère_N	ou_CC	49	18575	186736	208499444	41,20	4,62	7,93
22	colère_N	mouvement_N	43	18575	84702	208499444	78,83	5,41	12,91
23	colère_N	sa in_A	43	18575	3226	208499444	345,94	6,51	79,67
24	colère_N	calmer_V	42	18575	10337	208499444	238,98	6,34	42,81

Table 2: excerpt from the lexicogram of the noun colère

a word by the company it keeps", this matrix somehow sketches the "portrait" (indeed the combinatorial profile) of the noun *colère.*

By combining four types of information (word form, lemma, part-of-speech and additional morphosyntactic features), we provide greater flexibility in the study of combinatorial profiles, and thereby leave the user free to choose how to characterize the node and how to define the collocates. In Table 2, for example, node and collocates are defined by the combination lemma + part-of-speech.

3.3 Type of co-occurrence

This model can be applied to different types of co-occurrence (Evert 2008, 4*sq*): surface co-occurrence (for instance, in a given span of +/– five words after and before), textual co-occurrence (for instance, in a paragraph or a section, or even in a full document), or syntactic co-occurrence (for instance, for words connected by dependency relations), as well as *colligation*, which concerns combinations of a node with a given syntactic position or relationship. Although our tools have been designed to handle all types of co-occurrence, we have chosen in this study to focus on syntactic co-occurrence, which appears to be the finer and more precise co-occurrence model to sketch combinatorial profiles. Indeed, as noted by Evert (2008), syntactic co-occurrence has a double benefit: it is less "noisy", because it only connects words that are syntactically related and eliminates "accidental" neighbours; and it is less "silent", because it allows us to pair occurrences that are beyond the scope of the usual fixed span (rarely larger than +/- four or five). It should therefore give a picture of the combinatorial profile of the studied node which is both sharper and more complete. For our corpora, we used a dependency analysis automatically computed with various tools, including the Connexor analyzer for French (Tapanainen/Järvinen 1997). When focusing on specific relations, the lexicograms obtained are therefore similar to the Word Sketches of Kilgarriff/Tugwell (2002).

Note that the user, when formulating queries, can indicate which syntactic relations should be taken into account in the co-occurrence space: for example, the user may restrict the extracted lexicograms to subject-verb relationship, or to both subject-verb and verb-object relationships. For greater versatility, regular expressions can be used in the definition of involved relations.

4. Displaying the lexicograms

Once lexicograms have been extracted for several nodes, it is possible to access various visualization tools through an interface that we call the "lexicoscope".

4.1 Bar chart

The figure below shows the main verbal collocates for the noun *colère* in terms of the verb-object relationship, sorted in descending order. This simple type of graph allows us to grasp at a glance the distribution of collocates according to the selected criterion (frequency, statistical significance, etc.).

4.2 Multivariate analysis

If we consider n collocates that have been selected for a set of different nodes, the lexicogram of each node can in fact be regarded as a vector in a space of dimension n (by retaining only one column of the lexicogram, such as log-likelihood). Starting from this formalization, we can then apply standard multivariate analysis techniques to determine the groups of nodes and/or collocates that have the more similar profiles.

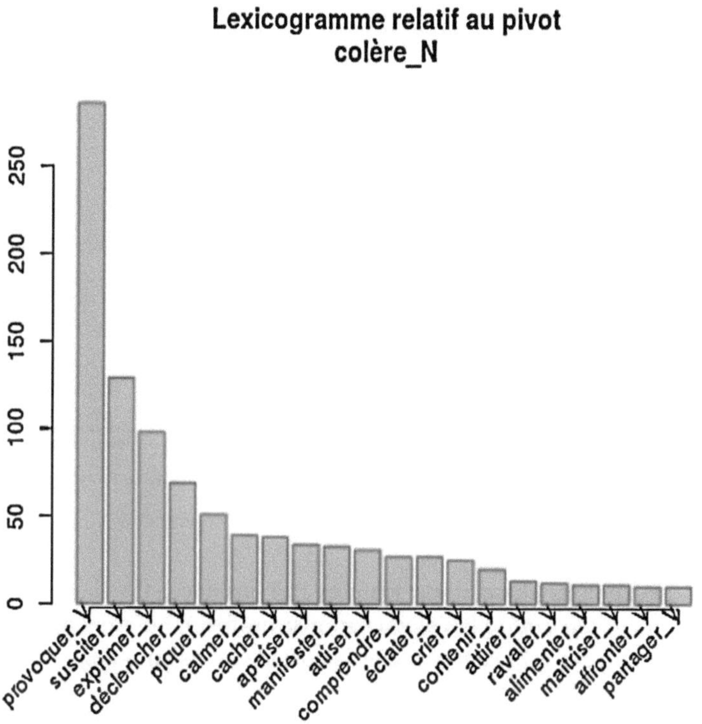

Figure 1: log-likelihood measure for the main collocates of colère *according to the verb-object relationship*

4.2.1 Hierarchical agglomerative clustering (HAC)

With this type of algorithm,[4] we obtain a tree – called a dendrogram – in which the similarity of two units corresponds to the depth of their first common ancestor[5]. Figure 2 below reproduces two dendrograms for the nouns *colère*, *emportement*, *fureur*, *rage*, *nervosité*, *exaspération*, and *irritation*. On the left side, only the verb-object relation has been taken into account, while, on the right, no restriction has been made.

---

4 To perform the ascending hierarchical clustering, we used the library *hclust* of the statistical framework R.

5 In the field of corpus linguistics, a far-reaching implementation of HAC techniques has been proposed amongst others by Divjak/Gries (2006).

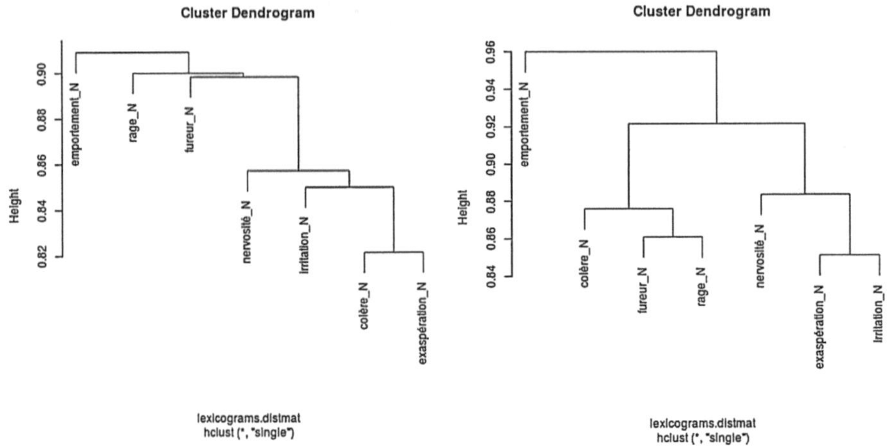

Figure 2: dendrograms showing similarity between nodes, according to verb-object relation (left side) and all relations (right side)

These two graphs share some features (for instance, the fact that *nervosité*, *irritation* and *exaspération* have quite similar profiles), but they also show differences: *colère* is close to *rage* when it is considered as an object, but the overall profiles are quite different.

These observations suggest that these graphs cannot be interpreted simply as a mapping of semantic proximities: even if we perceive some semantic similarity inside these groups, the combinatorial profiles show variable points of view depending on the type of relationship that has been considered, and these variations do not coincide in a straightforward way with the semantic structuration. To interpret these views properly, we obviously have to go back to the corpus: these charts should be used as a *heuristic* tool, as they guide the linguist in exploring the huge collection of empirical data that constitute the corpus.

4.2.2 Correspondence analysis (CA) and multi-dimensional scaling (MDS)

One way to avoid these semantic ambiguities lies in focusing on a subset of collocates likely to disambiguate the nodes. For nodes belonging to various notional fields (HOSTILITY, ADMIRATION, RESPECT, DETACHMENT, CONTEMPT, GRATITUDE), we filtered lexicograms for the following manifestation verbs: *afficher, avouer, cacher, dire, dissimuler, exprimer, manifester, montrer, signifier, redire, témoigner*. We then represented (see Figure 3) the nodes and their collocates in a point cloud, using CA.

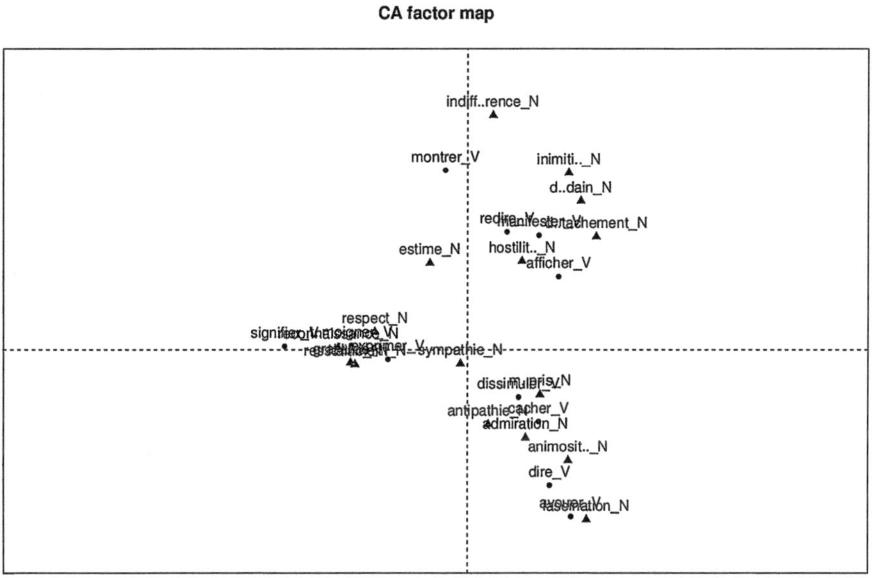

Figure 3: correspondence analysis for affect nouns collocating with verbs of manifestation

The factor plots obtained have the benefit of representing on the same plane nodes and collocates, allowing us to display at the same time the associative links between nodes and collocates, and the similarity between nodes themselves (or collocates themselves).

Using multidimensional scaling, we could also display nodes and collocates as point clouds, but separately. This may allow us to visualize more clearly, and in a more detailed way, the similarities between combinatorial profiles.

5. Extraction of complex collocations

Instead of simple word forms, we can now consider as potential nodes any multiword expression. To extract the lexicogram, we do not need to modify the way that collocate-frequency and global-frequency statistics are computed, because considering a multiword unit as a single unit does not change these values in a large corpus significantly. We just need to find a way to define formally such a multiword unit, and then to search it efficiently "on the fly" when a query is submitted to the system. For the definition of what we call a "complex node", we use the query language proposed by Kraif (2008), which allows us to define a sequence of units, combining surface forms, lemmata, morphosyntactic features and dependency constraints in regular expressions. For instance, it is possible to retrieve all the occurrences of the expression *exiger le respect des engagements pris* by using the following query:

```
<l=exiger,c=V,#1>&&<l=respect,c=N,#2>&&<l=engagement,c=N,#3>&&<l=pris,c=A,
#4>&&<l=de,c=PREP,#5>&&<l=(?:le|la|les|l),c=DET,#6>::(obj,1,2) (det,2,6) (mod,2,3)
(pm,3,5) (ads,3,4)
```

If we start from a simple node, then the extracted lexicogram (for a given relation) yields a list of the best collocates – that is, collocates with the highest strength of association. If we group each of these collocates with the node, we then obtain a list of new nodes for which new lexicograms can be computed. To extend a complex node, we can consider any relation starting from (or arriving at) any component of the expression. By repeating this operation recursively, while collocates have a significant association strength and frequency in the corpus, it is possible to grasp increasingly longer complex nodes.

Thus, starting from a seed node, we can at the end obtain a series of "complex collocations" that show precisely the syntagmatic dimension of its combinatorial profile.

Figure 4 shows some of the "complex collocations" displayed through the Web interface that have been automatically obtained using this method, starting from the noun *respect* taken in a verb-object relation. As we can see, the complex collocations may be organized hierarchically, as they constitute a tree with its roots in the initial node and with its expressions branching in various directions to correspond with its various extensions.

The resulting expressions cannot fall into the strict definition of frozen or semi-frozen multiword expressions from a "phraseological" point of view.

For instance, we find expressions such as *la crise financière fait rage*, which is not properly a phraseological unit, as *crise financière* is freely combined with *faire rage*; rather, the recurrence of such a formula in different contexts suggests that it is a kind of prefabricated phrase, a kind of cliché peculiar to a specific genre (the daily press) in a specific time period (2008).

A further advantage of this methodology is that it allows us to identify restricted paradigms for nodes that occur in the same complex collocation. For instance, after extracting the expression *pour exprimer leur rage*, our system displays all the nouns that are strongly associated with the complex node *pour exprimer leur + N*, and yields the following class: *désaccord, inquiétude, colère, soutien, solidarité, étonnement, mécontentement, désarroi, crainte, indignation, refus, opposition, ras-le-bol, doléance, regret, frustration*. All these nouns share a common semantic

Pivot respect_N

Collocatif forcer_V :

- **Forme canonique : forcer respect (63)** ▼
  - **Forme canonique : forcer le respect (52)** ▼
    - **Forme canonique : qui force le respect (8)** ▼

Collocatif imposer_V :

- **Forme canonique : imposer le respect (62)** ▼
  - **Forme canonique : imposer le respect des normes (4)** ▼
  - **Forme canonique : imposer le respect des droits (3)** ▼
  - **Forme canonique : qui impose le respect (12)** ▼

Collocatif inspirer_V :

- **Forme canonique : inspirer le respect (40)** ▼
  - **Forme canonique : qui inspire le respect (5)** ▼
  - **Forme canonique : pour inspirer le respect (3)** ▼
- **Forme canonique : inspirer un profond respect (3)** ▼

Collocatif mériter_V :

- **Forme canonique : mériter le respect (39)** ▼
- **Forme canonique : mériter notre respect (6)** ▼
- **Forme canonique : qui méritent respect (11)** ▼

Figure 4: complex collocations for the noun respect *taken according to the verb-object relation*

background: the rejection of a given situation (even *soutien* and *solidarité*, which often express a feeling of empathy in a negative context). This shows that an apparently neutral construction, PREP + *exprimer*[manif] + DET:poss + N, is indeed deeply rooted in the semantic field of emotion, and has a precise meaning related to negative feelings.

Let us consider a second example: the expression *ne pas cacher son admiration*, for which the complex collocation *ne pas cacher son + N* yields a very large class that covers the whole semantic field with outstanding precision (only two of the fifty units do not really belong to the class of affect nouns): *agacement, satisfaction, inquiétude, déception, admiration, ambition, joie, sympathie, intention, amertume, scepticisme, préférence, colère, embarras, intérêt, pessimisme, volonté, fierté, émotion, hostilité, désir, irritation, enthousiasme, perplexité, mépris, mécontentement, bonheur, exaspération, homosexualité, appréhension, étonnement, soulagement, plaisir, impatience, préoccupation, souhait, aversion, crainte, réticence, désarroi, humeur, tentation, proximité, goût, doute, opinion, conviction, jeu, jubilation, réserve.*

The underlying construction can be formalized in this way:

$<\text{SNqn}>_{\text{X:Exp}}$ ne pas$^{[\text{Neg}]}$ cacher$^{[\text{Manif}]}$ DET:poss$_{\text{X:Exp}'}$ N^{sent}

If we tried to characterize the class of affect nouns intuitively, we would clearly not have such a general construction in mind. Using this method, we found apparently common constructions, which in fact revealed to be very specialized in the field of emotion lexemes. Such an approach finally allows us to observe deep combinatorial properties of the lexicon, where syntax and semantics appear to be indissociable from one another.

6. Conclusions

We have presented here a methodological framework and a set of related tools designed to study and compare combinatorial profiles of lexical units. In this chapter, we have focused on units belonging to the lexical field of emotions, but the proposed methods can be applied to any kind of entry. We have proposed using a special type of *data structure*, one which is comprehensive enough to grasp the richness of combinatorial profiles, sufficiently generic to be applied to different languages, and highly formalized to allow the use of powerful tools for quantitative analysis: these are the *lexicograms*, defined as syntactic co-occurrence matrices incorporating contingency table values along with association measures.

Our results have shown that this data structure allows us to build synthetic visualizations that can serve as a useful guide in the analysis and comparison of combinatorial profiles.

Finally, by iteratively grouping nodes and collocates, and by computing lexicograms for the new complex nodes, we have shown how to use these co-occurrence matrices to study combinatorial patterns in greater depth, by exploring the syntagmatic axis. The method described allows us to draw for a given node-seed the tree of the main extended collocations emerging from this seed. We thereby obtain not only the usual – and well known – phraseological units that are related to this node (collocation, compound, idioms, phrases, etc.), but also the prefabricated expressions, clichés, and discursive routines that are peculiar to the corpus. An interesting outcome of these results is the opportunity to identify more abstract constructions (what we have called "complex collocations") that are specifically related to semantically consistent classes.

References

Attardi, Giuseppe/Dell'Orletta, Felice/Simi, Maria/Chanev, Atanas/Ciaramita, Massimiliano (2007). "Multilingual Dependency Parsing and Domain Adaptation using DeSR", in: *Proceedings of the CoNLL Shared Task Session of EMNLP-CoNLL 2007*, Praha, 1112–1118.

Blumenthal, Peter (2006). *Wortprofil im Französischen.* Tübingen: Niemeyer.

Divjak, Dagmar/Gries, Stefan Th. (2006). "Ways of trying in Russian: clustering behavioral profiles", in: *Corpus Linguistics and Linguistic Theory* 2(1), 23–60.

Evert, Stefan (2008). "Corpora and collocations", in: Anke Lüdeling/Merja Kytö (eds.): *Corpus Linguistics. An International Handbook.* Berlin: Mouton/de Gruyter, 1212–1248.

Firth, John R. (1957a). "A synopsis of linguistic theory 1930–1955", in: Frank R. Palmer (ed.): *Selected Papers of J. R. Firth.* London: Longman, 82–95.

Firth, John R. (1957b). "Modes of meaning", in: John R. Firth: *Papers in Linguistics 1934–1951.* London: Oxford University Press, 190–215.

Grossmann, Francis/Tutin, Agnès (eds.) (2003). *Les collocations: analyse et traitement*, Amsterdam: de Werelt.

Hausmann, Franz Josef (1999). "Semiotaxis and learners' dictionaries", in: Thomas Herbst/Kerstin Popp (eds.): *The Perfect Learners' Dictionary (?).* Berlin: de Gruyter, 205–212.

Keller, Rudi (1995). *Zeichentheorie: Zu einer Theorie semiotischen Wissens.* Tübingen: Francke.

Kilgarriff, Adam/Tugwell, David (2002). "Sketching words", in: Marie-Hélène Corréard (ed.): *Lexicography and Natural Language Processing: A Festschrift in Honour of B. T. S. Atkins. EURALEX.* Copenhagen: Center for Sprogteknologi, 125–137.

Mel'čuk, Igor A. (1998). "Collocations and Lexical Functions", in: Anthony Paul Cowie (ed.): *Phraseology: Theory, Analysis, and Applications.* Oxford: Clarendon, 23–53.

Sinclair, John M. (1991). *Corpus, Concordance, Collocation.* Oxford: Oxford University Press.

Tapanainen, Pasi/Järvinen, Timo (1997). "A non-projective dependency parser", in: *Proceedings of the 5th Conference on Applied Natural Language Processing*, Washington, DC, 64–74.

Tournier, Maurice/Heiden, Serge (1998). "Lexicométrie textuelle, sens et stratégie discursive", in: *Actes I Simposio Internacional de Análisis del Discurso*, Madrid, 2287–2300.

Présentation d'un thésaurus des mots d'affects : théorie, méthodes et applications

Denis Le Pesant, Paul Sabatier**, Max Silberztein*** & Marie-Hélène Stéfanini***

Abstract

In this chapter, we consider the theoretical aspects of a lineage of dictionaries, LADL lexicon-grammars and Jean Dubois and Françoise Dubois-Charlier's dictionaries, all of which have been conceived in the framework of Zellig Harris' grammars for, among others things, natural language processing applications. The thesaurus on feelings that we are developing takes its place in this tradition. We give a broad outline of the architecture of this resource and describe applications in the domains of syntactic and semantic annotation with Nooj software, and analysis and generation of sentences with ILLICO software.

Résumé

Nous évoquons dans cet article les aspects théoriques d'une lignée de dictionnaires, les lexiques-grammaires du LADL et les dictionnaires de Jean Dubois et Françoise Dubois-Charlier, qui, dans le cadre théorique des grammaires de Zellig Harris, ont été conçus, entre autres, pour des applications au traitement automatique des langues. Le thésaurus des mots d'affects que nous sommes en train d'élaborer s'inscrit dans cette tradition. Après avoir décrit dans ses grandes lignes l'architecture de cette ressource, nous en présentons les applications dans le domaine de l'annotation syntaxique et sémantique au moyen du logiciel NooJ, et dans celui de l'analyse et de la génération de phrases au moyen du logiciel ILLICO.

1. Introduction

Nous évoquons d'abord dans cet article les aspects théoriques d'une lignée de dictionnaires, les lexiques-grammaires du LADL (Laboratoire d'Automatique Documentaire et Linguistique) et les dictionnaires de Jean Dubois et Françoise Dubois-Charlier, qui, dans le cadre des grammaires de Zellig Harris, ont été conçus, entre autres, pour des applications au traitement automatique des langues (TAL). Le thésaurus des mots d'affects que nous sommes en train d'élaborer s'inscrit dans cette tradition. Après avoir décrit dans ses grandes lignes l'architecture de

* Université Paris-Ouest – Nanterre, Laboratoire Modèles Dynamiques Corpus (MoDyCo), CNRS.

** Université Aix-Marseille, Laboratoire d'Informatique Fondamentale (LIF), CNRS.

*** Université de Franche-Comté, Laboratoire ELLIADD.

cette ressource, nous en présentons les applications au TAL, dans le domaine de l'annotation syntaxique et sémantique au moyen du logiciel NooJ, et dans celui de l'analyse et la génération de phrases au moyen du logiciel ILLICO.

2. Des ressources linguistiques pour le traitement automatique des langues

Dans le cadre théorique des grammaires de Zellig Harris (Harris 1968, 1976 et 1988), d'importantes ressources lexicales électroniques ont été élaborées dans les années 1970 à 1990 dans le cercle du LADL. Elles sont dues à Maurice Gross (Gross 1975 et 1981), à ses collaborateurs et disciples (Jean-Paul Boons, Alain Guillet, Christian Leclère, Jacqueline Giry-Schneider, Robert Vivès, Gaston Gross, Jacques Labelle, Annie Meunier, etc.), et à Jean Dubois et Françoise Dubois-Charlier (Dubois/Dubois-Charlier 1997). Le but fut de décrire la totalité de la langue en recensant de façon privilégiée les prédicats verbaux, nominaux et adjectivaux, et en décrivant finement la sous-catégorisation syntaxique, la sélection lexicale, ainsi que les variations de forme syntaxique (transformations) auxquelles la construction de chaque prédicat donne lieu. Il fallut, pour traiter le cas des prédicats nominaux et adjectivaux, élaborer une théorie des *verbes supports*, et il fallut prendre en compte le caractère extrêmement extensif du figement et de la polysémie. L'approche est lexicaliste : la grammaire est entièrement absorbée dans le lexique, d'où l'appellation de *lexiques-grammaires* attribuée à ces dictionnaires. Chaque lexique-grammaire est un dictionnaire de classes de constructions syntaxiques, et le format typique des lexiques-grammaires est celui de tables à double entrée.

Contrairement à une opinion assez répandue, les classes lexicales obtenues ne sont pas exclusivement syntaxiques, mais syntactico-sémantiques. Zellig Harris pose le principe que les *mots* véhiculent (*carry*) du *sens* (*meaning*), tandis que les *phrases* véhiculent de l'*information* (*information*). Selon lui (Harris 1990, 19):

> La grammaire des opérateurs révèle une relation plus fine entre la structure d'une phrase et son contenu informatif [...]. La base de cela est dans le fait de spécifier et d'ordonner les événements linguistiques non équiprobables. Certaines de ces ruptures d'équiprobabilité, qui donnent lieu à des structures, sont porteuses d'information (dans un sens apparenté à celui de la théorie mathématique de l'information) [...].

Chez Harris, la sémantique est absorbée par la syntaxe : le sens s'incarne dans la forme syntaxique. Telle est aussi la conception de Maurice Gross (1981, 20*sq*), qui montre « l'existence d'un morphisme entre *Sy* (forme syntaxique) et *Se* (forme sémantique homologue), c'est-à-dire d'une redondance importante entre les deux ensembles, au point que l'on peut penser que l'un d'entre eux pourrait être inutile [...]. La description sémantique consisterait donc à décomposer les phrases complexes selon les phrases simples de base, elle ne différerait donc guère de la description syntaxique [...]. Cette position est celle de Harris ».

Jean Dubois, avec le concours d'Alain Guillet, eut plus que Maurice Gross le souci de mettre en évidence la cohésion sémantique des classes syntaxiques. Le dictionnaire *Les Verbes Français* (Dubois/Dubois-Charlier 1997, 1, désormais *LVF*) est ainsi présenté : « La classification des Verbes français repose sur l'hypothèse qu'il y a *adéquation* entre les schèmes syntaxiques de la langue et l'interprétation sémantique qu'en font les locuteurs de cette langue [...]. »

LVF (25 609 entrées réparties en 14 classes sémantiques génériques, 54 classes syntactico-sémantiques, 248 classes syntaxiques, 533 sous-types) est un thésaurus de classes sémantiques qui constitue un corpus lexicographique exceptionnel par l'ampleur de sa couverture, par l'abondance des informations explicites qu'il enregistre (sélection lexicale, variantes transformationnelles, sémantique, morphologie, synonymie), et par la cohérence de son système de classification et de codage des propriétés linguistiques. Il est à noter que J. Dubois et F. Dubois-Charlier sont également les auteurs d'un dictionnaire électronique de mots encore inédit (144 000 entrées) qui est la synthèse de tous leurs dictionnaires.

Voici un extrait de *LVF*, qui donnera une idée approximative de la méthode de classification. Soit la classe P1c-2 (*manifester tel sentiment pour quelqu'un ou quelque chose*, 140 entrées verbales), qui est principalement une classe de verbes pronominaux avec complément en *de* indiquant l'objet du sentiment. La construction est P10b0 (P : verbe pronominal ; 1 : sujet humain ; b : préposition *de*).

Mot	**Classe**	**Construction**	**Opérateur**	**Exemples**
accommoder 06 (s')	P1c-2	P10b0	sent plaisir suffisant D	On s'a~ de la situation, d'être à la retraite.
affamer 03 (être) de	P1c-2	P10b0	sent envie D abstrait	On est a~ de gloire, d'or.
altérer 06 (être) de	P1c-2	P10b0	sent envie D abstrait	Ce dictateur est a~ de gloire, de sang.
amouracher (s')	P1c-2	P10b0	sent amour D	On s'a~ de P. On est a~ de ce village.

Tableau 1: les quatre premières entrées de la classe P1c-2 de LVF

Les travaux de Zellig Harris sont en partie consacrés à l'analyse du discours et ils sont à l'origine de ce qu'on appelle aujourd'hui la linguistique de corpus. Quant aux travaux du LADL, ils ont dès le début eu le TAL comme horizon. Le logiciel d'ingéniérie linguistique INTEX, devenu NooJ (Silberztein 2003), fut originellement élaboré par Max Silberztein dans les murs du LADL en même temps que les lexiques-grammaires.

Nous avons implémenté *LVF* dans NooJ à des fins d'annotation syntaxique et sémantique. Pour illustrer ce que nous entendons par « annotation syntactico-sémantique de corpus », nous choisissons l'exemple de la classe P1c-2 de *LVF* (*cf.* table 1). La première étape de l'implémentation a consisté à dériver un dictionnaire *LVF*-NooJ du dictionnaire original *LVF*, en conservant littéralement, en règle générale, les informations présentes dans la source. Le dictionnaire NooJ de la classe P1c P10b0 se présente sous cette forme :

```
accommoder,V+OPER="sent plaisir suffisant D"+P1c+P10b0+FLX=aimer
affamer,V+OPER="sent envie D abstrait"+P1c+P10b0+FLX=aimer
altérer,V+OPER="sent envie D abstrait"+P1c+P10b0+FLX=céder
amouracher,V+OPER="sent amour D"+P1c+P10b0+FLX=aimer
```

Figure 1: extrait de LVF-NooJ

L'étape suivante a consisté à créer un ensemble de grammaires locales destinées à l'analyse syntaxique de ces verbes et à l'annotation syntactico-sémantique des corpus. Ce sont des automates à états finis représentés par des graphes. Voici le graphe principal représentant la syntaxe des verbes de la classe P1c P10b0 (P1c-2) :

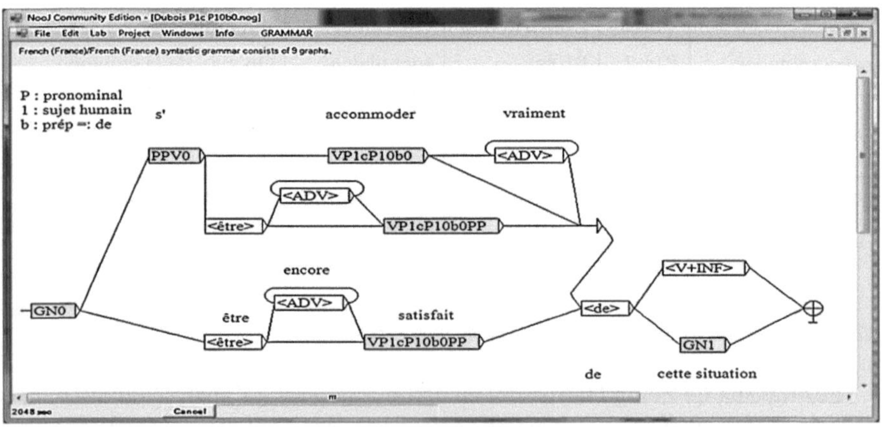

Figure 2: grammaire NooJ de la classe P1c P10b0 de LVF-NooJ

Les nœuds surlignés en gris renvoient à des sous-graphes. Les sous-graphes GN0 et GN1 représentent deux types de GN, selon la fonction syntaxique. Le nœud PPV0 renvoie à une grammaire des particules préverbales (*me*, *te*, *se*, etc.). Les nœuds VP1c P10b0 et VP1c P10bPP renvoient à une grammaire locale particulière (transducteur), qui permet l'annotation syntactico-sémantique de l'élément verbal sous forme d'étiquettes XML. Voici le graphe de cette grammaire locale :

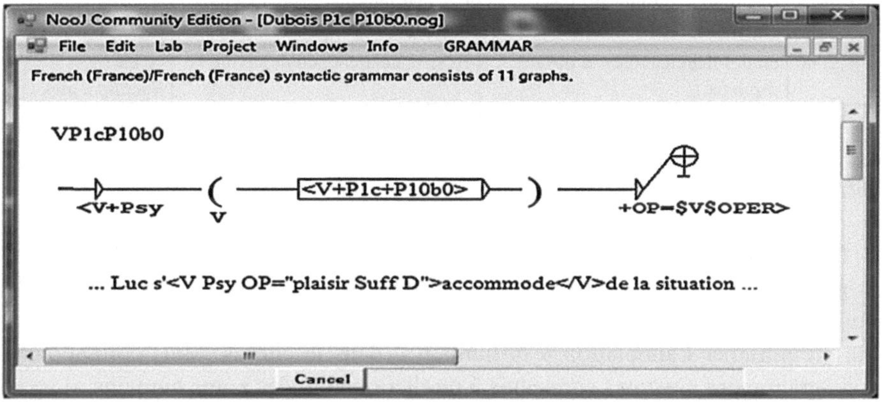

Figure 3: sous-graphe transducteur Classe P1c P10b0 de LVF-NooJ

Le but est non seulement de reconnaître chaque verbe de la classe P1c P10b0, mais aussi d'introduire dans le corpus des annotations syntaxiques et sémantiques. La figure 3 prend l'exemple du verbe pronominal « *s'accommoder* (de quelque chose) ». Ce transducteur a vocation à ajouter dans le corpus, en fonction des informations contenues dans *LVF*-NooJ, une annotation spécifiant que chaque verbe en question est un verbe psychologique, et indiquant sa catégorie sémantique (il s'agit, pour *s'accommoder de*, du codage « plaisir suffisant de », *cf.* figure 1, 1re ligne de la liste). Les dictionnaires et grammaires évoqués par les figures 1, 2 et 3 ayant été projetés sur le corpus de la revue *Le Monde Diplomatique*, on obtient une concordance NooJ dont voici un extrait :

LMD	**Avant (35 car.)**	**Séquence**	**Après (14 car.)**
02–1998	rès la fermeture de leur usine. Amers,	ils se plaignent de leurs conditions de vie	, de la « peur du lende
09–1998	du caméraman. Moi je disais que non.	Je me fiche de savoir	si c'est là de l'inné ou
03–1999	cependant faire front chaque fois que	des non-spécialistes se mêlent de débattre	du journalisme, veut to

LMD	Avant (35 car.)	Séquence	Après (14 car.)
06–1998	arménienne d'Issy-les-Moulineaux. »	Les rafles de Vichy s'occupaient alors de placer	les indésirables « dan
05–1999	aient la chose d'un mauvais œil, car	ils se méfiaient de ces méthodes sophistiquées.	(3) Le rapport fournit
09–1999	commence dès le plus jeune âge et	nul ne se soucie vraiment de ses conséquences	. La situation est telle
10–1999	sée, mais avoir une attitude citoyenne.	Les marques ne se soucient pas de vendre	mais de faire la pédag
04–2000	on des marchandises et des capitaux.	Ils se souciaient peu de savoir	ce qu'ils libéraient ains
07–2000	de Berlin ; forum d'idées et de débats,	le théâtre russe se méfie de tout	ce qui ressemble au di

Tableau 2 : concordance NooJ (extrait) sur Le Monde Diplomatique

Mettons en évidence une particularité remarquable de cette concordance. Dans la grammaire NooJ (figure 2), le nœud GN0 en gris renvoie à un sous-graphe qui explicite que le groupe nominal sujet est nécessairement un nom humain, ce qui va entraîner l'annotation « N humain » dans le corpus. Mais comme cette sous-grammaire n'est pas connectée à un dictionnaire des noms humains, il va se produire que d'éventuels noms non-humains vont être automatiquement analysés comme étant des noms humains. Cela pourrait paraître regrettable, mais c'est en fait heureux, car dans un certain nombre d'occurrences, la tête du GN sujet est un nom non-humain figurant par métonymie dans un emploi humain (*cf.* tableau 2) : « le théâtre russe se méfie de tout ce qui ressemble… » ; « les marques ne se soucient pas de vendre… » ; « les rafles de Vichy s'occupaient alors de placer les indésirables… ». Nous terminons par un exemple d'annotation d'une occurrence du verbe *s'occuper* dans le corpus du *Monde diplomatique* (extrait de Patrick Tort, « Sur la question de l'eugénisme », *Le Monde Diplomatique*, juin 1998, p. 32) :

catégories d'entre eux, surtout des Nord-Africains, des Arméniens et des Polonais. Elle étudie, en particulier, la population arménienne d'Issy-les-Moulineaux. »

<N Sujet Sem"Hum">Les rafles de Vichy**</N> <V Psy OP"attention D">s'occupaient</V>**alors de placer les indésirables « dans des conditions appropriées à leur génie ethnique ».

Figure 5 : annotation dans Le Monde Diplomatique

Dans la phrase « Les rafles de Vichy s'occupaient alors de placer les indésirables ‹ dans des conditions appropriées à leur génie ethnique › », le segment

« les rafles de Vichy » est annoté comme étant un GN sujet humain, et le segment « s'occuper » comme étant un « verbe psychologique d'attention », conformément aux analyses linguistiques contenues dans le dictionnaire *LVF*-NooJ.

3. Présentation d'un thésaurus des mots d'affects

Nous souhaitons disposer d'un lexique aussi exhaustif que possible des mots d'affects pour nous livrer à des travaux d'annotation syntactico-sémantique de corpus dans les conditions qui viennent d'être exposées. Les dictionnaires du LADL et ceux de Dubois/Dubois-Charlier n'ont pas été élaborés selon un schéma totalement unifié. Nous avons besoin d'un thésaurus, c'est-à-dire d'un dictionnaire de classes sémantiques, qui regroupe les différentes catégories des mots d'affect dans la même ressource. Il nous faut donc l'élaborer à partir des ressources évoquées dans les sections 1. et 2. Actuellement en construction, il comporte environ 3 000 entrées.

Dans ce thésaurus, les mots partageant à la fois le même radical et la même syntaxe sont systématiquement regroupés dans une même sous-classe. C'est grâce à de telles associations morpho-syntactico-sémantiques de lexèmes partageant le même radical qu'on peut obtenir des classes syntaxiques ayant un surcroît de cohésion sémantique (Eshkol/Le Pesant 2007, Le Pesant 2011). Prenons l'exemple de la sous-classe des mots de *rage*, au sein de la classe des mots de *colère* :

Mot	**Catégorie**	**Classe**	**Sous-classe**
en rage	Adj	colère	rage
enragé	Adj	colère	rage
rageant	Adj	colère	rage
rage	N	colère	rage
rageur	N/Adj	colère	rage
enrager	V	colère	rage
rager	V	colère	rage

Tableau 3 : thésaurus – sous-classe des mots de rage

Voici quelle est, de façon homologue, la composition d'autres sous-classes des mots de *colère* :

- Classe *Colère*, sous-classe des mots de *fureur* : *en fureur*, *en furie*, *fou furieux*, *furax*, *furibard*, *furibond*, *furieux*, *fou furieux* (Adj) ; *fureur*, *furie* (N).
- Classe *Colère*, sous-classe des mots de *colère* : *outré de colère*, *outré*, *en colère* (Adj) ; *colère* (N) ; *ne pas décolérer* (V).

Dans ce thésaurus, les quelque 3 000 mots sont répartis en près de 80 classes subdivisées chacune en un nombre variable de sous-classes. Les propriétés linguistiques sont détaillées de façon codée dans une trentaine de champs. Prenons l'exemple de trois noms de colère : *colère*, *courroux* et *emportement*. Voici une représentation des premiers champs :

Mot	**Cat**	**Classe**	**Sous-classe**	**CSynt 1**	**CSynt 2**	**CSynt 3**	**Ajout**
colère	N	colère	colère	(1)		(2)	(3)
courroux	N	colère	courroux	(1)		(2)	(3)
emportement	N	colère	emportement			(2)	(3)

Tableau 4 : thésaurus – trois noms de colère

Avec : **(1)** : N {*de* Vinf, *de ce que* Psubj, 0}<cause> ; **(2)** : N {*contre*, *après*, *à l'égard de*} {qc, qn, *soi*, 0}<objet> ; **(3)** : *devant* {qc, qn}<objet>.

Les champs Classe syntaxique (CSynt 1, 2 et 3) correspondent aux constructions syntaxiques caractéristiques de ces mots. Les mots de colère se caractérisent par le fait d'admettre les constructions illustrées par les exemples suivants : *Ta colère d'avoir subi cet outrage* et *Ta colère contre Marie*. Les codages <cause> et <objet> indiquent le rôle thématique des compléments. Examinons quelques-uns des champs suivants :

Mot	**Adjectif approprié**	**Support inchoatif**	**Support ordinaire**	**Support approprié**	**Opérateur causatif ordinaire**	**Opérateur causatif approprié**
colère	(1)	(2)	(4)	(6)	(7)	(8)
courroux		(3)	(4)	(6)	(7)	(8)
emportement			(5)		(7)	

Tableau 5 : thésaurus (extrait)

Sont ici mentionnés les adjectifs appropriés, les verbes supports inchoatifs, les verbes supports ordinaires et appropriés, et les verbes opérateurs causatifs : (1) : N {*blanche*, *froide*, ...} ; (2) : *avoir* {*un accès*, *une crise*} *de* N ; (3) : {*laisser éclater*} *son* N ; (4) : {*avoir*, *éprouver*, ...} (*un sentiment de*, *du*) N ; (5) : *être dans un état de* N ; (6) : *bouillir de* N ; (7) : {qn, qc}<cause> {*causer*, *exciter*, …} *le* N *de* qn<affecté> ; (8) : {qn, qc}<cause> {*déchaîner*, *réveiller*, …} *le* N *de* qn<affecté>. Voici maintenant quelques-unes des dernières propriétés, qui sont des collocations (*cf.* Tutin *et al.* 2006) :

Mot	**Colloc. couleurs**	**Colloc. phén. somatiques**	**Colloc. aspect du visage**	**Colloc. voix**	**Colloc. refoulement**	**Colloc. défoulement**
colère	(1)	(2)	(3)	(4)	(5)	(6)
courroux					(5)	(6)
emportement						

Tableau 6 : thésaurus – champs collocations (extrait)

Avec : **(1)** : *être* {*blanc, blême, …*} *de* N ; {*blanchir, blêmir, …*} *de* N ; **(2)** : {*trépigner, frémir, …*} *de* N ; {*écumer, suffoquer, ...*} *de* N ; **(3)** : *les yeux de* qn<affecté> *pétiller de* N, etc. ; **(4)** : {*cri, hurlement*} *de* N ; {*bafouiller, balbutier, …*} *de* N ; **(5)** : {*refouler, rentrer, ...* } *son* N ; **(6)** : {*décharger, passer*} *son* N *sur* qn<objet>, etc.

Les rôles thématiques à l'œuvre dans le vocabulaire des affects sont : a) le rôle nécessaire de l'*individu affecté* ; b) le rôle contingent de la *cause* ou de l'*agent* de l'affect ; c) le rôle contingent de l'*objet de l'affect*, qui s'incarne aussi bien en nom d'être animé ou inanimé qu'en proposition subordonnée au subjonctif ou à l'infinitif référant à un phénomène ou un fait. D'autre part, il y a trois catégories fondamentales de noms d'affects : les prédicats d'humeurs ou d'émotions causées par des faits (catégorie C1) ; les prédicats d'émotions provoquées (catégorie C2) ; et les prédicats de sentiments (catégorie C3).

La catégorie des prédicats d'***humeurs*** ou d'***émotions causées par des faits*** (C1) consiste en prédicats intransitifs (*humeurs*) ou à complément causal en *de*, tels les adjectifs *détendu, dolent, prostré, songeur*. Les mots d'*émotions causées par des faits* ont également un emploi intransitif, mais ils peuvent aussi avoir un argument complément, qui occupe le rôle thématique de *cause* ; quant à l'autre argument, il joue le rôle de l'*individu affecté* (ex. *Marie est heureuse* {*de sa réussite, d'avoir réussi, de ce que Paul soit arrivé*, 0}. Il y a aussi de nombreux verbes intransitifs dans cette catégorie, à complément causal en *de* facultatif tels *exulter, jubiler, respirer*. Enfin, cette classe est riche en locutions verbales comme *avoir mauvais moral, avoir le moral*.

La catégorie des prédicats d'***émotions provoquées*** (C2) consiste en prédicats transitifs directs ou indirects. À la voix passive, l'argument *individu affecté* est en position de sujet, alors qu'il est complément d'objet direct à la voix active. Voici quelques-uns de ces mots d'affects : *affoler, allécher, glacer, mortifier*. Il y a également dans cette catégorie quelques verbes transitifs indirects à complément en *à* : *agréer, convenir, déplaire*, etc.

Dans la catégorie des prédicats de ***sentiments*** (C3), l'*individu affecté* figure en position sujet, le complément d'objet du mot d'affect remplissant le rôle de l'*objet du sentiment*. Et il arrive souvent que le complément des noms de sentiments soit régi par des prépositions aussi expressives que *pour*, *contre*, *devant* (ex. : *commisération*, *colère*, *admiration devant*). Cette catégorie est subdivisée, selon les propriétés de sous-catégorisation et de sélection lexicale, en trois sous-catégories. Les prédicats de la sous-catégorie **C3–1** sont à complément essentiel nominal ou phrastique *exclusivement non-humain*. Certains sont transitifs directs, tels *ambitionner* et *appréhender*. D'autres sont à complément d'objet indirect en *de*, nominal ou infinitif, tel le verbe *se moquer de*. On relève dans cette catégorie la présence de verbes à complément en *à* (*aspirer/aspiration*, *répugner/répugnance*, etc.). La sous-catégorie **C3–2** regroupe des prédicats à complément essentiel nominal humain. On y trouve des verbes transitifs indirects comme *se braquer*, *se monter* (contre qn). La sous-catégorie **C3–3**, enfin, regroupe des prédicats transitifs directs, ou indirects en *de*, *contre*, *pour*, *à l'égard de*, *envers*. En position de complément d'objet figure un argument *objet* (d'une pulsion ou répulsion). Sont concernés des prédicats d'*admiration*, *amour*, *aversion*, *désir*, *fierté*, *haine*, *honte*, etc.

Les propriétés de certaines classes de noms d'affects, que nous appelons « classes hybrides », sont la combinaison des propriétés de deux ou de trois classes de l'ensemble *C1, C2, C3*:

- intersection des catégories C1 & C2 ; ex. : *être déçu de* qc vs *être déçu par* qc/qn ;
- intersection des catégories C1 & C3 ; ex. : *être fâché de* qc vs *être fâché contre* qc/qn ;
- intersection des catégories C2 & C3 ; ex. : *être fasciné par* qn/qc vs *fascination pour* qn/qc ;
- intersection des catégories C1, C2 & C3 ; ex. : *être irrité de* qc vs *être irrité par* qc/qn vs *irritation contre* qc/qn.

4. Deux applications au TAL du thésaurus des affects

Les deux applications au TAL que nous évoquons ici sont : a) dans le domaine de l'annotation syntactico-sémantique, l'implémentation du thésaurus des affects dans NooJ ; b) dans le domaine de l'analyse et de la génération de phrases, le développement de l'application SentimenTAL.

Au fur et à mesure de sa construction, le thésaurus des mots d'affects est implémenté dans NooJ dans les conditions qui ont été décrites dans la section 2. Quant à l'application SentimenTAL, elle permet, dans le domaine des affects, d'analyser et de produire (ou « synthétiser » ou « générer ») des phrases, et d'aider si nécessaire à leur composition au moyen du logiciel ILLICO (Pasero/Sabatier 2008). Les phrases sont analysées, synthétisées et composées à partir d'une grammaire noyau du français, GNF (Pasero/Sabatier 2011), qui décrit les constructions fondamentales du français. Le lexique de SentimenTAL a été produit à partir de notre thésaurus des affects. Une représentation sémantique de type logique est automatiquement associée à chaque phrase lexicalement, syntaxiquement et conceptuellement bien formée. Une phrase est *conceptuellement bien formée* si la représentation sémantique associée décrit une situation conceptuellement possible, c'est-à-dire, de façon plus formelle, si les relations et les individus (ou objets) qu'elle met en jeu sont compatibles. Dans ILLICO, cette compatibilité peut être formulée de façon modulaire et déclarative au moyen de ce qu'on appelle le *modèle conceptuel* (ou *ontologie étendue*) qui rend compte de phénomènes relevant du domaine traditionnel de la sémantique dite lexicale. Le caractère conceptuellement bien formé d'une phrase est établi à partir de deux types de contraintes conceptuelles : les *contraintes de domaines* et les *contraintes de connectivité* (Pasero/Sabatier 2000). Dans SentimenTAL, le modèle conceptuel a été établi à partir des classes sémantiques de notre thésaurus des mots d'affects. Par exemple, à la phrase analysée (ou produite) *Léa n'est en colère contre aucune personne*, est automatiquement associée la représentation sémantique suivante :

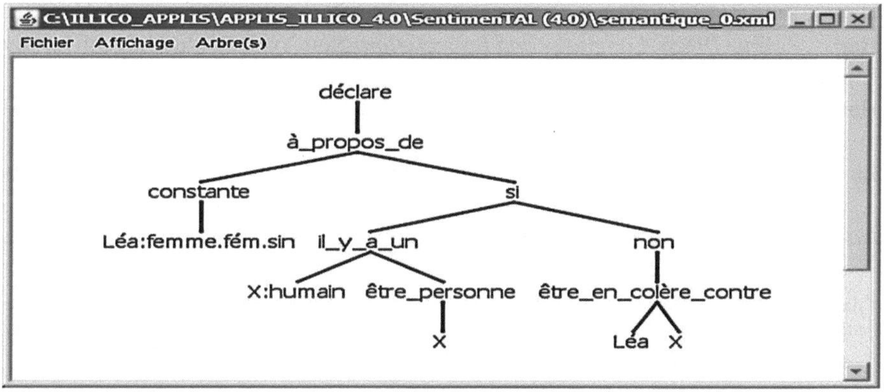

Figure 6 : SentimenTAL (exemple d'une représentation sémantique)

5. Conclusion

Élaborés dans le cadre théorique initié par Zellig Harris, les dictionnaires du LADL et de Dubois/Dubois-Charlier constituent des ressources qui se complètent et se combinent. Elles permettent non seulement le développement de différents types d'applications dans le domaine du TAL, mais elles contribuent aussi, de façon essentielle par la qualité des données qu'elles contiennent, à la mise au point de nouvelles connaissances et ressources, comme par exemple notre thésaurus des affects.

Bibliographie

Dubois, Jean/Dubois-Charlier, Françoise (1997). *Les Verbes français*. Paris: Larousse-Bordas.

Dubois, Jean/Dubois-Charlier, Françoise (1997). *Base de données des Verbes français*, URL : <http://modyco.fr> [consulté le 27 septembre 2013] et <http://www.lif.univ-mrs.fr/IMG/html/FondamenTAL.html> [consulté le 27 septembre 2013].

Dubois, Jean/Dubois-Charlier, Françoise (2004). *Locutions en français*. Aix-en-Provence : chez les auteurs.

Eshkol, Iris/Le Pesant, Denis (2007). « Trois petites études sur les prédicats verbaux et nominaux », *Langue française* 153, 20–32.

Gross, Maurice (1975). *Méthodes en syntaxe*. Paris : Hermann.

Gross, Maurice (1981). « Les bases empiriques de la notion de prédicat sémantique », *Langages* 63, 7–52.

Harris, Zellig (1968). *Mathematical Structures of Language*. New York : Wilez.

Harris, Zellig (1976). *Notes du cours de syntaxe*. Paris : Seuil.

Harris, Zellig (1988). *Language and Information*. New York : Columbia University Press.

Harris, Zellig (1990). « La genèse de l'analyse des transformations et de la métalangue », *Langages* 99, 9–20.

Le Pesant, Denis (2011). « Vers un thésaurus syntactico-sémantique des mots d'affects », *Cahiers de Lexicologie* 99, 117–132.

NooJ = A Linguistic Development Environment, URL : <http://www.nooj4nlp.net> [consulté le 27 septembre 2013].

Pasero, Robert/Sabatier, Paul (2008). *ILLICO : Principes, connaissances et formalismes & Guide d'utilisation*, URL : <http://www.talep.lif.univ-mrs.fr/Illico> [consulté le 27 septembre 2013].

Pasero, Robert/Sabatier, Paul (2011). « GNF : une grammaire noyau du français », URL : <http://www.talep.lif.univ-mrs.fr/GNF> [consulté le 27 septembre 2013].

Silberztein, Max (2003). *NooJ Manual*, URL: <http://www.nooj4nlp.net> [consulté le 27 septembre 2013].

Tutin, Agnès/Novakova, Iva/Grossmann, Francis/Cavalla, Cristelle (2006). « Esquisse de typologie des noms d'affects à partir de leurs propriétés combinatoires », *Langue française* 150, 32–49.

7. La combinatoire en diachronie

Contrôle et répression des émotions *(peur, colère)* : étude diachronique dans le corpus Frantext (1500–2000)

*Matthieu Pierens**

Abstract

This chapter studies how the *civilization process* observed by Norbert Elias manifests itself linguistically. In doing so, we examine the evolution of constructions expressing the control and repression of two fundamental affects, fear and anger, in the French corpus *Frantext* between the 16th and the 20th centuries. We note a very strong variation among the constructions according to the time, the literary genre and the nature of the affect. After a period of violent repression of affects in the 16th century, the Classical Age tended to conceptualize the relation that people had towards their feelings as a relation of authority. In the 19th century, violent repression of the affect increased along with a tendency to a deeper control of fear. Finally, in the 20th century, the effort of the experiencer towards her or himself prevailed as well as the control of affects often conceptualized as a flow management.

Résumé

L'objet de cet article est d'examiner comment le *processus de civilisation* constaté par Norbert Elias se traduit d'un point de vue linguistique. Pour cela, nous étudions l'évolution des constructions exprimant le contrôle et la répression de deux affects fondamentaux, la peur et la colère, au sein du corpus *Frantext* entre le XVIe et le XXe siècle. Nous constatons une forte variation des constructions selon l'époque, le genre littéraire et le type d'affect. Après une époque de forte répression des affects au XVIe siècle, l'époque classique a tendance à conceptualiser le contrôle et la répression des affects comme relevant d'une relation d'autorité. Le XIXe siècle se caractérise par une hausse de la répression des affects et par une relation de maîtrise croissante s'agissant de la peur. Enfin, au XXe siècle prévaut l'effort sur soi-même et une maîtrise des affects s'apparentant de plus en plus à une gestion des flux.

Les émotions ont beaucoup été étudiées par les linguistes en raison de leur aspect à la fois cognitif et corporel. Depuis les années 1980, un grand nombre d'études sémantiques issues de la linguistique cognitive cherchent à faire apparaître la structure conceptuelle des noms d'affects en examinant les métaphores et métonymies liées à ces termes. Ainsi, pour *anger*, Lakoff (1987, 389) soulignait l'importance des métaphores liées à la chaleur et à la pression, qui reposent selon lui sur le principe d'*embodiment.* Cependant, dans ce type d'études, les aspects socioculturels influençant la conceptualisation des affects sont souvent négligés.

---

* Université Paris 7 – Paris-Diderot, Sorbonne Paris Cité.

Nous nous proposons ici d'étudier un paradigme des plus fructueux en sciences humaines depuis une trentaine d'années, ce que Norbert Elias nomme le *processus de civilisation* (1973). L'expression désigne la médiation des pulsions interdisant l'expression des émotions violentes, laquelle est, selon Elias, à l'œuvre surtout depuis le XVIe siècle. Nous tenterons d'en examiner ici les traces linguistiques : comment les locuteurs expriment-ils le contrôle des affects ? Dans quelle mesure son expression varie-t-elle selon les époques ?

Pour cela, nous étudierons les constructions du type *Verbe de contrôle/répression* + *Naffect* (*étouffer sa colère*) au sein du corpus *Frantext* entre 1500 et 2000. Nous nous limitons aux champs sémantiques de deux émotions, la peur et la colère, dans la mesure où il s'agit d'émotions négatives jugées fondamentales (*cf.* Ekman 1992).

Dans une première partie, après avoir défini les classes nominales *Npeur* et *Ncolère*, nous présenterons un classement sémantique des différents verbes exprimant l'empire et la répression qu'exerce l'expérienceur sur les affects, et nous mesurerons leur fréquence au fil des siècles. Cela nous permettra, dans un second temps, de faire ressortir, pour chaque période, les modalités du contrôle et de la répression des affects en fonction de l'époque.

1. Le classement des verbes exprimant le contrôle et la répression des affects

1.1 La délimitation des champs de la colère et de la peur

Avant d'aborder l'étude en elle-même de ces verbes, il nous faut d'abord définir brièvement ce que nous entendons par « colère » et par « peur ».

S'agissant de la colère, nous la définissons comme un scénario. Nous reprenons ici l'analyse actancielle menée par Kleiber (1978, 32–33) dans son étude du mot *ire*. Celui-ci envisage une « structure de rôles » et définit le schème syntactico-sémantique de la colère de la façon suivante : *Z cause MAL à Y de telle sorte que Y veut causer MAL à Z.*

L'aspect réactif permet de distinguer la colère de la haine ou de la jalousie qui relèvent plutôt de sentiments, au sens d'« état affectif stable ». En partant des synonymes de *colère* proposés par *Le Petit Robert*, nous avons établi la liste suivante : *courroux*, *emportement*, *exaspération*, *fureur*, *irritation*, *rage*. Nous y avons ajouté les termes *dépit*, *indignation*, *ire*, *énervement* et *révolte*. En termes d'intentionnalité, ces affects se traduisent par une orientation contre quelque chose ou quelqu'un (*Ncolère + contre/envers + GN).* Certains termes sont à cheval sur plusieurs champs sémantiques d'affects : c'est le cas de *dépit*, défini dans le *TLF* comme « mouvement passager de colère ou d'impatience mêlée de chagrin et provoqué par une contrariété, une déception ».

Pour la peur, Wierzbicka (1999, 59) propose une définition de *fear* reposant sur les traits suivants : « I don't know what will happen » ; « some bad things will happen » ; « I don't want these things to happen » ; « I don't know if I can do anything » ; « when this person thinks this this person feels something bad ». À ces traits, il faut ajouter un contenu comportemental plus ou moins intense. Ces critères s'appliquent aux synonymes de *peur* proposés par *Le Petit Robert*, à savoir *affolement*, *alarmes*, *angoisse*, *appréhension*, *crainte*, *effroi*, *épouvante*, *frayeur*, *inquiétude*, *terreur*. Signalons que l'emploi affectif d'*alarmes* au sens de « peur » est aujourd'hui archaïque, mais il est nécessaire de le prendre en compte dans une étude diachronique portant sur une durée de cinq siècles. Nous y ajoutons les termes *anxiété*, *frayeur* et *panique*, mais ne retenons pas *souci*, *soin*, *préoccupation* qui vont rarement de pair avec des manifestations émotionnelles, ni le terme *horreur* qui ne concerne jamais le futur (Wierzbicka 1999, 78–79), contrairement à *effroi*, par exemple, qui peut se rapporter autant à un événement passé qu'au futur.

1.2 Le corpus Frantext

Pour étudier l'évolution de la conceptualisation de la répression et du contrôle des affects, nous recourons au corpus *Frantext* intégral qui comprend près de 4 000 œuvres, de tous genres littéraires, publiées entre 1500 et nos jours. L'avantage de ce corpus est sa facilité d'emploi et son exhaustivité. Il possède cependant deux inconvénients qu'il faut prendre en compte :

- D'une part, un grand déséquilibre en termes de genres représentés : ainsi, la proportion des œuvres dramatiques est très importante au XVIIIe siècle, mais faible après 1775 (moins de 5%). S'agissant du genre romanesque, cette proportion est à l'inverse faible dans la seconde moitié du XVIIe siècle (12,5% et 6,3%), mais importante au XIXe siècle. On peut relativiser ce déséquilibre en prenant en compte sa signification culturelle. En effet, l'apogée du roman au XIXe coïncide avec l'intérêt pour l'intériorisation des affects. À l'inverse, dans la seconde moitié du XVIIe siècle où triomphe la monarchie absolue, le théâtre reflète le mieux la volonté de représentation propre à cette époque.
- L'autre déséquilibre quantitatif concerne la taille du corpus selon l'époque : plus l'époque est lointaine, moins le corpus est étoffé et moins les résultats sont fiables. Le corpus du XVIe siècle représente 3% du corpus total, celui du XVIIe siècle moins de 10%, mais celui du XXe siècle 42%.

1.3 La classification des verbes exprimant la répression et le contrôle des affects

Par répression des affects, on entend généralement le fait d'empêcher leur manifestation extérieure, leurs symptômes, alors que le terme *répression* implique souvent une certaine violence à l'encontre de l'affect, ce que soulignent les collocations avec les adjectifs *féroce*, *brutal*, *implacable*. En revanche, le terme *contrôle* renvoie plus à un encadrement : l'affect ne doit pas se développer au-delà d'un certain seuil. Dans le cadre de cette étude, nous prenons en compte à la fois le contrôle d'un affect par l'expérienceur lui-même, et celui exercé par un tiers ou une cause externe. Nous prenons aussi en considération son échec éventuel, celui-ci révélant, en creux, une volonté d'empire sur soi-même.

Nous distinguons sur des bases sémantiques six classes de verbes selon qu'ils expriment la maîtrise des affects (*dominer*) ou leur répression (*étouffer*), dissimulation (*cacher*), suppression (*ôter*), évacuation (*chasser*) et diminution (*calmer*). Pour chaque classe, nous mesurons la fréquence en prenant comme unité de temps le siècle et en retenant comme objet non seulement les affects (*dompter la colère*), mais aussi leurs manifestations (*retenir un cri de rage*). D'autre part, nous avons également pris en compte les constructions où le verbe est en emploi adjectival (*une colère contenue*) et celles présentant un affect sujet et un verbe réfléchi (*ma colère s'apaise*).

1.3.1 La maîtrise des affects

	Siècle	**XVIe**	**XVIIe**	**XVIIIe**	**XIXe**	**XXe**	**Total**
COLÈRE	*Retenir + Ncolère*	6	43	52	33	36	170
	Contenir + Ncolère (écart 5)	-	2	16	31	39	88
	Suspendre + Ncolère	-	20	31	5	6	62
	Maîtriser + Ncolère	-	1	3	7	35	46
	Surmonter + Ncolère	5	8	3	5	7	28
	Dominer + Ncolère	-	-	-	6	13	19
	Refréner + Ncolère	1	2	-	1	6	10
	Canaliser + Ncolère	-	-	-	-	6	6
	Contrôler + Ncolère	-	-	-	-	2	2
	Endiguer + Ncolère	-	-	-	-	1	1
	Total/fréquence relative	12/4,6	76/6,8	105/8,9	88/4,6	151/7,2	432
PEUR	*Surmonter + Npeur*	5	16	11	31	70	133
	Dominer + Npeur	-	-	-	9	37	46
	Contenir + Npeur	-	1	2	13	15	31
	Maîtriser + Npeur	-	-	-	7	18	25
	Contrôler + Npeur	-	-	-	-	8	8
	Retenir + Npeur	-	-	-	1	-	1
	Endiguer + Npeur	-	-	-	-	1	1
	Total/fréquence relative	5/1,4	17/1,1	13/0,7	61/1,7	149/3,1	245

Tableau 1 : les verbes exprimant la maîtrise de l'affect au sein des collocations avec les Ncolère *et les* Npeur

Cette catégorie de verbes possède en commun les traits /action/ et /non-violent/. D'un point de vue syntaxique, le sujet de ces verbes peut être l'expérienceur (*il surmonte sa peur*), une instance représentant métonymiquement l'expérienceur (*sa raison/volonté domine sa colère*) ou un autre agent (*il domine la révolte de ses sujets*), auquel cas le terme d'affect renvoie aux manifestations d'un affect et non plus à un état intérieur. Enfin, on trouve souvent des constructions avec un participe passé à valeur adjectivale (*une peur contenue*).

En termes sémantiques, les verbes *maîtriser* et *dominer* impliquent un rapport d'autorité. Cependant, *maîtriser* a une valeur spatiale de blocage du mouvement (*maîtriser un individu*), alors que *dominer* renvoie à une position en surplomb (*dominer la vallée*). Les verbes *contenir*, *retenir* et *refréner* désignent une entrave du mouvement. *Suspendre* implique un renoncement provisoire aux manifestations de colère. Enfin, *surmonter* implique un effort de l'expérienceur et, dans un sens spatial, un effort permettant d'arriver à une position élevée.

S'agissant des emplois de ces verbes, pour la colère il est surtout question de *retenir* l'affect, la colère étant perçue comme une force, alors que s'agissant de la peur, il s'agit de *surmonter* ou *dominer* l'affect, ce qui implique un expérienceur en surplomb par rapport à sa peur.

1.3.2 La répression des affects

	Siècle	**XVIe**	**XVIIe**	**XVIIIe**	**XIXe**	**XXe**	**Total**
COLÈRE	*Réprimer + Ncolère*	4	9	28	23	48	112
	Étouffer + Ncolère (1621)	-	20	24	25	26	95
	Dompter + Ncolère (1559)	7	20	8	16	11	62
	Fléchir + Ncolère	2	15	27	8	7	59
	Refouler + Ncolère (1813)	-	-	-	6	8	14
	(R)avaler + Ncolère	1	1	-	4	19	25
	Contraindre + Ncolère	-	11	6	2	2	21
	Brider + Ncolère (1556)	6	5	-	3	1	15
	Museler + Ncolère	-	-	-	2	1	3
	Faire taire + Ncolère (1848)	-	-	-	1	-	1
	Total/fréquence relative	20/7,7	81/7,2	93/7,9	90/4,7	123/5,9	407
PEUR	*Étouffer + Npeur*	-	14	7	13	16	50
	Dompter + Npeur	1	5	3	6	8	23
	Réprimer + Npeur	-	2	3	7	10	22
	Refouler + Npeur	-	-	-	3	10	13
	Faire taire + Npeur (1769)	-	-	2	3	1	6
	(R)avaler + Npeur	-	-	-	1	2	3
	Brider + Npeur	-	-	-	-	3	3
	Total/fréquence relative	1/0,2	21/1,4	15/0,8	33/0,9	50/1,0	120

Tableau 2 : les verbes exprimant la répression des affects au sein des collocations avec les Ncolère *et les* Npeur

La répression des affects implique une action violente contre un affect qui est le fait soit de l'expérienceur lui-même, soit d'un tiers. Dans ce second cas, il ne s'agit pas d'un cas d'emploi affectif s'il est question d'un seigneur qui réprime la colère de ses sujets. Cependant, l'opposition entre répression de son propre affect et répression de l'affect d'autrui n'est pas toujours si tranchée. D'une part, la répression d'un affect est souvent causée par la présence d'autrui, si bien qu'autrui joue un rôle au moins indirect :

(1) Matifat et deux négociants en affaires avec Birotteau remarquèrent l'indignation du parfumeur, qui réprima sa *colère* en leur présence. (Honoré de Balzac)

D'autre part, il arrive souvent que l'expérienceur soit lui-même divisé et présenté comme le théâtre d'un combat entre des facultés telles que la raison ou la volonté et le sentiment :

(2) En après, la raison faisant offices de juge qui incontinent insiste et reprime *courroux*. (Pierre de Saint-Julien)
(3) Par exemple, je me sens disposé à la *colère*, ma réflexion et ma volonté en répriment les accès naissants. (Voltaire)

Enfin, la situation est plus complexe encore lorsque, comme dans la citation suivante, l'expérienceur demande à un tiers, Dieu en l'occurrence, de l'aider à réprimer son courroux :

(4) […] s'il t'arrive ce que l'homme de *Dieu dit au Psalme : « Mon œil est troublé de grande cholere », recours à *Dieu, criant : « Aye misericorde de moy, Seigneur », affin qu'il estende sa dextre pour reprimer ton courroux. (Saint François de Sales)

Cette répression des affects concerne plus la colère que la peur, la colère étant elle-même de nature violente. Pour certains verbes tels que *fléchir* ou *brider*, la frontière entre répression, maîtrise et diminution est relativement floue. S'agissant de *refouler*, nous l'avons classé dans cette catégorie plutôt qu'avec les verbes exprimant l'évacuation de l'affect : en effet, *refouler* s'applique à un affect que l'on empêche de s'exprimer, contrairement à *chasser* ou *bannir*.

1.3.3 La dissimulation de l'affect

	Siècle	**XVIe**	**XVIIe**	**XVIIIe**	**XIXe**	**XXe**	**Total**
COLÈRE	*Cacher + Ncolère* (écart 5)	3	21	33	41	35	133
	Dissimuler + Ncolère (écart 5)	3	7	14	21	18	63
	Déguiser + Ncolère (écart 5)	2	5	8	10	3	28
	Celer + Ncolère (écart 5)	2	2	-	-	-	4
	Total/fréquence relative	10/3,8	35/3,1	55/4,6	72/3,8	56/2,7	228

PEUR	*Cacher + Npeur* (écart 5)	-	13	27	64	69	173
	Dissimuler + Npeur (écart 5)	-	4	16	37	40	97
	Déguiser + Npeur (écart 5)	-	5	7	15	4	31
	Celer + Npeur (écart 5)	-	-	-	-	2	2
	Total/fréquence relative	-	22/1,5	50/2,7	116/3,2	115/2,4	303

Tableau 3 : les verbes exprimant la dissimulation des affects au sein des collocations avec les Ncolère *et les* Npeur

La dissimulation fait également partie du contrôle et de la répression des affects. Elle est plus liée à la colère au XVIe et au XVIIe siècle, et plus à la peur au XIXe et au XXe siècle.

1.3.4 La suppression de l'affect

La suppression de l'affect n'est que rarement le fait de l'expérienceur lui-même. De manière générale, la suppression de l'affect résulte d'un agent externe, animé ou non. D'un point de vue diachronique, la fréquence de ces constructions ne cesse de reculer depuis le XVIe siècle.

	Siècle	**XVIe**	**XVIIe**	**XVIIIe**	**XIXe**	**XXe**	**Total**
COLÈRE	*Éteindre + Ncolère*	6	45	22	26	19	115
	Effacer + Ncolère	-	3	2	-	13	18
	Ôter (de/à) + Ncolère	9	3	1	4	-	17
	Supprimer + Ncolère	-	-	-	1	2	3
	Total/fréquence relative	15/5,7	51/4,5	25/2,1	31/1,6	34/1,6	153
PEUR	*Ôter + Npeur*	24	72	49	27	7	179
	Effacer + Npeur	2	4	3	15	43	67
	Éteindre + Npeur	1	4	1	-	4	10
	Supprimer + Npeur	-	-	-	4	6	10
	Détruire + Npeur	-	1	14	11	4	30
	Éliminer + Npeur	-	-	-	-	6	6
	Total/fréquence relative	27/7,7	81/5,6	67/3,6	57/1,6	70/1,4	302

Tableau 4 : les verbes exprimant la suppression de l'affect au sein des collocations avec les Ncolère *et les* Npeur

1.3.5 L'évacuation de l'affect

Ce que nous appelons « évacuation de l'affect » renvoie à la métaphore spatiale de l'expulsion. Les verbes *chasser* et *bannir* possèdent en général un objet animé, alors que *dissiper* s'applique davantage à une chose plus évanescente, par exemple un gaz, une fumée. Ils s'appliquent surtout à la peur, renvoient souvent à un expérienceur puissant et à une relation d'autorité. Ces verbes sont surtout fréquents à l'époque classique.

Le contrôle de l'affect par l'expérienceur est rare. C'est le cas avec les constructions injonctives à l'impératif du type *Verbe à l'impératif + possessif + Naffect* (1 occ. pour les noms de colère, 14 occ. pour les noms de peur).

(5) Bridez vostre fureur et chassez de vostre ame
Ce *colere* inhumain qui fierement l'enflame. (Nicolas de Montreux)

	Siècle	**XVIe**	**XVIIe**	**XVIIIe**	**XIXe**	**XXe**	**Total**
COLÈRE	*Dissiper + Ncolère*_(1639)	-	8	4	8	3	23
	*Chasser + Ncolère*_(1601)	-	6	1	-	1	8
	*Bannir + Ncolère*_(1639)	-	2	2	1	-	5
	Total/fréquence relative	-	16/1,4	7/0,6	9/0,5	4/0,2	36
PEUR	*Dissiper + Npeur*	-	76	170	114	114	474
	Chasser + Npeur	9	35	19	24	51	138
	Bannir + Npeur	1	40	54	12	8	115
	Total/fréquence relative	10/2,8	151/10,5	243/13,2	150/4,1	173/3,6	727

Tableau 5 : les verbes exprimant l'évacuation des affects au sein des collocations avec les Ncolère *et les* Npeur

1.3.6 La diminution de l'affect

Les verbes *apaiser*, *calmer*, *désarmer*, *modérer*, *adoucir*, *tempérer*, *refroidir* et (*r*) *amollir* renvoient à une diminution ou une perte d'intensité de l'affect. Là aussi, le sujet est rarement l'expérienceur. Ces constructions sont bien plus fréquentes au sein du champ de la colère. Les deux verbes les plus fréquents sont *apaiser* et *calmer* ; cependant, *apaiser* semble avoir un aspect plus transitoire et se combine davantage avec les *Ncolère*, alors que *calmer* est plus fréquemment associé aux *Npeur*.

	Siècle	**XVIe**	**XVIIe**	**XVIIIe**	**XIXe**	**XXe**	**Total**
COLÈRE	*Apaiser + Ncolère*	48	168	75	95	66	452
	Calmer + Ncolère	-	52	85	111	51	299
	Désarmer + Ncolère	-	34	48	23	12	117
	Modérer + Ncolère	8	34	27	14	5	88
	Adoucir + Ncolère	5	43	14	8	7	77
	Tempérer + Ncolère	1	4	6	6	6	23
	Refroidir + Ncolère	1	2	3	7	3	16
	(R)amollir + Ncolère	3	-	-	2	-	5
	Total/fréquence relative	66/25	337/30	258/22	266/14	150/7	1077

PEUR	*Calmer + Npeur*	-	23	166	122	78	389
	Apaiser + Npeur	1	10	15	21	134	181
	Adoucir + Npeur	1	6	10	9	5	31
	Modérer + Npeur	-	5	10	1	4	20
	Tempérer + Npeur	-	7	2	3	4	16
	Total/fréquence relative	2/0,5	51/3,5	203/11	156/4,3	225/4,7	637

Tableau 6 : les verbes exprimant la diminution des affects au sein de collocations avec les Ncolère *et les* Npeur

2. L'évolution de la conceptualisation du contrôle et de la répression des affects

Après avoir passé en revue les différentes classes de verbes exprimant le contrôle et la répression de la colère et de la peur, nous nous proposons d'examiner dans quelle mesure l'expression de ce contrôle et de cette répression évolue au cours du temps.

Affect	**% par siècle**	**XVIe**	**XVIIe**	**XVIIIe**	**XIXe**	**XXe**	**Total**
COLÈRE	Maîtrise	9,75	12,75	19,33	15,65	28,70	17,24
	Répression	16,26	13,59	17,12	16,01	23,38	17,27
	Dissimulation	8,13	5,87	10,12	12,81	10,64	9,51
	Suppression	12,19	8,55	4,60	5,51	6,46	7,46
	Évacuation	0	2,68	1,28	2,66	2,28	1,78
	Affaiblissement	53,65	56,54	47,51	47,33	28,51	46,71
PEUR	Maîtrise	1,11	4,95	2,19	10,64	15,82	8,94
	Répression	2,22	6,12	2,53	5,75	6,64	4,63
	Dissimulation	0	6,41	8,46	20,24	15,29	10,08
	Suppression	60	23,61	11,33	9,94	9,30	22,84
	Évacuation	22,22	44,02	41,11	26,17	23,00	31,30
	Affaiblissement	4,44	14,86	34,34	27,22	29,92	22,16

Tableau 7 : proportion des différents types de collocations verbales liées aux Ncolère *et aux* Npeur *exprimant l'action de l'expérienceur sur ses affects*

2.1 Le XVIe siècle

Le XVIe siècle se caractérise par la fréquence élevée des verbes exprimant la suppression de l'affect (60% pour la peur, 12,19% pour la colère) : autant pour la colère que pour la peur, il est question de l'*ôter* (9 occ. pour les *Ncolère*, 24 occ. pour les *Npeur*). À l'inverse, on note la faible fréquence de la maîtrise des affects (9,75% pour la colère, 1,11% pour la peur).

Les verbes exprimant la répression des affects sont très présents dans le champ de la colère, en particulier les verbes *dompter* (7 occ. pour la colère) et *brider* (6 occ. pour la colère). Cette violence envers la colère peut être mise en relation avec la fréquente conceptualisation de la colère comme brutale, ce qu'atteste le pic de fréquence des collocations entre les *Ncolère* et les adjectifs *dur* (2 occ.), *aigre* (2 occ.), *félon* (5 occ.), *amer* (2 occ.), *âpre* (3 occ.) et *rigoureux* (2 occ.).

Pour la peur, on note également la fréquence relative élevée du verbe *surmonter* (5 occ.), lequel implique un effort important de l'expérienceur sur lui-même. Cependant, la taille réduite du corpus limite la portée de ces constatations.

2.2 L'âge classique : le XVIIe et le XVIIIe siècle

L'évolution principale à l'époque classique est la forte baisse de fréquence des verbes renvoyant à la suppression des affects. Pour la peur, ces verbes passent de 60% à 11,3% du total des constructions entre le XVIe et le XVIIIe siècle. Pour la peur, cette proportion passe de 12,19% à 4,60%.

Ce qui caractérise l'âge classique au sens large, c'est que le contrôle des affects est moins présenté comme résultant d'un effort ou d'une violence. Ainsi, par rapport au XVIe siècle, on constate au XVIIe siècle une forte diminution de verbes tels que *dompter* ou *brider* en lien avec la colère, ou de *surmonter* pour la peur.

Au XVIIe siècle, la colère reste très liée à un expérienceur puissant, pour lequel il n'est pas question d'y renoncer, celle-ci figurant parmi les moyens de pression dont il dispose sur autrui. La colère d'un puissant apparaît justifiée en cas d'affront ou d'offense, ce que traduit la haute fréquence de *juste Ncolère* ou *légitime Ncolère.* Aussi n'est-il pas question de la supprimer, mais de réduire son intensité (l'*adoucir*, la *modérer*), de la *suspendre* ou de la *retenir*. Ces verbes sont très fréquents notamment dans le corpus dramatique ou lyrique, en particulier à la forme injonctive. Lorsqu'il est question de répression, il est question de la *contraindre* ou de la *fléchir*, ces deux verbes renvoyant tous deux à une relation d'autorité.

Au XVIIIe siècle, la colère semble moins acceptable : il est davantage question de la maîtriser (de 12,75% à 19,33%) ou de la dissimuler (de 5,87% à 10,12%).

S'agissant de la peur, on note une forte hausse des verbes exprimant son évacuation : il est davantage question de la *dissiper*, de la *bannir*, ce qui, là aussi, renvoie à une relation d'autorité. D'autre part, les verbes exprimant l'affaiblissement de la peur progressent régulièrement (de 4,4% au XVIe siècle à 34,3% au XVIIIe siècle).

Ces évolutions peuvent s'expliquer par le remodelage en profondeur du champ sémantique de la peur. La peur se fait moins intérieure et moins profonde, mais plus ponctuelle et plus émotionnelle. À l'intérieur du champ sémantique, les termes qui progressent sont *crainte*, *inquiétude*, *alarmes* et *frayeur*, alors que les termes renvoyant à l'intériorité psychologique (*peur*, *angoisse*, *anxiété*) diminuent fortement (Pierens, en préparation).

2.3 Le XIXe siècle

Le XIXe siècle marque une césure par rapport à l'époque classique, même si les prémices de ce changement se situent dans la seconde partie du XVIIIe siècle. La transition d'un âge aristocratique au siècle bourgeois se traduit par un retour en force de l'intériorisation des affects. Le XIXe siècle se caractérise avant tout par la répression des affects, qui se renforce au fur et à mesure que le corps est perçu comme une surface qu'il s'agit de déchiffrer : comme le note Perrot (1991, 92), « dès lors que l'apparence cesse de s'arborer en masque évident, strictement défini par une fonction et exigé par un rôle, elle devient une énigme à déchiffrer ». L'individu réagit à ce mouvement inquisiteur du regard en laissant de moins en moins paraître ses émotions, en particulier la peur. Aux affects fluides et ponctuels de l'époque classique se substituent des affects désormais plus intérieurs. Aussi, les constructions verbales exprimant l'évacuation de la peur diminuent fortement (de 41,1% à 26,1%).

Il est davantage question :

- d'effort sur soi (*surmonter* + *Npeur* : de 11 à 31 occ. ; *surmonter* + *Ncolère* : de 0 à 5 occ.) ;
- d'entrave au mouvement (*contenir* + *Ncolère* : de 16 à 31 occ. ; *contenir* + *Npeur* : de 2 à 13 occ.) ou à l'expression (*ravaler* + *Npeur* : 1 occ. ; *ravaler* + *Ncolère* : 4 occ.) ;
- de violence envers l'affect (*dompter* + *Ncolère* : de 8 à 16 occ. ; *dompter* + *Npeur* : de 3 à 6 occ. ; *étouffer* + *Npeur* : de 1 à 13 occ.) ;
- de dissimulation des affects, en particulier pour la peur, les verbes l'exprimant passent de 8,40% à 20,24% (contre une hausse de 10,12% à 12,81% pour la colère).

Enfin, pour la peur, on note l'apparition de la notion de maîtrise (*maîtriser* + *Npeur* : 7 occ. ; *dominer* + *Npeur* : 9 occ.) et la forte hausse d'*effacer* (de 3 à 15 occ.).

2.4 Le XXe siècle

Au XXe siècle, les affects sont réprimés de façon moins brutale mais font plus l'objet d'un contrôle, ce qui se traduit par la forte hausse de fréquence de *maîtriser*

(*maîtriser* + *Ncolère* : de 0 à 33 occ. ; *maîtriser* + *Npeur* : de 7 à 18 occ.), *dominer* (*dominer* + *Ncolère* : de 0 à 13 occ. ; *dominer* + *Npeur* : de 9 à 37 occ.) et *contrôler* (*contrôler* + *Npeur* : de 0 à 8 occ.).

De nouvelles métaphores se font jour, conceptualisant les affects comme des flux, des liquides. Il s'agit entre autres des métaphores de la submersion (*Ncolère* + *submerger* passe de 1 à 11 occ. du XIXe au XXe siècle ; *Npeur* + *submerger* : 1954, 4 occ.), de la vague (*vague de Npeur* : 1929, 11 occ. ; *vague de Ncolère* : 1922, 16 occ.) ou de la houle (*houle de Npeur* : 1924, 3 occ. ; *houle de Ncolère* : 1975, 2 occ.). Il s'agit donc de gérer ces flux (*canaliser* + *Ncolère* : 1929, 6 occ. ; *endiguer* + *Ncolère* : 1966, 1 occ. ; *endiguer* + *Npeur* : 1999, 1 occ.).

L'autre métaphore en hausse dans le cas de la peur est celle de l'obstacle à surmonter (*surmonter* + *Npeur* : de 31 à 70 occ.). L'idée sous-jacente à cette métaphore est proche de celle de la canalisation des affects. L'affect est un obstacle sur le chemin, que l'expérienceur ne peut pas aplanir ou détruire ; il doit en tenir compte et faire un effort sur lui-même. De même, pour la colère, on note la forte progression de *ravaler* (*ravaler* + *Ncolère* : de 4 à 19 occ.), expression impliquant également un effort actif de l'expérienceur.

Ces données semblent confirmer le passage des *sociétés disciplinaires*, selon l'expression de Foucault (1975), à la *société de contrôle* évoquée par Deleuze (1990) pour désigner les sociétés d'après la fin des institutions disciplinaires. Comme le note Perrot (1991, 206), « plutôt qu'à une disparition des contraintes, on assiste à une intériorisation des maîtrises et des surveillances ». Cela se traduit par l'image du *self control*, mais aussi par l'apparition dans les années 2000 de la métaphore de la gestion, empruntée au domaine de l'économie. Cette dernière rappelle la gestion des flux, mais implique une responsabilité accrue de l'expérienceur :

(6) Gérer son budget, gérer son temps, gérer son énergie, gérer son angoisse. (Jean-Bertrand Pontalis)

3. Conclusions

À l'issue de cette étude, les résultats obtenus mériteraient d'être encore affinés, en distinguant les constructions où l'expérienceur contrôle ses affects de celles où ce contrôle est lié à un tiers ou à une cause externe, en prenant en compte le genre littéraire des constructions d'affects et en mesurant aussi la proportion des constructions exprimant l'échec du contrôle. Par ailleurs, il serait aussi intéressant de prendre en compte les symptômes physiques liés à la peur et à la colère, et les collocations adjectivales du type *peur sourde*, *colère muette*.

Il apparaît qu'à chaque grande période historique correspond un mode différent de contrôle ou de répression des affects. Au XVIe siècle, l'idée de supprimer les affects prévaut, contrairement à l'époque classique où il est davantage question de les évacuer ou d'exercer sur eux une relation d'autorité. Au XIXe siècle, la tendance est plutôt à la répression, alors qu'au XXe siècle, cette répression, encore très présente, perd de sa brutalité et que s'impose progressivement le *topos* de la gestion des affects.

Les études linguistiques et lexicologiques apparaissent ici complémentaires des études historiques, sociologiques et littéraires, et semblent valider la thèse d'une domination croissante du contrôle des affects par l'individu à partir de la Renaissance.

Bibliographie

Deleuze, Gilles (1990). *Pourparlers*. Paris : Minuit.

Ekman, Paul (1992). « Are There Basic Emotions? », *Psychological Review* 99, 550–553.

Elias, Norbert (1974). *La civilisation des mœurs*. Paris : Pocket.

Foucault, Michel (1975). *Surveiller et punir*. Paris : Gallimard.

Frantext, Version intégrale, <http://www.frantext.fr> [01.12.2012].

Kleiber, Georges (1978). *Le mot* ire *en ancien français*. Paris : Klincksieck.

Lakoff, George (1987). *Women, Fire and Dangerous Things : What Categories Reveal about the Mind*. Chicago : The University of Chicago Press.

Nyckees, Vincent (1998). *La sémantique*. Paris : Belin.

Perrot, Philippe (1991). *Le corps féminin : le travail des apparences (XVIIIe-XIXe siècle)*. Paris : Seuil.

Pierens, Matthieu (en préparation). *Les sentiments négatifs à travers les siècles : l'évolution des champs sémantiques de la colère, de la peur et de la douleur en français. Étude diachronique et comparée (1350–2000)*. Thèse en préparation à l'université Paris-Diderot.

TLFi = *Trésor de la langue française* informatisé, <http://atilf.atilf.fr/> [01.12.2012].

Wierzbicka, Anna (1999). *Emotions accross Languages and Cultures : Diversity and Universals*. Cambridge : Cambridge University Press.

Les collocatifs nominaux des prépositions *en*, *dans* et *dedans* au XVIe siècle

*Louise Royer & Denis Vigier**

Abstract

This chapter first establishes the quantitative evolution of the uses of *dans* over the course of the 16th century, and then proposes a corpus-based list of the nominal collocates statistically preferred as complements of the French prepositions *en*, *dans* and *dedans* over the same period of time. The study and comparison of the contexts in which these collocates emerged enable us to better identify the differences in the use of the three prepositions in the 16th century, especially where they were in competition with each other from a distributional point of view. The corpus used is a set of literary texts from the *Bibliothèques Virtuelles Humanistes* (Epistemon Corpus), with the addition of a few texts from the *Grande Grammaire Historique du Français*. The tool used is the textometric platform TXM developed at the ENS de Lyon.

Résumé

Après avoir présenté l'évolution quantitative des emplois de *dans* au XVIe siècle, on dresse pour le corpus utilisé la liste des cooccurrents nominaux régimes statistiquement préférés pour les prépositions *en*, *dans* et *dedans* à cette période. L'étude et la comparaison des contextes d'apparition de ces collocatifs conduisent à mieux cerner les spécificités d'emploi de ces trois prépositions au XVIe siècle, notamment dans les contextes de concurrence distributionnelle. Le corpus utilisé est issu des *Bibliothèques Virtuelles Humanistes* et comprend aussi quelques textes de la *Grande Grammaire Historique du Français*. L'outil mobilisé est la plate-forme textométrique TXM développée à l'ENS de Lyon.

1. Introduction[1]

Divers travaux récents (Fagard/Combettes à paraître ; Fagard/Sarda 2009 ; Vigier à paraître) ou plus anciens (Darmesteter 1885 ; Gougenheim 1945) ont montré que le XVIe siècle constituait une étape originale dans l'histoire de *dans* en français. C'est à cette époque, en effet, que cette préposition, qui auparavant « traîn[ait] une existence obscure », se voit appelée « au plus brillant succès » (Darmesteter 1885, 185). Un tel succès a eu des conséquences significatives sur le système des prépositions,

---

* Université Lyon 2, UMR ICAR (Lyon 2, ENS-Lyon, IFÉ).

1 Nous remercions nos collègues Benjamin Fagard, Michèle Clément, Véronique Montagne et Bénédicte Pincemin, ainsi que les relecteurs de cet article, pour leurs observations et suggestions. Les erreurs sont nôtres.

la nouvelle venue entrant en concurrence sémantique et distributionnelle avec deux autres prépositions de sens proche, *en* et *dedans*.

Le présent article souhaite contribuer à une compréhension plus fine de ce processus de recomposition du système par une étude sur corpus de la combinatoire nominale de *en*, *dans* et *dedans*. On recourra, pour l'exploration des données textuelles et les calculs statistiques, à la plateforme TXM.[2] Seront examinés successivement les collocatifs[3] nominaux partagés puis spécifiques de ces trois prépositions. On montrera que l'étude de leur « profil combinatoire » (Blumenthal 2008) conduit à relier le niveau d'analyse lexico-syntaxique du syntagme et le niveau d'analyse du texte.

2. La situation des prépositions *en*, *dans* et *dedans* au XVIe siècle

2.1 Observations d'ordre quantitatif

Le corpus utilisé – Presto16[4] – comprend cinquante-cinq textes, soit un peu plus de trois millions de mots. Il est constitué de quarante-cinq textes issus des *Bibliothèques Virtuelles Humanistes* et de dix textes issus de la tranche temporelle XVIe siècle de *Frantext*. Ce corpus n'est pas étiqueté sur le plan morphosyntaxique, ni lemmatisé. Il répond de façon satisfaisante aux conditions de *pertinence*, de *cohérence* et de *volume* (Pincemin 1999, 415–427 ; Guillot/Heiden/Lavrentiev 2007), mais ne prétend pas à une parfaite représentativité. Les textes qui y figurent ne sont par ailleurs pas associés actuellement à des métadonnées homogènes de *domaine* et de *genre*.[5] Ce paramètre de variation n'est donc pas mobilisable dans les calculs automatiques. On verra pourtant *infra* qu'il peut revêtir une grande influence sur l'environnement distributionnel des prépositions. En d'autres termes, les résultats présentés devront être confirmés et précisés dans des études recourant à des corpus plus vastes et enrichis de nouvelles métadonnées.[6]

---

2 http://textometrie.ens-lyon.fr.

3 Le mot « collocatif » est ici entendu dans une acception strictement quantitative, pour désigner tout cooccurrent d'un mot pivot qu'un calcul statistique identifie comme hautement spécifique.

4 Corpus actuellement utilisé dans le projet Presto : *L'évolution diachronique du système PREpositionnel du français. Approches STatistique et textOmétrique*, projet financé par l'ANR et la DFG (2013–2016), et porté par P. Blumenthal (université de Cologne) et D. Vigier (université de Lyon).

5 Une homogénéisation de ces métadonnées est prévue, fondée sur une vision élargie des descripteurs de *domaine* et de *genre* de la *Banque de Français Médiéval* (BFM).

6 Cette tâche sera menée dans le cadre du projet Presto.

La figure 1, qui s'appuie sur un calcul de spécificité (Lafon 1984, 45*sqq*), permet de visualiser la percée opérée par *dans* à partir de 1560 dans le corpus. Les signes négatifs ou positifs affectés aux valeurs numériques dans le tableau signalent respectivement une sous-représentation ou une sur-représentation de *dans* au sein du corpus.

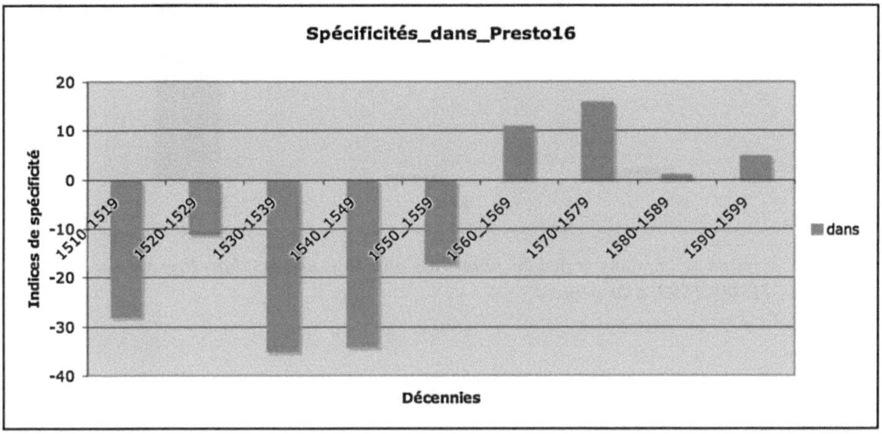

Figure 1 : spécificités de dans *dans Presto16*

Même si, suivant le corpus utilisé,[7] la date à laquelle la fréquence d'emploi de *dans* croît de manière exceptionnelle peut se déplacer de quelques années, la conclusion demeure en tous les cas identique et confirme les travaux de Darmesteter (1885) et Gougenheim (1945) : c'est dans la seconde moitié du siècle que les emplois de cette préposition en français font un bond spectaculaire.

On gardera par ailleurs présent à l'esprit qu'au XVIe siècle, *en* est une préposition d'emploi beaucoup plus fréquent que *dans* et *dedans*,[8] ce dont on se convaincra aisément en examinant la figure 2. Il indique le nombre d'occurrences extraites pour les requêtes suivantes opérées sur Presto16 et sur *Frantext* (1500–1599, tous genres) : *en/dans/dedans* suivi de (*la*|*l'*|*un*|*une*|*mon*|*ma*|*mes*|*ton*|*ta*|*tes*|*son*|*sa*|*ses*|*notre*|*nostre*|*nos*|*votre*|*vostre*|*vos*|*leur*|*leurs*|*ce*|*cet*|*cest*|*ceste*|*cette*|*ces*|*cez*).

7 *Cf.*, par exemple, Fagard/Sarda 2009, Vigier à paraître.

8 La graphie de *dedans* est variable au XVIe siècle. La graphie adoptée ici désigne donc le lemme. Pour *dans*, la graphie *dens*, rare, n'a pas été prise en compte dans les calculs. Pour *en*, les amalgames (*cf. infra*) eux non plus n'ont pas été pris en compte.

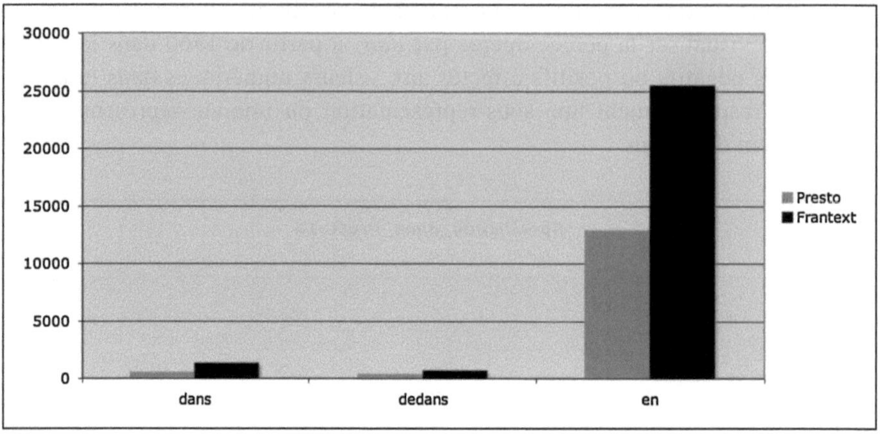

Figure 2: emplois de en, dans *et* dedans *pour trois requêtes opérées dans Presto16 et* Frantext *(1500–1599, tous genres)*

2.2 Les raisons du succès de dans : l'hypothèse de Darmesteter

Au Moyen Âge,[9] les séquences *en le* et *en les* s'amalgament pour aboutir à *el*, *es* qui évoluent rapidement vers *ou* et *on*, qu'on trouve par exemple chez Rabelais :

(1) Déesse née armée, déesse redoubtée on ciel, en l'air, en la mer, et en terre. (C. Rabelais, *Tiers Livre*, 1546)

Dès le commencement du XVIe siècle, *el*, *ou* et *on* sont progressivement supplantés par *au* (*à* + *le*), et *es* par *aux* (*à* + *les*), engendrant du même coup flottements et ambiguïtés entre *au* et *aux* issus de *en* et de *à*. D'après Darmesteter (1885, 184), c'est pour éviter une telle situation que « *dans* s'est substitué à *en* dans [les cas] où *en* se contractait avec *le* et *les*. Les premiers emplois ont dû être ceux où *dans* était suivi de l'article *le* et d'un mot commençant pas une consonne, ou de l'article *les* ».

Cette hypothèse, reprise par Gougenheim (1951, 181*sq*) et Brunot (1967, 382), selon laquelle le succès de *dans* serait d'abord dû à la défectivité de *en*, mériterait d'être réexaminée par une étude systématique au moyen d'outils automatiques des articles du régime nominal de *dans* dans ses premiers emplois.

9 Voir aussi Lardon/Thomine (2009).

3. Étude des collocatifs nominaux pour les prépositions *en*, *dans* et *dedans* au XVIe siècle

On se propose de construire la liste des noms qui, dans Presto16, constituent les collocatifs des prépositions *en*, *dans* et *dedans* au XVIe siècle. Pour l'établir, on utilise la fonction cooccurrence du logiciel TXM fondée sur le modèle des spécificités (Lafon 1980). Voici en quoi consiste ce calcul : pour un pivot donné (ici, une des prépositions étudiées) et un voisinage défini (par exemple les deux mots qui suivent la préposition), le calcul contraste statistiquement la réunion de ces contextes du pivot par rapport au reste du corpus. Le score obtenu correspond à l'exposant de la probabilité que le cooccurrent apparaisse avec une fréquence aussi élevée dans le voisinage du pivot, étant donné sa fréquence en corpus et la taille des contextes. Un score de 3 correspond donc à une probabilité de un pour mille, soit un rejet de l'hypothèse nulle (*i. e.* mots répartis aléatoirement et non spécialement attirés) avec une erreur de un pour mille. Pour un indice égal ou supérieur à 10, la probabilité est alors au plus de l'ordre du dix milliardième : il est clair que la distribution observée ne peut être due au hasard, et que le cooccurrent marque une attraction très forte par le pivot.

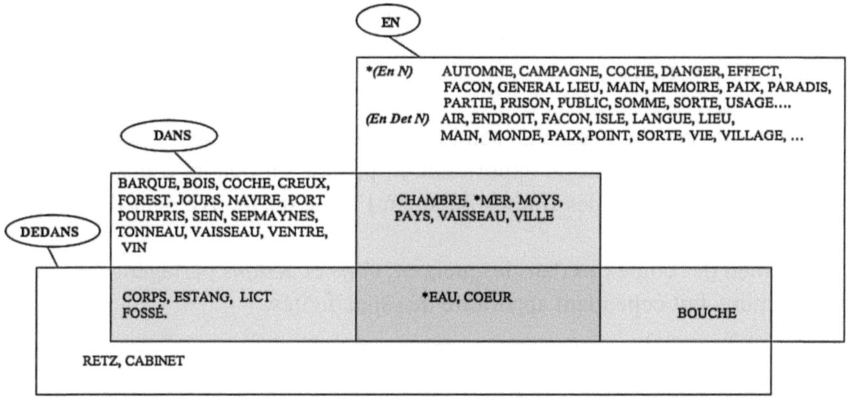

Figure 3: collocatifs nominaux[10] des prépositions en, dans *et* dedans *dans Presto16 (indices de spécificité ≥ 10)*

10 L'astérisque, pour les collocatifs *mer* et *eau*, signale qu'avec *en*, ces noms apparaissent préférentiellement en régime non déterminé.

3.1 Étude des collocatifs nominaux partagés[11]

On observe d'abord que, hormis le nom temporel *moys*, les collocatifs nominaux partagés par *en*, *dans* et *dedans* pris ensemble (*eau*, *cœur*) ou par couples (*bouche*, *chambre*, *corps*, *estang*, *fossé*, *lict*, *mer*, *pays*, *vaisseaux*, *ville*), dénotent tous hors discours des entités pourvues d'une extension spatiale.[12] De fait, tous ces noms peuvent entrer dans le SN (*la surface* + *l'étendue* + *la longueur* + *le volume*) (*du* + *de la* + *de l'*) *N*. Cette observation va dans le sens des analyses de Fagard et Combettes (à paraître) selon qui les zones de concurrence sémantique entre *en*, *dans* et *dedans* se situeraient d'abord, à la période préclassique, sur le terrain des noms désignant des espaces clos.[13]

Quelles distinctions observe-t-on entre les valeurs sémantiques et les contextes distributionnels de ces trois prépositions lorsqu'elles sont suivies d'un collocatif partagé ? On se bornera ici à dégager quelques lignes directrices.

Apparaissent d'abord des zones de recouvrement sémantique évident, pour lesquelles on a beaucoup de mal à identifier une différence de sens entre les trois prépositions. Par exemple :

(2) Alors le gentil homme et son serviteur le meirent dans son lict. (M. de Navarre, *Heptaméron*, 1545)

(3) Le gentil homme le despouilla de sa robbe de nuict et le meyt dedans le lict. (*ibid.*)

(4) tant fist qu'il le mist en son lict (Anonyme, *Le Violier des histoires rommaines moralisées*, 1521)

Pour aucun de ces énoncés il ne semble possible de déterminer quelle valeur sémantique chaque préposition apporterait en propre, en dehors d'une localisation de la cible à l'intérieur des limites du site à l'issue du mouvement dénoté par le verbe.

L'examen des contextes dans lesquels *en*, *dans* et *dedans* partagent des collocatifs communs fait cependant apparaître des spécificités.

---

11 Zones grisées du schéma.

12 On le sait, la catégorie des noms *concrets* vs *abstraits* ne se circonscrit pas aisément (*cf.*, par ex., Flaux/Glatigny/Samain 1996). On considérera ici qu'est *concret* tout nom qui, pris *hors discours*, désigne une entité d'abord conçue par l'esprit comme dotée d'une extension spatiale. Par exemple, *sein* désigne hors discours une partie du corps. C'est par métaphore et en discours que ce nom adopte un sens figuré (attesté au XVIe siècle : *sein de l'Église*, etc.). De même *cœur*, etc.

13 L'analyse statistique des cooccurrences en corpus montre cependant que des noms dénotant des espaces plus ouverts (*mer*, *pays*, *ville*) peuvent aussi être l'objet d'une concurrence sémantique et distributionnelle entre *dans* et *en*.

D'abord, *dedans* est souvent préféré lorsque le locuteur souhaite exprimer une pénétration ou un ancrage profonds de la cible dans le site, une idée d'englobement total de l'une dans l'autre :

(5) nous pourrions cacher noz corps soubz et dedans l'eau (M. Deschamps, *Histoire tragique et miraculeuse d'un vol et assassinat commis au païs de Berri*, 1576)
(6) les passions enracinées dedans le cueur (T. Garzoni, *Le théâtre des divers cerveaux du monde*, 1586)

Dans peut exprimer une telle valeur, mais plus rarement. Il exprime le plus souvent une simple relation de localisation totale ou partielle de la cible dans le site.

Quant à *en*, on rappelle qu'il possède au XVIe siècle des valeurs exclues pour *dans* ou *dedans*. Par exemple :

(7) Les Cauniens prennent armes en dos [sur le dos] (M. de Montaigne, *Essais*, 1592)

Il peut aussi introduire le résultat d'un processus de transformation :

(8) Proteu étant [...] transformé en feu, en eau (C. Rabelais, *op. cit.*)

Sans oublier ses emplois avec régime de sens temporel, où sa valeur se distingue de *dedans* et *dans*. Pour une revue des emplois propres à *en*, on se reportera à Huguet (1925) et Gougenheim (1950).

Ces emplois mis à part, on observe que, suivie d'un collocatif nominal déterminé, la préposition *en* voit sa valeur sémantique s'approcher de celle de *dans*, la différence entre les deux prépositions pouvant se porter sur la catégorie du déterminant qui actualise le nom régime de la préposition, autrement dit sur le mode de donation de la référence. Un seul exemple : régi par la préposition *dans*, le collocatif partagé *ville* est presque systématiquement actualisé par l'article défini. En revanche, avec *en*, article défini et déterminant démonstratif s'équilibrent en fréquence, tous deux dominant insolemment les autres types de déterminant. *En* manifeste donc, pour ce collocatif, une affinité particulière pour les localisations avec anaphorisation[14] du site.

Enfin, lorsque *en* est préférentiellement suivi d'un nom sans déterminant (comme c'est le cas pour les collocatifs partagés *eau* et *mer*), le blocage référentiel du SN régime conduit à une saisie plus abstraite du signifié nominal. Le site n'est plus « configuré dans son éventuelle autonomie référentielle » (Cadiot 1997, 192). On comparera ainsi (à construction égale) :

14 Comme souvent : sur ce point, *cf.* Blumenthal (2011) et Vigier (à paraître).

(9) Et falloit que la mule pour boire se jettast en l'eau (B. des Périers, *Nouvelles récréations et joyeux devis*, 1561)
(10) attendryes les [les graines] jettent incontinent en eau froide pure (C. Estienne, *L'Agriculture et maison rustique*, 1564)

Dans (9), l'eau est saisie dans sa dimension physique et référentielle : elle est le moyen de se désaltérer ; dans (10), elle constitue avant tout un milieu fonctionnel pour un type de préparation culinaire.

Une telle saisie abstraite du signifié nominal s'accompagne souvent d'un faisceau de caractéristiques sémantiques, syntaxiques et distributionnelles qu'on se propose de décrire en examinant les SP en position d'ajout du SV, configuration qui domine massivement dans les emplois.

On observe d'abord que le SP noue souvent avec le SV une relation sémantique à mi-chemin entre la localisation et la manière, infléchissement sémantique qu'on n'observe pas pour *en*, *dans* et *dedans* suivis d'un régime déterminé. En d'autres termes, la localisation dans le site influence directement la manière d'accomplir le procès dénoté par le verbe. Ainsi, *tremper en vin* dénote autant une localisation de la cible qu'un *type de trempage*, qui s'oppose à d'autres : (*en eau* + *vinaigre* + *saumure* + ...).

(11) fin acier trempé en bon vin vieulx (C. Marot, *Œuvres*, 1538)
(12) Puis les trempa en vinaigre (C. Estienne, *op. cit.*)

Pareillement, dans :

(13) le macerer en eau stagnante non courante par cinq jours (F. Rabelais, *op. cit.*)

l'ajout adverbial stipule non seulement le milieu dans lequel s'effectue le procès, mais un certain type de macération. Autre exemple :

(14) du souslevement d'estomac qui advient à ceux qui voyagent en mer (M. de Montaigne, *op. cit.*)

À une localisation du procès *voyager* correspondent certains désagréments spécifiquement liés à la manière qu'a le procès de s'accomplir (présence de la houle).

Lorsque *en* est suivi d'un nom sans déterminant, on observe aussi fréquemment que ce dernier est modifié par un adjectif : *eau (tiède + froide + ...)*, *(haulte + pleine) mer*, etc. Ce point est à relier au précédent : à chaque caractéristique spécifiée du site correspond une manière distincte pour le procès d'être accompli : *(laver + (des) tremper) qqch en eau tiède*, par exemple, contraste avec *(laver + (des)tremper) qqch en eau (chaude + froide + courante + ...)*.

Enfin, il semble pouvoir s'établir des relations de sélection entre certains verbes et le régime non déterminé de la préposition *en*. Ainsi, dans notre corpus[15] les verbes *tremper* et *destremper* sélectionnent-ils presque uniquement un SP complément à tête *en* et à régime non déterminé. La plupart des occurrences apparaissent dans le traité de C. Estienne, *L'Agriculture et maison rustique* (1564), ouvrage dans lequel il est précisé qu'« est contenu tout ce qui peut estre requis pour bastir maison champestre nourrir et medeciner bestiail et volaille [...]. Plus un brief recueil des chasses [...] et de la fauconnerie. » On comprend mieux dès lors les raisons de l'affinité entre les verbes *tremper* et *destremper* et les SP à tête *en* et à régime non déterminé : en effet, ce traité *pratique* détaille entre autres différentes recettes incluant des manières de tremper ou détremper diverses entités (*graines*, *farine*, *cresson*, etc.) en recourant à des bains (localisation de la cible) spécifiques.

De l'ensemble des observations ci-dessus, on retiendra d'abord que, hormis le nom de temps *moys*, les collocatifs partagés par *en*, *dans* et *dedans* désignent tous des noms concrets dotés d'une extension spatiale. En second lieu, on observe entre *en*, *dans* et *dedans* certaines différences notables. Dans le cas des régimes déterminés, il peut s'agir du sens même de la préposition ou du mode de donation du signifié de son régime. Dans le cas des régimes non déterminés (cas de *en*), la saisie abstraite du signifié nominal peut conduire le SP à exprimer une valeur à mi-chemin entre localisation de la cible et manière de procès.

3.2 Étude des collocatifs spécifiques

Sous l'angle de leurs collocatifs spécifiques, *dedans* et *dans* apparaissent comparables : hormis le nom de temps *semaine*, tous dénotent en langue des lieux concrets. L'examen de leurs contextes d'emploi montre que, dans Presto16,[16] ces SP participent pour l'essentiel à la construction du sens référentiel[17] des énoncés. Autrement dit, ils possèdent une portée sémantique endophrastique (Guimier 1996, 5*sqq* et *passim*).

On observe cependant que dans quelques énoncés, ces SP peuvent figurer en tête de phrase : extraprédicatifs, ils opèrent alors un cadrage circonstanciel à portée exophrastique (Guimier 1996).

(15) Dans l'autre [navire] qui s'appeloit Rosee, [...] il y avoit environ nonante personnes. (J. de Léry, *Histoire d'un voyage fait en la terre du Brésil*, 1578)

---

15 Comme dans *Frantext* (1500–1599).

16 La même conclusion peut être tirée de l'observation de ces contextes dans *Frantext* (1500–1599, tous genres).

17 Au sens où l'entend Guimier (1996, 6).

En aucun cas, cependant, ces SP initiaux ne sont aptes à porter sur l'énonciation ni sur l'énoncé : ils appartiennent au contenu propositionnel de l'énoncé et fixent le cadre de validité de la phrase (Le Goffic 1993, 463*sq*).

Différente est la situation des SP régis par *en*. D'abord, les collocatifs nominaux spécifiques de cette préposition présentent une plus grande variété que ceux de *dans* et *dedans* : outre des noms de temps (par ex. les noms de saison) et des noms concrets (*coche*, *prison*, *isle*, etc.), on trouve aussi une grande quantité de noms abstraits (*effect*, *somme*, etc.). En second lieu, *en* s'avère apte à construire non seulement des SP à portée endophrastique et des SP exophrastiques de cadrage circonstanciel, mais aussi des SP exophrastiques à portée sur l'énonciation (par exemple, de reformulation (16) ou d'ordination (17)).

(16) En somme, quand cette afeccion est imprimee en un cœur genereus d'une Dame, elle y est si forte, qu'à peine se peut elle efacer. (L. Labé, *Œuvres*, 1555)

(17) lesquelles (puis qu'il vous plaist) j'expliqueray briefvement. En premier lieu, en pesant et nombrant ses motz l'un apres l'autre, je n'en trouvé point un seul, qui [...] (S. Speroni, *Dialogue de rhétorique*, 1551)

Ces observations confirment l'hypothèse avancée dans Vigier (à paraître),[18] selon laquelle seule la préposition *en* – mais non *dans* et *dedans* – s'avérerait apte au XVIe siècle à entrer dans des SP extraprédicatifs exophrastiques permettant au locuteur de dire quelque chose de son énonciation.

4. Conclusion

De cette étude sur les collocatifs nominaux des prépositions *en*, *dans* et *dedans* au XVIe siècle, on retiendra d'abord que la bataille distributionnelle entre ces trois prépositions semble se livrer préférentiellement sur le terrain des régimes nominaux dénotant des espaces concrets. Pour ces collocatifs, avec régime nominal déterminé, *dedans* apparaît souvent préféré pour exprimer un englobement total de la cible dans le site. Les SP régis par *en* se distinguent quant à eux de ceux régis par *dans*, notamment sous l'angle du mode de donation de la référence. Avec régime nominal concret non déterminé, la saisie abstraite du signifié nominal du collocatif peut avoir des conséquences remarquables sur ses contextes d'apparition. Les phénomènes observés pour le traité de C. Estienne

---

18 Article auquel on se référera pour d'autres exemples d'emploi, au XVIe siècle, de SP à tête *en* et d'emploi extraprédicatif exophrastique.

invite à se tourner vers d'autres textes didactico-scientifiques[19] afin de déterminer si le domaine ne constituerait pas un critère de variation pertinent pour ce type d'emploi. Avec régime nominal abstrait, enfin, les emplois observés pour ce corpus confirment l'hypothèse suivant laquelle *en* serait seul apte à construire des SP extraprédicatifs exophrastiques à portée sur l'énonciation, tandis que *dans* et *dedans* resteraient cantonnés essentiellement à des emplois *endophrastiques*. Observations qui invitent à relier, dans le profil combinatoire de ces trois prépositions, les niveaux lexico-syntaxique et textuel : au XVIe siècle, seule la combinatoire lexico-syntaxique de *en* permettrait au SP dont elle est la tête d'accéder à des emplois d'adverbiaux de phrase à portée sur l'énonciation. Cette *plus-value* sémantique (Blumenthal 2012) propre à *en* doit être intégrée à son *profil combinatoire*, puisqu'elle touche à « l'image que donne du comportement d'un mot de base l'ensemble de ses collocatifs » (Blumenthal 2008).

Bibliographie

Blumenthal, Peter (2008). « Combinatoire des prépositions : approche quantitative », *Langue française* 157, 37–51.

Blumenthal, Peter (à paraître). « Évolutions de la combinatoire prépositionnelle : le cas de *en* », *in* : Samir Bajric/Claire Badiou-Monferran/Philippe Monneret (eds.): *Mélanges à Olivier Soutet*. Paris : Champion.

Brunot, Ferdinand (1967). *Histoire de la langue française. Des origines jusqu'en 1900*. Tome II: *Le Seizième siècle*. Paris : Colin.

Cadiot, Pierre (1997). *Les prépositions abstraites en français*. Paris : Colin.

Darmesteter, Arsène (1885). *Notes sur l'histoire des prépositions françaises en, enz, dedans, dans*. Paris : Le Cerf

Fagard, Benjamin/Sarda, Laure (2009). « Étude diachronique de la préposition *dans* », *in* : Jacques François/Éric Gilbert/Claude Guimier/Maxi Krause (eds.) : *Autour de la préposition : position, valeurs, statut et catégories apparentées à travers les langues. Bibliothèque de Syntaxe et Sémantique*. Caen : Presses Universitaires de Caen, 225–236.

Fagard, Benjamin/Combettes, Bernard (à paraître). « De *en* à *dans*, un simple remplacement ? Une étude diachronique », *Langue française* 178.

Flaux, Nelly/Glatigny, Michel/Samain, Didier (eds.) (1996). *Les noms abstraits. Histoire et théories*. Lille : Presses Universitaires du Septentrion.

Godefroy, Frédéric (1938). *Dictionnaire de l'ancienne langue française et de tous ses dialectes du IXe au XVe siècle*. Paris : Librairie des Sciences et des Arts.

19 Au sens des descripteurs forgés dans le cadre du projet Corptef (*cf. supra*).

Gougenheim, Georges (1945). « Les prépositions ‹ en › et ‹ dans › dans les premières œuvres de Ronsard », *in* : *Études de grammaire et de vocabulaire français*. Paris : Picard, 66–76.

Gougenheim, Georges (1950, 1970). « Valeur fonctionnelle et valeur intrinsèque de la préposition ‹ en › en français moderne », *in* : *Études de grammaire et de vocabulaire français*. Paris : Picard, 55–65.

Gougenheim, Georges (1951, 1974). *Grammaire de la langue française du seizième siècle*. Paris : Picard.

Guillot, Céline/Heiden, Serge/Lavrentiev, Alexei (2007). « Typologie des textes et des phénomènes linguistiques pour l'analyse du changement linguistique avec la Base de Français Médiéval », *in* : Denise Malrieu (dir.) : *Corpora et Questionnements du littéraire, Actes des Journées d'études internationales. LINX*, numéro spécial, 125–139.

Guimier, Claude (1996). *Les adverbes du français. Le cas des adverbes en* -ment. Paris : Ophrys.

Habert, Benoît (1997). *Les linguistiques de corpus*. Paris : Colin.

Huguet, Edmond (1925–1967). *Dictionnaire de la langue du seizième siècle*. Paris : Champion.

Lafon, Pierre (1980). « Sur la variabilité de la fréquence des formes dans un corpus », *Mots* 1, 128–165.

Lafon, Pierre (1984). *Dépouillements et statistiques en lexicométrie*. Paris : Champion.

Lardon, Sabine/Thomine, Marie-Claire (2009). *Grammaire du français de la Renaissance*. Paris : Garnier.

Le Goffic, Pierre (1993). *Grammaire de la phrase française*. Paris : Hachette.

Molinier, Christian/Levrier, Françoise (2000). *Grammaire des adverbes en* -ment. *Description des formes en* -ment. Genève : Droz.

Nølke, Henning (1993). *Le regard du locuteur – Pour une linguistique des traces énonciatives*. Paris : Kimé.

Pincemin, Bénédicte (1999). *Diffusion ciblée automatique d'informations : conception et mise en œuvre d'une linguistique textuelle pour la caractérisation des destinataires et des documents*. Thèse de doctorat non publiée (université Paris IV – Sorbonne).

Vigier, Denis (à paraître), « Les prépositions *en, dans* et *dedans* au XVIe siècle. Approche statistique et combinatoire», *Le Français moderne*.

The Interrelationship of Business and Communication

FREIBERGER BEITRÄGE ZUR INTERKULTURELLEN UND WIRTSCHAFTSKOMMUNIKATION

A Forum for General and Intercultural Business Communication

Herausgegeben von/Edited by
Michael B. Hinner

Band 6

PETER LANG
Frankfurt am Main · Berlin · Bern · Bruxelles · New York · Oxford · Wien

Michael B. Hinner (ed.)

The Interrelationship of Business and Communication

PETER LANG
Internationaler Verlag der Wissenschaften

Bibliographic Information published by the Deutsche Nationalbibliothek
The Deutsche Nationalbibliothek lists this publication in the Deutsche Nationalbibliografie; detailed bibliographic data is available in the internet at http://dnb.d-nb.de.

ISSN 1612-989X
ISBN 978-3-631-56540-7

www.peterlang.de

Dedication

I would like to dedicate this sixth volume of the *Freiberger Beiträge* to one of the founding fathers of intercultural communication, Edward T. Hall, who passed away recently. Although this volume has been written earlier this year, it was possible to add this dedication prior to the book's official release because this volume contains a chapter written by Edward T. Hall. For this, I am truly thankful because it gives me the opportunity to thank Edward T. Hall for his participation in this project. I was actually very saddened when I heard the news of his death. The groundbreaking work carried out by Edward T. Hall has inspired many, including myself, to pursue intercultural communication. I will forever be grateful and thankful to him for having opened up this wonderful realm to me. And I am indebted to him for having granted permission to include his seminal work in this series which has been a dream come true. For this, I want to thank him posthumously. And I want to thank him for opening a new perspective in human interaction that has truly had a tremendous impact on the world.

"He was a scholar, and a ripe and
good one.
Exceeding wise, fair-spoken and
persuading."
(Shakespeare, *Henry VIII,* 4.2.51-2)

Michael B. Hinner

Acknowledgement

I would like to take this opportunity and thank everyone who helped make this sixth volume of the *Freiberger Beiträge* possible. First of all, I would like to thank all of the contributing authors. They are the ones who made this project possible in the first place. After all, it is their work that fills this volume. Many of these authors have been contributing to this series for a number of years now. I am very thankful for that. At the same time, a number of new authors have also joined this unique endeavor which seeks to demonstrate how communication influences the world of business. I would like to thank them for having joined this project. A book project can only be completed successfully if there are lots of helpers at the publisher and at our university who helped prepare the manuscript for publication. These are the people who operate quietly and efficiently in the background. But it is they who actually bring the project to fruition. That is why I want to thank them for their invaluable help and useful advice. To each and everyone who participated in this project, I want to express my most heartfelt thanks!

"Vielen Dank!"

Michael B. Hinner

Preface

This series is a forum for human communication in a business context that seeks to demonstrate how communication influences and determines business in many ways – either directly or indirectly. After all, the people conducting and affected by business are human beings; so it should not be surprising that the principles of human communication also apply to and affect the conduct of human business. While this might seem obvious, many people are actually not cognizant of the obvious. Orthodox business literature typically only deals with communication in a mass communication context; namely, as a tool of marketing applied to sell products and services as well as a tool of public relations employed to sway public opinion. Surprisingly, even human resource management tends to focus on organizational structure and motivational issues without delving into the underlying principles of human communication. Or if new communication technologies are discussed in a business context, then the focus is typically on the technology and its implementation with little or no regard to the impact of such tools on human communication. Yet, as noted, human beings are at the core of any and all aspects of business which is why it is essential that human communication is understood and included in the analysis of any and all business and work-related aspects.

When human beings interact with one another, such as happens in a business context or at the place of work, they need to communicate with one another in order to permit this interaction. Since communication is based on the transmission of symbols, communication can consist of verbal and nonverbal messages. In other words, it is not just words that convey a particular message, but also numbers, images, music, or gestures, for example. Consequently, even statistics and business accounts convey vital messages that can have a tremendous impact on business activities as well as the minds and behavior of people. Case in point is the recent financial and subsequent economic crisis that traced some of its origins back to bad mortgage loan practices in the USA which had a ripple effect on the entire global economy. While bad financing and banking was, in part, responsible for this crisis, it was actually the statements made, or not made, by state leaders which often had a direct impact on the financial markets during this crisis. In fact, the content of those messages determined whether the stock market rose or fell as a result of those statements.

Even the price tag of a product can speak volumes and is, thus, a decisive factor in the purchasing decision of a consumer. After all, one might be very interested in buying a particular product, such as a computer or a car, but in the end, the final decision might hinge on the price tag. People might consider a certain price to be fair value for the product under certain circumstances, and unfair under other conditions. This could then be decisive in whether the product is purchased or not. For example, a couple celebrating a special anniversary might deliberately have a very fancy dinner in an expensive restaurant which they never frequent during an "ordinary" night out. But on this special occasion, the fancy dinner in the expensive restaurant symbolizes something special and very exclusive – an association the couple may deliberately want to create so as to underscore the importance of that dinner on the occasion of their anniversary. Dinner at McDonald's would have signaled something else.

Or in an organizational context, the restructuring of a company could be counterproductive if the communication aspects of the organizational structure are not taken into consideration. Communication research has revealed, for example, that specific organizational structures enhance or restrict the effective and efficient flow of communication. If, for example, orders are to be carried out as quickly as possible without any prior discussion or commentary, then a "chain" structure might be the best solution. If however, all members of an organization are to be involved in the decision making process so as to increase the overall motivation among the staff members, then an "all channel" structure might be the better alternative.

From these examples, it should become apparent that essentially no business is possible without communication. That is why it is so important to have a clear understanding of communication and its underlying principles if one wants to be better informed about and have a better insight into the business at hand. That is actually the purpose of this series. That is why communication experts have been asked to participate in this project. Once again, a number of the world's most respected communication experts as well as a number of promising, young communication specialists have been kind enough to submit texts to this sixth volume of the *Freiberger Beiträge*. Some of the contributing authors have even sent two manuscripts. Because so many people had responded to the initial invitation, the submitted texts were enough to fill two volumes which is why one volume has been dedicated to general human communication topics, i.e. this sixth volume, and another volume to intercultural communication topics, i.e. the seventh volume of this series.

The collection of chapters in this volume is once again an eclectic mix of very diverse topics which at first glance might not seem to have any connection to one another or even the world of business. Closer inspection, though, will reveal that there is not only a link between the various chapters within this volume but also a direct link to the world of business. The topics range from general to specific and from practical all the way to theoretical, covering a wide spectrum of communication aspects that include interpersonal, organizational, mass and mediated communication as well as communication technology. The topics focus on the senders and the encoding as well as the receivers and the decoding of messages. Even future opportunities are discussed.

After establishing a general foundation for communication and the communication process focusing on a variety of topics, e.g. predictability, equivocation, goal detection, advice in social interactions, gender-based language use, argumentative and aggressive communication as well as workplace bullying, the chapters turn to mediated communication, e.g. pictorial portrait bias in news magazines, racial profiling in the media, and media hype in the news. Next follow two chapters that attempt to determine the impact of mass communication messages on their audiences, e.g. measuring the effectiveness of public service announcements and assessing the entertainment-education value of a radio series. These are then followed by chapters focusing on various aspects of communication technology, e.g. the impact of technology on business communication, media use as a function of identity, network agency and community building, multiple media use and multitasking. A discourse on being less theoretical and more technological in organizational communication is followed by a critical review of organizational intelligence. The book ends with an outlook of how new communication technologies could create new business opportunities, e.g. what direction outsourcing might take in the animation industry, the possibilities digital cinema is opening up for the film industry, and what opportunities present themselves through commercial cooperation in space development. The multifaceted topics of this volume once again reflect the broad spectrum of communication in a variety of (potential) business contexts.

That is why, once again following the tradition established with the first volume of the *Freiberger Beiträge*, each chapter is preceded by an introduction that not only summarizes the chapter's content, but also points out how that content is related to the world of business. Another tradition to be continued in this series is the volume's general introductory chapter which demonstrates the interrelationship of business and communication by focusing on a specific business topic that is then examined closely from a communication perspective. In this case, it is human relationships and trust. Hence, establishing a basis for the subsequent chapters that investigate various aspects of communication with relevance to the world of business.

It is hoped that you, the reader, will find this collection of texts interesting and insightful. You are invited to embark on an interesting journey of discovery to see how closely communication and business are actually interrelated to one another.

"They say every why hath a where-
fore"
(Shakespeare, *The Comedy of Errors,* 2.2.43)

Michael B. Hinner

Table of Contents

General Introduction:
Communication's Role in Establishing and Maintaining Business Relationships
Michael B. Hinner 17

Consistency and Life
Edward T. Hall 51

Equivocation and Communicative Skill
Peter Bull 67

On the Detection of Others' Goals in Social Interaction
Nicholas A. Palomares 85

Understanding Advice in Social Interaction
Bo Feng 113

Gender-based Language Use: Understanding When, How, and Why Women Communicate Similarly and Differently
Nicholas A. Palomares 133

The Role of Argumentative and Aggressive Communication in the Explanation of K-12 Teacher Burnout Syndrome: A Global Phenomenon?
Theodore A. Avtgis and Andrew S. Rancer 149

Nightmares, Demons, and Slaves: Exploring the Painful Metaphors of Workplace Bullying
Sarah J. Tracy, Pamela Lutgen-Sandvik, and Jess K. Alberts 169

Face-ism as a Media Stereotype: A Case Study of the *Newsweek* Magazine
Kapil Melkote and Srinivas Melkote 211

Racial Profiling: They Said It Was against the Law!
Oscar H. Gandy, Jr. and Lemi Baruh 229

The Cowering Public: Exaggerating Risk and Fear in the News
Charles R. Berger 267

Measuring the Effectiveness of Anti-Drug Public Service Announcements
Daniel W. Barrett, Joseph Capella, Martin Fishbein,
Marco Yzer, and R. Kirkland Ahern 297

Can Communication Be Socially Responsible and Commercially Viable?
An Assessment of *Sa Pagsikat Ng Araw,* an Entertainment-Education
Radio Series in the Philippines
Arvind Singhal, Elizabeth Rattine-Flaherty, and Molly A. Mayer 329

Great Uniter or Insidious Divider: Technology's Impact on Effective
Business Communication
Debbie D. DuFrene and Carol M. Lehman 349

Media Use as a Function of Identity: The Role of the Self Concept in
Media Usage
Pauline Hope Cheong, Jennie Hwang, Benjamin Elbrit, Hao Chen,
Carolyn Evans, and Joseph Woelfel 361

Networked Agency and Building Community: Encountering Queer "Desi"
Blogging through Dialogue
Rahul Mitra and Radhika Gajjala 383

Multiple Media Use and Multitasking with Media among High School
and College students: A Diary Method
Se-Hoon Jeong, Weiyu Zhang, Martin Fishbein, Elisabeth Davis,
Amy Bleakley, Amy Jordan, and Michael Hennessy 409

On Being Less Theoretical and More Technological in Organizational
Communication
Steven R. Corman 435

Organizational Intelligence of Multinational Corporations:
A Critical Review and Suggestions
Juana Du 451

Outsourcing in the Animation Industry
Venkataramana Gajjala 471

Digital Cinema and the Transformation of the Motion-Picture Industry
Paul Messaris 485

The Necessity for International Cooperation in Commercial Space Development
Coffee Brown, Dirk Gibson, and Mary Catherine Saavedra 507

General Introduction: Communication's Role in Establishing and Maintaining Business Relationships

Michael B. Hinner

Relationships and trust play an important, even decisive role in the world of business (Abrams et al, 2004; Argyris, 1962; Axelrod, 1984; Brenkert, 1998a; Brenkert, 1998b; Christopher & Jüttner, 2000; Cooper et al, 1997; Corsten & Gössinger, 2001; Dirks & Ferrin, 2001; Duffy & Fearne, 2004; Earley, 1986; Ellis & Shockley-Zalabak, 2001; Hosmer, 1995; Humphries & Wilding, 2001; Jones & George, 1998; Kirby, 2003; Krapfel et al, 1991; Kuhn & Hellingrath, 2002; Lambert & Knemeyer, 2004; Lambert et al, 1996; Lambert et al, 1998; Likert, 1967; McAllister, 1995; McGregor, 1967; Ripperger, 1998; Robinson, 1996; Simatupang & Sridharan, 2005). Relationships are created at the place of work among fellow colleagues, with supervisors, between employers and employees as well as management and trade union representatives. But business relationships are also established and maintained between various companies including suppliers and OEMs (Original Equipment Manufacturers), wholesalers and retailers, governmental agencies and non-governmental organizations as well as consumers and clients (Brenkert, 1998a; Cooper et al, 1997; Corsten & Gössinger, 2001; Humphries & Wilding, 2001; Jones & George, 1998; Kirby, 2003; Kuhn & Hellingrath, 2002; Lambert et al, 1998). Indeed, virtually all aspects of business involve some type of relationship at one time or another. Relationships could, for example, revolve around two people and, thus, occur at the micro level or include large-scale international networks with literally hundreds of member companies and organizations, i.e. at the macro level (Cooper et al, 1998; Krapfel et al, 1991; Lambert et al, 1996; Lambert & Knemyer, 2004). While some relationships are relatively short-lived, others endure for a long time (Cooper et al, 1998; Lambert et al, 1996). In fact, most business activities and transactions would not exist without relationships having been established in the first place (Hinner, 2005; Hinner, 2007). By their very nature, relationships rely on communication because no relationship would come into being, continue to exist, and/or end without communication (Adler & Rodman, 2003; De Vito, 2002; Gamble & Gamble, 2005; Littlejohn & Foss, 2005; Tubbs & Moss, 2003).

That is why it is essential to consider communication when analyzing relationships – including business relationships.

At the same time, relationships also involve trust because trust can evolve in the course of a relationship and, thus, help stabilize the relationship by making it more predictable (Adler & Rodman, 2003; Bhattacharya et al, 1998; Brenkert, 1998b; Cooper et al, 1997; De Vito, 2002; Dwyer et al, 1987; Gamble & Gamble, 2005; Huang et al, 2003; Kuhn & Hellingrath, 2002; Kumar, 1996; Tubbs & Moss, 2003; Zaheer et al, 1998). And this degree of predictability helps reduce the uncertainty associated with most communication (Bhattacharya et al, 1998; Gamble & Gamble, 2005; Hybels & Weaver, 2004; Littlejohn & Foss, 2005). In fact, even hostile relationships such as those encountered during the Cold War period actually made the world more predictable than the post-Cold War period has been so far. That is why it might be well worth the effort to see what role communication and communication principles play in business relationships so as to gain insights into business relationships and to help make them more effective and efficient (Hoyt & Huq, 2000). And during these turbulent economic times, a degree of predictability is essential.

Business Relationships

Business relationships can be formal, such as the regulated interactions one finds between a company and the Internal Revenue Service revolving around taxes which are due at fixed, predetermined periods of time. Or the relationships can be informal, such as the relationship between two colleagues at work which might even be intermittent (Cooper et al, 1997; Krapfel et al, 1991; Lambert et al, 1996). Through established relationships, it is possible for businesses to cooperate closely with one another. Through cooperation, it is possible to become more efficient by streamlining business processes which, in turn, makes the interaction of all participants more efficient and effective (Chu & Fang, 2006; Daugherty et al, 2003; Humphries & Wilding, 2001; Kirby, 2003; Lambert et al, 1996; Lambert & Knemeyer, 2004). Good business relationships actually have a positive impact on team work, leadership, goal setting, and overall performance (Grossman, 2004). And decisions are also reached quicker amidst good relationships because it is not necessary to control and monitor transactions as often in good relationships as is the case in bad relationships (Kirby 2003; Chu & Fang, 2006). That is why greater efficiency can ultimately help increase the benefits for all parties involved in the relationship (Chopra & Meindl, 2004; Duffy & Fearne, 2004; Hoyt & Huq, 2000; Kirby, 2003; Kumar, 1996). General Electric, for example, established an efficient and effective relationship with its retailers in a supply chain network which allowed General Electrics to save about twelve percent of its distribution and marketing costs while the retailers increased their profit margins on General Electric products and exhibited considerable reductions in their out-of-stocks (Simatupang & Sridharan, 2005). Hence, benefiting all involved parties.

While many companies are seeking to create successful relationships with other businesses in order to tap the potential benefits associated with such relationships, only a small proportion of those companies actually reap those benefits (Kumar, 1996; Lambert & Knemeyer, 2004). In other words, it is easy to initiate a relationship, but it does not always end up being a mutually beneficial relationship because if the perceived trust has been broken, then it often results in disappointment and exacerbation (Berquist et al, 1995; Chopra & Meindl, 2004; Chu & Fang, 2006; Handfield & Nichols, 1999; Hoyt & Huq, 2000; Hosmer, 1995; Jones & George, 1998; Kirby, 2003; Kuhn & Hellingarth, 2002). That is why it is crucial to have an understanding of the principles and factors involved in building, maintaining, and improving business relationships because successful relationships can reduce uncertainty and distrust (De Vito, 2002; De Vito, 2006; Gamble & Gamble, 2005; Littlejohn & Foss, 2005). Consequently, it is imperative that trust and its role in relationships be also considered when attempting to determine what makes relationships successful (De Vito, 2002; De Vito, 2006; Gamble & Gamble, 2005; Tubbs & Moss, 2003). In fact, relationships need trust to be successful because the greater the degree of trust in a relationship, the greater the degree of predictability which, in turn, decreases the level of uncertainty and increases the level of achievable cooperation among the participants. This, in turn, increases the likelihood of establishing mutually beneficial and profitable relationships. That is why mutually beneficial relationships require trust – whether at the micro or the macro level (Bhattachary et al, 1998; Brenkert, 1998a; Chopra & Meindl, 2004; Chu & Fang, 2006; Grossman, 2004; Handfield & Nichols, 1999; Hosmer, 1995; Hoyt & Huq, 2000; Huang et al, 2003; Humphries & Wilding, 2001; Jones & George, 1998; Kirby, 2003; Kumar, 1996; Lambert et al, 1996; Ripperger, 1998). Towards that end, this text will examine why relationships are created, how they evolve, are maintained, and are terminated to then transfer these insights into a business context.

Social Exchange Theory

The social exchange theory, which is also called the cost-benefit theory, states that humans will only work to maintain relationships as long as the benefits they perceive for themselves outweigh the costs, i.e. their input into such a relationship. In other words, the moment a person perceives the costs of a relationship to outweigh the benefits, then that person will decide to exit that relationship

(Homans, 1958). These benefits can include self-worth, personal growth, increased ability to cope with problems, more security, and additional resources to accomplish tasks(De Vito, 2002; De Vito, 2006; Gamble & Gamble, 2005). The costs include time spent making the relationship work, psychological and physical stress, a damaged self-image, and lost resources (De Vito, 2002; De Vito, 2006; Gamble & Gamble, 2005). Obviously, the social exchange theory can be transferred into the world of business as well. After all, one of the primary purposes of conducting any business is to benefit from such activity. When people feel that the rewards equal or surpass this comparison level, then they derive satisfaction from this business relationship (Berquist et al, 1995; Chu & Fang, 2006; Grossman, 2004; Handfield & Nichols, 1999; Kirby, 2003; Kumar, 1996). But people also have a comparison level for alternatives (Homans, 1958). This means that people compare the rewards they get from a current relationship with the ones they think they can get from a possible alternative relationship (De Vito, 2002; De Vito, 2006; Gamble & Gamble, 2005). People might, thus, decide to terminate a current relationship and enter another one if they assume that the other relationship provides better benefits. And when relationships are thought of in economic terms, then the relationship will be perceived as more satisfying the greater the reward and the lower the cost (Chopra & Meindl, 2004; Chu & Fang, 2006; Grossman, 2004; Hosmer, 1995; Kirby, 2003; Kumar, 1996). It is here, quite obviously, that a direct link is established between human relations in general and business relationships in particular.

A number of studies indicate that good relationships actually increase a person's overall well-being (Argyle, 1994; Argyle & Henderson, 1985; De Vito, 2002; Gamble & Gamble, 2005; Hazan & Shaver, 1994; Perlman & Peplau, 1981, Reis, 1984). In fact, the quality and quantity of an individual's interpersonal relationships seem to have a direct impact on that individual's physical and psychological health. For example, ten times as many divorced men die of tuberculosis than married men and twice as many divorced women die of pneumonia than married women (Argyle & Henderson, 1985). These studies seem to indicate that there is in fact a direct benefit to be reaped from relationships; thus, providing evidence to support the social exchange theory. One could, thus, also argue that good business relationships create healthier, sounder businesses. And indeed there is evidence that this may actually be true as Kwon and Suh (2004) note. One reason is due to the fact that information is shared in trustful relationships which helps reduce behavioral uncertainty, makes the dealings more predictable and, thus, assures long-term planning (Kwon & Suh, 2004). But these observations are not entirely surprising because the establishment and maintenance of good relationships is crucial for human survival (Ehrlich, 2000). And since humans are at the core of business relationships, the same probably also applies to business relationships.

Relationships

According to Argyle and Henderson (1985), relationships are social interactions which occur at regular intervals over a certain period of time with the expectation of a certain degree of constancy. Through constancy, it is possible to make better predictions. Better predictability improves the effectiveness and efficiency of communication as Berger's Uncertainty Reduction Theory postulates (De Vito, 2006; Gamble & Gamble, 2005; Littlejohn & Foss, 2005). Relationships are actually based on interdependence because the actions of one party have consequences for the other party. This dyadic relationship makes the relationship more predictable due to its interdependence (Adler & Rodman, 2003; Bhattacharya et al, 1998; Gamble & Gamble, 2005; Tubbs & Moss, 2003; Zaheer et al. 1998). If, for example, a person buys a particular cheese on a regular basis from a specific store, then this person might go to that store on a regular basis if this person consumes that cheese every week. Over time, the store owner might come to anticipate the regular shopping habit of that person and order the required quantity of that particular cheese in anticipation of that person coming to the store and purchasing the same amount of cheese at regular intervals. If that person is the only customer in the store to buy that particular cheese, then the store owner might be stuck with the unsold portion of the cheese if that customers stops coming to the store to buy the cheese, or no longer has a taste for that cheese. This could frustrate the store owner because no one else might be interested in this particular cheese which the store owner had purchased earlier on the assumption that it would be sold as usual. Hence, the action of that one person has direct consequences for the other person.

Relationships like communication can be measured by their quality and their quantity (Adler & Rodman, 2003; DeFleur et al, 1998; De Vito, 2002; De Vito, 2006; Gamble & Gamble, 2005; Hybels & Weaver, 2004; Tubbs & Moss, 2003). Quality relationships seek to enhance the status or condition of each party while quantity relationships seek to focus on gaining as many partners as possible. Often both approaches are treated as separate and distinct forms, but a combination of both quality and quantity is possible as well. The same has been noted in the world of business relationships as well (Christopher & Jüttner, 2000; Cooper et al, 1997; Handfield & Nichols, 1999; Krapfel et al, 1991; Kuhn & Hellingrath, 2002; Lambert et al, 1996)

Relationships are not only advantageous, but they can also entail disadvantages (Adler & Rodman, 2003; DeFleur et al, 1998; De Vito, 2002; De Vito, 2006; Gamble & Gamble, 2005; Hybels & Weaver, 2004; Tubbs & Moss, 2003). An advantage of relationships is to maximize pleasure and minimize pain. Relationships can also reduce uncertainty and facilitate the communication due to better predictability as noted above (De Vito, 2006; Gamble & Gamble, 2005). Disadvantages include pressure to reveal oneself and expose one's vulnerabilities (Adler & Rodman, 2003; DeFleur et al, 1998; De Vito, 2002; De Vito, 2006; Gamble & Gamble, 2005; Hybels & Weaver, 2004; Tubbs & Moss, 2003). Relationships also increase obligations which can include time, money, or emotional energy. A particular relationship can also result in abandoning other relationships because one does not have time for them anymore or because the one partner does not like to have any associations with the other partners. It can also be difficult to get out of a relationship once it has been entered because one feels a certain degree of emotional attachment, responsibility, and/or dependence (Adler & Rodman, 2003; DeFleur et al, 1998; De Vito, 2002; De Vito, 2006; Gamble & Gamble, 2005; Hybels & Weaver, 2004; Tubbs & Moss, 2003). Clearly, all of these factors are true for business relationships as well (Chopra & Meindl, 2004; Handfield & Nichols, 1999; Kuhn & Hellingarth, 2002; Kumar; 1996; Lambert et al, 1996). A car manufacturer, for example, is dependent on the various suppliers delivering the needed parts in the right quality and quantity at the right time; otherwise, the entire production process stops. The manufacturer can, thus, benefit from a functioning relationship. Likewise, the manufacturer will have to trust the suppliers not to reveal company secrets to competitors. Conversely, the suppliers are dependent upon the financial well-being of the manufacturer because that manufacturer may be the primary purchaser of the parts made by the suppliers. That is why recently a number of suppliers in the automobile industry went bankrupt because the major automakers encountered substantial difficulties in the aftermath of the financial and economic crisis and, thus, sold significantly fewer cars.

Reasons for Relationships

Why do people or businesses enter relationships? According to Hybels and Weaver (2004), the reasons for entering relationships include attraction, perceived gain, similarities, differences, and proximity.

Attraction can refer to physical attraction, but could also be due to non-physical appearance, e.g. a particular talent or finances (Hybels & Weaver, 2004). In other words, one is attracted to another person or company because of perceived tangible and intangible assets associated with that other person or company (Christopher & Jüttner, 2000; Handfield & Nichols, 1999; Huang et al, 2003; Humphries & Wilding, 2001; Lambert et al, 1996).

Perceived gain follows the social benefit theory because people sometimes do hope to gain materially, emotionally, immaterially from a relationship (Hybels

& Weaver, 2004). This clearly is one of the primary reasons why companies, for example, enter into a business relationship in the first place (Christopher & Jüttner, 2000; Handfield & Nichols, 1999; Huang et al, 2003; Humphries & Wilding, 2001; Lambert et al, 1996).

Similarities refer to similar beliefs, values, and attitudes (Hybels & Weaver, 2004). In the world of business, relationships may be developed because both partners have similar end users such as McDonald's and Coca-Cola which causes them to cooperate in the restaurant business (Lambert et al, 1996). And smaller companies can sometimes join forces so that together they can achieve economies of scale that they would not be able to achieve individually due to their small size. For example, small, family-owned appliance stores might co-operate in purchasing so as to be able to purchase appliances in sufficiently large quantities in order to get a lower price which they can then pass on to their customers. This allows these small companies to compete with large discount retailers.

Compatibility refers to similar attitudes, personality, and liking the same activities; and if it should exist between two individuals, then the relationship may actually last longer (Hybels & Weaver, 2004). In a business context, it is often the case that different, but related types of businesses cooperate because they complement each other (Kuhn & Hellingrath, 2002; Lambert et al, 1996; Lambert & Knemeyer, 2004). For example, a pharmacy may be located next to a doctor's office because the doctor's patients will purchase their prescriptions at the nearest pharmacy. Or a large automobile manufacturer may attract a number of suppliers to its vicinity since they can reduce delivery time and, thus, reduce their transportation cost.

Differences are important if these differences complement each other; for example, someone may be good in math while another person is good in writing which could be a good study group – because one does not want all of the members of such a group to have the same abilities and characteristics (Hybels & Weaver, 2004). Very often, prior to setting up a business, one may study the competition at a particular location. If there are no direct competitors in the immediate neighborhood, then it might be a good idea to establish a business at this location because it improves the probability of profitability. For example, a department store may decide to move into a shopping mall if that mall contains a number of small retailers and boutiques, but no other department store. And it might avoid a shopping mall if that mall already has other successful department stores in it.

Proximity refers to the close contact which is created when people share experiences such as work, a hobby, or neighborhood (Hybels & Weaver, 2004). In a business context, shorter distances typically mean lower costs (Schönsleben & Hieber, 2002). That is one of the reasons why some shipping companies continue to risk shorter shipping routes that may, though, be infested with pirates.

There are, thus, a number of reasons why people enter relationships. It should be noted, though, that it is possible that any number or combination of reasons may motivate people to enter relationships. So it may be similarity and proximity which cause two people or companies to establish a relationship.

Social Penetration Theory

The social penetration theory (Adler & Rodman, 2003; Gamble & Gamble, 2005; De Vito, 2006; Littlejohn & Foss, 2005) revolves around two concepts – breadth (how many interests the partners share) and depth (how deeply one can penetrate the other's inner personality). According to this theory, the relationship starts out quite narrowly with only a few topics to discuss and little depth since the partners are still unfamiliar with one another. Given time, both can change as one can expand the number of topics one discusses and the insights one gets of the other person. Both variables can appear independently of one another (Adler & Rodman, 2003; Gamble & Gamble, 2005; De Vito, 2006; Littlejohn & Foss, 2005). In other words, one can increase the number of topics, but not learn more about the other person's inner personality, or vice versa. How much information is revealed in breadth and depth depends on the degree of the relationship, i.e. the deeper a relationship is, the more is revealed. Likewise, if there is a problem that might develop in the relationship, then people will narrow the breadth and the depth (Adler & Rodman, 2003; Gamble & Gamble, 2005; De Vito, 2006; Littlejohn & Foss, 2005).

It should be noted, though, that self-disclosure is also influenced by culture. In different cultures, different topics are disclosed. Likewise, what information one discloses with whom varies from culture to culture (Chen & Starosta, 1998; Gudykunst & Kim, 1997; Lustig & Koester, 2006; Oetzel, 2009; Samovar et al, 1998). For example, in some cultures talking about how much money one earns is a topic that can be discussed with strangers whereas in other cultures one never discusses money in public. And while Americans are quick to self-disclose, most Germans would only do so with close friends.

Relationship Roles

According to Hybels and Weaver (2004), relationships can be evaluated according to the roles the participants assume. This evaluation can occur throughout the duration of the relationship and can include the actual roles, the expectations, possible renegotiations of the roles as well as the costs and rewards of the relationship. Similar to the social benefit theory, Hybels and Weaver (2004) argue that humans essentially enter relationships because they expect to reap certain tangible and/or intangible benefits from such a relationship. And should one or all partners come to the conclusion that the costs outweigh the rewards, then the relationship may be terminated. These costs are associated with the particular role a partner assumes or is expected to assume in the relationship (Hybels & Weaver, 2004). In other words, roles are crucial aspects of relationships; a phenomenon that is also observed in business relationships (Christopher & Jüttner, 2000; Handfield & Nichols, 1999; Krapfel et al, 1991; Lambert et al, 1996).

Sometimes the partners agree to assume certain roles and tasks within the partnership/relationship, and sometimes it is expected that the participants assume specific roles (Tubbs & Moss, 2003). Specific roles are often associated with specific norms. For example, an employee is expected to carry out the tasks the supervisor assigns. A doctor is expected to treat an illness. People often have more than one role to "play" which is why relationship roles can be complex. This can result in interrole conflict when someone occupies "two (or more) roles that entail contradictory expectations about a given behavior" (Tubbs & Moss, 2003, p. 261). For example, the owner of a company may also be the personal friend of one of the company employees. If that friend happens to cheat a colleague at work, then the company owner may be confronted with a dilemma: Should the owner act as a friend and forgive and forget the actions of the employee, or should the owner discipline the wrongful actions of an employee? This situation is an example of an interrole conflict. The decision as to what needs to be done would depend, to some degree, on what is more important to the owner, i.e. keeping a friend or being an impartial employer. Such a situation could create misunderstandings among all participants because of the interrole conflict (Tubbs & Moss, 2003).

The respective roles of the participants may have been the origin of the relationship. However, over time these roles can change as can the expectations people bring to a relationship and as they evolve during the course of the relationship. In addition to defining the roles of the partners, all parties involved in a relationship have to reach agreement on those roles. For the relationship to continue, the roles and the expectations people have in a relationship must be satisfying to all. If not, the relationship may be terminated or possibly renegotiated (Adler &

Rodman, 2003; DeFleur, 1998; De Vito, 2006; Gamble & Gamble, 2005; Tubbs & Moss, 2003).

Renegotiating Relationships

Sometimes, renegotiations become necessary when the roles of the participants change. When people have been in a particular role for an extended period of time, they often develop habitual ways of behaving as well as assumptions abut how the other party will behave. When the situation/role changes, then it is time to renegotiate the relationship. It is often easier to change roles when it appears to be in the best interest of all. But when this role change is seen as a loss, then the negotiation can be difficult and hard. The ease of role change also depends on the flexibility of all which, in turn, is influenced by internal and external constraints, though. When the roles and relationships are rigidly defined, then change can be very difficult (Adler & Rodman, 2003; DeFleur, 1998; De Vito, 2006; Gamble & Gamble, 2005; Tubbs & Moss, 2003). The same is also true for business relationships which may also need to be renegotiated from time to time to adjust the relationship to the larger business context (Chopra & Meindl, 2004; Doz & Hamel, 1998)

Power Distribution

In a relationship, the power distribution among the participants can also play a decisive role (DeFleur, 1998; De Vito, 2002; Martin & Nakayama, 1997). Quite often, the role distribution in a relationship is based on the power distribution of the partners. In other words, someone with more power may assume a more decisive role in the partnership. In a business context, power often plays a decisive role in relationships as well (Chopra & Meindl, 2004; Handfield & Nichols, 1999; Kumar, 1996). A large corporation can often dictate the price of a certain good that a smaller company produces. For example, Wal-Mart is able to sell its products often at a low price because it can purchase large quantities of a product. Typically, economies of scale can be applied whenever a product is mass produced. While exerting power may result in short-term advantages, almost all business relationships in which the power of one partner determines the state of the relationship results in failure sooner or later (Chopra & Meindl, 2004). It may even result in the weaker partner exiting the relationship because it established its own distribution network or found another OEM willing to use the parts developed for the previous OEM (Kumar, 1996). That is why it is generally counterproductive to exert power unilaterally in a business relationship.

Time

Time is also an important factor in relationships because with time it is possible for a relationship to develop and evolve. With time, relationships develop an interdependence which in turn fosters trust and commitment (Tubbs and Moss, 2003). Time is also essential for the intensity/degree of the relationship. With time, communication styles can change as one gets more familiar with the other participants; communication can become more high context due to the familiarity. Of course, it also possible that with time it becomes clear that one is not a good "fit" for the other participant(s); in other words, one learns more about the others and how they relate to oneself and possibly does not like what one discovers of the other over time (Tubbs & Moss, 2003).

Relationship Stages

Relationships evolve and develop over time. Knapp and Vangelisti (1992) identified and classified ten stages of a relationship: Initiating, experimenting, intensifying, integrating, bonding, differentiating, circumscribing, stagnating, avoiding, and terminating. Broadly speaking, these ten stages can be assigned to three broad categories; namely, coming together (i.e. initiating, experimenting, intensifying), relational maintenance (i.e. integrating, bonding, differentiating, circumscribing), and coming apart (i.e. stagnating, avoiding, terminating) (Adler & Rodman, 2003; Gamble & Gamble, 2005).

Initiating refers to the various aspects that are associated when establishing the first contact with another person and, thus, inevitably, involves the first communication one may have with another person or organization. Typically this involves the use of established behavioral norms. This stage is important for the subsequent development because it involves the first impressions one has of the other person. And these first impressions can be crucial in deciding whether one is to pursue the potential relationship or to exit it at this stage (Adler & Rodman, 2003; Gamble & Gamble, 2005). In a business context, this stage refers to the interest a customer may express in a particular product or service. It could even refer to the stage when a potential customer visits a company website to see what the company offers under what circumstances and conditions. It could also refer to interest a company expresses in another company as a potential business partner or as a possible candidate for a merger or acquisition.

Experimenting refers to the attempts people undertake to discover more about the other person. This information gathering stage encompasses communication activities designed to acquaint the participants with one another. This is typically accomplished through small talk. Small talk fulfills a number of functions such as uncovering more integrating topics for deeper conversations, reducing uncertainty, and establishing a sense of community (Adler & Rodman, 2003; Gamble & Gamble, 2005). At this stage, the commitment is minimal; and the relationship might not progress beyond this stage. In a business context, this could refer to the direct communication a customer has with a retailer or the information gathering a company undertakes after having identified potential companies for a merger to determine if any or all are suitable for the intended merger.

Intensifying refers to the stage of a relationship that progresses beyond experimenting. During this stage, people tend to share activities, disclose more information about themselves, and become better at predicting the behavior of the other. The people make a commitment to help maintain the relationship (Adler & Rodman, 2003; Gamble & Gamble, 2005). In a business context, this could refer to the point at which the retailer begins to anticipate the wishes and desires of a regular customer and even communicates information not directly related to the business at hand. During a merger or acquisition, this stage refers to the point where a specific company has been isolated and the intense exchange of information between both companies that occurs as a result of this selection.

Integrating refers to the stage of further strengthening the relationship to the point where both parties see themselves as a social unit and others do so as well. Partners begin to develop their own routines and might even begin to speak alike. During this stage, people often give up some characteristics of their old selves and assume different ones. With integration, the sense of obligation to the other party increases as well. People feel obligated to share more information and resources. Communication is often very direct without inquiries and explanations. The partners expect more from the each other than at any previous stage (Adler & Rodman, 2003; Gamble & Gamble, 2005). In a business context, this could refer to the situation in which a supplier works closely with a car manufacturer in developing, for example, a new seat for a new car model. Instead of looking for a new supplier that might already have the desired seat in its product portfolio, the car manufacturer might contact its current seat supplier during the development phase of the new car and have that seat manufacturer create the new seat specifically for the upcoming new model.

Bonding refers to the stage during which the parties announce that their commitment to one another has been formally contracted. The relationship becomes institutionalized and is no longer informal. It is guided by specific rules and regulations some of which cause discomfort or rebellion as the parties try to adjust to these changes. This is considered to be the critical stage of the relationship (Adler & Rodman, 2003; Gamble & Gamble, 2005). In a business context, it could refer to the situation in which a manufacturer decides to tie a supplier with a long-term contract to assure reliable delivery of the goods in a desired quantity and quality. Or a manufacturer might buy a supplier in order to integrate that supplier into its corporate group. This strategy of economies of scope could be used to broaden the base of the corporation in order to be less dependent on other companies. Large oil corporations often not only own the oil wells that supply their refineries, but they also own the tankers that ship the crude oil to the refinery. And the gas stations that ultimately sell the refined gasoline to the public are also owned by the oil company.

Differentiating refers to the point of a relationship where the parties seek to reestablish their individuality after having formally created commonality. Partners use a number of different strategies to assert their own role such as seeking direct confrontation. Or they may not respond to questions directed at them. This stage typically occurs when relationships experience the first stress. While the need for autonomy may result in conflict, it is also beneficial in that it helps each partner retain their individuality (Adler & Rodman, 2003; Gamble & Gamble, 2005). In a business context, this is exemplified by mergers and acquisitions that run into difficulties. Instead of emphasizing that the merged companies are now one single corporation, one brand may not wish to emphasize the fact that it is part of that corporate group. For example, after the merger of Daimler and Chrysler, Mercedes tried to deemphasize the fact that it was part of the same corporation that also produced Dodge and Chrysler. Mercedes was afraid of being categorized as a brand that was no longer an exclusive, luxury brand (Schuler & Jackson, 2001).

Circumscribing refers to situation during which the quality and quantity of the partners' communication decreases. Often the partners opt for mental and/or physical withdrawal. Consequently, the interest in the other partners wanes and exhibits a certain degree of exhaustion (Adler & Rodman, 2003; Gamble & Gamble, 2005). In a business context, this is often found among employees who no longer identify themselves with their company to the point where they will use every opportunity to avoid having to go to work. The number of sick days often increases in such a situation.

Stagnation refers to the stage during which the partners feel that is no longer necessary or beneficial to interact with one another. No growth occurs. The interaction is reduced to sharing the same environment and following the same routine without any enthusiasm (Adler & Rodman, 2003; Gamble & Gamble, 2005). In a business context, this is often seen in employees who are no longer motivated for and enthusiastic about their job.

Avoiding refers to the stage during which the partners go out their way to be apart from one another. This deliberate separation can be accompanied with excuses or expressed directly and openly. The termination of the relationship becomes apparent and open (Adler & Rodman, 2003; Gamble & Gamble, 2005). In a business context, the employees may now avoid the place of employment and actively seek another job. And merged companies may now openly announce their intention to split up again.

Terminating refers to the stage during which the relationship ends. The ending of the relationship can be quick or drawn out, hostile or cordial (Adler & Rodman, 2003; Gamble & Gamble, 2005). In a business context, relationships can also end as a result of a number of different reasons. One of the partners may retire and/or move to a different location, or a company might go bankrupt.

It must be realized that some relationships never achieve and experience all ten stages; and it should be clear that some stages may last longer than others. In fact, some relationships never terminate or stagnate. It is also possible that partners of a relationship may regress to a previous stage. In other words, all relationships are unique to some degree and, thus, evolve very differently from one another when it comes to the role and direction of that relationship (Adler & Rodman, 2003; De Vito, 2006; Gamble and Gamble, 2005).

Relational Dialectics

Relational dialectics also seem to play a role in the interaction of humans (Adler & Rodman, 2003; Gamble & Gamble, 2005; Littlejohn & Foss, 2005). Because different individuals with different interests enter a relationship, it is very likely that some aspects of the relationship may involve opposite interests. The differing interests can be found among the partners as well as within one person over the period of a relationship (Adler & Rodman, 2003; Gamble & Gamble, 2005; Littlejohn & Foss, 2005). Some of these opposing, i.e. dialectic, interests have been identified; namely, connection vs. autonomy, predictability vs. novelty, and openness vs. privacy (Adler & Rodman, 2003; Gamble & Gamble, 2005; Littlejohn & Foss, 2005). Some relationships involve individuals who enter a relationship while pursuing incompatible goals throughout the relationship (Adler & Rodman, 2003). As these parties seek to pursue and achieve their goals during the relationship, dialectical tension can occur. Dialectic tension refers to existence of two opposing or incompatible forces within a relationship (Adler & Rodman, 2003; Gamble & Gamble, 2005; Littlejohn & Foss, 2005). For example, while some individuals enter a relationship seeking to move closer to another person, others may want to retain or assert their autonomy. It is, of course, also possible that one individual will exhibit these dialectically opposed goals during different phases of a relationship. When one partner seeks to be closer to the other, this may initially spark a similar desire for closeness in the other partner. However, at some point in time, one of the partners may feel constricted and may, thus, seek to reassert autonomy. Or if both partners enter a relationship with the dialectically opposite interests, then one, or both, may think that the other partner will change his or her position; this may, though, never happen. In both examples, the relationship will be put under great strain and may actually break up (Adler & Rodman, 2003; Gamble & Gamble, 2005).

Another dialectically opposite interest is predictability vs. novelty in which one partner or both may prefer a predictable routine in their relationship because they have a need for such stability (Adler & Rodman, 2003; Gamble & Gamble, 2005). On the other hand, one of the partners may not wish to have the same routine all the time in a relationship. It is, of course, also possible for either one or both partners to change their interests over time. Likewise, one partner, or both, may assume that in time they will be able to get the other partner to assume the other's interest. Again, if such a dialectic opposition is encountered, it may result in tension and possibly be responsible for the termination of the relationship (Adler & Rodman, 2003; Gamble & Gamble, 2005).

And third pair of dialectically opposite interests refers to the need some people have to share information with others by being open while other people have a need for privacy. Either one of the partners may exhibit such behavior, or both, over a period of time. And again, it would result in tension and possible termination of the relationship (Adler & Rodman, 2003; Gamble & Gamble, 2005).

Some people deny that such tensions may exist when in actual fact they do (Adler & Rodman, 2003; Gamble & Gamble, 2005). Such a response, though, does not solve the actual problem. It might be better to alternate between the dialectically opposing interests so that both partners may each alternate between a time when they are open and a time when they have their privacy. Another strategy to help manage dialectical tension is to segment and compartmentalize different sector of their relationship (Adler & Rodman, 2003; Gamble & Gamble, 2005). In other words, the partners may share information on a particular topic, but agree to not sharing other information. It is also possible for both partners to practice moderation in that they agree to compromise in their positions and decide to move a bit towards the position of the other partner by reframing their interests so that a degree of convergence is possible. And finally, both partners may accept these differences because they do not want to give them up completely. But it should also be clear that all relationships do change over time because virtually no relationship is going to be constant without any changes at all (Adler & Rodman, 2003; DeFleur et al, 1998; De Vito, 2006; Gamble & Gamble, 2005; Hybels & Weaver, 2004; Tubbs & Moss, 2003).

Trust

According to Gamble and Gamble (2005), trust "is a reflection of how secure we are that a person will act in a predicted and desirable way" (p. 250). This means that predictability is an essential aspect of trust. Communication involves prediction because people encode messages in a particular way because they assume that this encoded message will produce a specific result (Adler & Rodman, 2003; DeFleur et al, 1998; De Vito, 2002; De Vito, 2006; Gamble & Gamble, 2005; Hybels & Weaver, 2004; Tubbs & Moss, 2003). In other words, the encoder anticipates a particular reaction in the receiver and to elicit that reaction, the message is encoded in the manner it is. Indeed, it has also been proposed that one of the reasons people communicate with one another is to be able to reduce uncertainty and, thus, increase the accuracy of their prediction (Adler & Rodman, 2003; Gamble & Gamble, 2005; Littlejohn & Foss, 2005). According to Millar and Rogers, trust permits people to interact with one another in a reliable manner which, in turn, produces "sense of certainty about future actions and outcomes that permits decisions and commitments to be made" (Tubbs & Moss, 2003, p. 234). This is, of course, a very beneficial aspect that is desirable and necessary in many business situations as well. A manufacturer has to be able rely on the delivery of raw products to assure the production of goods in the desired quantity and quality. An employer has to be able to trust the workmanship of the employees. And customers have to be able to trust the expected quality standards of, for example, baby food. As noted above, according to the dialectic theory, too much predictability can result in boredom and stagnation (Adler & Rodman, 2003). So a certain balance is needed.

Lewis and Weigert (1985) identified two types of trust; namely, cognitive and emotional trust. According to Lewis and Weigert (1985), the type of trust depends on the social relationship. In so-called primary group relationships which include family members and friends, emotional trust is high whereas cognitive trust tends to be relatively low. In secondary group relationships such as business relationships, cognitive trust is high and emotional trust is often low (Lewis & Weigert, 1985). One could postulate that a combination of both emotional and cognitive trust probably produces the greatest degree of trust which is why such a combination ought to be pursued in good relationships. After all, *knowing* that one can trust someone completely through thick and thin is better than feeling or hoping that one can trust the other.

Equivocation

While there are some situations in which it is easier to turn down the request of a stranger than a friend, there are some situations where the exact opposite is the case. For example, if a stranger asks someone to volunteer for a weekend project and that someone does not wish to work that weekend, it is easier to turn down the stranger than a good friend who is counting on the friend's participation (Adler & Rodman, 2003; De Vito, 2002; Gamble & Gamble, 2005; Tubbs & Moss, 2003). Because turning down the invitation of the friend might actually risk the friendship. Conversely, there are also some situations in which it is easier to turn a friend because in such a situation a friend will understand one's motivation whereas a stranger would not have such understanding. For example, a shy person may not want to hold a speech at a friend's birthday party; a friend would understand and respect that. But a teacher may not have such understanding and, thus, give the student who refuses to hold a presentation a poor grade.

Likewise, there are some situations in which it is opportune to tell the truth whereas in some other situations, it might not be such a good idea to be clear and true with one's opinion (Adler & Rodman, 2003; DeFleur et al, 1998; De Vito, 2002; Littlejohn & Foss, 2005; Tubbs & Moss, 2003). According to Metts, equivocation can be used to save face in a number of situations (Adler & Rodman, 2003). According to Adler and Rodman (2003), equivocation refers to a deliberately vague statement that could be interpreted in a number of ways. In other words, there are a number of encoding options available to people with which the degree of vagueness and clarity varies as does the degree of truthfulness and falseness. This may be illustrated by the following matrix (Adler & Rodman, 2003):

Equivocal

True

False

OPTION I Equivocal, True Message	OPTION II Equivocal, False Message
OPTION III Clear, True Message	OPTION IV Clear, False Message

Clear

A consumer might be given a particular product to test, but does not like this product. This person can now select a possible response with which to express the dislike of this particular product. For example, that person may express the truth equivocally, i.e. Option I: "What an interesting product." With this statement, the consumer essentially expresses disinterest but formulates this disinterest indirectly so as not to disappoint the person selling the product – maybe because the sales representative is a friend or a family member, i.e. a person one does not wish to hurt. Or the consumer can opt to lie, but express it equivocally, i.e. Option II: "Yes, I think I will buy it the next time I'm shopping." Here, the consumer has no intention of actually buying the product but decides to use equivocation to be polite and avoid a long needless discussion. With Option III, the consumer would state the dislike clearly: "No, I don't like this product, and I will not buy it." Whereas under Option IV, the consumer would lie outright: "Yes, I truly like this product and will buy it" when in actual fact the consumer does not like it and does not intent to buy the product. It should be noted, though, that a person may select different options for different problems.

Equivocation can serve a number of purposes; namely, to protect, for example, the recipient of the message from unpleasant responses and/or the respondent from unpleasant follow-ups (Adler & Rodman, 2003; DeFleur et al, 1998; De Vito, 2002; Littlejohn & Foss, 2005; Tubbs & Moss, 2003). Here, culture can play a decisive role as to when and how equivocation is used (Chen & Starosta, 1998; Gudykunst & Kim, 1997; Lustig & Koester, 2006; Oetzel, 2009). Most Germans business managers, for example, are fairly clear and direct, to the point of being blunt, with their opinions. A Chinese business manager, however, would attempt to give and save face so as to avoid loosing face. In an intercultural business context, it is, thus, possible that a particular situation may call for different options of equivocation among the participants. This could result in misunderstandings and might actually hurt the business relationship if the wrong option is selected.

Deception

Deception refers to the deliberate communication of information that is known to be false (Adler & Rodman, 2003; De Vito, 2006; Gamble & Gamble, 2005; Littlejohn & Foss, 2005; Tubbs & Moss, 2003). Should it become obvious that one partner has deceived the other, then it is possible that the relationship might suffer and might even be terminated (Adler & Rodman, 2003; De Vito, 2006; Gamble & Gamble, 2005; Littlejohn & Foss, 2005; tubs & Moss, 2003). So why would someone deliberately seek to deceive the other partner? According to Lippard, there are five reasons for deception: Resources, affiliation, self-protection, avoiding conflict, and protecting others (Tubbs & Moss, 2003). People deceive others in order to gain or retain resources. Deception is also used to increase or decrease the interaction with other people, i.e. affiliation (Adler & Rodman, 2003; De Vito, 2006; Gamble & Gamble, 2005; Littlejohn & Foss, 2005; tubs & Moss, 2003). Self-protection refers to the use of deception in order to self-disclose, enhance, or protect one's social image. The use of deception to avoid conflicts is actually the most common reason for deception. And the need to protect others through deception is used to avoid hurting the feeling of another person or to prevent the other person from worrying about the initiator of the deception (Tubbs & Moss, 2003). Why do people resort of deception? According to Lippard, deception is a strategy used to help balance the power relationship of the partners. It seems there is a correlation between power, frequency of interaction, and deception (Tubbs & Moss, 2003). If, therefore, one partner of a relationship feels that they have little or no control over their lives and/or actions, then it very probable that this partner will resort to deception to rebalance the power structure within the partnership (Adler & Rodman, 2003; De Vito, 2006; Gamble & Gamble, 2005; Littlejohn & Foss, 2005; Tubbs & Moss, 2003). In other words, if employees feel that they are being pressured into doing something they would ordinarily not do or that their opinions are not wanted at the workplace, then they might resort to deception and present excuses as to why they cannot do that something which they had been asked to do.

Defensive Communication

Defensive communication refers to those situations during which one of the partners of a relationship feels that is necessary to defend a position they hold or a statement they have made (Adler & Rodman, 2003; Gamble & Gamble, 2005; Hybels & Weaver, 2004). This type of communication is problematic in that one of the relationship partners ends up focusing on defending themselves and, thus, no longer listens to what the other partner says. And if defensive communication revolves around a problem, then all of the efforts going into the defensive communication leave little energy left over for the resolution of a conflict (Adler & Rodman, 2003; Gamble & Gamble, 2005; Hybels & Weaver, 2004).

Gibb identified six categories of defensive communication and devised six supportive strategies to overcome these categories of defensive communication (Hybels & Weaver, 2004): Evaluation versus description, control versus problem solving, strategy versus spontaneity, neutrality versus empathy, superiority versus equality, and certainty versus provisionalism.

Evaluation involves judgments which could be negative; if such judgments are negative, then the other partner may become defensive which could be a step in the direction of conflict. Consequently, Gibb recommends that one uses descriptive statements. If a problem exists, it is better to describe the problem without attempting to blame the other party for the problem because a descriptive statement might cause the other partner to help solve the problem. A mere description without blame makes such a message less threatening (Hybels & Weaver, 2004).

Control refers to those situations in which one partner believes that they are right and that no other opinions are needed. These partners then use and/or exert control over the others to assert their opinion. While most people do not want to be in situations in which they are under the control of others, there are some situations where the power relationship is such that one does not have any choice. This is often the case in an employer-employee relationship and could result in deception as noted above. It is, therefore, better to attempt to work as equal partners in such a situation than to attempt to exert control. If the partner believes that they are treated as equals in the relationship and that their opinions are valued, then it is more likely that both partners will cooperate (Hybels & Weaver, 2004).

Strategy can be manipulative. Often when pursuing a particular strategy, people will attempt to manipulate others into going along with their strategy if it becomes clear that the other partner has other interests. Such manipulation may involve guilt or shame. In such situations, it would be better to abandon the strategy in order to preserve the harmony of the relationship (Hybels & Weaver, 2004). Here, the key term is "manipulative" because there are some strategies that are not manipulative. It is, thus, essential that only those goals are pursued that benefit both partners.

Neutrality can indicate a lack of interest which could make the other partner feel defensive or hurt because there are a number of situations in which neutrality is construed to be negative. People often want and need empathy to be expressed by partner. Empathy refers to "the ability to recognize and identify with another's feelings" (Hybels & Weaver, 2004, p. 280). Sometimes certain actions are inevitable, but it would create less resentment if empathy instead of neutrality were involved as well. For example, during an economic crisis it might be inevitable that some employees will have to be fired. This traumatic situation could be made worse if the employer expresses little or no sympathy.

Superiority is communicated in many ways; in particular, in those situations in which it is clear that one of the partners has more power than the other. Expressing such superiority often causes defensive behavior in the other partner. It is, thus, often better to stress equality even if the true power relationship is such that one partner has more than the other because equality tends to produce less defensive behavior (Hybels & Weaver, 2004).

Certainty refers to those situations in which people believe that they are always right. Certainty, unlike confidence and security, is often associated with a stance that refuses change. This unwillingness or inability to accept other opinions can lead to frustration in the other partner. Confident and secure people may also have strong opinions, but they are willing to listen to and accept other opinions if such positions are reasonable and acceptable (Hybels & Weaver, 2004). It could be that one of the partners may not even have considered such a possibility.

Obviously, these forms of defensive communication can be used in any combination and in the pursuit of specific policies. But as Gibb notes, if one uses only defensive communication, then such a policy may cause frustration in the recipient of such messages. At the first available opportunity, the recipient may decide to leave this relationship (Hybels & Weaver, 2004). Often a supplier is dependent on the manufacturer. But if the manufacturer only applies defensive communication, then the supplier may decide to that this relationship is too frustrating because the manufacturer does not appreciate the supplier's input. Once that particular supplier sees the possibility of working with another manufacturer, one that is more appreciative, then that supplier will probably terminate the relationship with the manufacturer employing defensive communication at the first available opportunity.

Conflict

Conflict situations are always a possibility in any relationship simply due to the fact that two or more people are interacting with one another. And since different individuals have different personalities, wishes, and possibly objectives, it is possible that disagreements may arise as a result of these differences. In and by themselves, conflicts do not necessarily have to be bad because conflicts can reveal what the partners truly think, interests them, or annoys them. While it may not be possible to eliminate all conflicts, it is possible to manage conflict situations (Adler & Rodman, 2003; DeFleur et al, 1998; De Vito, 2002; De Vito, 2006; Gamble & Gamble, 2005; Hybels & Weaver, 2004; Tubbs & Moss, 2003). According to Frost and Wilmot, conflict is "an expressed struggle between at least two independent parties who perceive incompatible goals, scarce rewards, and interference from the other parties in achieving their goals" (Adler

& Rodman, 2003, p. 231). This essentially means that the partners have to be aware that a conflict, or disagreement, exists in the first place. Often conflicts erupt because one or both partners perceive a situation in which their goals are incompatible (Adler & Rodman, 2003; DeFleur et al, 1998; De Vito, 2002; De Vito, 2006; Gamble & Gamble, 2005; Hybels & Weaver, 2004; Tubbs & Moss, 2003). For example, when one of the partners suddenly raises the price of a product, the other partner may consider that this price increase is unfair and, hence, assume that goal of a fair partnership is no longer tenable. However, the producer may have had legitimate reasons to increase the sales price because the price for the raw materials had been increased by the supplier. Thus, the producer is only passing on the extra costs to the buyer. But this crucial bit of information had not been communicated; thus, precipitating the conflict.

Conflicts can have varying degrees of intensity ranging from low to high (Adler & Rodman, 2003; DeFleur et al, 1998; De Vito, 2002; De Vito, 2006; Gamble & Gamble, 2005; Hybels & Weaver, 2004; Tubbs & Moss, 2003). In a low intensity conflict, it is possible to work on a solution that is beneficial to all he partners. A medium intensity conflict refers to a situation in which both partners are committed to win, but winning is seen as sufficient whereas a high intensity conflict refers to a situation in which at least one of the partners seeks to destroy the other (Adler & Rodman, 2003; DeFleur et al, 1998; De Vito, 2002; De Vito, 2006; Gamble & Gamble, 2005; Hybels & Weaver, 2004; Tubbs & Moss, 2003). Furthermore, there are also so-called pseudoconflicts when the participants mistakenly believe that a conflict exists, or when it is mistakenly assumed that two or more goals cannot be achieved (Gamble & Gamble, 2005). This type of conflict is resolved when it becomes clear to both partners that no conflict actually exists.

Conflicts may also be classified as conflicts of content, value, and ego (Adler & Rodman, 2003; DeFleur et al, 1998; De Vito, 2002; De Vito, 2006; Gamble & Gamble, 2005; Hybels & Weaver, 2004; Tubbs & Moss, 2003). A ***content conflict*** revolves around the disagreement over factual matters. If it is possible to verify the facts, then this type of conflict may be resolved relatively quickly (Gamble & Gamble, 2005). For example, one partner may believe that a particular product costs as certain price, and the other partner disagrees. Verifying the actual price of that product should solve this conflict. ***Value conflicts***, however, refer to disagreements which arise when the partners hold different opinions on a topic. Since opinions and/or personal or cultural values are involved, it will be more difficult to resolve such conflicts (Gamble & Gamble, 2005). For example, one may believe that it is the government's responsibility to provide adequate health insurance coverage to every citizen while another may believe that this is not the responsibility of the government at all but rather a decision best left to the individual citizens to decide. If neither partner is willing to give up their opinion in this conflict, then the only possible solution could be for the partners to agree that they disagree on this issue (Gamble & Gamble, 2005). ***Ego conflicts*** are the most difficult to resolve because the partners believe that winning or losing this conflict is associated directly with their self worth, prestige, or competence. These types of conflict are very difficult to solve rationally (Gamble & Gamble, 2005).

Five conflict styles have been identified: Nonassertivenness, direct aggression, passive aggression, indirectness, assertiveness (Adler & Rodman, 2003; Gamble & Gamble, 2005). ***Nonassertiveness*** refers to the inability or unwillingness to express any feelings or thoughts in a conflict and may be expressed either through avoidance or accommodation. In some conflict situations, it might actually be advisable to avoid a conflict or to be accommodating such as when a conflict situation is relatively minor and avoidance or accommodation has greater relevance than fighting. Nonassertive can, though, result in frustration, anger, and/or guilt if one or both partners feel like they should have expressed their true feelings but for some reason did not (Adler & Rodman, 2003). ***Direct aggression*** refers to those people who openly seek aggression. This open aggression can hurt and humiliate the other partner and may result in the termination of the relationship (Adler & Rodman, 2003). ***Passive aggression*** is more subtle and indirect and can take a variety of forms because the real feelings are hidden and concealed. It can result in confusion, frustration, and feelings of manipulation (Adler & Rodman, 2003). ***Indirectness*** can protect the other partner from being confronted with the true opinion and, thus, acts as a face saving measure (Adler & Rodman, 2003). For example, instead of stating outright that the price of a product is too expensive, one partner may say that at the moment there is no interest in this type of product. The risk of indirectness is that the other partner may not properly decode the message and, thus, assume that there is genuine interest in the product when the right time comes. But that may never be the case. In return, there may be confusion and frustration. ***Assertiveness*** refers to those individuals who mange conflicts skillfully by expressing their opinions clearly and openly, but at the same time also respect the opinions of the other and, thus, seek to find a constructive solution that is acceptable to both partners. So while one may feel some discomfort, overall one tends to feel better for having openly stated one's position and not ignored it (Adler & Rodman, 2003).

Conflict Resolution

A number of different ways exist which seek to resolve conflicts (Adler & Rodman, 2003; DeFleur et al, 1998; De Vito, 2006; Gamble & Gamble, 2005; Hybels & Weaver, 2004; Tubbs & Moss, 2003). In this context, one could also apply a matrix that balances the need to achieve one's own goals with those of the other partner. ***Win-lose*** conflicts, thus, refer to those conflicts in which one partner achieves their goal at the expense of the other partner. This type of resolution is an example of an "either-or" situation which also involves power and dominance (Adler & Rodman, 2003; De Vito, 2006; Gamble & Gamble, 2005). Consequently, the winner of this conflict will feel good while the loser may be frustrated which could have long-term consequences for the relationship. Another result of a conflict could be a ***lose-lose*** situation in which neither side is satisfied with the results. Quite often, many conflicts end up with both partners having lost at least something in the course of the conflict (Adler & Rodman, 2003; De Vito, 2006; Gamble & Gamble, 2005). Consequently, both partners are unhappy which could have serious consequences for the relationship. In a ***compromise***, both partners gain something, but also have to give up something. While it is better to compromise than to lose everything, both partners may feel frustrated because they did not really attain their goals. Not having gained their intended goal, both partners may continue to strive and attain it after all. This could result in further conflicts or a dissolution of the partnership if an opportunity arises during which it might seem possible to achieve one's goal (Adler & Rodman, 2003; De Vito, 2006; Gamble & Gamble, 2005). So the ideal outcome of any conflict would be a ***win-win*** situation. The challenge in this outcome is to find solutions that satisfy both partners which is not easy to attain. In fact, there may be some situations in which it is not possible to achieve a win-win situation at all, for example, when there is insufficient time to find such a solution (Adler & Rodman, 2003; De Vito, 2006; Gamble & Gamble, 2005).

According to Adler and Rodman (2003), it makes sense to consider the following steps when one is confronted with a conflict (p. 249):

1. Identifying and defining the conflict
2. Generating a number of possible solutions
3. Evaluating the alternative solutions
4. Deciding on the best solution

In this context, it is also necessary for the partners to identify the problem and their needs so that it is clear as to who wants what and why. That having been done, it is then possible to proceed with the conflict resolution steps outlined above. Adler and Rodman (2003) also suggest that it is necessary to follow-up on the solution at the appropriate time to see if and how the partners' needs have been satisfied or not because the needs of individuals can and do change over time so that temporary satisfaction can change into dissatisfaction at a later date. These procedures should also help strengthen the relationship in that it becomes clear to both partners that there is a method which can be applied to solve conflicts that respects the needs and goals of all partners (Adler & Rodman, 2003).

Dissolving Relationships

But sometimes, it is not possible to resolve the differences so that it becomes necessary to dissolve a relationship (Adler & Rodman, 2003; Gamble & Gamble, 2005; Tubbs & Moss, 2003). When it comes to the dissolution of a relationship, either one of the partners decides to terminate the relationship unilaterally or both partners wish to end it. Obviously, if both decide to dissolve the relationship, it is less surprising for all partners. It also depends on whether the dissolution comes about suddenly or has been in the making for a longer period of time so that gradually the partners came to terms with the dissolution whereas an abrupt ending could result in surprise and shock (Adler & Rodman, 2003; Gamble & Gamble, 2005; Tubbs & Moss, 2003).

Duck identified four phases of a dissolving relationship: The intrapsychic phase, the dyadic phase, the social phase, and the grave dressing phase (Tubbs & Moss, 2003). The ***intrapsychic phase*** refers to the dissatisfaction associated with and the reflection on the relationship as a whole including speculation as to what effect a dissolution would have on the relationship partners. At some point, this dissatisfaction is also confided to outsiders. In the ***dyadic phase***, the participants of the relationship actually confront each other and talk about the perceived problems (Tubbs & Moss, 2003). This phase is quite stressful and could also result in attempts to repair the relationship. If the partners agree to break up, they enter the next phase. During the ***social phase***, the partners seek advice from others in their social network (Tubbs & Moss, 2003). It seems that people want to get confirmation that the decision they have reached is the right one. During the last phase, the ***grave dressing phase***, the former partners seek to justify the reasons for the dissolution so that it appears reasonable and acceptable to have dissolved the partnership which, in turn, allows one to enter new relationships in the future (Tubbs & Moss, 2003).

If one should enter into a new relationship, one may wonder what one could do so that the new relationship does not dissolve as well (Adler & Roman, 2003; De Vito, 2006; Gamble & Gamble, 2005; Hybels & Weaver, 2004; Tubbs & Moss, 2003). Hence, an understanding of what needs to be done to maintain relationships can assume some degree of importance. Virtually all relationships encounter at some point conflicts; but as noted above, conflicts do not always have to automatically result in a breakup. In fact, if the partners can resolve their conflicts without causing the relationship to dissolve, then this should strengthen the relationship because now the partners do not have to worry about the consequences of a potential conflict. It is in this that an answer is found which supports relationship maintenance; namely, communication. This communication includes self-disclosure and openness as well as constructive conflict behavior (Adler & Rodman, 2003; DeFleur et al, 1998; De Vito, 2006; Gamble & Gamble, 2005; Hybels & Weaver, 2004; Littlejohn & Foss, 2005; Tubbs & Moss, 2003). Openness and self-disclosure seem to be essential elements in maintaining and supporting relationships as do exchanging information in various forms and media at regular intervals throughout the entire relationship (Adler & Rodman, 2003; DeFleur et al, 1998; De Vito, 2006; Gamble & Gamble, 2005; Hybels & Weaver, 2004; Tubbs & Moss, 2003).

Improving Relationships

How can relationships be improved? According to De Vito (2002, 2006), this can be accomplished through positiveness, openness, supportiveness, interest, truthfulness, involvement, value, equality. A ***positive attitude*** and the expression of such positiveness can have an impact on the effectiveness of a relationship. Positiveness is not perfection; reasonableness is the better pursuit because it avoids wasting time in the pursuit of perfection in every facet of a relationship so that the relationship does not consume the partners or leaves them chronically dissatisfied (De Vito, 2002; De Vito, 2006). It is also noted in business relationships that a positive approach towards the partnership is a decisive element in determining the success or failure of that relationship (Chopra & Meindl, 2004; Handfield & Nichols, 1999; Jones & George, 1998; Lambert and Knemeyer, 2004).

Openness includes the willingness to listen to the other person, including their worries and anxieties, and even when one considers them to be minor aspects. Openness also includes seeing the world from the perspective of the other partners. It also takes into consideration the fact that there may be significant changes in each of the partners in the relationship with each affecting the other. Since there is an interrelationship in such a partnership, it also means being responsive to such changes and acknowledging that these changes could also change one's own role. Openness, thus, includes as willingness to consider new ideas, new ways of seeing the other partners and the relationship as well as new ways of interacting with the other partners (De Vito, 2002). Open, honest communication is also crucial for successful business relationships because it strengthens the mutual trust which, in turn, has a positive impact on the partners' evaluation of the overall relationship (Chopra & Meindl, 2004; Christopher & Jüttner, 2000; Handfield & Nichols, 1999; Kuhn & Hellingrath, 2002).

Supportiveness includes being descriptive rather than evaluative, focusing on the problem instead of trying to control the other partners, acting spontaneously rather than strategically, being empathetic, treating the others as equals (De Vito, 2002). Business relationships also benefit from mutual support because it can decrease unproductive work, improve the overall efficiency of both partners, and may even enhance innovation (Kirby, 2003) while also providing cohesive behavior during economic downturns (Hoyt & Huq, 2000) and even help protect the other partner's rights and interests in certain situations (Handfield & Nichols, 1999).

The degree of ***interest*** in the partner is often reflected by the partner as well. Developing and sharing joint interests may help all partners to learn about the others' likes and dislikes, values and interests, emotions and motivations. In so doing, one also learns more about oneself; hence, increasing the satisfaction in the relationship for all partners (De Vito, 2002). A close business relationship creates an environment in which the partners consider also the consequences of their actions for the other partners (Kumar, 1996). Over time, the partners of a business relationship become familiar with one another which, in turn, facilitates their cooperation by aligning their interests (Handfield & Nichlos, 1999; Kirby, 2003).

Truthfulness does not mean that all secrets are revealed, nor would one expect the other partners to reveal all of their secrets and desires. However, the other partners all have a right to know about behaviors or thoughts or products that may influence the choice one will make so that one does not manipulate the others into making a decision they might not otherwise have made (De Vito, 2002). Sharing information is considered to be one of the most important factors in building and maintaining successful business relationships (Grossman, 2004). By truthfully sharing information, one partner can assure that the other partner's interest is protected (Handfield & Nichols, 1999). And truthfulness very often depends on the level of trust the partners have in each other (Kuhn & Hellingrath, 2002).

Involvement means that all partners actively support and participate in the relationship. This includes assuming responsibility for maintaining the relationship, assuring the satisfaction of all partners, and encouraging its growth. It also includes the active search for solutions by everyone if there is a conflict situation

(De Vito, 2002). Likewise, business relationships require all partners to be involved in sharing tasks and roles while also seeking to resolve conflict situations (Chopra & Meindl, 2004; Handfield & Nichols, 1999; Kumar, 1996).

Value refers to the reason why one was attracted to the relationship in the first place. However, the value of that relationship may change over time; or it is essential to reevaluate the relationship on a regular basis. It might be that with time other aspects assume greater value while the original reasons decline (De Vito, 2002). One primary reason for entering business relationships is to create benefits for all partners (Lambert et al, 1996; Simatupang & Sridharan, 2002). And when the partners perceive the relationship to be valuable for both, then the degree of trust is enhanced even further which, in turn, makes the business relationship more effective and efficient (Handfield & Nichols, 1999).

Equality refers to the fact that all partners should be considered equals in the relationship. In conflict situations, attempts should be undertaken so that neither party be hurt or that only one or some of the partners benefit from the relationship. Equality also includes the sharing of power and the decision making process (De Vito, 2002). Equality is also a decisive factor in successful business relationships (Chopra & Meindl, 2004; Handfield & Nichols, 1999; Simatupang & Sridharan, 2002). Yet equality is often not always existent in most business relationships; in particular, in seller-buyer relationships (Daugherty et al, 2003). Such inequality could result in one partner feeling vulnerable which could, in turn, be detrimental for trust building among the partners. That is why all efforts should be undertaken to establish as much perceived equality as possible under the circumstances (Handfield & Nichols, 1999).

As noted above, all of these strategies may be applied to business relationships. That is why good business relationships and trust are beneficial and profitable to all partners if they are based on loyalty, reliability, honesty, fairness, and competence while creating common values and goals (Bergquist et al, 1995; Handfield & Nichols, 1999; Humphries & Wilding, 2001; Kirby, 2003; Kuhn & Hellingrath, 2002; Kumar, 1996; Lambert et al, 1996). Any one of the above strategies may be used individually or in any combination in order to create such common values and goals. Neglecting these strategies will inevitably result in the deterioration of established relationships because the one or the other partner may feel vulnerable and/or disadvantaged (Chopra & Meindl, 2004; Grossman, 2004; Handfield & Nichols, 1999; Kuhn & Hellingrath, 2002). In fact, one may never reach a beneficial relationship if one does not apply these strategies from the outset and over an extended period of time (Grossman, 2004; Humphries & Wilding, 2001; Kuhn & Hellingrath, 2002; Lambert et al, 1996). This could happen, for example, during the experimenting or intensifying phase of a budding relationship. Hence, explaining why many potential relationships never come into being. It is, thus, advisable to pursue the above strategies from the very beginning if one seeks to create sound relationships and establish trust with another person or organization – regardless whether it is in a private or in a business context. And, as noted above, all of these strategies involve active, positive communication. That is why communication is the key to establishing and maintaining successful relationships, including business relationships (Chopra & Meindl, 2004; Handfield & Nichols, 1999; Lambert et al, 1996). That is also why it is so essential to have an understanding of communication's role in establishing and maintaining relationships. The subsequent chapters of this book describe various aspects of communication. All of them, thus, provide important insights into communication and how it affects human behavior which, in turn, will provide valuable insights into business relationships.

References

Abrams, L. C., Cross, R., Leser, E., & Levin, D. Z. (2003). Nurturing interpersonal trust in knowledge-sharing networks. *Academy of Management Executive, 17(4),* 64-77.

Adler, R. B., & Rodman, G. (2003). *Understanding human communication* (8th ed.). New York: Oxford University Press.

Argyle, M. (1994). *The psychology of interpersonal behaviour.* London: Penguin Group.

Argyle, M., & Henderson, M. (1985). *Anatomy of relationships.* London: Methuen.

Argyris, C. (1962). *Interpersonal competence and organizational effectiveness.* Homewood: Irwin-Dorsey Press.

Axelrod, R. (1984). *The evolution of cooperation.* New York: Basic Books.

Berquist, W., Betwee, J., & Meuel, D. (1995). *Building strategic relationships - How to extend your organization's reach through partnerships, alliances, and joint ventures.* San Francisco: Jossey-Bass Publishers.

Bhattachary, B., Devinney, T. M., & Pillutla, M. M. (1998). A formal model of trust based on outcomes. *Academy of Management Review 23,* 459-472.

Brenkert, G. G. (1998a). Trust, business and business ethics: An introduction. *Business Ethics Quarterly 8,* 195-203.

Brenkert, G. G. (1998b). Trust, morality and international business. *Business Ethics Quarterly 8,* 293-317.

Chen, G.-M., & Starosta, W. J. (1998). *Foundations of intercultural communication.* Boston: Allyn and Bacon.

Chopra, S., & Meindl, P. (2004). *Supply chain management: Strategy, planning, and operation.* Upper Saddle River: Pearson Education.

Christopher, M., & Jüttner, U. (2000). Supply chain relationships: Making the transition to closer integration. *International Journal of Logistics: Research and Applications 3 (1),* 5-23.

Chu, S. Y., & Fang, W.-C. (2006). Exploring the relationships of trust and commitment in supply chain management. *The Journal of American Academy of Business, Cambridge 9 (1),* 224-228.

Cooper, M. C., Ellram, L. M., Gardner, J. T., & Hanks, A. M. (1997). Meshing multiple alliances. *Journal of Business Logistics, 18 (1),* 67-89.

Corsten, H., & Gössinger, R. (2001). *Einführung in das Supply Chain Management.* Munich: Oldenbourg Wissenschaftsverlag.

Daugherty, P. J., Richey, R. G., Hudgens, B. J., & Autry, C. W. (2003). Reverse logistics in the automobile aftermarket industry. *The International Journal of Logistics Management, 14 (1),* 49-62.

DeFleur, M. L., Kearney, P., & Plax, T. G. (1998). *Fundamentals of human communication* (2nd ed.). Mountain View: Mayfield Publishing Company.

De Vito, J. A. (2002). *Essentials of human communication* (4th ed.). Boston: Allyn and Bacon.

De Vito, J. A. (2006). *Human communication: The basic course* (10th ed.). Boston: Pearson Education, Inc.

Dirks, K. T., & Ferrin, D. L. (2001). The role of trust in organizational settings. *Organizational Science, 12*, 450-467.

Doz, Y. L., & Hamel, G. (1998). *Alliance advantage: The art of creating value through partnering.* Boston: Harvard Business School Press.

Duffy, R., & Fearne, A. (2004). The impact of supply chain partnerships on supplier performance. *The International Journal of Logistics Management 15 (1)*, 57-71.

Dwyer, F. R., Schurr, P. H., & Oh, S. (1987). Developing buyer-seller relationships. *Journal of Marketing, 51 (2),* 11-27.

Earley, P. C. (1986). Trust, perceived importance of praise and criticism and work performance: An examination of feedback in the United States and England. *Journal of Management 12,* 457-473.

Ehrlich, P. (2000). *Human natures: Genes, cultures, and the human prospect.* New York: Penguin Books.

Ellis, K., & Shockley-Zalabak, P. (2001). Trust in top management and immediate supervisor: The relationship to satisfaction, perceived organizational effectiveness, and information receiving. *Communication Quarterly 49,* 383-398.

Gamble, T. K., & Gamble, M. (2005). *Communication works* (8th ed.). Boston: McGraw Hill.

Grossman, M. (2004). The role of trust and collaboration in the internet-enabled supply chain. *The Journal of American Academy of Business, Cambridge, 5 (1/2),* 391-396.

Gudykunst, W. B., & Kim, Y. Y. (1997). *Communicating with strangers: An approach to intercultural communication,* (3rd ed.). Boston: McGraw-Hill.

Handfiled, R., & Nichols, E. (1999). *Introduction to supply chain management.* Upper Saddle River: Prentice-Hall.

Hazan, C., & Shaver, P. R. (1994). Attachment as an organizational framework research on close relationships. *Psychological Inquiry 5 (1)*, 1-22.

Hinner, M. B. (2005). General introduction: Can quality communication improve business relationships? In M. B. Hinner (Ed.), *Introduction to business communication* (pp. 15-40). Frankfurt am Main: Peter Lang GmbH.

Hinner, M. B. (2007). General introduction: Some thoughts on perceiving business transactions and relationships. In M. B. Hinner (Ed.), *The role of communication in business transactions and relationships* (pp. 13-53). Frankfurt am Main: Peter Lang GmbH.

Homans, G. C. (1958). Social behavior as exchange. *American Journal of Sociology 63*, 597-606.

Hosmer, L. T. (1995). Trust: The connecting link between organizational theory and philosophical ethics. *Academy of Management Review 20,* 379-403.

Hoyt, J. & Huq, F. (2000). Fropm arms-length to collaborative relationships in the supply chain. *International Journal of Physical Distribution & Logistics Management, 30 (9),* 750-764.

Huang, Y., Rayner, C., & Zhuang, L. (2003). Does intercultural competence matter in intercultural business relationship development? *International Journal of Logistics: Research and Applications, 6 (4),* 277-288.

Humphries, A. S., & Wilding, R. (2001). Partnerships in UK defense procurement. *The International Journal of Logistics Management 12 (1),* 83-96.

Hybels, S., & Weaver, R. L. (2004). *Communicating effectively* (7th ed.) Boston: McGraw Hill.

Jones, G. R., George, J. M. (1998). The experience and evolution of trust: Implacations for cooperation and teamwork. *Academy of Management Review 23,* 531-546.

Kirby, J. (2003). Supply chain challenges: Building relationships. A conversation with Scott Beth, David N. Burt, William Copacino, Chris Gopal, Hau L. Lee, Robert Porter Lynch, and Sandra Morris. *Harvard Business Review 81 (7),* 64-73.

Knapp, M. L., & Vangelisti, A. L. (1992) *Interpersonal communication and human relationships* (2nd ed.). Boston: Allyn & Bacon.

Krapfel, R., Salmond, D., & Spekman, R. (1991). A strategic approach to managing buyer-seller relationships. *European Journal of Marketing, 25 (9),* 22-37.

Kuhn, A., & Hellingrath, B. (2002). *Supply Chain Management: Optimierte Zusammenarbeit in der Wertschöpfungskette.* Berlin: Springer Verlag.

Kumar, N. (1996). The power of trust in manufacturer-retailer relationships. *Harvard Business Review, 74 (6),* 92-106.
Kwon, I. G., & Suh T. (2004). Factors affecting the level of trust and commitment in supply chain relationships. *The Journal of Supply chain Management*, 4-24.
Lambert, D. M., Cooper, M. C., & Pagh, J. D. (1998). Supply chain management: Implementation issues and research opportunities. *The International Journal of Logistics Management 9 (2),* 1-19.
Lambert, D. M., Emmelhainz, M. A., & Gardner, J. T. (1996). Developing and implementing supply chain partnerships. *The International Journal of Logistics Management 7 (2),* 1-17.
Lambert, D. M., & Knemeyer, A. M. (2004). We're in this together. *Harvard Business Review 82 (12)*, 114-122.
Lewis, J. D., & Weigert A. (1985). Trust as a social reality. *Social Forces 63,* 967-985.
Likert, R. (1967). *The human organization*. New York: McGraw-Hill.
Littlejohn, S. W., & Foss, K. A. (2005). *Theories of human communication* (8th ed.). Belmont: Thomson Wadsworth.
Lustig, M. W., & Koester, J. (2006). *Intercultural competence: Interpersonal communication across cultures,* (5th ed.). Boston: Pearson Education, Inc.
Martin, J. N., & Nakayama, T. K. (1997). *Intercultural communicaiton in contexts.* Mountain View, CA: Mayfield Publishing Company.
McAllister, D. J. (1995). Affect- and cognition-based trust as foundations for interpersonal cooperation in organizations. *Academy of Management Journal, 38,* 24-59.
McGregor, D. (1967). *The professional manager*. New York: McGraw-Hill.
Oetzel, J. G. (2009). *Intercultural communication: A layered approach.* Upper Saddle River: Pearson Education, Inc.
Perlman, D., & Peplau, L. A. (1981). Toward a social psychology of loneliness. In S. Duck & R. Gilmour (Eds.). *Personal relationships 3: Personal relationships in disorder* (pp. 31-56). London: Academic Press.
Reis, H. T. (1984). Social interaction and well-being. In S. Duck (Ed.). *Personal relationships 5: Repairing personal relationships* (pp. 21-45). London: Academic Press.
Ripperger, T. (1998). *Ökonomik des Vertrauens: Analyse eines Organisationsprinzips.* Tübingen: Mohr Siebeck.
Robinson, S. (1996). Trust and breach of the psychological contract. *Administrative Science Quarterly, 41,* 574-599.
Samovar, L. A., Porter, R. E., & Stefani, L. A. (1998). *Communication between cultures,* (3rd ed.). Belmont: Wadsworth Publishing Company.

Schönsleben, P., & Hieber, R. (2002). Gestaltung von effizienten Wertschöpfungspartnerschaften im Supply Chain Management. In A. Busch & W. Dangelmaier (Eds), *Integriertes Supply Chain Management* (pp. 45-62). Wiesbaden: Gabler Verlag.

Schuler, R., & Jackson, S. (2001). HR issues and activities in mergers and acquisitions. *European Management Journal, 19 (3),* 239-253.

Simatupang, T. M., & Sridharan, R. (2005). An integrative framework for supply chain collaboration. *The International Journal of Logistics Management 16 (2)*, 257-274.

Tubbs, S. L., & Moss. S. (2003). *Human communication: Principles and contexts* (9th ed.) Boston: McGraw Hill.

Zaheer, A., McEvily, B., & Perrone, V. (1998). Does trust matter? Exploring the effects of interorganizational and interpersonal trust on performance. *Organization Science 9,* 141-159.

Introduction to

Consistency and Life

By Edward T. Hall

Edward T. Hall describes how people repeat their behavior in certain situations to the point where it can become predictable. By having grown up in a particular environment, humans have learned to decode the behavior and communication, both verbal and nonverbal, of their family and neighbors to the point of being able to predict what the other person is intending to do. In fact, that is actually one of the fundamental principles of human communication, i.e. predictability. Humans encode a message in a particular code and then communicate it in a particular manner because they expect this message to achieve its desired effect. And when humans decode the message of a familiar person, then humans are usually able to decode the intended message fairly accurately because of this familiarity, Hall notes. Having experienced the other person in numerous similar situations permits one to draw upon those experiences to help make a somewhat accurate assessment of the communicated message. Effective communication, therefore, successfully employs this familiarity of the communication partner for encoding and decoding messages so that the encoded message agrees to a greater degree with the decoded message.

That having been said, Hall also notes that once one leaves one's familiar environment, then one will encounter strangers whose behavior one will not be familiar with. Hence, increasing the likelihood of not making accurate predictions of how the intended message might be decoded, and how the communication partner may react to such a message even if it should be decoded fairly accurately. In other words, faced with the unfamiliar, one will have to learn anew how the other people will respond to one's own messages. And one will have to learn how to properly decode the intended messages of the other people. This, Hall notes, happens when one enters another culture. In other words, one will have to learn anew how to properly encode one's messages and how to properly decode the messages of other people in another culture because the norms and behavior of people in another culture can be quite different from one's own culture. Being unaware of this difference, or ignoring this cultural difference can result in misunderstandings and miscommunication. Hall notes that different cultures have a different sense of time, space, and context which could all result in misunderstandings.

Hall's text has, of course, also relevance in the world of business. In business, it is also of paramount importance to establish a certain degree of familiarity with one's communication partner. This degree of familiarity will ensure better and more accurate message encoding and decoding in a variety of contexts. Unfortunately, there are numerous examples from the world of business where this has not been the case. CEOs have often used essentially the same speech to address both the corporation's shareholders and the workers of that company. But that what might interest shareholders may not be of similar interest to one's own employees. Indeed, unfamiliarity of what is important and relevant for the motivation of one's employees can have grave consequences. That is why, as Hall notes, it is absolutely essential to establish a degree of familiarity with one's communication partner in order to assure more effective communication.

Michael B. Hinner

Edward T. Hall is an internationally known anthropologist and author. He was partner in Edward T. Hall Associates with his wife. This pioneering firm, founded in 1961, specialized in intercultural communication, providing lectures and consultation to international business, foundations, and government agencies. Hall Associates works include a series of foreign language books on cultural differences for international business, published in Germany by Gruner & Jahr, as well as a two volume set on differences between Japanese and Americans published in Tokyo by Bungei Shunju. Professor Hall is also the author of *The Silent Language, The Hidden Dimension, The Dance of Life, Hidden Differences: Doing Business with the Japanese, Beyond Culture, An Anthropology of Everyday Life,* and *West of the Thirties: Discoveries among the Navajo and Hopi.* Professor Hall's teaching affiliations include Northwestern University, the Illinois Institute of Technology, Harvard Business School, Bennington College, The Washington School of Psychiatry, the University of Denver, and the Foreign Service Institute of the US State Department. He was for many years a director of the Ansul Company in Marinette, Wisconsin. In 1987, Professor Hall received an honorary doctorate from the Universite Catholique de Louvain of Belgium for his many contributions to intercultural understanding. From the American Anthropological Association he received two awards, the Edward J.

Lehman Award in 1987 and The Anthropology in Media Award in 1997, Professor Hall is now retired and lives with his wife Karin in Santa Fe, New Mexico.

Consistency and Life©

Edward T. Hall

Man's nervous system evolved before the time of mass media, mass transportation, airplanes, and automobiles. For over a million years, our forefathers knew the significance of every act of all the individuals around them. Like the body language of a dog who wags his tail and prances with forepaws spread out, saying, "Let's play," or raises the hair on his back, saying, "Stay away," the physical signs as well as the behavioral cues o people who were known were easy to read. Stability and predictability were essential if human society was to prosper, develop, and evolve to its present point. Living today in a rapidly changing, ever-shrinking world, it is hard for most of us to conceive what it would be like to grow up and live in a world that did not change, and where there few strangers because one always saw and dealt with the same people. Those who were raised in the now-disappearing small town have some notion of what it must have been like during the major portion of man's past quite comfortable and reassuring, but very public. People knew what was coming next before you did something or even knew that you were going to do it. "Jake's going to get a new horse." "Yup. He always fattens up the old one before he trades. Too cheap to feed 'em the rest of the time."

"You can always tell when Mike's getting ready to take somebody apart. First, he gets up and walks around, then he looks out the window with his back to everyone, pulls out his pocket comb and gets every hair in place. When he turns around and looks at them, you know it's going to happen."

Unlike animals, many of whose responses are innate, much of man's communicative behavior evolved independently of his physiology, and like the spoken language, it cannot be read with assurance if one is dealing with a new culture or even a subculture one does not know well. Man's body is recognizably human

---

everywhere, even though such superficial characteristics as skin color, hair form, physiognomy, and body build may vary. Unless we start tampering with it, this panhuman form will be with us for thousands of generations to come. What has changed, what has evolved, and what is characteristically changed man – in fact, what gives man his identity no matter where he is born – is his culture, the total communication framework: words, actions, postures, gestures, tones of voice, facial expressions, the way he handles time, space, and materials himself. All 56 these things and more complete communication systems with meanings that can be read correctly only if one is familiar with the behavior in its historical, social, and cultural context.[1] Everything man is and does is modified by learning and is therefore malleable. But once learned, these behavior patterns, the habitual responses, these ways of interacting gradually sink below the surface of the mind and, like the depths. The hidden controls are usually experienced as though they were innate simply because they are not only ubiquitous but habitual as well.[2]

What makes it doubly hard to differentiate the innate form the acquired is the fact that, as people grow up, everyone around them shares the same patterns. This is not true, of course, if one grows up in a bicultural or tricultural situation, which can be tremendous asset because it accustoms one to the fact that people are really very different in the ways the behave. In bicultural cases, I have seen people shift from a Spanish to a German way of interacting without knowing that the shift occurred. Also, I have seen others start with a Greek pattern and slip automatically into a German-Swiss pattern as the situation demanded.

Fantastic? Yes, but reasonably common – a function of the way the information-processing and control mechanisms of brain operate. In fact, according to Powers, [3] man's nervous system is structured in such a way that the patterns that govern behavior and perception come into consciousness only when there is a deviation from plan. That is why the most important paradigms or rules governing behavior, the ones that control our lives, function below the level of conscious awareness and are not generally available for analysis. This is an important point, one that is often overlooked or denied. The cultural unconscious, like Freud's unconscious, not only controls man's action but can be understood only by painstaking processes of detailed analysis. Hence, man automatically treats what is most characteristically his own (the culture of his youth) as though it were innate. He is forced into the position of thinking and feeling that is anyone whose behavior is not predictable or is peculiar in any way is slightly out of his mind, improperly brought up, irresponsible, psychopathic, politically motivated to a point beyond all redemption, or just plain inferior.

A comment one frequently hears in cross-cultural situations is: "Oh, I just try to be myself and take them as they are. After all, they are adult human beings, aren't they?" Fine and dandy. In superficial social situations, the be-yourself formula works. But what if you are an Anglo schoolteacher with a Spanish American class and are confronted with what appears to be a lack of motivation on the part of your students? You, as a non-Spanish American take it for granted that certain percentage of children want to do well and get ahead. So it comes as shock, when you learn that, to many New Mexican Spanish, to stand out from one's peers is to place oneself in great jeopardy and is to be avoided at all costs. Suddenly, your old stereotypes take on a new meaning.

Today, man is increasingly places in positions in which culture can no longer be depended upon to produce reliable readings of what other people are going to do next. He is constantly in the position of interacting with strangers, so he must take the next step and begin to transcend his culture. This cannot be done in an armchair.

However, what may at first be experienced as a very difficult chore can turn out to be deeply and personally significant. In this context, it is important to keep reminding oneself that the part of man's nervous system that deals with social behavior is designed according to the principle of negative feedback. That is, one is completely unaware of the fact that there is a system of controls as long as the program is followed. Ironically, this means that the majority of mankind are denied knowledge of important parts of the self by virtue of the way the control system work. The only time one is aware of the control system is when things don't follow the hidden program. This is most frequent in intercultural encounters. Therefore, for each other is not exotic experiences but an opportunity to achieve awareness of the structure of their *own* system, which can be accomplished only by interacting with others who do not share this system – members of the opposite sex, different age groups, different ethnic groups, and different culture – all suffice. I never would have understood the degree to which Americans use time, not only to structure their lives but as a contexting communication system as well, if I had not been through the experience of observing my countrymen trying to cope with other time systems. That logic, clear thinking, and nature were not all part of a single bundle became clear to me only after I had been to Japan and again found my countrymen frustrated by what they call "indirection." It was also evident that the Japanese were equally turned off by our insisting on spelling out "logical" steps without reference to context. The Japanese are very consistent once you get to know them, but unpredictable is you don't. Admittedly, it is difficult for hard-nosed Americans businessmen to deal with indirection and accustom themselves to the fact that in Japan verbal agreements are binding and much preferred to the ironbound written contract of the West, which can always be nullified or abrogated anyway.

Overseas, the picture one gets of Americans is that they are distrustful and frequently paranoid in their relations with each other. Our word is not out bond. One gathers from this that the creative use of intercultural relations exposes some very deep, highly personalized, and sensitive areas of the psyche. This may explain why the more significant aspects of culture are so frequently and persistently brushed aside. Take the matter of not trusting people, so that everything has to be on the dotted line. If we Americans are honest with ourselves, our experiences with other cultures could teach us a good deal about what it is like to live in a trusting world. Perhaps then we would not be quite so fearful of others.

In studying one's self by the cross-cultural technique, one starts with the notion that what is known least well and is therefore in the poorest position to be studied is what is closest to oneself; as stated above, these are the unconscious patterns that control one's life. In the past, and at home, it was the shared, patterns that made life predictable and provided the order that can be observed in all nature.

Those of us who have embarked on the task of understanding ourselves and others abroad have encountered scenes that are almost beyond belief – not at all what our own culturally conditioned projective systems led us to expect. The mental maps that we carry with us, based as they are on our own cultural experience, are little better than those Columbus had when he sailed west to find India in 1492. There are even great continents yet to be discovered – vast areas of human experience about which Western man know nothing. Remember, our own maps are of territory known so completely – like one's hometown neighbourhood that there is no need to make them explicit. The fact that they are in our heads is sufficient. It's only in strange territory that one needs a true externalized, tangible chart.

Most cultural exploration begins with the annoyance of being lost. The control systems of the mind signal that something unexpected has arisen, that we are in uncharted waters and are going to have to switch off the automatic pilot and man the helm ourselves. There's a reef where we least expect it. Sadly enough, people in real-life situations don't actually see it this way, because the almost inevitable response is to deny that the reef is there until one has run aground.

I once had occasion to decipher a rather extraordinary pattern in a small country in the Far East where there were very few American. The members of the U.S.

official missions were the only Americans in the country. Exquisitely beautiful, and populated with people who were kind, friendly and gentle, the country was as close to a tropical paradise as one could find. But there was a fly in the ointment. On official visits, the Americans were kept waiting inordinately long. It was almost as though they weren't there. Some waited for hours. Even the newly appointed U.S. ambassador was kept waiting! In ordinary diplomatic circumstances such treatment would constitute an official insult to our government. Yet something told the Americans that this might not be the case; there were too many cues to the contrary. Besides, relations between the two countries were friendly and there was no reason to insult everyone indiscriminately, even before the first meeting.

The Americans were mystified, of course. For those familiar with Southeast Asia, horoscopes will come to mind, because there was always the added complication of horoscopes which had to be cast before all important events. In fact, the astrologer's reading prefaced every from of involvement. Yet the horoscope did not seem to be the significant variable in the long, heel-cooling reception-room delays, because the neighboring countries, where horoscopes were also used, did not keep officials waiting.

Using its own bureaucratic paradigm and characteristic American attention to time, the U.S. Embassy finally instructed all employees that if they were on official business they should wait only twenty minutes and, if they had not been received, they should leave and return later. That way, they would be showing respect but they could avoid the personal insult of having to wait thirty to forty-five minutes or even an hour. This procedure took care of the American's anxiety, anger, and guilt but did little to inform them of the reasons behind the protracted delays. In response to an obviously strange and puzzling communication, the Americans produced in a typically human way a solution that fit the larger paradigm of their own culture, which is what people generally do. However, by so doing they managed to block any learning either about themselves or their hosts.

The case was interesting to me because it reaffirmed earlier observations of how Americans unconsciously structure time: For official business between people who are not on intimate terms, the eastern-seaboard middle-class pattern holds; it's expected that one will be prompt. Five minutes late calls for a small apology; ten minutes, a bit more must be said; fifteen minutes requires a definite apology plus an explanation; thirty minutes is insulting; and so on.[4]

Waiting time is similarly structured. For Americans, these are not "mere conventions", "which function at the higher levels of consciousness (as is the case for the English middle and upper classes), but constitute an entire communication system as well as a basic pattern for organizing activities. The twenty-minute waiting limit set for official visits was not an accidental figure pulled out of a hat by some bureaucrat. Knowing the circumstances, it was precisely what could have been predicted and entirely consistent with American informal norms. (Long enough to be polite and short enough to preserve official face.) Behavior of this type is so stereotyped that once the pattern is perceived, observing it is a little bit like pressing a button on a machine and watching the lights go on. The machine – if it is working properly – will always produce the same response; so will the members of a given culture. Otherwise, life cannot continue.

Clearly, analogies between cultures and machines must be taken very lightly, because no machine (even the most advanced complex of computers) can even begin to compare with the complexity of human beings, to say nothing of their transaction with each other. Then again there is the extension-omission factor. This is an expression of the incapacity of any extension to reproduce all the functions of the organ or activity that is extended. Nevertheless, if the nature of a given mythical machine or organism in unknown, one way to discover what it will do is to vary the inputs and see how it responds. Imagine for a minute an organism so designed that it controls its own inputs according to a program and a series of reference signals of which it is completely unaware. The only way it could discover the nature of the control system used to maintain constancy of input would be to change things systematically in a series of steps in such a way that the organism would have to bring things back to normal. For purposes of a thought experiment, the particular organism is very simple; it swims in a tank of water and during certain hours of the day it starts at a given level just below the surface. If we depress the nose a bit, it corrects itself. But maybe it only responds in one way, will only raise its nose, so we devise another test and get underneath and push the nose up. Again it corrects itself. If the level-swimming organism were to be compared to a man who has so arranged his life that he does everything according to schedule, he will, after a while, if he arranges things properly, lose his awareness both of the schedule and of his need for the schedule until something happens to throw things out of line, at which point his attention will be directed more toward the disruption than toward his own for scheduling.

This is basically what has happened to the peoples of the world. If the early white settlers in North America couldn't make Indians conform to the European paradigm, the response was to destroy what could not be controlled and what did not perform in a predictable manner.

The cost of controlling one's inputs by destroying others eventually gets too high to maintain, although there may be (and often is) little awareness of the fact that the cost is too great, because of a preoccupation with the job of trying to maintain control in an unpredictable situation.

A second strategy is to ignore the possibility of another pattern or to delude oneself by saying that all the patterns in the world are basically the same or that the differences don't matter or are mere conventions. This avoids the issue very nicely but creates the added difficulty of setting the two systems on a collision course.

To give some idea, in physical terms, of the processes being discussed, I will describe another thought experiment in which the action changes as things happen. First, let us imagine ten blindfolded men have been hypnotized into the belief that they can see. The result is a series of unexpected collisions. Next, tell these same men that, in order to avoid the unexpected collisions they must work harder, intensify their efforts, move faster, swing their arms more. Furthermore, with each unexpected encounter they must increase the tempo and intensity of the swings. They will, of course, end up battered, frustrated, and enraged.

Now let's see what happens if the instructions are changed by telling the men, "You are blind but don't know it because everyone around you is blind. In spite of being blind, you have all learned to stay out of each other's way by a system of devices and signals of which you are unaware. So, for all intents and purposes, you have no way of knowing that you can't see. Now we are going to introduce some people into the room who are also blind and, like yourselves, unaware of blindness. The difference is that they do not stay out of each other's way, because they use human contact as a way of orienting themselves. They prefer bumping to staying out of each other's way."

If we watch the experiment in our mind's eye, we will see that each group finds the other frustrating. The first group is unexpectedly bumped and fondled. The second group has trouble orienting itself because people keep avoiding contacts. Since neither group is aware that they are blind nor do they know how to keep in contact or from being bumped, neither will ever think, that it is worthwhile testing for vision. Until the two different groups meet, they will not pay close attention to the cues needed either to keep out of each other's way or to make contact in order to keep oriented. Paradoxically, the cues will become known only in a situation in which they won't work. And while it is not essential, in fact superfluous, to define the nature of a substitute visual system as long as everyone is using the same system, the only way to avoid being bumped and escalating into a swinging match is to be able to identify those aspects of the two signal systems that are in conflict. This means that, for the first group, instead of increasing speed and swinging their arms every time they are bumped, they must now slow down and become acutely aware of signals being emitted and received so that they can be consciously read and controlled. The lesson is fourfold:

1. One has a unconscious, very effective avoidance system at one's command.
2. There are the other people in the world, whose goal is to see human beings, not avoid them.
3. Like yourself, these people are neither aware of the fact that they are blind nor
4. that their behavior is systematic, highly consistent, and predictable.

As a matter of fact, the blindman's-buff analogy is a much oversimplified example of the situation we face when we interact with members of other cultures or even variants of our own culture. This means that if one is to prosper in this new world without being unexpectedly battered, one must transcend one's own system. To do so two things must be known: first, that there is a system; and second, the nature of that system. What is more, the only way to master either is to seek out systems that are different from one's own and, using oneself as a sensitive recording device, make note of every reaction or tendency to escalate. Ask yourself questions that will help define the state you were in as well as the one you are escalating to. It is impossible to do this in the abstract, because there are too many possibilities; behavioral systems are too complex. The rules governing behavior and structure of one's own cultural system can be discovered only in a specific context or real-life situation.

With this background, let us return to the case of the Americans in the small Asian country and discuss what was actually happening as they were kept waiting. I eventually was able to identify a pattern that explained the puzzling behavior of their hosts. The Americans were kept waiting because they were known and had not taken on substance. A newly arrived official in someone's outer office was alike an undeveloped film; there was no tangible, experiential image of the man. No one knew him as a friend or a human being. You could see him as a friend or a human being. You could see him and hear him bellowing about being kept waiting and how important he was, but in terms of relationships in a social system he was at best a shadow and one that didn't look too promising at that. Americans who were willing to come back repeatedly and to meet their hosts socially outside the office had a chance to become flesh-and-blood, active members in a social system. Ultimately, they had no trouble being ushered into offices. Americans saw people in terms of their status, whereas the hosts saw them in a larger frame that took more time to integrate.

Two points about this case stand out: first, the fact that neither party could shed any light on the situation when questioned directly, because both assumed the other was familiar with the workings of his own system without realizing there was a system; second, the incredible differences in the systems that emerged once they were revealed. In working out the explanation to this particular paradox, I was aided by the knowledge that I was initially blind to the inner workings of my own culture and hence had already forced myself to learn a good deal about how American behavioral paradigms work. I also knew, for example, that all over Far East, people's behavior toward each other is guided by their relationships in a quite stable, long-persisting social system.

The question is: How could the American continue to the control his inputs in a situation as basically different from his own as the one just described? First, he must give up some of his narcissism and make adjustments in his own program, such as freeing himself of the binding grip of preset schedules that determine the rate at which human transactions must progress. Instead, he must build relationships with his hosts according to their schedules, make himself real, and allow time to take on substance as a human being, to be believable and predictable, before he tries to do anything else. This is something that hardnosed bureaucrats who pride themselves on maintaining schedules, and businessmen obsessed with saving time, have found impossible to practice or tolerate in others. They see building a relationship as an expensive personal indulgence, a waste of time, or, even worse, indicative of "going over to the other side." (The Foreign Service keeps people moving precisely so they won't establish lasting relationships with the local people.)

In my experience, the two systems just discussed both require time; it is all a matter of where it is spent. Time spent getting to know people is saved later, because it is possible to cover so much more ground in a shorter time with a friend. The two systems are representative of what I have termed high-context cultures (Chapters 6 and 7). In general, high-context cultures – those which call for considerable programming of individuals to each other – have greater mass and are therefore more predictable, if, and only if, one is familiar with the system. On the other hand, to the observer who doesn't know there is another system, a strange high-context culture can be completely mystifying, although he may not know or accept the fact that he is mystified. Why? The force of his own cultural stereotypes will be so strong that it will distort what he sees; he will delude himself that he knows what's going on before his eyes. This, of course, is a most dangerous and risky situation and one that unfortunately is all too common.

No one likes to give up stereotypes, but to have to admit that one does not know the local ground rules even though competent or expert at home is more that most people can tolerate. Having spent significant segments of my professional life translating behavior of one culture into another, I have learned that translating is one thing, getting people to believe it is another. To date, there are two, only partially effective means of overcoming the granite-like persistence of an individual's control system. One is to spend a lifetime in a foreign country, dealing on a day-to-day basis with the reality of its system; the other is a very extensive, highly sophisticated training program that includes not only the language but the culture. Such training must take into account these facts:

1. People's nervous systems are organized according to the principles of negative feedback; that is, the whole thing works so smoothly and automatically that the only time the control system is consciously brought into play is when the input signals deviate from the norm. Therefore, people individually and collectively are for the most part unaware of the patterns and reference signals governing behavior.
2. People primarily spend their lives managing their inputs (the reverse of the popular notion).
3. The reality and structure of a person's own paradigms become available only in bits and pieces and in very special cases, usually after repeated unsuccessful attempts to maintain constancy of input in the face of a foreign culture.
4. Reading the behavior of well-known friends and relatives is like covering thoroughly familiar ground without a mental map or talking before writing systems had even been heard of. One does not need a writing system to talk (or technical awareness of the rules governing speech either). To abstract such a system from the living data where none existed before, however, is a formidable task, an intellectual achievement that can equal the great accomplishments in chemistry, physics, and astronomy.
5. Until recently, man did not need to be aware of the structure of his own behavioral systems, because, staying at home, the behavior of most people was highly predictable. Today, however, man is constantly interacting with strangers, because his extensions have both widened his range and caused his world to shrink. It is therefore necessary for man to transcend his own culture, and this can be done only by making explicit the rules by which it operates.

To tackle this job, one must consider the nature of man's central nervous system, his several brains, how he images, the role of context in determining behavior, and how some of the basic cultural systems such as time and space are used to organize behavior.

Endnotes

1 For a more complete treatment of culture as a communication, see my *The Silent Language* (1959).

2 A lifetime of dealing with the subtleties of intercultural communication has convinced me that the strength and persistence of these habitual behaviours are almost beyond belief. These behaviours are closely identified with the self – the good self, the responsible self, which wants to do right and to fit in – and are synonymous with social competence. However, in intercultural situations, when other people call attention to these hidden responses and perceptual differences, suggesting that the world is not as one perceives it, these observations can be unsettling. To do so is to suggest that a person is incompetent, not properly motivated, ignorant, or even infantile. The mere mention of patterns or the suggestion that there are such things threatens some people's individuality. Older parts of the psyche are mobilized – the parts that were active when growing up and that represent the internalized authority of the parent and the past. To counteract the effect of dynamism from the past, one has to remind oneself that one's image of others is largely made up of projections of various parts of one's own personality including one's psychic needs, which are treated as though they were innate. For example, it is difficult for Americans who like freedom from binding institutional ties to believe that many Japanese would actively seek to submerge themselves in business or government bureaucracy for life. "How could anyone subject himself willingly to such a paternalistic life?"

3 Powers (1973).

Introduction to

Equivocation and Communication Skill

By Peter Bull

Peter Bull notes that equivocation has been defined at times as the intentional use of imprecise language and as being ambiguous, contradictory, obscure, and even evasive. It is often seen as somewhat reprehensible and as something that should be avoided because communication ought to be clear, concise, and to the point. Bull, however, notes that some researchers argue that equivocation is a perfectly understandable response to a particular situational context.

Bull points out that social-coping skills play a major part in determining the quality of interpersonal relationships. Whereas support of others is an important way of coping with stress, rejection and isolation can in themselves be major sources of stress and can occur as a consequence of poor social skills. And since social skills involve other people, it is necessary to consider the goals not only of one individual but of all those involved as well as their actions and reactions towards one another. Furthermore, the role of feelings and emotions has important bearings on responses, goals, and perceptions in social interaction. The concepts of face and face work are also important because face preservation is a primary constraint on the achievement of goals in social interactions. Bull also notes that people make judgments about how other people perceive them and such judgments may also influence people's behavior during social interaction. And finally, the roles people play have significant impact on social interaction.

People tend to equivocate when confronted with questions to which all of the possible replies have potentially negative consequences, but where nevertheless a reply is still expected. Hence, the responses must always be understood in the situational context in which they occur. Conflicts may also be considered threats to face, Bull points out. In other words, one may be in a situation that runs the risk of face-damaging responses. From this perspective, equivocation is an effective form of response because it is less face damaging than other forms of responses. If equivocation is considered in terms of its consequences, and as a form of skilled communication, then the distinction between implicit replies and non-replies becomes important. Through the use of implicit messages, it is possible to reply to questions that could create conflict situations while still evading the dilemmas they create. Hence, communication does not always need to be clear, concise, or to the point because the strategic use of imprecise language can be understood as a communicative skill in its own right, Bull points out.

The text has, thus, direct consequences for the world of business because there are many situations in which the potential for conflict exists; but conflict is not in the interest of the participants. These situations could, for example, include negotiations and press conferences. According to Bull, it might actually be better to use equivocation in such situations in order to reduce the potentially damaging consequences for an individual or a corporation.

Michael B. Hinner

Peter Bull is Senior Lecturer in the Department of Psychology at the University of York, United Kingdom. He is a Fellow of the British Psychological Society and the member of a number of academic editorial boards. He has written over 80 academic publications, principally in the form of articles in internationally recognized academic journals. He has also written five books as well as numerous book chapters. His published output has been primarily concerned with the analysis of interpersonal communication. His most recent books are *The Microanalysis of Political Communication: Claptrap and Ambiguity* (2003) and *Communication under the Microscope: The Theory and Practice of Microanalysis* (2002).

Equivocation and Communicative Skill

Peter Bull

Introduction

Equivocation has been defined as the "intentional use of imprecise language" (Hamilton & Mineo, 1998, p.3), also as "nonstraightforward communication .... ambiguous, contradictory, tangential, obscure or even evasive" (Bavelas, Black, Chovil & Mullett, 1990, p.28). Traditionally, equivocation has been seen as somewhat reprehensible (Bavelas et al., 1990). Thus, politicians are often castigated for their evasiveness, as the sort of people who will never give a straight answer to a straight question (Bull, 2003). According to Grice's (1989) maxim of Manner, ambiguity and obscurity of expression are to be avoided; communication should be clear, concise and to the point. According to the classical Greek philosopher Aristotle (350 BCE/1954), "Style to be good must be clear".

An alternative view has been proposed by Bavelas et al. (1990). They argue that equivocation is a perfectly understandable response to a particular situational context. "Individuals" they state "do not generate messages, situations do" (Bavelas et al., p.21). Bavelas et al. have proposed a theory which is concerned essentially with the causes of equivocation; however, the focus of this chapter is on its effectiveness as a form of communication. For this purpose, two further theories will be considered. The first is a re-conceptualisation of equivocation theory in terms of face and face management, proposed by the author and his colleagues (Bull, in press; Bull, 2003; Bull, Elliott, Palmer and Walker, 1996). The second is the highly influential social skills model, initially proposed by Argyle and Kendon (1967), subsequently modified and extended by Hargie (e.g., 2006a). In a previous volume in this series, the author posed the question "What is skilled interpersonal communication?" (Bull, 2006). The purpose of this chapter is to consider whether and under what circumstances equivocation may be regarded as a form of skilled communication. This question is addressed in Section 2 of this chapter, with specific reference to the now burgeoning literature on the analysis of news interviews. This is preceded in Section 1 by an introduction to the theories of social skill and equivocation.

Theoretical Background

The Social Skills Model

The proposal that communication may be regarded as a form of skill stems from an article by Argyle and Kendon (1967), entitled "The experimental analysis of social performance." In this article, they argued that social behaviour involves processes comparable to those involved in motor skills, such as driving a car or playing a game of tennis. Given that we already know a great deal about motor skill processes, they proposed that this knowledge could be applied to advance our understanding of social interaction. The social skills model - as it has become known - was subsequently elaborated in Argyle's books on social interaction (Argyle, e.g., 1978, 1994). In many of his publications, Argyle argued for the central importance of social skills. He believed that social coping skills play a major part in determining the quality of interpersonal relationships, which are of prime importance to an individual's personal happiness (Argyle, 1999). Whereas the support of others is an important way of coping with stress (Argyle,1999), rejection and isolation can in themselves be major sources of stress and can occur as a consequence of poor social skills (Argyle, 1994).

The social skills model has been revised and extended in a series of publications by Hargie (Hargie, 2006a, 2006b; Hargie, 1997; Hargie & Marshall, 1986). Although Hargie fully acknowledges the value and significance of the analogy between social and motor skills, he has also identified four important differences (Hargie, 2006a).

Firstly, since social interaction by definition involves other people, it is necessary to consider the goals not only of one individual but of all those involved, as well as their actions and reactions towards one another. In this sense, social behaviour is often much more complex than motor performance.

Secondly, the role of feelings and emotions is neglected by the original social skills model. Mood and emotional state can have an important bearing on responses, goals and perceptions in social interaction. Furthermore, whereas we often take into account the feelings of other people with whom we interact, this is clearly not the case in learning to perform a motor skill. The concepts of face and facework are also important here. Skilled individuals are concerned with maintaining the esteem of both self and others. According to Brown and Levinson (1978, 1987), face is important in all cultures; it can be lost, maintained or enhanced. Thus, face preservation is a primary constraint on the achievement of goals in social interaction.

Thirdly, the perception of persons differs in a number of ways from the perception of objects. We perceive the responses of the other person with whom we communicate. We may also perceive our own responses, in that we hear what we say, and can be aware of our own nonverbal behaviour. Furthermore, we can be aware of the process of perception itself, referred to as metaperception. We make judgments about how other people are perceiving us, and we may also attempt to ascertain how they think we are perceiving them. Such judgments may also influence our own behaviour during social interaction.

Finally, the social situation in which interaction occurs is important for an understanding of social skills. Significant features which may affect social interaction are the roles which people play, the rules governing the situation, the nature of the task, and the physical environment. In addition, personal factors, such as age, gender and physical appearance, will be important in the way in which people behave towards one another.

In the light of these criticisms, Hargie has proposed a revised version of the social skills model (Hargie, 2006b; Hargie, 2006a; Hargie, 1997; Hargie & Marshall, 1986). The original model has been extended to take account of two people interacting with one another: thus, feedback comes from our own as well as from other people's responses. The term "central translation processes" has been replaced with the term "mediating factors" to allow for the influence of emotions as well as cognitions on behaviour. The original model has also further revised to take account of what was termed the person-situation context. Person factors can include personality, gender, age and appearance, while situational factors refer to features such as social roles, social rules, and the cultural context within which interaction takes place.

From this perspective, the theory proposed by Bavelas et al. (1990) is of particular interest, because it is based on an analysis of the situational factors which lead to equivocation. The theory is described in further detail below.

Theory of Equivocation

According to Bavelas et al. (1990), people typically equivocate when posed a question to which all of the possible replies have potentially negative consequences, but where nevertheless a reply is still expected. This situation they term a *communicative avoidance-avoidance conflict* (referred to throughout this chapter as a *communicative conflict*). Many everyday situations can be seen to create these kinds of conflicts. Perhaps the most common involves a choice between saying something false but kind and something true but hurtful. For example, a person receives a highly unsuitable gift from a well-liked friend, who then asks directly "Did you like the gift?" In responding, the person has two negative choices: saying, falsely, that s/he likes the gift or saying, hurtfully that s/he does not. According to equivocation theory, the person will if possible avoid both of these negative alternatives - especially when a hurtful truth serves no purpose. What s/he does instead is to equivocate; for example, someone might say "I appreciate your thoughtfulness", with no mention of what s/he thought of the actual gift. Bavelas et al. stressed that although it is individuals who equivocate, such responses must always be understood in the situational context in which they occur (the situational theory of communicative conflict, STCC).

Bavelas et al. (1990) further proposed that equivocation is best understood as a multidimensional concept, with four main dimensions: *sender, content, receiver* and *context*. They stated (Bavelas et al., p.34): "All messages that would (intuitively or otherwise) be called equivocal are ambiguous in at least one of these four elements". The sender dimension refers to the extent to which the response is the speaker's own opinion; a statement is considered more equivocal if the speaker fails to acknowledge it as his own opinion, or attributes it to another person. Content refers to comprehensibility, an unclear statement being considered more equivocal. The receiver dimension refers to the extent to which the message is addressed to the other person in the situation, the less so the more equivocal the message. Context refers to the extent to which the response is a direct answer to the question - the less the relevance, the more equivocal the message.

Bavelas et al. (1990) conducted a series of experiments in which a number of communicative conflicts were described. Participants were then asked to indicate how they would respond to these scenarios. Their responses were rated by observers along the four dimensions of sender, content, receiver and context. In comparison to non-conflictual scenarios, Bavelas et al. consistently showed that conflictual situations received significantly more equivocal responses.

Bavelas, Black, Bryson and Mullett (1988) also carried out a field study of political equivocation at the July 1984 Canadian Liberal Party leadership convention. At that time, Pierre Trudeau had announced his intention to resign as prime minister of Canada and leader of the (governing) Liberal Party. There were several candidates for the leadership, including John Turner as the front runner and Jean Chretien as a very popular second choice. Delegates at the convention who were wearing badges for Turner or Chretien were approached and asked "Do you think the Liberals will win the next election under John Turner?" It was hypothesised that this question would put supporters of Jean Chretien in a communicative conflict. If they said that the party could win under Turner, they would be publicly conceding a major point to the candidate they opposed. If they said that the Liberals could not win under Turner they would appear to be disloyal to their party. No such conflict was hypothesised for Turner supporters. Results showed that the responses of Chretien supporters were judged to be significantly more equivocal than those of Turner supporters on the sender and context dimensions.

The series of studies conducted by Bavelas et al. (1990) clearly demonstrate that equivocation occurs in response to communicative conflicts along the four dimensions of sender, content, receiver and context. From this perspective, equivocation is not an aspect of people's personalities, it is something that occurs in response to situational pressures.

Threats to Face and Equivocation

A major revision to equivocation theory has been proposed by the author and his colleagues, based on analyses of equivocation by politicians (Bull, in press; Bull, 2003; Bull et al., 1996). In the context of televised political interviews, Bull et al. (1996) argued that communicative conflicts can be understood in terms of what are called *threats to face*. That is to say, questions may be formulated in such a way that politicians constantly run the risk of making *face-damaging responses* (responses which make themselves and/or their political allies look bad). Bull et al. further argued that communicative conflicts may occur when *all* the principal ways of responding to a question are potentially face-damaging.

The role of face threats in communicative conflicts can be illustrated by the following example from a televised interview in the 2005 British general election between Tony Blair (Labour prime minister, 1997-2007) and the BBC interviewer Jeremy Paxman (Bull, in press). Paxman asked Blair: "Do you accept any responsibility at all for the death of Dr. David Kelly?" Dr. David Kelly was a microbiologist and chief scientific officer for the Ministry of Defence. He apparently committed suicide after his identification as the source of revelations to the BBC, that intelligence officers were unhappy with the government's dossier on Iraq's weapons of mass destruction (the so-called "dodgy dossier"). Because it was the Ministry of Defence who identified Dr. Kelly, the government was widely assumed to bear some responsibility for his death.

If Blair had replied no to Paxman's question, his response would have lacked credibility, and he might also have been perceived as unsympathetic and uncaring. But if Blair had replied yes, it would have reflected badly both on his own and the government's perceived competence. If Blair had equivocated, this would also be face-damaging, because it would make him look evasive: both politicians in general and Tony Blair in particular have an unenviable reputation for such slipperiness. Thus, Paxman's question created a classic communicative conflict, in which either confirmation or denial by Blair would have been extremely face-damaging; equivocation was arguably the least face-threatening option. In fact, Paxman posed the question four times, and each time Blair equivocated; after Blair's fourth equivocal response ("…..it's maybe not a question you need to give a yes or no answer to"), Paxman moved on to a new topic.

How questions pose threats to face in political interviews was investigated by Bull et al. (1996). They proposed a typology, organized in terms of the three faces which it is argued need to defend: personal, political party, and significant others. These three components were regarded as superordinate categories, and further subdivided into a total of 19 sub-categories. A reliability study, in which an independent observer coded face-threats in questions from three different interviews, showed a Cohen's (1960) kappa of 0.80 when compared with the main scorers. All 557 questions from 18 televised interviews in the 1992 general election were categorized in terms of this typology, which showed that the identified communicative conflicts were all judged to be created by threats to face. However, it should be noted that this is not to say that communicative conflicts are created *only* by threats to face (Bull, 2000). For example, in the questions from Jeremy Paxman cited above, if Tony Blair had acknowledged any responsibility for the death of Dr. David Kelly, not only would this have been extremely face-damaging, it might also have made both him and the government vulnerable to the risk of litigation (Bull, in press).

Nevertheless, the concept of threats to face does provide a unifying explanation for why communicative conflicts are so prevalent in political interviews. Furthermore, it can also be extended to instances when politicians *do* reply to questions. For example, in an interview during the 1992 general election, Neil Kinnock (leader of the Labour Party, 1983-1992) was posed the following question by David Frost: "Now can you give me a picture of the future if Neil Kinnock is prime minister after twelve months can you give me a specific vision of how our lives will be different?" Similarly, in the French presidential election of 2007, both candidates (Ségolène Royal and Nicholas Sarkozy) were asked "What kind of a president will you be if you are elected?" (Johansson, in press). Not replying or equivocating in response to such questions would be extremely face-damaging, it would make the politicians look totally incompetent. The face-threatening structure of these questions is such that it can be predicted with confidence that the politicians will reply. Thus, a major theoretical merit of this reconceptualization is parsimony: it hypothesises that whether a politician equivocates or replies can be understood within the same underlying construct of the face-threatening structure of questions.

Politeness Theory

The most influential conceptualisation of face is undoubtedly Brown and Levinson's (1978/1987) politeness theory. They postulated what they called a "model person", a conceptualization of people as rational agents who think strategically and are conscious of their language choices. The two primary needs of this model person are face and information; in every communication, these two needs are accommodated. That is to say, interlocutors are not regarded as exchanging just factual or propositional information (information that is either true or false), but also as exchanging information in relation to their face needs. According to Brown and Levinson, face is important in all cultures; it can be lost, maintained or enhanced. Thus, face preservation is a primary constraint on the achievement of goals in social interaction. "Some acts are intrinsically threatening to face and thus require 'softening'" (Brown & Levinson, 1978, p.24). Communicative actions such as commands or complaints may be performed in such a way as to minimise the threat to positive and negative face, where positive face is defined as "the want of every member that his wants be desirable to at least some others", negative face as "the want of every 'competent adult member' that his actions be unimpeded by others" (Brown & Levinson 1987, p.62). So, for example, a request to do something may threaten someone's negative face (by restricting their freedom of action), whereas disagreements may threaten positive face (by showing a lack of approval).

Politeness theory has important implications for our understanding of political discourse. According to Jucker (1986, p.71), "It is clear that what is primarily at issue in news interviews is the interviewee's positive face". Upholding positive face, Jucker proposed, is of particular importance for democratically-elected politicians in the context of political interviews. This is because their political survival ultimately depends on the approval of a majority of people in their own constituency. Conversely, Jucker argued that negative face is of little importance, because the politician by consenting to be interviewed has already consented to his/her freedom of action being limited in this way.

In fact, if positive face is essentially the need to be well regarded by others, it is arguably of fundamental importance for politicians, irrespective of communicative context - whether a politician is being interviewed, making a speech, debating with another politician, or responding to a question from a member of the public. A politician who suffers serious loss of positive face may come to be regarded as a liability by his or her political party. A government minister or an opposition front bench spokesperson may come under pressure to resign; a Member of Parliament may be defeated at the next general election, or if deselected, may not even be allowed to stand for election as the party's parliamentary candidate.

But negative face is also important. Even in news interviews, where Jucker (1986) downplayed its significance, politicians may suffer serious potential face damage through responses to questions which circumscribe future freedom of action. If, for example, the leader of the British Labour Party categorically asserted that the party would never to go into coalition with the Liberal Democrats, then s/he would suffer serious face loss if in the event of a hung Parliament, s/he formed such a coalition because it was the only way of securing a parliamentary majority. As Goffman (1955/1967) pointed out, people need to protect their face against even the possibility of threat: they avoid performing actions which although acceptable in the present may reflect badly upon them in the future. Hence, a politician will be careful to avoid making statements which may hamper or constrain his/her future freedom of action. This point is effectively summed up in the old political saw: "Never say never."

Neither politeness theory, nor threats to face in questions, nor the concept of communication as skill play any role in the original theory of equivocation, as proposed by Bavelas et al. (1990). However, in the next section, it will be argued that all these theoretical conceptualisation have significant implications for our understanding of whether and under what circumstances equivocation can be regarded as skilled communication.

Equivocation and Communicative Skill in News Inerviews

According to Brown and Levinson (1978, 1987), face can be lost, maintained or enhanced. Bull et al.'s (1996) re-conceptualisation of equivocation theory was specifically concerned with the televised interviews with politicians, for whom maintaining or enhancing face is extremely important. Loss of face can mean losing votes, severe loss of face can spell electoral disaster. Threats to face, Bull et al. proposed, are a prime cause of communicative conflicts in political interviews. From this perspective, equivocation is arguably an effective form of response, because it is less face-damaging than other forms of response.

Nevertheless, in order to evaluate equivocation as a form of communicative skill, it is necessary to distinguish between different types of equivocation. Some types may be highly skilled, others much less so. In their original theory, Bavelas et al. (1990) distinguished between four dimensions (sender, content, receiver and context). But within these broad dimensions, it is possible to make much finer distinctions. For example, context refers to the extent to which the response is a direct answer to the question, but there are many different ways of not directly answering the question. At least 35 different ways of not replying to a question are distinguished in the equivocation typology devised by Bull and Mayer (1993) (see also Bull, 2003), based on a series of analyses of televised political interviews.

This typology is divided into superordinate and subordinate categories. For example, one superordinate category is *attacks the question*. This can be further subdivided into eight subordinate categories, for example, *the question is hypothetical or speculative, the question is based on a false premise, the question includes a misquotation*. In total, there are 12 superordinate categories. When these categories are further subdivided into subordinate categories, 35 ways of not answering a question can be distinguished. The typology is presented in full in Bull (2003, pp.114-122). It should be noted that this system is not intended to be exhaustive. It was developed inductively on the basis of responses in which the politicians failed to provide the information requested by the interviewers, and was intended to provide the "best fit" in terms of characterising these responses.

Using this typology, pairwise comparisons were made between three British party political leaders: Neil Kinnock, Margaret Thatcher (Conservative Prime Minister, 1979-1990), and John Major (Conservative Prime Minister, 1990-1997). In terms of the superordinate categories, a highly significant mean correlation of .92 showed that the three politicians equivocated in very similar ways. However, when both superordinate and subordinate categories were analysed, it was possible to discern distinctive forms of equivocation, unique to each politician.

Thus, a highly distinctive feature of Margaret Thatcher's style was to make personal attacks on the interviewer (Bull & Mayer, 1993). Whereas British politicians frequently attack the question (Bull & Mayer, 1993; Bull, 2003), it is highly unusual for them to attack the interviewer. For Neil Kinnock, there were two distinctive forms of equivocation: *negative answers,* and *reflecting the question.* Negative answers take the form of stating what will not happen instead of what will happen. In reflecting the question, the politician simply deflects the question back to the interviewer (e.g., by saying "Well you tell me"). For John Major, there were three distinctive forms of equivocation (Bull & Mayer, 1991; Bull, 2003). One was termed the *literalism*, which a question is taken literally (and not in the sense in which it was clearly intended) as a means of not giving a reply. Another was *pleading ignorance,* simply saying "I don't know" in response to a question. The third was termed the *deferred reply,* in which the politician says he or she is unable to answer the question for the present time, for example, by saying "Well you'll have to wait and see".

The use of negative answers and reflecting the question by Neil Kinnock contrasted sharply with the aggressive tactics of Margaret Thatcher. One way of assessing the effectiveness of these strategies is to look at the responses of the interviewers. Following an attack on the interviewer by Margaret Thatcher, they typically asked a new question (in 83 per cent of cases) rather than reformulating the original question. However, Neil Kinnock's attempts to reflect the question on each occasion led to the interviewer simply reiterating the point. Most of his negative answers (75 per cent) also typically led to reformulations of the question by the interviewers. Thus, whereas Margaret Thatcher's aggressive tactics had the effect of inhibiting the interviewers from pursuing a particular line of enquiry, the defensive tactics of Neil Kinnock simply invited further questioning on the same topic (Bull & Mayer, 1993; Bull, 2003).

Another way of looking at the effectiveness of these strategies is to look at their impact on the politician's positive face (Brown & Levinson, 1978/1987). Although Margaret Thatcher's use of personal attacks may have inhibited interviewers from asking her awkward questions, it may also have contributed to the wider perception of her at that time as aggressive, bullying and overbearing. Indeed, by 1990 she had become so unpopular that she was forced out of office by her own Cabinet, who refused to back her in the second round of the Conservative Party leadership election. This was despite the fact that she had never lost a general election, having won three successive victories in 1979, 1983 and 1987. Neil Kinnock's use of negative replies, in which he stated at length what he was not going to do, was entirely consistent with his depiction as the "Welsh windbag" by the satirical magazine *Private Eye.* Thatcher's successor John Major during his premiership was often criticized by the media as colourless and grey, with no clear views of his own (Bull, 2003). This view could only be reinforced by his distinctive style of pleading ignorance, taking questions literally and deferring replies by saying "You'll have to wait and see".

The above examples show some rather inept ways of responding to awkward questions, but it should not be assumed that equivocation is always unskilful.

For example, a high degree of skill was shown by Tony Blair (Labour Prime Minister, 1997-2007) in televised interviews during the 1997 general election campaign (Bull, 2000). Blair made extensive use of the term "modernisation" to justify the dramatic volte-face in policy which took place years following Labour's disastrous electoral defeat in 1983 and which culminated in its landslide victory as New Labour in 1997. This "rhetoric of modernisation" allowed Blair not only to explicitly acknowledge the policy changes which had taken place, but also to present them as principled - as an adaptation of the traditional values of the Labour Party to the contemporary political situation. In this way, he could not only equivocate skilfully in response to awkward questions but also present a positive face for his party, as both principled and moving with the times.

All the studies described above are based on British political interviews. Simon-Vandenbergen (in press) showed how the techniques of analysis devised by the author and his colleagues could be applied in an entirely different cultural context. She examined two debates between a philosopher and two politicians of the extreme rightwing party the Flemish Bloc (*Vlaams Blok*) in Flanders (Belgium). The debates took place in the summer and the autumn of 2004, after the party had been condemned for racism by the Belgian court. The Flemish Bloc responded by dissolving the party and setting up a new one, called Flemish Interest (*Vlaams Belang*), with the same members but with a revised programme. The debates centred around the fundamental question asked by the philosopher as to whether the new party has abandoned its former racist views.

In this respect, the politicians found themselves in exactly the kind of communicative conflict identified by Bavelas et al. (1990). If they claimed they had not changed their views they risked further legal action from the Belgian court, whereas if they claimed they had changed their views, they risked losing political support. In fact, Simon-Vandenbergen (in press) found that the two politicians responded to the philosopher's questions with a much higher degree of equivocation than that identified by Bull (2003) in his studies of British political interviews. She also found that most of these responses could be classified in terms of the equivocation typology devised by Bull and his colleagues (Bull, 2003; Bull & Mayer, 1993).

Nevertheless, there were some interesting differences. Firstly, the two politicians made frequent use of "attacks": against the questions, the interviewer, the event, political opponents and the judicial system. All these objects of attack were represented as hostile to Flemish Interest, whose numerical strength was used to justify dividing society into "the people" versus the establishment.

Secondly, there was one specific type of attack not mentioned at all in Bull's equivocation typology, that of personal attacks on the interviewer as an individual. Notably, Bull did report that a highly distinctive feature of Margaret Thatcher's style was to make personal attacks on the interviewer (Bull & Mayer, 1993), but these were attacks on the journalist's neutrality, not on his private life or personality. In contrast, in the televised interview analyzed by Simon-Vandenbergen, personal attacks took the form of condescension (e.g., the constant use of the addressee's name, simulating fake politeness), non-verbal signals such as laughter, the repeated phrase "Don't get so excited" and the use of judgement adjectives such as "pathetic". In the newspaper interview, remarks were also made about the philosopher's private life, intended to lower his credibility and threaten his public face. These kind of comments simply did not occur in the televised interviews analyzed by Bull; arguably, they may be more characteristic of extremist political discourse, which for that reason is sometimes characterized as "gutter politics."

A further important feature of Simon-Vandenbergen's (in press) is her analysis of implicit responses used by the two politicians. Notably, through the use of such messages, the politicians were able to reassure their hard core supporters that the party's ideology was still the same, but rephrased under pressure from the Belgian court. They could not have done this is they had not replied to the questions at all. Thus, from their own political perspective, the politicians' use of implicit responses might be seen as highly skilled; it provided a means of putting across their own political message while evading the strictures of the law.

In an entirely different context, an analysis of implicit responses was conducted on the celebrated television interview in the United Kingdom between the late Diana, Princess of Wales and Martin Bashir (Bull, 1997). The interview was broadcast on November 20th, 1995, and was widely considered to have accelerated the rift between Diana and Prince Charles, which led to the announcement of their divorce the following year (July 12th, 1996). It was just over a year later that Diana was to die in a tragic car crash (August 31st, 1997).

The focus of the analysis was on what Bavelas et al. (1990) would term the context dimension, the extent to which Diana gave direct replies to Martin Bashir's questions. Of particular interest were responses in which Diana did not make her views explicit, but which nevertheless carried a strong implicative reply. It was noted that all these answers by implication took the form of critical comments. Further analysis of all the critical comments throughout the interview as a whole showed that whereas criticisms of the Royal Household were typically explicit, criticisms of her then husband Prince Charles, the Royal Family and Mrs. Parker

Bowles (with whom Charles had publicly admitted having an affair and whom he subsequently married after Diana's death) were typically implicit.

For example, when Martin Bashir asked: "Do you think Mrs. Parker Bowles was a factor in the breakdown of your marriage?", Diana gives her celebrated reply "Well there were three of us in this marriage so it was a bit crowded". The implication of this response was clearly affirmative, although Diana managed to convey exactly this message without ever actually saying so. She also accompanied her reply with a wry smile, whereas a more direct or even vitriolic response might have laid her open to the criticism of being embittered or even vengeful, which could then have been used as a means of discounting other things which she said in the interview (Bull, 1997).

Such implicative responses could be readily understood in this context as arising from a communicative conflict. If on the one hand, Diana had been too outspokenly critical in this interview, she might have alienated public opinion, exacerbated and aggravated an already difficult situation with her husband and with the Royal Family, she might even have been frightened of some form of retaliation. Conversely, if she avoided comment on her husband and the Royal Family, or even denied there were any problems between them, she would not be able to give her side of the story, and would look foolish for having agreed to give the interview in the first place. This second difficulty can be seen as underlying not so much individual questions but the interview as a whole, in the sense that once having agreed to it, she put herself under considerable pressure to make at least some comment about her family relationships. Thus, just as with the two politicians in Simon-Vandenbergen's (in press) study, Diana's answers by implication could be seen to have distinct interactional advantages, enabling her to put over her own side of the story, while avoiding the risks inherent in more direct, explicit communication (Bull, 1997). For someone who once mocked herself as as thick as a plank, Diana's implicit responses showed a high degree of communicative skill.

It is noteworthy that Bavelas et al.'s (1990) original version of equivocation theory made no particular distinction between implicit responses (hinting at an answer) and not replying to questions at all. Bavelas et al. (p.31) regard equivocation as a continuum, arguing that such an approach is far more useful than a dichotomy of equivocal/unequivocal, since it is more likely to detect subtle differences between messages. But their theory is concerned essentially with the causes of equivocation. If equivocation is considered in terms of its consequences (Bull, 1998) and as a form of skilled communication, then the distinction between implicit replies and non-replies becomes important. Through the use of implicit messages, it is possible to reply to conflictual questions while still evading the dilemmas which they create. From this perspective, implicit replies can be seen as showing a high degree of communicative skill.

Conclusions

The aim of this chapter has been to consider whether and under what circumstances equivocation may be regarded as a form of skilled communication. A major contribution to understanding the causes of equivocation has been Bavelas et al.'s (1990) situational theory of communicative conflict. Of particular importance is their proposal that equivocation is not a function of people's personality, it occurs in response to distinctive communicative contexts. For example, politicians are often castigated for their evasiveness, as the sort of people who will never give a straight answer to a straight question. But from the analyses reviewed in this chapter, political questions can be regarded as anything but straight, often posing a high proportion of communicative conflicts, thereby creating pressures to equivocate (Bavelas et al., 1990; Bull et al., 1996; Bull, 2003).

Bavelas et al. (1990) further proposed that equivocation is best understood as a multidimensional concept, although they distinguished only the four main dimensions of sender, content, receiver and context. In fact, at least 35 different ways of not replying to a question have been identified (Bull &Mayer, 1993; Bull, 2003). Some of these may be seen as highly skilled, some less so, others as transparently evasive or even downright inept. The author and his colleagues (Bull et al., 1996; Bull, 2003; Bull, in press) have argued that equivocation theory can be re-conceptualised in terms of face, and that furthermore, through this concept, the effectiveness of different forms of equivocation can be evaluated.

From this perspective, equivocation is not just an understandable reaction to an awkward communicative situation, as Bavelas et al. (1990) originally proposed. It can also be regarded as a communicative strategy which can be employed with varying degrees of skill. In short, communication does not always need to be clear, concise or to the point as Grice (1989) recommended; the strategic use of imprecise language can be understood as a communicative skill in its own right.

References

Argyle, M. (1969). *Social Interaction*. London: Methuen.
Argyle, M. (1994). *The Psychology of Interpersonal Behaviour* (5th ed.). London: Penguin.
Argyle, M. (1999). The development of social coping skills. In E.Frydenberg (Ed.), *Learning to Cope: Developing as a Person in Complex Societies* (pp. 81-106). Oxford, UK: Oxford University Press.
Argyle, M., & Kendon A. (1967). The experimental analysis of social performance. *Advances in Experimental Social Psychology, 3*, 55-97.
Aristotle (350 BCE). *Rhetoric*. (W. Rhys Roberts, Trans.). Oxford, UK: Clarendon Press, 1954.
Bavelas, J.B., Black, A., Bryson, L., & Mullett, J. (1988). Political equivocation: a situational explanation. *Journal of Language and Social Psychology,7*, 137-145.
Bavelas, J.B., Black, A., Chovil, N., & Mullett, J. (1990). *Equivocal communication*. Newbury Park: Sage.
Brown, P., & Levinson, S.C. (1978). Universals in language usage: politeness phenomena. In E. Goody (Ed.), *Questions and politeness* (pp. 56-310). Cambridge: Cambridge University Press.
Brown, P., & Levinson, S.C. (1987). *Politeness: Some universals in language use*. Cambridge: Cambridge University Press.
Bull, P.E. (1997). Queen of Hearts or Queen of the Arts of Implication? Implicit criticisms and their implications for equivocation theory in the interview between Martin Bashir and Diana, Princess of Wales. *Social Psychological Review, 1*, 27-36.
Bull, P.E. (1998). Equivocation theory and news interviews. *Journal of Language and Social Psychology, 17*, 36-51.
Bull, P.E. (2000). Equivocation and the rhetoric of modernisation: An analysis of televised interviews with Tony Blair in the 1997 British General Election. *Journal of Language and Social Psychology, 19*, 222-247.
Bull, P.E. (2003). *The microanalysis of political communication: Claptrap and ambiguity*. London: Psychology Press.
Bull, P. (2006). What is skilled interpersonal communication? In M.B. Hinner (Ed.), *Freiberger Beitraege zur interkulturellen und Wirtschaftskommunikation: A Forum for General and Intercultural Business* (Vol. 3, 93-113). Frankfurt am Main, Germany: Peter Lang GmbH.
Bull, P. (in press). "Slipperiness, evasion and ambiguity": equivocation and facework in non-committal political discourse. *Journal of Language and Social Psychology*.

Bull, P.E., Elliott, J., Palmer, D., & Walker, L. (1996). Why politicians are three-faced: the face model of political interviews. *British Journal of Social Psychology*, *35*, 267-284.

Bull, P.E., & Mayer, K. (1991, December). *Is John Major as unremarkable as he seems? A comparison of three political leaders.* Paper presented at the London Conference of the British Psychological Society, London: UK.

Bull, P.E., & Mayer, K. (1993). How not to answer questions in political interviews. *Political Psychology*, *14*, 651-666.

Cohen, J. (1960). A coefficient of agreement for nominal scales. *Educational and Psychological Measurement, 20*, 37-46.

Goffman, E. (1955). On face-work: an analysis of ritual elements in social interaction. *Psychiatry*, *18*, 213-231. Reprinted in E. Goffman (1967), *Interaction ritual: Essays on face to face behaviour* (pp. 5-45). Garden City, New York: Anchor.

Grice, H.P. (1989). *Studies in the Way of Words.* Cambridge, Mass.: Harvard University Press.

Hamilton, M.A., & Mineo, P.J. (1998). A framework for understanding equivocation. *Journal of Language and Social Psychology*, *17*, 3-35.

Hargie, O.D.W. (1997). Interpersonal communication: a theoretical framework. In O.D.W. Hargie (Ed.), *The Handbook of Communication Skills* (2nd ed.) (pp.29-63). London: Routledge.

Hargie, O. (2006a). Skill in practice: An operational model of communicative performance. In O. Hargie (Ed.), *The Handbook of Communication Skills* (3rd ed.) (pp.37-70). London: Routledge.

Hargie, O. (2006b). Training in communication skills: research, theory and practice. In O. Hargie (Ed.), *The Handbook of Communication Skills* (3rd ed.) (pp.553-565). London: Routledge.

Hargie, O.D.W. & Marshall, P. (1986). Interpersonal communication: a theoretical framework. In O.D.W.Hargie (Ed.), *The Handbook of Communication Skills* (pp.22-56). London: Croom Helm.

Johansson, M. (in press). Presentation of political self: Commitment in electoral media dialogue. *Journal of Language and Social Psychology.*

Jucker, J. (1986). *News interviews: A pragmalinguistic analysis.* Amsterdam: Gieben.

Simon-Vandenbergen, A-M (in press). “Those are only slogans”: A linguistic analysis of argumentation in debates with extremist political speakers. *Journal of Language and Social Psychology.*

Introduction to

On the Detection of Others' Goals in Social Interaction

By Nicholas A. Palomares

Nicholas A. Palomares points out that people infer the objectives of others throughout conversations with varying levels of certainty. Sometimes, these inferences are generated automatically or implicitly; whereas at other times, inferences enter conscious awareness so that thought can be devoted to figure out what someone is trying to do. Palomares discusses goal detection with an emphasis on the cognitive mechanisms involved in generating accurate goal inferences. Palomares focuses on so-called conversation or interaction goals. Goals are mental representations of desired end states. Individuals' thoughts in conversation focus on goals, just as goals, in part, determine their behavior. Examples of goals include acquiring, giving, or conceding information; seeking affinity or disaffinity; gaining or resisting compliance; etc. In fact, goals and goal-directed communication permeate social interaction. The individual means of obtaining a goal are subject to social concerns such as politeness or efficiency. To achieve goals, people need compromise plans, strategies, and tactics. Plans, according to Palomares, are mentally represented hierarchies of goal-directed action sequences and include strategies and tactics. A strategy is the cognitive representation of a general class of methods to achieve a goal whereas tactics refer to specific action or behavior employed to realize a goal. General strategies include specific tactics. Goals and related concepts, such as tactics, are integral to goal detection in social interaction.

Goal detection has its roots in theory and research on message production, Palomares notes. Message production focuses on understanding strategic communicative behavior and the goals that drive this process. Goal detection is, in part, a function of a detector's activated linkage in a particular interaction. People typically seek one primary goal along with multiple secondary constraints. Goal inference highlights a single goal rather than multiple goals. In fact, people are inclined to cue a single dispositional reason to explain another's behavior more than they are likely to use a diverse set of reasons. Goal inferences are tentative when the diagnosticity in goal-relevant information is questionable. Inferences seem to depend on the overall amount of information that supports a goal inference. The more goal-consistent data is acquired, the greater the certainty for inferring that goal. Factors seem to impact goal inference. This implies that some factors will lead people to infer a certain goal, whereas other factors will lead to different goal inferences. If the context is strongly linked to the pursuer's true goal, then a detector tends to infer this goal primarily using the context-goal linkage, and tactics have very little input on the accuracy of goal inferences. But if the context is not strongly linked to the pursuer's true goal, then it will be integrated into the inference restriction process. Tactics, thus, will impact accuracy only if the context does not already produce adequately narrow inference restrictions.

Goals provide a definition or framework to understand social interaction. Successful communication depends, at times, on the ability to detect another's goal accurately. The ability to detect another's goal can impart the extend to which both interactants are judged communicatively competent. Being able to detect accurately the goal of another helps facilitate the achievement of a speaker's own goal, and the more individuals are able to achieve their own goals, the more others perceive them as competent.

The applications of this text in the world of business are manifold. One use of goal detection is found in the application process where applicant wants to know what the chances are of being hired, and the employer attempts to assess what the applicant's true intentions are. Other fields of application could be the detection of a business competitor's goals or determining the true goals of negotiators.

Michael B. Hinner

Nicholas A. Palomares is Assistant Professor of Communication at the University of California, Davis. His research emphasizes message production and processing in two primary areas of communication in social interaction; namely, language use and conversational behavior. His language-use research focuses primarily on the cognitive structures and processes responsible for producing gender-based language differences and similarities between men and women in face-to-face and mediated social interactions as well as the consequences that emerge from such language. His conversational behavior research examines the goals individuals pursue in their interactions with others and the factors associated with goal pursuits.

On The Detection of Others' Goals in Social Interaction

Nicholas A. Palomares

Imagine the following situation. You are in your office at work on a Friday afternoon talking with a colleague. He starts to complain about a major project for which he is primarily responsible. You mention to him that you are familiar with the project even though you are not directly involved in it, to which he responds, "I know". He continues saying, "A major deadline has been moved forward; so now, rather than having two weeks, I only have until *Tuesday*!" You think it could easily be completed over the weekend and are confused about his concern, so you say, "Why are you so worried? You have plenty time." He responds, "My girlfriend and I have planned a little getaway this weekend for her birthday, and we leave tonight. If I cancel our trip, she'll be pissed!" You reply, "Ouch! *Now* I understand." He then asks, "What are you doing this weekend?" You open your mouth to tell him that you have no plans, but then stop yourself mid-thought because you realize what might come next if you continue: Does he want you to finish the project so he doesn't upset his girlfriend? Or does he not have this ulterior motive and is genuinely interested in your plans? You feel badly for your colleague because of his double bind…but then again you don't want *your* weekend consumed with *his* project.

This situation is easily recognized. The specific details are different, but most people can recall a conversation wherein you find yourself wondering what someone else is trying to do or accomplish while talking with you. Your teenage daughter compliments you and does extra chores around the house: Does she want permission to go to a party, an increase in her allowance, to occupy her free time, or to lessen your burden because she knows you had a bad day? A friend calls you because he had an argument with his spouse: Is he looking for your advice or only seeking a sounding board on which to vent his frustration? A classmate avoids answering your question about a job for which she plans to apply by changing the topic: Is she trying to avert any unwanted competition by preventing you from applying? These predicaments have one thing in common:

Goal detection

Like the above examples, people infer others' objectives throughout conversation with varying levels of certainty (Berger, 2000; Palomares, 2008). Sometimes these inferences are generated automatically or implicitly (Hassin, Aarts, & Ferguson, 2005), whereas other times inferences enter conscious awareness so that thought can be devoted to figure out what someone is trying to "do." In this chapter, I focus on this process of detecting others' goal in social interaction. Specifically, I discuss goal detection with an emphasis on the cognitive mechanisms involved in the generation of accurate goal inferences. In doing so, I first describe a few concepts central to goal pursuit and then briefly situate it in a larger scene of message production in social interaction wherein the foundation of goal detection resides. Next, I present a theoretical framework for goal detection that is abstract in its conceptualization yet reified in its application. That is, because the framework is general, concrete manifestations of it exist that can help explain goal detection in many situations. Fourth, I present a collection of moderating variables that can also play a role in goal detection; and in a final section, I discuss some potential consequences of goal detection.

Central Concepts for Goal Pursuit (And Its Detection)

People strive to achieve an assortment of objectives almost constantly throughout their life. Whereas some of these objectives take on the form of personal strivings or life goals (e.g., raise children, obtain a career, prepare for retirement, minimize stress; Emmons, 1986), other goals are relatively more immediate and require interaction to be achieved (Berger, 1997; Clark & Delia, 1979; Wilson & Putnam, 1990). The present explication of goal detection will focus on these latter, so-called conversation or interaction goals (henceforth simply referred to as goals). Goals are mental representations of desired end states (Berger, 2002, 2007; Wilson, 2002). Individuals' thoughts in conversation focus on goals (Waldron, 1990), just as goals in part determine their behavior (Berger, 1997; Cody & McLaughlin, 1990; Wilson, 2002). Examples of goals include: acquiring, giving, or concealing information (Berger & Kellermann, 1983, 1989, 1994); seeking affinity (Daly & Kreiser, 1994) or disaffinity (Kellermann & Lee, 2001); gaining or resisting compliance (Cody, Canary, & Smith, 1994; Dillard, 1990; Wilson, 2002); initiating, maintaining, escalating, or terminating a relationship (Berger, 1993; Cody et al.; Dillard, 1989; Wilson, Kunkel, Robson, Olufowote, & Soliz, 2009); comforting or providing social support (Burleson, 1994; Feng, 2009); embarrassing (Sharkey, 1997); deceiving (Buller & Burgoon, 1994; O'Hair & Cody, 1994); inducing emotional or psychological hurt

(Kellermann & Lee, 2002; Kowalski, 2001); and other objectives that people seek via interaction with others (for lists of goals see Bjerg, 1968; Chulef, Read, & Walsh, 2001; Kellermann & Kim, 1991). Goals and goal-directed communication permeate social interaction (Berger, 2002).

Goals are distinct from constraints or expectations to which individuals pay heed during goal pursuit (Kellermann & Shea, 1996; Kim, 1994). Individuals' means to obtain a goal, in other words, are subject to social concerns, such as politeness or efficiency (Kellermann, 2004; Kellermann & Park, 2001). In the introductory scenario, for example, assuming the colleague wanted you to complete his project, then he was relatively indirect (i.e., "What are you doing this weekend?") in order to maintain politeness rather than explicitly ask for the favor (e.g., "Could you do the project?") and impose on you. The means to achieve a goal comprise plans, strategies, and tactics. Plans are mentally represented hierarchies of goal-directed action sequences (Berger, 1997). For example, the colleague likely had a two-step plan: (a) reveal information germane to his double bind, and (b) ask what your weekend entailed. Plans include strategies and tactics. A strategy is a cognitive representation of a general class of methods to achieve a goal, whereas a tactic is a specific action or behavior employed to realize a goal (Beach, 1985; Berger). General strategies include specific tactics. In the double-bind example therefore, the first step of his plan included the strategy to provide pertinent information that manifested in a reveal tactic of exactly what he said. Goals and related concepts, such as tactics, are integral to goal detection in social interaction.

The Foundation of Goal Detection

The relatively recent systematic inquiry into goal detection (Palomares, 2008) has its roots in theory and research on message production (Berger, 2000, 2007; Greene & Graves, 2007; Wilson & Feng, 2007). Thus, to the extent that one wishes to study goal detection, one must first understand the larger theoretical landscape from which it has emerged. In the current section, I situate goal detection into related previous scholarship, albeit briefly given the existence of more comprehensive expositions of this work found elsewhere (see: Berger, 2002, 2005b; Daly & Wiemann, 1994; Greene, 1997b; Wilson, 2002).

Message production focuses on understanding strategic communicative behavior and the goals that drive this process. Theories of message production strive to explain why people say what they do. Early research on message production prioritized strategy selection and thereby placed goals in the conceptual background (Wilson, 2002). The basic focus of this research was twofold: (a) What circumstantial or situational influences affect the strategies people use to achieve goals (e.g., Miller, Boster, Roloff, & Seibold, 1977), and (b) what individual differences impact strategy selection (e.g., Delia & Clark, 1977)? Although fundamentally different in some respects, both foci maintain strategy selection at their core. This strategy-selection perspective transitioned to the contemporary emphasis on goal pursuit wherein people are construed as social actors with cognitively-based goals that direct their communicative action and behavior (Wilson, 2002). Thus, whereas the first generation of message production sought to build taxonomies of strategies, the more recent manifestation of message production has sought to categorize goals (e.g., Cody et al., 1994). Goal-pursuit research also has highlighted how people form or activate goals (Wilson, 1990), how they at times pursue multiple goals while simultaneously satisfying a handful of social constraints (Dillard, Segrin, & Harden, 1989; Kellermann & Park, 2001), how they develop plans to achieve hierarchically organized goals either pre-conversationally or online (Berger, 1997), and generally the cognitive processes involved in pursuing goals and the resultant messages generated (Berger, 2007; Greene & Graves, 2007; Wilson & Feng, 2007).

Goal detection emerged primarily in response to two features of message production scholarship. First, a criticism of both of the strategy-selection and goal-pursuit perspectives is that work emerging from them is generally non-interactive (e.g., Bavelas, 1991). That is, studying goals does not readily provide a means to move from an examination of monologue to one of dialogue. The goal-pursuit perspective is arguably less susceptible to this criticism than strategy selection is, but it is still subject to the critique despite its emphasis on *interaction* goals because very little research has highlighted any interactive dynamics of message production when examining goals, planning, and other relevant aspects (Berger, 2002; Wilson, 2002). Second, message production entails very little focus on the processing or reception of messages. To an extent, this characterization is not surprising given the label message production, but underlining both the production and processing of messages is likely more fruitful to the advancement of communication science than focusing on production alone; after all, one does not produce messages absent at least an intent for someone to receive and process them (cf. Greene & Graves, 2007).

Thus, goal detection emerged, in part, as a reaction to the historical and current instantiation of message production (Berger, 2000). Goal detection, by definition, requires emphases on both interaction and message processing. In fact, although scholars maintain, and perhaps even highlight, an implicit assumption that people detect or infer others' goals in social interaction (e.g., Bower, Black

& Turner, 1979; Carberry, 1990; Cohen, Morgan, & Pollack, 1990; Schank & Abelson, 1977; Schmidt, 1976), little theory or research has been devoted to the phenomenon (Berger, 2000). Goal detection, however, is an integral aspect of interaction, its existence is a fundamental tendency of human nature, and its occurrence is sensitive to the socio-cognitive production and processing of messages.

A Goal Detection Theoretical Framework

The basic logic of the framework is that because factors in interaction are cognitively associated with goals, factors increase the accessibility of potentially inferable goals and thereby shape the inferences of another's goal. Thus, goal detection is, in part, a function of a detector's activated goal linkages in a particular interaction. The following first lays out the assumptions of the theoretical framework, then advances the mechanisms proposed to account for the basic processes of goal detection, and finally provides empirical evidence for the framework.

Assumptions
Goal detection, or the process by which individuals infer others' goals, likely has an evolutionary genesis that imparted an innate inclination to infer others' goals (Bogdan, 1997; see also Berger, 2000). Goal achievement increases the likelihood of survival and hence improves fitness. The ability to detect others' goal can foster goal achievement because others' goals can obstruct one's own goal fulfillment. Thus, to the extent that people can accurately infer others' goals, they are likely to increase their survival and fitness. In support of goal detection's evolutionary roots, infants (Phillips, Baron-Cohen, & Rutter, 1992) and even infant chimpanzees (Uller, 2004) infer others' goals, and children infer protagonists' goals in stories (Lynch & van den Broek, 2007). Further, people differ in the extent to which they construct messages that take a cointeractant's goal into account (Waldron & Applegate, 1994) which might benefit relational development and maintenance (Lakey & Canary, 2002). The framework assumes a degree of innateness in the proclivity to infer others' goals because accurately doing so increases fitness.

People typically seek one primary goal along with multiple secondary constraints (Dillard, 2004; Wilson & Feng, 2007). Goal inferences likely center on another's primary rather than constraints for a few reasons. Primary goals define an interaction (e.g., persuade, learn), whereas constraints (e.g., maintain politeness) emerge across interactions to guide behavioral choices (Dillard et al.,

1989). Goal inferences also highlight a single goal rather than multiple goals. People are inclined to use a single dispositional reason to explain another's behavior more than they are likely to use a diverse set of reasons (Heider, 1958). People prefer quick heuristic-based solutions over complicated and mentally taxing ones to limit cognitive effort (Macrae, Milne, & Bodenhausen, 1994; Tversky & Kahenmen, 1986). Generating causal reasons for another's behavior is usually unidimensional and less complex than explaining their own behavior (Fiske & Taylor, 2008). Behavioral inferences of others typically draw on unchanging accounts across situations more often than dynamic and unpredictable accounts (Sande, Goethals, & Radloff, 1988). Thus, the framework assumes people (i.e., detectors) generally infer a single, primary goal rather than constraints or multiple goals.

A set of distinct concepts are central for the goal detection process: accuracy, certainty, and onset (Palomares, 2008, in press a). Defined along a continuum, *inference accuracy* is the extent to which a detector's inference conceptually matches a pursuer's true goal. If the true goal is to obtain personal information, for example, then inferring get to know you would be highly accurate, whereas inferring learn background would be moderately accurate and hurting would be highly inaccurate. *Inference certainty* is the perception of trust and confidence that a detector has in the validity of an inferred goal based on the accumulation of goal-relevant information. The desire to increase certainty raises the extent to which people seek information about others (Berger, 1986; Bradac, 2001). People, for example, uncover new information to accurately and certainly understand an unclear message (Hewes, 1995). Goal inferences are tentative when the diagnosticity in goal-relevant information is questionable (Berger, 2007; Craig, 1986; Tracy, 1991). A confident inference could mean accumulating enough inference-relevant data which might take a great deal of time (Palomares). On the other hand, some goal inferences can emerge spontaneously (Hassin et al., 2005) without a certainty assessment. Goal inferences, thus, emerge and change during interaction with varying amounts of certainty. Independent of how accurate or certain, people can generate an inference at anytime or perhaps in advance or after an interaction. *Inference onset* is the moment of inception for a goal inference. The more delayed an inference, the greater the onset latency.

Explanatory Mechanisms

A central premise of the theoretic framework is that goals are linked to factors. *Factors* are components of interaction that provide meaning, interpretability, and structure (Palomares, 2008). Factors are elements of external reality that have corresponding mental representations. Factors, thus, are susceptible to subjective and objective influences. Factors are idiosyncratic at times; yet, social actors mutually hold basic categories of factors, as well as similar mental representations of them particularly when people are from similar speech communities (Aarts & Dijksterhuis, 2000; Berger, 2005a, 2007; Coulmas, 1981). Whereas most interactions will contain the same class of factors, specific instances of any given factor vary across interactions. Classes of factors include contexts, tactics, relational types, perspectives, and other aspects of interaction. A grocery store, for example, is a context factor, whereas revealing is a tactic factor. Factors are akin to features (Greene, 1997a; Meyer, 1997; Wilson, 1990), cues (Berger & Kellermann, 1994), concepts (Schank & Abelson, 1977), and dimensions (Cody et al., 1994).

The mental representation of any given factor can become linked to (i.e., cognitively associated with) any goal if they are both frequently and consistently activated in interaction (Bargh & Gollwitzer, 1994; Bargh & Barndollar, 1996; Fitzsimons, Shah, Chartrand, & Bargh, 2005). When an objective factor (implicitly or explicitly) triggers its mentally represented counterpart, any cognitive associations among the factor and goals (henceforth, *factor-goal linkages*) are also accessed (Palomares, 2008). Factor-goal linkages are similar to cognitive rules (Wilson) and procedural records (Greene, 1997a). For example, one type of factor-goal linkage is a context-goal linkage that could associate a restaurant context with an order-food goal (Schank & Ableson), whereas a promise tactic is connected to an enforce-obligation goal via a tactic-goal linkage (Wilson, 1990). Restaurants, thus, increase the accessibility of an order-food goal and promises activate an enforce-obligation goal.

Factors are diagnostic of the goals individuals pursue for two reasons (Palomares, 2008): (a) Activated factors increase the accessibility of linked goals (Fitzsimons & Bargh, 2003), and (b) people pursue a highly accessible goal more than a less accessible one (Dik & Aarts, 2007; Wilson, 1990). Given the diagnostic value, factors can impact goal detection by generating *goal inference restrictions*, which are limitations that narrow the range of inferable goals (Palomares). If a factor is strongly linked to a small set of goals, then it will produce greater (i.e., more narrow) inference restrictions than a factor strongly linked to a large number of goals. For example, a maximally restrictively factor that was linked to one goal yielded inferences of that goal more frequently than a less restrictive factor linked to many goals (Palomares). Goal inference restrictions, in other words, affect the likelihood that a detector will infer a particular goal. The magnitude of inference restrictions depends on the strength of the factor-goal linkages and the number goals triggered by a factor. A factor will increase the accessibility of any linked goals; the stronger the association between the factor and any given goal, the more accessible the goal becomes. For example, activating a mother-child relational type increased the accessibility of goals linked to that factor (e.g., succeed in school) more than a friendship did; a mother-child relational type, thus, led to inferences of a succeed-in-school goal more than a friendship relational type did (Fitzsimons & Bargh, 2003).

As inference restrictions contract to include only the true goal, the accuracy of a goal inference increases. This narrowing improves the chances that a detector will infer the true goal because only that goal is highly accessible. For example, a factor that only made a single goal strongly accessible generated inferences of that goal more often than a factor that was strongly linked to the goal plus two others (Palomares, 2008). Inference restrictions also impact the time of onset for any given inferred goal. Specifically, as factors increasingly restrict potential inferences, onset latency decreases because of the quick confinement to a sufficiently narrow set of inferable goals. In other words, the rapid restriction of accessible goals leads to an inference faster than if accessible goals are restricted more slowly. For example, an inference would sooner include a particular goal if a factor solely activated that goal than if a factor prolongably made multiple goals highly accessible. Unlike accuracy and onset however, the narrowing of inference restrictions is insufficient to increase certainty. Palomares, for example, found no variation in certainty across different levels of inference restrictions; rather, certainty was greater in unambiguous than ambiguous contexts because of a marked reduction in the diagnosticity of the ambiguous contexts. Inference certainty, thus, depends on the overall amount of information that supports a goal inference. The more goal-consistent data acquired, the greater the certainty is for inferring that goal. Goal inference restrictions will affect what goal someone infers and when they infer it, but the accumulation of confirmatory information impacts inference certainty.

Empirical Support

The explanation of the theoretical framework for goal detection has been tested in a handful of experiments to date. The following provides some highlights from these studies to demonstrate the utility of the framework with an emphasis on the accuracy of goal detection.

Perhaps the most fundamental tenet of the framework is that because factors in social interaction vary in their linkages to goals, factors impact goal inferences. Extending this logic further implies that some factors will lead people to infer a certain goal, whereas other factors will lead to different goal inferences. Two experiments using a scenario-based method of imagined interactions tested and supported these claims by focusing on two factors—a context and a tactic (Palomares, 2008). Participants read a scenario that was written in the first person about their "trip" to a foreign country. Toward the end of the scenario, participants read that they went someplace where they had a conversation with someone. The setting of the conversation (e.g., cathedral) varied to manipulate the context factor and its linked goal, whereas what the person said to the participant (e.g., thank you) varied to manipulate the tactic factor and its linked goal. After reading the scenario, participants selected one of three (randomly ordered) goals as their inference. Detectors frequently inferred a goal that was linked to the factors in the scenario they read more than goals not linked to the factors. For example, the goal of give me information was strongly linked to the job fair context but not the cathedral context, get something from me was strongly linked to the cathedral only, and provide assistance was not strongly linked to either context. Thus, when at the job fair, 55.6% of detectors inferred give information, less than a third inferred get something, and only 13% inferred provide assistance. At the cathedral however, 64.3% of detectors thought the person with whom they spoke tried to get something, while only 30.4% and 5.4% inferred give information and provide assistant respectively. Similar results occurred for tactics as a factor: Give information was strongly linked to the reveal tactic only, get something was strongly linked to the thank tactic only, and provide assistance was not linked to either tactic. Nearly half of all detectors inferred give information when the person with whom they spoke revealed something compared to only 33.3% who inferred get something and 17.9% who inferred provide assistance. Likewise, if a detector read that they were thanked, then 68.6% inferred get something; but only 17.1% inferred give information; and 14.3% inferred provide assistance. Clearly, the factors of the conversations (albeit imagined) influenced goal inferences.

Although these data support the theoretical framework, they are limited in at least two ways. First, the data say little about the interaction of multiple factors. That is, a context factor and a tactic factor can provide similar, dissimilar, indifferent, or otherwise independent sets of diagnostic information. For example, the context might suggest one goal, while the tactic implies another. Understanding what happens in circumstances like these is useful because interaction typically involves a dynamic system of many factors. Second, the data emerged from two studies that employed relatively unrealistic and in fact entirely hypothetical interactions. To an extent the experiments in the previous paragraph addressed the first concern (for more details see Palomares, 2008), but they did not address the latter issue. Thus, subsequent research on goal detection has moved away from scenarios to actual conversations between two people using a basic method wherein one person (i.e., goal pursuer) is assigned a goal to achieve while talking with a second person (i.e., goal detector) who has no goal and is not informed of the pursuer's goal. The following describes these experiments.

A general principle primarily supported across these experiments is the *integration principle*, which posits that the tactics a pursuer employs to achieve a goal will impact a detector's inference accuracy *only if* the context itself is not diagnostic of the pursuer's true goal (Palomares, in press b). The extent to which linkages from any given class of factors are incorporated in the restriction process depends on its diagnostic utility relative to other classes of factors. That is, if one factor alone can adequately restrict inferable goals to the true goal, then other factors are less useful and therefore not completely integrated. Thus, if the context is strongly linked to the pursuer's true goal, then a detector tends to infer this goal primarily using the context-goal linkage and tactics have very little impact on the accuracy of goal inferences. But if the context is not strongly linked to the pursuer's true goal, then because diagnosticity from the tactics is needed it will be integrated into the inference restriction process. Tactics, in other words, will impact accuracy only if the context does not already produce adequately narrow inference restrictions.

The first experiment that directly tested the integration principle examined the initial interactions of unacquainted individuals (Palomares, in press a, Exp. 1). Pursuers were randomly assigned one of three types of goals: (a) a goal strongly linked to the initial-interaction context (i.e., find personal information), (b) a goal moderately linked to that context (e.g., find political affiliation), or (c) a goal not linked to the context (e.g., find reasons for a political affiliation). Detectors were not given a goal and were not informed of their partner's true goal. After the five-minute interaction, detectors wrote in open-ended responses what they thought their partner's first and foremost goal was while talking with them. The conversations were videotaped and coded for how efficient the pursuer's tactics were in his/her attempt to achieve the assigned goal. Increases in efficiency strengthen the linkages between the pursuer's true goal and tactics and thus increasingly restrict potential inferences to true goal. For example, a tactic that is highly efficient for achieving a goal will be strongly linked to that goal compare to an inefficiency tactic. Results were generally consistent with predictions and revealed that when the goal was strongly linked to the initial-interaction context, efficiency was not correlated with accuracy; but if the goal was weakly linked to the context, then efficiency and accuracy were positively correlated. In other words, the detector's accuracy increased as the pursuer's efficiency increased *only if* the goal was not linked to the initial-interaction context, which is consistent with the integration principle. Because finding reasons for a political affiliation is rare in initial interactions, no strong linkage exists between this goal and context. As a result, the tactics and their goal linkages are particularly germane in this instance, whereas they are less useful when the context is diagnostic of the true goal.

Although this experiment supported the integration principle, it is subject to two limitations. First, the principle implies a causal relationship between the efficiency of tactics and accuracy, but causality is questionable given the experimental design (i.e., efficiency was measured, not manipulated). A highly conceptually similar second experiment (Palomares, in press a, Exp. 2), thus, provided more direct evidence that efficiency actually increases accuracy when the true goal is not linked to the context. This study also examined initial interactions, but it employed confederates who were randomly assigned one of the three goals and a level of efficiency at which to pursue the goal. This second experiment fully replicated the accuracy results of the first experiment, suggesting that efficiency actually caused the increase. The second limitation is regarding the generalizability of the results. Because the experiments only used initial interactions and information seeking goals, extending the findings beyond other types of relationships and goals is difficult. Thus, an experiment tested the integration principle by using both unacquainted individuals and close friends (Palomares, 2008). Also, the study employed different goals with an assortment of emphases ranging from informational (e.g., exchange interesting stories) and persuasion (e.g., convince to vote) to interactional (e.g., avoid awkwardness) and relational (e.g., discover people known in common). Pursuers were given a goal empirically predetermined to be: (a) strongly linked only to the relational context of their dyad (i.e., close friends or initial interaction), (b) strongly linked to the other relational context but not the relational context of their dyad, or (c) not strongly linked to either their or the other relational context. As usual, detectors were not given a goal and then after the interaction asked to infer a goal. The general principle that efficiency significantly increases accuracy only if the goal is not strongly linked to the context was again supported. For example, because winding down and relaxing is a common goal for close friends (but not initial interactions), efficiency was positively correlated to accuracy for unacquainted dyads but not close-friend dyads; whereas when the pursuer's true goal was avoid awkwardness, which is common to unacquainted but not close-friend dyads, efficiency was positively correlated to accuracy for close-friend dyads but not unacquainted dyads. Moreover, if the pursuer sought a convince-to-vote goal, not strongly linked to either relational context, then efficiency was positively correlated to accuracy for both the unacquainted and close-friend dyads.

A Moderator for Goal Detection

Notwithstanding robust support for the integration principle that the efficiency of tactics plays a role in goal detection contingent on the context's association with the true goal, there are clearly other influences involved in the goal detection process. This reality is especially noticeable when considering that the greatest percentage of agreement based on either the tactic or the context (as described above) was 64.3% (Palomares, 2008). Even when considering the joint effects of a context and tactic that were both strongly and solely linked to the same goal, agreement in inferring that goal was 88.2% and not 100%. Thus, clearly some other variables play a role in influencing the accuracy of goal detection besides, or perhaps in conjunction with, the context and tactics of an interaction. In this section, I discuss some of these moderators.

Perspective Taking

One moderator is perspective taking, or one's tendency to approach an interaction from another's point of view (Galinsky, Ku, & Wang, 2005), which can play a role in goal detection in two ways. The first source is from pursuers' perspective taking which can promote them to seek their goal from their cointeractant's (i.e., detector's) standpoint and thus tailor messages accordingly (Higgins, 1981). Personalized message production encourages efficient goal pursuit and successful goal achievement (Schober, 1998), and it facilitates the conveyance of meaning and intention (Clark & Schaefer, 1987; Gibbs, 1987; Krauss & Chiu, 1998). Recipient-tailored messages, therefore, would enhance the extent to which a detector's inference restrictions contain the pursuer's true goal. As a result, perspective-taking pursuers could increase the extent that detectors' inferences are accurate. This effect, however, was not demonstrated in one study (Palomares, in press a, Exp 1). Pursuers' perspective taking, however, was associated with the time of onset for a goal inference in the same experiment: The more a pursuer self-reported a tendency to approach interactions from another's point of view, the sooner detectors inferred a goal. This effect, however, was not replicated in subsequent studies, which questions its validity.

The second source of influence (i.e., detectors' perspective taking) has been more productive. Perspective-taking expands the extent to which the mental representations of the self and another overlap (Davis, Conklin, Smith, & Luce, 1996; Galinsky & Moskowitz, 2000). For example, observers who took the point of view of an actor completing a task encoded the actor's goals more similar to the actor's encoding than non-perspective-takers (Lozano, Hard, & Tversky, 2006). Due to increased mental overlap, perspective-taking detectors likely have inference restrictions that focus on the pursuer's true goal. Also, interpreting utterances is a function of the interpreter's perspective (Keysar, 1994). Perspective-taking, thus, can increase a detector's accuracy. This effect, however, likely depends on the directness of a pursuer's statement (cf. Gibbs, 1994; Holtgraves, 2005). Perspective taking will increase accuracy only if goal pursuit is inefficient because it is not beneficial if the tactics adequately restrict inferable goals to the true goal. That is, perspective taking affords detectors the ability to infer a goal accurately, but detectors only employ this utility if the pursuer's goal is not readily inferable, which is usually the case for inefficient goal pursuit. In fact, this hypothesis was confirmed in two experiments: The efficiency-accuracy correlation for low efficiency was statistically significant, whereas the same correlation was not significant for moderate or high levels of efficiency (Palomares, in press a; 2009a).

Suspicion of Others' Motives

Detectors' suspicion of others' motives (cf. Wrightsman, 1991) is another moderator that plays a significant role in goal detection. Because suspicious individuals tend to be cynical and distrusting of others, skeptics might second guess innocuous goals (e.g., information seeking) that seem superficially probable and instead infer underlying malevolent goals (e.g., induce embarrassment). Suspicion likely emerges from a schema that predisposes people to discount message veracity (Malamuth & Brown, 1994). Skeptics have a chronically accessible mental structure that hampers the inference restriction process. Regardless of whether diagnosticity from the context and tactics points to the true goal, skeptics likely have other antisocial goals more accessible that they are inclined to infer. In fact, detectors' suspicion of others' motives was negatively correlated with their accuracy, which is an effect found in two experiments (Palomares, in press a, Exps. 1 & 2), suggesting that suspicion has detrimental effects for accuracy unless skeptical detectors can set aside negative inferences when they are unwarranted. This conclusion, however, is valid only in some circumstances.

For example, in established relationships, such as colleagues, a detector could be especially suspicious with a certain person based on their history and thus infer negative goals (e.g., promote self-interest) almost whenever they talk. Anecdotes also indicate conversations wherein a stated goal is a red herring to conceal someone's true objective. Overt goal statements such as, "I'm only trying to help you," "I'm just kidding," or "I am not trying to be nosey" may be used to hide more antisocial objectives such as taking-advantage, humiliating, and prying, respectively. Yet, the odds that such ruses actually stymie detectors likely decrease as their suspicion increases, which suggests a conceptual distinction between accuracy and what is called superficial accuracy or correspondence. Whereas accuracy is the similarity between a pursuer's true goal and a detector's inferred goal, correspondence is the similarity between a pursuer's stated goal and a detector's inferred goal. In interactions with goal subterfuge, suspicion may be negatively associated with correspondence but positively correlated with accuracy. Research regarding the benefits versus detriments of suspicion for inference accuracy is only beginning to be fully examined empirically (see Palomares, 2009b).

Cognitive Busyness

A third moderator that has been examined is the extent to which detector's cognitive resources are limited. A cognitive load (cf. Gilbert & Hixon, 1991) can interfere with the inference restriction process and thus affect accuracy under some circumstances. An experiment examined goal detection in an initial-interaction context using the same dyadic design (Palomares, 2009a); yet, whereas the previously discussed research manipulated pursuers' and not detectors' goals, this study held pursuers' goal constant (i.e., find personal information) but manipulated detectors' goal. Detectors sought one of three goals that varied in the congruency with the pursuer's information-seeking goal: (a) a goal *identical* to the pursuer's goal, (b) a goal *concordant* (i.e., reveal personal information) with the pursuer's goal, or (c) a goal *discordant* (i.e., conceal personal information) with the pursuer's goal. Cognitive busyness was also manipulated such that some detectors were mentally taxed by giving them a secondary task (i.e., remember a nine-digit string) during the interaction. Busyness makes the integration of two sources of data difficult: When a detector is cognitively busy, either the context or tactic factors trump the other factor as the primary source of diagnosticity for inferring a goal. Which source is prioritized depends on their relative importance: The more meaningful or salient source will trump the other source when mental load is high (Trope & Gaunt, 2000).

Results revealed that efficiency was not associated with accuracy for the identical goals condition regardless of the detector's cognitive busyness because the pursuer's true goal was highly accessible for detectors given their own pursuit of that goal and that goal's strong link to the initial-interaction context, both of which narrowed potential inferences to the true goal thereby allowing detectors to infer it accurately. In other words, because the pursuer's true goal remains accessible for detectors even if they are cognitively busy, the integration of tactics is not needed, thereby preventing an accuracy-efficiency correlation. For goal concord, however, no single goal was maximally constrained via inference restrictions because two goals were highly accessible (i.e., detector's own goal and the true goal); thus, consistent with the integration principle, efficiency was positively correlated with accuracy but only when detectors were not cognitively busy. Because the pursuer's goal is not particularly relevant for the detector's own goal achievement, a busy detector prioritizes the context factor over tactic factors. A strained cognitive capacity inhibited the integration of tactics and their diagnosticity causing efficiency to be unrelated to accuracy. For goal discord, on the other hand, not busy detectors tended to infer the information seeking goal regardless of the pursuer's efficiency because that goal is an obstacle for detectors' concealment goal. However, because the pursuer's goal is an especially relevant obstacle for the detector's own goal achievement, a busy detector prioritizes tactic factors over the context factor. As a result, efficiency was positively related to accuracy for discordant goals. This experiment demonstrated that busyness and goal congruency can moderate the extent to which the integration principle materializes (Palomares, 2009a).

Consequences of Goal Detection

The theoretical framework primarily focuses on the cognitive processes of the antecedents for how people determine what someone else is trying to achieve during a conversation. Although this understanding is useful, it says little about what potential consequences might emerge depending on a particular goal inference. Stated differently, the previous discussion warrants answering questions like: To what extent does a detector's inference accuracy matter, or is it merely trivial? On initial thought, two answers emerge. First, because scholars might assume that accuracy is more common than inaccuracy, they can argue that any undesirably outcomes from inaccuracy are frivolous (e.g., "Inaccuracy is scarce, so why worry about it?"). Much evidence exists to the contrary of the main assumption of this consideration (Bavelas, 1991; Berger, 1997; Dillard, 1997; Lakey & Canary, 2002; Reason, 1990; Tracy, 1991): People attribute causality to others with at least some biases (Heider, 1958; Ross, 1977), they make errors in various judgments despite reward and encouragement to be accurate (Kahneman & Tversky, 1972; Tversky & Kahneman, 1973), and they infer different (and often inaccurate) intentions based on their expectations (Wyer & Gruenfeld, 1995). For example, women considered the affectively neutral behavior of their male partners as an expression of love (consistent with their expectations), whereas men considered the neutral behavior of their female partners as an expression of hostility (also consistent with their expectations; Gaelick, Bodenhausen, & Wyer, 1985). Moreover, much of the research reported in the previous two sections indicates relatively moderate or even high levels of inaccuracy (e.g., Palomares, 2008, in press a, in press b). A second response is that moments likely exist when someone is highly inaccurate yet still manages to have a seamless interaction; thus, even if inaccuracy is not rare, it is nonetheless inconsequential. This issue also does not render the study of goal detection illegitimate. In fact, much evidence exists that demonstrates inaccurate goal detection can produce significant, and sometimes undesirable, outcomes. The following discusses some possibilities.

First, goals provide a definition or framework to understand social interaction (Berger, 2000, 2003; Dillard, 1990). When individuals accurately know another's goal, they can better remember what happened, recall events in correct order, and fill in gaps between events (Taylor & Crocker, 1981; Zadny & Gerard, 1974). For example, therapists listening to a recorded interview found more pathologies in the interviewee when lead to believe a goal of the interaction was for a psychiatric intake compared to a job interview (Langer & Abelson, 1974). People typically summarize past interactions in goal terms (e.g., "He was trying to convince me that…"; "She was getting advice"; "She was asking for a favor"; Berger, 2000). Therefore, (in)accuracy can alter detectors' perception and memory of conversations.

Next, successful communication at times depends on the ability to detect another's goal accurately (Berger, 2000, 2003; Schober, 1998). People informed of their partners' goals gave directions tailored to those goals, whereas those uninformed were much less adaptive (Russell, 1997). Also, in an organizational context, the more employees perceived goal mismatch among departments, the more frequent and severe conflicts were (Nauta & Sanders, 2001). Inaccurately detecting another's goal, or not detecting one at all, may lead to a conversational dilemma or predicament (Cupach, 1994; Daly, Diesel, & Weber, 1994).

Finally, the ability to detect another's goal can impact the extent to which both interactants are judged communicatively competent. Being able to detect accurately the goal of another helps facilitate the achievement of a speaker's own goal (Berger, 2000, 2003; Bogdan, 1997; Wilensky, 1983), and the more individuals are able to achieve their own goals, the more others perceived them as competent (Lakey & Canary, 2002). Relatedly, the more sensitive one is to another's goal the more others rate them competent (Lakey & Canary, 2002). People unable to accurately adjust their beliefs about their partners' goals made incorrect attributions about their partners (Russell & Schober, 1999). Also, detectors' accuracy was positively associated with their judgment of the pursuer's communication competence (Palomares, in press a) especially when detectors' goal inference was highly accurate (Palomares, 2009a). Clearly, goal detection is consequential for communicators, both pursuers and detectors.

Conclusion

The role of goal detection as an important component of social interaction is unquestionable. Whereas some inaccurate goal inferences are potentially innocuous, others can still produce side effects that warrant further investigation into the goal detection process. Future efforts that systematically investigate goal detection with an aim to probe further into these and other aspects are necessary. Doing so will continue to generate knowledge about how people understand others' goals in social interaction specifically and message production and processing more generally.

References

Aarts, H., & Dijsterhuis, A. (2000). Habit as knowledge structures: Automaticity in goal-directed behavior. *Journal of Personality and Social Psychology, 78*, 53-63.

Bargh, J. A., & Barndollar, K. (1996). Automaticity in action: The unconscious as repository of chronic goals and motives. In P. M. Gollwitzer & J. A. Bargh (Eds.), *The psychology of action: Linking cognition and motivation to behavior* (pp. 457-481). New York: Guilford.

Bargh, J. A., & Gollwitzer, P. M. (1994). Environmental control of goal-directed action: Automatic and strategic contingencies between situations and behavior. In W. D. Spaulding (Ed.), *Nebraska Symposium on Motivation* (Vol. 41, pp. 71-124). Lincoln: University of Nebraska Press.

Bavelas, J. B. (1991). Some problems with linking goals to discourse. In K. Tracy (Ed.), *Understanding face-to-face interaction: Issues linking goals and discourse* (pp. 119-130). Hillsdale, NJ: Lawrence Erlbaum.

Beach, L. R. (1985). Action: Decision implementation strategies and tactics. In M. Frese & J. Sabini (Eds.), *Goal directed behavior: The concept of action in psychology* (pp. 123-131). Hillsdale, NJ: Lawrence Erlbaum Associates.

Berger, C. R. (1986). Uncertain outcome values in predicted relationships: Uncertainty reduction theory then and now. *Human Communication Research, 13*, 34-38.

Berger, C. R. (1993). Goals, plans, and mutual understanding in relationships. In S. Duck (Ed.), *Individuals in relationships* (pp. 30-59). Thousand Oaks, CA: Sage.

Berger, C. R. (1997). *Planning strategic interaction: Attaining goals through communicative action*. Mahwah, NJ: Lawrence Erlbaum Associates.

Berger, C. R. (2000). Goal detection and efficiency: Neglected aspects of message production. *Communication Theory, 10*, 156-166.

Berger, C. R. (2002). Goals and knowledge structures in social interaction. In M. L. Knapp & J. A. Daly (Eds.), *Handbook of interpersonal communication* (3rd ed., pp. 181-239). Thousand Oaks, CA: Sage.

Berger, C. R. (2003). Message production skill in social interaction. In J. O. Greene & B. R. Burleson (Eds.), *Handbook of communication and social interaction skills* (pp. 257-289). Mahwah, NJ: Lawrence Erlbaum.

Berger, C. R. (2005a). Interpersonal communication: Theoretical perspectives, future prospects. *Journal of Communication*, *55*, 415-447.

Berger, C. R. (2005b). Planning theory and strategic communication: Achieving goals through communicative action. In M. B. Hinner (Ed.), *Introduction to business communication* (pp. 97-113). Frankfurt am Main, Germany: Peter Lang.

Berger, C. R. (2007). Communication: A goal-direct, plan-guided process. In J. L. Monahan & D. R. Roskos-Ewoldsen (Eds.), *Communication and social cognition: Theories and methods* (pp. 47-70). Mahwah, NJ: Erlbaum.

Berger, C. R., & Kellermann, K. A. (1983). To ask or not to ask: Is that a question? In R. N. Bostrom (Ed.), *Communication yearbook 7* (pp. 342-368). Beverly Hills, CA: Sage.

Berger, C. R., & Kellermann, K. (1989). Personal opacity and social information gathering: Explorations in strategic communication. *Communication Research*, *16*, 314-351.

Berger, C. R., & Kellermann, K. (1994). Acquiring social information. In J. A. Daly & J. M. Wiemann (Eds.), *Strategic interpersonal communication* (pp. 1-31). Hillsdale, NJ: Lawrence Erlbaum.

Bjerg, K. (1968). Interplay-analysis: A preliminary report on an approach to the problems of interpersonal understanding. *Acta Psychologica*, *28*, 201-245.

Bogdan, R. J. (1997). *Interpreting minds: The evolution of a practice*. Cambridge, MA: MIT Press.

Bower, G. H., Black, J. B., & Turner, T. J. (1979). Scripts in memory for text. *Cognitive Psychology*, *11*, 177-220.

Bradac, J. J. (2001). Theory comparison: Uncertainty reduction, problematic integration, uncertainty management, and other curious. *Journal of Communication*, *51*, 456-472.

Buller, D. B., & Burgoon, J. K. (1994). Deception: Strategic and nonstrategic communication. In J. A. Daly & J. M. Wiemann (Eds.), *Strategic interpersonal communication* (pp. 191-223). Hillsdale, NJ: Erlbaum.

Burleson, B. R. (1994). Comforting messages: Features, functions, and outcomes. In J. A. Daly & J. M. Wiemann (Eds.), *Strategic interpersonal communication* (pp. 135-161). Hillsdale, NJ: Lawrence Erlbaum Associates.

Carberry, S. (1990). *Plan recognition in natural language dialogue*. Cambridge: MIT Press.

Chulef, A. S., Read, S. J., & Walsh, D. A. (2001). A hierarchical taxonomy of human goals. *Motivation & Emotion*, *25*, 191-232.

Clark, R. A., & Delia, J. G. (1979). Topoi and rhetorical competence. *The Quarterly Journal of Speech*, *65*, 187-206.

Clark, H. H., & Schaefer, E. F. (1987). Concealing one's meaning from overhearers. *Journal of Memory and Language*, *26*, 209-225.

Cody, M. J., Canary, D. J., & Smith, S. W. (1994). Compliance-gaining goals: An inductive analysis of actors' goal types, strategies, and successes. In J. A. Daly & J. M. Wiemann (Eds.), *Strategic interpersonal communication* (pp. 33-90). Hillsdale, NJ: Erlbaum.

Cody, M., & McLaughlin, M. (Eds.). (1990). *The psychology of tactical communication*. Clevedon, UK: Multilingual Matters.

Cohen, P. R., Morgan, J., & Pollack, M. E. (Eds.). (1990). *Intentions in communication*. Cambridge: MIT Press.

Coulmas, F. (1981). Introduction: Conversational routine. In F. Coulmas (Ed.), *Conversational routine: Explorations in standardized communication situations and prepatterned speech* (pp. 1-17). The Hague: Mouton.

Craig, R. T. (1986). Goals in discourse. In D. G. Ellis & W. A. Donohue (Eds.), *Contemporary issues in language and discourse processes* (pp. 257-273). Hillsdale, NJ: Lawrence Erlbaum Associates.

Cupach, W. R. (1994). Social predicaments. In W. R. Cupach & B. H. Spitzberg (Eds.), *The dark side of interpersonal communication* (pp. 159-180). Hillsdale, NJ: Lawrence Erlbaum Associates.

Daly, J. A., Diesel, C. A., & Weber, D. (1994). Conversational Dilemmas. In W. R. Cupach & B. H. Spitzberg (Eds.), *The dark side of interpersonal communication* (pp. 127-158). Hillsdale, NJ: Lawrence Erlbaum Associates.

Daly, J. A., & Kreiser, P. O. (1994). Affinity seeking. In J. A. Daly & J. M. Wiemann (Eds.), *Strategic interpersonal communication* (pp. 109-134). Hillsdale, NJ: Lawrence Erlbaum.

Daly, J. A., & Wiemann, J. M. (Eds.). (1994). *Strategic interpersonal communication*. Hillsdale, NJ: Lawrence Erlbaum Associates.

Davis, M. H., Conklin, L., Smith, A., & Luce, C. (1996). Effect of perspective taking on the cognitive representation of persons: A merging of self and other. *Journal of Personality and Social Psychology*, *70*, 713-726.

Delia, J. G., & Clark, R. A. (1977). Cognitive complexity, social perception, and the development of listener-adapted communication in six-, either, ten-, and twelve-year old boys. *Communication Monographs*, *44*, 326-345.

Dik, G., Aarts, H. (2007). Behavioral cues to others' motivation and goal pursuits: The perception of effort facilitates goal inference and contagion. *Journal of Experimental Social Psychology*, *43*, 727-737.

Dillard, J. P. (1989). Types of influence goals in personal relationships. *Journal of Social & Personal Relationships*, *6*, 293-308.

Dillard, J. P. (1990). The nature and substance of goals in tactical communication. In M. J. Cody & M. L. McLaughlin (Eds.), *The psychology of tactical communication* (pp. 70-90). Clevedon, England: Multilingual Matters.

Dillard, J. P. (1997). Explicating the goal construct: Tools for theorists. In J. O. Greene (Ed.), *Message production: Advances in communication theory* (pp. 47-70). Mahwah, NJ: Lawrence Erlbaum Associates.

Dillard, J. P. (2004). The goals-plans-action model of interpersonal influence. In J. S. Seiter & R. H. Gass (Eds.), *Perspectives on persuasion, social influence, and compliance gaining* (pp. 185-206). Boston: Allyn & Bacon.

Dillard, J. P., Segrin, C., & Harden, J. M. (1989). Primary and secondary goals in the production of interpersonal influence messages. *Communication Monographs*, *56*, 19-38.

Emmons, R. A. (1997). Motives and life goals. In R. Hogan & J. A. Johnson & S. Briggs (Eds.), *Handbook of personality psychology* (pp. 485-512). San Diego, CA: Academic Press.

Feng, B. (2009). Testing an integrated model of advice giving in supportive interactions. *Human Communication Research*, *35*, 115-129.

Fiske, S. T., & Taylor, S. E. (2008). *Social cognition: From brains to culture.* New York: McGraw-Hill.

Fitzsimons, G. M., & Bargh, J. A. (2003). Thinking of you: Nonconscious pursuit of interpersonal goals associated with relationship partners. *Journal of Personality & Social Psychology*, *84*, 148-163.

Fitzsimons, G. M., Shah, J., Chartrand, T. L., & Bargh, J. A. (2005). Goals and labors, friends and neighbors: Self-regulation and interpersonal relationships. In M. W. Baldwin (Ed.), *Interpersonal cognition* (pp. 103-125). New York: Guilford Press.

Gaelick, L., Bodenhausen, G. V., & Wyer, R. S. (1985). Emotional communication in close relationships. *Journal of Personality & Social Psychology*, *49*, 1246-1265.

Galinsky, A. D., Ku, G., & Wang, C. S. (2005). Perspective-taking and self-other overlap: Fostering social bonds and facilitating social coordination. *Group Processes and Intergroup Relations*, *8*, 109–124.

Galinsky, A. D., & Moskowitz, G. B. (2000). Perspective-taking: Decreasing stereotype expression, stereotype accessibility, and ingroup favoritism. *Journal of Personality and Social Psychology*, *78*, 708-724.

Gibbs, R. W., Jr. (1987). Mutual knowledge and the psychology of conversational inference. *Journal of Pragmatics*, *11*, 561-588.

Gibbs, R. W. Jr., (1994). Figurative thought and figurative language. In M. A. Gernsbacher (Ed.), *Handbook of psycholinguistic research* (pp. 411–446). San Diego, CA: Academic Press.

Gilbert, D. T., & Hixon, J. G. (1991). The trouble of thinking: Activation and application of stereotypic beliefs. *Journal of Personal & Social Psychology*, *60*, 509-517.

Greene, J. O. (1997a). A second generation action assembly theory. In J. O.

Greene (Ed.), *Message production: Advances in communication theory* (pp. 151-170). Mahwah, NJ: Lawrence Erlbaum Associates.
Greene, J. O. (Ed.). (1997b). *Message production: Advances in communication theory*. Mahwah, NJ: Lawrence Erlbaum Associates.
Greene, J. O., & Graves, A. R. (2007). Cognitive models of message production. In J. L. Monahan & D. R. Roskos-Ewoldsen (Eds.), *Communication and social cognition: Theories and methods* (pp. 17-46). Mahwah, NJ: Erlbaum.
Hassin, R. R., Aarts, H., & Ferguson, M. J. (2005). Automatic goal inferences. *Journal of Experimental Social Psychology*, *41*, 129-140.
Heider, F. (1958). *The psychology of interpersonal relations*. New York: Wiley.
Hewes, D. E. (1995). Cognitive processing of problematic messages: Reinterpreting to "unbias" texts. In D. E. Hewes (Ed.), *The cognitive bases of interpersonal communication* (pp. 113-138). Hillsdale, NJ: Lawrence Erlbaum Associates.
Higgins, E. T. (1981). The "communication game": Implications for social cognition and persuasion. In E. T. Higgins & C. P. Herman & M. P. Zanna (Eds.), *Social cognition: The Ontario symposium* (Vol. 1, pp. 343-392). Hillsdale, NJ: Lawrence Erlbaum.
Holtgraves, T. (2005). Diverging interpretations associated with the perspectives of the speaker and recipient in conversations. *Journal of Memory and Language*, *53*, 551-566.
Kahneman, D., & Tversky, A. (1972). Subjective probability: A judgment of representativeness. *Cognitive Psychology*, *3*, 430-454.
Kellermann, K. (2004). A goal-directed approach to gaining compliance: Relating differences among goals to differences in behaviors. *Communication Research*, *31*, 397-445.
Kellermann, K., & Kim, M.-S. (1991, May). *Working within constraints: Tactical choices in the pursuit of social goals.* Paper presented at the annual conference of the International Communication Association, Miami, FL.
Kellermann, K., & Lee, C. M. (2001, November). *Seeking disaffinity: Making other dislike and feel negative about you.* Paper presented at the annual conference of the National Communication Association, Atlanta, GA.
Kellermann, K., & Lee, C. M. (2002, July). *Deliberate discomforting: Making others feel bad, distressed and hurt emotionally.* Paper presented at the annual conference of the International Communication Association, Seoul, South Korea.
Kellermann, K., & Park, H. S. (2001). Situational urgency and conversational retreat: When politeness and efficiency matter. *Communication Research*, *28*, 3-47.
Kellermann, K., & Shea, B. C. (1996). Threats, suggestions, hints, and promises:

Gaining compliance efficiently and politely. *Communication Quarterly*, *44*, 145-165.

Keysar, B. (1994). The illusory transparency of intention: Linguistic perspective taking in text. *Cognitive Psychology*, *26*, 165-208.

Kim, M.-S. (1994). Cross-cultural comparisons of the perceived importance of conversational constraints. *Human Communication Research*, *21*, 128-151.

Kowalski, R. M. (2001). Aversive interpersonal behaviors: On being annoying, thoughtless, and mean. In R. M. Kowalski (Ed.), *Behaving badly: Aversive behaviors in interpersonal relationships* (pp. 3-25). Washington, DC: American Psychological Association.

Krauss, R. M., & Chiu, -Y. (1998). Language and social behavior. In D. T. Gilbert, S. T. Fiske, & G. Lindzey (Eds.), *The handbook of social psychology* (Vol. 2, 4th ed., pp. 41–88). New York, NY: McGraw-Hill.

Lakey, S. G., & Canary, D. J. (2002). Actor goal achievement and sensitivity to partner as critical factors in understanding interpersonal communication competence and conflict strategies. *Communication Monographs*, *69*, 217-235.

Langer, E. J., & Abelson, R. P. (1974). A patient by any other name...: Clinician group difference in labeling bias. *Journal of Consulting and Clinical Psychology*, *42*, 4-9.

Lozano, S. C., Hard, B. M., & Tversky, B. (2006). Perspective taking promotes action understanding and learning. *Journal of Experimental Psychology: Human Perception and Performance*, *32*, 1405-1421.

Lynch, J. S., & van den Broek, P. (2007). Understanding the glue of narrative structure: Children's on- and off-line inferences about characters' goals. *Cognitive Development*, *22*, 323-340.

Macrae, C. N.,Milne, A. B., & Bodenhausen, G. V. (1994). Stereotypes as energy saving devices: A peek inside the cognitive toolbox. *Journal of Personality and Social Psychology*, *66*, 37-47.

Malamuth, N. M., & Brown, L. M. (1994). Sexually aggressive men's perceptions of women's communications: Testing three explanations. *Journal of Personality and Social Psychology*, *67*, 699-712.

Meyer, J. R. (1997). Cognitive influences on the ability to address interaction goals. In J. O. Greene (Ed.), *Message production: Advances in communication theory* (pp. 71-90). Mahwah, NJ: Lawrence Erlbaum Associates.

Miller, G. R., Boster, F. J., Roloff, M. E., & Seibold, D. (1977). Compliance-gaining message strategies: A typology and some findings concerning effects of situational differences. *Communication Monographs*, *44*, 37-51.

Nauta, A., & Sanders, K. (2001). Causes and consequences of perceived goal differences between departments within manufacturing organizations. *Journal of Occupational & Organizational Psychology*, *74*, 321-342.

O'Hair, H. D., & Cody, M. J. (1994). Deception. In W. R. Cupach & B. H. Spitzberg (Eds.), *The dark side of interpersonal communication* (pp. 181-213). Hillsdale, NJ: Lawrence Erlbaum Associates.

Palomares, N. A. (2008). Toward a theory of goal detection in social interaction: Effects of contextual ambiguity and tactical functionality on goal inferences and inference certainty. *Communication Research*, *35*, 109-148.

Palomares, N. A. (in press a). It's not just your goal, but also who you know: How the cognitive associations among goals and relationships influence goal detection in social interaction. *Human Communication Research*.

Palomares, N. A. (in press b). Did you see it coming? Effects of the specificity and efficiency of goal pursuit on the accuracy and onset of goal detection in social interaction. *Communication Research*.

Palomares, N. A. (2009a). *The dynamics of goal congruency and cognitive busyness in goal detection*. Manuscript submitted for publication.

Palomares, N. A. (2009b). *The role of suspicion in goal detection: Benefits or detriments?* Manuscript submitted for publication.

Phillips, W., Baron-Cohen, S., & Rutter, M. (1992). The role of eye contact in goal detection: Evidence from normal infants and children with autism or mental handicap. *Development and Psychopathology*, *4*, 375-383.

Reason, J. (1990). *Human error*. New York: Cambridge University Press.

Ross, L. (1977). The intuitive psychologist and his shortcomings: Distortions in the attribution process. In L. Berkowitz (Ed.), *Advances in experimental social psychology* (Vol. 10, pp. 174-221). New York: Academic Press.

Russell, A. W. (1997). *Beliefs about others' goals and conversational process.* Unpublished dissertation, Stanford University.

Russell, A. W., & Schober, M. F. (1999). How beliefs about a partner's goals affect referring in goal-discrepant conversations. *Discourse Processes*, *27*, 1-33.

Sande, G. N., Goethals, G. R., & Radloff, C. E. (1988). Perceiving one's own traits and others': The multifaceted self. *Journal of Personality & Social Psychology*, *54*, 13-20.

Schank, R. C., & Abelson, R. P. (1977). *Scripts, plans, goals and understanding: An inquiry into human knowledge structures*. Hillsdale, NJ: Lawrence Erlbaum Associates.

Schmidt, C. F. (1976). Understanding human action: Recognizing the plans and motives of other persons. In J. S. Carroll & J. W. Payne (Eds.), *Cognition and social behavior* (pp. 47-67). Oxford: Lawrence Erlbaum.

Schober, M. F. (1998). Different kinds of conversational perspective-taking. In S. R. Fussell & R. J. Kreuz (Eds.), *Social and cognitive psychological approaches to interpersonal communication* (pp. 145-174). Mahwah, NJ: Lawrence Erlbaum.

Sharkey, W. F. (1997). Why would anyone want to intentionally embarrass me? In R. M. Kowalski (Ed.), *Aversive interpersonal behaviors* (pp. 57–90). New York, NY: Plenum Press.

Taylor, S. E., & Crocker, J. (1981). Schematic bases of social information processing. In E. T. Higgins & C. P. Herman & M. P. Zanna (Eds.), *Social cognition: The Ontario symposium* (Vol. 1, pp. 89-134). Hillsdale, NJ: Lawrence Erlbaum Associates.

Tracy, K. (1991). Introduction: Linking communicator goals with discourse. In K. Tracy (Ed.), *Understanding face-to-face interaction: Issues linking goals and discourse* (pp. 1-17). Hillsdale, NJ: Lawrence Erlbaum.

Trope, Y., & Gaunt, R. (2000). Processing alternative explanations of behavior: Correction or integration? *Journal of Personality & Social Psychology*, *79*, 344-354.

Tversky, A., & Kahneman, D. (1973). Availability: A heuristic for judging frequency and probability. *Cognitive Psychology*, *5*, 207-232.

Tversky, A., & Kahenmen, D. (1986). Judgment under uncertainty: Heuristics and biases. In H. R. Arkes & K. R. Hammond (Eds.), *Judgment and decision making: An interdisciplinary reader* (pp. 38-55). Cambridge: Cambridge University Press.

Uller, C. (2004). Disposition to recognize goals in infant chimpanzees. *Animal Cognition*, *7*, 154-161.

Waldron, V. R. (1990). Constrained rationality: Situational influences of information acquisition plans and tactics. *Communication Monographs*, *57*, 184-201.

Waldron, V. R., & Applegate, J. L. (1994). Interpersonal construct differentiation and conversational planning: An examination of two cognitive accounts for the production of competent verbal disagreement tactics. *Human Communication Research*, 21, 3-35.

Wilensky, R. (1983). *Planning and understanding: A computational approach to human reasoning*. London: Addison-Wesley.

Wilson, S. R. (1990). Development and test of a cognitive rules model of interaction goals. *Communication Monographs*, *57*, 81-103.

Wilson, S. R. (2002). *Seeking and resisting compliance: Why people say what they do when trying to influence others*. Thousand Oaks, CA: Sage.

Wilson, S. R., & Feng, H. (2007). Interaction goals and message production: Conceptual and methodological developments. In D. R. Roskos-Ewoldsen & J. L. Monahan (Eds.), *Communication and social cognition: Theories and methods* (pp. 71-96). Mahwah, NJ: Lawrence Erlbaum.

Wilson, S. R., Kunkel, A. D., Robson, S. J., Olufowote, J. O., & Soliz, J. (2009). Identity implications of relationship (re)definition goals: An analysis of face threats and facework as young adults initiate, intensify, and disengage from romantic relationships. *Journal of Language and Social Psychology, 28*, 32-61.

Wilson, S. R., & Putnam, L. (1990). Interaction goals in negotiation. In J. A. Anderson (Ed.), *Communication yearbook 13* (pp. 374-406). Newbury Park, CA: Sage.

Wrightsman, L. S. (1991). Interpersonal trust and attitudes toward human nature. In J. P. Robinson & P. R. Shaver & L. S. Wrightsman (Eds.), *Measures of personality and social psychological attitudes* (pp. 373-412). San Diego, CA: Academic Press.

Wyer, R. S., & Gruenfeld, D. H. (1995). Information processing in interpersonal communication. In D. E. Hewes (Ed.), *The cognitive bases of interpersonal communication* (pp. 7-47). Hillsdale, NJ: Lawrence Erlbaum Associates.

Zadny, J., & Gerard, H. B. (1974). Attributed intentions and informational selectivity. *Journal of Experimental Social Psychology, 10*, 34-52.

Introduction to

Understanding Advice in Social Interactions

By Bo Feng

Bo Feng notes that advice-giving is ubiquitous to social interaction. People encounter new, challenging, or problematic situations in a variety of situations – failing important tests, looking for a job, or having a conflict someone. During those times, people in a person's close personal network – friends and families in particular – often respond to those problems and stress by offering advice. Likewise, Feng notes, people often find themselves responding to others' problems and distress by telling people what to think, feel, say, or act in this situation. According to Feng, advice is an opinion recommended or offered to solve a target's problem or to improve the current situation. Advice is actually a common component of communication at the workplace and other professional settings such as health care. As common as it is, advice-giving is a communication act that requires skill while also eliciting a wide range of responses from the recipients of that advice. While sensitive and effective advice can help with the problem, poorly crafted advice may exacerbate the recipients' coping with the difficulties and may damage the relationship between the advice-giver and the recipient.

Feng notes that advice giving is a type of speech act that is both linguistically and culturally defined. The relatively subjective nature of advice makes it possible that the two conversational interactants have different views of what is going on during a conversation which may result in misunderstanding and conflict. Although advice giving is very common and seems to be simple, it actually constitutes an intellectually and socially challenging task. This is, in part, due to potentially intrinsically face threatening acts because by performing the speech act of giving advice, the speaker threatens the hearer's positive face, i.e. the need to appear competent and self-reliant. Advice giving suggests that the adviser has knowledge or insight that the advisee lacks; thus, positioning the participants asymmetrically. Advice giving also poses a threat to the recipient's negative face because the advice can be seen as constraining the recipient's independence or autonomy if the person feels obligated to follow the advice or resents being told what to do. That is why research shows that advice given in the absence of any clear indication of the existence of a problem and need for advice tends to be seen as inappropriate or unhelpful and, thus, likely to meet resistance from the recipients.

Advice is a type of communicative behavior enacted by one party with the intention of influencing another party's attitude or behavior. It is, thus, a type of persuasion and, therefore, is a strategic, planned process. Hence, the advice giver must tailor the advice message to the internal attributes of the recipient and the specific situation. Feng points out that advice givers need to consider three aspects when providing advice. First, support providers should pay attention to the feelings of the other and create a supportive conversational context through the provision of sensitive emotional support. Second, before giving advice, it is important to determine whether advice is wanted. And third, when advice giving is deemed an appropriate action, it should be done in a polite, logical, and convincing manner. Feng also notes that men and women seem to give and receive advice differently.

As Feng pointed out, advice plays an important role in a number of situations including the world of business. Whether it is advice given by consultants to clients, retailers to consumers, bankers to customers, or at the place of work among colleagues or between supervisors and staff, advice is encountered virtually everywhere. That is why it is so important to know how advice is given and what impact it can have because the wrong advice at the wrong moment can have negative consequences.

Michael B. Hinner

Bo Feng is Assistant Professor of Communication at the University of California, Davis, where her primary interests are in the areas of social influence, persuasion, and cross-cultural communication. Her research has focused on supportive communication; specifically, it has aimed to investigate the processes through which people conceptualize, seek, provide, and respond to various forms of support, how these processes are similar and different for people of different gender and cultures, and the effects these processes have on people's well-being. She has also examined the features of supportive behaviors, developed more viable theoretical frameworks for supportive communication studies, and how advice giving and receiving is conducted in cyperspace.

Understanding Advice in Social Interactions

Bo Feng

Advice-giving is ubiquitous in social interactions. Every now and then in our lives, we may encounter new, challenging, or problematic situations— failing an important test, looking for a job, or having a conflict with someone. During those difficult times, people in our close social networks—our friends and families in particular—would often respond to our problems and stress by offering advice. As a family member, a friend, or a romantic partner, we sometimes find ourselves responding to others' problems and distress by telling people, explicitly or implicitly, what to think, feel, say, or act in the situation. Advice is also a common component of communication at workplace and other professional settings. In fact, advising activities largely constitute the work of professionals such as therapists and counselors (see Erickson & Schultz, 1982; He, 1994; Kinnell & Maynard, 1996; Silverman, Bor, Miller, & Goldman, 1992). As common as it is, advice-giving is a communication act that requires skill and it can elicit widely varied responses from recipients (e.g., Goldsmith & Fitch, 1997; MacGeorge, Feng, Butler, & Budarz, 2004). While sensitive and effective advice can help the recipient cope with their problematic situation and reduce the stress that is often associated with the problem, poorly crafted efforts to offer advice may exacerbate the recipient's coping difficulties, and may even damage the relationship between the advice-giver and recipient.

Because there are functional differences in the advice people provide and receive, it is important to understand what causes different advice messages to be evaluated more and less positively, and what it takes to offer "sensitive" and "effective" advice. In this chapter, I start with a discussion of the nature and challenges of advice giving. I then summarize extant research findings regarding various factors that influence people's responses to advice. I end with a brief discussion of the pragmatic implications of the available research findings and questions that remain to be answered.

The Nature and Challenges of Advice-Giving in Social Interactions

"Advice" can be defined as an opinion recommended or offered to solve a target's problem or to improve their current situation. Although this conceptualization of advice seems clear and straightforward, operational definition of the construct can be fuzzy. Advice-giving is a type of speech act that is both linguistically and culturally defined. People who share a culture are often able to recognize certain kinds of messages in certain contexts as constituting "giving advice" and therefore can tell what "giving advice" sounds like (Goldsmith, 1994). Other times, however, it can be hard to tell whether a person is giving advice or not. For example, people may be seen as "suggesting" a course of action by sharing a similar experience without explicitly telling the recipient to do likewise. Therefore, when talking to a friend who is upset about not getting a salary raise, a person may be seen as giving advice in an "off-the-record" manner by saying: "When I was denied my merit increase last year, I went and talked directly to my CEO." From a recipient's perspective, whether or not "advice-giving" has occurred is ultimately subject to the individual's understanding and interpretation of what he or she has heard; likewise, whether a helper perceives his or her behaviors as advising would depend on the underlying intention or goal that drives their behaviors. The relative subjective nature of advice suggests that it is quite possible for two conversational interactants to have different views of what is going on during a conversation, which may result in misunderstanding and conflict.

Although advice-giving is a very common and seemingly simple action to take, offering advice to others constitutes an intellectually and socially challenging task for people in everyday life. Many of the challenges of giving advice originate from the nature of advice giving as an intrinsically face threatening act. Face is a projected image of one's self in a relational situation (Gudykunst, Ting-Toomey, & Chua, 1988). The notion of face is often metaphorically used in people's daily discourse. People talk about "losing face" in a social situation that is embarrassing or uncomfortable, "putting on a good face" on a particular occasion, or "giving face" to someone by acting in a certain way. Brown and Levinson's (1987) politeness theory divides face into two types: positive face and negative face. Positive face refers to the desire to have one's image and behaviors recognized and approved by others; negative face is the desire to maintain one's own autonomy and rights. In addition to maintaining one's own positive and negative face, Brown and Levinson (1987) note that people often attend to the face needs of others because of the relational interdependence among individuals. They argue that an individual who threatens another person's face risks retaliatory attacks on his or her own. According to Brown and Levinson (1987), many speech acts intrinsically threaten participants' negative face or positive face (or both) and those acts are labeled as "face threatening acts" or FTAs. Advice is an intrinsically face-threatening-act because, by performing the speech act of "giving advice," the speaker threatens the hearer's positive face (e.g., the need to appear competent and self-reliant) and negative face (e.g., the need to not have others interfere with one's decision making or course of action).

Advice's threat to one's positive face stems from the implications that advice carries. Advice-giving suggests that the advice-recipient lacks knowledge or competence concerning the issue at hand or is unable to cope with a problem without external aid (Heritage & Sefi, 1992). By the same token, advice-giving suggests that the adviser has knowledge or insight that the advisee lacks, thus positioning the participants asymmetrically (Vehviläinen, 2001). Given these implications, advice is likely to threaten the advice recipient's positive face by giving the impression that the advice recipient is incompetent (e.g., Goldsmith & Fitch, 1997; Wilson & Kunkel, 2000), and may at the same time threaten the advice giver's positive face by making him or her appear to be "nosy" or "know-it-all" (Wilson, Aleman, & Leatham, 1998).

Although these delicate issues concerning the face of both parties in the interaction apply to situations in which advice is either solicited (directly or indirectly) by the recipient or volunteered by the helper, they are particularly salient when advice is not solicited or when the target is not receptive to advice. Unsolicited advice is more likely to be perceived as "bossy," presumptuous, or simply superfluous (e.g., because there is no action that will resolve the situation, or the relevant action has already been identified by the recipient), and is thus more threatening to the advice-giver's face than solicited advice (Goldsmith, 2000; Goldsmith & Fitch, 1997). Unsolicited advice also poses greater threat to the recipient's negative face. That is, advice can be seen as constraining the advice recipient's independence or autonomy if the person feels obligated to follow the advice or resents being told what to do (Goldsmith, 1994). For these reasons, among others, research shows that advice given in the absence of any clear indication of the existence of a problem and need for advice tends to be seen as inappropriate or unhelpful (e.g., Feng & MacGeorge, 2006), and is thus likely to meet resistance from the recipients (Heritage & Sefi, 1992).

Advice is a type of communicative behavior enacted by one party with the intention of influencing another party's attitude or behavior. Therefore, it is, in essence, a proposal for a course of action and thus a form of persuasion. The advice recipient is the one who assesses, agrees with, or refuses the proposal, and an advice giver needs to communicate with the target in a way that induces them to voluntarily think and/or act differently. Like other forms of persuasion, skilled advice giving is a strategic, planned process. This means that an advice giver must be able to tailor his or her advice messages to the internal attributes (e.g., attitudes, goals, abilities) of the target and the specific situation the target inhabits.

What Influences Reponses to Advice?

Because there are functional differences in the advice people provide and receive, existing research on advice in social interactions has focused on identifying factors that help to explain varied responses to advice. This research suggests that the quality of advice is determined by at least four factors: how it is said, what is said, who says it, and when. In a nutshell, available research suggests that "good" advice needs be delivered in a manner that shows respect to the recipient's "face" needs; it should contain adequate reasoning that justifies a course of action that is feasible, efficacious, and with no or very few limitations; it should come from the appropriate source—someone who is perceived as having expertise in the issue at hand or liked by the recipient; and it should be delivered after assessing the target's need and readiness for advice and analyzing the situation with the target. I discuss each of the issues below.

How Advice is Delivered

Given that advice-giving is an intrinsically face-threatening act, it is important that the advice-giver be as sensitive as possible to the target's face concerns. By giving advice in a manner that is attentive to the recipient's face needs, advice givers can reduce distress and promote more successful problem-solving (MacGeorge, Feng et al., 2004). Politeness theories argue that politeness strategies or the so-called facework can be employed to mitigate against the face threats that are associated with a speech act (e.g., Brown & Levinson, 1987). For instance, the advice giver may preface advice with an affirmation that the recipient has been doing a fine job of managing the situation, thus attending to the recipient's positive face. To attend to the recipient's negative face, an advice giver may preface the advice with phrases such as "If I were you, I might consider…" to soften the degree to which the recipient feels obligated to accept the advice.

Research has consistently shown that advice that is perceived as demonstrating attention to the recipient's positive and/or negative face needs is generally seen as more sensitive, appropriate, and effective (Caplan & Samter, 1999; Goldsmith, 1994; Goldsmith & MacGeorge, 2000; MacGeorge, Lichtman, & Pressey, 2002; MacGeorge, Feng et al., 2004). On the other hand, advice that fails to address the face concerns of the recipient (e.g., bald-on-record advice) or advice that explicitly threatens the face needs of the recipient (e.g., advice that conveys a negative attribution of the recipient) is generally perceived as unhelpful and ineffective (see Dunkel-Schetter, Blasband, Feinstein, & Herbert, 1992). Perceived politeness of advice has been shown to have a stronger impact on recipient's perception of the extent to which advice facilitates the recipient's coping than other forms of advice responses such as evaluation of advice quality and intention to implement the advice (Feng, 2006). This finding is consistent wit theory and past research on face, facework and advice. Having a problem, experiencing negative emotion, or revealing a need for help to another person are all potentially threatening to an individual's sense of autonomy and competence (MacGeorge, Feng et al, 2004). Consequently, distressed individuals' face concerns may aggravate their emotional distress and lower their confidence about resolving the problem (Goldsmith, 1994). Thus, by giving advice in a manner that is attentive to the recipient's face needs, advice givers can reduce distress and promote more successful problem-solving (MacGeorge, Feng et al., 2004).

What is Said

It should not come as a surprise that the substance of advice should influence advice evaluation and outcomes because, after all, it is fundamentally what constitutes advice. Telling someone who was dumped by a romantic partner to "jump off a bridge" is in essence a bad (and unethical, if not illegal) piece of advice, no matter how the advice is phrased and what strong and "convincing" arguments one can make for the action. Persuasion research suggests that there are some "stock issues" that a policy advocate needs to address successfully in order to persuade the target to consider favorably or adopt a proposed course of action. These "stock issues" include the nature and course of the problem (i.e., the "ill" and "blame" of the problem), and the cure and cost-benefit aspects of the proposed solution (e.g., Inch & Warnick, 2002; Lee & Lee, 1989). Working from the classic "stock issues" identified by argumentation theory, advice researchers have identified three characteristics of advice that tend to consistently influence individuals' evaluation of advice quality, their perception of the extent to which advice facilitates their coping, and their intention to implement the advice (e.g., Feng, 2006; Hung & Feeley, 2005; MacGeorge, Feng et al., 2004). Specifically, advice outcomes are more positive to the extent that the advised course of action is perceived as (a) capable of solving or alleviating the recipient's problem, (b) having minimal limitations or drawbacks, and (c) feasible (i.e., something that the recipient can actually perform).

These findings concerning the content features of advice underscore three considerations for would-be advice givers, listed in the order of importance suggested by the available research. First, advice givers should try to give advice that is capable of solving or alleviating the target's problem, and should try to elicit corresponding perceptions of efficacy through persuasion. Second, advice givers should be thoughtful about any limitations of the advice they provide and give advice with as few limitations as possible. This also means that they should be prepared to discuss and plan for managing any limitations that do exist. Third, advice givers should keep in mind the target's situation and abilities when offering the advice, and try to give realistic and feasible advice that fits the target's situation.

Besides the content of advice itself, research suggests that what an advice-giver says *about* the advice also matters. Recent research on advice suggests that an advice-giver should consider "spelling out" or making explicit the underlying rationale for suggesting the particular course of action contained in a piece of advice. In the persuasion literature, argumentative explicitness is a commonly recognized feature of effective advocacy. Explicitly laying out supporting arguments should make messages more convincing than they would be otherwise, especially when these arguments are strong (O'Keefe, 1998). Advocates who explicitly articulate their viewpoints tend to be perceived as especially honest and well-informed, and are thus likely to be perceived as more credible; which in turn tends to result in greater persuasive effectiveness (O'Keefe, 1998). Recent studies on advice found that advice is more effective when advice givers are explicit about the efficacy of the advised action, explain the feasibility of undertaking the advised action, and articulate the lack of limitations of the advised action (Feng, 2006).

Explicit articulation of underlying arguments is more important in situations where those arguments can not be readily recognized by the recipient. In medical advising situations, for example, a medical treatment plan is typically formulated based on the physician's expert knowledge about the illness and the patient's condition. Therefore, the underlying rationale for a medical recommendation is likely to be unknown to its recipient. Inadequate communication about medications is often viewed as a principal reason why many patients unintentionally deviate from their medication regimens and, in doing so, seriously compromise their health. Hence, laying out the arguments in support of a medical recommendation in a comprehensible (e.g., by using jargon-free language) and convincing manner may promote the patient's understanding of and compliance with the recommendation.

Who Says It

Empirical evidence shows that advice may be more appropriate in some relationships than in others (Cutrona & Suhr, 1994; Goldsmith & Fitch, 1997; Goldsmith & MacGeorge, 2000). Given that people typically rely on their close relationships for social support (Haas, 2002; Miller & Darlington, 2002; Pitula &

Daugherty, 1995), it is reasonable to infer that they would be more receptive to advice from intimate others than those outside of their close social network. Research suggests that advice from close relational partners or persons who have prior influence on the target's life and decision making tends to be viewed more positively than advice from people who are not seen as close or having much influence on the advice recipient in the past (Feng, 2006; Goldsmith & Fitch, 1997; MacGeorge, Feng et al., 2004). Seen from the perspective of politeness theory (Brown & Levinson, 1987), advice from a speaker who has a close relationship with the hearer is likely to pose less threat to the hearer's faces (and probably also the speaker's own positive face), and is thus more likely to be appreciated and accepted than advice from a speaker who is not close.

Besides relationship closeness, several other characteristics of advice giver have also been shown to affect advice recipient's responses to advice. Persuasion research has identified expertise as one of the key attributes of speaker credibility, which is often associated with greater persuasive success (see reviews by Perloff, 2003; Pornpitakpan, 2004). In the context of advice giving, research shows that individuals are more likely (or willing) to seek advice from people they perceive as experts (e.g., Feng & MacGeorge, 2006). Also, the perceived expertise of the advice giver tends to influence advice recipients' evaluations of advice quality (Goldsmith & Fitch, 1997; Sniezek, Schrah, & Dalal, 2004; White, 2005); that is, participants tend to judge advice more positively (e.g., as "helpful" or "caring") when they believe that the advice giver has expertise, and more negatively (e.g., as "butting in") when they believe that the advice giver lacks expertise.

In addition to expertise, advice-givers who are perceived as trustworthy, likeable, and sharing similar attitudes with the target also tend to be more successful at their persuasive attempts (Feng, 2006). These findings all make perfect sense: expertise, trustworthiness, similarity, and likeability profoundly affect social perception in that people tend to interpret the actions of credible, trustworthy, similar, and liked others in positive ways. These positive features of a speaker can be activated as heuristic cues that enable a target to make positive decision about the recommended course of action. Overall, the role of source characteristics in individuals' perception of advice indicates that what counts as "good" advice is both rhetorically and relationally constructed. Not only is "good" advice defined by what the advice is about, and how it is delivered, but it is also defined by the relational context in which advice is offered and received.

When Advice is Offered

that advice is given during the course of an interaction. The advice-giving process is typically triggered by the helper's perception that the recipient is experiencing a problem and is in need of advice. However, acting simply on the assumption that a problem exists and the target needs advice may be problematic because this assumption can be wrong. As research has shown, unwanted, irrelevant, or redundant advice is counterproductive in the sense that it tends to meet resistance from the recipient (e.g., Feng & MacGeorge, 2006; Goldsmith, 2000). Several studies (Goldsmith, 2000; Goldsmith & Fitch, 1997; MacGeorge, Feng et al., 2004) have demonstrated that the support seeker's receptiveness to advice (the extent to which a person is willing or ready to receive advice from others) is an important factor influencing advice evaluations and outcomes; it can be even more broadly influential than some content features such as usefulness and feasibility (MacGeorge, Feng et al., 2004). Therefore, inquiry into the target's situation can enable the helper to determine whether a problem exists and whether the target is receptive to advice. Even when the target makes an overt request for advice or acknowledges explicitly the presence of a problem for which he or she needs advice, inquiry into the target's problem can help the support-provider determine whether the state of affairs described by the target embodies a problem that is solvable and whether advice is a relevant response.

In everyday supportive interactions where the adviser assumes neither the role of a professional nor that of an educator who has general "recipes" (Vehviläinen, 2001) for the advisee, it is essential that the adviser not act as if the target is being told what he or she should do with regard the problematic situation. The nature of supportive interactions and the nonprofessional status of the adviser require that the adviser serve as a caring helper, a good listener, an analyst, and an evaluator before recommending a course of action for the target to take. The adviser should be someone who is willing to work closely with the target to find a feasible, useful, and effective plan for solving the problem (MacGeorge, Feng et al., 2004) and let the other party profit from their experience, knowledge, and expertise (MacGeorge, Feng et al., 2004).

Various theoretical models of support and the counseling process combine to suggest two major tasks that helpers should accomplish before giving advice. Specifically, helpers should: (a) provide emotional support (e.g., through expressions of sympathy, concern, and understanding), and (b) assess the relevance of advice and, if relevant, undertake an analysis of the problem with the recipient before arriving at a plausible solution to the problem. Recent research by Feng (2006) provides strong empirical evidence for these suppositions. In this experimental message-evaluation study, advice offered following emotional support and problem analysis was perceived as higher in quality, more facilitative of the target's coping, and led to stronger intention to implement the advised action than advice that did not follow this sequential pattern.

Although Feng's study (2006) revealed little evidence suggesting that men and women respond differently to advice giving models containing emotional support and problem inquiry, they may differ in their willingness and likelihood to use these kinds of models in real life situations. In particular, men may be less willing and/or likely to offer advice in conjunction with emotional support. Substantial research shows that although men and women are similar in their desire for emotional support from their personal relationships (Cutrona, 1996; Xu & Burleson, 2001), as well as in their responses to different types of emotional support (see Burleson, 2003), they differ quite reliably when it comes to providing emotional support to others. Specifically, men are comparatively less likely to express and respond to others' emotional states (Jakupcak, Salters, Gratz, & Roemer, 2004; Jansz, 2000). Consistent with this finding, men have been found to be less likely than women to provide emotional support (e.g., Trobst, Collins, & Embree, 1994), or to use highly person-centered forms of verbal comfort when seeking to reduce the distress of the target (e.g., MacGeorge, Clark, & Gillihan, 2002; Samter, 2002). This gender difference is understandable, given that the provision of emotional support is generally viewed as a feminine activity (Burleson, Holmstrom, & Gilstrap, 2005; Kunkel & Burleson, 1999; Prentice & Carranza, 2002; Wood, 2005).

Characteristics of Recipient

Message production is the process of generating verbal and nonverbal messages designed to obtain a desired response from those to whom they are directed (Burleson, 2007). It is thus reasonable to think that characteristics of the advice recipient, that is, who the recipient is, should influence his or her reactions to advice. However, empirical evidence supporting this idea is relatively sparse, in part due to the fact that the body of research literature concerning the influence of recipient characteristics on advice evaluations and outcomes is very small. In the following sections, I review and discuss the available research findings regarding two recipient characteristics: sex and ethnicity.

Recipient sex. A thesis that has been widely popular over the past two decades in public media as well as academic circles is the "different cultures thesis" with respect to gender differences in social behavior. Proponents of this thesis (e.g., Tannen, 1990; Wood, 2002) maintain that, as members of different speech communities or communication cultures, men and women have different ways of talking, acting, and interpreting. Seen from the different cultures' perspective, gender-typed socialization of women predisposes them to view talk as the primary vehicle through which intimacy and relational closeness are created and maintained among people (Maltz & Borker, 1982). In contrast, men are socialized to view talk as a mechanism for accomplishing things, conveying information, or maintaining status and autonomy (Wood & Inman, 1993). Accordingly, the different cultures thesis suggests that men will value instrumental forms of communication such as informing and persuading, whereas women will value forms of communication that focus on discussion of feelings and emotions.

To date, several studies have examined sex differences in reactions to advice. In one study (Michaud & Warner, 1997), men reported somewhat more negative emotional responses to advice than women (feeling more angry, hurt, and put down), and women reported somewhat more positive emotional responses to advice than men (feeling more comforted, grateful, helped, and close to the friend). A second study (MacGeorge, Clark et al., 2002) found that men evaluated advice messages more positively than women but this main effect was substantially qualified by an interaction with level of face support; although facework had a strong influence on evaluation of advice messages for both men and women, women's evaluations were somewhat more strongly influenced by face support than were men's evaluations. Two other studies (Basow & Rubenfeld, 2003; MacGeorge, Graves et al., 2004) found no sex differences in emotional responses to advice. Overall, it is unclear whether (and if so, how) men and women differ in their reactions to advice.

Recipient ethnicity. The ever increasing frequency and intensity of intercultural communication in various realms of social life such as business and education suggest that, as a common element of supportive interactions, advice may have or will become an important component of intercultural communication. Hence, studying advice from a cross-cultural perspective has both theoretical and pragmatic value. Substantial research shows that there are noteworthy cultural differences in a variety of communication practices (e.g., Gudykunst et al., 1996; Ting-Toomey & Korzenny, 1991). If we view communication as a process that is necessarily influenced, to a greater or lesser extent, by participants' cultural background, we would expect that people's perceptions of and responses to advice will be influenced by their cultural knowledge and value orientations.

Individualism-collectivism (Hofstede, 1991) is perhaps the most frequently used dimension to describe differences between cultures. Individualist cultures tend to emphasize autonomy and independence whereas collectivist cultures tend to emphasize relational harmony and conformity to group norms (Schwartz, 1990). People from individualistic cultures tend to perceive themselves as more independent of others and place higher priority on their own goals, needs, and interests. In contrast, people from collectivist cultures often see themselves as deeply embedded within situation and relationships and put greater emphasis on status and role authority (Gudykunst, 1987). People from these two types of cultures also tend to differ in their communication styles: individualists tend to engage more in the so-called "low-context" communication where communicators focus more heavily on explicit and elaborated verbal utterances than nonverbal and relational messages to interpret messages; their collectivist counterparts, on the other hand, are more likely to engage in "high-context" communication in which they rely on each other to perceive and understand unarticulated feelings, subtle nonverbal gestures, and environmental cues (e.g., Gao & Ting-Toomey, 1998; Kim, Pan, & Park, 1998; Triandis & Suh, 2002).

Cultural differences in individualistic and collectivistic values and communication styles could have important implications for people's responses to advice in social interactions. In collectivistic societies such as China and Japan, an individual is not viewed as a separate entity but a part of a group where decisions are made collectively, and advice may be seen as a socio-cultural strategy of interdependence (Hall & Ames, 1987). There is some evidence indicating that advice in Chinese, particularly indirect advice, is often employed as a solidarity strategy to show benevolence, develop conversational rapport, and/or establish group belonging (Hu & Grove 1991). When it comes to processing advice messages, people from individualist and low-context cultures such as the United States may be more influenced by the perceived content of advice messages, given that they generally focus more on accomplishment of their personal goals and are more sensitive to explicit verbal messages while communicating with others. On the other hand, people from collectivist may rely more heavily on relational and contextual cues because they tend to place higher value on maintaining relational harmony. However, there is only sporadic empirical evidence supporting this idea. For instance, Feng's (2006) research shows that advice giver's prior influence on the recipient had a much stronger influence on evaluation of advice quality for Chinese than for Americans, whereas the perceived efficacy and feasibility of the advised action had a stronger impact on American's intention to implement advice than they did for Chinese.

Conclusion

Advice giving and receiving is a common component of social interactions and is integral to a wide range of settings—from doctor-patient interaction (e.g., Silverman et al., 1992) to mentor-student advising (e.g., Strong & Baron, 2004). The research literature on advice has thus far identified a variety of factors that influence advice evaluation and offers valuable insight into why advice may elicit varying responses from recipients and the criteria against which people make judgment about more and less effective forms of advice. Identifying specific factors that influence people's responses to advice has important pragmatic implications. To the extent that support providers can offer advice in ways linked to more positive cognitive and behavioral responses from the recipients, the support is beneficial, at least in the short term. The present study highlights four considerations for would-be advice givers. First, while trying to help a distressed person solve his or her problem, support providers should pay attention to the feelings of the distressed other and try to create a supportive conversational context through the provision of sensitive emotional support. Second, before giving advice, it is important to determine whether advice is even wanted. It is probably best to focus communicative efforts on comforting and problem-analysis until it is clear that advice is desired and a solution is available. Gauging the target's receptiveness also means that the helper must consider others' perceptions of their expertise and confidence, as well as the nature of the relationship they have with the intended advice recipient. Third, when advice-giving is deemed an appropriate action to take, do it in a polite, logical, and convincing manner, paying attention not only to the target's face needs but also to the strength of advice substance.

While our knowledge about advice in supportive interactions has been accumulating over the years, advice research is still a relatively young field and many areas remain to be investigated and questions remain to be answered. For instance, we know very little about the dynamics of advice-giving in cyberspace. Computer-mediated communication has become a very popular form of communication in recent years and computer-mediated communication networks such as electronic mail, electronic bulletin boards, and chat rooms have reached tens of millions of people all over the world (Parks & Floyd, 1996). The Internet is now a popular source of information and, for many people, has become one of the major sources of social support, including advice. Existing research on advice has been largely limited to advice in face-to-face and one-on-one interactions (e.g., Goldsmith, 2000; MacGeorge et al., 2002; MacGeorge et al., 2004). As a result, advice in mediated contexts and in contexts where more than two persons participate in the advice interaction has not received much attention. Not surprisingly, advice in cyberspace still remains an under-explored area of study.

References

Basow, S. A., & Rubenfeld, K. (2003). „Troubles talk". Effects of gender and gender-typing. Sex Roles, 48, 183-187

Brown, P., & Levinson, S. C. (1987). *Politeness: Some universals in language usage*. Cambridge, UK: Cambridge University Press.

Burleson, B. R., Holmstrom, A. J., & Gilstrap, C. M. (2005). "Guys can't say *that* to guys": Four experiments assessing the normative motivation account for deficiencies in the emotional support provided by men. *Communication Monographs, 72,* 468-501.

Burleson, B. R., Holmstrom, A. J., & Gilstrap, C. M. (2005). "Guys can't say *that* to guys": Four experiments assessing the normative motivation account for deficiencies in the emotional support provided by men. *Communication Monographs, 72,* 468-501.

Caplan, S. E., & Samter, W. (1999). The role of facework in younger and older adults' evaluations of social support messages. *Communication Quarterly, 47*, 245-264.

Cutrona, C. E. (1996). *Social support in couples*. Thousand Oaks, CA: Sage.

Cutrona, C. E., & Suhr, J. A. (1994). Social support communication in the context of marriage: An analysis of couples' supportive interactions. In B. R. Burleson, T. L. Albrecht, & I. G. Sarason (Eds.), *Communication of social support* (pp. 113-135). Thousand Oaks, CA: Sage.

Dunkel-Schetter, C., Blasband, D., Feinstein, L., & Herbert, T. (1992). Elements of supportive interactions: When are attempts to help effective? In S. Spacapan & S. Oskamp (Eds.), *Helping and being helped: Naturalistic studies* (pp. 83-114). Newbury Park, CA: Sage.

Erickson, F., & Shultz, J. (1982). *The counselor as gatekeeper: Social interaction in interviews*. New York: Academic Press.

Feng, B. (2006). *Features and Effects of Advice in Supportive Interactions in Two Cultures*. Unpublished doctoral dissertation, Purdue University, West Lafayette, IN.

Feng, B., & MacGeorge, E. L. (2006). Predicting receptiveness to advice: Characteristics of the problem, the advice-giver, and the recipient. *Southern Communication Journal, 71*, 67-85.

Gao, G., & Ting-Toomey, S. (1998). *Communicating effectively with the Chinese*. Thousand Oaks, CA: Sage.

Goldsmith, D. J. (1994). The role of facework in supportive communication. In B. R. Burleson & T. L. Albrecht & I. G. Sarason (Eds.), *Communication of social support: Messages, interactions, relationships, and community* (pp. 29-49). Thousand Oaks, CA: Sage.

Goldsmith, D. J. (2000). Soliciting advice: The role of sequential placement in mitigating face threat. *Communication Monographs, 67*, 1-19.

Goldsmith, D. J., & Dun, S. A. (1997). Sex differences and similarities in the communication of social support. *Journal of Social and Personal Relationships, 14*, 317-337.

Goldsmith, D. J., & Fitch, K. (1997). The normative context of advice as social support. Human *Communication Research, 23*, 454-476.

Goldsmith, D. J., & MacGeorge, E. L. (2000). The impact of politeness and relationship on perceived quality of advice about a problem. *Human Communication Research, 26*, 234-263.

Gratz, K. L., & Roemer, L. (2004). Multidimensional assessment of emotion regulation and dysregulation: Development, factor structure, and initial validation of the Difficulties in Emotion Regulation Scale. *Journal of Psychopathology and Behavioral Assessment, 26,* 41-54.

Gudykunst, W. B. (1987). Cross-cultural comparisons. In C. Berger and S. Chaffee (Eds.), *Handbook of communication science* (pp. 847-889). Newbury Park: Sage.

Gudykunst, W. B., Ting-Toomey S. & Chua, E. (1988). *Culture and interpersonal communication*. Beverly Hills: Sage.

Gudykunst, W. B., Matsumoto, Y., Ting-Toomey, S., Nishida, T., Kim, K., & Heyman, S. (1996). The influence of cultural individualism-collectivism, self construals, and individual values on communication styles across cultures. *Human Communication Research, 22*, 510-543.

Haas, S. (2002). Social support as relationship maintenance in gay male couples coping with HIV. *Journal of Social and Personal Relationships*, 19(1), 87-111.

Hall. D & Ames, R. (1987). *Thinking through Confucius.* New York: State University of New York Press.

He, A. W. (1994). Withholding academic advice: Institutional context and discourse practice. *Discourse Processes, 18*, 297-316.

Heritage, J., & Sefi, S. (1992). Dilemmas of advice. In P. Drew & J. Heritage (Eds.), *Talk at work: Interaction in institutional settings* (pp. 359–417). Cambridge, England: Cambridge University Press.

Hofstede, G. (1991). *Cultures and organizations: Software of the mind.* London, England: McGraw-Hill.

Hu, W., & Grove, C. L. (1991). *Encountering the Chinese: A guide for Americans*. Yarmouth, ME: Intercultural Press.

Hung, H. Y., & Feeley, T. H. (2005). *Evaluating advice in supportive social interaction: A replication of MacGeorge, Feng, Butler, and Budarz (2004).* Paper presented at the International Communication Association, New York City.

Inch, E. S., & Warnick, B. (2002). *Critical thinking and communication: The use of reason in argument*. Boston: Allyn & Bacon.

Jakupcak, M., Salters, K., Gratz, K. L., & Roemer, L. (2003). Masculinity and emotionality: An investigation of men's primary and secondary emotional responding. *Sex Roles, 49*, 111-120.

Jansz, J. (2000). Masculine identity and restrictive emotionality. In A. H. Fischer (Ed.), *Gender and emotion: Social psychological perspectives* (pp. 166-186). Cambridge: Cambridge University Press.

Kim, D., Pan, Y., & Park, H. S. (1998). High-versus low-context culture: A comparison of Chinese, Korean, and American cultures. *Psychology & Marketing, 15*, 507-521.

Kinnell, A. M., Maynard, D. (1996). The delivery and receipt of safer sex advice in pretest counseling sessions for HIV and AIDS. *Journal of Contemporary Ethnography, 24*, 405-437.
Kunkel, A. W., & Burleson, B. R. (2003). Relational implications of communication skill evaluations and love styles. *Southern Communication Journal, 68,* 181-197.
Lee, R., & Lee, K. K. (1989). *Arguing persuasively*. New York: Longman.
MacGeorge, E.L., Clark, R.A., & Gillihan, S. J. (2002). Sex differences in the provision of skillful emotional support: The mediating role of experience and self-efficacy. *Communication Reports, 15*, 17-28.
MacGeorge, E. L., Feng, B., Butler, G. L., & Budarz, S. K. (2004). Understanding advice in supportive interactions: Beyond the facework and message evaluation paradigm. *Human Communication Research, 30*, 42-70.
MacGeorge, E. L., Lichtman, R. M., & Pressey, L. C. (2002). The evaluation of advice in supportive interactions: Facework and contextual factors. *Human Communication Research, 28*, 451-463.
Maltz, D. N., & Borker, R. A. (1982). A cultural approach to male-female miscommunication. In J. J. Gumperz (Ed.), *Language and social identity* (pp. 196-216). Cambridge, U. K.: Cambridge University Press.
Michaud, S. L., & Warner, R. M. (1997). Gender differences in self-reported response to troubles talk. *Sex Roles, 37*, 527-540.
Miller, R. J. & Darlington, Y. (2002). Who supports?: The providers of social support to dual-parent families caring for young children. *Journal of Community Psychology, 30*, 461-473.
O'Keefe, D. J. (1998). Justification explicitness and persuasive effect: A meta-analytic review of the effects of varying support articulation in persuasive messages. *Argumentation and Advocacy, 35*, 61-75.
Parks, M. R., & Floyd, K. (1996). Making friends in cyberspace. *Journal of Communication, 46*, 80-97.
Perloff, R. M. (2003). *The dynamics of persuasion: Communication and attitudes in the 21st century*. Mahwah, NJ: Lawrence Erlbaum.
Pitula, C. R., & Daugherty, S. R. (1995). Sources of social support and conflict in hospitalized depressed women. *Research in Nursing and Health, 18*, 325-332.
Pornpitikan, C. (2004). The persuasiveness of source credibility: A critical review of five decades' evidence. *Journal of Applied Social Psychology, 34*, 243-281.
Prentice, D. A. & Carranza, E. (2002). What women and men should be, shouldn't be, are allowed to be, and don't have to be: The contents of prescriptive gender stereotypes. *Psychology of Women Quarterly, 26*, 269-281.

Samter, W. (2002). How gender and cognitive complexity influence the provision of emotional support: A study of indirect effects. *Communication Reports, 15*, 5–16.

Schwartz, S. H. (1990). Individualism-collectivism: Critique and proposed refinements. *Journal of Cross-Cultural Psychology, 21*, 139-157.

Silverman, D., Bor, R., Miller, R., & Goldman, E. (1992). “Obviously the advice is then to keep to safer sex”: Advice-giving and advice-reception in AIDS counselling. In P. Aggleton, P. Davies, & G. Hart (Eds.), *AIDS: Rights, risks and reason* (pp. 174-191). London: Falmer.

Sniezek, J. A., Schrah, G. E., & Dalal, R. S. (2004). Improving judgment with prepaid expert advice. *Journal of Behavioral Decision Making, 17*, 173-190.

Strong, M., & Baron, W. (2004). An analysis of mentoring conversations with beginning teachers: Suggestions and responses. *Teaching and Teacher Education, 20*, 47-57.

Tannen, D. (1990). *You just don't understand: Women and men in conversation.* New York: William Morrow.

Ting-Toomey, S., & Korzenny, F. (1991). *Cross-cultural interpersonal communication.* Newbury Park, CA: Sage.

Triandis, H. C., & Suh, E. M. (2002). Cultural influences on personality. *Annual Review of Psychology, 53*, 133–160.

Trobst, K. K., Collins, R. L., & Embree, J. M. (1994). The role of emotion in social support provision : Gender, empathy and expression of distress. *Journal of Social and Personal Relationships, 11*, 45-62.

Vehviläinen, S. (2001). Evaluative advice in educational counselling: The use of disagreement in the "stepwise entry" to advice. *Research on Language and Social Interaction, 34*, 371-398.

White, T. B. (2005). Consumer trust and advice acceptance: The moderating roles of benevolence, expertise, and negative emotions. *Journal of Consumer Psychology, 15*, 141-148.

Wilson, S. R., Aleman, C. G., & Leatham, G. B. (1998). Identity implications of influence goals: A revised analysis of face-threatening acts and application to seeking compliance with same-sex friends. *Human Communication Research, 25*, 64-96.

Wood, J. T. (2002). A critical response to John Gray's Mars and Venus portrayals of men and women. *Southern Communication Journal, 67*, 201-210.

Wood, J. T. (2005). *Gendered lives: Communication, gender, and culture.* Belmont, CA: Wadsworth.

Wood, J. T., & Inman, C. (1993). In a different mode: Masculine styles of communicating closeness. *Journal of Applied Communication Research, 21*, 279-295.

Xu, Y., & Burleson, B. R. (2001). Effects of sex, culture, and support type on perceptions of spousal social support: An assessment of the "support gap" hypothesis in early marriage. *Human Communication Research, 27*, 535-566.

Introduction to

Gender-based Language Use: Understanding When, How, and Why Men and Women Communicate Similarly and Differently

By Nicholas A. Palomares

Nicholas A. Palomares notes that contemporary media propagate the notion that men and women are substantially different in the way they communicate. For example, women are more emotional than men, whereas men are more direct and succinct than women. Palomares claims that linguistic similarities maintain an equal rank with linguistic differences because many contextual factors over and above gender can impact the language of men and women. For example, status, age, the topic, the setting/situation, etc. all impact language just as much as gender does. And some of these extra-gender variables seem to diminish or erase language differences between men and women.

Generally, two main classes of gender-based language features exist; namely, masculine (e.g. agentic, assertive) and feminine (e.g. affiliative, communal). Palomares notes that gender salience refers to the cognitive state wherein someone explicitly or implicitly self-defines as a member of their collective gender group. A man whose gender is salient, for example, would self-categorize as being a man which would result in a cognitively activated gender identity. The self-categorization theory emphasizes the intergroup nature of interaction and explains what social identity people are most likely to internalize in any given context and the ensuing attitudes, beliefs, and behavior. The theory predicts that individuals will self-define using an accessible gender if they perceive applicable differences between men and women, and gender is more likely to become salient if this comparative information is normatively consistent with gender stereotypes. Because this process is primarily psychological, one might construe an interaction in terms of gender (e.g. men versus women) even if logically relevant cues are not objectively present. This can create a situation wherein people assimilate to the ingroup norm or prototype, i.e. contextually dependent fuzzy sets of attributes that establish a means to differentiate social groups. When an identity is salient, people conform to the prototype attribute(s) that define the groups. Thus, knowing if gender is salient is useful, but knowing how it is salient is more effective, Palomares notes. So if gender is not salient, then the language of men and women should be similar, Palomares postulates. If, however, gender is salient, then the language should be different in men and women.

Studies indicate that the topic of the conversation can have a direct effect on language features that are traditionally associated with gender, and this effect can occur without gender being salient. If language appears to be gender-based, it could actually be cases of people using language that is appropriate for the context at hand rather than people using language because of an active prototype of gender salience. So both men and women alike can readily use language typically considered masculine or feminine due to situational forces devoid of any influence from gender. For example, a supervisor talking with a staff member.

The impact of Palomares' studies could have far reaching consequences for the world of business; whether it be marketing or human resource management because gender, gender roles, and language all play an important role in these fields. As Palomares notes, language and gender as well as the situational context are all more complex than generally assumed.

Michael B. Hinner

Nicholas A. Palomares is Assistant Professor of Communication at the University of California, Davis. His research emphasizes message production and processing in two primary areas of communication in social interaction; namely, language use and conversational behavior. His language-use research focuses primarily on the cognitive structures and processes responsible for producing gender-based language differences and similarities between men and women in face-to-face and mediated social interactions as well as the consequences that emerge from such language. His conversational behavior research examines the goals individuals pursue in their interactions with others and the factors associated with goal pursuits.

Gender-based Language Use: Understanding When, How, and Why Men and Women Communicate Similarly and Differently

Nicholas A. Palomares

Television media such as *The Oprah Winfrey Show*, *Good Morning America*, and *20/20* (e.g., Winfrey, 2008a, 2008b; Stossel, 2006a; Stossel & Deutsch, 2006), websites like Wikipedia and news-related blogs (e.g., "Gender Differences—Communication," 2008; Shellenbarger, 2008), radio talk shows (e.g., Chatzky, 2008), highly circulated newspapers like *The New York Times* and *The Washington Post* (e.g., Kornblut, 2008; Tierney, 2007), popular-press books (e.g., Brizendine, 2006; Gray, 1992; Stossel, 2006b; Tannen, 1990), and other widely available sources of information propagate the notion that men and women are substantially different in the ways they communicate. For example, women are more emotional than men, whereas men are more direct and succinct than women. Some people go so far to assert that men and women are from different planets with different languages (Chatzky; Gray; Shellenbarger; Tannen). This Mars-Venus account focuses on main effect differences claiming that men tend to use certain language features more than women and vice versa in virtually most, if not all, situations/contexts. The essentialization of gender continues despite surmounting evidence from social scientific data to the contrary (Aries, 1996; Dindia & Canary, 2006; Hyde, 2005, 2006; Leaper & Ayres, 2007; Palomares, 2004, 2008, in press; Palomares & Lee, in press).

This chapter presents an argument that is fundamentally at odds with a communication dichotomy between men and women (Gray, 1992; Lakoff, 1975; Tannen, 1990) because the language styles of men and women are more dynamic and inconsistent than they are static and stable (Palomares, Reid, & Bradac, 2004). Linguistic similarities maintain an equal rank with linguistic differences because many contextual factors over and above gender can impact the language of men and women (Leaper & Ayres, 2007). For example, status (O'Neill & Colley, 2006; Palomares, in press), age (O'Kearney & Dadds, 2004), the topic (Janssen & Murachver, 2004; Thomson, 2006; Palomares, in press), the setting/situation (Goldshmidt & Weller, 2000), sex-composition (Savicki & Kelley,

2000; Palomares, 2008, in press), the language style of one's conversation partner (Hogg, 1985; Mulac, Wiemann, Widenmann, & Gibson, 1988; Thomson, Murachver, & Green, 2001), and the communication mode (Fox, Bukatko, Hallahan, & Crawford, 2007) impact language just as much as, if not more than, gender; also, some of these extra-gender variables seem to exacerbate, diminish, erase, or even flip language differences between men and women. To support this language-is-dynamic argument the chapter details a theory that accounts for what language differences, *if any*, will emerge, when, and why. Specifically, self-categorization theory answers these questions via the explanatory mechanism of gender identity salience (Palomares, 2004, 2008, in press; Palomares et al., 2004; Reid, Keerie, & Palomares, 2003). How men and women communicate is explainable and predictable, in other words, given the contextually relevant social dimensions of gender. This rationale accounts for the particular differences *and* similarities in language that emerge and the circumstances of and reasons for their manifestation. First however, language and gender is described, and its examination is justified.

What Constitutes Gender-Based Language Use?

Generally, two main classes of gender-based language features exist (Leaper & Ayres, 2007; Palomares, 2008). One category is primarily masculine (e.g., agentic, assertive), whereas the other is primarily feminine (e.g., affiliative, communal). In the first category, specific language forms include (but are not limited to): directives or commands (Mulac, 2006), tentativeness or assertiveness (Carli, 1990; Palomares; Reid et al., 2003), giving information (Pillon, Degauquier, & Duquesne, 1992), suggestions (Davis & Gilbert, 1989), criticisms (Sayers & Baucom, 1991), disagreement (Pillon et al.), and other types of agentic speech. According to traditional stereotypes, for example, men use less tentative language, more directives, and more criticisms than women. The language features in the feminine category include (non-exhaustively): agreements (Stiles, Walz, Schroeder, Williams, & Ickes, 1996), supportive and praising language (Sayers & Baucom), understanding comments (Leaper, Carson, Baker, Holliday, & Myers, 1995), acknowledgements (Stiles et al.), emotional language (Mulac; Palomares), apologies (Herring, 1993; Lakoff, 1975), and other forms of affiliative talk. Women are stereotypically more emotional, supportive, and understanding than men. Arguably, other classes of language are considered relevant to gender, such as talkativeness (Leaper & Ayres), but affiliative and assertive forms are the most broad and commonly invoked forms.

Why Study Gender-Based Language Use?

The simple answer to the question of why gender-based language is worthy of empirical and theoretical scrutiny is that it is consequential. More specifically, there are at least two ways in which outcomes can manifest. One way is in terms of social influence. Tentativeness is beneficial for women attempting to influence men (Carli, 1990; Reid et al., 2003; Reid, Palomares, Anderson, & Bondad-Brown, in press): Under certain conditions, tentative women are more likely to persuade men on certain issues than are direct women. Tentative language, however, does not have a similar boost for men's influence with others nor for women's influence with women. Second, gender-based language affects impression formation. A person evaluates and infers the beliefs of others when interacting with them based on the linguistic features they employ (Bradac, 1990; Ng & Bradac, 1993). The language someone uses, in other words, plays a direct role in how others judge or rate that person along a variety of dimensions. Specifically, tentativeness yields low assessments in a communicator's confidence, power, competence, and intelligence compared to someone who is direct (Carli, 1990; Ng & Bradac, 1993). Also, individuals who use language features typically associated with women are judged relatively high in aesthetic quality (e.g., pleasant, beautiful, sweet, nice) and sociointellectual status (e.g., high social status, white collar, literate, rich), whereas people using language features commonly associated with men are judged relatively high in dynamism (e.g., strong, active, loud, aggressive; Mulac, 2006). For example, references to emotion are positively correlated with ratings of aesthetic quality and sociointellectual status and negatively associated with dynamism even when the raters are unaware of communicators' sex (Mulac & Lundell, 1994). Gender-based language produces meaningful outcomes for communicators.

Explaining Gender-Based Language Use

Self-categorization theory (Turner, Hogg, Oakes, Reicher, & Wetherall, 1987) provides an effective means to explain and predict gender-based language use. Rooted in a social identity framework (Tajfel, 1978), the theory focuses on the social-cognitive basis of identity and how a self-definition is rooted in collective affiliations and changes depending on the context. Self-categorization theory offers a general explanation for different behaviors; yet, it has been applied to gender-based language often (e.g., Palomares, 2004, 2008; Palomares et al., 2004; Reid et al., 2003). The theory makes distinctions among inter-individual, intragroup, and intergroup self-categorizations and focuses on the intergroup nature of social interaction. When interacting in inter-individual terms, gender is irrelevant to one's self-definition because the focus is on idiosyncratic differences between unique people (e.g., me versus you). Intragroup self-construals highlight two people of the same group (e.g., me and you as men). However, if a self-categorization is based in intergroup terms of gender (i.e., me, as a man, versus you, as a woman), then gender memberships are germane for people during interaction. Whenever a self-definition refers to one's gender, then gender is salient (i.e., activated or operating cognitively). *Gender salience* is a cognitive state wherein someone explicitly or implicitly self-defines as a member of their collective gender group. A man whose gender is salient, for example, would self-categorize as being a man which would result in a cognitively activated gender identity. The theory emphasizes the intergroup nature of interaction and explains what social identity people are most likely to internalize in any given context and the ensuing attitudes, beliefs, and behavior.

What self-definition is triggered—and, in particular, if gender is salient—depends on an interaction among three factors (Oakes, 1987). *Accessibility*, or perceiver readiness, is the extent to which individuals have a propensity to self-define in terms of a social category; it can manifest in the form of individuals' past experiences, motivation, task at hand or other personal factors. *Comparative fit* is the extent to which people perceive intergroup, compared to intragroup, differences: The more the intergroup differences outweigh any intragroup ones, the more likely the associated social identity will become salient. *Normative fit* is the extent to which the perceived intergroup differences and intragroup similarities are socially meaningful and correspond to the collective norms within and between groups. Together, these three factors predict that individuals will self-define using an accessible gender if they perceive applicable differences between men and women, and gender is more likely to become salient if this comparative information is normatively consistent with gender stereotypes. Because this process is primarily psychological, one might construe an interaction in terms of gender (e.g., men versus women) even if logically relevant cues are not objectively present.

The theory not only explains what social identity, if any, will become salient in a context but also the consequences of people's cognitions being filtered through a salient social identity. This process, referred to as *depersonalization*, creates a situation wherein people assimilate to the ingroup norm or prototype (Hogg & Reid, 2006). *Prototypes* are contextually dependent fuzzy sets of attributes that establish a means to differentiate social groups. A prototype can be composed of beliefs, appearances, attitudes, characteristics, and/or other attributes that maximize intergroup differences and intragroup similarities. When an identity is salient, people conform to the prototypical attribute(s) that defines the groups. Thus, if gender is salient, then men and women will assimilate to their respective in-group prototypes whatever they may be (Palomares et al., 2004). Under some conditions, for example, two attributes—*affiliative* (e.g., women are communal, empathic, caring, etc.; whereas men are relatively unaffiliative) and *assertiveness* (e.g., men are dominant, agentic, strong, etc.; whereas women are unassertive)—could equally define the gender salience prototype. In this first instance, the language of men and women would correspond to these two dimensions because the prototype is related to the two different classes of linguistic variables: For example, women would reference emotions more than men, whereas men would use more directives than women. If, on the other hand, the prototype of gender salience focuses only on women being affiliative (and not unassertive), then women would increase their use of language consistent with that prototype (e.g., women use more references to emotion than men); however, men and women would use similar levels of assertive language because the affiliative prototype is irrelevant to those language features. A third option is for gender salience to employ only an assertiveness prototype thereby yielding men more linguistically dominant than women; but affiliative speech would be equal for men and women because the attendant attribute is not evoked via the prototype. A fourth manifestation of the prototype that stresses bipolar opinions between men and women would lead to similar language for men and women because the prototype is unrelated to gender-based language. Of course, other manifestations for the prototype are possible; and if gender is not salient, then no gender-based language differences would be present. Hence, knowing whether gender is salient is useful, but knowing *how* it is salient (i.e., the prototype) is more effective. Identifying the gender salience prototype affords the ability to generate nuanced predictions in what differences, if any, will emerge and the nature of those differences. In other words, the language of men and women will reflect the inter-gender dynamics as reified in the prototype of gender salience.

For the first three examples of the gender salience prototype detailed in the previous paragraph, language was at least partly consistent with gender stereotypes on the whole. A self-categorization explanation, however, also allows for gender-based language to be inconsistent with traditional expectations (Palomares et al., 2004; see also Palomares, in press). That is, because the prototype of gender salience can oppose stereotypes, gender-based language differences can be counter-stereotypical. For example, if the gender salience prototype emerges with women being dominant or more agentic than men, then men should be more tentative than women. Likewise, if gender salience instead (or also) yields an affiliative prototype with men more communal than women, then men should use more references to emotion than women. An array of predictions consequently emerges depending on the attribute(s) that defines the prototype of a salient gender identity. Specifically, when gender is salient, alterations in its prototype can affect the extent and character of any differences present in men's and women's language. If gender is not salient, then language should be similar.

Empirically Validating Self-Categorization Theory's Account

To make precise predictions about how men and women use affiliative and assertive language when gender is salient, information about the prototype of gender salience must be determined (Palomares et al., 2004). Much research suggests that when the prototype of gender salience focuses on stereotypical differences between men and women (e.g., women more affiliative than men, and men more assertive than women) traditional language differences emerge. For example, Reid et al. (2003) showed that in a cooperative intergroup interaction between men and women, women used more tentative language than men *only* if gender was salient. Also, Palomares (2004) confirmed that women used more references to emotion than men but again *only* if gender was salient. Whereas these two studies manipulated gender salience, they did not directly account for, nor induce, the prototype of gender salience.

Two subsequent studies, however, directly manipulated the prototype of gender salience. The first study randomly assigned people to be in one of two conditions: high gender salience with a type of affiliative prototype (i.e., women are more supportive than men) or low gender salience (Palomares, 2008). Specifically, participants read a paragraph that manipulated gender salience under the cover story that the paragraph would give them and an ostensible e-mail partner something to discuss during their e-mail exchange. Next, participants read and replied to a bogus e-mail from their partner who was either a man or a women named John or Jennifer respectively. E-mail messages were coded for both references to emotion (a language feature related to the affiliation prototype) and tentative language (a feature irrelevant to affiliation). Data revealed that women referenced emotion more than women only in the high gender salience condition and that they were equally tentative across all conditions. Results were consistent with the theory: Because gender salience had the affiliative prototype, gender-based language differences emerged for references to emotion only. Moreover, the sex composition of the e-mail dyad moderated this effect: Women referenced emotion more than men in the high salience condition particularly when women sent an e-mail to a male partner. Thus, language differences reflect the prototype of a salient gender especially in inter-group interactions because the mixed-sex composition enhanced the differences in the affiliative prototype more than the intragroup context did.

The second study sought to conceptually replicate and extend the first one by employing an agentic prototype (i.e., expertise) in stead of an affiliative prototype and again using both tentative language and references to emotion (Palomares, in press). The experiment manipulated this prototype via the topic of an e-mail exchange: masculine (e.g., sports), feminine (e.g., fashion), or gender-neutral (e.g., places to eat) topics. Specifically, participant were asked to send an e-mail to an ostensible male or female partner on one of the randomly assigned topics. Given the topics and their implications for gender differences in expertise (i.e., men know more about masculine topics, women know more about feminine topics, and they are equally knowledgeable about gender-neutral topics), this study also sought to more broadly illustrate the dynamic nature of gender-based language by showing traditional differences in addition to counter-stereotypical and no differences in tentative language. Because the masculine topics privileged the expertise of men over women, traditional gender differences emerged (i.e., women were more tentative than men) for that topic. The opposite pattern (i.e., men were more tentative than women) was verified for the feminine topics because the topics privileged women over men. Last, the gender-neutral topic yielded no language differences, and references to emotion did not vary in similar ways across the topics because emotion was irrelevant to the agentic prototype. Similar to the first study, these effects were particularly pronounced in intergroup (i.e., mixed-sex) e-mail exchanges but not intragroup (i.e., same-sex) dyads. As a final testament to the explanatory power of self-categorization theory, gender salience mediated the effects of topic on tentative language but only in intergroup interactions.

These studies explained, predicted, and demonstrated a diverse array of patterns for how men and women use gender-based language depending on the salience of gender, its prototype, and the intra/intergroup nature of the interaction. Of course, because other variables (e.g., avatars or electronic graphical self-representations) are antecedent to gender salience (Palomares & Lee, in press) and other variables (e.g., gender schematicity) can interact with salience (Palomares, 2004), future research needs to elaborate on these effects and look into other ways in which gender-based language is sensitive to contextual dynamics. Specifically, future research will seek to uncover moderators of this process and compare the gender salience explanation with other accounts. Nonetheless, gender-based language use generally reflects the situationally unique construal of inter-gender relations. If gender is superfluous in an interaction, then language differences are unlikely to emerge between men and women; but if gender plays a meaningful role in an interaction (i.e., gender is salient), then language should reflect this role when applicable in ways specified by the attributes that compose the prototype of gender salience. That is, when the prototype of gender salience is somehow associated with gender-based language, language should mold to and reflect this connection. One, therefore, should not expect stereotypical language differences *ipso facto*. More accurately, gender-based language is dynamic and taking into account the level of gender salience and its prototype is paramount:

Retrospectively Explaining Extant Research

The language and gender literature abounds with inconsistencies (Aries, 1996). Some studies, for example, found gender difference in tentativeness (e.g., Carli, 1990), whereas others did not (e.g., Brouwer, Gerritsen, & De Haan, 1979; Crosby & Nyquist, 1977). Sex composition also impacted language in one study (Colley et al., 2004), whereas it had no impact in another (Thomson et al., 2001). Moreover, many publications simply underline bifurcated differences between men and women and ignore the contextually sensitive nuances of how men and women actually use language across multiple situations (e.g., Gray, 1992; Tannen, 1990) even though meta-analyses show the importance of moderator variables (Leaper & Ayres, 2007). Relatedly, extant research shows that men and women can simultaneously use certain language features differently while employing other features similarly. For example, in one study of same-sex dyadic e-mails with participant-determined topics, women referenced emotion more than men; but similar levels of questions and oppositions emerged (Thomson & Murachver, 2001). Another study that examined men and women criticizing in a face-to-face organizational setting showed a markedly different pattern: Men used more reference to emotion, oppositions, and questions than women, but they used similar levels of "I" references (Mulac, Seibold, & Farris, 2000). In a third study of mixed- and same-sex electronic discussion groups trying to reach consensus on the moral values in a "lovers scenario," women used more "I" references than men, but they used questions similarly (Savicki & Kelley, 2000). In fact, the language and gender literature is muddle with stereotypical differences, no differences, and even counter-stereotypical differences but mostly offers virtually no theoretical account for the diverse array of findings.

Why myriad discrepancies exist seems difficult to rectify especially post hoc, but the explanatory mechanism in self-categorization theory might throw light on the emergence of differences and/or similarities across a variety of language forms in particular contexts. For example, an explanation for the inconsistencies across the last three studies in the previous paragraph is that they may have inadvertently altered gender salience each with a unique prototype. Evidence that is consistent with this retrospective explanation is not available in the Thomson and Murachver (2001) study because it contains very few details of the e-mail exchanges. Yet, the circumstances for the Mulac et al. (2000) study likely prevented gender from becoming salient because the participants held superordinate positions in organizations. As the authors state, apparently "both women and men understand that their positions of leadership in the organization require that they offset [gender] stereotypical expectations in their criticism of coworkers" (Mulac et al., p. 409). In other words, traditional gender-based language did not materialize because of the organizational roles and context. Further, because the "lovers scenario" that Savicki and Kelley (2000) used "emphasized emotional and relational aspects of the characters and had a 'soap opera' quality that might be more appealing to women" (p. 821) gender salience may have been heightened with a prototype that encouraged women to use more "I" references than men. That is, women may have found the "lovers scenario" more personally relevant than men which was reflected in their language. Clearly, at least two of the studies contained exceptionally different circumstances for participants which may have lead to disparate levels of gender salience with unique prototypes. In fact, self-categorization theory suggests that certain aspects of an interaction can have significantly different impacts on gender salience and its prototype (Palomares, 2008, in press; Palomares et al., 2004).

Extant research, therefore, might be reassessed in terms of gender salience so that ostensible inconsistencies are actually deemed rational variations. Thomson (2006, Study 2), for example, found virtually no language differences between men and women when examining same-sex four-person groups discussing masculine and feminine topics, which was not surprising considering that the interactions were intragroup. Likewise, Janssen and Murachver (2004) found no gender-based language differences, which is again understandable because they solicited language in written prose without a recipient. Both studies, however, found a significant main effect for topic: Stereotypical-male language was more likely in masculine topics than feminine topics, whereas the reverse was true for stereotypical-female language. In fact, even though gender salience was not measured in either study, it was likely low in both because it was not induced either directly via a manipulation or unintentionally via the circumstances of the studies.

Thus, the topic can seemingly have a direct effect on language features that are traditionally associated with gender, and this effect can occur without gender being salient. More broadly, instances where language appears to be gender-based could actually be cases of people using language that is appropriate for the context at hand rather than people using language because of an active prototype of gender salience. That is, men and women alike can readily use language typically considered masculine or feminine due to situational forces devoid of any influence from gender. For example, in a hypothetical conversation between two people in an employer-employee relationship, the lower status employee may use more tentative language than the higher status employer. This language pattern would likely be the result of their organizational roles and concomitant status and not gender, even if the employer happened to be male and the employee was female. Stated differently, the roles might create an ostensible gender difference in language when it is actually a role difference (which might be how some stereotypes about gender-based language emerged in the first place and are propagated; cf. Eagly & Koenig, 2006). In this example, role-based language difference would persist even if the gender of the interlocutors was swapped (i.e., female employer and male employee). Moreover, gender salience would likely be unrelated (nor serve as a mediator) to language as tentativeness would be role-governed with no basis in gender. In contrast, the effects of the research presented in the previous section were clearly gender-based. Future research might evaluate role effects and other contextual factors against gender effects.

Conclusion

Self-categorization theory provides a sophisticated account of how men and women use language. To date the theory has generally garnered support. Thus, future language and gender research should continue to focus on the prototype of gender salience, as well as the intra/intergroup nature and other features of an interaction. Doing so will continue to provide strong evidence to reject a cosmological characterization of gender-based language (i.e., men are from Venus, and women are from Mars) that many popular information sources erroneously hype (e.g., Gray, 1992); indeed, replacing it with a more accurate metaphor is prudent: Men and women are from different blocks in the same neighborhood, and they move frequently. In other words, gender-based language differences tend to be relatively small and dynamically sensitive to the context. Advancing this line of inquiry will broaden the understanding of when, how, and why men and women communicate similarly *and* differently.

References

Aries, E. (1996). *Men and women in interaction: Reconsidering the differences.* New York: Oxford University Press.

Bradac, J. J. (1990). Language attitudes and impression formation. IN H. Giles W. P. Robinson (Eds.), *Handbook of language and social psychology* (pp. 387-412). New York: John Wiley & Sons.

Brizendine, L. (2006). *The female brain.* New York: Morgan Road Books.

Brouwer, D., Gerritsen, M. M., & De Haan, D. (1979). Speech differences between women and men: On the wrong track. *Language in Society, 8*, 33-50.

Carli, L. (1990). Gender, language, and influence. *Journal of Personality and Social Psychology, 59*(5), 941-951.

Chatzky, J. (Host). (2008, February 8). *Oprah & Friends* [Radio broadcast]. Chicago, IL: Harpo Productions. Retrieved October 3, 2008, from http://www.oprah.com/article/oprahandfriends/jchatzky/jchatzky_20080208

Colley, A., Todd, Z., Bland, M., Holmes, M., Khanom, N., & Pike, H. (2004). Style and content in e-mails and letters male and female friends. *Journal of Language and Social Psychology, 23*, 369-378.

Crosby, F., & Nyquist, L. (1977). The female register: An empirical study of Lakoff's hypotheses. *Language in Society, 6*, 313-322.

Davis, B. M., & Gilbert, L. A. (1989). Effect of dispositional and situational influences on women's dominance expression in mixed-sex dyads. *Journal of Personality & Social Psychology, 57*, 294-300.

Dindia, K. & Canary, D. J. (Eds.) (2006). *Sex differences and similarities in communication*, 2nd ed. Mahwah, NJ: Lawrence Erlbaum Associates.

Eagly, A. H., & Koenig, A. M. (2006). Social role theory of sex differences and similarities: Implication for prosocial behavior. In K. Dindia & D. J. Canary (Eds.), *Sex differences and similarities in communication*, 2nd ed. (pp. 161-177). Mahwah, NJ: Lawrence Erlbaum Associates.

Fox, A. B., Bukatko, D., Hallahan, M., & Crawford, M. (2007). The medium makes a difference: Gender similarities and differences in instant messaging. *Journal of Language & Social Psychology, 26*, 389-397.

Gender Differences—Communication. (2008, October 2). In *Wikipedia, the free encyclopedia.* Retrieved October 2, 2008, from http://en.wikipedia.org/wiki/Gender_differences#Communication

Goldshmidt, O. T., & Weller, L. (2000). "Talking emotions": Gender differences in a variety of communication contexts. *Symbolic Interaction, 23*, 117-134.

Gray, J. (1992). *Men are from Mars, women are from Venus*. New York: HarperCollins.

Hogg, M. A. (1985). Masculine and feminine speech in dyads and groups: A study of speech style and gender salience. *Journal of Language & Social Psychology, 4*, 99-112.

Hogg, M. A., & Reid, S. A. (2006). Social identity, self-categorization, and the communication of group norms. *Communication Theory*, *16*, 7-30.

Hyde, J. S. (2005). The gender similarities hypothesis. *American Psychologist*, *60*, 581-592.

Hyde, J. S. (2006). Gender similarities still rule. *American Psychologist*, *61*, 641-642.

Janssen, A., & Murachver, T. (2004). The relationship between gender and topic in gender-preferential language use. *Written Communication*, *21*, 344-367.

Kornblut, A. E. (2008, September 10). Palin energizing women from all walks of life. *The Washington Post*, p. A04. Retrieved October 1, 2008, from http://www.washingtonpost.com/wp-dyn/content/article/2008/09/09/AR2008090903045.html

Lakoff, R. (1975). *Language and women's place*. New York: Harper & Row.

Leaper, C. & Ayres, M. M. (2007). A meta-analytic review of gender variations in adults' language use: Talkativeness, affiliative speech, and assertive speech. *Personality & Social Psychology Review*, *11*, 328-363

Leaper, C., Carson, M., Baker, C., Holliday, H., & Myers, S. (1995). Self-disclosure and listener verbal support in same-gender and cross-gender friends' conversations. *Sex Roles*, *33*, 387-404.

Mulac, A. (2006). The gender-linked language effect: Do language differences really make a difference? In K. Dindia & D. J. Canary (Eds.), *Sex differences and similarities in communication*, 2nd ed. (pp. 219-239). Mahwah, NJ: Lawrence Erlbaum Associates.

Mulac, A., & Lundell, T. L. (1994). Effects of gender-linked language differences in adult's written discourse: Multivariate tests of language effects. *Language & Communication*, *14*, 299-309.

Mulac, A., Seibold, D. R., & Farris, J. L. (2000). Female and male managers' and professionals' criticism giving: Differences in language use and effects. *Journal of Language & Social Psychology*, *19*, 389-415.

Mulac, A., Wiemann, J. M., Widenmann, S. J., & Gibson, T. W. (1988). Male/female language differences and effects in same-sex and mixed-sex dyads: The gender-linked language effect. *Communication Monographs*, *55*, 315-335.

Ng, S., & Bradac, J. J. (1993). *Power in language: Verbal communication and social influence*. Thousand Oaks, CA: Sage.

Oakes, P. J. (1987). The salience of social categories. In J. C. Turner & M. A. Hogg & P. J. Oakes & S. D. Reicher & M. S. Wetherell (Eds.), *Rediscovering the social group: A self-categorization theory* (pp. 117-141). New York: Basil Blackwell.

O'Kearney, R., & Dadds, M. (2004). Developmental and gender differences in the language for emotions across the adolescent years. *Cognition & Emo-*

tion, *18*, 913-938.
O'Neill, R., & Colley, A. (2006). Gender and status effects in student e-mails to staff. *Journal of Computer Assisted Learning*, *22*, 360-367.
Palomares, N. A. (2004). Gender schematicity, gender identity salience, and gender-linked language use. *Human Communication Research*, *30*, 556-588.
Palomares, N. A. (2008). Explaining gender-based language use: Effects of gender identity salience on references to emotion and tentative language in intra- and intergroup contexts. *Human Communication Research*, 34, 263-286.
Palomares, N. A. (in press). Women are sort of more tentative than men, aren't they? How men and women use tentative language differently, similarly, and counter-stereotypically as a function of gender salience. *Communication Research*.
Palomares, N. A., & Lee, E.-J. (in press). Virtual gender identity: The linguistic assimilation to gendered avatars in computer-mediated communication. *Journal of Language and Social Psychology*.
Palomares, N. A., Reid, S. A., & Bradac, J. J. (2004). A self-categorization perspective on gender and communication: Reconciling the gender-as-culture and dominance explanations. In: S. H. Ng & C. N. Candlin & C. Y. Chiu (Eds.). *Language matters: Communication, identity, and culture* (pp. 85-109). Hong Kong: City University Press.
Pillon, A., Degauquier, C., & Duquesne, F. (1992). Males' and females' conversational behavior in cross-sex dyads: From gender differences to gender similarities. *Journal of Psycholinguistic Research*, *21*, 147-172.
Reid, S. A., Keerie, N., & Palomares, N. A. (2003). Language, gender salience, and social influence. *Journal of Language & Social Psychology*, *22*, 210-233.
Reid, S. A., Palomares, N. A., Anderson, G. L., & Bondad-Brown, B. (in press). Gender, language, and social influence: A test of expectation states, role congruity, and self-categorization theories. *Human Communication Research*.
Savicki, V., & Kelley, M. (2000). Computer mediated communication: Gender and group composition. *CyberPsychology and Behavior*, *3*, 817-826.
Sayers, S. L., & Baucom, D. H. (1991). Role of femininity and masculinity in distressed couples' communication. *Journal of Personality & Social Psychology*, *61*, 641-647.
Shellenbarger, S. (2008, September 2). Mars, Venus at the office. Retrieved October 2, 2008, from http://blogs.wsj.com/frontlines/2008/09/02/mars-venus-at-the-office/
Stiles, W. B., Walz, N. C., Schroeder, M. A. B., Williams, L. L., & Ickes, W.

(1996). Attractiveness and disclosure in initial encounters of mixed-sex dyads. *Journal of Social and Personal Relationships, 13*, 303-312.
Stossel, J. (Guest). (2006a, May 12). *Good Morning America* [Television broadcast]. New York: ABC.
Stossel, J. (2006b). *Myths, lies, and downright stupidity: Get out the shovel—Why everything you know is wrong*. New York: Hyperion.
Stossel, J. & Deutsch, G. (2006, September 28). Gender myths: Let science decide. Retrieved October 1, 2008, from http://abcnews.go.com/2020/Stossel/Story?id=2503292&page=1
Tajfel, H. (Ed.) (1978). *Differentiation between social groups: Studies in the social psychology of intergroup relations*. London, Academic Press.
Tannen, D. (1990). *You just don't understand: Women and men in conversation.* New York: William Morrow.
Thomson, R. (2006). The effect of topic of discussion on gendered language in computer-mediated communication discussion. *Journal of Language & Social Psychology, 25*, 167-178.
Thomson, R., & Murachver, T. (2001). Predicting gender from electronic discourse. *British Journal of Social Psychology, 40*, 193-208.
Thomson, R., Murachver, T., & Green, J. (2001). Where is the gender in gendered language? *Psychological Science, 12*, 171-175.
Tierney, J. (2007, March 13). What's so funny? well, maybe nothing. *New York Times*. Retrieved October 1, 2008, from http://www.nytimes.com/2007/03/13/science/13tier.html
Turner, J. C., Hogg, M. A., Oakes, P. J., Reicher, S. D., & Wetherell, M. S. (Eds.). (1987). *Rediscovering the social group: A self-categorization theory*. New York: Basil Blackwell, Ltd.
Winfrey, O. (Host). (2008a, August 27). *The Oprah Winfrey Show* [Television broadcast]. Chicago, IL: Harpo Productions.
Winfrey, O. (Host). (2008b, October 1). *The Oprah Winfrey Show* [Television broadcast]. Chicago, IL: Harpo Productions.

Introduction to

The Role of Argumentative and Aggressive Communication in the Explanation of K-12 Teacher Burnout Syndrome: A Global Phenomenon?

By Theodore A. Avtgis and Andrew S. Rancer

Theodore A. Avtgis and Andrew S. Rancer examine teacher burnout syndrome and seek to discover what role if any aggressive and argumentative communication may play in this. Teacher burnout syndrome seems to be fairly universal because a number of studies from different countries have revealed similar results. A number of predictors of burnout have been identified including a lack of empathetic concern and unresponsive communication. Avtgis and Rancer sought to determine if aggressive and argumentative communication on part of the teacher triggers burnout as well and why. Aggressive communication is communication that is perceived as being hostile to the students in class; and teachers who exhibit aggressive communication are perceived as being more aggressive, less caring, and having less credibility. Argumentative communication attempts to verbally challenge the positions of others and is considered to be positive because it attempts to bring out the best among the students without discrediting them.

Avtgis and Rancer's study found that verbal aggression is indeed a significant contributor to teacher burnout out syndrome. The authors of the study speculate that verbal aggressiveness probably fosters an atmosphere of hostility in the classroom which causes the students to avoid the classroom and the teacher as much as they can. This in turn makes the teachers feel less appreciated which is one of the triggers of burnout. In contrast, argumentative communication was not a significant factor for burnout. This was probably due to the fact that argumentative communication does not create a hostile atmosphere and actually encourages the positive motivation of students which in turn has a positive impact on the empathy towards the teacher.

While Avtgis and Rancer note that it is often problematic to transfer the results of one study from a very specific focal group to other groups, their study does have some interesting results which might also apply to the world of business.

Burnout is also encountered among the staff of companies as is a lack of interest and motivation for work – a related albeit not identical symptom. Avtgis and Rancer's study does seem to indicate that aggressive communication at the place of work can have negative consequences for all involved parties, i.e. the initiator of the aggressive communication and the recipient(s) of such communication. Regardless of whether they are to be found at the very top of the corporate hierarchy or at the bottom. Interestingly, argumentative communication does not seem to have any negative impact on the overall climate at the place of work. However, that does not come entirely as a surprise because argumentative communication, as the authors note, seeks to stimulate and promote the potential in people. And that is something positive which, in turn, produces greater satisfaction at work. Food for thought for human resource management.

Michael B. Hinner

Theordore A. Avtgis is Associate Professor of Communication at West Virginia University in Morgantown, West Virginia. He teaches organizational communication, research methods, communication theory, interpersonal communication, training and development, communication personality, and small group communication at both the undergraduate and graduate levels. His research focuses on the impact of personality on relationships and relational outcomes, and, more specifically, the influence of argumentativeness and aggressive communication in the workplace and within the family. He has published in *Communication Education, Management Communication Quarterly, Communication Research Reports,* and *Psychological Reports,* among other publications. He has recently coauthored a book with Andrew S. Rancer entitled *Argumentative and Aggressive Communication: Theory, Research, and Application.*

Andrew S. Rancer is Professor of Communication at the University of Akron in Akron, Ohio. He teaches communication theory, communication research, nonverbal communication, training methods in communication, and personality and communication to both undergraduate and graduate students. His research focuses on the role of argumentative and verbally aggressive communication and other personality traits across a variety of contexts. He has published in *Communication Monographs, Human Communication Research, Communication Education, Communication Quarterly,* the *Journal of Intercultural Research,* and the *Journal of Personality Assessment,* among other publications. He has also published several book chapters and is one of the coauthors of the widely used textbook *Building Communication Theory*. Most recently, he coauthored a book with Theodore A. Avtgis entitles *Argumentative and Aggressive Communication: Theory, Research, and Application.*

The Role of Argumentative and Aggressive Communication in the Explanation of K-12 Teacher Burnout Syndrome: A Global Phenomenon?

Theodore A. Avtgis
Andrew S. Rancer

Contemporary studies into organizational behavior have primarily been contained to western management/free market systems. For whatever the reason, this is evidenced in the voluminous amount of published research as well as the scores of graduate management programs housed in the centers of higher learning throughout the United States and Europe. Does this trend in research suggest that our study of psychological and relational processes are culture specific? sector specific? or market specific? Or are those processes something that transcends socio-political and socio-economic strata?

Traditionally, scholars interested in the prediction of behavior, especially from a social scientific perspective, assume that phenomena observed in one set of subjects can be inferred to the entire class of subjects. This notion has been challenged both theoretically and methodologically in an effort to reduce the probability of making an ecological fallacy.

Recently, especially in trait and personality research, there is an assumption that constructs are universally generalizable. This assumption "precluded researchers from rigorously testing their instruments in an effort to determine if the constructs and measures under investigation were *etic* in nature (Avtgis, Rancer, Kanjeva, & Chory, 2008, pp. 17-18). Constructs are believed to be one of three classes with regard to pan-cultural saturation. *Etic* constructs are those that pervade and are ubiquitous throughout all cultures (e.g., fear, happiness). *Emic* constructs are those that are restricted or distinct to one specific culture. The third class, which is believed to be characteristic of most constructs, reflects phenomena that are a combination of both etic and emic classes. That is, these constructs are neither unique to one culture nor strictly universal in nature (Brislin, 1993). The current study sought to investigate the influence of aggressive communication on K-12 burnout syndrome and whether or not this link, through the present study coupled with existing findings, constitutes an etic construct or emic construct, or a dynamic combination of both.

Aggressive Communication as an Etic or Emic Construct.
The study of aggressive communication across cultures has produced much research that involves dozens of countries and cultures (see Rancer & Avtgis, 2006). There are two constructs that comprise aggressive communication. These are argumentativeness and verbal aggressiveness. Argumentativeness is defined as a predisposition to present and defend positions on controversial issues while simultaneously attacking the positions that others take on those issues (Infante & Rancer, 1982). This general tendency to argue is comprised of two competing motivation; the motivation to approach arguments and the motivation to avoid arguments. The former reflects the degree to which people actively seek out argumentative situations whereas the later reflects the degree to which people actively avoid engaging in argumentative exchanges. Argumentativeness has been studied in many different cultures resulting in some conclusions that reflect those of an etic nature. First, men tend to be more argumentative than women (see for example, Rancer & Dierks-Stewart, 1985; Suzuki & Rancer, 1994). Second, argumentativeness is generally considered a constructive trait (see for example, Klopf, Thompson, and Sallinen-Kuparinen, 1991). Research indicating the etic nature of argumentativeness include findings from countries such as the United States, Finland, Norway, New Zealand, Australia, Japan, Korea, and China (Rancer & Avtgis, 2006).

Existing evidence also suggests that verbal aggressiveness may be an etic construct as well. Verbal aggressiveness is a predisposition to attack the self-concept of another person with the intent to inflict psychological harm or pain (Infante & Wigley, 1986). Verbal aggressiveness is subset of hostility in that all verbal aggression is hostile but not all hostility involves verbal aggression. There are several of reasons for the explanation of verbal aggression. These include *temperament* (people are verbally aggressive because they are biologically programmed in that neurobiological circuitry influences the degree to which a person is activated in different situations), *disdain* (when one person harbors a deep seeded dislike for another person), *psychopathology* (people carry around repressed hostility that is released when encountering an aggressive situation), *social learning* (we learn to be verbally aggressive from others and is based on whether the aggressive behavior is rewarded or punished), and *skills-deficiency* (we are verbally aggressive because we lack the skill to invent and engage in logical argument). Of all the causes for verbal aggression, the skills deficiency explanation appears to have received the most empirical support. This explanation assumes that when a person lacks the ability to generate arguments, this person becomes frustrated and resorts to personal attacks. Further as part of the

Theory of Independent-Mindedness (see Avtgis & Rancer 2007), teaching employees how to increase their argumentation skills may reduce the tendency to be verbally aggressive.

A typology of verbally aggressive expression was forwarded by Infante and Wigley (1986) and is believed to be valid in most cultures where verbal aggressiveness has been studied (Rancer & Avtgis, 2006). These aggressive forms include *competence attacks* (i.e., attacks directed at someone's inability to do something), *character attacks* (i.e., attacking a person for a lack of character), *profanity* (i.e., use of obscene words or generally vulgar language), *teasing* and *ridicule* (i.e., making light of someone's shortcomings in an antagonistic fashion), *maledictions* (i.e., use phrases that wish someone harm), *threats* (i.e., insinuate physical or psychological harm to another person), *personality attacks* (i.e., attack faulty characteristics or perceived flaws of the person's personality), and *nonverbal verbal aggression* (i.e., using nonverbal gestures and other behaviors to intimidate or humiliate another person). Any use of one or a combination of these message behaviors constitutes a verbally aggressive attack.

Evidence indicating the etic nature of verbal aggressiveness abounds. Empirical findings from cultures diverse in social practices, races, socio-politics, and socio-economics indicates that each culture, at least those that have been studied to date, has a conceptualization and practice of aggressive communication. For example, Avtgis et al. (2008) investigated the conceptual and methodological equivalence of the verbal aggressiveness construct and resulting measure in Bulgaria. The results indicated that indeed, the verbal aggressiveness trait was present in the Bulgarian population and the Bulgarian verbal aggressiveness scale contained a factor structure identical to that found in Unites States samples. Other cultures and countries showing similar construct and methodological equivalence include Japan, China, Australia, New Zealand (Rancer & Avtgis, 2006).

Classroom Argumentativeness and Verbal Aggressiveness

A plethora of research has been produced investigating the impact of teacher and student argumentativeness and verbal aggressiveness as factors that influence teacher-student classroom interaction as well as a host of student learning outcomes (see Rancer & Avtgis, 2006). Indeed, much of this research has culminated in the development of profiles that constitute constructive and destructive teacher behaviors and the consequences of those behaviors on a whole host of student perceptions and classroom outcomes.

In particular, several dysfunctional consequences of verbal aggressiveness (Infante & Wigley, 1986) have been identified in the instructional context. For example, Rocca and McCroskey (1999) found that teachers who were seen as more verbally aggressive by their students were also seen as less immediate, less similar, and less task, socially, and physically attractive. When a teacher was perceived to be high in verbal aggressiveness, students reported that they were less likely to attend class (Rocca, 2004). Instructors who were seen by students as verbally aggressive were also seen as contentious (i.e., quarrelsome, belligerent, hostile), unfriendly, inattentive, and tense (Myers & Rocca, 2000).

Student affective learning, which is the degree to which students have positive attitudinal and emotional reactions toward the course instructor and the course content, was negatively associated with teachers who are verbally aggressive (Myers & Knox, 1999, 2000). That is, when teachers challenge students' ideas with responses that are considered verbally aggressive, the teacher engenders lower levels of affect toward the course and themselves. Further, students report less satisfaction with the course.

Myers and Rocca (2001) found that teachers who were seen as highly verbally aggressive, were seen as promoting a less supportive classroom climate. Schrodt (2003) discovered that when students' perceived a teacher as being verbally aggressive, they felt less understood when involved in interaction with that teacher. Indeed, instructors seen as engaging in competence attacks, ridicule, and sarcasm (all forms of verbally aggressive communication) were seen as more likely to foster feelings of misunderstanding (Schrodt). Lower levels of motivation to learn were reported by students when they perceived their instructor as using character, competence, background attacks, threats, disparaging comments, and nonverbal verbal aggression such as demeaning tone of voice, looks of disdain, or nonverbal emblems such as raising the middle finger (Myers & Rocca, 2000; Rancer, Lin, Durban, & Faulkner, 2008). Instructors who are seen as verbally aggressive are also seen as lower in teacher credibility (Myers, 2001).

Finally, teachers who employ verbal aggression are also perceived of as less caring (Teven, 2001).

These studies underscore numerous dysfunctional consequences of high trait verbal aggressiveness in teachers. Teacher verbal aggressiveness appears to produce a classroom experience that is clearly negative for students. However, given the outcomes highlighted above, it is likely also to be a negative experience for these teachers as well. Regardless of the notion that they themselves may "cause it," having students who are less motivated, lower in affective learning, less likely to attend class, and less willing to interact with the teacher may produce negative feelings in the teachers themselves.

While the negative and dysfunctional consequences of teacher trait verbal aggressiveness and use of verbal aggression in the classroom have been well documented, what is less clear is the role of teacher argumentativeness. Argumentativeness, is a generally stable trait in which individuals attack verbally the positions that others take on controversial issues (Infante & Rancer, 1982) and is considered a constructive communication trait (Infante & Rancer, 1996).

In an effort to understand the role of teacher trait argumentativeness in the classroom, Roach (1995) investigated teacher argumentativeness and student affective learning as well as the nature of the student-teacher relationship. The study was conceptualized under the "teacher use of power" framework, and Roach wondered whether a student might misinterpret a highly argumentative teacher as one who wants to dominate them, or one who might be seen as "too forceful" in their display of teacher power. Teaching assistants were the focus for the instructor portion of the study.

Surprisingly, student reports of affective learning were higher in classes taught by TAs lower in trait argumentativeness. In addition, students reported more favorable attitudes toward the course content, course instructor, and greater affect toward recommended course behaviors. Roach (1995) speculated that high levels of argumentativeness may be misunderstood by students. That is, students may perceive that any attack, even those directed at their positions on issues, is an attack on their self-concepts (i.e., verbal aggression). As such, this misunderstanding may be the reason for students' lower levels of affective learning with more argumentative teachers. However, Myers and Knox (2000) findings run counter to this. In their study, perceived instructor argumentativeness was positively related with student affective learning. These discrepant findings may be due to the nature of the target instructor examined (instructor argumentativeness in Myers and Knox, 2000, and TA argumentativeness in Roach, 1995).

Other research reveals several functional consequences of teacher argumentativeness. Myers (1998) found that competent teachers were seen by students as higher in argumentativeness than non-competent teachers. Myers and Rocca (2000) found that when teachers are seen as argumentative, they are also perceived as being more open, relaxed, attentive, dramatic, precise, and dominant. Further, competent instructors were also seen as more argumentative (Myers & Rocca). Myers and Knox (2000) found that argumentative teachers promote higher levels of student affective learning, and student satisfaction. Schrodt

(2003) found that perceived teacher argumentativeness was positively correlated with teacher credibility, especially teacher competence.

However, Myers and Rocca (2001) also discovered that while student motivation was influenced by teacher argumentativeness, they also discovered that teacher argumentativeness was not related to students' perceptions of classroom climate. They reasoned that since teacher argumentativeness is somewhat normative and expected in the classroom, it is not be a significant factor influencing perceptions of classroom climate. Schrodt's (2003) research also discovered that teacher argumentativeness was not correlated with students' feelings of being understood or misunderstood. Further, teacher argumentativeness was only slightly (and positively) related with student evaluations (Schrodt). Thus, what appears clear from this corpus of research is that teacher trait verbal aggressiveness is a clearly negative and dysfunctional element in the classroom, while the influence of teacher trait argumentativeness in student perceptions of the classroom and the teacher are less clear.

Teacher Burnout

Regardless of financial incentives and added benefits, teacher turnover rates continue to remain high. The concern for the increase in teacher shortages has prompted educational scholars to identify factors that may contribute to teacher turnover in an effort to reduce this costly phenomenon (see Ingersol, 2001). One such reason for teacher turnover can be found in psychological factors such as mental exhaustion and interpersonal problems (Ingersol). Teacher burnout (as with employee burnout in general) can be defined as feelings of being overwhelmed, feelings of frustration, anger and cynicism (Maslach, 2003; Maslach & Goldberg, 1998). Burnout syndrome is characterized by three symptoms derived from personal and interpersonal influences. The personal dimensions are emotional exhaustion (i.e., a general feeling of being over-extended and emotionally drained) and reduced personal accomplishment (i.e., general feeling of incompetence and being unproductive). The interpersonal dimension consists of depersonalization that reflects a high degree of detachment one experiences with co-workers. A myriad of studies have linked a multitude of personal and social factors to employee burnout syndrome (see Maslach and Schaufeli, 1993) and this research pervades all sectors, professions, and levels of employment.

Within the K-12 system, a meta-analysis of 35 studies on teacher burnout revealed that perceived social support in general and support from superiors in particular, were strong predictors of burnout. Interestingly, demographic variables contributed little to the prediction of burnout (Weng, 2005). Teacher burnout is so ubiquitous that studies have been conducted in countries such Greece (Koustelios, 2001), Turkey (Sari, 2004), China (Fang & Yan, 2004), and the Netherlands (Bakker & Schaufeli, 2000).

When discussing K-12 teachers, there are universal assumptions about burnout that have been found, but the teaching specialty of the instructor may also factor into the degree to which people experience burnout. For example, in a study of Greek special education teachers, Platsidou and Agaliotis (2008) reported that overall, age, gender, and family status had little in any influence on burnout syndrome. Further, the sample of special education teachers reported an overall lower experience of burnout syndrome than other types of K-12 teachers. This tendency may or may not be due to factors that are more biological influencing certain personality types to be drawn to teaching career in special education. Kumari (2008) provides evidence of this biological connection in findings indicating people who report high levels of psychoticism and neuroticism also reported high levels of burnout syndrome.

Several global studies suggest that training and/or awareness of particular psychological constructs may suppress the onset of burnout syndrome. For example, Schwarzer and Hallum (2008) found low self-efficacy to be a significant predictor of burnout syndrome and the development of efficacy-based interventions will reduce the probability of burnout. Other variables that have been identified include curricula designed to expose teachers to culture shock, before it is actually experienced (Ballantyne, 2007) and awareness of and training in the various elements of emotional intelligence as the positive use of emotion has been linked to lower burnout rates in teachers (Chan, 2006).

In terms of communication specific links to burnout syndrome, Miller, Stiff, and Hartman-Ellis (1988) found that lack empathetic concern coupled with unresponsive communication are predictors of burnout. This raises the issues as to what other confirming/disconfirming related constructs would emerge as significant contributors to burnout syndrome. Two communication traits that may aid in the understanding of teacher burnout are those of argumentativeness and verbal aggressiveness. The current study investigated teacher argumentativeness and verbal aggressiveness as possible predictors of burnout syndrome. The following Hypothesis and Research Question were forwarded:

H1: Verbal aggressiveness will be significantly related to symptoms of teacher burnout.

RQ1: Is argumentativeness a significant predictor of teacher burnout?

Method

Participants and Procedures
Eighty-nine (N = 89) K-12 teachers working throughout a mid-Atlantic United States public school system participated in this study. The respondents were comprised of 16 males and 73 females. Ages ranged from 22 to 63 years (M = 41.17, SD = 9.94). The racial composition of the sample was 83% White, 11% Black, 2% Hispanic, 2% other with 2% not reporting ethnicity.

Instrumentation
Teacher trait argumentativeness was assessed through the short-form version of the Argumentativeness Scale (see Infante, Anderson, Martin, Herington, & Kim, 1993). The scale is comprised of ten items presented with a 5-point Likert-type response format ranging from 1: *strongly disagree* to 5: *strongly agree*. Cronbach alpha estimate for the measure was .78 (M= 28.37, SD = 7.42).

Teacher trait verbal aggressiveness was assessed through the short-form version of the Verbal Aggressiveness Scale (see Infante et al., 1993) which is also comprised of ten Likert-type items presented with a 5-point Likert-type response format ranging from 1: *strongly disagree* to 5: *strongly agree*. Cronbach alpha estimate for the measure was .86 (M= 18.80, SD = 6.42).

Teacher burnout was assessed through the Maslach, Jackson, and Leiter (1996) Burnout Inventory. This measure is a 22-item scale presented with a 5-point Likert-type response format ranging from 1: *strongly disagree* to 5: *strongly agree*. The scale contains three dimensions of emotional exhaustion (nine items), depersonalization (five items), and personal accomplishment (eight items). Cronbach alpha estimates for the three dimensions were .90 (M= 24.35, SD = 7.36) .78 (M= 11.50, SD = 7.36) and .87 (M= 29.84, SD = 5.32) respectively.

Results

Both the Research Question and the Hypothesis were tested using canonical correlation analyses. This procedure is a multivariate linear model that assesses combinations of relationships between theoretically related variables (Baggaley, 1981; Fornell, 1978). In the analyses, argumentativeness and verbal aggressiveness were entered as one set of variables and burnout symptoms of emotional exhaustion, depersonalization, and personal accomplishment were entered as the second set (see, Thompson, 1984). The number of subjects needed for a canonical correlation has been suggested to be about twenty per variable (Balon &

Philport, 1977; Tucker & Chase, 1976). Therefore, given that there were five variables in the current study, the sample size equates to approximately 18 per variable and was determined to be worthy of interpretation.

The analyses resulted in one interpretable root, $\Lambda = .61$, $F(6, 156) = 7.31$, $p < .001$: Rc = .61, explaining 37% of the variance. Teacher level of trait verbal aggressiveness was found to be a strong predictor of all three burnout symptoms. Argumentativeness did not emerge as a significant predictor of teacher burnout. Table 1 reports the results.

Table 1

Argumentative and Aggressive Communication as Predictors of Teacher Burnout

Communication Dimensions	Canonical Loading
Set 1	
Verbal Aggressiveness	.97
Argumentativeness	-.02
Redundancy Coefficient	.18
Set 2	
Emotional Exhaustion	.88
Depersonalization	.88
Personal Accomplishment	-.92
Redundancy Coefficient	.89

Discussion

It was reasoned that since verbal aggressiveness is a sub-set of hostility, teachers who are verbally aggressive would experience more unfavorable and negative classroom conditions and classroom outcomes. Thus, these verbally aggressive teachers would also experience greater emotional exhaustion, a greater sense of depersonalization, and lower levels of personal accomplishment. This speculation was supported by the results of this study in that teacher verbal aggressiveness was found to be a strong contributor to all three dimensions of burnout.

Previous research clearly shows the negative effect that verbal aggression has on the student teacher relationship (see Myers & Rocca, 2001). Wigley (2006) argued that the display of verbally aggressive behavior, whether exhibited by a high or low verbally aggressive person, may be function of a verbal triggering event (VTE). It seems logical that a teacher who is experiencing burnout syndrome will have a lower threshold for verbal triggering events. For example, everyday interactions that were once innocuous may now be triggers. This decrease in VTE threshold may be influenced by any one of the burnout symptoms. Further, the verbally aggressive instructor may create a classroom climate that actually fosters the experience of teacher burnout syndrome.

Argumentativeness was not a significant predictor of teacher burnout. Recall that the definition of argumentativeness contains the concepts of defending *and* refuting. Inherent in this trait is the motivation to argue. The fact that a teacher who is experiencing burnout is emotionally exhausted and feels like a failure would certainly curtail the degree to which a person will engage in constructive argument. In fact, if a person only refutes *or* defends when in an argumentative situation, that person is seen as contentious not argumentative. Argumentativeness is a trait where people enjoy spirited debate. We believe that a teacher experiencing burnout may not care what others have to say as well as not be concerned as to whether or not the locus of attack is the students' self-concept. Further, that self-esteem and other self-related constructs directly contribute to the experience of burnout syndrome, yet may also influence argumentative skills. The lack of motivation that one experiences during burnout may preclude argumentative behavior regardless of a person's general tendency to argue.

Future research should focus on comparing teachers with other professions to see if the amount of burnout experienced by teachers is significantly greater than those of other professions. Other research directions should include comparing grade levels and differences in the experience of teacher burnout syndrome as well as the comparison of private versus public school teachers. Although there have already been comparisons based on teaching specialties (see for example, Platsidou & Agaliotis, 2008), this program of research warrants further attention.

The need for effective intervention is also an important research direction in treating/preventing teacher burnout. As indicated earlier, Schwarzer and Hallum (2008) argued that self-efficacy training is important factor that may reduce the susceptibility to burnout syndrome. According to Albee (2000), it is imperative to design interventions and awareness programs before the onset of any given disease or syndrome. These preventive efforts may take the form of primary prevention, secondary prevention, and tertiary prevention. Primary prevention seeks to control for the development of new cases of any given syndrome or disorder. In this vein, efforts at psychological counseling (to cope with stress that will probably be faced in the K-12 educational institution) as well as argumentative skill development (to better express concerns and manage interpersonal relationships with peers as well as pupils. Secondary prevention efforts are those that focus on early treatment in an effort to thwart further progression of any syndrome or disorder. In this case, on-going continuing educational course for teachers that target relevant personal and interpersonal triggers can be designed and implemented. Finally, the tertiary efforts are designed to prevent a once burnout teacher from suffering a relapse of the condition. Tertiary efforts may take the form of changing the schools organizational culture (as a whole) or changing classroom procedures to attempt to create an affirming and positive classroom climate.

The predictive power that verbal aggressiveness exerts on teacher burnout supports the notion that the increased use of aggressive communication, a lowered verbal triggering event threshold, or other changes in aggressive communication behavior can indeed be symptomatic of the stress that precludes the onset of burnout syndrome. The stress stimuli can take many forms that include relational and communication-based manifestations such as relational withdrawal from colleagues, increased tendency toward agitation, and willingness to engage in over destructive conflict (Brown & Ralph, 1998; Troman & Woods, 2001; Kyriacou, 2001).

It should be noted that the data were collected in the month of August where teachers were not yet back on the job. It stands to reason that symptoms of teacher burnout will only increase throughout the school year. As such, the results may actually be an underestimation of teacher burnout syndrome.

The literature on teacher burnout suggests that this syndrome is not exclusive to one country or one culture (Ballantyne, 2007; Chan, 2006; Kumari, 2008; Platsidou & Agaliotis, 2008; Sari, 2004). Further, cross-cultural literature also suggests that verbal aggressiveness is a trait which is etic in nature (Avtgis et al., 2008; Suzuki & Rancer, 1994). What has not as yet been determined is whether the findings observed in this study regarding the influence of verbal aggressiveness in contributing to teacher burnout syndrome will be replicated in other cultures. Thus, it is imperative that cross-cultural communication researchers test these factors in a variety of cultures.

References

Albee, G. W. (2000). Commentary on prevention and counseling psychology. *The Counseling Psychologist, 28,* 845-853.

Avtgis, T. A., & Rancer, A. S. (2007). The theory of independent mindedness: An organizational theory for individualistic cultures. In M. Hinner (Ed.), *Freidberger beitrage zur interkulturellen und wirtschaftskommunikation: A forum for general and intercultural business communication.* Frankfurt, Germany: Peter Lang.

Avtgis, T. A., Rancer, A. S., Kanjeva, P. A., & Chory, R. M. (2008). Aggressive communication and Bulgaria: Testing for methodological and conceptual equivalence. *Journal of Intercultural Communication Research, 37,* 17-24.

Baggaley, A. R. (1981). Multivariate analysis: An introduction for consumers of behavioral research. *Evaluation Review, 5*, 123-131.

Bakker, A. B., & Schaufeli, W. B. (2000). Burnout contagion processes among teachers. *Journal of Applied Social Psychology, 11*, 2289-3308.

Ballantyne, J. G. (2007). Documenting praxis shock in early-career Australian music teachers: The impact of pre-service teacher education. *International Journal of Music Education, 25,* 181-191.

Balon, R., & Philport, J. (1977). Canonical correlation in mass communication research. *Journal of Broadcasting, 21*, 199-209.

Brislin, R. (1993). *Understanding culture's influence on behavior.* New York: Harcourt Brace College Publishers.

Brown, M., & Ralph, S. (1998). The identification of stress in teachers. In J. Dunham & V. Varma (Eds.) *Stress in teachers: Past, present and future* (pp. 37-56) London: Whurr Publishers Ltd.

Chan. D. W. (2006). Emotional intelligence and components of burnout among Chinese secondary school teachers in Hong Kong. *Teaching and Teacher Education, 22,* 1042-1054.

Fang, W., & Yan, X. (2004). Job burnout among elementary and high school teachers: Characteristics and relationship with social support. *Acta Psychologia Sinica, 36*, 568-574.

Fornell, C. (1978). Three approaches to canonical analysis. *Journal of the Market Research Society, 20*, 166-181.

Ingersol, R. M. (2001). Teacher turnover and teaching shortages: An organizational analysis. *American Educational Research Journal, 38*, 499-534.

Infante, D. A., Anderson, C. M., Herington, A. D., & Kim, J. (1993). Subordinates' satisfaction and perceptions of superiors' compliance gaining tactics, argumentativeness, and verbal aggressiveness. *Management Communication Quarterly, 6*, 307-326.

Infante, D. A., & Rancer, A. S. (1982). A conceptualization and measure of argumentativeness. *Journal of Personality Assessment, 46*, 72-80.

Infante, D.A., & Rancer, A. S. (1996). Argumentativeness and verbal aggressiveness: A review of recent theory and research. *Communication Yearbook 19*, 319-351.

Infante, D. A., & Wigley, C. J. (1986). Verbal aggressiveness: An interpersonal model and measure. *Communication Monographs*, *53*, 61-69.

Klopf, D. W., Thompson, C. A., & Sallinen-Kuparinen, S. (1991). Argumentativeness among selected Finnish and American college students. *Psychological Reports, 68,* 161-162.

Koustelios, A. (2001). Organizational factors as predictors of teachers' burnout. *Psychological Reports, 88*, 627-629.

Kumari, M. (2008). Personality and occupational stress differentials of female school teachers in Haryana. *Journal of the Indian Academy of Applied Psychology,* 34, 255-257.

Kyriacou, C. (2001). Teacher stress: Directions for future research. *Educational Review, 53,* pp. 28-35.

Maslach, C. (2003). Job burnout: New directions in intervention. *Current Directions in Psychological Science, 12*, 189-192.

Maslach, C., & Goldberg, J. (1998). Prevention and burnout: New perspectives. *Applied and Preventive Psychology, 7*, 63-74.

Maslach, C., Jackson, S. E., & Leiter, M. P. (1996). *Maslach burnout inventory manual* (3rd ed.), Palo Alt: CA. Consulting Psychologists Press.

Maslach, C., & Schaufeli, W. B. (1993). Historical and conceptual development of burnout. In C. Maslach, W. B. Schaufeli, & T. Marek (Eds.), *Professional burnout: Recent developments in theory and research* (pp. 1-16). Washington, DC: Taylor & Francis.

Miller, K. I., Stiff, J. B., & Hartman-Ellis, B. (1988). Communication and empathy as precursors to burnout among human service workers. *Communication Monographs, 55*, 250-265.

Myers, S. A. (1998). Instructor socio-communicative style, argumentativeness, and verbal aggressiveness in the college classroom. *Communication Research Reports*, *15*, 141-150.

Myers, S. A. (2001). Perceived instructor credibility and verbal aggressiveness in the college classroom. *Communication Research Reports*, *18*, 354-364.

Myers, S. A., & Knox, R. L. (1999). Verbal aggression in the college classroom: Perceived instructor use and student affective learning. *Communication-Quarterly*, *47*, 33-45.

Myers, S. A., & Knox, R. L. (2000). Perceived instructor argumentativeness and verbal aggressiveness and student outcomes. *Communication Research Reports*, *17*, 299-309.

Myers, S. A., & Rocca, K. A. (2000). The relationship between perceived instructor communicator style, argumentativeness, and verbal aggressiveness. *Communication Research Reports*, *17*, 1-12.

Myers, S. A., & Rocca, K. A. (2001). Perceived instructor argumentativeness and verbal aggressiveness in the college classroom: Effects of student perceptions of climate, apprehension, and state motivation. *Western Journal of Communication, 65*, 113-137.

Platsidou, M., & Agaliotis, I. (2008). Burnout, job satisfaction and instructional assignment-related sources of stress in Greek special education teacher. *International Journal of Disability, Development of Education, 55,* 61-76.

Rancer, A. S., & Avtgis, T. A. (2006). *Argumentative and aggressive communication: Theory, research, and application.* Thousand Oaks: Sage.

Rancer, A. S., & Dierks-Stewart, K. J. (1985). The influence of sex and sex-role orientation on trait argumentativeness. *Journal of Personality Assessment, 49,* 69-70.

Rancer, A. S., Lin, Y., Durbin, J. M., & Faulkner, E. C. (2008, November). *Nonverbal 'verbal' aggression: Its' forms and its' relation to trait verbal aggressiveness.* Paper presented at the annual meeting of the National Communication Association. San Diego, CA.

Roach, K. D. (1995). Teaching assistant argumentativeness: Effects on affective learning and students perceptions of power use. *Communication Education, 44*, 15-29.

Rocca, K. A. (2004). College student attendance: Impact of instructor immediacy and verbal aggression. *Communication Education, 53*, 185-195.

Rocca, K. A., & McCroskey, J. C. (1999). The interrelationship of student ratings of instructors' immediacy, verbal aggressiveness, homophily, and interpersonal attraction. *Communication Education, 48*, 308-316.

Sari, H. (2004). An analysis of burnout and job satisfaction among Turkish special school headteachers and teachers, and the factors effecting their burnout and job satisfaction. *Educational Studies, 30*, 291-306.

Schrodt, P. (2003). Students' appraisals of instructors as a function of students' perceptions of instructors' aggressive communication. *Communication Education, 52*, 106-121.

Schwarzer, R., Hallum, S. (2008). Perceived teacher self-efficacy as a predictor of job stress and burnout. *Applied Psychology: An International Review, 57,* 152-171.

Suzuki, S., & Rancer, A. S. (1994). Argumentativeness and verbal aggressiveness: testing for conceptual and measurement equivalence across culture. *Communication Monographs, 61,* 256-279.

Teven, J. J. (2001). The relationship among teacher characteristics and perceived caring. *Communication Education, 50*, 159-169.

Thompson, B. (1984). *Canonical correlation analysis: Uses and interpretation.* Thousand Oaks, CA: Sage.

Troman, G., & Woods, P. (2001). *Primary teachers' stress.* New York: Routledge/Falmer.

Tucker, R., & Chase, L. (1976). Canonical correlation in human communication research. *Human Communication Research, 3*, 86-96.

Weng, C. H. (2005). *Meta-analysis of teacher burnout in public schools in the United States*. Unpublished dissertation, University of South Dakota.

Wigley, C. J. (2006). Contributing authors. In A. Rancer & T. Avtgis, *Argumentative and aggressive communication: Theory, research and application.* Thousand Oaks, CA: Sage Publications.

Introduction to

Nightmares, Demons, and Slaves: Exploring the Painful Metaphors of Workplace Bullying

By Sarah J. Tracy, Pamela Lutgen-Sandvik, and Jess K. Alberts

---

The authors focus on workplace bullying, a phenomenon that is often disregarded as being a serious problem at work. But statistics speak a different tale; between 25% and 30% of U.S. employees are bullied and emotionally abused during their work histories - 10% at any given time. So if one out of ten workers suffer from bullying, then bullying is a pervasive problem that can be easily ignored; and it often is.

At the same time, the authors note that companies are beginning to recognize and analyze the costs associated with stress, burnout, and depression at work. Characteristics that are also associated with bullying. In fact, workplace stress has significant deleterious effects resulting in poor mental and physical health and increased employee use of sick days, workers' compensation claims, and decreased productivity. Workplace stress is also associated with psychological strain and social health. Better understanding of employees' emotions about workplace bullying is an important part of attending to its negative effects on personal and organizational wellness.

The authors focus in their study on the use of metaphors to better explicate the costs and feelings associated with workplace bullying. Metaphors compare unlike things (e.g. workplace bullying) to better understood or known entities (e.g. war, nightmares) and provide verbal images of emotional experiences. This, in turn, has the power to translate the meaning and feeling of abuse to a range of stakeholders (e.g. scholars, managers, policymakers) who are familiar with sexual harassment and discrimination, but who are largely unacquainted with adult bullying.

Unfortunately, the authors note, little or no attention has been paid to this phenomenon by organizational policy makers. Other, related research has shown that only an engagement of emotion will move policymakers to initiate change.

Emotion can serve as a warning sign that organizational interaction is askew. Thus, conveying and publicizing the emotional pain of bullying may result in organizational intervention, change, and prevention the authors hope. This then, is what the authors set out to do in order to help rectify the situation that has been largely ignored by policymakers.

Workplace bullying can be perpetuated by a number of tactics or negative acts than can be verbal, nonverbal, and even physical. It is also expressed through passive, nonacts of social ostracism that harm or stigmatize people. It is often a combination of tactics in which numerous forms of hostile communication and behavior are used. It is repeated often, lasts a long time, is escalated, involves power disparity, and attributed intent.

The study involved 10 in-depth interviews and two focus groups with 9 and 8 participants each from a variety of business fields. The study revealed that metaphorical language provides linguistic shorthand to describe long, difficult to articulate and devastating, painful feelings associated with workplace bullying. The study revealed that bullying at the place of work does indeed lead to problems that need to be addressed and rectified and are, above all, not to be taken likely by the stakeholders. All organizations should, thus, take bullying seriously and should attempt to prevent it at all costs. Because bullying is similar to all victims across all age groups, gender, and levels of education. Identifying the problem for what it is, helped the participants of the study deal with the issue and begin to overcome it. This is, therefore, a good starting point to counter bullying at the place of work.

Michael B. Hinner

Sarah J. Tracy is Associate Professor and Director of the Hugh Downs School of Human Communication Initiative for Work, Life and Wellness. Her principal research focus is organizational communication and her scholarly work focuses upon emotion and work-life wellness issues within organizations, particularly bullying in the workplace, burnout, stress, and "emotion labor" – considered to be the construction of an organizationally-specified facial or bodily display of emotion. Her ethnographic field research has focused upon correctional officers, 911 emergency call-takers, cruise ship employees, and the targets of workplace bullying. She is co-author of the book *Leading Organizations through Transition: Communication and Cultural Change* and her work has appeared in *Management Communication Quarterly, Communication Theory, Human Communication Research, Qualitative Inquiry, Journal of Applied Communication*

Research, and *The Western Journal of Communication.* She has earned awards for her research and teaching.

Pamela Lutgen-Sandvik is Assistant Professor of Communication at the Department of Communication and Journalism at the University of New Mexico. Her research focuses on destructive organizational communication, specifically the intersections among justice, emotions, resistance, and identity as these are affected by and affect bullying and non-sexual harassment at work. She has published numerous articles in *Management Communication Quarterly, Communication Monographs, Communication Theory, Organization,* and *Journal of Management Studies.* She is also the co-editor of the book *Destructive Organizational Communication.*

Jess K. Alberts is President's Professor of human communication at the Hugh Downs School of Human Communication at Arizona State University. She has served as Director of the School between 1995 and 2004 and is Co-Director of the Conflict Transformation Project and Associate-Director for research development at the Institute for Social Science Research. Her principal research interests focus on conflict in personal and professional relationships, married couples' conflict and daily interaction, workplace bullying, community mediation, and work/life balance. She has published extensively on human communication.

Nightmares, Demons, and Slaves: Exploring the Painful Metaphors of Workplace Bullying©

Sarah J. Tracy
Pamela Lutgen-Sandvik
Jess K. Alberts

So many people have told me, "Oh, just let it go. Just let it go."What's interesting is people really don't understand or comprehend the depths of the bully's evilness until it's done to them. Then they're shocked. I had people come up to me at work and say, "Bob, we thought that it was just a personality conflict between you and so-and-so but now we understand." And it's very hard for somebody looking from the outside in to try to resolve the situation or totally understand it.

Bob, city engineer[1]

When abused workers try to describe the pain they suffer at the hands of workplace bullies, listeners are often dubious. Even when we, as researchers who study the phenomenon, talk to professionals, journalists, and other scholars about the issue, people often say things such as "This is the real world, not school, and these people should just toughen up," and "Are you sure they're not just problem employees?" or "Is it really *that bad?*" As illustrated in the opening quote, employees who are targeted admit that bullying can sound unbelievable. Indeed, Amy, an employee in the sports fishing industry, explained that the bullying at her office was so strange that when new people applied for jobs, "I withheld the truth because the truth seemed surreal. . . . To tell anybody the truth in 15 minutes, they would look at me and say, 'She's just a disgruntled employee. It can't be.'" However, bullying should not be disregarded as a childish problem or simply a manifestation of overly sensitive workers. From 25% to 30% of U.S. employees are bullied and emotionally abused sometime during their work histories – 10% at any given time (Keashly & Neuman, 2005; Lutgen-Sandvik, Tracy, & Alberts, 2005). If 1 in 10 workers currently suffer at the

© This article was originally printed in *Management Communication Quarterly 20(2),* 148-185. It is reprinted with the permission of Sage Publications, Inc., and the authors.

hands of workplace bullies, then bullying is a pervasive problem and not just the rare experience of a few "thin-skinned" employees.

Increasingly, organizations are beginning to recognize and analyze the distinct costs associated with stress, burnout, and depression at work. Research on health and wellness in organizations establishes that workplace stress has significant deleterious effects, resulting in poor mental and physical health and increased employee use of sick days, workers' compensation claims, and decreased productivity (Farrell & Geist-Martin, 2005). Furthermore, workplace stress is connected to psychological strain (Cooper, Dewe, & O'Driscoll, 2001; Tattersall & Farmer, 1995) and to social health, described as "the quality of an individual's network of professional and personal relationships" (Farrell & Geist-Martin, 2005, p. 549). Workplace bullying is linked to a host of physical, psychological, organizational, and social costs. Negative effects include psychosomatic illness (Djurkovic, McCormack, & Casimir, 2004), increased medical expenses, (Bassman, 1992), and reduced productivity (Hoel, Einarsen, & Cooper, 2003). Better understanding employees' emotions about workplace bullying is an important part of attending to its negative effects on personal and organizational wellness.

In this study, we analyze abused workers' naturally occurring metaphors to better explicate the costs and feelings associated with workplace bullying in a U.S. worker cohort. Metaphors compare unlike things (e.g., workplace bullying) to better understood or known entities (e.g., war, nightmares; Lakoff & Johnson, 1980) and provide verbal images of emotional experiences (Morgan, 2003). This compact, vivid shorthand (Ortony, 1975) has the power to translate the meaning and feeling of abuse to a range of American stakeholders (scholars, laypeople, managers, policy makers) who are familiar with sexual harassment and discrimination but largely unacquainted with adult bullying.

The majority of bullying research is internationally situated, survey based, and authored by management or psychology scholars (Einarsen, Hoel, Zapf, & Cooper, 2003a; Hoel et al., 2003; Zapf, Einarsen, Hoel, & Vartia, 2003). However, scholars in the United States have begun entering the dialogue from the fields of organizational communication (Alberts, Lutgen-Sandvik, & Tracy, 2005; Lutgen-Sandvik, 2003; Lutgen-Sandvik et al., 2005; Meares, Oetzel, Derkacs, & Ginossar, 2004), law (Yamada, 2000, 2005), management (Keashly & Neuman, 2005; Neuman, 2004), and psychology (Keashly, 1998, 2001; Namie, 2003). This body of work convincingly links the consequences of bullying to serious harm for targeted workers, nontargeted coworkers, and organizations (Bassman, 1992; Einarsen & Mikkelsen, 2003; Hirigoyen, 1998; Leymann, 1990; Vartia, 1996; Yamada, 2000).

Identifying the material effects of adult bullying is an important step in persuading organizational policy makers to pay attention to the phenomenon. However, little research qualitatively develops the emotional aspects of bullying or answers questions such as "What does it feel like to be bullied?" and "Is it really that bad?" Answering such questions is both theoretically and practically vital. Practically speaking, even the strongest argument based on measurable costs of bullying is not likely to move people to action without an engagement of emotion (Aristotle, 1954; Cialdini, 1984; Planalp, 1993). Understanding what bullying feels like, therefore, is necessary for motivating change (Weiss & Cropanzano, 1996). Furthermore, employee emotion serves an important signal function (Freud, 1926; Hochschild, 1983); the emotion of fear signals danger, which in turn leads to action (e.g., a fearful person is likely to be moved to take safety precautions). Emotion can serve as a warning sign that organizational interaction is askew. Thus, uncovering and publicizing the emotional pain of bullying may be a precursor for organizational intervention, change, and prevention.

Our study expands current knowledge about workplace bullying by exploring, from a communicative and interpretive perspective, the emotional experiences of those targeted with abuse. Although popular books include anecdotes describing devastating bullying experiences (e.g., Adams & Crawford, 1992; Davenport, Schwartz, & Elliott, 2002; Field, 1996; Namie & Namie, 2000a; Randall, 2001), abused workers' emotional stories are essentially missing in most academic research. This is, in part, due to traditional writing styles and scientific rationalities that typically "write out" emotion (Fineman, 1996; Tracy, 2004); however, an appreciation of abused workers' subjective experiences is integral to understanding how and why bullying is so costly to individuals and organizations. The article opens with a review of the definitions, characteristics, and costs of workplace bullying. We then discuss our grounded analysis of focus groups, interviews, and participant drawings and describe how metaphor analysis emerged as an appropriate avenue through which to make sense of the data. The heart of the article details the metaphors used by targets to conceive of and frame bullying, abusers, and themselves. The article concludes with practical and theoretical implications, limitations, and future directions for research.

Workplace Bullying: Terminology, Characteristics, and Costs

The range of terms used in U.S. research to describe persistent abuse at work is difficult to differentiate, even for academics (see Keashly & Jagatic, 2003). Common names include workplace bullying (Einarsen, Hoel, Zapf, & Cooper, 2003b), mobbing (Leymann, 1990), emotional abuse (Lutgen-Sandvik, 2003), social undermining (Duffy, Ganster, & Pagon, 2002), generalized workplace abuse (Richman, Rospenda, Flaherty, & Freels, 2001), work harassment (Björkqvist, Osterman, & Hjelt-Back, 1994; Brodsky, 1976), and workplace mistreatment (Meares et al., 2004). Although abuse at work can certainly be gendered (Lee, 2002) or raced (Schneider, Hitlan, & Radhakrishnan, 2000), workplace bullying, by definition, is not explicitly connected to demographic markers such as sex or ethnicity.

Although the term *workplace bullying* is similar to a wide array of behavior, subsumed under a number of labels, we use *workplace bullying* for several reasons. First, the label *workplace bullying* appears to be more practical and accessible to the working public than academically framed terms. As researchers, we were overwhelmed with the media interest and participant response to our research.[2] Second, abused workers identify with the term. As researchers noted in a study of women's bullying experiences, "naming experiences as *bullying* [italics added] was important.... [I]dentifying an external problem may have enabled them to maintain or recover a sense of their own value and competence" (S. E. Lewis & Orford, 2005, p. 40). Indeed, the term highlights the perpetrator's role in aggression (the bully). Relatedly, we often refer to abused workers as "targets." As one of our participants said, "I saw myself as a victim of verbal abuse. When [a friend] said, 'You're not a victim, you're a target'... talk about self-esteem! Suddenly, there was this change of 'Dadgonit, I'm a target.'" In short, the terms *bullying* and *target* appear to be useful to the broader public and help affected workers name and make sense of their experiences in preferred ways. In using these terms, we follow the lead of international researchers who are aiming toward a common language (Einarsen et al., 2003a).

So what does workplace bullying look like? Adult bullying at work is perpetrated through a variety of tactics or negative acts that can be verbal, nonverbal, and physical (Baron & Neuman, 1998; Einarsen et al., 2003b). In contrast to workplace incivility, which is defined as "low intensity deviant... behaviors [that] are characteristically rude and discourteous, displaying a lack of regard for others" (Andersson & Pearson, 1999, p. 457), workplace bullying is escalated and can include screaming, cursing, spreading vicious rumors, destroying the target's property or work product, excessive criticism, and sometimes hitting, slapping, and shoving (Zapf et al., 2003). Bullying is not limited to active communication but is also perpetrated through passive, nonacts of social ostracism (Williams & Sommer, 1997) that harm or stigmatize through the "silent treatment," exclusion from meetings and gatherings, or ignoring of requests (Rayner, Hoel, & Cooper, 2002). Most often, workplace bullying is a combination of tactics in which numerous types of hostile communication and behavior are used.

Bullying is characterized by several features: repetition, duration, escalation, power disparity, and attributed intent (Lutgen-Sandvik, 2005). Adult bullying at work involves situations in which employees are subjected to repeated, persistent negative acts that are intimidating, malicious, and stigmatizing (Einarsen et al., 2003b; Rayner & Hoel, 1997). It is also enduring, lasting over an extended period of time (e.g., 6 months; Einarsen, 1999). Therefore, if someone experiences one hostile interaction – regardless of how disturbing – this does not equate to bullying. The persistent character of bullying at work is also linked to escalated aggression; the intensity of hostility and toxic effects increase when bullying is left unchecked (Harlos & Pinder, 2000; Leymann, 1996; Zapf & Gross, 2001). Power disparity is another hallmark feature of bullying; power can be position based or emerge from informal sources (e.g., charisma, social networks, communication skills). Targeted workers usually report being unable to stop the abuse once it has become an established mode of interaction (Leymann, 1990; Rayner et al., 2002). Furthermore, attributed intent is central to workers' judgment that they have been bullied (Adams & Crawford, 1992; Keashly, 1998; Rayner et al., 2002); bullied workers typically perceive abuse as intentional efforts to harm, control, or drive them from the workplace (Lutgen-Sandvik, 2005).

Understanding bullying at work is crucial considering its devastation to individuals' physical and psychological health and to organizational productivity. Bullying terrorizes, humiliates, dehumanizes, and isolates those targeted and is linked to serious health risks for bullied workers (Leymann, 1990; Leymann & Gustafsson, 1996). Repeated abuse can result in emotional responses such as helplessness, anger, despair, and shock (Janus-Bulman, 1992) and health problems such as musculoskeletal complaints (Einarsen, Raknes, & Mattheisen, 1994), sleep problems, chronic fatigue, and loss of strength (Brodsky, 1976). Adult bullying at work also has a measurable negative impact on organizations. Direct costs include increased disability and workers' compensation claims, increased medical costs (Bassman, 1992), and risk of wrongful discharge (Yamada, 2000) or constructive discharge lawsuits (Matusewitch, 1996). Indirect costs include low-quality work, reduced productivity, high staff turnover, increased absenteeism, and deteriorated customer relationships and public image (Hoel et al., 2003; Keashly & Neuman, 2005). These costs should not be surprising; heightened emotional states – especially those that are negatively valenced – draw attention and energy away from and can interfere with task completion (Weiss & Cropanzano, 1996).

The existing research links bullying to organizational costs and professional diagnoses of harm and, in doing so, substantiates abused workers' stories through rational, expert verification of problematic effects. However, just as much research about emotion in organizations is nonemotional (Tracy, 2004), most research that pinpoints the costs of bullying glosses over the emotional pain of abuse. Several factors contribute to this. First, collecting and analyzing victim narratives can be emotionally exhausting and time intensive. Furthermore, abused people often have trouble telling their stories and making sense of what has happened in the form of efficient narratives. Relatedly, ideological discourses discourage stories of victimization and weakness (Deetz, 1992). Similar to victims of domestic violence (Ferraro, 1996) and sexual harassment (Clair, 1993), individuals often blame themselves for being targeted and have trouble creating coherent story lines that persuasively and succinctly convey their situation.

Nevertheless, quantifying abused workers' emotional experiences using rational yardsticks of prevalence, antecedents, and effects provides only part of the picture regarding their pain and the effect of bullying on organizations. In this study, we turn our attention to what bullying feels like. Examining targets' emotional experiences illuminates what occurs between the onset of bullying and the measurement of costs associated with it. Such an approach examines how targeted persons make sense of being badgered and humiliated at work and why they react the way they do. We entered the study with the following research question:

Research Question: What does workplace bullying feel like?

Method

The data for this study were drawn from 10 in-depth interviews and two focus groups with 9 and 8 participants, respectively. Participants self-identified as targets and were determined by the authors through pre-data collection consultations to fit the characteristics of bullied workers.

We recruited participants through a series of media releases and a link on the Workplace Bullying and Trauma Institute Web site (www.bullyinginstitute.org). The overall sample is similar to other studies examining bullying in professional worker cohorts (D. Lewis, 1999; Salin, 2001), and sex, ethnicity, and age were similar across the focus groups and interviews. Of the 27 participants, 17 were women and 10 were men. The ethnic diversity was similarly homogeneous to past studies of workplace bullying (Einarsen & Raknes, 1997; Hoel & Cooper, 2001; Rayner & Cooper, 1997; Zapf, Knorz, & Kulla, 1996), with 24 participants being White, 2 Hispanic, and 1 who described herself as White and African American. Participants' mean age at the time of bullying was 45.3 years (range of 26 to 72). Together, the participants reported the following industries as the site of abuse: education (7), services and sales (7), local and state government (6), professional and technical fields (3), mental and medical health (2), construction (1), and recreation (1).

The primary demographic dissimilarity between the focus group and interview participants was that only 4 focus group participants were being bullied in their current job, whereas 13 reported bullying in a past job. For those interviewed, however, half (5) were still working in the abusive context. This difference is most likely because, although we could promise confidentiality for interviewees, we advised potential focus group participants that we could not promise confidentiality on behalf of other group participants. Employees bullied in their current jobs may have felt more comfortable in a one-on-one interview than in a group interview. Despite this difference, we found that the emotional pain reported and metaphorical language used across the two samples were remarkably similar. Although more focus group members were removed from the abusive working situation, research suggests that decades after experiencing abuse at work, people still vividly recall the painful, oftentimes shattering and life-changing, experience (Leymann & Gustafsson, 1996; Rayner et al., 2002; M. J. Scott & Stradling, 2001).

Data Collection Procedures

Focus groups are well poised to explore the emotional experience of bullying for several reasons. First, the power of focus groups is similar to that of therapy groups; a synergy occurs when participants hear others' verbalized experiences that, in turn, stimulate memories, ideas, and experiences in themselves. This is known as the *group effect* (Carey, 1994) in which participants engage in "a kind of 'chaining' or 'cascading' effect; talk links to, or tumbles out of, the topics and expressions preceding it" (Lindlof & Taylor, 2002, p. 182). Second, bullied workers discover a common language to describe similar experiences and use a form of "native language" unique to the experience. This is especially relevant for issues that blame the victim (e.g., domestic violence, sexual assault, workplace bullying) and topics that are in a state of linguistic "denotative hesitancy" (Clair, 1993), in which there has yet to be developed an agreed-on language to describe the experience. Third, focus groups provide an opportunity for disclosure among similar others in a setting where abused workers are validated, have voice, and learn they are not alone. Given participants' lack of voice in the bullying situation, their feelings of isolation, and their missing stories from current research, we believed focus groups to be not only an efficacious but also an ethical venue for collecting data.

Focus groups, which were facilitated by the first two authors and conducted in a university focus group room, lasted from 10 a.m. to about 2:15 p.m., included two breaks and lunch (equaling about 30 minutes that were not part of the data analyzed), and were videotaped and audiotaped for later transcription. Following Lawler's (2002) suggestion, we attempted to "set in place the conditions in which people are likely to produce narratives" (p. 253) by providing an informal environment with food and conversation. An interview guide structured the focus groups and included questions such as "When did you first know something was wrong?" "What did a single bullying situation look like?" and "How has this affected you, the organization, and your family?"

We also employed creative drawing – an approach that can be restorative for people experiencing trauma or pain (Liebermann, 1991). Creative drawing evokes emotions and provides an outlet for expressing complex and subtle information that is difficult to verbalize (Meyer, 1991). Zuboff (1988), for instance, asked employees to draw pictures indicating how they felt about a new organizational technology and argued that the drawings helped staff to identify and discuss emotions that were difficult to define. Similarly, in a study of emotions and organizational change, Vince and Broussine (1996) used drawings to "act as a catalyst for members of teams to 'say the unsaid' both on an emotional/psychological and on a political level" (p. 9). Finally, drawing analysis methods fit into collaborative, action research, allowing the researcher to work with the participants rather than on them (Reason, 1994; Sarri & Sarri, 1992). During the creative drawing exercise, we asked participants to visualize a bullying episode, particularly how they felt during the experience. Participants then drew pictures that expressed these feelings – a scene, a face, an abstract object or design – and wrote 5 to 10 words or phrases they felt described the drawing. Participants then presented drawings to the group.

In addition to the focus groups, we conducted 10 in-depth interviews. Doing so helped to ensure that we heard from participants who might have been reticent about focus group participation. Furthermore, during the focus groups, despite efforts to direct abused workers' conversation toward specific topics – bullying incidents, coworker responses, emotional reactions – participants wanted to historically contextualize their experiences. The interviews provided a space where participants could narrate their experiences in an uninterrupted manner "from the beginning."

The second author conducted the interviews, each of which lasted 1 to 3 hours (56 to 180 minutes) and together equaled 27.5 hours. The interviews were loosely structured, allowing the stories to spontaneously unfold (Mischler, 1986). They began with a "grand tour" question (Spradley, 1979) such as "Why don't you begin by telling me where you work, what kind work you do, and when you started noticing that things weren't quite right." Interviewees needed little prompting and proceeded to narrate their experiences in a mostly chronological manner. Interview probes asked about coworker and supervisor reactions, how abuse affected work tasks, and specific instances of general claims.

The focus groups were professionally transcribed, resulting in 103 pages of single-spaced typewritten data. Transcripts included interactive discussions and the creative-drawing dialogue. Interviews were transcribed by the second author and resulted in 201 single-spaced typed pages. A research team member reviewed the recordings and occasionally corrected transcripts for accuracy.

Grounded Metaphor Analysis

During the early stages of analysis, we found that we had much difficulty trying to sum up the intense emotional pain experienced by bullied workers into short vignettes. Even when we edited and attempted to connect participants' stories coherently, most were much too long to report in a journal-length article. This perhaps should not have been surprising, given that victims of tragedy and sexual harassment often face difficulty in neatly emplotting their narratives (Ferraro, 1996). Thus, we were challenged with how to feasibly attend to our research question, stay true to the data, and do so in an efficient manner. Throughout these early readings, we found that participants often spoke metaphorically. Therefore, we turned to the literature to explore the appropriateness of metaphor analysis.

In short, we found that metaphor analysis would provide a promising avenue for understanding the ways abused employees frame and make sense of the complex, confusing feelings associated with abuse at work. Metaphors provide people with a way to "express aspects both of themselves and of situations about which they may not be consciously aware, nor be able to express analytically and/or literally" (Marshak, 1996, p. 156). As such, metaphor analysis is especially worthwhile when used to examine topics, such as adult bullying, that are in a state of "denotative hesitancy" (Clair, 1993). Metaphors that emerge in everyday talk provide a vivid "way of thinking and seeing" (G. Morgan, 1997) and serve as "linguistic steering devices that guide both thinking and actions" (Kirby & Harter, 2003, p. 33). For instance, understanding conflict metaphors (e.g., war or impotence; Buzzanell & Burrell, 1997) says much about how people frame and react to conflict. Metaphors do not just rhetorically "dress up" speech but fundamentally guide how people experience their world (Deetz, 1984).

The current metaphor literature, coupled with the emotional tenor and length and complexity of participant stories, suggested the appropriateness of metaphor analysis to explore and understand the intense feelings associated with adult bullying. Using a grounded approach, we re-entered the data analysis with the revised guiding research question:

Revised Research Question: What types of metaphorical language do participants use to describe the emotional experience of bullying?

We examined the data and created several descriptive analysis matrices (Miles & Huberman, 1994) summarizing metaphorical themes in both the words and drawings of participants. We subsequently used In-Vivo qualitative data analysis software to reduce and unitize the data. In this advanced analysis stage, we identified and isolated metaphorical data related to bullying from the rest of the transcribed data. This resulted in 37 pages of single-spaced metaphor data (or about 15% of the interview and focus group data). We found that metaphors about the feelings of workplace bullying emerged as being grouped around metaphors that described the bullying process, the bully, and abused workers. Using open coding and the constant comparative method (Charmaz, 2001; Glaser & Strauss, 1967), we ultimately analyzed the unitized data line by line with the guiding statements of "bullying feels like ..., the bully feels like ..., and being a target of bullying feels like ....

We then looked for patterns among coded metaphors, how they were embedded within participants' stories and drawings, and how they logically and semantically cohered. Some metaphors presented a continuum (e.g., bullying as "game" was similar to but less intense than bullying as "war"), whereas others were topically connected (e.g., feeling like a "child," a "slave," or "chattel" all expressed diminished humanity or agency). During multiple meetings, the research team discussed metaphorical meanings and constructed core metaphor categories that best characterized the feelings of adult bullying.

What Bullying Feels Like: Metaphors of Bullying, Bullies, and Targeted Workers

With several exceptions, including comments such as "I was fearful, vulnerable, isolated" and "This is emotional shit," participants used few explicit emotional terms to describe bullying. However, their emotions were vividly apparent in their metaphorical language and creative drawings. In the following, and as summarized in Table 1 [see next page], we discuss the metaphors targeted employees used to characterize their feelings about the bullying process, the bully, and being a target.

Table 1: What Does Workplace Bullying Feel Like? Central Metaphorical Themes

Category	Themes and Examples
Bullying process as	Game or battle: Bullies "play dirty" and "make their own rules." Nightmare: "It's the Matrix. We live in two different worlds." Water torture: It is a "hammering away," "drum beat," or "pressure screw." Noxious substance: "It just kind of drips on down, just festers." (He would) "feed us a whole line of garbage."
The bully as	Narcissistic dictator or royalty: "You literally have a Hitler running around down there." Two-faced actor: Bullies put on "a good show for the boss," or they would "be real sweet one time one day, and the next day ...very evil, conniving." Evil or demon: Bullies were "evil," "devils," "witches," "demons," and "Jekyll and Hyde."
The target as	Slave or animal: "You're a personal servant to the owner and his will;" "He considers you his property." Prisoner: "I feel like I'm doing time." "I felt like I had a prison record." Child: "I felt like a little girl." (It) is like having an abusive father." Heartbroken lover: "My heart was broken." (I felt) "sad, confused, exposed, unworthy and broken hearted."

Metaphors of the Bullying Process

As illustrated in the following discussion, participants likened the bullying process to a game or battle, nightmare, water torture, and managing a noxious substance (e.g., "being fed garbage").

Game or battle. More than any other metaphor, narratives and drawings characterized bullying as a contest or battle. This metaphor continuum ranged from playing a game to outright war, including killing and death. On the less destructive end of the spectrum, those targeted described feeling as though bullying was a matching of wits with an opponent who played unfairly. Participants spoke in terms of bullying as strategic attack, defense, and a set of shifting rules saying, for instance, that bullying was "playing a game," "playing their game," and "I had no rights... and they played on that." Dale, who worked in a security business, said the bully was "up to his old tricks." These metaphors of play and game suggest a less-than-serious issue and something that all members ostensibly should also be able to negotiate. However, as illustrated below, targets viewed the rules of the game as unfair and playing the game as dangerous and threatening.

Targeted workers characterized the contest as fixed or unfairly weighted in the bully's favor. They said bullies created the rules, changed them without notice or input and, as an aircraft mechanic named Ben explained, did so "behind closed doors." Dolly, a dental office administrative assistant, noted that bullies"make their own rules." Stephanie, a call-center employee, said that the only way the bully would win was "to play dirty," whereas Jack, the director of an online university program, said that bullying "really has to do with making up the rules as you go along." Sadly, this metaphor of a game that is difficult to win extended to targets' seeking external help through the courts. Going to court was a gamble and "a crap shoot." Furthermore, in this "game," abused workers could see themselves as the prey of the hunt; Dale explained, "everybody's fair game" for bullying. Hunting, of course, can result in significant and even lethal injury.

Indeed, participant narratives were saturated with metaphors of beating, physical abuse, and death. Wendy, a religious educator, said, "I have been maimed....I've been character assassinated." Others expressed feeling "beaten," "abused," "ripped," "broken," "scarred," and "eviscerated." The battle metaphor is perhaps most complexly illustrated in a drawing by Stephanie (Figure 1). Stephanie's picture depicts a professional wrestling match in which she is a champion wrestler fighting her manager – the "heel" or "bad guy who pulls tricks." Her manager and the company's vice president are shown holding her down and taking jabs at her face. She portrays a disloyal employee as a small dog biting at her leg and the human resources (HR) manager as a blindfolded referee. As such, Stephanie depicts HR as "in on the game" and in fact prolonging the abuse by appearing to intervene but actually turning a blind eye to the situation. She also includes two signs: one that reads, "Will her posse come to help?" and another that says, "Kill." These signs reflect Stephanie's feeling that coworkers refused to come to her aid and actually turned on her when it became clear that she was losing the fight.

When bullying is viewed as a fight in which the target can be "killed," "destroyed," and "annihilated," it becomes clear why abused employees characterized their defensive discursive and nondiscursive behavior in fighting terms such as "I'm gonna stick to my guns." Whereas the bully's actions were viewed as deceitful and underhanded, many targeted employees framed fighting back as a "righteous battle" and "standing up for what's right." Diane, a children's hospital nurse, said she stayed because "I have a mission that I want to make this right. This is wrong."

Figure 1: Drawing by Stephanie responding to "What does bullying feel like?"

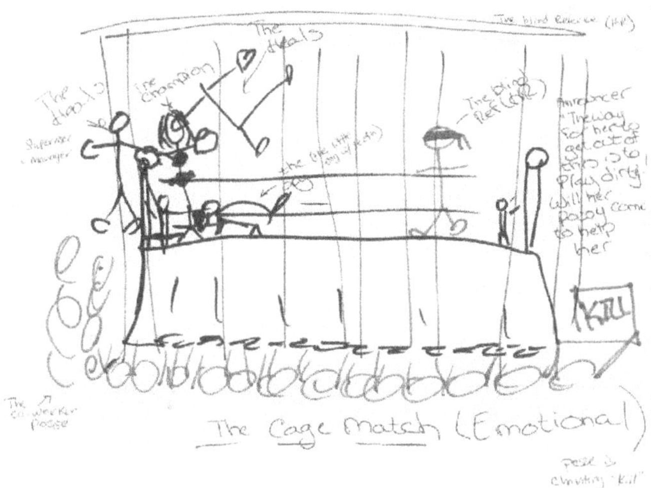

In standing up for their rights, abused workers also report feelings of anger, extreme injustice, and wanting revenge. However, targets' efforts to fight back often fail and reinforce the unfairly matched competition. Abby, a postsecondary school librarian, told us,

> The other librarian... [quit], but I was gonna stay and fight it out. I said, "This isn't right," so, I went to the new dean and the new HR person....Not only weren't they helpful, the HR person... helped to sabotage me. I eventually lost my job. I had been there 6 years.

Laura, a state employee, said, "You get so exhausted with the fight...it's not worth the time or the energy to go on [to]...make the wrong a right." Indeed, some targets became so exhausted and overwhelmed with the fight that they viewed bullying as an uncontrollable nightmare.

Nightmare. Similar to a nightmare from which one cannot awake, many participants described how their work worlds did not make sense. There was a feeling of instability and "crazy making" – targets of abuse felt as though something "real" would happen in the organization (e.g., their supplies would disappear, they would be excluded from a crucial meeting, or the bully would scream and rage) – and the bully would deny its occurrence. Lydia, an electrical sales accountant, said that it was so difficult for others to believe her that she almost did not believe herself: "It's so crazy I don't know if I can tell you all these details. . . . I almost thought I was going crazy. I taped one conversation just to show my husband I wasn't making it up." Similarly, Terry, employed in an education training firm, exclaimed,

> She literally made me feel like I was *going crazy*! She would tell you to do things. She would tell you that she didn't say what she just said. She would write me notes. She would tell me one thing, then she would tell me something else, then she would question what I was doing.

By likening bullying to a waking nightmare, we can begin to understand the complete lack of control targeted workers feel they have in changing the situation. Indeed, Wendy said that she finally was only able to make sense of the experience by equating it to the movie "The Matrix," in which the main character lived in a dream world that was distinct from the real world where his oppressors lived. In comparing her experience to the hero of "The Matrix," she explained,

> It [the movie] was like an epiphany....It's the Matrix. We live in two different worlds. Two different understandings. Two different world views. For the most part, that helped, but again, you've seen my vulnerability. I need to watch the movie again. The Matrix has really helped me to understand. I'm not nuts. He doesn't think he's nuts. We're just in two different worlds.

For Wendy, framing the bullying process as part of a different alien world appeared to make her feel better about her inability to change the situation. However, many abused workers felt trapped in a torturous experience from which they could not escape.

Water torture. Many participants had difficulty picking out one incident, on its own, that was egregious or ultimately typified their bullying experience. Rather, they described it as "hammering away," a "drum beat," being "under the gun," and "Chinese water torture" – a means of driving a prisoner mad through the practice of dripping water, little by little, on the captive's forehead. (The actual practice is traced to 16th-century Italy; Innes, 1998). As such, bullying often feels like a never-ending process that gradually intimidates and wears down the target. These metaphors underscore the nature of bullying; it usually consists of numerous, seemingly nonserious negative acts that comprise a relentless pattern (Keashly & Neuman, 2005). Moreover, the wearing-down process often accounts for the emergence of power disparity between actors (Einarsen et al., 2003b; Keashly & Nowell, 2003; Leymann, 1996).

On the milder end of the spectrum, respondents likened bullying to being picked on, saying, "Anything they could find to pick on, they would write it up;" "It's like . . . kids decide to pick on so and so;" and "do I set myself up to get picked on?" The word "picking" refers to tearing off bit by bit, such as one might do meat from a bone. This metaphor illustrates how and why bullying is so difficult to identify, especially in its early stages (Adams & Crawford, 1992). The metaphor also summons feelings of childhood and vulnerability. Skyler, a sales consultant, described his picture by saying, "Like I tried to draw myself bigger like the Hulk. I think it's all....It dates back to high school. My last name is Bird so everybody is like 'Big Bird' whatever, picking on me."

This juvenile "picking on" then became code for describing grown-up, relentless abuse. Bullied participants explained, "He would always come by my desk and hound me and hound me" and "It's stuff that chips away and chips away." Kristie, in a state department of labor, described the relentless nature of the attack as "gouging me about another project... she was just really gouging me, gouging me, gouging me." Many comments, such as these, indicate the linguistic form of "reduplication" in which individuals repeat certain words or phrases (e.g., hound me and hound me). As Lakoff and Johnson (1980) argue, "more of form stands for more of content" (p. 127). Therefore, it is not by happenstance that bullied persons use repetitive phrases to describe bullying. The existence of reduplication indicates that targets view bullying as chronic and relentless.

For some abused workers, repetition was akin to torture. Greg, a police officer, suggested that bullying was like "pulling the wings off a fly." Brad, in a nonprofit substance abuse treatment center, described the constant criticism as "Chinese water torture." This suggests that each act of bullying could be as harmless as a drop of water dripped on the forehead but added together, it was enough to drive him insane. Targets described ongoing pressure, like a "pressure screw" and slowly ticking "time bomb." It is difficult to believe that workers in these environments were producing at their highest level and finding satisfaction at their jobs. Most likely, they were merely surviving.

A sense of inescapability marked abused workers' stories. Stephanie disturbingly portrayed how she felt when experiencing the repeated infliction of pain, inability to escape, and resulting numbness:

> You're with a serial rapist. You know, you're clinching your teeth. So I just sat there and I took it and then when we were done, I just got up, because . . . I was just in a zone somewhere. I just kind of numbed myself so I wouldn't react to them.

Similar to a victim of torture, Stephanie felt as though her best defense was tuning out, which appears to be a common response to workplace bullying that helps the target to manage in the short term. Elizabeth, a school teacher, described being "just like a zombie." However, becoming numb in the long term may serve as a barrier to overcoming workplace bullying, an issue to which we return in the implications.

The "water torture" metaphor speaks to the difficulty targeted workers (or researchers) have in succinctly answering the question "What is bullying?"

Brad explained how he kept notes and said, "When I look over some of the stuff, I'd say to myself, 'that in and of itself isn't that big of a deal.' It's when you start putting all the stuff together that you start saying, 'okay that was kind of crazy.'" Single horrific events are rare; rather, bullying is often perpetrated through many small discursive and nondiscursive acts.

Noxious substance. Last, abused employees characterized bullying as a rotten, corrupt substance they were forced to "suck up" at work and "get out" to heal and move forward. This metaphor is orientational and ontological (Lakoff & Johnson, 1980) as it describes bullying as a material, toxic matter that makes its way into or out of the person. As such, the noxious material metaphor highlights how targets feel that bullying can suffocate, smother, foul, or obstruct them. Comments include "Here I have been through 2 years of this shit"; "[The bully] would sit there and feed us a whole line of garbage"; and "It just kind of drips on down, just festers." These images present bullying as a form of excrement that rots with time.

Participant language characterizes bullying as a harmful substance that is forced into them against their will. They spoke of having to "take it," a metaphor that has sexually violent undertones. Participants said, "It's just force feeding, and that's a form of abuse"; "He was being the aggressor, and I'm just kind of sucking it all up like a sponge until finally I can't take it anymore" and "You don't want to dare to let them see you cry, so you're just sitting there holding everything in and you're shaking inside." Holding in the toxicity of workplace bullying, however, did not come without a price. Being fed "shit" and "garbage," understandably not only leaves, as Dale noted, "an awfully bad taste in my mouth," but can lead to myriad emotional and physical illnesses as well (Brodsky, 1976; Djurkovic et al., 2004; Einarsen & Mikkelsen, 2003). A mining equipment operator named Tim compared bullying to a malignancy, suggesting that "organizations should cut [bullies] right out and just get rid of them... because some cancers are incurable."

Abused workers describe coping with bullying as a noxious substance by "getting it out." Some reported taking years to heal from and "get over" their bullying experience. However, targets often feel constrained from letting it out until they are outside organizational boundaries; this unfortunately does little to break the escalation of bullying. Participants also spoke of trying to "let it out" through venting with family members. This process can amplify the negative effects of bullying by bringing the "shit" and "trash" to other areas of life. When abused workers can only "empty the garbage" of workplace bullying when they go home, it can and does negatively affect family life (Davenport et al., 2002; Wyatt & Hare, 1997). It was only those who had left the bullying workplace that spoke of trying to "close the door on" and "get over" bullying. Although leaving the organization does not necessarily lead to instant happiness (Alberts et al., 2005), in the long run, exit is often the most efficacious path back to emotional and physical health (Namie & Namie, 2000b; Rayner et al., 2002).

As illustrated, our analysis suggests that bullying can feel like a fight or battle, a nightmare, water torture, and a noxious substance. These metaphors serve to sum up conceptualizations of bullying as an active process apart from specific actors. Nevertheless, they also begin to hint at the most common metaphors used to describe bullies.

Metaphors of the Bully

The three central metaphors that emerged for describing the bully were "narcissistic dictator or royalty" "two-faced actor," and "evil or demon." Together, these represent a continuum that included viewing bullies as self-centered crowned heads, duplicitous actors, and outright devil figures.

Narcissistic dictators or royalty. First, abused workers discussed bullies in terms of privileged crowned heads. They said, for instance, that bullies "lord" over meetings like "knights at the roundtable" and use meetings for "public floggings." Jack drew a picture in which the bully was wearing a crown and giving the thumbs down sign to a small, confused-looking man confined in a straight jacket (Jack). These images suggest that targeted workers perceive bullies as thinking of themselves as better, greater, and more important than others. Those targeted felt undeniably trapped and threatened by bullies who were compared to evil dictators; Ted said, "You literally have a Hitler running around down there who's a mile away from the management who can't see it." As with the Hitler metaphor, it becomes clear that an additional dynamic were bullies' duplicitous performances.

Two-faced actors. Targets felt frustrated in their attempts to report bullying because the perpetrators were skilled performers, who were excellent at "acting" nice when doing so would advantage them or impress organizational superiors. Lynn, a senior accountant for a defense contractor, said, "She could be real sweet one time one day and the next day... she was very evil, conniving," whereas others explained that bullies could put on a "good show" for the bosses. For example, Diane described the bully as a manager who screamed at people so close that "her spit would hit you in the face." However, in a meeting with doctors, the bully was "kissing the floor...and kissing the guy's [doctor's] feet....It's like the Emperor has no clothes." Marilyn, a corporate IT manager, drew the bully as "Superman," because, when the bosses were around, he would come in with his cape on "to save the day." These metaphors vividly illustrate the sentiment that abused workers view their oppressors as powerful (if fake), and as such, feel frustrated trying to convince others of their plight or successfully defend themselves.

Evil demons. Identifying bullies as evil demons corresponds to the nightmare metaphors used to describe bullying. Participants described perpetrators as "evil," "devils," "witches," and "demons." Bob, the city engineer, even referred to the bully's children as "the devil's spawn; they are just evil, evil children." Marla, a sales administrator for an industrial corporation, drew pictures of the bully with demon horns. Cheryl, a university secretary, drew a devil with a pitchfork and explained, "It felt like the devil was sticking the fork into me." During a particularly volatile incident, a male bully reportedly "threw his chair back and his whole face contorted, his body was contorted. It was like he was going through this epileptic seizure of some sort." Marla recounted an experience when the bully's "eyeballs looked like they were going to bulge out. His face contorted, and he starts screaming at the top of his lungs....I mean he even flung the chair back, and he was like a demon." Characters framed as being from the "dark" side provide clues to targets' difficulty explaining and understanding bully behavior. Wendy likened the bully to a Jekyll and Hyde character who was extremely unpredictable and against whom she had little defense.

Characterizing bullies as deluded narcissists, possessed of evil spirits, and cunning actors suggests that targeted persons frame bullies and their behavior as surreal, shocking, bizarre, and inexplicable. Metaphors of the bully portray aggressors who feel superior to others, possess dark powers, and convincingly shape-shift into whatever façade is necessary given the audience. Such mythic characters are impossible for mere mortals to engage with and emerge triumphant.

Metaphors of Targets

Last, we explored the feelings of being a target of workplace bullying. Our analysis found that abused workers feel like slaves and animals, prisoners, children, and heartbroken lovers.

Slaves or animals. At the more extreme end of the dehumanized spectrum, abused workers invoked feeling as though they were "a piece of property," "slaves," and "chattel." Participants explained that "He treats you just like slaves"; "She acts like she owns me"; "You're a personal servant to the owner and his will"; and "He considers you his property 24 hours a day, seven days a week." Similarly, participants invoked feeling objectified and degraded as insects, animals, and beasts of burden. As noted, Greg characterized bullying as "pulling the wings off of flies." Lynn explained that the bullying, "kept on and on and I felt like dirt; I felt like a dog." Bob said he felt like "a caged animal" and Dale indicated that the bully "treats us like his personal chattel." As such, Dale was referring to a common American meaning of chattel – a type of slavery defined as the absolute legal ownership of a person (O'Rourke, 2004).

Targets also used mixed animal metaphors describing themselves in relation to the bully. In doing so, they characterized the bullying situation as dehumanizing. Wendy suggested that targeted workers were like llamas that had to protect each other from the wolves. Amy and her coworkers labeled an unfortunately mild-mannered newcomer as the bully's future "chew toy." These comments paint bullies as ruthless animals and targets as defenseless prey in one-down situations – whether as the bully's entertainment (chew toy) or quarry. As such, these metaphors accentuate feelings of vulnerability and degradation.

Prisoner. Many participants reported feeling as though they were imprisoned in their jobs and cut off from important networks with friends and family. Abby explained, "I felt disconnected; disconnected from my job, disconnected from my life," whereas Laura summed it up, saying, "I've been blackballed." Respondents invoked the metaphor of "doing time" to describe feeling trapped. Captive metaphors included "I feel like I'm doing time for the next 3 months," "I felt like I had a prison record," and "I was so tied to my job." Indeed, bullying could result in the horror of feeling forever isolated and ensnared. Abused workers said they felt "alone," "black," "empty," and "suffocated." Stephanie explained, "I had a lot of people who supported me, but when things started happening, all of a sudden, they backed away and denied everything."

Isolation can serve as a punishment and further complicate targets' efforts at collective resistance (Lutgen-Sandvik, 2005); however, isolation is also paradoxical. It oppresses targeted workers by disconnecting them from others but simultaneously may shield them from continued abuse. Bob's statement encompasses this paradox: "It's a trap. A caged animal trapped-type feeling. Because a lot of times you just want to hide." Indeed, targets repeatedly discussed how they would often purposefully isolate themselves to try to avoid negative attention. They spoke of trying "to fly under the radar" and "not to fly too close to the sun." This desire to hide is also vividly illustrated in the next metaphor.

Child. Numerous respondents indicated that they felt treated like a child. Several described feeling "scolded," "shrinking," and "small" when bullied. Terry likened her bullying boss to a "baby-sitter." Lynn drew a picture in which she was much smaller than the bully and explained, "I felt like a little girl and [the bully] was up higher, she was working on a stepladder. She was shouting down, 'Now, be sure to do this.'" Being treated like a child reflects the bully's dismissal of targets' adult status and, for some targets, brought back painful childhood memories. Lothar, a flight technician, explained,

> When I was kid, my old man was a little hard on me. This guy reminds me so much of my old man, it starts dragging up crap from when I was a kid, and I'm sitting there going, "I've got to feel like 10 years old again."

In response, the abused workers felt righteous anger, as illustrated in Bob's comment, "I'm a 40-year-old man, you don't scold a 40-year-old man. It's just ridiculous!"

Some participants expressed feeling like the unpopular kid at school, being targeted by numbers of "nameless" tormentors and trying to avoid bullying "like when you're a kid on the schoolyard." Abby, trying to hold back her embarrassment, said, "It sounds totally silly but the two people involved would whisper. It sounds like junior high school." Feeling this way led to mistrust and humiliation. Bob said he felt as though someone taped a "kick me" sign to his back.

Others said they felt like a child in an abusive family, saying, "I thought this woman was going to hurt me. The way I felt at the time – it was very – it pushed me into a role of being a child." The following comment from Amy vividly captures this sentiment:

> Working for Hal is like having an abusive father and all the children – when they're dressed up on Sunday afternoon and guests come visiting to the house – everything is wonderful and perfect, and we have this deep dark secret about the abusive father that nobody will tell about.

Like children in abusive families, bullied workers felt depressed and sad, explaining that they cried, experienced extreme dread, and at times screamed and wailed when they considered their situations. They also felt ambivalent emotions; they were angry about being treated as an incompetent and shameful that they allowed bullies to push them into a child role. Furthermore they felt confused – wondering what they had done to bring bullying on themselves. As with abused children, many admitted to a fleeting sense of relief when someone else was targeted. However, relief was coupled with guilt, both for feeling the relief and failing to defend an abused colleague. Some characterized the inevitability of being targeted and thus the pointlessness of intervening on another's behalf. Dale frankly noted that when someone was bullied, "It was just your turn in the barrel." However, most still felt as if they were somehow to blame and that they should have done something different to prevent the abuse. Some targeted workers expressed worry about whether they were bullied because they failed to speak up for themselves soon enough; other abused workers stated concern about whether they were too quick to respond to the abuse and therefore were at fault for further aggravating the bully.

Heartbroken lover. Last, a number of our female participants described feeling betrayed and brokenhearted by their experience. The loss of a job they loved was paramount in their stories. Terry poignantly described how much she loved her work before the bully drove her from the job:

> What bothered me the most out of all of this, I loved my job. I could not wait to get to work in the morning, and I hated to go home at night. I loved everyday; I loved every minute. It was so enjoyable for me. I liked what I did; it made me feel good; it made me want to get up in the morning. That's really

> hard to find, and I just keep looking at it, and I keep thinking *why*? *Why* did that happen? *Why*? *Why* did it have to happen? Why was someone so deceitful that she wanted this to come down? I mean, I did nothing but make her look good, so why?

Terry's description is similar to how one might discuss a lost love affair and echoes the vital importance of work both to identity and social relations (Buzzanell & Turner, 2003). Other women noted similar sentiments about their work, stating, "I loved that job," "I loved those people I worked with," "I actually loved the job and everybody else there," "I loved the company; I loved the work," "I enjoyed the people in that company. I enjoyed my job. I loved it." It is not surprising, then that they also connected bullying with broken hearts and betrayal.

Three pictures, each drawn by women, prominently featured their damaged "hearts." Wendy actually ripped her paper, showing the heart torn apart and explained, "My heart was broken." Laura drew three figures, each progressively more upset and confused, the last with a large "X" scrawled through the red heart. She described her feelings as "sad, confused, exposed, unworthy and broken-hearted." Similarly, Mandy, a school media specialist, drew a series of stick figures, each one smaller than the last, but each with a bigger, blue heart. She said, "I'm a small person with a heavy heart." The heart has long been thought to be the center of emotion. Our heart "skips a beat" when we are excited and in love, and we get a pang in our heart or feel heartbroken when we're sad. This imagery illustrates how abused workers feel the weight, scarring, and betrayal of abuse, and the loss of a beloved job, to their very core.

Discussion

In sum, participants compared bullying to a game or battle, a nightmare, water torture, and a noxious substance. Bullies were framed as narcissistic dictators or royalty, two-faced actors, and evil demons. Targeted workers likened themselves to abused children, slaves, animals, prisoners, and heartbroken lovers. As such, through an analysis of the metaphors used to describe the bullying process, the bully and the target of abuse, the article provides qualitative evidence that helps to answer the questions "What does bullying feel like?" Providing an answer to this question is theoretically and practically significant.

Theoretical Implications

Metaphorical language provides linguistic shorthand to describe long, difficult-to-articulate, and devastatingly painful feelings associated with workplace bullying. This is an important step for better explicating a phenomenon such as workplace bullying that is in a state of denotative hesitancy (Clair, 1993). Knowing these stories is integral because, as Lawler (2002) notes, "it is through such stories that we make sense of the world, of our relationship to that world, and of the relationship between ourselves and other selves" (p. 249). Understanding what the bullying process feels like serves to contextualize, enrich, and augment the current survey-based research that statistically links bullying and negative outcomes (Djurkovic et al., 2004; Einarsen & Mikkelsen, 2003; Leymann & Gustafsson, 1996).

In highlighting abused workers' metaphors about bullying, this analysis also uncovers the frames within which targets place themselves, providing insight not only into individuals' communicative construction of their experience but also into their cognitive processes (Fraser, 1993; Hart, 2003). These interpretations play a role in future interaction and point out the range of difficulties targeted workers encounter when trying to name, describe, and manage their situation. In short, the metaphors analyzed graphically suggest why bullying feels so devastating and why targets believe there is little they can do to change their situation. Although these consequences were largely teased out within the previous section, here we review the implications of several metaphors in detail.

First, let us consider the implications of viewing oneself as a child. Children who are abused day after day, by a parent or by mobs of other students, are likely to try to isolate themselves, try to be invisible, and if visible, be ingratiating. Doing so might decrease the abuse, but it is also likely to serve as a stumbling block if targets want to increase their status in organizational settings. Certainly, fleeing a bully may assist small children from being hit. However, if a person consistently escapes interactions with a workplace bully, then the target may decrease his or her own options for organizational advancement. In short, the child metaphor fleshes out a sense of powerlessness in alleviating the maltreatment. Targeted workers can try to be good, try to fit in, but most often avoid abuse by escaping the situation.

Likewise, a tortured prisoner has limited options for changing or feeling better within the circumstances. Someone who is tortured or imprisoned can try to black out or become numb, both of which participants said they felt. This lack of focus, although it may ease the torture, is likely to have problematic ramifications in the workplace. Becoming emotionally numb effectively prevents an important way of knowing the world (Freud, 1926; Weiss & Cropanzano, 1996).

If bullying is viewed as a nightmare, complete with uncontrollable plot lines and perpetrators from the dark side, efforts to control the situation are usually perceived as fruitless. Those who view themselves in a nightmare are likely frightened and, as identified through a number of metaphors, feel as though they have little control over the circumstances or actions of their evil oppressor(s). As such, they may try to focus on the very small parts of the situation that they can control. Or they may become withdrawn and disengaged, feeling as though there is nothing that can be done. Again, this may help the abused worker (having the nightmare) feel better, but ultimately, the most efficacious way to change the situation is probably to wake up and escape the scene.

The most common metaphor, that bullying feels like a game or battle, is perhaps the most liberating, because a fighter has some control over the outcome of a battle. Soldiers can psyche themselves up to fight hard, do more damage to the bully or enemy than the bully does to them, feign an injury to save themselves from further pain, and at least "go down swinging." Targets often report that the decision to fight back is a turning point at which they begin to feel better (Namie & Namie, 2000a). However, the outcome of fighting back can lead to retribution, and targeted persons can quickly become so damaged that they are no longer good to anyone. Indeed, although many participants talked about fighting back, none said he or she won the fight. Furthermore, the more employees are abused, the more they resist, both constructively and destructively (Tepper, Duffy, & Shaw, 2001). This has foreboding implications. As Waldron (2000) suggests from hundreds of interviews with abused employees, "the resulting desire for revenge and the potential for physical violence...is alarming" (p. 79). And, of course, in a workplace setting, a subordinate "fighter" is also akin to "problem employee" or "troublemaker" (p. 79).

When we consider these and the other metaphors through which targets frame their experience, it helps flesh out why scholars and practitioners suggest that once workplace bullying has become an entrenched pattern of negative interaction, it can be difficult or impossible to disrupt (Rayner et al., 2002; Zapf & Gross, 2001). A target's best recourse may be quitting the job and moving on. Metaphors also explain why employees feel such significant pain and despair. They feel suffocated by a toxic substance that is difficult to manage, powerless to control nightmarish evil-doers, and "crazy" because of two-faced performances. At the same time, they fear being trapped and feel lonely, isolated, desperate, and broken hearted about their disconnection from important others at work.

Focusing on the subjective experiences of bullied workers spotlights the way targets, themselves, struggle to make sense of their abuse. This is in contrast to the rather large body of bullying literature that has focused on delineating academic definitions over what counts as workplace bullying, aggression, or discrimination (Cowie, Naylor, Rivers, Smith, & Pereira, 2002). As reviewed earlier, the range of terms used to describe workplace injustice is dizzying and difficult to differentiate (see Keashly & Jagatic, 2003). Targeted persons' metaphorical images of bullying notably shift the focus from how researchers label workplace abuse to how those targeted perceive and make sense of abuse and its impacts. We believe the latter to be a fundamentally crucial issue for attention.

In addition, the analysis extends research on the role metaphoric analyses can play in examining employees' experiences at work, especially bullying. Past organizational research has been critiqued for its neglect of analyzing spontaneous emergent metaphors in organizational talk (Grant & Oswick, 1996b) – although communication scholars offer some important exceptions (e.g., Koch & Deetz, 1981; J. M. Morgan, 2003; Smith & Tuner, 1995). Indeed, previous work analyzing bullying targets' metaphors is limited because of a "forced metaphor" approach. Sheenan, Barker, and McCarthy (2004) relied on a method that specifically asked targets to describe their bullying experiences in metaphorical terms. Despite expecting rich metaphorical data, Sheenan et al. found that their respondents were unclear about what metaphors actually were and that their data produced "less valuable information with respect to metaphors than was expected" (p. 30).

In contrast to instructing participants to respond in metaphorical language or to ranking a priori metaphors (Grant & Oswick, 1996b), the current analysis was idiographic and inductive and found a wealth of organically occurring metaphors. As such, the research aligned with some findings from Sheenan et al.'s (2004) forced metaphor approach; their participants also described the bully as insincere and two-faced, characterized their own feelings as trapped and vulnerable, and described the organization as blind to the bullying situation. However, our study provides many more examples of these feelings and additionally uncovered a number of other complex and less obvious metaphors for the bully process (e.g., bullying as noxious substance), some of which grouped together as a range (e.g., from "picking on" to "torture"). As such, this analysis suggests that an inductive approach is especially worthwhile for making sense of messy interactive processes, such as bullying, that have no definite "face." Such an analysis serves to name and make tangible a process that can be invisible.

Practical Applications

Our analysis suggests that abused workers could profit from identifying and reflecting on the metaphors they use to frame the bullying experience. The mere recognition and identification of metaphors in use allows individuals to better understand how they are framing and thus limiting and constraining their viewpoint on a situation (Marshak, 1996). At the same time, metaphors also can have a "generative quality" (Schön, 1993); they create new meaning and, as such, can be liberating – allowing individuals to learn and see the world anew (Grant & Oswick, 1996a). Our grounded analysis uncovered outlying metaphors for making sense of bullying that are more hopeful than the primary ones explored here. For instance, Laura explained that when she thought about leaving, her colleagues said, "No, be our Rosa Parks, please stay here. Things are gonna be better." This metaphor, of target as survivor or hero figure, was not as common in our data. However, it suggests the possibility that targeted workers could choose to frame themselves in different ways – perhaps as survivors of a shipwreck, revolutionaries, war veterans, or "the resistance." Each of these metaphors, albeit in different ways, highlights more promising ways for framing and perhaps transforming the bullying experience.

In differentiation from the self-help thrust of most popular press books about workplace bullying,[3] our study aims to underscore the emotional experiences of targets so that managers, colleagues, and other laypeople can "feel their pain." As such, various stakeholders may be more inclined to believe abused workers' stories and perhaps be moved to prevention and intervention. Studies that engage emotion are fundamental to motivating ethical change (Aristotle, 1954; Cialdini, 1984). Understanding the emotional pain of workplace bullying can serve as a warning device for managers and potential bullies alike, identifying the onset of problematic interaction and providing a window for early intervention.

As reviewed, adult bullying results in significant employee and organizational costs. One of the key ways to avoid such costs is early intervention before the bullying escalates into an established pattern (Rayner et al., 2002). Unfortunately, as it stands, most workplace bullying interventions are reactive if existent at all. For instance, European health professionals have founded specialized clinics to treat the injuries resulting from bullying at work (Crawford, 2001; Zapf et al., 2003). Although such clinics may be ameliorative, workplace wellness research suggests organizational social health may be most dependent on employees' perceptions of camaraderie and communication with peers, supervisors, and family (Farrell & Geist-Martin, 2005) – all issues that must be proactively maintained and protected through everyday practices.

Of course, a difficulty in early intervention is that most subordinate voice – resistance and complaint in particular – occurs in hidden transcripts away from the view of powerholders (J. C. Scott, 1990). Explicit stories of pain and victimization are particularly likely to happen behind closed doors (Deetz, 1992). Metaphors, though, are more subtle. And because metaphors express issues about which individuals may not be consciously aware (Marshak, 1996), metaphorical language is likely to seep into both the public and private talk of employees. In our ongoing informal participation with bullied employees, we find their talk to be peppered with many of the metaphors noted herein. Although our picture-drawing exercise was designed specifically to get at the emotional pain of workplace bullying, the nondirective questions in our research, such as "tell us about your bullying experience" are not unlike those that might be posed by HR professionals, colleagues, or family and friends. Employee emotion expressed metaphorically can provide a signal to managers for the need of organizational involvement and change. An audience member who listened to a presentation of this research, for instance, was able to identify her own bullying behavior in light of these metaphors because she remembered how her target looked and behaved like a "frightened child" in their interactions.

Understanding targets' metaphors can also assist organizational policy makers and human relations professionals specifically to identify links between negative social interaction at work and the powerful effects such behavior can have on individuals. These metaphors not only graphically detail the pain that abused workers endure but also point to two specific types of workplace stress and illness as identified by Farrell and Geist-Martin (2005). Namely, these metaphors reveal that targets experience deep psychological pain (they must live in a world that is unstable and crazy making, they experience psychological torture, and they are heartbroken) and a loss of important social networks (they lose beloved friends when they are driven from their jobs, their work feels like a dysfunctional family, and they experience guilt over their inability to defend coworkers).

Abuse, in turn, leads to costly organizational repercussions. Bullying destroys productive networks of communication (Lockhart, 1997) and increases the likelihood of nontargeted coworkers' departure (Vartia, 1996). Even less tangible negative effects are "opportunity costs of lowered employee commitment, such as lack of discretionary effort, commitments outside the job, time spent talking about the problem rather than working, and loss of creativity" (Bassman, 1992, p. 137). Finally, although there is scant evidence in the bullying literature (or our data) regarding the potential for bullied workers to respond with violence, workplace aggression research suggests active revenge could be a very real possibility. Perceptions and reports of unfair treatment are common precursors of workplace aggression, violence, and sabotage (Analoui, 1995; Hoad, 1993; Neuman & Baron, 2003). Certainly, if feeling like the unpopular kid at school is one factor leading to bloodshed among children (Garbarino & deLara, 2002), it is not unthinkable that a worker who feels continually abused, tortured, and isolated in an organization might respond with aggression.

Limitations, Future Directions, and Conclusions

We as researchers noted that participants appeared to have difficulty narrowing down and articulating their experience succinctly in the focus group format. We therefore complemented focus group data with more open-ended interviews in which participants controlled the pace and development of their story. Although focus groups may have curbed narrative development to some extent, we wonder whether the data produced through them were telling of some of the prohibitive structures that employees likely also encounter when voicing problems in the workplace setting. Specifically, in both focus group and organizational venues, employees have voice only among a cacophony of other voices, competing demands, and within short windows of time. Therefore, future research that combines focus group and participant observation data might examine how much the focus group structure provides a unique view into the difficulty employees have in articulating their story to organizational superiors, coworkers, or HR personnel.

Given the difficulty bullied workers illustrate in succinctly translating their experiences into words, future research would also do well to conduct a close narrative analysis of various target stories – both coherent narratives and those marked by hypertext – nonlinear discourse made up of pieces or fragments of information (Nelson, 1983). Such an analysis could examine the ways targeted persons frame themselves, their bullies, and witnessing coworkers, and the ways they define personal identities through the emplotment of their experience (Lawler, 2002). Furthermore, a close discourse analysis could compare stories told by those who are currently experiencing bullying and contrast them with stories told by those who have moved on. Doing so might serve to pinpoint junctures in which articulation of the experience is especially trying and difficult for targets and provide recommendations for the most effective ways to communicate complaints of workplace abuse.

Third, alternative representation practices could further develop the emotions associated with workplace bullying. Although metaphorical imagery is a powerful tool for analyzing the emotion of work life, the vividness of understanding emotion is limited by the printed page. During focus groups and interviews, we witnessed nonverbal facial expressions, changes in pitch, shortness of breath, and spontaneous weeping that intensely illustrated participants' depth of pain. To get at this feeling, future analyses should entertain various representational options, including performance and creative writing (Richardson, 2000; Tracy, 2004).

Last, we believe that future research should analyze the interweavings of race, gender, and age with workplace bullying. The similarities among workers' emotional experiences in this study are notable, despite differences that we often believe "make a difference." Participants ranged from a 26-year-old male to a woman in her 70s. Education ranged from a high school diploma to graduate degrees. Industries included service and sales persons, educators, engineers, and government workers. Both men and women participated. Even with this wide range of participants, group interactions were marked by multiple signs of agreement such as head nodding, murmured concurrence, and cascading stories in which one person's experience evoked, "yes, that's what happened to me." This suggests that the emotional experience of workplace bullying can be similar across workgroups, age, and sex. However, our sample, like that of most workplace-bullying research, was racially homogenous, and so future research should do more to analyze the ways that bullying and racial discrimination may be connected. Furthermore, although demographic differences did not emerge as salient factors in our study, past critical organizational communication research would certainly suggest that workplace mistreatment is affected by larger discourses of gender and race (Allen, 2001).

In conclusion, this study provides an important step in understanding the emotion and pain associated with workplace bullying. Whether empowering or disempowering, the metaphors pinpointed through this analysis provide targets with words to explain their situation to others – an important move considering that one of the main problems targeted employees face is that their plight is largely invisible. Similar to how the term *sexual harassment* allowed recipients of the behavior to better make sense of their situation (Kramarae, 1981), we learned that our respondents appreciated the terms *bully* and *target* in helping them to make sense of a situation for which many had previously found no words to adequately describe. People understand their lives through the language available to them (Kay & Kempton, 1984). Therefore, it is important for researchers to provide venues in which abused workers can make meaning of their experience and engage in analysis practices that articulate the devastating effects of bullying. Indeed, "people make sense of their lives through the stories that are available to them and they attempt to fit their lives into the available stories" (Richardson, 1995, p. 213). Metaphors act as mini stories and thus "act as a compass, which serves to orient us" (Hart, 2003, p. 1). Attending to the metaphors of abused workers serves not only to lay bare the feelings associated with workplace bullying but also to diagnose current interpretations and provide cues for potential intervention and change.

Endnotes

1 Names used throughout the article are pseudonyms, and several identifying details of participants have been modified.
2 Within 5 months of beginning the data gathering for this project, we had been contacted by more than 15 journalists and included in 12 media stories on the topic. Furthermore, within 2 weeks of placing an advertisement calling for persons bullied at work, we received 20 telephone calls and more than 200 e-mails.
3 Self-help books include *The Bully at Work* (Namie & Namie, 2000a); *Brutal Bosses* (Hornstein, 1996); *Mobbing: Emotional Abuse in the American Workplace* (Davenport, Schwartz, & Elliott, 2002); *Work Abuse: How to Recognize It and Survive It* (Wyatt & Hare, 1997); *Stalking the Soul* (Hirigoyen, 1998); *Bullying in Adulthood* (Randall, 2001), and *You Don't Have to Take It: A Woman's Guide to Confronting Emotional Abuse at Work* (NiCarthy, Gottlieb, & Coffman, 1993).

References

Adams, A., & Crawford, N. (1992). *Bullying at work: How to confront and overcome it*. London: Virago.

Alberts, J. K., Lutgen-Sandvik, P., & Tracy, S. J. (2005, May). *Workplace bullying: A case of escalated incivility.* Paper presented at the International Communication Association, New York.

Allen, B. J. (2001). Gender, race, and communication in professional environments. In L. P. Arliss & D. Borisoff (Eds.), *Women and men communicating: Challenges and changes* (pp. 212-231). Prospect Heights, IL: Waveland.

Analoui, F. (1995). Workplace sabotage: Its styles, motives, and management. *Journal of Management Development*, *14*, 64-86.

Andersson, L. M., & Pearson, C. (1999). Tit for tat? The spiraling effect of incivility in the workplace. *Academy of Management Review*, *24*, 454-471.

Aristotle. (1954). *Rhetoric* (W. R. Roberts, Trans.; compiled by Lee Honeycutt). Retrieved May 12, 2005, from http://www.public.iastate.edu/~honeyl/Rhetoric/

Baron, R. A., & Neuman, J. H. (1998). Workplace aggression – The iceberg beneath the tip of workplace violence: Evidence on its forms, frequency and targets. *Public Administration Quarterly, 21*, 446-464.

Bassman, E. S. (1992). *Abuse in the workplace: Management remedies and bottom line impact*. Westport, CT: Quorum Books.

Björkqvist, K., Osterman, K., & Hjelt-Back, M. (1994). Aggression among university employees. *Aggressive Behavior, 20*, 173-184.

Brodsky, C. (1976). *The harassed worker*. Lexington, MA: D.C. Heath.

Buzzanell, P. M., & Burrell, N. A. (1997). Family and workplace conflict: Examining metaphorical conflict schemas and expressions across context and sex. *Human Communication Research, 24*, 109-146.

Buzzanell, P. M., & Turner, L. H. (2003). Emotion work revealed by job loss discourse: Backgrounding-foregrounding of feelings, construction of normalcy, and (re)instituting of traditional male masculinities. *Journal Applied Communication Research, 31*, 27-57.

Carey, J. W. (1994). The group effect in focus groups: Planning, implementing, and interpreting focus group research. In J. Morse (Ed.), *Critical issues in qualitative research methods* (pp. 225-241). Thousand Oaks, CA: Sage.

Charmaz, K. (2001). Grounded theory. In R. M. Emerson (Ed.), *Contemporary field research* (pp. 335-352). Prospect Heights, IL: Waveland.

Cialdini, R. B. (1984). *How and why people agree to things*. New York: Morrow.

Clair, R. P. (1993). The use of framing devices to sequester organizational narratives: Hegemony and harassment. *Communication Monographs, 60*, 113-136.

Cooper, C. L., Dewe, P. J., & O'Driscoll, M. P. (2001). *Organizational stress: A review and critique of theory, research, and applications*. Thousand Oaks, CA: Sage.

Cowie, H., Naylor, P., Rivers, I., Smith, P. K., & Pereira, B. (2002). Measuring workplace bullying. *Aggression and Violent Behavior: A Review Journal, 7*, 33-51.

Crawford, N. (2001). Organisational responses to workplace bullying. In N. Tehrani (Ed.), *Building a culture of respect: Managing bullying at work* (pp. 21-31). London: Taylor & Francis.

Davenport, N., Schwartz, R. D., & Elliott, G. P. (2002). *Mobbing: Emotional abuse in the American workplace* (2nd ed.). Ames, IA: Civil Society Publishing.

Deetz, S. A. (1984). Metaphor analysis. *International and Intercultural Annual, 8*, 215-228.

Deetz, S. A. (1992). *Democracy in an age of corporate colonization: Developments in communication and the politics of everyday life*. Albany: State University of New York Press.

Djurkovic, N., McCormack, D., & Casimir, G. (2004). The physical and psychological effects of workplace bullying and their relationship to intention to leave: A test of the psychosomatic and disability hypothesis. *International Journal of Organizational Theory and Behavior*, *7*, 469-497.

Duffy, M. K., Ganster, D. C., & Pagon, M. (2002). Social undermining in the workplace. *Academy of Management Journal*, *45*, 331-351.

Einarsen, S. (1999). The nature and causes of bullying at work. *International Journal of Manpower*, *20*, 16-27.

Einarsen, S., Hoel, H., Zapf, D., & Cooper, C. L. (Eds.). (2003a). *Bullying and emotional abuse in the workplace: International perspectives in research and practice*. London: Taylor & Francis.

Einarsen, S., Hoel, H., Zapf, D., & Cooper, C L. (2003b). The concept of bullying at work. In S. Einersen, H. Hoel, D. Zapf, & C. L. Cooper (Eds.), *Bullying and emotional abuse in the workplace: International perspectives in research and practice* (pp. 3-30). London: Taylor & Francis.

Einarsen, S., & Mikkelsen, E. G. (2003). Individual effects of exposure to bullying at work. In S. Einarsen, H. Hoel, D. Zapf, & C. L. Cooper (Eds.), *Bullying and emotional abuse in the workplace: International perspectives in research and practice* (pp. 127-144). London: Taylor & Francis.

Einarsen, S., & Raknes, B. I. (1997). Harassment at work and the victimization of men. *Violence and Victims*, *12*, 247-263.

Einarsen, S., Raknes, B. I., & Mattheisen, S. B. (1994). Bullying and harassment at work and their relationships to work environment quality: An exploratory study. *European Work and Organizational Psychologist*, *4*, 381-401.

Farrell, A., & Geist-Martin, P. (2005). Communicating health: Perceptions of wellness at work. *Management Communication Quarterly*, *18*, 543-592. Ferraro, K. J. (1996). The dance of dependency: A genealogy of domestic violence discourse. *Hypatta*, *11*, 77-91. Field, T. (1996). *Bully in sight: How to predict, resist, challenge and combat workplace bullying*. Oxfordshire, UK: Success Unlimited.

Fineman, S. (1996). Emotion and organizing. In S. K. Clegg, C. Hardy, & W. K. Nord (Eds.), *Handbook of organization studies* (pp. 543-564). London: Sage. Fraser, B. (1993). The interpretation of novel metaphors. In A. Ortony (Ed.), *Metaphor and thought* (2nd ed., pp. 329-341). Cambridge, UK: Cambridge University Press.

Freud, S. (1926). Inhibitions, symptoms, and anxiety. In J. Strachey (Ed.), *Standard edition* (Vol. 20, pp. 70-176). London: Hogarth.

Garbarino, J., & deLara, E. (2002). *And words can hurt forever: How to protect adolescents from bullying, harassment, and emotional violence*. New York: Free Press.

Glaser, B. G., & Strauss, A. L. (1967). *The discovery of grounded theory: Strategies for qualitative research*. Hawthorne, NY: Aldine.

Grant, D., & Oswick, C. (1996a). Introduction: Getting the measure of metaphors. In D. G. C. Oswick (Ed.), *Metaphor and organizations* (pp. 1-20). London: Sage.
Grant, D., & Oswick, C. (1996b). The organization of metaphors and the metaphors of organization: Where are we and where do we go from here? In D. Grant & C. Oswick (Eds.), *Metaphor and organizations* (pp. 213-226). London: Sage.
Harlos, K. P., & Pinder, C. (2000). Emotion and injustice in the workplace. In S. Fineman (Ed.), *Emotions in organizations* (pp. 255-276). Thousand Oaks, CA: Sage.
Hart, J. (2003). Organizational orienteering: Charting the terrain. *American Communication Journal*, *6*(2), 1-9.
Hirigoyen, M. F. (1998). *Stalking the soul: Emotion abuse and the erosion of identity*. New York: Helen Marx Books.
Hoad, C. D. (1993). Violence at work: Perspectives from research among 20 British employers. *Security Journal*, *4*, 64-86.
Hochschild, A. R. (1983). *The managed heart: Commercialization of human feeling*. Berkeley: University of California Press.
Hoel, H., & Cooper, C. L. (2001). Origins of bullying: Theoretical frameworks for explaining workplace bullying. In N. Tehrani (Ed.), *Building a culture of respect: Managing bullying at work* (pp. 1-20). London: Taylor & Francis.
Hoel, H., Einarsen, S., & Cooper, C. L. (2003). Organisational effects of bullying. In S. Einarsen, H. Hoel, D. Zapf, & C. L. Cooper (Eds.), *Bullying and emotional abuse in the workplace* (pp. 145-162). London: Taylor & Francis. Hornstein, H. A. (1996). *Brutal bosses and their prey: How to identify and overcome abuse in the workplace*. New York: Riverhead Books.
Innes, B. (1998). *The history of torture*. New York: St. Martin's.
Janus-Bulman, R. (1992). *Shattered assumptions: Toward a new psychology of trauma*. New York: Free Press.
Kay, P., & Kempton, W. (1984). What is the Sapir-Whorf hypothesis? *American Anthropologist*, *86*, 65-79.
Keashly, L. (1998). Emotional abuse in the workplace: Conceptual and empirical issues. *Journal of Emotional Abuse*, *1*(1), 85-117.
Keashly, L. (2001). Interpersonal and systemic aspects of emotional abuse at work: The target's perspective. *Violence and Victims*, *16*, 233-268.
Keashly, L., & Jagatic, K. (2003). By any other name: American perspectives on workplace bullying. In S. Einarsen, H. Hoel, D. Zapf, & C. L. Cooper (Eds.), *Bullying and emotional abuse in the workplace: International perspectives in research and practice* (pp. 31-91). London: Taylor & Francis.
Keashly, L., & Neuman, J. H. (2005). Bullying in the workplace: Its impact and

management. *Employee Rights and Employment Policy Journal, 8*, 335-373.

Keashly, L., & Nowell, B. L. (2003). Conflict, conflict resolution and bullying. In S. Einarsen, H. Hoel, D. Zapf, & C. L. Cooper (Eds.), *Bullying and emotional abuse in the workplace: International perspectives in research and practice* (pp. 339-358). London: Taylor & Francis.

Kirby, E. L., & Harter, L. M. (2003). Speaking the language of the bottom-line: The metaphor of "managing diversity." *Journal of Business Communication, 40*, 28-54.

Koch, S., & Deetz, S. A. (1981). Metaphor analysis of social reality in organizations. *Journal of Applied Communication Research, 9*, 1-15.

Kramarae, C. (1981). *Women and men speaking*. Rowley, MS: Newbury House.

Lakoff, G., & Johnson, M. (1980). *Metaphors to live by*. Chicago: University of Chicago Press.

Lawler, S. (2002). Narrative in social research. In T. May (Ed.), *Qualitative research in action* (pp. 242-258). London: Sage.

Lee, D. (2002). Gendered workplace bullying in the restructured UK Civil Service. *Personnel Review, 31*, 205-227.

Lewis, D. (1999). Workplace bullying – Interim findings of a study in further and higher education in Wales. *International Journal of Manpower, 20*, 106-118.

Lewis, S. E., & Orford, J. (2005). Women's experiences of workplace bullying: Changes in social relations. *Journal of Community and Applied Social Psychology, 15*, 29-47.

Leymann, H. (1990). Mobbing and psychological terror at workplaces. *Violence and Victims, 5*, 119-126.

Leymann, H. (1996). The content and development of mobbing at work. *European Journal of Work and Organizational Psychology, 10*, 165-184.

Leymann, H., & Gustafsson, A. (1996). Mobbing at work and the development of post-traumatic stress disorders. *European Journal of Work and Organizational Psychology, 5*, 251-275.

Liebermann, M. (1991). *Art therapy for groups: A handbook of themes, games and exercises*. London: Routledge.

Lindlof, T. R., & Taylor, B. C. (2002). *Qualitative communication research methods* (2nd ed.). Thousand Oaks, CA: Sage.

Lockhart, K. (1997). Experience from a staff support service. *Journal of Community and Applied Social Psychology, 7*, 193-198.

Lutgen-Sandvik, P. (2003). The communicative cycle of employee emotional abuse: Generation and regeneration of workplace mistreatment. *Management Communication Quarterly, 16*, 471-501.

Lutgen-Sandvik, P. (2005). Water smoothing stones: Subordinate resistance to workplace bullying (Doctoral dissertation, Arizona State University, 2005).

Dissertation Abstracts International, 66/04, 1214.
Lutgen-Sandvik, P., Tracy, S. J., & Alberts, J. K. (2005, February). *Burned by bullying in the American workplace: A first time study of U.S. prevalence and delineation of bullying "degree."* Paper presented at the Annual Conference, Western States Communication Association, San Francisco.
Marshak, R. J. (1996). Metaphors, metaphoric fields and organizational change. In D. Grant & C. Oswick (Eds.), *Metaphor and organizations* (pp. 147-165). London: Sage.
Matusewitch, E. (1996). Constructive discharge: When a resignation is really a termination. *Employment Discrimination Report*, *6*(7), 1-5.
Meares, M. M., Oetzel, J. G., Derkacs, D., & Ginossar, T. (2004). Employee mistreatment and muted voices in the culturally diverse workforce. *Journal of Applied Communication Research*, *32*, 4-27.
Meyer, A. (1991). Visual data in organizational research. *Organization Science*, *2*, 218-236.
Miles, M. B., & Huberman, A. M. (1994). *Qualitative data analysis*. Thousand Oaks, CA: Sage.
Mischler, E. (1986). *Research interviewing: Context and narrative*. Cambridge, MA: Harvard University Press.
Morgan, G. (1997). *Images of organizations*. Thousand Oaks, CA: Sage.
Morgan, J. M. (2003). Moldy bagels and new toasters: Images of emotion in workplace relationships. *Iowa Journal of Communication*, *35*, 207-232.
Namie, G. (2003). Workplace bullying: Escalated incivility. *Ivey Business Journal*, *68*(2), 1-6.
Namie, G., & Namie, R. (2000a). *The bully at work: What you can do to stop the hurt and reclaim your dignity on the job*. Naperville, IL: Sourcebooks.
Namie, G., & Namie, R. (2000b). Workplace bullying: The silent epidemic. *Employee Rights Quarterly*, *1*(2), 1-12.
Nelson, T. (1983). *Literary machines*. Swathmore, PA: Author.
Neuman, J. H. (2004). The role of the workplace in workplace bullying. *Perspectives on Work*, *40*, 7-32.
Neuman, J. H., & Baron, R. A. (2003). *Social antecedents of bullying: A social interactionist perspective*. London: Taylor & Francis.
NiCarthy, G., Gottlieb, N., & Coffman, S. (1993). *You don't have to take it: A woman's guide to confronting emotional abuse at work*. Seattle, WA: Seal.
O'Rourke, D. K. (2004). *How America's first settlers invented chattel slavery: Dehumanizing Native Americans and Africans with language, laws, guns, and religion*. New York: Peter Lang.
Ortony, A. (1975). Why metaphors are necessary and not just nice. *Educational Theory*, *25*, 45-53.
Planalp, S. (1993). Communication, cognition, and emotion. *Communication Monographs*, *60*, 3-9.

Randall, P. (2001). *Bullying in adulthood: Assessing the bullies and their victims*. New York: Brunner-Routledge.

Rayner, C., & Cooper, C. L. (1997). Workplace bullying: Myth or reality—Can we afford to ignore it? *Leadership and Organization Development Journal*, *18*, 211-214.

Rayner, C., & Hoel, H. (1997). A summary review of literature relating to workplace bullying. *Journal of Community and Applied Social Psychology*, *7*, 181-191.

Rayner, C., Hoel, H., & Cooper, C. L. (2002). *Workplace bullying: What we know, who is to blame, and what can we do?* London: Taylor & Francis.

Reason, P. (1994). Three approaches to participative inquiry. In N. K. Denzin & Y. S. Lincoln (Eds.), *Handbook of qualitative research* (pp. 324-339). Thousand Oaks, CA: Sage.

Richardson, L. (1995). Narrative and sociology. In J. V. Maanen (Ed.), *Representation in ethnography* (pp. 198-221). Thousand Oaks, CA: Sage.

Richardson, L. (2000). Writing: A method of inquiry. In N. K. Denzin & Y. S. Lincoln (Eds.), *Handbook of qualitative research* (2nd ed., pp. 923-948). Thousand Oaks, CA: Sage. Richman, J. A., Rospenda, K. M., Flaherty, J. A., & Freels, S. (2001). Workplace harassment, active coping, and alcohol-related outcomes. *Journal of Substance Abuse*, *13*, 347-366.

Salin, D. (2001). Prevalence and forms of bullying among business professionals: A comparison of two different strategies for measuring bullying. *European Journal of Work and Organizational Psychology*, *10*, 425-441.

Sarri, R. C., & Sarri, C. M. (1992). Organizational and community change through participatory action research. *Administration in Social Work*, *16*, 99-122.

Schneider, K. T., Hitlan, R. T., & Radhakrishnan, P. (2000). An examination of the nature and correlates of ethnic harassment experiences in multiple contexts. *Journal of Applied Psychology*, *85*, 3-12.

Schön, D. A. (1993). Generative metaphor: A perspective on problem-solving in social policy. In A. Ortony (Ed.), *Metaphor and thought* (pp. 254-283). New York: Cambridge University Press.

Scott, J. C. (1990). *Domination and the arts of resistance*. New Haven, CT: Yale University Press.

Scott, M. J., & Stradling, S. G. (2001). Trauma, duress and stress. In N. Tehrani (Ed.), *Building a culture of respect: Managing bullying at work* (pp. 33-42). London: Taylor & Francis.

Sheenan, K. H., Barker, M., & McCarthy, P. (2004). Analysing metaphors used by victims of workplace bullying. *International Journal of Management and Decision Making*, *5*, 21-31.

Smith, R. C., & Tuner, P. K. (1995). A social constructionist reconfiguration of metaphor analysis: An application of "SCMA" to organizational socialization theory. *Communication Monographs*, *62*, 152-181.

Spradley, J. P. (1979). *The ethnographic interview*. New York: Holt, Rinehart and Winston.

Tattersall, A. J., & Farmer, E. W. (1995). The regulation of work demands and strain. In S. L. Sauter & L. R. Murphy (Eds.), *Organizational risk factors for job stress* (pp. 139-156). Washington DC: American Psychological Association.

Tepper, B. J., Duffy, M. K., & Shaw, J. D. (2001). Personality moderators of the relationship between abusive supervision and subordinates' resistance. *Journal of Applied Psychology*, *86*, 974-983.

Tracy, S. J. (2004). The construction of correctional officers: Layers of emotionality behind bars. *Qualitative Inquiry*, *10*, 509-533.

Vartia, M. (1996). The sources of bullying: Psychological work environment and organizational climate. *European Journal of Work and Organizational Psychology*, *5*, 203-214.

Vince, R., & Broussine, M. (1996). Paradox, defense and attachment: Accessing and working with emotions and relations underlying organizational change. *Organization Studies*, *17*(1), 1-21.

Waldron, V. R. (2000). Relational experiences and emotions at work. In S. Fineman (Ed.), *Emotion in organizations* (pp. 64-82). Thousand Oaks, CA: Sage.

Weiss, H. M., & Cropanzano, R. (1996). Affective events theory: A theoretical discussion of the structure, causes and consequences of affective experiences at work. *Research in Organizational Behavior*, *17*, 1-74.

Williams, K. D., & Sommer, K. L. (1997). Social ostracism by co-workers: Does rejection lead to loafing or compensation? *Personality and Social Psychology Bulletin*, *27*, 693-706.

Wyatt, J., & Hare, C. (1997). *Work abuse: How to recognize it and survive it*. Rochester, VT: Schenkman Books.

Yamada, D. (2000). The phenomenon of "workplace bullying" and the need for status-blind hostile work environment protection. *Georgetown Law Journal*, *88*, 475-536.

Yamada, D. (2005). Crafting a legislative response to workplace bullying. *Employee Rights and Employment Policy Journal*, *8*, 476-517.

Zapf, D., Einarsen, S., Hoel, H., & Vartia, M. (2003). Empirical findings on bullying in the workplace. In S. Einarsen, H. Hoel, D. Zapf, & C. L. Cooper (Eds.), *Bullying and emotional abuse in the workplace: International perspectives in research and practice* (pp. 103-126). London: Taylor & Francis.

Zapf, D., & Gross, C. (2001). Conflict escalation and coping with workplace bullying: A replication and extension. *European Journal of Work and Organizational Psychology*, *10*, 497-522.

Zapf, D., Knorz, C., & Kulla, M. (1996). On the relationship between mobbing factors, and job content, social work environment and health outcomes. *European Journal of Work and Organizational Psychology*, 5, 212-237.

Zuboff, S. (1988). *The age of the smart machine. The future of work and power.* New York: Basic Books.

Introduction to

Face-ism as a Media Stereotype: A Case Study of the *Newsweek* Magazine

By Kapil Melkote and Srinivas Melkote

Kapil Melkote and Srinivas Melkote focus on face-ism in the print and visual media. Face-ism refers to the tendency to represent people in terms of their face as opposed to the rest of their body. The proportion of the face to the rest of the body in the photograph is decisive in this. Related studies have shown that face-ism is associated with more dominance, intelligence, and ambition. It also appears that face-ism entails a certain degree of stereotyping which seems to revolve around occupation, and/or status, race, and gender. Some studies focusing on portraits painted over a number of centuries revealed that face-ism seems to have increased towards the present. Melkote and Melkote studied face-ism in *Newsweek* magazine from the year 1985 and 2005 in order to determine whether there is a gender bias of face-ism and whether there is an increase in the amount of face-ism in the magazine over a period of twenty years.

The study revealed that there is indeed significant gender bias in face-ism both in the 1985 issues and the 2005 issues. However, the study also revealed that the amount of face-ism did not increase between 1985 and 2005. In addition, Melkote's and Melkote's study revealed an apparent bias to photograph more men than women in the news magazine. These findings seem to indicate that face-ism is still associated with a gender bias that has stayed constant over the twenty years of the study. While this bias did not increase, it also did not decrease. Melkote and Melkote argue that it probably takes a much longer period of time to detect an increase of face-ism, i.e. not decades but centuries as some studies of portraits have revealed. As to the gender bias, the authors argue that as a news magazine, *Newsweek* focuses on politics and business which are realms that are still predominately male domains; hence, explaining the disproportionately larger number of photographs of men. And the gender bias seems to be also reinforced by the fact that face-ism is associated with dominance, intelligence, and ambition – characteristics that are stereotypically associated with men; hence, explaining why face-ism is typically associated more with men than women. The study also revealed that women tend to be portrayed with a larger proportion of their body, i.e. less face-ism, so as to make them appear to be more attractive, less dominating, and less ambitious than men.

These results, along with the entire phenomenon of face-ism, are of great relevance to the world of business because visual images play a decisive role in many aspects of business today. For example, face-ism could be employed in the portrayal of corporate executives because it infers intelligence, dominance, and ambition – all of which are character traits that can be seen positively in a business context. And face-ism could be applied in the world of marketing and advertising where it could be used to create the intended image that a company or a product wants to project.

Michael B. Hinner

Kapil Melkote is a scholar interested in media effect and media bias and is based in Bowling Green, Ohio, USA.

Srinivas Melkote is a professor in the School of Communication Studies at Bowling Green State University, Ohio, USA. He has published numerous articles in journals and written books on a number of communication topics. His research interests include the role of communication in development and social change, political effects of mass media, and health communication.

Face-ism as a Media Stereotype: A Case Study of the *Newsweek* Magazine

Kapil Melkote
Srinivas Melkote

Introduction

Modern mass media are one of the most influential factors in modern society. The media phenomenon known as *face-ism* often appears in well-known outlets of mass media, such as magazines. The face-ism coding process as defined by Archer, Iritani, Kimes and Barrios (1983), delineates the criteria for the selection of pictures to assess face-ism. Using this method, face-ism can be assessed from newspapers or news magazines. Face-ism is defined as a tendency to represent people in terms of their face as opposed to the rest of their body and this term can be measured in many outlets of mass media including print and visual media. Studies have indicated high face-ism is associated with more dominance, intelligence, and ambition; low face-ism is associated with lower levels of dominance, intelligence, and ambition. Research also indicates a bias between different groups of people; face-ism analysis shows a gender stereotype, as well as status and race stereotypes. Previous studies indicate that face-ism stereotyping has been increasing over the centuries, as shown in analyses of paintings and portraits. Is the face-ism stereotyping of the genders increasing or decreasing in modern mass media, such as magazines?

Face-ism is a unique media phenomenon that has recently been recognized and defined in research. Sparks defined face-ism as, "...the tendency to represent people in terms of their face or head as opposed to their body" (Sparks 2002, p.167). An index was created to measure the relative facial prominence of a person depicted in a photograph. Using this index researchers were able to measure the relative facial prominence in pictures and see if "face-ism" was occurring. The index created a ratio that would rate facial prominence from low (.00) to high (1.00). To compute this ratio, the following procedure was followed: Measure the distance (in any unit) from the highest visible part of the pictured person's forehead, to the lowest visible part of the chin. This measurement would constitute the numerator (x). Then the distance from the highest visible part of the forehead to the lowest visible part of the subject's body is measured to obtain a denominator (y). The numerator is then divided by the denominator to compute the "face-ism score" (Archer, Iritani, Kimes, and Barrios, 1983). The number that is obtained from this calculation would range anywhere from .00 to 1.00; the lower the number, the lower the facial prominence, the higher the number the higher the facial prominence. In a .00 score the face would not be visible at all, in a 1.00 score the face would dominate the entire image (Archer et al., 1983). After these formulas were defined, face-ism started to be analyzed and researched in mass media

Review of Theoretical Literature

The face-ism phenomenon could be applied to many real-world situations. The first face-ism studies to do this applied the phenomenon to the depictions of the sexes. Archer et al. (1983), created a coding process to limit pictures which were not acceptable for measurements of facial prominence. The reason for creating such a process was to eliminate photographs in which the subject is being framed to capture a specific pose; when a subject is being framed purposely for a certain pose, the picture can become biased, and not be acceptable for measures of facial prominence. The selection process was as follows:

> (a) Photographs may contain only one human subject, (b) photographs that aim to capture some particular body region, movement, problem, or gesture cannot be counted (e.g., performing athletes, people modeling clothes or cosmetics, using tools, in weight loss ads, etc.), (c) photographs with a "co-subject" cannot be used such as a person standing next to an elephant, a driver with a car, etc., (d) photographs printed several times are counted only once (photographs of regular columnists, entertainment advertisements , etc.), and (e) photographs of disembodied heads are not counted. (Archer et al., 1983, p.727).

Gender Bias

Using this coding process, Archer et al. (1983), conducted a case study of 1,750 published American photographs from five American periodicals. These five periodicals included *Time*, *Newsweek*, *Ms.*, *The San Francisco Chronicle*, and *The Santa Cruz chronicle* (Archer et al., 1983). The purpose of this study was to examine the mean facial prominence of pictures of males and the mean facial prominence of pictures of females to identify face-ism bias. The results of the study found that the mean face-ism score for males (.65) was significantly higher then the mean face-ism score for females (.45), (t= 18.23, p< .001) (Archer et al., 1983, p.727). This difference in facial prominence between the sexes was significant, with males having much higher mean facial prominence than females. A face-ism bias in the relative facial prominence between males and females was starting to be come clearly prominent. In a study of politicians, University of Michigan researchers examined pictures of 504 male politicians and 84 female politicians in mass media publications. The study found that overall the male politicians had a higher facial prominence score than the female politicians (Swanbrow, 2005).

Archer et. al (1983) conducted another study to analyze if the face-ism bias between males and females was only limited to U.S. media or if it was a global media phenomenon. The study coded over 3,500 pictures from 13 publications in 11 other nations. The study found a significant difference in each of the 11 nations, overall with males having a mean facial prominence of .60 and females .49 (Archer et al., 1983, p.729). The results of the study suggested that the face-ism bias between the sexes was not a purely U.S. media phenomenon but also occurring in international media

Since past research indicated that a face-ism bias was occurring between the sexes, researchers questioned if this may be due to the type of periodicals selected, and their target audience. For instance, in a periodical concerning women's issues, will the mean facial prominence of women be greater than in that of a general periodical? Zuckerman (1986) conducted a case-study of publications associated with liberal or feminist view points to assess if the face-ism bias between the sexes varied from more traditional publications. For the study, six American publications were chosen; three from publications associated with women's issues (*Ms.*, *Working Woman*, *Rochester Woman*), and three from more traditional publications (*Time*, *Newsweek*, *U.S. News* and *World Report*). The results of this study found that the relative facial prominence for both men and women were higher in the publications associated with feminist or liberal viewpoints, f (1,888) =22.37, p<.0001, r=.16, than in that of traditional publications (Zuckerman, 1986, p.218).

Face-ism in Visual Media

Since a face-ism bias was found between men and women in forms of media such as magazines, researchers started to question if the phenomenon was found in other forms of mass media such as television. Copeland (1989) conducted a study to identify a face-ism bias between the sexes in American primetime television using the networks ABC, CBS, FOX, and NBC. Facial prominence was measured in ten minute sections of primetime programming from the networks. The results yielded a significant difference in the framing of a subject with women having a mean facial prominence of .41 and males having a mean facial prominence of .47 (Copeland, 1989, p.212). The study showed a difference in framing, "…men are framed from a closer perspective than are women. Face-ism in primetime entertainment programming appears to be as prevalent as it is in other visual media." (Copeland, 1989, p.212). This study established that face-ism is not exclusive to print mass media such as magazines, but is an all encompassing mass media phenomenon.

Perception Stereotypes due to Face-ism

The face-ism phenomenon may have some prominent effects on the public as it has been identified as a recurring phenomenon in mass media. Is face-ism producing any effects on the public outlook of certain groups of people? Archer et al. (1983), conducted a study to identify if face-ism changed the public outlook of men and women. The study asked 60 university students to rate stimulus persons in one of two test booklets. In one booklet a person was shown with low facial prominence (.15), and in the next a person was shown with high facial prominence (.60). The booklets asked judges to rate people in the photographs on their apparent intelligence, ambition, physical appearance, and warmth. The results were interesting, in finding that the higher the facial prominence the more favorable were the perceptions over intelligence, ambition, physical appearance, and warmth. Archer summarized the data:

> …sex-related asymmetry may affect important qualities of the ways in which a person is perceived. In particular, images high in relative facial prominence may produce more favorable attributions concerning intelligence, ambition, physical appearance, and other fundamentally important qualities. (Archer et al., 1983, p.733).

Zuckerman and Kieffer (1994), building off of this data, investigated two possibilities in the effects of face-ism. Their study investigated if (a) higher face-ism implies strong intellectual and mental attributes and weaker emotional and physical traits, and (b) higher face-ism portrays higher dominance of a subject (Zuckerman & Kieffer, 1994). In the study, 32 individuals were photographed, two pictures were taken of each individual one with high facial prominence, and one with in low facial prominence. These pictures were arranged into booklets, in which judges were asked to rate the subject as either: analytical-emotional, competent-incompetent, intellectual-not intellectual, mature-immature, sexual-not sexual, and dominant-submissive (Zuckerman & Kieffer, 1994). The results were summarized; "Results are consistent with the view that level of face-ism determines, at least in part, the perception of power." (Zuckerman & Kieffer, 1994, p.91). Zuckerman and Kieffer's data agreed with data from Archer et al. (1983) that the higher the level of face-ism the more positive the perceptions.

Gender Stereotypes

Zuckerman (1986), conducted a study to learn if face-ism, in the case of men and women, did in fact portray masculine and feminine stereotypes (men being more dominant and intelligent and females being more attractive). Observers had to rate 48 photographs, 24 of males and 24 of females. Observers were shown two photographs of each person, one in low (.16) and one in high (.51) facial prominence. Photographs were rated on 11 adjectives: dominant, assertive, timid, weak, warm, kind, hostile, cold, intelligent, ambitious, and attractive (Zuckerman, 1986). The results of the study found that higher facial prominence scores received more favorable ratings on ambition and dominance but somewhat lower positivity ratings (Zuckerman, 1986). Prior research agrees with these findings; in a past study 11 men and women were asked to list all of the characteristics and attributes in which men and women were different. The results found that men were found to be dominant and always acting as a leader (Borverman, Vogel, Broverman, Clarkson, and Rosenkrantz, 1972).

Previous studies showed that higher face-ism scores may have significant effects on the public's outlook on certain groups of people. This idea was tested in other studies. In an experiment to see if the face-ism effect between men and women was occurring in basic public representations, 80 university students were simply told to draw a picture of a man and a woman (separately). The research group was told to capture the character of the person they were drawing (Archer et al., 1983). The results found that drawings of men for both genders tended to have more facial prominence than drawings of females. The data suggests when facial prominence can take any value males tend to be emphasized more than females. These results interpret the idea that a face-ism bias between men and women is occurring in even basic representation systems (Archer et al., 1983).

Other studies showed the public's apparent preference to depict the people in terms of their sex. In one study 40 people were asked to select photographs that best represented the depicted person as a political candidate. Significant preferences emerged for depictions of males in close-up, full length, and waist shots but females in bust, waist, and three quarter shots (Adams, Copeland, Marjorie, Hughes, and Hughes, 1980). Due to the results of these types of studies, the face-ism bias can now, in fact, be established as a media stereotype. This type of phenomenon could create a role schema for men and women (Fiske & Kieffer, 1991).

Racial Biases

The research of face-ism stereotyping has produced alarming messages about mass media depictions, which includes other groups besides the genders. Zuckerman and Kieffer (1994), examined differences in the depictions of whites and blacks (with one study including American Indians) in the mass media. Selecting 640 photographs from 4 American periodicals (*Life*, *Time, Newsweek*, and *U.S. News and World Report*) face-ism was coded for white men, white women, black men, and black women. The results clearly showed a face-ism stereotype in the races. White men had a significantly higher mean facial prominence score (.581) than black males (.493), white females had a significantly lower score (.483) than both white and black males but still had a higher score than black females (.444) (Zuckerman & Kieffer, 1994, p.87). The results agreed with that of earlier studies finding that not only is a significant face-ism stereotype appearing in the races but a significant face-ism stereotype is also appearing in the sex of the respected race. To check if this racial face-ism was limited to U.S. media, Zuckerman and Kieffer (1994) conducted a second study on European photographs. Of four European periodicals 240 photographs were used in this study, and face-ism was coded only for males. The results of the study indicated that white males had a significantly higher mean facial prominence (.531) than did black males (.474); showing the racial face-ism stereotyping is not exclusive to the U.S. media (Zuckerman & Kieffer, 1994, p.88). To further analyze the phenomenon of racial face-ism, Zuckerman & Kieffer (1994) conducted a study to examine face-ism for black, white, and American Indian males in American portraits from the 19th and 20th centuries. The results of this study found that once again white males had a greater mean facial prominence than black males. American Indians, however, had significantly lower facial prominence than both white and black males (Zuckerman & Kieffer, 1994). After all of these studies of face-ism stereotypes in the races and sexes, a question has arisen if face-ism is really as simple as it seems.

Face-ism & Occupations

Face-ism differences may be more complicated than it seems. Does the face-ism difference have to do also with the traits of the subject being depicted, such as their occupation, or status? Sparks and Fehlner (1986), examined pictures from the 1984 presidential campaign to examine if a face-ism stereotype was present, due to heavy attention of the gender of female vice-presidential candidate, Geraldine Ferraro. *Time* and *Newsweek* were selected for their study, and facial prominence was measured for Reagan, Mondale, Bush, and Ferraro. The results of the study found no significant difference in the facial prominence between Ferraro and the male candidates. Even more, Ferraro's face-ism index tended to be higher than Bush's (Sparks & Fehlner, 1986). To make sure the interpretations of the results were accurate, a second study analyzed the mean facial prominence of all non-candidate males and females pictured in issues of the same magazines during the election season. Results yielded that men had a higher mean facial prominence than females (Sparks & Fehlner, 1986). Furthermore the occupations of males and females pictured in stories of *Time* and *Newsweek* were examined. The most often pictured profession pictured for females was actress. Face-ism was coded for males and females in these occupations, which yielded males ($x = .62$) having significantly higher facial prominence than females ($y = .43$) ($t = 2.11$, $p = .04$) (Sparks & Fehlner, 1986, p.76). These findings clashed with the additional findings of Ferraro's face-ism index. The examination of these studies indicated that face-ism is more complicated than it seems, possibly affecting one's occupation and/or status, along with their race and gender.

Face-ism Over Time

Face-ism may not just be a modern phenomenon. The phenomenon has only been thoroughly studied for the media conducted in the latter part 20th century. This brings up the question if face-ism had been occurring throughout human history and if so, is it increasing over time? Archer et al. (1983) examined the face-ism effect between the sexes over time. The study examined 920 portraits and self-portraits ranging from the 15th century to the 20th century. With the exception of 15th and 16th centuries, a significant difference was found with males having a higher mean facial prominence than women. Researchers also found some interesting information about face-ism over time, "There is also some indication that this difference (in face-ism) has increased rather than diminished over the past six centuries" (Archer et. al, 1983, p.730). Zuckerman and Kieffer (1994), also identified in their study of portraits, that the mean facial prominence for white and black men increased from 19th to the 20th century. Face-ism is not exclusive to modern media and may, in fact, be increasing over time.

Previous studies have opened up many possibilities on further research in face-ism. All studies applied to face-ism so far support the idea that there is, in fact, a face-ism bias between groups such as the genders, and the races. Furthermore, studies have indicated that face-ism also affects mental perceptions of the targeted individual. The higher the facial prominence of the target individual, the more positive are the perceptions of the targeted individual (more intelligent, ambitious, dominant); the lower the facial prominence of the targeted individual, the less positive are the perceptions of the targeted individual (less intelligent, ambitious, dominant). Keeping in mind these apparent perceptions based on facial prominence, the face-ism bias between groups such as the genders can now be classified as a stereotype. Eventually, face-ism stereotypes were studied for the genders through time. Rather than researching 20th century media, paintings and portraits were measured from the last five centuries. These findings concluded that face-ism stereotyping for the genders has been an ongoing phenomenon through the centuries, and may, in fact, be increasing over time. Despite 'improvements' in political correctness, the face-ism stereotyping between the genders and races may, in fact, still be occurring in the present media. From information based on the findings of these studies, one can conclude that present depictions of people in U.S. media images will give more prominence to the face in male depictions than in female depictions. These differences should be found to increase over the last twenty years.

Methodology and Objectives of Study

Based on the review of literature, two hypotheses were formulated: (a) Depictions of people in U.S. media images will give more prominence to the face in male depictions than in female depictions in the years 1985 and 2005. (b) These differences should be found to increase between 1985 and 2005, i.e. the differences in the depictions between male and female subjects will increase between 1985 and 2005. The study was constructed to yield data to investigate these hypotheses.

The scientific research method of content analysis was used as the research framework of this study. The population for this study constituted all issues of the American edition of the *Newsweek* magazine. For the sample of this study, the years 2005 and 1985 were chosen by the researcher for a detailed examination of the concept of face-ism. The issues chosen pertained to the first weekly issue from each of the first five months in 2005 and 1985 respectively. Individual photographs constituted the unit of analysis. The criteria for selection of photographs were that of the face-ism coding process defined by Archer, Iritani, Kimes, and Barrios (1983). The criteria for selection delineated: (a) Photographs may contain only one human subject, (b) Photographs that aim to capture some particular body region, movement, problem, or gesture cannot be counted, (c) Photographs with a "co-subject" cannot be used, (d) Photographs printed several times are counted only once, and (e) Photographs of disembodied heads are not counted. Face-ism scores for males and females separately constituted the content categories. In every photograph, two sets of measurements were taken. The first set of measurement included the highest visible part of the forehead to the lowest visible part of the chin. The second measurement included the length from the highest visible part of the forehead to the lowest visible part of the body. The first measurement was divided by the second measurement for each photograph for both males and females. This number ranged anywhere from .00 to 1.00 (the greater the number the higher the facial prominence). This procedure was repeated for all of the selected photographs for the years 2005 and 1985 respectively. A mean face-ism score was then computed for 1985 and 2005 respectively for males and females. A t-test was run to test for significant difference between the mean face-ism scores for males and females in 2005 and 1985 respectively. Additionally, the difference in mean face-ism scores between males and females in 1985 and 2005 respectively, were examined for any significant change over the time period (i.e. did the difference increase over the time period?). The Statistical Package for Social Sciences (SPSS) was used to analyze the data. All statistical significance tests were run at p= < .01.

Results

Of the 164 pictures examined for the year 1985, the mean face-ism score for all photographs was 0.52 (n = 164, S= 0.24). This measurement was moderate, indicating that the average photograph framed about half of the picture to the subject's face. One of the major objectives in this study targets the possible stereotype in the framing of the genders. In terms of the issues of *Newsweek* in 1985, there was a significant tendency to frame males with higher facial prominence than females. The mean face-ism score for males was 0.56 (N= 117, S =.23), the mean face-ism score for females (n = 47) was 0.42 (N= 47, S = .23) (See Table 1). Upon running a t-test, this difference between male and female scores (0.56-0.42 = 0.14) was found to be statistically significant (t = 3.39, p < .001, 95% CI: between 0.06 & 0.21) (See Table 2).

Table 1: Male and Female Face-ism Scores in 1985

Gender	N	Mean Score	S
Males	117	0.56	0.23
Females	47	0.42	0.23

Table 2: Difference in Mean Face-ism Scores between Males and Females (1985)

Independent Samples Test										
		Levene's Test for Equality of Variances		t-test for Equality of Means						
		F	Sig.	t	df	Sig. (2-tailed)	Mean Differ-ence	Std. Error Differ-ence	95% Confi-dence Interval of the Difference	
									Lower	Upper
FACEISM	Equal variances assumed	1.978	.162	3.39	162	.001	.14	.04	.06	.21

In terms of the issues of *Newsweek* in 2005, similar data were found. The mean face-ism score for all photographs in 2005 was 0.51 (N = 98, S= 0.22). Once again, the average photograph framed about half the picture to the subject's face. Within the 2005 data, the mean face-ism score for all males was 0.55 (N=69, S = .20). The mean face-ism score for all females was 0.41 (N= 29, S = .22) (See Table 3). Upon running a t-test for this set of data, the difference between the scores of males and females (0.55-0.41= 0.14) was significant (t= 3.04, p < .003, 95% CI: between 0.05 & 0.23) (See Table 4).

Table 3: Male and Female Face-ism Scores in 2005

Gender	**N**	**Mean Score**	**S**
Males	69	0.55	0.20
Females	29	0.41	0.22

Table 4: Difference in Mean Face-ism Scores between Males and Females (2005)

Independent Samples Test										
		Levene's Test for Equality of Variances		t-test for Equality of Means						
		F	Sig.	t	df	Sig. (2-tailed)	Mean Differ ence	Std. Error Difference	95% Confi-dence Interval of the Differ-ence	
									Lower	Upper
FACEISM	Equal variances assumed	.093	.762	3.040	96	.003	.1396	.0459	.0484	.2307

The difference in face-ism score of males and females from the years 1985 to 2005 were then compared. For the 1985 data, the difference in the face-ism scores between males (.56) and females (.42) was .14. For the 2005 data, the difference in the face-ism scores between males (.55) and females (.41) was .14. In comparing the differences between 1985 and 2005, it was found that the two numbers were equal. No statistical test was run since there was no difference between the face-ism score differences (between males and females) from 1985 to 2005.

In addition to these findings, a pattern was observed in the number of photographs shown of males and females. For both sets of data from 1985 and 2005, females were observed to have less eligible photographs than that of males. Of the 164 photographs examined in 1985, there were 117 eligible photographs of males, whereas there were 47 eligible photographs of females. A significance test was run on the number of male photographs versus the number of female photographs for 1985. This difference was found to be statistically significant (chi square = 29.88, $p < .009$) (See Table 5). Of the 98 eligible photographs in 2005, there were 69 eligible photographs of males, and 29 eligible photographs of females. Upon running a significance test for this set of data, the difference was also found to be highly significant (chi square= 16.33, $p <.009$) (See Table 6).

Table 5: Test for Significant Difference in Numbers of Photographs between Males and Females (1985)

Gender			
	Observed N	**Expected N**	**Residual**
Male	117	82.0	35.0
Female	47	82.0	-35.0
Total	164		

Chi Square value= 29.88, $p < .009$

Table 6: Test for Significant Difference in Numbers of Photographs between Males and Females (2005)

Gender			
	Observed N	**Expected N**	**Residual**
Male	69	49.0	20.0
Female	29	49.0	-20.0
Total	98		

Chi Square value = 16.33, $p < .009$

Discussion and Conclusion

Face-ism stereotyping between the genders was a key concern for this study. Two hypotheses were investigated; (a) Depictions of people in U.S. media images will give more prominence to the face in male depictions than in female depictions, and (b) These face-ism differences should be found to increase over the last 20 years.

The results support the hypothesis that a face-ism stereotype between the genders is still ongoing in today's media; in this case, involving the magazine *Newsweek*. Previous studies have shown the higher the facial prominence of the target individual, the more positive are the perceptions of the targeted individual (more intelligent, ambitious, dominant); the lower the facial prominence of the targeted individual, the less positive are the perceptions of the targeted individual (less intelligent, ambitious, dominant). As shown through the data, males are receiving significantly more facial prominence than females in both 1985 and 2005. These findings support our hypothesis that the depictions of people in U.S. media images will give more prominence to the face in male depictions than in female depictions. Thus, news media may still be portraying males as more intelligent, ambitious, dominant, and females less intelligent, ambitious, and dominant thus fueling a media stereotype.

For the second hypothesis the data showed that there is neither increase nor decrease in the face-ism scores for males and females from 1985 to 2005. The data did not support the second hypothesis that the face-ism difference between men and women have increased over the last 20 years, but rather has stayed the same This finding is interesting for the fact that face-ism differences in males and females have not increased significantly over the last twenty years. However, they have not decreased either, showing that despite societies' strive for more equality and political correctness, a gender stereotype is still occurring in our mass media outlets (in this case *Newsweek)* and shows no change.

Through analyzing the data, an additional pattern emerged. This pattern was found between the number of eligible photographs for males and females in both 1985 and 2005 respectively. From the results, it can be concluded that there is an apparent bias to photograph males more than females, in print media. This bias seems to be just as prominent today as it was twenty years ago. The reason for this apparent bias is not known, and possible effects are not known either. It can be concluded that there is a possible media/societal bias in favor of depicting more males in the arenas of news and policy making.

This study has revealed important information on media stereotypes. First, data supported the hypothesis that there is a face-ism stereotype in the genders for *Newsweek* from both 1985 and 2005. This finding is significant in saying that the media portray males with more positive aspects than females; this is evident both at the present and 20 years ago. With present society becoming more 'politically correct' and more equal for all groups of people, it is curious to find a stereotype between the genders in a mass media outlet such as *Newsweek.* With this media stereotype showing up in popular media outlets such as *Newsweek*, what would be the effects and perceptions of the general media audience of the two genders? The main idea of this hypothesis could be studied in many other forms. For instance, one could study this hypothesis in other outlets of print media, or visual media. This hypothesis can also be measured in print and visual representations in international media, for example in Indian media.

The first hypothesis of this study, however, only studied a face-ism stereotype between the genders for 1985 and 2005 respectively. This study could, however, expand to many other groups of people. Earlier studies have shown a face-ism stereotype in race and occupation/status. Race, for instance, could be the target of a study with same conditions, measuring face-ism through a twenty year period in print or visual mass media between difference races.

From the data concerning the second hypothesis, there was no significant change found concerning an increase in the difference of face-ism scores between males and females from 1985 to 2005. This data did not support the hypothesis; however, it also showed that the difference in face-ism scores of men and women did not decrease over the twenty year time period either. This data was important in showing that despite no increase in the difference, there has been no decrease, and the media are still portraying the stereotype just as prominently as twenty years ago. In an opening for further research, studies could be conducted to test for an increase in the difference between face-ism scores for males and females through a longer period of time then what this study used. Earlier studies found increase over the centuries, but in terms of this study, which was targeted to modern mass media over a 20-year period, no increase was found. The time span could be enlarged to conduct further research on this topic.

As earlier stated, an additional pattern was discovered in the number of eligible photographs of males and females. The data suggested the there were significantly more photographs of males than that of females. This suggests there is a possible media/societal bias in favor of showing more males in the arenas of news and policy making. Detailed investigation of this phenomenon was beyond the scope of this study. This finding would be an interesting hypothesis for another study.

In all, a face-ism stereotype in the genders is an ongoing phenomenon. The findings of this study supported the first hypothesis and helped show face-ism stereotyping in the genders as a current mass media phenomenon. The data from the second hypothesis was not supported however, showing that the difference in face-ism scores for males and females is not increasing, but also not showing any signs of decrease. Many possibilities for further research in face-ism have been opened up, including study of race, occupation, in print and visual media. Even more, the apparent bias in eligible pictures of males and females has opened up many possibilities for further research. Face-ism stereotyping seems to be an ongoing phenomenon in a group such as the genders and shows no sign of decrease.

References

Adams, R.C., Copeland, G.A., Marjorie, J., Hughes, F., & Hughes, M. (1980). The effect of framing on selection of photographs of men and women. *Journalism Quarterly, 57*, 463-467.

Archer D., Iritani, B., Kimes, D.D., & Barrios, M. (1983). Face-ism: Five studies of sex differences in facial prominence. *Journal of Personality and Social Psychology, 45*, 725-735.

Broverman, I.K., Vogel, S.R., Broverman, D.M., Clarkson, F.E., & Rosenkrantz, P.S. (1972). Sex-role stereotypes: A current appraisal. *Journal of Social Issues, 28*, 463-467.

Copeland, G.A. (1989). Face-ism and primetime television. *Journal of Broadcasting and Electronic Media, 33*, 209-214.

Fiske, S.T. & Kieffer, S.C. (1991). *Social cognition.* New York: McGraw Hill.

Sparks, G.G. & Fehlner, C.L. (1986). Faces in the news: Gender comparisons of magazine photographs. *Journal of Communication, 36*, 70-79.

Sparks, G.G. (2002). *Media effects research: A basic overview.* Belmont, CA: Wadsworth.

Swanbrow, D. (2005). *Face on facts: Female polls suffer from "face-ism".* Retrieved September 22, 2005, from University of Michigan, News Source. http://www.umich.edu/news/?Releases/2005/Aug05/r082205a

Zuckerman, M. (1986). On the meaning and implications of facial prominence. *Journal of Nonverbal Behavior, 10*, 215-231.

Zuckerman, M. & Kieffer, S.C. (1994). Race differences in face-ism: Does facial prominence imply dominance? *Journal of Personality and Social Psychology, 66*, 86-92.

Introduction to

Racial Profiling: They Said It Was Against the Law!

By Oscar H. Gandy, Jr. and Lemi Baruh

Oscar H. Gandy and Lemi Baruh focus in their text on racial profiling and how it is perceived and applied in eighteen states in the USA. The authors note that policy scholars differentiate between identity and identification because people often have little control over how public authorities or strangers assign people in general to specific categories. Gandy and Baruh note that racial classification is often used to identify an individual as a member of a suspect class that is likely to identify an individual as a member of a class that is likely to be subject to special attention by the police. This form of identification is often called racial profiling. Racial profiling is just one of a number of different types of criminal profiling. But racial profiling is different from other forms of profiling because it is associated with racial discrimination. Police, for example, tend to respond more to African Americans as potential threats in primarily White neighborhoods than they do in more racially mixed communities. Surprisingly, though, the reverse is also true, i.e. Whites tend to be more in the focus of the police in African American neighborhoods.

Analysis of newspaper headlines and lead paragraphs in the 1990s indicated that generally speaking racial profiling is considered to be wrong. However, the study revealed that in the American Northeast, the majority of the articles considered it to be negative whereas in the South the stories were primarily neutral in their orientation on the subject. This changed, though, after the terrorist attacks of 9/11. The study also found that it is extremely rare that the statistical data be used as evidence of equal treatment. Many fail to understand that having a theoretical basis for establishing a causal link between race and behavior is necessary before observed correlations between race and a class of behavior should be used as the basis for differential treatment of individuals. The study also found that too many people still think race can be the cause for behavior which is not the case, though, Gandy and Baruh note.

Gandy's and Baruh's study has considerable consequences for the world of business because "profiling" of a kind is also part and parcel of the realm of business and economics. Marketing, for example, uses numerous demographic factors to assign consumers into specific segments. Insurance companies apply similar statistical tools to determine specific risk categories. Human resources management applies various categories to classify employees. And there are many other similar applications. What Gandy's and Baruh's study reveals, though, is that profiling can contain inherent biases which could be inaccurate. One should, thus, apply any such categories with caution because such categories can quickly turn into stereotypes.

Michael B. Hinner

Oscar H. Gandy, Jr. is Professor Emeritus at the Annenberg School for Communication at the University of Pennsylvania. He currently serves as a member of the National Research Council's Committee on Privacy in the Information Age; he previously served as chairman of the board of the Electronic Privacy Information Center. He is the author of *The Panoptic Sort* and *Beyond Agenda Setting,* two books that explore issues of information and public policy. A recent book, *Communication and Race,* explores the structure of media and society as well as the cognitive structures that reflect and are reproduced through media use. A coauthored volume, *Framing Public Life,* examines the role of media in shaping public understanding. He has also written numerous articles on various issues of communication and public policy.

Lemi Baruh is an Assistant Professor of Advertising at the Communication Faculty at Kadir Has University in Istanbul, Turkey. He teaches courses on media, communication, research methods, marketing research, marketing strategy, customer relationship management, and is currently working on two edited volumes. He earned his Ph.D. in Communications at the Annenberg School for Communication at the University of Pennsylvania where he also worked as a research associate in several research grant projects funded by such organizations as the National Institute on Drug Abuse, the National Cancer Institute, and the Center of Excellence in Cancer Communication Research.

Racial Profiling: They Said It Was Against the Law!

By Oscar H. Gandy, Jr. and Lemi Baruh

Introduction

Policy scholars tend to draw a distinction between identity and identification in order to emphasize the role that the exercise of power and authority play in their formation.[1] Although no individual is truly the author of her identity, we assume that every person exercises greater control over decisions about the kinds of person she would like to become than she does over the categories to which she is assigned by public authorities, or even by strangers she encounters along her developmental path.[2] Although we recognize the truth in the claim that "to classify is human,"[3] we also recognize that the exercise of power that is inherent in the assignment of persons to categories and classes carries with it the potential for harm that is rarely afforded the attention due. The harm that we are especially concerned to engage is that which accompanies the use of racial classification to identify an individual as a member of a suspect class that is likely to be subject to special attention by the police.[4] This is a form of identification usually referred to as racial profiling,[5] and it is an activity that we, among others,[6] believe should be against the law; or, at the very least, subject to strict scrutiny, and thereby limited in its use.

In this article, we explore the ways in which debate regarding the use of racial profiling has been engaged at the state level in the United States. This debate follows initiatives taken at the federal level to gather statistics on what former US President Clinton called a "morally indefensible, deeply corrosive practice."[7] In Part 2, we begin by identifying racial profiling as a strategic resource: a technology of identification believed by some to assist police in the targeting of persons engaged in, or likely to engage in, criminal activity. We discuss the nature of an ongoing technology assessment that has been, and still needs to be, applied to racial profiling. Next, we describe the evolution of racial profiling as an issue of public concern, including a focus on the policy debate at the federal level as reflected in the editorial pages of major newspapers in the United States. We note that while the debate at the federal level continued to unfold, a number of US states proceeded to develop their own policies on the use of this particular technology. An examination of the ways in which these policy debates have unfolded, and the issues have been framed, in the major newspapers in these states is identified as the primary focus of this article. In Part 3, we characterize the statutes governing racial profiling that were passed in nineteen states between 1999 and 2004. In Part 4, we discuss the ways in which the primary frames or public perspectives on these statutes and the problem of racial profiling, more generally, were presented in the major newspaper in each of eighteen states.[8] In Part 5, we summarize and discuss the problems and tensions underlying the political response to racial profiling as a deeply flawed social technology.

Racial Profiling

Racial profiling is just one among a number of different types of criminal profiling. In developing and using profiles in law enforcement, police may engage in a process of systematically pooling "collective police experience into information that is comprehensive, solid, and accurate" in order to facilitate the identification of potential criminals.[9] Profiles of serial killers, hijackers, and drug couriers have been developed over time and used prior to and following decisions in the courts that have determined them to be capable of sustaining constitutional challenge.[10] The Internal Revenue Service (IRS) reportedly makes use of a complex profiling system in order to determine which tax returns will be subject to closer inspection.[11]

However, racial profiling differs from other forms of criminal profiling; the use of race as a rationale for differential treatment of suspects on the basis of predictions of criminality raises heightened constitutional concern due to the special status assigned to different forms of racial discrimination.[12] It has become clear that the use of race as an input into decisions about whether to stop, search, or observe an individual or vehicle more closely is a common, if controversial, aspect of policing. Police and customs officials use race as an indicator of the probability that a driver or passenger is likely to be in possession of contraband drugs.[13] Following the use of aircraft as an instrument of terrorist violence,[14] police and air transport officials have increasingly made use of racial and ethnic classification as an indicator of heightened risk.[15]

The use of race as a factor in determining whether to stop or search some individual need not be based on racial *animus*, but instead may be based on the actual, estimated, or assumed statistical association of race with criminality. Those who support the use of such an association suggest that race can provide information that would increase the probability of a productive search.[16] On its face, the presence of a statistical association of race with particular crimes might be used in the same way as the presence of a statistical association between vacant and abandoned buildings and the risk of violent crime might be used as an input into a decision about where police should concentrate their resources. Critics of racial profiling suggest, however, that even in the absence of racial *animus*, institutionalized practices that generate racially disparate outcomes, such as higher rates of interdiction for African Americans, should be banned as incompatible with commitments to egalitarian principles.[17] Decisions about the use of racial profiling as a technology of identification by police are likely to depend on the quality of the technology assessments being made in different jurisdictions.

Racial Profiling as a Social Technology

Technology assessment involves the determination of the efficiency and effectiveness of a given technology.[18] This determination is complex.[19] It may involve a direct comparison with existing technologies,[20] or it may be compared against some empirical or theoretical standard of performance. The assessment of technologies may also take into account the extent to which there is a problem for which there is a need for a technological response. The assessment of efficiency and effectiveness, perhaps by means of benefit-cost estimation, is especially complicated because of the need to include all relevant costs and benefits.[21] It is also important to consider their distribution. Concerns about distribution are associated with the consideration of fairness, in that we tend to favour equal, rather than disparate, allocations of costs or benefits.[22] The assumption that the costs of being stopped by police should be equally, and thereby fairly, distributed does not take into account the fact that some of the costs, such as stigmatization, may be especially problematic because of the ways in which stigma, or pejorative identification, contributes to what has come to be recognized as cumulative disadvantage.[23] Such costs may also be excluded from technology assessments because there are no readily available policy tools to correct or compensate for the costs of stigmatization.[24] Increasingly, technology assessments are expected to include unintended consequences,[25] including those that economists refer to as externalities, because of the fact that they are consequences that affect the well- being of persons not part of a market transaction.[26] Negative externalities or harms that spill over beyond the participants in a transaction are especially problematic,[27] and invite regulatory intervention because the market does not provide ways to compensate victims, or to modify the actions of those responsible.[28]

It is also important to recognize that the consequences that flow from the use of a particular technology may vary with the environments, circumstances, or contexts of its use. The salience of race as a marker of identity varies with the racial composition of different settings. African Americans are far more aware of their racial status at work than at home or in their communities, in part because of the degree to which they are seen as different and are likely to be treated as different in those settings.[29] Police tend to respond more to African Americans as potential threats in primarily White neighbourhoods than they do in more racially mixed communities.[30] Technology assessment should also, more often than it does, include consideration of the ways in which the effectiveness of some technology may vary with the user. The use of race as an index of criminality is more likely to generate unwanted negative consequences if the user's judgment is distorted by racism, or some other biasing condition. Evidence suggests that racially biased police officers are more likely to make race-based stops on a pretextual basis, rather than on the basis of a careful consideration of all the relevant information available.[31]

Assessment of the role that racial bias may play in the decision to stop and search motorists who may be in possession of drugs will undoubtedly be shaped by the evaluator's theories about the motivations of both police and criminals. Depending upon the assumptions that analysts make about the knowledge and motivations of relevant actors, evidence that police stop African Americans far more often than they stop Caucasians can be characterized as both rational and appropriate—even though there are no statistically significant differences in the rates at which those stopped are found to be in possession of illegal drugs.[32]

Racial Profiling as a Public Issue

Not all uses of race-based policing attract the same level of public concern. There is even compelling evidence to suggest that same-race policing, or matching police patrols to communities on the basis of race or ethnicity, may be effective, not only by reducing the number of arrests, but also by acting as a deterrent to crime.[33] Yet, considerable public concern has been expressed over the use of racial profiling in the so-called "war on drugs." By emphasizing the risks faced by African Americans who have been subjected to insulting and even dangerous interactions with police, journalists and civil rights activists were successful in characterizing this heightened risk as a new pseudo crime: Driving While Black (DWB).

The "crime" of "Driving While Black"[34] was considered by many to be more than just another instalment in the long term project of institutionalized racism,[35] which scholars and activists are still trying to identify, to describe, and to bring under legislative and administrative control.36 DWB was seen as an outbreak of a particularly virulent form of a racist response that Jody Armour called "Negrophobia."[37] Armour's efforts to examine what he called "reasonable racism" and its reproduction by an increasingly influential group of actors that he identified as "Intelligent Bayesians"[38] have brought us quite a long way toward understanding the links between racial statistics and the racial stereotypes they express and reinforce.[39] Yet, there is still much work to be done to understand the ways in which racial statistics and self-confirming hypotheses[40] contribute to the cumulative disadvantage[41] that bias within the criminal justice system helps to produce.[42]

Indeed, even though some of us were beginning to discuss privacy concerns in terms of the risk of discrimination in markets,[43] the links between identification, classification, and invidious distinction tended not to be associated with the abuse of power by men and women with guns.[44] Nevertheless, opposition to the use of racial profiling began to build rapidly after a number of lawsuits had been filed by the American Civil Liberties Union (ACLU).[45] Racial profiling soon emerged as a highly visible story within the nation's press as the experiences of the rich and famous were combined with those of dozens of ordinary African Americans,[46] and later enhanced by a number of compelling statistical analyses that worked to place DWB firmly on the public agenda.[47] We believe that the news media's framing[48] of the debate surrounding the use of race as a marker of criminal identity helped to shape,[49] as well as to reflect, the development of the nation's response to the problem of racial profiling.

Many of the discussions within the nation's media framed the policy problem as one of deciding whether racial profiling was a "sensible, statistically based tool" that could help police control crime, or whether it was a symbolic reminder of the abuse of authority by police that keeps a "pool of accumulated rage filled to the brim" among African Americans.[50] An analysis of editorial page coverage of issues provided an identification of the primary frames and perspectives used to characterize DWB and racial profiling in the nation's press.[51] This analysis sought to identify the frames that were used most frequently in editorials and letters to the editor that were published between 1 January 1994 and 19 March 1999. Rather than relying on the "one bad apple" frame, by which institutional racism might be demoted to a problem involving a small number of rogue officers, 66 percent of all the items reviewed tended to frame the issue as an institutional problem, with 31 percent characterizing it as a problem for society as a whole. Only 7 percent of the items blamed individuals.[52]

An analysis of headlines and lead paragraphs indicated that the majority (42 percent) of these items framed the problem in terms of "Black loss" or hardship, with 35 percent including statistics about the number of drivers stopped, searched, or arrested as part of the thematic frame.[53] Only 7 percent wrote about police and, not surprisingly, 60 percent of the items that addressed the issue of police safety also denied that racial motives were a factor in police stops of motorists. The majority (66 percent) of the items argued that profiling was wrong. Only 17 percent of the items suggested that profiling was not wrong, racist, or unfair, and two-thirds of these were letters to the editor. Letters to the editor were also least likely to make use of statistics or include references to probability in their attempts to build a case for or against racial profiling. The analysis also explored the ways in which the presentation of these frames and perspectives varied across the United States. With the exception of items gathered from newspapers identified as national, published items were assigned to one of four regions. Articles from the Northeast were characterized as overwhelmingly negative toward the use of racial profiling (79 percent), while those from the South were primarily (53.3 percent) neutral in orientation, tending to call for more data in order to determine whether or not DWB was actually a problem. In order to determine if the framing of these stories reflected the racial composition of the newspaper's primary readers,[54] this analysis classified newspaper markets according to their racial character. Newspapers were assigned to one of four categories on the basis of the proportion of the metro population that was African American. The proportion of negative stories increased as the presence of African Americans in the newspaper's market increased. In cities with the largest Black populations, all but one editorial was critical of racial profiling. While the media's frames seemed to respond to what editors and managers perceived as the race-based expectations of their primary readers, the common conclusion seemed to be that racial profiling was a dangerous technology that had to be brought under control.[55]

Unfortunately, in the aftermath of the events of the attack on the WorldTrade Center on 11 September 2001, the nation's perspective on racial profiling took a somewhat different turn. An emphasis on safety in the air replaced a concern about drug traffic. However, because suspicions were focused on males from the Middle East, expressions of concern about racial and ethnic profiling once again emerged in the press.[56] Public opinion, which had been strongly opposed to racial profiling, became divided, as it often does when the levels of threat and concern rise.[57] Still, policy makers at the federal level opposed the inclusion of race among the elements of profiling systems being developed to improve the safety of air transport.[58] In June 2003, in response to President Bush's determination that the use of racial profiling was wrong, the US Department of Justice issued a guidance[59] meant to ban the use of racial profiling by federal law enforcement officials.[60] The directive explicitly rejected the use of statistical indicators of differences in crime rates among racial groups as a basis for differential policing.[61] Despite the greater emphasis at the national level on the threat of terrorism that may have served to weaken opposition to blanket bans on the use of racial profiling, the guidance adopted a weaker constitutional standard in limiting the use of race and ethnicity in terrorist identification.[62] Of course, a presidential directive, and an administrative guidance that applies to federal law enforcement officials still falls far short of the demands that had been made in response to what had become known as DWB.

Prior to the federal initiative, hundreds of jurisdictions, including several states, had acted to declare the use of racial profiling a suspect technology, some barring its use, while many more sought to determine the extent to which it was being used.[63] We felt that it was important to investigate the extent to which a variety of policy responses had emerged at the state level where political action was more likely to reflect differences in local conditions,[64] including the power and influence of organizations traditionally concerned with civil rights and discrimination. This examination begins in the next section with an analysis of legislative actions taken at the state level.

The Legislative Response

We used lexisnexis as our primary source in identifying all the statutes related to racial profiling that had been passed at the state level in the United States between 1999 and 2004. Within this period of time, nineteen states had passed or revised a total of twenty-four statutes or sections of statutes that we could assign unequivocally to a concern about, or a response to, racial profiling (See Appendix A).[65] In examining these statutes, we took note of what we saw as important distinctions between them, especially with regard to the ways in which they defined racial profiling.

Defining Racial Profiling

There was considerable variation in the ways in which these jurisdictions defined racial profiling as an identifiable practice or technique used by members of police or law enforcement agencies. The Resource Guide on Racial Profiling that had been distributed by the Department of Justice defined racial profiling as "any police-initiated action that relies on the race, ethnicity, or national origin rather than the behavior of an individual or information that leads the police to a particular individual who has been identified as being, or having been, engaged in criminal activity."[66] This is a fairly comprehensive definition that might be used as a standard of comparison. Only four states passed statutes that established what we considered to be extremely conservative or limited definitions of racial profiling where race, ethnicity, or nationality had to be identified as the *sole factor* used in deciding whether to stop or detain an individual. In making such activities illegal, Connecticut's statute said, in part, that "the race or ethnicity of an individual shall not be the sole factor in determining the existence of probable cause … or in constituting a reasonable and articulable suspicion … so as to justify … the investigatory stop of a motor vehicle."[67] The statutes in Montana and Oklahoma were quite similar.[68]

However, Kentucky's statute was even more strictly limited, in that persons could not be stopped, detained, or searched "when such action is solely activated by consideration of race, color, or ethnicity"; and, more critically in our view, the statute adds a further condition: a requirement that "the action would constitute a violation of the civil rights of the person."[69] More liberal or comprehensive statutes defined racial profiling to include decisions that treated race as just one of the factors used to determine probable cause, or a reasonable suspicion. Eight statutes defined and sought to limit this kind of racial profiling in their states.[70] The Arkansas statute was among the most explicit in its rejection of the use of race as a resource in policing. They defined racial profiling as "the practice of a law enforcement officer relying to any degree on race, ethnicity, national origin, or religion in selecting which individuals to subject to routine investigatory activities or in deciding upon the scope and substance of law enforcement activity following the initial routine investigatory activity."[71] California's statute included a theory of consequence in its definition of racial profiling. For California, detention was defined as "based on a broad set of criteria which casts suspicion on an entire class of people without any individualized suspicion of the particular person being stopped."[72] This statute is closely related to the statute in Minnesota which defines racial profiling to include "use of racial or ethnic stereotypes as factors in selecting whom to stop and search."[73] We assume that the legislators include the sorts of stereotypes that racial statistics about arrests and imprisonment for drug-related offences bring to mind.[74] Several statutes did include a special exception for permissible uses of race where racial or ethnic group membership is part of the description of a specific suspect being sought.[75]

Data Gathering and Classification

The extent to which racial profiling was, or was not, being used by police officers appeared to be an important, but apparently an unanswered, question in many of these jurisdictions. Thirteen of twenty-four statutes were written explicitly to require, or to support, the collection and analysis of data regarding the ways in which police used race in the pursuit of their various missions.[76] Seventeen of the twenty-four statutes made racial profiling illegal.[77] Some states even established penalties that would be applied to local agencies that failed to comply with policies regarding racial profiling. It is worth noting, however, that only eight of the twenty-four statutes also established procedures for filing complaints regarding racial profiling.[78] Other states were more likely to use statutes to introduce other strategies and techniques for controlling or limiting the extent and impact of racial profiling. These strategies included officer education, the installation of cameras in police vehicles, and special task forces and commissions to study the problem further. More than half (n=13) of the statutes included such programmatic responses.[79]

Framing the Legislative Debate

The literature on media framing that we explored in Part 2 emphasizes the importance of media coverage of issues of public concern to how these issues are ultimately resolved within legislative bodies. The news media are recognized as critically important political institutions.[80] Analysis of media coverage of legislative debates can provide a basis for understanding how different jurisdictions ultimately decide to act in response to the problem before them.[81]

What follows is our analysis of this kind of media coverage. We relied primarily on LexisNexis to identify the stories and editorials dealing with racial profiling policies in the major newspapers in the nineteen states with qualifying statutes (see Table 1).[82] This analysis is focused primarily on those articles that offered comment on these legislative initiatives.[83] Articles that discussed racial profiling but did not make reference to a statute or regulation were excluded from this initial analysis.[84]

The analytical approach was similar to that used in the 1999 study,[85] except that the primary focus was on news items (n=133) rather than editorials or columns (n=10). Press coverage of racial profiling statutes was highest in 2000 with fifty-one qualified documents, followed closely by 2001 with thirty nine. The primary unit of analysis of newspaper articles and editorials was the paragraph.[86] By using the paragraph in this way, it was possible for us to assign unique and multiple codes to as many as 3,300 paragraphs, or text units.[87] An initial strategy for investigating unfamiliar documents that are assumed to address certain themes is to search for particular text "strings"—a word, or phrase believed to be characteristic of particular speakers, and perhaps reflecting an underlying point of view. After each retrieved string is qualified as a legitimate case, the paragraph, or text unit, is marked or identified as having been coded at that particular "node."

Table 1: List of Newspapers, Text Units and Articles

State	Newspaper	City	Units/Articles
Arkansas	Arkansas Democrat-Gazette	Little Rock	129/4
California	Los Angeles Times	Los Angeles	169/6
Colorado	Denver Post	Denver	76/3
Connecticut	Hartford Courant	Hartford	209/10
Kentucky	Louisville Courier Journal	Louisville	83/4
Louisiana	Times-Picayune,	The New Orleans	41/2
Minnesota	Minneapolis Star Tribune	Minneapolis	209/11
Mississippi	The Clarion Ledger	Jackson	
Missouri St.	Louis Post-Dispatch	St. Louis	185/11
Montana	Great Falls Tribune	Great Falls	39/1
Nebraska	Omaha World Herald	Omaha	83/5
Nevada	Las Vegas Review Journal	Las Vegas	56/3
New Jersey	Record	Hackensack	97/7
Oklahoma	The Daily Oklahoman	Oklahoma City	157/9
Rhode Island	Providence Journal	Providence	1083/37
Tennessee	Commercial Appeal	Memphis	118/6
Texas	Houston Chronicle	Houston	215/7
W. Virginia	Charleston Gazette	Charleston	269/13
Washington	Seattle Times	Seattle	77/4

For example, we understand the use of quotation marks around a term as a particularly important way of conveying a sense of distance, or a suspension of belief. This practice is quite common in the context of what van Dijk has associated with the reporting of racism.[88] Adopting this perspective, we searched these articles for the appearance of the term *racial profiling* in quotation marks. Surprisingly, this form of distancing[89] did not occur that often, only twenty-nine times in twenty-three articles. However, we also searched for patterns of association between the use of this distancing strategy and the circumstances of its use.

We began our analysis at the level of states, and then sought to determine whether there were patterns in use which suggest that some states, perhaps those in the South, were more likely to use such a strategy to express their resistance to granting racial profiling the status of an established fact, or a routine practice.[90]

We were, in fact, quite surprised to discover that Rhode Island was the source of 72 percent of the uses of racial profiling in quotes (n=21). While such usage might have reflected some kind of formal editorial policy, rather than an interpretive stance on a particular issue, it appeared that this use of quotes was rather unique in the newspaper serving Rhode Island. That is, the term racial profiling occurred some 474 times overall, and the Rhode Island paper, because it had the largest number of articles in our sample (n=37), also accounted for 109, or around 23 percent, of the uses of the term. However, its share of the uses in quotes far exceeds that proportion. The Rhode Island paper was far more likely than any other paper in our sample to use racial profiling in quotes. Their use of these quotation marks appeared to be a strategic distancing effort.

Primary Descriptive Frames

In addition to coding paragraphs as the primary units of analysis, we also coded headlines and lead paragraphs in terms of whether they did, or did not, include explicit references to racial profiling. Our assumption was that articles that use racial profiling in the headline or lead paragraph were more likely to have focused on such matters as a central, rather than a peripheral, concern.[91] We used theoretically and inductively derived labels for identifying statements that were made and reported in these articles. These include a set of reasons that we felt were likely to be offered in support of, or in opposition to, racial profiling as a practice. The most often cited reason or justification was what we characterized as a moral or ethical stance, such as “it is not right, or just, or fair.” One columnist in Missouri went so far as to say “John Ashcroft and I don’t agree on much, but he’s right on this one. Racial profiling is wrong, and steps must be taken to get rid of it.”[92] Approximately 22 percent of the articles include such an assertion, conclusion, or claim. A far smaller proportion, around 10 percent, merely suggested that it was “against the law” or that it was unconstitutional. Only ten articles offered the more pragmatic response which emphasized unintended consequences, suggesting that such practices are likely to decrease public trust in law enforcement and the administration of justice. Responses to statutes that were meant to respond to racial profiling as a problem were more numerous and more varied. The most frequent reason (n= 37 documents) given for not supporting a statute was that it was “not well crafted”; in some cases the statute was said to be overly broad, and in other cases critics said that it was bound to be ineffective, perhaps, as some suggested, because it was merely for show. The most popular argument for supporting a statute was that it would facilitate the collection of data that would help to determine whether the problem existed in the first place (n=40). Nearly as many urged support for a statute because there was a need for it; that is, supporters claimed that profiling was a real problem that had to be addressed (n=33).

Voice

The analysis of policy frames traditionally seeks to identify the sorts of persons who get to speak about problems of public concern.[93] It is generally held that the prominence and visibility of some sources in the press is a reflection of the power and resources they command.[94] Ultimately, however, the decision of who gets quoted in the press is made by the journalist and her editor.[95] We made a distinction between those who had comments or views attributed to them, and those who were actually quoted. As might be expected in the context of comments on legislative matters, citizens were rarely provided the opportunity to speak. Indeed, one of the two speakers that we identified as a citizen was actually a candidate for public office at the time. On the other hand, attributions were made to legislators in forty documents, while they were actually quoted in fifty eight.

While law enforcement officials had views attributed to them in thirtythree articles, they were quoted slightly less often (n=30). Again, not surprisingly, because of the way in which the issue has been framed as a matter of civil rights, representatives of civil rights organizations had comments attributed to them in twenty-two articles, while they were actually quoted in forty two.

Discursive Relationships

We were interested in discovering how often, and in which papers, the comments of civil rights leaders would be balanced against those of legislators. We were also interested in seeing how often the sponsors of these frames get to speak unchallenged. Given the relatively large number of quotes and attributions from both police officials and civil rights advocates, we expected to find their comments in close proximity quite often. Indeed, we expected to see police officials being placed in the position of defending themselves from charges made by representatives of civil rights organizations. However, it was only in nine documents that we observed comments of police officials and civil rights advocates being published within five paragraphs of each other. We also noted that the quotes of the police were published following those of the civil rights advocate only twice. In addition, there were no consistent patterns in which these quotes directly contradicted or disagreed with the quotes that had gone before.

In general, legislators and civil rights advocates were the most frequently cited supporters of these statutes (47.7 percent and 27.7 percent respectively). The suggestion that the statute would curtail profiling was made most frequently by legislators (43.5 percent) and executive members of state and local governments (21.7 percent). The suggestion that the statute would enhance trust in government agencies was most frequently made by legislators (61.1 percent), followed by civil rights advocates (22.2 percent), and law enforcement officials (11.1 percent).

There were two categories of arguments that were offered in support of statutes related to uncertainty about the existence of racial profiling as a problem. The first of these categories was a suggestion that the statute would help to determine if racial profiling existed. In this category, civil rights advocates were the most frequently cited/quoted source (39.7 percent), followed by legislators (31.7 percent), and law enforcement representatives (20.6 percent). Rather than questioning whether racial profiling was a problem, the second type of argument was a declaration that racial profiling was in fact a real problem (not a problem of perception) and that the statute was necessary to address it. Unlike the first category, in which civil rights advocates were cited/quoted most frequently, the majority of the comments of this nature were attributed to legislators (69 percent).

Finally, there were thirty-three comments that suggested that while the statute was not as good as it might otherwise be, it was far better than the alternative: not having any measures to address racial profiling. Again, legislators and civil rights advocates were the most frequently cited/quoted sources for this category of comment in support of the statutes (54.5 percent and 36.4 percent respectively). Law enforcement officials were the sources that were most frequently cited as opposing the statute because it was too expensive and/or too difficult to implement (37.7 percent). Law enforcement officials were followed by legislators (17 percent) and unidentified critics (17 percent) in offering such arguments.

Another argument that was utilized more frequently by law enforcement officials than other sources was the claim that the statute was unnecessary because racial profiling did not exist. Seventy-five percent of the presentations of these arguments came from law enforcement representatives. Law enforcement representatives were also the most frequently cited sources for the argument that measures to prevent racial profiling already existed (53.8percent).

As for the claim that the statute would chill law enforcement capabilities, somewhat surprisingly law enforcement officials (36.1 percent) were second to legislators (44.4 percent), who suggested that law enforcement officials would refrain from performing their duties due to fear of being blamed for engaging in racial profiling. Legislators were also the most frequently cited source of a criticism of a statute as not being well crafted (35 percent). Legislators were followed by civil rights advocates (23.3 percent) in making such a claim. However, further analysis reveals that the nature of the "not well-crafted" arguments that legislators and civil rights advocates used were actually quite different from each other. While civil rights advocates often presented arguments to suggest that actions required by the legislation would not be adequate as a response to the problem of racial profiling, approximately 33 percent of the "not well-crafted" arguments made by legislators suggested that the statute was too broad and would lead to unintended consequences such as too many lawsuits against the state.

Comparing the States

We also examined the patterns in frames and perspectives as they varied across the states. In half of the eighteen states for which we had qualified newspaper coverage, articles about the state's racial profiling statute made references to some study which produced statistics that could lend support to, or challenge, the claim that racial profiling was being used by police. The proportion of articles which include statistical evidence that supported the charge varied from state to state. While not all of the states that reported on such studies actually included statistics as evidence within the article, newspapers in only three states—Texas, Washington and West Virginia— reported any statistics that could be read as challenging the existence of racial profiling. Articles from Texas were most likely to report these negative statistics (25 percent of the articles from Texas) and an equal number of references in this newspaper questioned the quality or the interpretation of the data in some report. While Rhode Island did not report any statistics that argued against the existence of racial profiling, and its paper published only a relatively small proportion of all references made to statistical evidence in support of its existence, the Rhode Island newspaper was similar to the Texas newspaper in questioning the quality of studies' data in 20 percent of its items. When we compared the states' newspapers in terms of their tendency to quote or to attribute comments to different kinds of sources, we observed some interesting patterns. Nevada relied upon its legislators for 71 percent of a very limited number of comments on its bill.

West Virginia's newspaper relied very heavily on social scientists (52 percent) to provide the public with insights into the nature of racial profiling as a social problem.[97] Texas and Missouri were the only other states to depart from the traditional journalist's reliance on elected officials or law enforcement personnel in this way.[98] Perhaps because it was one of the states in which the charge of racial profiling had generated a political crisis for its governor,[99] New Jersey papers allowed law enforcement voices to dominate the articles, with police officials accounting for nearly 60 percent of the references or quotations.

Reasons for Opposing Profiling

Not many newspapers featured comments that expressed opposition to racial profiling because it was illegal. Stories in the newspapers sampled from Missouri, Connecticut, and West Virginia were least likely to include references that offered this specific claim. Among these, only West Virginia's paper was more likely to say that racial profiling was illegal, than to offer other rationales. Indeed, references to illegality dominated (80 percent) the small number (n = 5) of justifications offered for taking legislative action in West Virginia. Sources offering comments in Oklahoma and Rhode Island were most likely to speak of moral concerns (8 references each), while Rhode Island was among those least likely to say the behaviour was illegal. Of the two examples we noted, one actually involved a challenge to the Attorney General, who apparently did not feel that the racially linked techniques of his officers was a "violation of the law."[100] The views of Attorney General Lynch in 2003 were apparently quite different from those of Attorney General Whitehouse, who in 2000 had been the author of a proposal that would identify and punish "racial profiling, and all forms of unlawful discrimination."[101]

Opposition to the Statute

We identified seven reasons that tended to be given most often as a basis for opposing a racial profiling statute. As we initially observed, the greatest number of such comments (n=65) suggested that the statute was not well crafted, was overly broad or inclusive, would be insufficient to meet stated goals, or would have unintended consequences. Items in the California and Nebraska newspapers were more likely than those in other states to criticize the ways the statutes were framed. Papers in Louisiana, West Virginia, and Connecticut were least likely to offer such a critique. A considerably smaller number (n=35) of comments suggested that the statute would probably chill law enforcement. The assumption being made was that in order to avoid being investigated and charged with racial profiling, police officers would reduce the number of traffic stops and other routine investigations that might involve a substantial number of minority group members.[102] Such statements were most likely to be published in the Missouri papers (46 percent), and least likely to appear in the newspapers in Rhode Island (7 percent) and Tennessee, where there were none. Only twenty-five statements suggested that a statute was not needed because racial profiling either did not exist, or was not a problem. Although such statements were relative rare—less than 30 percent of all the statements made in any of the papers in our analysis—their relative prominence was noteworthy in Rhode Island (24 percent), Oklahoma and Louisiana (29 percent of the statements in each paper).

Supporting the Statute

We coded a similar number of reasons that had been given for supporting the statute. The most often cited rationale (n=70) was that the statute would provide the kinds of evidence that would allow communities to determine if racial profiling actually exists. The next most popular argument for supporting the statute was a claim that it was needed because profiling actually did exist (n=41).

Not surprisingly, in Nebraska, where the largest share of the published rationales in support of the statute (66 percent) were assertions seeking to establish the existence of racial profiling as a fact, there was limited interest (11 percent) in justifying a statute on the basis of its potential for validating what everybody apparently already knew.

The same pattern, but in reverse, was seen in Rhode Island, where nearly half of the reasons given for supporting the legislation (46 percent) were in order to find out whether the problem of racial profiling actually existed, and only 17 percent of the statements used the fact of its existence as a rationale. In order to determine if these arguments were being used by the reporters in an effort to stage a "mock debate" between opponents, we identified the number of cases in which the rationale of discovery occurred within five paragraphs of a statement claiming that racial profiling exists. This pattern of association occurred twenty-nine times in twelve different stories. Given that the existence of racial profiling was offered as a justification for supporting the statute only forty-one times in thirty-three stories, this pattern suggests that this framing strategy was becoming popular among precision journalists[103] as it had been used in seven of eighteen papers. Media scholars have examined the role that different media frames have on public perceptions of the nature of social problems.[104] These differences in frames are also believed to influence the assignment of responsibility for the hardships that may be described.[105] In some cases, especially those related to poverty that might be explained by racial discrimination, the use of an episodic frame, rather than a thematic frame,[106] tends to be associated with a victimblaming response on the part of the media audience. Thematic frames tend to rely upon statistics and generalizations. We noted, however, that twenty-seven stories included eighty-five paragraphs which focused on the specific cases of African Americans who had been victimized by what they felt was racial profiling.

While we have no basis for claiming that this framing pattern actually influenced public attributions of responsibility, the literature does suggest that such a response is likely.[107] The greatest proportion of these were found in Oklahoma (30.5 percent), followed by Kentucky (20 percent). This domination of the use of episodic frames is especially noteworthy in that these two newspapers together accounted for less than 10 percent of the articles we examined. We observed another pattern which raised some questions about the role that statistical evidence might ultimately play in states' decisions to limit the use of racial profiling. Note that more than half of the statutes included provisions for, or were justified on, the basis of their contribution to the gathering of data regarding the nature and extent of racial profiling within the state. We were interested in the extent to which articles in the press that discussed these statutes made use of statistics in arguing for or against the existence of racial profiling. We were also interested in the ways in which the conclusions, either drawn from statistics or from comments and assertions of police officers or victims, would be used to support or challenge claims about the existence of racial profiling.

We observed that statistical claims were fairly evenly balanced with rhetorical arguments when both pointed toward the existence of racial profiling.108 However, when the purpose of the claim was to deny the existence of racial profiling, statistical references were outnumbered by the rhetorical at a ratio of nearly four to one (3.75).[109] We interpret these patterns to suggest that the available data regarding disparities in risk are incredibly clear, but they are easily ignored by those who wish to deny the facts, or to minimize the scope of the injustice that the numbers represent.

Making It Against the Law

First, we have to note that only nineteen of fifty states have managed to respond in any substantive way to the problem of racial profiling as a suspect technology of policing during the period under analysis. On its face, this is a basis for concluding that the general public and their representatives underestimate the seriousness of the problems being caused by the use of racial profiling by the police. By the time of our study, seventeen statutes had formally declared racial profiling to be against the law, but we have noted that these states differ markedly in their identification of the specific practices that would be barred. Four states established relatively conservative definitions of racial profiling that exclude from consideration those forms of race-based policing that incorporate information in addition to race or ethnicity in their profiles. These definitions were so narrowly drawn as to effectively define much of what we understand as racial profiling out of existence. Only eight states established policies that would bar or limit the use of race as one among a number of factors that together might justify an encounter with police. Uncertainty about the existence of racial profiling as a technique that was being used routinely by police was widespread. Thirteen of the statutes required the collection and analysis of statistical data, in part in order to guide an administrative response, but also in large part in order to determine the extent to which racial profiling was in fact a technology in use within a given state.

We observed considerable variation in the ways in which the newspapers in different states framed the debate about racial profiling. We noted systematic differences in the ways that different newspapers attended to and presented competing perspectives on the problem and on related statutes being debated within the legislature. First, we note great variation in the amount of attention paid to the issue across the states. None of the articles (n=4) retrieved from the Mississippi newspaper made any reference to a racial profiling statute. This inattention may be explained by the fact that the qualifying Mississippi statute referred only to the training of police officers who would work in the county jail. On the other hand, Rhode Island's main newspaper, *The Providence Journal*, published thirty-seven lengthy articles, accounting for more than one-third of all the paragraphs we examined in our study. The Journal's approach to the problem of racial profiling might generously be called cautious, in that it appeared to use quotation marks systematically in order to oppose a foregone conclusion that racial profiling was a serious problem in the state. We were thus not surprised that both of the statutes passed in Rhode Island included provisions for the collection of data related to the existence and extent of the problem of racial profiling. Despite this reserved posture, however, we note that the Journal did provide ample opportunity for representatives of civil rights organizations to be heard on the issue.[110]

Although we cannot make a causal claim, we do note that Oklahoma, one of the four states passing the most conservative statutes, also provided more opportunity than most for opponents of legislation to say that racial profiling did not exist, or was not a problem. Despite this fact, those offering comments in the Oklahoma paper were more likely than those in any other paper to suggest that racial profiling was a moral or ethical wrong. Not surprisingly, we observed that representatives of civil rights organizations were likely to speak in favour of the statutes and that police or law enforcement officials were more likely to deny the existence of a problem, or that—if there was a problem—they felt it was already being addressed. Finally, we note that the problems involved in demonstrating the existence of racial profiling are reflected primarily in the strategic use of statistics and "recent studies"[111] to lend support to, or to oppose, some aspect of proposed legislation. Statistics demonstrating the existence of substantial disparity in the stops, arrests, and sentences of Whites and African Americans are readily available and are frequently used in news stories about racial profiling. Those seeking to deny the existence of problems related to racial profiling tended to either question the validity of the measures, the appropriateness of the measures used in the analysis, or the conclusions drawn from existing studies. It was extremely rare for statistical data to be used as evidence of equal treatment.

We are not able to make a claim that the newspapers in these states actually shaped the debate and thereby influenced the character of the statutes that were ultimately passed. Such claims are rarely made because of the difficulty of establishing causal order, and more critically, excluding other equally compelling explanations for state action.[112] Far more information would have been required than we were able to collect. In addition, because our analysis did not include states that might have initiated discussion, but failed to pass legislation to control racial profiling, we have no way of knowing whether the relationships between proposed statutes and media representations were similar to those which we have observed in these eighteen states. Our analysis would also have been enriched by additional information about the racial composition of neighbourhoods and communities within these states, as well as some sense of the history of race relations civil rights debates in these states in recent years.

Our analysis has focused on the impact of racial profiling on African Americans. We have noted that following the assault on the World Trade Center ethnic profiling by transportation authorities has also increased. Clearly, African Americans are not the only victims of racial profiling. Recent studies of racebased policing indicate that the racial character of arrests vary as a function of the racial composition of the neighbourhood in which the arrests are made. The rates of arrest for Whites are highest in areas of Black concentration, while the rates of arrest for Blacks are highest in areas in which Whites are the majority.[113]

This suggests that the use of race as an index of criminality is not restricted to people of color, as we might assume from the characterization of racial profiling as generating a crime known as "Driving While Black." However, we still wish to suggest that the cumulative disadvantage that accrues to African Americans from racial profiling suggests that this particular use of race as an index of identity ought to be seen as especially troubling.

Frederick Schauer's[114] examination of the use of group membership as a source of information that might improve the efficiency of administrative decisions, including those made by agencies of law enforcement, is quite detailed, well argued, and at times quite convincing. Yet Schauer leaves open the possibility that we might collectively decide that race and gender should never be used as a basis for making choices that limit the freedoms or options that women or people of color enjoy.[115]

As he suggests, we might decide to be race or gender blind in this regard; not because the use of group membership has no value, or predictive utility, but because the accumulated harms that are likely to flow from such uses over time will almost certainly outweigh the gains. The overuse of race as a basis for discrimination leads to a form of cumulative disadvantage that seems to guarantee additional discrimination in the future.[116] This disadvantage adds momentum to the deviation amplifying loops that Glenn Loury[117] associates with racial stigma. People who share this "spoiled collective identity"[118] eventually come to be denied the "presumption of equal humanity"[119] that we require in order to be concerned about their well being, and about the legitimacy of their claims for social justice. Our study of the ways in which eighteen states struggled over the establishment and enforcement of limits on the use of race in the management of crime suggests that many people still believe that racial identification can be used as part of a predictive technology by police because it helps to control crime and enhance security. Many fail to understand that having a theoretical basis for establishing a causal link between race and behaviour is necessary before observed correlations between race and a class of behaviours should be used as the basis for differential treatment of individuals.[120] Far too many people still believe that a person's race can be the cause of their behaviour.[121] We believe the news media have been complicit in sustaining these irrational views. Finally, we believe it is important for legal scholars to understand the ways in which the news media both reflect and influence the development of legislative responses to problems associated with the use of a broad range of technologies. We believe that comparative analysis across a large number of jurisdictions represents an approach with considerable potential to estimate the influence of historical and contextual factors on those decisions. We hope this article serves to stimulate further work along these lines.

Table 2: Percent of Paragraphs Expressing Views on Statutes

	AR	CA	CT	CO	KY	LA	MO	MT	NV	NJ	NE	MN	OK	RI	TN	TX	WA	WV
Arguments Against Statute																		
Not Well Crafted	0	87	13	50	n/a	0	15	n/a	20	25	83	45	24	21	67	0	50	11
Too Expensive	0	0	39	0	n/a	43	38	n/a	60	38	0	15	5	31	33	75	50	32
There's No Profiling	0	0	9	0	n/a	29	0	n/a	0	0	17	5	29	24	0	0	0	5
Chill Law Enforcement	100	0	26	0	n/a	0	46	n/a	20	31	0	18	14	7	0	25	0	16
Arguments Support Statute																		
Curtail Profiling	0	20	17	33	0	0	24	0	50	33	0	8	11	4	14	20	0	22
Build Trust in Government	0	0	14	0	20	0	16	0	0	0	11	8	11	2	5	10	18	22
It is a Beginning	0	80	21	33	20	17	12	0	0	67	28	31	0	8	5	10	36	11
Determine If Exists	50	0	35	0	0	50	24	0	0	0	22	31	11	46	38	20	36	33
Profiling Is Real	0	0	14	33	60	0	24	0	25	0	17	0	67	17	24	20	9	0

Notes:

1. The annotation n/a represents states within which the analysed newspaper did not cite or quote any arguments against the statutes.
2. The table does not provide an exhaustive list of arguments that were presented against the statutes.

APPENDIX A: LIST OF STATUTES

State	Statute Identifying Information
Arkansas	Task Force on Racial Profiling, (2003) *Arkansas Code Annotated* ss. 12-12-1401 to 12-12-1404, <http://www.arkleg.state.ar.us/NXT/gateway.dll?f=templates&fn=default.htm&vid=blr:code>*
California	2004 *Statutes of California* ch. 700, <http://www.leginfo.ca.gov/statute.html>
Colorado	Annual Report, (2003) *Colorado Revised Statutes* s. 42-4-115, <http://198.187.128.12/colorado/lpext.dll/Infobase4/63d1b/64e90/64e92?f=templates&fn=document-frame.htm&2.0>[†] and Profiling Training, (2003) *Colorado Revised Statutes* s. 24-31-309, <http://198.187.128.12/colorado/lpext.dll/Infobase4/375be?f=templates&fn=document-frame.htm&2.0>
Connecticut	*An Act Concerning the Alvin W. Penn Racial Profiling Prohibition Act*, 2003 *Connecticut Public Acts* 03-160, <http://www.cga.ct.gov/2003/act/ Pa/2003PA-00160-R00HB-05674-PA.htm>
Kentucky	Prohibition Against Racial Profiling, (2004) *Kentucky Revised Statutes* s. 15A(1), <http://www.lrc.ky.gov/KRS/015A00/195.pdf>
Louisiana	Reporting of Statistical Information Relating to Traffic Stops, (2001) *Louisiana Revised Statutes* s. 32:398.10, <http://www.legis.state.la.us/lss/lss.asp?doc=88363>
Minnesota	Criminal Procedure Peace Officer Training, (2003) *Minnesota Statutes* s. 626.8471, <http://www.revisor.leg.state.mn.us/stats/626/8471.html>
Minnesota	Criminal Procedure Racial Profiling, (2003) *Minnesota Statutes* s. 626.8471, subd. 2(2), <http://www.revisor.leg.state.mn.us/stats/626/951.html>
Mississippi	Country Jail Officers Training Program, (2004) *Mississippi Code Annotated* s. 45-4-9, <http://michie.lexisnexis.com/mississippi/lpext.dll/mscode/ddb0/dec8?f=templates&fn=document-frame.htm&2.0#JD_t45ch4>
Missouri	Peace Officers, Selection, Training & Discipline, (2001) *Missouri Revised Statutes* s. 590.650, <http://www.moga.state.mo.us/statutes/c500-599/5900000650.htm>
Missouri	Peace Officers, Selection, Training & Discipline, (2001) *Missouri Revised Statutes* s. 590.650, <http://www.moga.state.mo.us/statutes/c500-599/5900000650.htm>, s. 590.653, <http://www.moga.state.mo.us/ statutes/c500-599/5900000653.htm>*

Notes:

* LexisNexis provided these sections of the statutes as separate documents which were later combined into a single document for content analysis.

† This section was repealed, effective January 2004.

Endnotes

1. Gary T. Marx, "Identity and Anonymity: Some Conceptual Distinctions and Issues for Research" in Jane Caplan & John Torpey, eds., *Documenting Individual Identity* (Princeton: Princeton University Press, 2001) 311-327, <http://web.mit.edu/gtmarx/www/identity.html> at pp. 322–327.
2. Oscar H. Gandy, Jr, "Exploring Identity and Identification in Cyberspace" (2000) 14:2 Notre Dame Journal of Law, Ethics & Public Policy 1085 at pp. 1088–1093.
3. Geoffrey C. Bowker & Susan Leigh Star, *Sorting Things Out: Classification and Its Consequences* (Cambridge: MIT Press, 1999) at pp. 1–3.
4. Richard V. Ericson & Kevin D. Haggerty, *Policing the Risk Society* (Toronto: University of Toronto Press, (1997) at pp. 282–291.
5. Rebecca M. Blank, Marilyn Dabady & Constance F. Citro, eds., *Measuring Racial Discrimination* (Washington: National Academic Press, 2004), <http://www.nap.edu/books/0309091268/html/> at p. 187 [Blank, Dabady & Citro, *Measuring Racial Discrimination*].
6. Frederick Schauer, *Profiles, Probabilities, and Stereotypes* (Cambridge: Belknap Press, 2003) at p. 198 [Schauer, *Profiles, Probabilities*]. (2006) 3:1 UOLTJ 297, Racial Profiling: They Said It Was Against the Law! Oscar H. Gandy, Jr and Lemi Baruh
7. Reference to Clinton's statement made at a conference on Strengthening Police-Community Relationships on 9 June 1999. See Deborah Ramirez, Jack McDivitt & Amy Farrell, "A Resource Guide on Racial Profiling Data Collection Systems" (US Department of Justice: NCJ 184768 1, November 2000), <http://www.ncjrs.org/pdffiles1/bja/184768.pdf> [Ramirez, McDivitt & Farrell, "Resource Guide"] (providing guidance to jurisdictions that seek to develop and implement data collection systems as part of their efforts to assess and control the use of racial profiling).
8. No qualifying articles were retrieved from *The Clarion Ledger* of Jackson Mississippi.
9. David A. Harris, *Profiles in Injustice* (New York: New Press, 2003) at p. 16 [Harris, *Profiles*].
10. *Ibid.* at p. 20. This is not to suggest, however, that all of the searches made by police are in fact constitutional. See Bernard E. Harcourt, "Unconstitutional Police Searches and Collective Responsibility"Public Law and Legal Theory Working Paper No. 66, June 2004,http://www.law.uchicago.edu/academics/publiclaw/resources/66-harcourt.pdf> [Harcourt, "Unconstitutional Police Searches"].
11. Schauer, *Profiles, Probabilities supra* note 6 at pp. 161–165.

12. Reference is generally made to the *Equal Protection Clause*, 42 U.S.C. s. 1981 (2005), <http://uscode.house.gov/download/pls/42C21.txt> as well as Titles II and VI of the US, Bill H.R. 7152, *Civil Rights Act of 1964*, 88th Congress 1964, <http://usinfo.state.gov/usa/infousa/laws/majorlaw/civilr19.htm>. See Erik Lillquist & Charles A. Sullivan, "The Law and Genetics of Racial Profiling in Medicine" (2004) 39:2 Harvard Civil Rights-Civil Liberties Law, Review 391 at p. 394.
13. See Mark J. Kadish, "The Drug Courier Profile: In Planes, Trains, and Automobiles; and Now in the Jury Box" (1997) 46:3 American University Law Review 747 (references and relevant discussions in footnotes 1, 64, and 268).
14. Kirstie Ball & Frank Webster, eds., *Intensification of Surveillance* (London: Pluto Press, 2003) at p. 3.
15. Harris, *Profiles*, *supra* note 9 at pp. 223–227.
16. John Knowles, Nicola Persico & Petra Todd, "Racial Bias in Motor Vehicle Searches: Theory and Evidence" (2001) 109:1 Journal of Political Economy 203 at p. 205 [Knowles, Persico & Todd, "Racial Bias"].
17. Jeff Dominitz, "How Do the Laws of Probability Constrain Legislative and Judicial Efforts to Stop Racial Profiling?" (2003) 5:2 American Law and Economics Review 412 at p. 415 [Dominitz, "Laws of Probability"].
18. See generally Samuel Nunn, "Seeking Tools for the War on Terror: A Critical Assessment of Emerging Technologies in Law Enforcement" (2003) 26:3 Policing 454 (discussing the criteria for evaluating the new technological systems that dramatically extend the "sensory capacities" of police, noting the potential for abuse of these resources).
19. See generally Johan Schot & Arie Rip, "The Past and Future of Constructive Technology Assessment" (1996) 54:2-3 Technological Forecasting and Social Change 251 (reviews the history of technology assessment and developments of closer links between those concerned with assessment and those concerned with the development and implementation of technologies).
20. See generally Roger A. Clarke, "Information Technology and Dataveillance" (1988) 31:5 Communications of the ACM 498 (discussing the ways in which "dataveillance," or database analysis is replacing traditional means of surveillance).
21. Some argue that cost-benefit assessment of racial profiling should emphasize incremental increases in harm, rather than total harm associated with its use. This incremental increase may be the product of an interaction with the harms sociated with being delayed multiplied by the harms associated with existence in a racist society. See Mathias Risse & Richard Zeckauser, "Racial Profiling" (2004) 32:2, Philosophy & Public Affairs 149 [Risse & Zeckauser, "Racial Profiling"] (discussing cost-benefit analysis).

22. See Nicola Persico, "Racial Profiling, Fairness, and Effectiveness in Policing" (2002) 92:5 American Economic Review 1472 at p. 1475 [Persico, "Racial Profiling, Fairness"]. See generally Risse & Zeckauser, "Racial Profiling," *ibid.* (provides an extended review of issues central to the moral debate about racial profiling).
23. See Blank, Dabady & Citro, *Measuring Racial Discrimination*, *supra* note 5 at pp. 223–246.
24. See Persico, "Racial Profiling, Fairness," *supra* note 22 at p. 1494.
25. An unintended consequence of racial profiling in health might be seen in the tendency of physicians to avoid offering treatment to racial and ethnic minorities because they believe that they represent higher risks for negative outcomes, which in turn might affect the physician's ratings. See Rachel M. Werner, David A. Asch & Daniel Polsky, "Racial Profiling, the Unintended Consequences of Coronary Artery Bypass Graft Report Cards" (2005) 111:10 Circulation 1257 at p. 1262.
26. See Melvin W. Reder, *Economics* (Chicago: University of Chicago Press, 1999) at pp. 219–222 [Reder, *Economics*] (discussing externalities and cost benefit analysis).
27. See Peter Grabosky, "Technology and Crime Control" (1998) Trends & Issues in Crime and Criminal Justice No. 78http://www.aic.gov.au/publications/tandi/ti78.pdf> (discussing unintended adverse consequencesof police technologies, including harm to third parties).
28. See Reder, *Economics, supra* note 26 at p. 251.
29. See generally Charles Jaret & Donald C. Reitzes, "The Importance of Racial-Ethnic Identity and Social Settings for Blacks, Whites, and Multiracials" (1999), 42:4 Sociological Perspectives 711.
30. See Karen F. Parker *et al.*, "A Contextual Study of Racial Profiling" (2004) 47:7 American Behavioral, Scientist 943 at p. 956 [Parker *et al.*, "Contextual Study"].
31. See Kenneth J. Novak, "Disparity and Racial Profiling in Traffic Enforcement" (2004) 7:1 Police Quarterly, 65 at pp. 88–89.
32. See Knowles, Persico & Todd, "Racial Bias," *supra* note 16 at pp. 227–228, and generally, Dominitz, "Laws of Probability," *supra* note 17.
33. See John J. Donohue III & Steven D. Levitt, "The Impact of Race on Policing, Arrest Patterns, and Crime" (NBER Working Paper 6784, November 1998), <http://papers.ssrn.com/sol3/papers.cfm?abstract_id=218908> at pp. 25–26.
34. See generally Kenneth Meeks, *Driving While Black (DWB)* (New York: Broadway Books, 2000) [Meeks, *DWB*]. See also Angela Anita Allen-Bell, "Comment, The Birth of the Crime: Driving While Black (DWB)", (1997) 25:1 Southern University Law Review 195.

35. See Stokely Carmichael & Charles V. Hamilton, *Black Power: The Politics of Liberation in America* (New York: Random House, 1967).
36. See Blank, Dabady & Citro, *Measuring Racial Discrimination, supra* note 5 at pp. 176–179.
37. Jody David Armour, *Negrophobia and Reasonable Racism: The Hidden Cost of Being Black in America* (New York: New York University Press, 1997).
38. *Ibid.* at pp. 35–60.
39. See generally Oscar H. Gandy, Jr, "Journalists and Academics and the Delivery of Racial Statistics: Being a Statistician Means Never Having to Say You're Certain" (2001) 4:2 Race & Society 149.
40. See Glenn C. Loury, *The Anatomy of Racial Inequality* (Cambridge: Harvard University Press, 2002) at pp.23–33 [Loury, *Anatomy*].
41. The concept of cumulative disadvantage in relation to criminal justice is explored in Blank, Dabady & Citro, *Measuring Racial Discrimination, supra* note 5 at pp. 233–234.
42. As noted with regard to the behavior of Maryland State Police whose own data indicated that African Americans were carrying contraband at the same rate as Whites, the fact that African Americans were being stopped at five times the rate of Whites meant that the total number of African Americans arrested and convicted of possession will rise quickly. Ironically, then, those same crime statistics will be used to justify increased attention being paid to African Americans by the police. See the quote attributed to Robert Wilkins in Meeks, *DWB, supra* note 34 at p. 26.
43. See Oscar H. Gandy Jr, "It's Discrimination Stupid!" in James Brooks & Ian A. Boals, eds., *Resisting theVirtual Life* (San Francisco: City Lights Books, 1995) 35-47 at p. 41.
44. See generally David Cole, *No Equal Justice: Race and Class in the American Criminal Justice System* (New York: New Press, 1999). See also the scathing indictment of our collective responsibility for the criminal actions of police who have been given an excess of discretionary authority by the courts in support of awar against drugs in Harcourt, "Unconstitutional Police Searches," *supra* note 10.
45. See Marcia Davis, "Roadside Racism: Unfair Traffic Stops" (June 1999) 10 Emerge at pp. 42–43.
46. See David A. Harris, "The Stories, the Statistics, and the Law: Why 'Driving While Black' Matters" (1999)84:2 Minnesota Law Review 265, at pp. 270–276.
47. Debra Lynn Vial, "Racial Profiling Debate Expanding along East Coast" *The Record* (14 March 1999) A01.

48. See generally Robert M. Entman, "Framing: Toward Clarification of a Fractured Paradigm" (1993) 43:4 Journal of Communication 51 at p. 51; Zhondang Pan & Gerald M. Kosicki, "Framing Analysis: An Approach to News Discourse" (1993) 10:1 Political Communication 55 at p. 55 [Pan & Kosicki, *FramingAnalysis*].
49. See generally Zhondang Pan & Gerald M. Kosicki, "Framing as a Strategic Action in Public Deliberation"in Stephen D. Reese, Oscar H. Gandy Jr & August E. Grant, eds., *Framing Public Life: Perspectives on Media and Our Understanding of the Social World* (Mahwah, NJ: Lawrence Erlbaum Associates, 2003) 35-65 [Pan & Kosicki, *Strategic Action*] (discussing the ways in which interested policy actors seek to influencethe ways in which the press frames policy issues in the belief that such framing influences the outcome of policy debates). See also Matthew C. Nisbet, Dominique Brossard & Adrianne Kroepsch, "Framing Science: The Stem Cell Controversy in an Age of Press/Politics" (2003) 8:2 The Harvard International Journal of Press/Politics 36 (exploring the rise and fall of media attention to a contentious political issue over time).
50. Randall Kennedy, "Suspect Policy" *The New Republic* (13 & 20 September 1999) at pp. 30, 33.
51. Jennifer Hannah & Oscar H. Gandy, Jr, "Editorial Opinion and Racial Profiling: Coming to Terms with DWB" (Paper presented to the Political Communication Division, Meeting of the International Communication, Acapulco, May 2000) [Hannah & Gandy, "Editorial Opinion"] (on file with authors).
52. *Ibid.* at p. 14.
53. Scholars of media framing distinguish between episodic and thematic frames, where episodic frames tell the story of an individual, while thematic frames discuss the problem more generally, often using statistics. This distinction has emerged as important in the framing literature because of evidence which suggests that readers tend to "blame the victims" when episodic frames are used, while they are more likely to assign responsibility to social and political institutions when thematic frames are used. See generally Shanto Iyengar, *Is Anyone Responsible? How Television Frames Political Issues* (Chicago: University of Chicago Press, 1991) at pp. 7–10 [Iyengar, *Is Anyone Responsible*].
54. This approach is applied with notable success in Kent Goshorn & Oscar H. Gandy, Jr, "Race, Risk and Responsibility: Editorial Constraint in the Framing of Inequality" (1995) 45:2 Journal of Communication
55. This is not to suggest that all media coverage of racial profiling shared this assessment of its danger to the social fabric. Some sources felt that to restrict the use of this technique was to needlessly hamper the efforts of police to control crime. See Heather MacDonald, "The Myth of Racial Profil-

ing" (2001) City Journal (Spring 2001) <http://www.city-journal.org/html/11_2_the_myth.html>.

56. Harris, *Profiles*, *supra* note 9 at pp. 223–240. See generally Siobhan Gorman, "National Security: Profiling Terror" *National Journal* (13 April 2002).
57. Alan Westin noted the way in which the public's willingness to accept government surveillance following 9/11 rose dramatically, and then declined with regard to some particularly invasive techniques in less than a year. See Alan F. Westin, "Social and Political Dimensions of Privacy" (2003) 59:2 Journal of Social Issues 431 at pp. 448–449.
58. Schauer, *Profiles, Probabilities*, *supra* note 6 at pp. 181–183. See the discussion of the recommendations of the Gore Commission regarding the CAPPS profile which opposed reliance on "stereotypes and generalizations" rather than "reliable predictions of risk." Opponents of racial and ethnic profiling suggest that even though "all 19 of the September 11 attackers were young Middle Eastern men, it is difficult to draw reliable conclusions from this fact regarding the propensity of any other young Middle Eastern men, let alone anyone else, to engage in future terrorist acts, given the many other factors involved and the rarity of terrorist actions." Blank, Dabady & Citro, *Measuring Racial Discrimination*, *supra* note 5 at p. 198. See also Bruce Schneier, *Beyond Fear: Thinking Sensibly About Security in an Uncertain World* (New York: Copernicus Books, 2003) at pp. 253–254.
59. US Department of Justice, Civil Rights Division, *Guidance Regarding the Use of Race by Federal Law Enforcement Agencies* (June 2003) <http://www.usdoj.gov/crt/split/documents/guidance_on_race.htm>.
60. US Department of Justice, *Racial Profiling Is Wrong and Will Not Be Tolerated* (17 June 2003) <http://www.usdoj.gov/opa/pr/2003/June/racial_profiling_fact_sheet.pdf> [use search terms "racial profiling"].
61. *Ibid.* at p. 3.
62. *Ibid.* at p. 5.
63. See the discussion of such initiatives in James D. Ward, "Race, Ethnicity, and Law Enforcement Profiling: Implications for Public Policy" (2002) 62:6 Public Administration Review 726 at p. 728.
64. Parker, *et al.*, "Contextual Study," *supra* note 30.
65. LexisNexis Academic's Legal Search function was used to search for state level legislation on racial profiling. Two separate search syntaxes were used for each state. First, we searched for "racial profiling" as a keyword. Then, we searched for "profiling" as a keyword and narrowed the search with "race" as an additional term. These search terms retrieved forty-five documents from nineteen states. For the final list of statutes selected for analysis, we deleted the uplications and combined adjacent sections of the

samebill. This final list had twenty-four statutes (or groups of relevant sections of a statute) that are listed in Appendix A.

66. Ramirez, McDivitt & Farrell, "Resource Guide," *supra* note 7 at p. 3.
67. (2003) *Connecticut General Statutes* s. 54-11 d, <http://www.cga.ct.gov/2005/pub/Chap959.htm>.
68. (2003) *Montana Code Annotated* s. 44-2-117, <http://data.opi.state.mt.us/bills/mca/44/2/44-2-117.htm>; (2001) 22 *Oklahoma Statutes* ss. 34.3 to 34.5, <http://www.lsb.state.ok.us/osStatuesTitle.html>.
69. (2004) *Kentucky Revised Statutes* s. 15A(1), <http://www.lrc.ky.gov/KRS/015A00/195.pdf>.
70. (2003) *Arkansas Code Annotated* ss. 12-12-1401 to 12-12-1404; 2004 *Statutes of California* ch. 700, <http://www.leginfo.ca.gov/statute.html>;(2003) *Connecticut General Statutes* s. 54-1 (2003), *supra* note 67; (2003) *Minnesota Statutes* s. 626.8471, <http://www.revisor.leg.state.mn.us/stats/626/951. html>; (2001) *Nevada Revised Statutes* s. 289.820, <http://www.leg.state.nv.us/NRS/NRS-289.html>; *Racial Profiling Prevention Act of 2004*, 2004 *Rhode Island Public Laws* ch. 356, <http://www.rilin.state.ri.us/PublicLaws/law04/law04356.htm>; *Traffic Stops Statistics Act*, (2004) *Rhode Island General Laws* ss. 31-21.1-2, 31-21.1-4, 31-21.1-5, <http://www.rilin.state.ri.us/Statutes/TITLE31/31-21.1/INDEX.HTM>;(2002)*West Virginia Code* s. 30-29-10, http://www.legis.state.wv.us/ WVCODE/30/WVC%2030%20%20-%2029%20%20-%20%2010.htm#HD0>.
71. (2003) *Arkansas Code Annotated* s. 12-12-1401(a).
72. *Statutes of California* ch. 700, *supra* note 70.
73. (2003) *Minnesota Statutes* s. 626.8471, subd. 2(2), http://www.revisor.leg.state.mn.us/stats/626/951.html>.
74. See generally Jerry Kang, "Trojan Horses of Race" (2005) 118:5 Harvard Law Review 1490 at p. 1549.
75. (2003) Connecticut General Statutes s. 54-1,<htt://www.cga.ct.gov/2005/pub/Chap 959.htm>; (2004) Kentucky Revised Statutes s. 15A (1),<http://www.lrc.ky.gove/KRS/015A00/195.pdf>; (2003) Montana Code Annotated s. 44-2-117, http://data.opi.state.mt.us/bills/mca/44/2/44-2-117.htm; (2001) 22 Oklahoma Statutes s. 34.3, supra note 68.
76. 2004 *Statutes of California* ch. 700, *supra* note 70; (2003) *Colorado Revised Statutes* s. 24-31-309, <http://198.187.128.12/colorado/lpext.dll/Infobase4/375be?f=templates&fn=document-frame.htm&2.0>; *Connecticut General Statutes*, *supra* note 67; (2001) *Louisiana Revised Statutes* s.32:398.10, <http://www.legis.state.la.us/lss/lss.asp?doc=88363>; (2003) *Minnesota Statutes* s. 626.8471, *supra* note70; (2001) *Missouri Revised Statutes* s. 590.650, <http://www.moga.state.mo.us/statutes/ c500-599/5900000650.htm>; (2002) *Nebraska Revised Statutes* ss. 20-501 to 20-505, <http://uniweb.legislature.ne.gov/LegalDocs/view.php?page=s20in-dex>; *Racial*

Profiling Prevention Act of 2004, 2004 *Rhode Island Public Laws* ch. 356, *supra* note 70; *Traffic Stops Statistics Act*, (2004) *Rhode Island General Laws* s. 31-21.1-2, *supra* note 70; *Act Relating to the Prevention of Racial Profiling by Certain Peace Officers*, 2001 *Texas General Laws* ch. 947, (2006) *Code of Criminal Procedure* s. 2.131, <http://tlo2.tlc.state.tx.us /statutes/docs/CR/content/htm/cr.001.00.000002.00.htm#2.131.00>; (2002) *Washington Revised Code* ss. 43.101.410, 43.101.415, <http://apps. leg.wa. gov/rcw/default.aspx? Cite=43>; (2002) *West Virginia Code* s. 30-29-10, *supra* note 70.

77. (2003) *Arkansas Code Annotated* s. 12-12-1402; 2004 *Statutes of California* ch. 700, *supra* note 70; (2003) *Colorado Revised Statutes* s. 24-31-309, *ibid.*; (2003) *Connecticut General Statutes* s. 54-11, *supra* note 68; (2004) *Kentucky Revised Statutes* s. 15A(1), *supra* note 75; ((2003) *Minnesota Statutes* s. 626.8471, *supra* note 70; (2003) *Montana Code Annotated* s. 44-2-117, *supra* note 68; (2002) *Nebraska Revised Statutes* ss. 20-501 to 20-505, *ibid.*; (2001) *Nevada Revised Statutes* s. 289.820, *supra* note 70; 2003 *New Jersey Public Laws* ch. 31, <http://www.njleg.state.nj.us/2002/Bills/ PL03/31_.HTM>; (2001) 22 *Oklahoma Statutes* ss. 34.3, *supra* note 68; *Racial Profiling Prevention Act of 2004*, 2004 *Rhode Island Public Laws* ch. 356, *supra* note 70; *Traffic Stops Statistics Act*, (2004) *Rhode Island General Laws* s. 31-21.1-2, *supra* note 70; *Pawnbrokers Act of 1988*, (2001) *Tennessee Code Annotated* s. 45-6-223, <http://michie.lexis-neis. com/tennessee/lpext.dll/tncode/13229/13c45/13c4a?f=templates&fn=docu mentframe. htm&2.0#JD_t45ch6p2>; *Act Relating to the Prevention of Racial Profiling by Certain Peace Officers*, 2001 *Texas General Laws* ch. 947, *ibid.*; (2002) *West Virginia Code* s. 30-29-10, *supra* note 70.
78. (2003) *Colorado Revised Statutes* s. 24-31-309, *supra* note 76; (2003) *Connecticut General Statutes* s. 54- 11, *supra* note 68; (2003) *Minnesota Statutes* s. 626.8471, *supra* note 70; (2003) *Montana Code Annotated* s. 44-2-117, *supra* note 68; (2001) 22 *Oklahoma Statutes* s. 34.3, *supra* note 68; *Racial Profiling Prevention Act of 2004*, 2004 *Rhode Island Public Laws* ch. 356, *supra* note 70; *Act Relating to the Prevention of Racial Profiling by Certain Peace Officers*, 2001 *Texas General Laws* ch. 947, *supra* note 76; (2002) *Washington Revised Code* ss. 43.101.410, 43.101.415, *supra* note 76.
79. (2003) *Arkansas Code Annotated* s. 12-12-1404; 2004 *Statutes of California* ch. 700, *supra* note 70; (2003) *Colorado Revised Statutes* s. 24-31-309, *supra* note 76; (2001) *Louisiana Revised Statutes* s. 32:398.10, *supra* note 76; (2003) *Minnesota Statutes* s. 626.8471, *supra* note 70; (2004) *Mississippi Code Annotated* s. 45-4-9, <http://michie.lexisnexis.com/mississippi/lpext.dll/mscode/ddb0/dec8?f= templates&fn=document-frame.htm& 2.0#JD_t45ch4>; (2001) *Missouri Revised Statutes* s. 590.650, *supra* note

76; *Montana Code Annotated* s. 44-2-117, *supra* note 68; *Racial Profiling Prevention Act of 2004*, 2004 *Rhode Island Public Laws* ch. 356, *supra* note 70; *Act Relating to the Prevention of Racial Profiling by Certain Peace Officers*, 2001 *Texas General Laws* ch. 947, *supra* note 76; (2002) *Washington Revised Code* ss. 43.101.410, 43.101.415, *supra* note 76; (2002) *West Virginia Code* s. 30-29-10, *supra* note 70.

80. See generally Timothy E. Cook, *Governing with the News: The News Media as a Political Institution* (Chicago: University of Chicago Press, 1998). See also Frank R. Baumgartner & Bryan D. Jones, *Agendas and Instability in American Politics* (Chicago: University of Chicago Press, 1993) (examines the ways inwhich the extent of coverage and valence of media frames help to determine the shifts in public policies governing the use of a host of technologies).

81. Some critical perspectives on media framing emphasize the tendency of the press to focus more on the contest between proponents than on the issues being discussed. Interestingly, the media seem to focus less on the "game" frame in their coverage of state level debates than they do on debates at the federal level. See generally Regina G. Lawrence, "Game-Framing the Issues: Tracking the Strategy Frame in Public Policy News" (2000) 17:2 Political Communication 93.

82. The decision to limit our analysis to states which had passed or modified statutes on racial profiling means that the kinds of discussions that took place in states that considered, but rejected, legislative proposals have been excluded from our analysis. This necessarily limits the generality of our observations and conclusions regarding debate across the nation at the state level.

83. For the nineteen states for which we were able to find a statute or a section of a statute that could be unequivocally categorized as related to racial profiling, we developed a list of possible newspapers that could be used to retrieve newspaper articles. This list was developed using the Lexis Academic list of Major Newspapers, the Lexis Academic State by State list of Newspapers and the circulation rankings published by the Audit Bureau of Circulations. If the Lexis Academic list of Major Newspapers had a newspaper for a given state, that newspaper was used for that state. If a state did not have any newspapers included in the Lexis list of Major Newspapers, then the Lexis State by State list of Newspapers, followed by Newsbank (another news databank), was used to select the newspaper for a given state. For each state, newspapers that were published in the state capital were preferred over other newspapers and if none of the newspapers were published in the state capital (or if multiple newspapers were published in the state capital), the newspaper with the highest circulation was used to retrieve articles (see Appendix B for the list of newspapers that was used).

84. The following syntax was used to retrieve articles from each selected newspaper: <Racial Profiling> (fulltext) AND <Governor OR gov. OR senate OR house OR representative OR rep. OR senator OR sen. OR enact OR signed into law OR sign into law> (fulltext). The purpose of using this approach was to minimize the number of articles that were about racial profiling but were not about the statutes in question, while also minimizing the chances of excluding any article about the racial profiling statutes. We repeated this search procedure for each state and for each period during which there was an amendment to a state level statute that was on our list of statutes. The period that would be used to search for newspaper articles was determined using a two-tiered criterion. For those statutes with a bill tracking report, the search was made for the period starting two months before the bill was proposed and ending two months after the bill was signed into law. For those statutes without a bill tracking report and for amendments to a statute, the search period started one calendar year before the statute was signed into law (or amended) and ended one calendar year after the statute was signed into law (or amended). Once the search syntax retrieved a list of articles, we excluded letters to the editor, style section news, film reviews, television guides and reviews.
85. See Hannah & Gandy, *supra* note 51. Analysis was accomplished with the use of QSR International's qualitative analysis software, N6. See also Oscar H. Gandy, Jr. & Zhan Li, "Framing Comparative Risk: A Preliminary Analysis" (2005) 16 The Howard Journal of Communication 71 [Gandy & Li, "Framing Comparative Risk"].
86. Klaus Krippendorff, *Content Analysis: An Introduction to Its Methodology*, 2d ed. (Thousand Oaks, California: Sage, 2004) at pp. 104–105; See also James W. Tankard, "The Empirical Approach to the Study of Media Framing" in Stephen Reese, Oscar H. Gandy, Jr. & August E. Grant, eds., *Framing Public Life: Perspectives on Media and Our Understanding of the Social World* (Mahwah, NJ: Lawrence Erlbaum Associates, 2001) 95 at pp. 100–101, and Pan & Kosicki, *Framing Analysis*, *supra* note 48.
87. N6 allows for the characterization of text units (defined as lines, sentences, or paragraphs) as having been coded at a Node, or a defined category. Nodes can be defined a priori on the basis of a fully specified instrument akin to a survey questionnaire, or through automated searches of text. Nodes can also be created as "freely defined" nodes while reading through the text online. Nodes are also established analytically as the product of Boolean searches and matrix manipulation of existing nodes. See generally Lyn Richards, *Using N6 in Qualitative Research* (Melbourne: QSR International Pty Ltd, 2002), <http://download.qsrinternational.com/Document/N6/N6%20Workbook.pdf>.

88. Tuen A. van Dijk, "New(s) Racism: A Discourse Analytical Approach" in Simon Cottle, ed., *Ethnic Minorities and the Media: Changing Cultural Boundaries* (Buckingham, PA: Open University Press, 2000) at p. 45.
89. See for example Mick Hinton, "Racial Profiling Bill Advances Senate to Consider Discipline Policy" *The Daily Oklahoman* (14 April 2000) 4A (discusses the statute by explaining that "the measure bans 'racial profiling' by a police officer, who could be charged with a misdemeanor criminal offense").
90. Critical observers of media behaviour have a special regard for investigative journalists because of common assumptions about their commitment to what they see as a mission. See David L. Protess *et al.*, eds., *The Journalism of Outrage: Investigative Reporting and Agenda Building America* (New York: Guilford Press, 1991) at pp. 12–20 (discussing the mobilization model of investigative journalism). It seems unlikely that investigative journalists who see racial profiling as an injustice would use quotation marks around the term. Our discussion of the proportions of uses of a technique is common in studies of media framing. There is little additional value that would be gained by providing the reader with details or citations at the level of articles or paragraphs because it would needlessly duplicate the research process that produced the summary statistics. See David Deacon *et al., Researching Communications* (London: Arnold, 1999) at pp. 132–184 (exploring approaches to the analysis of texts including the critical assessment of thematic structures that are common in news media coverage of issues).
91. Brant Houston *et al.*, eds., *The Investigative Reporter's Handbook*, 4th ed. (Boston: Bedford/St. Martin's, 2002) at pp. 529–530.
92. Greg Freeman "Racial Profiling" *St Louis Post-Dispatch* (8 April 2001) C3.
93. Pan & Kosicki, *Strategic Action, supra* note 49 at pp. 48–49.
94. Oscar H. Gandy, Jr, *Beyond Agenda Setting* (Norwood, NJ: Ablex Publishers, 1982) at pp. 9–14 [Gandy, *Agenda Setting*].
95. See generally Kevin M. Carragee & Wim Roefs, "The Neglect of Power in Recent Framing Research" (2004) 54:2 Journal of Communication 214.
96. Fairness and balance are supposed to be fundamental attributes of a responsible press. Thus, we would expect journalists to not only provide relatively equal access to speakers on different sides of an issue, but we also felt it likely that journalists would structure the comments of sources in ways that would approximate face-to-face confrontations. See Denis McQuail, *Media Performance: Mass Communication and the Public Interest* (London: Sage Publications, 1992) at pp. 224–232 [McQuail, *Media Performance*] (discussing the assessment of balance or bias in press coverage).

97. Studies of race-based policing produced by academic researchers have come to play an increasingly important role in the assessment of racial profiling. Academics like John Lamberth of Temple University who serve as expert witnesses in civil and criminal actions taken against police officials have helped to establish standards for the interpretation of the data being gathered in response to anti-profiling statutes. See generally Blank, Dabady & Citro, *Measuring Racial Discrimination*, *supra* note 5 at pp. 189–196. See also Brian L. Withrow, "Driving While Different: A Potential Theoretical Explanation for Race-Based Policing" (2004) 15:3 Criminal Justice Policy Review 344 at pp. 345–349.
98. McQuail, *Media Performance*, *supra* note 96 at p. 131 (reviewing literature on media reliance on government sources).
99. Tom Avril & Douglas A. Campbell, "N.J. Troopers Indicted in Racial-Profiling Probe" *The Philadelphia Inquirer* (20 April 1999) 1.
100. Bruce Landis, "Profiling Study Confirms Drivers Treated Differently" *Providence Journal* (1 July 2003) A01.
101. Bruce Landis, "Whitehouse's Plan to Ease Police-minority Tensions" *Providence Journal* (28 January 2000) A01.
102. While this was a widely echoed concern, available data on police productivity estimated on the basis of the number of tickets or citations issued revealed no patterns that would suggest changes in productivity in response to increased surveillance. See Marielle Schultz & Brian L. Withrow, "Racial Profiling and Organizational Change" (2004) 15:4 Criminal Justice Policy Review 462 at p. 477.
103. This is the name applied to journalists who make routine use of statistics in the presentation of investigative reports about public issues. See generally Philip Meyer, *The New Precision Journalism* (1991; 2001), http://www.unc.edu/~pmeyer/book/>. The attempt to present coverage as balanced, by framing mock debates between opponents, is often observed more in theory than in practice. See DouglasMcLeod & James K. Hertog, "Social Control, Social Change and the Mass Media's Role in the Regulation of Protest Groups" in David Demers & K. Viswanath, eds., *Mass Media, Social Control, and Social Change* (Ames: Iowa State University Press, 1999) 305 at p. 313–314.
104. See generally Dolf Zilmann & Hans-Bernd Brosius, *Exemplification in Communication* (Mahwah, NJ: L. Erlbaum Associates, 2000) at pp. 57–112 (exploring the impact of framing).
105. See generally Iyengar, *Is Anyone Responsible*, *supra* note 53 at pp. 11–16 (examines the impact of episodic and thematic frames on public assignment of blame and responsibility).

106. An episodic news frame "focuses on specific events or particular cases, while the thematic news frame places political issues and events in some general context." *Ibid.* at p. 2.
107. See generally Gandy & Li, "Framing Comparative Risk," *supra* note 85.
108. Out of the 144 newspaper articles analysed, 27 documents included exemplars that provided anecdotal evidence supporting the claim that law enforcement agents engage in racial profiling. We identified 34 newspaper articles that included references to studies (including references to statistics derived from these studies as well as summaries of these studies that did not include any reference to the statistical analyses) that supported the argument that racial profiling existed. Only ten of these articles included both exemplars of racial profiling and references to the results of studies. In seven of these ten documents, the exemplar was provided *before* the reference to a study that supported the argument that racial profiling existed.
109. Of course, it is difficult to use statistics to demonstrate conclusively that some illegal activity does not exist, especially in the case of racial profiling where it is the would-be perpetrators who actually gather the data. Indeed, concerns about strategic misrepresentation of racial data were reflected in the guidelines on data gathering developed for the Department of Justice. One suggestion for ensuring data integrity was the use of cross-checks between the race of the licensee as indicated in Department of Motor Vehicle files against the race indicated in the police report of a motor vehicle stop. See Ramirez, McDivitt & Farrell, "Resource Guide," *supra* note 7 at p. 51.
110. We must note, however, that we have no way of knowing that the published quotes reflected what the activists would have preferred to see in print out of all the things they may have said to a given reporter.
111. Policy actors seeking to influence the policy debate frequently attempt to introduce self-serving information into the discussion. These "information subsidies" are most effective in shaping the views of the target audience when the source of the information is believed to be disinterested. This is why scholarly reports from academics and independent research centers are thought to be quite effective as information subsidies. See Gandy, *Agenda Setting*, *supra* note 94 at pp. 80–83. See also Pan & Kosicki, *Strategic Action*, *supra* note 49 at pp. 44–47.
112. See generally Oscar H. Gandy, Jr, "Epilogue—Framing at the Horizon: A Retrospective Assessment" in Stephen Reese, Oscar H. Gandy, Jr & August E. Grant, eds., *Framing Public Life: Perspectives on Media and Our Understanding of the Social World* (Mahwah, NJ: Lawrence Erlbaum Associates, 2001) (reviewing the literature on media framing and its consequences).

113. Karen F. Parker *et al.*, "A Contextual Study of Racial Profiling: Assessing the Theoretical Rationale for the Study of Racial Profiling at the Local Level" (2004) 47:7 American Behavioral Scientist 943 at p. 956.
114. Schauer, *Profiles, Probabilities*, *supra* note 6.
115. *Ibid.* at pp. 187, 299.
116. Blank, Dabady & Citro, *Measuring Racial Discrimination*, *supra* note 5 at p. 225.
117. Loury, *Anatomy*, *supra* note 40 at pp. 26–29.
118. *Ibid.* at p. 67.
119. *Ibid.* at p. 88.
120. See generally Paul W. Holland, "The False Linking of Race and Causality: Lessons from Standardized, Testing" (2001) 4:2 Race and Society 219.
121. Tukufu Zuberi, *Thicker Than Blood: How Racial Statistics Lie* (University of Minnesota Press, 2001) at p.129.

Introduction to

The Cowering Public: Exaggerating Risk and Fear in the News

By Charles R. Berger

Charles R. Berger takes a closer look at how the news media depict threats and amplify them in such a way that the audience members are led to believe that the depicted threats pose a greater threat than they actually do. In part, this is accomplished by presenting quantitative data in such a way as to exaggerate the risk and fear. For example, it might be reported that homicides doubled over a period of time while a parallel growth in the population is not included. Taken together, the increase in homicides might actually be in proportion to the population increase and, thus, not actually represent a doubling of the crime. By conducting a number of experiments on the topic, Berger managed to demonstrate that the overall context of the stories play a decisive role as do the actual portrayal of the statistical data. It was, thus, shown that if a threatening story is presented in isolation, it will not be considered as fearful as a story would that is embedded in a series of similar crime stories. Interestingly, Berger's experiments revealed that the other related stories could be either fact or fiction; both types evoked the same effect. Likewise, Berger's experiments revealed that if the statistics presented in a more accurate and more comprehensive manner, they tended to be interpreted more accurately. However, Berger's studies also revealed a difference between men and women in this context. Berger's experiments showed that women tend to have slightly higher linguistic skill levels than men while men have slightly higher quantitative skill levels than women do. In other words, men were more likely to accurately assess statistical data than women; and women responded more to the actual descriptions than the men did. These findings confirm some other studies that compared the verbal and mathematical skill levels of men and women.

Berger notes that longitudinal studies have revealed that over time, the news media have increased the frequency of referrals to fear and danger so that today such stories and references have increased manifold when compared to the past. Such increase tends to encourage greater fear among the audience. In the end,

Berger was able to demonstrate that how the news stories are written essentially determines how they are interpreted. As to why the news media have exaggerated the risk and fear and increased the frequency of such stories, Berger can only speculate that it might have been done for commercial reasons. Fear sells better than success.

The study and experiments have, of course, direct consequences for the world of business. In light of the fact that we just recently had a global financial crisis that precipitated a subsequent global economic crisis, the findings and insights of Berger's experiments assume even greater relevance because as Berger noted at the time of writing this chapter (before the economic crisis hit the news), economic doom and gloom are the hallmark of many news media – as was so aptly demonstrated recently. Berger's findings are of interest to the world of business because they reveal how some industries may react more effectively to the bad press coverage they may get; namely, to put the news into perspective and to apply a proper use of statistics. And these findings reveal how companies may use quantitative data and/or storylines to sway specific audiences, including gender. In other words, it might make more sense for companies to focus on quantitative data if their primary target group consists of men whereas stories might be more effective tools to sway female audiences.

Michael B. Hinner

Charles R. Berger is Professor of Communication at the University of California, Davis. He is a past president of the International Communication Association (ICA), and he is an ICA Fellow. He is the past editor of the journals *Communication Research* and *Human Communication Research.* Professor Berger has authored or co-authored the following books: *Planning Strategic Interaction, Communication and Social Influence Processes* (with Michael Burgoon), *Handbook of Communication Science* (with Steven Chaffee), *Lan-guage and Social Knowledge* (with Michael Roloff). His research has focused on the roles of uncertainty and cognitive planning play in social interaction. Berger is currently working on the second edition of the *Handbook of Communication Science.*

The Cowering Public: Exaggerating Risk and Fear in the News

Charles R. Berger

Scholars from a wide array of disciplines and fields have argued that individuals living in Western Europe and North America, as well as other parts of the world, have become excessively fearful of a variety of hazards and threats (Altheide, 2002; Cohl, 1997; DeBecker, 2002; Ferudi, 1997; Glassner, 1999). Some of these authors have invoked the term "fear epidemic" to describe this phenomenon (Siegel, 2005). Recent attention to this issue has probably been fueled, in part, by such highly publicized concerns as the Y2K computer bug during the years immediately preceding the turn of the New Millennium, a problem that that some purported would result in the disabling of electric power grids, the launching of nuclear-armed, intercontinental ballistic missiles and general world-wide chaos. Other events such as the terrorist attack on the World Trade Center in New York City on 11 September 2001 and the anthrax deaths that immediately followed it and a lengthy parade of potentially lethal health threats, for example, Avian Flu, Bovine Spongiform Enchphalopathy (Mad Cow Disease), flesh eating Ebola virus, and Severe Acute Respiratory Syndrome (SARS) have served to stoke public fears. As if these fear provoking phenomena were not enough, economic events become grist for the fear mill. The "meltdown" in credit markets and the "bailouts" associated with it send "shock waves" of fear throughout the public.

Although the public's excessive fear has been the subject of especially intense focus during the first decade of the New Millennium, observers noted such alarmist proclivities well before the end of the 20th century. For example, with respect to United States' citizens' fears about the risks associated with such technologies as nuclear power Wildavsky (1979) observed, "How extraordinary! The richest, longest-lived, best-protected, most resourceful civilization, with the highest degree of insight into its own technology, is on its way to becoming the most frightened" (p. 32). Moreover, early risk perception research revealed that individuals routinely report greater fear of low probability events, for example, being exposed to radiation from a nuclear power plant or being killed or injured in a commercial airplane crash while at the same time exhibiting substantially less fear with respect to much more likely events, for example, drowning while swimming or being killed or injured in an automobile accident. This research also showed that hazards and threats that are less observable and less controllable are more fear provoking than their more observable and controllable counterparts (Slovic, 1987).

Many of these observers agree that these misplaced risk perceptions and resulting inordinate fear levels are partially the result of the ways in which mass media depict hazards and threats. Of course, films and television programs frequently proffer fictional depictions of threats and hazards; however, distorted risk perceptions may also arise from exposure to supposedly non-fictional news reports. The Social Amplification of Risk Framework (SARF) postulates that among many factors, news media depictions of threats and hazards tend to amplify them in such a way that audience members are led to believe that the depicted threats and hazards pose a greater risk than they actually do (Kasperson, Kasperson, Pidgeon & Slovic, 2003). These inflated victimization risk perceptions then prompt exaggerated fears. Moreover, the cultivation perspective proposes that greater exposure to specific genres of media content, for example, crime shows and news stories concerning crime, is likely to prompt media consumers to develop unrealistic beliefs about the prevalence of the depicted phenomenon in society, for example estimates of the likelihood of becoming a crime victim (Gerbner & Gross, 1976; Morgan & Shannahan, 1997). This perspective proposes that first-order cultivation effects that concern such specific beliefs can be parlayed into broader and more encompassing second-order effects, in the case of crime, for example, generalized mistrust of fellow citizens; however, evidence for these second-order cultivation effects is not as persuasive as is the evidence for first-order effects (Davis & Mares, 1998). Both SARF and the cultivation perspective suggest that even exposure to factually-oriented news reports is likely to prompt distorted beliefs and judgments about the prevalence of threatening phenomena and the risks attendant to them.

It is not possible to consider in detail here an answer to the question of why the news media disseminate stories about threatening phenomena that may have the effect of inducing unrealistic and unwarranted fear in news consumers. However, in general, because the mass media must deliver mass audiences to advertisers, in the case of privately-owned media it is probably reasonable to infer that media industries calculate that proffering such fear-inducing fare tends to attract the public's attention and enhance audience size. Moreover, commercial advertising often uses fear of illness or social disapproval to sell a variety of health and beauty products. A variety of other products such as house alarm systems, pest control services and insurance are routinely marketed using fear appeals. In addition to these commercially-oriented uses of fear, "advocates" and "activists" for a variety of causes seek to garner support for their public policy proposals by over dramatizing the seriousness of the problem about which they are concerned. For example, a number of years ago advocates for the homeless contended in an advertisement that appeared in a number of print news outlets in Northern California that on any given night in Sacramento, California, 27,000 homeless children have no place to sleep. Subsequent interviews with providers of services for the homeless in the greater Sacramento area revealed that a more accurate number might be 500 children. Nonetheless, in a case like this one, advocates for the homeless might justify their use of the highly-inflated and misleading number on the grounds that it will attract more attention to this problem. Moreover, the news media might go along with this charade because such a dramatic number might serve to attract the attention of a larger audience and thus enhance advertising revenues.

Of course, different points of view concerning the same issue do appear in news reports. Some have argued that the barrage of conflicting news stories about the purported health benefits and risks associated with the consumption of various food products, for example, the consumption of coffee, and the safety and effectiveness of a host of products not only creates uncertainty in news consumers' minds, but also tends to elevate their fear levels to unwarranted heights (Crossen, 1994; Dunwoody, 1999). In this regard one difficulty is that the news media prefer clear and simple story lines for their reports, based partially on the belief that members of their audiences are relatively unsophisticated and incapable of apprehending complex and nuanced stories (Davies, 2008); however, the state of scientific research concerning the positive and negative effects of consuming or using particular products may be uncertain at a given point in time (Dunwoody, 1999). In any case, the fear value of stories that involve such uncertainty can be enhanced simply by speculating about the *possibility* that negative effects *may* accrue from consuming or using particular products, even though there is no definitive scientific evidence that this is the case.

Finally, since news operations are required to be profit-making enterprises, some have suggested that cutbacks in the size of news reporting staffs to achieve greater profitability have reduced the amount of time reporters have the time to check the facts of stories before they are disseminated to the public. In addition, staff reductions have increasingly forced news outlets to rely on various news and public relations services for their stories because reporters do not have time to write their own (Davies, 2008). Stories taken from these sources may simply be printed or disseminated by the news medium with no further editorial work. In other cases, quotes contained in the stories may be checked for their accuracy, but the facts portrayed in the story may not be scrutinized because of the time-consuming nature of such processes and the lack of personnel to do so. This lack of fact checking is especially distressing when the story sources come from public relations operations that are explicitly selling a particular point of view on an issue. In general, these practices undermine the accuracy of news stories, save perhaps for the quotes contained in them, and encourage news consumers to form distorted perceptions of the reality the stories depict (Davies, 2008).

Given this general picture, the remainder of this chapter will address three questions with respect to the effects of news media depictions of threatening phenomena. First, what specific effects beyond the creation of unwarranted fear have been alleged to occur as a result of exposure to news accounts of such phenomena? Second, what techniques are used to enhance the fear value of such stories? Finally, how might the fear-enhancing potential of these stories be attenuated?

Societal Costs of Excessive Fear

If a link between exposure to threatening news content and fear is granted, several theorists have postulated a number of secondary effects that eventuate from elevated fear levels. These secondary effects are considered below.

Reduced Achievement Standards

Ferudi (1997) has argued that one consequence of inordinate fear levels in the public is lowering of achievement standards. If people believe that they live in a highly dangerous world, fraught with crime, health and accidental injury threats at every turn, they will perceive mere survival in such a hostile environment to be a major life accomplishment. This notion is reflected in T-shirts that proclaim "I Survived the Great [blizzard, flood, hurricane, etc.]," as if the T-shirt wearers experienced the direct impact of the event. For example, individuals might rightfully wear T-shirts saying "I Survived the Great Blizzard of 2007" but fail to reveal that they did so by sitting in a warm house by a crackling fire while sipping their favorite beverage and reading a novel. In any case, the general idea is that people who see the world as a highly dangerous and hostile place in which to live also may be prone to judge mere survival as a more significant life achievement than it actually may be.

Risk Aversion

Inordinate fear levels have also been postulated to encourage people to be conservative with respect to taking risks (Ferudi, 1997). After all, if the world presents itself as a dangerous place, then exercising new choice options is a potentially dangerous path to follow. In such a hostile environment, sticking with "the tried and true" rather than trying new approaches that may potentially yield negative outcomes seems prudent. One difficulty with this calculus is that it countervails against innovation, which by its very nature requires some degree of risk taking (Rogers, 2003). The concern is that technological innovation that has been a hallmark and strength of Western societies during recent history may be jeopardized by rising conservatism fueled by unrealistic fears.

A case in point is the proposal to reduce the consumption of fossil fuels and the creation of greenhouse gases by generating electricity using nuclear power, as well as wind and solar. Those opposed to the nuclear power alternative resurrect the twin specters of Three Mile Island and Chernobyl as exemplars of the negative consequences of employing nuclear power to generate electricity while at the same time completely ignoring the twin facts that France currently generates approximately 70% of its electricity using nuclear power, without apparent incident, and the dated Chernobyl reactor had significant design flaws that are no longer found in newer technologies. Surely, there are risks associated with the deployment of nuclear power generation technologies; the important question is how great they are in relation to their benefits. Moreover, there are risks, at least to birds, in using such seemingly-innocuous "green technologies" as wind turbines to generate electricity. Massive bird kills have been observed within wind turbine "farms," precipitated by birds flying into wind-turbine propeller blades. Within the context of this particular example, the important point is that risk aversion driven by excessive fear should not deter serious consideration of an array of alternative means for generating electricity, and, more generally, fear should not ascend to levels that stifle creativity and innovativeness.

Ceding Individual Rights to the Government

Another purported effect of excessive fear levels among members of the public is that a frightened public will cede certain individual rights to the government so that they will be protected from the perceived threat (Altheide, 2002). Thus, in the wake of the terrorist attack on New York City's World Trade Center in 2001, the federal government of the United States authorized the National Security Agency (NSA) to monitor communication within the United States in an attempt to intercept communications between terrorist supporters in the United States and their compatriots outside of the country in order to discover and prevent potential attacks within the United States. In addition to authorizing domestic surveillance, the Patriot Act relaxed the legal requirements necessary to undertake such surveillance. This action was taken to lessen the amount of time NSA would need to initiate such surveillance activities. These changes in the law have been viewed by some as an infringement on fundamental rights guaranteed in the United State Constitution, especially the right to privacy. They have cited a number of potential excesses that might follow from such activities. Others have claimed that these changes were justified by the requirement that the government meet its obligations to protect its citizens from terrorist attacks. Individuals of this persuasion argued that the United States Constitution is not a "death pact" with terrorists.

Although this debate between individual rights and national security is probably a never-ending one, evidence suggests that as people feel more threatened, they express more willingness to cede individual rights, like the right to privacy, to the government; so that the government has greater latitude within which to ameliorate the perceived threat (Davis & Silver, 2003). This study demonstrated that although tendency was less pronounced among political liberals than among political conservatives, when the threat was perceived to be extreme, individuals of all ideological persuasions were willing to give up certain civil liberties. In addition, Gallup Poll results reveal that as of 2006 about 30% of adult Americans endorsed the view that "the government should take all steps necessary to prevent additional acts of terrorism in the U.S. even if it means your basic civil rights would be violated;" however, this figure was 47% when the same question was asked in the immediate aftermath of the 9/11 attack. Even as late as 2006, approximately 50% of adult Americans agreed with proposition that the government should be wiretapping telephone conversations between U. S. citizens living in the United States and suspected terrorists living in other countries without obtaining a court order to do so. Taken together, these data lend credence to the proposition that the more individuals feel that their personal safety is threatened, the more likely they are to cede individual rights to the government in the name of national security.

Misallocation of Scarce Resources

Short of ceding individual rights to the government, a misinformed and fearful public is probably more likely to misperceive the relative risks of various problems. As pointed out previously, individuals have a proclivity to be highly fearful of less risky hazards and threats and less fearful of relatively more risky hazards and threats (Slovic, 1987). These misplaced fears potentiate a situation in which members of the public may be prone to endorse government proposals to spend taxpayers' money to ameliorate hazards and threats that in fact pose relatively little risk to the public and fail to allocate sufficient resources to deal with more likely threats.

In order to apportion scarce resources in a reasonably rational fashion, the relative severity and probability of hazards and risks must be known. Otherwise, misallocation of resources is almost a certainty. For example, although much has been written about the possibility of large-scale, bio-terrorist attacks involving the dissemination of bacteria or viruses and epidemics that might follow and much money has been spent stockpiling antidotes for some of these agents, William R. Clark, an immunologist, has argued that the technologies, expertise and resources necessary to implement such attacks on a scale that would kill or render seriously ill hundreds of thousands of people would be extremely difficult to assemble (Palmquist, 2008). Although such scenarios are fodder for the Hollywood film-making machine, the risks associated with their occurrence are extremely small; hence, allocating resources to counter such improbable attacks would appear to be a waste of taxpayers' money. On the other hand, there are probably greater risks associated with naturally-occurring flu epidemics.

Surely, reduced achievement expectations, curtailed innovativeness, the ceding of individual rights to the government and the misallocation of scarce resources are not the only effects that follow from excessive levels of fear among members of the public. However, as this small sampling has demonstrated, a highly fearful public may become an equally dysfunctional one. Given the role the news media have been purported to play in amplifying such fears in the public's mind, we next examine some of the techniques they use to do so.

Fear Induction Techniques

Several studies have examined news stories to determine how their form and content may make them highly fear provoking. These studies typically do not adduce data concerning the effects of the news stories, but they do provide suggestive evidence for why individuals might be made inordinately fearful by consuming such reports.

"Fear" in the News

One way to ramp up fear levels among members of the public is simply to use the word "fear" in its various forms in news reports. Liberal use of such phrases as "fearful victims," "mounting fears" and "fears worsen" in both the headlines and texts of new stories suggest that readers or viewers should feel the emotion as members of a threatened public. A longitudinal study of the use of the word "fear" in various newspapers reported a 30% to 150% increase in the use of the term "fear" in headlines and text depending upon the newspaper, over a seven- to 10-year period beginning in the middle 1980s (Altheide, 2002). In addition, an analysis of *Los Angeles Times* headlines from 1985 to 1994 revealed a 10-fold increase in the number of instances in which the word "fear" appeared within two words of the word "crime" and a 12-fold increase in the frequency with which the word "fear" appeared within two words of the word "violence." By contrast, over the same time period the frequency with which "fear" appeared within two words of the term "AIDS" declined by three-fold. Data like these suggest that the degree to which the term "fear" is explicitly linked with various hazards and threats in news reports and news story headlines is dynamic over time. It seems possible that the appearance of a new health hazard such as AIDS or a spike in ongoing threats such as gang violence and homicide provoke the close association of the term "fear" with the threatening phenomenon. This study also found that during 1985-1994 there was no discernable increase in the frequency with which the term "fear" appeared within two words of the term "cancer" in *Los Angeles Times* headlines. An explanation offered for this lack of association between "fear" and "cancer" is that the term "cancer" has become so imbued with fear that it is not necessary to associate the two explicitly (Altheide, 2002). However, it is also possible that because cancer rates probably did not spike during this period, the term "fear" was not invoked to characterize them.

It is important to recognize that the risk associated with a hazard or threat is conceptually distinct from fear. Risk can be expressed as a probability calculated by placing the frequency of occurrence of the particular threat in the numerator of a fraction, for example, number of fatal commercial aircraft accidents in a year and the total number of events during which the event could have happened during the same period, for example total number of commercial air flights or number of commercial air miles flown. This objective measure of risk can be distinguished from perceive risk, which is an individual's cognitive judgment that involves an estimate of the likelihood that one will fall victim to the hazard or threat. In contrast to these measures of risk, fear is an emotional state (Ferraro, 1995). By laying emphasis on fear rather than actual victimization risk, the news media amplify fear and deemphasize the actual risk. Many highly dangerous hazards and threats, for example, plane crashes, dam failures, radioactive releases from nuclear power plants, asteroid strikes on the earth, anthrax poisoning or homicide are equally highly unlikely. For example, the probability that one would be killed by anthrax poisoning in the United States during fall 2001 was approximately 5/300,000,000. In the case of homicide, the Federal Bureau of Investigation (FBI) reports homicide rates and other crimes in terms of homicides per 100,000 people in order to take into account population base rates. However, given the number of other people with whom many people come into close proximity during a year who could do bodily harm to them, homicide is an even rarer event than the FBI statistics would suggest. Although many people, even those with higher educational levels, do not have a firm grasp of such notions as probability and rates (Schwartz, Woloshin, Black, & Welch, 1997), a fact which the news media might invoke as an excuse for not featuring quantitative risk estimates in news stories about hazards and threats, it appears that the news media do all that they can to emphasize the fearful aspects of at least some threats and hazards. The news media seem to operate under a "threat du jour" calculus within which new hazards or threats are ushered in to keep the fear machine humming when public fear diminishes with respect to current hazards and threats.

Exemplification in News Reports

Many news reports concerning hazards and threats are anecdotes constructed around the experiences of individual victims of the threatening phenomenon. Such narratives may provide detailed information about specific cases, but their persuasive power derives from story consumers' propensities to generalize from particular cases to society at large. Such generalization occurs even when consumers of narratives are informed that the stories to which they have been exposed are fictional (Strange, 2002). One study found that after reading a story about a student who decided to drop out of high school, research participants ranked K-l2 education as a more urgent problem relative to several other social problems regardless of whether they were led to believe the narrative they read was excerpted from news report or a fictional short story. Both factual and fictional story versions had an equal impact on increasing the perceived urgency of K-12 education in relation to other social problems (Strange & Leung, 1999).

Although both factual and fictional narratives have the potential to provide their consumers with unique perspectives on the situations and problems that story characters experience, researchers concerned with the impact of news stories have expressed considerable concern about the diagnostic value of anecdotal news reports for assessing the prevalence of the phenomena they depict (Zillmann, 2002; Zillmann & Brosius, 2000). In discussing the use of exemplars in news reports, Zillmann & Brosius (2000) observed, "The focus is mostly on extraordinary rather than on typical cases… The likely result of this partial, non-representative accounting is the inaccurate perception, if not the plain misperception, of the projected phenomenon" (p. viii). Exemplars are especially frequent in news-magazine reports (93%), but they are also found in a majority of television news stories (53%) (Zillmann & Brosius, 2000).

The news media's proclivity to produce and disseminate such non-representative stories play into two information processing heuristics or information processing short cuts that tend to increase the impact of the anecdotes on news consumers. First, there is substantial evidence that people tend to base prevalence judgments on instances that are highly available and accessible in memory. Vivid anecdotes like those reported in news stories are more likely to be highly available and accessible when people are called upon to judge the prevalence of the threat in society at large; hence, those exposed to such anecdotes are more likely to provide higher prevalence estimates than are those no so exposed (Nickerson, 2004; Nisbett & Ross, 1980; Shrum 2007). A second information processing heuristic that fosters the impact of exemplars is the tendency for people to underutilize available base-rate information or to commit the base-rate fallacy (Bar-Hillel, 1980; Berger, 1998, 2002; Berger, Johnson & Lee, 2003; Berger, Lee & Johnson, 2003). When people are presented with vivid and compelling anecdotes, they are not prone to think about the degree to which the hazard or threat depicted in the stories is prevalent in society.

Because exemplars feature atypical and unrepresentative cases, probably because of their supposed attention-attracting value, the perceived seriousness of such stories would be diminished considerably if news consumers were to ask what proportion of the relevant population have been victimized by the hazard or threat depicted in the story. Availability/accessibility and the underutilization of base rate information conspire to promote skewed risk judgments and misplaced fear. Unfortunately, even when specific exemplars are presented with relevant statistical or base-rate data, the more diagnostic but pallid data are frequently swamped by atypical anecdotes (Baesler 1991; Baesler & Burgoon, 1994; Brosius, 1993; Brosius & Bathelt, 1994; Gibson & Zillmann, 1994; Zillmann, Gibson, Ordman, & Aust, 1994; Zillmann, Perkins, & Sundar, 1992).

Numerical Trends

Newspaper and television news stories sometimes report numerical trend data concerning the prevalence of various hazards and threats over time. Sometimes the entire story is about the threatening trend but, as noted above, sometimes such trend data are presented within the context of an anecdotal account. At first blush, one might surmise that reporting quantitative data representing the trend in a hazard or threat over time would be a strong antidote to the availability/accessibility heuristic and the base-rate fallacy, especially when the news stories exclusively report data and no anecdotes. Unfortunately, however, this is not the case. In fact, many news stories focusing on quantitative trends report statistical data in misleading ways; usually in ways calculated to make the trend in question a more fear-provoking one. These stories do not necessary involve the presentation of inaccurate statistics, as in the case of the number of homeless children sleeping on the streets of Sacramento, but they involve the presentation of quantitative data in such a way that readers are misled.

To determine how the news media present quantitative trend data that represent the behavior of a particular phenomenon over time, a longitudinal study examined accident, health and crime stories that appeared on national and local television news broadcasts and in major metropolitan and local newspapers during four weeks, each one of which was distributed across the four quarters of a year (Berger, 2001). During this four-week period, the news outlets surveyed produced 2,075 accident, health and crime stories of which 84 stories (4.05%) contained quantitative trend data. However, because some stories reported multiple trends, a total of 214 quantitative trends were available for analysis. Contrary to expectations, the majority of these trends (62%) depicted improvement over time, for example, decreasing crime rates or cancer deaths, while 38% of the trends showed the problem as worsening.

By itself, the difference observed between improving and worsening quantitative trends does not bespeak of news media out to scare the public; however, when the trends were examined further to determine whether the trend was presented using inappropriate frequency data or appropriate rate data that take into account changes in the size of the population over time, the results were quite clear cut. When inappropriate frequency data were used to illustrate the trend, about 65% of the time the trend was worsening; whereas, when appropriate rate data were used to illustrate the trend about 26% of the time the trend was worsening. Frequency data that ignore changes in population size over time are more likely to exaggerate the increase in the phenomenon depicted. For example, the frequency of homicides might increase from 100 to 200 during a five year period in a particular location; however, if the relevant population increased from 100,000 to 200,000 in that same location during the same period of time, the homicide rate would remain exactly the same during the period in question. Unfortunately, within the context of an example like this one the news media will sometime proclaim a dramatic "100% increase in homicide" (100 to 200 cases). Moreover, the tendency for the media to depict improving trends with rate data tends to dampen the degree to which the threatening phenomenon is improving over time if there are base-rate increases over the same period. Thus, the tendency for news media to use frequency data to depict worsening trends and rate data to illustrate improving trends tends to emphasize increasing threat while at the same time de-emphasizing decreasing threat.

There are at least two complementary explanations for these preferences for frequency versus rate data to depict worsening trends. First, it has long been recognized that many of those who select themselves into journalism careers are not especially adept with numerical data and statistics; rather, they are "storytellers" and purveyors of anecdotes. While have been continuing pleas for adopting the practices of "precision journalism" (Deemers & Nichols, 1987; Meyer, 2002), the just-presented evidence suggests these pleas tend to be ignored. Second, it is possible that the motivation to make stories as "riveting" and "compelling" as possible induces journalists to err on the side of high drama, that is, headlines that trumpet "Dramatic Increases in Threat X" than to present data that are less dramatic albeit more accurate. Again, the issue is not one of providing false numbers but one of presenting the numbers in a format that provides an unrealistic representation of the threatening phenomenon's behavior over time.

Trends and Exemplars

We have already noted the retrieval advantages exemplars and anecdotes enjoy in memory and how their increased availability and accessibility can influence prevalence judgments (Shrum, 2007). The question here is how exemplars are presented in the context of stories that also include quantitative trend data. In this regard, two findings from the previously described study are significant (Berger, 2001). First, when worsening trends were depicted using inappropriate frequency data, 54% of them also included a specific exemplar or case; by contrast, when rate data were used to represent a worsening trend, 29% included a specific exemplar. Second, trends showing a worsening state of affairs were more than twice as likely to include a specific exemplar as were trends depicting improving conditions (42% versus 18%). Thus, specific exemplars were generally invoked to augment the negativity of the increasingly threatening quantitative trend as well as its prevalence, as represented by inappropriate frequency data.

Space and Time Allocation

Another way in which to provoke news consumers' fears is to dwell on threatening trends by allocating them more space in newspapers and more time in television news reports and devoting less space and time to trends that show improvement. Evidence for this strategy also was found in the trends study (Berger, 2001); however, the tendency was much more pronounced for television news reports than it was for newspaper stories. Television news stories reporting worsening trends were over nine times longer than were television news stories reporting improving trends. By contrast, there was a very slight tendency for newspaper stories reporting improving trends to be longer than stories depicting worsening trends. Newspapers were much more balanced in terms of the amount of space they devoted to improving and worsening trends than were television news sources.

Discounting Improving Trends

Improving statistical trends will sometimes be undermined and discounted by "advocates" and "activists" who have a particular axe to grind by invoking the idea that even though the threat is diminishing in quantitative terms, the level of acceptable threat is zero; that is, the probability associated with the threat should be 0.00. Thus, reduction in the threat's prevalence is simply not good enough. This discounting phenomenon is illustrated by an interview that took place on the Cable News Network (CNN) some time after the much publicized Columbine High School shootings in which a number of students were killed and wounded. The person conducting the interview noted that recent FBI crime statistics indicated that schools are among the safest places for children to be in terms of possible exposure to violence. In response to this observation, a school official retorted that although the FBI statistics were encouraging "Every child needs to feel safe a school" (Vargas, 1999). Another manifestation of this discounting phenomenon is embodied in assertions that follow the formula "Even one X is one X too many" where X represents a negative instance such as a person who becomes ill. Declarations of this kind are akin to moving the acceptable risk goal posts in the middle of the game, and the calculus implied by this kind of assertion is one in which the only acceptable risk is no risk at all; that is, there should be no negative outcomes. It is possible that self-interest may motivate such demands for this "risk less society." Because such a goal is in many cases very probably unattainable, it provides steady employment for those who advocate for it in a particular domain.

A study was conducted to determine whether news stories that undermine improving trends by employing the "even one X is one X too many" discount tend to increase fear levels in relation to stories that merely present the improving trend without the discount (Berger, 2003). In Experiment 1 of this study individuals read stories that depicted improving quantitative trends in crime using appropriate rate data presented graphically. In one version the trend was subsequently discounted whereas in the other story version the discount was omitted. After reading the story, participants indicated how fearful the story made them feel. This experiment yielded an interaction between participant sex and the two story conditions such that men showed significantly higher fear levels in response to the discounted story than they did to the undiscounted story. For women, there were no significant differences in fear in response to the two story versions.

In the second experiment, the improving trends were described verbally rather than being illustrated by quantitative data. Again, discounted and undiscounted story versions were used. This experiment's results were the reverse of those obtained in Experiment 1. Women showed greater fear in response to the discounted story version than to the undiscounted version while among men there was no difference in the level of fear expressed in response to the two story versions.

One potential explanation for the sex differences observed in these two experiments has to do with the relative language and quantitative skill levels of women and men. Some evidence suggests that women have slightly higher linguistic skill levels than men while men have slightly higher quantitative skill levels than do women (Berger, 2002; Halpern, 2000). Because the improving tends were presented with quantitative data in Experiment 1, men may have been processing the data in greater depth than were women and were this more affected by the discount. By contrast, in Experiment 2 the improving trends were presented verbally and thus may have been processed in greater depth by women who were thus more influenced by the discounting statement. In any case, this study's results suggest that the effects of discounting improving trends on fear are moderated by individual differences such as sex.

Countering the Effects of Scare-Mongering News Stories

As explicated previously, elevated fear levels can provoke such undesirable secondary effects as reduced achievement standards, risk aversion and reduced innovation, the ceding of individual rights to the government and misallocation of scarce resources. In the service of assuaging fear levels in order to minimize effects like these, this chapter concludes by considering how news consumers might go about reducing the intensity of fear-related responses when exposed to threatening news stories. Of course, an obvious way to achieve this objective would be to avoid exposure to such stories in the first place; however, if citizens wish to become well informed about the issues of the day by exposing themselves to news, it is probably inevitable that in their quests for such information they will encounter stories that present threatening phenomena in ways calculated to induce them to be excessively fearful. Apparently, as we have seen, during the innocent act of reading a newspaper, individuals are quite likely to encounter the word "fear" in both the headlines and texts of news stories. Consequently, it seems almost impossible to avoid exposure to threatening content while consuming news.

Before considering specific antidotes for fear-mongering news stories, the nature of the systems that process them will be briefly considered. Understanding how these information processing systems operate is vital to identifying useful ways of nullifying the effects of fear-provoking stories.

Rational and Experiential Processing

A number of theories and models posit two distinct but related information processing systems, an analytic, rational system that is rule based, conscious, relatively slow and highly demanding of cognitive resources and an experiential or intuitive system that is associative, pre-conscious, relatively fast and minimally resource demanding (e.g., Chaiken, 1987; Chen & Chaiken, 1999; Epstein, 1990, 1994, 2003; Epstein & Pacini, 1999; Evans & Over, 1996; Levinson, 1995; Petty & Caccioppo, 1986; Petty & Wegener, 1999; Pollock, 1991; Reber, 1993; Shiffrin & Schneider, 1977; Sloman, 1996). A useful characterization of these theories and models can be found in Stanovich (2002). Evidence obtained in fMRI studies of the brain lends credence to these dual-system formulations (Goel & Dolan, 2003). The experiential system is acquired through exposure to the environment and personal experience; the rational system is developed through formal learning (Hogarth, 2001, 2005; Stanovich, 2002).

Because of its rapid, heuristic and pre-conscious nature, the limitations of the experiential system with respect to decision making and judgment have been well documented (Kahneman, Slovic & Tversky, 1982; Nickerson, 2004; Nisbett & Ross, 1980); although, heuristic processing can be both useful and efficient (Gigerenzer, 2000, 2007; Gigerenzer, Todd, & ABC Research Group, 1999; Hogarth, 2001, 2005). Invoking such heuristics as availability to explain cultivation effects falls squarely within this dual-process tradition (Shrum, 1996, 2001, 2007). Epstein (2003) has further characterized the experiential system as one that encodes memories of individual events and abstract representations based on stimulus generalizations, prototypes, metaphors and narratives and one that is strongly related to the experience of affect. He further argues that the rational system is affect free and operates according to one's understanding of the rules of evidence and logical inference.

Because of its rapid and pre-conscious nature, some have argued that the experiential system is the default information processing mode; however, some theorists have suggested that individuals may be skilled at and prefer processing information in either system, both systems, or neither system (Norris & Epstein, 2000). These researchers have devised the Rational-Experiential Inventory (REI) to measure individuals' rational and intuitive skill levels and their preferences for using each processing mode. Because the skill and preference measures are usually correlated, they are combined into overall measures of rational and experiential processing that are not correlated with each other. Thus, an individual can be at once high in rational and experiential processing, high in one but low in the other, or low in both.

In addition to this individual differences approach, rational or analytic thinking has been induced or primed experimentally by having individuals solve mathematics problems, while experiential thinking has been primed by asking people to draw their emotions (Krauss, Lieberman, & Olson, 2004). Such priming manipulations have shown expected effects on subsequent judgments. For example, one study, in which individuals were presented with either clinically- or actuarially-oriented expert testimony presented in a jury trail, the rational system was primed by instructing individuals to consider carefully all of the evidence they were about to read and to try to be "as rational and analytic as possible" while reading it. Experiential thinking was primed by instructing participants to form their opinions about the case "naturally" and "intuitively" and to rely on their "gut-level reactions" to the evidence. Results demonstrated that rationally-primed individuals' judgments about the case were more influenced by the actuarial testimony, whereas experientially-primed individuals were more influenced by the clinically-oriented testimony (Lieberman, Krauss, Kyger & Lehoux, 2007). In general, then, individuals can be primed to focus their information processing on one or the other system and individuals may characteristically favor one system, both or neither across information processing tasks and contexts.

Appraising the Probative Value of Anecdotes

As noted previously, the persuasive appeal of anecdotes and exemplars derives from individuals' proclivities to generalize from particular cases to the conditions of society writ large (Strange, 2002; Strange & Leung, 1999; Zillmann, 2002; Zillmann & Brosius, 2000). But what if individuals who read anecdotes recognize that the single case may not be diagnostic of the prevalence of the condition it depicts? This question speaks to the judged *probative value* of the story. Probative value denotes the degree to which story processors believe anecdotes to be diagnostic of the phenomena they exemplify, for example, the degree to which a story about a specific crime is indicative of the crime's prevalence in society (Berger, 2007). Although seemingly similar, the constructs of probative value and perceived reality differ (Fitch, Huston, & Wright, 1993; Harris, 2004; Potter, 1988). A person might simultaneously believe a story to be factually accurate but doubt its utility for estimating the prevalence of the phenomenon it depicts. Probative value is indexed by asking people to indicate how reasonable it is to generalize from the story to the broader condition it represents and the degree to which the story should be relied on as an indicator of the phenomenon's prevalence. Probative value indexes people's willingness to make such generalizations.

Probative value judgments have been found to be positively and significantly related to both the degree to which problems depicted in threatening news stories are judged to be serious and the degree to which individuals report feeling fearful in response to reading such stories (Berger, 2007). In addition, individuals who score high on the REI's rationality scale tend to downgrade the probative value of threatening anecdotes relative to their less rational counterparts; however, skill and preference for experiential thinking is not consistently related to probative value judgments. Thus, those predisposed to rational thinking appear to be less prone than their less rational counterparts to generalize from anecdotes and exemplars to broader conditions.

Evidence also suggests that priming the rational system by having participants make probative judgments after reading threatening news stories tends to diminish the negative emotional impact of the stories while having them complete a task designed to prime the experiential system prompts more intense negative emotions Berger & Lee, 2008). In Experiment 1 of this study, students read a news story about a computer theft, bike theft, mugging incident or negative academic performance after a relationship break up. All of these stories involved incidents that occurred to particular individuals on campus. Each story was written in a high and low emotion version. Before making ratings of their own emotional responses to the story, half of the research participants rated their story's probative value. The other half of the students completed the same emotional ratings immediately after reading the stories. Those who made the probative value ratings reported significantly less fear, sadness, and anger than did those who did not make the probative value ratings. This was especially the case for the high emotion story versions.

In Experiment 2, student participants responded to the high emotion story version used in Experiment 1. However, in this experiment, those in the experiential prime group were asked to list the emotions the victim in the story must have felt before indicating their own emotional responses to the story. Those in a control group again completed their emotion ratings immediately after reading the story. This experiment's results were quite clear. Those who were experientially primed by rating the victim's emotions reported significantly more intense fear, sadness and anger than did those who did not list the story victim's supposed emotions. Experiment 1's results suggest that even though the experiential system may be the default mode for processing threatening anecdotes, priming the rational system by having individuals consider stories' probative value can reduce their negative emotional impact. Experiment 1 also revealed that those primed rationally rated the problem about which they read to be less serious than did those who were not primed; however, although the experiential prime used in Experiment 2 significantly elevated the intensity of negative emotions, it did not significantly impact problem serious judgments. This difference between the two experiments is explicable if one accepts the postulate that problem seriousness judgments are more cognitive and perhaps more the province of the rational system, while emotion judgments more the province of the experiential system.

In general, the evidence suggests that the more news consumers downgrade the probative value of the threatening, anecdotal stories to which they are exposed, the less likely it is that the anecdotes will induce fear in them. Moreover, those who characteristically favor rational processing are more likely than those who do not to downgrade the probative value of threatening anecdotal accounts, and when individuals are encouraged to consider the probative value of threatening news stories they have just encountered, they will be less fearful and less likely to judge the problem to be serious. Those who do not have the benefit of reconsidering the story in terms of probative value are likely to experience relatively more fear and report elevated estimates of the problem's seriousness. Rational thinking skill and a focus on the threatening story's probative value appear to be two useful antidotes for fear-mongering anecdotes.

Utilization of Base-Rate Data
As discussed previously, there is strong evidence that when the news media present quantitative trend data, especially those that depict a worsening condition, they are prone to make the error of using frequency data rather than more appropriate rate data that take into account changes in the size of the population over time (Berger, 2001). If the size of the population is increasing over time, the frequency of occurrence of the threatening phenomenon is likely to increase. But what if news consumers were presented with statistical data indicative of population increases over time and then presented with the inappropriate frequency data showing an increase in the occurrence of the threatening phenomenon over the same period? Would the population data serve to assuage levels of fear in response to the threatening trend data?

These questions were addressed in several experiments in which individuals read news stories concerning the increasing frequency of various crimes, diseases or traffic accidents over the past several years (Berger, 1998, Experiment 1; Berger, 2000; Berger, 2002). The stories presented frequency data concerning the number of occurrences of the threat each year in the locale where the study was conducted. In all cases the numbers increased over time. In these studies half of the participants read the story and indicated the degree to which the story made them feel fearful. The remaining half of the participants read a story about population increases in the same locale in which population numbers for the same years were presented. Individuals in this group then read the story about the threat. The results of these studies were highly consistent but somewhat more complex than expected. Men first exposed to the population increase story were significantly less fearful in response to the threatening story than were men not first exposed to the population increase story; however, for women exposure to the population story did not serve to assuage their fear levels.

Presumably, for men exposure to the population increase story led them to attribute frequency increases in the threatening phenomenon to mere changes in the size of the population rather than a worsening of the condition. Apparently, women did not make this kind of inference. In an effort to explain the sex difference obtained in these studies, a measure of statistical skill was included in one of them (Berger, 2002). Responses to this measure revealed that men scored significantly higher than women; moreover, men reported completing more college-level mathematics and statistics courses than women. However, when the statistical skill measure was co-varied out of the analysis, the interaction between sex and population increase data remained. This result suggests that some factor or factors other than statistical skill account for the sex differences in sensitivity to base-rate data in these studies.

In another study designed to determine the degree to which individuals are sensitive to base-rate increases in population size as an explanation for increases in the frequency of various phenomena, students read news stories that presented yearly frequency data depicting increases in both negative and positive trends over the previous 10 years (Berger, Lee & Johnson, 2003). The negative trends concerned the number of bicycle thefts on campus and the number of students reporting to the campus clinic with depression symptoms. The positive trends included the number of seniors reporting a positive experience at the university and the number of metric tons of material recycled on campus. After reading each story, students rated each of several explanations for the increases, including the base-rate explanation that the number of students at the university had increased during the ten-year period. The ratings asked how much the factor involved in the explanation caused the frequency increase.

The results of the first experiment replicated those of the previous studies. Men were significantly more likely than women to rate the population increase alternative to be the cause of the frequency increase in the trends. No differences, however, were found between those with varying levels of rational skill as measured by the REI. A second experiment, that employed the same stories as those used in Experiment 1, used an open-ended response format item that simply asked participants to list all of the explanations they could think of for the increasing trend depicted in the story they read. Their responses were analyzed to see the degree to which individuals spontaneously generated base-rate explanations for the increasing trend depicted in the story. Unlike Experiment 1, Experiment 2 found no sex differences; however, high rationals were significantly more likely than low rationals to generate spontaneously base-rate explanations for the increases in the two negative trends. High and low rationals did not differ in their proclivities to generate base-rate explanations for the two positive trends (Berger, Lee & Johnson, 2003, Experiment 2). In neither experiment were any significant effects found for experientiality, perhaps because the stories all dealt with quantitative data, an ostensibly rational communication mode.

While the above studies concerned the degree to which individuals can integrate population base-rate data with threat-related frequency data such that the base-rate data mollify their fears in response to the threatening frequency data, there is also evidence that exposure to relevant base-rate data in advance of a threatening anecdotal account can reduce its fear arousing potential. In a study conducted during the anthrax scare of fall 2001 and early 2002, individuals read an edited version of a news story concerning a New York City hospital worker who mysteriously died from anthrax exposure (Berger, Johnson & Lee, 2003). Investigations of the victim's apartment, clothing and work area revealed no traces of anthrax. Half of the study participants read the story and then indicated the degree to which they felt a number of emotions, including fear. Before reading the anthrax story, the other half of the participants read a news story about the number of people killed in the United States every year in traffic accidents, approximately 40,000. The story also provided a numerical estimate of the number of traffic deaths that would occur during the last quarter of 2001, approximately 10,000. In addition, study participants completed the REI scale described earlier.

The first experiment of the study conducted in fall 2001 revealed that among those scoring high in rationality, participants who read the traffic deaths story reported significantly less fear in response to the anthrax story than did those who read only the anthrax story. In stark contrast, among low rationals, the relationship was reversed; those exposed to both stories reported significantly greater fear than did those exposed only to the anthrax story. Thus, in the case of high rationals, the traffic deaths story provided a statistical context that enabled them to discount the threat posed by anthrax; however, low rationals who read both stories seemingly added the traffic death and anthrax threats together to generate more fear than that of anthrax alone. Six weeks later, when the salience of the anthrax threat had decreased substantially, the experiment was repeated using a new sample (Berger, Johnson, & Lee, 2003, Experiment 2). Although this experiment revealed no effect for the traffic deaths story among either high or low rationals, it did show that overall, high rationals' fear levels decreased significantly during the six-week period, but those of low rationals remained at the same, higher levels. That is, the fear levels of high rationals tracked those of the national trend, as revealed in public opinion polls, while those of low rationals remained high. No significant experientiality effects were observed in either of these experiments, even though the focal story was anecdotal. However, because the anthrax story merely reported facts and did not include any emotional material, the experiential system may not have been highly involved in its processing.

These experiments suggest that when faced with data depicting threatening trends or even anecdotes that depict the negative consequences of a threat, individuals who are predisposed to be analytical and skilled at such thought search for and utilize cues, for example, relevant base-rate data, as a way of reducing the fear they experience in response to exposure to the threatening information. However, when the trend or anecdote does not represent a threat, high rationals are no more likely than lows to search for and utilize information that might alter their emotional state.

Sensitivity to Changes in Trends' Rate and Direction

Even when worsening trends are depicted with appropriate rate data, individuals may differ in their interpretations of the seriousness of the trend and the degree it is fear provoking. These interpretation differences may be linked to differences in individuals' analytic or rational skills and their tendencies to use them. To examine this possibility, news stories concerning increases in burglary rates over the previous 10 years were written. These stories included prominent graphs of the 10-year trends (Berger, 2005). In Experiment 1, three different linear trends were presented which different with respect to their slopes (steep, moderate, or gradual). The graphs were constructed such that the burglary rates for the most recent year were the same; thus, the slope differences were achieved by varying the first-year values. Individuals read one of the three news stories and then indicated their emotional responses to it. In addition, study participants completed the REI. This experiment found that high rationals reported as much fear as moderate and low rationals when the slope of the increasing trend was steep; however, when the trend's slope was gradual, high rationals reported significantly less fear than did low rationals.

In Experiment 2, the graph depicting the steep slope was again used in one of the stories. In two additional stories, non-linear growth trajectories were constructed such that their initial and terminal values were identical to those of the steep slope linear function. One of these non-linear functions accelerated very quickly during the first five years but then displayed only gradual growth during the last five years. The second non-linear function was the mirror opposite of this one, that is, gradual growth during its first five years but explosive growth during its last five years. Again, participants completed the REI. This experiment found that in response to the non-linear function showing recent explosive growth and the steeply sloped linear function, high and low rationals reported similar fear levels; however, in response to the function that demonstrated early explosive growth but recent gradual growth, high rationals were significantly less fearful than were lows. Again, in all likelihood because the stimuli used in these experiments were graphical, no significant experientiality effects were found.

These experiments again demonstrate that individuals who favor rational processing are more likely than their less rational counterparts to seize on cues that will attenuate their fear in response to increasingly threatening trends. Apparently, from low rationals' viewpoint, all increasing functions that depict threat, no matter what their slope or shape, are equally serious and threatening. They simply do not pay attention to the details of the curve's growth rate over time, or if they do, the discriminations they may make are not linked to their fear responses. It is not that high rationals are unrealistic in their assessments of the seriousness of threats; when linear slopes were steep or when the recent growth rate was explosive, they were more fearful. Rather, it was the failure of low rationals not to discriminate among the functions that made the difference in these experiments.

Conclusion

It is commonplace to observe that the news media do not provide their audiences with a completely accurate and unbiased representation of events that occur in the world. To begin with, because of limited resources with which to cover events, and space and time limitations inherent in the media themselves, the news media are forced to be selective in their coverage. Selectivity may arise from these resource limitations or from a variety of other factors, some of which are controllable (Davies, 2008). The problem is that even when these selection biases are set aside, the ways in which events that do receive coverage are treated is problematic. This is especially true of depictions of threatening phenomena, whether the phenomena involve hazards and threats inherent in the physical world, such as disease, or potentially dangerous astronomical, geological, or meteorological phenomena, or in the social world, for example, bullying, crime, insulting behavior, interpersonal conflict, psychological stress, loss of self-esteem and the like. As we have seen, news reports of such hazards and threats, cast in the anecdotal format so dear to the hearts of news media "storytellers," may inculcate excessive fear levels in story consumers as well as inflated estimates of the phenomenon's prevalence because of the availability heuristic and the underutilization of base-rate information. Moreover, even when statistical trend data are reported that, if cast in the proper format, could alleviate some of these excesses, they are frequently presented in a way that makes the problem appear worse than it is.

Several books have been written to encourage journalists to do a better job of reporting statistical data (Deemers & Nichols, 1987; Meyer, 2002). These efforts have met with some success. For example, it is now routine for news stories that include public opinion poll results to provide estimates of the error or the "margin of error" associated with the reported poll percentages, for example 48% ± 3%. Not that long ago, news stories reported only the percentages, absent the error estimates. Moreover, in very close political campaigns in which the error estimates of the candidates' percentages overlap, it is common to declare that the race is "too close to call" even though one of the two candidates may have a percentage figure that is one or two points higher than the other's percentage figure. Although this is a welcome development in journalistic practice that serves to provide a more realistic picture to news consumers, as this chapter has shown, the ways in which the news media present stories about hazards and threats are in need of substantial overhaul.

Until the news media alter their approaches to depicting hazards and threats, a prospect that is an extremely feint outline on a distant horizon, perhaps the only line of defense against these obvious media excesses lies in news consumers' analytic skills. As the research shows, those who are skilled at and prefer to use rational thinking in their daily commerce with the world are less likely to judge unrepresentative, threatening anecdotes to be probative of the depicted threat's prevalence and they are more sensitive to base-rate information that serve to deflate fears potentiated by inappropriate frequency trend data. High rationals are also more sensitive than are lows to the rates of developing trends and their behavior over time. As noted previously, such rational skills are acquired through formal education rather than through experience. Thus, it is imperative that individuals be exposed to the cannons of logical reasoning as well as to mathematics and statistics. So armed, they are less likely to be duped by distorted representations of the risks associated with threats and hazards that are integral to daily living.

Fourth Estate denizens are wont to describe themselves with such high-minded expressions as "watch dogs of society" and "windows on the world," providing important information about events that members of the public cannot directly witness. The media purport that their function is vital to ensuring an "informed citizenry" capable of making high quality judgments and decisions about important issues of the day. However, if the news media indeed provide such "windows on the world," rather than thinking of these windows as consisting of ordinary glass that provides a reasonably undistorted view to those looking through it, it might be more accurate to conceive of these windows as prisms that provide viewers with interesting but highly distorted images of the world. As this chapter has demonstrated, the news media could do a great deal to improve the fidelity of the representations they provide news consumers.

References

Altheide, D. L. (2002). *Creating fear: News and the construction of crisis*. New York: Aldine de Gruyter.

Baesler, E. J. (1991). Message processing of evidence and the long term retention and judgment of beliefs. Unpublished doctoral dissertation, University of Arizona, Tucson.

Baesler, E. J., & Burgoon, J. K. (1994). The temporal effects of story and statistical evidence on belief change. Communication Research, 21, 582-602.

Bar-Hillel, M. (1980). The base-rate fallacy in probability judgments. Acta Psychologica, 44, 211-233.

Berger, C. R. (1998). Processing quantitative data about risk and threat in news reports. Journal of Communication, 48, 87-106.

Berger, C. R. (2000). Quantitative depictions of threatening trends in news reports: The scary world of frequency data. Human Communication Research, 26, 27-52.

Berger, C. R. (2001). Making it worse than it is: Quantitative depictions of threatening trends in the news. *Journal of Communication, 46*, 655-677.

Berger, C. R. (2002). Base-rate bingo: Ephemeral effects of population data on cognitive responses, apprehension, and perceived risk. *Communication Research, 29,* 99-124.

Berger, C. R. (2003). Effects of discounting cues and gender on apprehension: Quantitative versus qualitative depictions of threatening trends. *Communication Research, 30,* 251-271.

Berger, C. R. (2005). Slippery slopes to apprehension: Rationality and graphical depictions of increasingly threatening trends. *Communication Research, 32*, 3-28.

Berger, C. R. (2007). A tale of two communication modes: When rational and experiential processing systems encounter statistical and anecdotal depictions of threat. *Journal of Language and Social Psychology, 26,* 215-233.

Berger, C. R., & Lee, K. J. (2008). *Second thoughts, second feelings: Attenuating the impact of threatening narratives through rational reappraisal.* Under review, *Communication Research.*

Berger, C. R., Lee, E.-J., & Johnson, J. T. (2003). Gender, rationality, and base-rate explanations for increasing trends. *Communication Research, 30*, 737-765.

Berger, C. R., Johnson, J. T., & Lee, E.-J. (2003). Antidotes for anthrax anecdotes: The role of rationality and base-rate data in assuaging apprehension. *Communication Research, 30*, 198-223.

Brosius, H.-B. (1993). The effects of emotional pictures in television news. *Communication Research, 20,* 105-124.

Brosius, H.-B., & Bathelt, A. (1994). The utility of exemplars in persuasive communications. *Communication Research, 21,* 48-78.

Chaiken, S. (1987). The heuristic model of persuasion. In M. P. Zanna, J. M. Olson, & C. P. Herman (Eds.), *Social influence: The Ontario Symposium* (Vol. 5, pp. 3-39). Hillsdale, NJ: Erlbaum.

Chen, S., & Chaiken, S. (1999). The heuristic-systematic model in its broader context. In S. Chaiken & Y. Trope (Eds.), *Dual-process theories in social psychology* (pp. 73-96). New York: Guilford.

Cohl, H. A. (1997). *Are we scaring ourselves to death?: How pessimism, paranoia, and a misguided media are leading us toward disaster.* New York: St. Martins.

Crossen, C. (1994). *Tainted truth: The manipulation of fact in America.* New York: Simon & Schuster.

Davies, N. (2008). *Flat earth news.* London, UK: Chatto & Windus.

Davis, D. W, & Silver, B. D. (2003). Civil liberties versus security: Public opinion in the context of the terrorist attacks on America. *American Journal of Political Science, 48,* 28-46.

Davis, S., & Mares, M.-L. (1998). Effects of talk show viewing on adolescents. *Journal of Communication, 48(3)*, 69-86.

De Becker, G. (2002). *Fear less: Real truth about risk, safety, and security in a time of terrorism.* New York: Little, Brown & Company.

Deemers, D. P., Nichols, S. (1987). *Precision journalism: A practical guide.* Newbury Park, CA : Sage Publications.

Dunwooddy, S. (1999). Scientists, journalists, and the meaning of uncertainty. In S. M. Friendman, S. Dunwoody & C. L. Rogers (Eds.), *Communicating uncertainty: Media coverage of new and controversial science* (pp. 59-79). Mawah, NJ: Lawrence Erlbaum.

Epstein, S. (1990). Cognitive-experiential self-theory. In L. Pervin (Ed.), *Handbook of personality theory and research: Theory and research* (pp. 165-192). New York: Guilford.

Epstein, S. (1994). Integration of the cognitive and the psychodynamic unconscious. *American Psychologist, 49*, 709-724.

Epstein, S. (2003). Cognitive-experiential self-theory of personality. In T. Millon & M . J. Lerner (Eds.), *Handbook of psychology, Volume 5: Personality and social psychology* (pp. 159-184). New York: John Wiley & Sons.

Epstein, S., & Pacini, R. (1999). Some basic issues regarding dual-process theories from the perspective of cognitive-experiential self-theory. In S. Chaiken & Y. Trope (Eds.), *Dual-process theories in social psychology* (pp. 462-482), New York: Guilford.

Evans, J. St. B. T., & Over, D. E. (1996). *Rationality and reasoning.* Hove, UK: Psychology Press.

Ferraro, K. F. (1995). *Fear of crime: Interpreting victimization risk.* Albany, NY: State University of New York Press.

Fitch, M., Huston, A. C., & Wright, J. C. (1993). From television forms to genre schemata: Children's perception of television reality. In G. L. Berry & J. K. Asamen (Eds.), *Children and television: Images in a changing sociocultural world* (pp. 129-146). Newbury Park, CA: Sage.

Furedi, F. (1997). *The culture of fear: Risk taking and the morality of low expectation.* London: Cassell.

Gerbner, G., & Gross, L. (1976). Living with television: The Violence Profile. *Journal of Communication, 6*, 223-230.

Gibson, R., & Zillmann, D. (1994). Exaggerated versus representative exemplification in news reports. *Communication Research, 21,* 603-624.

Glassner, B. (1999). *Culture of fear: Why Americans are afraid of the wrong things.* New York: Basic Books.

Gigerenzer, G. (2000). *Adaptive thinking: Rationality in the real world.* Oxford, UK: Oxford University Press.

Gigerenzer, G. (2007). *Gut feelings:The intelligence of the unconscious.* New York: Viking.

Gigerenzer, G., Todd, P. M., & the ABC Research Group. (1999). *Simple heuristics that make us smart.* Oxford, UK: Oxford University Press.

Goel, V., & Dolan, R. (2003). The modulation of reasoning by belief. *Cognition, 87*, B11-B22.

Halpern, D. F. (2000). *Sex differences in cognitive abilities (3rd Edition).* Mahwah, NJ: Lawrence Erlbaum.

Harris, R. J. (2004). *A cognitive psychology of mass communication (4th Edition).* Mahwah, NJ: Erlbaum.

Hogarth, R. M. (2001). *Educating intuition.* Chicago, IL: The University of Chicago Press.

Hogarth, R. M. (2005). Deciding analytically or trusting your intuition: The advantages and disadvantages of analytic and intuitive thought. In T. Betsch & S. Haberstroh (Eds.), *The routines of decision making* (pp. 67-82). Mahwah, NJ: Erlbaum.

Kahneman, D., Slovic, P., & Tversky, A. (1982). *Judgment under uncertainty: Heuristics and biases*. Cambridge, UK: Cambridge University Press.

Kasperson, J. X., Kasperson, R. E., Pidegon, N., & Slovic, P. (2003). The social amplification of risk: Assessing fifteen years of research and theory. In N. Pidgeon, R. E. Kasperson, & P. Slovic (Eds.), *The social amplification of risk* (pp. 13-46). Cambridge, UK: Cambridge University Press.

Krauss, D. A., Lieberman, J. D., & Olson, J. (2004). The effects of rational and experiential information processing of expert testimony in death penalty cases. *Behavioral Sciences and the Law, 22,* 801-822.

Lieberman, J. D., Krauss, D. A., Kyger, M., & Lehoux, M. (2007). Determining dangerousness in sexually violent predator evaluations: Cognitive-experiential self-theory and juror judgments of expert testimony. *Behavioral Sciences and the Law, 25,* 507-526.

Levinson, S. C. (1995). Interactional biases in human thinking. In E. Goody (Ed.), *Socialintelligence and interaction* (221-260). Cambridge, UK: Cambridge University Press.

Meyer, P. (2002). *Precision journalism: A reporter's introduction to social science methods (4th Edition).* Lanham, MD: Rowman & Littlefield.

Morgan, M., & Shanahan, J. (1997). Two decades of cultivation research: An appraisal and meta-analysis. In B. R. Burleson (Ed.), *Communication yearbook 20* (pp. 1-45). Thousand Oaks, CA: Sage Publications.

Nickerson, R. S. (2004). *Cognition and chance: The psychology of probabilistic reasoning*. Mahwah, NJ: Erlbaum.

Nisbett, R. E., & Ross, L. (1980). *Human inference: Strategies and shortcomings of social judgment*. Englewood Cliffs, NJ: Prentice-Hall.

Norris, P., & Epstein, S. (2002). *The investigation of some fundamental issues concerning rational-analytical and intuitive-experiential thinking styles with a short form of the rational-experiential inventory*. Unpublished manuscript.

Palmquist, M. (2008, May). Bioterror in context: How and why the threat of bioterrorism has been so greatly exaggerated. *Miller-McCune, 1, no.2,* 72-76.

Petty, R. E., & Cacioppo, J. T. (1986). *Communication and persuasion: Central and peripheral routes to persuasion*. New York: Springer-Verlag.

Petty, R. E., & Wegener, D. T. (1999). The elaboration likelihood model: current status and controversies. In S. Chaiken & Y. Trope (Eds.), *Dual-process theories in social psychology* (pp. 41-72). New York: Guilford.

Pollock, J. L. (1991). OSCAR: A general theory of rationality. In J. Cummins & J. L. Pollock (Eds.), *Philosophy and AI: Essays at the interface* (189-213). Cambridge, MA: MIT Press.

Potter, W. J. (1988). Perceived reality in television effects research. *Journal of Broadcasting and Electronic Media, 32*, 159-174.

Reber, A. S. (1993). *Implicit learning and tacit knowledge.* New York: Oxford University Press.

Rogers, E. M. (2003). *Diffusion of innovations (5th edition).* New York: Free Press.

Schwartz, L. M., Woloshin, S., Black, W. C., Welch, H. G. (1997). The role of numeracy in understanding the benefit of screening mammography. *Annauls of Internal Medicine, 69,* 379-399.

Shiffrin, R. M., & Schneider, W. (1977). Controlled and automatic human information processing: II. Perceptual learning, automatic attending, and a general theory. *Psychological Review, 84,* 127-190.

Shrum, L. J. (1996). Psychological processes underlying cultivation effects: Further tests of construct accessibility, *Human Communication Research, 22*, 482-509.

Shrum, L. J. (2001). Processing strategy moderates the cultivation effect. *Human Communication Research, 27*, 94-120.

Shrum, L. J. (2007). Social cognition and cultivation. In D. R. Roskos-Ewoldson & J. L. Monahan & (Eds.), *Communication and Social Cognition* (pp. 245-272), Mahwah, NJ: Erlbaum.

Siegel, M. (2005). *False alarm: The truth about the epidemic of fear*. Hoboken, NJ: Wiley.

Sloman, S. A. (1996). The empirical case for two systems of reasoning. *Psychological Bulletin, 119,* 3-22.

Slovic, P. (1987). The perception of risk. *Science, 236*, 280-285.

Stanovich, K. E. (2002). Rationality, intelligence, and levels of analysis in cognitive science: Is dysrationalia possible? In R. J. Sternberg (Ed.), *Why smart people can be so stupid* (pp. 124-158). New Haven, CT: Yale University Press.

Strange, J. J. (2002). How fictional tales wag real-world beliefs: Models and mechanisms of narrative influence. In M. C. Green, J. J. Strange, & T. C. Brock (Eds.), *Narrative impact: Social and cognitive foundations* (pp. 287-313). Mahwah, NJ: Erlbaum.

Strange, J. J., & Leung, C. C. (1999). How anecdotal accounts in news and in fiction can influence judgments of a social problem's urgency, causes, and cures. *Personality and Social Psychology Bulletin, 25*, 436-449.

Vargas, B. (Producer). (1999, 16 August). *CNN & Company*. [Television Broadcast]. Atlanta, GA: Cable News Network.

Wildavsky, A. (1979). No risk is the highest risk of all. *American Scientist, 67*, 32-37.

Zillmann, D. (2002). Exemplification theory of media influence. In J. Bryant & D.

Zillmann (Eds.), *Media effects: Advances in theory and research* (pp. 19-41). Mahwah, NJ: Lawrence Erlbaum.

Zillmann, D., & Brosius, H.-B. (2000). *Exemplification in communication: The influence of case reports on the perception of issues*. Mahwah, NJ: Erlbaum.

Zillmann, D., Gibson, R., Ordman, V. J., & Aust, C. F. (1994). Effects of human-interest stories in broadcast news. *Journal of Broadcasting and Electronic Media, 38,* 65-78.

Zillmann, D., Perkins, J. W., & Sundar, S. S. (1992). Impression-formation effects of printed news varying in descriptive precision and exemplification. *Medienpsychologie, 3*, 168-185.

Introduction to

Measuring the Effectiveness of Anti-Drug Public Service Announcements

By Daniel W. Barrett, Joseph Capella, Martin Fishbein, Marco Yzer, and R. Kirkland Ahern

---

The authors seek to determine what constitutes an effective or persuasive measure. At a macro level, messages seem to produce the desired effect. Commercial advertising campaigns can lead to increased purchases, political ads may change voting behavior, and public health communication campaigns can favorably impact health behavior, the authors note. But despite clear knowledge that messages often do produce tangible intended effects, researchers have yet to comprehensively identify message components and/or attributes that are very likely to produce desired changes. Investigators do not have a firm conceptual or empirical grasp of the totality of what constitutes an effective message. The problem of insufficient knowledge of persuasive content is particularly acute with regard to public health problems such as illicit drug use. This chapter offers another pathway to determine message effectiveness; namely, ask the target audience.

There are a number of different approaches that researchers have employed to assess the effectiveness of anti-drug public service announcements (PSAs). However, anti-drug PSA effectiveness is likely related to not just ad features, aspects typically measured in many current methods, but also to message content. The primary theoretical framework guiding the authors' approach to understanding the determinants of teen marijuana use is the Integrative Model (IM), an extended version of the Theories of Reasoned Action and Planned Behavior. The IM posits that only a small number of variables need to be considered if one's aim is to reduce a given behavior. According to the IM, a person's intention to perform or not perform a given behavior is the best predictor of whether the behavior will be performed. However, the theory recognizes that skills and abilities as well as environmental factors can moderate the intention-behavior relationship. Intention is itself viewed as a function of attitude toward performing the behavior, perceived normative pressure, and self-efficacy regarding performance of that behavior. These three variables are themselves functions of a person's underlying beliefs regarding the outcomes of performing the behavior, normative proscriptions and/or behaviors of specific referents, and barriers to performing that behavior. According to the IM, persuasive messages can affect how strongly respondents hold particular behavioral beliefs, normative beliefs, or self-efficacy beliefs. If significant changes are produced in these variables, then it should have an impact on the respective behavior.

To test the effectiveness of the IM, the authors conducted two separate studies. The first study revealed that participants judged the strong ads they had been shown to be significantly more effective than the weak ads. However, the study did not offer convincing evidence that perceived effectiveness is significantly related to actual effectiveness. That is why a second study was carried out which revealed that the strong messages did not produce significantly greater attitude change; in fact, they led to significant changes in self-efficacy for all respondents and in subjective norms for high risk respondents. The current research provides empirical support for a broader, more inclusive measure that incorporates additional factors like participant's age, history of offered marijuana, and perceived extend of marijuana use by the participant's peers. Past marijuana use and other variables were the strongest predictor of most of the IM outcome variables, including behavioral intention.

It is quite clear that these studies have direct impact on the world of business; in particular, marketing, because they reveal more precise way of measuring and determining the effectiveness of ad campaigns. Asking respondents whether they would buy a product might be an effective method of determining the respondents' intentions, but it does not really say much about the actual subsequent shopping behavior, for example.

Michael B. Hinner

Daniel W. Barrett is Assistant Professor of Psychology at Western Connecticut State University, specializing in social psychology. His research interests include psychology of epistemic doubt, participant suspicion in psychology research, and social influence/persuasion across cultures. He has published numerous articles and co-edited a book on social influence and culture.

Joseph Capella is Professor of Communication and holds the Gerald R. Miller Chair at the Annenberg School for Communication at the University of Pennsylvania. His research has produced more than 100 articles and book chapters, and three co-authored books in areas of health and political communication, social interaction, nonverbal behavior, media effects, and statistical methods. His research has been supported by grants from NIMH, NIDA, NSF, NCI, NHGRI, the Twentieth Century Fund, and from Markle, Ford, Carnegie, Pew, and Robert Wood Johnson foundations. He has served on the editorial boards of 15 different journals. He is a Fellow of the International Communication Association and its past president, a distinguished scholar of the National Communication Association, and recipient of the B. Aubrey Fisher Mentorship Award.

Martin Fishbein is the Harry C. Coles Jr. Distinguished Professor in Communication and Director of the Health Communication Program in the Public Policy Center of the Annenberg School for Communication at the University of Pennsylvania. He is also the Director of the Theory and Methods Core of the EPIC [Effects of Public Information and Cancer] Center. Developer of the Theory of Reasoned Action and the Integrative Model, Professor Fishbein has consulted for a number of profit and nonprofit organizations including the International Atomic Energy Agency, the Federal Trade Commission, the British Home Office, Warner Communications, Inc., Traffic Safety Now, Inc., and the International Congress of Symphony and Opera Musicians. He has served on numerous committees in the health field and been a guest researcher at a number of prestigious organizations. He has contributed over 250 articles and chapters to professional books and journals, and has authored or edited six books.

Marco Yzer is Assistant Professor at the School of Journalism & Mass Communication at the University of Minnesota. His research focus is on psychological processes in a communication environment, persuasion, and health communication. He has written numerous journal articles and has been active in research in the The Netherlands and the USA.

R. Kirkland Ahern is a doctoral candidate at the Annenberg School for Communication, University of Pennsylvania. Her research focuses on cognitive and social psychological influences on the processing of media messages. Her dissertation research explores how selective attention, selective exposure, and emotional priming affect information search in an interactive media environment.

Measuring the Effectiveness of Anti-Drug Public Service Announcements

Daniel W. Barrett,
Joseph Cappella,
Martin Fishbein,
Marco Yzer
R. Kirkland Ahern

Two experiments were conducted in order to validate a subjective measure of the effectiveness of anti-drug Public Service Announcements (PSAs). In the first study, adolescents' ratings of perceived effectiveness were strongly correlated with favorable cognitive responses to the PSAs. That is, ads that were rated as relatively effective elicited more net positive thoughts than those perceived to be relatively ineffective. The second study examined the effects of PSAs that varied in perceived effectiveness on key drug-related outcome measures within the framework of the Integrative Model. Adolescents viewed PSAs that were previously rated as relatively effective or ineffective, or they viewed a control video. After exposure, marijuana-related intentions, attitudes, beliefs, and other outcome variables were measured. Multivariate analysis revealed that the strong ads were more influential than the control condition in favorably altering respondents' subjective norms and normative beliefs about marijuana use, as well as their self-efficacy with regard to refusing marijuana. Strong ad influence was suggestively greater than weak ad influence, but the results did not reach statistical significance. The implications of this approach to assessing PSA effectiveness are discussed.

What constitutes an effective or persuasive message? This question has vexed rhetoricians, politicians, advertising specialists, marketing professionals, communication scholars, and social psychologists for decades. Countless hours and millions of dollars have been expended in the development and dissemination of messages designed to change attitudes, intentions, beliefs, norms, and behavior (Hornik, 2002). The extraordinarily message-dense environment in contemporary American life has been well-documented (Pratkanis & Aronson, 2000) and, at a macro level, these messages are clearly producing some intended effects. Commercial advertising campaigns can lead to increased purchases, political ads may change voting behavior (Franz & Ridout, 2007; Huber & Arceneaux,

2007), and public health communication campaigns can favorably impact health behavior (Ansolabehere & Iyengar, 1996; Hornik, 2002; West, 2001).

Despite clear knowledge that messages often do produce tangible intended effects, researchers have yet to comprehensively identify message components and/or attributes that are very likely to produce desired changes. Investigators do not have a firm conceptual or empirical grasp of the totality of what constitutes an effective message. To be sure, specific message elements have been associated with desirable outcomes under certain conditions (e.g., gain/loss framing and prevention/detection behaviors; see Salovey, Schneider, & Apanavitch, 2002). Nevertheless, there is still much to achieve with respect to this goal. The problem of insufficient knowledge of persuasive content is particularly acute with regard to public health problems such as illicit drug use, where government-funded campaigns have struggled to produce communications that have a favorable impact on drug use. Lack of knowledge about what works and what obviously hinders the creation of effective messages, resulting in wasteful spending on ineffective anti-drug messages. Although the present research does not address this problem directly, it offers another pathway to determining message effectiveness: ask the target audience. That is, it represents an attempt to empirically test the validity of a subjective, target audience-based measure of the effectiveness of anti-drug public service announcements (PSAs).

Approaches to Assessing Effectiveness

There are a number of different approaches that researchers have employed to assess the effectiveness of PSAs. One obvious way is to air the PSAs as part of a public communication campaign and look for changes in the outcome variables of interest. For example, an objective measure of the success of a public communication campaign promoting skin cancer screenings can be assessed by obtaining pre and post measures of the number of actual screenings or by contrasting screening rates across groups differing in magnitude or type of exposure. For messages aimed at behavior change (and assuming the proper design and controls), this is perhaps the most accurate way to measure message effectiveness. Unfortunately, this strategy requires running at least a small-scale campaign in the field and then evaluating its success in changing behavior, which can take months or longer. This can be an impractical and expensive strategy, and is particularly ill-advised when iatragenic effects are possible.

Another approach isolates and varies narrowly defined message attributes and systematically tests them for the desired effects. Its main benefit is the ability to partition variance and to determine, individually or in combination, which attributes produce the key outcomes. While this technique is useful for testing theoretical propositions, it can also generate messages that are artificial and unlikely to be employed in the field. A related method is to identify specific structural and/or content features in existing PSAs that can be directly linked to desirable effects. Once identified, it then becomes relatively easy to generate new PSAs that contain these efficacious features. For instance, Morgan, Palmgreen, Stephenson, Hoyle, and Lorch (2003) have developed a system for coding anti-drug PSAs according to the degree to which they possess message sensation value (MSV). MSV has been defined as the extent to which television anti-drug PSAs contain formal and content audiovisual features that elicit sensory, affective, and arousal responses (Palmgreen, et al., 1991). The MSV of a PSA can, in a sense, be preprogrammed and premeasured, without going through extensive laboratory or field testing of individual PSAs. Morgan, Palmgreen, and Stephenson (2003) have shown that high MSV PSAs are preferred by persons both high and low in sensation seeking, an individual difference variable known to be associated with drug use and other risky behavior (Donohew et al., 2000; Zuckerman, 1979, 1994).

Another tactic is to assess message effectiveness by obtaining subjective evaluations of ads from members of the target audience (Dillard, Shen & Vail, 2007; Dillard, Weber & Vail, 2007). In the anti-drug PSA context, adolescents can be asked to rate ads on specific dimensions of interest or to provide a more direct assessment of the likely effects of the ad that is not tied to specific attributes. The former type of effectiveness measure may be termed an *attribute* measure, and the latter an *impact* measure (Dillard, Weber & Vail, 2007). An excellent example of the former is research by Palmgreen and his colleagues on what they have termed *perceived message sensation value* (PMSV; Everett & Palmgreen, 1995; Palmgreen, Stephenson, Everett, Baseheart, & Francies, 2002). PMSV measures the extent to which an anti-drug PSA is perceived by the target audience to be novel, emotionally arousing, and to have dramatic impact on viewers (Palmgreen et al., 2002). Importantly, PMSV is positively associated with the relatively more objective measure of MSV (Morgan et al., 2003).

The PMSV and MSV constructs are promising developments in the quest to better understand the characteristics of effective anti-drug PSAs. Both seek to measure specific ad features—whose presence is established either via experimenter coding or audience rating—that essentially serve as a proxy for ad effectiveness. However, anti-drug PSA effectiveness is likely related not just to ad features but also to message content. Neither PMSV nor MSV incorporate more traditional components of ads, such as the probitive force of the argument or the importance of the message to the target audience, both of which may also impact ad persuasiveness.[1]

Other researchers have developed direct measures of the perceived effectiveness of persuasive messages that are not based on ratings of specific features of the ad (Dillard, Weber & Vail, 2007). In some cases, these measures were found to be related to other variables of interest. For instance, a recent meta-analysis of studies that compared ratings of message effectiveness with attitude toward the message topic found a weighted average correlation of .41 (Dillard, Weber & Vail, 2007). Although encouraging, it is not altogether surprising that positive attitude toward the issue addressed by the message was directly related to the subjective evaluation of the effectiveness of the message. In other words, participants believed that messages with which they agreed were more effective than those with which they disagreed. Unfortunately, the correlational nature of these studies prevents a test of whether the messages themselves actually changed the attitudes of the respondents, and thus the causal direction remains unclear. Dillard, Shen & Vail (2007) attempted to address the causal direction question by using structural equation modeling (SEM). It is important to recognize however that the SEM analyses they conducted are essentially correlational. In addition, the model fit data they present depends more upon the association of exogenous variables with perceived and actual persuasiveness, than upon the "causal direction" between these two measures of persuasiveness. Thus for example, if "fear" is more highly correlated with perceived persuasiveness than with actual persuasiveness (e.g., attitude change), a model suggesting that "fear" influences perceived effectiveness which, in turn, influences attitude will fit the data better than a model that suggests that "fear" influences attitude, which in turn influences perceived effectivenss. Thus despite their apparent elegance, the SEM analyses performed by Dillard, Shen and Vail (2007) do not really address the causal question. In contrast, the present research, by exposing participants to ads rated as either high or low in perceived effectiveness and directly assessing the effects of that exposure on a number of outcome variables, provided a strong test of causal direction.

Individual Risk

Perceptions of anti-drug message effectiveness may also depend on audience variables such as level of individual risk for drug use. Prior research has found that individual risk mediates both the reception and efficacy of anti-drug messages (Clayton, Cattarello, & Walden, 1991; Donohue, Lorch, &Palmgreen, 1998; Everett & Palmgreen, 1995; Palmgreen, Donohew, Lorch, Hoyle, & Stephenson, 2001; Palmgreen, et al., 1991). Perhaps the most-frequently investigated measure of individual risk is sensation seeking, which measures the preference for novel, complex, and emotionally intense experiences (Zuckerman, 1994, 1979), and has been shown to positively correlate with the use of marijuana and other substances (Clayton et al., 1991; Yanovitzky, 2005). Using a proxy for risk such as sensation seeking is particularly useful because, for ethical reasons, researchers typically do not directly ask respondents whether they had engaged in illegal behavior. However, in our own research that had included behavioral information we were able to produce a better proxy for past behavior than sensation seeking alone (Yzer et al., 2004). This proxy measure of likelihood of use in the previous year was estimated from the following regression equation:

Likelihood of MJ use in past year (risk)= -9.34+.62(friends' use) + .66(number of MJ offers in past 30 days) + .11(sensation seeking score) + .19(respondent's age)

The equation produces a continuous measure of likelihood of past MJ use and/or risk of future MJ use. As can be seen from the equation, respondents with more friends who use, who themselves have been offered MJ more often, who are higher in sensation seeking, and who are older are at greater risk for MJ use. The inclusion of each of these variables is reasonable from both logical and empirical standpoints. Of note is the fact that sensation seeking, which is one of the most heavily investigated variables in the context of drug use, was actually the weakest predictor of prior marijuana use. It is important to note however, that sensation seeking is more exogenous or distal than either offers or perceived friends use, and is therefore an important variable to retain in the prediction equation. We expected that prior experience with marijuana would impact both perceived and actual effectiveness of anti-drug messages.

Integrative Model

The primary theoretical framework guiding our approach to understanding the determinants of teen marijuana use is the Integrative Model (IM; Fishbein, 2000), an extended version of the Theories of Reasoned Action (Fishbein & Ajzen, 1975; Ajzen & Fishbein, 1980) and Planned Behavior (Ajzen, 1991). The IM posits that only a small number of variables need to be considered if one's aim is to reduce a given behavior such as adolescents' marijuana use. The variables included in this set play a central role in one or more of the leading theories of behavior change: Social Cognitive Theory (Bandura, 1986), the Health Belief Model (Becker, 1988; Janz & Becker, 1984), the Theory of Reasoned Action (Fishbein & Ajzen, 1975), and the Theory of Planned Behavior (Ajzen, 1991). The IM is integrative because it attempts to integrate the critical components of each of these theories (Fishbein et al., 2001). According to the IM, a person's intention to perform or not perform a given behavior is the best predictor of whether the behavior will be performed. However, the theory recognizes that skills and abilities as well as environmental factors can moderate the intention-behavior relationship. Intention is itself viewed as a function of attitude toward performing the behavior, perceived normative pressure, and self-efficacy regarding performance of that behavior. The relative importance of these three psychosocial variables varies across behaviors and populations. Moreover, these three variables are themselves functions of a person's underlying beliefs regarding the outcomes of performing the behavior, normative proscriptions and/or behaviors of specific referents, and barriers to performing that behavior (see Fishbein, 2000, for a more detailed explanation of the model). The IM is particularly useful in that it both directs researchers to collect data concerning certain kinds of responses and leads to the expectation of certain types of relationships among those responses.

According to the IM, one of the ways that messages can impact intentions and behaviors is by changing the determinants of intentions. That is, persuasive messages can affect how strongly respondents hold particular behavioral beliefs, normative beliefs, or self-efficacy beliefs. Presumably, if significant mean changes were produced on these 'upstream' variables (e.g., behavioral or normative beliefs), then, according to the model, differences should also be found in the respective 'downstream' variables.[2] For instance, if exposure to an anti-marijuana PSA led people to be significantly more likely to believe that the negative consequences of marijuana use were to occur vs. what they believed pre-exposure, then the IM would also predict a parallel change in attitude (they should become less favorable toward marijuana use). However, the presence of these effects would not necessarily lead to changes in the next 'downstream' variable, intentions, unless attitudes were a significant determinant of intentions. As indicated above, all three possible determinants of intentions need not be operative for a given behavior: All three or only some subset could be important.

The IM, because of its ability to pinpoint the impact that specific beliefs have on attitudes, subjective norms, self-efficacy, intentions and, ultimately, behavior, can be useful in the development of persuasive messages. However, it has little to say about how message recipients evaluate the effectiveness of messages. Thus, although it framed our general approach to examining the determinants of teen drug use, it did not specifically inform the perceived effectiveness measure.

One key question is what, at a conceptual level, should a measure of perceived effectiveness tap? Minimally, the recipient should report that the ad was sufficiently attention-getting in order to maximize exposure to the message and therefore its likelihood of influence. Next, recipients should ideally believe that the ad was convincing or persuasive (e.g., that using drugs is not a desirable activity). Third, the message should be perceived as useful to the recipient in terms of enacting the desired behavior, perhaps by increasing recipients' confidence about acting appropriately when faced with marijuana in day-to-day life. Several theories of behavior change include the concept of self-efficacy (e.g.,

Ajzen, 1991; Bandura, 1986; Fishbein, 2000), as does one of the leading explanatory models of the effectiveness of fear appeals (Extended Parallel Process Model; Witte, 1994). Given that individuals have a tendency to see themselves as relatively invulnerable to social influences as compared their peers (e.g., the Third Person Effect; Perloff, 1996), we also thought it advantageous to ask teens about the likely effectiveness of the ads on their friends. Each of these concepts is incorporated into the perceived effectiveness scale used in our research.

Perceived Effectiveness: A Preliminary Test
Fishbein, Jamieson, Zimmer, von Haeften, and Nabi (2002) examined whether the perceived effectiveness of anti-drug PSAs was related to judgments of realism, amount learned, and positive and negative *emotional* responses. Over 3500 middle and high school students from 10 schools in 4 states rated 30 anti-drug PSAs along these dimensions. Their impact measure of perceived effectiveness was a composite of four questions: (1) Was the message convincing? (2) Would it be helpful in keeping your friends from using the drug? (3) Would people your age who have never used drugs be more or less likely to want to try the drug after seeing the ad? (4) How confident did the ad make you feel about how best to deal with illegal drugs in the real world? ($\alpha = .79$). Responses were provided on a 4-pt scale ranging from *definitely yes* to *definitely no*. Fishbein et al. (2002) found that perceived effectiveness was highly positively correlated with judged realism, amount learned from the ad, and negative emotion in response to the ad, and negatively correlated with positive emotional responses to the ad. The present research incorporated a slightly modified version of the Fishbein et al. (2002) measure.

Although not designed as a validation study, the Fishbein et al. (2002) research demonstrated that the effectiveness measure is sensitive to differences in teens' perceptions of the ads, and is related to some other variables in expected ways. Moreover, the fact that effectiveness was positively related to negative emotions and negatively related to positive emotions suggests that the ads perceived as effective were associated with greater anger, sadness, fear, and disgust, and with less happiness or excitement, suggesting that the more effective ads produced the desired emotional responses in viewers. However, the relationship between perceived effectiveness and teens' *cognitive* responses to the PSAs was not assessed in this study. Cognitive responses are simply the thoughts message recipients have while they are viewing, reading, or hearing a message. The responses are assessed by asking recipients, after message exposure, to write down the thoughts they had during message exposure. In research on attitude change and persuasion, cognitive responses have often been viewed as important mediators of the effects of messages on attitudes (Brock, 1967; Petty & Cacioppo, 1986; Petty & Wegener, 1998). That is, attitude change has been associated with the extent to which the message or ad generates relatively large ratios of positive to negative thoughts in message recipients. Messages or ads that elicit more unfavorable than favorable thoughts typically do not produce attitude change. The validity of these cognitive responses as indicants of strong and weak messages, as well as the differential physiological and attitudinal responses to such messages, has been empirically established (e.g., Cacioppo, Harkins, & Petty, 1981; Cacioppo & Sandman, 1981; Petty & Cacioppo, 1979). Thus, the present research follows a long line of previous research that has utilized the cognitive response approach to investigate the effects of persuasive messages.

Our first study examined this perceived effectiveness-cognitive response relationship by exposing respondents to anti-drug PSAs and asking them to evaluate the effectiveness of each PSA and to record the thoughts they had while watching each of the PSAs. We hypothesized that the relationship between perceived effectiveness and favorable thoughts would be strong and positive: ads eliciting relatively greater numbers of favorable thoughts would be seen as relatively more effective by the adolescent participants. Our second study investigated the differential impact of ads rated as relatively effective or ineffective on beliefs and other outcome measures.

Study 1

Method

Participants. 601 youths aged 12-18 ($M = 15.30$) participated in this research in exchange for $10 in cash as compensation for their time. The sample included approximately equal numbers of males (301) and females (300), and was predominantly Caucasian (432 Caucasians, 142 African Americans, 27 other race/ethni-city). Participants were recruited from shopping malls in urban locations throughout the US, including San Diego, Atlanta, Detroit, and New York, by Opinion One, a market research firm. Signed parental consent and youth assent forms were obtained prior to participation. Since no significant gender- or race/ethnicity-based differences were found, these variables will not be discussed further.

Design and Stimulus Materials

The study was run in two nearly identical phases, approximately two months apart, using 60 anti-drug PSAs. The only important difference between the two phases was the selection of ads used as the stimulus materials. Of the 60 ads, 30 were randomly selected for the first phase, and the remaining 30 were used in the second phase. Within each phase, the 30 ads were randomly grouped into three sets of ten. Participants were randomly assigned to a set within a phase, and viewed 5 ads randomly selected from that set of ten ads.

The 60 PSAs used in this study were drawn from our bank of digitized anti-drug PSAs. Most of these ads were used in national or state anti-drug campaigns, and many were produced by the Partnership for a Drug-Free America. The ads ranged in length from 15 to 30 seconds, with the vast majority being 30 seconds long.

Procedure

Participants were run through the study individually, and viewed all stimulus materials and provided all responses on a touch-screen computer. After answering standard demographic items, participants viewed five PSAs. After each PSA, participants 1) indicated whether they had previously seen it and, if so, the number of times; 2) listed the thoughts they had while viewing the ad; 3) evaluated the ad on a number of dimensions (see below); and 4) answered several questions about how the ad made them feel and whether they liked the ad. After judging all 5 PSAs, participants responded to a set of outcome measures designed to assess the impact of the set of ads on cognitions and behavioral intentions. For a portion of the participants, the order of the outcome questions and PSA viewing was reversed. Only the measures of central concern for this paper are described in greater detail below.

Measures

Perceived effectiveness. The perceived effectiveness measure was designed to capture participants' assessments of the efficacy of the viewed PSAs for themselves and other adolescents. The overall measure was simply the mean of four items, each scored on a 5-pt scale (1=strongly disagree, 5=strongly agree): 1) This ad got my attention; 2) This ad was convincing; 3) Watching this ad helped me feel confident about how best to deal with using marijuana; and 4) If my friends were offered marijuana, this ad would help keep them from using marijuana.

Cognitive responses. Cognitive responses are the thoughts recipients have during exposure to a stimulus, whether text, image, or video. In our study, after viewing any given ad and indicating past exposure to it, respondents were asked to "Please write down all the thoughts you had while you watched the ad." This is an abbreviated version of directions commonly used in persuasion studies in which participants' cognitive responses are obtained (e.g., Cacioppo, Harkins, & Petty, 1981). Due to programming limitations, only four text boxes were provided for participants to fill in. Nevertheless, participants often entered more than one 'thought' into a box, and thus were not truly restricted from giving more than four thoughts. No time limit was established for the thoughtlisting task.

Prior to data analysis, the cognitive responses were coded as follows. First, trained undergraduate research assistants separated the responses into individual thoughts in order to facilitate more reliable coding. For instance, one respondent wrote, in a single text box "This ad reminded me of some guys at school. They thought they had to do it because everyone else was doing it." Although these two sentences are clearly related, they constitute, for analytical purposes, two distinguishable thoughts. The individuated cognitive responses were then coded along a number of dimensions, two of which are particularly relevant to the present paper: relevance and valence. Intercoder reliability was good (kappas > .80). We coded each thought as either relevant or irrelevant to the study and topic, and included only relevant thoughts in the present analysis. For instance, the comment "I think I have athlete's foot" was coded as irrelevant because it had no clear relationship to the ads, to drug use, or to the study.

In addition, each thought was coded for its valence vis-à-vis the PSAs and their anti-drug message. Thoughts were categorized as positive (favorable toward the PSA, pro-message, anti-drug), negative (unfavorable toward the PSA, anti-message, pro-drug), or neutral (neither favorable nor unfavorable toward the PSA, neither pro- nor anti-message, and neither pro- nor anti-drug). An example of a neutral thought is "it [the PSA] was short". Without further information, it was impossible to determine whether the participant intended this as an evaluative statement (and, if so, was it positive or negative?) or merely as a descriptive one. Therefore, it was coded as evaluatively neutral. In sum, only those cognitive responses that were both relevant and valenced (i.e., clearly either positive or negative) were included in the present analysis. In keeping with much prior research involving cognitive responses, the key indicator of the valence of the set of cognitive responses to a message was the difference between the number of relevant positive and the number of relevant negative thoughts for that message. A positive difference score suggests that the ad was favorably viewed, whereas a negative score implies an unfavorable response. For each ad, the total number of positive and negative thoughts as well as the difference score were aggregated across all respondents and provided summative measures of the cognitive responses.

Results

Perceived effectiveness. The mean perceived effectiveness rating for all ads for all participants was 3.56 (SD = .24; range 2.73 to 3.63). The variation in this measure indicates that participants' perceptions of ad effectiveness varied substantially and that this measure successfully captured this variation. In order to probe possible multidimensionality in the scale, we conducted a factor analysis using principle axis factoring for the scale for each ad. In all 60 cases the analysis yielded one factor with virtually all loadings above .40 and most above .60. In addition, reliability analyses were run on the scale for each ad, with the alphas ranging from .72 to .91, $M = .83$.

Cognitive responses. For the set of 60 PSAs, participants listed 3560 relevant thoughts, of which 2328 were positive, 887 negative, and 345 neutral. Clearly, the set of ads was viewed overwhelmingly favorably. In fact, in only two cases did the difference score fall below zero, which would indicate an overall negative evaluation of the ad. At the ad level, the difference scores ranged from -17, at the low end, to 49, at the high end, with the mean difference score being 24.

Correlations between the measures. The correlations at the ad level between the ratings of perceived effectiveness and the cognitive responses were very strong and in the expected direction. As expected, perceived effectiveness was positively correlated with the thought listing difference scores ($r = .68$, $p < .001$). Given the mathematic relationships between the difference scores and the number of positive thoughts and negative thoughts, it is not surprising that perceived effectiveness was also positively correlated with the former ($r = .53$, $p < .001$) and negatively with the latter ($r = -.68$, $p < .001$). Similar patterns were found when separate analyses were conducted for high risk (rs = .62, .45, -.64, respectively, all ps < .001) and low risk participants (rs = .58, .42, -.55, respectively, all ps < .001).

Brief Discussion

The findings from Study 1 provide good support for the construct validity of the perceived effectiveness measure. Not only did we find variation in both the perceived effectiveness ratings and the number and type of cognitive responses across the set of ads, but more importantly, we found that the former were strongly correlated with the latter in the predicted directions. Ads that were perceived to be effective tended to produce the greatest number of net positive thoughts, and ads that were perceived to be relatively ineffective elicited the fewest number of net positive thoughts.

Although encouraging, these findings do not offer convincing evidence that perceived effectiveness is significantly related to actual effectiveness. Because outcome measures were obtained only after all five PSA's were viewed, we were unable to assess the possible differential impact of ads rated as effective and ads rated as ineffective on these outcome measures. Study 2 was designed to provide one such test.

Study 2

Study 2 sought to further test the subjective measure of ad effectiveness by manipulating perceived effectiveness and then examining the relative impact of ads high or low in perceived effectiveness on the IM outcome variables. A set of 5 ads that were previously rated as relatively effective were pitted against 5 ads rated as relatively ineffective, and both sets were compared to a no drug message control. That is, the effects of a set of comparatively 'strong' ads were contrasted with those of a set of comparatively 'weak' ads as well as a control video on drug-related outcome measures.

We had two specific hypotheses. First, we expected that the set of strong PSAs would, in contrast to the control condition, produce a more negative evaluation of the use of marijuana, as measured by our outcome variables. That is, if the strong ads are in fact more effective than the weak ads, then respondents in the strong condition should show greater changes in the anti-drug direction on at least a subset of the IM outcomes measures. It is very likely that the impact of the ads would not be uniform across all of these measures, as persuasive messages typically target only a subset of the variables that underlie intentions and behavior. For instance, some PSAs may target and perhaps change normative beliefs without attempting to also change outcome beliefs. Second, we expected the strong ads would produce the analogous differences vis-à-vis the weak ads. In addition to our two main hypotheses, we wondered if anti-drug PSA effectiveness might interact with level of individual risk. It is possible that high and low risk teens would view the effectiveness of the ads in different ways such that high risk teens could discriminate between ads that they see as relatively strong and effective and those that they judge to be weak and relatively ineffective. In contrast, low risk teens, who are more likely to agree with all anti-marijuana messages, may judge all anti-marijuana PSAs as equally effective. If this were to happen, then it is further possible that the actual effectiveness of ads could depend on this individual difference variable as well. That is, the disparity in effectiveness between strong and weak ads should hold only for high risk adolescents.

Ad Selection

The ten anti-drug PSAs used in the current study were selected on the basis of two criteria. First, based on previous research (e.g., Fishbein et al., 2002), we chose 5 PSAs that were relatively high on our perceived effectiveness measure and 5 that were rated as relatively low. Consistent with this, the averaged perceived effectiveness for the weak ads in Study 1 was 3.27 (*SD* = .24), and was 3.55 (*SD* = .09) for the strong ads; these means were significantly different ($t(7) = 2.42$, $p < .05$). Second, we sought to achieve some balance in the content of the ads in the two conditions, because the array of ads for which we had pretest information varied in the types of messages conveyed. For instance, some ads focused on the negative consequences of using marijuana, whereas others emphasized the positive consequences of not using marijuana. We balanced these so that both treatment conditions had a mixture of positive and negative consequence ads. However, there were some content differences across the two groups that may have been endemic to the strong-weak distinction. Specifically, the strong ads generally focused on the esteem-building benefits of refusing drugs while the weak ads primarily offered a 'just say no' message.

Method

Participants. Participants were 283 adolescents recruited from several public high and middle schools in southeastern Pennsylvania (116 male, 167 female). The mean age of the respondents was 13, with the range 10-19. Participants were indirectly compensated via $15 donations provided to the school for each pupil who participated. The race breakdown was as follows: 170 Caucasian (60.1%), 68 Black (24%), 12 Asian (4.2%), and 33 other (11.7%). No gender or race differences were found at the multivariate level, and therefore these variables are not treated further.

Design and Stimulus Materials

This study used a between-subjects post-test only design with three levels of the independent variable, ad type. Respondents were randomly assigned to the *strong*, *weak*, or *control* condition. Following Reeves and Geiger (1994), we exposed participants to multiple messages of the same type (or no message, in the control). Respondents in the treatment conditions viewed five strong or five weak ads embedded throughout a teen-oriented documentary about producing television shows, videos, and commercials. PSAs were inserted individually at natural breaks in the documentary. This documentary (minus the anti-drug PSAs) was used as the control video, and it made no mention of marijuana or drug use of any kind. The anti-drug PSAs used in the treatment conditions presented a variety of anti-drug messages, as described above.

Procedure

Prior to the study, potential schools were contacted and participating teachers gave study information and the required consent forms to students to take home to their parents. Students for whom parental consent and youth assent forms were completed were scheduled for the study. Data were collected in school classrooms via lap top computers. Participants were randomly assigned to condition at each time period so that classroom or day part were not confounded with condition. The computers were equipped with headphones and physically situated to prevent intersubject and intercondition contamination. After seeing the videos, respondents answered demographic information and then the critical measures described below.[3]

Measures

Risk of using marijuana. We expected that prior experience with marijuana would strongly predict intentions to use it, attitudes toward it, and our other major outcome variables. This risk measure, after centering, was used as a covariate in our analyses (centered $M = 0.00$, $SD = 1.67$). Where data are reported by risk group, high/low risk participants were assigned based on a median split.

Perceived effectiveness. The perceived effectiveness measure was the same as that used in Study 1, and served as a manipulation check for the categorization of the PSAs as either strong or weak ($M = 3.42$, $SD = .21$, see Table 1(see next page) for details; alphas were run separately for each ad and ranged from .81 to .94, $M = .88$).

Behavioral beliefs about regular marijuana use. Respondents' beliefs about the positive and negative consequences of regular MJ use were assessed by four belief scales consisting of 36 items (5-pt scale, -2 (very unlikely) to +2 (very likely)). The *physical costs* scale measures beliefs about the physical costs of regular MJ use (e.g., damage my lungs; $\alpha = .92$; $M = .75$, $SD = .95$). The *positive consequences* scale assesses beliefs about the positive consequences of regular marijuana use (e.g., have a good time; $\alpha = .71$; $M = -.79$, $SD = .77$). The *social costs* scale consists of beliefs about the negative social costs of regular MJ use (e.g., lose my friends; $\alpha = .88$; $M = .72$, $SD = 1.12$). The *esteem costs* scale assesses beliefs about the negative self-esteem costs of regular MJ use (e.g., feel lonely; $\alpha = .92$; $M = .83$, $SD = 1.05$).

Table 1: Mean Cognitive Responses and Perceived Effectiveness of the PSA by Risk

		Study 1 Mean Cognitive Responses*			Study 1 Perceived Effectiveness			Study 2 Perceived Effectiveness		
Ad Type		Low Risk	High Risk	Total	Low Risk	High Risk	Total	Low Risk	High Risk	Total
Weak	Mean	18.25[a]	11.50[a]	29.75[a]	3.39[a]	3.15[a]	3.27[a]	3.54[a]	2.89[a]	3.27[a]
	SD	4.27	7.05	9.59	0.28	0.21	0.24	0.14	0.29	0.17
Strong	Mean	18.40[a]	18.40[a]	36.80[a]	3.66[a]	3.46[a]	3.55[a]	3.63[a]	3.47[a]	3.55[a]
	SD	5.47	5.72	10.54	0.14	0.19	0.09	0.18	0.17	0.14

Notes
*Positive thoughts minus negative thoughts.
Column means with a common subscript are not different at $p < .05$.
[#]These means differ at $p = .057$.

Normative beliefs about regular marijuana use. Respondents were asked to indicate their beliefs about how specific others (parents/caregivers, close friends, boyfriend/girlfriend, grandparents, teachers, most people your age) would feel about the respondent's regular use of MJ. Six items were used, with response options ranging from -2 (strongly disapprove) to +2 (strongly approve) ($\alpha = .81$; $M = -1.43$, $SD = .62$).

Attitude toward regular marijuana use. Respondents indicated their evaluation of "your using MJ nearly every month for the next 12 months" using a 7-point semantic differential scale consisting of four items: Dumb-Smart, Bad-Good, Unpleasant-Pleasant, and Unenjoyable-Enjoyable. The items, scored from -3 to +3, were averaged to form an overall attitude index (Cronbach's $\alpha = .89$; $M = -2.21$, $SD = 1.20$).

Subjective norm for regular marijuana use. Respondents provided their belief about how "most people important to you would feel about your using marijuana nearly every month for the next 12 months" (5-pt scale, -2 (strongly disapprove) to +2 (strongly approve); $M = -1.65$, $SD = .73$).

Self-efficacy to refuse to use marijuana. Respondent self-efficacy to say no to MJ, if they really wanted to, was assessed with five items. One sample item was: "How sure are you that you could say no to marijuana, *if you really wanted to,* if a very close friend suggests you use it?". Responses were provided on a 5-pt scale ranging from -2 (not at all sure I can say no) to +2 (completely sure I can say no) ($\alpha = .93$; $M = 1.31$, $SD = 1.09$).

Intention to use marijuana regularly in the next 12 months. Intention to use MJ was assessed by asking respondents how likely they were to use MJ at least once per month during the next 12 months. Responses were provided on a 4-pt scale (1 (definitely not even once), 2 (probably not), 3 (probably will), 4 (definitely will); $M = 1.52$, $SD = .97$).

Results

Manipulation Check. To check on the success of the strong/weak manipulation, we conducted a series of t-tests comparing the perceived effectiveness of the sets of strong and weak PSAs. As can be seen in Table 1, both the strong and weak ads were seen as relatively effective (i.e., means above the scale midpoint of 2.5), but, consistent with expectations, the strong ads were rated by all respondents as significantly more effective than the weak ads (strong, $M = 3.55$; weak, $M = 3.27$; $t(8) = 2.83$, $p < .05$). Note, however, that only the high risk adolescents differentiated the two sets of ads. More specifically, whereas the low risk adolescents perceived relatively little difference in the effectiveness of strong versus weak ads (strong, $M = 3.63$; weak, $M = 3.54$; $t(8) = .82$, $p > .43$), the high risk adolescents saw the strong ads as significantly more effective than the weak ads (strong, $M = 3.47$; weak, $M = 2.89$; $t(8) = 3.81$, $p < .01$). These findings suggest that strong and weak ads will be "equally effective" among low risk respondents, but the strong PSA's should be more effective than the weak PSAs among high risk respondents. Thus we expected a risk by ad type interaction.

Outcome variables: The primary analysis consisted of a MANOVA with planned contrasts with ad type as the independent variable and the risk measure included as a continuous covariate. The planned contrasts pitted the strong condition separately against the control and weak conditions. Table 2 presents the means and standard deviations for each of the dependent measures, broken down by risk status.[4]

Table 2: Study 2 Means, Standard Deviations, and Ns by Condition and Risk

Variable		Control		Weak		Strong	
		Low Risk	High Risk	Low Risk	High Risk	Low Risk	High Risk
	N	57	44	39	50	44	48
Intentions	Mean	1.19	1.86	1.05	1.72	1.16	2.06
	SD	0.64	1.21	0.22	0.99	0.48	1.29
Attitude	Mean	-2.41	-1.99	-2.72	-1.85	-2.49	-1.88
	SD	1.02	1.30	0.63	1.33	1.10	1.37
Subjective	Mean	-1.14	-1.63	-1.87	-1.46	-1.75	-1.60
Norm	SD	1.23	0.84	0.34	0.84	0.72	0.74
Normative	Mean	-1.57	-1.06	-1.80	-1.20	-1.67	-1.30
Beliefs	SD	0.44	0.77	0.23	0.65	0.42	0.68
Peer	Mean	-1.31	-0.56	-1.67	-0.78	-1.48	-0.82
Beliefs	SD	0.65	0.77	0.39	0.89	0.54	0.94
Authority	Mean	-1.83	-1.55	-1.92	-1.60	-1.84	-1.77
Beliefs	SD	0.32	0.79	0.22	0.60	0.46	0.66
Efficacy	Mean	1.14	1.02	1.56	1.24	1.47	1.48
	SD	1.31	1.21	0.79	1.06	1.12	0.82
*Outcome	Mean	3.35	1.99	4.76	2.42	3.44	2.37
Beliefs	SD	3.32	3.18	2.93	2.95	3.15	3.29
Physical	Mean	0.78	0.50	1.11	0.67	0.91	0.60
Costs	SD	0.97	0.97	0.89	0.86	0.95	0.99
Positive	Mean	-0.74	-0.53	-1.26	-0.63	-0.98	-0.65
Conseq.	SD	0.76	0.85	0.70	0.66	0.78	0.72
Social	Mean	0.88	0.41	1.16	0.49	1.00	0.45
Costs	SD	1.06	1.01	1.09	0.98	1.18	1.09
Esteem	Mean	0.95	0.56	1.23	0.62	0.97	0.68
Costs	SD	1.07	1.02	1.01	0.98	1.09	1.05

Note: These means are derived from a median split of centered risk (median = -0.5213), and therefore do not precisely reproduce the patterns in the figures, which are based on the continuous risk measure.
*Positive consequences were reverse coded prior to summing the beliefs.
With Pillai's Trace criterion, at the multivariate level, the GLM revealed significant effects of ad type ($F(18, 538) = 1.78$, $p < .05$, $\eta^2 = .06$) and risk ($F(9, 268) = 32.27$, $p < .001$, $\eta^2 = .52$). The interaction was nonsignificant ($F(18, 538) = 1.23$, $p > .23$, $\eta^2 = .04$). As expected, the strong PSA's led to stronger anti-marijuana responses than did the weak PSA's or the control video. Similarly, those at high risk had stronger pro-marijuana responses than did those at low risk. At the univariate level, the risk measure predicted all of the outcome variables (all $Fs > 10.54$, all $ps < .01$, $\eta^2 s = .04 - .43$). As expected, greater risk was associated with higher intentions, more pro-drug attitudes, social norms, normative beliefs, and outcome beliefs, and weaker self-efficacy to refuse marijuana. Perhaps more important from the present perspective, there were, at the univariate level, some main effects of ad type as well as some ad type by risk interactions.

Positive Consequences. There was an ad type main effect such that beliefs about the positive consequences of using MJ were lower for the weak and strong conditions vs. the control ($F(2, 276) = 4.74$, $p < .01$, $\eta^2 = .03$). The difference between the strong and control was significant ($p < .05$), but the strong/weak contrast was not. The ad type by risk interaction was not significant.

Physical, Social, and Esteem Costs. There were no significant effects of ad type, nor was there an ad type by risk interaction on these three outcome measures.

Normative Beliefs. There was a main effect of ad type such that beliefs were lower, in order, from control to weak to strong ($F(2, 276) = 4.60$, $p < .05$, $\eta^2 = .03$). That is, the stronger ads significantly moved normative beliefs in the anti-drug direction. For all participants, the difference between control and strong reached significance ($p < .01$), but that between the weak and the strong conditions did not. This main effect was, however, qualified by an ad type x risk interaction ($F(2, 276) = 3.84$, $p < .05$, $\eta^2 = .03$; see Figure 1). This interaction was such that the strong ads lowered normative beliefs more than did the weak and control ads for high risk, but not for low risk, respondents.

Attitude. There were no effects of ad type or the ad type x risk interaction on attitudes toward regular marijuana use.

Figure 1.: Impact of Ad Type and Risk on Normative Beliefs

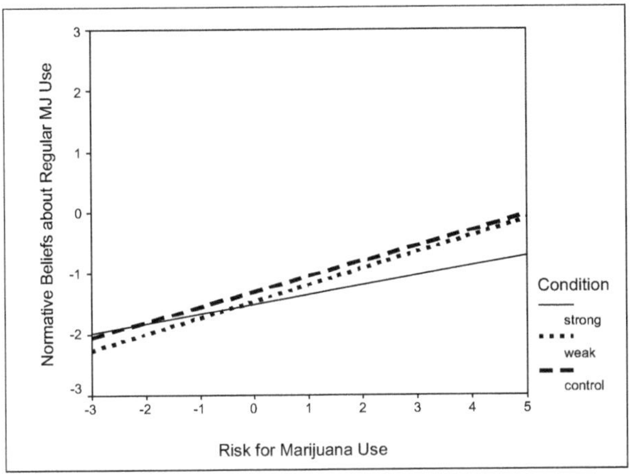

Subjective Norm. Although there was no main effect of ad type, ad type and risk interacted such that the strong ads were the most effective (i.e., reduced perceptions that most important people feel that the use of drugs is a good idea) for high risk but not low risk respondents, ($F(2, 276) = 3.65$, $p < .05$, $\eta^2 = .03$; see Figure 2). Upon further examination of the two subjective norm subscales (peer beliefs: the respondent's beliefs about what peers think he/she should do; authority beliefs: the respondent's beliefs about what relevant authorities think he/she should do), the impact on subjective norms was further clarified. First, ad type had a main effect on peer beliefs ($F(2, 276) = 5.32$, $p < .01$, $\eta^2 = .04$) such that both the strong and weak ads lowered expectations of peer approval. Second, an ad type by risk interaction was found for authority beliefs such that higher risk respondents expected less disapproval from authorities for the use of marijuana than lower risk respondents, but only in the strong and weak conditions ($F(2, 276) = 4.89$, $p < .01$, $\eta^2 = .03$).

Self-Efficacy (to say no). There was an ad type main effect on self-efficacy to refuse MJ such that SE was higher for weak and strong conditions than for control ($F(2, 276) = 4.37$, $p < .05$, $\eta^2 = .03$). That is, the strong ads led to greater belief in the respondents' ability to say no to MJ. Although the difference between the weak and strong conditions was not significant, the strong ads did produce significantly greater self-efficacy than did the control ($p < .01$). The ad type by risk interaction was not significant.
Intention. There were no effects of ad type or the ad type x risk interaction on intention to use marijuana.

Figure 2. Impact of Ad Type and Risk on Subjective Norms

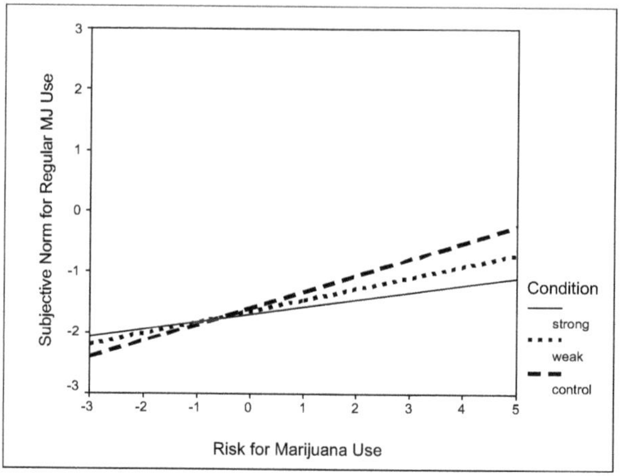

Testing the validity of the theoretical model.
As mentioned previously, according to the IM, if PSA's (or other messages) produce changes in behavioral, normative or self-efficacy beliefs, these changes should, in turn, produce changes in attitudes, norms or self-efficacy, respectively. Whether a change in one or more of these variables will lead to a change in intention will depend upon the relative importance of these three variables and how strongly they are associated with intentions. In order to determine whether changes in beliefs would lead to change in attitude, norms and/or self-efficacy, we first looked at the relations among beliefs and attitudes, norms, and self efficacy (see Table 3 for selected correlations among major variables). As expected, attitudes were moderately correlated with each of the behavioral belief scales (all *rs* >.37; all *ps* <.001). However, the lack of ad-based change on the sum of the behavioral belief scales prevented ad-based change in attitudes. Consistent with the IM, subjective norms were correlated with normative beliefs (all *rs* >.35; all *ps* <.001). Finally, the overall self-efficacy scale was strongly associated with its composite self-efficacy beliefs (all *rs* >.88; all *ps* <.001).

In addition, in order to determine the relative importance of attitudes, norms and self-efficacy as determinants of intention, we ran a regression analysis predicting intentions from these three variables. Although all three carried significant weight as determinants of intentions, attitude carried more weight (beta = .42) and explained more variance in intention than did either norms (beta = .33) or self-efficacy (beta = .22). As a set, the three variables accounted for a substantial portion of the variance in intentions (adjusted r^2 = .47).

Table 3: Study 2 Means, Correlations Among Major Variables (N = 283)

Variable	1	2	3	4	5	6
1. Intentions	—					
2. Attitude	.56	—				
3. Outcome Beliefs	-.56	-.48	—			
4. Self-Efficacy	-.34	-.18	.34	—		
5. Subjective Norm	.50	.33	-.40	-.15*	—	
6. Normative Beliefs	.59	.51	-.52	-.20	.61	—

Note: all *ps* < .001 except *p <.05.

Brief Discussion

Study 2 built on Study 1 by manipulating the perceived effectiveness of the PSAs and testing whether PSAs perceived to be relatively effective were more impactful than those judged to be relatively ineffective. Consistent with our design, the manipulation check indicated that perceived effectiveness did differ as expected between the strong and weak conditions. Recall however, that only the high risk adolescents judged the set of strong ads as significantly more effective than the set of weak ads. Of note is the fact that when we went back to Study 1 and compared the perceived effectiveness ratings for the strong and weak ads, we found a similar pattern (see Table 1). As stated above, Study 1 participants judged the strong ads to be significantly more effective than the weak ads (strong, $M = 3.55$; weak, $M = 3.27$. This difference was marginally significant for the high risk adolescents (strong, $M = 3.46$; weak, $M = 3.15$; $t(7) = 2.27$, $p = .057$), but it was not for the low risk adolescents (strong, $M = 3.66$; weak, $M = 3.39$; $t(7) = 1.86$, $p > .10$). Furthermore, we measured the correlation between effectiveness ratings for the 10 ads between Studies 1 and 2 and found a strong correlation consistent with these results, $r = .79$, $p < .05$.

In addition, in Study 1, the strong ads produced on average more net positive thoughts than did the weak (strong = 36.8; weak = 29.75; see Table 1). Although rather large standard deviations prevented this difference from reaching statistical significance ($t(8) < 1$) it did represent a 24% increase in net positive thoughts for the strong versus the weak PSAs. Again, this was primarily found for high but not low risk adolescents. Low risk adolescents provided about the same number of mean cognitive responses for the two sets of ads (weak: 18.25; strong: 18.40), whereas the high risk adolescents provided fewer net positive thoughts about the weak, than about the strong ads (weak: 11.50; strong: 18.40). Thus, the high but not the low risk adolescents differentiated between the strong and weak messages in both their effectiveness ratings and cognitive responses. This mirrors the results obtained for subjective norms and normative beliefs described above. That is, it is precisely the pattern expected if the two sets of ads had a greater impact on the high risk than on the low risk adolescents.

Unfortunately, the effects of the strong ads on the adolescent respondents were not sufficient to produce significant decreases in intentions to use MJ. As stated earlier, according to the IM, there are three possible pathways for messages to impact behavioral intentions: through attitudes, norms, and self-efficacy. Although the ads were effective in changing positive outcome beliefs, they were insufficient to produce change in the negative ones, and therefore no attitude change occurred. That is, attitudes can only be expected to be shifted if the outcome beliefs that determine the overall attitudes change significantly, and as a set this clearly did not happen. The theoretical expectations of the IM were thus supported despite the fact that no attitude change occurred. Since attitudes were the strongest determinant of intentions, changing them by affecting the relevant behavioral beliefs would ideally be the most desirable pathway to decreasing intentions to use MJ. The changes in self-efficacy and subjective norms appear to have been inadequate to, in turn, impact intentions. From a theoretical perspective, this is not too surprising, given that these were the two weaker determinants of intention.

Discussion

This paper reports the outcome of two validation tests of a subjective anti-drug PSA effectiveness measure. Study 1 provided strong support for the construct validity of the measure, whereas Study 2 offered moderate support for its predictive ability. In the first study, perceived effectiveness ratings of 60 anti-drug PSAs were strongly and positively correlated with participants' cognitive responses. Participants reported greater numbers of net positive thoughts after seeing ads they rated as relatively effective, and fewer net positive thoughts for ads they rated as comparatively ineffective. However, this study contained a weakness in that the effectiveness ratings could not be associated with standard IM outcome measures. Thus, we did not know whether the differential perceived effectiveness of the ads would translate into changes in beliefs and related constructs.

Study 2 avoided that problem and examined the impact of strong and weak ads on these outcome variables. Five PSAs that were previously rated as relatively effective and five that were previously rated as relatively ineffective were contrasted with each other and a control video. The statistical analyses of the data produced some encouraging results. First, consistent with expectations, in comparison to the control video, the strong ads significantly decreased positive behavioral and normative beliefs and significantly increased self-efficacy (beliefs). Note, however, that neither the strong nor the weak ads increased respondents' beliefs about the negative consequences of using marijuana. Unfortunately, in the absence of changes in negative outcome beliefs, the decrease in positive behavioral beliefs was not sufficient to produce corresponding changes in attitude toward regular marijuana use. With respect to normative beliefs, there was a significant ad type by risk interaction such that the strong ads produced greater normative change for high risk than for low risk respondents. This interaction was also found with respect to subjective norms. In summary then, although in comparison to the control video, the strong messages did not produce significantly greater attitude change, they did lead to significant changes in self-efficacy for all respondents and in subjective norms for high risk respondents. Unfortunately these latter changes were insufficient to produce changes in the adolescents' intentions to use marijuana regularly. Recall however that such a finding is consistent with the finding that attitude was the most important, while self-efficacy was the least important, determinant of intentions.

It is interesting to note that the strong ads were generally more effective than the weak or control videos primarily for the high risk adolescents, who are the crucial targets of the anti-drug ads. That is, given that low risk adolescents typically have very little or no intention to use marijuana, even on a trial basis, anti-drug communication campaigns often focus on just the high risk adolescents (Palmgreen et al., 1991). On this basis, the results of the present research are rather encouraging. Moreover, because the low risk adolescents are often "bottomed out" with respect to intentions, attitudes, and other key indicators—i.e., they are already so close to the anti-drug end of the scale that they are virtually unmovable—outcome measures for these individuals are subject to floor effects (Stephenson, 2003).

Furthermore, the present research provides additional support for a proxy measure for risk of using marijuana originally reported in Yzer et al. (2004). Whereas many past studies focus on sensation seeking as the primary individual difference variable predicting risk of marijuana use, the present research provides empirical support for a broader, more inclusive measure that incorporates additional factors. These factors are the participant's age, history of being offered marijuana, and perceived extent of marijuana use by the participant's peers. Our measure, derived from data that included measures of past marijuana use and these other variables, was the strongest predictor of most of the IM outcome variables including, perhaps most importantly, behavioral intention.

Utility of the Perceived Effectiveness Measure

Our first attempt at testing the utility of our measure of perceived effectiveness was generally encouraging. For many of the key IM variables (and in particular at the level of beliefs), the highly rated ads led to greater anti-marijuana use changes than did the low rated ads. Moreover, the strong ads were more effective with exactly the group of adolescents who are our most important targets—those at high risk for marijuana use. Furthermore, the strong correlation between the perceived effectiveness ratings for the set of 10 ads for two different samples offers additional support for its reliability. Fortunately, PSAs that tend to grab the attention and significantly impact the attitudes, intentions, and behavior of relatively high risk adolescents—e.g., those high in sensation seeking—appear to be equally effective with low sensation seekers, although the opposite is not true (Everett and Palmgreen, 1995; Lorch et al., 1994; but see also Morgan, Palmgreen, & Stephenson, in preparation). Our data are consistent with these earlier findings regarding the differential effectiveness of anti-drug PSAs on high and low risk youths.

Clearly, the present research suggests that researchers studying persuasive messages should consider using ratings of message effectiveness by members of the target audience as an alternative to or in concert with standard approaches to message effects research (Dillard, Weber & Vail, 2007). This strategy allows for relatively low cost evaluation of messages by the very people who the messages seek to influence. These judges can be viewed as expert informants who are often better able to measure the pulse of the target audience. Of course, care must be taken in the selection of judges as well as in the evaluation and interpretation of their ratings. To be sure, there is abundant evidence that humans often do not have accurate insight into their internal social cognitive processes, and frequently misjudge the extent to which messages or media impact themselves and others (Perloff, 1996). Nevertheless, our data suggest that anti-drug messages judged to be effective are in fact more likely to lead to changes in at least some of the beliefs underlying marijuana use than messages perceived as relatively ineffective.

Endnotes

1 The rich message effects literature provides ample evidence of the effectiveness of particular features of messages.

2 We conceptualize the IM metaphorically in terms of a river: "upstream" variables partially determine the nature of "downstream" variables. Thus, since behavioral intention predicts behavior (and not vice versa), intention is upstream relative to behavior. Likewise, since attitude predicts intention, attitude is upstream to the relatively downstream variable of intention. Upstream variables flow into or determine downstream variables.

3 We ran this study twice in order to increase statistical power. Although generally in the expected direction, analyses from the initial sample sometimes fell short of conventional significance. Therefore, the study was rerun with a similar sample, using identical procedures and materials. Although there were some demographic differences between the two samples, the differences in outcomes were largely marginal and thus all analyses were conducted using the combined sample.

4 Although for illustrative purposes the table presents means as a function of a median split on risk, the median split was not employed for the statistical analyses, following the recommendations of MacCullum, Zhang, Preacher, & Rucker (2002).

References

Ajzen, I. (1991). The theory of planned behavior. *Organizational Behavior and Human Decision Processes, 50,* 179-211.

Ajzen, I. & Fishbein, M. (1980). *Understanding Attitudes and Prediction Social Behavior.* Englewood Cliffs, NJ: Prentice-Hall.

Ansolabehere, S., & Iyengar, S. (1996). *Going negative: How political advertising alienates and polarizes the American electorate.* New York: The Free Press.

Bandura, A. (1986). *Social foundations of thought and action: A social cognitive theory.* Engelwood Cliffs, NJ: Prentice-Hall

Becker, M.H.(1988). AIDS and behavior change. *Public Health Reviews, 16,* 1-11.

Brock, T. C. (1967). Communication discrepancy and intent to persuade as determinants of counterarguments. *Journal of Experimental Social Psychology, 3,* 296-309.
Cacioppo, J.T., Harkins, S.G., & Petty, R.E. (1981). The nature of attitudes and cognitive responses and their relationships to behavior. In R.E. Petty, T.M. Ostrom, & T.C. Brock (Eds.), *Cognitive responses in persuasion* (pp. 32-54). Hillsdale, NJ: Erlbaum.
Cacioppo, J.T., & Sandman, C.A. (1981). Psychophysiological functioning, cognitive responding, and attitudes. In R.E. Petty, T.M. Ostrom, & T.C. Brock (Eds.), *Cognitive responses in persuasion* (pp. 81-103). Hillsdale, NJ: Erlbaum.
Clayton, R.R., Cattarello, A., & Walden, K.P. (1991). Sensation seeking as a potential mediating variable for a school-based prevention intervention: A two-year follow-up of DARE. *Health Communication, 3, 229-239.*
Cohen, J. (1988). *Statistical power analysis for the behavioral sciences* (2nd Ed.). Hillsdale, NJ: Erlbaum.
Cohen, J. (1992). A power primer. *Psychological Bulletin, 112,* 155-159.
Dillard, J.P., Shen, L., & Vail, R.G. (2007). Does perceived message effectiveness cause persuasion or vice versa? 17 Consistent Answers. *Human Communication Research*, 33(4), 467-488.
Dillard, J.P., Weber, K.M., & Vail, R.G. (2007). The relationship between the perceived and actual effectiveness of persuasive messages: A meta-analysis with implications for formative campaign research. *Journal of Communication, 57(4),* 613-631.
Donohue, L., Lorch, E.P., & Palmgreen, P. (1998). Applications of a theoretical model of information exposure to health interventions. *Human Communication Research, 24*, 454-468.
Donohew, L., Zimmerman, R., Cupp, P.S., Novak, S., Colon, S., & Abell, R. (2000). Sensation seeking, impulsive decision-making, and risky sex: Implications for risk-taking and design of interventions. *Personality and Individual Differences, 28,* 1079-1091.
Everett, M.W., & Palmgreen, P. (1995). Influences of sensation seeking, message sensation value, and program context on effectiveness of anticocaine public service announcements. *Health Communication, 7,* 225-248.
Fishbein, M. (2000). The role of theory in HIV prevention. *AIDS Care, 12,* 273-278.
Fishbein, M., & Ajzen, I. (1975). *Belief, attitude, intention, and behavior: An introduction to theory and research.* Reading, MA: Addison-Wesley.
Fishbein, M., Hall-Jamieson, K., Zimmer, E., von Haeften, I., & Nabi, R. (2002). Avoiding the boomerang: Testing the relative effectiveness of anti-drug public service announcements before a national campaign. *American Journal of Public Health, 92,* 238-245.

Fishbein, M., Triandis, H.C., Kanfer, F.H., Becker, M.H., & Middlestadt, S.E., & Eichler, A. (2001). Factors Influencing behavior and behavior change. In A. Baum, T.R. Revenson & J.E. Singer (Eds.), *Handbook of health psychology* (pp. 3-17). Mahwah, NJ: Erlbaum.

Franz, M. & Ridout, T. (2007). Does Political Advertising Persuade ? *Political Behavior, 29,* 465-491.

Hornik, R., (Ed.). (2002). *Public health communication.* Mahwah, NJ: Erlbaum.

Huber, G.A. & Arceneaux, K. (2007). Identifying the Persuasive Effects of Presidential Advertising. *American Journal of Political Science, 51*, 957-977.

Janz, N.K., & Becker, M.H. (1984). The health belief model: A decade later. *Health Education Quarterly, 11,* 1-47.

Lorch, E. P., Palmgreen, P., Donohew, L., Helm, D., Baker, S.A., & Dsilva, M.U. (1994). Program context, sensation seeking, and attention to televised anti-drug public service announcements. *Human Communication Research, 20,* 390-412.

MacCullum, R.C., Zhang, S., Preacher, K.J., & Rucker, D. (2002). On the practice of dichotomization of quantitative variables. *Psychological Methods, 7,* 19-40.

Morgan, S.E., Palmgreen, P., & Stephenson, M.T. (in preparation). Preferences of sensation seekers for high message sensation value messages: Reaching at-risk adolescents with effective anti-drug public service announcements. Rutgers University.

Morgan, S.E., Palmgreen, P., Stephenson, M.T., Hoyle, R.H., and Lorch, E.P. (2003). Associations between message features and subjective evaluations of the sensation value of antidrug public service announcements. *Journal of Communication, 53,* 512-526.

Palmgreen, P., Donohew, L., Lorch, E.P., Rogus, M., Helm, D., & Grant, N. (1991). Sensation seeking, message sensation value, and drug use as mediators of PSA effectiveness. *Health Communication, 3,* 217-227.

Palmgreen, P., Donohew, L., Lorch, E.P., Hoyle, R.H., & Stephenson, M.T. (2001). Television campaigns and adolescent marijuana use: Test of sensation seeking targeting. *American Journal of Public Health, 91,* 292-296.

Palmgreen, P., Stephenson, M.T., Everett, M.W., Baseheart, J.R., & Francies, R. (2002). Perceived message sensation value (PMSV) and the dimensions and validation of a PMSV scale. *Health Communication, 14,* 403-428.

Perloff, R. (1996). Perceptions and conceptions of media impact: The third-person effect and beyond. In A.N. Crigler (Ed.), *The psychology of political communication* (pp. 177-197). Ann Arbor: University of Michigan Press.

Petty, R. E., & Cacioppo, J.T. (1986). *Communication and persuasion: Central and peripheral routes to attitude change.* New York: Springer-Verlag.

Petty, R. E., & Cacioppo, J T. (1979). Issue involvement can increase or decrease persuasion by enhancing message-relevant cognitive responses. *Journal of Personality and Social Psychology, 37,* 1915-1926.

Petty, R. E., & Wegener, D.T. (1998). Attitude change: Multiple roles for persuasion variables. In D.T. Gilbert, S.T. Fiske, G. Lindzey (Eds.), *The handbook of social psychology,* (Vol. 2, 4th Ed., pp. 323-389). Boston, MA: McGraw-Hill.

Pratkanis, A., & Aronson, E. (2001). Age of propaganda: The everyday use and abuse of persuasion. New York: W. H. Freeman.

Reeves, B., & Geiger, S. (1994). Designing experiments that assess psychological responses to media messages. In A. Lang (Ed.), *Measuring psychological responses to media* (pp. 165-180). Hillsdale, NJ: Erlbaum.

Salovey, P., Schneider, T.R., & Apanavitch, A.M. (2002). Message framing in the prevention and early detection of illness. In J.P. Dillard & M. Pfau, (Eds.), *The persuasion handbook* (pp. 391-406). Sage: Thousand Oaks, CA.

Stephenson, M.T. (2003). Examining adolescents' responses to antimarijuana PSAs. *Human Communication Research, 29,* 343-369.

West, D. (2001). *Air wars: Television advertising in political campaigns, 1952-2000* (3rd Ed.). Washington, D.C: Congressional Quarterly Press.

Witte, K. (1994). Fear control and danger control: A test of the extended parallel process model (EPPM). *Communication Monographs, 61,* 113-134.

Yanovitzky, I. (2005). Sensation seeking and adolescent drug use: The mediating role of association with deviant peers and pro-drug decisions. *Health Communication, 17,* 67-89.

Yzer, M.C., Cappella, J.N, Fishbein, M., Hornik, R., Sayeed, S., & Ahern, R.K. (2004). The role of distal variables in behavior change: Effects of adolescents' risk for marijuana use on intention to use marijuana. *Journal of Applied Social Psychology, 34,* 1229-1250.

Zuckerman, M. (1979). *Sensation seeking: Beyond the optimal level of arousal.* Hillsdale, NJ: Erlbaum.

Zuckerman, M. (1994). *Behavioral expressions and biosocial bases of sensation seeking.* Cambridge, UK: Cambridge University Press.

Introduction to

Can Communication Be Socially Responsible and Commercially Viable? An Assessment of *Sa Pagsikat Ng Araw*, an Entertainment-Education Radio Series in the Philippines

By Arvind Singhal, Elizabeth Rattine-Flaherty, and Molly A. Mayer

---

The authors focus on entertainment-education strategy which is a communication approach that provides an opportunity for both commercial and social interests to meet. The strategy questions the dichotomy that is made by many mass media representatives; namely, that mediated programs must either be entertaining or educational. Entertainment-education is the process of purposely designing and implementing a media message to both entertain and educate in order to increase audience members' knowledge about educational issues, create favorable attitudes, and change overt behavior. Entertainment-education capitalizes on the popular appeal of the entertainment media and the large audiences it reaches to show individuals how they can live safer, healthier, and more wholesome lives. If implemented correctly, the entertainment-education strategy can offer important advantages to non-governmental organizations, national governments, broadcasting networks, commercial sponsors, educators, and to audiences.

A total of 120 episodes of *Sa Pagsikat Ng Araw* ("Hope after the Dawn") entertainment-education radio program were broadcast in the Philippines in 2005. Five episodes, each lasting fifteen minutes, were broadcast each week from Monday to Friday. The purpose of this entertainment-education program was to promote more equal status to women, family planning, HIV/AIDS prevention, care, and support as well as youth health and responsibility. To achieve these goals, four intersecting storylines were created; each promoting one main educational theme. For each storyline, a set of positive, negative, and transitional role models were carefully delineated drawing on Bandura's social learning and social cognition theory. To test the effectiveness of the radio program, which drew large audiences throughout the Philippines and, thus, proved to be a commercial success, the participatory assessment method was applied. This method revolves around participants sketching and photographing their responses which also include some commentary to explain the depicted scenes instead of orally describing them. This is a relatively novel, audience-centered, and low-cost qualitative method for assessing the meanings that audience members get from their engagement with the mass media text. The analysis of the sketches and photographs as well as the accompanying narratives suggest that listening to the radio program did indeed change the listeners' lives.

Quite clearly, the entertainment-education strategy can have many fields of application in the world of business as well; whether it be in marketing or human resources. What the entertainment-education strategy also reveals that effective education is not accomplished with the KISS [Keep It Simple and Short] method because for messages to have a lasting impact on the audience, they need time and extended exposure to the stimuli. In this context, one may recall that it took Toyota many years to shed its image of a cheap, inexpensive automobile brand available on the American market in the 1960s to the quality brand of the 1990s. And radio programming could also prove to be an interesting alternative for informing audiences in developing countries where large portions of the population cannot read.

Michael B. Hinner

Arvind Singhal is the Samuel Shirley and Edna Holt Marston Endowed Professor at the Department of Communication at the University of Texas at El Paso where he teaches and conducts research in the areas of diffusion of innovations, mobilizing for change, design and implementation of strategic communication campaigns, and the entertainment-education communication strategy. He has authored and edited a number of books and numerous journal articles and book chapters. He received the National Communication Association's Applied Communication Division's Distinguished Book Award for 2004 and 2000 respectively. And his book *India's Communication Revolution: Bullock Carts to Cyber Marts* received the CHOICE 2002 Outstanding Academic Title Award.

Elizabeth Rattine-Flaherty is Assistant professor for Health Communication at the St. Louis College of Pharmacy and has written a number of journal articles.

Molly A. Mayer is a graduate student at the College of Education, Health, and Society at Miami University in Oxford, Ohio.

Can Communication Be Socially Responsible and Commercially Viable? An Assessment of *Sa Pagsikat Ng Araw,* an Entertainment-Education Radio Series in the Philippines[1]

Arvind Singhal
Elizabeth Rattine-Flaherty
Molly A. Mayer

The entertainment-education communication (E-E) strategy is one of those rare communication approaches that provide an opportunity for both commercial and social interests to be met. It does so by questioning the needless dichotomy that is made in almost all mass media content: That mediated programs must either be entertaining or educational (Singhal & Rogers, 2002; Singhal, Cody, Rogers, & Sabido, 2004)). *Entertainment-education* is the process of purposely designing and implementing a media message to both entertain and educate, in order to increase audience members' knowledge about an educational issue, create favorable attitudes, and change overt behavior (Singhal & Rogers, 1989). Entertainment-education capitalizes on the popular appeal of the entertainment media, and the large audiences that it reaches, to show individuals how they can live safer, healthier, and more wholesome lives. If implemented correctly, the entertainment-education strategy can offer important advantages to non-governmental organizations, national governments, broadcasting networks, commercial sponsors, educators, and to audiences.

The idea of combining entertainment with education goes as far back in human history as the timeless art of storytelling. For thousands of years, music, drama, dance, and various folk media have been utilized for recreation, devotion, reformation, and instructional purposes. However, "entertainment-education" is a relatively new concept in that its purposive and strategic use in radio, television, comic books, and popular music has received attention only in the recent decades.

The present chapter documents the results of a participatory assessment exercise to gauge how avid listeners of *Sa Pagsikat Ng Araw* ("Hope After the Dawn"), an E-E radio series in the Philippines engaged with the radio program, deriving personal meanings from its plot, characters, and educational messages. The chapter (1) describes the *Sa Pagsikat Ng Araw* project, including the underlying theory and methodology behind the radio program's plot and character delineation, (2) lists the research questions guiding the present research, (3) discusses our participatory methods of data-collection, (4) presents our key results, and (5) raises implications for the purposive implementation of the E-E strategy.

The *Sa Pagsikat Ng Araw* Project

The *Sa Pagsikat Ng Araw* (literally "hope after the dawn or "when the sun shines") radio project was implemented in the Philippines by Population Media Center of Burlington, Vermont, USA with financial support from UNFPA, Philippines.

Sa Pagsikat Ng Araw was a 120-episode entertainment-education radio soap opera, broadcast in the Philippines from July 18, 2005 to December 30, 2005. Five episodes of the program, each 15 minutes in length, were broadcast each week from Monday to Friday on the powerful 50,000 watt DZRH AM radio station whose signal covers the entire land area of the Philippines, some 300 Radyo Natin stations, the largest FM radio network in the country, and YES FM 91.1 on Philippines' Boracay Island. In essence, it reached a large audience of Filipinos, several times a week, week-after-week, with educational messages.

Sa Pagsikat Ng Araw's educational purpose was four-fold: To promote (1) a more equal status for women, (2) family planning, (3) HIV/AIDS prevention, care, and support, and (4) youth health and responsibility. To achieve this purpose four intersecting storylines, each promoting one main educational theme, were created. For each educational storyline, a set of positive, negative, and transitional role models were carefully delineated, drawing upon Albert Bandura's social learning and social cognitive theory (Bandura, 1977; Bandura, 1986), and an accompanying methodology to operationalize it developed by Miguel Sabido, a Mexican writer-producer-director of entertainment-education *telenovelas* ("television novels") (Singhal & Rogers, 1999; Singhal & Rogers, 2002; Singhal, Cody, Rogers, & Sabido, 2004).

Positive, Negative, and Transitional Role Models

Drawing upon theories of Stanford University social psychologist, Albert Bandura, about how audience members learn from media role models, Miguel Sabido, a creative writer-director-producer at Televisa, the Mexican national television network, produced a series of seven entertainment-education *telenovelas* from the mid-1970s to early 1980s (Singhal & Rogers, 1999;

Singhal, Cody, Rogers, & Sabido, 2004). In each of these *telenovelas*, Sabido incorporated Bandura's principles of role modeling in carefully delineating the key characters. Remarkably, each *telenovela* was popular with its audience, made a profit, and met its educational objectives (Singhal & Rogers, 1999).

In operationalizing the concept of modeling Sabido was well aware that the relationship between a media consumer and a media model goes beyond the cognitive domain to include the emotive and affective domains. Sabido, for instance, knew that audience members engage in *parasocial relationships* with media models, defined as the seemingly face-to-face interpersonal relationships that can develop between a viewer and a mass media personality (Horton & Wohl, 1956). The media consumer forms a relationship with a performer that is analogous to the real interpersonal relationships. Thus, audience members tune in at a pre-appointed hour to welcome the media model into their homes. Incredibly, some audience members even talk to their favorite characters (that is, to their TV or radio set) as if the characters were real people (Papa et al., 2000; Papa, Singhal, & Papa, 2006). So, Sabido designed his entertainment-education *telenovelas* in ways that viewers could become affectively involved with the role models and learn socially desirable behaviors from them.

Each of Sabido's entertainment-educational *telenovelas* has three types of characters: (1) those who support the educational value (positive role-models) (2) those who reject this value (negative role-models), and (3) those who sit somewhere in the middle (or on the negative side) and, as the storyline unfolds, gradually begin to adopt the positive behaviors (transitional characters). When a positive character models a behavior that is socially desirable, the character is rewarded. If a negative character emulated a socially undesirable behavior, he/she was punished. The transitional characters, designed to mirror the attitudes and beliefs of the target audience, carefully watch the consequences accruing to the positive and negative role models, and gradually move toward the positive end of the continuum.

Four Educational Storylines and Character Delineations

The plot of *Sa Pagsikat Ng Araw* was designed around four intersecting storylines, each centered on an educational purpose, and each delineated by a set of positive, negative, and transitional role models.

Storyline #1. A More Equal Status for Women. The first storyline revolves around the trials, tribulations, and (eventual) transformation of Amelia, who is married to Miguel, an abusive husband with vices such as drinking, gambling, and womanizing. Submissive, sacrificing, and tolerant, Amelia (a transitional character) experiences domestic violence, but continues to stay on with Miguel (a negative character), caring for her four children, hoping that someday he would change. A local woman chieftain, Kapitana Pilar (a positive character), supports Amelia emotionally and provides opportunities for Amelia's socio-economic empowerment by hiring her as a supervisor of her seaweed farming business. With the wages she earns, Amelia sends her children to school. With Miguel's behavior worsening, and refusing to bear any more abuse, Amelia moves out to Kapitana Pilar's house with her children. Miguel promises to change, they reconcile for a while, and when Miguel returns to his abusive behaviors, Amelia decides to take more control of her life. She becomes a trader of seaweeds, launches her own business in food delicacies, and economically empowers herself. Miguel, on the other hand, suffers consequences of his wrongdoings.

Storyline #2. Family Planning. The second story revolves around the life of a Muslim character, Ahmed, a hardworking, industrious, and loving man, and his wife Jezreel, who together have six daughters. While Ahmed (a transitional character) gives up hope of ever having a son, his mother, Epang (a negative character), insists on more children. Epang is a traditional midwife in the barrio, and she encourages all residents to continue producing babies, as her livelihood depends on it. Epang's antithesis is Dr. Lazaro (a positive character), a kind widower and trained medical doctor, who often treats patients for free, and promotes family planning. Epang hates Dr. Lazaro, and waits for every opportunity to discredit him. When a storm devastates Ahmed's crops, Epang refuses to lend her son money, but Dr. Lazaro steps in, making Ahmed a business partner in agriculture. Epang tries to burn their crop, but instead ends up burning her own house. Meanwhile, Jezreel is pregnant again, and an ultrasound shows that, finally, a boy is on the way. However, just before birth, Jezreel develops pre-eclampsia, a life-threatening condition. Ahmed has to choose between saving the life of his wife or the unborn baby boy. He chooses Jezreel's life. Through this event, Ahmed begins to more fully appreciate his daughters, and the importance of his wife's reproductive health.

Storyline #3. HIV/AIDS Prevention, Care, and Support. The third storyline centers around Jeff Lazaro (a transitional character), who is a popular basketball player and a playboy, and his friend and fellow basketball player, Vince (a positive character) – who is even more popular, and is a one-woman-man. Estella Roman (a negative character), an actress-singer is obsessed with Vince, but Vince is faithful to his girlfriend Esther and not tempted by Estella, not even after they broke up. Jeff Lazaro, on the other hand, is in love with Estella, and because Estella plays with anyone available, they have a one night stand. To break into the movie industry, Estella, meanwhile, has been sleeping around with film producers, one of whom is infected with HIV.

When Jeff learns that Estella is HIV positive, he opts to be tested, finding out that he is also HIV-positive. He undergoes counseling, takes anti-retroviral drugs, and looks after his nutritional intake. His father, Dr. Lazaro, his family, and his circle of friends still treat him compassionately. The girl, who admired Jeff since he started his basketball career and with whom she has a baby, still loves him, despite his sickness, and cares for him. They get married, and live a fairly normal life. Estella, when she learns about her HIV-infection, however, has a different experience. She becomes a loner, fearful and afraid of being seen by others. Her family disowns her, and her friends disappear.

Storyline #4. Youth Health and Responsibility. The fourth storyline revolves around the life of Paula (a transitional character), who is Eliza's younger sister, and who envies her elder sister for her looks, talents, and admirers. Eliza (a positive character) is a youth leader and advocate for youth issues. Joaquin (a negative character), the rogue son of the town's Mayor, likes Eliza, but Paula, envious of her sister's suitors, seduces Joaquin. Joaquin is a very bad influence on Paula. He teaches Paula many vices, including use of illicit drugs, resulting in Paula dropping out of school, and running away from home. When Joaquin is jailed (as a result of his mother's – the Mayor's – selfless actions), Paula goes to the city to compete in prestigious teenage TV talent contest. She does not win the contest as the organizers find out that she is a drug user. Paula returns to her family, rehabilitates herself, and resumes her studies. She becomes the top student in her school as she models the life of a responsible Filipino youth.

Research Questions

Our participatory assessment exercise centered on asking the respondents the following three questions:

Research Question #1: *What is the radio drama Sa Pagsikat Ng Araw about?* In essence, what is the nature and scope of its plot, its characters, and its educational themes?

Research Question #2: *As a female (or a male) listener, which scene from Sa Pagsikat Ng Araw was most meaningful to you and why?*
Research Question #3: *How has your life has changed as a result of listening to Sa Pagsikat Ng Araw?*

Participatory Assessment Methodology

In recent years, participatory sketching and photography have emerged as novel, audience-centered, and low-cost qualitative methodologies for assessing the meanings that audience members of entertainment-education (E-E) programs derive from their engagement with the mass media text (Singhal & Devi, 2003; Singhal & Rattine-Flaherty, 2006).

> The inspiration for participatory sketching and photography comes from the work of noted Brazilian educator, Paulo Freire. In 1973, while conducting a literacy project in a barrio of Lima, Peru, a team led by Freire (author of the seminal 1970 book *Pedagogy of the Oppressed),* asked people questions in Spanish, but requested the answers in photographs. When the question "What is exploitation?" was asked, some people took photos of a landlord, grocer, or a policeman (Boal, 1979, p. 123). One child took a photo of a nail on a wall. It made no sense to adults, but other children were in strong agreement. The ensuing discussions showed that many young boys of that neighborhood worked in the shoe-shine business. Their clients were mainly in the city, not in the barrio where they lived. As their shoe-shine boxes were too heavy for them to carry, these boys, rented a nail on a wall (usually in a shop), where they could hang their boxes for the night. To them, that nail on the wall represented "exploitation." The "nail on the wall" photograph spurred widespread discussions in the Peruvian barrio about other forms of institutionalized exploitation, including ways to overcome them.

Drawing upon Paulo Freire's work with participatory photography in Peru, E-E researchers have begun to position themselves to question the dominant hegemony of textocentrism that legitimizes the lettered, literate, and text-based ways of knowing (Conquergood, 2002). Participatory sketching and photography both validate other non-textual ways of knowing by privileging the performative dimensions of sketches and photographs.

Inspired by this Freirean technique and Conquergood's (2002) call for incorporating more visual, performative methods, our assessment of *Sa Pagsikat Ng Araw* in the Philippines included both participatory sketching and participatory photography.

Our participatory data collection activities in the Philippines comprised of a total respondent pool of 41 avid listeners of *Sa Pagsikat Ng Araw*, of which five individuals hailed from Metro Manila[2], the national capital region, and 36 individuals from the island of Boracay, where the local FM station broadcast the program. Some 38 of these 41 respondents were women, and 3 were men. Nearly three quarters of women were married, and two out of three were in the 21 to 40 year age group. Most of them were educated up to to the high school level, and belonging to the lower socio-economic strata. Such an audience profile of married stay-at-home mothers is fairly consistent with the audience profile of daytime radio soaps in most countries.

Participatory Sketching. As part of the participatory sketching exercise, we asked our respondents, either as individuals or in pairs, to answer the three questions that guide our present research study: (1) *What is the radio drama Sa Pagsikat Ng Araw about?* (2) *As a female (or a male) listener, which scene from Sa Pagsikat Ng Araw was most meaningful to you and why?* And, (3) *How has your life has changed as a result of listening to Sa Pagsikat Ng Araw?* However, rather than having them respond orally to our query, we asked them instead to sketch their responses on white cardstock using colored pencils. This participatory sketching activity with 41 respondents yielded a total of 67 drawings (as noted previously, some of these sketches were constructed in pairs. After the sketches were completed, individuals (or pairs) responsible for the drawing narrated what the sketch was about. These narrations were audio-recorded and then translated and transcribed into English-language transcripts by bi-lingual speakers fluent in both languages.

Participatory Photography. To further assess the effects of *Sa Pagsikat Ng Araw,* 18 respondents (5 fromMetro Manila and 13 from Boracay Island) out of our 41 respondents took part in a participatory photography exercise. Only one question was posed: *How has your life changed, or what aspects of your life have been affected, by listening to Sa Pagsikat Ng Araw?* Of the 8 to 10 photographs that our 18 participants took to answer the posed question, we asked them to select their top four or five photos that they believed best answered the question. Interestingly, some of our respondents chose to narrate only one photo, while some others narrated up to 12 photos. A total of 90 photos were narrated by our 18 participants in front of their respective groups. The narrations were translated from Tagalog to English.

Audience Interpretations of *Sa Pagsikat Ng Araw*

To gauge the personal meanings that avid listeners of *Sa Pagsikat Ng Araw* drew from its plot, characters, and educational messages, we organize our results around the three guiding research questions.

Grasp of Intersecting Plots, Characters, and Educational Messages

Research Question #1 asked: *What is the radio drama Sa Pagsikat Ng Araw about?* In essence, what is nature and scope of its plot, its characters, and its educational themes?

Liza and Fe, 24 and 32 years, respectively, and both married women from Boracay Island, provided the following narrative along with their sketch (Sketch #1).

Sketch #1. By Liza and Fe, 24 and 32 years, respectively, Boracay Island.

"Amelia is crying because of the crisis she has been experiencing with her husband. She is having a hard time working for her family." The picture depicts Amelia [on the lower right of the sketch] standing in front of her house, next to her children, with tears on her face. Off to her upper side, there is a sketch of a smiling Miguel with a beer bottle to his mouth. Liza and Fe also talked at length about Stella [shown on the bottom left side of the sketch], a young woman "who is a socialite and after making poor choices, becomes infected by HIV/AIDS." They describe Stella as "a very beautiful actress who had a 'boyfriend' Jeff although she didn't really like him. She just wanted someone around." In the top right corner, we see a picture of a person's face and torso behind sketched bars, labeled Joaquin, representing his stay in prison due to illicit drug use and other criminal activities. With their detailed sketch and narration, Liza and Fe provided a fine overview of *Sa Pagsikat Ng Araw's* plot, characters, and key educational messages.

Sha and Ella, 29 and 23 year old women residents of Boracay, drew the following sketch (Sketch #2), and noted:

Sketch #2. By Sha and Ella, 29 and 23 years, respectively, Boracay Island.

"There is a house w/ flowers, kids playing, and the sun. We include the sun because it ties into the meaning of the radio drama which translates -- The dawn that arises." Like others, they also described the story of Amelia and Miguel "One family is of Amelia and Miguel. They always fight [shown on the middle-right of the sketch]. Amelia takes care of her family and is responsible while Miguel is irresponsible, asks for money from Amelia, and has another woman. Miguel has many vices, and when Amelia gives him money [coins shown on the lower left of the sketch] it ends up being used for his vices [two alcohol bottles are shown in the sketch on a dining table] or towards women. But a time did come when he went back to his wife. He did have other women....but he came back to Amelia because she still loves him." Included in the sketch is an image of Miguel's other woman [lower middle part of the sketch] and a drawing of an empowered Amelia [on the top] working in the seaweeds farming business to help support her family.

One of the most interesting responses about what the program *Sa Pagsikat Ng Araw* is all about came from a set of 12 photos that Arlene, a 34-year old married woman from Metro Manila, took to talk about her intense engagement with the radio soap opera. Arlene's first photo (Photo #1) shows a rough road in the wilderness, and her accompanying narrative was brief: "Picture 1 shows a rough road that seems very hard to travel."

Arlene's last (12th) photo (Photo #2) shows a paved street, and in narrating it, she notes: "So this is the same road we have seen on Picture 1. It is now better- cemented, smooth and strong."

Photo #1. By Arlene, 34 years, Metro Manila

Photo #2. By Arlene, 34 years, Metro Manila

Interestingly, the imagery and narrative of Arlene's in-between photos (photos 2 thru 11) laid out the path and steps required to get from the rough road to the paved, smooth road, including highlighting the importance of listening to radio, relating to the program [*Sa Pagsikat Ng Araw*], overcoming the vices depicted in the program, parent-to-child modeling, education for children, belief in church and god, and the vital role of mothers like Amelia to make the world a better place for their children and all community members.

Arlene's photonovela (photo novel), summarizing the key educational message of the program -- primarily from the perspective of Amelia, who goes from a state of tremendous hardship to a state of empowerment -- represents a terrific illustration of narrativity both within and across the 12 photo images. Interestingly, Arlene shot the 12 photos sequentially, showing Amelia's path from a rough "lonely" existence to one of strength and empowerment.

In sum, our respondents sketches and photos suggest that they (1) comprehended the various intersecting plotlines of *Sa Pagsikat Ng Araw*, (2) could accurately describe the qualities of its main characters, and, in so doing, (3) could articulate its various educational messages: That is, a more empowered status for women (such as Amelia), causes of family disharmony (including domestic violence inflicted by a vice-ridden Miguel), how not to be infected with HIV (by not emulating characters like Stella), preserving youth health and responsibility (by following characters like Vince, and not emulating characters like Joaquin).

Personal Resonance, Emotions, and Meanings

Research Question #2 asked: ***As a female (or a male) listener, which scene from Sa Pagsikat Ng Araw was most meaningful to you and why?***

For a majority of our ***female*** respondents, the domestic violence scenes between Miguel and Amelia held strong personal and emotional resonance with their lived realities. Many of the married women were victims of domestic violence; and the unmarried ones did not wish to ever be in such a circumstance.

Sketch #3. By Irene, 22 years, Boracay Island

The sketch of Irene (Sketch #3), a 22-year old woman from Boracay Island, depicts Amelia crying as she is slapped in the face by her husband Miguel. Miguel is shown smoking a cigarette, representing the "many vices" he embodies. Additionally, Irene's sketch shows Amelia and Miguel's home "divided" with a wavy red line: "The line separates Amelia from the rest of the family," emphasizing her lonesome existence. Although Irene is unmarried, she emphasizes that "she doesn't want to one day become separated from her husband and quarrel with him and disagree with him." She notes: "A house should have peace and people should try to understand each other and not separate or else the relationship will be ruined. No matter what, you can work through fights and misunderstandings."

Ella, a 23 year old woman from Boracay Island, chose to describe another set of personally meaningful scenes (see Sketch #4) from *Sa Pagsikat Ng Araw.*

Sketch #4. By Ella, 23 years, Boracay Island

Ella begins by describing how Paula, a young attractive teenage girl, comes "under the bad influence of Joaquin who convinces her to smoke and use illicit drugs." We also see a drawing of Joaquin [on the extreme left of the sketch] who

Ella says "has many vices." Appropriately, in Ella's sketch, Joaquin is pictured next to marijuana, Marlboro cigarettes, and two bottles of liquor. Ella also described how Paula "competes in the national talent search for a rising star, and how she is supported by her sister Eliza and her mother, but betrayed by her friend Beverly. Beverly has another plan for Paula since she was cheated by her friend." Beverley is depicted as standing behind Paula, implying a stab at the back. Ella, breaking down in tears, emphasized that that she doesn't want "such betrayal to happen to her" because she believes that truth will determine the future of Philippines, suggesting that current political leaders are not truthful. She continued: "We need to love our friends and in friendship there should be love and trust. This scene meant a lot to me because my best friend betrayed me and really hurt me."

In sum, our respondents' sketches suggest various degrees of emotional and personal resonance with the key plotlines and characterizations. The domestic violence scenes between Miguel and Amelia held the most personal meaning for most of our ***female*** respondents as it closely paralleled their lived realities. Many of our respondents freely and openly shared the debilitating consequences of their spouse's vices on their family life, calling for more understanding, harmony, and support from their husbands. Some respondents highlighted the importance of staying away from cigarettes, drugs, and criminal activities; and some others stressed the importance of honesty and trust in relationships.

Learning and Impact

Research Question #3 asked: *How has your life has changed as a result of listening to Sa Pagsikat Ng Araw?*

Mae, a 29 year old married woman from Boracay Island, tearfully explained the change in her life as a result of listening to *Sa Pagsikat Ng Araw*: "I learned to forgive from Amelia. I used to not forgive, but now I have learned to forgive."

Ella, a 23 year old from Boracay Island, noted that she "did not want to make friends because most of her friends were fake and not true to her. However, by having faith in God, she has learned to love, forgive and move on with her life."

Ella's sketch (Sketch #5) illustrates the importance of love, unity and helping others. In her sketch we see an image of Dr. Lazaro (in the bottom middle) and below him is a label "Helping the people of Apolayo" (the village in which he works). We see four people in front of his clinic. In contrast, the house of Epang, the faith healer is shown as much smaller, and there are no people around. Ella also said she learned that "faith healers are quack doctors and shouldn't always be trusted." We also see a picture of Kapitana Pilar and Amelia holding hands with a label "Helping Hand," highlighting the importance of mutual support. We also see Miguel entering the local beerhouse with a table and several bar stools (on the upper right of the sketch). Pointing to Miguel, Ella noted: "All the men that have new women….most of the mistresses will leave them because all they want is a man's money.

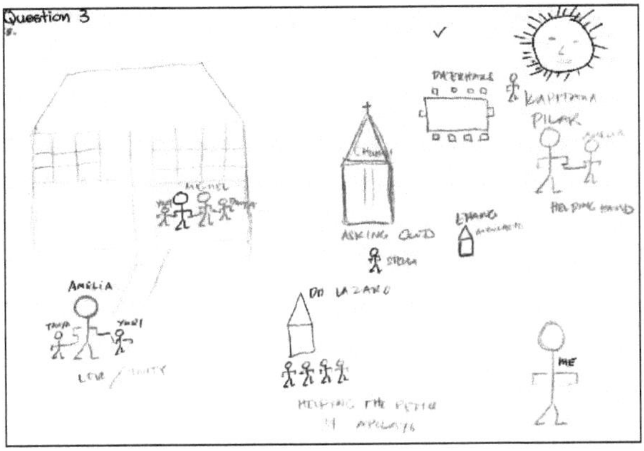

Sketch #5. By Ella, 23 years, Boracay Island

A wife, on the other hand, loves you for who you are, not for what you have." Ella finished by saying that "It is very sweet to forgive….and it is okay to ask for the Lord's help," highlighting Amelia's compassionate attitude toward Miguel, despite his vices.

Photo #3. By Amalia, 33 years, Boracay Island.

Several respondents talked about a more heightened awareness about their marital relationships, including the importance of cooperation between the husband and wife in raising children and sharing household responsibilities. Amalia, a 33 year old married woman from Boracay Island, took a photo (Photo #3) of a man drinking liquor, in broad day light, outside of his home, while a young boy and a girl look on.

Amalia noted: "The man in the picture represents Miguel. The drama affects my life personally, so that is where I got the idea to take the picture. The man in this picture is my husband, drinking in front of my kids. He has many vices and is not responsible.

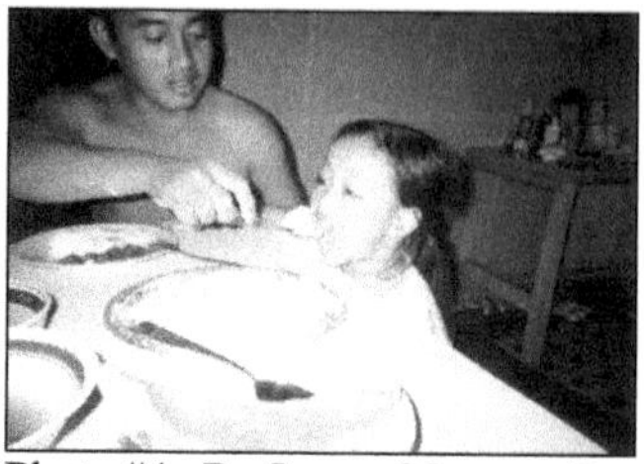

Photo #4. By Jenny, 25 years, Boracay Island.

In contrast, Jenny, a 25 year old married woman from Boracay Island, took a photo (Photo #4) of her husband feeding their daughter dinner at their home.

Jenny explained: "My husband is like the character Ahmed. He helps takes care of the kids and does chores around the house. Ahmed takes care of his family, and so does my husband."

Photo #5. By Erl, 23 years, Boracav Island.

Erl, a 23 year old woman from Boracay Island, shared with us a photo (Photo #5) that showed her wading in the beach waters, picking up things from the ocean.

Erl elaborated: "This picture represents Amelia working. She is picking up shells and sea weeds to eat and sell. What she earns from sales, she uses to buy milk and food for her kids." Erl emphasized that *Sa Pagsikat Ng Araw* highlights the importance of women taking care of her children and providing for them if the husband is unwilling or unable to (as was the case with Miguel). Women can take care of themselves and their children, empowered and independent from their husbands.

Photo #6. By Amelita, 33 years, Metro Manila.

This theme of parents, especially mothers, taking care of their children, providing them educational opportunities, and helping them grow into responsible citizens was reflected in the photos and narratives of several other respondents. For instance, Amelita, a 33 year old married woman from Metro Manila took a picture (Photo #6) of a mother walking her child to school.

She noted: "Even though the road is too difficult to travel and there is no available public transportation, she diligently walks her child to school." The photo shows the child holding an umbrella while the mother carries his bag. Similarly, Arlene, a 34 year old woman from Metro Manila, took a photo of several children going to school, pointing to the importance of parents encouraging their children to earn an education: "These are children, the ones who are greatly affected by what their elders. If their parents are gamblers, they will also grow up to be gamblers....They can, however, go to school and acquire education. There are still parents like Amelia who work hard to be able to send her children to school."

In sum, our respondents' sketches and photos, and their accompanying narratives, suggest that listening to *Sa Pagsikat Ng Araw* affected their lives in various ways. Listeners emphasized that they learned about, or were reinforced in, the following: The importance of (1) taking care of siblings (as Eliza took care of Paula); (2) learning to forgive (as Amelia did to Miguel); (3) supporting others in need (as Kapitana did to Amelia); (4) staying away from vices (as Miguel should have done); (5) sharing of parenting and household responsibilities (as was modeled by Ahmed and Jezreel); and (6) working hard to support and educate one's children (as Amelia did).

Summary and Conclusions

Our respondents' sketches and photos suggest that avid listeners of the E-E radio series comprehended the various intersecting plotlines of *Sa Pagsikat Ng Araw*; could accurately describe the qualities of its main characters, and, in so doing, could articulate its various educational messages: That is, a more empowered status for women, causes of family disharmony and how to overcome it, how not to be infected with HIV, and preserving youth health and responsibility.

Our respondents' sketches suggest various degrees of emotional and personal resonance with the key plotlines and characterizations. The domestic violence scenes between Miguel and Amelia held the most personal meaning for most of our ***female*** respondents as it closely paralleled their lived realities. Some respondents highlighted the importance of such caring and supportive "parent-to-child" type relationships as was depicted in scenes involving Kapitana and Amelia and Amelia and her children. Others remembered scenes which persuaded them to stay away from cigarettes, drugs, and criminal activities, and to value honesty and trust in relationships.

Our respondents emphasized that by listening to *Sa Pagsikat Ng Araw* they learned about, or were reinforced in, the following: The importance of taking care of siblings; learning to forgive; supporting others in need; staying away from vices; sharing of parenting and household responsibilities between husband and wives; and working hard to support and educate one's children.

What implications does our work in the Philippines have for the purposive design and implementation of entertainment-education initiatives? Our findings suggest, that E-E strategies can provide an opportunity for educational messages to reach large audiences, and thus help pay for themselves. In this sense, they are a unique communication platform where commercial viability and social interests can potentially co-exist.

Endnotes

1 We thank the following individuals and organizations for their support of the present research in the Philippines: Kriss Barker, Vice President of International Programs and William Ryerson, President of Population Media Center (PMC), Vermont; Maggie Cudanin, PMC Representative in Philippines and her team in Boracay Island comprising of Filipina, Shellah, Grace, and Cherry; Jan Bacani of TNS-Global in Manila; Cecilia Noble, scriptwriter of *Sa Pagsikat Ng Araw*; research associates Abigail Fabrigas and Cheska Camille San Diego in Manila; and Indu Sharma of Ohio University for help with the electronic scanning of photos and sketches. Also, we thank the United Nations Population Fund (UNFPA) for their support of this PMC project.

2 In Metro Manila, TNS-Global, a market and social research company, identified and screened the listeners of *Sa Pagsikat Ng Araw,* provided their facilities for the conduct of the participatory assessment activities, and helped in the electronic scanning of the documents.

References

Bandura, A. (1977). *Social learning theory*. Englewood Cliffs, NJ: Prentice-Hall.

Bandura, A. (1986). *Social foundation of thought*. Englewood Cliffs, NJ: Prentice Hall.

Boal, A. (1979). *The theatre of the oppressed*. New York: Urizen Books.

Conquergood, D. (2002). Performance studies: Interventions and radical research. *The Drama Review: A Journal of Performance Studies, 46* (2): 145-156.

Freire, P. (1970). *Pedagogy of the oppressed*. NY: Continuum.

Horton, D., & Wohl, R.R. (1956). Mass communication and para-social interaction. *Psychiatry, 19*, 215-229.

Papa, M.J., Singhal, A., Law, S., Pant, S., Sood, S., Rogers, E.M., & Shefner-Rogers, C.L. (2000). Entertainment education and social change: An analysis of parasocial interaction, social learning, collective efficacy, and paradoxical communication. *Journal of Communication*, 50, 31-56.

Papa, M.J., Singhal, A., & Papa, W.H. (2006). *Organizing for social change: A dialectic journey of theory and praxis.* Thousand Oaks, CA: Sage

Singhal, A., Cody, M.J., Rogers, E.M., & Sabido, M. (Eds.) (2004). *Entertainment-education and social change: History, research, and practice.* Mahwah, NJ: Lawrence Erlbaum Associates.

Singhal, A., & Devi, K. (2003). Visual voices in participatory communication. *Communicator,* 37, 1-15.

Singhal, A., & Rattine-Flaherty, E. (2006). Pencils and photos as tools of communicative research and praxis: Analyzing Minga Perú's quest for social justice in the Amazon. International Communication *Gazette, 68*(4), 313-330.

Singhal, A., & Rogers, E. M. (1999). *Entertainment-education: A communication strategy for social change.* Mahwah, NJ: Lawrence Erlbaum.

Singhal, A., & Rogers, E. M. (2002). A theoretical agenda for entertainment-education. *Communication Theory*, *12* (2): 117-135.

Introduction to

Great Uniter or Insidious Divider: Technology's Impact on Effective Business Communication

By Debbie D. DuFrene and Carol M. Lehman

Debbie D. DuFrene and Carol M. Lehman note that advances in technology have had a tremendous impact on how communication is carried out in organizations today. Business communication can now be conducted with more speed, through more channels, around the clock, and with people who are geographically separated from one another and speak different languages. Yet despite all the apparent advantages, technology poses also great challenges that threaten effective and meaningful communication. Various legal, ethical, and social issues must be recognized and addressed in order for a clear interchange of information to occur.

The internet has been hailed as the medium with which both large and small companies can establish a web presence that attracts customers, offers an array of information, and permits the electronic transaction of business. It also supports email systems and instant messaging applications at a global scale. Effective use of the various communication technologies helps assure timely, targeted messages and responses that promote positive interpersonal relationships between colleagues and customers at home and around the globe. Technology has also enhanced and extended team communication capabilities. Systems and software are used to bring team members together and allow them to share data and information on a timely basis, no matter where they are located. Teams can reach better and faster decisions because they have access to necessary information and data as well as access to a forum for participation in discussion and idea exchange. Similarly, companies and applicants are increasingly using the internet for job searches and recruitment which has opened new opportunities for both.

Despite the many benefits and advantages, technology also poses serious challenges to effective business communication, DuFrene and Lehman note. Many people are, for example, concerned about the erosion of privacy resulting from electronic "fingerprints" that internet users leave behind and which others can track easily. While an individual may have authorized the collection of individual pieces of information from various agencies, merging the information may reveal things the individual wishes to remain private. Workplace privacy has become an area of concern as computer monitoring and surveillance capabilities continue to expand. Productivity gains for businesses that can result from the use of technology are compromised by employee web surfing and on-the-job use of social networks. Downloading data can also damage company computers with viruses. That is why clear guidelines need to be established and enforced at the place of work, DuFrene and Lehman point out.

Anonymity in cyberspace is also a dividing issue. Some see anonymity as limiting the free flow of information. When the identity of a web user is known, people can communicate, shop, and conduct business with a degree of confidence. However, defenders of anonymity see it as protection of individual privacy. Copyright is another issue because it is so easy to download and copy information. At the same time, people expect to have easy and open access to data and information. Likewise, the appropriate balance of freedom of expression and the preservation of civility needs to be found. Knowing how to go through vast amounts of irrelevant information available on the internet to find what one is actually looking for can be challenging.

The value of communication technology is largely determined by those who use it as they choose it carefully, use it skillfully, and manage it responsibly, DuFrene and Lehman conclude. That is why communication technology and its impact on business communication plays such a vital role in the world of business today.

Michael B. Hinner

Debbie D. DuFrene is Professor of Business Communication and Department Chair of General Business at the Stephen F. Austin State University in Texas.

Carol M. Lehman is Professor of Management in the College of Business and Industry at Mississippi State University.

DuFrene and Lehman are the coauthors of *Business Communication,* a leading text for business communication courses in the United States and internationally. They are also the coauthors of *Building High Performance Teams,* a self-directed handbook for team development. Together, DuFrene and Lehman have coauthored numerous conference papers and have published recent journal articles in *Business Communication Quarterly, Journal of Current Issues and Research in Advertising,* and the *Journal of Business and Training Education.* Both authors are active members and program contributors to the Association for Business Communication and sponsors of the Meada Gibbs Outstanding Teaching Award for that organization.

Great Uniter or Insidious Divider: Technology's Impact on Effective Business Communication

Debbie D. DuFrene
Carol M. Lehman

The progressive march of technology over recent decades has forever impacted the way communication takes place in organizations. Business communication can now be conducted with more speed, through a wider array of channels, around the clock, and with people who are geographically separated and who speak different languages. Yet for all its advantages, technology poses significant challenges that threaten effective and meaningful communication. Various legal, ethical, and social issues must be recognized and addressed in order for clear interchange to occur.

Greater Uniter

The Internet has been referred to as the great equalizer, placing people and organizations from various locations and of diverse status on a near even playing field. Large and small companies alike can establish a web presence that attracts customers, offers an array of information, and enables the electronic transaction of business. The Internet also supports email systems and instant messaging applications that link people on a global scale. Effective use of various communication technologies helps assure timely, targeted messages and responses that promote positive interpersonal relationships between colleagues and with customers. Increasingly, organizations are using email not only as an internal communication medium but as a means of persuading existing and potential customers to buy their products. E-commerce marketers use email communications to acquire new worldwide customers, increase sales, notify customers of promotions and services, and, most importantly, develop and nurture an ongoing dialogue and relationship with their customers. The newest extension of email marketing—cell phone marketing—offers wide advertising possibilities in exchange for prizes, free ringtones, and other incentives. Instant messaging (IM), email conversation in real-time, is not just for the younger set and their social conversations. Many firms are using instant messaging as a legitimate and valuable business tool, with one fourth of U.S. companies using it as an official corporate communication service (Primeaux & Flint, 2004). In thousands of organizations, instant messaging is viewed as a complimentary or replacement channel for email and voice mail.

Technology also has enhanced and extended team communication capabilities. Systems and software are used to bring team members together and allow them to share data on a timely basis, no matter where they are located. Teams are able to reach better and faster decisions because they have access to necessary information and a forum for participation in discussion and idea exchange. Also known as *work-group computing* or *collaborative computing,* electronic collaboration aids effective communication, collaboration, and coordination especially in groups that are geographically dispersed. Productivity enhancements result from the shared work area that helps teams keep track of projects, and current information can be accessed quickly and securely by everyone simultaneously. Bulletin board comments and questions can also be posted, stored, routed, and organized by topic for quick access for decision making. Rather than call a hurried meeting to ask a question or make an important announcement, teams access and respond to posted messages and spend saved time completing critical tasks. Real-time distance communication allows linked participants to respond to posted information, participate in brainstorming sessions, and vote on issues. Team members in different locations can work simultaneously on the same documents and hold face-to-face meetings using videoconferencing technology. Groupware can identify convenient times for team meetings, detect scheduling conflicts, and monitor work flow by keeping track of the status of documents—who has them, who is behind schedule, and who receives the document next (Downing & Clark, 1999). This technology- enabled "knowledge base" permits companies to respond quickly to customer needs and to new market opportunities.

Collaborative technologies promote team building. In order to achieve optimal results from electronic systems, employees must learn to work together effectively. Establishing a clear understanding of their roles and responsibilities allows members to reach agreement and support others in the identified work. Employees must commit to sharing information, files, and resources freely, with respect for confidentiality when appropriate—a concept in direct opposition to the traditional view that "knowledge is power" and that withholding information adds to one's personal power base.

Technology not only facilitates the communication of internal work teams, but a primary benefit occurs for inter-organizational teams that require the cooperation of various parties. In product design and building projects, for instance, a project team is typically comprised of various company personnel and a variety of outside parties that provide goods and services necessary for project completion. In such teams, progress has often been delayed unnecessarily by misunderstandings between different vendors or plant personnel and incompatibilities in computer systems, terminology, and processes. Fortunately, the Internet now provides a neutral environment to bridge those gaps and allow work to be completed correctly and on time. Web-based project software applications allow information to be viewed from any computer with Internet access, as long as the user has the proper security clearance and passwords. This means participants do not have to own the same kind of system as the people with whom they are sharing data. Comfort with the familiar Internet platform means that users can be trained in a matter of minutes, and the Web-based software provides a quick, convenient, and controlled way to exchange information with colleagues and vendors. Project team members have easy access to information regardless of their technical ability, location, application, or computer platform.

Technology not only provides solutions for an organization's employees, but it also has transformed the way in which the organization attract qualified new employees. Until recently, employers and prospective employees carried on their mutual searching process in physical space. Now, information can be exchanged totally electronically. In a recent study of members of the Society of Human Resource Managers and the Recruitment Marketplace, 82 percent of respondents said they use online advertising to fill open positions. In fact, Internet recruiting is now second only to newspaper advertising in terms of volume of applicants generated and recruited ("Research," 2003). Both large and small companies are realizing the advantages afforded by online recruiting, including the increase in response rate to advertised job openings that results from worldwide access to job postings. More and better information about applicants is also often available since an electronic résumé document can provide links to publications, reference letters, and work samples. Employers can reduce the time needed to fill a vacant position by easily scanning electronic files, looking for keywords that emphasize experience, knowledge, and abilities. Employment search software can also be programmed to run necessary security, criminal, or credit checks on new hires.

Making use of the Internet allows employers to expand their geographic reach greatly, without regard for an applicant's gender, race, or physical disabilities. In sum, the process by which organizations gather necessary information from and about applicants can be made much more efficient through the application of an Internet-based recruiting process. Likewise, the communications garnered through such an automated procedure can be gathered much more quickly—at the speed of light rather than the speed of bureaucratic action and snail mail delivery.

Insidious Divider

In spite of its many benefits, technology also poses serious challenges to effective business communication. For many the convenience of email, mobile phones, and voice mail has proved irresistible, but many have also begun to feel the downside of cyber vulnerability. Ever-expanding capabilities have made it possible for information to be shared globally with little effort, yet the privacy issue divides people over what constitutes appropriate uses of various technologies. Many are concerned about the erosion of privacy resulting from extensive electronic "fingerprints" that Internet users leave and that others can easily track. Integrated computer files that contain information collected from more than one agency, often without knowledge or permission of the information's owner, pose significant privacy issues. While an individual may have authorized the collection of individual pieces of information by various agencies, merging the information may reveal things the individual wishes to remain private. Technology threatens individual privacy and the right to be left alone, free from surveillance by other individuals or organizations.

Technology also poses dilemmas over access-- that is, who has the right to certain stored information pertaining to an individual or a company. Workplace privacy in particular has become an area of concern, as computer monitoring and surveillance capabilities continue to expand. The United States Justice Department has recognized the right of employers to monitor the electronic activities of employees, as long as a reasonable motive exists for doing so. This employer right has resulted in an erosion of individual privacy as employees' electronic mail and computer files are subject to what some perceive as "big brother" snooping. George Orwell, in his classic novel *1984*, described what many believe to be the ultimate in privacy-shattering totalitarianism as he offered a foreboding look at future society. In his fictitious account ". . . there was of course no way of knowing whether you were being watched at any given moment. . . . It was even conceivable that they watched everybody all the time. . . . You had to live—did live—from habit that became instinct in the assumption that every sound you made was overheard, and, except in darkness, every movement scrutinized" (Orwell, 1984, pp. 6-7). With current technologies, this kind of surveillance is easily possible, both in the light and in darkness.

Perceived abuses of technology also often divide employee and employer. Productivity gains for businesses that can result from the use of technology are compromised by employee web surfing and on-the-job use of social networks such as MySpace and Facebook. Furthermore, an action as simple as downloading a music MP3 or movie while working slows down the businessess' network, makes it vulnerable to viruses, and subjects the business to potential copyright-infringement lawsuits. A recent Gallup poll revealed that the average employee spends more than 75 minutes per day using office computers for non-business-related activity, and the U.S. Department of Labor estimates that with the average cost of employing an American worker calculated at $20 per hour, the annual loss to personal computer activity translates to $6,250 per year, per employee (Loeb, 2007). Employees, on the other hand, may see the Internet as the "modern equivalent of a telephone or a daily newspaper, providing a combination of communication and information that most employees use as frequently in their personal lives as their work" (Loeb, 2007, pp. 22). Appropriate response to the dilemma would seem to be a fair, enforceable computer-usage policy that limits the economic impact resulting from abuse of computer privileges and protects the company from potential litigation and negative publicity that occur when employees use the company computer for illegal activity. Policies should set clear limits, such as blocking access to sites that tend to squander large chunks of time, limiting time for personal online business, identifying procedures for reporting violations, and communicating disciplinary actions for violators.

Anonymity in cyberspace is another dividing issue, with two prevailing opinions. One view sees anonymity as limiting the free flow of information. When identity of parties is known, people can communicate, shop, and conduct business with a degree of confidence. Access to identifying information allows one to find a friend's email address that has been lost or to track down an old friend in another city. On the other hand, defenders of anonymity see it as a protection of individual privacy; without anonymity, unidentified parties can track where one goes in cyberspace, how often, and with whom. Typically, web surfers are required to reveal their identity when engaging in a wide range of activities. Using a credit card to make a purchase, emailing a friend, or subscribing to an online magazine—all create an identifiable record of transaction that links back to the user. However, some situations exist that might warrant an anonymous, yet secure, transaction. One way to accomplish this is through the use of anonymous remailing, or chain remailing, which sends mail through remailing locations. Each location takes the header information off the mail and sends it to the next location. When the mail gets to its final destination, the recipient has no idea where the mail originated. What makes the system truly anonymous is that the remailing locations that the message goes through typically keep no records of the mail that comes in or goes out. In spite of consumer interest in protecting anonymity, some governing bodies such as the United States federal government oppose total anonymity due to legitimate interests that are at stake. If total anonymity were to exist, the government would be unable to track down people who use cyberspace to violate the laws of tyranny, libel, defamation, decency, and copyrights.

Protection of intellectual property is yet another divisive area when technology is involved. Computer users can easily access, download, copy, cut, paste, and publish text, pictures, video, sound, program code, and other data forms available on the Internet. This ease of access and usage has given rise to issues of ownership, as in the case of difficulties in protecting the copyright of documents easily transmitted over the Internet. Many readily available materials are copyright protected and therefore restricted in their use by those who download the files. For instance, according to U.S. copyright law, photograph files that are copyrighted may be viewed by Internet users but not incorporated into documents that have commercial use, unless permission is granted , often for a fee, by the copyright holder. An inherent conflict of interest prevails because of the consumer's expectations for free data usage and the creator's right to remuneration for original work.

Division of thought also exists concerning the appropriate balance of freedom of expression with the preservation of civility (O'Brien, 2005). The Internet has been likened to a wild, untamed frontier, open to all who desire to exercise their right to free speech. Cyberspace has made it possible for hate speech, terroristic instructions, and pornography to proliferate in public space. Furthermore, the Internet is beset with spam, viruses, international fraud, and identity theft. Lamenting on that fact, John Perry Barlow who in 1996 penned his touted "Declaration of Independence in Cyberspace" said, "My belief in the virtues of giving all humanity a voice did not take into account what would happen if you gave every one of a billion people his own virtual soapbox and street corner" (Malone, 2007, p. 25). In spite of the risks, freedom of speech is still paramount in the minds of many; in its decision to declare the Communications Decency Act unconstitutional, the U.S. Supreme Court said, "The interest in encouraging freedom of expression in a democratic society outweighs any theoretical but unproven benefit of censorship"("Syllabus," 1997). Others, however, strongly feel that while protection of speech is an important aspect of a free society, it must be tempered with a concern for the common good and protection of the innocent (Brenner, 2007).

The gap created by the digital divide appears to be widening as a greater disparity exists in the access of various populations and nations to computers, software, and connectivity. Lack of access to technology is a significant impediment in today's world, as the ability to find information quickly and easily is essential to organizational success, and in the view of some, to the maintainance of a democratic society (Guzman, 2004). Knowing how to "tunnel" through the vast amount of irrelevant information available on the Internet to find what you want can be overwhelming (Herling, 2007). Locating information from electronic sources requires a knowledge of the search procedures and methods for constructing an effective search strategy and information literacy and the lack thereof divides individuals within a given society as well as widening the gap between cultures. Technology availability by a nation's rank and file can be limited by both government repression and the lack of financial resources. While the public Internet, offering a wide array of information, is accessible to everyone with access to a computer and a connection, private databases provide additional specialized and advanced information on specific topics. Those who can pay necessary subscription fees for database access have a definite advantage over those who do not in terms of both the availability and organization of information for decision making. The experience can also be expensive in terms of human time spent and charges incurred for online time for those with measured service.

Perhaps the issue that stirs the most controversy concerning technology mediated communication is the human relations argument. Technology opponents argue that online activities pull people away from real-world interactions, making them less concerned about individual relationships and their communities (Clubb, 2007). Technology advocates argue that cyberspace is a nonphysical , yet real , world and its culture is not a substitute for the real world but a parallel universe (Adams, 2000). Electronic communication, including email, chats, social networking sites, and virtual reality interaction allow individuals to interact and to establish relationships while maintaining a degree of anonymity. Positive experiences occur in this universe including friendship, support, and sharing. While rich in verbal exchange elements, electronic communication was initially devoid of nonverbal cues including facial expression and voice inflection. Newer technologies, however, that involve web cams and related devices have addressed some of the nonverbal dimension arguments. A prevailing criticism is that for some, the virtual experience can be more compelling than the physical world and may invite an escape into a fantasy existence (Adams, 2000).

Summary

Technology has created new opportunities for business communicators, which include a wider array of communication channels, access to more diverse audiences, and the potential for richer messages. Technology, however, has also presented new obstacles to effective communication, including ownership and access issues, privacy concerns, and threats to decency and civility. These and other challenges must be overcome if successful communication is to occur. As laws are passed that address technology usage and social protocols emerge that define acceptable electronic practices , businesspeople can expect some resolution to current communication concerns. Rapidly changing technologies, however, ensure that new challenges will continue to emerge. The value of communication technology is largely determined by those who use it as they choose it carefully, use it skillfully, and manage it responsibly.

References

Adams, J. R. (2000). Living in cyberspace: Recognizing the importance of the virtual world in social work assessments. *Journal of Social Work Education, 36*(3), 587-596.

Brenner, S. W. (2007). Criminalizing "problematic" speech online. *Journal of Internet Law, 11*(1), 3-12.

Clubb, O. L. (2007). Human-to-human interactions (HCHI) of the communications revolution. *Interactions, 14*(2), 35-39.

Downing, C. E., & Clark, A. S. (1999). Groupware in practice. *Information Systems Management, 16*(2), 25.

Guzman, D. (2004). Against all odds: A CIO who crossed the digital divide suggests how we can help others make the same voyage. *CIO, 17*(14), 44-46.

Herling, D. (2007). Digital divide. *Montana Business Quarterly, 45(*2), 12-16.

Loeb, M. (2007, November). The technology tangle. *DanceRetailer.com,* 21-23.

Malone, M. S. (2007). Surviving the information age. *National Journal, 39*(26), 22-31.

O'Brien, M. (2005). Clear and present danger? Law and the regulation of the Internet. *Information & Communications Technology Law, 14*(2), 151-164.

Orwell, G. (1949). *1984.* New York: Signet Classics. [6–7].

Primeaux, R. O. & Flint, D. (2004). Instant messaging: Does it belong in the workplace? *Intellectual Property & Technology Law Journal, 16*(11), 5-7.

Research demonstrates the success of Internet recruiting. (2003, April). *HR Focus, 80*(4), 7.

Syllabus of Supreme Court Opinion for 96-511.(1997). Reno, Attorney General of the United States, et al. v. American Civil Liberties Union et al. Retrieved January 25, 2008, from http://supct.law.cornell.edu/supct/html/96-511.ZO.html

Introduction to

Media Use as a Function of Identity: The Role of the Self Concept in Media Usage

By Hao Chen, Pauline Hope Cheong, Benjamin Elbirt, Carolyn Evans, Jennie Hwang, and Joseph Woelfel

---

The authors actually undertake a number of studies to determine what media use actually entails, on the one hand, and, on the other hand, how accurate the Galileo model, developed by Joseph Woelfel, compares to the typical social science models. The authors note that people live in an environment that abounds with alternative sources of stimuli and information. Hence, a central question of communication has been how and why any given individual chooses among these alternative sources. Generally, two broad perspectives have been applied. First, the so-called "Uses and Gratifications" approach which postulates that people use media in order to reap certain gratifications from that use. But this approach has little empirical support. Some recent research has highlighted the plausibility of altering the scope of Uses and Gratifications research from an emphasis on mass media meeting deficit needs to aiding people in promoting and maintaining their social identities. The other major approach is Roger's "Diffusion of Innovations" model which is essentially an epidemiological model were innovations (or new media) spread from adopter to adopter, but the rates of diffusion for any innovation depend on both the attributes of the innovation itself and the attributes of the individual with some persons more likely to adopt innovations than others. It seems that those people who have a history of using other innovations which are related to the specific innovation in question are more likely to adopt the new innovation than those people who do not.

Symbolic Interaction theory is a broad theoretical perspective rather than a specific operational theory. It postulates that behavior is not a response but rather an ongoing and continuous process. Consequently, a sociological model developed by Mead and others and operationalized with the Galileo model was applied by the authors to determine if the Uses and Gratifications approach is a valid way of studying media use. Their study revealed that the self-concept guides behavior including media and interpersonal behavior, but is also in itself influenced by information from these sources. And the authors' study revealed that the Galileo model is actually a more accurate method in determining the correlation. More importantly, the study revealed that the application of physical science procedures to the measurement of cognitive processes determining the selection of media use yields more precise results than special social-science models.

Quite obviously, the study – along with the Galileo model – have applications in the world of business as well. One need only consider marketing or human resource management to realize that orthodox marketing and human resource management rely to a large degree on either the Uses and Gratifications approach or the "Diffusion of Innovations" model. The authors' study demonstrates, though, that either method may not be the most accurate one to explain human behavior. The Galileo model may, therefore, be a more precise tool for these and other realms of business.

Michael B. Hinner

Hao Chen is a Ph.D. candidate at the Department of Communication at the University at Buffalo.

Pauline Hope Cheong is an Associate Professor of Communication at Arizona State University researching social implications of communication technologies for minority and marginalized populations. She is also interested in how newer media are culturally embedded in users' contexts and implicated in social stratificaitn processes and social capital relationships.

Benjamin Elbirt is Chief Information Officier at INSNA and well versed in statistical methods and modeling.

Carolyn Evans is a Ph.D. candidate at the Department of Communication at the University at Buffalo.

Jennie Hwang is a member of the Communication Studies Department at California Polytechnic State University. Her area of specialization is in mediated communication with a particular interest in the sociological implications of internet communication.

Joseph Woelfel served on the faculty of the University of Illinois, Michigan State University, and the State University of New York at Albany where he was Professor of Communication and Director of Research and Founding Fellow of the Institute for the Study of Information Science. He is currently Professor at the Department of Communication at the University at Buffalo. Professor Woelfel was a Senior Fellow at the East West Center in Honolulu, a Fulbright scholar in Yugoslavia, and Senior Fellow at the Rockefeller Institute of Government at the State University of New York. He is the author of numerous books and articles.

Media Use as a Function of Identity: The Role of the Self Concept in Media Usage

Pauline Hope Cheong, Jennie Hwang
Benjamin Elbirt, Hao Chen
Carolyn Evans, Joseph Woelfel

The Problem

Individuals are born into and live their lives in an environment that abounds with alternative sources of stimuli and information. Among these alternative sources are direct self-reflexive observation of the immediate environment, interpersonal face-to-face communication, and the various media. One of the central questions of communication theorists from the beginning of the discipline has been how and why any given individual chooses among these alternative sources.

Although researchers have considered many variables in the past half century, by and large the majority of studies in the communication discipline have taken one of two broad perspectives: The first of these, usually called the "Uses and Gratifications" approach, assumes that all human action is motivated by needs, drives, ambitions, hopes, desires or other internal psychological motives which impel people toward or away from goals and actions (Katz, Blumler, & Gurevitch, 1973; McQuail, 1984). Empirical research within this tradition typically attempts to identify the specific needs and gratifications that are provided by particular media sources.

While research from the Uses and Gratifications perspective abounds, empirical support is slim. A fair assessment of this research would indicate that needs and gratifications have been identified which are statistically associated with the use of various forms of media at significant levels (particularly in large samples), but that the amount of variance accounted for by these needs and gratifications is generally small and leaves most of the variance unexplained.

Cho and colleagues (Cho, Zuñiga, Rojas, & Shah, 2003), for example, examined the relationship between Internet use and gratifications gained within the context of the digital divide framework and used path-modeling techniques to test how different types of Internet use were related with various gratifications gained among four sub-groups of Internet users: high socio-economic status (SES)-young, high SES-old, low SES-young, and low SES-old. After controlling for demographics and basic pattern of Internet use, these findings showed that the use of the Internet explained 4% of variance in connection gratification, 8% of variance in learning gratification, and 12% of variance in acquisition gratification. In another study looking at Internet use and its motivations for political information, findings indicated that politically interested Internet users relied on the web mainly for guidance (27.2% of variance), with other Internet gratifications like entertainment and social utility, convenience and information seeking, explaining at or less than 10% of the variance for Internet use (Johnson & Kaye, 2003).

Consequently, in light of other possible factors accounting for media adoption, some recent research on human personality highlights the plausibility of altering the scope of Uses and Gratifications research from an emphasis on mass media meeting deficit needs, to aiding people in promoting and maintaining their social identities (Finn, 1997; Finn & Korukonda, 2004). Moreover, both classical and recent diffusion of innovation research suggests that the likelihood of adopting an innovation may be an aspect of personal identity; that is, that certain individuals might define themselves as the type of people who adopt certain innovations (Oksman & Turtiainen, 2004; Rogers, 2003; Vishwanath & Chen, 2006).

This second major approach, usually applied in the case of newly emerging communication media, is Rogers' "Diffusion of Innovations" model (2003). It is essentially an epidemiological model where innovations (or, in this case, new media) spread from adopter to adopter in a contagious way. Rates of diffusion for any innovation depend, in the original model, on both attributes of the innovation itself and attributes of the individual, with some persons more likely to adopt innovations than others. Recently Vishwanath and Chen (2006) have shown that people who have a history of using other innovations which are related to the specific innovation in question are more likely to adopt the new innovation than those who do not already use related innovations.

The notion that behavior is determined by personal identity, that is, by a person's self concept, is the cornerstone of a third alternative theory, symbolic interaction theory. Symbolic Interaction theory can best be characterized as a broad theoretical perspective rather than a specific, operational theory, since it encompasses widely varying philosophies and perspectives, not all of them scientific. In this paper, we investigate the role that individuals' self-concepts play in their use of various media, specifically as elaborated by Sewell (Sewell, Haller, & Portes, 1969), Haller (Haller, 1982) and their students Woelfel (J. Woelfel, 1993b; J. Woelfel & Haller, 1971) and Fink (Dinauer & Fink, 2005; J. Woelfel & Fink, 1980).

Theory

Classical motivational psychological models – the models most characteristic of communication theory and research – are generally based on the idea that the "normal" or "default" condition of human individuals is to be at rest. In such models action or behavior takes place only when some "force", such as a need, drive, desire, motive or other impelling condition, presses the individual to action. A core principle of symbolic interaction theory, on the contrary, assumes that the normal state of individuals is behavior. Behavior is "ongoing" and continuous. Behavior never stops, and individuals are never "not behaving."

In the interactionist model, therefore, it is not necessary to explain why people are acting; the question from this perspective is why people are acting one way rather than another. Decisions about what to do occur only when ongoing behavior is blocked in some way, as when one's progress toward a destination is halted by a swollen river. When the ongoing stream of behavior is blocked, a symbolic process (thinking) ensues and a new course of behavior can be designated[1]; thinking generally involves the manipulation of symbols that represent objects in the situation in which the individual is embedded (Mead, 1934).

The trajectory of ongoing behavior is assumed to be controlled by the self concept. The self concept is peoples' evolving understanding of who they are and how they are related to the situations in which they find themselves. Each "situation" consists of a set of symbolic "objects" whose meaning is defined only in relation to still other objects in peoples' experience. One object that is present in every situation is the self, which, as a symbolic object, is defined only in relation to the other objects of experience. Another important set of objects which may be found in any situation is a set of behaviors. Behaviors are also symbolic objects and are defined only in relation to the other objects.

Within this model, "beliefs" consist of relationships among objects and "attitudes" are beliefs about the self; that is, attitudes are the relationship between the self concept and other objects. These attitudes determine one's behaviors toward those objects. In general, one performs those behaviors that are most consistent with the self conception; that is, they do things that are appropriate for people like they believe themselves to be. If they believe themselves to be honest, they tell the truth; if they believe themselves to be cowardly they run from danger. In sharp contrast to the Uses and Gratifications approach, these behaviors may or may not be valued or gratifying; they may or may not fulfill needs, as in the case of the alcoholic (Denzin, 1997).

Not only does the self-concept guide behavior, including media and interpersonal behavior, but it is itself influenced by information from these sources. As suggested by Sewell, Haller, & Portes (1969) and Woelfel & Haller (1971), individuals are born into statuses (locations) within already existing social structures (often called social networks or communication networks by Communication researchers today). Placement in particular social structures selectively exposes individuals to information from their immediate environment, other people, and media, which then influence the self concept in an ongoing way. The self concept, in turn, guides the behavior of the individual.

One convenient representation of the concept of self and situation consistent with the symbolic interactionist model is the Galileo model (Dinauer & Fink, 2005; J. Woelfel, 1993b; J. Woelfel & Fink, 1980; J. Woelfel & Stoyanoff, 2007) In the Galileo model, objects are represented as points in a multidimensional space. Objects which are similar to each other are close to each other in the space. The self as object is also represented as a point in the space and it is located close to the objects that best define it. Behaviors, which of course are objects, are also located as points in this space, and behaviors closest to the self point are most performed, while those seldom or never performed are far from the self point; accordingly, media close to the self point would be expected to be utilized more and media further from the self point would be utilized less. In the Galileo model, ongoing behavior is represented by the trajectory of the self point through an evolving space of objects in more or less motion relative to each other.

Methods

Historically, interactionists have disagreed among themselves as to the measurability of the self concept. Herbert Blumer (Woelfel, 1967) considered the self too "volatile and evanescent" to measure, but Manford Kuhn (Kuhn & McPartland, 1951) pioneered the development of such measurements with the "Twenty Statements Test" (TST).[2]

Perhaps the most precise measure of the self concept is provided by the Galileo model (Woelfel, 1993b; Woelfel & Fink, 1980; Woelfel & Stoyanoff, 2007), the same method used by Vishwanath and Chen (2006) to measure innovation clusters. Galileo improves on the TST in several ways. First, while the TST measures a general concept of self, the Galileo model can measure the situational character of the self. Second, while the TST provides only categorical information, Galileo provides precise quantification for attitudes and beliefs within the situation.

The development of a Galileo scale follows the process by which Likert[3] scales were originally constructed, with several technical improvements. The original Likert scaling procedure required the construction of a Thurstone scale in the standard way and then added five-point scales to express degree of agreement or disagreement with the statements in the Thurstone scale (Likert, 1932; Thurstone, 1931). The whole procedure required developing a pool of possible items, usually by surveying people drawn from the population to whom the scale was meant to apply, then clustering the items through a q-sort procedure. Once the final items were determined, respondents would be asked not whether they agreed or disagreed with each item as in a Thurstone scale, but to what extent they agreed or disagreed with each item on the now-familiar five point scale[4] ranging from "strongly agree" to "strongly disagree."

Galileo scale development differs from this original Likert scale procedure in two ways: first, the q-sort procedure is replaced with an artificial neural network clustering algorithm (J. Woelfel, 1993b; J. K. Woelfel, 1998), and, second, the five point Likert scale assessing degree of agreement with each item is replaced by a complete paired comparison ratio scaling task in which each respondent is asked to judge how different or "far apart" each item is from all the others compared to some stipulated standard difference (J. Woelfel & Fink, 1980). One item always included in the scale is a self term, such as "yourself", so that respondents are asked to judge how far each item is from themselves (J. Woelfel, 1993b).

The TST identifies up to 20 "objects" that best define an individual. The Likert procedure allows respondents to discriminate up to five levels of "closeness" to those objects but leaves the relationships among the objects unmeasured. Galileo procedu res, however, allow respondents to judge closeness or distance from the objects on an unrestricted scale. The Galileo model also measures the relationships among all the objects, thus allowing a comprehensive, holistic and precise description of the self in any given situation. Perhaps most significant is the fact that Galileo measurements use the same measurement model as the physical sciences, and are completely consistent with physical science practice.

In the present study undergraduate students at the University at Buffalo responded to open-ended questions in an online[5] questionnaire about what media they used most, what it was about those media that made them useful, and what it was about themselves that made them use those media most. Three hundred sixty-five students responded to parts of this initial questionnaire; 270 of the open-ended question responses were complete and analyzed with Catpac II. Catpac II is an artificial neural network which passes a moving window through a text and learns the n-way interrelationships among the words in the text in the form of an NXN matrix of interneural connection weights (Woelfel, 1993a). These interconnections are then used as input for various clustering procedures, Ward's cluster analysis is the default procedure, and the resulting clusters are visualized in dendograms and perceptual maps. From this initial analysis[6], 20 objects were selected as the principle objects in the "situation", also referred to as a "neighborhood", which defines the self relative to media.

A second online questionnaire asked respondents to estimate the pair-wise dissimilarities among the 20 objects – one of which was "yourself" – on a ratio scale, where the standard distance that served as the basis of the ratios was "radio and magazines are 100 units apart." In addition to these 190 pair comparisons, respondents were asked several standard Uses and Gratifications items, personality items, and demographic items. Finally, all respondents were asked how many hours/minutes per day they typically spent with newspapers, television, radio, Internet, cellular phone, magazines, and face to face communication.

Results

Four hundred and nine undergraduates provided complete responses to the second questionnaire. Responses to the pair comparison items were analyzed with Galileo version 5.6 (v5.6), and additional analysis on all items including the pair comparisons was performed using SPSS. Galileo provides a complete linear orthogonal decomposition of the centroid scalar products of the distances following the method of Young and Householder(1938) as modified by Torgerson (1952).

Precision of the Pair Comparisons

Precision of the pair comparisons was estimated in two ways. First, the means and standard errors of every pair were calculated. Percent relative error was then calculated as

$$(1)\ \%\ \text{relative error} = 100(\sigma/\mu)$$

where σ = the standard error and μ = the mean. Percent relative error ranged from 3.4% to 11.14, which means that the mean values can generally be expected to be accurate to within +/- 3.1% to 11.6%. The average number of observations per cell was 400, and the mean of all observations was 55.77. The largest difference measured was the distance between instant messaging and newspapers (117.3) and the smallest distance measured was the distance between mobile and cell phone (16.0.)

Figure 1 shows the first three dimensions of the Galileo solution:

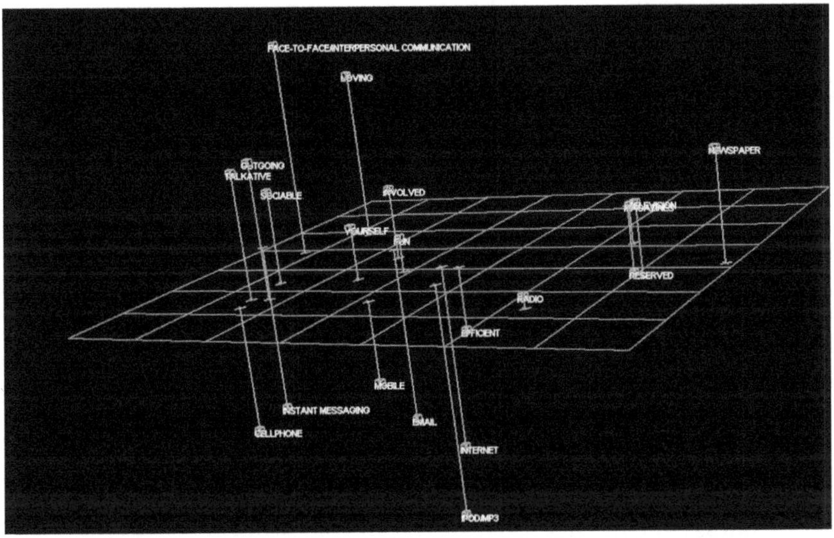

A second method used was to split the Galileo data into two random halves, construct two Galileo spaces, and compare them. This was accomplished using the *comparison of spaces* option of Galileo v5.6. Results showed differences in location between corresponding concepts in the two spaces ranged from 3.2 to 28.5 units, with a mean difference of 13.47.

Table One compares the orientation of the position vectors of the concepts in the two spaces along with the distances moved:

Concept	r	angle (degrees)	Distance moved
Newspaper	.99	2.5	2.1i*
Television	.99	9.1	7.1
Radio	.99	7.1	8.1i
Internet	.93	20.2	12.2
Cell phone	.99	8.0	6.0
Yourself	.99	6.0	2.0i
Fun	.97	14.9	4.9
Magazines	.99	7.6	7.1
Email	.99	8.4	6.7
Instant Messaging	.99	4.9	4.1
IPOD/MP3	.99	8.2	7.3
Face-to-face	.99	5.6	4.0i
Sociable	.99	1.4	.8
Mobile	.93	21.1	12.3i
Outgoing	.98	11.4	7.6
Efficient	.99	7.6	10.8
Talkative	.98	11.4	6.9
Loving	.99	6.4	5.4
Reserved	.99	9.9	9.2
Involved	.95	18.6	7.2

Table 1: Comparison of Spaces between Split Halves of Galileo Space.
* indicates distance moved is imaginary.

Only six of the 20 correlations between corresponding position vectors across the random split halves were below .99, the lowest being .93. The average distance between concepts in the random split halves was 6.6.

Table Two shows the correlations and angles among the corresponding dimensions of the Galileo space across the split halves:

Eigenvector	r	Angle (degrees)	Magnitude 1	Magnitude 2
1	.99	6.5	111.6	113.0
2	.99	4.3	96.3	100.5
3	.99	8.0	73.9	77.6
4	.99	8.2	70.1	66.8
5	.98	11.2	59.0	57.3
6	.98	12.7	49.4	53.9
7	.90	26.4	41.3	44.0
8	.89	26.8	32.7	35.0
9	.90	26.4	31.7	38.0
10	.88	28.0	25.1	25.6
11	.67	48.0	21.4	27.7
12	.79	38.0	11.9	24.9
13	.49	60.5	8.3	6.4
14	1.0	0.0	0.0	12.0
15	.1	83.9	.2	7.8
16	.77	39.6	15.4	20.9
17	.69	46.1	26.7	22.9
18	.74	42.2	33.4	31.6
19	.89	27.0	42.6	46.1
20	.97	12.4	46.6	42.5

Table 2: Magnitudes of Eigenvectors across Split Halves, Correlations, and Angles between Corresponding Pairs of Eigenvectors across Splits.

Tables One and Two show clearly that the Galileo pair comparison measures are very precise; they also show that the neighborhood of the media is reliably multidimensional, with eleven eigenvectors showing split half correlations above .9.

Eigenvectors 16 through 20 are imaginary (corresponding to negative eigenvalues), and at least one shows a split halves correlation of .97, one is .89, and two others are above .6, which indicates that the media space is reliably non-Euclidean. This high degree of precision indicates that the Galileo v5.6 algorithm is appropriate for such analysis, especially since it does not alter the data as do non-metric algorithms.

Figures 2 and 3 give a good visual expression of the degree of precision across the split halves of the data:

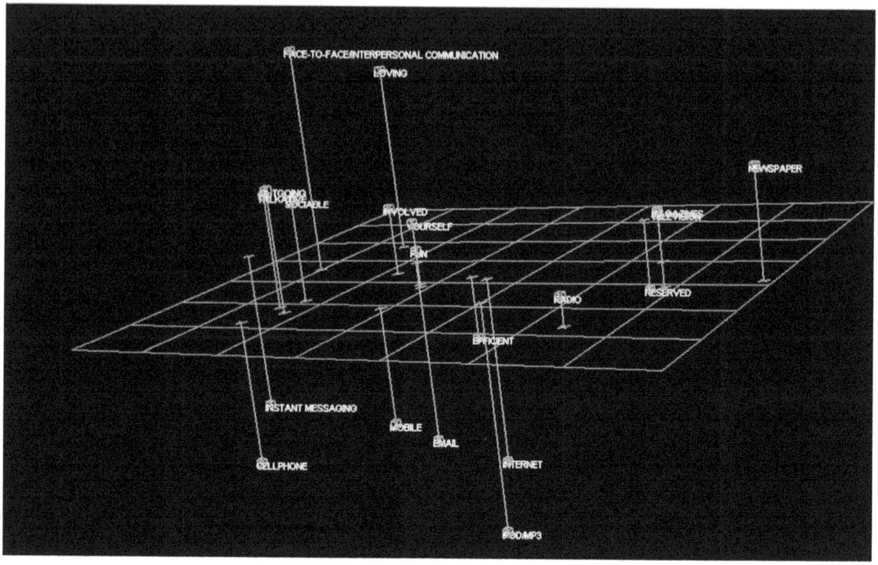

Figure 2: Media Space First Random Half.

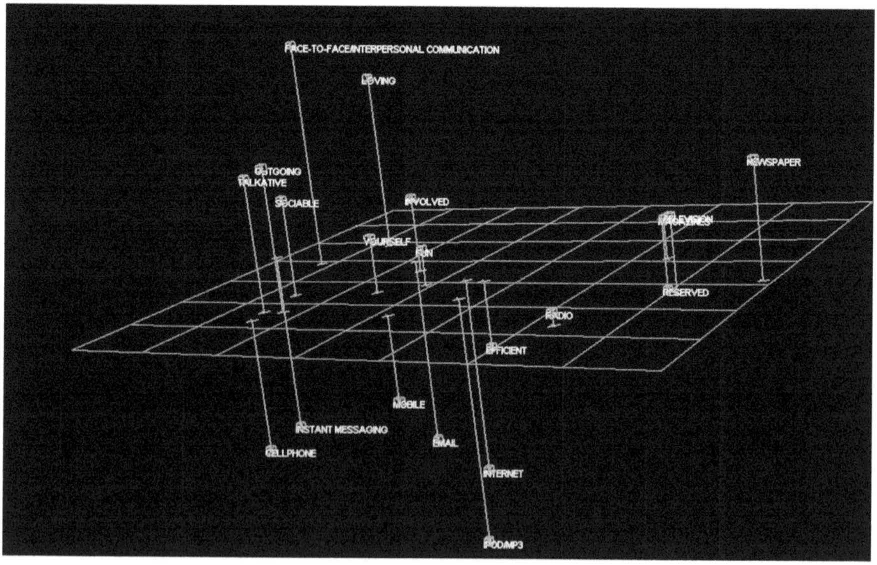

Figure 3: Media Space Second Random Half.

Precision of the Media Use Variables

Table Three shows the mean number of hours per day spent attending to the nine media considered. They range from a low of .61 hours per day reading magazines to a high of 8.48 hours per day for face-to-face communication.

Medium	mean	std. Error	% relative error
Newspaper	0.64	0.05	7.8
Television	2.58	0.12	4.6
Radio	1.77	0.15	8.6
Internet/email	4.30	0.18	4.2
Cell phone	3.26	0.22	6.9
Magazine	0.61	0.05	8.2
Instand Massaging	3.72	0.25	6.7
IPOD/MP3	1.86	0.15	8.2
Face to face	8.48	0.27	3.1

Table 3: Media Use (Hours per Day). N=409

Percent relative errors range from a low of 3.1 for face-to-face communication to a high of 8.6 for radio. The mean percent relative error was 6.47; while quite low that is actually slightly higher than the mean percent relative error for the self-concept measure, which was 5.16. Since these calculations also contain all true variability of beliefs and media use, they are conservative estimates of the precision, which is actually somewhat better than the numbers indicate.

Relationship of the Self Concept to Media Use

Figure One, shown earlier, was a ThoughtView plot (visualization) of the first three dimensions of the self concept media neighborhood. Galileo theory predicts that the number of hours spent each day with each medium will vary inversely with the distance of that medium from the self point.

Table Four shows the distances of the media from the self-point along with the number of hours of use per day.

Medium	hours/day	distance
Newspapers	0.64	58.9
Television	2.58	56.3
Radio	1.77	48.9
Internet/email	4.30	39.8
Cell phone	3.26	41.7
Magazine	0.61	61.4
Instant Messaging	3.72	41.0
IPOD/MP 3	1.86	57.4
Face to face	8.48	29.2

Table 4: Media Use (Hours per Day) by Distance from Self

Figure Four shows the same data graphically.

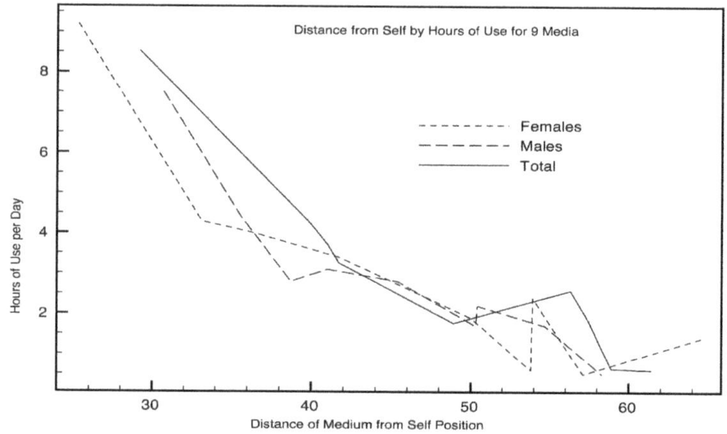

Figure 4: Distance from Self by Hours of Use for All Media

As Table Four and Figure Four show, the relationship between the distance from the self and the hours of use is inverse and close to linear. The equation

$$2)\ y = -.2x + 12.78$$

fits the data with r =. 91, and $r^2 = .83$, sig. < .01.

Gender Differences in Self Concept and Media Use.

Table Five presents the hours of media use per day by distance from self for females:

Medium	hours/day	distance
Newspapers	0.5	57.1
Television	2.4	53.9
Radio	1.9	50.0
Internet/email	4.3	33.1
Cell phone	3.4	41.7
Magazine	0.6	53.8
Instant Messaging	4.0	36.4
IPOD/MP3	1.4	64.5
Face to face	9.2	25.3

Table 5: Media Use (Hours per Day) by Distance from Self for Females

Table Five shows that there is a similar negative linear relationship between distance from self and number of hours of use. The equation

$$3)\ y = -.18x + 11.6,\ \text{sig.} < .01.$$

fits the data with $r = -.882$, and $r^2 = .78$, sig. > .01.

Table Six presents the hours of media use per day by distance from self for males:

Medium	hours/day	distance
Newspapers	1.7	54.7
Television	2.8	45.4
Radio	1.7	50.3
Internet/email	4.4	35.6
Cell phone	2.8	38.7
Magazine	.5	58.3
Instant Messaging	3.1	41.0
IPOD/MP3	2.2	50.4
Face to face	7.5	30.7

Table 6: Media Use (Hours per Day) by Distance from Self for Males.

Table Six shows that there is a similar negative linear relationship between distance from self and number of hours of use. The equation

$$4)\ y = -.2x + 11.9$$

fits the data with $r = -.90$, and $r^2 = .81$, sig. $<.01$.

Discussion

Previous research into the determinants of media exposure has relied primarily on two major theories, Uses and Gratifications and Diffusion of Innovations. The Uses and Gratifications approach has shown some empirical support, but the relationships found are virtually always quite small. The Diffusion of Innovations approach has shown considerable success, but is mainly applicable to new and emergent media.

This paper has shown that the process can be more accurately described using a sociological model developed by Mead and others, formalized by Sewell, Haller and their students, and operationalized with the Galileo model. Initial results based on a sample of 409 undergraduate Communication students show substantial relationships between the self concept measured with the Galileo model and use of various media. These relationships are several orders of magnitude larger than the typical correlations shown by the Uses and Gratifications approach and, unlike the Diffusion of Innovation model, can be applied to any medium, including older, established media.

Perhaps most important, all the procedures involved in implementing the Galileo model are consistent with measurement and analysis procedures in the physical science. No special measurement models unique to the social sciences are involved in any way. The idea that the application of physical science procedures to the measurement of the cognitive processes determining selection of media use yields results several orders of magnitude more precise than special social-science models is of special significance to future research.

Endnotes

1 In a sense, classical motivational psychological theory is like Aristotle's theory of motion in which the natural state of being of most objects is to be at rest and the causes of motion must be identified. Interactionist theory is

analogous to Newtonian theory in that motion is assumed to be continuous and only changes in motion (accelerations) need to be explained.

2 "The test (hereafter TST) is a sheet of paper, at the top of which are the instructions: 'There are twenty numbered blanks on the page below. Please write twenty answers to the question "Who am I?" in the blanks. Write the answers in the order they occur to you; don't worry about logic or importance.' Up to twenty responses to this generic question provided subjective definitions of the self for Kuhn, which he understood as internalizations of a person's objective social status" (Alm, Carroll, & Welty, 1972, p. 190).

3 We are referring here to the original Likert scaling procedure (Likert, 1932) – not the Likert type scales that are ubiquitous in the social sciences today.

4 When it was discovered that each five point item usually correlated quite highly with the entire scale, common practice became to use just the five point scale and forego the process of producing a true Likert scale, an unfortunate result which reduces precision of measure considerably.

5 All online questionnaires for this study were hosted on "The Galileo Matrix," a website created for that purpose; more recent surveys have utilized an opensource program called Limesurvey.

6 In contrast to non-metric scaling methods, which provide only a partial decomposition of modified distances based only on their order relations, Galileo is often erroneously called *metric* multidimensional scaling; this is inaccurate. The term metric should be reserved for spaces which are fully Euclidean, that is, spaces in which all the metric axioms are satisfied. Galileo provides a solution which may lie in Euclidean space, depending on the actual data, but in general is a non-Euclidean Riemann space.

References

Alm, R. M., Carroll, W. F., & Welty, G. A. (1972). The internal validity of the Kuhn-McPartland TST *Proceedings of the American Statistical Association (Social Statistics Section)* (pp. 190-193): Washington: ASA.

Cho, J., Zuñiga, H. G., Rojas, H., & Shah, D. (2003). Beyond access: The digital divide and internet uses and gratifications. *IT & Society, 1*, 46 -72.

Denzin, N. (1997). *The alcoholic self.* Newbury Park, CA: Sage.

Dinauer, L., & Fink, E. (2005). Interattitude structure and attitude dynamics: A comparison of the hierarchical and Galileo spatial-linkage models. *Human Communication Research, 31*(1), 1-32.

Finn, S. (1997). Origins of media exposure: Linking personality traits to TV, radio, print, and film use. *Communication Research, 24*, 507-529.

Finn, S., & Korukonda, A. P. (2004). Avoiding Computers? Does personality play a role? In E. Bucy & J. E. Newhagen (Eds.), *Media Access: Social and Psychological Dimensions of New Technology Use* (pp. 73-90). New Jersey: Lawrence Erlbaum Associates.

Haller, A. (1982). Reflections on the social psychology of status attainment. In R. Hauser, D. Mechanic, A. Haller & T. Hauser (Eds.), *Social structure and behavior: Essays in honor of William Hamilton Sewell* (pp. 3-28). New York: Academic Press, Inc. .

Johnson, T. J., & Kaye, B. K. (2003). A boost or bust for democracy? How the web influenced political attitudes and behaviors in the 1996 and 2000 presidential elections. *Harvard Journal of Press/Politics, 8*(3), 9-34.

Katz, E., Blumler, J., & Gurevitch, M. (1973). Uses and gratifications research. *Public Opinion Quarterly, 37*(4), 509-523.

Kuhn, M., & McPartland, T. S. (1951). An empirical investigation of self-attitudes. *American Sociological Review, 19*, 68-76.

Likert, R. (1932). A technique for the measurement of attitudes. *Archives of Psychology, 22*(140), 1-55.

McQuail, D. (1984). With the Benefit of Hindsight: Reflections on Uses and Gratifications Research. *Critical Studies in Mass Communication, 1*(2), 177-193.

Mead, G. H. (Ed.). (1934). *Mind, self and society from the standpoint of a social behaviorist*. Chicago: University of Chicago Press.

Oksman, V., & Turtiainen, J. (2004). Mobile communication as a social stage: The meanings of mobile communication among teenagers in Finland. *New Media & Society, 6*(3), 319-339.

Rogers, E. M. (2003). *Diffusion of innovations* (5th ed.). New York: Free Press.

Sewell, W., Haller, A., & Portes, A. (1969). The educational and early occupational attainment process. *American Sociological Review, 34*(1), 82-92.

Thurstone, L. L. (1931). The measurement of social attitudes. *Journal of Abnormal and Social Psychology, 26*, 249-269.

Torgerson, W. (1952). Multidimensional scaling: I. theory and method *Psychometrika, 17*(4), 401-419.

Vishwanath, A., & Chen, H. (2006). Technology clusters: Using multidimensional scaling to evaluate and structure technology clusters. *Journal of the American Society for Information Science and Technology, 57*(11), 1451-1460.

Woelfel, J. (1967). Comment on the Blumer-Bales dialogue concerning the interpretation of Mead's thought. *The American Journal of Sociology, 72*(4), 409.

Woelfel, J. (1993a). Artificial neural networks in policy research: A current assessment. *Journal of Communication, 43*(1), 63-80.

Woelfel, J. (1993b). Cognitive processes and communication networks: A general theory. In W. Richards & G. A. Barnett (Eds.), *Progress in Communication Sciences* (pp. 21-42). Norwood, N.J.: Ablex Pub. Corp.

Woelfel, J., & Fink, E. (1980). *The measurement of communication processes: Galileo theory and method.* New York: Academic Press.

Woelfel, J., & Haller, A. (1971). Significant others: The self-reflexive act and the attitude formation process. *American Sociological Review 36*(1), 74-87.

Woelfel, J., & Stoyanoff, N. J. (2007). The Galileo System: A rational alternative to the dominant paradigm for social science research. In v. M. Hinner (Ed.), *The role of communication in business transactions and relationships* (Vol. 3*: Freiberger Beiträge zur interkulturellen und Wirtschaftskommunikation: A Forum for General and Intercultural Business Communication*, pp. 433-462). Berlin: Peter Lang.

Woelfel, J. K. (1998). User's Guide Catpac II: version 2.0. Amherst, NY: RAH Press.

Young, G., & Householder, A. S. (1938). Discussion of a set of points in terms of their mutual distances. *Psychometrika, 3*, 19-22.

Introduction to

Networked Agency and Building Community: Encountering Queer "Desi" Blogging through Dialogue

By Rahul Mitra and Radhika Gajjala

Rahul Mitra and Radhika Gajjala look at a particular aspect of internet agency and community building; namely, queer "desi" bloggers in South Asia. According to Gross, the internet permits, within limits, people access to the technology that allows them to make choices in how they present themselves. The authors note that meaning-making interacts with offline communities and global formations shaped through transnational flows of capital and media as wel as through convergence with other forms of media such as satellite TV, Bollywood films, etc. This chapter maps some themes of queering in South Asian digital diasporas through an intergenerational lens, produced in the acts of online/offline coauthoring, web blogging, and reading of instances of such online queering. The specific focus is on textual analysis and thinking through themes that emerge through an in-depth examination of some of the blogs written by South Asian (mainly Indian and some Pakistani) men and women. The term "desi" is a colloquial term used to denote both those living in and originating from South Asia. Scholarly material on queer blogging as well as negotiation of online queer "desi" identity is scant the authors note. In many ways, the issues of identity representation and reach are truer for blogging than any other internet tool. The focus of the authors' study is on the interplay of codes of identity (the bloggers' sense of being "desi" and queer) and agency (being individually isolated and yet being part of a whole), through employment themes, language, symbols, and cultural influences in their writing. It is also noted that it is not just the blogger who creates meaning, but also the reader and commenter of the blog who interpret(s) the posted material and suggest(s) contested meaning for it.

The study revealed that there may not be a cohesive community being formed in this space as some scholars note, but the webbed interpretation is suggestive of a much larger macro-picture than the original blogger (individual or collective) might have laid ground for, the authors postulate. The authors launched their own blogs where they simultaneously discuss examples and theorize on queer "desi" blogging. Their blog dialogue was not just through individual posts in their distinct blog, but also via comments and suggestions on each others' blogs leading to connected postings on the parent blogs. By examining the themes emerging from the blogs, the authors ask how power is shifted and relayered in these situations and what the inviting interactional features of their writer-audience-communities might be that allow for certain kinds of self-expression while also shaping their performance of sexuality in these spaces.

The authors found that queer bloggers seem to form more networks than communities because they insist on individualism and the sheer heterogeneity of queer "desi" blogs and comments. Queer "desi" bloggers are segmentary, polycentric, and networkers. That is why queer "desi" bloggers have to be seen more in terms of a cohesive networks that builds its own identity rather than a traditional form of community.

In a business context, this text reveals that internet users, in particular bloggers, might continue to be fairly heterogenic and, thus, only operate in a network; but they may never form a real community if the participants are fairly individualistic people similar to the queer "desi" populations. If that should indeed be the case, then this revelation might have serious consequences for online marketing that focuses on communities and community creation. However, existing networks might also benefit from the insights of this study because it revealed that cohesive networks can and do create their own identities.

Michael B. Hinner

Rahul Mitra is a doctoral student (Ross Fellow) at the Department of Communication at Purdue University.

Radhika Gajjala is Professor of Communication Studies and American Cultural Studies; she is also the Director of the Women's Studies Program at Bowling Green State University, Ohio. Her research interests include ICTs and globalization, South Asians and cyberspace and the production of race online and in virtual learning environments. Her work has appeared in Feminist Media Studies, International and Intercultural Annual, Contemporary South Asia, Technospaces: Inside the New Media (2001) and Domain Errors! Cyberfeminist Practices (2003). Her book *Cyberselves: Feminist Ethnographies of South Asian Women* (2004) was published by Altamira Press. She is currently editing an interdisciplinary collection of essays on South Asian technospaces.

Networked Agency and Building Community: Encountering Queer "Desi" Blogging through Dialogue

Rahul Mitra,
Radhika Gajjala

Queering and trans-gendering practices have been visible across the Internet since the time of MOOs, MUDs, email lists, and web-bulletins. As noted, communication scholar Larry Gross suggests the Internet, within limits, permits those of us with access to the technology to make choices in how we present ourselves. In responding to the question of why the Internet can be viewed as "somehow queer," he writes,

> Well, for one thing, there's the disembodied performativity of cyberspace, the place where no one knows you're a dog, or whatever you choose to present yourself as. Queer folk are past masters at this game, as nearly every one of us went through the training program during childhood. Even if we weren't singled out for special (unwelcome) attention as sissies, tomboys or other gender non-conformists, most of us survived society's sexual boot camp – high school – either by masquerading and passing, or living on the margins (Gross, 2007, p. vii).

South Asian digital presences likewise have been visible since the early days of the Internet (Sudha, 2003; Rai, 1995). Meaning making within these intersects with offline communities and global formations shaped through transnational flows of capital and media and through convergence with other forms of media such as satellite TV, Bollywood films and so on. 3-D game-like environments such as Secondlife (see secondlife.com) also contribute to this queering in the current Web 2.0 generation of South Asian digital diasporas (Gajjala, 2008a). This chapter will map some themes of queering in the South Asian digital diaspora through an intergenerational lens, produced in the acts of online/offline co-authoring, weblogging and reading of instances of such online queering relationally. We specifically focus on textual analysis and thinking through of themes that emerge for us through an in-depth examination of some of the blogs written by queer South Asian (mainly Indian and some Pakistani) men and women. In this chapter, we have used the term "desi", which is a colloquialism denoting both those living in and originating from South Asia. The term may have its roots in the North Indian language of Hindi, but has also been appropriated by non-Hindi speakers such as those from south and east India, and even by those from Pakistan and Bangladesh. Our reasons for using the term here include both the economical (since "desi" denotes both those living in and those originating from the region) and the critical-cultural (paying heed to the privilege-driven background of those who are most prone to use the term).

Scholarly material on both queer blogging as well as the negotiation of online queer "desi" identity is scant, even though there are several postcolonial queer theorists who examine queer diaspora from South Asia (Gopinath, 2005; Puar 2002). Williams (2007) and Rak (2005) are some of the few scholars who have examined the issue of queer representation in blogs – but even their studies deal only with American-identified queer bloggers. In many ways, the issues of identity representation and reach are truer for blogging than for any other internet tool (Rak, 2005; Williams, 2007), and so the lack of study on queer "desi" blogs is a gaping void for both queer theory and South Asian studies. Through a dialogic encounter on our own blogs and employing performative writing that simulates the blogsphere, we look at the interplay of codes of identity (the bloggers' sense of being "desi" *and* queer) and agency (being individually isolated and yet being part of a whole), through the employment of themes, language, symbols and cultural influences in their writing. While we move away from earlier queer Internet research claims and analyses of community formation, we note how the interconnected nodal nature of online blogging is relational and allows for discursive material and online/offline formations of meaning making around what it means to be "desi" and "gay/lesbian/bi" in transnational spaces. We note how personal relations and contacts serve to link individual queer bloggers to both the general blogsphere as well as the modern queer movement in South Asia (particularly India), thereby subverting and modifying the macro-structure (De Federico de la Rua, 2007). Also, it is not just the blogger who creates meaning, but also the reader and the commenter of the blog who interpret(s) the posted material and suggest(s) contested meanings for it. There may not be a cohesive community being formed in this space, therefore, but the webbed interpretation is suggestive of a much larger macro-picture than the original blogger (individual or in a collective) might have laid ground for.

From the early Internet scholarly narrations of gay and lesbian virtual communities and coming out spaces online (Alexander, 2002; Heinz et al., 2002), to the observations of how trans-gendering and queering happens through mobile cultures (see Berry et al., 2003), as well as critical cyber-cultural theorists examining various intersections of race, gender, class and sexuality (see O'Riordan &

Phillips, 2007), the notion that online spaces somehow offer up zones for queer articulation seems unquestioned. In this chapter, rather than reiterate and celebrate the presence of GLBT South Asians online in an implicit celebration of the internet as a liberator of all oppressed populations, we focus on an examination of *how* these presences are manifested in blog spaces. Thus, our method of writing this chapter and conducting our research examines blogging as *situated* practice – at varying radically contextual disjunctural and conjunctural online/offline intersections. Hence, our *performative* presentation of this chapter comes into play.

Chit-Chat and Masala

mood: chipper
Let me announce my *excitement.*
I've been thinking about a project like this for quite some time now, and I'm thrilled to be doing this in quite this format. So, even though this post is quite in the middle of it all, let me craft out an introduction, an abstract, a synopsis (of sorts) here... I'm not quite sure what to call this project, so I'll stick to what a friend called us: the faery (me) and the faery blog mother (Cyberdivalive). I rolled wih laughter when I heard that one...!

We're looking at Indian and South Asian queer blogs through two different perspectives: the insider and the outsider. Of course, none of these frames are distinct: Cyberdivalive has been blogging since donkey's ears, doing research on the internet and virtual communities, tackling issues through her very unique critical-cum-feminist-cum-whatchamacallit treatment, even though she does not consider herself to be an "insider" in the strictest sense of the word for the queer blogsphere...

And as for me, here I am, and queer studies compose but one of my myriad interests, and yet I'm a seasoned queer blogger - I've been posting regularly for more than four years, in many guises, some known and some closeted, and I've been immeasurably lucky to have met (both online and offline) several remarkable people who blog. They/we call ourselves gay/lesbian/queer South Asian bloggers - perhaps I should say Indian/Pakistani instead of South Asian here... *Cyberdivalive* considers virtual communities as a "digital diaspora" of sorts, even though some of us may not have set foot outside South Asia before... but then there is also the vast number of queer bloggers of South Asian descent now settled in the "West", and I wonder whether we can all be clubbed together under that heading "digital diasporas"... perhaps we can... perhaps it's a title that we must claim for ourselves, and perhaps this project is a small step in exploring these issues. I question whether we were indeed a "community", a "nation", and all the rest... and perhaps I shall be able to find a clearer answer (one way or the other) through this project...

Via this blog (and Cyberdivalive's), we are performing our project/article/piece/essay... and via the essay/whatchamacallit, we are codifying this performance... something like the chicken and the egg, really...

Tags: nerdland

Posted at 11:22 pm | by livinghigh

This chapter is to be read as a juxtaposition of the traditional academic writing style, as also the blogging schemata to be found online. Through our intergenerational and interspatial dialogue, we present two sides of the same coin, the virtual and the offline: thus, we have the posts by our blogger identities Livinghigh and Cyberdivalive, which perform the writing through a "live" project online. Many of the posts presented in this chapter (like the one above) are extracts from our own blogs, where we simultaneously discuss examples and theorize on queer "desi" blogging. In order to give an idea of the fluid dynamism of the blogging environment and the crucial importance of the reader and commenter (and not just the blog-writer), our blog dialogue has been not just through individual posts in our distinct blogs, but also via comments and suggestions on each others' blogs, leading to connected postings on the parent blogs. The posts are thus literature review, theoretical framework and data analysis, all rolled into one. All the third-party blogs discussed and cited in this study are open to read for everyone on the internet. We have referred to them either through the names of the blogs or the blogger profile names, and *underlined* the references to indicate hyperlinks of an online environment.

Our reading of the blogs we analyze is based on the premise that queer bloggers negotiate unequal power relations online as well as offline. By blogging, they have not somehow transported into a virtual reality that releases them from social, economic, political, material and discursive hierarchies. Instead, in examining the themes emerging from the blogs we study, we ask how power is shifted and re-layered in these articulations and what are the inviting interactional features of their writer-audience communities that allow for certain kinds of self-expression, while also shaping their performance of sexuality in these spaces. In the next section of this chapter, we trace the historical (and ongoing) import of new media and the Internet on the modern queer movement in India, and its future challenges. We then examine, through the blogs we dissect, how there is a constructed dichotomy between the individual person and the collectively experienced practice, through both the operation of institutional power that hegemonizes heterosexism and the bloggers' reaction against it. Finally, we see the play of networked agency over community building in the traditional sense within the queer "desi" blogsphere. Through these lens, there is a negotiation of both online and offline contexts, specific to the experience of the bloggers in South Asian digital diasporas.

Queer Indian and New Media

Researchers in the field that has come to be known as postcolonial studies have noted the ways in which nationalisms and religious fundamentalisms have relied on the role of the ideal woman as cultural icon. Through such framings of the ideal woman and the ideal man within postcolonial Indian nationalist discourse, there is a clear privileging of a modernized heteronormativity situated in class/caste privilege that further moves non-heteronormative practices into the margins of society. Within such a framing, any queer identity would be considered outside the mainstream (Narrain, 2007). However, with the increasing visibility (albeit still marginalized) of GLBT identities with enhanced transnational purchasing power, multicultural queer identities and groupings become visible to the mainstream. Further, increasing academic interest in the study of GLBT identities across the world has led to academics searching for non-heteronormative indigenous groups such as the "hijras" in India (see Reddy, 2005) and the "kathoeys" in Thailand (see Enteen, 1999). However, even as there are communities of support and communication forming in Westernized and transnational spaces around GLBT lives, they face both racism and homophobia within the host communities, while not being accepted within the mainstream diasporic contexts. Hence, in the present context of this chapter, at stake are, as Alcoff (1991) notes, the bearing of location on meaning and truth, and the importance of "speaking to" and "speaking with", rather than "speaking for" or "listening to" the queer "desi" blogs. To successfully negotiate this hurdle in this piece, we attempt to situate discourse "as an event, which includes, words, hearers, location, language, and so on" (Alcoff, 1991, p.26). Even as we play the role of the "native informant" (Gajjala, 2004; Wood, 2001), our goal is to produce a discourse or conversation of our own that encourages difference.

The notion of a homogenous gay identity has been critiqued by Laurent (2005), while reviewing the modern queer movements across Asia. For him, an "important question that has to be considered is the existence – or not – of 'Asian identities' or of an 'Asian model' as far as LGBT issues are concerned, and which could be thought of as in opposition – or not – to 'Western identities' or a 'Western model'" (p.164-165). Erni (2003) also calls for an "alternative logic" to Western notions of queer, and argues that queer Asian youth may have found something of the sort through their dialogic encounters online. The questions we examine came to us through a lecture series we attended, which we connected to the scenario of the queer "desi" bloggers, as explained below in the blog post by Livinghigh;

Starting With Questions

mood: artistic
So there was an interesting seminar this morning (technically yesterday, given that its 2-something-am already), following up on yesterday's performance.. Dr. Johnson said some very interesting things that I took note of, which I think are pertinent to the blog project.

The import of "institutional power" within the realm of homophobia: everyone's homophobia or heteronormativity doesn't have the same meaning or the same strength; some are stronger than others, depending on the weight of institutional power behind them. Where is the power manifest in the blogsphere - or is the blogsphere a reaction to the "institutional power" in the real world? By writing these blogs, are South Asian queer writers appropriating that "power" for themselves? A reflective question: do I not feel powerful when I write? Do I not feel... *uninterrupted*?

The "framing" of situations and the inherent "negotiation" of spaces: This seems to be following up on the idea of "institutional power" and the reaction(s) to it... Depending on how I frame my situation and the message I try to get across, I shape (or attempt to do so) the discourse. How successful am I... or the South Asian queer bloggers? How do we/I negotiate our space in cyberspace? The cyberspace is already rife with discourse on sexuality... Does this constitute a difference?

The presence of "strategic silence": successful framing and negotiation demands this. How do the queer South Asian blogs maintain their simultaneous flow of narrative and silence? Everything is only partially revealed, everything is held up only for partial review, perhaps that is why everything is so... tantalizing.

Tags: blah blah, nerdland, practical classroom

Posted at 02:14 am | by livinghigh

Before examining the issue of institutional power and the negotiations of queer blogging in the next section, it is necessary to contextualize the blogging by noting the course of the modern queer movement in India. The first semblance of queer Indian organization can be traced to the Naz Project (1991), located in London, UK, which established a presence in New Delhi, India, through its sister group the Naz Foundation, only in 1996. While the country's first gay magazine *Bombay Dost* (Bombay Friend) appeared back in 1990, the early queer movement seems to have been largely spearheaded by the queer Indian diaspora in North America and Europe (Khan, 2001; Roy, 2003). *Trikone* (1986) magazine catered to South Asian gay men and lesbians in the US, while *Shakti* (Strength) was set up in London, and *Khush* (Gay/Happy) in Toronto (both have had web presences since the early nineties). Prominent among the GLBT organizations that later sprang up in India during the 1980s and 1990s were The Humsafar Trust, the Delhi Group, Sakhi, and Gay Bombay. Roy (2003) notes how essential new media and the internet was (and continues to be) to these groups: first, in appropriating ideas for the queer movement in its most basic avatar from North America and Europe, and then later for organizational purposes. His analysis shows the construction of a "safe space" for both Indian gay men and lesbians online, at a time when offline or real contact between Indian queers for non-sexual purposes was deemed largely unimaginable. At the same time, his examination reveals an "othering" in terms of access, contacts, and so on, in line with the observation of various scholars that new media also becomes a site of exclusion (Gajjala et al., 2008; Slack, 1989; Marvin, 1988).

The concerns of these scholars, on the implications and future course of the queer movement in India, may be addressed then. For instance, noting the experience of the trans-gendered "hijras" and "kothis" (who were possibly the only clearly visible Indian queer community, but deemed "illegal" by colonial law[1]), Narrain (2007) asks what implications their appropriation of this negative visibility has for the modern queer movement, which needs to overcome social class barriers going ahead. For Roy (2003), "the concern is not whether the internet is a tool for a global homogenized gay movement; rather, the question that should be raised is whether the internet is becoming the only tool (or the most convenient one) for building a gay movement in different parts of the world" (p.196). On a similar note, Khan (2001) asks whether the "emerging identities" of urban, middle-class queer India "will reflect (or perhaps imitate) Western constructions and whether those who adopt these identities will attempt to live these out within Indian cultures, or whether differing identities will be constructed" (p.111). Finally, Bacchetta (2002) urges the creation of ways to "re-imagine local to transnational queer apparitions and their imbrications in ways that might support re-inscribing the local and its own historical contextual continuities while facilitating transversal alliances" (p.948).

While we are hesitant to claim that the queer "desi" blogsphere, with its emphasis on networked interpretations and reinterpretations, is indeed the panacea for all these concerns, it *is* our view that through their blogs, queer "desis" negotiate a balance between their identities as Indian/South Asian and as GLBT. This is not to say that queer bloggers identity themselves chiefly by their sexual orientation. On the contrary, our study of the queer "desi" blogsphere corroborates Alexander's (2002) view that queer personal websites have begun to move away from a queer-identity-as-*core*-of-self model to a queer-identity-*integrated-into*-self model. This is a situation comparable to what Boellstorff (2003) labels "dubbing cultures". While studying the constructs of *gay* and *lesbis* in Indonesia, he uses the film-dubbing metaphor to describe how Indonesian queers have "dubbed" Western notions of gay and lesbian for themselves: "They do not regard themselves as a 'rerun' of the West; they view themselves as different, but this difference is not seen to create a chasm of incommensurability" (p.36). We see a similar appropriation of identity among queer "desi" bloggers, and argue that the blog output reflects this "dubbing of cultures".

Re-negotiating Institutional Power: Practice versus Person

Scholars (Mittleman, 2000; Beck, 2001; Bennett, 2003) have argued that the Internet-enabled direct production and distribution of information has changed the very basis for understanding institutional power. While the globalization forces (both original and "dubbed") that play a huge role in this shift need to be closely examined in future research, for now we concentrate on the focus of institutional power on the collectively defined practice, versus the individually enacted person. This is seen through an exchange on the authors' blogs, where Cyberdivalive posts in response to an earlier post by Livinghigh, which then leads to a conversation in the "comments" section and a new post by Livinghigh;

So livinghigh writes on his blog:

"And then, what does "institutional power" have to do with the blogs project? Where is the power manifest in the blogsphere - or is the blogsphere a reaction to the "institutional power" in the real world? By writing these blogs, are South Asian queer writers appropriating that "power" for themselves? A reflective question: do I not feel powerful when I write? Do I not feel... uninterrupted? "

If I may interrupt... the straight upper caste NRI academic that I am ... in one sense participating in a certain center of discourse production even though I started in margins different from the bloggers you speak of…

… In one sense participating in a certain center of discourse because I was never part of the margins maybe same as some of the bloggers you speak of?

But really in certain senses based on our everyday practices and participation in community - we are not at all marginalized.

What practices do we privilege/center (yes I am saying this - that - *when we say we are in the margins - we are complicit in the production of the center*) when we claim to be in the margins?

So what - I ask - what if blogging makes you feel powerful? Why does it make you feel power at all? What are the conditions of this blogger production? The notion of power perhaps needs to be unpacked somehow and perhaps the specificity of the notion of interruption allows us to stop and ask -yet again - how do you define power?

Posted at 06:38 am | posted by cyberdivalive

Comments

Livinghigh
PRACTISE what you preach....?

what struck me the most while reading this post was that PEOPLE are not marginalized, really... PRACTICES are. two implications from this:

(1) the "power" i spoke of earlier was not in terms of what i can do with it - but in terms of how the absence/ presence of it allows my practices. in that sense, your "interruption" wasn't really an interruption of the kind i meant, because you haven't usurped my "practice" of writing/posting/blogging, but have, in fact, sharpened/goaded me on to a subtler (sub)category... (i don't want so say "new direction" here, because that entails far too much!)

(2) i understand the criticisms i read somewhere earlier, about queer theory in general being too focused on "identity", and maybe there exists a need to "unpack" this theme (as is necessary for "power")... this becomes terribly important now, if you think that gay as such is not marginal, but gay SEX, gay THINKING, gay ACTING is marginalized - and indeed, this is the case even for "institutional power". Look at the case of India: the law of the land (Sec 377 IPC) does not ban homosexualITY, but "carnal acts against the order" of humanity... whatever that may mean. PRACTICE becomes the core therefore... and i argue, do we queer Indian bloggers not take full advantage of this when we blog...?

whew I like this stream of thought, and plus, it became a regular post, rather than a comment! :)

Posted on Mar. 23rd, 2008 12:56 am (UTC)

Cyberdivalive
Re: PRACTISE what you preach....?

so it is in the ACT ing out of specific events that one gets named as such and such....

[more later]

Posted on Mar. 23rd, 2008 02:17 am (UTC) |

Cyberdivalive
Re: Re: PRACTISE what you preach....?

then what are the implications of separating practices from the bodies that they are associated with?

Posted on Mar. 23rd, 2008 02:51 am (UTC) |

So says the Wizard of Oz... (Queer Oz) ;-)

mood: awake

Cyberdivalive asks in a comment-to-my-comment: "then what are the implications of separating practices from the bodies that they are associated with?"

Let me attempt to answer this using two illustrations:

DeviantChick is an army brat in Delhi, making a very good living for herself in the publishing business. Since her father is a retired colonel in the Indian Army, she regularly attends parties and get-togethers organized by army folks - of course, while she is out to her closest friends and her sister, her parents do not know of her (self-confessed) bisexual status. At one of these parties last year, she met two people whom she was attracted to: a young man, the son of one of her father's friends, who spent the whole evening wooing her and finally asked her out for a date at the close of the party; and an older woman, who turned out to be her neighbor, and who DC had previously exchanged some fleeting sexual activity with on an earlier occasion...

On this occasion, DC records a very enticing game of cat-and-mouse, where it was clear that she had everyone's approval in flirting with the young man (and in fact she did so, finding him quite good looking and intelligent to boot!) while they were dancing, and at the sane time, taking every opportunity she got (on the dance floor, at the buffet line, on the lawns, away from her family...) to flirt with her neighbor, who completely reciprocated... DC concludes her narrative, by admitting that the two women did in fact get some time to "play" in private that night - and also, that she was going to meet the man on a date the next day.

Mike-higher is a software professional employed with a famous company in Bangalore. He is also involved in a long distance relationship with his long-term partner in Mumbai, who usually travels to Bangalore every alternate weekend. In M's case, I don't have a particularly illustrative incident, but it is clear that M is de facto out at his workplace, even though he has never actually admitted so. His partner accompanies him to official parties that are usually reserved for heterosexual couples, and his treatment of the inevitable "so is there a special someone?" questions at work, using a terribly disconcerting (if hilarious) response of "yes"-and-then-a-daring-smile-that-forbids-further-questioning, has assured this. M does not go to great lengths to hide his identity on his blog, and I have been reading his blog for the past three years now, and known him personally for about two... But he does make it absolutely clear that the comments he makes on his blog have no import on his employers....

For me, both these examples show a division between the PRACTICE and the BODY/PERSON. In DC's case, the "practice" is very overt: it is her sexual advance (and response) on (and from) her neighbor in the auspices of a very authoritarian nature (the army folks' party), as also her very funny (if explicit) account of it in her blog. It's also very clear that it's not the FLIRTING that would be under fire here - just her flirting with her neighbor. In M's case, the practice that is marginalized is not so much being gay, as being gay OPENLY - and again, there is a separation of spaces here, whether it is the professional and the personal; or the online and the offline. M's blog is not filled with stories of gay debauchery, and neither is DC's - but neither do they pass over the sexual or the acknowledgment, respectively. So while there is a separation of the PRACTICE and the PERSON/BODY in marginalization, there appears to be a similar one between the blogsphere and the offline space, but there is also a subtle intermingling of the two in terms of the discourse generated and responded to online.

Strange(r) response to a strange question? :)

Tags: blah blah nerdland

Posted at 01:13 am | by livinghigh

From the blog exchange presented here, there are at least three differing ideas of practice that may be gleaned, which construct the dichotomy between practice and person: first, the practice of queer marginalization in the "real" or the "off-line", second, the practice of queer online representation; and third, the practice of anonymity and partial review of both blog-writer and blog-reader. On the first theme, that of *queer marginalization*, the plausibility of queer threat to family structures is well noted by scholars like Laurent (2005) and Narrain (2007), who also note that under such threatening situations, societal and familial repercussions can often be deadly. Narrain's analysis of Indian law also upholds the separation of practice and the person or body. He argues that "even the infamous Section 377[2] of the Indian Penal Code targets only the act of 'carnal intercourse against the order of nature' and has nothing specific to say about identity" (Narrain, 2007, p.67). The division of practice and person within marginalization is most evident when one focuses on the smaller South Asian owns and the large non-Western educated populace, asserts Khan (2001). He draws a divide between the queer 'acts' or 'things' people do and the notion of 'queer self' they may have, since "same-sexual behavior may play a relatively insignificant role in the construction of identity… What they do does not have a central significance as to who they perceive themselves to be, which tends to be oriented more towards family and marriage" (p.106). Blogging allows queer "desis" to represent themselves in a way that this marginalization and violence against *practice* is artfully avoided.

On the second meaning of practice, that of *queer online representation*, there is also a play of institutional power. Scholars (see Heinz et al., 2002) have pointed out how social ideological struggles are negotiated in relation to technologies and how various practices in turn produce hierarchies around the use, production, design and distribution of these technologies – and this is reflectively true for the queer "desi" blogspace as well. In their study of queer community websites, Heinz, Gu, Inuzuka, and Zender (2002) report that "community" and "relationship formation" (either romantic or sexual or platonic) appeared to be the dominant theme, while the websites till pander to popular Americanized notions of queer. In Alexander's (2002) review of personal websites of queer Americans, in addition to evidence of a subliminal US queer culture, he found that "as some representations are put forward, others are left behind and critical silences are created – silences that reveal assumptions, values, and omissions that call for interrogation" (p.98). While admitting to the potential for community formation through the use of these silences, symbols and references, Alexander is however mindful of the tensions and intersections between the virtual (online) and the real (offline) – and so he joins O'Brien (1996) in asking whether "the traditional ghettos [are] being reproduced in emerging online communities" (Alexander, 2002, p.99). In our study, we see several of the specific markers of queer identity laid down by Williams (2007): references to and discussions of sexual orientation, and references to same-sex relationships. For instance, *Mike-higher* once posted about a seminar on alternate sexual orientation tolerance at his workplace, and in the blog excerpt above, *DeviantChick* talks about her affair with her neighbor. Williams (2007) also notes references to queer culture or community affiliations, which he says "may be the most versatile category of textual representation of public queer identity" (p.40), through text, graphics or both. The queer "desi" blogsphere includes those which use mainly text (for example, *Livingsmile*, *Kris* and *Mike-higher's* blogs), or mainly visuals (like in *Men I Like*)or a mix (in varying proportions) of both (as seen in the blog by *Jerry-Mumbai*) – and many of these visuals include queer cultural symbols (rainbow flags, pink triangles, logos of queer organizations, and their variants), or homoerotic pictures that reinforce the sexual nature of identity, or queer-oriented pictorial elements (for example, *Closetalk* portrayed a pictorial result of a quiz he took to determine how good his sexual performance was). The use of youtube videos is also prevalent, and the first author of this paper recalls a blog post by *Closetalk*, including a particularly persuasive video that spoofed popular commercials to advocate "Be Gay Today" to heterosexual audiences.

On the third theme, we find a very clear division between practice and person in *blog anonymity or partial review*, part of what Rak (2005) calls the "rhetoric of the blog". Her interpretation of blog confidentiality and confession arises from Foucault's (1978) discourse on sex, that is, where "one had to speak of sex; one had to speak publicly and in a manner that was not determined by the division between licit and illicit… one had to speak of it as a thing to be not simply condemned or tolerated or managed" (Foucault, 1978, p.24). This is expressly seen in the queer "desi" blog scenario, where so many bloggers (for instance, *DeviantChick* and her story about the party seduction) "confess" their (in)decisions about both the sexual and the social complications of being queer, from reflections on intercourse, to temporary lusts, to secret marginalization at the workplace where one is in the closet – the roster is endless on this count. Rak (2005) notes the "rhetorical convention in self-disclosure in order to gain readers in the blog community… Most blogs, therefore, work within what I call a semi-private environment, where private aspects of a person, such as habits, relationships, living arrangements, and economic status, are made public so that other members of the blog community will stay interested" (p.172-173). In the blogsphere, the audience is not just catered to but also has a direct mechanism to "contact" the blogger, either though a disclosed email address (which may be exclusively for the blog or may be a general email address) or through the enabled "comments" application of the blog. Again, there is a choice here: the blogger can disable the comments application altogether, or allow uncensored comments, or take the time to censor the comments, depending on the disclosure the individual blogger chooses to submit himself or herself to. A violation of the blogger-set rules may result in the suspension, abandonment or deletion of the blog altogether, as in the case of *Uberhomme* and *VenialSin*, which may or may not be followed by the launch of a fresh blog, with newly laid guidelines, as in the case of *DeviantChick* and *BruceGay*. During our research, we found no queer "desi" blog that had actually disabled the comments application, and those bloggers who *had* censorship controls added them only after they were repeatedly spammed with either online advertisements or obscenities/threats. Deleted/abandoned/ suspended/newly launched queer "desi" blogs however are fairly common, as we have shown. The blogsphere thus allows a very unique system of interaction and censorship.

The effective renegotiation of institutional power in both online and offline contexts then leads to the re-interpretation of social relations and networks, in both online and offline domains. We theorize,

On "negotiation" of power... and separation mood: contemplative
Power comes from within, says Foucault. It's meant to serve as a building block, of sorts, and every sort of discourse is not without it's implications for power. Is it similar in the blogsphere, for queer Asian bloggers? To an extent. I would call to mind the mental image of power as a "lubricant" for its application in the gay Indian blogspace... it is fluid, it is pervasive, and it facilitates. What does it facilitate? The simple answer is, normalcy - the normalcy that the gay bloggers lack, in most cases, in "real life".

As *Cyberdivalive* urges, let me "unpack" what I mean by this... (or attempt to do so).

What delivers power? Connection, by virtue of technology, yes... but also, anonymity and physical separation. In her essay (3D Indian Digital Diasporas), RG hashes out the intricacies of online versus offline community formation. Yet, I hesitate to call the gay Indian (or even South Asian) blogsphere a 'community' of sorts. Yes, we have links to each other's blogs, we talk on online forums like facebook and orkut and gtalk, and sometimes, we have even met in an offline (real world?) situation... yet, are we a community? Have we built those "imagined ties" (Anderson, 1991) to form that great big virtual "queer nation" (see

Heinz et al., 2002; Alexander, 2002)...? I have my doubts on that. Instead, we are in looser bonds, connected by hyperlinks... a blogger doesn't blog for days, even weeks, and there is an internal query as to the reason, but there is no subsequent worries/ pangs, per se... blogs may close down randomly, because of personal factors (and it is here again where "power" fails; more on this later...) and that is still part and parcel of the blogsphere interaction. As regular writers, we may be attached to the regular visitors who comment on our pages, but again, there is no "great pang" if they stop... So I would be loath to take "connection" to the next big step of "community" here...

Tags: nerdland

Posted at 09:21 pm | by livinghigh

Networked Agency and Community Building

The scholarly material on community-building and citizenship has grown and changed over the years. No more does the imagining of community depend solely on shared origin or ethnicity or languages (Anderson, 1991; Smith, 2001). Instead, xenophobia may occur despite commonality (Wimmer, 2002), perceived or lived locality and everyday practices may lead to imagined ties (Appadurai, 2000, 1996), and community-building requires both choice and circumstance (Gajjala, 2008a). Hence, it is difficult to say that only homogeneous bodies may form a community, as it once was taken for granted. Despite taking note of this change in scholarly views, we regard the queer "desi" bloggers more in tune with a network, rather than an imagined community, on two main counts: the absolute insistence on individualism, and the sheer heterogeneity of queer "desi" blogs and comments.

The logic of blogging as a reaction to institutional power lies in liberalism (Rak, 2005) and individualization ideologies (Williams, 2007) – this is how blogs are able to resist and speak "back" to institutional power. According to Beck (2001), individualization makes the state less useful and frees individuals to explore cosmopolitanism and transnational political arrangements that may better address their current problems (p.9). The Internet-enabled direct production and distribution of information is said to have altered the conventional social and identity principles, as formulated by Gramsci (1971). For instance, Bennett (2003) observes that "the unexamined traces of group memberships [have] become replaced with far more examined identity processes… the collectivisim is less rooted in ascribed (Gramscian) social group memberships than in individual choices of social networks", while Mittleman (2000) contends that because of the "instantaneous communication" that is now possible via the net (and seen on blogs), "the Gramscian framework of resistance thus must be stretched to encompass new actors and spaces from which counter-hegemonic consciousness is expressed" (p.169). Aspects like the design of the blog, customized settings, and the basic assumption that the blogger is writing the truth are other elements that highlight the essentially individualistic construction of the blog-space.

The themes unpacked in the last section have laid the ground for our argument that in their networked form, queer "desi" blogs offer a unique agency-led voicing of their identity and practice against institutional power. Considering De Federico de la Rua's (2007) relational network approach to identity formation and maintenance, we may trace how the queer "desi" blogs may be understood in this light. In her theory, she looks at the two-way interactions between macro-level institutions (or organizations) and micro-level individuals (who are presumed to be rational and thus capable of choice), determined by the meso-level constituted by the social relation networks of individuals. Thus, she argues, "identifications serve to take position in situations of interaction structures by social relations. But identifications are also interwoven in social relations, and are linked to them, so this formulation tends to regard identifications as effects of these social relationships" (p.690). Of particular significance for our study is how her theory regards social networks or personal communities: they produce the processes of convergence of the norms necessary for identification (cognitive factor), as well as the social network's approval necessary to obtain the positive "self-defining response" from identification (affective factor).

In the blogsphere, the very act of writing brings with it assured readers and (in some cases) commenters: these form the personal network or social relations for each blogger online. Through the gradual build-up and contested interpretations/reinterpretations, bloggers and their personal networks (composed of other bloggers, readers and commenters) work out themes and ideas that negotiate their individual (micro) identity in relation to the larger (macro) identity, which may be "Indian"/"South Asian" or "queer" or even "blogger". Thus, there are multiple macro institutions, with different ties that bind to the individual queer blogger, and these are in turn negotiated through the personal networks.

As we mused in our blog posts,

writing relationally - reading relationally

Writing relationally would mean writing in relation to,

reading relationally would mean reading in relation to,

we always do that but to be actively doing that in reading blogs...only infrequently is there something I relate to.

Posted at 01:59 pm | by cyberdivalive

Comments

relationally speaking...
reading/writing "relationally to"... that is what alcoff (1991) suggests: speaking TO and not FOR/ABOUT the "other"... and i think that we're on the right track here. we're all voyeurs here, reading... but as we read, we also write here, hence as an active participant in the reading, reporting and writing parts, i act as a participative cog in the relational wheel. you and i are not trying to "explain" or "give voice" to the blogs we've interacted with; instead, we speak "in relation to" them and each other. a good start, methinks.

Posted on Mar. 23rd, 2008 12:42 am (UTC) | by livinghigh

Nodes of connection, not community...?

mood: bouncy

... carrying on from earlier... (I need a larger thinking cap)....

I'm bleary-eyed from lack of sleep and I'm blogging about... blogs. O, the irony of it all. I wrote the first two lines two nights ago, and for some reason I was all "bouncy" - must have been the caffeine. There was an idea in my head, a damn good idea I told myself.

How do we act as nodes of individuality in blogspace, I asked myself. Because that's the mental image I had the other night, talking to *Cyberdivalive* about community formation etc. It's easy to think of the blogsphere and indeed the whole internet as a sort of "imagined community" in ways Anderson would probably never have though of... but as I told *Cyberdivalive* earlier, are we really that easy to categorize? I was reading this essay this morning (Boellstorff, 2003) and he makes an excellent analogy of "dubbing cultures", as opposed to mowing-down-all-in-its-path globalization... and I couldn't help but think, that's kind of how I would think we are (queer Indian bloggers, I mean)... we internalize, "dub", individualize.... in a nutshell, every blog is about that person writing it - wherever (s)he may be, whatever his/her "location" (Alcoff, 1991) is, (s)he writing/talking about himself/herself *in relation to* the world (either "real" or "virtual")... so what comes out at the last is the sheer individuality of it all... the individual node connecting links to other nodes, and so on and so forth. They're not all the same, nor are they ever meant to be - and which "community" (in the truest sense of the imagined term) can say this about its constituents?

We're too *distinct* to be a "community". What holds us "together" then?

(1) being queer?
(2) being Indian/ Pakistani/ whatever?
(3) negotiating power institutionally and otherwise?

The phrase that must be asked (and attempted to be answered) for all of these at the end is: " - in relation to what?".... no wonder I loved *Cyberdivalive's* little poem back there. :)

These are not enough. Not enough for assimilation. The answer *has* to be dubbing, and a node-like existence.

Tags: nerdland

Posted at 01:32 am | by livinghigh

For Castells (1996), networks are "open structures, able to expand without limits, integrating new nodes, as long as they are able to communicate within the network, namely as long as they share the same communication codes" (p.470). The importance of sharing the same "codes" or meanings, or collectively reinterpret new meanings, is important to the understanding of how personal networks of queer "desi" bloggers work. Podolny and Page (1998) argue that networks possess distinctive advantages over other organizational forms in terms of acquiring new skills and knowledge, management efficiency and legitimacy gaining, and this is highlighted by Pickard (2006) in his study of *Indymedia* (see Indymedia.com) as a radical democratic network that is both united and autonomous. In this chapter, we consider the queer "desi" bloggers as a part of a larger South Asian modern queer movement (Narrain, 2007; Roy, 2003), and so, given that networks have been recognized to have a huge impact on social movements (Diani, 1992), it is only logical that we consider the networked agency of the queer "desi" bloggers. One of the earliest and best work supporting a network paradigm for understanding social movement organizations was Gerlach and Hines' (1970) model of "segmentary, polycephalous, and integrated network" (SPIN), which was later adjusted to be more polycentric (many-centered) and not as polycephalous (many-headed) as in the earlier version, noting that contemporary social movements were much less leader-focused (Gerlach, 2001). The organization of queer "desi" bloggers can easily be seen to follow the description laid down by the SPIN model: segmentary, as there are diverse groups and subgroups of bloggers, readers and commenters; polycentric, with various often-competing centers of blog influence, which may be either individual blogs or blog-collectives (like *Queeristan*, for instance); and networked, with a reticulate, interlinked mass of readers and writers, with joint activities, common reading matter, shared ideals and membership.

Like Rak (2005), we have noted how "the activity of blogging itself, like offline activity, produces its own subject, whose relationship to offline discourses of truth and reality are designed to create identity as its special effect" (p.180). The various blogs reviewed include both those which have markers of the queer-integrated-in-identity situation (in terms of text, references and graphics), and those which subscribe to the queer-*is*-identity markers (in terms of mainly graphics and some text). However, while Rak (2005) in her study finds a great degree of homogeneity and pandering to popular American notions of queer identity, our review reveals a greater heterogeneity. The first author, in particular, has been an avid blogger for more than four years, and has reported an astounding variety of queer blogs from South Asia. Some of these have already been described here – whether they are queer bloggers based in the larger cities of Mumbai, Delhi, Kolkata, Chennai, Bangalore, Hyderabad, Karachi, Lahore or Islamabad, or even some of the smaller population centers, queer "desi" bloggers come from a variety of backgrounds, use a variety of languages (Hindi, Tamil, Urdu, English, Kannada), and talk about a variety of experiences (coming out, life in the closet, being gay in school/ college, married and in the closet, young gay man in the city, young lesbian in the city, older gay man, gay activist, diasporic life, and so on). The heterogeneity versus homogeneity argument is thus another way to better understand the queer "desi" blogs more in terms of a cohesive network that builds its own identity, rather than any traditional form of community.

Conclusion

Berry, Martin, and Yue (2003) argue that "the use of new media is not separate from but part of everyday life, conditioned by it in various locally specific ways and having particular effects on it" (p.11). To better understand this interlocking, Karl (2007) urges for queer ethnographic approaches to blur the boundaries between social scientific and humanities approaches. To this end, we have adopted a method of situated blogging in this chapter, to examine queer "desi" blogs through relational writing and thinking-through of blogging practice. In a previous work (Mitra & Gajjala, 2008), we examined in detail the process of relational blogging and the constructed dichotomy between practice and person, by both institutional power and the bloggers' reaction against it. We have extended this work in the present chapter, by drawing on network theories to examine meaning-making via and within the queer "desi" blogs. Gajjala (2008b) notes that "structures of domination and hegemony within communities rely on configured and reshaped networks of distributed power and redistributed accountability linkages – which both reinstate and reconfigure the status quo" (p.42). The queer "desi" blogs constitute these "reshaped networks", not only in terms of sheer visibility and dispersal of thought and meanings, but also in terms of organizational ability (Roy, 2003).

As noted earlier, we do not consider the Internet and the queer "desi" blogs as the final solution to all of the modern South Asian queer movement's problems – yet, in their deft handling of institutional power and networked agency, these blogs constitute a new front of activity that has been largely ignored by both academia and activism. The blogs clearly delineate practice from the person, in ways similar to the institutional segregation of practice and person. However, this avenue of resistance and dialogue is not open to all, either in terms of access or in terms of expression: as Rak (2005) points out for the American-identified bloggers she studies, and this is true for the queer "desi" bloggers as well, "this is, therefore, a queer community with some privilege" (p.179-180).

Endnotes

1 The 1897 amendment to the Criminal Tribes Act (An Act for the Registration of Criminal Tribes and Eunuchs) of 1871decreed that local government keep a register of the names and residences of all eunuchs who were reasonably suspected of kidnapping or castrating children or committing offences under Section 377 of the Indian Penal Code. Any eunuch who appeared dressed or ornamented like a woman in a public street or who dances or plays music or takes part in any public exhibition in a public street… be arrested without warrant and punished with imprisonment up to two years or fine or both… Eunuchs are prohibited from acting as a guardian, making a gift, drawing a will or adopting a son." (People's Union for Civil Liberties, 2003, p.45)

2 The full text of Section 377 of the Indian Penal Code (IPC) states: "Whoever voluntarily has carnal intercourse against the order of nature with any man, woman or animal shall be punished with imprisonment for life, or with imprisonment of either description for a term which may extend to 10 years and shall also be liable for a term which may extend to 10 years and shall also be liable to fine." An addendum declares: "Explanation:

Penetration is sufficient to constitute the carnal intercourse necessary to the offence described in this section."

References

Alcoff, L. (1991) The problem of speaking for others. *Cultural Critique, 20 (Winter, 1991-1992),* 5-32.

Alexander, J. (2002). Homo-pages and queer sites: Studying the construction and representation of queer identities on the world wide web. *International Journal of Sexuality and Gender Studies*, 7 (2/3), 85-106.

Anderson, B. (1991). *Imagined communities: Reflections on the origin and spread of nationalism*. NY: Verso.

Appadurai, A. (2000). Grassroots globalization and the research imagination. *Public Culture, 12(1),* 1-19.

Appadurai, A. (1996). *Modernity at large: Cultural dimensions of globalization.* Minneapolis: University of Minnesota Press.

Bacchetta, P. (2002). Rescaling transnational "queerdom": Lesbian and "lesbian" identitary-positionalities in Delhi in the 1980s. *Antipode,* 947-973.

Beck, U. (2001). *World risk society*. Cambridge: Blackwell.

Bennett, W.L. (2003). New media power: The internet and global activism. In N. Couldry, & J. Curran (Eds.) *Contesting media power*. NY: Rowman & Littlefield.

Berry, C., Martin, F., & Yue, A. (2003. Introduction: Beep-click-link. In C. Berry, F. Martin & A. Yue (Eds.) *Mobile cultures: New media in queer Asia*. Durham: Duke University Press.

Boellstorff, T. (2003). I knew it was me: Mass media, "globalization," and lesbian and gay Indonesians. In C. Berry, F. Martin, & A. Yue (Eds.) *Mobile cultures: New media in queer Asia*. Durham: Duke University Press.

Castells, M. (1996). *The rise of the network society*. Oxford: Blackwell.

De Federico de la Rua, A. (2007). Networks and identifications: A relational approach to social identities. *International Sociology, 22*(6), 683-699.

Diani, M. (1992). Analyzing social movement networks. In M. Diani, & R. Eyerman (Eds.), *Studying collective action*. London, UK: Sage.

Erni, J.N. (2003). Run queer Asia run. *Journal of Homosexuality, 45*(2/3/4), 381-384.

Enteen, J. (1999). *"Whiskey is whiskey; you can't make a cocktail out of that!" Self-identified gay Thai men in Bangkok*. Retrieved March 30, 2008, from: http://social.chass.ncsu.edu/Jouvert/v2i1/Enteen.htm

Foucault, M. (1978). *The history of sexuality: An introduction. Volume 1*. Trans. Robert Hurley. NY: Random House.

Gajjala, R. (2008a, forthcoming). 3D Indian (digital) diasporas. In A. Alonso, & P. J. Oiarzabal (Eds.) *Digital Diasporas*. The University of Nevada Press.

Gajjala, R. (2008b). South Asian technospaces and "Indian" digital diasporas? In R. Gajjala, & V. Gajjala (Eds.) *South Asian technospaces*. NY: Peter Lang.

Gajjala, R. (2004). *Cyber selves: Feminist ethnographies of South Asian women.* Walnut Creek, CA: AltaMira Press.

Gajjala, R., Rybas, N., & Altman, M. (2008, forthcoming). Racing and queering the interface: Producing global/local cyber selves. *Qualitative Inquiry,* Special Issue on Technology.

Gerlach, L. (2001). The structure of social movements: Environmental activism and its opponents. In D. Ronfeldt, & J. Arquilla (Eds.), *Networks and netwar: The future of terror, crime and militancy*. Washington, DC: RAND, National Security Research Division.

Gerlach, L., & Hine, V. (1970). *People, power, change: Movements of social transformation*. Indianapolis, IN: Bobbs-Merrill.

Gopinath, G. (2005). *Impossible desires: queer diasporas and South Asian public cultures. Perverse modernities*. Durham: Duke University Press.

Gramsci, A. (1971). *Selections from the prison notebooks*. Trans. and ed. Q. Hoare, & G.N. Smith. London, UK: Lawrence and Wishart.

Gross, L (2007). Foreword. In K. O'Riordan, & D.J. Phillips (Eds.), *Queer online: Media technology and sexuality*. NY: Peter Lang Publishing.

Heinz, B., Gu, L., Inuzuka, A., & Zender, R. (2002). Under the rainbow flag: Webbing global gay identities. *International Journal of Sexuality and Gender Studies*, *7*(2/3), 107-124.

Karl, I. (2007). On-/offline: Gender, sexuality, and the techno-politics of everyday life. In K. O'Riordan, & D.J. Phillips (Eds.), *Queer online: Media technology and sexuality*. NY: Peter Lang Publishing.

Khan, S. (2001). Culture, sexualities, and identities: Men who have sex with men in India. *Journal of Homosexuality, 40*(3/4), 99-115.

Laurent, E. (2005). Sexuality and human rights: an Asian perspective. *Journal of Homosexuality, 48*, 163-225

Mittleman, J.H. (2000). *The globalization syndrome: Transformation and resistance*. Princeton: Princeton University Press.

Mitra, R., & Gajjala, R. (2008, forthcoming). Queer blogging in Indian digital diasporas: A dialogic encounter. *Journal of Communication Inquiry*. Special issue on Intersection of Queer Theory and New Media.

Narrain, A. (2007). Rethinking citizenship: A queer journey. *Indian Journal of Gender Studies, 14*(1), 61-71.

Pickard, V.W. (2006). United yet autonomous: Indymedia and the struggle to sustain a radical democratic network. *Media, Culture & Society, 28*(3), 315- 336.

Podolny, J.M., & Page, K.L. (1998). Networks form of organization. *Annual Review of Sociology, 24*(1), 57-76.

Puar, J. K. (2002). *Queer tourism: geographies of globalization*. Durham, N.C.: Duke University Press.

Rai, A. S. (1995). India On-line: Electronic Bulletin Boards and the Construction of a Diasporic, Hindu Identity. *Diaspora* 4, no. 1 (1995): 31–57.

Rak, J. (2005). The digital queer: Weblogs and internet identity. *Biography, 28*(1), 166-182.

Reddy, G. (2005). *With respect to sex: negotiating hijra identity in South India. Worlds of desire.* Chicago: University of Chicago Press.

Roy, S. (2003). From Khush List to Gay Bombay: Virtual webs of real people. In C. Berry, F. Martin, & A. Yue (Eds.) *Mobile cultures: New media in queer Asia*. Durham: Duke University Press.

Smith, A.D. (2001). *Nationalism: Theory, ideology, history.* Malden, MA: Blackwell Publishers.

Sudha, S. (1993). Compu-devata: Electronic bulletin boards and political debates. *SAMAR: South Asian Magazine for Action and Reflection* 2 (1993): 4–10

Sullivan, G. (2001). Variations on a common theme? Gay and lesbian identity and community in Asia. *Journal of Homosexuality, 40*(3/4), 253-269.

Williams, A.N. (2007). *Logging in, blogging "out": Gay college age males and the blogosphere*. Unpublished Masters thesis. Indiana University.

Wimmer, A. (2002).*Nationalist exclusion and ethnic conflict: Shadows of modernity*. Cambridge, UK: Cambridge University Press.

Wood, C. (2004). Authorizing gender and development: "Third world women", Native informants, and speaking nearby. *Nepantia: Views from South, 2*(3), 429-447.

Introduction to

Multiple Media Use and Multitasking with Media among High School and College Students: A Diary Method

By Se-Hoon Jeong, Weiyu Zhang, Martin Fishbein, Elisabeth Davis, Amy Bleakley, Amy Jordan, and Michael Hennessy

---

The authors note that media effects research typically focuses on exposure to one medium (e.g. television) as the main independent variable, and then, in turn, examines the effect of this exposure on one or more outcome variables. Changes in audience behaviors, however, make it difficult to accurately estimate media use of exposure. It was, however, also noted that people spend more time being audiences by doubling up on audience activities (e.g. listening to the radio while working on the computer) and by combining their audience time (e.g. TV viewing) with other activities (e.g. eating). The authors of this study point out that these behaviors actually represent two different types of behavior. That is why the authors conceptualized that *multiple media use* refers to using one medium with another medium and *multitasking* as using a medium while performing a non-media activity. This distinction is a novel approach because many other researchers consider both activities to be one and the same, i.e. multitasking. The authors, though, feel that this distinction is a more accurate and functional description of the context in which audiences receive messages. Such behavior among audiences can prose a threat to media researchers because such behavior makes it difficult to accurately measure media use and exposure. The more media people are exposed to, the less attention they pay to any one medium and the harder it becomes to distinguish audience activities from other experiences. The quality of the exposure may be different from that associated with the use of a single medium. Thus, audiences may only be processing some fraction of the content.

The study focused on high school and college students and revealed that multitasking and multiple media use frequently occur when audiences use media. This has important consequences for media effects theory which assumes that audiences pay full attention to the content when they use media. But that does not seem to be the case. It seems that media may influence audiences only when they actually attend to media content. Multitasking will often limit attention which is why media effects ought to be smaller when audiences are multitasking than when they are not. While there is general agreement that multitasking interferes with information processing, little is known about the types of tasks or media combinations that are most or least likely to reduce the recall or recognition of media content. The study, thus, has opened a whole new range of topics to be explored further in future research.

The study has also significant impact on the world of business; in particular, marketing. The assumed effectiveness of certain types of advertising in certain types of media may actually be less effective than generally assumed. Marketers, therefore, will have to readjust their current strategies to compensate for these new insights. The study could also have consequences for the workplace if multiple media use and multitasking are involved in the work routine, or in training methods, for example.

Michael B. Hinner

Se-Hoon Jeong is Assistant Professor of Communication Studies at the department of Communication Studies, Indiana University-Purdue University, Indianapolis. He is interested in strategic communication, message effects, and media use and has published numerous journal articles.

Weiyu Zhang is Assistant Professor of Communication at the Communications and New Media Programme at the National University of Singapore. She is interested in public communication, new media, and civic engagement and has published numerous articles and book chapters.

Martin Fishbein is the Harry C. Coles Jr. Distinguished Professor in Communication and Director of the Health Communication Program in the Public Policy Center of the Annenberg School for Communication at the University of Pennsylvania. He is also the Director of the Theory and Methods Core of the EPIC [Effects of Public Information and Cancer] Center. Developer of the Theory of Reasoned Action and the Integrative Model, Professor Fishbein has consulted for a number of profit and nonprofit organizations including the International Atomic Energy Agency, the Federal Trade Commission, the British Home Office, Warner Communications, Inc., Traffic Safety Now, Inc., and the International Congress of Symphony and Opera Musicians. He has served on numerous committees in the health field and been a guest researcher at a number of prestigious organizations. He has contributed over 250 articles and chapters to professional books and journals, and has authored or edited six books.

Elisabeth Davis is a member of the Science Policy Branch in the office of Science Policy and Communication, University of Pennsylvania as a program analyst. She has worked on numerous public health issues.

Amy Bleakley is a research scientist in the Health Communication Group of the Annenberg Public Policy Center at the University of Pennsylvania. Her current research focuses on the effect of sexual content in the media on adolescent sexual development.

Amy Jordan is the Director of the Media and the Developing Child sector of the Annenberg Public Policy Center at the University of Pennsylvania where she oversees research on children's media policy. She has published numerous journal articles and book chapters and has appeared on national television and radio as an expert on children and media.

Michael Hennessy is senior statistician at the Annenberg Public Policy Center at the University of Pennsylvania. He has written and co-authored a number of journal articles.

Multiple Media Use and Multitasking With Media among High School and College Students: A Diary Method

Se-Hoon Jeong, Weiyu Zhang
Martin Fishbein, Elisabeth Davis
Amy Bleakley, Amy Jordan
Michael Hennessy

Introduction

Given that researchers estimate that youth spend over six hours a day with media (Roberts, Foehr, & Rideout, 2005;Woodard & Gridina, 2000), it is not surprising that the impact of media messages on children and adolescents is of great concern to parents and policy makers. In media effects research, many studies use exposure to a single medium (e.g., television) as the main independent variable, and then examine the effect of this exposure, on one or more outcome variables (e.g., Bartels, 1993; Bissell & Zhou, 2004; Gerbner, Gross, Morgan, & Signorielli, 1980).

Changes in audience behaviors, however, make it difficult to accurately estimate media use or exposure. Butsch (2000) noted that people spend more time being audiences by doubling up on audience activities (e.g., listening to the radio while using the Internet) and by combining their audience time (e.g., TV viewing) with other activities (e.g., eating). Previous research based on survey, observation, and diary methods has documented both types of audience behaviors: using two or more media simultaneously (e.g., Holmes, Papper, Popovich, & Bloxham, 2005; Kaiser Family Foundation, 2006; Papper, Holmes, & Popovich, 2004; Pilotta & Schultz, 2005; Roberts, 2000) and performing a non-media activity while using media (Beentjes et al., 1996; Schmitt, Woolf, & Anderson, 2003; Wober, 1992). In this paper we refer to the former as multiple media use and the latter as multitasking with media.

Definitions of Multiple Media Use and Multitasking with Media
We conceptualize *multiple media use* as using one medium with another medium and *multitasking* as using a medium while performing a non-media activity. There are four distinct audience behaviors: single media use, multiple media use, multitasking, and multiple media use while multitasking. Table 1 presents

the definitions and examples of each audience behavior. It is important to note that our definition of multitasking is limited to the use of a medium with a non-media activity, which is contrary to other research that considers the use of multiple media to be multitasking (Roberts, 2000). Thus, we distinguish multitasking and multiple media use based on whether audiences combine the use of a medium with another medium or another non-media activity. We believe this slight but meaningful departure from the literature provides a more accurate and functional description of the context in which audiences receive media messages.

Table 1: Operational Definitions of Media Use, Multiple Media Use, Multitasking, and Multiple Media

Type of audience behavior	Operational definitions
Single media use (1)	The act of using a medium without using any other media or performing any non-media activities
Multiple media use (2)	The act of using two or more media without performing any other non-media activities (e.g., using the internet while listening to the radio)
Multitasking (3)	The act of using a medium while performing any other non-media activities (e.g.,. watching TV while eating)
Multiple media use while multitasking (4)	The act of using two or more media while performing any other non-media activities (e.g., using the internet and watching television while doing homework)
Total multiple media use (2+4)	The act of using two or more media
Total multitasking (3+4)	The act of using media while performing some other non-media activities (e.g., eating or doing home work)
Total media use (1+2+3+4)	The act of using mass media (either with or without a combined activity)

Figure 1 illustrates the relations between the four audience behaviors. Total media use includes all four mutually exclusive audience behaviors: single media use; multiple media use; multitasking; and multitasking with multiple media use. Total media use includes any time that media is being used regardless of the context of use. As shown, there is an overlap between multiple media use and multitasking with multiple media. Total multiple media use therefore includes multiple media use and multitasking with multiple media. Total multitasking with media, on the other hand, combines multitasking and multitasking with multiple media.

Multitasking or multiple media use can pose a threat to media researchers because these behaviors make it difficult to measure media use and exposure.

Nightingale (2004, p. 228) pointed out that the more media surround us, the less attention audiences pay to any one medium and the harder it becomes to distinguish audience activities from other experiences. Also, because of limited capacity in human information processing (see Best, 1986; Bourne, Dominowski, & Loftus, 1979), the quality of exposure when audiences use multiple media or when they multitask may be different from that associated with the use of a single medium. Experimental research (e.g., Pool, Koolstra, & van der Voort, 2003; Zhang, Jeong, & Fishbein, 2006) suggests that multitasking can impair processing of media content as well as performance on the accompanying task. By ignoring multiple media use and multitasking, media effects and audience researchers essentially assume that audiences process all of the content presented during the time media are in use, when, in fact, audiences may only be processing some fraction of that content. A number of researchers point out that not only the quantity of exposure (i.e., frequency) but also the quality of exposure (i.e., degree of attention) should be considered when questions of potential effects are at issue (Drew & Weaver, 1990; McQuail, 1997). The present research defines and describes multiple media use and multitasking behaviors among youth by using a diary methodology.

Figure 1: Diagram of Total Media Use, Multiple Media Use, and Multitasking Categorization

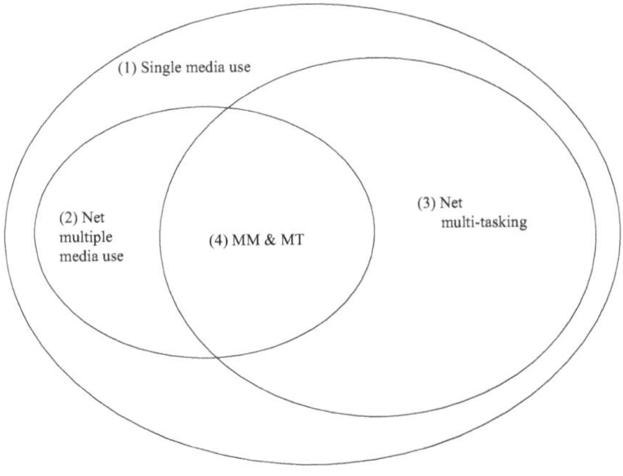

Note. All the four variables are mutually exclusive. Total media use = (1) + (2) + (3) + (4); Total Multiple media use = (2) + (4); Total Multitasking = (3) + (4).

Literature Review

Although many advertising and media industry reports on media use and audience behaviors reveal that there is a growing concern with multiple media use and multitasking (Harris Interactive, 2003; Pendleton, 2004; The Media Center at the American Press Institute, 2004), surprisingly little academic research has focused on these phenomena. Based on a literature review of media and adolescents, Mastronardi (2003) recommends that future studies examining the effects of media exposure on an audience's beliefs, attitudes, intentions or behaviors should estimate media use in the contexts of the audience's individual and social behaviors. There are some studies that have examined media use in conjunction with other media or non-media activities. For example, Roberts and his colleagues (Roberts, 2000; Roberts, Foehr, Rideout, & Brodie, 1999; Roberts, Foehr, & Rideout, 2005) reported that teens often are exposed to several media simultaneously. The researchers estimated that approximately 16% (in 1999) and 26% (in 2005) of total media time was spent using multiple media. Thus, these researchers argued that calculations of total time spent with media, or media exposure, should be adjusted to account for multiple media use to avoid what they believed was an underestimation of total media use time (Roberts, 2000; Roberts et al., 2005). Consistent with this, they suggested that the estimated time youths spend with media should be increased from 6.75 hours to 8 hours to adjust for simultaneous media use (Roberts, 2000). The Middletown Media Studies of adults 18 and above in Delaware County, Indiana (Holmes, Papper, Popovich, & Bloxham, 2005; Papper, Holmes, & Popovich, 2004), also reported that a considerable proportion of total media time was spent with multiple media. Depending upon the methodology used (i.e., a diary study versus direct observation), they reported that there was approximately 12% (diary method) to 24% (direct observation) multiple media use.

Perhaps not surprising, much of the current research on multiple media use has been driven by the media and advertising industries. This is probably because accurate measurement of audience behavior is critical to the functioning of the media marketplace since media organizations and advertisers form their relations based on accurate prediction and measurement of audiences (Napoli, 2003). Most of these studies suggest a large amount of multiple media use. For example, "The Simultaneous Media Usage Survey" conducted by BIG research in 2002-2005 reported that audiences frequently used two or more forms of media at once (Pilotta & Schultz, 2005). The Internet and television, the Internet and radio, and newspaper and television were the most popular combinations when audiences engaged in simultaneous media use. This tendency of multiple media use may be more commonly found in younger populations. According to a recent Arbitron survey, 80% of teens reported that they regularly use more than one medium at a given time (Pendleton, 2004). The Internet, in particular, may be a medium that accounts for a significant share of the multiple simultaneous media usage among youth. Harris Interactive, in a report for Yahoo and Carat Interactive, concluded that among 13-to 24 -year-olds, 68% listen to CDs/MP3s and 45% listen to the radio while on the Internet (Harris Interactive, 2003). Although these industry findings are far from conclusive, they should spur academic researchers to address the role of multiple media use, especially in younger populations.

In contrast to the work on multiple media use, there has been considerably less attention paid to multitasking. However, there are a number of studies that suggest the existence of multitasking. For example, although Roberts et al. (1999) did not directly study multitasking, they did include two items to distinguish between households where the television was usually playing in the background regardless of whether or not anyone was watching it and households where this was not the case. They found that 42% of the sample reported the television was on for most of the time and 58% reported that it was on during meals. Based on videotape data of in-home television viewing, Schmitt, Woolf, & Anderson (2003) found that people spent 46% of their total TV viewing time with some other activity such as social interaction (e.g., talking to each other), playing, eating, and reading/writing instead of looking at the TV. The Middletown Media Studies (Holmes et al., 2005) further suggest that a large proportion of the time spent reading magazines (40%) and newspapers (32%), as well as time viewing television (46%) was combined with other non-media activities. Moreover, people most frequently multitasked with radio (76%) and the Internet (59%). Meal preparation and eating as well as housework were frequently combined with media such as television and radio, while work was frequently combined with the Internet and radio. Based on a survey of more than 14,000 respondents, BIG research (Pilotta & Schultz, 2005) also found that most respondents reported that they often do something else while they are online (71%), watching TV (68%), and listening to the radio (64%). Consistent with these results, some educational research studies have documented students' use of background media while doing homework (e.g., Beentjes et al., 1996; Wober, 1992). Based on a survey of teens, Wober found that a quarter of the respondents reported they do homework while watching TV.

Some types of multitasking and multiple media use may be more or less problematic than others. In order to examine the consequences of multitasking, Pool, Koolstra & van der Voort (2003) conducted an experiment to test whether attention to homework was affected if media use was also present. Four conditions were created: soap opera television, music video television, radio music, and silence to test the effect of background media exposure. Students in the soap opera condition had significantly lower performance scores than those in the silence condition. On the other hand, students in the music video and radio conditions per formed equally as well as those in the silence condition. This suggests that some media can be easier with which to multitask than others.

From a communication effects perspective however, the critical question may not be whether the presence of media influences task performance, but rather, whether multitasking influences one's ability to process media content. Pezdek & Hartman (1983) suggest that audience behaviors such as multiple media use (watching TV while listening to a record) and multitasking (watching TV while playing with a toy) can be a threat to the recall of TV content. Zhang, Jeong, & Fishbein (2006) also found that multitasking can impair recognition of TV program content as well as inhibit performance on the accompanying task. These studies make it clear that communication researchers need to devote considerably more attention to the roles of multiple media use and multitasking in media effects.

The present study is an attempt to define and carefully document multiple media use and multitasking in a sample of teens and young adults using a diary methodology. As will be seen below, there are a number of critical decisions that need to be made when one attempts to define multiple media use and multitasking. Moreover, although there have been a few studies that have attempted to estimate the prevalence of one or both of these two types of behaviors, to the best of our knowledge, none of these studies have simultaneously examined (a) single media use, (b) multiple media use, (c) multitasking, and (d) multitasking with multiple media use. In addition, no studies have investigated differences in these behaviors as a function of differences in age or of day of the week. Because of differences in daily schedules, audience behaviors may be different for (a) high school students and college students and for (b) school days and weekend days. Previous research on youth also has not attempted to identify one's primary focus when one engages in multiple media use or multitasking. Since this study is essentially exploratory in nature, rather than formulating hypotheses, we address the following research questions:

RQ1: What percent of their total media time do high school and college students spend using a single medium, multiple media and multitasking?

RQ2: What are the commonly observed combinations of multiple media use and multitasking?

RQ3: When audiences use multiple media or perform multitasking, what is their primary activity?

RQ4: Do multiple media use and multitasking vary as a function of respondent type (high school vs. college students) and day of the week (e.g. Monday vs. Saturday)?

Methods

Sample

The data presented in this paper are part of a larger study to determine the best way of measuring adolescents' overall use of media and their exposure to different types of media content. In September and October of 2003, a convenience sample of 45 high school students (9th graders) and 57 college students in a large Northeastern city were recruited to complete seven daily media diaries. [1] The 9th graders were 14 or 15 years old (*M* = 14.22, *SD* = .42) and predominantly female (62.2%) and Caucasian (71%). In addition, 11.1% were African American, 6.7% were Asian, and 11.1% were classified as other. Of the college students aged 17 to 22 (*M* = 19.00, *SD* = .93), 84.2% were female and 80.7% Caucasian. In addition, 1.8% were African American, 14.0% were Asian, and 3.5% were classified as other. Informed consent was obtained from the college students and parents of high school students, and informed assent was obtained from the high school students. This study received approval from the University's institutional review board for the protection of human subjects, and respondents used ID numbers to maintain the confidentiality of their responses.

Data Collection

Respondents filled out a daily time use diary during a one-week period. [2] The diary was designed to assess students' media use and other activities that might accompany media use. The list of activities in the diary was elicited from formative research conducted prior to this study. Participants were given a week's worth of color-coded (by day of the week) diaries with detailed instructions on how to fill out the diary. Consistent with previous diary studies (e.g., Roberts et al., 1999; Roberts et al., 2005) diary days were broken into 30-minute time blocks from 6:00am to 12:00am. Respondents were instructed to indicate all the media and non-media activities they performed in each 30-minute time period [see Figure 2 next page]. In addition, when two or more activities were checked within one time period, respondents were asked to indicate their main activity.

Measures

Data were collected based on 12 media-related categories and 18 non-media categories (see Figure 2). Regarding offline computer use (K in Figure 2), which does not involve receiving messages from external sources, we decided to distinguish it from media use and treat it as a non-media activity. We should note that this decision differs from the classification in Roberts' (2000; Roberts et al., 1999) report of youth exposure to media, which included offline computer use as a distinct type of media activity.

Figure 2: Sample Media Diary

6 – 6:30 a.m.	MONDAY
Fill in circles for all activities during this half hour.	
A Reading magazine or newspaper	○
B Listening to music (not music videos)	○
C Watching a movie on television	○
D Watching a movie in the theater	○
E Watching a movie – Video/DVD/computer	○
F Watching non-movie - Video/DVD/computer	○
G Watching television (not a movie)	○
H Playing video, computer or internet game	○
I IMing, emailing or chatting on Internet	○
J Other internet activities	○
K Offline computer use (writing papers, etc)	○
L I wasn't using any media	○

M Nothing else	○	V Arts or Crafts	○
N Sleeping	○	W Reading a book	○
O Household tasks	○	X Childcare/babysitting	○
P Homework	○	Y Shopping	○
Q Grooming (showering, dressing, etc.)	○	Z Traveling	○
R Eating	○	AA In school	○
S Exercising or playing sports	○	BB At work	○
T Talking to someone	○	CC Participating in hobby or club	○
U Hanging out with friend(s)	○	DD Something else	○

Next, the 11 remaining media categories were collapsed to represent six distinct types of media: (1) print media (A in Figure 2), (2) TV (C, F, and G), (3) movies (D and E), (4) audio media and music (B), (5) Internet (I and J), and (6) games (H). This categorization is based on data from focus group interviews conducted as part of the formative research on youths' perceptions of media use. For example, we found that youth tend to perceive watching anything on TV including movies, non-movie videos or non-movie DVDs as TV viewing. Thus, we combined the activity of watching non-movie content on TV (F), watching a movie on TV (C), and watching non-movie videos and DVDs (G) into a media activity named TV viewing. Interestingly, the youth perceived watching movie videos or DVDs as movie viewing rather than TV viewing. Thus, we arrived at a movie category that combined viewing movies in the theater (D) and watching a movie with videos or DVDs (E). [3] Finally, conventional internet use (i.e. searching for information), as well as instant messaging and chatting, were all combined as internet use, but based on feedback from teens in the aforementioned focus groups, playing internet games was included in the category of game use. It should be clear that decisions such as the above may significantly influence the estimated prevalence of multiple media use and multitasking. Thus, it is incumbent on investigators to make their decision rules as explicit as possible.

Based on the above six basic media categories, we calculated our four distinct audience behaviors (i.e., single media use, multiple media use, multitasking, and multiple media use with multitasking). If a respondent used only one of the six media types without any other non-media activity, in a given 30-minute time period, it was recorded as single media use. If a respondent combined two or more of the six media categories without any non-media activity in the given time period, it was categorized as a multiple media use. Third, if a respondent combined a medium with one or more non-media activities, in the given time period, it was recorded as multitasking. Finally, if a respondent used two or more media and performed one or more non-media activity, in the given time period, it was categorized as multitasking with multiple media use. Thus, the four categories are mutually exclusive.

Total multiple media use was calculated by adding multiple media use (category 2) and multitasking with multiple media use (category 4). Total multitasking was similarly calculated by adding multitasking (category 3) and multitasking with multiple media use (category 4). We believe that multitasking with multiple media use (category 4) can be considered as both multiple media use as well as multitasking. Total media use is the sum of all four categories: single media use, multiple media use, multitasking, and multitasking with multiple media use.

Analysis

Approximately 25,704 time and respondent units (36 time periods in a day * 7 days a week * 102 respondents) were coded as representing one of the four audience behaviors (i.e., single media use, multiple media use, multitasking, and multitasking with multiple media use). These data could then be aggregated in different ways to provide measures of the frequency with which a respondent performed each of the four behaviors on a given day or during the full week. We could also determine whether a given behavior was or was not performed by a given respondent on a given day, or during the one-week time period. In addition, whenever a time by respondent unit was classified as either multiple media use or multitasking, we analyzed the type of multiple media use or multi-tasking that occurred, and we identified which of those activities were reported as *primary* or *secondary*. We analyzed the frequency of combination types of multiple media use and multitasking in two steps. Theoretically, there are 360 possible multiple media use combinations based on the six basic media (6 * 5 * 4 * 3 * 2 / 2) and even more possible multitasking combinations. Thus, we first randomly selected a small subset of the data (54 half- hour time periods) and identified the most frequent types of multiple media use/multitasking combinations in those time periods. In the next step, we computed the frequency of each of the identified combination types across the whole week.

In addition, as indicated above, we analyzed the respondents' reports of their primary or secondary activities when multitasking or using multiple media (see the media diaries; Figure 2). Respondents that did not report their main activity or reported multiple main activities were coded as "other" (see Tables 3 and 4).

Finally, we analyzed differences in multitasking and multiple media use by respondent type (i.e., high school and college). Differences in the two groups' total amount of media use required the creation of a new variable of relative multitasking and multiple media use, that is the proportion of one's total media use devoted to multitasking or multiple media use. T-tests and analyses of covariance were conducted to test respondent type and day of the week differences.

Results

Time Spent Using Multiple Media and Multitasking

The data indicate that respondents spent a total of about 3746 hours using media during the week. Each respondent, on average, spent 37 hours per week with media (i.e., about 72 half-hour time periods). This represents about 26 percent of the 126 hours (18 hours a day * 7 days) recorded in the diaries for a week. Table 2 shows, per week, the mean number of hours and percentage of time spent for each type of audience behavior. Respondents spent about 193 total hours (1.99 hours per respondent) using multiple media, 2414 hours multitasking (24.05 hours per respondent), and 680 hours using single media (6.67 hours per respondent). The proportion of the time that the respondents focused on only one medium is relatively low (18%), and the least frequent type of media use is multiple media use (5%). Instead, respondents frequently multitasked (66%) and the remaining 11% of their time was spent performing non-media activities while using multiple media (i.e., using multiple media with multitasking).

Table 2: Time Spent for Each Type of Audience Behavior per Week

Type of audience behavior	Time of use in hours in a week [a]	Percentage of time relative to total time spent with media
Total media use	*M* = 36.74 (*SD* = 14.36)	100%
Single media (1) [b]	*M* = 6.67 (*SD* = 5.44)	18.2%
Multiple media (2)	*M* = 1.99 (*SD* = 2.48)	5.4%
Multitasking (3)	*M* = 24.05 (*SD* = 11.04)	65.5%
Multiple media use while multitasking (4)	*M* = 4.02 (*SD* = 5.24)	10.9%
Total multiple media use (2+4)	*M* = 6.02 (*SD* = 6.56)	16.4%
Total multitasking (3+4)	*M* = 28.07 (*SD* = 14.43)	76.4%

[a] Average time spent for each type of audience behavior in a one-week period. *N* = 86.

[b] See Table 1 and Figure 1 for definitions of (1), (2), (3), & (4)

Analysis of the number of respondents that performed each audience behavior indicated that single media use and multitasking were more commonly performed than multiple media use. All respondents used single media and performed multitasking at least once (i.e., one 30-minute time period as a unit) during the one-week period of data collection. For each day of the week, almost all respondents used media for at least one time period: Monday (100%), Tuesday (96%), Wednesday (100%), Thursday (100%), Friday (99%), Saturday (97%), and Sunday (97%). In addition, almost all respondents performed multitasking on each day: Monday (93%), Tuesday (96%), Wednesday (99%), Thursday (97%), Friday (96%), Saturday (93%), and Sunday (89%). Fewer respondents, however, used multiple media at least once a week and those that did were more likely do so from Monday through Thursday compared to Friday through Sunday: Monday (51%), Tuesday (52%), Wednesday (61%), Thursday (61%), Friday (43%), Saturday (48%), and Sunday (38%). These data suggest that almost all youth spend some time with media and multitask at least once a day, yet only about 40% to 60% of the youth use multiple media on a given day.

Types of Multiple Media Use and Multitasking Combinations and Primary/ Secondary Activities

The most frequent multiple media use and multitasking combination types are shown in Table 3. We present only two common types of multiple media use because these two types account for 83% of the total multiple media use time. In marked contrast, multitasking combinations are much more heterogeneous, with the seven most popular types accounting for only 40% of the total time spent multitasking. Each of the other multitasking combinations accounted for less than 3% of the total multitasking time, thus the primary activity was not analyzed for these minor multitasking activities.

As shown in Table 3, both of the most common multiple media patterns involve Internet use. However, when using the Internet and listening to audio media simultaneously, the Internet was the primary medium most of the time (77%) and audio media was rarely so (6.2%). In contrast, when the Internet was used simultaneously with TV viewing, watching TV was more likely to be the main focus (56%) compared to the Internet (39%).

In considering the primary activity while multitasking, it is interesting to note that respondents' almost always focused on the non-media activity (e.g., homework or traveling) rather than on the media activity (e.g., television, the Internet). To put this somewhat differently, in multitasking, media were almost always in the background rather than in the foreground. The only exception to this pattern is the combination of viewing TV while eating, where one is about as likely to focus primarily on TV as on eating.

Table 3: Common Types of Multiple Media Use and Multitasking and the Primary versus Secondary Activities when Using Multiple Media or Multitasking

Multiple media type	Proportion relative to total multiple media use	Primary medium	Secondary medium	Others
Internet & Audio	59%	Internet (77%)	Audio (6%)	17%
Internet & TV	24%	TV (56%)	Internet (39%)	5%
Multitasking type	**Proportion relative to total multitasking**	**Primary activity**	**Secondary activity**	**Others**
Internet & Homework	10%	Homework (75%)	Internet (19%)	6%
Audio & Traveling	7%	Traveling (86%)	Audio (10%)	5%
Audio & Homework	7%	Homework (84%)	Audio (9%)	7%
TV & Eating	5%	TV (49%)	Eating (47%)	4%
Audio & Grooming	4%	Grooming (82%)	Audio (7%)	11%
Audio & Hanging out with friends	4%	Hanging out with friends (78%)	Audio (21%)	1%
TV & Homework	3%	Homework (61%)	TV (33%)	6%

Respondent Type and Day of the Week Differences in Audience Behaviors
Finally, we examined how total media use, multitasking and multiple media use differed as a function of respondent type (high school vs. college student) and

day of the week (e.g. Monday through Sunday). Since high school and college students differed somewhat in gender and ethnicity, we controlled for these variables in our analyses. For all three dependent variables, 2 x 7 mixed analyses of covariance were conducted with gender and ethnicity as covariates. Neither covariate was significantly related to the audience behaviors. In contrast, both main effects as well as their interaction were statistically significant for all three dependent variables. Figures 3, 4, and 5 illustrate the respondent type and day of the week differences for total media use, multitasking, and multiple media use, respectively. More specifically, analyses revealed that the average amount of time for total media use (F (6, 76) = 2.74, p < .05), multitasking (F (6, 76) =3.44, p < .01), and multiple media use (F (6, 76) = 3.39, p < .01) were significantly different by the day of the week. Similarly, there were also significant main effects of respondent type (i.e., high school versus college) for total media use (F (1, 81) = 12.74, p < .01), multitasking (F (1, 81) = 11.82, p < .01), and multiple media use (F (1, 81) = 12.34, p < .01). The interaction effects between day of the week and respondent type were also significant for all three dependent variables (total media use, F (6, 76) = 5.87, p < .001; multitasking, F (6, 76) = 4.42, p < .01; and multiple media use, F (6, 76) = 2.27, p < .05).

On average, college students spent more time on total media use (t (85) = 4.30, p < .001), multiple media use (t (85) = 3.11, p < .01) and multitasking (t (85) = 2.01, p < .05) than did high school students. However, on Saturday, there were no significant differences between high school students and college students in the amount of time they spent using media, multiple media, and multitasking. College students, compared to high school students, also spent a larger proportion of their media use time in multitasking and in using multiple media. Multiple media use occurred about 21% of the total time college students used media, but only about 13% of the time high school students used media (t (85) = 3.11, p < .01). Similarly, multitasking occurred about 81% of the total time college students used media, while high school students multitasked about 73% of their total media time (t (85) = 2.01, p < .05).

Figure 3: Average Hours of Total Media Use by Age Group and by Day of the Week

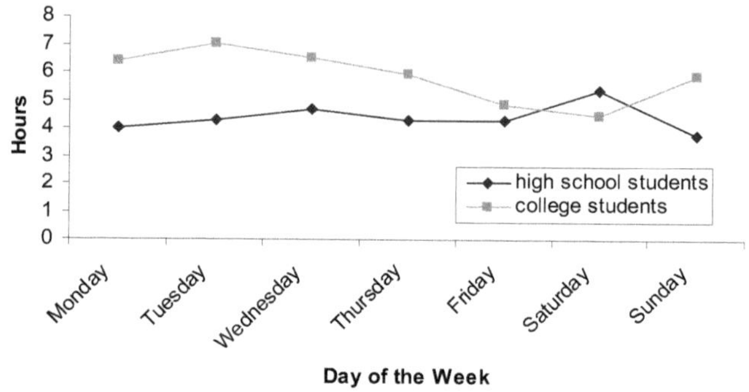

Figure 4: Average Hours of Multitasking by Age Group and by Day of the Week

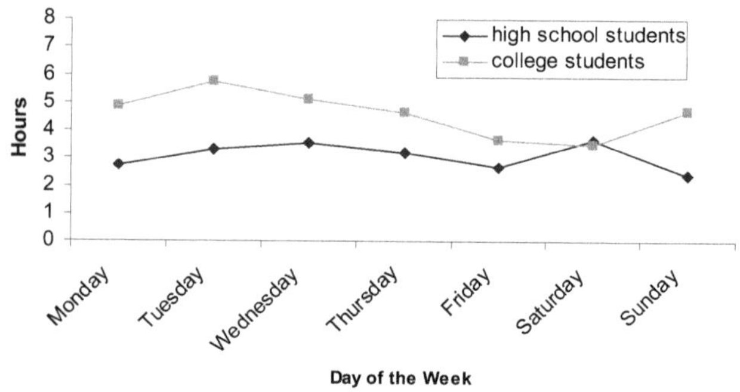

Figure 5. Average Hours of Multiple Media Use by Age Group and by Day of the Week

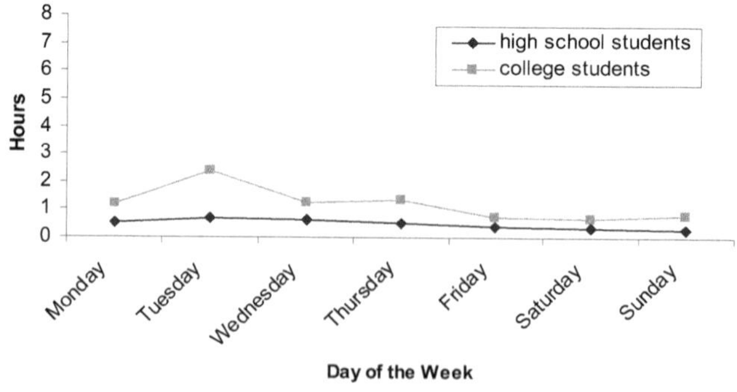

Discussion

Summary on Findings

Our study was primarily designed to examine the utility of a diary method to explore complex media use behaviors such as multiple media use and multitasking among youth. The diary data suggest that the 14 to 22-year-olds in our sample spend 37 hours a week using media – a number that accounts for approximately one quarter of their waking time.[4] The first key question addressed by this study focused on the extent to which youth combine media use with other media or non-media activities. The data indicated that 16% of the total time youth spend with media involves multiple media use (total multiple media use in table 2). This finding is comparable to the 15% multiple media use among youth reported by Roberts et al. (1999), and the 12% to 24% of multiple media use among adults reported by Holmes et al. (2005). In addition, we found that multitasking occurs about 76% of the total time that media are being used, and that only 18% of total media time was focused on one medium to the exclusion of other activities.

A second purpose of the present study was to identify common patterns of multiple media use and multitasking among youth. Within our sample, the two most frequent multiple media patterns are combining the Internet with audio media or with TV. These multiple media use combinations that were found to be most prevalent within our sample turn out to be among the most prevalent combinations reported by the Middletown Media Studies (see e.g., Holmes et al., 2005; Papper, Holmes & Popovich, 2004) as well as BIG research (Pilotta & Schultz, 2005). It is interesting to note that when using the Internet and listening to audio media simultaneously, the Internet was the primary medium to which audiences paid attention, whereas when using the Internet along with TV viewing, TV was more often the main focus. Previous studies comparing radio and TV use suggest that the two media may vary in the amount of cognitive load because radio appeals only to hearing while TV appeals to two modes of cognitive activities, namely, visual and auditory (Leigh, 1991). Thus the Internet can be the primary medium when combined with a less demanding audio medium, but less cognitive resources may be left to process the information on the Internet when combined with a more demanding medium such as television.

In contrast to the relatively homogeneous nature of multiple media use, multitasking is much more heterogeneous. As shown in the list of most common types of multiple media use and multitasking, these audience behaviors involved media such as audio media, television, and the Internet but not print media, movies, and games. This may be because the latter type of media requires higher levels of involvement than the latter type of media. What is most striking however, is that of the seven most common types of multitasking identified our study, the primary activity analyses showed that non-media activities (e.g., traveling, grooming) were almost always more likely to be the main activity; the combination of TV viewing and eating was an exception. These results have important implications for media effects research. In particular, the results further suggest consideration of the context surrounding the use of a medium to fully understand the extent to which exposure to media content will have an impact on the audience. If attention to the medium is the secondary activity when multitasking, the extent to which the messages are processed when multitasking needs to be carefully examined.

Finally, we examined differences in media use by respondent type and days of the week. The data indicated that college students, on average, spend significantly more time with media compared to high school students. College students, compared to high school students, were also more likely to multitask and use multiple media. Moreover, after controlling for total media use, college students, compared to high school students, spent a significantly greater percentage of their total media use time multitasking (81% vs. 73%) and using multiple media (21% vs. 13%). Further research is necessary to determine if these differences are lifestyle (i.e. different daily schedules) or generational. In addition, the day of the week interacted with respondent type (i.e. high school vs. college students) on media consumption. While trends held constant across Sunday through Thursday such that college students used significantly more total media, multiple media, and performed more multitasking, differences between the two student groups mostly disappeared on Friday and Saturday. The finding suggests that, at least within this age group, lifestyle differences (e.g., the daily schedule of college and high school students), rather than generational differences, seem to have greater influence on media use.

It is also interesting to note that audiences' media use patterns on Friday were more similar to those on Saturday (a weekend day), and those on Sunday were more similar to those on Monday through Thursday (a weekday). These results may have important implications for media research. In media use surveys, researchers often group Monday through Friday as "weekday" and Saturday and Sunday as "weekend." Our data suggest that these groupings may not be appropriate for high school and college students. Indeed, if one cannot assess daily media use, it may be more valid to ask students to report their media use on, for example, "an average Tuesday" and on "an average Saturday" than on "an average weekday" and "an average weekend day".

Limitations

There are several limitations to this study. Perhaps most critical, because our study is based on a small convenience sample, the findings are not necessarily generalizable beyond those students who participated in the study. However, our findings concerning the proportion of time 14 to 22 year-olds spend in various audience behaviors (e.g., in multiple media use and multitasking) as well as those concerning the types of multiple media use and multitasking these teens and young adults engage in, are quite consistent with other research (Holmes et al., 2005; Papper, et al., 2004; Pilotta & Schultz, 2005; Roberts, 2000; Roberts et al., 1999;). Thus, our findings further document the magnitude of these new audience behaviors that must be taken into account by media effects researchers.

One purpose of the present paper was to demonstrate how diary data can be used to investigate these complex behaviors. Although the diary methodology is often treated as a "gold standard" in time use research because it does not rely on recall as much as traditional self-report surveys, the diary method also has some limitations. First, students may not necessarily fill out the diary as they move through the day. For example, at the high school, students were observed filling out the diary right before it was collected, and at the university, students reported that they sometimes filled it out at the end of the day. Second, there is a possibility that the half-hour time frame, which is often used in media diary research (e.g., Roberts et al., 1999, 2005), resulted in overestimation of media use. For example, media use for a fraction of the half-hour period (e.g., 15 minutes) was recorded as 30 minutes of media use. In addition, there is a possibility of overestimating multiple media use and multitasking because, for example, the use of two or more media within the half-hour time frame is coded as multiple media use. It is assumed that multiple activities performed within the 30-minute time frame are performed simultaneously, yet they may, in fact, be performed consecutively. Although this issue represents one limitation of using a diary method, it is interesting to note that studies comparing diary data to survey data found that survey estimates of time spent with media (based on self-reports) are often higher than the estimates based on diary data (e.g., Greenberg, Eastin, & Skalski, 2005). In addition, the findings of this study concerning multiple media use are quite consistent with the results of survey research (e.g., Roberts et al., 1999, 2005) that directly probes respondents' use of multiple media. It is worth noting, however, that there is an alternative to using 30-minute or other fixed time frames in media diaries—namely, using open-ended diaries that allow respondents to record the start and stop time of media use (see Papper et al., 2004). We, however, acknowledge that open-ended diaries are also prone to errors in reporting because they are even more obtrusive than close-ended diaries.

Finally, another limitation of this research is that recording only a single week of data collection may be problematic. When being monitored, users, at first, may alter their media use. Thus, if possible, it would be preferable to have respondents fill out the diary for at least a few days prior to actual data collection in order to allow them to settle back into their normal media use patterns. Unfortunately, it is difficult to know whether the effects of being monitored ever dissipate and it must be noted that such a procedure is costly and may involve throwing out valuable data.

Theoretical Implications

Despite the above limitations, our study makes it clear that multitasking and multiple media use frequently occur when audiences use media. Multitasking and multiple media use have important implications for media effects theory. In media effects research, it has been assumed that audiences pay full attention to the content when they use media. However, audiences may pay only some fraction of their attention to television when they are multitasking. Audience researchers (Drew & Weaver, 1990; McQuail, 1997), thus, have noted that it is important to consider the quality of exposure (i.e., degree of attention) as well as quantity (e.g., frequency or amount of exposure) especially when questions of potential effect are at issue.

The potential role of multitasking as a factor necessary for understanding media effects also follows from McGuire's (1985) persuasion model and the information processing approach (see Best, 1986; Bourne, Dominowski, & Loftus, 1979; Lang, 2000). McGuire's (1985) model of persuasion posits that attention is the stage of media effects that follows exposure. From this perspective, media may influence audiences only when they actually attend to the media content. The information processing approach, on the other hand, assumes that human information processing is limited. Due to this limited capacity of audiences, multitasking serves as a distraction that can reduce the processing of information contained in messages (Bergen, Grimes, & Potter, 2005; Lang, 2000; Pool, Koolstra & van der Voort, 2003; Zhang, Jeong, & Fishbein, 2006). Since multitasking will often limit attention, media effects should be smaller when audiences are multitasking then when they are not.

Multiple media use and multitasking are not only relevant to information processing theory and media effects research, but also theories of media enjoyment and entertainment media. Theoretical models of entertainment experience suggest a number of psychological states including suspension, empathy, parasocial interaction, presence, and interest (see Vorderer, Klimmt, & Ritterfeld, 2004) as well as transportation (Green, Brock, & Kaufman, 2004) as contributors to enjoyment. Although little research examined the effects of multitasking on enjoyment, multitasking may limit enjoyment experiences in response to entertainment media.

When developing estimates of media use and conducting research on media effects or media enjoyment, audience behaviors (e.g., single media use, multiple media use, and multitasking), should be taken into account as important contexts of media exposure. By ignoring such context, researchers essentially assume that the impact of exposure to a given medium is a constant irrespective of what other media may be simultaneously in use or what other activities are taking place. This assumption is perhaps seen most clearly in Roberts' (2000) recommendation that the time youth spend with media be increased from 6.75 to 8 hours a day in order to take simultaneous media use into account. However, if we are interested "media effects" rather than mere exposure, it may not be appropriate to simply add up the time spent with each medium when audiences use multiple media (or multitask). Instead, it may be useful to assign differential weights to the amount of time spent with a specific multitasking or multiple media use combination when estimating total time of media use. While there is general agreement that multitasking interferes with information processing, little is known about the types of tasks or media combinations that are most or least likely to reduce the recall or recognition of media content. We see this relatively new area of research—concerning the relationship between quality of exposure and effects—as both a challenge and an opportunity for researchers interested in the impact of media on audiences.

Endnotes

1. Previous research (e.g., Holmes et al., 2005; Papper et al., 2004) has examined multiple media use and multitasking in adult populations but not in younger populations. The 9th graders were students at a local high school while the college students were students from an undergraduate communication class. The study was described as a class project for the 9th graders and as an extra-credit research project for the college students. All participants were volunteers, with almost all students in the two classes volunteering to take part in the study.
2. Data were collected from Monday through Sunday. From Monday to Thursday, diaries were collected on the next day. From Friday to Sunday, diaries were collected on the following Monday.
3. As one of our reviewers pointed out, an alternative categorization would put watching movies on videos or DVDs (E) with television viewing (C, F, G) instead of with movie viewing in the theater (D). This categorization would recognize that watching a movie in the theater is a different experi-

ence than watching one at home. However, as mentioned above, our categorization reflects the distinction adolescents in our focus groups made between a) watching a movie on TV as "watching TV" and b) watching a movie on a video or DVD as "watching a movie".

4. This research reports that respondents, on average, use 37 hours of media in a week (i.e., approximately one quarter of adolescents' waking time). This is somewhat smaller than 55 hours a week (or a third of their total available time) reported by Roberts et al. (1999, 2005). This difference, however, may be due to sample characteristics. For example, their study sample included a much larger proportion of African American adolescents and their study also indicates that African Americans spend more time with media than do other racial groups (see Roberts et al. 1999, 2005).

References

Bartels, L. M. (1993). Messages Received: The political impact of media exposure. *American Political Science Review, 87*(2), 267-285.

Beentjes, J. W., Koolstra, C. M., & van der Voort, T. H. A. (1996). Combining background media with doing homework: Incidence of background media use and perceived effects. *Communication Education, 45*, 59-72.

Bergen, L., Grimes, T., & Potter, D. (2005). How attention partitions itself during simultaneous message presentations. *Human Communication Research, 31*(3), 311-336.

Best, J. B. (1986). *Cognitive Psychology*. St. Paul, MN: West Publishing.

Bissell, K., & Zhou, P. (2004). Must-see TV or ESPN: Entertainment and sports media exposure and body-image distortion in college women. *Journal of Communication, 54*(1), 5-21.

Bourne, L., Dominowski, R., & Loftus, E. (1979). *Cognitive Processes*. Englewood Cliffs, NJ: Prentice-Hall.

Butsch, R. (2000). *The making of American Audiences: From stage to television, 1750-1990.*

Cambridge, UK: Cambridge University Press.

Drew, D., & Weaver, D. (1990). Media attention, media exposure, and media effects. *Journalism Quarterly, 67*(4), 740-748.

Gerbner, G., Gross, L., Morgan, M., & Signorielli, N. (1980). The "mainstreaming" of America: Violence profile No.11. *Journal of Communication, 30*, 10-29.

Green, M. C., Brock, T. C., & Kaufman, G. F. (2004). Understanding media enjoyment: The role of transportation into narrative worlds. *Communication Theory, 14*(4), 311-327.

Greenberg, B. S., Eastin, M. S., & Skalski, P. (2005). Comparing survey and diary measures of Internet and traditional media use. *Communication Reports, 18*(1), 1-8.

Harris Interactive (October, 2003). A brave new media world. K. Bagnaschi & J. Geraci (Eds.), *Trends & Tudes,* 2(10). Retrieved on October 25, 2005 from http://www.harrisinteractive.com/news/newsletters_k12.asp.

Holmes, M.E., Papper, R.A., Popovich, M.N., & Bloxham, M. (2005). *Middletown Media Studies II: Concurrent Media Exposure.* Muncie, IN: Ball State University Center for

Media Design. Retrieved on March, 25, 2006 from http://www.bsu.edu/-cmd/insightresearch.

Johnson, J., Cohen, P., Smailes, E., Kasen, S., & Brook, J. (2002). Television viewing and aggressive behavior during adolescence and adulthood. *Science, 295*, 2468-2471.

Kaiser Family Foundation (December, 2006). *Media multitasking among American Youth: Prevalence, predictors and pairings*. Retrieved on December 19, 2006 from http://www.kff.org/entmedia/upload/7593.pdf

Lang, A. (2000). The limited capacity model of mediated message processing. *Journal of Communication, 50*(1), 46-70.

Leigh, J. H. (1991). Information processing differences among broadcast media: review and suggestions for research. *Journal of Advertising, 20(2)*, 72-75.

Mastrondardi, M. (2003). Adolescence and media. *Journal of Language and Social Psychology, 22*(1), 83-93.

McGuire, W. (1985). Attitudes and attitude change. In G. Lindzey & E. Aronson (Eds.), *Handbook of Social Psychology: Special Fields and Applications* (Vol. II, pp. 233-346). Hillsdale, NJ: Lawrence Erlbaum.

McQuail, D. (1997). *Audience analysis*. Thousand Oaks, CA: Sage.

Napoli, P. M. (2003). *Audience Economics: Media institutions and the audience marketplace*. NY: Columbia University Press.

Nightingale, V. (2004). Contemporary television audiences, publics, markets, communities, and fans. In J. Downing (Ed.), *The Sage Handbook of Media Studies* (pp. 227-249). Thousand Oaks: Sage.

Papper, R.A., Holmes, M.E., & Popovich, M.N. (2004). Middletown media studies: Media multitasking and how much people really use the media. *The International Digital Media and Arts Association Journal, 1*(1), 9-50.

Pilotta, J. J., & Schultz, D. (2005). Simultaneous media experience and synesthesia. *Journal of Advertising Research, 45*(1), 19-25.

Pendleton, J. (March 29, 2004). Multitaskers: Kids quick to master myriad choices in media but marketers questions effectiveness of ad impact in their fast paced lives. (Special Report: Marketing to Kids, Tweens & Teens). *Advertising Age, 75*(3), S1.

Pezdek, K., & Hartman, E. F. (1983). Children's television viewing: Attention and comprehension of auditory versus visual information. *Child Development, 54*, 1015-1023.

Pool, M., Koolstra, C., & van der Voort, T. (2003). The impact of background radio and television on high school students' homework performance. *Journal of Communication, 53*, 74-87.

Roberts, D. F. (2000). Media and youth: Access, exposure and privatization. *Journal of Adolescent Health, 27*, 8-14.

Roberts, D. F., Foehr, U., Rideout, V., & Brodie, M. (1999). *Kids and Media @ The New Millennium*: Kaiser Family Foundation. Retrieved on October, 25, 2005 from http://www.kff.org/entmedia/1535-index.cfm

Roberts, D. F., Foehr, U. G., & Rideout, V. (2005). *Generation M: Media in the Lives of 8-18year-olds*. Kaiser Family Foundation. Retrieved on March, 25, 2006 from http://www.kff.org/entmedia/entmedia030905pkg.cfm

Schmitt, K. L., Woolf, K. D., & Anderson, D. R. (2003). Viewing the viewers: Viewing behaviors by children and adults during television programs and commercials. *Journal of Communication, 53*(2), 265-281.

The Media Center at the American Press Institute (2004). Simultaneous media usage survey. Reston, VA: The Media Center. Retrieved on October, 25, 2005 from http://www.mediacenter.org.

Vorderer, P., Klimmt, C., & Ritterfeld, U. (2004). Enjoyment: At the heart of media entertainment. *Communication Theory, 14*(4), 311-327.

Wober, J. M. (1992). Text in a texture of television: Children's homework experience. *Journal of Educational Television, 18*(1), 23-34.

Woodard, E., & Gridina, N. (2000). *Media in the Home: The Fifth Annual survey of Parents and Children.* Retrieved on October, 25, 2005 from http://www.annenbergpublicpolicycenter.org/05_media_developing_child/mediasurvey/survey7.pdf.

Zhang, W, Jeong, S. H., Fishbein, M. (2006). *Competing for attention: How does multitasking influence the recognition of TV sexual content*. Paper presented at the annual conference of the International Communication Association, Dresden, Germany.

Introduction to

On Being Less Theoretical and More Technological in Organizational Communication

By Steven R. Corman

Steven R. Corman notes that the label organizational communication actually encompasses everyone who studies communication phenomena in organizations, including those who focus on business and technical communication. Corman also points out that organizational communication scholars have always attempted to make the discipline more theoretical to the point of even establishing the journal *Communication Theory* more than a decade ago. Corman argues that this is a development that is fraught with certain risks because organizational communication should focus more on *in situ* communication. Such applied studies tend to reveal much more of how communication functions within organizations than mere theoretical treaties which are often based on theoretical treaties and, thus, have little or no link to reality. In fact, Corman points out, only about ten percent of all organizational communication studies deal with actual communication behavior in some way. The rest study attitudes and perceptions, structures, norms, hegemony, identities, and so on. That is, these studies focus on the sociopsychological residues of communication behavior, Corman notes.

In fact, Corman argues that business communication and technology are not accorded the status they deserve. While business communication scholars do focus to some degree on applied communication, organizational communication scholars rarely do so. And in the field of technology and communication, Corman points out that mainstream organizational communication scholars tend to ignore it all together. This despite the fact that the internet has had a profound impact on the way people communicate with one another; in particular, in organizations. Likewise, Corman takes note of the fact that most organizational communication scholars rarely exploit the full possibilities new technology offers them in the research they conduct. If, for example, communication scholars were to study the communication documents generated in organizations, such as for example a small enterprise, a tremendous amount of communication documents would be available to them. And that vast volume of data could be accessed and evaluated relatively easily with the help of new technologies, for example. Hence, Corman notes, valuable communication documents are neither used nor analyzed by organizational communication scholars.

How then did this theoretical direction become so entrenched, Corman muses. He traces the origins back to the end of the Second World War when communication science drew a sharp line between one-way mass communication and interpersonal communication. At that time, mass communication was technology focused because radio and television were being developed and used as media for the dissemination of mass communication broadcasts. This might have been also the reason why technology was associated only with mass communication and, thus, tends to be ignored by organizational communication.

Corman has, therefore, identified three challenges facing organizational communication. First, organizational communication should become less theoretical and more observation focused. Second, technology is not just a new emerging topic. It should actually be a central issue. And third, organizational communication scholars should become more engaged with computers and computer science.

Obviously, Corman's call to consider a more interdisciplinary approach and to include all the factors influencing the observed phenomena can be applied to orthodox business studies as well because it traditionally focuses on business and/or economic factors while ignoring, for example, communication factors. Clearly, a true interdisciplinary approach is a more realistic approach since the human behavior and interaction consists of many variables and numerous interrelationships. By ignoring those variables and interrelationships, it is more likely that a fuller understanding of observed phenomena is not achieved at all.

Michael B. Hinner

Steven R. Corman is Professor of Communication in the Hugh Downs School of Human Communication at Arizona State University. He is a past chair of the International Communication Association, Organizational Communication Division. Dr. Corman serves on the editorial board of *Journal of Communi-cation, Management Communication Quarterly,* and *Progress in Communication Science.* His publications on communication networks, interaction processes, and computer models of communication have appeared in *Management Communication Quarterly, Communication Theory, Communi-cation Research, Social Networks,* and *Technology Studies.* Dr. Corman has written and coedited a number of book chapters and books.

On Being Less Theoretical and More Technological in Organizational Communication©

Steven R. Corman

Roughly a decade ago, Mumby and Stohl (1996) wrote an article titled "Disciplining Organizational Communication Studies." Their mission was to articulate a structure that would reveal organizational communication as a bona fide discipline. Their title is a play on words, and it creates an almost unbearable temptation to launch a full-scale Foucauldian critique. If their organizational communication is the real discipline, we might rightly ask, What is the punishment that sustains it? Is "disciplining" accomplished through the "penalty of the norm" (Foucault, 1977/1979), and if so, who is conducting the examination? As much fun as this analysis might be, it would push organizational communication scholarship ever more toward the abstract and self-reflexive, a mistake that forms one basis for my commentary. Instead, I reconsider Mumby and Stohl's vision of what the discipline of organizational communication should be, focusing on some important developments in technology that have passed the discipline by in the past decade or two. I also identify some challenges this creates for teaching and research.

But first, I clarify the label *organizational communication* as I use it in this commentary. Writ large, that label encompasses everyone who studies communication phenomena in organizations, including readers who place themselves in business, corporate, management, and technical communication (referred to hereafter as *business and technical communication*). Over time, processes of disciplinary fissure have created distinct groups and endowed them with differences, connecting them to different theoretical traditions, journals, courses, and so on. Mumby and Stohl's (1996) article was part of a special issue that discussed these differences at some length.

© This article was originally printed in *Journal of Business and Technical Communication 20(3)*, 325-338. It is reprinted with the permission of Sage Publications, Inc., and the author.

These divisions are something of a mystery to me, but they are nonetheless real. The academics I work with work in departments of communication, communication studies, or speech and human communication; we belong to organizational communication divisions of the International Communication Association and the National Communication Association. Mumby and Stohl (1996) are leading figures in this, my group, and I have always read their article on the discipline of organizational communication as being directed toward my colleagues and me. Following Mumby and Stohl, my perspective is admittedly colored by my particular discourse community, and I am best qualified to speak to that community. Yet this discussion may suggest challenges we share with colleagues in business and technical communication, inviting more cross-pollination and joint endeavors.

Cleaving the Past

Zerubavel (2003) provided a useful description of how we socially construct shared memories of the past. One part of his framework is especially relevant to Mumby and Stohl's (1996) definitional work on organizational communication. Although some narratives seek to establish sameness or continuity across time, these "attempts are quite commonly offset by diametrically opposite efforts to create the experience of historical *dis*continuity" (Zerubavel, 2003, p. 82). These narratives seek to punctuate the past, usually for the purposes of articulating distinct identities. One problem with narratives of historical discontinuity, Zerubavel stated, is that in cleaving the present from the past, they must downplay or overlook dimensions of sameness that are always present in the actual flow of time. Thus, they seek to identify "watersheds" (p. 83) that wall off the present from the past. And "nowhere are such perceived contrasts more profound than when we quite self-consciously try to establish what we hope will come to be remembered as the beginning of a 'new era'" (p. 89).

Mumby and Stohl's (1996) narrative fits this pattern of historical discontinuity remarkably well by painting "a pretty gloomy picture of the discipline of organizational communication" as historically lacking disciplinary coherence. Yet it offers hope because disciplinary identity "emerges from a loose set of central problematics that all organizational communication scholars implicitly or explicitly address in defining their particular area of research" (p. 53), the problematics of voice, rationality, organization, and the organizatiosociety relationship. The clincher comes in the conclusion, when the authors reveal the reason behind our recent disciplinary coalescence: "Indeed, these central problematics represent something of a Kuhnian 'gestalt switch' that has occurred in recent years in organizational communication, significantly altering scholars' research orientations toward the study of organizations" (p. 67).

This quotation is notable because the adjective *Kuhnian* conjures images of a scientific revolution, a change from prescientific discipline to scientific discipline that comes in response to some significant innovation. In this case, the innovation, which Mumby and Stohl (1996) referred to as the "'gestalt switch' that has occurred in recent years" (p. 67), is the linguistic turn (Deetz, 2003). Mumby and Stohl did not say so in their article, but the watershed marking this transition in organizational communication scholarship was the Alta, Utah, conference of 1981, written about copiously elsewhere (Conrad, 2000; Corman, 2000, 2004; Miller, 2000; Putnam & Pakanowsky, 1983; Taylor, Flanagin, Cheney, & Seibold, 2000). Before the watershed, argued Mumby and Stohl, structure was central and communication was peripheral (if not marginal). But afterward, communication became central and structure peripheral, which (at last) lets us think of ourselves as a discipline.

My goal is neither to challenge Mumby and Stohl's (1996) narrative per se nor to argue about the particulars of their framework. To be sure, their problematics of voice, rationality, organization, and the organization-society relationship are all issues that scholars of organizational communication routinely touch, implicitly if not explicitly.

Rather, my aim is to show that theirs is a classic narrative of historical discontinuity that relies on the social construction (and reinforcement) of a turning point in what is actually continuous time. As a "birth" story, it is especially susceptible to a problem of punctuation, submerging important commonalities in the unpunctuated past. Put more plainly, focusing on differences makes us overlook similarities. Next, I identify two such similarities, themes that flow uninterrupted across Mumby and Stohl's narrative about the birth of our discipline.

Valuing Theory over Observation

One thing that remains consistent over time is the apparent love that organizational communication scholars (myself included) have for abstraction and theoretical argument. As long as I can remember, scholars have pushed to make the discipline "more theoretical," and they even established the journal *Communication Theory* about 15 years ago to serve that purpose. Organizational communication scholars have often been viewed as the poor relations of the broader communication discipline, theoretically speaking. We were even referred to in print by one colleague (who, incidentally, later became editor of *Communication*

Theory) as the "shame of speech communication" (Ellis, 1982) because we were not theoretical enough. So during my career, which started just after the Alta conference, I have seen organizational communication scholars increasingly come to value the abstract, theoretical, and even avant-garde.

Although there is nothing wrong with theory, and Lewin's (1951) aphorism that "there is nothing so practical as a good theory" is as true as ever, it is possible to have too much of a good thing. As Abbott (2001) pointed out, "specialists in knowledge tend to with draw into pure work because the complexity of the thing known eventually tends to get in the way of knowledge of the system itself" (p. 22). I argue that the organizational communication scholarly community to which I belong has been ignoring the study of in situ communication in favor of more abstract theoretical pursuits.

Mumby and Stohl's (1996) article mirrors this trend. First, let us consider their choice to frame the nascent discipline of organizational communication around four central problematics. *Problematic* is a rare word, especially when used as a noun, and is often a marker for a highly theoretical context. Defining it as "an unresolved problem or inherent difficulty, as in a field of study," *Webster's New World Collegiate Dictionary* (Agnes & Guralnik, 2001) explains that the etymology of its root word, *problem*, originates in a Greek word that means "to throw forward." So, framing organizational communication in terms of problematics implies that it throws unresolved issues forward when confronting inherent difficulties of communication in organizational contexts. To me, this framing invites us to focus more on our intellectual struggle with epistemology than on the behavior of the research participants whom we are supposed to study.

Take the problematic of voice, for instance. Of the four problematics Mumby and Stohl (1996) proposed, we might expect this one to be the most closely focused on in situ communication behavior. Yet their discussion seems more concerned with having a voice than with using one. Voice, in their frame, is about several things: epistemology, our strategic position vis-à-vis management scholarship, our relationships with the organizations we study, tension between the university and corporate world, and "the fundamental issue of voice; that is, how can we as organizational communication scholars provide insight into the practices of traditionally marginalized groups or forms of organizing?" (p. 4). Epistemology, strategic positioning, individual-organizational relationships, and tensions are pretty far removed from talk in organizations. Practices of marginalized groups are much closer, but even these are "integrally bound up with the relationship between communication, ethics, and democracy," (p. 4), steering us right back into theoretical territory.

This emphasis on the abstract and theoretical is clearly reflected in published empirical research in organizational communication scholarship over the past 5 years. I am currently involved in a review of this work, and preliminary results show that only about 10% of studies deal with actual communication behavior in some direct way. The rest study attitudes and perceptions, structures, norms, hegemony, identities, and so on: abstract socio psychological residues of communication behavior. Our cousins in business and technical communication do somewhat better on this count. For example, readership research clearly focuses on using voice. A perusal of recent issues of this journal and the *Journal of Business Communication* also reveals a number of studies focused on topics such as conflict discourse, corporate rhetoric, and work interaction. Yet a large number of articles consist of attitude surveys, theoretical essays, and the like.

Ironically, at base, my critique of contemporary organizational communication is the same as the one offered at the watershed Alta conference. At that time, Putnam (1983) complained that, "consistent with the functionalist perspective, inquiry from the outside generates knowledge by collecting data several levels removed from daily life" (p. 43). In the intervening years, we do not seem to have gotten significantly closer to "daily life" in our scholarship, despite the rise of interpretive and critical methods.

Resisting Technology as Topic and Tool

A second theme that remains consistent across time is an orientation toward technology in organizational communication scholarship that ranges from indifferent to phobic. To be sure, many scholars in the wider communication studies discipline are interested in technology. Business and technology communication journals regularly contain articles looking at technology adoption, choice, and effects. The Communication and Technology Division is one of the largest and fastest growing in the International Communication Association. But at the end of what *Wired* magazine called the "ten years that changed the world" ("Ten Years," 2005), organizational communication scholars as a group do not accord technology the status it deserves, either as a research subject or as a research tool.

Making this case in what is "arguably the most thoroughly reviewed domain of communication research" (Jones, Watson, Gardner, & Gallois, 2004, p. 723) is easy. Allen, Gotcher, and Seibert (1993) reviewed organizational communication research in the 10 years immediately following the 1981 Alta conference, covering 889 articles in 61 journals. Just over a quarter of these articles dealt with interpersonal relationships in organizations, including supervisor-subordinate communication. Approximately another quarter dealt with communication skills and organizational culture. The remaining half covered a number of other topics, including technology, the topic of only about 5% of the articles. During the period Allen et al. reviewed, the Internet was not yet a huge social phenomenon, but the technical innovation for the Internet was developing apace, and by 1989, 100,000 machines were connected to it (Zakon, n.d.). Also by this time, unnetworked office computers were commonplace and having effects on work life. So, during the early stages of the computer revolution, organizational communication scholars apparently were already missing the boat.

By the time of Mumby and Stohl's (1996) article, the Internet was unquestionably a huge social phenomenon. Yet they offered no problematic of technology, treating the subject as one topic among many under the problematic of the organization-society relationship. In their critique, Taylor et al. (2001) recognized the importance of technology. But they classified it (accurately) under "emerging and new topics for organizational communication research" (pp. 120-121). So, after the Internet-created stock bubble of the late 1990s had already inflated and burst, organizational communication research was at last starting to recognize this "new" topic.

Did this recognition influence subsequent research? In the most recent review of organizational communication research, Jones et al. (2004) described technology as a "challenge" still to be taken up. Although they claimed that research on technology has "burgeoned over the past decade" (p. 733), a close examination of the articles they cited to support this claim shows that little of this growth has come from inside the discipline: Only about a quarter of the articles reported on empirical studies that were done by members of the discipline or published in communication journals. So, although individual scholars of organizational communication have shown some interest in technology as a research subject, organizational communication as an institution is only recognizing the importance of the subject near the end of the 10 years that changed the world.

Organizational communication scholars are even worse about using technology as a research tool, an issue because of the growing consensus about the importance of organizational discourse (Putnam & Fairhurst, 2001) and the need to study it organization-wide (Dooley, Corman, McPhee, & Kuhn, 2003). Yet this research enterprise is demanding: The best available estimate is that a small organization with 50 employees produces enough talk in 1 week to fill a 6-foot stack of transcripts (Corman, Kuhn, McPhee, & Dooley, 2002). And we have to also consider written communication. According to the latest estimates, the average corporate e-mail user sends 133 messages per day (Radicati Group, 2005).

So to our 6-foot stack, we can add 33,250 e-mails. Add to that reports, white papers, memos, and the like of some unpredictable number.

If someone offered us the opportunity to study organization-wide communication in this hypothetical 50-person organization for a week, could we hope to do it using traditional research methods and tools of organizational communication? Our problems would begin with getting the discourse to analyze. Although methods of genre and conversation analysis exist and have been used quite extensively across communication disciplines, we have no methods for performing widespread recordings of naturalistic discourse and organizing a large number of recordings for research. Thus, discourse analysis in organizational communication tends to focus on relatively short periods of talk in dyads, small groups (e.g., Boden, 1994), or particular meetings (Bennington, Shetler, & Shaw, 2003). Where will we find recorders that will record for long enough and not be obtrusive? If we record people individually, how will we determine who is talking to whom when we listen to the recordings later on? Then we must deal with the e-mail. Two problems with e-mail are that it resides on e-mail systems and that it is copious. Assuming that researchers have the proper permission to collect data on e-mails, they must also have the technical skills necessary to interact with the e-mail system so that they can retrieve messages of interest. Finally, we would have the problem of managing the data. Printing out 33,250 e-mails or keeping them individually in separate files is not practical. How would we ever find related files or follow threads using such a system? The e-mails would need to be entered into a database, but designing and using databases are again beyond the training of most organizational communication researchers. Even if we could overcome these challenges, we would be faced with a monumental task in analyzing the communication. Transcribing recordings using traditional methods would be cost prohibitive. Our only option would be to recruit and equip a small army of research assistants to listen to the recordings, identifying interesting parts for later transcription and analysis. If the recordings contained vast numbers of interesting parts, the intense analysis of transcripts (the traditional method of discourse analysis) would not be practical, except perhaps for a small number of time-limited segments. We would need some efficient way of characterizing the discourse for the majority of the conversations. So, if we were to rely on traditional organizational communication research methods, we simply could not exploit this opportunity even if it were handed to us.

In the past 10 years or so, there has been an explosion of technological development that promises to transform the study of communication in organizations, but the work has been happening in computer science and related fields, not organizational communication. For example, digital recorders capable of performing widespread recordings have recently become available at affordable prices.

Olympus and other manufacturers now offer flash memory based digital recorders that are smaller than a cell phone, weigh less than 3 ounces, and record a full workday of talk on a single battery set and memory card. Given the proper technical skills, we can easily download the files to a computer, store them in a database, and play them back when needed. Best of all, at under $200 each, the idea of buying 50 of these recorders for our hypothetical research project is at least plausible.

Technical solutions are also developing for knowing who is talking to whom in these tapes. More than 10 years ago, I coproposed a method to detect talk by processing digital recordings (Corman & Scott, 1994). At that time, however, the digital recording technologies I just described were not yet widespread and affordable. Now that the technology has matured, it is more practically applied to the problem of studying communication. For instance, a project at the Massachusetts Institute of Technology's Media Lab has applied realtime digital signal processing techniques plus infrared detection to determine who is talking to whom (Eagle & Pentland, 2003). This effort has met with mixed success so far, but there are not insurmountable barriers to making the system work. Research and development efforts are underway at firms such as Microsoft and Intel that are aimed at solving the problems.

The past decade has also seen significant development in automatic speech recognition, offering a potential solution to the problem of transcribing large amounts of recorded talk. When computerized dictation systems first came out in the early 1990s, they were slow and inaccurate, requiring the speaker to insert pauses between words and announce punctuation. Since then, researchers have turned their attention to continuous, or conversational, speech recognition and have been making rapid advancements. A review by the National Institute of Standards and Technology (Pallett, 2003) shows that systems for transcribing speech from newscasts (which have high audio quality) perform at a very respectable 10% error rate. Systems for transcribing conversational speech, a more challenging problem, are somewhat farther behind at the 19% error rate. But these technologies continue to develop, and we have every reason to believe their performance will improve. Today engineers are hard at work developing systems that can unobtrusively record and transcribe meetings of large groups such as corporate boards (Pallett, 2003). Such a system would be another potential boon to organizational communication research.

Finally, we would not need to be so scared of a 6-foot stack of transcripts if we were more conversant with emerging text-analysis technologies. Although Hart (1984, 2001) has been urging the use of computerized text analysis in communication for two decades, only recently have computer power and algorithms permitted the development of "cutting-edge" applications (Roberts, 1997) that go beyond word counting. For example, I have codeveloped a network textanalysis technology based on natural language processing (Corman et al., 2002) that allows the study of large volumes of text and how they change over time (e.g., see Dooley & Corman, 2002). Such methods are unlikely to replace human analysts completely (Shapiro, 1997), but they can provide automatic analysis of volumes of text that no person could handle, even with a massive investment of time. They can also identify instances in which deeper, human analysis would be most productive.

How can we explain this laissez-faire attitude organizational communication scholars have toward technology, both as a topic and a tool? The answer may well lie in the coalescence of communication studies into a distinct discipline shortly after World War II and the associated divorce between those who studied mass communication and those who studied interpersonal communication (Delia, 1987). Radio and television were the new technologies of that era, and a sharp line (one of the few in the discipline) could be drawn between one-way mass communication and the personal interaction studied in other areas of the field. This estrangement likely transferred from mass media to the Internet, flowing uninterrupted across the supposed watershed of the Alta conference.

Challenges

The state of affairs just described, organizational communication scholars' valuing theory over behavior and being indifferent to technology, creates three challenges for people who study organizational communication, regardless of their disciplinary focus. First, we must become less theoretical and more observation focused. This challenge will be especially difficult because of our orientation to theory in the past two decades. Yet we face clear danger by continuing on this course: "When one or another discipline becomes too much or a bore, the others make fun of it and steal its best ideas to put them to better use elsewhere" (Abbott, 2004, p. 5). That is precisely what has happened to sociology and anthropology in recent years (Abbott, 2001). If we do not spend significantly more time studying in situ organizational communication, some other discipline will do the job for us. The chief candidate for vacuum filler is computer science, which has spent the past two decades developing technologies that have both transformed organizational communication and spawned the research tools we need to study it on a large scale. True to the foregoing prophesy, this development has been happening largely without our involvement.

Thus, our second challenge is to recognize that technology is not just some new emerging research topic, one among many. Rather, it is an area in which organizational communication as a discipline is seriously behind the curve. Although business communication researchers have been more inclined to embrace technology as a topic (more so than as a tool), everyone who studies organizational communication writ large including non techies and people with gray hair should be thinking about how to incorporate technology questions into their research. It should be every bit as much a central problematic as the other four offered by Mumby and Stohl (1996).

The third challenge is to become more engaged with computers and computer science. On one hand, that means becoming computer literate enough to program computers ourselves, and it is especially true for our students, who should learn a programming language and the basics of computer systems. Computer skills are crucial for organizational communication research of the future and could even allow communication scholars to design novel new systems on the basis of the unique insights of their discipline. Being more engaged also means more interdisciplinary outreach to colleagues in computer science and to colleagues in business communication, who are somewhat ahead of the rest of us in the study of actual communication and the effects of technology. This outreach is especially important for the established scholars in our discipline, who as a group really do have a lot to offer as collaborators. Joint projects and proposals bring us into closer contact with the technologies that will change organizations and transform our research practices.

As a small step in all three of these directions, I , along with colleagues from the Organizational Communication Division of the International Communication Association, have created the Enron Interface Project. As part of the Enron case a few years back, the court released into the public record a database of about 250,000 e-mails in the accounts of the top 151 Enron executives (Shetty & Adibi, 2004). This database presents an unprecedented opportunity to study organizational communication on a modestly large scale over time. Yet the database format that holds the Enron e-mails is foreign to most communication researchers, and indeed, the early publications on the database have come from computer scientists. We have therefore launched a joint project with the National Center for Supercomputer Applications at the University of Illinois to develop an intuitive, user-friendly interface (see http://sonic.ncsa.uiuc.edu/enron/forum/index.php) that allows researchers from communication and other nontechnical fields to access the data for research. More efforts such as these are needed to prime the pump for more technology-based organizational communication research.

In conclusion, I do not diminish the importance of the four problematics proposed by Mumby and Stohl (1996). But declaring that they constitute the birth of a real discipline obscures two important tendencies that flow unchanged across time. The problematics themselves are emblematic of one of these, the desire to become ever more theoretical. The second is an inclination to resist technology, which probably flows from the disciplinary roots of organizational communication. If we can become less theoretical and more concerned with in situ communication behavior, recognize that we are behind on the study of technology and its use in research, and engage computer science and those who study it, we will do much to ensure the future relevance of organizational communication as a discipline.

Endnotes

1 This is really the only practical option because you cannot predict in advance where conversations might take place. Even if you could record the most typical conversation places, you would miss chance encounters in the hall and so on. You would also have the equally challenging problem of identifying who is talking on a given group recording.

References

Abbott, A. (2001). *Chaos of disciplines*. Chicago: University of Chicago Press. Abbott, A. (2004). *Methods of discovery*. New York: Norton. Agnes, M., & Guralnik, D. B. (Eds.). (2001). *Webster's new world college dictionary* (4th ed.). Foster City, CA: IDG.

Allen, M. W., Gotcher, J. M., & Seibert, J. H. (1993). A decade of organizational communication research: Journal articles 1980-1991. In S. Deetz (Ed.), *Communication yearbook 16* (pp. 252- 330). Newbury Park, CA: Sage.

Bennington, A. J., Shetler, J. C., & Shaw, T. (2003). Negotiating order in interorganizational communication: Discourse analysis of a meeting of three diverse organizations. *Journal of Business Communication*, *40*, 118-143.

Boden, D. (1994). *The business of talk*. Cambridge, MA: Polity.

Conrad, C. (2000). On the destiny of acceptance frames: Organizational communication discourse. In S. R. Corman & M. S. Poole (Eds.), *Perspectives on organizational communication: Finding common ground* (pp. 96-104). New York: Guilford.

Corman, S. R. (2000). The need for common ground. In S. R. Corman & M. S. Poole (Eds.), *Perspectives on organizational communication: Finding*

common ground (pp. 1-15). New York: Guilford.
Corman, S. R. (2004). Postpositivism. In S. May & D. Mumby (Eds.), *Engaging organizational communication theory and research: Multiple perspectives* (pp. 15-34). Thousand Oaks, CA: Sage.
Corman, S. R., Kuhn, T., McPhee, R., & Dooley, K. (2002). Studying complex discursive systems: Centering resonance analysis of communication. *Human Communication Research*, *28*, 157-206.
Corman, S. R., & Scott, C. R. (1994). A synchronous digital signal processing method for detecting face-to-face organizational communication behavior. *Social Networks*, *16*, 163-179.
Deetz, S. (2003). Reclaiming the legacy of the linguistic turn. *Organization*, *10*, 421-429.
Delia, J. E. (1987). Twentieth-century communication research: An historical perspective. In C. R. Berger & S. H. Chaffee (Eds.), *Handbook of communication science* (pp. 20-98). Newbury Park, CA: Sage.
Dooley, K. J., & Corman, S. R. (2002). The dynamics of electronic media coverage. In B. Greenberg (Ed.), *Communication and terrorism: Public and media responses to 9/11* (pp. 121-136). Cresskill, NJ: Hampton.
Dooley, K., Corman, S., McPhee, R., & Kuhn, T. (2003). Modeling high-resolution broadband discourse in complex adaptive systems. *Nonlinear Dynamics, Psychology, & Life Sciences*, *7*(1), 61-86.
Eagle, N., & Pentland, A. (2003). Social network computing. In A. K. Dey, A. Schmidt, & J. F. McCarthy (Eds.), *UbiComp 2003* (pp. 289-296). Berlin, Germany: Springer. Ellis, D. (1982). The shame of speech communication. *Spectra*, *18*(3), 1-2. Foucault, M. (1979). *Discipline and punish: The birth of the prison* (A. Sheridan, Trans.). New York: Vintage. (Original work published 1977)
Hart, R. P. (1984). *Verbal style and the presidency: A computer-based analysis*. New York: Academic Press.
Hart, R. P. (2001). Redeveloping DICTION: Theoretical considerations. In M. West (Ed.), *Progress in communication sciences* (Vol. 6, pp. 43-60). Westport, UK: Ablex.
Jones, E., Watson, B., Gardner, J., & Gallois, C. (2004). Organizational communication: Challenges for the new century. *Journal of Communication*, *54*, 722-750.
Lewin, K. (1951). *Field theory in social science: Selected theoretical papers* (D. Cartwright, Ed.). New York: Harper Torchbooks.
Miller, K. I. (2000). Common ground from the postpositivist perspective: From straw person argument to collaborative coexistence. In S. R. Corman & M. S. Poole (Eds.), *Perspectives on organizational communication: Finding common ground* (pp. 46-67). New York: Guilford.

Mumby, D. K., & Stohl, C. (1996). Disciplining organizational communication studies. *Management Communication Quarterly, 10*, 50-72.

Pallett, D. S. (2003). *A look at NIST's benchmark ASR tests: Past, present, and future*. Retrieved August 20, 2005, from http://www.nist.gov/speech/history/pdf/NIST_benchmark_ASRtests_2003.pdf

Putnam, L. L. (1983). The interpretive approach: An alternative to functionalism. In L. L. Putnam & M. E. Pakanowsky (Eds.), *Communication and organizations: An interpretive approach* (pp. 31-54). Beverly Hills, CA: Sage.

Putnam, L. L., & Fairhurst, G. T. (2001). Discourse analysis in organizations: Issues and concerns. In F. Jablin & L. Putnam (Eds.), *The new handbook of organizational communication: Advances in theory, research, and methods* (pp. 76-136). Thousand Oaks, CA: Sage.

Putnam, L. L., & Pakanowsky, M. E. (1983). *Communication and organizations: An interpretive approach*. Beverly Hills, CA: Sage.

Radicati Group. (2005). *Taming the growth of email: An ROI analysis*. Retrieved August 20, 2005, from http://www.whitepaper.developerpipeline.com/cmpdeveloppline/ search/viewabstract/76475/index.jsp

Roberts, C. W. (1997). Introduction. In C. W. Roberts (Ed.), *Text analysis for the social sciences* (pp. 1-8). Mahwah, NJ: Lawrence Erlbaum.

Shapiro, G. (1997). The future of coders: Human judgments in a world of sophisticated software. In C. W. Roberts (Ed.), *Text analysis for the social sciences* (pp. 225-238). Mahwah, NJ: Lawrence Erlbaum.

Shetty, J., & Adibi, J. (2004). *The Enron dataset database schema and brief statistical report*. Retrieved November 4, 2004, from http://www.isi.edu/~adibi/ Enron/Enron_ dataset_Report.pdf

Taylor, J. R., Flannagin, A. J., Cheney, G. E., & Seibold, D. R. (2001). Organizational communication research: Key moments, central concerns, and future challenges. In W. Gudykunst (Ed.), *Communication yearbook 24* (pp. 99-137). Newbury Park, CA: Sage. Ten years that changed the world. (2005, August). *Wired*, pp. 91-102.

Zakon, R. H. (n.d.). *Hobbes' Internet timeline v8.1*. Retrieved August 20, 2005, from http://www.zakon.org/robert/internet/timeline/ Zerubavel, E. (2003). *Time maps: Collective memory and the social shape of the past*. Chicago: University of Chicago Press.

Introduction to

Organizational Intelligence of Multinational Corporations: A Critical Review and Suggestions

By Juana Du

Juana Du notes that most salient challenges of organizational transformation and adaptation are not so much technical or rational, but rather cultural and human in nature as the environment of multinational corporations around the world is attuned by increasing cultural and ethnic diversity at the place of work. The increased cultural and demographic changes and interactions lead to cultural diversity that is becoming a visible and vital issue in the practice of multinational corporations as well as in organizational communication studies. Both benefits and costs have been attributed to cultural diversity.

Organizational intelligence is said to be composed of organizational structure, culture, working relationships, knowledge assets, and strategic processes. Some researchers have elaborated different traits of organizational intelligence. Each of these traits has various antecedents, or causal factors. They include sensible organization structures, competent leadership, products and processes suited to the demands of the marketplace, coherent missions, clear goals, core values, and policies that determine the rights and treatment of employees. In each dimension, it is possible to identify various antecedents which can contribute to maximizing the element of intelligence. But mostly, Du notes, there is a lack of unified theory of intelligence in organizational settings as noted by the numerous and fragmented perspectives and ideas. Most scholars investigate the concept of intelligence from an organization's behavioral or social/emotional perspective. Intelligence is conceptualized as an organization's information processing capability which seeks to understand and predict how organizations perceive, interpret, store, disseminate, and utilize information. The cognitive perspective sees intelligence as a property with which information is processed. The behavioral perspective sees intelligence not as a fixed property, but as a characteristic defined, if not bound, by behavior. Organizational intelligence is also characterized as the ability to accomplish interpersonal tasks or the ability to relate to people. Emotional intelligence is considered by some to be a subset of social intelligence. Emotional intelligence is manifested as harmonious relationships among workers.

Many scholars have attempted to link the abstract constructs of organizational intelligence to more concrete organizational settings and have worked on the dimensions of organizational intelligence from different perspectives to make it more applicable in research. Some scholars see a direct link between organizational intelligence and individual intelligence of the members of the organization. In the past, researchers focused on single phenomena within the boundaries of a given organization. Recently, though, scholars have begun to focus on the entire organization because individual components are interdependent with the other parts. Du, therefore, suggests that future research should focus on holistic approaches to determine how and why organizational intelligence is created and may be measured.

This is a most realistic approach because like so many phenomena, that what initially appears to be quite clear and straight forward turns out to be more complex at closer scrutiny. Consequently, a more detailed approach including more factors and variables need to be considered when studying any phenomenon. The same is, not surprisingly true for organizational intelligence.

Michael B. Hinner

Juana Du is a doctoral candidate at Hong Kong Baptist University, specializing in business and organizational development as well as intercultural communication. She has been a visiting scholar at Ohio University and presented a number of papers at international conferences.

Organizational Intelligence of Multinational Corporations: A Critical Review and Suggestions

Juana Du

Most researchers and practitioners identified that the most salient challenges of organizational transformation and adaptation are not so much technical or rational, but cultural and humane in nature, as the environment of multinational corporations around the world is altered by the increasing cultural and ethnic diversity in the workplace. They call for thoughts and studies on questions about how to lead organizational changes and cultural transformation and how to adapt to new environment, how organizations develop capacity to discover, articulate and realize potentials and reconfigure themselves; (Raul Espejo et al. 1996. p. 32) how to live in a world that companies have ever-increasing visibility; and how to maintain our ability to learn (Drucker et al. 1997.p. 18-19).

The increased cultural and demographic changes and interactions lead to cultural diversity that is becoming a visible and vital issue in the practice of multinational corporations, as well as in organizational communication studies. Social scientists focus on organizational communication and behavior and the mutual association between cultural diversity and organizational effectiveness. Cultural diversity means "the representation, in one social system, of people with distinctly different group affiliations of cultural significance". (Cox, 1994) From a systems perspective, Cox elaborated the cultural diversity of organizations from "internal" system perspective, focusing on the organizational property itself, which are presented by the diverse cultural backgrounds and characteristics brought by different groups and individuals within the organization. What needs more attention is that a large number of organizations confront challenges and have to deal with business issues across cultural boundaries, especially when they transfer from one cultural environment to another. Not only extending and developing international trades with organizations and partner corporations, but also building reputations of international corporations by increasing interactions and intercultural communication with social and cultural environment have gradually played an important role in the agenda of modern corporations. Both the external and internal diverse cultural factors of organizational systems construct the cultural diverse property for corporations.

A number of preliminary studies of multinational corporations which featured cultural diversity examined how organizational composition (i.e., homogeneous or heterogeneous) affected organizational outcomes. Both benefits and costs have been attributed to cultural diversity. Researchers, on the one hand, have found that cultural heterogeneity in organizational composition is associated with lower organizational cohesion and a higher turnover of members (Jackson et al., 1991; O'Reilly, Caldwell & Barnett, 1989; Wiersema & Bird, 1993), lower organizational performance at problem solving tasks during initial meetings (Watson, Kumar, & Michaelsen, 1993), and lower satisfaction and identification with the organization (Milliken & Martins, 1996). On the other hand, other scholars have found that diversity has benefited the organizations including increased feasibility and effectiveness of idea generation (McLeod, Lobel, & Cox, 1996), greater personal satisfaction, and higher perceived organizational creativity and effectiveness (Rodríguez, 1998).

However, a few researchers emphasize the role of cultural diversity in organizational intelligence. Whether multinational corporations benefit from the diversity, how diversity functions in the development of organizational intelligence during organizational transformation, what is the underlying dynamics of organizational intelligence, these questions are of special interests for further exploration.

This paper will elaborate the potential of open system perspective, specifically self-organizing system perspective for studies on organizational intelligence (OI) of multinational corporations, especially the emergent property of organizational intelligence and the underlying dynamics of multinational corporations in cultural transformation and organizational change.

Definition of Organizational Intelligence

Attention on intelligence and talent of organizations are increasing with the development of studies about organizational behavior and communication of multinational corporations.

Merrian Webster's Collegiate dictionary (11th edition, July, 2003) defines "intelligence" as follows: "The ability to learn and understand or deal with new situations; the skilled use of reason; the ability to apply knowledge to manipulate one's environment; to think abstractly as measured by objective criteria."

Howard Gardner put forward Multiple Intelligence theory and defines "intelligence" as "the ability to solve problems, or to fashion products, that are valued in one or more cultural or community settings" (Gardner, 1993).

A few published books have attempted to directly define and build the relevance of organizational (enterprise or corporation) intelligence. James Quinn (1992) introduced a foundation for interpreting the intelligence of an enterprise. At the core of his story is the following definition of intelligent enterprise: A highly desegregated knowledge and service-based enterprise concentrated around a core of knowledge and service skills. It is a firm that primarily manages and coordinates information and intellect to meet customer needs.

In an article describing the initial phase of an in-progress research project to measure organizational intelligence, William Halal and Michael Kull defined OI as follows: the capacity of the organization to create knowledge and use it strategically to adapt to its environment. It is similar in purpose to the way IQ is defined in individuals. The mean will be normalized at 100 so that an IQ above 100 would indicate a more intelligent organization, whereas below 100 would indicate a less intelligent organization. (Halal & Kull,1997.)

Halal and Kull's conceptual framework proposal shows organizational intelligence to be composed of organizational structure, culture, working relationships, knowledge assets, and strategic processes. They consider each of these systems to serve a purpose in an organization's "cognitive functioning." They add, "collectively these different types of information processing capabilities are defined as organizational intelligence."(Halal & Kull, 1997)

Albrecht (2003) proposes, "organizational intelligence is the capacity of an organization to mobilize all of its brain power, and focus that brain power on achieving the mission." She additionally proposed that, like individual minds, the organizational mind has both conscious and unconscious aspects that influence organizational behavior and effectiveness. Her model of organizational intelligence (OI) suggested that organizations have multiple intelligences or dimensions of competence and that OI can be seen as "a useful envelope for thinking about organizational effectiveness, and in particular how to help organizations evolve toward their full potential". (pp. 42-43).

Most researchers approach organizational intelligence from a "concrete" perspective, studying it as a kind of fixed property and congregation of capacities. Despite a number of different views, many scholars agree on the basic conceptual definition of that which possesses intelligence as having: capacity for information processing, learning and problem solving; ability to adapt to and reshape its environment; and ability to understand the feeling, thoughts and behaviors of people, and to act appropriately upon that understanding (Sternberg, 1985; Sternberg & Kaufman, 1998). Some scholars elaborated different traits of organizational intelligence. Each of these traits has various antecedents, or causal factors. They include sensible organization structures, competent leadership, products and processes suited to the demands of the marketplace, coherent missions, clear goals, core values, and policies that determine the rights and treatment of employees. In each dimension, it is possible to identify various antecedents which can contribute to maximizing that element of intelligence (Albrecht, 2002).

Different Epistemological Perspectives of Studies

Management and organization development literature provoked increased interest in the importance of intelligence. (Glynn, 1996; March, 1999; Stalinski, 2004). However, the term is still ambiguous in the context of organizational development studies. One of the reasons that could explain this phenomenon is that there is a lack of a unified theory of intelligence in organizational settings as noted by the numerous and fragmented perspectives and ideas of researchers in the field (Glynn, 1996). Specifically, researchers investigated organizational intelligence from different epistemological perspectives.

Most scholars investigated the concept from cognitive, behavioral or social/emotional perspectives. Each perspective touches upon different property of this complex phenomenon and attempts to compensate for the other. For instance, while the cognitive perspective highlights the internal structures and processes, i.e. information-processing capabilities, it puts the environment in a passive role and asserts representational dependence and relative contextual independence (Serpa, 2000). Interestingly, the behavioral perspective addresses behavior-environment relationships resulting in the adaptive behavior of organizations to the external environment (Serpa, 2000), while omitting information-processing capabilities (Schlinger, 1992).

Cognitive Perspective

Many studies about organizational intelligence are conducted from a cognitive perspective. Cognitive theory emphasizes the computational perspective and mental representations exemplified by behavioral decision-making research in the fundamentals of information processing area (Schlinger, 1992). In this line, intelligence is conceptualized as an information-processing capability that is used to solve problems or meet task challenges. Simon (1976), for instance, notes that cognitive science is the study of intelligence and defines intelligence as a diverse set of information processing abilities.

Glynn (1996), by investigating the literature on individual intelligence, pointed out that individual intelligence is conceptualized as information-processing capability. Sharing similar functional properties, at the organizational level, cognitive perspective highlights the information-processing capability perspective of organizational intelligence (Choo, 1998; Glynn, 1996). Specifically, intelligence is conceptualized as an organization's information-processing capability, which seeks to understand and predict how organizations perceive, interpret, store, disseminate and utilize information. For instance, McMaster (1996) states that, organizational intelligence refers to the capacity of a corporation as a whole to gather information, to innovate, to generate knowledge, and to act effectively based on the knowledge it has generated.(p.3.)

Wilensky (1967) viewed organizational intelligence in terms of gathering, processing, interpreting, and communicating the information needed in decision-making processes. Following this school of thought, "intelligence" is perceived as a thing or an entity that an organizational possesses, upon which it acts on and thereby changes its environment. The cognitive perspective stresses a logical formal structural approach that highlights intelligence as a fixed property of organizations, because organizations have information processing systems, they have intelligence. This "fixed property" view of intelligence indicates that all organizations have intelligence, and that neither the organizations nor individuals in them are unintelligent. However, in practice, while some organizations use their information-processing capabilities effectively, acting "intelligently," others do not use their information-processing capabilities effectively, acting less intelligently.

This view provides a description or a result rather than a definition or an explanation of organizational intelligence. For instance, Howe (1998) argues that the term intelligence is sometimes seen as productivity. He points out that simply stating that one factory is more productive is not a satisfactory explanation for why one factory produces more than another. According to him, the term "productive" does not explain anything; it is just another term for what is already known. For him, "productive" is a valuable descriptive term, it is not an effective explanatory concept. Finally, treating intelligence as an entity causes problems of reification and circular reasoning, because the cognitive perspective emphasizes the computational view exemplified by the work of mental representations, related to perception, attention and memory, and information-technologies.

The components of organizational intelligence in the cognitive perspective are the information-processing capabilities constructs, such as capabilities to acquire information, its interpretation, dissemination, storing, and implementation (Huber, 1991).

Behavioral Perspective

The behavioral school of thought sees intelligence not as a fixed property, but as a characteristic defined, if not bound, by behaviors. Schlinger (2003), for instance, argued in the "*Myth of Intelligence*" that intelligence is not an entity or a fixed quantity; rather it is like other terms such as mind or personality in that the only objective referents are the behaviors. Specifically, he suggests that one should analyze the word to understand this concept clearly. He notes that the word intelligence comes from Latin "intellegere", meaning to perceive or understand, from the roots "inter" meaning between or among, and "legere", meaning to gather, pick or choose (Schlinger, 2003, p. 24). He further argues that these roots do not refer to inferred essence or qualities, but rather to behaviors, in this case, gathering, picking and choosing. Thus, according to Schlinger (2003), intelligence, or intelligent behavior, is what we observe when we say that an individual perceives and makes an appropriate choice (i.e. reacts to relationships between or differences among situations). In this respect, intelligence is related to and demonstrated by adaptive behavior, achieving the goals and satisfying the desires and motivations of individuals.

A similar view of intelligence can be seen in the organizational level of analyses (Glynn, 1996). According to this school of organizational intelligence studies, an organization demonstrates its intelligence when it responds to the changing conditions, problems and other issues in an adaptive manner, by modifying its behavior (Doise & Mugny, 1984). In this sense, intelligence is the disposition of an organization to adapt its behavior. For instance, Sandelands and Stablein (1987) describes intelligence as "the ability to maintain a working similarity between mind and nature, more generally, this ability is concerned with achieving and maintaining congruence or isomorphism between what is mind (i.e., ideas, feelings) and what is external" (p.138).

Weber et al. (1996) also hold the idea that intelligence is the ability of an organization to shape and change the environment and to adapt to its environment based on its aims and abilities. However, from this adaptation view, intelligence is typically used as an adjective rather than a noun, which is not a concrete thing in the head, but a characteristic of behavior. Behaviors that are deemed intelligent or not intelligent may indeed be in the eye of the beholder and not readily objectively determined, because in this school of thought intelligence contains an abstract-defining feature (Howe, 1998). Further, determining whether a given behavior is adaptive requires a large amount of complex information, because "adaptiveness" varies with context, time frames, goals, and numerous other variables. In particular, it is not clear what behaviors and the context in which they occurred or were observed leads one to use the term intelligence, and what accounts for intelligent behavior in the organizational development. Also, by its context, intelligence is descriptive and does not go beyond the observations of adaptive behavior.

The components of organizational intelligence, from the behaviorist's perspective, are the adaptive capability constructs, such as multiplexity, redundancy, and loose coupling as pointed out by Staber and Sydow (2002).

Social Perspective
Organizational intelligence is also characterized as the ability to accomplish interpersonal tasks or the ability to understand and relate to people (Fatt, 2002). From the social intelligent perspective, it describes an individual's capacities to discern and respond appropriately to the moods, motivations, and desires of other people by involving social perception (the ability to understand social-emotional clues) and social inference (the ability to infer underlying motives and traits) (Conte, 1999). Some scholars hold that social intelligence includes the idea of emotional intelligence, interpersonal and intrapersonal intelligence, and practical intelligence (Mayer et al., 2000). Initiated by Salovey and Mayer (1990), who perceived emotional intelligence as a subset of social intelligence, emotional intelligence is defined as "the ability to monitor one's own and other's feelings and emotions, to discriminate among them, and to use this information to guide one's thinking and actions." (p. 189) Emotional intelligence is manifested as harmonious relationships among workers. This harmony is the basis of the synergistic sharing of skills and competencies and of creating and sustaining informal networks (Goleman, 1995).

However, social intelligence depicts an array of non-cognitive capabilities and competencies and does not directly address the mental processes needed to cope with environmental demands and pressures. Also, social intelligence is descriptive rather than exploratory, because a socially intelligent response to a real-life problem is not well-defined and often depends on mitigating circumstances.

As the social intelligence construct is still new and under investigation, it is not easy to decide whether a response to a stimulus is social intelligence or not. From the social intelligence construct perspective, the components of organizational intelligence consist of the dynamics of experiencing, reconciling, identification, encouragement, displaying freedom, and playfulness (Huy, 1999).

Dimensions and Components of Organizational Intelligence

Numerous scholars have tried to link the abstract constructs to more concrete organizational settings and have worked on the dimensions of organizational intelligence from different perspective to make it more applicable in research.

According to Liebowitz (2000), organizational intelligence is the collective assemblage of all intelligences that contribute towards building a shared vision, renewal process, and direction for the entity. Specifically, organizational intelligence involves the following knowledge components:

Transform information into knowledge
Identity and verify knowledge
Capture / Secure knowledge
Organize knowledge
Retrieve and apply knowledge
Combine knowledge
Create knowledge
Distribute / Sell knowledge

Learn knowledge

The key word in Liebowitz's discussions about organizational intelligence is knowledge which seems to be the core of organizational development. According to him, organizational intelligence is a series of knowledge functions that take place in organizational settings, behind which there is strict and consistent logic order.

According to Veryard (2000), intelligence can be divided into five characteristic components: 1.perception, the ability to make complex observations of the environment; 2.information processing, the ability to manipulate and transform information; 3.memory, the ability to store and recall information; 4.learning, the ability to develop new knowledge and skills, and to learn from experience; 5.behavior, the ability to adjust behavior to suit the situation and the ability to behave flexibly in different situations (requisite variety).

Veryard distinguished the important traits of OI based on "brain-like" organization statements and shed lights of understandings on organizational intelligence. He approached this concept as a concrete aggregation of abilities of organization. In fact, the five traits proposed by Veryard embody the five most important different processes that take place in organizations. Moreover, these processes may happen simultaneously or overlapped or even reversely. Although logical order lies behind these processes, there is no fixed time order among these processes happening in an organization.

Karl Albrecht (2003) regarded organizational intelligence as a subjective concept. His model of organizational intelligence offers seven key dimensions. They are strategic vision, shared fate, appetite for change, heart, alignment and congruence, knowledge development, performance pressure (pp.43-53). Each of them is a trait, not a set of behaviors, not a structural characteristic, not a process, not a particular way of operating. Each of these traits has various antecedents or causal factors. Antecedents can include sensible organization structures, competent leadership, products and processes suited to the demands of the marketplace, coherent missions, clear goals, core values, and policies that determine the rights and treatment of employees. In each dimension, he identified various antecedents which can contribute to maximizing that element of intelligence.

Some scholars have been working on identify the environmental components which are necessary for development of organizational intelligence. They provide explanations for the characteristics of organizational intelligence from another perspective. Clifford and Elizabeth (1993) stated seven necessary conditions that cause organizational intelligence to emerge. These conditions are interdependent in the sense that they do not necessarily work well separately.

Freedom of choice	Responsibility for the whole
Widespread truth and rights Freedom of enterprise Liberated teams	Equality and diversity Voluntary learning networks Democratic self-rule
Limited corporate government	

The three conditions listed on the "freedom of choice" side of the chart foster an open systems environment for liberated individuals and groups. The three conditions on the "responsibility for the whole" side of the chart help create an environment in which freely taken individual and group choices work together wisely for the benefit of all. The seventh condition, and the base of this chart, is a system of organizational government in which the center's roles and powers are limited. They further argue that the new emerging forms of organization will rely more on result-focused teams and less on hierarchy, more on shared vision and less on rules, more on choices and less on command. Employee groups will be organized around the time-honored entrepreneurial mission: to design ever-better ways to conduct their enterprises and create a stream of exchangeable value. Architecture of intelligent organizations will be flexible, shifting to meet new challenges and responding to local situations. What will make them responsive is not the brilliance of organizational designers sitting at the top but the decisions of people in the middle and bottom of the organization who freely choose the connections needed to make their area working in coordination with what is going on elsewhere in the organization.

A Critical Review of the Mechanism of Organizational Intelligence

The ontological basis of intelligence causes confusion about who or what has the intelligence in an organizational setting, as organizational intelligence is a abstract construct which is approached from various perspectives by a number of scholars from different academic and field background. Therefore, it leads to the reductionism of organizational intelligence. There is little doubt that organizational intelligence is related to individual intelligence by different mechanisms. Discussions are mainly conducted from the following perspectives: aggregation, which refers to that individual members' intelligence accumulates to become organizational intelligence; cross-level transference, which refers to that individuals' intelligence is transformed and codified as organizational intelligence; distribution, which refers to that organizational intelligence is embedded in the structured patterns of thought and action in which organizational members interact and engage (Glynn, 1996). Among these three different mechanisms which relate organizational intelligence to individual intelligence, the first two show a more simple and direct association between organizational intelligence and individual intelligence, while the mechanism of distribution does not connect organizational intelligence directly to individual members, rather it discuss organizational intelligence from an institutional perspective. Interestingly, from the perspective of first two mechanisms, scholars mainly deal with issues of the "internal" organization, that is to say, discussion about organizational intelligence begins with individuals within organizational settings which seems to overlook the organization itself and the emergent property, which refers to the characteristics developed by the system itself without intentionality or guidance and feedback from external environment in the process of organizational development. The third mechanism of organizational intelligence views organization as a whole system in which individual members interact and engage according to the structured patterns. From this perspective, it is possible to discuss topics related to intelligence from an organizational level. In all, the dividing line between individual and organizational intelligence is still imprecise to allow differentiation of these constructs.

As organizations consist of individuals, and their reciprocal interactions, knowledge, behaviors, cognitions, feelings, emotions, and functional cultures; information processing infrastructures, such as information technologies; and interpretive systems for environmental events, one may integrate the different perspectives and the ontology on intelligence to highlight a more comprehensive view of organizational intelligence, and to better explain an intelligent organization. Such dualism distinction of individual and organizational does not ensure that the two levels address the entirety of intelligence. Dealing with the same concept at different levels simultaneously will cause confusion. Based on the ontology of organizational intelligence, different epistemologies, such as cognitive, behavioral and emotional which are though conceptually distinct, are interdependent and cause further confusion.

Organizational intelligence is an inherently social process (Glynn, 1996; Akgun et al., 2003), in which studies of organizational intelligence based on studies of individual intelligence alone tend to be ignored. In turn, the basis of individual intelligence fails to capture the social nature of organizational intelligence. Moreover, it is too simple to relate organizational intelligence to individuals' intelligence and overlook the emergent property and whole system of organizational intelligence.

Although a number of scholars approach organizational intelligence from very different perspectives based on varied epistemologies, most of them treat it as the general and "descriptive" attributes of organizations, and fail to emphasizes some specific aspects and the dynamic behind it, e.g. adaptive organizational intelligence, which refers to the developing of organizational intelligence during the process of cultural transformation and organizational adaptation. Exploring organizational intelligence in certain contexts will be helpful to illustrate the specific characteristics and dynamics.

The confusion of ontology and diversified epistemology of organizational intelligence make it very difficult to operationlize, which seems to be more applicable and practical rather than a solely theoretical construct. Although there are many scholars who have analyzed it, it is hard to converge studies under the same theoretical umbrella and it seems still have a long way to go before it will be possible to do so.

A New Perspective for Future Studies

Despite the accumulated research and findings of organizational intelligence, a significant limitation of the previous research has been the little effort on a comprehensive framework examining organizational intelligence of multinational corporations. Different epistemologies touched upon some characteristics and properties of organizational intelligence, however, few of them provide insights for explanations of the dynamics behind it. Here, an open system perspective, specifically, self-organizing system is proposed to provide insights to studies of organizational intelligence.

Open Systems and Self-Organizing System Perspective

The logic of open systems has been dominated in the history of organization studies in general and organizational sociology in particular in recent decades. System theorists have expanded their purview to incorporate more varied environmental factors affecting organizations and elevated their designs to allow the study of larger, more encompassing systems in which organizations are central players (Scott 2003). Early closed system approaches restricted attention to phenomena within the boundaries of a given organization. From their point of view, organizational structures were the contexts within which group behavior of interest occurred. Compared with closed system approach, open system models allow organizations themselves to become the subject of investigation, viewing variously as responsive systems shaped by environments, as collective actors themselves shaping their context, or as component players in larger, more encompassing systems.

What distinguishes open system theory from classic system theory is the notion of interdependence that systems rely on and are also constrained by feedback from other subsystems. The work of Von Bertalanffy established systems thinking as a major scientific movement (Capra, 1996).

Compared with traditional science which is based on the paradigm of determinism and time reversibility, self-organizing systems are based on an open system paradigm that emphasizes process, interdependence, holism, and nonlinearity. Self-organization is a process of *attraction* and *repulsion* in which the internal organization of a *system*, normally an *open system*, increases in *complexity* without being “consciously” guided or managed by an outside source.

Development of Self-Organizing Systems in Social Science

The term "self-organizing" was first introduced in 1947 by the psychiatrist and engineer W. Ross Ashby. It was taken up by the cyberneticians Heinz von Foerster, Gordon Pask, Stafford Beer and Norbert Wiener in the second edition of "Cybernetics: Control and Communication in the Animal and the Machine" (MIT Press 1961). “Self-organization” as a concept was used by general systems theory in the 1960s. Later it became commonplace in the scientific literature when physicists and researchers in the field of complex systems adopted it in the 1970s and 1980s. Since the 1980s, there have been several well-articulated and well-received studies in the organizational literatures that advocate the study of organizations from a self-organizing system perspective.

Within the past a few years, researches on self-organizing systems theory in the humanities and social sciences have burgeoned. Many scholars, from literature (Hayles, 1991), public relations (Cottone, 1993), economics (Arthur, 1989), and groups and organizations (Contractor, 1994; Contractor & Seibold, 1993; Goldstein, 1994; Gregersen & Sailer, 1993; Morgan, 1993; Svyantek & DeShon, 1993; Taylor, 1995; Thietart & Forgues, 1995; Wheatley, 1992) are exploring the applicability of self-organizing systems to the social phenomena of life. Links drawn between the so-called hard sciences and the humanities represent boundary crossings of interdisciplinary extremes. Several self-organizing theorists have either commented on the possibilities of their work being applicable to many different disciplines (e.g., Prigogine, 1980) or have their own social scientific applications themselves (Varela, Thompson, & Rosch, 1991). Recent popularizations of theory have attempted to extend self-organizing systems theory to human organization studies.

Self-Organizing System Perspective for Organizational Intelligence

From the perspective of self-organizing systems, viewing multinational corporations which feature cultural diversity as open systems, it would be helpful to address issues of organizational intelligence developed in the interaction and association of corporations and complex environment. Self-organizing systems provide theoretical background for discussions on the information flow and exchange between multinational corporations and social cultural environment, as an organization is regarded as a system which allows information to flow and exchange between itself and environment. Moreover, self-organizing systems go beyond simple open systems which view systems as respondents of the environment and are dependent on the feedback of the environment. From a simple open system perspective, the development of a system is mainly triggered by the interactions with and feedbacks from the external environment and is restricted and shaped by the environment. A self-organizing system provides space to discuss the developing process of the organization itself and the emergent property of the organization in development which is not directly related to the interactions with the environment.

Emergent Property from Self-Organizing Perspective

As the main characteristics of self-organizing systems, emergent property refers to characteristics developed by the system itself without intentionality or guidance and feedback from the external environment in the process of organizational development. From this perspective, an organization is regarded as a system with self-developing and evolving ability which seems like a central player that actively adjusts and interacts with environment, rather than an unconscious respondent to the environment. This characteristic provides great potential for exploring the cultural diversity of corporations, as cultural diversity acts as an emergent property of corporation without control in most cases.

Self-Organizing System as a Generative Mechanism

A generative mechanism is an underlying phenomenon for a complex set of events; it defines something essential about the nature of a system and focuses on what is crucial about its structure. A self-organizing mechanism is dynamic, not static, which is constantly regenerated through interactions. The identity of a system is then a self-referential act through which a system knows itself as distinct from, yet connected to, its environment. From this perspective, a self-organizing system perspective is helpful to elaborate the dynamics for organizational intelligence development of culturally diverse corporations. It is also interesting to further discuss the pattern and rules of the dynamics occurring in organizations under different circumstances and the necessary conditions for organizations to trigger this developing dynamics.

The processes taking place in systems are represented by the products or surface effects of an underlying mechanism in the system. This notion, known as a generative mechanism, is similar to Chomsky's (1980) idea of deep structure. These underlying mechanisms are an aid to interpret observable events because they guide how a system produces and reproduces itself.

Within the structure of a generative mechanism, a self-organizing system functions as a mechanism of organizational intelligence in two facets: (a) an overarching ordering mechanism, and (b) an underlying logic that produces surface behavior. The former is explained by Danziger (1990) as, "a basic common framework within which communication is possible, while at the same time providing scope for differences of emphasis" (p. 332). In such a framework, differences of emphasis are encouraged to stimulate theoretical development (Danziger, 1990), while maintaining a consonant line of research. Interpretations of these images remain open, and those who share them are in the position to emphasize different sets of implications. From this perspective, self-organization can be seen as an appropriate mechanism to connect society as a whole, an organization, or even a small group. Another function of a generative mechanism is to provide understandings of the deep, underlying logic that produces surface behavior. According to Morgan (1986), generative mechanisms can be explored as the process that generates patterns of meaning that create and change systems. A generative mechanism is an imagery that describes "the basic dynamics that generate and sustain organizations and their environments as concrete social forms" (Morgan, 1986, p. 235). Exploring the processes of self-organization as a generative mechanism provides a way of explaining how the organizational intelligence is embedded in the logic of change itself within organizations. In the context of change, it explains deep processes of transformation as a function of self-organizing behavior that produces surface phenomena. Self-organizing systems provides a means of explaining how the explicate reality of life is formed and transformed by underlying processes.

In sum, a generative mechanism is an underlying phenomena for a complex set of events; it defines something essential about the nature of a system and focuses on what is crucial about its structure. A self-organizing mechanism is dynamic, not static, which is constantly regenerated through interactions. Applying a self-organizing system perspective to organizational intelligence studies, especially for culturally diverse corporations, it is helpful to elaborate the underlying dynamics and emergent property of organizations. Therefore, building a comprehensive theoretical framework and interpreting the dynamics of organizational intelligence, self-organizing systems perspective provide great potential and explanatory power which need further and more intellectual study.

Reference

Ackoff, R. & Emery, F. (1972). *On Purposeful Systems*. Seaside, CA: Intersystems.

Ahmad, A. (1999). *A Pluralist Perspective of Team Syntegrity: Design and Intervention Strategy for Organizational Change.* PhD thesis, John Moores University Liverpool.

Albrecht, C. (1997). *Profit or loss: A Model for sociolinguistic domination in corporate bureaucracies*. Cincinnati, Ohio: The Union Institute.

Albrecht, K. (2003). *The power of minds at work: organizational intelligence in action*. America management association.

Ashby, W. (1965). *Design for a Brain*. Chapman & Hall, London.

Bavelas, A. (1952). *Cybernetics: Transactions of the Eighth Conference*. Josiah Macy Jr Foundation, New York.

Choo, C. (1998). *Information management for the intelligent organization*. Medford, NJ.

Clifford, P. & Elizabeth, P. (1993). *The end of bureaucracy & the rise of intelligent organization*. Berrett-Koehler Publishers.

Doise, W. & Mugny, S. (1984). *The social development of the Intellect*. New York, NY: Pergamon Press.

Espejo, R. & Schwaninger, M. (eds). (1998). *To be and not to be, that is the System: A Tribute to Stafford Beer.* CDROM, Carl-Auer-Systeme-Verlag: Wiesbaden.

Fatt, T. (2002). Emotional Intelligence: for human resource managers. *Management research News*, 25, 57-75.

Fuller, R. & Applewhite, E. (1982). *Synergetics*. New York: Macmillan.

Gardner, H. (1993). *Multiple intelligence: The theory in practice.* New York, NY: Basicbooks.

Glynn, A. (1996). Innovative genius: a framework for relating individual and organizational intelligence to innovation, *Academy of Management review*, 21, 1081-1112.

Goleman, D. (1995). *Emotional intelligence: Why it can matter more than IQ.* New York: Bantum Books.

Heinz von Foerster, (1996). Self-Organization, the Progenitor of Conversation and Interaction Theories. *Systems Research*, 13, 349-362.

Huber, P. (1991). Organizational learning: the contributing processes and the literatures. *Organization Science*, 2, 88-115.

Huy, Q. (1999). Emotional capacity, emotional intelligence and radical change. *Academy of Management Review,* 24, 325-345.

James, Q. (1992). *Intelligent enterprise: A knowledge and service based paradigm for industry,* The free press.

Leonard, A. (1995). Application for the VSM to commercial broadcasting in the United States. *In the Viable System Model*, Wiley: Chichester.

Liebowitz, J. (2000) *Building organizational intelligence: A knowledge management primer*. Boca Raton London New York Washington, D.C.

Mayer, J., Caruso, R. & Salowey, P. (2000). Emotional intelligence meets traditional standards for an intelligence. *Intelligence*, 27, 267-289.

McMaster, D. (1996). *The intelligence advantage: organizing for complexity*, Newton, MA: Butterworth- Heinemann.

Miller, D. (1987). Strategy making and structure: Analysis and implications for performance. *Academy of Management Journal*, 30, 7-32.

McCulloch & Gordon Pask. (1961). *A Predictive Model for Self-Organizing Systems*, Gordon Pask.

Morgan. G. (2006). *Imagines of organization*, London: Sage Publications, Inc.

Nohria, N. & Gulati, R. (1996). Is slack good or bad for innovation? *Academy of Management Review*, 15(2), 224-240.

Orton, J. & Weick, K. (1990). Loosely coupled systems: a reconceptualization. *Academy of Management Review*, 15 (2), 203-223.

Salovey, P. & Mayer, D. (1990). Emotional intelligence: Imagination, *Cognition and Personality*, 9,185-211.

Sandelands, E. & Drazin, R. (1989). On the language of organization theory, *Organization Studies,* 10(4), 457-477.

Schlinger, D. (1992). Intelligence: real or artificial. *The Analysis of Verbal Behavior*, 10, 240-248.
Schlinger, D. (2003). The myth of intelligence. *The Psychological Record*, 53, 15-32.
Schwaninger, M. (1996). *Structure for intelligent Organizations*. Discussion paper no.20, Institute of Management, University of St Gallen.
Serpa, F. (2000). Epistemological assessment of current business intelligence archetypes. *Competitive Intelligence Review*, 11(4), 88-101.
Shepard, R., Fasko, D. Jr & Osborne, H. (1999). Intrapersonal intelligence: affective factors in thinking. *Education*, 119 (4), 633-673.
Simon, H. (1976). *Administrative Behavior*. (4th ed.), New York, NY: Free Press.
Staber, U. & Sydow, J. (2002). Organizational adaptive capacity: a structuration perspective. *Journal of Management Inquiry*, 11 (4), 408-424.
Sternberg, J. (1985). Implicit theories of intelligence, creativity, and wisdom. *Journal of Personality and Social Psychology*, 49(3), 607-627.
Sternberg, J. & Kaufman, J. (1998). Human abilities. *Annual Review of Psychology*. 49, 229-258.
Walsh, P. & Ungson, R. (1991). Organizational memory. *Academy of Management Review,* 16(1), 57-91.
Weber, S.E., Liou, Y.I., Chen, M. & Nunamaker, J.F. (1996). *Toward more intelligent*
Organizations. Organizational Intelligence: AI in Organizational Design, Modeling and Control. Information Systems, IEEE Computer Society Press, Los Alamitos, CA.
Wiener, (1965). *An Introduction to Cybernetics*, Part Two Chapman & Hall.
Wilensky, H. (1967). *Organizational Intelligence*, Basic Books, New York, NY.
Veryard,R.(2000). *Component---Based Business background materials on intelligence*, Springer-Verlag.

Introduction to Outsourcing in the Animation Industry

By Venkataramana Gajjala

Venkataramana Gajjala notes that with modern information and communication technologies, it has become possible to trade services internationally just like commodities via the internet and telephone; something that had not been deemed possible in the past. The term outsourcing has been used interchangeably to refer to entirely different phenomena such as the buying of services online, the movement of production to affiliated firms overseas by multinational corporations, etc. Outsourcing in the context of services is defined as referring to services traded principally via the internet and the telephone. Estimates indicate that about 3.4 million jobs will be outsourced by 2015, which translates into 0.5% of the jobs of the industries impacted by outsourcing. The main objective of outsourcing is to reduce costs, primarily labor costs, because often the outsourced jobs cost only a fraction of the prevailing wage at home.

The world's labor supply effectively doubled after China, India, and the former Soviet Union became part of the globalized system of production. As a consequence, the global capital-labor ratio plunged due to low capital endowments in these countries. The result was that the relative price of labor fell while the global return to capital went up. Because emerging countries have invested heavily in education, the skill levels of their workforces have increased and, thus, they are now in a position to manufacture hi-tech goods and compete in advanced markets. In addition, competition of hi-tech goods and services produced in emerging economies on the world's markets results in a decline in the world price of these products which consequently leads to a decline in the wages of skilled workers in the developed countries.

The internet has permitted previously non-tradable services to be traded internationally. Not just call centers and data processing work is being offshored, but also better quality jobs like software programming, medical diagnostics, legal services, accounting, financing, etc. Although it is unlikely that a large number of jobs will be outsourced, the risk that they could be potentially offshored is likely to put a damper of wages in the developed economies. The only jobs that seem to be immune from offshoring are the ones right at the top and the ones at the bottom. However, those in the middle which are easily standardized like accounting, for example, are the jobs that will be hit hardest by outsourcing.

The development of a video game, Gajjala notes, requires a state-of-the-art infrastructure and creative skills which, in turn, makes it very expensive. Top studies in developed countries anticipate that outsourcing will reduce production costs by about 20 percent. Indian companies seek to acquire a sizable share of the multi-billion dollar global gaming market. But competing on price alone may not be enough for Indian companies which is why Indian companies need to move up the value chain and co-produce with international game developers rather than continue to be labor arbitragers. That is probably one of the reasons why Indian companies are investing heavily into education.

It is clear that outsourcing these service jobs to emerging countries is also underway already in Germany as well. As the author notes, it does not mean that jobs in Germany will be destroyed at a massive scale as a result of this outsourcing. Instead, outsourcing services offers unique opportunities that German companies might use to their advantage. With outsourcing, though, good communication is essential since the virtual context makes it more difficult to communicate effectively. That is why communication needs to be good with little or no risk of misunderstandings. Otherwise, the anticipated cost savings could never be realized and one might even incur greater losses as a result of faulty communication.

Michael B. Hinner

Venkataramana Gajjala is Associate Professor of Economics and Finance at Tiffin University's School of Business. After having earned his Ph.D. in Economics from the University of Pittsburg, he worked for private industry and for the University of Toledo's School of Business. His research focuses on globalization and its implications for entrepreneurship and corporate strategy in transition and emerging market economies, privatization in transition economies, and business in emerging economies. He has presented numerous papers at international conferences.

Outsourcing in the Animation Industry

Venkataramana Gajjala

Introduction

The recent debate on the new trend of outsourcing to developing countries both among academics and non-academics has demonstrated the confusions that exist about its exact definition and whether it is any different from the trade that has been taking place since Ricardo's time. Ever since Information and Communication Technologies have enabled hitherto non-tradable services to be traded internationally - just like commodities, via the Internet and the telephone - the term outsourcing has been used interchangeably to refer to wholly different phenomena such as the buying of services on-line, the movement of production to affiliate firms overseas by multinational corporations (MNCs) etc. First, I do a review of literature to determine the precise definition of outsourcing - does outsourcing refer explicitly to services traded principally via the Internet and the telephone (Mode 1 services in the language of the World Trade Organization)? I find that this definition is suitable because this has been the focus of the recent "outsourcing" debate. Second, I examine whether the classical trade models are applicable to the phenomenon of outsourcing i.e. if the standard results still hold? Third, I look at the empirical evidence to see if offshore outsourcing (outsourcing refers to work contracted to an outside firm, offshoring is the shift of work abroad) - under this definition – has actually hurt U.S. jobs and examine economic issues relating to the outsourcing of software programming (including animation and game development), call centers and business processes. As the skill levels rise in countries like China and India, U.S. trade with these countries is likely to be similar to U.S. trade with richer countries like those of the EU, for instance. In any event, offshore outsourcing annually is microscopic – even without adjusting for the jobs in-sourced to the U.S. - to matter much. Estimates by Forrester Research indicate that 3.4 million jobs will be outsourced by 2015 – this may seem colossal but it entails only 0.5 % of the jobs in the industries impacted. The consequences of offshore outsourcing pale when compared to the fact that the U.S. economy destroys some 30 million jobs and creates slightly more in an average year in what is referred to as the Schumpeterian process of 'creative destruction'. However, "if we take the economic consequences of the fast technological and organizational changes – the Schumpeterian 'creative destruction' – into consideration, it is very likely that the cost of maintaining social cohesion and promoting inclusion will actually increase, at least in the short term" (Fekete, 2006). The suspicions regarding the quality of jobs that will supplant those lost to offshore outsourcing are also argued here to be improbable - in reality, it leads to gains similar to those from conventional trade in goods. Last, but not the least, I do case studies of five Indian animation companies.

The Definition of Outsourcing

In the early 1980s, 'outsourcing' was typically understood as the process by which firms in the US or Europe handed over work they were accustomed to performing in-house to outside firms – this has been standard operating procedure ever since the advent of mass mechanization. However, "revolutionary advances in transportation and communications technology have weakened the link between labor specialization and geographic concentration, making it increasingly viable to separate tasks in time and space. (Grossman and Rossi-Hansberg, 2006). In other words, the entire production process can now be split into separate tasks, which can then be spread around the globe. Also, 'outsourcing' has taken on a new meaning ever since ICTs have enabled hitherto non-tradable services to be traded internationally via the Internet - for instance, a service such as accounting can now be provided remotely thus exposing more sectors in the developed world to competition from developing countries like India. Offshoring thus 'refers to the practice of replacing domestically supplied services with imported services' (Bednarzik, 2005). The main objective behind offshoring work - 'long-distance' purchasing of services (Bhagwati et al. 2004) - to Asia or elsewhere in the developing world was because it could be done for a fraction of the prevailing wage at home thus minimizing costs. In February 2004, the members of President Bush's Council of Economic Advisers (CEA) had this to say: "Outsourcing of professional services is a prominent example of a new type of trade" (Mankiw, Forbes and Rosen, 2004). Further, the chair of the CEA, Gregory Mankiw, told journalists the following in an interview (Andrews, 2004): "I think outsourcing is a growing phenomenon, but it's something that we should realize is probably a plus for the economy in the long run. We're very used to goods being produced abroad and being shipped here on ships or planes. What we are not used to is services being produced abroad and being sent here over the Internet or telephone wires. But does it matter from an economic standpoint whether values of items produced abroad come on planes and ships or over fiber-optic cables? Well, no, the economics is basically the same." Mankiw's comments resulted in a controversy – with some going to the extent of saying that he had approved of a decline in U.S. jobs. Many journalists too joined the debate – for instance, Lou Dobbs of CNN provided a list of US companies that 'ship jobs abroad' (Dobbs, 2004). As evidenced by the polls then, a majority of Americans also had analogous views i.e. that 'outsourcing' was hurting the US economy. The ensuing public debate over outsourcing has caused some ambiguity about what is actually meant by outsourcing – in some conversations the connotation of the word 'outsourcing' has been extended to include occurrences such as the offshore acquisitions of manufacturing equipment and in some cases even foreign direct investment (FDI) by firms. The question then is – what does outsourcing refer explicitly to? Does it, as stated above, refer to services traded primarily via the Internet and the telephone (Mode 1 services in the language of the World Trade Organization)? This definition seems to be appropriate and based on this definition, I will examine in the following section whether classical trade models are applicable to the phenomenon of outsourcing i.e. if the standard results still hold.

Neo-Classical Trade Models and Their Applicability to 'Outsourcing'

According to neo-classical trade theory, economies gain from trade by specializing in products in which they have a comparative advantage. Since workers in developed economies have higher skill levels and workers in emerging economies tend to have lower skill levels, the theory postulates that the former will specialize in capital-intensive goods while the latter will specialize in labor-intensive products. Assuming free international trade, competition from cheaper imports from emerging economies will diminish the wages of unskilled workers in developed economies but due to a fall in prices, workers as a whole will be better off. However an increase in productivity in the emerging (less productive) economy can make the developed (more productive) economy worse off by lowering the price of the latter's exports – semiconductors, for example - just enough to offset the gain from the increased availability of cheaper goods (Samuelson, 2004). Further, the available evidence shows that the average worker does not seem to be getting an equitable share of the economic gains from free trade. There are a number of causes as to why standard neo-classical trade theory may need some adjustments. According to Richard Freeman of Harvard University, 'the first is that the sheer size of the emerging giants' labor forces has shifted the global capital-labor ratio (which determines the relative rewards of capital and workers) massively against workers as a group' (The

Economist, 2006). With the world's supply of workers doubling after China, India and the former Soviet Union became part of the globalized system of production, the global capital-labor ratio plunged due to the low capital endowments in these countries. The result was precisely what economic theory would predict - the relative price of labor fell while the global return to capital went up. In a competitive market environment, supernormal profits would disappear eventually and workers would benefit from lower prices. But wages for low-skilled workers in developed economies could continue to be low since the growth of the labor force in China could outpace productivity growth and thus decrease China's unit labor costs.

The second reason has to do with the fact that with emerging countries having invested heavily in education, the skill levels of their workforces have increased and thus they are now in a position to manufacture hi-tech goods and compete in advanced markets. Neo-classical trade models need to be modified to account for this new reality – according to the standard assumptions only developed countries had the capability to manufacture hi-tech goods given that their workforces were more educated. Further, with the MNCs going to emerging economies in a big way - given the globalization of production and consumption – there has been a leveraging of technology by the emerging economies thus leading to a diminishing of the developed world's comparative advantage in hi-tech areas. In addition, competition from hi-tech goods and services produced in emerging economies on the world's markets results in a decline in the world price of these products and consequently leads to a decline in the wages of skilled workers in the developed economies.

The Impact of Outsourcing on the US Labor Market

The term 'outsourcing' is no longer restricted to just the offshoring of dirty blue-collar jobs in manufacturing but also white-collar service jobs, which were hitherto regarded as immune from foreign competition. The Internet has enabled previously non-tradable services to be traded internationally – it is not just grunt work like call center and data processing work that is being offshored but better-quality jobs like software programming, medical diagnostics, legal services, accounting, finance etc. are also being subjected to a global labor arbitrage. As stated above, offshore outsourcing annually is microscopic – even without adjusting for the jobs in-sourced to the U.S. - to matter much. Estimates by Forrester Research indicate that 3.4 million jobs will be outsourced by 2015 – this may seem colossal but it entails only 0.5 % of the jobs in the industries impacted. The consequences of offshore outsourcing pale when compared to the fact that the U.S. economy destroys some 30 million jobs and creates slightly more in an average year in what is referred to as the process of "creative destruction". However, it should be pointed out that these estimates include only jobs that are being currently outsourced and not those that have the potential to be outsourced with advances in IT and education in emerging economies. In reality, the number of jobs offshored to emerging economies is probably going to be fairly small. However, the sheer risk that they could be potentially offshored is likely to put a damper on wages in the developed economies. The only jobs that seem to be immune from offshoring are the ones right at the top (i.e. the highly skilled ones) and the ones at the bottom (e.g. cabbies, janitors etc.). A recent study by David Autor, Lawrence Katz and Melissa Kearney has demonstrated that in the US, UK and Germany workers at the high end and the low end of the skill spectrum have outdone those in the middle - the ones in the middle (i.e. those skilled jobs that can be easily standardized like accounting, for instance) are the ones that have been hit hardest (Autor et al., 2006). But according to Blinder, "the rich-country jobs that will be most vulnerable to offshoring, and thus under the greatest wage pressure in the future, are not mostly low-end jobs. They are jobs providing impersonal services, some of which now pay very handsome wages and some of which do not. Unfortunately, the distinction between personal service jobs (which are more likely to remain in the rich countries) and impersonal service jobs (which are more likely to go) does not correspond to traditional distinctions between high-skilled and low-skilled work" (Blinder, 2005).

Offshoring, just like trade, is helpful to developed economies as well - the increased mobility of capital and technology does not imply that Ricardo's theory of comparative advantage does not hold any longer. Big emerging economies like China and India, for instance, are better endowed in labor vis-à-vis capital - hence their comparative advantage will for the most part remain in labor-intensive industries. The direction of a country' trade is determined by its comparative capital endowment relative to other economies. Emerging economies have a relatively lower capital endowment vis-à-vis developed economies, and hence they are unlikely to become major exporters of capital-intensive goods until their capital-to-labor ratio gets closer to that of the developed countries and this is not going to happen overnight. Further, developed economies will hold on to their comparative advantage in knowledge-intensive activities because of their relatively higher endowment of skilled labor, but that advantage is likely to be dented pretty rapidly in the impending future.

Overall, trade (offshoring included) with emerging economies will still help the developed economies. First, more competition will lead to lower prices being passed on to consumers. Second, bigger economies of scale will lead to enhanced growth in productivity and output. Third, an increase in profits will lead to higher dividends though there is a caveat here - the latter might lead to an increase in income inequality since the affluent are more likely to invest in stocks in the first place.

According to a study by McKinsey & Co., three industries i.e. software engineering, banking and IT-enabled services account for the global employment of more than 20 million workers (The Economist, 2004). The supply of IT-enabled services is by far the most global - the provision of banking services being the least global, with less than 1% delivered from offshore locations - and the addressable market for global offshoring is over $300 billion. Only 10% has been realized so far ($18.4 billion in IT and $11.4 billion in BPO) while the estimate for the year 2010 is $110 billion. In each of these industries, there is a potential for approximately half the work to be offshored - even a fraction of this imply a massive reorganization of the production process in these industries. Insurance, market research, legal services etc. are examples of other industries, which have the potential to be offshored.

Animation and Game Development Outsourcing to India

With the maturing of the video-game industry, the costs involved in the artwork, character designs, programming, sound effects and score i.e. production costs for the end-to-end development of a modern game have spiked. As opposed to ordinary applications, game development requires state-of-the-art infrastructure and creative skills, thereby making it an expensive venture. A report by Screen Digest has revealed that the "demand for quality art and animation will soon outstrip supply by experienced outsourcing providers "(Gibson, March 2006). The top studios in the U.S., Western Europe and Japan are banking on an increased use of outsourcing primarily in the production of art assets in order to keep the potential cost escalation down to nearer 20 percent.

Further, intense competition to reach the marketplace faster has led international gaming companies like US based Electronic Arts (EA) and THQ, for instance, to look at the outsourcing model. The Screen Digest report estimated that 'the global market for games outsourcing is set to grow to $2.5 billion by 2010' representing '40 percent of the total games development spend' (ibid.). The report further stated that outsourcing is already common in the games industry and is expected to be around 90% by 2008. The growth in the gaming industry and consequently the increased budgetary outlays of game companies have led to an increase in the demand for labor and most global game companies now know that outsourcing is a way to minimize costs and acquire the necessary flexibility to hire additional labor as and when required.

Indian companies are aiming to acquire a sizeable share of the multi-billion dollar global gaming market. This market, which stood at USD 21 billion in 2006, is expected to reach USD 42 billion by 2010 (NASSCOM, 2007). They are aiming high and seem to be transitioning from doing 'grunt work' like porting for online games, and character building and texturing for the console space to more technology intensive activities like game testing and 3D asset creation in the online space, and graphic designing of mobile and wireless games - the demand for the latter seems to have increased due to the higher use of animation in games. Apparently, the ultimate objective here is to move up the value chain and co-produce with international game developers rather than continue to be pure service providers and in order to translate this into reality they will have to collaborate more closely with the Government and successfully tackle a looming skilled labor shortage.

Method:

The primary purpose of the research is to investigate the following questions:

a) Can Indian firms can tap the potential of the growing global animation and gaming industry.

b) Can they successfully leverage India's IT expertise, creative skills and cost competitiveness to replicate the entrepreneurial success of its IT companies?

c) Can they enhance the skill sets of their employees and simultaneously enlarge the existing talent pool?

With the above research agenda in mind, we chose five Indian firms - headquartered in Hyderabad, India - for a site visit in June 2007. This sample included global players and prominent software exporters and the case studies that follow contain a company profile and also serve as a test site for the research questions posed above. Each visit included a meeting with the CEO/Director(s) - these visits were facilitated by the Hyderabad Software Exporters Association (HYSEA) and therefore do not constitute a random sample. The meetings focused on the companies' past achievements and their plans for the future.

Case Studies

DQEntertainment – DQ Entertainment Limited (DQEL), a *Red Herring* and Deloitte Touche Tohmatsu performer[1], headquartered in Hyderabad, India is a multimedia & animation Company specializing in 3D modeling & animation, 2D traditional animation and Flash animation for TV and feature Films, next generation 3D Game Asset Development, and Mobile Game Development. It has over 3000 employees working out of its facilities in Hyderabad and Manila and plans to add another 1000 this year. DQEL has equity participation by the International Finance Corporation, the TDA Capital Group (an associate of the Templeton Group, USA), India Value Funds (USA), I-Labs Funds and IL & FS Investments Managers Limited who are bullish on its prospects since DQEL earned revenues of $12 million and $25 million for fiscal years 2006 and 2007 respectively. DQ has co-production ventures with prestigious animation companies from France, Italy, Spain, Germany, Canada and the US. It has entered into a joint venture with Onyx Films of France to produce computer generated images (CGI) feature films. It has done 'service' work for companies like BBC World, Cartoon Network, Discovery Kids, EA, Walt Disney, Sony, Universal and Piramax. In 2007, the company won the prestigious *Day Time Emmy* award for *Tutenstein* which was co-produced with a US based firm *Porchlight Enertainment* for the Discovery Channel - the TV series won the award in the outstanding special class animated program. *Tutenstein* was produced in the company's Hyderabad studio, and had real Egyptian historical names and exciting information from ancient Egyptian mythology. DQ centers of learning and excellence were set up to overcome the scarcity of trained animators, visual effects and Game development professionals in line with the teaching and experience of Walt Disney. The company is aiming to move up the value chain by focusing more on asset creation rather than pure service work – as of now outsourced service work accounts for 40% of its total revenues.

Green Gold Animation

Green Gold Animation Private Limited (GGAPL) is a Hyderabad based animation company with revenues of about $500,000 last year. It provides visual effects and animation services for TV and film projects to domestic and international clients like, for instance, Cartoon Network, Mentor Graphics and Telemedia InteracTV. It currently has a staff of around a hundred professionals working at its Hyderabad studio. GGAPL's Managing Director, Rajiv Chilakalapudi founded the company in 2001. Rajiv has a Master's degree in Computer Science from University of Missouri at Kansas City and worked for three years as a software engineer in the US. He also studied animation at the Academy of Art in San Francisco. He has directed 2D animated movies like *Vikram Betal* and

Krishna, which have been aired on Cartoon Network India. Other ventures include Bongo – a live action plus 3D animated TV series about an alien character, which was aired on Doordarshan India – and *Chhota Bheem*, a 2D cartoon series developed for the Indian audience.

In July, 2007, GGAPL recently launched its first training academy in Warangal, India – the institute offers two courses (2D and 3D), each lasting six months. GGAPL plans to hire most of the graduates, given the huge shortage of skilled labor in the industry.

Sun Animatics

Sun Animatics India Private Limited (SAIPL) specializes in 2D traditional animation for TV and feature Films, 3D character designing and animation, Flash Animation For TV, Interactive Flash Animation and Flash Games. It also does post-production work like editing and voice recording apart from doing special effects for movies and its studio has training facilities as well.

In May 2007, the company released *Ghatothkach* (a mix of 2D and 3D animation) co-produced with Shemaroo Entertainment Private Limited – the latter is a leading Indian entertainment company, which tied up with Sony Entertainment for the film's release in the US. *Ghatothkach* – which has a run time of hundred minutes - was made at studios in India, the Philippines, Singapore, and the UK with Hollywood writer Mark Zaslove scripting the English version being produced in Toronto. SAIPL is aware that there is a global market for animated films both in the theatre and DVD segments, as has been repeatedly confirmed. SAIPL has a presence in Manila where a lot of the 2D work (classic sketches) is being done. It is also producing a 3D film titled *Eshan*, which is in the preproduction stage in Los Angeles. SAIPL is also making games based on *Eshan*, which it proposes to release six months prior to the release of the film so that moviegoers get familiar with the characters. According to Mr. Vinod Suryadevara, Managing Director of SAIPL, games are closely tied to movie characters in India because making independent games is expensive as it requires new asset creation and further game consoles - like the X-Box and PlayStation - have only recently become available in India. SAIPL also runs a training institute and is planning tie-ups with universities in the US.

Rayudu Vision Media Ltd.

Rayudu Vision Media Ltd. (RVML) is a Hyderabad based company providing 2D and 3D animation, and visual effects services for the TV and DVD market segments. In addition to doing pure service work, RVML is also into co-production and original content development. RVML was established in 2005 and is amongst the leading animation studios in India. RVML is designed to provide all animation services under one roof to its clients. After having acquired valuable hands on experience by working on a range of animation projects for international TV, RVML is currently making a 2D animated full-length feature film called *Lava Kusa - The Warrior Twins* – 52 episodes are being made for TV as well. The movie is based on the Hindu mythological epic *Ramayana* and is the story of twin brothers who end up crossing swords with their own father, Lord Rama, in their fight for justice. This movie – scheduled to be released soon -is a wholly indigenous product and is considered to be a significant contribution to the Indian animation movie industry. Earlier, RVML produced a 30-minute episode called *Netball* for a TV series in New Zealand called *bro'Town* (produced by Firehorse Films). They were complimented by the company for their high quality work and have been contracted to produce another 2 or 3 episodes. They are planning to get into the production of real time games in a big way down the road – as of now it is on a small scale. RVML has also floated a training institute called *Race* for 2D/3D animation where students are trained in animation software like Maya Unlimited, 3ds MAX etc. The institute has around 300 students currently enrolled – their monthly intake is about 25. The training course takes about eighteen months to complete and the students are awarded a diploma at the end. The exceptionally talented graduates can earn a monthly salary of up to Rupees 100,000 (approximately USD 2,500).

Color Chips India Limited

Color Chips New Media Limited (CCNM) is a company specializing in 2D and 3D animation, visual effects, flash animation and game development. Sudhish Rambhotla, the Chairman, founded CCNM in early 2000. Today CCNM counts leading domestic and international companies amongst its clients and owns intellectual property rights for over 100 Characters and 250 Features. It has done 2D animation work for companies like Turner Entertainment, ESPN Star Sports and Kellogs India Limited. CCNM is ambitious – they want to globalize an animated version of *Amar Chitra Katha* (the comic books that illustrate Indian classics in history, folklore, mythology and culture) just like Chinese martial art. The idea is to tell stories that are local in substance but have a global appeal.

Given the intense competition in the marketplace, CCNM – just like the others - is finding a shortage of skilled labor. With this in mind it founded a training academy called the Colorchips Institute of Entertainment and Media Arts, which offers courses in 2D and 3D animation and trains students in animation software like Maya Unlimited, 3ds MAX etc. It underscores the importance of developing hands on skills through simulated work environments and real world projects.

Conclusion

As stated above, outsourcing typically tends to invite a political backlash in the form of paranoia about job losses than optimism about enhanced global economic growth. But, it turns out, the outsourcing industry is growing and as it grows, multidirectional changes are discernible. To begin with, the growth of the industry has slowed down. In the IT sector as a whole, offshore outsourcing (as opposed to domestic outsourcing) continues to be standard operating procedure but the flow of jobs is no longer unidirectional i.e. from the high wage countries to the low wage countries. In the animation and gaming industry specifically – as in the IT industry as a whole - cost minimization based on labor arbitrage continues to be the primary driver of offshore outsourcing, but increasingly the focus is shifting to intellectual arbitrage. Competing on price alone may not be enough for Indian companies since even big players like EA, for instance, are also aiming to minimize costs by establishing their own game development facilities in low wage countries like the one they have recently established in India. It is imperative that Indian companies move up the value chain and co-produce with international game developers rather than continue to be labor arbitragers.

Endnotes

1 DQEL was awarded the prestigious Red Herring Top 100 Technology Company in 2005. In 2006, DQEL was placed 391st in the Deloitte Touche Tohmatsu Technology Fast 500 Asia Pacific program and 42nd in the Technology Fast 50 India 2006 Program.

References

Andrews, E. L. (2004) 'Democrats Criticize Bush Over Job Exports.' *New York Times*, 11 February, p. A 26.

Autor, David H., Katz, Lawrence F. and Melissa S Kearney (2006) "The Polarization of the US Labor market", *American Economic Review*, 96(2): 189-194.

Bednarzik, R.W. (2005) "Restructuring information technology: is offshoring a concern?" *Monthly Labor Review*, vol. 128, no. 8, pp. 11-21.

Bhagwati, J., Panagariya, A. & Srinivasan, T.N. (2004) 'The Muddles over Outsourcing' *Journal of Economic Perspectives*, vol. 18, no. 4, pp. 93-114.

Blinder, Alan S. (2006) "Offshoring: The Next Industrial Revolution?" *Foreign Affairs*, 85(2): 113–28.
Dobbs, L. (2004). *Exporting America: Why Corporate Greed is Shipping American Jobs Overseas*. Warner Books, New York, NY 10020.
Fekete, L. (2006) 'The ethics of economic interactions in the network economy', *Information, Communication & Society*, vol. 9, no. 6, pp. 737–760.
Grossman and Rossi-Hansberg (2008) "Trading Tasks: A Simple Theory of Offshoring" *American Economic Review*, 98(5): 1978-1997.
MacQueen, D. & Gibson, R. (2006). 'Outsourcing in Next Generation Games Development: Delivering cost and production efficiency'. www.screendigest.com/reports/06outnextgames/pdf/06OutNextGames-PDF/view.html (March 9, 2006).
Mankiw, N.G, Forbes, K.J. & Rosen, H. S. (2004). "Testimony before the
Joint Economic Committee, U.S. Congress: The Economic Report of the President." Available at http://www.gpoaccess.gov/eop/download.html.
NASSCOM (2007). 'NASSCOM Study on Animation and Gaming Industry in India', www.nasscom. in/Nasscom/templates/LandingPage.aspx?id=4946 (31 July, 2007).
Samuelson, P. (2004) 'Where Ricardo and Mill Rebut and Confirm Arguments of Mainstream Economists Supporting Globalization', *Journal of Economic Perspectives*, vol.18, no. 3, pp. 135-46.
The Economist (2004) Survey: Outsourcing 'A world of work' November 11.
The Economist (2006) Survey: 'More pain than gain' September 14.
The Economist (2007): 'The great unbundling' January 18.

Introduction to

Digital Cinema and the Transformation of the Motion-Picture Industry

By Paul Messaris

Paul Messaris notes that digital cinema typically refers to the dual process of digital distribution and exhibition. Messaris, though, uses the term more inclusively, encompassing not only distribution and exhibition, but also two more areas of film-making in which computers play a crucial role: Digital editing and digital effects. In all of these areas, the transition from traditional celluloid-based film-making to digital cinema has had a revolutionary impact. Digital movies can be manipulated with complete precision by computers, they can be copied repeatedly with no significant loss of information, and they can be transmitted without any significant loss across computer networks. In short, digital movies permit radical transformations in all aspects of post-production, distribution, and exhibition.

Messaris examines the broader changes that digital technologies are bringing about in the business and art of motion pictures. Messaris focuses primarily on large-scale industrial film making associated with Hollywood, but also on certain developments happening outside that industry. In this context, the ultimate question is how these changes in film-making practices are affecting the experience of theatrical motion picture customs. Studies have revealed that the primary viewers of Hollywood movies are young males. Other research indicates that rapid editing is considered to imply masculinity at least when it is contrasted with slower editing transitions in movies. Furthermore, younger men are assumed to prefer action movies, and action movies are supposed to be fast-paced which, in turn, calls for rapid editing. At the same time, the movie industry got a lot of competition from new developments in visual entertainment, for example, video games and accessibility to videos on the web. Since fast paced scenes can cover up bad acting, bad set design, and bad directing, it can also be postulated that fast paced editing cuts costs since editing is cheaper than refilming on the set. Studies of the types of movies made over the last thirty years show that postdigitial movies have created a trend away from reality to more fantasy. This seems to be due to the fact that viewers prefer digital special effects for science fiction and fantasy, but not for realistic contexts. Also, showing celluloid films is expensive since such showing is subject to wear and tear when shown and making a new copy is expensive and time consuming. This is not the case in digital form. Digital form has made film-making actually easier since the big technical hurdles are removed and access is available to tools that were previously only available to large-scale industrial productions such as digital camcorders and digital editing which are both relatively inexpensive. And with digital distribution, the showing of films is also made easier because in the past it was necessary to have a number of celluloid copies for showing films in the theaters due to the wear and tear of such film rolls. And finally, it seems as if digital technology will allow the making of 3D movies. This, in turn, though requires large film productions because 3D movies necessitate the use of numerous well coordinated camera shots. Here, Messaris sees an attempt by the film industry to limit the impact of non-industrial film-making since they typically do not have the resources to make such 3D movies.

The text has direct relevance to the world of business in a number of ways. First and foremost, the film industry is big business and generates a substantial portion of California's GDP. But the advent of digital film-making has also consequences for companies using the film medium for marketing and/or training purposes since it indicates lower production costs and permits the integration of effects that were previously beyond the reach of most corporate productions.

Michael B. Hinner

Paul Messaris is the Lev Kuleshov Professor of Communication at the Annenberg School for Communication, University of Pennsylvania. He teaches and does research in the areas of visual communication and digital media. His publications have dealt with viewers' interpretation of images (*Visual 'Literacy': Image, Mind, and Reality,* winner of the National Communication Association's Diamond Anniversary Book Award in 1996); viewers' responses to the formal devices of advertising and other types of visual persuasion or manipulation (*Visual and Persuasion: The Use of Images in Advertising*, 1998); and ways in which the media have been affected by the advent of computers (*Digital Media: Transformations in Human Communication*, 2006, co-edited with Lee Humphreys). His most recent research deals with digital special effects in fiction film, and viewers' reaction to the style and content of movies.

Digital Cinema and the Transformation of the Motion-Picture Industry

Paul Messaris

In the theatrical motion-picture industry, the term "digital cinema" is often used in reference to the dual process of digital *distribution* and *exhibition* – in other words, the use of computer files in place of celluloid as a medium for transmitting movies to theaters and projecting them to an audience. However, in this chapter we will use the term more inclusively, encompassing not only distribution/exhibition but also two other areas of film-making in which computers play a crucial role: digital *editing* and digital *effects*. In all of these areas, the transition from traditional, celluloid-based film-making to digital cinema has had a revolutionary impact. When a scene in a movie is shot with a digital camera, the scene's pattern of light and color is translated into a rectangular grid of pictorial elements – pixels. Variations in brightness or color from one pixel to another are recorded in terms of discrete, fixed units – hence, "digitally" – instead of the continuous gradations employed by analog media. This property of digital cinema has major technical consequences. Digital movies can be manipulated with complete precision by computers; they can be copied repeatedly with no significant loss of information; and they can be transmitted without significant loss across computer networks. In short, digital movies enable radical transformations in all aspects of post-production, distribution, and exhibition.

In light of these technological transformations, this chapter will examine the broader changes that digital technologies are bringing about in the business and art of motion pictures. Our discussion of these issues will focus primarily on the kind of large-scale, industrial film-making that we associate with Hollywood (but also Mumbai or "Bollywood," Hong Kong, and other centers of the global movie industry). However, we will additionally consider certain developments that are happening outside that industry, in the world of individual film-makers or small groups making movies on their own. Our ultimate aim in this discussion will be to ask how changes in film-making practices are affecting the experiences of theatrical motion-picture customers. We will address this question with specific reference to three major applications of digital technology: editing, special effects, and distribution/exhibition.

Editing: Celluloid vs. Computers

The first component of digital cinema to achieve widespread adoption by the motion picture industry was computer-based editing. This development took place in the early 1990s, following two decades of experimentation. Originally, digital editing was aimed mainly at replacing earlier methods of editing video, which entailed assembling a program by adding one shot after another according to a predetermined sequence. In order to make even a single change in a single shot, an editor working in this system had to go back and reassemble the entire program from the very beginning. By contrast, digital editing, in which all shots are stored in a computer, allows the editor to have random access to any shot at any time. Accordingly, it is often referred to as "non-linear" editing, to distinguish it from the earlier, linear method of editing video (McKernan, 2005, pp. 88-90).

In this sense, the editing of celluloid film can also be termed non-linear. However, because of certain limitations that will be described below, big-budget film-making migrated from celluloid to digital editing long before the industry began to embrace digital cameras. In 1997, when Walter Murch became the first person to receive an Oscar for a film edited digitally (*The English Patient*), the Avid system that Murch used on that movie was already well on its way to becoming the industry standard, and by the end of the 1990s it was very unusual for a big-budget Hollywood movie to be edited in any other way. (Until recently, Steven Spielberg was one of the few notable hold-outs.) On the other hand, although high-quality digital cameras have been available since the early 2000s (as demonstrated by *Star Wars Episode II: Attack of the Clones* [2002], the first major production to go completely digital), to this day most Hollywood movies are shot on celluloid and then scanned into a computer for editing purposes.

How has the use of digital editing affected the industry's film-making practices? As a prelude to addressing that question, it may be instructive to review a revealing episode from the pre-digital history of editing. At the Academy Awards of 1962, the Oscar for Best Film Editing was won by Anne V. Coates for *Lawrence of Arabia*. The best-known cut in that movie – indeed, one of the most famous editing transitions in film history – occurs in a scene in which the movie's protagonist is discussing his impending journey to the Arabian desert. His companion warns him that the desert will be a "burning, fiery furnace."

Lawrence smiles, lights a match, and brings it up to his lips. Then he blows on the match, and, instantly, the scene changes to a red-hot desert sunrise. The movie's director, David Lean, has given us a detailed description of how he and Anne Coates worked on that transition. After she had made the initial edit between the two scenes, he asked her to shorten the transition by cutting a frame from the shot of Lawrence. When the edit had been redone, he asked her to shorten it yet again, and he kept requesting further cuts until a total of six frames had been removed. The result of that process is the visual jolt that we see in the finished film (Morris & Raskin, 1992).

This scene has become famous among film historians not only because of the dramatic nature of the transition but also because the story behind the scene is an excellent illustration of the amount of trial and error involved in effective editing. For our purposes, though, Lean's story is a revealing example of why celluloid-based editing was rarely as adventurous as it was in this instance. Every time he asked for the edit to be redone, the two pieces of film had to be pried apart, and a frame had to be cut very literally out of the shot of Lawrence. Consequently, if Lean had had any second thoughts about that cut, the shot would have had to be reassembled from fragments, or another copy would have had to be procured. It should be evident that this kind of editing does not encourage experimentation. As Charles Domokos has noted, "Film [celluloid] editing is a cumbersome, destructive, non-electronic version of non-linear editing" (Domokos, 2006, p. 21).

Digital Editing and the Acceleration of Editing Speeds

This episode from the making of *Lawrence of Arabia* puts into perspective what digital non-linear editing has meant to the generation of editors who first made the transition from celluloid to computers. On a computer-based editing machine, a shot can be shortened, lengthened, deleted, or restored as often as the editor wants, through a few clicks of a mouse. Even someone with no knowledge of recent movie history could probably guess what such a technological development might lead to. As editing became easier to perform, it also became more frequent. As David Bordwell observed at the beginning of the present decade, "Today, most films are cut more rapidly than at any other time in U.S. studio filmmaking" (Bordwell, 2002, p. 17). More recently, he has timed several action movies at less than 2 seconds per shot (Bordwell, 2007). By way of contrast, a study by Salt had found that, even as late as the period 1994-1999, the average shot length of US movies was 4.92 seconds (Salt, 2006, p. 320). Indeed, rapid editing has become such a fixture of contemporary action movies that its absence can raise questions. In an interview about his latest movie, *Indi-*

ana Jones and the Kingdom of the Crystal Skull (2008), Steven Spielberg spends considerable time explaining why he did *not* use the kind of quick-cutting ("a cut every second and a half") that had given audiences such a "huge adrenaline rush" in *The Bourne Ultimatum* (Windolf, 2008, p. 3).

Although the trend toward shot lengths of 2 seconds or less would probably not have occurred without the enabling technology of digital editing, it would be a mistake to see that technology as the ultimate cause of quick-cutting. In what is probably the most systematic historical study of cutting rates in US cinema, Barry Salt has found that the average shot length of US movies has experienced at least one other episode of major decrease in the past. Between the early 1950s and the late 1960s, that number went from 10.13 to 7.11 seconds (Salt, 2006, p. 320). It continued to drop, albeit far less rapidly, after that. The technology of film editing did not change in any fundamental way in the 1950s or 1960s. Is there some other factor that those decades have in common with our own period? Is there some broader explanation for the acceleration of editing rates that occurred then and is recurring now?

In the history of Hollywood cinema, the 1950s stand out as the decade in which the theatrical movie industry first felt the huge impact of the arrival of television. Edward Jay Epstein has pointed out that, between 1948 and 1962, the number of television homes in the US rose from 1 million to 55 million, while the weekly audience for movies fell by half (Epstein, 2005, p. 220). Moreover, the decrease in audience size was accompanied by a major change in its composition. According to Richard Maltby, over the course of two decades, and with the aid of Gallup polls, the Hollywood movie industry came to a new conceptualization of its primary audience: henceforth, and ever since, the modal viewer of a Hollywood movie would be a young male (Maltby, 2003, p. 22). Now, it so happens that there is fairly good research evidence indicating that rapid editing – in and of itself, regardless of a scene's content – is taken by viewers to imply masculinity, at least when it is contrasted with slower editing transitions (Messaris, 1996). Furthermore, young men are assumed to prefer action movies, and action movies are supposed to be fast-paced. Consequently, the most likely explanation for the acceleration of editing speeds during the 1950s and 1960s is that they were part of a broader trend of "masculinization" and "juvenilization" of Hollywood movies.

New Threats to the Economic Viability of the Theatrical Motion Pictures

What does that earlier period of cinema history have to do with what is happening today? Now, as then, the theatrical motion picture industry is facing competition from new developments in the world of visual entertainment. Those developments include the increasing popularity of videogames and the increasing accessibility of video on the Web. In short, we are talking about the proliferating ramifications of digital media. In the United States, the videogame industry has had annual revenues exceeding a billion dollars since the beginning of the 1990s, but its perceived threat to Hollywood reached a symbolic threshold in 2007, when the annual sale figure for games alone (i.e., excluding consoles and other hardware) experienced an annual increase of 34% and began to seriously rival the total domestic box-office for theatrical motion pictures -- $ 8.64 vs. $ 9.66 billion ("Video Games vs. Box Office," 2008). Widespread broadband access to the Web is a more recent phenomenon. At the beginning of the present decade, fewer than 10 percent of US households had such access. By 2007, that figure had grown to over 80 percent (according to Nielsen data reported in "OECD Broadband Report Questioned," 2007).

The impact of these developments on motion picture attendance has not come close to matching the devastating effects that television had when it first became a mass medium. Nonetheless, ticket sales in the US are lower now than they were at the start of this decade, while the country's population has gone up by more than 5 percent ("Yearly Box Office," 2008). As in the 1950s, then, theatrical motion pictures are being challenged by new media, and they appear to be responding with tactics that were tried before. But there is one big difference between what is happening now and what happened then. Whereas television left motion pictures with a higher concentration of young male viewers, the new digital media threaten to do the exact opposite. This is especially true of console videogames, which are still associated primarily with young male players (although there is some evidence that this gender disparity is slowly dissipating; see "ESA Report," 2008). In view of these facts, the hyperactive editing style of recent Hollywood movies, together with that style's associated content, should perhaps be seen as somewhat frantic, rear-guard efforts to hold onto the past, rather than creative explorations of new technology. It can be argued that they are defensive, regressive, and stale.

Fast-Paced Editing, Production Quality, and Cost-Cutting

But there is also another way to look at fast-paced digital editing. Earlier we noted that Steven Spielberg had contrasted the somewhat slower editing style of his latest movie to the "huge adrenaline rush" of *The Bourne Ultimatum*, the 2007 movie by Paul Greengrass. That movie's editing and general visual style have also been discussed at length by David Bordwell, who is widely considered to be the most authoritative American commentator on the visual conventions of narrative cinema. Bordwell calculates that *Bourne Ultimatum* has approximately 3200 shots in 105 minutes, i.e., an average of about 2 seconds per shot (which is slightly slower than Spielberg's estimate of 1.5 seconds per shot). He also notes that the movie was shot with a distinctly shaky, hand-held camera, which, according to director Greengrass, gives it "a sense of energy" (quoted in Bordwell, 2007). Then Bordwell reminisces about a discussion he once had with a Hong Kong cinematographer who made the following comment about shaky camera: *The handheld camera covers three mistakes: Bad acting, bad set design, and bad directing* (quoted in Bordwell, 2007). Although Bordwell is too polite to say that the acting, the set design, or the direction of *Bourne Ultimatum* are actually bad, he points out that there are several ways in which the movie falls short of conventional expectations about the craft of film-making. Among other things, the camera does not always maintain focus, the framing of actions doesn't always permit a clear view, and the juxtaposition of shots doesn't always follow the traditional Hollywood rules of spatial continuity. Nonetheless, Bordwell says, the fact that the camera is always on the move, coupled with the movie's rapid-fire editing style, serves to camouflage these lapses. Indeed, his labels this part of his analysis "The *Bourne* coverup."

How fair is this interpretation of quick-cutting and hand-held camera? If confronted with Bordwell's critique, a supporter of director Paul Greengrass might respond that stylistic innovators are often viewed as rule-breakers by their contemporaries. However, in the specific case of *Bourne Ultimatum*, such an argument would be questionable. Although the movie's visual style has been called innovative by some critics, the fact is that many of that style's components have a long history in world cinema. For example, editing that disrupted traditional rules of continuity was a notable feature of the so-called "Nouvelle Vague," i.e., movies made in the late 1950s and early 1960s by that period's new generation of French film makers. Indeed, in that respect we could say that *Bourne Ultimatum* is yet another example in which digital media are being used to go backwards in time instead of forward. In other words, the movie's rule-breaking could be seen as another stylistic tactic copied from the past, as accelerated editing has been copied, in an attempt to appeal to younger viewers.

However, such an interpretation would not invalidate Bordwell's notion of a *Bourne* "coverup." Anyone who has participated in the production of a feature-length movie knows that adherence to traditional standards of composition and editing can be extremely time-consuming. Each new placement of the camera can require extensive adjustments in lighting, in the positioning of the actors over time, and in the co-ordination of image and sound recording. That is why the typical experience of being on a movie set consists in waiting for a new shot to be lined up, and why a meticulous director like Stanley Kubrick often required dozens of re-retakes before being satisfied that all was right. How much easier it is to shoot in a more casual style, without much concern for getting things exactly right, and then edit the movie so fast that viewers won't notice flubs anyway! Doing things that way is also cheaper, since editing time costs a lot less than time spent on the set. To put it bluntly, then, a case can plausibly be made for the proposition that rapidly paced digital editing has enabled some film makers to maintain high profits while lowering the technical quality of their products. In an industry that feels threatened by competing technologies, such tactics should, perhaps, be expected.

The Technology of Digital Effects

Using celluloid film as the basis for special effects is an increasingly rare experience. Anyone who has had that experience knows that it is remarkably cumbersome. Any visual effect other than a straight cut between shots – in other words, even such simple visual devices as dissolves or wipes, let alone split screens or the addition of titles – requires an entirely separate laboratory procedure that essentially amounts to shooting a whole new copy of the movie. Computers have made the creation of special effects more efficient and more precise, and they have also made it possible for certain effects to achieve a level of photo-realism that was essentially unattainable by traditional methods.

Most digital movie effects involve one of two general processes (or both): compositing and animation. In principle, compositing includes any kind of combination of two or more images, including superimposition, split-screen, etc. In practice, however, the most characteristic form of special-effects compositing involves the use of blue-screen or green-screen as a way of superimposing a foreground character on a background scene shot separately. For example, when blue-screen technology is used in shooting a car chase, the scene's protagonists are shot by themselves, in their vehicles, against blue backgrounds, and those backgrounds are then filled in digitally with images of the outside world whizzing by. Impressive though the results of this procedure may be, compositing in itself is not the element that most sharply distinguishes the effects of today from those of the celluloid era. Long before the advent of electronic compositing, film-makers were able to create effective composite scenes through the (admittedly quite cumbersome) technique of optical printing.

What is most radically new about digital special effects is their capacity for photo-realistic animation. No matter how formidably proficient some of Hollywood's hand-animators may have been, nothing in their repertoire of skills could even come close to the following four achievements of computer-based animation as it exists today (to say nothing of the future): first, its ability to represent changes in the appearance of a three-dimensional object as it moves through space; second, its ability to model the surface textures of a wide variety of natural and manufactured objects; third, its ability to model the way in which the surfaces of objects change appearance as a result of the reflection or refraction of light; and, fourth, its ability to represent changes in the appearance of three-dimensional objects and spaces as a spectator moves by them or through them. And there's more. This general list does not include a number of more specialized applications, such as transparency effects or the use of artificial intelligence to model the growth of trees and their appearance in different seasons (Johnson, 2004).

The Economics of Digital Effects

The growing body of digital effects techniques is one of the great creative achievements in the history of media. But, in contrast to straight editing, the production of effects for a feature-length movie typically involves a very substantial number of people. In the July 2008 issue of *Cinefex*, a periodical concerned with the effects profession, a British effects house called The Moving Picture Company took out a full-page ad to congratulate its crew for their work on *The Chronicles of Narnia: Prince Caspian* (2008). The densely printed list of crew members contains a total of 307 names (*Cinefex*, 2008, p. 102). But that is not the total number of people involved in the production of effects for this movie, which also employed the service of two other effects houses.

Despite the fact that digital effects are so labor-intensive, the number of effects shots in Hollywood movies has increased markedly in the past ten years. In 1997, a major production might require between 300 and 400 effects shots. Today, on the other hand, a production with 400 shots would not even qualify as an "effects movie." A routine effects movie might have between 800 and 1200 effects shots, and an "effects extravaganza" would require a much larger number. For example, the third installment of the *Pirates of the Caribbean* trilogy (2007) had approximately 2000 effects shots, out of a total of 3000 (according to Jeff Okun, cited in Cohen, 2007). It production budget amounted to approximately 300 million dollars, which came close to the 309 million dollars that the movie earned in the United States.

Even though digital effects require such major commitments of resources, there can be little doubt that the kinds of numbers we have cited will continue to grow. From the point of view of major producers, there are at least three reasons for making this prediction. First, because of competition among effects companies, producers are able to exercise considerable downward pressure on costs. One (anonymous) producer is quoted as saying, "If I don't put a visual effects shop out of business (on my movie), I'm not doing my job" (cited in Cohen, 2007). Second, by distributing a movie's effects among several production companies working simultaneously, producers are able to shorten the time between the completion of principal cinematography and the release of the finished product. Finally, the use of digital effects allows producers to shift the burden of making the movie away from the unpredictability of the real world and toward the more controlled realm of computers.

This third point has played a significant role in the history of digital effects. After the big box-office success of the original *Star Wars* (1983), George Lucas was asked what he intended to do next. Despite the fact that he had just directed the biggest money maker in Hollywood history (up to that point in time), Lucas expressed great reluctance to direct again any time soon. He pointed out how frustrating it can be to deal with all the things that make the actual process of production so difficult to manage – temperamental actors, conflicting schedules, uncooperative weather conditions, etc. "I dislike directing," Lucas said. "I hate the constant dealing with volatile personalities. Directing is emotional frustration, anger…." He has also said that directing is "like fighting a fifteen round heavyweight bout with a new opponent everyday" (both quotations cited in Kline, 1999, p. xi). Not surprisingly, Mark Hamill, the star of *Star Wars*, is quoted as saying, "I have a sneaking suspicion that if there were a way to make movies without actors, George would do it" (in Kline, 1999, p. 202). Although Lucas never did dispense entirely with actors, he did go on to become a pioneer in the use of digital effects as substitutes for just about all other real-world elements of movie-making. His next directorial effort, *Star Wars Episode I: The Phantom Menace* (1999) – which he made sixteen years after the original movie – was shot almost entirely in the controlled environment of a blue-screen stage. Today, Lucas's legacy is probably best exemplified by *300* (2007). Produced at a cost of 65 million dollars with five principal actors, some 45 extras, a blue screen, and ten digital-effects companies, it went on to earn a world-wide total of 456 million dollars.

Artistic Consequences of Digital Effects

How has the use of digital effects affected the content of Hollywood movies? It is commonly claimed that big productions have been taken over by sheer spectacle, at the expense of character relationships and plot development (e.g., see Darley, 2000; Ndalianis, 2005; Pierson, 2002). Is this claim valid? If we look at the types of movies that have achieved major box-office success in the years since the introduction of digital effects, and compare those movies to their predecessors from the pre-digital era, we do indeed find some support for the idea that digital effects have led to a greater emphasis on spectacle. The first Hollywood movie to make major use of computer-generated imagery was *Tron* (1982), and, even earlier than that, brief applications of digital technology can be found as far back as the original *Star Wars* (1977). However, if we confine our analysis to sustained trends as opposed to isolated instances, then the digital era can be said to have started in the 1990s, a decade that featured a series of blockbusters containing prominent digital sequences. According to that criterion, the honor for inaugurating the epoch of digital effects goes to *Terminator 2: Judgment Day* (1991).

Seventeen years separate that event from the date when this chapter is being written. To get a very rudimentary sense of how Hollywood movies have changed since that time, we can go back another seventeen years before *T2*, and examine each movie that has made it to the top of the annual box-office list during the entire 34-year period. It isn't always easy to decide whether a movie should be classified as being in the "spectacle" category or not. For example, although *Forrest Gump* (1994) included several very notable digital effects (such as the insertion of actor Tom Hanks into archival footage of John F. Kennedy), the actual imagery produced by those effects (e.g., a man shaking hands with the President) would probably not strike too many people as being spectacular in itself, independently of our understanding that it was a product of "movie magic." Still, in most instances – for example, *Return of the Jedi* (1983), *Jurassic Park* (1993), *The Lord of the Rings: The Return of the King* (2003) – the "spectacular" movies on our list were considerably easier to classify.

When we look at the results of those classifications, and compare the earlier movies to the ones that followed *T2*, we do find a difference between pre- and post-digital blockbusters. Between 1974 (*Blazing Saddles*) and 1990 (*Home Alone*), at least four of Hollywood's top hits were clearly not concerned with spectacle. In addition to *Home Alone*, that list includes *Kramer vs. Kramer* (1979), *Three Men and a Baby* (1987), and *Rain Man* (1988). Moreover, one could argue that *Blazing Saddles* (1974) and *Rocky* (1976) also belong on that list, unless any fight per se counts as a spectacular sequence. On the other hand, when we turn to the movies of the post-digital era, we find that only one – namely, *Forrest Gump* – is arguably "non-spectacular." The rest of the list is populated by movies any one of which could be used as a textbook example of Hollywood-style spectacle: movies such as *Independence Day* (1996), *Titanic* (1997), two *Star Wars* episodes (1999, 2005), and two installments of *Spider-Man* (2002, 2007).

This examination of Hollywood blockbusters has lent some support to what is probably the most commonly held view about the impact of digital effects on the content of movies. But our list of 34 movies also contains evidence of another, less well-known consequence of digital effects. Let us go over the list one more time. This time, however, we will apply a different classification scheme to the movies. We will assign each movie to one of three categories: reality; science fiction; fantasy. In other words, we will distinguish among three kinds of cinematic stories: (1) those that obey the known rules of physical reality – e.g., *Jaws* (1975), *Top Gun* (1986), *Saving Private Ryan* (1998); (2) those that violate the rules, but assume a scientific basis for the violation – e.g., the invention of time-travel technology in *Back to the Future* (1985), the cloning of dinosaurs in *Jurassic Park* (1993), the development of intelligent robots in the *Star Wars* movies; (3) those that violate the rules without any concern for science – e.g., *Ghostbusters* (1984), *Harry Potter and the Sorcerer's Stone* (2001), *Pirates of the Caribbean: Dead Man's Chest* (2006).

As with any attempt to classify such complex things as entire movies, this set of three categories does occasionally lead to difficult decisions. In particular, the boundary between science fiction and fantasy is not always as clear as one would like it to be. For example, *E.T. -- The Extra-Terrestrial* (1982) has to be classified as science-fiction because it is premised on the scientifically uncontroversial assumption that aliens may exist and may one day visit our planet. All the same, it is safe to say that no scientist expects extra-terrestrial aliens to look as remarkably anthropoid as the creature in this movie. With due regard for such subtleties, then, let us see what happens when we apply our three categories to 34 top box-office hits from 1974 to 2007. This time, the difference between pre- and post-digital movies is much sharper. In the period before digital effects, the numbers for reality, science fiction, and fantasy are: 10 – 6 – 1. In the post-digital area, those numbers are: 3 – 7 – 7. The trend is clear: There has been a movement away from reality towards fantasy. It might also be added that this trend appears to be intensifying. Of the eight top-grossing movies produced up to this point in the present decade, five are fantasies and none is in the reality category.

What might explain these numbers? To begin with, we should note that viewers appear to be somewhat resistant to digital effects that occur in realistic contexts, as opposed to fantasy. An informal study of viewers' reactions to digital effects has found that, when viewers become aware that they are watching a scene generated by a computer, that awareness is particularly likely to trouble them if the scene is supposed to represent real physical actions. Conversely, awareness of digital effects may actually add to viewers' enjoyment of the movie when it occurs in purely fictional contexts. For example, speaking of the computer-animated character of Gollum in the *Lord of the Rings* series, one viewer said that he "is clearly special effect and it made me like the movie even more" (Messaris, 2006). Why should there be such a discrepancy between reality and fantasy? In realistic contexts, digital effects are often substitutes for physical stunts – an element of film-making that many viewers admire for its own sake, as a demonstration of unusual physical prowess. Consequently, when viewers realize that a character in an action sequence is not a real person, they may feel deprived or cheated.

Directors and effects artists are keenly aware of this possibility, and it is quite common for them to insist on the inclusion of some physical stunt-work in scenes that might otherwise be created entirely by computer. Thus, in the latest installment of Batman (*The Dark Knight*, 2008) – who, it should be noted, is the only superhero without superpowers -- director Christopher Nolan tried to talk Chinese authorities into letting him use a real stunt-man for a scene of Batman crashing through the window of a Hong Kong skyscraper. His request was denied, but the movie does include a scene of lead actor Christian Bale – the man himself, not a stunt double -- standing on top of Chicago's Sears Tower, the tallest building in the United States. A reviewer who got an advance look at this scene was thrilled at the realization that it was real, not digital: "your eye instinctively detects something different, something thrilling and rare: photographic reality" (Brown, 2008, p. 126).

From Reality to Fantasy

It is conceivable, then, that Hollywood's turn towards fantasy may have been motivated in part by viewers' and critics' resistance to the use of digital effects in realistic contexts. At the same time, though, it is not hard to think of more general, cultural reasons that may have made audiences more receptive to fantasy in their movie-going during the time period that we are considering here. Judging from the movies on our list (e.g., the first *Harry Potter* in 2001, the third *Lord of the Rings* in 2003, the second *Pirates of the Caribbean* in 2006), fantasy seems to have become especially popular in the present decade. In the United States, at least, it seems reasonable to suppose that anxieties about terrorism and war may have led some movie-goers to eschew reality in favor of fantasy. Still, this is not the first time that the lists of Hollywood blockbusters have been dominated by movies that transported viewers out of the realm of ordinary physical reality. There is one other period in the history of American cinema when such "other-worldly" movies were also dominant in the box-office charts. The reader of this chapter may not be surprised to hear that that period was the

1950s, the same decade that saw the accelerated editing style which we discussed earlier.

However, the movies in question from the 1950s could not be characterized as fantasies. Rather, they belonged to the genre of Biblical epics, a type of movie that had become almost extinct until it was revived by Mel Gibson's *The Passion of the Christ* (2004). In the United Sates, the religious movies of the 1950s are often referred to as "Biblical spectaculars," and they include such enduring classics as *The Robe* (1953), *The Ten Commandments* (1956), and *Ben-Hur* (1959). As the label suggest, these movies were forerunners of the effects-filled spectacles of the present day, but they also share another quality with contemporary movies. Any number of commentators have pointed out that some of the most popular recent fantasy and sci-fi series (*The Lord of the Rings, The Chronicles of Narnia, The Matrix,* and even the original *Star Wars*) are permeated with religious themes (e.g., Jones, 2004; Martin & Ostwalt, 1995). So, in its recapitulation of the 1950s, it seems that today's movie industry is not only taking us back to an age of miracles but also reviving the use of religiously-inspired story-lines as a means of maintaining the loyalty of its audience.

Digital Distribution and Small-Budget Film-Making

Celluloid is an inconvenient medium in which to distribute movies for commercial exhibition. It is bulky (a feature-length film typically takes up six reels of 35mm film), and it does not hold up very well under the continuous stress to which it is subjected in a theatrical projector. If a print wears out or is damaged beyond repair, making a new copy is expensive and time-consuming. In digital form, movies can be replicated at will, and distribution is much more efficient, especially if it is conducted by satellite or over dedicated networks. At the moment, the principal obstacle to large-scale digital distribution is the cost of converting movie theaters from celluloid to digital projection systems. However, the motion picture industry has had considerable success in negotiating viable agreements for sharing that expense between distribution companies and exhibitors, with the former bearing the lion's share of the cost. For example, in Europe, a recent agreement between four Hollywood studios and a company providing digital exhibition services is expected to bring digital movies to 8000 theaters in 22 countries (Maltby, 2008). Similarly, at the national level, a French theater network has announced an arrangement to convert all 400 of its theaters to digital exhibition by the end of 2009 (Hayhurst, 2008). The basis of such agreements is a formula by which distributors and exhibitors jointly pay off the cost of the new digital equipment by reimbursing the equipment provider every time a "virtual print" (i.e., a digital copy of a movie) is transmitted to a theater.

Digital distribution promises to create significant new opportunities for big-budget film makers, but it may also change the cinematic landscape in other ways. These other possibilities stem from the fact that digital distribution will remove the last big technical hurdle faced by small-scale film makers attempting to secure commercial exhibition for their products. Such film makers are often referred to as "independent," but that term is confusing, because it is also commonly applied to the lower-budget sector of industrial film-making. Therefore, in this discussion we will use the label "artisanal" to single out movies that are "truly" independent. In the world of artisanal film making, the development of digital technologies has provided film makers with a succession of tools which were previously available only to large-scale industrial productions (Figgis, 2007).

To cinematographers working in the major industries, the advent of digital camcorders was not a particularly momentous event. As noted earlier, big-budget industrial film making has been very slow to convert to digital cinematography. However, for an artisanal film maker an affordable digital camcorder is a truly transformative development. Anyone who has shot a film on celluloid will know why. First of all, when shooting on film, the camera operator has no direct access to the images that are being recorded on the reel of celluloid. Even gross errors of focus or exposure can go undetected until the film has been developed. Second, for technical reasons that need not concern us here, it is normally impossible to record synchronized sound on the same reel of film on which the image is being recorded. Consequently, shooting a movie with synchronized sound requires the use of separate sound-recording equipment, and it leads to a complicated process of bringing image and sound together again when the movie is being edited.

These two disadvantages of celluloid will be entirely unfamiliar to a movie-maker who has only worked with digital camcorders. A properly calibrated viewfinder or monitor gives the user an exact representation of the image that the camcorder is capturing, and synchronization of image and sound is not an issue because they are always recorded together on one medium. These two properties of digital camcorders have brought about an exponential decrease in the amount of time and personnel required to shoot an artisanal film. Moreover, unlike analog video cameras (which also share these properties), the images produced by digital camcorders can be transferred seamlessly into computers for editing purposes. When Walter Murch, the Oscar-winning editor mentioned earlier in this chapter, edited an 80-million-dollar feature film, *Cold Mountain* (2003), on an Apple computer system costing less than 5 thousand dollars, he signaled to the world that money was no longer an obstacle to film makers wishing to achieve the look and sound of a professional looking movie on an artisanal budget. The combination of digital camcorders and digital editing had made that achievement possible.

But making a movie and getting that movie onto theater screens are two completely different things. So long as commercial movie theaters were equipped only for celluloid, the only theatrical outlet for artisanal film makers was the film festival circuit, and even film festivals were, for the most part, remarkably slow to embrace digital technology. In principle, then, the commercial prospects for artisanal film makers will change significantly as theater chains around the world begin to migrate to digital projection systems and digital distribution. In principle, small-scale productions will now be able to play in large-scale theaters without undergoing the prohibitively expensive process of conversion to celluloid. And, as it happens, the first movie to be distributed digitally in the United States, via satellite, was actually an artisanal production called *The Last Broadcast*, which was distributed to several theaters via satellite on October 23, 1998.

Digital Distribution and Big-Budget-Making

In practice, though, it would be very premature to assume that digital distribution will in fact bring about any substantial changes in the prospects facing artisanal film makers. Those prospects may be inhibited severely by two components of the established industry's plans for digital distribution. In addition to its efficiency as a means of distribution and its durability as a means of exhibition, digital cinema offers another, important advantage to the established industry. After a digital file containing a movie has been delivered to a theater complex, the number of screening rooms in which the movie will be projected is completely flexible. This is in sharp contrast to celluloid prints, which, of course, can only be projected on one screen at a time. Let us assume, then, that a particular movie, playing at a multiplex, is drawing larger audiences than initially expected. If the movie is in digital form, the management of the multiplex is free to increase the number of screens assigned to that movie at any time, and to devote as many screens to it as the market will bear. In the case of celluloid, on the other hand, such adjustments are severely constrained by the fact that additional prints would have to be shipped to the theater for each additional screening room – and, crucially, the fact that the distributor may not even have additional prints when needed.

This difference between digital cinema and celluloid has played a considerable role in the industry's deliberations about the advantages of switching to digital distribution (Husak, 2004, p. 930). The typical contract between distributors and theater owners specifies that the proportion of a movie's box-office receipts that goes to the distributor is higher in the early weeks of the movie's theatrical run and then gets progressively lower in subsequent weeks. From the point of view of distributors, then, the ease with which digital movies can be assigned to additional screening rooms makes it possible for a movie to generate as much of its total income as possible during the early, more profitable weeks of its theatrical run. From the point of view of exhibitors, the ability to reassign screening rooms at will is obviously a useful tool for maximizing admissions. From the point of view of artisanal producers, however, this system may pose problems, because it may increase the risk that small-scale movies will be pulled from theaters prematurely in order to make room for big block-busters.

Take the case of *Spider-Man 3*, which was the top-grossing movie of 2007. In its opening weekend, *Spider-Man 3* brought in 151 million dollars at the US box office, while *Disturbia*, the movie that did second-best, made only 6 million dollars that weekend. In its second weekend, *Spider-Man 3* took in an additional 60 million dollars, which was enough to place it at the top of that weekend's charts as well. As these numbers suggest, the pent-up demand for a major movie is often large enough to swamp any other movie competing with it. If a small-scale movie is unexpectedly shunted aside in order to satisfy that demand, it may be deprived of one of the most crucial ingredients for success in the world of artisanal cinema – namely, a time span of several weeks in movie theaters. Artisanal movies rarely have the benefit of big marketing campaigns, and they consequently need time in order for good reviews and positive word-of-mouth to build up an audience. That time may be taken away from them if digital cinema accelerates the movie industry's tendency to allocate screens based mainly on the short-term requirements of a few big blockbusters.

Digital Projection and the Revival of 3D Movies

A second potential feature of digital exhibition may also have an adverse impact on the prospects of small-scale movies. In conjunction with movie theaters' conversion to digital exhibition, Hollywood is making a big push to bring about another change as well, namely, 3D. Readers who are knowledgeable about cinema history will immediately recognize here yet another echo of the 1950s. Stereoscopic or "three-dimensional" movies were brought to theaters in that decade in an attempt to provide audiences with a visual experience that they could not get on their home TV screens. But that experiment was short-lived. In retrospect, its lack of enduring success has been attributed to technological inadequacy. It is often claimed that the older systems for projecting and viewing 3D movies in theaters caused eye strain and visual fatigue (Rose, 2008). A major technological achievement of the digital era has been the development of 3D movies that do not suffer from such defects and that adhere more closely to the laws of optics.

A 3D system that is associated with director James Cameron uses a pair of cameras that record a scene in tandem. The angle between the cameras is computer-controlled in order to capture an accurate representation of the angle of view between the left and the right eye of a hypothetical spectator looking at that scene. When the images produced by the two cameras are combined and projected in a movie theater, viewers wear glasses that direct the appropriate image to each of their two eyes, producing the familiar illusion of three dimensions. Digital 3D movies are also being produced by an alternative method that was inaugurated in director Robert Zemeckis's *Beowulf* (2007). In Zemeckis's system, actors perform their scenes in front of a large array of cameras that record their facial expressions and movements from a variety of angles. This information is then fed into a computer that produces a stereoscopic view from any angle desired by the director.

Walt Disney's Pixar animation studio has announced that it aims to produce all its movies in 3D (Nakashima, 2008), and DreamWorks Animation has also signaled its intention to move in that direction (McClintock, 2008). The Hollywood industry's renewed interest in 3D is in part an attempt to prevent piracy. A 3D movie cannot be pirated by the common method of shooting off the screen with a camcorder while the movie is being projected in a theater, because the camcorder can't register the two separate images that the audience's eyes perceive through their glasses. As in the 1950s, though, the industry's major hope for 3D is that it will prevent viewers from abandoning movie theaters for other forms of visual entertainment.

The movie industry is, of course, acutely aware of the tremendous growth of Web video, and proponents of theatrical 3D have explicitly voiced their intention to fight the competition by offering viewers an experience that the small screen cannot emulate. One of those proponents, James Cameron, was quoted very widely by the media when he made the following statement: "I'm not going to make movies for people to watch on their cell phones. To me, that's an abomination" (Frazer, 2006). But where does that leave the producers of small-budget, artisanal movies? Although 3D technology may eventually become affordable for such producers, at the moment it is prohibitively expensive. If 3D projection becomes a standard component of the new digital cinema, will there still be a theatrical audience for small-scale movies that cannot offer a 3D experience? Or will 3D create new obstacle for artisanal productions just when digital cinema seemed to be lowering the barriers to theatrical distribution?

A Final World

The motion-picture industry is facing major challenges, and its future is uncertain. The industry's response to those challenges is somewhat schizophrenic. On the one hand, it is avidly embracing new technologies – as it always has. On the other hand, however, much of what Hollywood is doing with these new technologies seems to be a regression to the practices of half a century ago. As we have seen, digital editing has resulted in an increase in cutting rates that parallels the acceleration that occurred in the 1950s and 1960s. Digital special effects have brought us another wave of movies that distance themselves from everyday reality, as the movies of the 1950s did. And, through digital projection, the 1950s experiments with 3D cinema may finally yield a more viable product. What are we to make of this turn back to the past? It is perfectly understandable that an industry which is being threatened by a growing number of competing media should seek to extract survival lessons from a previous period of intensified competition and stress. All the same, it seems superfluous to point out that a major cultural institution cannot sustain its position for very long by looking only to the past for inspiration.

References

Bordwell, David. (2002). Intensified continuity: Visual style in contemporary American film. *Film Quarterly,* 55(3), 16-28.

Bordwell, David. (2007). Unsteadicam chronicles. At http://www.davidbordwell.net/blog/?p=1175 (accessed on 11/6/08).

Brown, Scott. (2008, July). The darkest knight. *Wired*, 121-127. *Cinefex.* (2008, July). Vol. 114.

Cohen, David S. (2007, May 25). Blockbusters take toll on f/x shops: Hollywood puts pressure on techies. *Variety.* At http://www.variety.com/article/VR1117965871.html?categoryid=2520&cs=1 (accessed on 1/6/07).

Darley, Andrew. (2000). *Surface play and spectacle in new media genres*. New York: Routledge.

Domokos, Charles. (2006.) *Gardners guide to non-linear editing: The cutting edge.* Washington, DC: GGC/Publishing.

Epstein, Edward Jay. (2005). *The big picture: Money and power in Hollywood.* New York: Random House.

ESA Report Shows 38% of Gamers Are Female. (2008, March 3). Dbtechno.com. At http://www.dbtechno.com/gaming/2008/03/03/esa-report-shows-38-of-gamers-are-female/ (accessed on 2/3/08).

Frazer, Bryant. (2006, April 10). James Cameron on the deep impact of 3D movies: Is it the most important part of the D-Cinema roll-out? *studio-daily.com Film & Video*. At http://www.studiodaily.com/filmandvideo/people /visions/6423.html (accessed on 2/5/08).

Hayhurst, David. (2008, June 13). French chain converts to d-cinema. *Variety*. At http://www.variety.com/article/VR1117987441.html?categoryid=2222&cs=1 (accessed on 13/6/08).

Husak, Walt. (2004). Economic and other considerations for Digital Cinema. *Signal Processing: Image Communication*, 19, 921-936.

Johnson, S. (2004). Paint the light fantastic. *Discover* 25(4): 24-25.

Jones, R. R. (2004). Religion, community, and revitalization: Why cinematic myth resonates. In *Jacking in to the Matrix franchise: Cultural reception and interpretation*. Edited by M. Kapell and W. G. Doty. New York: Continuum, pp. 48-64.

Kline, S. (1999). *George Lucas interviews*. Jackson, MS: University Press of Mississippi.

Maltby, Richard. (2003). *Hollywood cinema*. 2d Ed. Malden, MA: Blackwell Publishing.

Martin, Joel W., & Ostwalt, Conrad E., Jr. (Eds.). (1995). *Screening the sacred: Religion, myth, and ideology in popular American film*. Boulder, CO: Westview Press.

McClintock, Pamela. (2008, April 30). John Fithian enters digital fray: Jeffrey Katzenberg, exhibitors trade barbs. *Variety*. At http://www.variety.com/article/VR1117984905.html?categoryid=13&cs=1 (accessed on 30/4/08).

McKernan, Brian. (2005). *Digital cinema: The revolution in cinematography, postproduction, and distribution*. New York: McGraw-Hill.

Messaris, Paul. (1996). *Visual persuasion: The role of images in advertising*. Thousand Oaks, CA: Sage.

Messaris, Paul. (2006). Viewers' awareness of digital F/X in movies. In Paul Messaris & Lee Humphreys (Eds.), Digital media: Transformations in human communication. New York: Peter Lang.

Morris, Robert L., & Raskin, Lawrence. (1992). *Lawrence of Arabia: The 30th anniversary pictorial history*. New York: Anchor Books.

Mundell, Ian. (2008, May 23). Majors agree to Euro digital deal. *Variety*. At http://www.variety.com/article/VR1117986364.html?categoryid=2222&cs=1 (accessed on 23/5/08).

Nakashima, Ryan. (2008, April 9). Disney: All new movies will be 3D. *USA Today*. Athttp://www.usatoday.com/life/movies/news/2008-04-08-disney-movies_N.htm (accessed on 10/4/08).

Ndalianis, Angela. (2005). *Neo-baroque aesthetics and contemporary entertainment*. Cambridge, MA: MIT Press.

OECD Broadband Report Questioned. (2007). WebSiteOptimization.com. At http://www.websiteoptimization.com/bw/0705/ (accessed on 15/5/08).

Pierson, Michele. (2002). *Special effects: Still in search of wonder*. New York: Columbia University Press.

Salt, Barry. (2006). *Moving into pictures: More on film history, style, and analysis*. London: Starword.

Video Games vs. Box Office. (2008). At: http://www.mattgriswold.com/post/29758265/video-games-vs-box-office-gross-sales-in (accessed on 1/5/08).

Yearly Box Office. (2008). *Box Office Mojo*. At http://www.boxofficemojo.com/yearly/ (accessed on 29/4/08).

Windolf, Jim. (2008, January 2). Q@A: Steven Spielberg. *Vanity Fair*. At http://www.vanityfair.com/culture/features/2008/02/spielberg_qanda200802 (accessed on 12/6/08).

Introduction to

The Necessity for International Cooperation in Commercial Space Development

By Dirk C. Gibson, Coffee Brown, and Mary Catherine Saavedra

The authors have selected a future business field that is bound to be the focus of substantial international cooperation in the not-too-distant future; namely, commercial space activities. The commercial development of space includes advertising and marketing, space tourism, space-based mining and manufacturing as well as scientific research. At present, virtually all space-related activities are the domain of governments. Currently, nations are generally acting alone; each bearing the tremendous costs of reaching space. So far, individual space development-related commercial enterprises and occasionally a consortium or two fail as a result of inadequate investments.

The authors point out that at least twenty-seven countries have been active in space at one time or other. They proceed to briefly outline the activities and investments of these nations. The authors also note that some sort of commercial cooperation makes sense for space development in general and commercial space activity in particular because it would increase efficiency, reduce unnecessary duplications, and encourage cooperation and amity instead of conflict and enmity between nations. In actual fact, several such models exist already, the authors note. ESA and the International Space Station are probably the most prominent examples of such international cooperation.

Having demonstrated that numerous international cooperation already exists in space projects, the authors content that this is only the beginning and that many more such projects will be initiated in the future simply because the costs are so staggering that no single nation or corporation will be able to bear all the costs alone. International cooperation is, thus, inevitable. And international cooperation, the authors point out, calls for intercultural communication which will assume a central role in any such projects. Likewise, small group communication will be important along with interpersonal communication and nonverbal communication. Public speaking and public relations will most likely also play an important role in such projects. The authors note that it might actually be advantageous to prioritize the communication activities and pursue the most necessary rhetorical purposes first in such projects because communication will have to be effectively employed if collective commercial development of space is to occur. The authors have, thus, not only identified a field of business with tremendous potential, but also addressed essential issues that will be encountered in any such international undertakings. And unlike many past international cooperative commercial efforts, it might well be worthwhile to counter potential communication problems before they occur by establishing an effective and efficient communication policy. After all, there are numerous examples of previous failures.

Michael B. Hinner

Dirk C. Gibson is Associate Professor of Communication and Journalism at the University of New Mexico. He teaches courses in public relations, persuasion, interviewing, and a self-designing course, Communication Paradigms of Serial Murder. He has written *Clues from Serial Killers: Serial Murder & Crime Scene Messages* and the sequel, *Serial Murder & Media Circuses.* Gibson has consulted on recall policy with the US Consumer Product Safety Commission, the National Highway Traffic Safety Administration, and the US Food and Drug Administration. He conducted an invited review of the US Department of Agriculture's recall policies and the overall national recall system. The result was a two-volume work, *A Review of Recall Policies at the Food Safety & Inspection Service, US Department of Agriculture.* In 1990, h created The Product Recall Research Group.

Coffee Brown, M.D. is active on the Talk Radio News of the University of New Mexico. Dr. Brown has been responsible for numerous news stories.

Mary Catherine Saavedra is enrolled as a student in the Department of Communication and Journalism at the University of New Mexico.

The Necessity for International Cooperation in Commercial Space Development

Dirk C. Gibson
Coffee Brown
Mary Catherine Saavedra

The commercial development of space refers to the sum total of profitable enterprises possible in outer space. This would include advertising and marketing from space, space tourism, space-based mining and manufacturing, and scientific research conducted outside of the earth's atmosphere. These activities are intrinsically valuable and worthy of pursuit for the benefits they would produce for a variety of stakeholders.

In the past, all space-related activity was the domain of governments. But now, in an era of privatization, it seems that public financing and development of space development and commercial space opportunities is unlikely. Certainly, nations acting alone each bear the tremendous costs of access to space, typically minimizing the extent of such programs. Individual space development-related corporations and occasionally a consortium or two fail as a result of inadequate investment.

This analysis of the prospects for commercial space development will be explained through consideration of two main subjects; 1) Global interest in space, and 2) Communal commercial space development. We conclude with a recognition of the vital nature of communication in commercial space development.

Global Space Development Activities

There has been considerable interest in space development in several nations around the world. In fact, at least twenty-seven countries have manifested some degree of progress in such activities. We will consider recent space development progress in; 1) Argentina, 2) Australia, 3) Belgium, 4) Brazil, 5) Canada, 6) China, 7) Denmark, 8) France, 9) Germany, 10) Hungary, 11) India, 12) Indonesia, 13) Israel, 14) Italy, 15) Iran, 16) Japan, 17) Korea, 18) the Netherlands, 19)

Nigeria, 20) Norway, 21) Russia, 22) Saudi Arabia, 23) Singapore, 24) Spain, 25) United Arab Emirates, 26) the United Kingdom, and 27) the United States.

Argentina

Argentina is not considered to be a major factor in space development at the present time, but there is nevertheless an Argentine stake in space. Marynick noted that Argentina has been represented in the X-PRIZE competition for commercial space vehicles (Hughes, 2002, 26). A 2007 report in *Aerospace America* suggested recent Argentine satellite launch capacity (Cecares, 2007, 16). In her book about commercial space development, *Making Space Happen,* Berinstein concluded that "A little bit of work is being done in Argentina" (2002, 8).

Australia

"It is no wonder that other countries, Australia, for example are openly courting American companies to launch from their less-regulated facilities," respected space expert Edward L. Hudgins testified to the U.S. Congress in 2001 (13). In 2002, Hudgins declared that "This fact contributed to the decision made by Kistler Aerospace to develop additional launch facilities in Australia where such regulations did not exist" (71).

Berinstein agreed, adding that "Australia is host to some commercial space activity" (2002, 7). Discussing space tourism, she added, "And in fact Australia is the kind of place where it might happen" (2002, 380). Three recent investigations concurred with these perceptions of the significance of Australian commercial space development.

Publications by Beardsley, Parry and Spencer and Rugg all detected substantial Australian commercial space activity (1999, 85; 2004, 23; 2002, 1).

The crown jewel in Australian commercial space activity is undoubtedly the Woomera Space Launch Complex. This spaceport, located in Southern Australia, is a popular tourist attraction. According to Berinstein, "Australia wants to be a major commercial space player. In 1998, the country passéd legislation that established a regulatory framework for commercial launchers. Kistler Aerospace, an American company, is establishing a spaceport in Woomera, South Australia" (2002, 389).

Belgium

Belgian space development activity has been somewhat limited, to date. Belgian cooperation with a Swedish agency and the French national space program (CNES) in the Vulcain X space technology development program was documented by Wang (2007, 69). Space development activity in Belgium is under the auspices of Aeronomie.be, the Belgian Institute for Space Aeronomy (aeronomie.be, 2006, 1).

Brazil

Although it is not a prominent member of the international space community, Brazil may have grander aspirations. It is anticipated that Brazil might expand its involvement with the International Space Station (ISS) after the U.S. and Russia reduce their contributions, as is currently being discussed (Hamill, Mongan, and Kearney, 2002, 161).

Brazil has already produced an astronaut, Lt. Col. Marcos C. Pontes, in 1996 (Douglas and Newland, 2006, 90). Brazil unsuccessfully launched its own space launch vehicle, in 1997 and again in 1999 ("Declining Trend," 2006, 14). Spencer and Rugg noted that Brazil is one of several countries developing its own space launch capability (2004, 23). Office of Commercial Space Transportation corroborated that conclusion a year later (9).

Canada

Like Brazil, Canada does not play a major role in space development at the present time. Yet, Berinstein conceded that "The U.S. and Russia are the only two with a history of manned space programs, though other countries like France, Canada and the U.K. have sent astronauts up" (2002, 7). Teams from Canada have competed in the X-PRIZE competition, and of course there is the Canadian Arrow affiliation with Indian space development interests (Maryniak, 2002, 26). Canada has already made important contributions to the ISS, and there will be future opportunity for deeper Canadian involvement (Douglas and Newland, 2006, 90).

China

China, the most recent major member of the space community, has burst upon the global space scene like a rocket. A white paper issued by the Information Office of the State Council of the People's Republic of China, "China's Space Activity in 2006" declared that "From 2001 to 2005, China's space industry has developed rapidly, making many achievements" (2006, 2). Indeed: "China is an emerging space leader that intends to compete in every space sphere including human space exploration," Futron Corporation executive Joseph Fuller recently told *Space News* (2008, 42). *Aerospace America* reported that "Any time now China is expected to send up its own 6,600-lb-lunar orbiter, Chang'e 1. . . It is part of a very ambitious program. China has already sent humans into space twice, one in 2003 and two more in 2005" (Westlake, 2007, 12). China calls its astronauts "taikonauts" (Spencer and Rugg, 2004, 23).

The capacity for China to accommodate commercial space ventures, and space tourism in particular, may soon exceed that of anyone else. The launch of China's third manned space mission on the Shenzhou VII is expected soon ("Shenzhou VII Launch," 2008, 4). With the retirement of the space shuttle imminent, the Shenzhou would join the Russian Soyuz rocket as the only vehicles offering access to commercial space visitors.

And there is no doubt about Chinese interest in space tourism. Space Adventures, an American travel and tourism agency, has signed an agreement with Hong Kong Space Tourism Co. Ltd., located in Shenzhen, in Guangdong Province. Jiang Fang, agency president, said that one person has already signed up for a sub-orbital cruise. Four services will be offered; zero-gravity training, battle plane training, sub-orbital flight, and a space orbit tour (Koumelis, 2005, 1). According to an *MSNBC* account, "The competition for space tourists is playing out in China as well as the United States with rival companies signing up well-to-do customers for future flights" (2006, 1). The competitor alluded to in the report is Virgin Galactic.

Denmark

Denmark has no active space technology or similar infrastructure, but there have nevertheless been noteworthy signs of interest. The Danish National Space Center was created to conduct space-related research, develop and market space-based technology, and coordinate national space activity. In January of 2007, this center merged with "a number of Danish research institutions to become part of the Technical University of Denmark" (Danish National Space Center, 2007, 1).

France

France has played an important role in the commercial space development movement, as the private sector consortium Arianespace serves important industrial functions and the Ariane rocket is a relatively reliable launch vehicle (Taylor, 1985, 33-4). Launch statistics quantify the importance of the Ariane, "The one interesting thing we observed was that all but two of the nine nanosats launched during 1990-1994 were carried by Ariane 40s" ("A Sputtering Market," 2006, 16).

French astronauts have traveled to space (Berinstein, 2002, 7). Numerous studies have identified important French commercial space activity (Spencer and Rugg, 2004, 23; Barry, 2002, 1; Beardsley, 1999, 85). And France has long been an influential member of ESA, the European Space Agency.

French President Nicolas Sarkozy addressed a global audience interested in space commercialization and development on February 11, 2008, at the Guiana Space Center in French Guiana (deSelding, 2008b, 5). According to the *Space News* report of events, "Sarkozy called for a stricter set of rules governing how nations act in space that would discourage events such as China's destruction of its own satellite in a widely used orbit" (deSelding, 2008b, 5).

Germany

The German role in commercial space development is an evolving and increasing one. Another important contributor to ESA, contributing 17.6 percent of the 2008 ESA budget, German interest in space development appears to be meaningful (deSelding, 2000a, 13). Beardsley included Germany among countries making significant progress on launch vehicles (1999, 85).

Johann-Dietrich Woerner is chairman of the board of the German Aerospace Center (DLR), the German national space agency. He recently voiced approval of "a broad exploration plan with the United States that would make Mars its main goal," and he concurs with Sarkozy on the necessity for space-based atmospheric surveillance and warning systems (deSelding, 2008b, 5).

German interest in space development might be measured in money. The Chairman of the Board of DLR, Sigmar Wittig, recently told *Aerospace America* that "During the period 2006-2009, Germany is planning to invest 3.4 billion [deutschmarks] through DLR in its space program. For 2006, our efforts in space science and technology represent a total investment of 862 million [deutschmarks]" (Pirard, 2006, 18).

Hungary

The Hungarian stake in space development is relatively small at the present time. The Hungarian Space Office was created in January, 1992, and it "manages, co-ordinates and represents the Hungarian space activities" (Both, n.d., 1).

India

This ancient and populous nation has one of the most ambitious contemporary commercial space development systems in place. India partners with stakeholders all over the world, and it has impressive space tourism credentials. Berinstein called India a "space power," while Dorr referred to India's "strong national space program" (2002, 388; Dorr, 2007, 8). India is a "major provider of suborbital launch services," according to the FAA Office of Commercial Space Transportation (2005, 9).

India is "actively developing rocket systems and areospaceplanes," according to Spencer and Rugg (2004, 76). This perception was shared in the research of Cecares and Beardsley (2007, 16; 1999, 85).

Space tourism has been an item of interest in India for some time. Dr. Chirineev Kathuria is the driving force behind PlanetSpace, an Indian space tourism firm. The PlanetSpace rocket, the Silver Dart, has been developed in conjunction with Canadian Arrow. They plan to initiate operations in late 2008, charging $250,000 for a 15-20 minute suborbital flight (Joseph, 2005, 1).

There have been two Indian astronauts to date, Rakesh Sharma in 1984 and Kalpana Chawla, the latter dying during the Challenger disaster (Westlake, 2007, 12). Both cases manifested international cooperation, first with the Russians and then the U.S. EADS Astrium recently announced plans for investment in and partnership with the Indian aerospace industry (Butterworth-Hayes, 2007, 5).

Indonesia

The Indonesian role in commercial space is a relatively minor one, at the present time. Nevertheless, it is worth mentioning, in the interest of offering a truly comprehensive depiction of the status quo of commercial space development. Cecares observed that Indonesia was beginning to account for a small but growing share of the commercial space satellite launch market (2007, 16).

Israel

Little has been revealed publicly about Israeli aerospace development. It is known that, according to Spencer and Rugg, Israel has been active in rocket development (2004, 23).

Italy

There is little to report on the Italian efforts in commercial space development. In 1999, a study on behalf of *Scientific American* identified Italy as one of the nations developing hypersonic vehicles for space travel (Beardsley, 1999, 85). Almost a decade later, a report in *Space News* noted that Italy has "sophisticated and competitive space companies and workforces" (Fuller, 2008, 42).

Iran

In addition to serving the nation of Iran, Iranian space development efforts are seen as collective Islamic activity. *Space News* reported that "The inauguration of Iran's space center Feb. 4 by Iran's top leadership signified a watershed in the country's stature, technical capabilities, military prowess and growing role in global affairs. The event was widely touted by the Islamic Republic, with no less personage than its outspoken president, Mahmoud Ahmadinejad, starring in the extensively televised festivities" (Rubin, 2008, 19). Why all the fuss? According to Rubin, "Iran was celebrating its graduation to the status of the first Islamic space power, a graduation fraught with consequences to the region and the world" (2008, 19).

Japan

The relatively small island nation of Japan, like Great Britain, has made contributions to space development and commercialization far disproportionate to its small size. There has long been interest in commercial space development in general and space tourism in particular in Japan. Research by Dorr, Beardsley, Spencer and Rugg, Barry, the FAA's Office of Commercial Space Transportation and Berinstein all inform us that Japan has been a historical leader in space (2007, 8; 1999, 85; 2004, 23; 2002, 1; 2005, 9; 2002, 17).

Both the Japanese Rocket Society, a private sector organization, and the government agency The Japan Aerospace Exploration Agency (JAXA) have encouraged commercial space development. Advanced rockets like ion propulsion and rocket/ramjet and ramjet/scramjet combined-cycle technologies are under development (*Aerospace America,* 2006, 55). Japanese space development will enrich such activity with traditional Japanese cultural nuances, like the creation and flight from space of origami spaceplanes ("More Details of Orgami," 2008, 5).

"Japan has been one of the most active countries in the area of space and perhaps the most active regarding space tourism," Berinstein contended (2002, 388). The Space Tourism Society, Japan, was founded in June of 2002 by Tsuyoshi Saotome (Spencer and Rugg, 2004, 178). The Japanese space tourism vehicle, the Kankoh Maru, was described by Harrison, "The Japanese Rocket Society plan calls for squat, blunt, bullet-shaped rockets capable of carrying fifty tourists" (2001, 215). Six Japanese have visited space to date (Westlake, 2007, 12). Research conducted as long ago as 1995 concluded that there was a substantial market for space tourism services in both Japan and the U.S. (Collins, Stockmans and Maita, 1). In 2007 Space Japan appeared on the scene, promising to arrange aerospace tours much like Space Adventures has done (Foust, 2007, 1).

The Koreas

In a war-torn country permanently divided into two, both Koreas are attempting to develop space technology. In the South, the South Korean government will spend 3126 billion won in 2008 at the new Naro Space Center on development of the Korean Space Launch Vehicle 1, according to the Korean Ministry of Science and Technology ("South Korea Outlines," 2008, 3). The country's space development expenditure represents more than three percent of South Korea's total research and development investment. And we should mention that there has been a South Korean astronaut ("South Korea Outlines," 2008, 3).

The country referred to as North Korea has also been somewhat active in rocket development. However, this space development was not necessarily a peaceful one. The North Korean rocket Taepo Dong 1 was successfully launched on August 31, 1998, to place a satellite in geosynchronous orbit ("Declining Trend," 2006, 14).

The Netherlands

Despite relatively limited involvement, the Netherlands has nevertheless made substantial contributions to the development of space. Dutch astronauts and academics have been responsible for some of the most important innovations and technical accomplishments in space living and accommodations. The Dutch have been astronauts since the time of Andre Kuipers, fifty years ago (Van Pelt, 2005, 1).

Wubbo Ockels was a Dutchman, who was an ESA astronaut. According to Van Pelt, "Ockels invented and used a sleeping bag that put some pressure on the body: it had rubber rings that could be inflated or deflated to vary the tension, mildly squeezing the astronaut inside to simulate the weight of bed covers" (2005, 160). And a second, perhaps more important technological innovation has been fostered in the Netherlands, "The Technical University of Delft in the Netherlands has already developed a beer tap that can be used in microgravity" (Van Pelt, 2005, 159).

Nigeria

Nigeria is not a prosperous nation, and it would be surprising and perhaps disconcerting to find substantial expenditures for space development by this nation. In fact, the mere existence of the Nigerian National Space Research and Development Agency is about all we could discover (Cecares, 2007, 17).

Norway

Norwegian activity in commercial space development is not a recent phenomenon, by any means. A study by the Office of Commercial Space Transportation concluded in 2005 that Norway and three other countries were "major providers of suborbital launch services (Office of Commercial Space Transportation, 2005, 9). More recently, NORDRIEGO: The Nordic Centre for Spatial Development, has been created to act as a clearinghouse and center advocating commercial space development.

Russia

Along with the U.S., its old Cold War adversary, Russia is the predominant player in space development and space tourism at the present time. Despite the disintegration of the former Soviet Union, Russia has managed not only to maintain a space program but its public and private sector space initiatives are probably the best in the world.

"Russia maintains a leadership role as the oldest space power and operator of some of the most reliable space launch vehicles capable of placing crews and cargo into orbit," Fuller conceded (2008, 42). In agreement were authorities including Spencer and Rugg, Dorr and Beardsley (2004, 22-3; 2007, 8; 1999, 85). However, all of this confidence did not prevent a very rough landing by the Soyuz space vehicle as it reentered the Earth's atmosphere in 2007, veering off course by more than 300 miles and subjecting terrified passengers to eight times the normal deceleration forces (Ponomarev, 2007, D10).

The Russian Space and Aviation Agency, or Rosaviakosmos, was created on February 25, 1992, to take over Russian space program management. An irony of the status quo of commercial space tourism is that the Russians appreciate and promote it, while the U.S. government has not. Spencer and Rugg realized that "Perhaps the most surprising revelation of the recent space renaissance is the degree to which the Russian space program has been much more open to commercial space ventures than NASA" (2004, 22). A second study, conducted by the Sophron Foundation, arrived at an identical conclusion, "Thus we face the irony that the formerly communist Russia seems to be more oriented to the space tourism market than the supposedly capitalist United States" (2000, 19).

The significance of the Russian contribution to space commercialization and space tourism is difficult to overstate. A recent paper published in the proceedings of a prestigious aerospace organization, the American Institute for Aeronautics and Astronautics, was titled "Everything I Know About Space Tourism I Learned From the Russians" (Reifert, 2006). When space hotelier-to-be Robert Bigelow wanted an inflatable component of his space hotel launched into space in July, 2006, he chose the Russians (Chang, 2006, 11). That is why the recent Russian revelation that they might end their space tourism operations in 2010 has been of such concern ("Russians May End," 2008, 5).

Saudi Arabia

The Saudi Arabian role in space development has been minimal, to date. Despite this basic fact, it is nevertheless possible to identify contemporary Saudi commercial space activity. According to *Aerospace America,* Saudi Arabia has begun providing commercial satellite and alternate payload launch services (Cecares, 2007, 16).

Singapore

Singapore, like Saudi Arabia, is a relative newcomer to the commercial space development industry. An American extreme travel and tourism firm, Space Adventures, announced plans to construct a $115 million spaceport in Singapore in February of 2006 ("U.S. Space Tourism Company," 2006, 1). Space Adventures president Eric Anderson declared, "Singapore, with its superior geographical and economic infrastructure, is primed to be the hub of a new, revolutionary form of travel--in space" ("U.S. Space Tourism Company," 2006, 1). Investment is also being provided by the Crown Prince of Ras Al Khamain in the UAE, Sheik Saud Bin Saqr Al Qasami, and additional financing is being sought ("U.S. Space Tourism Company," 2006, 1).

Spain

In Spain, the National Institute for Aerospace Technology (INTA) is the state agency charged with space development activity. According to the INTA website, "INTA is a public institution, specializing in aeronautic and aerospace research and development" (INTA, 2007, 1). The "Home" page adds that "Since its creation in 1942, INTA has developed an intense activity, first in the aeronautical field, and later in the ambit of space" (INTA, 2007, 1).

Sweden

The Swedish Space Corporation provides technical to the Swedish Board for Space Activities. The board replaces the former Space Technology Group of the Swedish Committee for Space Research as the manager of Swedish space strategy (Swedish Space Corporation, n.d., "History," 1).

Sweden fired its first rocket into space in 1961. It has more recently been involved in joint projects with the Belgian and French space agencies (Wang, 2007, 69).Negotiations are currently underway in Sweden involving Virgin Galactic and Swedish officials to alter regulations limiting use of the Swedish Esrange Launch Site ("Swedish Authorities," 2008, 4).

United Arab Emirates

If current plans come to fruition, a spaceport may someday soon rise from the desert in the United Arab Emirates. According to Bravura Tours (L.L.C.) in a dispatch dated February 22, 2006, "The Government of Ras Al Khalmah has entered into an agreement with Space Adventures Ltd.to build a $265 million spaceport in the emirate as the base for flights of a Russian built suborbital spacecraft" (1).

Other reports add varied and sometimes conflicting details. *USAToday* observed, "The United Arab Emirates plans to build a spaceport from scratch, which isn't terribly surprising" (Maney, 06, C3). A British newspaper, *The Mail & Guardian,* reported in 2006 that "In the next two years, the firm plans to open a 'spaceport' in the United Arab Emirates. There, the company plans to launch a sort of space plane with five passenger seats and a crew of one, built by a Russian company" (Santini, 2006, 1).

"The Emirate of Ras Al Khalmah has made a giant leap in the challenging area of space tourism by deciding to set up a commercial spaceport to operate suborbital space flights in collaboration with Arlington based Space Adventures, the only company to have send (sic) tourists to space," declared the RAK Investment Authority in a news release dated February 17, 2006 (1).

United Kingdom

The British contributions to commercial space development and space tourism in particular have been most substantial, to date. This has, in fact, been true for some time. Spencer and Rugg identified England as a major factor in rocket development, as did Beardsley (2004, 23, 76; 1999, 85).

"Perhaps surprisingly, the United Kingdom is well placed to lead the spaceflight revolution," Ashford suggested. He concluded that "The United Kingdom has therefore made a good start towards a commercial space policy" (2002, 154). British firms have competed for the X-PRIZE (Maryniak, 2002, 26).

The English government does not spend tax money on human spaceflight, by long-standing tradition. However, the UK Space Exploration Working Group recently proposed ending this policy, reversing "Britain's decades-long refusal to spend taxpayer money on astronaut-related missions" (deSelding, 2007, 20). The British National Space Centre would certainly benefit from this policy change.

The dominant name in British commercial space development is Richard Branson. His space tourism company, Virgin Galactic, has plans with an American firm, Scaled Composites, to develop rockets and tourist craft for both suborbital and orbital tourism excursions.

United States

NASA has led American space development since the inception of the Space Race between the U.S. and then-Soviet Union. It now shares responsibility for commercial space development with the Federal Aviation Administration's Office of Commercial Space Transportation.

Numerous American commercial space development firms can be named. Space Adventures has been the agency responsible for American tourism to date. Other important new players include Scaled Composite, Blue Origin, Rocketplane and others too numerous to mention.

Communal Space Commercialization

Some sort of communal or cooperative system for space development in general, and commercial space activity in particular, makes a great deal of sense. It would increase efficiency, reduce duplicative efforts, and engender a spirit of cooperation and amity instead of conflict and enmity between nations. Several mechanisms or models for accomplishing commercial space development will be investigated, including; 1) ESA, 2) Spaceports, 3) Partnerships, and 4) Coalitions and cooperation.

1) ESA
The European Space Agency was created in 1973, and "Its mission is to shape the development of Europe's space capacity and ensure that investment in space continues to deliver benefits to the citizens of Europe," according to the ESA website (2006, 1). The ESA site added that "By coordinating the financial and intellectual resources of its members, it can undertake programmes and activities far beyond the scope of any single European country" (2006, 1). Member nations include Austria, Belgium, Denmark, Finland, France, Germany, Greece, Ireland, Italy, Luxembourg, the Netherlands, Norway, Portugal, Spain, Sweden, Switzerland, and the United Kingdom,and there are special cooperation agreements with Canada, Hungary and the Czech Republic.

"The ESA's interest in space tourism has also been increasing, thanks to a number of internal studies conducted over the last three years," *Aerospace America* reported recently (Ehrlich, 2006, 89; Butterworth-Hayes, August 2007, 4). In 1993, ESA awarded funding to Bristol Spaceplanes Limited for a feasibility study of the Spacecab spaceplane (Ashford, 2002, 28). Starchaser Industries received ESA funding in 2007 for research and development of the Starchaser Thunderstar "public space travel vehicle" (David, 2007, 1). *Aerospace America* noted in 2006 that "ESA is planning to help up to three private companies develop business plans to get their space tourism ventures off the ground" (Ehrlich, 89).

2) Spaceport Construction & Operation
Spaceports are an excellent example of the international nature of commercial space ventures. Upon examining five contemporary spaceport projects, each manifests international cooperation. For instance, the first American spaceport, Spaceport America in New Mexico, is the result of negotiation between Richard Branson of Virgin Galactic and the Governor of New Mexico, Bill Richardson. Similarly, plans were announced in 2002 for Kistler Aerospace, an American aerospace firm, to construct a spaceport in Woomera, South Australia. The

French national spaceport, the Guiana Space Center in French Guiana, is also used by the ESA.

Two spaceport projects in different parts of the world involve the same American company. Space Adventures, of Arlington, Virginia, has announced plans to construct spaceports in Singapore, and in the UAE. Interestingly, the Singapore project includes financing from UAE as well as Space Adventures. There is Russian involvement in the UAE spaceport, as well.

3) Partnerships
Partnerships are relatively stable, oftentimes long-term intercorporate arrangements to collaborate collectively on a project. In this section, we'll examine two such instances, one involving a consortium named SeaLaunch and with Virgin Galactic in the other.

A) Sea Launch
Boeing Commercial Space Company, RSC Energia, SDO Yuzhnove/ PO Yuzhmash, and Aker ASA Group have already created an international collaboration to provide the world with Sea Launch, the most reliable heavy lift launch service in the commercial industry. Over ten different companies are able to offer their customers optimal satellite service by utilizing Sea Launch's unique ability to launch satellites into orbit at zero-degree inclination (Eckertetol, 2006).

Sea Launch is unique in a myriad of ways from its highly effective launches to its location in the middle of the ocean; however the most remarkable characteristic about Sea Launch is that it is evidence of international collaboration to reach new heights for mankind. Companies from the U.S, Russia, Norway, and Ukraine have partnered to bring the world this unique service, and each company is able to bring individual but vital contributions to the project (Eckertetol, 2006).

B) Virgin Galactic
Virgin Galactic, the world's first spaceline, understands the need for international collaboration to provide public transportation to space. As they reach toward their goal to provide affordable sub-orbital space travel, they have reached out to a variety of nations and companies to ensure that that they have the materials *and* the partners that they need to be successful. A key step to success will be Virgin Galactic's partnership with NASA that enables them to "access information from NASA Ames in California (Butterworth-Hayes, 2007)."

More importantly, Virgin Galactic has partnered with Scaled Composites, a design firm that designed the very craft Virgin Galactic plans to use to shuttle people to and from space (Dilworth, 2006). They have also partnered with the State of New Mexico to build the world's first commercial spaceport where they will maintain their world headquarters and mission control (David, 2006).

4) International Cooperation & Coalitions

Coalitions, coordination and cooperation represent another avenue of commercial space development. In this section about a half-dozen examples will be offered to illustrate the kinds of coalitions, coordination and cooperation possible.

A) ESA & Japan

The European Space Agency has worked with the Japanese on Nozomi (formerly called Planet-B), a Mars orbital observer which was launched July 3 1998. The craft was unable to complete its mission and is presently in orbit around the sun.

B) Planet Space & Canadian Arrow

In 2005 Geoff Sheerin, CEO of Canadian Arrow, and Dr. Chirineev Kathuria founded PlanetSpace to promote space tourism and orbital transport under the NASA Commercial Orbital Transportation Services (COTS) program. PlanetSpace will utilize ten Canadian Arrow rocket motors to leave earth and their own Silver Dart lifting body to return. In January 2006, the estimated charge for a sub-orbital tourist flight 70 miles above the Earth of 15-20 minutes duration would be 250,000 USD. The Canada Arrow itself is an international design spanning 2 countries and 3 generations from the German V-2 rocket.

C) Virgin Galactic Accredited Space Agents Network

As of January 2006, Virgin Galactic, of Sir Richard Branson's Virgin Group, was booking comparable flights (not yet realized) for 200,000 USD. Bookings have already exceeded 30M USD, and prices are expected to drop to 20,000 USD. Per Virgin Galactic's website, "accredited space agents" include Angora, Argentina, Belgium, Brazil, Chile, Colombia, Italy, Liechtenstein, Luxembourg, Mexico, Peru, Russia, Switzerland, The Netherlands, Australia, Austria, Canada, The Czech Republic, France, Germany, India, Israel, Japan, New Zealand, Portugal, Spain, United Arab Emirates, United Kingdom, and the USA.

D) CSA & Farnborough Aerospace Consortium

The Farnborough Aerospace Consortium (FAC) is a UK nonprofit trade association formed for the purpose of promoting the viability and competitiveness of the UK aerospace industry through sharing of synergetic technologies, research and best practices, as well as marketing and other collective actions. It represents about 1200 aerospace-related industries in southern England alone. In Fall 2006, the FAC signed a cooperative agreement with the California Space Authority (CSA) fostering mutual commerce. CSA had signed a similar Statement of Understanding with the Asia-Pacific Satellite Communications Council in October 2004.

E) Multinational Coalitions
Multinational projects for the exploration of our solar system include Cassini-Hyugens (NASA/ESA/ASI) transmitting data from Saturn, an international fleet of orbiting spacecraft around Mars, instrumentation orbiting the Moon (ESA, Japan, China) and similar projects from Russia, China, and Germany. A Global Exploration Strategy has been signed by Australia, Canada, China, ESA, France, Germany, India, Japan, South Korea, Russia, Ukraine, the UK, and the USA. Russia, India, and the ESA plan lunar landers, and the ESA has its eye on Mars as well. The ESA, Russia, China, India, the UK, and the USA have all explicitly cited the importance of international cooperation.

F) The ISS
The International Space Station (ISS) "is the most ambitious and expensive international project in human history." Costing over 100 billion USD and involving sixteen nations, serviced by the Russian Soyuz and Progress, as well as American space shuttles. Already there "some commercial interests exploring the possibility of buying it" assuming it is decommissioned after its planned 15-20 year operational period.

Conclusion

This paper has illustrated the necessity for international cooperation in the commercial development of space. Our central contention asserts that there is truly global interest in space development, and that the optimal approach to space development would be for an international, commercially-motivated and actualized effort. The emphasis is on collective action, which requires effective communication of many types.

International communication will be the foundation of this collective space development effort, and intercultural communication will also be of central importance. Small group communication will play a role, as will interpersonal communication and nonverbal communication. Public speaking may be used in this effort, and public relations certainly will be engaged.

Future research in this area might well specify the specific contributions sought from each communication specialty. It certainly might be advantageous to prioritize the communication activity, and to pursue the most necessary rhetorical purposes first. But one thing is certain—communication will have to be effectively employed if the collective commercial development of space is to occur.

References

Aeronomie.be. (2006, October 6). "Who Are We?" *http://www.aeronomie.be/en/contact/whoarewe.htm.* Accessed on March 15, 2007. *Aerospace America.* (2006, December).

American Institute for Aeronautics and Astronautics. (2008, March 10). "Shenzhou VII Launch Set for Late 2008, China Says." *Daily Launch.*

Ashford, David. (2002). *Spaceflight Revolution.* London: Imperial College Press.

Barry, Patrick L. (2002, November 15). "NASA and Other Government Agencies are Helping the Commercial Space Industry Get Off the Ground." *SpaceHike.com. www.//spacehike.com.* Accessed on May 12, 2006.

Beardsley, Tim. (1999, February). "The Way to Go in Space." *Scientific American.* Vol. 280, # 2.

Berinstein, Paula. (2002). *Making Space Happen: Private Space Ventures and the Visionaries Behind Them.* Medford, New Jersey: Plexus Publishing.

Both, Elod. (n.d.). "The Structure of the Hungarian Space Activity." *http://www.hso.hu/cgi-bin/page.php?page=215.* Accessed on March 16, 2007.

Bravura Tours (L.L.C.) (2006, February 22). "RAK to Offer Space Tourism." Butterworth-Hayes, Philip. (2007, April). "EADS Faces Threats & Opportunities." *Aerospace America.*

Butterworth-Hayes, Philip. (2007, August). "Space Tourism Race Speeds Up." *Aerospace America.* Vol. 45, # 8.

Butterworth-Hayes, Philip. (2007). Space Tourism Pace Speeds Up. *Aerospace America.*

Cecares, Marco. (2007, October). "New Blood Fuels the Satellite Market." *Aerospace America.* Vol. 45, # 10.

Chang, Alicia. (2006, July 13). "Private Inflatable Spacecraft Launched in Russia: Nevada Businessman Wants to Build a Space Station." *Business Outlook.*

Collins, P., Stockmans, R., and Maita, M. (1995). "Demand for Space Tourism in America and Japan, and its Implications for Future Space Activities." *AAS Paper No. AAS 95-605, AAS Vol. 91.*

Danish National Space Center. (2007). "Areas of Activity." *http://spacecenter.dk/about/areas-of-activity/.* Accessed on March 15, 2007.
David, Leonard. (2007, January 14). "ESA Funds Space Tourism Work." *LiveScience.com.*
David, Leonard. (2006). New Mexico Inks Spaceport Funding Package. http://www.space.com/news/060302_newmexico_update.html. "Declining Trend for U.S. Launch Capabilities." (2006, March). *Aerospace America.*
deSelding, Peter B. (2007, September 17). "UK Rethinks Human Spaceflight." *Space News.*
deSelding, Peter B. (2008a, January 28). "German Minister Pushes for More Funding, Job Growth for Space." *Space News.* Vol. 19, # 4.
deSelding, Peter B. (2008b, February 18). "Italian, German Space Officials Welcome Sarkozy's Space Proposals." *Space News.* Vol. 19, # 7.
Dilworth D. (2006). Virgin Galactic Blasts off with New E-Commerce Site for Space Travel. *DM News.*
Dorr, Robert F. (2007, July). "Disputed Passages." *Aerospace America.* Vol. 45, # 7.
Douglas, J. Paul, and Newland, Franz. (2006, December). "Space and Missile Systems: Space Operations and Support." *Aerospace America.*
Eckertetol P (2006). International Industrial Cooperation in Space: A Key to the Future. *American Institute of Aeronautics and Astronautics*
European Space Agency. (2006, November 14). "ESA Facts & Figures."*http://www.esa.int/esaCP/GGG4SxG3AEC_index_2.html.* Accessed on March 11, 2007.
Ehrlich, Carl F., Jr. (2006, December). "Space Transportation." *Aerospace America.* Vol. 44, # 12.
European Commission. (n.d.). "The Russian Aviation and Space Agency." *http://ec.europa.eu/comm/space/russia/partners/russian_space-agency_en.html.* Accessed on March 15, 2006.
Foust, Jeff. (2007, January 23). "More 'Space Tourism' in Saipan." *http://www.personal spaceflight.info/2007/01/23/more-space-tourism-in-Saipan/.* Accessed on March 11, 2007.
Fuller, Joseph. (2008, February 25). "Message to Presidential Candidates: Space Matters." *Space News.* Vol. 19, # 8.
Hamill, Doris, Mongan, Philip, and Kearney, Michael. (2002). "Space Commerce: An Entrepreneur's Angle." In Hudgins, Edward L., (Ed). *Space: Free Market Frontier.* Washington, D.C.: Cato Institute.
Harrison, Albert A. (2001). *Spacefaring: The Human Dimension.* Berkeley: University of California Press.
Hudgins, Edward L. (2001, June 26). "Space Tourism." U.S. House of Representatives Committee on Science, Subcommittee on Space and Aeronautics. Washington, D.C.: U.S. Government Printing Office.

Hudgins, Edward L. (Ed.). *Space: Free Market Frontier.* Washington, D.C.: The Cato Institute. "Industry Insights: A Sputtering Market for Nanosats and Picosats." (2006, November). *Aerospace America.* Information Office of the State Council of the People's Republic of China. (2006, October 12). "China's Space Activities in 2006."

Joseph, George. (2005, December 30). "Indian Finalises Tourist Spacecraft Design." *Rediff.com. http://us.rediff.com/cms/print.jsp?docpath=/news/2005/dec/30space.htm.* Accessed on January 4, 2006.

Koumelis, Theodore. (2005, March 4). "Space Tourism Firm Extends Business to China." *Daily Travel & Tourism Newsletter. http://www.traveldaily-news.com/news_print.asp?newID=21329.* Accessed on March 11, 2007.

Livingston, David M. (2002). "Barriers to Space Enterprise," In Hudgins, Edward L. (Ed). (2002). *Space: Free Market Frontier.* Washington, D.C.: Cato Publishing.

Maney, Kevin. (2006, March 22). "New Mexico Goes a Little Pie in the Sky with Spaceport Idea." *USAToday.*

Marynick, Gregg. (2002). "When Will We See a Golden Age of Space Flight?" In "More Details of Origami Spaceplanes Released." (2008, April 4). *Daily Launch.*

MSNBC.com. (2006, November 27). "Space Tourism Plays Out in China. Virgin Galactic, Space Adventures Sign Up Clients for Suborbital Flights." *http://www.msnbc.com.msn.com/id/15921347/.* Accessed on March 11, 2007.

National Institute for Aerospace Technology. (2007). "News." *http://www.inta.es/conozcanos/quinesSomos.asp.* Accessed on March 15, 2007.

Office of Space Commercialization, Federal Aviation Administration. (2005, February). *Suborbital Reusable Launch Vehicles and Emerging Markets.* Washington, D.C.:U.S. Government Printing Office.

Pirard, Theo. (2008, July). "Conversations With Sigmar Witting." *Aerospace America.*

Ponomarev, Sergei. (2007, October 22). "Soyuz Has Rough Landing: Glitch Caused a Steeper Descent." *Albuquerque Journal.*

RAK Investment Authority. (2006, February 17). "RAK to Set Up Spaceport to Promote

Space Tourism." *http://www.rakinvestmentauthority.com/space.htm.* Accessed on March 16, 2007.

Reifert, Jane. (2006). "Everything I Know About Space Tourism I Learned From Russia." *AIAA 2006-7476.* "Russia May End Space Tourism in 2010." (2008, April 14). *Daily Launch.*

Rubin, Uzi. (2008, February 11). "Coming Soon: The First Islamic Space Power." *Space News.* Vol. 19, # 6.

Santini, Jean-Louis. (2006, March 23). "Space Tourism Lures Rising Number of Entrepreneurs." *Mail&Guardianonline. www.mg.co.za.* Sophron Foundation/Interglobal Space Lines Inc. (2000, June 8). *Near-Term Prospects for Space Tourism.* "South Korea Outlines 2008 Space Budget Plan." (2008, January 21). *Space News.* Vol. 19, # 3.

Spencer, John, and Rugg, Karen L. (2004). *Space Tourism: Do You Want to Go?* Ontario, Canada: Apogee Books. "Swedish Authorities Seek to Ease Regulations on Virgin Galactic's Spaceplane." (2008, April 10). *Daily Launch.* Swedish Space Corporation. (n.d.). "History." *http://www.ssc.se/default .asp? groupid=200482614395523.* Accessed on March 15, 2007.

Taylor, L. B. Jr. (1987). *Commercialization of Space.* New York: Franklin Watts.

Van Pelt, Michael. (2005). *Space Tourism: Adventures in Earth Orbit and Beyond.* New York: Praxis Publishing Ltd. "U.S. Space Tourism Company Plans Joint Venture to Build Spaceport in Singapore." (2006, February 20). *Khaleej Times Online. http://www.khaleej-times.com/DisplayArticle.asp? xfile=data/theworld/2006/febru.* Accessed on March 16, 2007.

Wang, William W. (2007, December). "Liquid Propulsion." *Aerospace America.*

Westlake, Michael. (2007, November). "Asia Update: Springboard for Ambition." *Aerospace America.* Vol. 45, # 11.

Freiberger Beiträge zur interkulturellen und Wirtschaftskommunikation
A Forum for General and Intercultural Business Communication

Herausgegeben von Michael B. Hinner

Band 1 Michael B. Hinner: Introduction to Business Communication. 2005.

Band 2 Michael B. Hinner (ed.): Chinese and Western Business Cultures. A Comparison and Contrast. 2005.

Band 3 Michael B. Hinner (ed.): The Role of Communication in Business Transactions and Relationships. 2007.

Band 4 Michael B. Hinner (ed.): The Influence of Culture in the World of Business. 2007.

Band 5 Victor Lux Tonn: Systematics and the Economics of Culture. 2009.

Band 6 Michael B. Hinner (ed.): The Interrelationship of Business and Communication. 2010.

Band 7 Michael B. Hinner (ed.): The Interface of Business and Culture. 2010.

www.peterlang.de

www.ingramcontent.com/pod-product-compliance
Ingram Content Group UK Ltd.
Pitfield, Milton Keynes, MK11 3LW, UK
UKHW021843100926
8556IPUK00019B/1020

9 783631 565407